DICCIONARIO PRÁCTICO

Larousse

SINÓNIMOS
ANTÓNIMOS

EDICIONES Larousse

MARSELLA 53, MÉXICO 06600 D.F.

Valentín Gómez 3530
. Buenos Aires R.13

17, rue de Montparnasse
75298 Paris-Cedex 06

Coincidiendo con la aparición de esta nueva edición del DICCIONARIO PRÁCTICO DE SINÓNIMOS, ANTÓNIMOS E IDEAS AFINES, del profesor Tirso M. Morrison, totalmente revisada, deseamos hacer público nuestro agradecimiento a cuantos, de alguna manera, han contribuido al extraordinario éxito obtenido en la creación y difusión del mismo.

El gran esfuerzo que en todos los órdenes supuso la realización de esta obra nos ha sido sobradamente compensado por el apoyo moral que representa la favorable acogida dispensada y las muestras de simpatía recibidas muy especialmente de profesores y escritores de diversos países latinoamericanos. Ello nos anima a continuar con renovado entusiasmo en esta línea de obras didácticas y de consulta, en la confianza de obtener los mismos éxitos que con este DICCIONARIO PRÁCTICO DE SINÓNIMOS, ANTÓNIMOS E IDEAS AFINES, sin duda el compendio más sustancioso que pueda encontrarse en lengua española.

La cuidadosa selección de palabras más representativas del idioma español le permite ubicar fácilmente cualquier vocablo, ya sea directa o indirectamente, por sus derivados, pues si bien es cierto no encontrará los adverbios terminados en «mente» ni los participios pasados, podrá, en cambio, derivarlos con toda facilidad recurriendo a sus respectivos adjetivos e infinitivos.

Aunque generalmente se cree que dos palabras son sinónimas cuando tienen el mismo significado, el uso práctico de este diccionario le demostrará que no se pueden sustituir los vocablos sinónimos como si fueran equivalentes. Es más, las palabras con significado idéntico en cualquier idioma son tan escasas que no justificarían confeccionar un diccionario con ellas; por esto, para que este libro sea el más útil y práctico de sus auxiliares, junto con incluir sinónimos le presenta una serie de ideas afines, es decir, conceptos relacionados entre sí por su significado. De esta manera podrá expresar los más variados conceptos y matices del idioma.

Para su propia conveniencia, al final de la lista de sinónimos se indica el antónimo o idea contraria de la palabra titular, con lo que enriquecerá todavía más las posibilidades de su uso. Los antónimos aparecerán precedidos con el signo * para evitarle confusiones.

Con el objeto de facilitarle la determinación rápida y precisa del concepto que verdaderamente está buscando, encontrará repetidas y enumeradas correlativamente aquellas palabras que tienen más de una acepción; así visualizará desde el principio los vocablos que pudieran desorientarlo por la complejidad de su significado.

Este DICCIONARIO PRÁCTICO DE SINÓNIMOS, ANTÓNIMOS E IDEAS AFINES, le será una obra cómoda y de fácil uso, porque hallará los sinónimos impresos en listas verticales en una tipografía moderna y legible que le facilitará su consulta. Es por ello que lo consideramos como una buena guía para el estudiante y el estudioso de la lengua española, que podrá así enriquecer su vocabulario y le ayudará a centrar los significados correctos para cada contexto. Si es una buena guía para el estudiante lo es también, y con más razón, para el profesional, para el escritor o el profesor, que debido a su actividad necesitan gran fluidez de vocabulario.

Los modernos sistemas de enseñanza en nuestros países hacen que resulte imprescindible la utilización del DICCIONARIO PRÁCTICO DE SINÓNIMOS, ANTÓNIMOS E IDEAS AFINES, por lo que estimamos recomendable esta obra, ya que por su valor didáctico no puede faltar en ninguna biblioteca, por ser de uso permanente a todos los niveles. Le será sumamente útil para recordar y escoger palabras que, sabiéndolas, no le vienen a la memoria en el momento que las necesita y, a la vez, será un complemento perfecto de su diccionario general de definiciones.

LOS EDITORES

A

Ababa
Amapola.
Ababol.

Ábaco
Numerador.
Tablero.
Artesa.

1. Abadejo (Pez)
Bacalao.

2. Abadejo (Pájaro)
Reyezuelo.
Régulo.

3. Abadejo (Insecto)
Cantárida.

Abadía
Convento.
Monasterio.

Abajo
Debajo.
*Arriba.

Abalanzar
Equilibrar.
Igualar.
*Desequilibrar.

Abalanzarse
Precipitarse.
Arrojarse.
Lanzarse.
*Contenerse.

Abaldonar
Afrentar.
Injuriar.
Baldonear.
Baldonar.
*Honrar.

Abalizar
Indicar.
Marcar.
Señalar.

Abalorio
Lentejuela.
Cuentecilla.
Oropel.
Roncalla.
Quincalla.

Abanderado
Portaestandarte.
Señalero.
Confaloniero.

1. Abandonado
Negligente.
Desidioso.
Dejado.
Descuidado.
*Diligente.

2. Abandonado
Desaseado.
Sucio.
Desaliñado.
*Cuidadoso.

Abandonar
Desamparar.
Dejar.
Desatender.
Desasistir.
Desentenderse.
*Amparar.

Abandonarse
Entregarse.
Darse.
Dejarse llevar.
*Resistirse.

1. Abandono
Desamparo.
Abandonamiento.
*Amparo.

2. Abandono
Desidia.
Negligencia.
Dejadez.
Descuido.
*Pulcritud.

Abaratar
Bajar.
Depreciar.
Rebajar.
*Alzar.
*Encarecer.

Abarcar
Incluir.
Englobar.
Comprender.
Contener.
*Excluir.

Abarrotar
Sobrecargar.
Llenar.
Atestar.
*Vaciar.

Abastecedor
Suministrador.
Aprovisionador.
Proveedor.
*Consumidor.

Abastecer
Suministrar.
Surtir.
Proveer.
Aprovisionar.
*Consumir.

Abasto
Abastecimiento.
Suministro.
Provisión.
*Desabastecimiento

Abatimiento
Desaliento.
Desfallecimiento.
Decaimiento.
Flaqueza.
Debilidad.
*Ánimo.

Abatir
Vencer.

Humillar.
Derribar.
Hundir.
Tumbar.
*Exaltar.
*Levantar.

Abatirse
Desalentarse.
Desmayar.
Decaer.
Postrarse.
Desfallecer.
*Animarse.

Abdicación
Dimisión.
Cesión.
Renuncia.
*Aceptación.

Abdicar
Resignar.
Dimitir.
Renunciar.
*Asumir.

Abdomen
Barriga.
Vientre.
Panza.

Abecedario
Silabario.
Abecé.
Alfabeto.

1. Abejera
Colmenar.
Abejar.

2. Abejera (Planta)
Toronjil.
Cidronela.
Melisa.

Abejón
Zángano.
Abejorro.

Abellacarse
Envilecerse.
Rebajarse.
Encanallarse.
*Ennoblecerse.

Aberración
Error.
Extravío.
Equivocación.
Desviación.
Descarrío.
*Verdad.

Aberrar
Errar.
Equivocarse.
Engañarse.
Extraviarse.
Desviarse.
*Acertar.

1. Abertura
Rendija.
Grieta.
Resquicio.

2. Abertura
Sinceridad.
Franqueza.
Llaneza.
*Reserva.

Abeto
Abete.
Pinabete.
Sapino.

1. Abierto
Despejado.
Llano.
Raso.
Desembarazado.
*Obstruido.

2. Abierto
Franco.
Sincero.
Claro.
*Reservado.

Abigarrado
Confuso.
Mezclado.
Heterogéneo.
*Claro.

Abismado
Absorto.
Sumido.
Ensimismado.
*Distraido.

Abismar
Sumir.
Hundir.
Sumergir.

Abismarse
Entregarse.
Ensimismarse.
*Desentenderse.

Abismo
Precipicio.
Profundidad.
Barranco.
Despeñadero.
*Cumbre.

Abjurar
Renegar.
Retractarse.
Apostatar.
*Convertirse.

1. Ablandar
Suavizar.
Mitigar.
Emblandecer.
*Endurecer.

2. Ablandar
Enternecer.
Conmover.
Desenfadar.
Desenojar.
Desencolerizar.
*Enfadar.

Ablución
Lavamanos.
Purificación.
Lavatorio.

Abnegación
Desprendimiento.
Altruismo.
Generosidad.
*Egoismo.

Abobar
Atontar.
Embobecer.
Embobar.
*Despabilar.

1. Abocar
Acercar.
Aproximar.
Precipitar.

2. Abocar
Transvasar.
Verter.

Abocardado
Aboçinado.
Aboquillado.
Atrompetado.
*Agudo.

Abocetar
Esbozar.
Bosquejar.

Abochornar
Avergonzar.
Ruborizar.
Sonrojar.
*Ensalzar.

Abofetear
Golpear.
Sopapear.

1. Abogado
Jurisconsulto.
Legista.
Jurista.
Letrado.

2. Abogado
Defensor.
*Acusador.

Abogar
Patrocinar.
Defender.
Interceder.
*Atacar.

Abolengo
Linaje.
Estirpe.

Abolir
Derogar.
Suprimir.
Anular.
Cancelar.

Revocar.
*Instaurar.

Abombarse
Aturdirse.

Abominable
Aborrecible.
Detestable.
Execrable.
Odioso.
*Adorable.

Abominación
Aborrecimiento.
Aversión.
Odio.
*Amor.

1. Abominar
Aborrecer.
Detestar.
Odiar.
*Amar.

2. Abominar
Maldecir.
Renegar.
Condenar.
*Glorificar.

Abonanzar(Clima)
Calmarse.
Serenarse.
Aclararse.
Abrirse.
*Aborrascarse.

1. Abonar
Acreditar.
Garantizar.
Responder.
*Desacreditar.

2. Abonar
Acreditar.
Ingresar.
Pagar.
*Cargar.

3. Abonar
Fertilizar.
Fecundizar.

4. Abonar
Anotar.
Apuntar.
Inscribir.

1. Abono
Pago.
Ingreso.
Asiento en el haber.
*Cargo.

2. Abono
Fertilizante.

1. Abordar
Acometer.
Emprender.
Plantear.
*Eludir.

2. Abordar
(Maritimo)
Aportar.
Atracar.
Chocar.

Aborigen
Nativo.
Originario.
Indigena.
Natural.
*Forastero.

Aborrascarse
Nublarse.
Encapotarse.
Cargarse.
Oscurecerse.
*Despejarse.

Aborrecer
Detestar.
Abominar.
*Adorar.

Aborrecible
Detestable.
Abominable.
*Admirable.

Aborrecimiento
Rencor.
Aversión.
Odio.
*Atracción.

1. Abortar
Malparir.
*Parir.

2. Abortar
Malograr.
Fracasar.

Frustrar.
*Triunfar.

1. Aborto
Malparto.
Parto prematuro.
Abortamiento.
*Parto.

2. Aborto
Malogro.
Frustración.
Fracaso.
*Logro.

Abotagarse
Hincharse.
Inflarse.
Abotargarse.
*Deshincharse.

1. Abra
Bahia.
Ensenada.

2. Abra
Batiente.
Contraventana.
Puerta.
Hoja.

Abrasador
Tórrido.
Abrasador.
Ardiente.
Quemante.
*Glacial.

1. Abrasar(Plantas)
Secar.
Marchitar.
Quemar.
Agostar.
*Revivir.

2. Abrasar
Acalorar.
Enardecer.
Encender.
*Tranquilizar.

1. Abrazadera
Anillo.
Manija.
Zuncho.
Cuchillero.

2. Abrazadera
Signo.
Paréntesis.

Corchete.
Llave.
Manija.

1. Abrazar
Rodear.
Ceñir.
Abarcar.
*Soltar.

2. Abrazar
Incluir.
Englobar.
Contener.
Comprender.
*Excluir.

3. Abrazar
Seguir.
Adoptar.
Comprometerse.
*Abjurar.

Abrazo
Apretón.
Estrujón.
Amplexo.
Lazo.
Estrechón.

Abrego
Sudoeste.
Garbino.
*Nordeste.

Abrevadero
Pila.
Pilón.
Aguadero.
Fuente.

1. Abreviar
Reducir.
Resumir.
Acortar.
*Extender.

2. Abreviar
Acelerar.
Apresurar.
Aligerar.
*Retardar.

Abreviatura
Cifra.
Sigla.
Monograma.

1. Abrigar
Arropar.

Cubrir.
Tapar.
*Desabrigar.

2. Abrigar
Cobijar.
Proteger.
Resguardar.
*Desamparar.

1. Abrigo
Gabán.
Sobretodo.

2. Abrigo
Refugio.
Resguardo.
Reparo.
Amparo.
*Desamparo.

Abrillantar
Bruñir.
Pulimentar.
Pulir.
*Deslucir.

1. Abrir
Descubrir.
Destapar.
*Tapar.

2. Abrir
Desplegar.
Extender.
*Plegar.

3. Abrir
Rasgar.
Taladrar.
Hender.
Agrietar.
*Sellar.

4. Abrir
Inaugurar.
Iniciar.
*Clausurar.

5. Abrir
Despejarse.
Abonanzar.
Aclararse.
Serenarse.
*Encapotarse.

Abrochar
Abotonar.
*Desabrochar.

Abrogar
Abolir.
Revocar.
Anular.
*Restablecer.

Abroncar
Avergonzar.
Abochornar.
*Desenfadar.

Abroquelarse
Protegerse.
Ampararse.
Escudarse.
*Enfrentarse.

Abrumar
Hastiar.
Agobiar.
Fastidiar.
*Aliviar.

Abrupto
Accidentado.
Áspero.
Escabroso.
Escarpado.
*Llano.

Absceso
Apostema.
Tumor.
Úlcera.
Llaga.

Absolución
Reconciliación.
Remisión.
Perdón.
Exculpación.
*Condenación.

Absolutismo
Autoritarismo.
Totalitarismo.
Despotismo.
Tirania.
*Liberalismo.

1. Absoluto
Categórico.
Definitivo.
Tajante.
*Relativo.

2. Absoluto
Autoritario.

Totalitario.
Despótico.
Tiránico.
*Constitucional.

Absolver
Perdonar.
Exculpar.
Eximir.
Remitir.
*Condenar.

1. Absorber
Chupar.
Sorber.
Aspirar.
Empapar.
Embeber.
*Arrojar.

2. Absorber
Atraer.
Captar.
Hechizar.
Cautivar.
*Repeler.

1. Absorto
Ensimismado.
Sumido.
Abstraído.
Abismado.

2. Absorto
Admirado.
Maravillado.
Cautivado.
Atónito.
Pasmado.
Asombrado.
*Indiferente.

Abstención
Privación.
Abstinencia.
*Participación.

Abstenerse
Inhibirse.
Privarse.
Prescindir.
*Participar.

Abstraerse.
Absorberse.
Reconcentrarse.
Ensimismarse.
*Distraerse.

Abstraído
Absorto.
*Distraido.

Abstruso
Recóndito.
Impenetrable.
Dificil.
Incomprensible.
*Obvio.

1: Absurdo
Disparatado.
Desatinado.
Ilógico.
Irracional.
*Sensato.

2. Absurdo
Dislate.
Incongruencia.
Disparate.
Inepcia.
Sinrazón.
*Congruencia.

Abucheo
Rechifla.
Protesta.
*Aplauso.

Abuelos
Antepasados.
Antecesores.
Ascendientes.
*Nietos.

1. Abultar
Hinchar.
Engrosar.
*Reducir.

2. Abultar
Extremar.
Exagerar.
Encarecer.
*Atenuar.

Abundancia
Riqueza.
Exuberancia.
Profusión.
Cantidad.
Frondosidad.
*Escasez.

Abundante
Numeroso.

Rico.
Frondoso.
Copioso.
*Escaso.

Abundar
Pulular.
Multiplicar.
*Escasear.

Aburrimiento
Tedio.
Hastío.
Fastidio.
*Entretenimiento.

Aburrir
Cansar.
Hastiar.
Fastidiar.
Molestar.
*Entretener.

1. Abusar
Excederse.
Extralimitarse.
*Medirse.

2. Abusar
Atropellar.
Forzar.
Violar.
*Respetar.

Abuso
Arbitrariedad.
Extralimitación.
Exceso.
Tropelía.
Atropello.
Injusticia.
Demasía.

Abyección
Infamia.
Ruindad.
Bajeza.
Envilecimiento.
Abatimiento.
Humillación.
*Nobleza.

Abyecto
Vil.
Rastrero.
Servil.
Bajo.
Despreciable.
*Noble.

Acá
Aquí.
*Allá.

1.Acabado
Consumado.
Completo.
Perfecto.
Cabal.
Cumplido.
*Incompleto.

2. Acabado
Viejo.
Gastado.
Consumido.
*Brioso.

1. Acabamiento
Desenlace.
Conclusión.
Terminación.
Cumplimiento.
*Origen.

2. Acabamiento
Fin.
Muerte.
Término.
*Inicio.

1. Acabar
Finalizar.
Concluir.
Terminar.
Ultimar.
*Iniciar.

2. Acabar
Pulir.
Perfeccionar.

3. Acabar
Gastar.
Agotar.
Consumir.
Apurar.
*Conservar.

Acabarse
Fallecer.
Morir.
Extinguirse.
Fenecer.
*Nacer.

1. Academia
Instituto.

Orden.
Colegio.

2. Academia
Corporación.
Junta.

Académico
Correcto.
Escolar.
Universitario.
Purista.
Elegante.
*Vulgar.

Acaecer
Ocurrir.
Acontecer.
Suceder.
Pasar.

Acaecimiento
Hecho.
Evento.
Caso.
Suceso.
Acontecimiento.

1. Acaloramiento
Fiebre.
Calor.
Enardecimiento.
Ardor.
Sofocación.
*Enfriamiento.

2. Acaloramiento
Exaltación.
Entusiasmo.
Enardecimiento.
*Indiferencia.

Acalorarse
Exaltarse.
Enardecerse.
Entusiasmarse.
*Moderarse.

Acallar
Aquietar.
Calmar.
Sosegar.
Aplacar.
*Excitar.

Acanalado
Estriado.
Rayado.
Ondulado.

Acanalar
Estriar.
Rayar.
Surcar.

Acantilado
Despeñadero.
Escarpado.
Precipicio.
*Llano.

Acantonamiento
Campamento.

Acaparar
Retener.
Monopolizar.
*Distribuir.

1. Acariciar
Mimar.
Halagar.
*Maltratar.

2.Acariciar(Ideas)
Desear.
Esperar.
Imaginar.

1. Acarrear
Llevar.
Transportar.
Conducir.
Cargar.
*Dejar.

2. Acarrear
Causar.
Implicar.
Ocasionar.

Acarreo
Conducción.
Transporte.
Porte.

1. Acaso
Azar.
Aleatorio.
Casualidad.
*Predecible.

2. Acaso
Quizás.
Tal vez.
Por ventura.

Acatamiento
Sumisión.
Obediencia.

Respeto.
*Rebelión.

Acatar
Obedecer.
Someterse.
Respetar.
*Rebelarse.

Acato
Acatamiento.

Acaudalado
Opulento.
Rico.
Adinerado.
*Indigente.

Acaudalar
Acumular.
Atesorar.
Enriquecerse.
*Derrochar.

Acaudillar
Dirigir.
Conducir.
Capitanear.
Mandar.
*Obedecer.

Acceder
Aceptar.
Autorizar.
Permitir.
Consentir.
*Rehusar.

1. Accesible
Asequible.
Alcanzable.
*Inaccesible.

2. Accesible
Tratable.
Llano.
Afable.
*Arrogante.

1. Acceso
Ingreso.
Entrada.
*Salida.

2. Acceso
Ataque.
Crisis.
Acometimiento.
*Disminución.

Accesorio
Ornamental.
Complementario.
Secundario.
Accidental.
*Importante.

1. Accidentado
Áspero.
Escabroso.
Escarpado.
Abrupto.
*Liso.

2. Accidentado
Agitado.
Tempestuoso.
Borrascoso.
*Apacible.

1. Accidental
Contingente.
Secundario.
Incidental.
*Esencial.

2. Accidental
Provisional.
Interino.
Eventual.
*Permanente.

Accidentarse
Desmayarse.
Desvanecerse.
*Recobrarse.

1. Accidente
Contingencia.
Casualidad.
Emergencia.
Eventualidad.
*Esencia.

2. Accidente
Desmayo.
Vahído.
Vértigo.

3. Accidente
Infortunio.
Percance.
Desgracia.
Contratiempo.

1. Acción
Actuación.
Hecho.
Acto.

Actividad.
Obra.

2. Acción
Batalla.
Escaramuza.
Combate.

3. Acción
Ademán.
Movimiento.
Gesto.

Accionar
Gesticular.

Accionista
Asociado.
Socio.
Capitalista.
Rentista.

Acebo
Aquifolio.
Agrifolio.

Acebuche
Olivo.
Oleastro.

Acechar
Vigilar.
Espiar.
Atisbar.

Acecho
Espionaje.
Espera.
Observación.

Acedar
Agriar.

Acedo
Agrio.

Aceite
Óleo.

Aceitoso
Graso.
Oleoso.
Oleaginoso.
Untoso.
*Seco.

Aceituna
Oliva.

Aceleración
Celeridad.
Rapidez.

Prontitud.
Incremento.
Aceleramiento.
*Retardación.

Acelerar
Activar.
Apresurar.
*Retardar.

Acendrado
Depurado.
Puro.
Acrisolado.
*Impuro.

Acendrar
Depurar.
Purificar.
Limpiar.
Acrisolar.
*Enturbiar.

Acento
Tono.
Entonación.
Tilde.
Dejo.
*Átono.

Acentuar
Insistir.
Recalcar.
Marcar.
Destacar.
Subrayar.
*Atenuar.

Acentuarse
Crecer.
Aumentar.
Resaltar.
Realzar.
*Menguar.

Acepción
Significación.
Sentido.
Significado.
Concepto.

Aceptable
Pasable.
Tolerable.
Admisible. .
*Inadmisible.

Aceptación
Tolerancia.

Aprobación.
Acogida.
Asentimiento.
*Denegación.

Aceptar
Recibir.
Admitir.
Reconocer.
Asentir.
*Rechazar.

Acequia
Zanja.
Canal.
Reguero.

Acera
Enlosado.
Vereda.
Andén.
Orilla.
Bordillo.

Acerado
Afilado.
Agudo.
Incisivo.
Penetrante.
Tajante.
Punzante.
*Blando.

Acerbo
Áspero.
Cruel.
Doloroso.
Riguroso.
*Suave.

Acerca de
Respecto a.
Tocante a.
Referente a.
Sobre.

Acercar
Allegar.
Arrimar.
Aproximar.
Adosar.
Juntar.
*Alejar.

Acérrimo
Obstinado.
Tenaz.
Encarnizado.
Intransigente.
*Moderado.

Acertado
Atinado.
Oportuno.
Apropiado.
Conveniente.
*Desacertado.

Acertar
Atinar.
Adivinar.
Descifrar.
Hallar.
*Errar.

Acertijo
Problema.
Enigma.
Adivinanza.

1. Acervo
Disponibilidad.
Acumulación.
Cúmulo.
Montón.

2. Acervo
Patrimonio.
Fondo.

Aciago
Funesto.
Desgraciado.
Infausto.
Fatídico.
Malaventurado.
*Dichoso.

Acibarar
Apesadumbrar.
Turbar.
Disgustar.
Amargar.
*Endulzar.

1. Acicalar
Ataviar.
Adornar.
Aderezar.
*Descuidar.

2. Acicalar
Pulir.
Bruñir.

Acicate
Incentivo.
Estímulo.
Aliciente.
*Freno.

1. Ácido
Acre.
Mordiente.
Agrio.

2. Ácido
Cáustico.
Mordaz.
Desabrido.
*Suave.

1. Acierto
Tacto.
Tino.
Tiento.
*Torpeza.

2. Acierto
Prudencia.
Cordura.
*Locura.

Aclamación
Aplauso.
Vítor.
Ovación.
*Protesta.

1. Aclamar
Ovacionar.
Vitorear.
Aplaudir.
*Protestar.

2. Aclamar
Enaltecer.
Proclamar.
Nombrar.
*Destituir.

Aclaración
Nota.
Explicación.

1. Aclarar
Iluminar.
Alumbrar.
*Oscurecer.

2. Aclarar
Despejarse.
Abonanzar.
Abrir.
Clarear.
Serenarse.
*Encapotarse.

3. Aclarar
Dilucidar.

Ilustrar.
Explicar.
Poner en claro.
*Complicar.

Aclimatar
Habituar.
Adaptar.
Acostumbrar.
Arraigar.

Acobardar
Intimidar.
Atemorizar.
Amedrentar.
Amilanar.
*Envalentonar.

Acobardarse
Intimidarse.
*Envalentonarse.

1. Acodar
Sostener.
Apoyar.
Apuntalar.
*Soltar.

2. Acodar
Doblar.
Torcer.
Acodillar.
Doblegar.
*Enderezar.

1. Acoger
Aceptar.
Recibir.
Admitir.
*Denegar.

2. Acoger
Cobijar.
Amparar.
Proteger.
Socorrer.
Favorecer.
*Rechazar.

1. Acogida
Aceptación.
Admisión.
*Rechazo.

2. Acogida
Amparo.
Hospitalidad.
Protección.
*Expulsión.

Acogotar
Abatir.
Vencer.
Dominar.
Sujetar.
*Liberar.

Acolchado
Tapizado.
Almohadillado.

Acolchar
Acolchonar.

1. Acólito
Monaguillo.
Monacillo.
Monago.

2. Acólito
Ayudante.
Asistente.

Acollarar
Enjaezar.
Uncir.
Guarnecer.
*Desenjaezar.

Acomedido
Oficioso.
Servicial.

Acometedor
Emprendedor.
Arremetedor.
Impetuoso.
Agresivo.
*Pacífico.

1. Acometer
Atacar.
Agredir.
Embestir.
*Huir.

2. Acometer
Iniciar.
Emprender.
Abordar.
*Abandonar.

1. Acometida
Ataque.
Embate.
Arremetida.

2. Acometida
Enlace.
Embocadura.

Acometimiento
Carga.
Ofensiva.
Embestida.
Asalto.
*Defensa.

Acomodadizo
Acomodaticio.
Conformista.
Complaciente.
Dúctil.
Elástico.
*Inflexible.

1. Acomodado
Pudiente.
Adinerado.
Rico.
*Menesteroso.

2. Acomodado
Conveniente.
Adecuado.
Oportuno.
Apropiado.
*Inadecuado.

1. Acomodamiento
Convenio.
Acuerdo.
Arreglo.
Transacción.

2. Acomodamiento
Conveniencia.
Comodidad.

1. Acomodar
Arreglar.
Adaptar.
Adecuar.
Ordenar.

2. Acomodar
Concertar.
Concordar.
Conciliar.

Acomodarse
Transigir.
Avenirse.
Conformarse.

Acomodaticio
Acomodadizo.

Acomodo
Ocupación.
Cargo.

Empleo.
Puesto.

Acompañamiento
Escolta.
Séquito.
Compañía.
Comitiva.
Cortejo.

1. Acompañar
Escoltar.
*Abandonar.

2. Acompañar
Añadir.
Juntar.
Agregar.
Anexar.
Adjuntar.
*Separar.

1. Acompasado
Regular.
Métrico.
Rítmico.
Cadencioso.
*Desacompasado.

2. Acompasado
Pausado.
Lento.
*Precipitado.

Acompasar
Ajustar.
Medir.
Proporcionar.
Compasar.
*Desajustar.

Acondicionar
Adaptar.
Adecuar.
Arreglar.
Preparar.
*Desacondicionar

Acongojar
Apenar.
Oprimir.
Afligir.
Atribular.
Angustiar.
Congojar.
*Aliviar.

Aconsejar
Asesorar.

Avisar.
Advertir.
Prevenir.
Encaminar.
*Disuadir.

Aconsejarse
Asesorarse.
Consultar.

Acontecer
Ocurrir.
Acaecer.
Suceder.
Pasar.

Acontecimiento
Evento.
Hecho.
Suceso.

Acopiar
Amontonar.
Reunir.
Juntar.
Acumular.
*Desparramar.

Acopio
Acumulación.
Almacenamiento.
Provisión.
Depósito.
*Reparto.

Acoplar
Encajar.
Trabar.
Soldar.
Unir.
Ajustar.
*Separar.

Acoquinar
Atemorizar.
Amedrentar.
Intimidar.
Amilanar.
Acobardar.
*Envalentonar.

Acordar
Convenir.
Concertar.
Concordar.
Pactar.
Armonizar.

Acordarse.
Rememorar.

Evocar.
Recordar.
Recapacitar.
*Olvidarse.

Acorde
De acuerdo.
Conforme.
Concorde.
*Discorde.

Acordonar
Cercar.
Rodear.
Envolver.
Alinear.

1. Acorralar
Encerrar.
Rodear.
Cercar.
Arrinconar.
Aislar.

2. Acorralar
Confundir.

Acortar
Disminuir.
Reducir.
Abreviar.
Mermar.
Aminorar.
*Alargar.

1. Acosar
Hostigar.
Perseguir.
Estrechar.

2. Acosar
Importunar.
Asediar.
Molestar.

Acoso
Persecución.
Acometimiento.
*Defensa.

Acostarse
Tenderse.
Echarse.
Tumbarse.
*Levantarse.

Acostumbrar
Habituar.
Frecuentar.
Estilar.

Usar.
Avezar.

Acotación
Advertencia.
Aclaración.
Comentario.
Nota.
Explicación.

Acracia
Anarquía.
Anarquismo.
*Absolutismo.

Acre
Picante.
Irritante.
Agrio.
Áspero.
*Suave.

Acrecentar
Agrandar.
Aumentar.
Acrecer.
Extender.
*Reducir.

Acrecer
Agrandar.
Engrandecer.
Aumentar.
Extender.
*Menguar.

1. Acreditar
Confirmar.
Probar.
Justificar.
Demostrar.

2. Acreditar
Reputar.
Abonar.
Afamar.
*Desacreditar.

1. Acreedor
A favor.
*Deudor.

2. Acreedor
Merecedor.
Digno.
Confiable.
Creíble.
*Indigno.

Acribillar
Taladrar.
Agujerear.
Herir.

Acrimonia
Aspereza.
Mordacidad.
Acritud.
Desabrimiento.
*Suavidad.

Acrisolar
Depurar.
Perfeccionar.
Purificar.
Sublimar.
*Corromper.

Acritud
Aspereza.
Mordacidad.
Acrimonia.
*Dulzura.

Acróbata
Gimnasta.
Volatinero.
Funámbulo.
Equilibrista.

Acta
Certificación.
Testimonio.
Relato.
Relación.

Actitud
Posición.
Disposición.
Postura.
Porte.

Activar
Apresurar.
Acelerar.
Avivar.
Apurar.
Mover.
*Retardar.

1. Actividad
Acción.
Movimiento.
*Reposo.

2. Actividad
Presteza.
Diligencia.

Prontitud.
Eficacia.
*Apatía.

1. Activo
Enérgico.
Eficiente.
Operante.
Eficaz.
*Apático.

2. Activo
Vivo.
Diligente.
*Indolente.

Acto
Obra.
Acción.
Hecho.
Operación.

1. Actor
Comediante.
Ejecutante.
Histrión.
Artista.
Representante.
*Espectador.

2. Actor
Demandante.
Acusador.
*Demandado.

1. Actuación
Acción.

2. Actuación
Diligencia.

1. Actual
Moderno.
Presente.
*Inactual.

2. Actual
Real.
Efectivo.
*Potencial.

Actualidad
Oportunidad.
Sazón.
Ahora.
Coyuntura.

Actuar
Obrar.

Ejecutar.
Ejercer.
Hacer.
Proceder.
*Abstenerse.

Acuarela
Aguada.

1. Acuciar
Estimular.
Urgir.
Incitar.
Aguijonear.
Apurar.
*Contener.

2. Acuciar
Desear.
Anhelar.
Ansiar.
*Rechazar.

Acuchillarse
Acurrucarse.
Encogerse.
Ovillarse.
Agacharse.
*Estirarse.

1. Acudir
Ir.
Presentarse.
Llegar.
Asistir.
*Partir.

2. Acudir
Apelar.
Recurrir.

1. Acuerdo
Conformidad.
Consonancia.
Unión.
Armonía.
Convenio.
Pacto.
*Desacuerdo.

2. Acuerdo
Fallo.
Disposición.
Resolución.
Decisión.
Determinación.

Acuidad
Viveza.

Intensidad.
Penetración.
Agudeza.

Acuitar
Atribular.
Apenar.
Angustiar.
Afligir.
Acongojar.
*Consolar.

Acumular
Juntar.
Allegar.
Amontonar.
Acopiar.
Hacinar.
*Esparcir.

Acunar
Mecer.
Cunear.

Acuñar
Troquelar.
Estampar.
Imprimir.
Grabar.
Amonedar.

Acurrucarse
Encogerse.
Agazaparse.
Agacharse.
Acuclillarse.
Ovillarse.
*Estirarse.

Acusación
Incriminación.
Cargo.
Inculpación.
Imputación.
Denuncia.
*Defensa.

Acusado
Procesado.
Reo.
Inculpado.

Acusador
Denunciante.
Fiscal.
Inculpador.
Denunciador.
Delator.
*Defensor.

Acusar
Denunciar.
Imputar.
Inculpar.
Culpar.
*Defender.

Acústico
Sonoro.
Auditivo.
*Ruidoso.

Achacar
Atribuir.
Imputar.
Aplicar.
Culpar.
*Disculpar.

Achacoso
Enfermizo.
Mórbido.
Doliente.
Delicado.
*Sano.

Achaflanar
Achatar.
Enromar.
Biselar.
Descantear.
*Esquinar.

Achantarse
Esconderse.
Agazaparse.
Ocultarse.
Disimularse.
*Mostrarse.

Achaparrado
Aparrado.
Rechoncho.
Repolludo.
Zamborotudo.
*Esbelto.

1. Achaque
Dolencia.
Enfermedad.
Indisposición.

2. Achaque
Disculpa.
Excusa.
Pretexto.

3. Achaque
Defecto.

Vicio.
Tacha.
*Cualidad.

Achaquiento
Achacoso.

1. Achicar
Intimidar.
Atemorizar.
Amilanar.
Amedrentar.
Acobardar.
*Alentar.

2. Achicar
Empequeñecer.
Encoger.
Reducir.
Menguar.
Acortar.
*Agrandar.

3. Achicar
Jamurar.
Extraer agua.
*Inundar.

Achicharrar
Freír.
Abrasar.
Quemar.
Chicharrar.

Achisparse
Emborracharse.
Embriagarse.
Alegrarse.
*Desembriagarse.

Acholar
Avergonzar.

1. Achuchar
Comprimir.
Estrujar.

2. Achuchar
Incitar.
Instigar.

Achulado
Valentón.
Matón.
Fanfarrón.
*Modesto.

Achurar
Destripar.

Achurruscar
Ajar.

1. Adagio (Música)
Lento.

2. Adagio
Refrán.
Proverbio.
Máxima.
Sentencia.
Aforismo.
Apotegma.

Adalid
Guía.
Jefe.
Caudillo.

Adamarse
Amadamarse.
Afeminarse.
*Masculinizarse.

1. Adán
Desaseado.
Descuidado.
Dejado.
Desaliñado.
Haraposo.
*Aseado.

2. Adán
Negligente.
Apático.
Desidioso.
*Diligente.

Adaptar
Amoldar.
Acomodar.
Aclimatar.
Ajustar.
*Desajustar.

Adarga
Escudo.
Broquel.
Defensa.
Resguardo.

Adarme
Insignificancia.
Nadería.
Mezquindad.
Poco.
Migaja.
*Mucho.

Adecuado
Conveniente.
Apropiado.
Oportuno.
Idóneo.
*Impropio.

1. Adefesio
Mamarracho.
Espantajo.
Esperpento.

2. Adefesio
Extravagancia.
Dislate.
Despropósito.
Disparate.

1. Adelantamiento
Anticipo.
Avance.
Adelanto.

2. Adelantamiento
Progreso.
Mejoramiento.
Rebasamiento.
Acrecentamiento.
*Atraso.

1. Adelantar
Anticipar.
Avanzar.
Aventajar.
*Atrasar.

2. Adelantar
Progresar.
Perfeccionar.
Mejorar.
*Retroceder.

Adelante
Avante.

1. Adelanto
Avance.
Anticipo.

2. Adelanto
Progreso.
Mejora.
Perfeccionamiento
*Atraso.

3. Adelanto
Ventaja.
*Retraso.

Adelfa
Laurel.
Baladre.
Hojavanzo.

Adelgazar
Enflaquecer.
*Engordar.

Ademán
Gesto.
Actitud.
Modales.
Maneras.

Además
Asimismo.
Igualmente.
También.
Otrosi.
Por otra parte.

Adentrarse
Ahondar.
Entrar.
Penetrar.
Introducirse.
Profundizar.
*Salir.

Adepto
Adherente.
Partidario.
Afiliado.
Afecto.
*Contrario.

1. Aderezar
Sazonar.
Condimentar.
Aliñar.
Guisar.
Adobar.

2. Aderezar
Acicalar.
Ataviar.
Adornar.
*Ajar.

3. Aderezar
Componer.
Arreglar.
Remendar.
*Estropear.

4. Aderezar
Preparar.
Disponer.
Prevenir.

Aderezo
Condimento.
Aliño.
Adobo.

Adeudar
Cargar.
Deber.
*Acreditar.

1. Adherencia
Pegajosidad.
Encolamiento.
Soldadura.
Cohesión.
Adhesión.

2. Adherencia
Enlace.
Unión.
Conexión.
*Separación.

1. Adherente
Pegajoso.
Gomoso.
Adhesivo.
*Disolvente.

2. Adherente
Adepto.
Partidario.
Unido.
Anexo.

Adherirse
Unirse.
Afiliarse.
Pegarse.
*Apartarse.

1. Adhesión
Cohesión.
Adherencia.

2. Adhesión
Aprobación.
Consentimiento.
Aceptación.
*Reprobación.

3. Adhesión
Afección.
Apego.
Adicción.
*Desafección.

Adición
Suma.

Agregación.
Añadidura.
*Resta.

Adicionar
Sumar.
Agregar.
Aumentar.
Añadir.
*Substraer.

Adicto
Partidario.
Afiliado.
Adepto.
Adherido.
*Contrario.

Adiestrar
Ejercitar.
Instruir.
Aleccionar.
Amaestrar.

Adinerado
Opulento.
Rico.
Acaudalado.
*Menesteroso.

Adiposo
Obeso.
Gordo.
Grueso.
Graso.
*Enjuto.

Aditamento
Apéndice.
Aumento.
Complemento.
Añadidura.
Aditamento.
*Supresión.

1. Adivinación
Predicción.
Vaticinio.
Augurio.
Pronóstico.

2. Adivinación
Oráculo.
Acierto.
Aruspicina.

3. Adivinación
Acertijo.
Adivinanza.

Adivinar
Predecir.
Pronosticar.
Presagiar.
Vaticinar.
Profetizar.

Adivino
Profeta.
Vate.
Augur.
Agorero.
Nigromante.

1. Adjetivo
Epíteto.
Calificativo.
Determinante.
Dictado.

2. Adjetivo
Accidental.
Superficial.
*Esencial.

Adjudicar
Dar.
Entregar.
Asignar.
Conferir.
Atribuir.
*Quitar.

Adjudicarse
Atribuirse.
Apropiarse.
Quedarse.
*Privarse.

1. Adjunto
Anexo.
Junto.
Unido.
*Separado.

2. Adjunto
Ayudante.
Acólito.
Auxiliar.
*Titular.

Adminículo
Pertrecho.
Auxilio.
Avío.
Ayuda.

Administración
Gestión.
Gerencia.

Dirección.
Gobierno.
Conducción.

Administrador
Gestor.
Gerente.
Director.
Regente.
Gobernador.

1. Administrar
Dirigir.
Regir.
Gobernar.

2. Administrar
Suministrar.
Propinar.
Dar.

Admirable
Asombroso.
Sorprendente.
Maravilloso.
Estupendo.
Excelente.
*Detestable.

1. Admiración
Estupor.
Pasmo.
Sorpresa.
*Indiferencia.

2. Admiración
Entusiasmo.
*Desprecio.

1. Admirar
Asombrar.
Sorprender.
Pasmar.
Maravillar.

2. Admirar
Entusiasmar.
*Menospreciar.

1. Admitir
Aceptar.
Acoger.
Recibir.
Tomar.
*Rechazar.

2. Admitir
Tolerar.
Permitir.

Consentir.
*Prohibir.

3. Admitir
Conceder.
Suponer.
*Negar.

1. Admonición
Advertencia.
Exhortación.
Amonestación.

2. Admonición
Reconvención.
Regaño.
Reprimenda.
Apercibimiento.
*Elogio.

1. Adobar
Condimentar.
Aliñar.
Aderezar.
Guisar.
Sazonar.

2. Adobar
Arreglar.
Componer.
Remendar.
*Estropear.

3. Adobar
Curtir.

Adobo
Condimento.
Aderezo.
Aliño.

Adocenado
Común.
Vulgar.
Trillado.
*Raro.

Adolescencia
Mocedad.
Muchachez.
Pubertad.

Adolescente
Mancebo.
Chaval.
Muchacho.
Púber.
Zagal.

1. Adoptar
Prohijar.
Ahijar.
*Repudiar.

2. Adoptar
Acoger.
Aceptar.
Admitir.
Aprobar.
*Descartar.

Adoquinar
Empedrar.

Adorable
Fascinador.
Admirable.
Maravilloso.
*Abominable.

Adorador
Fiel.
Devoto.

1. Adorar
Idolatrar.
Amar.
Querer.
*Odiar.

2. Adorar
Reverenciar.
Venerar.
*Despreciar.

1. Adormecer
Arrullar.
Adormir.
*Despertar.

2. Adormecer
Calmar.
Sosegar.
Tranquilizar.
Aplacar.
Acallar.
*Excitar.

Adormecerse
Aletargarse.
Amodorrarse.
Adormilarse.
Adormitarse.
Dormirse.
*Despabilarse.

Adornar
Decorar.
Ornamentar.
Ataviar.
Engalanar.
Ornar.
*Desaliñar.

Adorno
Decorado.
Ornamento.
Atavío.

Adosar
Unir.
Yuxtaponer.
Arrimar.
Juntar.
Acercar.
*Separar.

Adquirir
Obtener.
Lograr.
Conseguir.
Comprar.
Apropiarse.
*Perder.

Adquisidor
Adquiriente.
Comprador.
Adquiridor.

Adrede
Intencionadamente.
Deliberadamente.
Expresamente.
De propósito.
*Involuntariamente.

Adscribir
Anexar.
Adjudicar.
Atribuir.
Asignar.
*Excluir.

Aducir
Argüir.
Citar.
Alegar.
Invocar.

Adueñarse
Apropiarse.
Posesionarse.
Apoderarse.
Ocupar.
*Desprenderse.

Adulación
Lisonja.
Halago.
*Ofensa.

Adulador
Lisonjero.
Servil.

Adular
Lisonjear.
Halagar.
*Ofender.

Adulteración
Falseamiento.
Falsificación.

Adulterar
Falsear.
Viciar.
Falsificar.
*Sanear.

Adulto
Maduro.
*Inmaduro.

Adusto
Severo.
Serio.
Seco.
Huraño.
Austero.
*Afable.

Advenedizo
Intruso.
Entremetido.
Importuno.

Advenir
Pasar.
Suceder.
Ocurrir.
Venir.
Avenir.

Adverar
Certificar.
Testimoniar.
Atestiguar.
Avalar.
Confirmar.

Adversario
Antagonista.
Rival.
Contrario.

Competidor.
Enemigo.
*Aliado.

Adversidad
Fatalidad.
Desgracia.
Infortunio.
Desventura.
Desdicha.
*Dicha.

Adverso

Contrario.
Opuesto.
Hostil.
*Favorable.

Advertencia
Aviso.
Prevención.
Observación.
Admonición.
Apercibimiento.

Advertido
Listo.
Agudo.
Sagaz.
Astuto.
Avisado.
*Lerdo.

1. Advertir
Percatarse.
Notar.
Observar.
Fijarse.
Reparar.
*Desatender.

2. Advertir
Avisar.
Enterar.
Informar.
Anunciar.

Adyacente
Inmediato.
Limítrofe.
Colindante.
Contiguo.
Lindante.
*Distante.

Aéreo
Sutil.
Vaporoso.
Volátil.

Inconsistente.
*Tangible.

Aeródromo
Pista de aterrizaje.
Base aérea.
Campo de aviación.
Aeropuerto.

Aerolito
Bólido.
Piedra.
Meteorito.
Uranolito.
Leónidas.

Aerómetro
Densímetro.

Aeronáutica
Aviación.
Aerostación.

Aeronave
Avión.
Aeroplano.

Aeropuerto
Aeródromo.

Afabilidad
Cordialidad.
Afecto.
Amabilidad.
Atención.
Simpatía.
*Aspereza.

Afable
Cordial.
Afectuoso.
Amable.
Atento.
Simpático.
Asequible.
*Hosco.

Afamado
Célebre.
Reputado.
Famoso.
Renombrado.
Acreditado.
*Desconocido.

1. Afán
Deseo.
Anhelo.
Ansia.

Vehemencia.
*Desaliento.

2. Afán
Empeño.
Solicitud.
Ahinco.
Esfuerzo.
Fatiga.
*Negligencia.

1. Afanarse
Empeñarse.
Desvelarse.
Esforzarse.
Trabajar.
*Desganarse.

2. Afanarse
Consagrarse.
*Desentenderse.

Afarolarse
Irritarse.
Enojarse.
*Alegrarse.

1. Afear
Deformar.
Deslucir.
Desfigurar.
Ajar.
Desfavorecer.
*Embellecer.

2. Afear
Reprender.
Vituperar.
Censurar.

1. Afección
Inclinación.
Aprecio.
Cariño.
Ternura.
*Desafecto.

2. Afección
Dolencia.
Enfermedad.

Afectación
Disimulo.
Doblez.
Amaneramiento.
Pose.
*Naturalidad.

1. Afectar
Fingir.
Simular.

2. Afectar
Conmover.
Afligir.
Impresionar.
Emocionar.

3. Afectar
Vincular.
Adscribir.
Anexar.
*Desagregar.

1. Afecto
Afección.
Apego.
Cariño.
Inclinación.
*Malquerencia.

2. Afecto
Vinculado.
Anexo.
Unido.
Adscrito.
*Ajeno.

Afectuoso
Cordial.
Afable.
Cariñoso.
Amistoso.
*Desabrido.

Afeitar
Rapar.
Raer.
Rasurar.

1. Afeite
Adorno.
Compostura.
Aderezo.

2. Afeite
Maquillaje.
Cosmético.

Afelpado
Felpudo.
Aterciopelado.
Velludo.
Peludo.
Lanoso.
*Pelado.

Afeminado
Feminoide.
Adamado.
Amujerado.
*Viril.

Aferrar
Asir.
Afianzar.
Agarrar.
Asegurar.
*Soltar.

Aferrarse
Porfiar.
Obstinarse.
Insistir.
*Ceder.

Afianzar
Consolidar.
Aferrar.
Asegurar.
Afirmar.
*Aflojar.

1. Afición
Afecto.
Gusto.
Apego.
Inclinación.
Cariño.
*Indiferencia.

2. Afición
Afán.
Empeño.
Ahinco.
*Apatia.

Aficionarse
Prendarse.
Inclinarse.
Encariñarse.
*Desinteresarse.

Afilado
Filoso.
Tajante.
Cortante.
Punzante.
*Mellado.

Afilar
Aguzar.
Amolar.
*Embotar.

Afiliado
Adepto.
Partidario.
Inscrito.
*Contrario.

1. Afin
Similar.
Análogo.
Semejante.
Parecido.
*Distinto.

2. Afin
Allegado.
Pariente.
*Extraño.

1. Afinar
Precisar.
Perfeccionar.
Acabar.
Sutilizar.

2. Afinar
Templar.
Acordar.
Entonar.
*Desafinar.

Afincarse
Establecerse.
Fijarse.
Fincarse.
*Desarraigarse.

1. Afinidad
Parecido.
Similitud.
Semejanza.
Analogía.
*Disparidad.

2. Afinidad
Parentesco.
Cuñadía.

Afirmación
Aseveración.
Aserción.
Aserto.
*Negación.

1. Afirmar
Afianzar.
Consolidar.
Asegurar.
*Debilitar.

2. Afirmar
Confirmar.
Aseverar.
Asegurar.
Certificar.
*Negar.

Afirmarse
Empecinarse.
Entercarse.
Reiterarse.
Ratificarse.
*Rectificarse.

Aflicción
Tribulación.
Congoja.
Pesar.
Dolor.
Angustia.
*Satisfacción.

Afligir
Contrariar.
Disgustar.
Apenar.
Acongojar.
Entristecer.
*Alegrar.

1. Aflojar
Soltar.
Relajar.
Distender.
Desapretar.
*Apretar.

2. Aflojar
Flaquear.
Debilitarse.
Ceder.
*Arreciar.

Afluencia
Concurrencia.
Abundancia.
Acumulación.
Aflujo.
*Escasez.

Afluente
Tributario.

1. Afluir
Acudir.
Concurrir.
*Alejarse.

2. Afluir
Desembocar.
Verter.
Desaguar.
*Recibir.

Afonía
Ronquera.
*Sonoridad.

Aforismo
Sentencia.
Refrán.
Máxima.

Afortunado
Feliz.
Dichoso.
Venturoso.
Fausto.
*Desdichado.

Afrenta
Injuria.
Ofensa.
Agravio.
Ultraje.
*Homenaje.

Afrentar
Ofender.
Insultar.
Injuriar.
Ultrajar.
Agraviar.
*Honrar.

1. Afrontar
Enfrentarse.
Desafiar.
Arrostrar.
Oponerse.
*Eludir.

2. Afrontar
Contraponer.
Carear.

Afueras
Cercanías.
Inmediaciones.
Proximidades.
Alrededores.
Contornos.
*Centro.

Agacharse
Encogerse.
Acuclillarse.

Agazaparse.
Acurrucarse.
*Levantarse.

1. Agallas
Bronquios.
Respiraderos.

2. Agallas
Osadía.
Valor.
Atrevimiento.
Ánimo.
Arrestos.
*Miedo.

Agape
Convite.
Festín.
Banquete.

Agarbarse
Agacharse.
*Enderezarse.

Agareno
Sarraceno.
Moro.
Musulmán.
Mahometano.
Árabe.

Agarrada
Riña.
Pendencia.
Disputa.
Altercado.
Reyerta.
*Acuerdo.

Agarraderas
Influencia.
Valimiento.
Favor.
Padrinos.

1. Agarradero
Asidero.
Mango.
Asa.

2. Agarradero
Recurso.
Resorte.
Amparo.
Medios.
Agarraderas.

Agarrado
Cicatero.

Mezquino.
Avaro.
Ahorrador.
Tacaño.
*Pródigo.

Agarrar
Tomar.
Coger.
Asir.
Aferrar.
Atrapar.
*Soltar.

Agarrotar
Oprimir.
Apretar.
Estrangular.

1. Agasajar
Festejar.
Regalar.
Obsequiar.

2. Agasajar
Halagar.
*Desdeñar.

1. Agasajo
Regalo.
Presente.
Obsequio.
Fineza.

2. Agasajo
Atención.
Halago.
*Desdén.

Agata
Ónice.
Sardónica.
Alaqueca.
Cornalina.
Crisoprasa.

Agave
Pitera.
Pita.

1. Agazaparse
Encogerse.
Encuclillarse.
Acurrucarse.
Agacharse.
*Levantarse.

2. Agazaparse
Ocultarse.

Esconderse.
*Mostrarse.

1. Agencia
Solicitud.
Diligencia.
*Remisión.

2. Agencia
Cargo.
Oficio.
Empleo.

3. Agencia
Despacho.
Oficina.
Delegación.
Administración.
Sucursal.

Agenciar
Conseguir.
Tramitar.
Procurar.
Obtener.
Adquirir.

Agenciarse
Componérselas.
Arreglárselas.

Agenda
Calendario.
Dietario.

Agente
Gestor.
Intermediario.
Comisionado.
Corredor.

Ágil
Expedito.
Diligente.
Ligero.
Veloz.
Suelto.
*Lerdo.

Agilidad
Presteza.
Prontitud.
Ligereza.
Soltura.
Viveza.
*Torpeza.

Agio
Agiotaje.
Especulación.

Agitación
Trajín.
Movimiento.
Tráfago.
Excitación.
Conmoción.
*Calma.

Agitador
Revoltoso.
Perturbador.
Demagogo.
*Apaciguador.

Agitar
Conmover.
Perturbar.
Remover.
Sacudir.
Inquietar.
*Apaciguar.

1. Aglomeración
Hacinamiento.
Acumulación.
Amontonamiento.
*Dispersión.

2. Aglomeración
Multitud.
Gentío.
Muchedumbre.
Afluencia.

Aglomerar
Hacinar.
Amontonar.
Conglomerar.
Acumular.
Juntar.
*Dispersar.

Aglutinar
Cuajar.
Juntar.
Reunir.
Conglutinar.
*Separar.

Agobiar
Atosigar.
Abrumar.
Cansar.
Oprimir.
Fatigar.

Agobio
Cansancio.
Sofocación.

Opresión.
Atosigamiento.
Fatiga.

1. Agonía
Muerte.
Fin.
Postrimería.

2. Agonía
Pena.
Congoja.
Aflicción.
Ansia.
*Alegría.

3. Agonía
Anhelo.
Deseo.

Agonizar
Morir.
Perecer.
Extinguirse.
Acabarse.
Terminar.
*Nacer.

Agorar
Predecir.
Presagiar.
Profetizar.
Vaticinar.
Adivinar.

Agorero
Profeta.
Vate.
Adivino.
Nigromante.
Augur.

Agostador
Abrasador.

Agostar
Abrasar.
Marchitar.
Secar.
*Reverdecer.

Agotamiento
Extenuación.
Consunción.
Debilidad.
Enflaquecimiento.
*Vigor.

1. Agotar
Gastar.

Acabar.
Consumir.
Apurar.
*Colmar.

2. Agotar
Extenuar.
Debilitar.
Enflaquecer.
*Vigorizar.

Agraciado
Hermoso.
Gracioso.
Lindo.
Bonito.
*Soso.

Agraciar
Premiar.
Otorgar.
Favorecer.
Conceder.
*Sancionar.

Agradable
Placentero.
Grato.
Amable.
Deleitoso.
Gustoso.
*Desagradable.

Agradar
Satisfacer.
Contentar.
Gustar.
Complacer.
Deleitar.
*Molestar.

Agradecer
Reconocer.
*Desagradecer.

Agradecido
Obligado.
Reconocido.
*Ingrato.

Agradecimiento
Gratitud.
Reconocimiento.
*Ingratitud.

Agrado
Complacencia.
Contentamiento.

Satisfacción.
Gusto.
Placer.
*Desagrado.

Agrandar
Acrecentar.
Engrandecer.
Aumentar.
Acrecer.
Multiplicar.
*Achicar.

Agravar
Enconar.
Empeorar.
Recrudecer.
*Aliviar.

Agraviar
Insultar.
Injuriar.
Ofender.
Afrentar.
Ultrajar.
*Reparar.

Agravio.
Insulto.
Injuria.
Ofensa.
Afrenta.
Ultraje.
*Desagravio.

1. Agraz
Uva verde.
Tierno.
Agrazón.
Agracejo.

2. Agraz
Desazón.
Amargura.
Sinsabor.
Disgusto.
*Dulzura.

Agredir
Atacar.
Embestir.
Acometer.
Arremeter.
*Huir.

1. Agregado
Mezcla.
Compuesto.

2. Agregado
Anexo.
Adscrito.
Afecto.
Destinado.

3. Agregado
Arrendado.

Agregar
Sumar.
Adicionar.
Añadir.
Aumentar.
Anexar.
*Quitar.

Agresión
Acometida.
Asalto.
Ataque.
Embestida.
*Fuga.

Agresivo
Insolente.
Provocativo.
Provocador.
Violento.
Ofensivo.
*Remiso.

Agreste
Silvestre
Campestre.
Áspero.
Inculto.
Salvaje.
*Cultivado.

1. Agriar
Avinagrar.
Acidificar.
Acedar.
Acidular.
*Alcalinizar.

2. Agriar
Exacerbar.
Exasperar.
*Suavizar.

Agricultor
Labriego.
Labrador.
Campesino.
Cultivador.

Agrietar
Resquebrajar.

Hender.
Abrir.
Rajar.
*Cerrar.

1. Agrio
Acre.
Ácido.
Acedo.
Áspero.
Acerbo.
*Suave.

2. Agrio
Quebradizo.
Frágil.
Friable.
*Tenaz.

Agrisado
Ceniciento.
Plomizo.
Grisáceo.
Apizarrado.

Agro
Tierra.
Campo.

1. Agua
Fluido.
Linfa.
Líquido.

2. Agua
Lluvia.

3. Agua
Océano.
Mar.

4. Agua
Vertiente.

Aguacate
Palta.
Sute.

Aguacero
Chubasco.
Nubada.
Chaparrón.
Chaparrada.
Argavieso.

Aguachar
Amansar.

Aguada
Acuarela.

Aguadero
Pila.
Abrevadero.
Pilón.

Aguado
Mojado.
Empapado.

Aguafuerte
Grabado.
Estampa.

Aguamanil
Jofaina.
Palangana.
Jarro.

Aguantable
Tolerable.
Sufrible.
Soportable.
Llevadero.
*Inaguantable.

Aguantar
Soportar.
Resistir.
Sostener.
Tolerar.
Sufrir.
*Flaquear.

Aguantarse
Dominarse.
Reprimirse.
Callarse.
Contenerse.
Vencerse.
*Desatarse.

1. Aguante
Vigor.
Fuerza.
Energía.
Resistencia.
*Debilidad.

2. Aguante
Paciencia.
Tolerancia.
Sufrimiento.
*Intolerancia.

Aguar
Frustrar.
Interrumpir.
Turbar.
Perturbar.

Aguardar
Esperar.
Atender.
*Retirarse.

1. Agudeza
Perspicacia:
Viveza.
Sutileza.
Ingenio.
*Simpleza.

2. Agudeza
Chiste.
Ocurrencia.
*Perogrullada.

1. Agudo
Aguzado.
Puntiagudo.
Afilado.
*Romo.

2. Agudo
Ocurrente.
Ingenioso.
Perspicaz.
*Simple.

3. Agudo
Vivo.
Penetrante.
*Mortecino.

4. Agudo
Alto.
*Grave.

Agüero
Augurio.
Presagio.
Pronóstico.
Predicción.

Aguerrido
Experimentado.
Avezado.
Fogueado.
Veterano.
Ducho.
*Bisoño.

Aguijada
Picana.

Aguijar
Pinchar.
Punzar.
Acuciar.

Espolonear.
Aguijonear.
*Frenar.

1. Aguijón
Púa.
Rejo.
Pincho.
Espina.

2. Aguijón
Incentivo.
Acicate.
Estímulo.
*Freno.

Aguijonear
Punzar.
Picar.
Incitar.
Acuciar.
Pinchar.
*Frenar.

Aguileño
Corvo.
Torcido.

Aguinaldo
Gratificación.
Recompensa.
Propina.

1. Aguja
Compás.
Brújula.

2. Aguja
Saetilla.
Saeta.
Manecilla.

3. Aguja
Púa.
Alfiler.
Horquilla.
Pasador.

Agujerear
Perforar.
Horadar.
Taladrar.
*Tapar.

Agujero
Foramen.
Orificio.
Horado.

Aguzanieves
Aguanieves.

Andarríos.
Doradillo.
Pezpita.
Motacila.

1. Aguzar
Afilar.
Sacar punta.

*Embotar.

2. Aguzar
Incitar.
Aguijar.
Estimular.
Avivar.

*Embotar.

Aherrojar
Encadenar.
Engrilletar.
Esposar.
Sojuzgar.
Esclavizar.

*Liberar.

Aherrumbrarse
Oxidarse.
Enmohecerse.
Herrumbrarse.

*Desenmohecerse.

Ahí
Acá.
Allí.
Aquí.

*Allá.

Ahijar
Adoptar.
Prohijar.

*Repudiar.

1. Aína
Presto.
Rápido.

2. Aína
Cómodamente.
Fácilmente.
Sencillamente.

3. Aína
Por poco.

Ahínco
Esfuerzo.
Tesón.
Firmeza.
Empeño.

*Apatía.

Ahitarse
Hartarse.
Saciarse.
Empacharse.
Atracarse.
Apiparse.

*Ayunar.

Ahíto
Repleto.
Harto.
Saciado.

*Hambriento.

Ahogar
Sofocar.
Asfixiar.
Apagar.
Oprimir.
Atosigar.

Ahogo
Sofocación.
Opresión.
Ahoguío.
Apuro.
Pobreza.

*Desahogo.

Ahondar
Adentrarse.
Penetrar.
Profundizar.
Calar.

1. Ahora
En estos momentos.
En este instante.

2. Ahora
Poco ha.
Dentro de poco.

3. Ahora
Al presente.
Hoy día.
En la actualidad.
Actualmente.
En el momento actual.

Ahorcar
Colgar.

Ahorita
En seguida.

1. Ahormar
Amoldar.

2. Ahormar
Convencer.

Persuadir.

*Disuadir.

Ahorrador
Económico.
Ahorrativo.
Guardoso.

*Gastador.

Ahorrar
Reservar.
Guardar.
Economizar.

*Gastar.

Ahorro
Reserva.
Economía.

1. Ahuecar
Esponjar.
Ablandar.
Mullir.

*Tupir.

2. Ahuecar (la voz)
Bajar.

*Atiplar.

3. Ahuecar
Marcharse.
Largarse.

*Llegar.

Ahuecarse
Envanecerse.
Engreír.
Hincharse.
Esponjarse.

*Avergonzarse.

Ahusado
Fusiforme.

Ahuyentar
Apartar.
Rechazar.
Expulsar.
Alejar.

*Atraer.

Airado
Iracundo.
Irritado.
Enojado.
Encolerizado.
Furioso.

*Apacible.

1. Aire
Ambiente.
Atmósfera.

2. Aire
Viento.

3. Aire
Aspecto.
Apariencia.
Figura.

4. Aire
Apostura.
Gallardía.
Garbo.
Gracia.
Gentileza.

*Torpeza.

5. Aire
Tonada.
Canción.
Aria.

Airear
Orear.
Oxigenar.
Ventilar.

*Encerrar.

Airoso
Gallardo.
Arrogante.
Apuesto.
Garboso.
Galán.

*Desgarbado.

Aislado
Solo.
Independiente.
Solitario.
Apartado.
Incomunicado.

*Acompañado.

Aislamiento
Retiro.
Separación.
Retraimiento.
Desconexión.

*Comunicación.

Aislar
Desconectar.
Incomunicar.
Separar.

*Comunicar.

Aislarse
Retraerse.
Retirarse.
Apartarse.
Recogerse.

*Incorporarse.

1. Ajar
Maltratar.
Deteriorar.
Deslucir.
Marchitar.
Desmejorar.

*Lozanear.

2. Ajar
Vejar.
Humillar.
Ofender.

*Respetar.

Ajedrezado
Escacado.
Escaqueado.
Jaquelado.
Equipolado.

*Plano.

Ajenjo
Alosna.
Absintio.

Ajeno
Forastero.
Extraño.

*Propio.

Ajetreo
Movimiento.
Trajín.
Reventadero.

Ají
Chilcote.
Chile.
Rocote.
Ajiaco.

Ajobo
Molestia.
Fatiga.
Carga.
Esfuerzo.

*Alivio.

Ajonjolí
Sésamo.
Alegría.

Ajorca
Argolla.
Pulsera.
Brazalete.

Ajuar
Mobiliario.
Moblaje.
Menaje.
Mueblaje.

Ajumarse
Embriagarse.
Emborracharse.

1. Ajustar
Encajar.
Acoplar.
Adaptar.
Unir.
Arreglar.
*Desarreglar.

2. Ajustar
Convenir.
Pactar.
Concertar.
Concordar.
*Romper.

3. Ajustar
Compaginar.
*Descomponer.

Ajustarse
Avenirse.
Conformarse.
Amoldarse.
Atenerse.
*Discrepar.

1. Ajuste
Pacto.
Conciliación.
Arreglo.
Trato.
*Desacuerdo.

2. Ajuste
Exactitud.
Precisión.

Ajusticiar
Ejecutar.
*Perdonar.

1. Ala
Élitro.
Alón.

2. Ala
Fila.
Hilera.

3. Ala
Lado.
Flanco.

Alabanza
Loa.
Elogio.
Apología.
Encomio.
Loor.
*Censura.

Alabar
Ensalzar.
Enaltecer.
Loar.
Celebrar.
Elogiar.
*Condenar.

Alabarda
Lanza.
Pica.

Alabarse
Vanagloriarse.
Alardear.
Jactarse.
Preciarse.
Gloriarse.
*Acusarse.

Alabeado
Arqueado.
Curvo.
Adunco.
Cono.
*Recto.

Alabeo
Comba.
Pandeo.
Curva.
*Rectitud.

Alacena
Armario.

Alacrán
Escorpión.

Alacridad
Ligereza.
Presteza.
Animación.

Prontitud.
Rapidez.
*Torpeza.

Aladierna
Mesto.
Alitierno.

Alado
Grácil.
Aligero.

1. Alambicar
Refinar.
Purificar.
Sutilizar.
Aquilatar.

2. Alambicar
Destilar.

Alambique
Destilatorio.
Destilador.
Alquitara.

Álamo
Almo.
Chopo.
Pobo.

1. Alarde
Presunción.
Gala.
Ostentación.
Jactancia.
Pavoneo.

2. Alarde
Inspección.
Revista.

Alardear
Vanagloriarse.
Jactarse.
Preciarse.
Alabarse.
Gloriarse.
*Reprocharse.

1. Alargar
Estirar.
Prolongar.
Prorrogar.
*Acortar.

2. Alargar
Entregar.
Tender.
Adelantar.
*Tomar.

Alarido
Chillido.
Rugido.
Grito.
Bramido.
Baladro.

1. Alarma
Sobresalto.
Susto.
Zozobra.
Temor.
*Sosiego.

2. Alarma
Rebato.

Alarmar
Sobresaltar.
Asustar.
Atemorizar.
Inquietar.
Intranquilizar.
*Tranquilizar.

Alavés
Alavense.
Babazorro.

Alazo
Aletazo.

Albada
Alborada.

Albahaca
Alábega.
Alfábrega.

Alba
Alborada.
Albor.
Aurora.
Madrugada.
Amanecer.
*Anochecer.

Albacea
Testamentario.

Albañal
Cloaca.
Desaguadero.
Colector.
Sumidero.
Vertedor.

Albañil
Alarife.

Albarán
Talón.
Recibo.
Resguardo.

Albarda
Basto.
Aparejo.
Enjalma.

Albardán
Juglar.
Bufón.
Payaso.
Histrión.

Albaricoque
Albercoque.
Albarcoque.

Albayalde
Cerusa.
Cerusita.
Carbonato de plomo.
Blanco de plomo.

Albazo
Alborada.

Albear
Aclarar.
Emblanquecer.
Blanquear.
*Negrear.

1. Albedrío
Libertad.
Elección.
Arbitrio.
Voluntad.
*Fatalidad.

2. Albedrío
Capricho.
Antojo.
Gusto.
Gana.
Arbitrariedad.

Alberca
Estanque.
Charca.

Albergar
Hospedar.
Alojar.
Asilar.
Acoger.
Cobijar.
*Expulsar.

1. Albergue
Alojamiento.
Refugio.
Hospedaje.
Asilo.
Cobijo.

2. Albergue
Cubil.
Guarida.
Manida.

Alberguería
Hospedería.
Hostería.
Posada.
Parador.
Motel.

Albo
Níveo.
Blanco.
Cándido.

*Negro.

1. Albollón
Desaguadero.
Albellón.
Arbellón.
Arbollón.

2. Albollón
Alcantarilla.
Cloaca.
Albañal.

Albóndiga
Almóndiga.

1. Albor
Aurora.
Amanecer.
Alba.
Alborada.

*Anochecer.

2. Albor
Blancura.
Albura.

*Negror.

1. Alborada
Amanecer.
Albor.

*Anochecer.

2. Alborada
Diana.

3. Alborada
Albada.

Alborear
Clarear.
Amanecer.
Alborecer.

*Oscurecer.

Albores
Comienzos.
Principios.
Inicios.
Infancia.

*Ocaso.

Alborotado
Precipitado.
Vehemente.
Irreflexivo.
Ligero.
Atolondrado.

*Juicioso.

Alborotar
Sublevar.
Perturbar.
Gritar.
Excitar.
Trastornar.

*Apaciguar.

1. Alboroto
Algazara.
Vocerío.
Gritería.
Bullicio.
Jaleo.

*Silencio.

2. Alboroto
Alborozo.

Alborozo
Regocijo.
Alegría.
Gozo.
Júbilo.
Contento.

*Consternación.

Albufera
Laguna.
Estero.
Albina.
Albariza.

Álbum
Portafolio.

Albur.
Eventualidad.

Casualidad.
Contingencia.
Azar.

*Seguridad.

Alcabala
Tributo.
Censo.
Impuesto.

Alcahueta
Encubridora.
Proxeneta.
Comadre.
Celestina.
Trotaconventos.

Alcahuete
Rufián.
Encubridor.

Alcahuetería
Lenocinio.
Tercería.
Proxenetismo.

Alcaide
Guardián.
Carcelero.
Cancerbero.

Alcaldada
Exceso.
Abuso.
Tropelía.
Atropello.
Arbitrariedad.

*Justicia.

Alcalde
Corregidor.
Baile.

1. Alcance
Persecución.
Seguimiento.

2. Alcance
Importancia.
Trascendencia.

Alcances
Talento.
Inteligencia.
Capacidad.
Clarividencia.
Luces.

Alcancía
Ollaciega.
Vidriola.

Hucha.
Ladronera.

Alcantarilla
Sumidero.
Desaguadero.
Cloaca.
Colector.
Vertedor.

Alcanzado
Escaso.
Falto.
Necesitado.
Apurado.
Deudor.

1. Alcanzar
Lograr.
Conseguir.
Obtener.
Llegar.

2. Alcanzar
Comprender.
Entender.

3. Alcanzar
Atañer.
Tocar.

4. Alcanzar
Tomar.
Coger.

*Soltar.

Alcaparra
Tápara.

Alcatifa
Alfombra.
Tapete.

Alcayata
Escarpia.

Alcayota
Cayote.
Cidra.

Alcázar
Palacio.
Castillo.
Fortaleza.
Alcoba.

Alce
Ante.
Anta.
Danta.
Dante.

Alcoba
Dormitorio.
Aposento.
Cuarto.
Pieza.

1. Alcohol
Aguardiente.
Espíritu.

2. Alcohol
Galena.

Alcolea
Alcázar.
Castillo.

Alcor
Colina.
Montículo.
Otero.
Loma.
Cerro.

Alcorce
Atajo.

Alcornoque
Necio.
Torpe.
Estúpido.

1. Alcorzar
Adornar.
Acicalar.
Emperifollar.

*Desaliñar.

2. Alcorzar
Atajar.
Acortar.

*Rodear.

Alcudia
Cerro.
Alcor.

Alcurnia
Estirpe.
Linaje.
Prosapia.
Ascendencia.

Alcuza
Aceitera.

Aldaba
Llamador.
Picaporte.
Aldabón.

Aldabas
Influencia.
Valimiento.
Favor.
Padrinos.
Agarraderas.

Aldea
Caserío.
Pueblecito.
Burgo.
Lugar.
Lugarejo.

1. Aldeano
Pueblerino.
Lugareño.
Campesino.

2. Aldeano
Paleto.
Rústico.
Inculto.
Ignorante.

Aleación
Fusión.
Mezcla.
Liga.

1. Alear
Aletear.

2. Alear
Mezclar.
Fundir.
Ametalar.

Aleatorio
Casual.
Fortuito.

Aleccionar
Instruir.
Adiestrar.
Adoctrinar.
Amaestrar.
Enseñar.

1. Aledaño
Limítrofe.
Colindante.
Vecino.
Contiguo.
Lindante.
*Separado.

2. Aledaño
Término.
Confín.
Límite.

3. Aledaño
Dependencia.
Anejo.

Alegar
Aducir.

Alegato
Argumento.
Prueba.
Defensa.
Razonamiento.

Alegoría
Metáfora.
Símbolo.
Representación.
Ficción.

1. Alegrar
Alborozar.
Animar.
Regocijar.
Entusiasmar.
Complacer.
*Entristecer.

2. Alegrar
Hermosear.
Avivar.
Animar.
*Deslucir.

1. Alegre
Gozoso.
Jubiloso.
Divertido.
Regocijado.
Contento.
*Triste.

2. Alegre
Achispado.
Ajumado.
Alumbrado.

Alegría
Alborozo.
Júbilo.
Contento.
Gozo.
Regocijo.
*Aflicción.

Alejar
Ahuyentar.
Apartar.
Retirar.
Separar.

Rechazar.
*Acercar.

Alelado
Confundido
Desconcertado.
Pasmado.
Aturdido.
Atontado.
*Avispado.

Alelar
Atontar.
Embobar.
Atontolinar.
Entontecer.
*Despabilar.

Aleluya
Viva.
Albricias.

Alemán
Germano.
Teutón.
Tudesco.
Germánico.

1. Alentar
Estimular.
Confortar.
Incitar.
Animar.
Exhortar.
*Desalentar.

2. Alentar
Espirar.
Respirar.

Alerce
Lárice.

Alero
Tejaroz.
Ala.
Borde.

1. Aletargar
Amodorrar.
Adormecer.
Embeleñar.
*Despertar.

2. Aletargar
Modorrar.
Adormecer.
*Desvelar.

Aletazo
Alazo.

Aletear
Alear.

Aleve
Traicionero.
Infiel.
Pérfido.
Alevoso.
Traidor.
*Leal.

Alevosía
Felonía.
Prodición.
Perfidia.
Traición.
*Lealtad.

Alevoso
Traidor.
Traicionero.
Pérfido.
Desleal.
Infiel.
*Noble.

Alfabeto
Abecedario.
Abecé.

Alfábrega
Albahaca.

Alfalfa
Mielga.

Alfarería
Cerámica.

Alfarero
Ceramista.
Barrero.
Cantarero.

Alfayate
Sastre.

Alféizar
Derrame.
Alfeiza.

Alfeñique
Delicado.
Melindroso.
Blandengue.
Merengue.

Remilgado.
*Rudo.

1. Alférez
Lugarteniente.

2. Alférez
Portaestandarte.
Abanderado.

Alfiler
Broche.
Aguja.
Imperdible.

Alfiletero
Canutero.
Cañutero.
Cañuto.
Cachucho.

Alfombra
Tapete.
Estera.
Alcatifa.

Alforja
Bolsa.
Talega.

Algaida
Matorral.
Maleza.

Algarabía
Vocerío.
Bulla.
Griterío.
*Silencio.

Algarada
Alboroto.
Asonada.
Tumulto.
Motín.
Sedición.
Sublevación.

Algarroba
Arveja.
Garroba.
Garrofa.

Algarrobo
Tamarugo.

Algazara
Vocerío.
Algarabía.
Bullicio.

Batahola.
Gritería.

Álgido
Frígido.
Glacial.
Algente.
*Caliente.

Alguacil
Esbirro.
Guardia.

Alguien
Alguno.

Algunos
Varios.
Ciertos.

Alhaja
Joya.
Broche.
Dije.

Alheñarse
Agotarse.
Marchitarse.

Alhóndiga
Mercado.
Pósito.
Lonja.

Alhucema
Espliego.
Lavándula.

Aliaga
Árgoma.
Aulaga.

1. Alianza
Coalición.
Liga.
Unión.
Confederación.
*Rivalidad.

2. Alianza
Tratado.
Pacto.
Convenio.

Aliarse
Asociarse.
Unirse.
Confederarse.
*Desunirse.

Alias
Sobrenombre.
Apodo.
Mote.

Alicaído
Abatido.
Triste.
Desanimado.
Desalentado.
*Alegre.

Alicates
Tenacillas.
Tenazas.

Aliciente
Estímulo.
Incentivo.
Atractivo.
Acicate.
*Coercitivo.

Alienable
Vendible.
Enajenable.
*Inalienable.

Alienado
Demente.
Psicópata.
Perturbado.
Loco.
Ido.
*Cuerdo.

Alienar
Vender.
Traspasar.
Enajenar.
*Adquirir.

1. Aliento
Valor.
Esfuerzo.
Ánimo.
Brío.
Denuedo.
*Desaliento.

2. Aliento
Respiración.
Vaho.
Soplo.

Alifafe
Afección.
Indisposición.
Achaque.

1. Aligerar
Atenuar.
Aliviar.
Moderar.
*Agravar.

2. Aligerar
Apresurar.
Activar.
Apurar.
Acelerar.
Abreviar.
*Retardar.

Aligero
Veloz.
Alado.
Rápido.

Alijar
Aliviar.
Aligerar.
Transbordar.
Embarcar.

Alimaña
Bicho.
Sabandija.
Animal.
Bestia.

1. Alimentar
Sustentar.
Nutrir.
Mantener.

2. Alimentar
Fomentar.
Sostener.

1. Alimento
Manutención.
Comida.
Sustento.

2. Alimento
Pábulo.
Sostén.
Fomento.

Alineación
Alineamiento.
Formación.
Jalonamiento.

1. Aliñar
Condimentar.
Sazonar.
Aderezar.
Adobar.

2. Aliñar
Acicalar.
Arreglar.
Adornar.
Componer.
*Desaliñar.

1. Aliño
Adobo.
Aderezo.
Condimento.

2. Aliño
Pulcritud.
Compostura.
Aseo.
*Desaliño.

Aliquebrado
Abatido.
Decaído.
Desanimado.
*Eufórico.

1. Alisar
Bruñir.
Pulir.
Pulimentar.

2. Alisar
Planchar.
Desarrugar.
*Desplanchar.

Alistar
Matricular.
Reclutar.
Inscribir.
Afiliar.
*Retirar.

1. Aliviar
Suavizar.
Templar.
Moderar.
Mitigar.
Mejorar.
*Agravar.

2. Aliviar
Descargar.
Aligerar.
*Cargar.

Aliviarse
Reponerse.
Mejorar.
Recobrarse.
*Agravarse.

1. Alivio
Consuelo.
Descanso.
*Agravio.

2. Alivio
Mejoría.
*Empeoramiento.

Aljaba
Carcax.
Carcaj.
Goldre.

Aljafarre
Azotea.
Ajarafe.
Terrado.

Aljibe
Cisterna.

Allanarse
Avenirse.
Amoldarse.
Conformarse.
Resignarse.
*Resistirse.

1. Alma
Ánima.
Espíritu.

2. Alma
Aliento.
Ánimo.
Energía.
Vehemencia.
Viveza.
*Desánimo.

3. Alma
Individuo.
Persona.
Habitante.

Almacén
Factoría.
Depósito.
Pósito.

Almacenar
Acumular.
Guardar.
Acopiar.
Reunir.
Allegar.
*Repartir.

Almadía
Balsa.

Almagre
Ocre rojo.
Almazarrón.
Almagra.

Almanaque
Calendario.
Pronóstico.
Piscator.

Almeja
Telina.
Tellina.

Almendra
Arzolla.
Almendruco.
Alloza.

Almeriense
Urcitano.

Almiar
Pajar.
Piara.
Montonera.

Almibarado
Empalagoso.
Dulzón.
Melifluo.
Meloso.

Alminar
Minarete.

Almirez
Pilón.
Mortero.

1. Almo
Alimentador.
Vivificador.
Criador.

2. Almo
Venerable.
Excelente.
*Despreciable.

Almohada
Cabezara.
Cabecera.
Cabezal.

Almohadilla
Acerico.

Almohadón
Cojín.

Almóndiga
Albóndiga.

Almoneda
Licitación.
Subasta.
Saldo.

Almorrana
Hemorroide.

Almorta
Arvejón.
Guija.
Muela.
Tito.

Almorzar
Comer.

Almuerzo
Comida.

Almunia
Alquería.
Huerto.
Granja.

Alnado
Hijastro.
Entenado.

Alocado
Atolondrado.
Irreflexivo.
Precipitado
Desatinado.
*Juicioso.

Alocución
Arenga.
Discurso.
Parlamento.

Áloe
Zabila.
Azabara.

Alojamiento
Posada.
Albergue.
Hospedaje.
Cobijo.
Aposento.

Alojar
Albergar.
Guarecer.
Cobijar.
Hospedar.

Aposentar.
*Desalojar.

Alón
Ala.

Alondra
Calandria.
Terrera.
Alhoja.
Tenca.

Alpaca
Carnero.

Alpinista
Montañista.
Montañero.
Escalador.
Escalacumbre.
Andinista.

Alquería
Caserío.
Cortijo.
Granja.
Rancho.

Alquilar
Arrendar.
*Desalquilar.

Alquiler
Renta.
Arriendo.
Arrendamiento.
Inquilinato.

Alquitara
Destilador.
Alambique.

1. Alrededor
En torno.

2. Alrededor
Aproximadamente.
Cerca.

Alrededores
Inmediaciones.
Afueras.
Proximidades.
Cercanías.
Contornos.
*Centro.

Alta
Reincorporación.
Reingreso.

Reintegro.
*Baja.

Altanería
Arrogancia.
Soberbia.
Orgullo.
Altivez.
*Modestia.

Altanero
Arrogante.
Soberbio.
Orgulloso.
Altivo.
*Modesto.

Altar
Ara.

Alteración
Cambio.
Variación.
Trastorno.
Mudanza.
Perturbación.
*Permanencia.

Alterar
Cambiar.
Mudar.
Variar.
Perturbar.
Trastornar.
*Mantener.

Altercado
Riña.
Reyerta.
Pendencia.
Disputa.
Gresca.
*Acuerdo.

Alternador
Generador.

1. Alternar
Turnar.
Relevarse.
Sucederse.
Permutar.

2. Alternar
Sociabilizar.
Frecuentar.
Codearse.
Rozarse.

Alternativa
Dilema.
Disyuntiva.
Opción.
Elección.

Alterno
Alternativo.

Alteza
Sublimidad.
Elevación.
Excelencia.
Altura.
*Bajeza.

Altibajo
Fluctuación.
Desigualdad.
Salto.
*Regularidad.

Altilocuente
Grandilocuente.
*Lacónico.

Altimetría
Hipsometría.

Altiplanicie
Meseta.
Rasa.
Puna.

Altisonante
Pomposo.
Ampuloso.
Redundante.
*Natural.

Altivez
Orgullo.
Arrogancia.
Soberbia.
Altanería.
*Humildad.

Altivo
Soberbio.
Altanero.
Orgulloso.
Arrogante.
*Modesto.

1. Alto
Encumbrado.
Prominente.
Elevado.
*Hondo.

2. Alto
Espigado.
Crecido.
Talludo.
*Achaparrado.

3. Alto
Agudo.
*Grave.

4. Alto
Parada.

5. Alto
Detención.

6. Alto
Altura.
Elevación.

7. Alto
Montón.
Pila.
Cúmulo.

Altozano
Altillo.
Cerro.
Alcor.

Altruismo
Filantropía.
Generosidad.
*Egoísmo.

1. Altura
Elevación.
Altitud.
Cumbre.
Alto.
*Depresión.

2. Altura
Superioridad.
Alteza.
Grandeza.
Eminencia.
*Bajeza.

Alubia
Poroto.
Habichuela.
Judía.

Alucinación
Deslumbramiento.
Alucinamiento.
Engaño.
*Clarividencia.

Alucinar
Ilusionar.
Deslumbrar.
Engañar.
Confundir.
Cautivar.

Alud
Avalancha.
Lurte.
Argayo.

Aludir
Citar.
Referirse.
Mencionar.
*Reservarse.

Alumbrado
Iluminación.

1. Alumbrar
Iluminar.
Aclarar.
Encender.
*Apagar.

2. Alumbrar
Parir.
Dar a luz.

Alumbrarse.
Embriagarse.
Emborracharse.
Achisparse.
*Desembriagarse.

Alumno
Estudiante.
Discípulo.
Escolar.
Colegial.

Alusión
Mención.
Referencia.
Cita.

Alusivo
Relativo.
Referente.
Tocante.

1. Aluvión
Desbordamiento.
Inundación.
Avenida.
Argayo.

2. Aluvión
Muchedumbre.

Multitud.
Tropel.
Enjambre.
*Escasez.

Álveo
Lecho.
Madre.
Cauce.

Alverja
Guisante.

Alza
Encarecimiento.
Aumento.
Subida.
Elevación.
*Baja.

Alzada
Apelación.

1. Alzado
Precio.
Ajuste.

2. Alzado
Fachada.
Frontal.

Alzamiento.
Insurrección.
Sublevación.
Rebelión.
Levantamiento.
Motín.

Alzapié
Taburete.
Banquillo.
Banqueta.
Escabel.

Alzaprima
Palanca.

Alzar
Encumbrar.
Subir.
Levantar.
Elevar.
*Bajar.

Allá
Allí.
*Acá.

1. Allanar
Nivelar.

Igualar.
Aplanar.
Arrasar.
*Desnivelar.

2. Allanar
Superar.
Facilitar.
Zanjar.
Resolver.
Vencer.
*Incitar.

3. Allanar
Abatir.
Derribar.
Explanar.
*Edificar.

4. Allanar
Forzar.
Violentar.

1. Allegado
Cercano.
Próximo.
*Lejano.

2. Allegado
Familiar.
Pariente.
Deudo.
*Extraño.

Allende
De la otra parte.
Al otro lado.
Allá.

1. Ama
Señorita.
Señora.
*Sirviente.

2. Ama
Propietaria.
Dueña.
*Inquilino.

3. Ama
Niñera.
Aya.

4. Ama
Nodriza.

Amabilidad
Gentileza.
Afabilidad.

Urbanidad.
Benevolencia.
Cortesía.
*Descortesía.

Amable
Atento.
Cariñoso.
Cordial.
Complaciente.
Afectuoso.
*Descortés.

Amaestrar
Adiestrar.
Ejercitar.
Entrenar.
Instruir.
Enseñar.

1. Amagar
Conminar.
Amenazar.
*Proteger.

2. Amagar
Apuntar.
Dar a entender.
Insinuar.
*Manifestar.

Amagarse
Esconderse.
Ocultarse.
Agacharse.
*Mostrarse.

1. Amago
Conminación.
Amenaza.

2. Amago
Síntoma.
Gesto.
Indicio.
Señal.

Amainar
Disminuir.
Calmar.
Aflojar.
Ceder.
Moderar.
*Arreciar.

Amalgama
Combinación.
Mezcla.
*Separación.

Amamantar
Nutrir.
Lactar.
Criar.

Amancillar
Deslucir.
Afear.
Deslustrar.
Ajar.
Empañar.
*Lustrar.

1. Amanecer
Alborecer.
Alborear.
Despuntar.
Rayar.
*Anochecer.

2. Amanecer
Surgir.
Aparecer.
Hallar.
Encontrar.
*Desaparecer.

Amanecer
Aurora.
Alborada.
Alba.
Amanecida.
*Atardecer.

Amaneramiento
Rebuscamiento.
Afectación.
Remilgo.
*Naturalidad.

Amanerarse
Estudiarse.
Repetirse.
Viciarse.

Amanillar
Encadenar.
Maniatar.
Esposar.
Agarrotar.
*Librar.

Amansador
Domador.
Picador.

Amansar
Domesticar.
Domar.

Tranquilizar.
Apaciguar.
Calmar.
*Embravecer.

1. Amante
Galante.
Tierno.
Enamorado.
Querido.
Afectuoso.

2. Amante
Galán.
Amador.

3. Amante
Inclinado.
Aficionado.

4. Amante
Manceba.

Amanuense
Secretario.
Copista.
Escribano.
Escribiente.

Amañar
Falsear.
Arreglar.
Componer.
Preparar.

Amaño
Treta.
Artificio.
Ardid.
Astucia.
Triquiñuela.

Amapola
Camelia.
Ababol.

1. Amar
Apreciar.
Querer.
Estimar.
Adorar.
Afeccionar.
*Odiar.

2. Amar
Apasionarse.
Entregarse.
Complacerse.
Apegarse.

Amaranto
Borlas.

1. Amargar
Ahelar.
Agrazar.
Acibarar.
*Dulcificar.

2. Amargar
Apesadumbrar.
Entristecer.
Afligir.
Apenar.
Apesarar.
*Alegrar.

Amargo
Ácido.
Acerbo.
Acibarado.
*Dulce.

Amargura
Aflicción.
Pena.
Tristeza.
Disgusto.
Pesar.
*Dulzura.

Amarillo
Limonado.
Pajizo.
Gualdo.
Azufrado.

1. Amarra
Cordaje.
Atadura.

2. Amarra
Apoyo.
Protección.

Amarradero
Argolla.
Poste.

Amarrado
Lento.
Tardo.
Calmoso.

Amarrar
Ligar.
Atar.
Trincar.
Anudar.
*Desamarrar.

Amartelar
Arrullar.
Enamorar.

Amartillar
Armar.
Montar.

Amasadera
Masera.
Artesa.
Duerna.

Amasar
Mezclar.
Amalgamar.
Heñir.

Amasijo
Mezcla.
Revoltijo.
Revoltillo.

Amatorio
Erótico.
Amoroso.

Ambages
Perífrasis.
Rodeos.
Circunloquios.

Ámbar
Cárabe.

Ambarina
Escabiosa.

Ambición
Avidez.
Codicia.
Ansia.
Afán.
Anhelo.
*Modestia.

Ambicionar
Apetecer.
Codiciar.
Ansiar.
Querer.
Anhelar.

Ambicioso
Ávido.
Codicioso.
Ansioso.
Sediento.
*Modesto.

Ambidextro
Maniego.

Ambiente
Medio.

Ambigüedad
Indeterminación.
Imprecisión.
Equívoco.
Anfibología.
Confusión.
*Precisión.

Ambiguo
Dudoso.
Impreciso.
Confuso.
Anfibológico.
*Claro.

1. Ámbito
Perímetro.
Contorno.

2. Ámbito
Superficie.
Campo.
Espacio.

Ambos
Entrambos.
Ambos a dos.
Los dos.
Uno y otro.

Ambuesta
Almorzada.

1. Ambulante
Móvil.
*Fijo.

2. Ambulante
Errante.
Vagabundo.
*Estable.

Amedrentar
Intimidar.
Amilanar.
Acobardar.
Atemorizar.
Arredrar.
*Envalentonar.

1. Amén
Así sea.
Conforme.
De acuerdo.

2. Amén
Excepto.
A excepción de.

3. Amén
Además.
A más.

Amenaza
Bravata.
Apercibimiento.
Amago.
Conminación.
*Halago.

Amenazar
Apercibir.
Amagar.
Conminar.
*Halagar.

Amenguar
Mermar.
Aminorar.
Disminuir.
Menoscabar.
*Acrecentar.

Amenidad
Gracia.
Deleite.
Atractivo.
Afabilidad.
Diversión.
*Aburrimiento.

Ameno
Placentero.
Grato.
Agradable.
Entretenido.
Atractivo.
*Aburrido.

Americana
Chaqueta.
Saco.

Ametrallar
Disparar.
Acribillar.

Amiga
Querida.
Concubina.
Manceba.
Amante.

Amigable
Amistoso.
*Hostil.

Amigar
Reconciliar.

Amistar.
*Enemistar.

Amigarse
Amancebarse.

Amígdala
Glándula.
Tonsila.
Agalla.

Amigdalitis
Angina.
Esquinencia.

Amigo
Encariñado.
Adicto.
Aficionado.
Devoto.
Partidario.
*Enemigo.

Amilanar
Amedrentar.
Atemorizar.
Acobardar.
Intimidar.
Aterrar.
*Envalentonar.

Aminorar
Amenguar.
Disminuir.
Mermar.
Mitigar.
Atenuar.
*Acrecentar.

Amistad
Cariño.
Afecto.
Inclinación.
Apego.
Devoción.
*Enemistad.

Amistar
Reconciliar.
Amigar.
*Enemistar.

Amistoso
Amigable.
Afectuoso.
Afable.
*Hostil.

Amnistía
Perdón.
Indulto.

Amo
Patrón.
Señor.
Propietario.
Dueño.
*Siervo.

Amoblar
Moblar.
Amueblar.
Mueblar.

Amodorramiento
Somnolencia.
Sopor.
Letargo.
Modorra.
Aletargamiento.
*Insomnio.

Amodorrarse
Aletargarse.
Adormecerse.
Adormilarse.
*Desvelarse.

Amojonar
Demarcar.
Acotar.
Deslindar.

Amolador
Afilador.

1. Amolar
Aguzar.
Afilar.
*Embotar.

2. Amolar
Cansar.
Aburrir.
Fastidiar.
Molestar.
*Interesar.

Amoldar
Acomodar.
Adaptar.
Ajustar.
*Cuadrarse.

Amonedar
Acuñar.
Batir.

Amonestación
Advertencia.
Aviso.
Admonición.
Reconvención.
Exhortación.

Amonestaciones
Publicaciones.
Proclamas.

Amonestar
Exhortar.
Avisar.
Advertir.
Reprender.
Regañar.

Amontonar
Acumular.
Acopiar.
Apilar.
Hacinar.
Aglomerar.
*Desparramar.

Amontonarse
Enojarse.
Enfadarse.
Irritarse.
Encolerizarse.
*Desenfadarse.

Amor
Ternura.
Estimación.
Cariño.
Adoración.
*Odio.

Amoratado
Cárdeno.
Lívido.

Amorfo
Informe.
*Formado.

Amorío
Devaneo.
Flirteo.

Amoroso
Cariñoso.
Tierno.
Afectuoso.
Enamorado.
*Hostil.

Amortiguar
Mitigar.
Paliar.
Atenuar.
Aminorar.
Moderar.
*Avivar.

1. Amortizar
Extinguir.
Liquidar.
Vincular.
Redimir.

2. Amortizar
Cubrir gastos.
Recuperar.
Compensar.

Amoscarse
Resentirse.
Agraviarse.
Enfadarse.
Enojarse.
Sentirse.
*Aplacarse.

Amotinado
Rebelde.
Insurgente.
Revoltoso.
*Leal.

Amotinarse
Insubordinarse.
Sublevarse.
Alzarse.

Amparar
Defender.
Proteger.
Escudar.
Auxiliar.
Salvaguardar.
*Abandonar.

Ampararse
Cobijarse.
Resguardarse.
Guarecerse.
Abrigarse.

Amparo
Refugio.
Asilo.
Protección.
Defensa.
Reparo.

Ampliación
Aumento.
Amplificación.
Desarrollo.
*Reducción.

Ampliar
Extender.
Dilatar.
Aumentar.
Amplificar.
Ensanchar.
*Reducir.

Amplificar
Ampliar.
Extender.
Desarrollar.
Aumentar.
*Reducir.

Amplio
Espacioso.
Holgado.
Vasto.
Extenso.
Dilatado.
*Estrecho.

Amplitud
Espaciosidad.
Extensión.
Anchura.
*Estrechez.

Ampolla
Vejiga.
Burbuja.
Bulbo.

Ampuloso
Pomposo.
Redundante.
Hinchado.
Altisonante.
*Llano.

Amputación
Mutilación.
Ablación.

Amputar
Cercenar.
Cortar.
Truncar.

Amueblar
Amoblar.

Amuleto
Filactería.
Talismán.
Mascota.

Amurallar
Cercar.
Murar.

Anacardo
Caracolí.

Anacoreta
Eremita.
Ermitaño.
Solitario.

Anade
Ánsar.
Pato.

Analectas
Crestomatía.
Antología.
Selección.
Colección.

Anales
Memorias.
Crónicas.
Comentarios.
Fastos.

Analfabeto
Ignorante.
Inculto.
Iletrado.
*Culto.

1. Análisis
Distinción.
Descomposición.
Separación.
*Síntesis.

2. Análisis
Examen.
Estudio.
Observación.

1. Analizar
Separar.
Descomponer.
Distinguir.
Aislar.
*Sintetizar.

2. Analizar
Observar.
Estudiar.
Examinar.

Analogía
Semejanza.
Parecido.
Similitud
Afinidad.
*Diferencia.

Análogo
Parecido.
Semejante.
Afín.
Similar.
*Diferente.

Anaquel
Estante.

Anaranjado
Aloque.

1. Anarquía
Nihilismo.
Acracia.
Anarquismo.
*Absolutismo.

2. Anarquía
Confusión.
Desorden.
Desgobierno.
*Disciplina.

Anarquista
Libertario.
Nihilista.
Ácrata.
*Absolutista.

Anatema
Condena.
Maldición.
Excomunión.
Imprecación.
*Canonización.

Anatemizar
Condenar.
Reprobar.
Maldecir.
Excomulgar.
*Canonizar.

Anca
Grupa.

Ancianidad
Vejez.
Senectud.
*Juventud.

Anciano
Viejo.
Vetusto.
Longevo.
*Joven.

Ancla
Ferro.
Áncora.

Ancladero
Surgidero.
Fondeadero.

Anclar
Fondear.
Ancorar.
Echar anclas.
*Desanclar.

Ancón
Cala.

1. Ancho
Dilatado.
Vasto.
Amplio.
Holgado.
*Estrecho.
*Angosto.

2. Ancho
Satisfecho.
Engreído.
Ufano.
Campante.
*Insatisfecho.

3. Ancho
Latitud.
Amplitud.
Anchura.

1. Anchura
Latitud.
Amplitud.
Ancho.

2. Anchura
Holgura.
Soltura.
Desahogo.
Libertad.
*Estrechez.
*Angostura.

Andador
Caminante.
Andariego.
Andarín.

Andamiaje
Andamiada.

Andamio
Tablado.
Armazón.
Tablarón.

1. Andanada
Descarga.
Salva.
Cerrada.

2. Andanada
Reconvención.
Reprensión.
Reprimenda.
*Elogio.

1. Andar
Caminar.
Recorrer.
Marchar.

2. Andar
Moverse.
Funcionar.
Marchar
*Pararse.

Andariego
Caminante.
Errante.
Andador.
Andarín.
*Casero.

Andarín
Andariego.

Andas
Camilla.
Parihuela.
Angarillas.

1. Andén
Acera.
Corredor.

2. Andén
Muelle.
Apeadero.

3. Andén
Anaquel.

Andorrero
Andariego.

Andrajoso
Roto.

Zarrapastroso.
Harapiento.
Haraposo.
Desarrapado.
*Atildado.

Andrómina
Mentira.
Engaño.
Embuste.
Enredo.
*Verdad.

Andurrial
Sitio.
Paraje.
Lugar.

Anécdota
Chascarrillo.
Historieta.
Chiste.

1. Anegar
Sumergir.
Inundar.
Encharcar.
*Achicar.

2. Anegar
Ahogar.

Anegarse
Inundarse.
Zozobrar.
Naufragar.
Sumergirse.

Anejo
Unido.
Agregado.
Afecto.
Dependiente.
Anexo.
*Separado.

Anestesia
Narcótico.
Dormitivo.
Aletargador.
Adormecedor.
Insensibilizador.

Anestesiar
Cloroformizar.
Narcotizar.
Insensibilizar.
Adormecer.
Aletargar.

Anexar
Anexionar.
Agregar.

Anexión
Incorporación.
Unión.
Agregación.
*Separación.

Anexionar
Anexar.
Unir.
Agregar.
Incorporar.
*Separar.

Anexo
Adjunto.
Adscrito.
Agregado.
Unido.
Anejo.
*Independiente.

Anfibología
Equívoco.
Ambigüedad.

Anfiteatro
Hemiciclo.

Anfractuosidad
Sinuosidad.
Desigualdad.
Escabrosidad.

Angarillas
Camilla.
Parihuela.
Andas.
Árguenas.
Argueñas.

1. Angelical
Angélico.

2. Angelical
Inocente.
Seráfico.
*Perverso.

Angina
Amigdalitis.
Esquinencia.

Angosto
Estrecho.
Reducido.
*Ancho.

Angostura
Estrechez.
Estrechura.

Angulo
Canto.
Arista.
Esquina.
Rincón.
Recodo.

Angustia
Ansiedad.
Congoja.
Aflicción.
Dolor.
Tormento.
*Gozo.

Anhelar
Ambicionar.
Desear.
Ansiar.
Apetecer.
*Renunciar

Anhelo
Deseo.
Aspiración.
Ansia.
Afán.

Anilla
Aro.
Anillo.
Argolla.

Anillo
Aro.
Argolla.
Anilla.
Sortija.

Anima
Alma.

1. Animación
Agitación.
Movimiento.
Actividad.
Viveza.
Excitación.
*Calma.

2. Animación
Concurrencia.
Afluencia.

1. Animado
Movido.

Concurrido.
Divertido.

2. Animado
Reanimado.
Alentado.
Confortado.
*Desanimado.

3. Animado
Acalorado.
Excitado.
Agitado.
*Flemático.

Animadversión
Antipatía.
Odio.
Aborrecimiento.
Enemistad.
Ojeriza.
*Simpatía.

1. Animal
Bestia.
Bruto.
Alimaña.

2. Animal
Ignorante.
Grosero.
Torpe.

Animalada
Necedad.

Animar
Alentar.
Confortar.
Alegrar.
Excitar.
*Desalentar.

Anímico
Espiritual.
Psíquico.

1. Ánimo
Brío.
Valor.
Energía.
Intrepidez.
Denuedo.
*Desánimo.

2. Ánimo
Propósito.
Intención.
Designio.
Voluntad.

Animosidad
Odio.
Ojeriza.
Aborrecimiento.
Inquina.
Enemistad.
*Simpatía.

Animoso
Resuelto.
Decidido.
Valeroso.
Valiente.
Intrépido.
*Apocado.

Aniñado
Pueril.
Infantil.
*Avejentado.

Aniquilar
Destruir.
Exterminar.
Suprimir.
Arruinar.
Desbaratar.
*Crear.

1. Anís
Anisete.
Anisado.

2. Anís
Ojén.
Matafalúa.
Matalahúva.

Aniversario
Cumpleaños.
Celebración.

Anochecer
Oscurecer.
Ocaso.
Anochecida.
Atardecer.
*Amanecer.

Anodino
Insustancial.
Soso.
Insignificante.
Ineficaz.
Insípido.
*Importante.

Anomalía
Irregularidad.

Singularidad.
Rareza.
Añormalidad.

Anómalo
Extraño.
Raro.
Anormal.
Irregular.
Singular.
*Normal.

1. Anonadar
Desbaratar.
Arruinar.
Aniquilar.
Exterminar.

2. Anonadar
Humillar.
Abatir.
Confundir.
*Exaltar.

Anónimo
Ignorado.
Desconocido.
*Conocido.

Anormal
Anómalo.
Irregular.
*Normal.

Anormalidad
Anomalía.
Irregularidad.
*Normalidad.

Anotar
Asentar.
Glosar.
Apuntar.
Comentar.
*Borrar.

Anquilosado
Paralítico.
Atrofiado.
Inválido.
Impedido.
Esclerótico.
*Activo.

Anquilosarse
Estancarse.
Inmovilizarse.
Envejecer.
*Reactivarse.

Ánsar
Ganso.
Ansarón.

Ansiar
Anhelar.
Apetecer.
Aspirar.
Desear.
*Desdeñar.

Ansiedad
Impaciencia.
Desasosiego.
Alarma.
Agitación.
Ansia.
*Serenidad.

1. Anta
Alce.
Dante.
Danta.
Anta.

2. Anta
Tapir.

Antagonismo
Oposición.
Rivalidad.
Contraposición.
Conflicto.
*Acuerdo.

Antagonista
Contrario.
Adversario.
Rival.
Enemigo.
*Colaborador.

Antaño
Tiempo ha.
Antañazo.
En otro tiempo.
Antiguamente.
*Hogaño.

Antártico
Antártido.
Austral.
Meridional.
*Ártico.

1. Ante
Alce.
Anta.

2. Ante
Delante de.
En presencia de.

Antecámara
Antesala.

1. Antecedente
Anterior.
Precedente.
*Siguiente.

2. Antecedente
Referencia.
Informe.
Noticia.
Dato.

Anteceder
Preceder.
*Seguir.

Antecesores
Antepasados.
Predecesores.
Ascendientes.
Mayores.
Abuelos.
*Sucesores.

Antedicho
Predicho.
Nombrado.
Mencionado.
Referido.
Citado.

Antediluviano
Prehistórico.
Primitivo.
Antediluvial.
Antiquísimo.
Remoto.
*Actual.

Antelación
Anticipación.
*Demora.

Anteojo
Prismático.
Binóculo.
Catalejo.

Anteojos
Lentes.
Gafas.

Antepasados
Antecesores.

Ascendientes.
Progenitores.
*Descendientes.

Antepecho
Parapeto.
Pretil.
Reparo.

Anteponer
Preponer.
Preferir.
*Posponer.

Antepuerta
Guardapuerta.

Anterior
Antecedente.
Previo.
Precedente.
*Posterior.

Antes
Previamente.
Anteriormente.
Anticipadamente.
*Después.

Antesala
Antecámara.

Anticipación
Anticipo.
Adelanto.
Antelación.
*Retraso.

1. Anticipar
Avanzar.
Adelantar.
Aventajar.
Madrugar.
*Retrasar.

2. Anticipar
Preferir.
Anteponer.

3. Anticipar
Prestar.
Dar a cuenta.

Anticipo
Avance.
Adelanto.
Anticipación.
*Atraso.

Anticuado
Caduco.
Viejo.
Antiguo.
*Moderno.

Antídoto
Antitóxico.
Contraveneno.
*Veneno.

Antifaz
Careta.
Máscara.

Antifebril
Febrífugo.
Antipirético.

Antigualla
Vejestorio.
*Novedad.

1. Antigüedad
Vejez.
Ancianidad.
Vetustez.
Proclividad.
*Actualidad.

2. Antigüedad
Pasado.
*Presente.

Antiguo
Viejo.
Pasado.
Vetusto.
Pretérito.
Remoto.
*Moderno.

Antimonio
Estibio.

Antinomia
Contradicción.
Oposición.
Antítesis.
Discordancia.
*Conformidad.

Antipara
Biombo.
Pantalla.
Cancel.
Mampara.

Antiparras
Gafas.

Anteojos.
Lentes.

Antipatía
Aversión.
Odio.
Animadversión.
Ojeriza.
Inquina.
*Simpatía.

Antipendio
Tapiz.
Velo.

Antipirético
Antifebril.
Febrífugo.

Antiséptico
Desinfectante.

Antítesis
Oposición.
Antinomia.
Contradicción.
Contraste.
Paradoja.
*Concordancia.

Antitético
Opuesto.
Contradictorio.
Contrario.
*Concorde.

Antitóxico
Contraveneno.
Antídoto.
*Tóxico.

Antojadizo
Veleidoso.
Versátil.
Voluble.
Mudable.
Caprichoso.
*Constante.

1. Antojarse
Representarse.
Pensar.
Imaginarse.

2. Antojarse
Temerse.
Sospecharse.

3. Antojarse
Querer.
Desear.

Antojo
Deseo.
Gusto.
Capricho.
Humorada.
Fantasia.

Antología
Selección.
Crestomatía.
Analectas.
Florilegio.

Antónimo
Opuesto.
Contrario.
*Sinónimo.

Antonomasia
Excelencia.

Antorcha
Hachón.
Hacha.

Ántrax
Carbunco.

1. Antro
Cueva.
Gruta.
Caverna.

2. Antro
Covacha.
Tugurio.

Antropófago
Caníbal.

Antruejo
Carnaval.
Carnestolendas.

Anual
Anuo.
Anal.
Cadañal.
Añino.
Añejo.

Anubarrado
Nublado.
Encapotado.
Nuboso.
Anublado.
*Sereno.

Anublar
Nublar.

Empañar.
Oscurecer.

Anudar
Enlazar.
Atar.
Ligar.
Amarrar.
*Desanudar.

Anuencia
Venia.
Consentimiento.
Aprobación.
Permiso.
Autorización.
*Denegación.

Anular
Revocar.
Abolir.
Invalidar.
Cancelar.
Suprimir.
*Validar.

Anunciar
Avisar.
Notificar.
Informar.
Proclamar.
Noticiar.
*Callar.

1. Anuncio
Noticia.
Aviso.
Proclama.
Manifiesto.

2. Anuncio
Presagio.
Predicción.
Augurio.
Pronóstico.

Anverso
Cara.
Recto.
*Reverso.

1. Anzuelo
Aliciente.
Incentivo.
Atractivo.

2. Anzuelo
Hamo.
Gancho.
Arpón.

Añadido
Postizo.

Añadidura
Completo.
Añadido.
Aditamento.
*Merma.

Añadir
Agregar.
Incrementar.
Sumar.
Aumentar.
Adicionar.
*Quitar.

Añagaza
Treta.
Engaño.
Artimaña.
Ardid.

Añal
Anual.

Añasco
Embrollo.
Lío.
Enredo.

Añejo
Viejo.
Antiguo.
Añoso.
*Nuevo.

Añicos
Trizas.
Pedazos.

Añil
Índigo.

Año
Añada.

Añoranza
Nostalgia.
Morriña.
Saudade.

Años
Primaveras.
Abriles.
Navidades.
Barbas.
Hierbas.

Añoso
Viejo.

Añejo.
Antiguo.
*Nuevo.

Aojar
Encantar.
Embrujar.
Hechizar.
Ensalmar.
*Desaojar.

Aovar
Poner.
Ovar.

1. Apabullar
Estrujar.
Aplastar.
Chafar.

2. Apabullar
Avergonzar.
Anonadar.
Confundir.
*Halagar.

Apacentar
Apostar.
Pastorear.

Apacible
Placentero.
Agradable.
Tranquilo.
Reposado.
Pacífico.
*Desapacible.

Apaciguar
Tranquilizar.
Serenar.
Calmar.
Sosegar.
Pacificar.
*Excitar.

Apadrinar
Auspiciar.
Proteger.
Patrocinar.
*Desentenderse.

1. Apagado
Descolorido.
Mortecino.
Débil.
*Vivo.

2. Apagado
Tímido.

Gris.
Apocado.
*Brillante.

Apagar
Reprimir.
Extinguir.
Sofocar.
Amortiguar.
Rebajar.
*Encender.

1. Apalabrar
Pactar.
Convenir.
Concertar.
Tratar.

2. Apalabrar
Citar.

Apalear
Bastonear.
Aporrear.
Varear.
Palear.

Apandillar
Agrupar.
Congregar.
Reclutar.
Apiñar.

Apañado
Mañoso.
Hábil.
Diestro.
*Desmañado.

1. Apañar
Remendar.
Reparar.
Componer.
Arreglar.
Ataviar.
*Estropear.

2. Apañar
Apropiarse.
Tomar.
Robar.
Recoger.
Apañuscar.

Apañarse
Arreglarse.
Ingeniarse.
Bandearse.

1. Apaño
Remiendo.
Compostura.

2. Apaño
Habilidad.
Maña.
Destreza.
*Torpeza.

Aparador
Escaparate.

Aparatero
Exagerado.
Aparatoso.

1. Aparato
Instrumento.
Artefacto.
Máquina.

2. Aparato
Ostentación.
Boato.
Pompa.
Fausto.
Solemnidad.

Aparatoso
Pomposo.
Ostentoso.
Aparatero.
*Sencillo.

Aparcar
Estacionarse.
*Desaparcar.

1. Aparecer
Asomar.
Manifestarse.
Surgir.
Mostrarse.
Salir.
*Desaparecer.

2. Aparecer
Estar.
Hallarse.
Encontrarse.
Figurar.

Aparecido
Espectro.
Fantasma.
Redivivo.
Aparición.

Aparejar
Disponer.
Aprestar.
Prevenir.
Preparar.
*Desaparejar.

Aparejo
Instrumental.
Utensilios.
Herramientas.

Aparentar
Fingir.
Simular.

1. Aparente
Simulado.
Artificial.
Fingido.
Postizo.
Ficto.
*Real.

2. Aparente
Evidente.
Patente.
Manifiesto.
Visible.
*Escondido.

Aparición
Visión.
Espectro.
Fantasma.

1. Apariencia
Forma.
Figura.
Aspecto.
Traza.

2. Apariencia
Probabilidad.
Posibilidad.
Verosimilitud.

3. Apariencia
Simulación.
Ficción.

Aparragarse
Achaparrarse.

Apartadero
Desvío.
Derivación.
Apartadizo.
Apartadijo.

1. Apartado
Retirado.
Alejado.
Lejano.
Distante.
Remoto.
*Próximo.

2. Apartado
Capítulo.
División.
Párrafo.

1. Apartar
Desviar.
Quitar.
Alejar.
Retirar.
*Acercar.

2. Apartar
Distraer.
Disuadir.
*Empujar.

3. Apartar
Escoger.
Seleccionar.

1. Aparte
Separadamente.
Por separado.
*Junto.

2. Aparte
Párrafo.

Apasionado
Vehemente.
Ardoroso.
Fanático.
Entusiasta.
Delirante.
*Indiferente.

Apasionante
Excitante.
Conmovedor.
Emocionante.
Enloquecedor.
Patético.
*Insulso.

1. Apasionar
Entusiasmar.
Inflamar.
Emocionar.
Trastornar.

Excitar.
*Desinteresar.

2. Apasionar
Afligir.
Atormentar.

Apasionarse
Entregarse.
Abandonarse.
Abrazarse.
Arder.
Palpitar.
*Desengañarse.

Apastar
Pastorear.
Apacentar.

Apaste
Palangana.

Apatía
Indiferencia.
Displicencia.
Impasibilidad.
Flema.
Indolencia.
*Pasión.

Apático
Indiferente.
Displicente.
Impasible.
Flemático.
Indolente.
*Pasional.

Apeadero
Paradero.
Parador.
Estación.

1. Apear
Sujetar.
Frenar.
Calzar.

2. Apear
Disuadir.
Desviar.
Apartar.

Apearse
Bajar.
Desmontar.
Descabalgar.

Apechugar
Cargar.

Apechar.
Enfrentarse.

Apedazar
Apanar.
Remendar.

Apedrear
Cantear.
Lapidar.

Apego
Inclinación.
Afición.
Afecto.
Cariño.
*Despego.

Apelación
Recurso.
Solicitación.
Reclamación.
Interposición.
Consulta.

Apelar
Acudir.
Recurrir.

Apelativo
Apellido.

Apelotonamiento
Concurrencia.
Tropel.
Afluencia.

Apelotonar
Acumular.
Amontonar.
Atiborrar.
Apiñar.

Apellidar
Denominar.
Nombrar.
Llamar.

Apellido
Nombre.
Apelativo.
Apodo.
Sobrenombre.

Apenar
Atribular.
Desolar.
Angustiar.
Atormentar.
Apesadumbrar.

*Alegrar.

Apenarse
Entristecerse.
Ensombrecerse.
Afectarse.
Afligirse.
*Alegrarse.

1. Apenas
Escasamente.
Casi no.

2. Apenas
Luego que.
Al punto que.

Apéndice
Suplemento.
Agregado.
Cola.
Prolongación.

Apeo
Sostén.
Apoyo.
Sustentáculo.

Apercibimiento
Amonestación.
Represión.
Aviso.
Advertencia.
Admonición.

1. Apercibir
Disponer.
Prevenir.
Preparar.
Aparejar.

2. Apercibir
Advertir.
Avisar.
Amonestar.
Prevenir.

1. Apergaminado
Pergaminoso.

2. Apergaminado
Seco.
Delgado.
Enjuto.
*Gordo.

Apergaminarse
Momificarse.
Acartonarse.
Avellanarse.
*Engordar.

Aperitivo
Estimulante.

1. Apero
Útil.
Instrumento.
Herramienta.
Trebejo.
Aparejo.

2. Apero
Montura.
Silla (de montar).

Aperos
Enseres.
Pertrechos.
Utensilios.
Bártulos.
Avíos.

Aperreado
Fastidioso.
Arrastrado.
Trabajoso.
Duro.
Molesto.
*Leve.

Aperrear
Molestar.
Cansar.
Fatigar.
Ajobar.
*Aliviar.

1. Aperrearse
Ajetrearse.
Afanarse.
Matarse.

2. Aperrearse
Obstinarse.
Emperrarse.

Apertura
Comienzo.
Principio.
Inauguración.
Abertura.

Apesadumbrar
Acongojar.
Atribular.
Apenar.
Apesarar.
Constritar.
*Alegrar.

Apesarar
Apesadumbrar.

1. Apestar
Oler mal.

Maloler.
Heder.

2. Apestar
Viciar.
Corromper.

3. Apestar
Cansar.
Molestar.
Fastidiar.

1. Apestoso
Fétido.
Hediondo.
*Oloroso.

2. Apestoso
Insoportable.
Insufrible.
Fastidioso.
Molestoso.
Enfadoso.

Apetecer
Querer.
Desear.
Ansiar.
Ambicionar.
Codiciar.

Apetencia
Apetito.

1. Apetito
Voracidad.
Apetencia.
Gana.
Hambre.
*Inapetencia.

2. Apetito
Inclinación.
Deseo.

Apetitoso
Sabroso.
Gustoso.
Rico.
Regalado.
Delicado.
*Repugnante.

Apiadarse
Condolerse.
Compadecerse.
Dolerse.

Ápice
Cúspide.

Cima.
Sumidad.

Apilar
Acumular.
Amontonar.
Hacinar.
Juntar.
Apiñar.
*Esparcir.

Apiñado
Apretado.

1. Apiñar
Apilar.

2. Apiñar
Apretar.
Estrechar.
Agrupar.
Arrimar.

Apiñarse
Arremolinarse.
Juntarse.

Apio
Pamul.

1. Apiolar
Atar.
Sujetar.
Amarrar.
Prender.
*Soltar.

2. Apiolar
Despachar.
Matar.

Apiparse
Saciarse.
Hartarse.
Atracarse.
*Evacuar.

Apisonar
Apretar.
Aplastar.
Pisonear.
Entupir.
Azocar.

Aplacar
Calmar.
Sosegar.
Aquietar.
Pacificar.
Suavizar.

Aplacible
Ameno.
Grato.
Agradable.
Deleitoso.
Delicioso.
*Desaplacible.

Aplanamiento
Postración.
Extenuación.
Abatimiento.
Decaimiento.
Desaliento.
*Euforia.

1. Aplanar
Explanar.
Allanar.
Igualar.

2. Aplanar
Postrar.
Desalentar.
Abatir.
Extenuar.
Aniquilar.

1. Aplastar
Comprimir.
Chafar.
Estrujar.
Remachar.
Apabullar.

2. Aplastar
Abatir.
Humillar.
Avergonzar.
Confundir.
*Exaltar.

Aplaudir
Palmotear.
Encomiar.
Elogiar.
Celebrar.
Aprobar.
*Abuchear.

Aplauso
Palmas.
Ovación.
Elogio.
Encomio.
Loa.
Rechifla.

Aplazamiento
Retardo.

Retraso.
Prórroga.
Dilación.
Suspensión.
*Anticipo.

1. Aplazar
Citar.
Requerir.
Convocar.
Llamar.

2. Aplazar
Diferir.
Demorar.
Retardar.
Posponer.
Prorrogar.
*Anticipar.

1. Aplicación
Adaptación.
Superposición.

2. Aplicación
Cuidado.
Atención.
Esmero.
Asiduidad.
*Negligencia.

Aplicado
Estudioso.
Esmerado.
Cuidadoso.
Atento.
Asiduo.

1. Aplicar
Sobreponer.
Superponer.
Poner.
Adaptar.

2. Aplicar
Atribuir.
Imputar.
Achacar.
Destinar.
Adjudicar.

Aplicarse
Estudiar.
Atender.
Esmerarse.
Perseverar.
*Distraerse.

Aplomo
Gravedad.

Seguridad.
Serenidad.
Seriedad.
*Vacilación.

Apocado
Cobarde.
Tímido.
Pusilánime.
Medroso.
Corto.
*Resuelto.

Apocamiento
Pusilanimidad.
Timidez.
Cortedad.
*Decisión.

Apocar
Aminorar.
Limitar.
Minorar.
Mermar.
Humillar.
*Aumentar.

Apocarse
Amedrentarse.
Humillarse.
Abatirse.
Rebajarse.
Achicarse.
*Crecerse.

Apócope
Elisión.
Metaplasmo.
Supresión.

Apócrifo
Supuesto.
Falso.
Fingido.
Falsificado.
*Auténtico.

Apoderado
Mandatario.
Tutor.
Encargado.
Representante.
Administrador.

Apoderar
Conferir.

Facultar.
*Desautorizar.

Apoderarse
Apropiarse.
Adueñarse.
Usurpar.
Dominar.
Tomar.
*Renunciar.

Apodíctico
Decisivo.
Demostrativo.
Convincente.
*Anodino.

Apodo
Sobrenombre.
Seudónimo.
Mote.
Alias.

Apogeo
Plenitud.
Auge.
Esplendor.
Cumbre.
Magnificencia.
*Ruina.

Apología
Alabanza.
Panegírico.
Defensa.
Justificación.
Elogio.
*Acusación.

Apólogo
Ficción.
Cuento.
Fábula.
Parábola.

Apoltronarse
Arrellanarse.
Emperezarse.
Repantigarse.

1. Aportar
Arribar.
Llegar.
*Zarpar.

2. Aportar
Dar.
Proporcionar.
Llevar.

Aducir.
*Sacar.

Aposentar
Albergar.
Hospedar.
Alojar.

Aposento
Habitación.
Pieza.
Estancia.
Cuarto.

Apósito
Vendaje.
Hilas.
Tópico.

Aposta
Deliberadamente.
Adrede.
Intencionadamente.
Exprofeso.
De propósito.
*Casualmente.

1. Apostar
Colocar.
Situar.
Emboscar.

2. Apostar
Poner.
Jugar.

Apostasía
Deserción.
Abjuración.
Retracción.
*Conversión.

Apóstata
Renegado.
*Converso.

Apostatar
Abjurar.
Renegar.
Retractarse.
*Convertirse.

Apostema
Tumor.
Absceso.
Postema.
Nacencia.

Apostilla
Acotación.

Nota.
Aclaración.
Explicación.
Observación.

Apostillar
Marginar.
Postilar.

Apóstol
Propagador.

Apostrofar
Acusar.
Retraer.
Invectivar.
Impropiar.

Apóstrofe
Imprecación.
Dicterio.
Invectiva.
Catilinaria.
*Elogio.

Apostura
Garbo.
Gallardía.
Gentileza.
*Desgaire.

Apotegma
Sentencia.
Máxima.
Refrán.
Aforismo.
Adagio.

Apoteosis
Exaltación.
Glorificación.
Ensalzamiento.
Deificación.
*Condenación.

Apoyar
Cargar.
Gravitar.
Estribar.
Descansar.

2. Apoyar
Amparar.
Proteger.
Favorecer.
Sostener.
Autorizar.
*Atacar.

1. Apoyo
Soporte.

Sostén.
Sustentáculo.

2. Apoyo
Favor.
Patrocinio.
Protección.
Ayuda.
Auxilio.
*Oposición.

1. Apreciable
Estimable.
*Despreciable.

2. Apreciable
Importante.
Perceptible.
*Común.

Apreciación
Opinión.
Juicio.
Evaluación.
Valoración.
Dictamen.

Apreciado
Estimado.
Querido.
Amado.
*Menospreciado.

1. Apreciar
Valorar.
Estimar.
Tasar.
Evaluar.
Justipreciar.

2. Apreciar
Estimar.
Considerar.
Preciar.
*Despreciar.

Aprecio
Cariño.
Afecto.
Estima.
Estimación.
Consideración.
*Desprecio.

1. Aprehender
Asir.
Apresar.
Coger.
Incautarse.

Capturar.
*Soltar.

2. Aprehender
Comprender.

Apremiante
Urgente.
Perentorio.
Coactivo.
*Diferible.

Apremiar
Urgir.
Instar.
Apurar.
Compeler.
Acuciar.

1. Apremio
Necesidad.
Urgencia.
Premura.

2. Apremio
Exacción.
Concusión.
Soborno.

Aprender
Estudiar.
Instruirse.
Ilustrarse.
Ejercitarse.
*Olvidar.

Aprendiz
Principiante.
Aspirante.
*Maestro.

1. Aprendizaje
Práctica.
Instrucción.

2. Aprendizaje
Noviciado.
Pasantía.
Tirocinio.
Práctica.

Aprensión
Desconfianza.
Temor.
Escrúpulo.
Recelo.
Prejuicio.
*Seguridad.

Aprensivo
Receloso.

Escrupuloso.
Temeroso.
*Despreocupado.

Apresar
Aprisionar.
Capturar.
Aprehender.
Prender.
*Libertar.

Aprestar
Disponer.
Preparar.
Arreglar.
Aparejar.
Prevenir.
*Improvisar.

Apresuramiento
Precipitación.
Presura.
Prisa.
*Lentitud.

Apresurar
Activar.
Acelerar.
Avivar.
Aligerar.
Precipitar.
*Retardar.

1. Apretado
Difícil.
Peligroso.
Arduo.
Apurado.
*Fácil.

2. Apretado
Mezquino.
Tacaño.
Cicatero.
Miserable.
Avaro.
*Desprendido.

1. Apretar
Prensar.
Comprimir.
Oprimir.
Estrechar.
Ceñir.
*Aflojar.

2. Apretar
Acosar.
Apremiar.

Incitar.
Oprimir.
Importunar.

3. Apretar
Arreciar.
*Amainar.

1. Apretón
Apretura.
Apretadura.

2. Apretón
Aprieto.

Apretujar
Oprimir.
Comprimir.
Apretar.

Aprieto
Compromiso.
Apuro.
Necesidad.
Apretón.
Apretura.

Aprisa
Aceleradamente.
Rápidamente.
De prisa.
*Despacio.

Aprisco
Majada.
Redil.
Corral.
Cortil.
Establo.

Aprisionar
Apresar.
Prender.
Asir.
Coger.
Capturar.
*Libertar.

Aprobación
Conformidad.
Beneplácito.
Consentimiento.
Anuencia.
Asentimiento.
*Reprobación.

Aprobar
Asentir.
Consentir.

Admitir.
*Reprobar.

Aproches
Encuentro.
Avance.
Aproximación.

Aprontar
Preparar.
Prevenir.
Disponer.
Entregar.

Apropiación
Confiscación.
Retención.
Incautación.
*Renuncia.

Apropiado
Idóneo.
Adecuado.
Oportuno.
Conveniente.
Propio.
*Inadecuado.

Apropiar
Adaptar.
Adecuar.
Ajustar.
Acomodar.
Aplicar.

Apropiarse
Adueñarse.
Apoderarse.
Coger.
Arrogarse.
Usurpar.
*Ceder.

Aprovechable
Utilizable.
Servible.
Útil.
*Deshechable.

1. Aprovechado
Diligente.
Estudioso.
Aplicado.
*Remolón.

2. Aprovechado
Oportunista.
Ventajista.
Ganguero.

1. Aprovechar
Valer.
Servir.

2. Aprovechar
Utilizar.
Emplear.
*Desaprovechar.

Aprovecharse
Disfrutar.
Prevalerse.
*Desperdiciar.

Aprovisionamiento
Suministro.
Abastecimiento.
Avituallamiento.

Aproximadamente
Más o menos.
Proximamente.
Casi.
Cerca de.
A ojo.
*Exactamente.

Aproximar
Avecinar.
Acercar.
Arrimar.
Juntar.
*Alejar.

Aptitud
Idoneidad.
Competencia.
Capacidad.
Suficiencia.
Disposición.
*Ineptitud.

Apto
Capaz.
Idóneo.
Competente.
Suficiente.
Útil.
*Inepto.

Apuesta
Jugada.
Posta.
Envite.

Apuesto
Galán.
Bizarro.
Gallardo.

Airoso.
Gentil.
*Desgarbado.

1. Apuntador
Traspunte.
Soplador.
Consueta.

2. Apuntador
Insinuador.
Soplón.

Apuntalar
Asegurar.
Apoyar.
Afirmar.
Entibar.
Sostener.
*Abandonar.

1. Apuntar
Asentar.
Anotar.
Registrar.

2. Apuntar
Asestar.

3. Apuntar
Aguzar.
*Embotar.

4. Apuntar
Indicar.
Insinuar.

5. Apuntar
Soplar.
Sugerir.

Apuntarse
Agriarse.
Avinagrarse.
Torcerse.

Apunte
Nota.
Boceto.
Bosquejo.
Croquis.

Apuñalar
Acuchillar.
Apuñalear.
Acribillar.

1. Apurado
Difícil.
Arduo.
Peligroso.

Apretado.
*Leve.

2. Apurado
Acongojado.
Escaso.
Pobre.
Necesitado.
Atribulado.
*Holgado.

3. Apurado
Preciso.
Exacto.
*Aproximado.

1. Apurar
Consumir.
Acabar.
Agotar.

2. Apurar
Urgir.
Acelerar.
Activar.
Apresurar.
Apremiar.

3. Apurar
Atribular.
Acongojar.
Afligir.
*Aliviar.

Apuro
Necesidad.
Escasez.
Compromiso.
Aprieto.
*Desahogo.

Aquejar
Apenar.
Apesadumbrar.
Afligir.
Acongojar.
*Confortar.

Aquelarre
Batahola.
Confusión.
Bulla.

Aquerenciado
Enamorado.

Aquí
Acá.
*Allí.

Aquiescencia
Autorización.
Venia.
Permiso.
Consentimiento.
Asentimiento.
*Denegación.

Aquietar
Calmar.
Serenar.
Tranquilizar.
Apaciguar.
Sosegar.

Aquilatar
Valorar.
Estimar.
Medir.
Apreciar.
Graduar.

Aquilino
Aguileño.
Jorabado.

Aquilón
Tramontana.
Bóreas.
Cierzo.
Viento norte.
*Viento sur.

Ara
Altar.

Arado
Aladro.
Reja.

Arador
Campesino.
Labrador.

1. Arambel
Harapo.
Guiñapo.
Andrajo.
Jirón.

2. Arambel
Tapiz.
Colgadura.

Arancel
Derechos.
Tarifa.

1. Arandela
Herrón.
Anilla.

Corona.
Platillo.
Volandera.

2. Arandela
Chorrera.

3. Arandela
Candileja.

4. Arandela
Candelero.

1. Araña
Arácnido.
Tejedora.

2. Araña
Candelero.
Antorchero.

Arañar
Rasguñar.
Arpar.
Escarbar.
Rascar.

Arañazo
Rasguño.
Uñarada.
Arpadura.
Aruño.
Rasponazo.

Aráquida
Cacahuete.
Maní.

Arar
Aricar.
Binar.
Roturar.
Labrar.

Araucano
Mapuche.
Auca.

Araucaria
Pehuén.

Arbitraje
Dictamen.
Juicio.
Decisión.

1. Arbitrar
Dictaminar.
Juzgar.

2. Arbitrar
Reunir.

Procurar.
Allegar.
Juntar.
Asegurar.

Arbitrariedad
Atropello.
Injusticia.
*Derecho.

1. Arbitrario
Ilegal.
Injusto.
Inocuo.
Tiránico.
Despótico.
*Justo.

2. Arbitrario
Antojadizo.
Caprichoso.
Infundado.
Gratuito.
*Consecuente.

Arbitrio ·
Recurso.
Medio.

Arbitrios
Impuestos.
Derechos.
Gabelas.

Árbitro
Regulador.
Componedor.
Juez.

1. Árbol
Arbolito.
Arbusto.

2. Árbol
Asta.
Eje.
Palo.

Arbolar
Izar.
Levantar.
Enarbolar.
*Bajar.

Arbolarse
Encabritarse.

Arboleda
Espesura.
Selva.

Bosque.
Floresta.

Arborecer
Guarnecer.
Plantar.

Arborescente
Arbustivo.
Dendroideo.

Arbotante
Botarete.

Arca
Cofre.
Baúl.
Caja.

1. Arcada
Bóveda.
Arco.

2. Arcada
Arcuación.

1. Arcaduz
Cangilón.

2. Arcaduz
Conducto.
Caño.
Tubo.

Arcaico
Antiguo.
Anticuado.
Viejo.
*Reciente.

1. Arcano
Secreto.
Misterio.

2. Arcano
Oscuro.
Misterioso.
Recóndito.
Secreto.
*Patente.

Arcediano
Archidiácono.

Arcén
Borde.
Brocal.
Margen.
Orilla.

Arcilla
Greda.

Calamita.
Caolín.
Marga.

Arco
Bóveda.
Curvatura.
Curva.
Aro.
Cimbra.

Archidiócesis
Arquidiócesis.
Arzobispado.

Archivo
Registro.
Protocolo.
Cedulario.
Cartulario.

Archivolta
Arquivolta.

Arder
Quemarse.
Flagrar.
*Estar apagado.

Ardid
Treta.
Astucia.
Maña.
Estratagema.

1. Ardiente
Candente.
Abrasador.
Ardoroso.
Incandescente.
*Helado.

2. Ardiente
Vehemente.
Fervoroso.
Fogoso.
Ardoroso.
Apasionado.
*Flemático.

Ardimiento
Valor.
Brío.
Denuedo.
Valentía.
Intrepidez.
*Pusilanimidad.

Ardite
Comino.

Pito.
Ochavo.
Bledo.
Maravedí.

Ardor
Vehemencia.
Calor.
Pasión.
Entusiasmo.
*Apatía.

1. Ardoroso
Ardiente.
Encendido.
*Apagado.

2. Ardoroso
Vehemente.
Entusiasta.
Impetuoso.
Vigoroso.
Fogoso.
*Frío.

Arduo
Difícil.
Dificultoso.
Trabajoso.
Apretado.
Apurado.
*Cómodo.

Área
Extensión.
Superficie.

Arel
Harnero.
Cedazo.
Criba.

Arena
Ruedo.
Plaza.
Estadio.
Liza.
Palenque.

Arenga
Discurso.
Perorata.
Alocución.
Peroración.
Oración.

Arenilla
Recebo.

Arenisca
Arcosa.
Asperón.

Arenoso
Polvoroso.
Granuloso.
Sabuloso.

Areómetro
Densímetro.

Arete
Pendiente.
Zarcillo.
Arracada.
Arillo.

Argadillo
Devanadera.

Argado
Disparate.
Travesura.
Enredo.

Argamandel
Harapo.
Andrajo.
Guiñapo.
Piltrafa.
Arrapo.

Argamasa
Mezcla.
Mortero.
Forja.

Argavieso
Aguacero.
Turbión.

Argentado
Plateado.

1. Argolla
Asidero.
Aro.

2. Argolla
Gargantilla.

3. Argolla
Brazalete.
Ajorca.
Manilla.

Argot
Caló.
Germanía.
Jerga.
Jerigonza.

Argucia
Tergiversación.
Sofisma.

Sutileza.
Treta.

1. Arguenas
Yol.

2. Arguenas .
Arganas.

1. Argüir
Replicar.
Contradecir.
Refutar.
Argumentar.
Objetar.
*Aprobar.

2. Argüir
Mostrar.
Indicar.
Revelar.
Probar.
*Ocultar.

Argumentar
Contradecir.
Discutir.
Impugnar.
Refutar.
Objetar.
*Aprobar.

1. Argumento
Razonamiento.

2. Argumento
Señal.
Demostración.
Indicio.
Prueba.
Razón.

3. Argumento
Trama.
Tema.
Asunto.

Aria
Aire.
Romanza.
Canción.
Cavatina.

Aridez
Sequedad.
Esterilidad.
Infecundidad.
Enjutez.
*Fertilidad.

1. Árido
Estéril.
Seco.
Improductivo.
Enjuto.
Infecundo.
*Fértil.

2. Árido
Monótono.
Aburrido.
Cansado.
Fastidioso.
*Ameno.

Arijo
Cultivable.
Laborable.
Arable.

Arillo
Arete.

Arimez
Cornisa.
Resalto.

Ario
Indoeuropeo.

Arisco
Huraño.
Hosco.
Esquivo.
Áspero.
Huidizo.
*Sociable.

Arista
Esquina.
Canto.
Borde.

Aristarco
Entendido.
Crítico.

Aristocracia
Nobleza.
*Plebe.

Aristócrata
Noble.
Patricio.
Distinguido.
*Plebeyo.

Aristocrático
Noble.

Distinguido.
Fino.
*Vulgar.

Aritmética
Algoritmia.

1. Arma
Artefacto.
Instrumento.

2. Arma
Ejército.

Armada
Marina.
Flota.
Escuadra.

Armadía
Balsa.
Jangada.
Almadía.

Armadijo
Cepo.
Trampa.
Artimaña.

Armadillo
Quirquincho.
Tatú.
Prinodonte.
Cachicambo.
Ayotoste.

1. Armadura
Montura.
Esqueleto.
Armazón.

2. Armadura
Arnés.

1. Armar
Montar.
Disponer.
Construir.
Amartillar.
*Desarmar.

2. Armar
Promover.
Mover.

3. Armar
Dar armas.

Armario
Ropero.
Alacena.
Guardarropa.

1. Armarse
Plantarse.

2. Armarse
Proveerse.

1. Armas
Armadura.

2. Armas
Blasón.
Escudo.

Armatoste
Trasto.
Artefacto.
Cachivache.
Artilugio.

Armazón
Andamio.
Andamiaje.
Armadura
Montura.

Armella
Hembrilla.

Armisticio
Tregua.
Paz.

1. Armonía
Consonancia.
Concordia.
Harmonía
Conformidad.
*Disonancia.

2. Armonía
Paz.
Amistad.
Acuerdo.
Concordia.
Conformidad.
*Desacuerdo.

Armonioso
Melodioso.
Agradable.
Grato.
Musical.
Arpado.
*Inarmónico.

1. Armonizar
Concertar.
Consonar.
*Desarmonizar.

2. Armonizar
Avenir.
Amigar.
Condecir.
Concertar.
Acordar.
Concordar.
*Enemistar.

1. Arnés
Armadura.

2. Arnés
Guarniciones.
Arreos.

1. Aro
Anillo.

2. Aro
Servilletero.

Aroma
Fragancia.
Perfume.
Esencia.
*Fetidez.

Aromático
Perfumado.
Fragante.
Oloroso.
Aromoso.
Odorífero.

Aromatizar
Perfumar.
Sahumar.
Embalsamar.

Aromo
Guarango.
Corcolén.
Cují.

Arpadura
Arañazo.
Uñarada.

Arpar
Arañar.

Arpía
Bruja.
Basilisco.
Furia.
Harpía.

Arpillera
Harpillera.

Arquear
Combar.
Enarcar.
Encorvar.
Doblar.
*Enderezar.

Arqueo
Recuento.
Reconocimiento.

Arquetipo
Prototipo.
Ejemplar.
Modelo.
Dechado.

Arrabal
Suburbio.
Afueras.
*Centro.

Arracada
Arete.
Pendiente.
Zarcillo.
Arillo.

1. Arráez
Adalid.
Jefe.
Jeque.
Caudillo.

2. Arráez
Patrón.
Capitán.

1. Arraigar
Enraizar.
Encepar.
Prender.
Agarrar.

2. Arraigar
Enraizar.
Establecerse.
Radicarse.
Afincarse.
*Desarraigarse.

Arrancado
Arruinado.
Pobre.
Tronado.

1. Arrancar
Extraer.
Extirpar.
Quitar.

Sacar.
Arrebatar.
*Plantar.

2. Arrancar
Provenir.
Originarse.
Proceder.
*Terminar.

1. Arranque
Arrebato.
Impulso.
Rapto.
Crisis.

2. Arranque
Salida.
Ocurrencia.

3. Arranque
Principio.
Origen.
*Término.

Arrapiezo
Chicuelo.
Muchacho.
Chaval.
Rapaz.

Arras
Garantía.
Prenda.
Señal.

Arrasar
Arruinar.
Destruir.
Asolar.
Devastar.
Allanar.
*Construir.

1. Arrastrado
Mísero.
Pobre.
Desastrado.

2. Arrastrado
Fatigoso.
Trabajoso.
Duro.
*Cómodo.

Arrastrar
Acarrear.

Arrastrar
Remolcar.

Impeler.
Tirar.
Conducir.
Transportar.

Arrastre
Conducción.
Transporte.
Acarreo.

Arrayán
Murta.

Arreada
Reclutamiento.

1. Arrear
Espolear.
Aguijar.
*Enfrenar.

2. Arrear
Despachar.
Apresurarse.
*Roncear.

3. Arrear
Robar.

1. Arrebatado
Precipitado.
Impetuoso.
Violento.
*Cauteloso.

2. Arrebatado
Colorado.
Encendido.

1. Arrebatar
Quitar.
Arrancar.
Tomar.
Conquistar.
*Ceder.

2. Arrebatar
Embelesar.
Cautivar.
Atraer.
Encontrar.
*Repugnar.

Arrebatarse
Irritarse.
Encolerizarse.
Enfurecerse.
*Sosegarse.

Arrebato
Rapto.
Crisis.
Arranque.
Furor.
Enajenamiento.

1. Arrebol
Carmín.
Colorete.
Alconcilla.

2. Arrebol
Rojo.
Rojizo.

Arrebujarse.
Envolverse.
Cubrirse.
Arroparse.
Taparse.
*Desarroparse.

Arreciar
Intensificar.
Redoblar.
Recrudecer.
Aumentar.
Crecer.
*Amainar.

Arrecido
Baldado.
Paralítico.
Embotado.
Tullido.

Arrecife
Escollo.
Cayo.
Bajío.
Banco.

Arrecirse
Entumecerse.
Helarse.
Entorpecerse.

1. Arrechucho
Rapto.
Arrebato.
Enfurecimiento.
Arranque.

2. Arrechucho
Afección.
Achaque.
Indisposición.

Arredrar
Acobardar.

Intimidar.
Amilanar.
Amedrentar.
Atemorizar.
*Envalentonar.

1. Arreglado
Metódico.
Cuidadoso.
Ordenado.
Moderado.
*Desarreglado.

2. Arreglado
Aliñado.
Aderezado.
Compuesto.
*Desaliñado.

1. Arreglar
Reparar.
Remendar.
Aderezar.
Componer.
Ataviar.
*Estropear.

2. Arreglar
Clasificar.
Ordenar.
*Desordenar.

3. Arreglar
Ajustar.
Conformar.
Supeditar.
*Desajustar.

4. Arreglar
Conciliar.
Concertar.
Convenir.
*Enemistar.

Arreglo
Acomodo.
Compostura.
Orden.
Avenencia.
Convenio.

Arregosto
Costumbre.
Habituación.
Gusto.

Arremangarse
Subirse.
Levantarse.

Remangarse.
*Bajarse.

Arremeter
Atacar.
Abalanzarse.
Embestir.
Agredir.
Acometer.
*Huir.

Arremetida
Ataque.
Agresión.
Embestida.
Acometida.
*Fuga.

Arremolinarse
Amontonarse.
Apiñarse.

1. Arrendador
Rentero.
Casero.
Locador.
Colono.

2. Arrendador
Arrendatario.

Arrendamiento
Alquiler.
Renta.
Arriendo.
Inquilinato.
Locación.

Arrendar
Alquilar.
*Desarrendar.

Arrendatario
Locatario.
Inquilino.

Arrenquín
Mayoral.
Palafreno.
Tronquista.

Arreo
Adorno.
Aderezo.
Atavio.

Arreos
Guarniciones.
Arnés.
Atalaje.
Jaeces.

Arrepanchigarse
Acomodarse.
Arrellanarse.

Arrepentido
Compungido.
Contrito.
Pesaroso.
*Recalcitrante.

Arrepentimiento
Pesar.
Contrición.
Remordimiento.
Compunción.
Atrición.
*Contumacia.

Arrepentirse
Lamentar.
Dolerse.
Deplorar.
Sentirlo.
Apesararse.
*Complacerse.

1. Arrestado
Prisionero.

2. Arrestado
Intrépido.
Arrojado.
Valiente.
Audaz.
*Cobarde.

Arrestar
Apresar.
Detener.
Prender.
*Libertar.

Arresto
Detención.
Prendimiento.

Arrestos
Denuedo.
Coraje.
Brío.
Resolución.
Valor.
*Temor.

Arriar
Soltar.
Bajar.
Aflojar.
Largar.
*Izar.

1. Arriate
Camino.
Paso.
Calzada.

2. Arriate
Celosia.
Encañado.
Enrejado.

Arriba
Asuso.
En lo alto.
*Abajo.

Arribada
Recalada.
Llegada.
Arribanza.
Arribo.
Bordada.

Arribar
Aportar.
LLegar.
*Zarpar.

Arribo
Arribada.
Llegada.

Arriendo
Renta.
Alquiler.
Inquilinato.
Arrendamiento.
Locación.

1. Arriesgado
Expuesto.
Aventurado.
Imprudente.
Peligroso.
*Seguro.

2. Arriesgado
Osado.
Temerario.
Atrevido.
Audaz.
Arrojado.
*Cauteloso.

Arriesgar
Aventurar.
Exponer.
Arriscar.

Arriesgarse
Osar.

Aventurarse.
Atreverse.
Decidirse.

1. Arrimar
Aproximar.
Yuxtaponer.
Juntar.
Acercar.
*Apartar.

2. Arrimar
Arrinconar.

3. Arrimar
Pegar.
Dar.

Arrimarse
Ampararse.
Apoyarse.
Acogerse.

Arrimo
Protección.
Ayuda.
Favor.
Apoyo.
Amparo.

1. Arrinconado
Postergado.
Aislado.
Abandonado.
Olvidado.
Desatendido.
*Considerado.

2. Arrinconado
Apartado.
Distante.
Retirado.
*Presente.

Arrinconar
Arrumbar.
Acorralar.
Desechar.
Postergar.

Arrinconarse
Retraerse.
Aislarse.
Retirarse.

Arriscado
Resuelto.
Osado.
Audaz.
Temerario.

Arriesgado.
*Cauteloso.

Arriscar
Aventurar.
Exponer.
Arriesgar.

Arriscarse
Envanecerse.
Engreírse.
*Apocarse.

Arrobamiento
Embelesamiento.
Éxtasis.
Enajenamiento.
Arrobo.

Arrobarse
Embelesarse.
Extasiarse.
Enajenarse.
Elevarse.

Arrodillarse
Hincarse.
Prosternarse.
Postrarse.

1. Arrogancia
Orgullo.
Soberbia.
Altivez.
Altanería.
*Modestia.

2. Arrogancia
Jactancia.
Gallardía.
Brío.
*Timidez.

1. Arrogante
Soberbio.
Orgulloso.
Engreído.
Altivo.
Altanero.
*Humilde.

2. Arrogante
Jactancioso.
Airoso.
Gallardo.
Brioso.
Apuesto.
*Sencillo.

Arrogarse
Atribuir.
Usurpar.
Apropiarse.

Arrojado
Audaz.
Osado.
Atrevido.
Valiente.
Intrépido.
*Timorato.

1. Arrojar
Disparar.
Tirar.
Lanzar.
Proyectar.
*Parar.

2. Arrojar
Vomitar.
Provocar.

1. Arrojarse
Atacar.
Agredir.
Embestir.
Arremeter.
Abalanzarse.
*Retroceder.

2. Arrojarse
Tirarse.
Despeñarse.
Precipitarse.

Arrojo
Osadía.
Audacia.
Valor.
Coraje.
Resolución.
*Pusilanimidad.

1. Arrollar
Enrollar.
Encartuchar.
*Desarrollar.

2. Arrollar
Desbaratar.
Destrozar.
Aniquilar.
Batir.

3. Arrollar
Atropellar.

Arropar
Cubrir.
Abrigar.
Tapar.
Amantar.
Enmantar.
*Desarropar.

Arrostrar
Resistir.
Desafiar.
Afrontar.
*Rehuir.

Arroyo
Riachuelo.
Ribera.
Regato.
Estero.
Regajo.

Arruga
Rugosidad.
Pliegue.

Arrugar
Marchitar.
Estriar.
Arrebujar.
Plegar.
Surcar.

Arruinar
Devastar.
Destruir.
Arrasar.
Aniquilar.
Asolar.

Arruinarse
Hundirse.
Empobrecerse.
Quebrar.

1. Arrullar
Adormir.
Adormecer.

2. Arrullar
Enamorar.
Amartelar.

Arrullo
Gorjeo.
Susurro.
Canto.

Arrumaco
Zalamería.
Mimo.
Caricia.

1. Arsenal
Almacén.
Depósito.

2. Arsenal
Montón.
Cúmulo.
Conjunto.

1. Arte
Ingenio.
Destreza.
Maña.
Industria.
Maestría.
*Inhabilidad.

2. Arte
Profesión.
Oficio.

Artefacto
Aparato.
Instrumento.
Máquina.

Artejo
Artículo.
Nudillo.

1. Arteria
Vena.
Vaso.

2. Arteria
Calle.
Vía.

Artería
Treta.
Ardid.
Amaño.
Falsía.
Astucia.

Artero
Malintencionado.
Astuto.
Traidor.
Falso.
*Leal.

Artesa
Duerna.
Amasadera.
Masera.
Batea.

Artesanía.
Menestralía.
Artesanado.

Artesano
Artífice.
Menestral.

Ártico
Norte.
Boreal.
Hiperbóreo.
Septentrional.
*Antártico.

1. Articulación
Juntura.
Sinastrosis.
Coyuntura.

2. Articulación
Pronunciación.

1. Articular
Enlazar.
Unir.
*Desarticular.

Articular
Pronunciar.
Modular.

1. Artículo
Nudillo.
Artejo.

2. Artículo
Título.
Capítulo.
División.
Apartado.

Artífice
Artesano.
Artista.
Autor.
Creador.

Artificial
Ficticio.
Fingido.
Falso.
Postizo.
*Natural.

1. Artificio
Artimaña.
Astucia.
Engaño.
Disimulo.

2. Artificio
Arte.
Ingenio.
Habilidad.

Artificioso
Artero.
Habilidoso.
Astuto.
Ingenioso.
Engañoso.
*Sencillo.

Artilugio
Enredo.
Artimaña.
Artefacto.
Trampa.

Artillería
Tormentaria.

Artimaña
Trampa.
Ardid.
Treta.
Engaño.

Artista
Ejecutante.
Comediante.
Actor.

Aruño
Arañazo.

Arúspice
Adivino.
Agorero.
Vaticinador.
Oráculo.

1. Arveja
Veza.
Ervilla.
Vicia.

2. Arveja
Guisante.

Arzobispado
Archidiócesis.

Arzobispal
Arquiepiscopal.

Arzobispo
Metropolitano.

Arzolla
Matagallegos.

Asa
Oreja.
Asidero.

Empuñadura.
Agarradero.

Asado
Churrasco.
Carbonada.

Asador
Espetón.

Asadura
Entrañas.
Bofes.

1. Asaetear
Tirar.
Acribillar.
Flechar.

2. Asaetear
Disgustar.
Importunar.
Molestar.

Asalariado
Asoldado.
Pagado.

1. Asaltar
Embestir.
Atacar.
Acometer.
Agredir.

2. Asaltar
Acudir.
Sobrevenir.

Asalto
Atraco.
Arremetida.
Acometida.

Asamblea
Junta.
Congreso.
Reunión.

Asar
Tostar.

Asaz
Mucho.
Suficiente.
Bastante.
*Poco.

Asbesto
Amianto.

Ascalonia
Chalote.
Escaloña.

Ascendencia
Prosapia.
Estirpe.
Linaje.
*Descendencia.

1. Ascender
Subir.
Elevarse.
*Descender.

2. Ascender
Promover.
Adelantar.
*Relegar.

Ascendiente
Prestigio.
Valimiento.
Influencia.
Autoridad.

Ascendientes
Mayores.
Antecesores.
Antepasados.
Progenitores.

Ascensión
Subida.
Elevación.
*Descensión.

Ascenso
Promoción.
Adelanto.
*Descenso.

Ascensor
Montacargas.

Ascetismo
Austeridad.
Mortificación.

Asco
Repulsión.
Náuseas.
Aversión.
Repugnancia.
*Atracción.

Ascosidad
Suciedad.
Porquería.
Inmundicia.

Ascua
Brasa.

Aseado
Pulcro.
Limpio.
*Sucio.

Asear
Lavar.
Limpiar.
*Desasear.

Asearse
Arreglarse.
Acicalarse.
Lavarse.
*Ensuciarse.

Asechanza
Acechanza.
Trampa.
Celada.
Engaño.

Asechar
Espiar.
Insidiar.

1. Asediar
Bloquear.
Cercar.
Sitiar.

Asediar
Importunar.
Molestar.

Asedio
Bloqueo.
Sitio.
Cerco.

1. Asegurar
Confirmar.
Ratificar.
Garantizar.

2. Asegurar
Afianzar.
Fijar.
Consolidar.

Asemejarse
Semejar.
Parecerse.
*Diferenciarse.

Asendereado
Fogueado.

Ducho.
*Bisoño.

Asenso
Aprobación.
Anuencia.
Venia.
*Denegación.

Asentaderas
Nalgas.
Posaderas.

1. Asentado
Juicioso.
Serio.
Reflexivo.
*Irreflexivo.

2. Asentado
Permanente.
Estable.
Fijo.
*Móvil.

1. Asentar
Afianzar.
Asegurar.
Afirmar.
*Solevantar.

2. Asentar
Anotar.
Inscribir.
Sentar.

3. Asentar
Alisar.
Apisonar.
Allanar.

Asentarse
Instalarse.
Establecerse.
Posarse.

Asentimiento
Aprobación.
Anuencia.
Permiso.
Venia.
*Disentimiento.

Asentir
Consentir.
Aprobar.
Convenir.
*Disentir.

Aseo
Esmero.
Pulcritud.
Limpieza.
*Desaseo.

Asepsia
Limpieza.
Desinfección.
*Sepsia.

Asequible
Alcanzable.
Accesible.

Aserción
Afirmación.
Aseveración.
Aserto.
*Negación.

Asesinato
Crimen.
Homicidio.

Asesino
Criminal.
Homicida.

1. Asesor
Consultor.
Consejero.

2. Asesor
Consultivo.

Asesorar
Informar.
Aconsejar.

Asesorarse
Aconsejarse.
Consultar.

Asestar
Descargar.
Disparar.
Apuntar.

Aseveración
Afirmación.
Ratificación.
*Negación.

Aseverar
Asegurar.
Afirmar.
Confirmar.
*Negar.

Asfixia
Sofocación.
Ahogo.
Agobio.
*Respiro.

Asfixiar
Sofocar.
Ahogar.

Asfódelo
Gamón.

1. Así
De esta forma.
De este modo.

2. Así
En consecuencia.
Por lo cual.
Por lo que.

1. Asidero
Agarradero.
Asa.
Oreja.

2. Asidero
Pretexto.
Ocasión.
Pie.

Asiduo
Persistente.
Frecuente.
Continuo.
*Intermitente.

1. Asiento
Butaca.
Silla.

2. Asiento
Lugar.
Sitio.
Sede.

3. Asiento
Sedimento.
Poso.

4. Asiento
Prudencia.
Cordura.
Juicio.

Asignación
Retribución.
Remuneración.
Estipendio.

Asignar
Fijar.
Señalar.
Destinar.

Asignatura
Disciplina.
Materia.

1. Asilo
Hospicio.
Refugio.

2. Asilo
Protección.
Amparo.

Asimiento
Apego.
Afecto.
Adhesión.
*Indiferencia.

Asimilación
Digestión.
Nutrición.
Provecho.

1. Asimilar
Relacionar.
Comparar.

2. Asimilar
Igualar.
Equiparar.

Asimismo
Igualmente.
También.
*Tampoco.

Asir
Tomar.
Coger.
Agarrar.
*Desasir.

1. Asistencia
Auxilio.
Socorro.
Ayuda.

2. Asistencia
Concurrencia.
Concurso.

1. Asistente
Auxiliar.
Suplente.

2. Asistente
Ordenanza.
Criado.

Asistentes
Público.
Auditorio.
Concurrencia.

1. Asistir
Ayudar.
Auxiliar.
Socorrer.
*Abandonar.

2. Asistir
Presenciar.
Concurrir.

Asma
Disnea.
Opresión.

Asmático
Jadeante.

Asnería
Necedad.
Estupidez.
Imbecilidad.

1. Asno
Burro.
Jumento.
Borrico.

2. Asno
Necio.
Ignorante.
Rudo.
*Lince.

Asociación
Comunidad.
Sociedad.
Agrupación.
Institución.

Asociado
Miembro.
Socio.

Asociar
Unir.
Aliar.
Juntar.
Incorporar.
*Separar.

Asolar
Devastar.

Arruinar.
Arrasar.
*Reconstruir.

Asoldado
Pagado.
Asalariado.

Asomar
Aparecer.
Mostrarse.

Asombradizo
Asustadizo.
Espantadizo.
*Impávido.

Asombrar
Maravillar.
Pasmar.
Sorprender.

Asombro
Admiración.
Sorpresa.
Espanto.

Asombroso
Pasmoso.
Portentoso.
Admirable.

Asomo
Señal.
Sospecha.
Indicio.

Asonada
Motín.
Sedición.
Tumulto.
Sublevación.
Rebelión.

Asordar
Ensordecer.

Aspaviento
Gesto.
Ademán.
Demostración.

Aspavientos
Manoteos.

Aspecto
Semblante.
Aire.
Apariencia.

1. Aspereza
Rugosidad.

Escabrosidad.
*Llanura.

2. Aspereza
Brusquedad.
Rudeza.
*Afabilidad.

1. Asperges
Rociadura.
Aspersión.

2. Asperges
Aspersorio.
Hisopo.

Asperjar
Rociar.
Hisopear.

1. Aspero
Escabroso.
Rugoso.
*Liso.

2. Áspero
Brusco.
Riguroso.
Rudo.
*Afable.

Aspersorio
Hisopo.

Áspid
Víbora.

Aspillera
Buhedera.
Saetera.
Tronera.

Aspiración
Pretensión.
Anhelo.
Deseo.

Aspirante
Candidato.
Pretendiente.
Solicitante.

1. Aspirar
Ansiar.
Anhelar.
Desear.
Pretender.
*Rehusar.

2. Aspirar
Inspirar.
*Espirar.

Asqueroso
Repulsivo.
Sucio.
Repugnante.
Nauseabundo.
*Limpio.

1. Asta
Pica.
Lanza.

2. Asta
Palo.
Fuste.
Mango.

3. Asta
Cuerno.

Astenia
Cansancio.
Decaimiento.
Debilidad.
*Vigor.

Asterisco
Tilde.
Señal.
Estrellita.

Astil
Mango.
Asa.

Astilla
Fragmento.
Esquirla.
Doladura.

Astillero
Carraca.
Atarazana.

1. Astrágalo
Tragacanto.

2. Astrágalo
Taba.
Chita.

3. Astrágalo
Tondino.
Armilla.

Astral
Sideral.

Estelar.
Sidéreo.

Astreñir
Astringir.

Astringente
Constrictor.
*Dilatador.

1. Astringir
Constreñir.
Restriñir.
Astreñir.
*Dilatar.

2. Astringir
Apretar.
Contraer.
Estrechar.

Astro
Estrella.
Lucero.
Cuerpo celeste.

Astrolabio
Atacir.

Astrolito
Aerolito.

Astrólogo
Planetista.
Adivino.

Astronauta
Cosmonauta.

Astroso
Harapiento.
Desastrado.
Zarrapastroso.
*Aseado.

1. Astucia
Picardía.
Sutileza.
Sagacidad.
*Ingenuidad.

2. Astucia
Artimaña.
Treta.
Ardid.

Astuto
Ladino.
Sagaz.
Perspicaz.
*Ingenuo.

Asueto
Descanso.
Vacación.
Holganza.
*Trabajo.

Asumir
Aceptar.
Tomar.
*Rehusar.

Asunción
Exaltación.
Elevación.

Asunto
Argumento.
Tema.
Trama.

Asurcano
Lindante.
Vecino.
*Lejano.

Asustadizo
Miedoso.
Espantadizo.
*Impávido.

Asustar
Atemorizar.
Intimidar.
Amedrentar.
*Tranquilizar.

Atabal
Tambor.
Timbal.

Atacar
Embestir.
Agredir.
Arremeter.
*Defender.

1. Atadijo
Paquete.
Lío.

2. Atadijo
Atadero.
Balduque.

Atadura
Unión.
Lazo.
Vínculo.

Atajar
Interrumpir.
Detener.
Contener.
*Estimular.

Atajo
Trocha.
Derechera.
Alcorce.

Atalaje
Jaeces.
Guarniciones.
Arreos.

1. Atalaya
Torre.
Vigía.

2. Atalaya
Centinela.
Vigía.
Escucha.

Atalayar
Vigilar.
Otear.
Espiar.

Atañer
Afectar.
Tocar.
Concernir.

Ataque
Agresión.
Embestida.
Arremetida.
*Defensa.

Atar
Liar.
Ligar.
Amarrar.
*Desatar.

Atarazana
Arsenal.
Astillero.

Atardecer
Ocaso.
Anochecer.
*Amanecer.

Atareado
Engolfado.
Ocupado.
*Ocioso.

Atarearse
Engolfarse.
Ocuparse.

Atarjea
Conducto.
Canalón.
Encañado.

Atarugar
Atiborrar.
Atestar.
*Vaciar.

Atarugarse
Hartarse.
Atragantarse.
*Ayunar.

Atascadero
Atolladero.
Atranco.

Atascar
Atorar.
Obstruir.
Tapar.

Atasco
Estorbo.
Obstrucción.
Impedimento.

Ataúd
Féretro.
Caja.

Ataujía
Damasquinado.

Ataviar
Engalanar.
Acicalar.
Adornar.

Atavío
Aderezo.
Atuendo.
Adorno.

Atemorizar
Amedrentar.
Asustar.
Intimidar.
Amilanar.
*Envalentonar.

Atemperar
Moderar.
Templar.

Suavizar.
*Excitar.

1. Atención
Cuidado.
Solicitud.
Esmero.
*Distracción.

2. Atención
Cortesía.
Urbanidad.
†Descortesía.

Atenciones
Quehaceres.
Trabajos.
Ocupaciones.

Atender
Escuchar.
Oír.
Fijarse.
*Desatender.

Atenerse
Amoldarse.
Ajustarse.
Sujetarse.

Atentado
Ataque.
Crimen.
Delito.

Atentar
Transgredir.
Vulnerar.
Infringir.
Contravenir.
*Obedecer.

1. Atento
Estudioso.
Aplicado.
Esmerado.
*Distraído.

2. Atento
Cortés.
Solícito.
Obsequioso.
*Desconsiderado.

Atenuar
Mitigar.
Amortiguar.
Aminorar.

Paliar.
*Acentuar.

Aterirse
Helarse.
Enfriarse.
Pasmarse.
Aterecerse.

Aterrador
Horripilante.
Temible.
Espantoso.
Horrible.

Aterrar
Espantar.
Horrorizar.
Acobardar.
Horripilar.

Aterrizar
Descender.
Bajar.
Aterrar.
*Despegar.

Atesorar
Economizar.
Amasar.
Ahorrar.
Entalegar.
Acumular.
*Dilapidar.

Atestación
Testimonio.
Testificación.
Deposición.

Atestado
Acta.
Certificación.
Testimonio.

1. Atestar
Testimoniar.
Atestiguar.
Testificar.

2. Atestar
Atiborrar.
Rellenar.
Atarugar.
*Vaciar.

Atestiguar
Testificar.
Atestar.
Testimoniar.

Atezado
Tostado.
Pizmiento.
Quemado.
Fuliginoso.
*Pálido.

Atiborrar
Atestar.
Rellenar.
Llenar.
Atarugar.
*Vaciar.

Atiborrarse
Hartarse.
Atracarse.
Apiparse.
Atarugarse.
*Evacuar.

Atiesar
Atirantar.
Retesar.
Entiesar.
Templar.
*Aflojar.

Atildado
Acicalado.
Adornado.
Compuesto.
Peripuesto.
*Desaliñado.

Atinar
Acertar.
Encontrar.
Hallar.
Adivinar.
*Errar.

1. Atingencia
Acierto.
Tino.

2. Atingencia
Relación.
Conexión.

3. Atingencia
Incumbencia.

Atirantar
Tesar.
Atiesar.
Entesar.
Templar.
Aballestar.

Atisbar
Observar.
Espiar.
Vigilar.
Acechar.

Atisbo
Indicio.
Señal.
Vislumbre.
Barrunto.

1. Atizar
Estimular.
Avivar.
Excitar.
*Aplacar.

2. Atizar
Propinar.
Pegar.
Dar.

Atlante
Telamón.

1. Atleta
Gladiador.
Combatiente.
Púgil.
Corredor.

2. Atleta
Hércules.
Sansón.

Atoar
Sirgar.
Remolcar.
Tirar.
*Empujar.

Atochada
Atajadero.

Atolondrado
Alocado.
Imprudente.
Irreflexivo.
*Juicioso.

Atolondramiento
Aturdimiento.
Precipitación.
Irreflexión.
*Serenidad.

Atolondrar
Atontar.

Aturdir.
Aturullar.
*Despabilar.

Atolladero
Atranco.
Atascadero.

Átomo
Migaja.
Partícula.
Escrúpulo.

Atónito
Asombrado.
Pasmado.
Estupefacto.
Maravillado.
*Impertérrito.

Átono
Débil.
Inacentuado.
*Tónico.

Atontar
Aturdir.
Entontecer.
Atolondrar.
Atortolar.
*Despabilar.

Atorar
Obstruir.
Cegar.
Obturar.
Atascar.
*Desatascar.

Atormentado
Conflictivo.
Torturado.
Contrito.
Flébil.

Atormentar
Atribular.
Afligir.
Martirizar.
Torturar.
*Confortar.

Atornillar
Enroscar.
Avellanar.
Aterrajar.

Atoro
Apuro.

Aprieto.
Atasco.

Atorrante
Haragán.
Flojo.
Holgazán.
Vagabundo.

Atortolar
Atontar.
Aturdir.
*Despabilar.

Atosigar
Agobiar.
Abrumar.
Acuciar
Fatigar.
*Aliviar.

Atrabiliario
Irascible.
Irritable.
Malhumorado.
*Afable.

Atracador
Salteador.

1. Atracar
Abordar.

2. Atracar
Atacar.
Saltear.
Agredir.
Asaltar.

Atracarse
Hartarse.
Saciarse.
Atiborrarse.
Henchirse.
*Evacuar.

Atracón
Panzada.
Hartazgo.

1. Atractivo
Encanto.
Seducción.
Gracia.

2. Atractivo
Seductor.
Encantador.
Atrayente.
*Repelente.

1. Atraer
Cautivar.
Seducir.
Encantar.
*Repeler.

2. Atraer
Motivar.
Causar.
Ocasionar.
Provocar.

Atragantarse
Obstruirse.
Atascarse.

Atrancar
Atorar.
Obstruir.
Obturar.
Tapar.
Atascar.
*Desatrancar.

Atranco
Atasco.
Obstrucción.

1. Atrapar
Pescar.
Cazar.
Pillar.
Coger.
*Soltar.

2. Atrapar
Engatusar.
Engañar.

1. Atrás
Detrás.

2. Atrás
Anteriormente.
Antes.

1. Atrasado
Viejo.
Anticuado.

2. Atrasado
Moroso.
Empeñado.
Entrampado.

Atrasar
Demorar.
Retardar.
Retrasar.
Rezagar.
*Adelantar.

Atraso
Retardo.
Demora.
Dilación.
Retraso.
*Adelanto.

1. Atravesado
Ruin.
Perverso.
Avieso.
*Franco.

2. Atravesado
Estrábico.
Bizco.
Bisojo.

Atravesar
Traspasar.
Pasar.
Cruzar.

Atreverse
Osar.
Aventurarse.
Arriesgarse.

1. Atrevido
Osado.
Temerario.
Audaz.
Arrojado.
*Temeroso.

2. Atrevido
Insolente.
Desvergonzado.
Descarado.
*Prudente.

1. Atrevimiento
Valor.
Arrojo.
Osadía.
Temeridad.
*Cautela.

2. Atrevimiento
Descaro.
Desvergüenza.
Insolencia.
Desfachatez.
*Prudencia.

Atribución
Asignación.
Aplicación.
Atributo.

Atribuciones
Prerrogativas.
Facultades.
Poderes.

Atribuir
Imputar.
Aplicar.
Asignar.
Achacar.

Atribuirse
Arrogarse.
Apropiarse.
Usurpar.
*Renunciar.

Atribular
Angustiar.
Atormentar.
Apesadumbrar.
Apenar.
Afligir.
*Aliviar.

1. Atributo
Cualidad.
Característica.
Propiedad.

2. Atributo
Emblema.
Símbolo.
Insignia.

Atrición
Dolor.
Pesar.
Arrepentimiento.
Compunción.
*Impenitencia.

Atril
Facistol.

Atrincherarse
Protegerse.
Defenderse.
Parapetarse.
Cubrirse.
Fortificarse.

1. Atrio
Porche.

2. Atrio
Vestíbulo.
Zaguán.

1. Atrocidad
Crueldad.

Inhumanidad.
Barbaridad.

2. Atrocidad
Necedad.
Burrada.

Atrofia
Distrofia.
Consunción.
Raquitismo.

Atrofiarse
Decaer.
Anquilosarse.
Menguar.
Inutilizarse.

Atrompetado
Acampanado.
Abocardado.
*Puntiagudo.

Atronar
Ensordecer.
Asordar.

Atropellado
Atolondrado.
Irreflexivo.
Precipitado.
*Pausado.

Atropellar
Arrollar.
Derribar.
Empujar.

Atropellarse
Apresurarse.
Apurarse.
Precipitarse.

1. Atroz
Cruel.
Bárbaro.
Fiero.

2. Atroz
Enorme.
Desmesurado.

Atuendo
Indumentaria.
Vestido.
Atavío.

Atufarse
Irritarse.
Encolerizarse.
Enfadarse.

Enojarse.
*Aplacarse.

Atunara
Almadraba.

Aturdido
Precipitado.
Irreflexivo.
Atropellado.
Imprudente.
*Sereno.

1. Aturdimiento
Precipitación.
Irreflexión.
Atolondramiento.

2. Aturdimiento
Turbación.
*Serenidad.

1. Aturdir
Turbar.
Atontar.
Atolondrar.

2. Aturdir
Sorprender.
Asombrar.
Admirar.

3. Aturdir
Perturbar.
Consternar.
*Serenar.

Aturullar
Atolondrar.
Desconcertar.
*Tranquilizar.

Auca
Araucano.

1. Audacia
Valor.
Coraje.
Osadía.
Intrepidez.
Atrevimiento.
*Pusilanimidad.

2. Audacia
Desfachatez.
Descaro.
Desvergüenza.
*Prudencia.

1. Audaz
Valiente.
Intrépido.
Osado.
*Pusilánime.

2. Audaz
Insolente.
Desvergonzado.
*Comedido.

Audición
Concierto.
Lectura.
Sesión.

Audiencia
Sala.
Tribunal.

1. Auditor
Oyente.

2. Auditor
Informante.
Juez.

Auditorio
Público.
Concurrencia.
Oyentes.

Auge
Esplendor.
Culminación.
Plenitud.
Prosperidad.
Elevación.
Apogeo.
*Decadencia.

Augur
Vaticinador.
Agorero.
Adivino.

Augurar
Presagiar.
Vaticinar.
Predecir.
Adivinar.
Profetizar.

Augurio
Vaticinio.
Presagio.
Profecía.
Predicción.

Augusto
Respetable.

Venerable.
Honorable.
*Insignificante.

Aula
Clase.
Sala.
Auditorio.

Aulaga
Árgona.
Aliaga.

Áulico
Cortesano.
Palaciego.

Aullar
Bramar.
Baladrear.

Aullido
Bramido.
Aúllo.

Aumentar
Agregar.
Agrandar.
Añadir.
Sumar.
Acrecentar.
Engrandecer.
*Disminuir.

Aumento
Crecimiento.
Incremento.
Agrandamiento.
*Disminución.

Aun
Incluso.
Hasta.

Aún
Todavía.

Aunar
Juntar.
Asociar.
Unificar.
Unir.
*Dividir.

Aunque
Por más que.
Si bien.

Aupar
Subir.

Encaramar.
Levantar.

Aura
Brisa.
Vientecillo.
Airecillo.
Zéfiro.

1. Áureo
Aurífero.
Áurico.
Aurífico.
Aurígero.
Aurifluo.

2. Áureo
Dorado.
Resplandeciente.
Brillante.
Rutilante.

1. Aureola
Corona.
Diadema.
Nimbo.

2. Aureola
Renombre.
Fama.
Celebridad.
Gloria.

Auriga
Conductor.
Cochero.

Aurora
Alba.
Amanecer.

1. Ausencia
Alejamiento.
Separación.
*Proximidad.

2. Ausencia
Privación.
Carencia.
Omisión.
Falta.
*Presencia.

Ausentarse
Irse.
Marcharse.
Partir.
Separarse.
Alejarse.

1. Auspicio
Presagio.
Agüero.

2. Auspicio
Amparo.
Ayuda.
Protección.

Austeridad
Ascetismo.
Rigor.
Severidad.
*Molicie.

Austero
Ascético.
Riguroso.
Severo.
*Indulgente.

Austral
Sur.
Meridional.
Antártico.
*Boreal.

1. Austro
Viento sur.
Noto.
*Bóreas.

2. Austro
Sur.
Mediodía.
*Norte.

Autarquía
Autosuficiencia.

Auténtico
Legítimo.
Fidedigno.
Verdadero.
Real.
Genuino.
*Falso.

Autillo
Cárabo.

1. Auto
Acta.
Documento.
Escritura.

2. Auto
Drama.

3. Auto
Hecho.
Acto.

4. Auto
Coche.
Automóvil.
Carro.

Autobiografía
Memorias.
Confesiones.

Autocracia
Tiranía.
Despotismo.
Dictadura.
Cesarismo.

Autócrata
Dictador.
Autarca.

Autóctono
Nativo.
Indígena.
Aborigen.
Vernáculo.
*Extranjero.

Automático
Inconsciente.
Maquinal.
Artificial.
*Consciente.

Automóvil
Coche.
Auto.

Autonomía
Autogobierno.
Independencia.
Libertad.
*Dependencia.

Autopsia
Disección.
Necropsia.

Autor
Causante.
Inventor.
Escritor.
Creador.

1. Autoridad
Mando.
Dominio.
Poder.

2. Autoridad
Prestigio.
Crédito.

Autoritario
Autocrático.
Despótico.
Tiránico.
*Humilde.

Autorización
Aprobación.
Venia.
Permiso.
Consentimiento.
Anuencia.
*Desautorización.

Autorizar
Consentir.
Acceder.
Facultar.
Aprobar.
Permitir.
*Desautorizar.

Autumnal
Otoñal.

1. Auxiliar
Amparar.
Ayudar.
Socorrer.
Favorecer.
*Perjudicar.

2. Auxiliar
Ayudante.

Auxilio
Ayuda.
Amparo.
Apoyo.
Socorro.
Asistencia.
*Daño.

Aval
Garantía.

Avalorar
Evaluar.
Avaluar.
Valorar.

1. Avance
Progreso.
Adelanto.
*Retroceso.

2. Avance
Adelanto.
Anticipo.

Avante
Adelante.

Avantrén
Carrillo
Armón.

Avanzada
Vanguardia.
Avanzadilla.

Avanzar
Progresar.
Prosperar.
Adelantar.
*Retroceder.

Avaricia
Tacañería.
Mezquindad.
Codicia.
Avidez.
*Prodigalidad.

Avaro
Codicioso.
Cicatero.
Tacaño.
Mezquino.
*Generoso.

Avasallar
Subyugar.
Sojuzgar.
Someter.
Dominar.
*Emancipar.

Avatar
Cambio.
Mudanza.

Ave
Pájaro.

1. Avecinarse
Acercarse.
Aproximarse.
*Alejarse.

2. Avecinarse
Establecerse.
Residir.
Domiciliarse.
*Emigrar.

Avecindarse
Residir.
Establecerse.
Domiciliarse.
*Ausentarse.

Avejentarse
Envejecer.
Ajarse.
Marchitarse.
*Rejuvenecerse.

Avellano
Nochizo.

Avena
Zampoña.

1. Avenencia
Convenio.
Pacto.
Acuerdo.
Arreglo.

2. Avenencia
Concordia.
Unión.
Conformidad.
Armonía.
*Desavenencia.

1. Avenida
Inundación.
Crecida.
Riada.
Desbordamiento.

2. Avenida
Paseo.
Bulevar.
Vía.
Rambla.

1. Avenirse
Entenderse.
Congeniar.
*Discrepar.

2. Avenirse
Arreglarse.
Conciliar.
Conformarse.
Prestarse.
*Resistirse.

3. Avenirse
Amoldarse.
Allanarse.
Resignarse.

1. Aventador
Bieldo.

2. Aventador
Abanico.
Mosqueador.

Aventajar
Superar.
Adelantar.
Pasar.
Exceder.
Sobrepujar.
*ir a la zaga.

Aventar
Orear.
Ventear.
Airear.

2. Aventar
Bieldar.
Echar.
Expulsar.

1. Aventura
Lance.
Episodio.
Hazaña.
Andanza.

2. Aventura
Contingencia.
Casualidad.
Evento.

3. Aventura
Empresa.
Riesgo.
Correría.

Aventurado
Peligroso.
Expuesto.
Azaroso.
Arriesgado.
*Seguro.

Aventurar
Arriesgar.
Exponer.

Aventurarse
Osar.
Arriesgarse.
Atreverse.
Exponerse.

Avergonzar
Ruborizar.
Sonrojar.

Abochornar.
*Enorgullecer.

Avería
Daño.
Deterioro.
Desperfecto.

Averiguación
Indagación.
Investigación.
Pesquisa.

Averiguar
Inquirir.
Investigar.
Indagar.

Averío
Bandada.

Averno
Infierno.

Aversión
Oposición.
Odio.
Antipatía.
*Simpatía.

Avezar
Experimentar.
Habituar.
Acostumbrar.
*Desacostumbrar.

Avezado
Acostumbrado.
Ducho.
Hecho.
*Novato.

Aviación
Aeronáutica.

Aviador
Aeronauta.
Piloto.

1. Aviar
Disponer.
Prevenir.
Preparar.
Arreglar.

2. Aviar
Acelerar.
Apresurar.
Despachar.
*Entretener.

Avidez
Voracidad.
Codicia.
Ansia.
*Saciedad.

Ávido
Insaciable.
Voraz.
Ansioso.
*Harto.

Aviejarse
Avejentarse.
*Rejuvenecerse.

Avieso
Perverso.
Ruin.
Malo.
Atravesado.
*Bueno.

Avilantez
Audacia.
Osadía.
Atrevimiento.
Insolencia.
*Prudencia.

Avinagrado
Agrio.
Acre.
Áspero.
Acedo.
Agriado.
*Dulce.

Avinagrarse
Agriarse.
Acedarse.
*Dulcificarse.

1. Avío
Prevención.
Apresto.
Aviamiento.

2. Avío
Víveres.
Bastamento.
Provisión.

3. Avío
Préstamo.

4. Avío
Aparejo.
Silla.

Avión
Aeroplano.
Avioneta.
Aparato.
Reactor.

Avíos
Bártulos.
Utensilios.
Trastos.

Avisado
Sagaz.
Despierto.
Advertido.
Astuto.
Perspicaz.
*Simple.

Avisar
Comunicar.
Informar.
Anunciar.
Advertir.
Participar.

1. Aviso
Anuncio.
Noticia.
Observación.
Nota.
Advertencia.

2. Aviso
Prudencia.
Precaución.
Discreción.
Cuidado.
*Descuido.

Avispado
Agudo.
Despierto.
Listo.
Vivo.
*Obtuso.

Avispero
Celada.
Maraña.
Trampa.

Avistar
Ver.
Descubrir.
Divisar.

Avituallar
Suministrar.
Abastecer.

Proveer.
Surtir.

Avivar
Animar.
Excitar.
Enardecer.
Acelerar.
Apresurar.
*Frenar.

Avizorar
Atisbar.
Observar.
Vigilar.
Espiar.

Avutarda
Piuquén.

Axila
Sobaco.

Axioma
Sentencia.
Principio.

Axiomático
Indiscutible.
Evidente.
Irrebatible.
Absoluto.
*Problemático.

Ayer
Antes.
Anteriormente.

Ayo
Custodio.
Preceptor.

Ayuda
Asistencia.
Amparo.
Cooperación.
Auxilio.
Apoyo.
*Estorbo.

Ayudante
Colaborador.
Cooperador.
Auxiliar.

Ayudar
Asistir.
Amparar.
Cooperar.
Auxiliar.

Socorrer.
*Perjudicar.

Ayuga
Mirabel.
Pinillo.

Ayunar
Abstenerse.
Privarse.
*Hartarse.

1. Ayuno
Ignorante.
Inadvertido.
*Enterado.

2. Ayuno
Abstinencia.
Dieta.
*Intemperancia.

Ayuntamiento
Consistorio.
Municipio.
Cabildo.

Azabache
Ámbar.
Negro.

Azahara
Zabila.
Áloe.

Azada
Azadón.
Zapapico.

Azafata
Camarera.

1. Azagaya
Lanza.

2. Azagaya
Azcona.
Dardo.

Azana
Trabajo.
Obligaciones.
Menesteres.
Faena.
Labores.

Azar
Acaso.
Eventualidad.
Albur.
Casualidad.

Azararse
Confundirse.
Azorarse.
Turbarse.
Sobresaltarse.

Azarcón
Minio.

Azarearse
Azararse.

Azaroso
Peligroso.
Expuesto.
Aventurado.
Arriesgado.
*Seguro.

Azocar
Apretar.
Prensar.

Ázoe
Nitrógeno.

Azófar
Latón.

Azogue
Hidrargirio.
Mercurio.

Azorar
Amilanar.
Espantar.
Sobresaltar.
*Tranquilizar.

Azotaina
Vapuleo.
Zurra.
Tanda.
Tunda.

Azotar
Vapulear.
Golpear.
Flagelar.
Zurrar.

1. Azote
Golpe.
Nalgada.
Latigazo.

2. Azote
Calamidad.

Desgracia.
Plaga.
Flagelo.

Azotea
Terraza.
Terrado.
Aljarafe.

Azucarar
Endulzar.
Dulcificar.
*Acibarar.

Azul
Índigo.
Añil.
Azur.
Opalino.

Azulejo
Vidriado.

Azuzar
Instigar.
Incitar.
Excitar.
Estimular.
*Frenar.

B

Baba
Saliva.

Babel
Desorden.
Confusión.
Barahúnda.
Barullo.
*Orden.

Babieca
Simple.
Tonto.
Bobo.

Babilónico
Ostentoso.
Fastuoso.

Babucha
Zapatilla.

Bacalao
Pejepalo.
Abadejo.
Estocafís.
Curadillo.

Bacanal
Desenfreno.
Orgía.

Bacía
Jofaina.
Vasija.

Bacilo
Bacteria.

Bacinero
Limosnero.

1. Baco
Asiento.
Poyo.
Alhamí.

2. Baco
Escollo.
Bajo.
Alfaque.

3. Baco
Cardumen.
Bando.

Bacteria
Microorganismo.
Bacilo.
Microbio.
Virus.
Miasma.

1. Báculo
Cayado.
Bastón.
Palo.

2. Báculo
Apoyo.
Soporte.
Arrimo.
Consuelo.

1. Bache
Hoyo.
Socavón.

2. Bache
Laguna.

Bachiller
Fisgón.
Hablador.
*Discreto.

Badajada
Necedad.
Disparate.
Sandez.
*Acierto.

Badajo
Lengua.
Espiga.

Badea
Insipidez.
Sosedad.

Badila
Pala.
Paleta.
Badil.

Bedulaque
Necio.
Bobo.
Tonto.

Bagaje
Bultos.
Impedimenta.
Equipaje.

Bagasa
Ramera.

Bagatela
Insignificancia.
Menudencia.
Fruslería.
Bicoca.
Friolera.

Bagazo
Cáscara.
Residuo.

1. Bagual
Hombrón.

2. Bagual
Indómito.
Salvaje.
Feroz.

Bahía
Rada.
Puerto.
Ensenada.
Caleta.
Golfo.

Bailar
Danzar.

Bailarín
Danzante.
Bailador.
Danzarín.

Bailarina
Danzarina.
Bayadèra.

1. Baile
Danza.
Tripudio.

2. Baile
Moverse.

Bailía
Municipio.
Demarcación.

Baja
Caída.
Pérdida.
Descenso.
Decadencia.
*Alza.

Bajada
Descenso.
*Subida.

Bajamar
Reflujo.
*Pleamar.

1. Bajar
Decrecer.
Disminuir.
Decaer.
Abaratar.
Rebajar.
*Subir.

2. Bajar
Descender.
Apearse.
Desmontar.
Descabalgar.
*Montar.

Bajel
Nave.
Navío.
Barco.
Buque.
Nao.

Bajeza
Ruindad.

Indignidad.
Vileza.
Abyección.
*Nobleza.

1. Bajo
Pequeño.
Menudo.
Chico.
Corto.
*Alto.

2. Bajo
Plebeyo.
Vulgar.
*Noble.

3. Bajo
Mortecino.
Apagado.
Descolorido.
Deslustrado.
*Vivo.

4. Bajo
Abatido.
Humilde.
*Enérgico.

5. Bajo
Escollo.
Arrecife.
Banco.
Bajío.

6. Bajo
Grave.
*Agudo.

7. Bajo
Debajo de.
*Sobre.

Bajorrelieve
Entretalladura.
Entretalla.

1. Bala
Proyectil.

2. Bala
Paca.
Bulto.
Fardo.

Baladí
Superficial.
Trivial.
Fútil.
Frívolo.
*Importante.

Baladre
Laurel rosa.
Adelfa.

Baladro
Bramido.
Alarido.
Grito.

Baladrón
Fanfarrón.
Bravucón.
Valentón.
*Tímido.

Baladronada
Fanfarronada.
Bravuconada.
Bravata.

Bálago
Paja.

1. Balance
Vaivén.
Balanceo.

2. Balance
Cómputo.
Arqueo.
Confrontación.

1. Balancear
Mecer.
Oscilar.
Columpiar.

2. Balancear
Vacilar.
Dudar.

Balanceo
Vaivén.
Oscilación.
Balance.

Balancín
Mecedora.

Balandrán
Palio.

1. Balar
Gamitar.
Balitar.

2. Balar
Anhelar.
Suspirar.

Balasto
Grava.

Balate
Margen.
Borde.
Orilla.

Balaustrada
Baranda.
Barancillo.

Balbucear
Balbucir.
Mascullar.
Tartamudear.
Tartajear.

Balcón
Veranda.
Balaustrada.
Miranda.

Balda
Anaquel.

Baldado
Paralítico.
Impedido.
Tullido.
Inválido.

Baldaquín
Dosel.
Patio.
Pabellón.
Baldaquino.

Balde
Cubo.

1. Baldear
Limpiar.
Fregar.
Lavar.
*Trapear.

2. Baldear
Achicar.
Bombear.
Jamurar.

Baldeo
Limpieza.
Fregatela.

1. Baldío
Yermo.
Estéril.
*Cultivado.

2. Baldío
Inútil.
Vano.
Infundado.
*Útil.

Baldón
Afrenta.
Injuria.
Oprobio.
Vituperio.
*Loanza.

Baldosa
Azulejo.
Ladrillo.

Balduque
Cinta.
Atadijo.

1. Baleo
Aventador.

2. Baleo
Estera.
Felpudo.
Alfombrilla.

Balido
Gamitido.

Balitar
Balar.

Baliza
Boya.
Señal.

Balneario
Baños.

Balompié
Fútbol.

Balón
Pelota.

Balsa
Almadia.
Armadia.
Jangada.

Balsámico
Fragante.
Aromático.
*Hediondo.

1. Balsamina
Rucaragua.
Mamórdiga.

2. Balsamina
Miramelindos

Balsamita
Jaramago.

Bálsamo
Lenitivo.
Alivio.
Consuelo.
*Excitante.

Baluarte
Fortaleza.
Defensa.
Protección.
Bastión.

Balumba
Bulto.
Mole.

Ballesta
Muelle.

Bambolearse
Vacilar.
Oscilar.
Tambalearse.
Balancearse.
Bambalear.

Banana
Plátano.

Banasta
Canasta.
Cesto.
Cuévano.
Banasto.

Bancal
Haza.
Fabla.

Bancarrota
Ruina.
Quiebra.
Descrédito.

1. Banda
Costado.
Lado.

2. Banda
Bandada.
Cuadrilla.
Facción.
Pandilla.

3. Banda
Cinta.
Tira.
Paja.

1. Bandada
Camada.
Averío.

2. Bandada
Banda.

Bandazo
Balance.
Tumbo.

Bandearse
Ingeniarse.

Bandera
Pabellón.
Pendón.
Enseña.
Estandarte.
Insignia.

Bandería
Facción.
Partido.
Parcialidad.
Bando.

1. Banderilla
Rehilete.
Garapullo.
Palitroque.

2. Banderilla
Dardo.
Vareta.
Remoquete.
Pulla.

Bandidaje
Bandolerismo.

Bandido
Malhechor.
Bandolero.
Salteador.
Atracador.
Ladrón.

1. Bando
Facción.

Partido.
Grupo.
Bandería.

2. Bando
Mandato.
Edicto.
Cedulón.
Placarte.
Decreto.

Bandolera
Correaje.
Tahalí.

Bandolero
Bandido.

Badullo
Barriga.

Banqueta
Banquillo.
Escabel.
Taburete.
Escaño.

Banquete
Ágape.
Simposio.
Convite.
Festín.

1. Bañadera
Bañera.
Baño.

2. Bañadera
Pantano.
Laguna.
Lodazal.

Bañar
Sumergir.
Mojar.
Humedecer.
Lavar.

Bañera
Bañadera.

1. Baño
Sumersión.
Inmersión.
Remojón.
Lavado.

2. Baño
Tina.
Pila.
Bañera.

3. Baño
Mano.
Capa.

Baños
Balneario.

Baqueta
Varilla.
Taco.
Atacador.

Baqueteado
Avezado.
Acostumbrado.
Habituado.
Ducho.
Experimentado.
Fogueado.
*Bisoño.

Baquía
Práctica.
Experiencia.
Costumbre.

Baquiano
Rumbeador.
Experto.

1. Bar
Taberna.

2. Bar
Barra.

Barahúnda
Tumulto.
Confusión.
Desorden.
Bulla.
Barullo.

Baraja
Naipes.

1. Barajar
Revolver.
Mezclar.
Entremezclar.
Confundir.
*Ordenar.

2. Barajar
Detener.
Parar.

Baranda
Petril.
Balaustrada.
Antepecho.

Barata
Trueque.
Cambio.
Mohatra.

Baratija
Fruslería.
Bujería.
Chuchería.

Baratillero
Ropavejero.
Prendero.
Saldista.

1. Barato
Módico.
Económico.
Bajo.
Rebajado.
*Caro.

2. Barato
Asequible.
Fácil.

Baratro
Infierno.
Averno.
Orco.

Barba
Barbilla.
Perilla.
Mosca.

1. Barbacoa
Barbacúa.
Zarzo.

2. Barbacoa
Barbacúa.
Andamio.

3. Barbacoa
Barbacúa.
Parrilla.

Barbada
Quijada.

Barbacana
Tronera.
Defensa.
Saetera.

Barbaján
Rústico.
Tosco.
Brutal.
Bruto.

Barbaridad
Crueldad.
Atrocidad.
Inhumanidad.
Exceso.

1. Barbarie
Rusticidad.
Cerrilidad.
Incultura.
Primitivismo.
*Civilización.

2. Barbarie
Fiereza.
Ferocidad.
*Piedad.

Barbarismo
Extranjerismo.
*Idiotismo.

Barbarizar
Desatinar.
Disparatar.
Desbarrar.
*Atinar.

1. Bárbaro
Cruel.
Feroz.
Atroz.
*Humano.

2. Bárbaro
Cerril.
Salvaje.
Tosco.
Grosero.
*Civilizado.

3. Bárbaro
Temerario.
Imprudente.
Extraordinario.

Barbecho
Añojal.
Escalio.
Erial.
Lleco.

1. Barbero
Peluquero.
Fígaro.

2. Barbero
Zalamero.
Adulador.

Barbián
Desenvuelto.
Gallardo.
Arriscado.
*Tímido.

Barbilampiño
Lampiño.
Imberbe.
Carilampiño.
*Barbudo.

Barbilindo
Afeminado.

Barbilla
Mentón.
Perilla.

Barbitaheño
Barbirrojo.

Barbotar
Balbucear.
Musitar.
Mascullar.
Barbotear.

Barbudo
Barbado.
Barbón.
Barboso.
Barbiespeso.
Barbiluengo.
*Barbilampiño.

Barbulla
Algazara.
Batahola.
Ruido.
Tropel.
Barahúnda.

Barbullar
Barbotar.

Barca
Chalana.
Chalupa.
Bote.
Canoa.
Lancha.

Barcaza
Barcón.
Lanchón.
Gabarra.

Barco
Nave.

Navío.
Nao.
Buque.
Bajel.

1. Barda
Armadura.

2. Barda
Espino.
Ramaje.
Bardal.

3. Barda
Vallado.
Cercado.
Seto.
Sebe.

Bardaje
Sodomita.

Bardana
Lampazo.
Anteón.

Bardo
Poeta.
Trovador.
Vate.

Baritel
Malacate.
Cabrestante.

Baritono
Grave.
Llano.
Paroxítono.

Barloa
Cable.
Calabrote.

Barnizar
Embarnizar.

Barquinazo
Tumbo.
Vaivén.
Vuelco.
Porrazo.
Batacazo.

1. Barra
Lingote.

2. Barra
Tranca.
Palanca.
Barrote.

3. Barra
Bajío.
Banco.

4. Barra
Eje.

Barrabasada
Disparate.
Desatino.
Travesura.
Despropósito.
Barbaridad.

1. Barraca
Choza.
Chamizo.
Chabola.
Tugurio.

2. Barraca
Galpón.
Almacén.
Tinglado.

Barragana
Amante.
Querida.
Concubina.
Manceba.

Barranco
Despeñadero.
Quebrada.
Cañón.
Precipicio.
Barranca.

Barreduras
Basura.
Residuo.
Escoria.
Desecho.
Desperdicios.

1. Barrenar
Taladrar.
Horadar.
Agujerear.

Barrenar
Atropellar.
Infringir.
Conculcar.

Barreno
Petardo.
Explosivo.

Barreño.
Jofaina.

Terrizo.
Artesa.

Barrer
Limpiar.
Dispersar.
Escobar.

Barrera
Cerca.
Obstáculo.
Impedimento.
Muro.
Valla.

Barrial
Barrizal.

Barricada
Reparo.
Parapeto.

Barriga
Abdomen.
Vientre.
Panza.

Barril
Barrica.
Pipa.
Cuba.
Tonel.

Barrilla
Mazacote.
Sosa.

Barrio
Suburbio.
Distrito.
Arrabal.

Barrizal
Fangal.
Lodazal.
Cenagal.

1. Barro
Lodo.
Fango.
Cieno.

2. Barro
Suche.

Barroco
Pomposo.
Recargado.
Plateresco.
Rococó.
Churrigueresco.

Barrote
Larguero.
Travesaño.
Barra.
Palo.

Barrullo
Barullo.

Barrumbada
Jactancia.
Petulancia.

Barruntar
Presumir.
Suponer.
Prever.
Sospechar.
Conjeturar.

Barrunte
Sospecha.
Suposición.
Conjetura.
Barunto.

Bártulos
Pertrechos.
Enseres.
Trastos.
Utensilios.

Baruca
Enredo.
Embrollo.
Artificio.

Barullo
Barahúnda.
Desbarajuste.
Confusión.
Lío.
*Orden.

Basamento
Basa.
Pedestal.
Peana.
Base.

Basar
Cimentar.
Fundamentar.
Asentar.
Apoyar.
Fundar.

1. Basca
Náusea.
Arcada.
Vómito.

2. Basca
Desazón.
Ansias.

Bascosidad
Inmundicia.
Suciedad.
Asquerosidad.
*Limpieza.

Base
Cimiento.
Fundamento.
Basamento.
Asiento.
Pie.

2. Base
Origen.
Ley.
Principio.
Constante.

Basilisco
Bruja.
Arpía.
Furia.

Basta
Hilván.

Bastante
Asaz.
Suficiente.
Harto.

1. Bastar
Ser suficiente.

2. Bastar
Abundar.

Bastardilla
Itálica.
Cursiva.

1. Bastardo
Ilegítimo.
Natural.
Espurio.
*Legítimo.

2. Bastardo
Infame.
Bajo.
Vil.
Falso.
*Noble.

Baste
Albarda.

Silla.
Enjalma.

1. Bastidor
Chasis.
Armazón.

2. Bastidor
Celosia.

Bastión
Baluarte.

Basto
Burdo.
Ordinario.
Rudo.
Grosero.
Tosco.

Bastón
Cayado.
Báculo.
Vara.
Palo.
Clava.

Bastonazo
Estacazo.
Garrotazo.
Trancazo.

Bastonera
Paragüero.

Basura
Desperdicio.
Suciedad.
Porquería.
Hez.
Inmundicia.

Bata
Quimono.
Batín.
Guardapolvo.

Batacazo
Costalada.
Trastazo.
Porrazo.

Batahola
Vocerío.
Bullicio.
Jarana.
Alboroto.
Gritería.

Batalla
Contienda.

Lid.
Lucha.
Pelea.
Combate.

Batallador
Guerrero.
Luchador.
Belicoso.
*Pacífico.

Batallar
Lidiar.
Luchar.
Pelear.
Reñir.
Pugnar.
*Rendirse.

Batallón
Escuadrón.

Batata
Camote.

1. Batea
Azafate.
Plata.
Bandeja.

2. Batea
Dornajo.
Artesa.

3. Batea
Barquichuelo.

Batel
Bote.
Barca.
Lancha.

Batelero
Remero.
Barquero.
Lanchero.

Bateo
Bautizo.

1. Batería
Grupo.
Conjunto.
Hilera.
Fila.

2. Batería
Brecha.

Batida
Exploración.

Rastreo.
Reconocimiento.

Batido
Frecuentado.
Trillado.
Conocido.

Batidor
Gastador.
Explorador.

Batín
Bata.

Batitín
Tantán.
Gong.

1. Batir
Percutir.
Golpear.

2. Batir
Reconocer.
Explorar.

3. Batir
Vencer.
Arrollar.
Derrotar.
Deshacer.

Batirse
Luchar.
Lidiar.
Pelear.
Combatir.
Batallar.

Baúl
Arca.
Cofre.

Bautismo
Bautizo.
Bateo.

1. Bautizar
Cristianar.

2. Bautizar
Llamar.
Nombrar.
Denominar.
Calificar.

Bautizo
Bautismo.

Bayadera
Bailarina.
Danzarina.

Bayarte
Parihuelas.

Bayeta
Boquín.
Aljofifa.

Bayoneta
Machete.

Baza
Partida.
Tanto.

Bazar
Comercio.
Mercado.

1. Bazofia
Comistrajo.
Potaje.
Sancocho.
Rancho.

2. Bazofia
Sobras.
Desperdicio.

3. Bazofia
Suciedad.
Porquería.
Asquerosidad.

Beata
Devota.
Santa.

Beatería
Mojigatería.
Gazmoñería.

Beatificación
Santificación.
Canonización.

Beatificar
Reverenciar.
Venerar.

Beatitud
Felicidad.
Dicha.
Gozo.
Bienaventuranza.
*Pena.

1. Beato
Bienaventurado.
Feliz.
Dichoso.

2. Beato
Gazmoño.
Mojigato.
Santurrón.

Bebé
Crio.
Nene.
Rorro.

Bebedizo
Filtro.

Bebedor
Tomador.
Beodo.
Borracho.

1. Beber
Libar.
Escanciar.
Abrevarse.
Tragar.
Sorber.

2. Beber
Brindar.

Bebida
Brebaje.
Poción.

Bebido
Ebrio.
Embriagado.
Beodo.
Borracho.
Achispado.
*Sobrio.

Becada
Chocha.

Becerro
Novillo.
Torillo.

Bedel
Celador.
Ordenanza.
Portero.

Beduino
Árabe.
Tuareg.
Targui.

Befa
Mofa.
Irrisión.
Burla.

Escarnio.
Desprecio.

Beldad
Hermosura.
Belleza.
*Fealdad.

1. Belén
Nacimiento.

2. Belén
Enredo.
Embrollo.
Desorden.
Lío.
Confusión.

Belfo
Labio.

Bélico
Marcial.
Belicoso.
Guerrero.

Belicoso
Agresivo.
Batallador.
Guerrero.
Pugnaz.
*Pacífico.

Belitre
Bellaco.
Pillo.
Villano.
Pícaro.
Ruin.

Bellaco
Tunante.
Bribón.
Astuto.
Zorro.
Belitre.
*Cándido.

Belleza
Beldad.
Preciosidad.
Hermosura.
Lindeza.
Guapura.
*Fealdad.

Bello
Lindo.
Bonito.
Hermoso.

Precioso.
Grato.
*Feo.

Bencina
Carburante.
Gasolina.
Esencia.

1. Bendecir
Alabar.
Ensalzar.
*Maldecir.

2. Bendecir
Consagrar.

1. Bendición
Gracia.
Favor.
Abundancia.
Prosperidad.

2. Bendición
Invocación.

3. Bendición
Consagración.

1. Bendito
Bienaventurado.
Santo.

2. Bendito
Feliz.
Dichoso.
*Infeliz.

3. Bendito
Sencillo.
*Listo.

Benefactor
Bienhechor.

1. Beneficencia
Merced.
Caridad.
Benevolencia.
Favor.
*Desatención.

2. Beneficencia
Filantropía.
Humanidad.
Misericordia.
*Inhumanidad.

Beneficiar
Favorecer.

Bonificar.
Mejorar.
Utilizar.
Aprovechar.
*Perjudicar.

1. Beneficio
Merced.
Servicio.
Gracia.
Favor.

2. Beneficio
Ganancia.
Rendimiento.
Provecho.
Utilidad.
*Pérdida.

Beneficioso
Lucrativo.
Productivo.
Provechoso.
Útil.
Benéfico.
*Perjudicial.

Benéfico
Bienhechor.
Beneficioso.
*Maléfico.

Benemérito
Honorable.
Meritorio.
Digno.
Estimable.
*Despreciable.

Beneplácito
Aprobación.
Consentimiento.
Permiso.
Venia.
Autorización.

Benevolencia
Indulgencia.
Clemencia.
Magnanimidad.
Simpatía.
Benignidad.
*Malevolencia.

Benévolo
Indulgente.
Clemente.
Benigno.
Bondadoso.

Afable.
*Malévolo.

Benignidad
Bondad.
Dulzura.
Benevolencia.
Piedad.
Humanidad.
*Malignidad.

1. Benigno
Compasivo.
Clemente.
Bondadoso.
Benévolo.
Piadoso.
*Maligno.

2. Benigno
Dulce.
Templado.
Apacible.
Suave.
*Riguroso.

Benjamín
Menor.
Pequeño.

Beocio
Necio.
Tonto.
Estulto.
Estúpido.

Beodo
Ebrio.
Embriagado.
Borracho.
Achispado.
Bebido.
*Sereno.

Beque
Orinal.
Bacín.

Bérbero
Agracejo.

Berbiquí
Taladro.

Bereber
Moro.
Rifeño.
Berberisco.

Berengo
Ingenuo.
Cándido.
Sencillo.
Bobo.

Berenjenal
Lío.
Enredo.
Confusión.
Maraña.

Bergante
Pícaro.
Bribón.
Belitre.
Bellaco.
Bandido.

Berilo
Aguamarina.

Bermejo
Rojizo.
Rúbeo.
Taheño.
Rujo.

Bermellón
Cinabrio.

Berrear
Chillar.
Gritar.

Berrinche
Cólera.
Rabia.
Enojo.
Pataleta.
Rabieta.

Berro
Mastuerzo.
Balsamita mayor.

Berza
Col.

1. Besana
Surco.

2. Besana
Labor.

Besar
Tocar.
Rozar.

Beso
Ósculo.

1. Bestia
Animal.
Bruto.
Irracional.

2. Bestia
Caballería.

3. Bestia
Ignorante.
Bárbaro.
Zafio.
Bruto.

Bestial
Feroz.
Brutal.
Bárbaro.
Animal.

Bestialidad
Ferocidad.
Barbaridad.
Brutalidad.
Animalada.

Biblia
Escritura.
Libros Sagrados.
Sagrada Escritura.

Biblioteca
Librería.
Colección.

Bicicleta
Velocípedo.
Biciclo.

1. Bicoca
Ganga.

2. Bicoca
Insignificancia.
Nadería.
Pequeñez.
Fruslería.
Bagatela.

Bichero
Cloque.

Bicho
Sabandija.
Bicha.

Bieldo
Aviento.
Aventador.

1. Bien
Merced.
Favor.
Provecho.
Beneficio.
Utilidad.

2. Bien
Bastante.
Muy.
Mucho.
*Poco.

3. Bien
En verdad.
Seguramente.

4. Bien
Con gusto.
Sí.
De buena gana.

5. Bien
Ora.
Ya.

6. Bien
Con razón.
Justamente.

Bienandanza
Suerte.
Fortuna.
Dicha.
Felicidad.
*Malandanza.

1. Bienaventurado
Santo.
Beato.

2. Bienaventurado
Dichoso.
Feliz.
Simple.
*Malicioso.

Bienaventuranza
Beatitud.
Felicidad.
Dicha.
Gloria.
Cielo.
*Malaventuranza.

Bienes
Riqueza.
Hacienda.
Caudal.
Fortuna.
Capital.

Bienestar
Abundancia.
Satisfacción
Comodidad.
Regalo.
*Pobreza.

Bienhechor
Filántropo.
Favorecedor.
Amparador.
Protector.
Benefactor.
*Malhechor.

Bienquisto
Considerado.
Estimado.
Querido.
Apreciado.
*Malquisto.

Bienvenida
Saludo.
Salva.
Parabién.

Bifurcación
Desvío.
Derivación.
*Unión.

Bifurcarse
Divergir.
Desviarse.
Dividirse.
Separarse.
Ahorquillarse.
*Confluir.

Bígamo
Binubo.

Bigardo
Holgazán.
Vago.

Bigote
Bozo.
Mostacho.

Bilioso
Irritable.
Desabrido.
Colérico.
Atrabiliado.
*Dulce.

Bilis
Amargura.

Aspereza.
Cólera.
Irritabilidad.
Desabrimiento.
*Dulzura.

1. Billete
Boleto.
Entrada.
Localidad.
Asiento.

2. Billete
Carta.

Billetero
Monedero.
Cartera.

Binóculo
Prismático.
Gemelos.
Anteojos.

Biombo
Antipara.
Mampara.
Cancel.

Biografía
Semblanza.
Vida.
Hechos.
Carrera.
Currículum.

Birlar
Robar.
Hurtar.
Escamotear.
Quitar.
Estafar.

Birlocha
Cometa.

Birrete
Bonete.
Solideo.

1. Birria
Zaharrón.
Moharracho.

2. Birria
Adefesio.
Mamarracho.
Facha.

3. Birria
Obstinación.
Capricho.

Bis
Repetición.
Segunda vez.

Bisagra
Charnela.
Gozne.

Bisar
Repetir.

Bisbisear
Musitar.
Mascullar.
Cuchichear.
Bisbisar.

Bisecar
Hendir.
Dividir.
Partir.

Bisel
Chaflán.

Bisexual
Hermafrodita.
Andrógino.

Bisílabo
Disílabo.

Bisojo
Estrábico.
Bizco.

Bisonte
Cíbolo.

Bisoño
Novato.
Novel.
Inexperto.
Nuevo.
*Veterano.

Bisturí
Lanceta.

Bizantino
Rebuscado.
Sutil.
Intrascendente.
Fútil.
*Importante.

Bizarría
Gallardía.
Valor.
*Cobardía.

Bizarro
Gallardo.
Valiente.
Esforzado.
Generoso.
Espléndido.
*Cobarde.

Bizco
Estrábico.
Bisojo.

Bizcochería
Pastelería.

Bizma
Emplasto.
Pegote.
*Bilma.

Biznaga
Dauco.
Gingidio.

Blanco
Níveo.
Albo.
Cándido.
*Negro.

Blancura
Candor.
Albor.
Blancor.
Albura.
*Negrura.

1. Blandir
Enarbolar.
Mover.
Agitar.
Levantar.
Balancear.

2. Blandir
Amenazar.

1. Blando
Muelle.
Tierno.
Lene.
Mole.
*Hecho.

2. Blando
Fofo.
Flexuoso.
Suave.
Blanducho.

Flojo.
*Duro.

3. Blando
Apacible.
Agradable.
Dulce.
Benigno.
*Áspero.

4. Blando
Tímido.
Inconsistente.
Cobarde.
*Riguroso.

1. Blandón
Hachón.
Hacha.

2. Blandón
Candelero.
Hachero.

1. Blandura
Afabilidad.
Mansedumbre.
Dulzura.
Delicadeza.
Templanza.
*Severidad.

2. Blandura
Pereza.
Indolencia.
Molicie.
Flojedad.
Lentitud.
*Diligencia.

3. Blandura
Requiebro.
Blandicia.

1. Blanquear
Emblanquecer.
Blanquecer.
Armiñar.
*Ennegrecer.

2. Blanquear
Enlucir.
Encalar.
Enjalbegar.
Enjebar.

3. Blanquear
Limpiar.

Lavar.
Jabonar.

4. Blanquear
Relucir.
Destacar.

Blasfemar
Renegar.
Maldecir.
Jurar.

Blasfemia
Reniego.
Juramento.
Maldición.

1. Blasón
Heráldica.

2. Blasón
Armas.
Escudo.
Timbre.

Blasonar
Ostentar.
Jactarse.
Presumir.
Vanagloriarse.

Bledo
Ardite.
Pito.
Comino.
Ochavo.

Blindar
Acorazar.

Blocao
Fortificación.
Fortín.
Reducto.
Búnker.

Blonda
Encaje.
Guipur.
Ronda.
Puntas.

Blondo
Rubio.

Bloquear
Asediar.
Cercar.
Sitiar.
Rodear.
*Desbloquear.

Blusa
Chambra.
Marinera.

Boa
Piel.

Boardilla
Buhardilla.

Boato
Pompa.
Ostentación.
Fausto.
Lujo.
*Sencillez.

Bobada
Necedad.
Simpleza.
Tontería.
Bobería.

Bobina
Canilla.
Carrete.

Bobo
Ingenuo.
Inocente.
Palurdo.
Pasmado.
Simple.
*Listo.

1. Boca
Entrada.
Salida.
Abertura.
Embocadura.
Agujero.

2. Boca
Tarasca.
Tragadero.
Hocico.

Bocadillo
Emparedado.
Sandwich.

1. Bocado
Dentellada.
Mordisco.
Mordedura.

2. Bocado
Refrigerio.
Tentempié.

Bocel
Cordón.
Moldura.
Toro.

Boceto
Croquis.
Apunte.
Bosquejo.
Diseño.
Esbozo.

Bocina
Trompeta.
Cuerno.
Caracola.

Bocio
Papera.
Papo.

Bocón
Charlatán.
Fantarrón.
Hablador.

Bocoy
Pipa.
Barril.
Tonel.

Bochinche
Alboroto.
Tumulto.
Asonada.
Barahúnda.
Barullo.

1. Bochorno
Rubor.
Sonrojo.
Vergüenza.

2. Bochorno
Calor.

Boda
Enlace.
Nupcias.
Desposorios.
Casamiento.
Matrimonio.
Himeneo.

1. Bodega
Despensa.

2. Bodega
Granero.
Silo.
Troj.

3. Bodega
Taberna.
Bodegón.

1. Bodegón
Taberna.
Tasca.
Bar.
Tabuco.
Bodega.

2. Bodegón
Naturaleza muerta.

Bodoque
Tonto.
Simple.
Bobo.
Torpe.

Bodrio
Bazofia.

Bofe
Pulmón.
Asadura.

Bofetada
Manotazo.
Guantazo.
Bofetón.
Cachetada.
Sopapo.

Boga
Reputación.
Aceptación.
Fama.
Moda.
Auge.
*Desuso.

Bogar
Navegar.
Remar.

Bohardilla
Buhardilla.

Bohío
Choza.
Barraca.
Cabaña.
Casucha.

Bol
Tazón.
Ponchera.

Bola
Engaño.

Mentira.
Embuste.
Bulo.
*Verdad.

Bolear
Comprometer.
Enredar.
Embrollar.

1. Boleta
Talón.
Libranza.
Libramiento.

2. Boleta
Papeleta.
Cédula.

3. Boleta
Entrada.
Boleto.

Boletería
Contaduría.
Taquilla.

1. Boletín
Cédula.
Papeleta.
Boleta.

2. Boletín
Gaceta.
Revista.

1. Boleto
Boleta.

2. Boleto
Entrada.
Localidad.
Billete.
Ticket.

1. Boliche
Boche.

2. Boliche
Horno.

3. Boliche
Jábega.
Red.

4. Boliche
Tienda.

1. Bolina
Alboroto.
Bulla.
Ruido.

2. Bolina
Sonda.

1. Bolo
Simple.
Bobo.
Tonto.

2. Bolo
Farándula.

Bolonio
Bobo.

Bolsa
Morral.
Faltriquera.
Bolso.
Bolsillo.
Talega.

Bolsillo
Bolsico.
Bolsa.

1. Bollo
Abolladura.

2. Bollo
Bullicio.
Alboroto.

1. Bomba
Aguatocha.

2. Bomba
Granada.
Proyectil.

Bombilla
Lámpara.
Ampolleta.

Bombo
Propaganda.
Encomio.
Aparato.
Alabanza.
Elogio.

Bombardear
Cañonear.
Hostigar.
Martillear.
Bombear.

Bombasí
Fustán.

Bombeo
Pandeo.

Convexidad.
Comba.

Bombón
Chocolatín.

Bombona
Garrafa.
Vasija.
Redoma.
Botella.

Bonachón
Confiado.
Cándido.
Crédulo.
Bondadoso.

Bonancible
Apacible.
Tranquilo.
Sereno.
Suave.
*Desapacible.

Bonanza
Serenidad.
Calma.
Tranquilidad.
*Tempestad.

Bondad
Humanidad.
Misericordia.
Benevolencia.
Piedad.
Caridad.
Generosidad.
*Maldad.

Bondadoso
Indulgente.
Afectuoso.
Benévolo.
Afable.
Apacible.
*Perverso.

Bonete
Gorro.
Birrete.

Bonificación
Descuento.
Rebaja.
Beneficio.
Abono.
Mejora.
*Recargo.

Bonitamente
Diestramente.
Disimuladamente.
Hábilmente.
Mañosamente.

Bonito
Bello.
Agraciado.
Hermoso.
Lindo.
*Feo.

Bono
Boleto.
Boleta.

Boquear
Fenecer.
Expirar.
Morirse.
Acabarse.

Boquerón
Anchoa.
Haleche.
Aladroque.

Boquete
Brecha.
Rotura.
Abertura.
Agujero.

Boquilla
Embocadura.

1. Boquirrubio
Bobo.

2. Boquirrubio
Parlanchín.

Bórax
Atincar.

Borbollar
Borbotar.
Hervir.
Brollar.

Borbolleo
Borboriteo.
Borbor.

Borceguí
Bota.

Bordada
Cabezada.
Bandazo.
Balanceo.

1. Bordar
Adornar.
Embellecer.
Pulir.
Perfilar.

2. Bordar
Ribetear.
Recamar.
Labrar.
Festonear.

Borde
Margen.
Orilla.
Canto.
Extremo.

1. Bordear
Zigzaguear.
Serpentear.

2. Bordear
Virar.
Revirar.
Cambiar.

1. Bordo
Lado.
Costado.
Borde.

2. Bordo
Bordada.

1. Bordón
Bastón.

2. Bordón
Verso.

3. Bordón
Muletilla.
Estribillo.

Boreal
Norte.
Ártico.
Septentrional.
Hiperbóreo.
*Austral.

Bóreas
Viento norte.
Aguilón.
Cierzo.
*Austro.

Borla
Tachón.
Madroño.

Borne
Final.
Extremo.
Terminal.

Borona
Maíz.
Mijo.

1. Borra
Vello.
Pelusa.

2. Borra
Lana.

3. Borra
Sedimento.
Poso.
Hez.

Borrachera
Emborrachamiento.
Ebriedad.
Dipsomanía.
Beodez.
Embriaguez.

Borracho
Ebrio.
Beodo.
Bebido.
Dipsomaníaco.
Embriagado.
*Sobrio.

Borrar
Suprimir.
Esfumar.
Desvanecer.
Tachar.

Borrasca
Temporal.
Tempestad.
Tormenta.
*Bonanza.

Borrascoso
Tempestuoso.
Turbulento.
Tormentoso.
Proceloso.
*Plácido.

Borregada
Corderaje.

Borrego
Cordero.

Ternasco.
Andosco.
Borrón.

Borricada
Asnada.
Burrada.
Animalada.

1. Borrico
Jumento.
Asno.
Burro.
Pollino.
Rucio.

2. Borrico
Necio.
Torpe.
*Lince.

Borrón
Defecto.
Mácula.
Tacha.
Mancha.

Borronear
Emborronar.
Garrapatear.

Borroso
Nebuloso.
Confuso.
*Diáfano.

Boruca
Algazara.
Bulla.
Bullicio.

Boscoso
Nemoroso.

Bosque
Arboleda.
Espesura.
Boscaje.
Floresta.
Selva.

Bosquejar
Abocetar.
Esbozar.

Bosquejo
Croquis.
Apunte.
Boceto.
Esbozo.
Diseño.

Bosta
Estiércol.
Frez.
Majada.

Bota
Cuba.
Barril.
Tonel.
Pipa.
Barrica.

Botánica
Fitología.

1. Botar
Tirar.
Arrojar.
Lanzar.

2. Botar
Brincar.
Saltar.

1. Botarate
Irreflexivo.
Precipitado.
Ligero.
Atolondrado.
*Cauto.

2. Botarate
Malgastador.
Derrochador.

Botarel
Contrafuerte.

Botarete
Arbotante.

1. Bote
Batel.
Barca.
Lancha.

2. Bote
Brinco.
Salto.

Botella
Frasco.
Redoma.
Casco.
Ampolla.
Garrafa.

Botica
Farmacia.

Boticario
Farmacéutico.
Atriaquero.

Botijo
Cántaro.
Piporro.

Botijuela
Agujeta.
Alboroque.

Botillería
Repostería.

1. Botín
Despojos.
Trofeo.
Presa.

2. Botín
Borceguí.
Bota.
Botina.

Botón
Brote.
Renuevo.
Capullo.
Cogollo.
Yema.

Bóveda
Cripta.

Bovino
Bóvido.
Vacuno.

Boxeador
Púgil.

Boya
Baliza.
Señal.

Boyante
Rico.
Próspero.
Afortunado.
Feliz.

Boyera
Corral.
Boil.
Estable.
Boyeral.
Boyeriza.

Bozal
Cabestro.
Bozo.

1. Bozo
Pelillo.
Vello.

2. Bozo
Cabestro.
Bozal.

1. Bracear
Trabajar.
Esforzarse.

2. Bracear
Nadar.

Bracero
Obrero.
Jornalero.
Trabajador.
Peón.

1. Braco
Desnarigado.

2. Braco
Perdiguero.

1. Braga
Calza.
Pantalón.
Calzón.

2. Braga
Metedor.

Bragado
Valiente.
Animoso.
Enérgico.
Entero.
*Apocado.

Bragadura
Ingle.
Entrepierna.

Bragazas
Calzonazos.

Braguero
Gamarra.

Brama
Gamitido.
Grito.
Ronca.

Bramante
Cordón.
Cordel.
Guita.

Bramar
Mugir.
Gritar.

Troncar.
Roncar.

Bramido
Mugido.

Branquias
Agallas.

Brasa
Ascua.

1. Brasero
Fuego.
Hogar.

2. Brasero
Incendio.

Bravata
Amenaza.
Fanfarronada.
Bravuconada.
Baladronada.

Braveza
Furor.
Fiereza.
Violencia.
Ímpetu.
Bravura.
*Placidez.

Bravío
Montaraz.
Indómito.
Fiero.
Salvaje.
Agreste.
*Manso.

Bravo
Valeroso.
Bizarro.
Valiente.
Esforzado.
Animoso.
*Temeroso.

Bravosidad
Gallardía.

Bravucón
Valentón.
Fanfarrón.
Chulo.

Bravuconear
Guapear.

Bravura
Valentía.

Fiereza.
Bizarría.
Ánimo.
Valor.
*Temor.

Brazalete
Pulsera.
Ajorca.

1. Brazo
Articulación.
Extremidad.
Miembro.

2. Brazo
Apoyo.
Ayuda.
Protección.
Poder.

3. Brazo
Protector.
Valedor.

4. Brazo
Estamento.
Clase.

Brea
Zopisa.

Brebaje
Poción.
Bebida.

Brecha
Abertura.
Boquete.
Rotura.

Brega
Reyerta.
Lucha.
Pugna.
Pendencia.
Riña.

Bregar
Batallar.
Luchar.
Lidiar.

Breña
Matorral.
Maleza.
Algaida.

Breñal
Fraga.

Breñar
Fraga.

1. Brete
Cepo.

2. Brete
Calabozo.
Prisión.

3. Brete
Compromiso.
Trance.
Aprieto.

Breva
Higo.
Albacora.

2. Breva
Cigarro.
Puro.

Breve
Sumario.
Sucinto.
Corto.
Conciso.
Compendio.
*Largo.

1. Brevedad
Concisión.
Cortedad.
Laconismo.

2. Brevedad
Ligereza.
Prontitud.

Breviario
Compendio.
Epítome.

Brezo
Urce.

1. Brial
Tapapiés.
Guardapiés.

2. Brial
Tonelete.

Briba
Holgazanería.
Vagabundeo.

Bribón
Pillo.
Bellaco.
Pícaro.
Tuno.

Bribonada
Pillería.
Picardía.
Bellaquería.
Pillada.
Canallada.

1. Brillante
Centelleante.
Resplandeciente.
Luminoso.
Reluciente.
Lustroso.
*Mate.

2. Brillante
Espléndido.
Lucido.
Sobresaliente.
*Gris.

1. Brillantez
Resplandor.
Fulgor.
Brillo.
*Matidez.

2. Brillantez
Lucimiento.

1. Brillar
Resplandecer.
Centellear.
Lucir.
Relucir.
Fulgurar.

2. Brillar
Lucir.
Descollar.
Sobresalir.

1. Brillo
Centelleo.
Brillantez.
Resplandor.
Lustre.

2. Brillo
Realce.
Gloria.
Lucimiento.
Fama.

Brincar
Botar.
Saltar.

Brinco
Cabriola.

Salto.
Bote.

Brindar
Convidar.
Prometer.
Dedicar.
Invitar.
Ofrecer.

Brío
Ánimo.
Valor.
Garbo.
Fuerza.
Pujanza.
*Decaimiento.

Brionia
Nueza.

Brisa
Céfiro.
Airecillo.
Aura.

Británico
Inglés.
Britano.

Brizna
Un poco.
Algo.

1. Broa
Galleta.
Bizcocho.

2. Broa
Bahía.
Ensenada.
Abra.

Broca
Barrena.

Brocado
Brocatel.
Brochado.
Brocalado.
Bordado.
Briscado.
Guadameci.

Brocal
Borde.
Antepecho.

Brocha
Pincel.

1. Broche
Pasador.
Prendedero.
Hebilla.
Fíbula.

2. Broche
Corchete.

1. Broma
Burla.
Chiste.
Chanza.

2. Broma
Algazara.
Jarana.
Alboroto.
Diversión.

Bromear
Burlarse.
Divertirse.
Chancearse.

Bromista
Burlón.
Chancero.
Guasón.
*Serio.

1. Bronca
Riña.
Pendencia.
Gresca.
Alboroto.

2. Bronca
Reprimenda.
Regañina.
Represión.
*Pláceme.

Bronco
Rudo.
Áspero.
Hosco.
Tosco.
*Afable.

1. Broquel
Escudo.
Pavés.
Égida.

2. Broquel
Amparo.
Protección.
Defensa.

Brotar
Manar.
Surgir.
Germinar.
Nacer.
Salir.

1. Brote
Renuevo.
Retoño.
Vástago.
Cogollo.
Yema.

Broza
Maleza.
Hojarasca.
Desperdicio.

Brujería
Hechizo.
Magia.
Encantamiento.

Brujo
Mago.
Hechicero.

Brújula
Compás.
Bitácora.
Calamita.

Bruma
Niebla.
Neblina.
Calina.
Calígine.
Boira.

Brumoso
Oscuro.
Confuso.
Incomprensible.
Nebuloso.
*Diáfano.

Bruno
Moreno.
Oscuro.
Negro.

Bruñir
Pulir.
Enlucir.
Lustrar.
Abrillantar.
Gratar.

1. Brusco
Imprevisto.

Repentino.
Súbito.
*Lento.

2. Brusco
Desapacible.
Áspero.
Descortés.
*Apacible.

1. Brutal
Feroz.
Salvaje.
Bestial.
Bárbaro.
*Humano.

2. Brutal
Enorme.
Formidable.
Extraordinario.
Colosal.
Fenomenal.

Brutalidad
Ferocidad.
Salvajismo.
Bestialidad.
*Humanidad.

Bruto
Torpe.
Tosco.
Rudo.
Bestia.
Animal.
*Persona.

Bucanero
Pirata.
Corsario.
Filibustero.

Búcaro
Florero.
Jarrón.

1. Bucear
Sumergirse.
*Emerger.

2. Bucear
Explorar.
Investigar.

Bucle
Sortija.
Rizo.

Bucólica
Égloga.
Pastoral.
Campestre.
Eglógico.

1. Buche
Estómago.

2. Buche
Pecho.
Conciencia.
Coleto.

Buenamente
Fácilmente.
Voluntariamente.

1. Bueno
Benévolo.
Clemente.
Misericordioso.
Compasivo.
Bondadoso.
*Malo.

2. Bueno
Robusto.
Sano.

3. Bueno
Divertido.
Gustoso.
Agradable.
*Malo.

Bufanda
Tapaboca.

1. Bufar
Resoplar.

2. Bufar
Rezongar.
Gruñir.
Refunfuñar.

1. Bufete
Escritorio.

2. Bufete
Despacho.
Oficina.

Bufido
Resoplido.

Bufo
Cómico.
Burlesco.
Grotesco.

Risible.
*Serio.

Bufón
Juglar.
Histrión.
Albardán.

Bufonada
Chocarrería.

Buhardilla
Desván.
Guardilla.
Buharda.

Buharro
Corneja.

Búho
Lechuza.
Carancho.

Buhonero
Mercachifle.
Quincallero.
Gorgotero.

Bujarrón
Sodomita.

Bujería
Fruslería.
Baratija.
Chuchería.

Bujía
Candela.
Vela.

1. Bula
Concesión.
Excepción.
Gracia.
Privilegio.
Favor.

2. Bula
Sello.

Bulbo
Cebolla.
Cabeza.

Bulo
Embuste.
Patraña.
Engaño.
Mentira.
Bola.
*Verdad.

1. Bulto
Paca.
Fardo.
Bala.
Lío.

2. Bulto
Tamaño.
Volumen.

Bulla
Vocerío.
Algarabía.
Algazara.
Bullicio.
Gritería.
*Silencio.

Bullanga
Tumulto.
Algarada.
Asonada.
Revuelta.
Alboroto.

Bullarengue
Ficción.
Postizo.

Bullebulle
Travieso.
Fisgón.
Revoltoso.
Entrometido.

Bullicio
Algarabía.
Gritería.
Bulla.
Algazara.
*Silencio.

1. Bullicioso
Estrepitoso.
Ruidoso.
*Silencioso.

2. Bullicioso
Alborotador.
Inquieto.
Juguetón.
Vivo.
*Sosegado.

Bullir
Agitarse.
Hormiguear.
Hervir.

1. Buñuelo
Risco.
Gaznate.

Hojuela.
Frisuelo.
Fillón.
Arrepápalo.
Juncada.

2. Buñuelo
Disparate.
Dislate.

Buque
Nave.
Navío.
Barco.
Embarcación.
Bajel.

Burbuja
Gorgorita.
Pompa.
Ampolla.
Campanilla.

Burbujear
Gorgotear.
Hervir.
Espumar.

Burdégano
Macho.
Mulo.

Burdel
Prostíbulo.

Burdo
Tosco.
Grosero.
Basto.
*Refinado.

Burgo
Aldea.
Villorio.
Pueblo.

1. Burgués
Ciudadano.
Habitante.

2. Burgués
Arreglado.
Pudiente.
Acomodado.
*Proletario.

3. Burgués
Dueño.
Amo.
Patrón.
Propietario.

4. Burgués
Conservador.

Reaccionario.
*Progresista.

Burjaca
Macuto.
Bolsa.
Alforja.

Burla
Broma.
Bufonada.
Chanza.
Chiste.
Mofa.
*Respeto.

1. Burlar
Chancear.
Embaucar.
Engañar.

2. Burlar
Eludir.
Evitar.
Escapar.
*Afrontar.

3. Burlar
Frustrar.
Malograr.
*Lograr.

Burlarse
Chancearse.
Pitorrearse.
Mofarse.
Reírse.

Burlesco
Jocoso.
Bufo.
Cómico.
Festivo.
*Serio.

Burlón
Bromista.
Chancero.
Socarrón.
Guasón.
*Grave.

Burrada
Disparate.
Dislate.
Desatino.
Tontería.
Necedad.

1. Burro
Jumento.
Asno.

Borrico.
Pollino.
Rucio.

2. Burro
Torpe.
Necio.
Tonto.
*Lince.

Busca
Búsqueda.
Investigación.
Indagación.

Buscapiés
Carretilla.

Buscar
Investigar.
Averiguar.
Pesquisar.
Inquirir.

Buscavidas
Entrometido.
Curioso.
Fisgón.
Bullebulle.

Buscón
Ratero.
Socaliñero.

Buscona
Ramera.

Busilis
Dificultad.
Intríngulis

Búsqueda
Indagación.
Busca.

Butaca
Localidad.
Silla.
Sillón.
Luneta.
Asiento.

Butifarra
Embutido.
Morcilla.
Embuchado.

1. Buz
Beso.

2. Buz
Labio.

Buzón
Surtidero.

C

Cabal
Íntegro.
Entero.
Completo.
Recto.
Honrado.
*Parcial.

Cábala
Maquinación.
Intriga.

Cábalas
Cálculos.
Pronósticos.
Hipótesis.
Suposiciones.
Conjeturas.

Cabalgadura
Montura.
Caballería.

Cabalgar
Montar.

Cabalgata
Desfile.

Caballada
Necedad.
Animalada.

Caballar
Equino.
Hípico.
Ecuestre.
Caballuno.

Caballerete
Presumido.
Gomoso.
Petimetre.

1. Caballería
Montura.
Cabalgadura.
Bestia.

2. Caballería
Avío.

Caballeriza
Cuadra.

1. Caballero
Caballista.
Jinete.
Montado.
Jockey.

2. Caballero
Señor.
Hidalgo.
Noble.
*Villano.

Caballerosidad
Lealtad.
Hidalguía.
Nobleza.
Dignidad.
Generosidad.

Caballeroso
Leal.
Noble.
Digno.
Generoso.
*Bellaco.

Caballitos
Tiovivo.

1. Caballo
Alazán.
Potro.
Corcel.
Trotón.
Palafrén.

2. Caballo
Caballete.

Caballón
Cembo.
Lomo.
Camellón.

Caballuno
Caballar.

Cabaña
Barraca.
Choza.
Chamizo.

Cabecear
Inclinarse.
Arfar.

Cabeceo
Vaivén.
Balanceo.
Traqueteo.

Cabecera
Cabezal.

Cabellera
Melena.

Cabello
Pelo.

Caber
Coger.

Cabestrillo
Charpa.

Cabestro
Bozal.
Ronzal.
Jáquima.
Cabezada.

Cabestrante
Cabrestante.

1. Cabeza
Testa.

2. Cabeza
Calamorra.
Cholla.

3. Cabeza
Talento.
Capacidad.
Cerebro.
Juicio.
Inteligencia.

4. Cabeza
Jefe.
Director.
Superior.

5. Cabeza
Res.
Ganado.

6. Cabeza
Individuo.
Persona.

Cabezada
Ramal.
Cabestro.

Cabezal
Cabecera.
Almohada.
Larguero.

Cabezazo
Calabazada.
Topetada.
Calamorrada.

Cabezo
Montículo.
Collado.
Alcor.
Colina.
Cerro.

Cabezota
Cabezudo.
Obstinado.
Terco.
Tozudo.
Testarudo.
*Flexible.

Cabida
Extensión.
Capacidad.
Espacio.

Cabildo
Capítulo.
Municipio.

Ayuntamiento.
Junta.

Cabileño
Bereber.
Berberisco.

Cabina
Barquilla.

Cabizbajo
Abatido.
Triste.
Cabizcaído.

Cable
Cuerda.
Jarcia.
Cabo.
Estrenque.
Maroma.

1. Cabo
Extremo.
Remate.
Punta.
Extremidad.
Fin.

2. Cabo
Promontorio.

3. Cabo
Cuerda.

Cabrestante
Torno.
Polea.

Cabria
Grúa.

Cabrío
Caprino.
Cabruno.

Cabriola
Voltereta.
Salto.
Brinco.
Pirueta.

Cabrito
Caloyo.
Ternasco.
Choto.

Cabrón
Chivo.
Buco.
Igüedo.

Cabruno
Caprino.
Cabrío.

Cacahuete
Maní.
Aráquida.

1. Cacao
Teobroma.

2. Cacao
Chocolate.

1. Cacarear
Cloquear.

2. Cacarear
Exagerar.
Jactarse.

Cacerola
Pote.
Olla.
Puchero.

Cacimba
Cachimba.

1. Cacique
Dueño.
Señor.
Amo.

2. Cacique
Tirano.
Déspota.

Caciquismo
Cacicazgo.
Caudillaje.

Caco
Ratero.
Ladrón.

Cacofonía
Discordancia.

Cacoquimio
Enfermizo.

Achacoso.
Valetudinario.

Cactácea
Cardón.
Cardo.

Cacto
Cardona.

Cacumen
Talento.
Cabeza.
Perspicacia.
Ingenio.
Agudeza.

Cacharro
Utensilio.
Vasija.
Bártulo.
Cachivache.

Cachava
Cayado.

Cachaza
Apatía.
Flema.
Calma.
Lentitud.
*Ímpetu.

Cachazudo
Apático.
Calmoso.
Flemático.
Lento.
Tardo.
*Impetuoso.

Cachear
Registrar.

Cachetada
Bofetada.
Cachete.

Cachetón
Mofletudo.
Carrilludo.

1. Cachete
Bofetón.
Bofetada.

2. Cachete
Carrillo.
Quijada.

Cachicán
Capataz.
Mayoral.

Cachifollar
Humillar.
Confundir.
Estropear.
Deslucir.

Cachimba
Pipa.
Cachimbo.

1. Cachirulo
Cacharro.

2. Cachirulo
Rizo.

Cachivaches
Bártulos.
Enseres.
Trastos.

1. Cacho
Fragmento.
Porción.
Pedazo.
Trozo.
Partícula.

2. Cacho
Cuerno.

Cachorro
Hijuelo.
Cría.

1. Cachucha
Lancha.
Bote.

2. Cachucha
Gorra.
Casquete.

Cada
Todo.

Cadalso
Tablado.
Patíbulo.
Horca.

Cadáver
Muerto.
Difunto.
Restos.

1. Cadejo
Madeja.

2. Cadejo
Maraña.

Lío.
Embrollo.

1. Cadena
Sujeción.
Esclavitud.
Dependencia.

2. Cadena
Sarta.
Sucesión.
Serie.
Continuación.

Cadencia
Medida.
Compás.
Movimiento.
Ritmo.

Cadera
Cuadril.
Anca.
Canco.

Cadetada
Chiquillada.
Niñada.

Cadí
Juez.
Caíd.

Cadozo
Remanso.
Olla.

Caducar
Envejecer.
Extinguirse.
Anularse.
Chochear.
*Lozanear.

Caducidad
Término.
Expiración.
Cesación.
*Validez.

Caduco
Viejo.
Perecedero.
Decrépito.
Efímero.
Fugaz.
*Lozano.

Caduquez
Decadencia.

Decrepitud.
Consunción.
Ancianidad.
Vejez.
*Lozanía.

1. Caer
Derrumbarse.
Bajar.
Decaer.
Desplomarse.
Declinar.
*Levantarse.

2. Caer
Sucumbir.
Morir.
Perecer.
Abatirse.
*Brotar.

3. Caer
Incurrir.
Incidir.

Cafre
Bruto.
Bárbaro.
Cruel.

Caíd
Juez.
Cadí.

1. Caída
Bajada.
Desplome.
Declive.
Descenso.
Derrumbe.
*Ascensión.

2. Caída
Desliz.
Lapso.
Falta.

Caído
Muerto.
Vencido.
Abatido.
Postrado.
Amilanado.

Caimán
Yacaré.
Cocodrilo.

Caique
Barca.
Esquife.

Caja
Cofre.
Ataúd.
Cajón.
Arca.

Cajero
Tesorero.
Pagador.

1. Cajón
Caja.

2. Cajón
Naveta.
Gaveta.

3. Cajón
Garita.
Casilla.

Cal
Creta.

1. Cala
Ensenada.
Ancón.

2. Cala
Penetración.
Sondeo.
Perforación.

3. Cala
Sonda.
Tienta.

Calabacear
Reprobar.
Suspender.

1. Calabaza
Suspenso.
Cate.

2. Calabaza
Mate.

Calabozo
Celda.
Mazmorra.

Calado
Encaje.
Randa.
Galón.
Labor.

Calafate
Carpintero.
Calafán.
Calafatero.

Calafatear
Obstruir.
Taponear.
Cerrar.

Calafateo
Calafateado.
Calafatadura.
Calafatería.

Calagurritano
Calahorrano.
Calahorreño.

Calamar
Chipirón.

Calambre
Espasmo.
Contracción.
Agarrotamiento.
Contractura.
Rampa.
Garrampa.

Calamidad
Desgracia.
Infortunio.
Desastre.
Plaga.
Azote.
*Fortuna.

Calamitoso
Aciago.
Desastroso.
Funesto.
Infortunado.
Perjudicial.
*Venturoso.

Cálamo
Pluma.
Caña.

Calamoco
Canelón.
Pinganello.

Calandrajo
Harapo.

Calandria
Alondra.
Guilloría.

Calaña
Categoría.
Índole.
Calidad.
Jaez.

Ralea.
Laya.

1. Calar
Penetrar.
Perforar.
Atravesar.
Comprender.
Adivinar.

2. Calar
Empapar.
Mojar.
*Secar.

Calato
Desnudo.

Calavera
Disoluto.
Vicioso.
Mujeriego.
Perdido.

Calaverada
Travesura.

Calcáneo
Zancajo.

Calcañar
Talón.
Calcaño.

1. Calcar
Reproducir.
Copiar.

2. Calcar
Imitar.
Plagiar.
Remedar.

Calce
Calza.
Cuña.

Calcedonia
Nicle.

Calceta
Media.

Calco
Reproducción.
Imitación.
Copia.

1..Calcular
Computar.
Contar.

2. Calcular
Deducir.
Creer.
Suponer.
Conjeturar.

1. Cálculo
Cómputo.
Cuenta.

2. Cálculo
Suposición.
Conjetura.
Cábalas.

3. Cálculo
Piedra.

Calchona
Bruja.

1. Calchudo
Hábil.
Mañoso.

2. Calchudo
Calchón.

Caldas
Termas.

Caldear
Calentar.

Caldera
Acetre.
Caldero.

Calderilla
Suelto.
Sencillo.
Chaucheo.
Perras.

1. Calderón
Suspensión.
Fermata.

2. Calderón
Floreo.

Caldo
Cocido.
Salsa.
Unto.
Moje.

Calendario
Almanaque.

Caléndula
Chuncho.

Maravilla.
Planta.

Calentador
Escalfador.
Braserillo.

1. Calentar
Caldear.

2. Calentar
Golpear.
Azotar.

Calentarse
Enfadarse.
Acalorarse.
Irritarse.
*Aplacarse.

Calentura
Temperatura.
Fiebre.
Febrícula.
*Hipodermia.

Calenturiento
Caliente.
Febricitante.
Febril.

Caletre
Cabeza.
Talento.
Ingenio.
Agudeza.
Tino.

1. Calibre
Anchura.
Diámetro.

2. Calibre
Formato.
Talla.
Dimensión.
Tamaño.

Caliche
Salitre.
Nitrato de Sodio.

Calidad
Índole.
Clase.
Categoría.

Calidez
Caldeado.
Caliente.
Caluroso.

1. Caliente
Ardiente.
Candente.
Ígneo.

2. Caliente
Cálido.

Calificación
Epíteto.
Apelativo.
Título.
Nota.

Calificado
Competente.
Capaz.
Entendido.
Autorizado.
*Descalificado.

Calificar
Conceptuar.
Adjetivar.
Tildar.
Considerar.

Calificativo
Adjetivo.
Epíteto.
Nombre.
Título.

Caligine
Neblina.
Niebla.
Calina.
Bruma.

Caliginoso
Nebuloso.
Calinoso.
Brumoso.
Denso.
*Diáfano.

1. Calilla
Deuda.

2. Calilla
Molestia.
Pejiguera.

3. Calilla
Desgracia.
Calamidad.
Adversidad.

Calina
Niebla.

Caligine.
Bruma.

Cáliz
Vaso.
Copa.

Caliza
Dolomía.
Dolomita.

1. Calma
Placidez.
Sosiego.
Reposo.
Tranquilidad.
Serenidad.
*Agitación.

2. Calma
Flema.
Apatía.
Lentitud.
*Ímpetu.

3. Calma
Bonanza.
*Tempestad.

Calmante
Sedativo.
Tranquilizante.
Paliativo.
Sedante.
Narcótico.
*Estimulante.

1. Calmar
Serenar.
Suavizar.
Paliar.
Sosegar.
Tranquilizar.
*Excitar.

2. Calmar
Mejorar.
Amainar.
Abonanzar.
Serenarse.
*Arreciar.

Calmo
Sosegado.
Quieto.
Reposado.
Apacible.
*Inquieto.

Calmoso
Flemático.
Indolente.
Tardo.
Apático.
Lento.
*Nervioso.

Caló
Jerga.
Argot.
Germanía.
Jerigonza.

Calor
Entusiasmo.
Viveza.
Ardor.
Energía.
Actividad.
Frialdad.

1. Caloyo
Cabrito.

2. Caloyo
Soldado.
Quinto.

Calumnia
Falsedad.
Difamación.
Chisme.
Murmuración.
Impostura.
*Encomio.

Calumniar
Infamar.
Difamar.
Desacreditar.
Chismear.
Murmurar.
*Encomiar.

Caluroso
Cálido.
Ardiente.
Vivo.
Caliente.
*Frío.

Calvario
Tormento.
Martirio.
Amargura.
Penalidad.

Calvicie
Alopecia.

Calvo
Pelado.
Lampiño.
*Cabelludo.

1. Calza
Cuña.
Calce.

2. Calza
Media.

Calzada
Camino.
Vereda.
Acera.

Calzado
Zapatos.
Botas.
Alpargatas.

Calzar
Afianzar.
Asegurar.
Trabar.
*Descalzar.

Calzas
Bragas.
Pantalones.

Callada
Mutis.
Silencio.

Callado
Reservado.
Taciturno.
Discreto.
Silencioso.
*Locuaz.

Callampa
Seta.

Callar
Silenciar.
Omitir.
Enmudecer.
*Hablar.

Calle
Vía.

Callejear
Pasear.
Ruar.
Vagar.

Callista
Pedicuro.

Callo
Dureza.
Callosidad.

Cama
Lecho.
Litera.
Catre.
Tálamo.

Camaleón
Iguana.
Lagarto.

Camama
Embuste.
Engaño.
Burla.

Camanchaca
Niebla.

Camándula
Disimulo.
Astucia.
Fingimiento.
Hipocresía.

Camandulero
Disimulado.
Embustero.
Hipócrita.
*Sincero.

Cámara
Aposento.
Habitación.
Sala.
Salón.

Camaranchón
Guardilla.
Desván.

Camarada
Compadre.
Compañero.

Camarera
Doncella.
Azafata.
Moza.
Criada.

Camarero
Sirviente.
Criado.
Mozo.

Camarín
Vestuario.
Tocador.

Camarón
Esquila.
Quisquilla.
Gámbaro.

Camarotero
Camarero.

Camastro
Jergón.
Lecho.

Camastrón
Embustero.
Disimulado.
Hipócrita.

Cambalache
Permuta.
Trueque.

Cambar
Combar.

Cambiador
Cambiavía.
Guardagujas.

1. Cambiar
Modificar.
Alterar.
Transformar.
Variar.
Mudar.
*Mantener.

2. Cambiar
Canjear.
Permutar.
Trocar.

Cambio
Alteración.
Modificación.
Mutación.
Variación.
Mudanza.

1. Cambado
Estevado.

2. Cambado
Patizambo.

Cambrón
Espino.
Zarza.

Cambronera
Arto.

Cambucha
Cometa.

1. Cambucho
Cucurucho.

2. Cambucho
Papelera.

3. Cambucho
Augurio.
Tabuco.

4. Cambucho
Cometa.

Cambuj
Antifaz.
Careta.
Mascarilla.
Gambox.

Cambullón
Trampa.
Engaño.
Enredo.
Confabulación.

1. Camelar
Engatusar.
Seducir.

2. Camelar
Conquistar.
Enamorar.
Galantear.

3. Camelar
Acechar.
Mirar.
Ver.

Camelia
Amapola.

Camelo
Chasco.
Engañifa.

Camilla
Angarillas.
Parihuela.
Andas.

Camillero
Enfermero.
Sanitario.

Caminante
Viajero.
Excursionista.
Viandante.

Caminar
Marchar.
Andar.
*Detenerse.

Caminata
Excursión.
Jornada.
Paseo.

1. Camino
Carretera.
Pista.
Ruta.
Sendero.
Vía.

2. Camino
Método.
Sistema.
Manera.
Modo.
Procedimiento.

3. Camino
Viaje.

Camioneta
Furgoneta.

1. Camisa
Blusa.
Camisola.

2. Camisa
Revestimiento.
Funda.

Camisola
Jubón.

Camorra
Pelea.
Disputa.
Riña.
Pendencia.

Camorrista
Pendenciero.
Peleador.

Camote
Batata.

Camotillo
Yuquilla.
Cúrcuma.

Campamento
Acantonamiento.
Toldería.

Campana
Cencerro.
Esquila.
Campanilla.
Carrillón.

Campanario
Torre.
Campanil.

1. Campanada
Campanazo.

2. Campanada
Noticia.
Escándalo.
Novedad.

Campaneo
Repique.
Tañido.

Campanilla
Cencerro.
Esquila.
Címbalo.

Campante
Contento.
Satisfecho.
Ufano.
Alegre.
*Alicaído.

Campanudo
Altisonante.
Hinchado.
Rimbombante.
Retumbante.
*Llano.

1. Campaña
Campo.

2. Campaña
Acción.
Operación.
Gestión.

Campear
Verdear.
Pacer.

Campechano
Afable.
Jovial.
Franco.

Sencillo.
Alegre.
*Afectado.

1. Campeón
Vencedor.

2. Campeón
Paladín.
Defensor.

Campeonato
Contienda.
Lucha.
Certamen.

Campero
Descubierto.
Expuesto.

1. Campesino
Labrador.
Lugareño.
Rústico.
Agricultor.
Aldeano.

2. Campesino
Agreste.
Rural.
Campestre.

Campestre
Agreste.
Bucólico.
Silvestre.
Campesino.

Campiña
Campaña.
Campo.

1. Campo
Cultivos.
Sembrados.
Campiña.
Campaña.

2. Campo
Campamento.

3. Campo
Ámbito.
Terreno.

4. Campo
Cancha.

5. Campo (de-
aviación)
Aeropuerto.
Aeródromo.

Camposanto
Cementerio.
Necrópolis.
Fosal.

Camueso
Necio.
Ignorante.

Can
Perro.

1. Canal
Acequia.
Conducto.
Acueducto.
Requera.

2. Canal
Estrecho.

Canaladura
Ranura.
Moldura.

Canaleta
Canal.
Gárgola.
Canaleja.

Canalizar
Desaguar.
Avenar.

Canalón
Caño.
Tubería.
Canoa.
Canal.
Canaleta.

1. Canalla
Bellaco.
Pillo.
Bandido.
Bribón.
Miserable.

2. Canalla
Chusma.
Populacho.
Gentuza.

Canana
Cartuchera.

1. Canapé
Sofá.
Diván.

2. Canapé
Refrigerio.

Canasta
Cesto.
Banasta.
Cuévano.

Canastilla
Equipo.
Ajuar.

Canastillo
Azafate.

Cáncamo
Prois.
Noray.

Cancamusa
Engaño.
Atractivo.
Reclamo.

1. Cancel
Antepuerta.

2. Cancel
Mampara.
Biombo.
Persiana.

Cancela
Verja.

Cancelar
Liquidar.
Abolir.
Suprimir.
Anular.
Derogar.

Cáncer
Carcinoma.
Tumor.
Epitelioma.

Canción
Tonada.
Romanza.
Aire.
Aria.

Cancha
Campo.
Patio.
Frontón.

Canchal
Pedregal.
Cantizal.

Cancho
Peñasco.

Cantal.
Canto.

Candeal
Ceburro.

Candela
Vela.
Bujía.

Candelabro
Lámpara.
Flamero.
Almenar.
Candelero.
Araña.

Candelecho
Bienteveo.

Candelero
Candelabro.
Arandela.
Velón.
Hachero.
Candil.
Antorchero.

Candente
Ígneo.
Incandescente.
Apasionante.
*Frío.

Candidato
Solicitante.
Pretendiente.
Aspirante.

Candidez
Inocencia.
Sencillez.
Ingenuidad.
Candor.
Simplicidad.
*Malicia.

1. Cándido
Inocente.
Sencillo.
Ingenuo.
Candoroso.
Simple.
*Malicioso.

2. Cándido
Blanco.
*Negro.

Candil
Candelero.
Lámpara.

1. Candileja
Lucérnula.

2. Candileja
Foco.
Luz.

Candonga
Broma.
Burla.

1. Candor
Inocencia.
Sencillez.
Ingenuidad.
Simplicidad.
Candidez.
*Malicia.

2. Candor
Blancura.
Blancor.
*Negrura.

Candoroso
Inocente.
Ingenuo.
Sencillo.
Simple.
Cándido.
*Malicioso.

1. Caneca
Alcarraza.

2. Caneca
Vasija.

Canela
Exquisitez.
Primorosidad.
Delicadeza.
Finura.
*Rusticidad.

1. Canelón
Chocho.

2. Canelón
Carámbano.

Cangrejo
Jaiba.

Cangro
Cáncer.

Canguelo
Miedo.
Medrana.
*Valentía.

1. Caníbal
Antropófago.

2. Caníbal
Feroz.
Salvaje.
Cruel.
Sanguinario.
*Clemente.

Canícula
Bochorno.

Canijo
Flaco.
Débil.
Enclenque.
Enfermizo.
Enteco.
*Robusto.

1. Canilla
Bobina.
Carrete.

2. Canilla
Espita.
Grifo.

3. Canilla
Pantorrilla.

4. Canilla
Vigor.
Vitalidad.
Fortaleza.

1. Canino
Perruno.

2. Canino
Columelar.
Colmillo.

Canje
Permuta.
Cambio.
Trueque.

Canjear
Trocar.
Cambiar.
Permutar.

1. Cano
Blanquecino.
Blanco.

2. Cano
Anciano.
Encanecido.
Viejo.

1. Canoa
Embarcación.
Bote.
Falúa.
Bonga.

2. Canoa
Canal.

3. Canoa
Comedero.

1. Canon
Norma.
Precepto.
Regla.

2. Canon
Tarifa.
Censo.

Canonizar
Santificar.
Beatificar.

Canonjía
Beneficio.
Provecho.
Prebenda.

Canoro
Melodioso.
Armonioso.
Grato.
Sonoro.
*Discorde.

Canoso
Rucio.
Entrecano.

1. Cansado
Fatigado.
Exánime.
Agotado.
Extenuado.
*Activo.

2. Cansado
Molesto.
Fastidioso.
*Agradable.

Cansancio
Agotamiento.

Lasitud.
Extenuación.
Fatiga.
*Vigor.

Cansar
Extenuar.
Fastidiar.
Hartar.
Agotar.
Fatigar.
*Vigorizar.

Cansera
Tedio.
Hastío.
Molestia.
Cansancio.
Fatiga.

Cansino
Cansado.
Lento.
*Ágil.

Cantal
Cantizal.

Cantante
Cantor.

1. Cantar
Tararear.
Canturrear.
Entonar.

2. Cantar
Copla.
Tonada.
Canción.

Cántaro
Botijo.

Cantera
Pedrera.

Cantero
Pedrero.
Picapedrero.

Cantidad
Cuantía.
Cuantidad.

Cantilena
Cantinela.
Copla.

Cantimplora
Garrafa.
Botijo.

Cantina
Taberna.
Bar.
Fonda.

Cantinela
Copla.
Cantar.

Cantizal
Pedregal.
Canchal.
Cantal.

1. Canto
Borde.
Margen.
Esquina.
Orilla.

2. Canto
Guijarro.
Piedra.

3. Canto
Copla.
Tonada.

1. Cantón
Región.
País.

2. Cantón
Otero.
Loma.
Cerro.

Cantor
Cantante.
Chantre.

Canturrear
Tararear.

1. Caña
Palo.
Tallo.

2. Caña
Fuste.

3. Caña
Tuétano.

4. Caña
Aguardiente.

Cañada
Barranco.
Quebrada.
Vaguada.

Cañaduz
Aguardiente.
Caña de azúcar.

Cañaheja
Férula.
Cañajelga.

Cañalón
Atarjea.

Cáñamo
Bramante.

Cañavera
Carrizo.

Cañaveral
Cañizal.
Cañedo.
Cañal.

Cañazo
Aguardiente.

Cañería
Tubería.

Cañita
Cánula.

Cañizal
Cañaveral.

1. Caño
Cañuto.
Cañón.
Tubo.

2. Caño
Chorro.

1. Cañón
Obús.
Pieza.
Arma.

2. Cañón
Caño.
Tubo.

3. Cañón
Pluma.

4. Cañón
Desfiladero.
Garganta.
Camino.

5. Cañón
Tronco.

Cañonazo
Fragor.
Estruendo.
Descarga.
Tiro.

Cañonear
Batir.
Martillear.

Cañonera
Tronera.
Portañola.

Cañota
Millaca.

Cañutero
Alfiletero.
Canutero.

Caos
Desorden.
Confusión.

1. Capa
Mano.
Baño.

2. Capa
Capote.

3. Capa
Cubierta.
Excusa.
Pretexto.
Máscara.

1. Capacidad
Aforo.
Cabida.

2. Capacidad
Idoneidad.
Talento.
Competencia.
Aptitud.
Condiciones.
Inteligencia.
*Incapacidad.

1. Capacitar
Habilitar.
Facilitar.

2. Capacitar
Comisionar.
Facultar.
Habilitar.
*Incapacitar.

1. Capacho
Cesta.
Espuerta.
Sera.
Serón.
Capacha.

2. Capacho
Zumaya.

Capar
Esterilizar.
Castrar.
Emascular.
Mutilar.
Inutilizar.

1. Caparazón
Cubierta.
Corteza.
Telliz.
Concha.
Defensa.

2. Caparazón
Caparacho.
Capota.

3. Caparazón
Osamenta.
Esqueleto.
Armazón.

Capataz
Encargado.
Caporal.
Sobrestante.
Mayoral.

1. Capaz
Vasto.
Espacioso.
Grande.
Extenso.
Suficiente.

2. Capaz
Idóneo.
Competente.
Apto.
Hábil.
*Incapaz.

Capcioso
Insidioso.
Artificioso.
*Franco.

Capear
Soslayar.

Entretener.
Engañar.
Eludir.

Capellán
Sacerdote.
Clérigo.
Cura.

Caperuza
Capuz.
Capucha.

Capilla
Oratorio.
Iglesia.

1. Capirote
Caperuza.

2. Capirote
Muceta.

3. Capirote
Cubierta.
Capota.

4. Capirote
Pairote.

1. Capital
Caudal.
Fortuna.
Dinero.
Hacienda.
Bienes.

2. Capital
Principal.
Básico.
Fundamental.
Esencial.
Primordial.
*Insignificante.

Capitán
Caudillo.
Jefe.
Oficial.
Arráez.

Capitanear
Dirigir.
Mandar.
Guiar.
Comandar.
Conducir.

Capitel
Ábaco.
Chapitel.

Capitulación
Convenio.
Ajuste.
Pacto.
Rendición.

Capitular
Rendirse.
Entregarse.
Pactar.
Ceder.
Transigir.

1. Capítulo
Cabildo.

2. Capítulo
Apartado.
División.
Subdivisión.

Capón
Castrado.

1. Caporal
Cabo.

2. Caporal
Encargado.

3. Caporal
Mayoral.

Capote
Gabán.
Abrigo.
Capa.
Capuz.

Capotear
Evadir.
Eludir.
Entretener.
Capear.

Capricho
Deseo.
Fantasía.
Antojo.
Veleidad.
Gusto.

Caprichoso
Veleidoso.
Antojadizo.
Voluble.
Variable.
*Consecuente.

Caprino
Cabrío.
Cabruno.

Cápsula
Cartucho.
Envoltura.
Envoltorio.

Captar
Conseguir.
Lograr.
Atraer.
Granjear.
Conquistar.
*Rechazar.

Captarse
Lograr.
Alcanzar.
Atraerse.
Conseguir.
Granjearse.
*Perder.

Captura
Caza.
Aprehensión.
Presa.

Capturar
Aprisionar.
Cazar.
Aprehender.
Apresar.
Arrestar.
*Libertar.

Capucha
Caperuza.
Capuz.

Capuchón
Dominó.
Capa.

Capullo
Pimpollo.
Botón.

Caquexia
Tabes.

1. Cara
Faz.
Semblante.
Fisonomía.
Rostro.

2. Cara
Anverso.
*Dorso.

1. Carabina
Fusil.

2. Carabina
Institutriz.
Acompañante.

Cárabo
Autillo.
Alucón.

1. Caracol
Rizo.
Espiral.

2. Caracol
Concha.
Caracola.

Caracola
Caracol.

1. Carácter
Índole.
Temple.
Personalidad.
Condición.
Temperamento.

2. Carácter
Voluntad.
Entereza.
Energía.
Firmeza.
Severidad.

Característica
Peculiaridad.
Singularidad.
Propiedad.
Particularidad.
Rasgo.

Característico
Típico.
Distintivo.
Singular.
Propio.
Peculiar.

Caracterizar
Identificar.
Distinguir.
Definir.
Calificar.

Caradura
Descarado.
*Vergonzoso.

Carámbano
Canelón.

1. Carambola
Casualidad.
Suerte.
Chiripa.

2. Carambola
Embuste.
Trampa.
Enredo.

3. Carambola
Rebote.
Resurtida.

1. Caramillo
Flautillo.

2. Caramillo
Embuste.
Chisme.
Enredo.
Lio.

Carancho
Búho.

1. Carantoña
Carátula.
Carantamaula.

2. Carantoña
Embeleso.
Mimo.
Caricia.
Zalamería.
Halago.

Carantoñas
Lisonjas.
Agasajos.
Coba.
Gatería.
Fiestas.

Carapacho
Concha.
Caparazón.

Carátula
Máscara.
Cambuj.
Careta.
Carantoña.

1. Caravana
Multitud.
Tropel.
Romería.

2. Caravana
Remolque.

Carbol
Fenol.

Carbón
Antracita.
Hornaguera.
Hulla.
Coque.

Carbonífero
Carbonoso.

Carbonilla
Orujo.
Cisco.
Herraj.
Picón.

Carbunco
Ántrax.

Carbúnculo
Rubí.
Piropo.

Carbuncho
Carbúnculo.

Carburante
Bencina.
Gasolina.

Carcaj
Goldre.
Aljaba.
Carcax.
Funda.

Carcajada
Risotada.

Carcamal
Carraca.
Vejestorio.

Carcañal
Talón.
Calcañar.
Calcañal.
Calcaño.

1. Cárcava
Zanja.
Foso.
Hoya.
Carvaón.
Carcavina.

2. Cárcava
Osera.
Sepultura.
Fosa.

1. Carcavón
Cárcava.

2. Carcavón
Quebrada.
Barranco.
Torrentera.
Galocho.

Cárcel
Penitenciaría.
Penal.
Prisión.
Mazmorra.
Correccional.

Carcelero
Guarda.
Guardián.
Grillero.
Alcaide.

Carcoma
Coso.

Carcomer
Consumir.
Roer.

Carda
Cardón.
Carducha.
Carduza.
Cardencha.

Cardar
Peinar.
Carduzar.

1. Cardenal
Purpurado.

2. Cardenal
Geranio.

1. Cardencha
Escobilla.

2. Cardencha
Carda.

Cardenillo
Herrumbe.
Orín.
Verdete.

Cárdeno
Amoratado.
Violáceo.
Livido.

Cardiaca
Agripalma.

Cardinal
Esencial.
Fundamental.
Principal.
*Accesorio.

Cardizal
Arrezafe.
Cardal.

Cardo
Tallo.

1. Cardumen
Bando.
Banco.

2. Cardumen
Profusión.
Abundancia.

1. Carear
Encarar.
Enfrentar.

2. Carear
Comparar.
Confrontar.
Cotejar.

Carecer
Vacar.
Faltar.
*Poseer.

Carencia
Privación.
Ausencia.
Falta.
*Posesión.

Carente
Falto.
*Provisto.

1. Carestía
Falta.
Escasez.
Penuria.
*Abundancia.

2. Carestía
Alza.
Encarecimiento.
*Baja.

Careta
Máscara.
Antifaz.

1. Carga
Peso.

2. Carga
Gravamen.
Tributo.
Impuesto.
Contribución.

3. Carga
Penalidad.
Obligación.

4. Carga
Ataque.
Embestida.
Acometida.
Arremetida.
*Retirada.

Cargamento
Fardaje.
Recua.
Carretada.
Acarreo.
Cargazón.

Cargante
Molesto.
Irritante.
Enojoso.
Fastidioso.
Impertinente.
*Ameno.

1. Cargar
Descansar.
Apoyar.
Estribar.
Gravitar.
*Descargar.

2. Cargar
Apechar.
Apechugar.
*Descargar.

3. Cargar
Atacar.
Embestir.
Acometer.
*Retroceder.

4. Cargar
Molestar.

Irritar.
Importunar.
Fastidiar.
Enojar.
*Divertir.

5. Cargar
Imputar.
Atribuir.
Achacar.
Colgar.

1. Cargo
Puesto.
Plaza.
Empleo.
Dignidad.

2. Cargo
Obligación.
Custodia.
Cuidado.
Dirección.
Cuenta.

3. Cargo
Falta.
Acusación.
Recriminación.
Imputación.

Cariacontecido
Turbado.
Apenado.
Triste.
*Alegre.

Cariarse
Corroerse.

Caricato
Payaso.

Caricatura
Exageración.
Parodia.
Ridiculización.

Caricia
Halago.
Mimo.
Cariño.
Zalamería.
Carantoña.

Caridad
Altruismo.
Filantropía.
Compasión.
Piedad.
Misericordia.

Caries
Picaduras.
Corroeduras.

Cariharto
Cariancho.
Mofletudo.
*Chupado.

Carilla
Hoja.
Plana.
Página.

1. Cariño
Afección.
Simpatía.
Ternura.
Afecto.
Apego.
*Aversión.

2. Cariño
Halago.
Caricia.
Mimo.
Arrumaco.

Cariñoso
Afectuoso.
Amoroso.
Tierno.
*Desabrido.

Carisma
Atracción.
Don.

Caritativo
Filantrópico.
Generoso.
Compasivo.
Misericordioso.
Egoísta.

Cariz
Aspecto.
Perspectiva.

Carlanca
Maula.
Picardía.

1. Carmenar
Desenmarañar.
Desenredar.
Escarmenar.

2. Carmenar
Repelar.

Carmesí
Rojo.
Escarlata.
Grana.

Carmín
Grana.

Carnada
Cebo.
Carnaza.

Carnadura
Musculatura.
Robustez.

Carnal
Libidinoso.
Lujurioso.
Sensual.
Lúbrico.
Lascivo.
*Espiritual.

Carnaval
Mascarada.
Antruejo.
Carnestolendas.

1. Carnavalada
Mascarada.

2. Carnavalada
Burla.

Carne
Crioja.
Chicha.

1. Carnear
Sacrificar.
Matar.
Descuartizar.

2. Carnear
Perjudicar.
Engañar.

1. Carnero
Morueco.
Marón.
Ramiro.

2. Carnero
Sepulcro.
Huesa.
Fosa.
Osario.

3. Carnero
Llama.

Vicuña.
Alpaca.

4. Carnero
Voluble.
Tornadizo.

Carnestolendas
Carnaval.

Carnet
Cuaderno.
Libreta.

Carnicería
Matanza.
Degollina.
Destrozo.
Mortandad.

1. Carnicero
Carnívoro.

2. Carnicero
Sanguinario.
Cruel.

1. Carnicol
Pesuño.

2. Carnicol
Taba.

Carnívoro
Carnicero.

Carnosidad
Verruga.
Excrecencia.
Carnecilla.

1. Caro
Querido.
Amado.
*Aborrecido.

2. Caro
Costoso.
Dispendioso.
*Barato.

1. Carozo
Carojo.
Zuro.

2. Carozo
Cuesco.
Hueso.

1. Carpa
Gajo.

2. Carpa
Tenderete.

3. Carpa
Lona.
Tiendadecampaña.

Carpanta
Gazuza.
Hambruna.

1. Carpeta
Cubierta.
Forro.

2. Carpeta
Cartera.
Vade.
Cartapacio.

3. Carpeta
Paño.
Cortina.

Carraca
Carcamal.
Vejestorio.

Carraleja
Cubillo.

Carrasca
Encina.
Chaparro.

Carrascal
Canchal.
Pedregal.

Carraspear
Esgarrar.
Toser.

1. Carraspera
Carraspeo.
Tos.

2. Carraspera
Afonía.
Enronquecimiento.
Ronquera.

Carrasposo
Raspante.
Áspero.

1. Carrera
Profesión.
Estudio.

2. Carrera
Recorrido.

Trayectoria.
Camino.
Curso.

3. Carrera
Corrida.

Carreta
Carro.
Galera.

Carretada
Carga.
Cargamento.
Carrada.
Carretonada.
Viaje.

Carrete
Canilla.
Bobina.

Carretear
Transportar.
Conducir.
Acarrear.
Cargar.

Carretero
Carrero.

1. Carretilla
Buscapiés.

2. Carretilla
Carretón.

Carricoche
Carro.
Carromato.
Coche.

1. Carril
Carrilada.
Andel.
Carrilera.
Rodera.

2. Carril
Huella.
Surco.

3. Carril
Riel.
Corredera.
Rail.

Carrillo
Mejilla.
Cachete.
Moflete.

Carrilludo
Mejilludo.
Cariharto.
Cachetudo.

Carriño
Avantrén.

Carrizo
Cañeta.
Cisco.
Cañavera.
Jisca.

1. Carro
Carreta.
Carromato.
Carruaje.
Forcaz.
Galera.

2. Carro
Automóvil.
Coche.

Carromato
Carro.

Carroña
Podredumbre.
Cadáver.

Carruaje
Carro.
Vehiculo.

1. Carta
Epístola.
Escrito.
Misiva.
Esquela.
Billete.

2. Carta
Mapa.

3. Carta
Naipe.

Cartabón
Escuadra.

1. Cartaginés
Púnico.
Cartaginense.

2. Cartaginés
Cartagenero.

Cartapacio
Cuaderno.

Portapliegos.
Carpeta.

Cartearse
Corresponderse.
Escribirse.

1. Cartel
Proclama.
Anuncio.
Publicación.
Proclamación.
Pasquín.

2. Cartel
Monopolio.

Carteo
Correspondencia.

Cartera
Tarjetera.
Billetero.
Vademécum.

Carterista
Ladrón.

Cartílago
Ternilla.

1. Cartilla
Abecedario.
Silabario.
Catón.

2. Cartilla
Cuaderno.
Libreta.
Añalejo.

Cartuchera
Canana.

1. Cartucho
Carga.

2. Cartucho
Envoltorio.
Cucurucho.
Tubo.

1. Casa
Morada.
Vivienda.
Domicilio.
Hogar.
Lar.

2. Casa
Estirpe.
Linaje.
Familia.

3. Casa
Prostíbulo.

Casaca
Pelliza.
Futraque.
Capote.

Casadero
Soltero.
Conyugable.
Núbil.

Casamiento
Casorio.
Boda.
Desposorios.
Matrimonio.
Enlace.

1. Casar
Juntar.
Unir.
*Desencajar.

2. Casar
Anular.
Revocar.
Abolir.
Abrogar.
*Confirmar.

Casca
Cáscara.
Hollejo.
Corteza.

Cascabel
Cencerro.
Campanilla.
Cascabillo.

Cascabelero
Sonajero.

Cascada
Catarata.

Cascado
Gastado.
Achacoso.
Decrépito.
Quebradizo.
*Lozano.

Cascajo
Cascote.

Cascante
Grajo.

Cascanueces
Cascapiñones.
Rompenueces.
Trincapiñones.

1. Cascar
Abrir.
Agrietar.
Romper.
Rajar.
Hender.

2. Cascar
Zurrar.
Pegar.
Golpear.

Cáscara
Corteza.
Monda.
Piel.
Casca.
Cascarón.

Cascarilla
Hojuela.
Hollejo.

Cascarrabias
Irritable.
*Manso.

Cascarrón
Áspero.
Bronco.
Picajón.

1. Casco
Cráneo.
Cabeza.

2. Casco
Yelmo.
Bacinete.
Morrión.

3. Casco
Botella.
Tonel.

4. Casco
Pezuña.

1. Cascote
Casco.
Guijo.
Cascajo.
Esquirla.
Fragmento.

2. Cascote
Escombro.

3. Cascote
Metralla.

Caseoso
Quesero

Casería
Granja.
Alquería.
Villoría.
Caserío.

Caserna
Cuartel.
Casamata.
Fortificación.

1. Casero
Familiar.
Doméstico.

2. Casero
Dueño.
Propietario.
Arrendador.

Casi
Aproximadamente.
Cerca de.
Más o menos.

Casilla
Escaque.
Compartimiento.
División.

Casino
Sociedad.
Club.
Centro.
Círculo.

Caso
Incidente.
Ocasión.
Suceso.
Acontecimiento.

Casorio
Casamiento.

Casquero
Trapero.

Casquete
Gorra.
Bonete.

Casquijo
Grava.

1. Casquillo
Abrazadera.
Anillo.

2. Casquillo
Cartucho.
Vaina.

Casquivano
Irreflexivo.
Alocado.
*Sesudo.

Casta
Linaje.
Clase.
Generación.
Progenie.
Raza.

Castálidas
Musas.

Castaña
Caneca.
Bombona.
Garrafón.
Damajuana.

1. Castañetazo
Castañetada.
Castañeta.

2. Castañetazo
Crujido.
Chasquido.
Estallido.

Castañetear
Tiritar.
Rasgar.

Castaño
Zaino.

Castañuela
Palillos.
Crótalo.
Castañeta.

Castellano
Señor.
Alcaide.

Castidad
Virginidad.
Pureza.
Continencia.
Honestidad.
*Lujuria.

1. Castigar
Sancionar.
Penar.
*Perdonar.

2. Castigar
Afligir.
Molestar.
Mortificar.
*Aliviar.

3. Castigar
Conquistar.
Enamorar.

Castigo
Sanción.
Condena.
Pena.

Castillejo
Armazón.
Andamio.

1. Castillo
Ciudadela.
Fortaleza.
Alcázar.
Fuerte.
Alcazaba.

2. Castillo
Celdilla.
Maestril.

Castizo
Correcto.
Puro.
*Bárbaro.

Casto
Puro.
Púdico.
Honesto.
Pudoroso.
Continente.
*Lujurioso.

1. Castor
Bíbaro.

2. Castor
Coipo.

Castrar
Capar.

Castrense
Militar.

Casual
Aleatorio.
Eventual.
Fortuito.
Contingente.
*Lógico.

Casualidad
Azar.
Eventualidad.
Albur.
Acaso.
Contingencia.
*Certidumbre.

Casucho
Bajareque.

1. Cata
Ensayo.
Prueba.

2. Cata
Cotorra.
Loro.

Cataclismo
Desastre.
Catástrofe.

Catacumbas
Subterráneo.

Catador
Degustador.
Catavinos.
Saboreador.

Catadura
Semblante.
Aspecto.
Facha.

Catafalco
Túmulo.

Catálogo
Registro.
Lista.
Matrícula.
Rol.
Inventario.

1. Catana
Sable.

2. Catana
Pesado.
Basto.
Tosco.

3. Catana
Loro verde.

Cataplasma
Sinapismo.
Emoliente.
Tópico.
Emplasto.

Catapulta
Trabuquete.

Catar
Probar.
Gustar.

Catarata
Cascada.
Salto de agua.

Catarro
Romadizo.
Resfriado.
Coriza.

Catastro
Censo.
Padrón.
Estadística.

Catástrofe
Desastre.
Cataclismo.

Catavinos
Catador.

Catear
Explorar.
Allanar.

1. Cátedra
Púlpito.
Asiento.

2. Cátedra
Asignatura.
Materia.

Catedrático
Profesor.

Categoría
Clase.
Jerarquía.
Condición.
Esfera.

Categórico
Concluyente.
Decisivo.
Preciso.

Rotundo.
Absoluto.
*Vago.

1. Catequizar
Instruir.
Iniciar.

2. Catequizar
Convencer.
Convertir.
Persuadir.
Conquistar.

Caterva
Multitud.
Muchedumbre.

Cateto
Ignorante.
Rústico.
Palurdo.
*Listo.

Catilinaria
Sermón.
Increpación.
Apóstrofe.
Invectiva.
*Elogio.

Católico
Ecuménico.
Universal.

Catre
Cama.
Litera.
Yacija.

Cauce
Lecho.
Madre.
Álveo.

1. Caución
Prevención.
Precaución.
Cautela.

2. Caución
Fianza.
Abono.
Garantía.
Seguridad.

Caucho
Goma.

1. Caudal
Fortuna.

Hacienda.
Capital.
Bienes.
Dinero.

2. Caudal
Abundancia.
Copia.
Cantidad.

Caudatario
Lacayo.
Seguidor.

Caudillaje
Tiranía.
Jefatura.
Caciquismo.

Caudillo
Adalid.
Jefe.

Cauro
Noroeste.
*Gregal.

1. Causa
Origen.
Principio.
Fuente.
Fundamento.
Motivo.
*Efecto.

2. Causa
Pleito.
Proceso.

Causar
Originar.
Provocar.
Producir.
Ocasionar.
Determinar.
*Evitar.

Cáustico
Punzante.
Incisivo.
Mordaz.
Irónico.
Sarcástico.

Cautela
Recato.
Reserva.
Desconfianza.
Precaución.
*Confianza.

1. Cauterio
Escarificación.
Cauterización.

2. Cauterio
Corrección.
Remedio.
Atajadura.

1. Cauterizar
Foguear.
Detener.
Curar.
Restañar.
Atajar.
*Fomentar.

2. Cauterizar
Increpar.
Corregir.
Reprender.

3. Cauterizar
Calificar.
Tildar.

Cauterizante
Cicatrizante.
Hemostático.

1. Cautivar
Capturar.
Prender.
Apresar.
Aprisionar.
*Libertar.

2. Cautivar
Fascinar.
Atraer.
Seducir.
Captar.
*Repeler.

Cautiverio
Prisión.
Cautividad.
Esclavitud.
*Libertad.

Cautivo
Prisionero.
Esclavo.
Preso.
Sujeto.
*Libre.

Cauto
Prudente.
Precavido.

Previsor.
Cauteloso.
Circunspecto.
*Incauto.

1. Cava
Cueva.
Foso.

2. Cava
Taberna.
Bodega.

1. Cavar
Excavar.
Binar.

2. Cavar
Penetrar.
Profundizar.
Ahondar.

3. Cavar
Meditar.
Pensar.
Reflexionar.

Caverna
Cueva.
Gruta.
Antro.

1. Cavernícola
Troglodita.

2. Cavernícola
Retrógrado.
Reaccionario.

Cavernoso
Hueco.
Sordo.
Bronco.

Cavidad
Hoyo.
Concavidad.
Seno.
Hueco.

Cavilar
Meditar.
Reflexionar.
Pensar.
Preocuparse.

Caviloso
Aprensivo.
Preocupado.
Meditabundo.
Pensativo.
*Despreocupado.

Cayado
Báculo.
Bastón.
Cachava.

Caz
Canal.

1. Caza
Cetrería.
Cinegética.
Montería.

2. Caza
Batida.
Cacería.
Acecho.
Ojeo.
Cazata.

Cazador
Cosario.
Montero.

Cazadora
Chaqueta.
Chaquetilla.
Pelliza.

Cazalla
Aguardiente.

Cazar
Sorprender.
Pillar.
Pescar.
Atrapar.
Obtener.

Cazcarria
Zarpa.

1. Cazo
Cucharón.

2. Cazo
Puchero.
Receptáculo.

Cazón
Tollo.

1. Cazuela
Tartera.
Tortera.
Cacerola.
Paella.

2. Cazuela
Gallinero.
Paraíso.
General.

Cazurro
Callado.
Taciturno.
Reservado.
*Charlatán.

Cazuz
Hiedra.

Ceba
Engorde.

Cebada
Alcacer.

Cebador
Polvorín.

Cebar
Engordar.
Sobrealimentar.
Fomentar.
Alimentar.

Cebarse
Ensañarse.
Encarnizarse.

1. Cebo
Carnaza.
Carnada.
Güeldo.

2. Cebo
Cebadura.

3. Cebo
Detonador.
Cápsula.
Explotador.
Mixto.

4. Cebo
Aliciente.
Incentivo.
Atractivo.
Señuelo.
Pábulo.

Cebolla
Bulbo.

Cebrado
Rayado.
Listado.

Cecina
Tasajo.
Salazón.

Cedazo
Criba.

Harnero.
Tamiz.
Zarranda.

1. Ceder
Traspasar.
Transferir.
Dar.
*Apropiarse.

2. Ceder
Doblegarse.
Transigir.
Cejar.
Someterse.
Aflojar.
*Resistir.

3. Ceder
Mitigarse.
Menguar.
Disminuir.
*Arreciar.

Cédula
Documento.
Despacho.

Céfalo
Róbalo.

1. Céfiro
Airecillo.
Brisa.
Aura.

2. Céfiro
Viento oeste.
Poniente.
*Euro.

1. Cegar
Alucinar.
Ofuscar.
Obcecar.
Deslumbrar.

2. Cegar
Tapar.
Obstruir.
Atascar.
Cerrar.
Macizar.
*Desatascar.

Ceguedad
Ofuscación.
Obnubilación.
Ceguera.
Alucinación.
*Clarividencia.

Cejar
Flaquear.
Ceder.
Aflojar.
*Resistir.

Cejo
Niebla.
Calina.

1. Celada
Trampa.
Emboscada.

2. Celada
Casco.
Yelmo.

Celador
Guardián.
Vigilante.

1. Celaje
Claraboya.
Ventana.

2. Celaje
Comienzo.
Presagio.
Anuncio.

1. Celar
Cuidar.
Velar.
Vigilar.
*Descuidar.

2. Celar
Disimular.
Ocultar.
Tapar.
Encubrir.
*Revelar.

1. Celda
Alcoba.
Cubículo.
Aposento.

2. Celda
Calabozo.

3. Celda
Célula.

Celdilla
Casilla.
Alvéolo.

1. Celebrar
Ensalzar.

Encomiar.
Alabar.
Elogiar.
*Denigrar.

2. Celebrar
Conmemorar.
Festejar.
Solemnizar.

Célebre
Distinguido.
Reputado.
Ilustre.
Famoso.
Renombrado.
*Oscuro.

Celebridad
Reputación.
Renombre.
Notoriedad.
Fama.
*Oscuridad.

Celeridad
Presteza.
Diligencia.
Velocidad.
Rapidez.
*Lentitud.

Célere
Rápido.
Pronto.

Celestial
Divino.
Paradisíaco.
Celeste.
Empíreo.
Perfecto.
*Infernal.

Celestina
Encubridora.
Tercera.
Alcahueta.
Trotaconventos.

Célibe
Soltero.

Celidonia
Hirundinaria.

Celo
Esmero.
Devoción.
Diligencia.

Cuidado.
Asiduidad.
*Negligencia.

Celos
Sospecha.
Envidia.
Rivalidad.
Recelo.
*Confianza.

Celosía
Persiana.
Enrejado.
Rejilla.
Bastidor.

Celsitud
Excelencia.
Alteza.
Elevación.
Grandeza.
*Bajeza.

Célula
Cavidad.
Celdilla.
Celda.
Seno.

Cementerio
Necrópolis.
Camposanto.
Fosal.

Cemento
Argamasa.

Cenacho
Cesto.
Capacho.
Espuerta.

Cenador
Quiosco.
Glorieta.
Lonjeta.
Emparrado.
Parrón.

Cenagal
Fangal.
Lodazal.
Barrizal.
Ciénaga.

Cenceño
Delgado.
Flaco.
Seco.
Enjuto.
*Gordo.

Cencerro
Esquila.

Cendal
Manto.
Velo.
Burato.

Cenefa
Fleco.
Orla.
Ribete.
Festón.
Lista.

Ceniciento
Cinéreo.
Cenizo.

Ceniza
Pavesa.
Favila.

Cenizas
Residuos.
Restos.
Escombros.

Cenobio
Convento.
Monasterio.
Abadía.

Cenobita
Monje.

Cenotafio
Sepulcro.
Mausoleo.
Sarcófago.

1. Censo
Gravamen.
Tributo.
Carga.

2. Censo
Empadronamiento.
Padrón.

1. Censor
Corrector.
Examinador.
Interventor.
Magistrado.

2. Censor
Censurador.
Criticón.
Murmurador.

1. Censura
Juicio.
Crítica.
Examen.

2. Censura
Reprobación.
Impugnación.
Desaprobación.
Corrección.
*Aprobación.

3. Censura
Crítica.
Murmuración.
Vilipendio.
Detracción.
*Alabanza.

Censurable
Incalificable.
Vituperable.
*Elogiable.

Censurador
Censor.
Maldiciente.
Murmurador.
*Lisonjero.

1. Censurar
Criticar.
Dictaminar.
Juzgar.

2. Censurar
Tachar.
Suprimir.
Corregir.
Tildar.
Borrar.

3. Censurar
Condenar.
Desaprobar.
Reprobar.
*Aprobar.

4. Censurar
Vituperar.
Profazar.
Murmurar.
*Lisonjear.

Centella
Chispa.
Rayo.
Exhalación.

Centelleante
Resplandeciente.
Brillante.
Fulgurante.
Deslumbrador.
Llameante.
*Apagado.

Centelleo
Fulgor.
Brillo.
Resplandor.
Chisporroteo.
Chispeo.

Centena
Ciento.
Centenar.

Centenario
Centenar.
Secular.

Centinela
Guardia.
Vigilante.
Escucha.
Puesto.

Centinodia
Saucillo.
Correhuela.

Centralismo
Unitarismo.
Imperialismo.
*Federalismo.

Centralizar
Concentrar.
Reunir.
Agrupar.
Centrar.
*Descentralizar.

1. Céntrico
Central.
*Periférico.

2. Céntrico
Frecuentado.
Concurrido.

Centro
Foco.
Núcleo.
Corazón.
*Periferia.

Centuria
Siglo.

Ceñidor
Cinto.
Pretina.
Cinturón.

Ceñiglo
Cenizo.
Armuelle.

Ceñir
Oprimir.
Ajustar.
Estrechar.
Apretar.
Cercar.
*Soltar.

Ceñirse
Ajustarse.
Limitarse.
Reducirse.
Moderarse.
Circunscribirse.
*Extenderse.

1. Ceño
Aro.
Cerco.

2. Ceño
Gesto.
Sobrecejo.

3. Ceño
Aspecto.
Cariz.

Ceñudo
Cejijunto.
Capotudo.

Cepa
Origen.
Linaje.
Raza.
Raíz.
Tronco.

Cepilladura
Viruta.

1. Cepillo
Tolva.
Alcancía.
Cepo.

2. Cepillo
Bruza.
Limpiadera.
Estragadera.
Escobilla.

1. Cepo
Rama.
Gajo.

2. Cepo
Tolva.
Alcancía.
Cepillo.

3. Cepo
Trampa.
Emboscada.
Celada.

Ceporro
Rudo.
Torpe.

Cerámica
Alfarería.
Tejería.

Cerbatana
Cañuto.
Bodoquera.

Cerbero
Portero.
Guardián.
Cancerbero.

Cerca
Próximo.
Vecino.
Cercano.
Adyacente.
Contiguo.

1. Cercado
Coto.
Recinto.

2. Cercado
Cerca.

Cercanía
Vecindad.
Proximidad.
Confinidad.
*Lejanía.

Cercanías
Alrededores.
Inmediaciones.
Aledaños.
Contornos.
Proximidades.

Cercano
Contiguo.
Limítrofe.
Próximo.
*Lejano

1. Cercar
Tapiar.
Murar.
Vallar.
Rodear.
Circundar.

2. Cercar
Sitiar.
Bloquear.
Rodear.

Cercenar
Truncar.
Mutilar.
Cortar.
Reducir.
Acortar.
*Prolongar.

Cerciorarse
Confirmar.
Certificar.
Asegurarse.
Afirmar.
*Desmentir.

1. Cerco
Asedio.
Sitio.

2. Cerco
Marco.
Aro.

Cerda
Hebra.
Pelo.

Cerdo
Puerco.
Chancho.
Cochino.
Marrano.

Cerdoso
Áspero.
Velloso.

1. Cerebro
Seso.

2. Cerebro
Talento.
Capacidad.
Inteligencia.
Juicio.

Ceremonia
Solemnidad.
Pompa.

Aparato.
Rito.

Ceremonial
Formalidades.
Costumbres.
Rito.
Usos.

Cerilla
Fósforo.
Velilla.
Cerillo.
Mixto.

Cerneja
Mechón.

1. Cerner
Cribar.
Separar.

2. Cerner
Depurar.
Afinar.

Cernerse
Amenazar.
Planear.

Cernícalo
Bruto.
Rudo.
Ignorante.
*Águila.

1. Cerrado
Incomprensible
Hermético.
Oscuro.
*Patente.

2. Cerrado
Nublado.
Encapotado.
Cubierto.
*Despejado.

3. Cerrado
Obtuso.
Torpe.
Negado.
*Despierto.

4. Cerrado
Solapado.
Cazurro.
*Franco.

Cerradura
Cerramiento.
Cerraja.
Candado.

1. Cerrar
Cubrir.
Tapar.
Cegar.
*Abrir.

2. Cerrar
Curar.
Cicatrizar.

3. Cerrar
Clausurar.
*Inaugurar.

Cerril
Indómito.
Arisco.
Bravío.
Montaraz.
*Doméstico.

Cerro
Montículo.
Colina.
Alcor.

Cerrojazo
Clausura.
Cierre.

Cerrojo
Pasador.
Aldaba.
Pestillo.
Falleba.
Candado.

Certamen
Concurso.

1. Certero
Seguro.
Acertado.
Cierto.
*Dudoso.

2. Certero
Informado.
Sabedor.

Certeza
Seguridad.
Convicción.
Covencimiento.

Evidencia.
Certidumbre.
*Duda.

Certificar
Confirmar.
Aseverar.
Asegurar.
Afianzar.
Garantizar.
*Desmentir.

Cerviz
Nuca.
Occipucio.
Cogote.
Pescuezo.

Cesar
Terminar.
Suspender.
Acabar.
Interrumpir.
Cejar.
*Proseguir.

Cesarismo
Autocracia.
Caudillaje.
Dictadura.
Tiranía.
*Democracia.

1. Cese
Interrupción.
Paro.
Cesación.
Cesamiento.
*Prosecución.

2. Cese
Pausa.
Reposo.

Cesión
Entrega.
Abandono.
Renuncia.
Donación.
Traspaso.
*Usurpación.

1. Césped
Ballico.
Hierba.

2. Césped
Prado.
Parterre.

3. Césped
Tepe.

Cesta
Escriño.
Panera.
Cesto.

Cesto
Banasta.
Canasta.
Cuévano.

Cesura
Pausa.
Reposo.
Corte.

1. Cetrino
Verdoso.
Amarillento.

2. Cetrino
Melancólico.
Adusto.
*Contento.

1. Cetro
Diadema.
Corona.

2. Cetro
Reinado.
Reino.
Mando.
Imperio.

Cianea
Lapislázuli.
Lazulita.

Ciar
Retroceder.

Cibal
Nutritivo.
Substancioso.
Alimenticio.

Cicatería
Avaricia.
Tacañería.
Mezquindad.
*Generosidad.

Cicatero
Avaro.
Tacaño.
Mezquino.
*Desprendido.

Cicatriz
Costarón.
Chirlo.

Cicatrizar
Cerrar.
Curar.

Cicerone
Intérprete.
Guía.
Baquiano.

Ciclamor
Arjorán.

1. Ciclo
Época.
Período.

2. Ciclo
Conjunto.
Serie.

Ciclón
Tornado.
Huracán.

Ciclope
Ojanco.

Cidra
Alcayota.

Ciego
Ofuscado.
Obcecado.
Invidente.
Obnubilado.
Alucinado.
*Vidente.

1. Cielo
Paraíso.
Gloria.
Empíreo.

2. Cielo
Firmamento.
Atmósfera.

1. Ciempiés
Escolopendra.
Congorocho.

2. Ciempiés
Desatino.
Disparate.
Galimatías.
Barbaridad.

Ciénaga
Fangal.
Lodazal.
Barrizal.
Cenagal.

Ciencia
Sapiencia.
Erudición.
Conocimiento.
Saber.
Sabiduría.
*Ignorancia.

Cieno
Lodo.
Barro.
Fango.
Légamo.
Limo.
Lama.

Ciento
Centenar.
Centena.
Cien.

Cierre
Oclusión.
Clausura.
Cerrojazo.
*Abertura.

1. Cierto
Indudable.
Manifiesto.
Auténtico.
Evidente.
Seguro.
*Dudoso.

2. Cierto
Alguno.
Alguien.

Ciervo
Venado.

Cierzo
Norte.
Septentrión.
Bóreas.
Tramontana.
Aquilón.
*Austro.

1. Cifra
Número.
Dígito.
Guarismo.

2. Cifra
Clave.

Cifrar
Resumir.
Limitar.
Reducir.
Abreviar.
Compendiar.

1. Cigarra
Chicharra.

2. Cigarra
Hablador.
Parlanchín.
*Silencioso.

Cigarrera
Pitillera.
Petaca.

Cigarrillo
Pitillo.

Cigarro
Breva.
Puro.
Veguero.

Cigarrón
Chapulín.

Cigüeña
Manubrio.
Manivela.

1. Cija
Cuadra.
Paridera.
Corral.

2. Cija
Pajar.

3. Cija
Granero.

Cilantro
Culantro.

Cilicio
Tormento.
Mortificación.
Suplicio.
Disciplina.
*Goce.

Cilindro
Eje.
Tambor.

Rodillo.
Rollo.
Rulo.
Árbol.

Cilla
Silo.
Granero.

Cima
Cúspide.
Ápice.
Cumbre.
Culmen.
Vértice.
*Fondo.

Cimbel
Señuelo.

Cimbra
Arco.
Curvatura.
Vuelta.

Cimbrar
Cimbrear.
Vibrar.

1. Cimentar
Zampear.
Recalzar.

2. Cimentar
Asentar.
Establecer.
Fundar.
Fundamentar.
Afirmar.

Cimero
Superior.
Supremo.
Culminante.
*Inferior.

Cimiento
Principio.
Origen.
Raíz.
Fundamento.
*Remate.

Cinamono
Agriaz.
Rosariera.
Acederaque.

Cinc
Calamita.

1. Cincel
Estique.
Puntero.

2. Cincel
Cortafrío.
Tajadera.

Cincelar
Labrar.
Tallar.
Esculpir.
Grabar.

Cinchar
Ajustar.
Sujetar.
Ceñir.
Fajar.
*Soltar.

Cinegética
Montería.

Cinematógrafo
Cine.
Cinema.

Cinéreo
Ceniciento.

Cínico
Procaz.
Desvergonzado.
Impúdico.
Descarado.
*Respetuoso.

Cinismo
Desvergüenza.
Descaro.
Impudicia.
Procacidad.
Desfachatez.
*Decencia.

1. Cinta
Tira.
Banda.
Huincha.

2. Cinta
Film.
Película.

Cintarazo
Estocada.
Cimbronazo.
Sablazo.
Hurgonada.

1. Cinto
Ceñido.

2. Cinto
Cintura.

3. Cinto
Cinturón.

Cintura
Talle.
Cinto.

Cinturón
Correa.
Ceñidor.
Pretina.
Cinto.
Faja.

Cipayo
Espahí.

1. Cipo
Pilastra.
Pilar.

2. Cipo
Hito.

Ciprés
Cipariso.

1. Circo
Pista.
Arena.
Anfiteatro.
Carpa.

2. Circo
Gradería.

Circuir
Cercar.
Rodear.
Circundar.
Circunvalar.

1. Circuito
Recinto.

2. Circuito
Contorno.

Circulación
Tránsito.
Tráfico.

1. Circular
Orbicular.
Circunferencial.

2. Circular
Curvo.
Redondo.
Curvado.

3. Circular
Orden.
Aviso.
Notificación.

4. Circular
Boleto.
Noticia.
Carta.

5. Circular
Pasar.
Andar.
Transitar.
Deambular.
Recorrer.

6. Circular
Propagarse.
Divulgarse.
Correr.
Expandirse.

1. Círculo
Redondel.

2. Círculo
Centro.
Club.
Casino.
Sociedad.

Circuncidar
Mutilar.
Retajar.
Cercenar.
Cortar.

Circundar
Circuir.
Circunvalar.
Cercar.
Rodear.

Circunferencia
Ruedo.
Círculo.
Circuito.

Circunferir
Limitar.
Circunscribir.

Circunlocución
Ambages.
Circunloquio.

Circunloquios
Perífrasis.
Ambages.
Rodeos.
Circunlocución.
*Concisión.

Circunnavegación
Periplo.

Circunscribir
Ceñir.
Ajustar.
Amoldar.
Restringir.
Limitar.
*Extender.

Circunscripción
Demarcación.
Distrito.

Circunspección
Cautela.
Prudencia.
Discreción.
Precaución.
Reserva.
*Imprudencia.

Circunspecto
Discreto.
Reservado.
Cauto.
Prudente.
*Imprudente.

Circunstancia
Acontecimiento.
Caso.
Evento.
Accidente.

Circunstanciado
Pormenorizado.
Prolijo.
Detallado.
*Escueto.

Circunstantes
Asistentes.
Presentes.
Concurrentes.
*Ausentes.

Circunvalar
Rodear.
Cercar.
Cincundir.
Circuir.

Circunvecino
Contiguo.
Inmediato.
Próximo.
Cercano.
Vecino.
*Remoto.

Cirio
Vela.
Blandón.
Bujía.
Ambleo.
Candela.

Cirujano
Operador.
Quirurgo.

Cisco
Reyerta.
Altercado.
Pendencia.
Alboroto.
Riña.

Cisma
Desavenencia.
Separación.
Disensión.
Discordia.
Escisión.
*Unión.

Cisterna
Aljibe.

Cisura
Incisión.
Corte.
Abertura.
Hendidura.
Rotura.

Cita
Referencia.
Alusión.
Mención.
Nota.

Citación
Requerimiento.
Mandato.
Emplazamiento.
Notificación.

Citado
Nombrado.
Dicho.
Mentado.

Predicho.
Antedicho.

1. Citar
Convocar.
Apalabrar.
Llamar.

2. Citar
Mentar.
Aludir.
Referirse.
Invocar.
Mencionar.
Nombrar.
*Silenciar.

Citerior
De acá.
Aquende.

Cítola
Tarabilla.

Citora
Arpón.

Ciudad
Población.
Urbe.

Ciudadano
Civil.
Cívico.
Urbano.

Ciudadela
Fortificación.
Baluarte.
Fortaleza.

Cívico
Ciudadano.
Civil.
Patriótico.

1. Civil
Ciudadano.

2. Civil
Atento.
Sociable.
Cortés.

Civilidad
Urbanidad.
Cortesía.
Honradez.
*Descortesía.

Civilización
Progreso.
Cultura.
*Barbarie.

Civilizado
Educado.
Pulido.
Atento.
Culto.
Cortés.
*Descortés.

Civilizar
Ilustrar.
Formar.
Educar.
Cultivar.

Civismo
Patriotismo.
Humanitarismo.
Civilidad.
*Incivilidad.

Cizaña
Disensión.
Enemistad.
Discordia.
*Concordia.

Cizañar
Malquistar.
Enzurizar.
Enzalamar.
*Apaciguar.

Clamar
Exclamar.
Quejarse.
Lamentar.
Gemir.
Pedir.
Reclamar.

Clamor
Lamento.
Gemido.
Queja.
Grito.
Voz.

1. Clamorear
Implorar.
Suplicar.
Rogar.
Deprecar.

2. Clamorear
Doblar.

Clamoreo
Vocerío.
Gritería.

Clamoroso
Chillón.
Vocinglero.

1. Clan
Grupo.
Familia.
Tribu.
Agrupación.

2. Clan
Pandilla.
Banda.
Hatajo.

Clandestino
Ilegal.
Ilícito.
Subrepticio.
Oculto.
Secreto.
*Público.

Clangor
Trompetada.
Clarinada.

Claque
Alabarderos.

Claraboya
Tragaluz.

1. Clarear
Alborear.
Alborecer.
Amanecer.
*Oscurecer.

2. Clarear
Despejarse.
Abrirse.
Aclarar.
*Encapotarse.

1. Claridad
Diafanidad.
Luminosidad.
Transparencia.
Luz.
Limpidez.
*Oscuridad.

2. Claridad
Sinceridad.

Franqueza.
Llaneza.
*Hipocresía.

1. Clarificar
Alumbar.
Iluminar.
*Oscurecer.

2. Clarificar
Aclarar.
Depurar.
Filtrar.
Purificar.

Clarín
Trompeta.

1. Clarinada
Toque.
Clangor.

2. Clarinada
Importunidad.
Impertinencia.
Expropósito.

Clarividencia
Perspicacia.
Penetración.
Intuición.

1. Claro
Diáfano.
Límpido.
Puro.
Cristalino.
Luminoso.
*Oscuro.

2. Claro
Manifiesto.
Palpable.
Evidente.
Visible.
*Incomprensible.

3. Claro
Sincero.
Franco.
Abierto.
*Turbio.

4. Claro
Vivo.
Despierto.
Agudo.
Perspicaz.
*Obtuso.

5. Claro
Insigne.
Esclarecido.
Ilustre.

6. Claro
Sereno.
Despejado.
*Nuboso.

1. Clase
Género.
Tipo.
Orden.
Calidad.
Categoría.

2. Clase
Asignatura.
Lección.

3. Clase
Aula.

Clásico
Notable.
Destacado.
Principal.
Conocido.
Leído.

Clasificador
Archivador.

Clasificar
Encasillar.
Ordenar.
Archivar.

Claudicar
Ceder.
Someterse.
Transigir.
*Insistir.

1. Claustro
Convento.
Cenobio.
Clausura.

2. Claustro
Cuerpo.
Junta.

1. Cláusula
Condición.
Disposición.
Estipulación.

2. Cláusula
Frase.

Período.
Proposición.

1. Clausura
Claustro.

2. Clausura
Cierre.
*Apertura.

Clausurar
Cerrar.
*Abrir.

Clava
Maza.
Porra.
Cachiporra.

1. Clavado
Puntual.
Fijo.
Exacto.

2. Clavado
Cabal.
Proporcionado.
Adecuado.
*Inadecuado.

Clavar
Hundir.
Hincar.
Fijar.
Plantar.
Enclavar.
*Desclavar.

1. Clave
Llave.

2. Clave
Cifra.

Clavero
Giroflé.

1. Clavetear
Herretear.
Guarnecer.

2. Clavetear
Terminar.
Acabar.
Concluir.

Clavicordio
Clave.
Espineta.

Clavícula
Islilla.

Clavija
Tarugo.
Sujeción.
Clavo.
Seguro.

1. Clavo
Punta.
Bellote.
Clavija.
Alcayata.
Tachuela.

2. Clavo
Dolor.
Pena.

3. Clavo
Daño.
Perjuicio.

4. Clavo
Callo.

Clemencia
Misericordia.
Piedad.
Compasión.
Indulgencia.
Benignidad.
*Crueldad.

Clemente
Compasivo.
Misericordioso.
Indulgente.
Benigno.
*Severo.

Clérigo
Sacerdote.
Cura.
Eclesiástico.
Presbítero.

Clero
Clerecía.

Cliente
Comprador.
Parroquiano.

1. Clima
Temperatura.
Atmósfera.

2. Clima
Región.

Comarca.
País.

Clímax
Gradación.
Escala.

Clínica
Dispensario.
Nosocomio.
Sanatorio.
Hospital.
Consultorio.

1. Cloaca
Alcantarilla.
Sumidero.
Imbornal.
Albañal.

2. Cloaca
Coluvie.

Cloque
Arpón.

Clorhídrico
Muriático.
Hidroclórico.

Cloroformizar
Anestesiar.

Cloroformo
Anestésico.

Clown
Payaso.

Club
Centro.
Casino.
Círculo.
Asociación.
Sociedad.

Clueca
Llueca.

Clueco
Impedido.
Achacoso.
Tullido.
*Lozano.

Coacción
Imposición.
Coerción.
Constreñimiento.
Fuerza.
*Espontaneidad.

Coadjuntor
Ayudante.
Vicario.
Coadyutor.

Coadunar
Incorporar.
Unir.
Añadir.
*Separar.

Coadyuvar
Contribuir.
Auxiliar.
Cooperar.
Colaborar.
Ayudar.

Coagular
Solidificar.
Trabar.
Espesar.
Cuajar.

Coagularse
Cortarse.
*Licuarse.

Coágulo
Cuajarón.
Grumo.
Crúor.

Coalición
Liga.
Confederación.
Alianza.
Unión.

Coartada
Disculpa.
Defensa.
Excusa.

Coartar
Restringir.
Cohibir.
Coaccionar.
Limitar.
*Estimular.

Coautor
Colaborador.

Coba
Jabón.
Adulación.
Pelotilla.

Cobarde
Miedoso.

Pusilánime.
Temeroso.
Medroso.
Tímido.
*Valiente.

Cobardía
Miedo.
Timidez.
Pusilanimidad.
Temor.
*Valentía.

Cobertera
Tapadera.

Cobertizo.
Sotechado.
Porche.
Tinglado.

Cobertor
Manta.
Colcha.
Frazada.
Cobertura.
Edredón.

Cobertura
Cubierta.
Cobija.

Cobija
Sábana.
Manta.

Cobijarse
Refugiarse.
Ampararse.
Guarecerse.
Albergarse.

1. Cobijo
Protección.
Amparo.
Cobijamiento.

2. Cobijo
Albergue.
Hospedaje.

1. Cobrar
Recaudar.
Percibir.
Recibir.
*Pagar.

2. Cobrar
Cazar.
Adquirir.

Recoger.
*Soltar.

Cobro
Recaudación.
Percepción.
Cobranza.
Colectación.
Exacción.
*Pago.

Coca
Haya.

Cocaví
Vituallas.
Provisiones.

Cocción
Cocedura.
Recocido.
Cochura.
Torrefacción.

Cocear
Rechazar.
Resistir.
Repugnar.

1. Cocer
Guisar.
Cocinar.
Calentar.
Escalfar.

2. Cocer
Fermentar.

Cocido
Pote.
Puchero.
Olla.

Cociente
Fracción.
Relación.
Razón.

Cocinar
Aderezar.
Guisar.
Sazonar.
Condimentar.

Cocinilla
Infiernillo.
Reverbero.

Cócora
Fastidioso.
Molesto.

Importuno.
Impertinente.

Coctel
Bebistrajo.
Combinado.

Cochambre
Suciedad.
Porquería.
Crasitud.
*Aseo.

Cochambroso
Sucio.
Asqueroso.
*Aseado.

Coche
Vehículo.
Automóvil.
Carruaje.

Cochero
Auriga.
Automedonte.
Faetón.

Cochinada
Suciedad.
Guarrería.
Porquería.

1. Cochinilla
Porqueta.
Milpiés.

2. Cochinilla
Grana.

1. Cochino
Cerdo.
Marrano.
Puerco.

2. Cochino
Desaseado.
Sucio.
*Pulcro.

Cochitril
Zahúrda.
Pocilga.
Cuchitril.

Codazo
Aviso.
Advertencia.

Codearse
Frecuentar.

Alternar.
Rozarse.
Tratarse.

Codeso
Piorno.

Códice
Manuscrito.

Codicia
Ambición.
Avidez.
Avaricia.
*Desprendimiento.

Codiciar
Desear.
Anhelar.
Ansiar.
Ambicionar.
Apetecer.
*Despreciar.

1. Codicioso
Deseoso.
Sediento.
Acucioso.
*Desprendido.

2. Codicioso
Afanoso.
Trabajador.
Laborioso.

Codificar
Legalizar.
Compilar.
Recopilar.

1. Código
Reglamento.
Reglamentación.
Recopilación.

2. Código
Ley.

1. Codillo
Codo.

2. Codillo
Estribo.

Codo
Ángulo.
Esquina.
Curva.
Inflexión.
Recodo.

Codoñate
Membrillo.

Codorniz
Guarnigón.

Coeficiente
Multiplicador.
Factor.

Coercer
Reprimir.
Coartar.
Restringir.
Sujetar.
Contener.
*Dar libertad.

Coerción
Coacción.
Constreñimiento.
*Libertad.

Coercitivo
Coactivo.
Restrictivo.
Represivo.

Coetáneo
Contemporáneo.

Cofia
Tocado.
Escarcela.
Capillejo.
Albanega.

Cofin
Canasto.
Cesta.

Cofrade
Asociado.
Congregante.
Colega.

Cofradía
Corporación.
Hermandad.
Gremio.
Congregación.

Cofre
Baúl.
Caja.
Arca.

Cofrecito
Arquilla.
Escriño.

Cogedero
Mango.
Asidero.
Asa.

1. Coger
Tomar.
Sujetar.
Agarrar.
Asir.
Prender.
*Soltar.

2. Coger
Recopilar.
Recolectar.
Recoger.

3. Coger
Contener.
Caber.
Extenderse.
Ocupar.

4. Coger
Encontrar.
Sorprender.
Hallar.
Sobrevenir.

5. Coger
Descubrir.
Adivinar.
Penetrar.

6. Coger
Llegar.
Alcanzar.

Cogitabundo
Reflexivo.
Meditabundo.
Pensativo.
Ensimismado.

Cogitar
Cavilar.
Meditar.
Reflexionar.
Pensar.

Cognación
Consanguinidad.
Parentesco.

Cognomento
Título.
Apodo.
Renombre.

Cognoscible
Comprensible.
Inteligible.
Conocible.
*Incognoscible.

1. Cogollo
Retoño.
Yema.
Botón.
Brote.

2. Cogollo
Interior.
Corazón.

Cogote
Cerviz.
Occipucio.
Nuca.
Pescuezo.

Cogotera
Cubrenuca.

Cogujada
Tova.
Totovía.
Galerita.

Cogujón
Pitón.
Cujón.

Cogulla
Caperuza.
Capuz.
Cucurucho.
Cuculla.

Cohabitación
Convivencia.
Contubernio.

Cohabitar
Convivir.

Cohechar
Sobornar.
Comprar.
Corromper.

Cohecho
Soborno.

1. Cohén
Adivino.
Hechicero.

2. Cohén
Alcahuete.

Coherencia
Congruencia.
Ilación.
Cohesión.
Relación.
Conexión.

Cohesión
Aglomeración.
Consistencia.
Adhesión.
Atracción.
Unión.
*Inconsistencia.

1. Cohete
Bólido.
Volador.
Proyectil.

2. Cohete
Señal.

Cohibir
Coartar.
Contener.
Reprimir.
Refrenar.
*Estimular.

Cohonestar
Encubrir.
Disimular.
Disfrazar.
Excusar.
Disculpar.
*Denunciar.

Cohorte
Seguicio.
Corte.
Séquito.
Legión.

Coincidencia
Sincronía.
Coetaneidad.
Concomitancia.
Concurrencia.
*Divergencia.

Coincidir
Concordar.
Convenir.
Encajar.
Ajustarse.
*Divergir.

Coinquinar
Manchar.

Mancillar.
Ensuciar.
Inficionar.
*Lustrar.

Coipo
Castor.

Coito
Cópula.

Cojear
Renquear.

Cojera
Renquera.
Recancanilla.

Cojín
Almohadilla.
Almohadón.
Colchoneta.

Cojo
Cojitranco.
Renco.

Col
Berza.

1. Cola
Rabo.

2. Cola
Final.
Fin.

3. Cola
Adhesivo.
Pegamento.
Pegadura.
Pez.
Goma.

Colaborar
Contribuir.
Ayudar.
Auxiliar.
Cooperar.

1. Colación
Cotejo.

2. Colación
Tema.
Conversación.

3. Colación
Refacción.

4. Colación
Refrigerio.

1. Colada
Lejía.

2. Colada
Ropa blanca.

3. Colada
Paso.
Garganta.
Coladero.
Freo.

4. Colada
Tizona.
Espada.

5. Colada
Fundición.

1. Coladero
Angostura.
Tollón.
Colada.

2. Coladero
Colador.

Colador
Cedazo.
Manga.
Coladero.

Coladura
Error.
Equivocación.
Gazapo.
Plancha.

Colapso
Vahído.
Síncope.
Desmayo.

1. Colar
Pasar.
Filtrar.
Trascolar.
Zarandear.

2. Colar
Limpiar.
Lavar.
Blanquear.
Purificar.

3. Colar
Beber.

Colarse
Infiltrarse.
Pasar.

Meterse.
Escaparse.

Colcha
Cubrecama.
Cobertor.
Edredón.

Colchón
Colchoneta.
Jergón.
Almadraque.

Colear
Hopear.
Rabotear.

Colección
Serie.
Conjunto.
Colectánea.
Biblioteca.

Coleccionar
Reunir.
Compilar.
Recopilar.
Atesorar.
Guardar.
*Desperdigar.

Colecta
Recaudación.
Cuestación.

Colectividad
Sociedad.

Colectivo
Común.
General.

1. Colector
Coleccionista.

2. Colector
Cobrador.
Perceptor.
Recaudador.

3. Colector
Acopiador.

Colega
Compañero.

Colegial
Alumno.
Escolar.
Educando.

1. Colegio
Corporación.
Sociedad.
Comunidad.
Reunión.
Alumnado.

2. Colegio
Academia.
Instituto.
Escuela.
Seminario.

Colegir
Concluir.
Juzgar.
Deducir.
Seguirse.

Coleóptero
Escarabajo.

Cólera
Furia.
Furor.
Irritación.
Enfado.
Ira.
*Calma.

Colérico
Irritable.
Iracundo.
Violento.
Sañudo.
*Plácido.

Coleta
Trenza.
Mechón.

Coletazo
Rabonada.

Coletilla
Adición.
Añadidura.

1. Coleto
Pelliza.
Zamarra.

2. Coleto
Interior.
Conciencia.

Colgadura
Cortinaje.
Albenda.
Arambel.

Colgajo
Jirón.
Pingajo.

Colgante
Colgandero.
Pendiente.
Pinjante.

1. Colgar
Pender.
Ahorcar.
Suspender.
*Descolgar.

2. Colgar
Imputar.
Atribuir.
Achacar.

Colicano
Rabicano.

Colicuar
Aguar.
Licuar.
Derretir.
Colicuecer.
Desleír.

1. Coligación
Enlace.
Trabazón.
Unión.
Ligazón.

2. Coligación
Coligadura.
Coligamiento.

Coligado
Confederado.
Aliado.
Asociado.
Unido.
Federado.

Coligarse
Unirse.
Asociarse.
Aliarse.
Confederarse.

Colilla
Pucho.
Punta.

Colina
Collado.
Loma.
Cerro.

Otero.
Alcor.

Colindante
Limítrofe.
Lindante.
Contiguo.
*Distante.

Coliseo
Teatro.
Anfiteatro.
Circo.
Arena.

Colisión
Choque.
Topetazo.
Encuentro.
Encontronazo.

1. Colmado
Atestado.
Abarrotado.
Abundante.
Copioso.
Relleno.
*Vacío.

2. Colmado
Figón.

3. Colmado
Droguería.
Tienda.

Colmar
Llenar.
Satisfacer.
*Vaciar.

Colmena
Alvo.

Colmillo
Columelar.
Canino.

Colmilludo
Sagaz.
Astuto.

Colmo
Máximo.
Límite.
Culminación.
*Mínimo.

1. Colocación
Ocupación.

Empleo.
Cargo.
Puesto.

2. Colocación
Situación.
Posición.

1. Colocar
Instalar.
Ubicar.
Poner.
Situar.

2. Colocar
Ocupar.
Emplear.
Destinar.
*Despedir.

1. Colocho
Viruta.

2. Colocho
Tirabuzón.
Rizo.

Colodrillo
Occipucio.

Coloroon
Remate.
Fin.
Coronamiento.

Colofonia
Pez griega.

Colonial
Ultramarino.

Colono
Inquilino.
Arrendatario.
Rentero.
Casero.

Coloquio
Diálogo.
Charla.
Conversación.
Plática.
Conferencia.

Color
Tonalidad.
Tono.
Tintura.
Tinte.
Matiz.

Colorado
Encarnado.
Rojo.

Colorante
Tinte.
Color.
Pigmento.

Colorar
Pigmentar.
Colorir.
Teñir.

Colorarse
Acalorarse.
Encenderse.

1. Colorear
Pintar.
*Decolorar.

2. Colorear
Cohonestar.
Disfrazar.
*Denunciar.

3. Colorear
Pretextar.
Alegar.
Exagerar.

Colorearse
Madurar.

Colorete
Arrebol.

Colorido
Coloreado.
Tinte.
Color.

Colosal
Enorme.
Grandioso.
Titánico.
Gigantesco.
Inmenso.
*Pequeño.

Coloso
Titán.
Gigante.
*Enano.

1. Columbrar
Entrever.
Divisar.
Vislumbrar.

2. Columbrar
Sospechar.
Adivinar.
Intuir.
Barruntar.
Conjeturar.

Columna
Pilar.
Pilastra.

Columpiar
Mecer.
Balancear.

Columpio
Mecedora.

Colutorio
Enjuagatorio.
Lavatorio.

1. Coluvie
Hato.
Banda.
Gavilla.
Pandilla.

2. Coluvie
Lodazal.
Sentina.

1. Collado
Cerro.
Otero.
Colina.
Cueto.

2. Collado
Paso.
Puerto.
Collada.

1. Collar
Argolla.
Torce.
Collarín.
Gargantilla.

2. Collar
Horcajo.
Aro.
Carlanca.
Collera.

1. Coma
Vírgula.

2. Coma
Letargo.
Sopor.
Modorra.

1. Comadre
Partera.
Matrona.
Comadrona.

2. Comadre
Madrina.

3. Comadre
Alcahueta.
Corredera.
Cobertera.
Celestina.

4. Comadre
Amiga.
Confidenta.
Vecina.

Comadrear
Chismorrear.
Murmurar.
Cotillear.
Chismear.

Comadrero
Marañero.
Chismoso.
Holgazán.
Embolismador.

Comadrona
Partera.
Comadre.
Matrona.

Comandante
Caudillo.
Jefe.
Conductor.

Comarca
Territorio.
Región.
País.

Comarcano
Próximo.
Contiguo.
Limítrofe.
Inmediato.
Cercano.
*Apartado.

Comarcar
Confinar.
Lindar.

1. Comba
Combadura.
Curva.

Alabeo.
Inflexión.
Arqueamiento.

2. Comba
Saltador.

Combado
Turgente.
Combo.
Curvo.
Abovedado.
Adunco.
*Recto.

Combar
Doblar.
Arquear.
Encorvar.
*Enderezar.

Combate
Lucha.
Lid.
Refriega.
Batalla.
Pelea.

Combatiente
Contendiente.
Soldado.

1. Combatir
Lidiar.
Pelear.
Luchar.
Contender.

2. Combatir
Contradecir.
Discutir.
Refutar.
Impugnar.
*Defender.

Combés
Ámbito.
Espacio.

1. Combinación
Composición.
Unión.
Grupo.
Mezcla.

2. Combinación
Disposición.
Plan.
Arreglo.
Sistema.

3. Combinación
Maniobra.
Maquinación.

Combinar
Concertar.
Coordinar.
Componer.
Disponer.
*Desintegrar.

Combleza
Manceba.

1. Combo
Combado.

2. Combo
Almádena.
Mazo.

3. Combo
Puñetazo.

Combustible
Inflamable.

Combustión
Ignición.
Incineración.
Ustión.
Abrasamiento.

1. Comedero
Dornajo.
Pesebre.

2. Comedero
Comedor.

3. Comedero
Canoa.
Batea.

1. Comedia
Drama.

2. Comedia
Teatro.

3. Comedia
Ficción.
Farsa.
Burla.
Fingimiento.
Enredo.

Comediante
Artista.
Actor.
Cómico.

Comedido
Cortés.
Atento.
Considerado.
Moderado.
Discreto.
*Descortés.

Comedimiento
Discreción.
Urbanidad.
Cortesía.
Mesura.
Moderación.
*Atrevimiento.

1. Comedirse
Contenerse.
Arreglarse.
Moderarse.

2. Comedirse
Ofrecerse.
Disponerse.

1. Comedor
Refectorio.
Tinelo.
Comedero.

2. Comedor
Merendero.
Fonda.
Restaurante.
Figón.
Bodegón.

Comensal
Invitado.
Convidado.
Huésped.

Comentador
Glosador.
Intérprete.
Exegeta.

Comentar
Glosar.
Discantar.
Explicar.
Interpretar.

Comentario
Glosa.
Explicación.
Interpretación.
Exégesis.
Nota.

Comenzar
Iniciar.
Emprender.
Empezar.
Principiar.
Entablar.
*Terminar.

1. Comer
Tragar.
Devorar.
Engullir.
Manducar.
Tomar.
*Ayunar.

2. Comer
Derrochar.
Acabar.
Dilapidar.
Gastar.

3. Comer
Consumir.
Roer.
Desgastar.
Corroer.
Gastar.

Comercial
Mercante.
Mercantil.

Comerciante
Distribuidor.
Mercader.
Traficante.
Negociante.

Comerciar
Mercadear.
Traficar.
Negociar.
Tratar.

1. Comercio
Tráfico.
Trato.
Negocio.

2. Comercio
Establecimiento.
Almacén.
Tienda.

3. Comercio
Relaciones.
Trato.
Comunicación.

Comestible
Vitualla.
Alimento.

Comestibles
Avíos.
Provisión.
Víveres.
Bastimento.

Cometa
Volantín.
Cambucha.

Cometer
Incurrir.
Caer.

Cometido
Misión.
Encargo.
Comisión.
Encomienda.

Comezón
Picor.
Picazón.
Prurito.
Desasosiego.

Comicidad
Bufonería.
Jocosidad.
Gracia.

Comicios
Asamblea.
Reunión.
Junta.

1. Cómico
Gracioso.
Jocoso.
Risible.
Divertido.
Hilarante.
*Trágico.

2. Cómico
Actor.
Comediante.
Artista.
Histrión.

1. Comida
Almuerzo.

2. Comida
Alimento.
Yantar.
Banquete.

1. Comidilla
Preferencia.
Gusto.
Inclinación.

2. Comidilla
Murmuración.
Chismorreo.
Maledicencia.

Comienzo
Inicio.
Origen.
Principio.
Entrada.
*Fin.

Comilitón
Conmilitón.

Comilón
Glotón.
Tragón.
Zampón.
*Sobrio.

Comilona
Ágape.
Banquete.
Festín.

Cominero
Fodolí.
Cazolero.
Refitolero.

Comino
Bledo.
Pito.
Ardite.

Comisario
Mandatario.
Ejecutor.
Delegado.

1. Comisión
Encargo.
Mandato.
Misión.
Delegación.
Cometido.

2. Comisión
Comité.
Delegación.
Junta.

Comisura
Labio.
Juntura.
Unión.

Comité
Junta.
Delegación.
Comisión.

Comitiva
Escolta.
Séquito.
Cortejo.
Acompañamiento.

1. Como
Así que.

2. Como
En calidad de.

3. Como
A modo de.
A manera de.

4. Como
Así.
Tal.
Tan.
Tanto.

5. Como
Por qué.
En virtud de que.

6. Como
A fin de que.
De modo que.

7. Como
Si.

Comodidad
Holgura.
Conveniencia.
Bienestar.
Facilidad.
Ventaja.
*Incomodidad.

Cómodo
Ventajoso.
Agradable.
Holgado.
Conveniente.
Fácil.
*Incómodo.

Comodón
Holgachón.
Regalón.
*Austero

Compacto
Consistente.

Macizo.
Espeso.
Denso.
*Poroso.

1. Compadecerse
Apiadarse.
Dolerse.
Condolerse.

2. Compadecerse
Conformarse.
Armonizarse.
Compaginarse.
*Discordar.

Compadrazgo
Componenda.
Trampa.
Enjuague.

Compadre
Compañero.
Camarada.
Amigo.

1. Compaginar
Conjugar.
Corresponder.
Concordar.
Armonizar.
*Discordar.

2. Compaginar
Ajustar.
*Descompaginar.

Companaje
Condumio.
Compango.

Compañera
Amiga.
Condiscípula.
Mujer.
Esposa.

Compañerismo
Camaradería.
Armonía.

Compañero
Camarada.
Amigo.
Compadre.
Colega.
Condiscípulo..

1. Compañía
Empresa.

Firma.
Institución.
Sociedad.
Asociación.

2. Compañía
Séquito.
Comitiva.
Acompañamiento.
Cortejo.

1. Comparación
Confrontación.
Cotejo.
Parangón.

2. Comparación
Metáfora.
Símil.
Imagen.

Comparar
Cotejar.
Confrontar.
Parangonar.
Equiparar.

Comparecer
Acudir.
Presentarse.
Personarse.
*Ausentarse.

1. Comparsa
Extra.
Figurante.

2. Comparsa
Comitiva.
Cohorte.
Séquito.
Acompañamiento.

Compartimiento
Casilla.
División.

Compartir
Dividir.
Repartir.
Distribuir.
Partir.
Comunicar.

1. Compás
Norma.
Medida.
Regla.

2. Compás
Cadencia.

Movimiento.
Ritmo.

3. Compás
Brújula.

Compasión
Misericordia.
Lástima.
Piedad.
Caridad.
Conmiseración.
*Dureza.

Compasivo
Misericordioso.
Caritativo.
*Cruel.

Compatricio
Coterráneo.
Paisano.
Conciudadano.
Compatriota.
*Extranjero.

Compeler
Forzar.
Violentar.
Obligar.
Constreñir.
*Liberar.

Compendiar
Reducir.
Extractar.
Resumir.
Abreviar.
*Ampliar.

Compendio
Epítome.
Manual.
Sumario.
Prontuario.
Resumen.

Compendioso
Sumario.
Conciso.
Resumido.
Breve.
Reducido.
*Prolijo.

Compenetrarse
Entenderse.
Coincidir.
Identificarse.
*Discrepar.

Compensación
Indemnización.
Equivalencia.
Resarcimiento.
Nivelación.
Equilibrio.
*Desnivelación.

Compensar
Indemnizar.
Contrapesar.
Resarcir.
Equilibrar.
Nivelar.
*Desnivelar.

1. Competencia
Autoridad.
Jurisdicción.
Incumbencia.
Obligación.

2. Competencia
Habilidad.
Suficiencia.
Idoneidad.
Aptitud.
Disposición.
*Incompetencia.

Competente
Hábil.
Capaz.
Idóneo.
Apto.
Entendido.
*Incompetente.

Competer
Pertenecer.
Corresponder.
Incumbir.
Tocar.

Competición
Disputa.
Lucha.
Contienda.
Partido.
Competencia.

Competidor
Rival.
Émulo.
Contrincante.
Adversario.
Contendiente.
*Compañero.

Competir
Emular.
Rivalizar.
Contender.

Compilador
Colector.
Recopilador.

Compilar
Coleccionar.
Recopilar.
Reunir.
Allegar.

Compinche
Compañero.
Compadre.
Camarada.

Complacencia
Agrado.
Contento.
Placer.
Satisfacción.
Alegría.
*Contrariedad.

Complacer
Agradar.
Contentar.
Gustar.
Satisfacer.
Alegrar.
*Contrariar.

Complaciente
Servicial.
Obsequioso.
Atento.
Condescendiente.
Deferente.
*Desatento.

Complejidad
Diversidad.
Entrelazamiento.
Obstáculo.
Complicación.
Multiplicidad.
*Simplicidad.

Complejo
Complicado.
Dificultoso.
Compuesto.
Enredado.
Intrincado.
*Simple.

Complemento
Continuación.
Terminación.
Suplemento.
Cumplimiento.

Completar
Acabar.
Añadir.
Integrar.
Adjuntar.
Perfeccionar.
*Comenzar.

Completo
Cabal.
Íntegro.
Acabado.
Entero.
Pleno.
*Parcial.

Complexión
Naturaleza.
Temperamento
Constitución.

Complexo
Complejo.

Complicación
Enredo.
Lío.
Embrollo.
Tropiezo.
Dificultad.
*Simplificación.

Complicado
Dificultoso.
Complejo.
Enredado.
Enmarañado.
Múltiple.
*Sencillo.

1. Complicar
Involucrar.
Mezclar.

2. Complicar
Enredar.
Obstaculizar.
Entorpecer.
Interponer.
Dificultar.
*Simplificar.

Complicarse
Embrollarse.

Enredarse.
Liarse.
Confundirse.

Cómplice
Colaborador.
Partícipe.
Fautor.
Coautor.

Complicidad
Connivencia.

Complot
Intriga.
Confabulación.
Conspiración.
Conjuración.
Maquinación.

Complutense
Alcalaíno.

Componénda
Compromiso.
Arreglo.
Transacción.
Compostura.

1. Componer
Remendar.
Aderezar.
Arreglar.
Acomodar.
Restaurar.
*Estropear.

2. Componer
Ataviar.
Adornar.
Acicalar.

3. Componer
Formar.
Constituir.
*Descomponer.

Comportamiento
Conducta.
Proceder.

Comportar
Soportar.
Tolerar.
Aguantar.
Permitir.

Comportarse
Conducirse.
Portarse.
Proceder.

1. Composición
Poema.
Obra.
Música.

2. Composición
Arreglo.
Convenio.
Trato.
Ajuste.

3. Composición
Compostura.

4. Composición
Compaginación.
Galeradas.

1. Compostura
Reparación.
Remiendo.
Restauración.
Arreglo.

2. Compostura
Modestia.
Recato.
Pudor.
Decoro.
Decencia.
*Descaro.

3. Compostura
Aseo.
Aliño.
*Descompostura.

4. Compostura
Adulteración.
Falsificación.
Componenda.

Compra
Adquisición.
Recova.
Merca.
*Venta.

Comprador
Cliente.
Parroquiano.
Adquirente.
Adquisidor.
*Vendedor.

1. Comprar
Adquirir.
Mercar.
*Vender.

2. Comprar
Sobornar.

1. Comprender
Incluir.
Contener.
Abarcar.
Abrazar.
*Excluir.

2. Comprender
Concebir.
Entender.
Penetrar.
Alcanzar.

1. Comprensión
Agudeza.
Entendimiento.
Perspicacia.
Inteligencia.
Talento.

2. Comprensión
Condescendencia.

Comprimir
Estrujar.
Oprimir.
Apretar.
Prensar.
Reprimir.
*Aflojar.

Comprobar
Asegurarse.
Cerciorarse.
Confirmar.
Verificar.

Comprometer
Arriesgar.
Exponer.
*Salvaguardar.

Comprometerse
Ligarse.
Empeñarse.
Obligarse.
Prometer.
*Desligarse.

Comprometido
Delicado.
Espinoso.
Arduo.
Difícil.
Dificultoso.
*Fácil.

Compromisario
Embajador.
Legatario.
Representante.

1. Compromiso
Embarazo.
Aprieto.
Dificultad.
Conflicto.
Apuro.

2. Compromiso
Deber.
Obligación.
Empeño.

3. Compromiso
Pacto.
Transacción.
Acuerdo.
Convenio.
Ajuste.

1. Compuesto
Mixtura.
Mezcla.
Composición.
Agregado.

2. Compuesto
Múltiple.
Complejo.
*Simple.

3. Compuesto
Acicalado.
Adornado.
Arreglado.
Aliñado.
*Desarreglado.

4. Compuesto
Comedido.
Mesurado.
Circunspecto.
*Descompuesto.

Compulsar
Cotejar.
Confrontar.

Compunción
Contrición.
Sentimiento.
Remordimiento.
Pesar.
Arrepentimiento.
*Contumacia.

Compungido
Arrepentido.
Afligido.
Atribulado.
Pesaroso.
Contristado.
Contrito.
*Impenitente.

Computar
Calcular.
Contar.
Comprobar.
Suputar.
Suponer.

Cómputo
Cuenta.
Cálculo.

Común
Usual.
Ordinario.
Genérico.
Universal.
General.
*Específico.

Comunero
Llano.
Afable.
Agradable.
Popular.

1. Comunicación
Escrito.
Comunicado.
Oficio.

2. Comunicación
Trato.
Correspondencia.
Relación.
*Incomunicación.

Comunicado
Parte.
Comunicación.

1. Comunicar
Notificar.
Avisar.
Informar.
Manifestar.
Anunciar.

2. Comunicar
Difundir.
Impartir.
Compartir.

Propagar.
*Retener.

Comunicativo
Sociable.
Locuaz.
Expansivo.
Extrovertido.
*Reservado.

Comunidad
Congregación.
Asociación.
Corporación.

1. Comunión
Participación.

2. Comunión
Relación.
Trato.
Correspondencia.

3. Comunión
Congregación.
Comunidad.

4. Comunión
Partido.
Facción.

Con
En compañía de.
Al mismo tiempo.

1. Conato
Tentativa.
Amago.
Indicio.
Anuncio.

2. Conato
Intención.
Empeño.
Propósito.
*Consumación.

Concadenar
Unir.
Enlazar.
Juntar.

Concatenación
Eslabonamiento.
Enlace.
Encadenamiento.
Conexión.
Sucesión.

Concavidad
Cavidad.

Cuenco.
Seno.
Hueco.
*Convexidad.

1. Concebir
Entender.
Alcanzar.
Comprender.
Penetrar.

2. Concebir
Idear.
Pensar.
Imaginar.
Proyectar.
Crear.

1. Conceder
Dar.
Asignar.
Otorgar.
Conferir.
*Denegar.

2. Conceder
Convenir.
Admitir.
Reconocer.
Asentir.
*Refutar.

Concejal
Edil.
Regidor.
Municipe.

Concejo
Municipio.
Cabildo.
Ayuntamiento.

Concentrar
Reunir.
Condensar.
Centralizar.
*Diluir.

Concepción
Concepto.
Idea.
Proyecto.
Noción.

Conceptismo
Hermetismo.
Rebuscamiento.

Concepto
Noción.

Idea.
Conocimiento.
Pensamiento.

Conceptuar
Estimar.
Calificar.
Juzgar.

Concerniente
Tocante.
Referente.
Relativo.
Perteneciente.

Concernir
Corresponder.
Pertenecer.
Tocar.
Atañer.
Incumbir.
Interesar.
Afectar.

1. Concertar
Convenir.
Pactar.
Ajustar.
Tratar.
Acordar.
*Romper.

2. Concertar
Ordenar.
Armonizar.
Ajustar.
Afinar.
Acordar.
Arreglar.
*Desconcertar.

Concesión
Gracia.
Permiso.
Licencia.
Privilegio.
*Denegación.

1. Conciencia
Juicio.
Conocimiento.
Discernimiento.

2. Conciencia
Inteligencia.
Razón.
Alma.

3. Conciencia
Cuidado.

Atención.
Responsabilidad.
Escrúpulo.

Concienzudo
Aplicado.
Esmerado.
Cuidadoso.
*Negligente.

1. Concierto
Pacto.
Acuerdo.
Convenio.
Ajuste.

2. Concierto
Armonía.
Concordancia.
Orden.
*Desconcierto.

1. Conciliábulo
Asamblea.
Conferencia.

2. Conciliábulo
Maquinación.
Cábala.
Complot.
Conspiración.
Conjuración.

1. Conciliación
Arreglo.
Avenencia.
Armonía.

2. Conciliación
Similitud.
Conveniencia.
Concordancia.
Semejanza.

3. Conciliación
Protección.
Favor.

Conciliar
Concordar.
Ajustar.
Pacificar.
Armonizar.
*Malquistar.

Conciliarse
Ganarse.
Granjearse.
Atraerse.
*Perderse.

Concilio
Congreso.
Capítulo.
Asamblea.
Reunión.
Junta.

Concisión
Precisión.
Brevedad
Laconismo.
*Prolijidad.

Conciso
Sumario.
Sucinto.
Breve.
Lacónico.
Compendioso.
*Prolijo.

Concitar
Instigar.
Incitar.
Excitar.
Provocar.

Conciudadano
Compatricio.
Compatriota.
Paisano.

Cónclave
Reunión.
Junta.
Congreso.

1. Concluir
Terminar.
Finalizar.
Ultimar.
Acabar.
Rematar.
*Iniciar.

2. Concluir
Deducir.
Inferir.
Seguirse.
Colegir.

1. Conclusión
Término.
Final.
Fin.
Terminación.
*Comienzo.

2. Conclusión
Deducción.

Resultado.
Resolución.
Consecuencia.
*Premisas.

Concluyente
Decisivo.
Definitivo.
Irrebatible.
Convincente.
Contundente.
*Discutible.

Concomitancia
Concordancia.
Correspondencia.
Coincidencia.
*Incoordinación.

Concomitante
Simultáneo.
Acompañante.
Concurrente.
*Ajeno.

Concordancia
Concierto.
Armonía.
Acuerdo.
Correspondencia.
Conformidad.
*Discordancia.

Concordar
Convenir.
Acordarse.
Concertar.
*Discordar.

Concorde
Acorde.
*Discorde.

1. Concordia
Hermandad.
Paz.
Armonía.
Conformidad.
Inteligencia.
*Discordia.

2. Concordia
Convenio.
Pacto.
Avenencia.
Acuerdo.

1. Concreción
Acumulación.

2. Concreción
Nódulo.

Concretar
Resumir.
Reducir.
Abreviar.
Precisar.
*Divagar.

Concretarse
Ceñirse.
Reducirse.
Limitarse.
Circunscribirse.
*Extenderse.

Concreto
Delimitado.
Determinado.
Preciso.
Fijo.

Concubina
Manceba.
Amante.
Querida.

Conculcar
Escarnecer.
Atropellar.
Infringir.
Quebrantar.
Pisotear.
Hollar.
*Respetar.

Concupiscencia
Sensualidad.
Apetito.
Deseo.
Avidez.
Liviandad.
*Castidad.

1. Concurrencia
Auditorio.
Asistencia.
Público.

2. Concurrencia
Simultaneidad.
Convergencia.
Coincidencia.
*Divergencia.

3. Concurrencia
Rivalidad.
Competencia.

Concurrente
Asistente.
Oyente.
Espectador.

Concurrido
Animado.

1. Concurrir
Reunirse.
Juntarse.
Asistir.

2. Concurrir
Confluir.
Converger.
Coincidir.
*Divergir.

3. Concurrir
Ayudar.
Cooperar.
Contribuir.

1. Concurso
Auditorio.
Asistencia.
Público.
Concurrencia.

2. Concurso
Intervención.
Cooperación.
Auxilio.
Asistencia.
Ayuda.

3. Concurso
Certamen.
Competición.

1. Concusión
Sacudimiento.
Conmoción.
Convulsión.

2. Concusión
Malversación.
Prevaricación.
Exacción.

1. Concha
Ostra.

2. Concha
Carey.

3. Concha
Valva.
Caparazón.
Cubierta.

Conchabar
Unir.
Asociar.
Juntar.
Mezclar.

Conchabarse
Confabularse.

Condecir
Armonizar.
Concertar.
Convenir.

Condecoración
Galardón.
Honor.
Distinción.

Condenación
Anatema.
Condena.
Sanción.
Pena.
Reprobación.
*Absolución.

1. Condenado
Réprobo.
Reo.

2. Condenado
Perverso.
Nocivo.
Endemoniado.

1. Condenar
Anatemizar.
Sancionar.
Castigar.
Reprobar.
*Absolver.

2. Condenar
Tapiar.
Cegar.
Cerrar.
Tapar.
*Abrir.

Condensador
Acumulador.

1. Condensar
Comprimir.
Coagular.
Concentrar.
Espesar.
*Licuar.

2. Condensar
Compendiar.
Abreviar.
Resumir.
*Dilatarse.

Condescendencia
Benevolencia.
Indulgencia.
Transigencia.
Complacencia.
Deferencia.
*Dureza.

Condescender
Conceder.
Contemporizar.
Transigir.
*Obstinarse.

Condescendiente
Accesible.
Tolerante.
Benévolo.
Complaciente.
Servicial.
*Intransigente.

1. Condición
Temple.
Carácter.
Índole.
Natural.
Genio.

2. Condición
Situación.
Posición.
Estado.
Clase.

3. Condición
Restricción.
Estipulación.
Requisito.
Cláusula.
Disposición.

1. Condicionar
Convenir.
Ajustar.

2. Condicionar
Estipular.

3. Condicionar
Subordinar.
Depender.
Supeditar.
Referir.
Ajustar.

Condigno
Proporcionado.
Justo.
Congruo.
Acomodado.
*Indigno.

Cóndilo
Apófisis.

Condimentar
Sazonar.
Aderezar.
Adobar.
Aliñar.

Condiscípulo
Compañero.
Discípulo.
Alumno.

Condolencia
Pésame.
Conmiseración.
Compasión.
*Pláceme.

Condolerse
Contristarse.
Lastimarse.
Compadecerse.
*Alegrarse.

Condonar
Dispensar.
Relevar.
Perdonar.
Remitir.

1. Conducción
Transporte.
Acarreo.

2. Conducción
Gobierno.
Manejo.
Dirección.
Administración.
Guiaje.
Guía.

Conducente
Propio.
Adecuado.
Útil.
Procedente.
Conveniente.

Conducir
Guiar.
Dirigir.

Gobernar.
Administrar.
Regir.

Conducirse
Actuar.
Portarse.
Proceder.
Comportarse.

Conducta
Proceder.
Comportamiento.
Vida.

Conducto
Camino.
Medio.
Vía.
Tubo.
Canal.

1. Conductor
Guía.
Director.
Administrador.
Regente.
Auriga.

2. Conductor
Cochero.
Chofer.
Piloto.
Maquinista.
Timonel.

3. Conductor
Transmisor.
Conducto.

Condumio
Compango.
Companaje.

Conectar
Enlazar.
Empalmar.
Conexar.
Unir.
*Desconectar.

Conejera
Guarida.
Madriguera.
Cueva.
Conejar.

Conejo
Gazapo.

Conexión
Empalme.

Unión.
Relación.
Acoplamiento.
Enlace.
*Desconexión.

Conexo
Unido.
Ligado.
Trabado.
Semejante.
Equivalente.

Confabulación
Conspiración.
Intriga.
Conjuración.
Complot.
Maquinación.

Confabularse
Conjurarse.
Intrigar.
Tramar.
Conspirar.

1. Confalón
Guión.
Estandarte.
Pendón.
Gonfalón.

2. Confalón
Corneta.

Confección
Ejecución.
Realización.
Fabricación.

Confeccionar
Realizar.
Elaborar.
Fabricar.
Componer.
Hacer.

Confederación
Liga.
Unión.
Coalición.
Convenio.
Alianza.

Confederarse
Coaligarse.
Aliarse.
Unirse.
Federarse.
*Separarse.

Conferencia
Coloquio.
Charla.
Lección.
Disertación.
Conversación.

Conferenciante
Orador.
Discursante.

Conferenciar
Entrevistarse.
Deliberar.
Parlamentar.
Conversar.
Platicar.

Conferir
Dar.
Otorgar.
Asignar.
Conceder.
Dispensar.

Confesar
Admitir.
Aceptar.
Reconocer.
Declarar.
Manifestar.
*Negar.

Confesión
Declaración.
Confidencia.

Confesiones
Autobiografía.
Memorias.

Confeso
Lego.
Donado.

1. Confesor
Director espiritual.

2. Confesor
Confidente.

Confiado
Ingenuo.
Cándido.
Incauto.
Crédulo.
Candoroso.
*Desconfiado.

1. Confianza
Seguridad.

Fe.
Tranquilidad.
Esperanza.
*Desconfianza.

2. Confianza
Franqueza.
Llaneza.
Intimidad.
Familiaridad.
Libertad.
*Embarazo.

1. Confiar
Fiarse.
Esperar.
Abandonarse.
Fiar.
*Desconfiar.

2. Confiar
Entregar.
Delegar.
Encomendar.
Encargar.
Depositar.

Confidencia
Secreto.
Revelación.
Comunicación.

1. Confidente
Íntimo.

2. Confidente
Espía.
Soplón.

Configuración
Figura.
Conformación.
Forma.

Confín
Linde.
Término.
Frontera.
Límite.

Confinación
Confinamiento.
Relegación.
Destierro.

1. Confinado
Extrañado.
Desterrado.

2. Confinado
Presidiario.

Confinamiento
Destierro.
Exilio.
Relegación.
Reclusión.
Confinación.

Confinante
Colindante.
Lindante.
Contiguo.
Fronterizo.
Limítrofe.
*Alejado.

1. Confinar
Colindar.
Lindar.
Limitar.
Confrontar.
Tocar.

2. Confinar
Desterrar.
Encerrar.
Recluir.
Relegar.

Confines
Extremidad.
Lindes.
Límites.
Barrera.
Fin.

Confinidad
Inmediación.
Cercanía.
Proximidad.
Contigüidad.
*Lejanía.

Confirmar
Ratificar.
Revalidar.
Asegurar.
Corroborar.
Aseverar.
*Desmentir.

Confiscación
Apropiación.
Retención.
Decomiso.
Incautación.
*Restitución.

Confiscar
Incautarse.
Aprehender.

Decomisar.
*Restituir.

Confitar
Almíbarar.
Endulzar.
Azucarar.
Suavizar.

Confitera
Bombonera.

Confitería
Dulcería.
Repostería.
Pastelería.

Conflagración
Perturbación.
Guerra.
Revolución.
Conflicto.
Incendio.

Conflicto
Lucha.
Pugna.
Peligro.
Dificultad.
Apuro.

Confluencia
Horcajo.

Confluir
Converger.
Reunirse.
Afluir.
Juntarse.
Concurrir.
*Dispersarse.

Conformación
Forma.
Configuración.
Figura.

Conformar
Adaptar.
Concordar.
Ajustar.

Conformarse
Adaptarse.
Acomodarse.
Amoldarse.
Resignarse.
Allanarse.
*Resistirse.

1. Conforme
Proporcionado.
Igual.
Correspondiente.

2. Conforme
Idéntico.
Semejante.
Parecido.
Acorde.
Ajustado.
*Disconforme.

3. Conforme
Según.

4. Conforme
Aprobación.
Pase.

1. Conformidad
Paciencia.
Resignación.
*Contrariedad.

2. Conformidad
Consentimiento.
Anuencia.
Acuerdo.
Aprobación.
Aquiescencia.
*Disconformidad.

Confort
Relajamiento.
Comodidad.

1. Confortante
Tónico.
Estimulante.
Reconstituyente.
Restaurador.
Cordial.

2. Confortante
Mitón.

Confortar
Reanimar.
Consolar.
Vigorizar.
Fortalecer.
Animar.
*Desalentar.

Confraternidad
Hermandad.
Fraternidad.
Amistad.
*Enemistad.

Confrontación
Cotejo.
Careo.
Colación.

1. Confrontar
Comparar.
Carear.
Cotejar.
Compulsar.
Colacionar.

2. Confrontar
Avenirse.
Congeniar.
Coincidir.
*Diferir.

3. Confrontar
Lindar.
Confinar.
Colindar.

1. Confundir
Embrollar.
Trastocar.
Enredar.
Mezclar.
Perturbar.
*Distinguir.

2. Confundir
Abochornar.
Desconcertar.
Anonadar.
Turbar.
Avergonzar.
*Halagar.

1. Confusión
Embrollo.
Enredo.
Mezcla.
Perturbación.
Mescolanza.
*Distinción.

2. Confusión
Turbación.
Bochorno.
Duda.
Perplejidad.
Vacilación.
*Seguridad.

1. Confuso
Dudoso.
Embrollado.
Revuelto.

Mezclado.
Oscuro.
*Claro.

2. Confuso
Turbado.
Abochornado.
Desconcertado.
Perplejo.
Confundido.
*Seguro.

Confutar
Rebatir.
Refutar.
Impugnar.
*Aceptar.

Congelación
Enfriamiento.
Helamiento.
Congelamiento.
Heladura.
*Calentamiento.

Congelar
Helar.
*Fundir.

Congénere
Semejante.

Congeniar
Coincidir.
Entenderse.
Avenirse.
*Discrepar.

Congénito
Hereditario.
Ingénito.
Connatural.
Innato.
*Adquirido.

Congerie
Cúmulo.
Montón.
Acervo.
*Escasez.

1. Congestión
Exceso.
Acumulación.
Abundancia.
Saturación.

2. Congestión
Apoplejía.

Conglomerar
Reunir.
Aglomerar.
*Disgregar.

Conglomerarse
Conglutinarse.

Conglutinar
Adherir.
Unir.
Pegar.
Aglutinar.

Conglutinarse
Conglomerarse.

Congoja
Zozobra.
Pena.
Aflicción.
Tribulación.
Desmayo.

Congraciarse
Simpatizar.
Agradar.
Captarse simpatías.

Congratulación
Pláceme.
Parabién.
Felicitación.
Enhorabuena.
*Pésame.

Congratular
Cumplimentar.
Felicitar.

Congratularse
Alegrarse.
*Arrepentirse.

Congregación
Comunidad.
Cofradía.

Congregar
Reunir.
Convocar.
Agrupar.
Juntar.
*Disgregar.

Congreso
Reunión.
Junta.
Asamblea.

Congrio
Botarate.
Necio.

Congruencia
Conveniencia
Oportunidad.
Coyuntura.

Congruente
Coherente.
Oportuno.
Correspondiente.
Conveniente.
Conexo.
*Incongruente.

Congruo
Porporcionado.
Condigno.
Congruente.
Oportuno.
*Incongruente.

Cónico
Coniforme.

Conjetura
Hipótesis.
Presunción.
Supuesto.
Suposición.
Cábalas.

Conjeturar
Figurarse.
Calcular.
Suponer.
Presumir.
Imaginar.

Conjugado
Relacionado.
Conexo.
Enlazado.
*Inconexo.

1. Conjugar
Juntar.
Unir.

2. Conjugar
Comparar.
Relacionar.
Cotejar.

Conjunción
Enlace.
Unión.
Juntura.
*Disyunción.

1. Conjunto
Incorporado.
Mezclado.
Unido.
Junto.
*Separado.

2. Conjunto
Agregado.
Combinación.
Reunión.
Totalidad.
Fusión.

Conjura
Confabulación.
Intriga.
Conspiración.
Conjuración.
Complot.

1. Conjurar
Alejar.
Exorcizar.
Evitar.
Remediar.

2. Conjurar
Suplicar.
Rogar.
Instar.
Imprecar.
Implorar.

Conjurarse
Intrigar.
Conspirar.
Maquinar.
Confabularse.

Conjuro
Súplica.
Invocación.
Ruego.
Imprecación.

1. Conllevar
Ayudar.
Coadyuvar.

2. Conllevar
Comportar.
Tolerar.
Aguantar.
Sufrir.
Sobrellevar.

Conmemoración
Evocación.
Festividad.
Remembranza.

Recuerdo.
Memoria.
Aniversario.

Conmilitón
Condiscípulo.
Compañero.
Camarada.
Comilitón.

Conminar
Mandar.
Intimar.
Amenazar.

Conmiseración
Lástima.
Piedad.
Misericordia.
Compasión.
*Desdén.

Conmoción
Agitación.
Perturbación.
Sacudimiento.
Sacudida.
Disturbio.

Conmovedor
Impresionante.
Emocionante.
Patético.
Enternecedor.
*Ridículo.

Conmover
Alterar.
Perturbar.
Impresionar.
Agitar.
Sacudir.
*Tranquilizar.

Conmutador
Interruptor.
Cortacorriente.

Conmutar
Trocar.
Permutar.
Cambiar.

Connatural
Congénito.
Intrínseco.
Propio.
Natural.
Ingénito.
*Artificial.

Connivencia
Conspiración.
Contubernio.
Complicidad.
Confabulación.
Acuerdo.

Connotado
Relacionado.
Emparentado.
Allegado.
*Independiente.

1. Conocedor
Perito.
Versado.
Práctico.
Experimentado.
Avezado.
*Lego.

2. Conocedor
Informado.
Enterado.
Sabedor.
*Desconocedor.

Conocer
Entender.
Comprender.
Saber.
Advertir.
Observar.
*Ignorar.

Conocible
Comprensible.
Cognoscible.
Inteligible.
*Incognoscible.

Conocido
Renombrado.
Reputado.
Afamado.
Acreditado.
Famoso.
*Anónimo.

1. Conocimiento
Juicio.
Discernimiento.
Entendimiento.
Inteligencia.
Razón.

2. Conocimiento
Cognición.
*Desconocimiento.

Conocimientos
Nociones.
Erudición.
Saber.
Rudimentos.

1. Conquistar
Adueñarse.
Apoderarse.
Tomar.
Ocupar.

2. Conquistar
Persuadir.
Convencer.
Ganarse.
Seducir.
Catequizar.
*Perder.

3. Conquistar
Seducir.
Galantear.
Camelar.

Consabido
Mentado.
Mencionado.
Nombrado.
Aludido.
Citado.
*Desconocido.

1. Consagrar
Destinar.
Dedicar.

2. Consagrar
Acreditar.
Sancionar.

2. Consagrarse
Entregarse.

1. Consanguinidad
Afinidad.
Cognación.
Parentesco.

2. Consanguinidad
Atavismo.
Tronco.
Origen.
Progenie.
Parentesco.

Consciente
Honesto.
Escrupuloso.
Responsable.
Cuidadoso.

Honrado.
*Irresponsable.

Conscripción
Reclutamiento.

1. Consectario
Corolario.

2. Consectario
Supeditado.
Anejo.
Consiguiente.

Consecución
Obtención.
Logro.

Consecuencia
Inferencia.
Corolario.
Resultado.
Producto.
Conclusión.
*Causa.

1. Consecuente
A continuación.
Siguiente.

2. Consecuente
Razonable.
Justo.

Conseguir
Lograr.
Adquirir.
Obtener.
Ganar.
Alcanzar.
*Perder.

Conseja
Fábula.
Cuento.
Patraña.

Consejero
Guía.
Maestro.
Consiliario.
Mentor.
Asesor.

1. Consejo
Aviso.
Parecer.
Exhortación.
Indicación.
Advertencia.

2. Consejo
Reunión.
Junta.

Consenso
Aprobación.
Aquiescencia.
Conformidad.
Consentimiento.
*Denegación.

Consentido
Malcriado.
Mimado.

Consentimiento
Permiso.
Venia.
Autorización.
Asentimiento.
Anuencia.
*Denegación.

Consentir
Acceder.
Autorizar.
Permitir.
Malcriar.
Mimar.
*Denegar.

Conserje
Mayordomo.
Portero.
Ordenanza.
Bedel.

Conservador
Tradicionalista.

Conservar
Mantener.
Guardar.
Retener.
Preservar.
Cuidar.
*Abandonar.

Considerable
Numeroso.
Cuantioso.
Grande.
Importante.
*Insignificante.

1. Consideración
Aprecio.
Estima.
Deferencia.

Respeto.
Miramiento.
*Desprecio.

2. Consideración
Reflexión.
Estudio.
Atención.
Meditación.

3. Consideración
Monta.
Cuantía.
Importancia.

1. Considerado
Apreciado.
Respetado.
Estimado.
*Despreciado

2. Considerado
Comedido.
Atento.
Deferente.
Respetuoso.
*Desconsiderado.

1. Considerar
Examinar.
Reflexionar.
Meditar.
Pensar.

2. Considerar
Reputar.
Conceptuar.
Juzgar.
Tener por.

3. Considerar
Respetar.
*Menospreciar.

1. Consignar
Destinar.
Enviar.
Expedir.
Designar.

2. Consignar
Depositar.
Entregar.

3. Consignar
Asentir.
Manifestar.
Firmar.

1. Consignatario
Depositario.

2. Consignatario
Acreedor.

Consiliario
Asesor.
Consejero.

Consistencia
Firmeza.
Coherencia.
Solidez.
Resistencia.
Estabilidad.
*Inconsistencia.

Consistir
Fundamentarse.
Residir.
Estribar.

Consistorio
Municipalidad.
Ayuntamiento.
Cabildo.
Corporación
municipal.

Consolación
Consuelo.
Alivio.
Apaciguamiento.
Confortación.
*Exacerbación.

Consolador
Reconfortante.
Consolante.

Consolar
Calmar.
Animar.
Tranquilizar.
Confortar.
Alentar.
*Atribular.

Consolidar
Asegurar.
Fortalecer.
Afianzar.
Robustecer.
Fijar.
*Debilitar.

Consonancia
Armonía.
Proporción.
Relación.
Conformidad.
*Disonancia.

Consonante
Acorde.
Cónsono.

1. Consorcio
Asociación.
Sociedad.
Compañía.

2. Consorcio
Matrimonio.

Consorte
Cónyuge.
Esposo.
Esposa.

Conspicuo
Notable.
Egregio.
Ilustre.
Famoso.
Destacado.
*Oscuro.

Conspiración
Confabulación.
Conjuración.
Maquinación.
Contubernio.
Complot.

Conspirar
Tramar.
Intrigar.
Confabularse.
Conjurarse.
Maquinar.

Constancia
Tenacidad.
Tesón.
Fidelidad.
Persistencia.
Perseverancia.
*Volubilidad.

Constante
Tenaz.
Persistente.
Fiel.
Perserverante.
Firme.
*Voluble.

Constar
Constituir.
Consistir.
Componerse.
Contener.

Constelar
Esmaltar.
Sembrar.

Consternar
Conturbar.
Desolarse.
Afligir.
Abatir.
*Alentar.

Constipado
Fluxión.
Resfriado.

Constiparse
Resfriarse.
Acatarrarse.

Constitución
Naturaleza.
Complexión.
Configuración.
Contextura.

1. Constituir
Componer.
Formar.

2. Constituir
Fundar.
Erigir.
Instituir.
Establecer.
*Disolver.

Constreñimiento
Coacción.
Imposición.
Coerción.

1. Constreñir
Forzar.
Compeler.
Obligar.
Impeler.
*Libertar.

2. Constreñir
Cerrar.
Contraer.
*Dilatar.

Constricción
Encogimiento.

1. Construcción
Edificio.
Obra.

2. Construcción
Dispositivo.
Armazón.
Aparato.

Constructor
Arquitecto.
Aparejador.

Construir
Fabricar.
Montar.
Edificar.
Erigir.
Levantar.
*Destruir.

Consuelda
Sínfito.

Consuelo
Calmante.
Lenitivo.
Descanso.
Alivio.
*Desconsuelo.

Consuetudinario
Acostumbrado.
Común.
Frecuente.
Ordinario.
Consuetudinal.
*Desusado.

1. Consulta
Consejo.
Parecer.
Dictamen.
Sugerencia.
Opinión.

2. Consulta
Junta.
Conferencia.
Deliberación.
Examen.

1. Consultar
Asesorarse.
Aconsejarse.

2. Consultar
Examinar.
Estudiar.
Tratar.

Consultivo
Dictaminador.
Asesor.

Consultor
Consejero.
Asesor.

1. Consultorio
Clínica.
Policlínica.
Dispensario.

2. Consultorio
Oficina.
Despacho.
Bufete.

Consumación
Perfección.
Final.
Acabamiento.
*Conato.

1. Consumado
Terminado.
Acabado.

2. Consumado
Perfecto.
Cumplido.

Consumar
Concluir.
Realizar.
Acabar.
Ejecutar.
Cometer.
*Intentar.

1. Consumición
Gasto.
Consumo.

2. Consumición
Agotamiento.
Consunción.

1. Consumido
Extenuado.
Debilitado.
Débil.
Flaco.
Macilento.
*Fuerte.

2. Consumido
Afligido.
Apurado.

Consumidor
Comprador.
Cliente.

1. Consumir
Extinguir.
Agotar.
Gastar.
Acabar.
Desgastar.
*Conservar.

2. Consumir
Afligir.
Atribular.
Desazonar.

Consumo
Consumición.
Gasto.

Consunción
Agotamiento.
Extenuación.
Enflaquecimiento.

Contable
Contadero.
Calculable.

1. Contacto
Tocamiento.
Tacto.

2. Contacto
Vecindad.
Relación.
Frecuentación.

Contado
Señalado.
Escaso.
Raro.
Determinado.
*Frecuente.

Contador
Contable.
Interventor.

Contaduría
Boletería.
Pagaduría.
Administración.

1. Contagiar
Infectar.
Inocular.
Contaminar.
Inficionar.
Pegar.

2. Contagiar
Corromper.
Pervertir.

Malear.
Viciar.

Contagio
Infección.
Contaminación.
Inficionamiento.
Corrupción.

Contagioso
Vicioso.
Pegadizo.
Infeccioso.

1. Contaminar
Contagiar.

2. Contaminar
Ofender.
Profanar.
Quebrantar.

1. Contar
Relatar.
Referir.
Narrar.

2. Contar
Computar.
Enumerar.

1. Contemplar
Admirar.
Considerar.
Meditar.
Mirar.
Examinar.

2. Contemplar
Complacer.
Mimar.

1. Contemplativo
Contemplador.
Observador.
Curioso.

2. Contemplativo
Extático.
Soñador.
Meditativo.
Iluminado.
*Activo.

Contemporáneo
Coexistente.
Simultáneo.
Coetáneo.
Sincrónico.
Actual.

1. Contemporización
Transigencia.
Compromiso.

2. Contemporización
Enjuague.

Contemporizar
Transigir.
Condescender.
Temporizar.
*Obstinarse.

Contención
Emulación.
Litigio.
Contienda.

Contender
Batallar.
Competir.
Disputar.
Luchar.
Lidiar.

Contendiente
Contrario.
Enemigo.
Beligerante.

1. Contener
Moderar.
Sujetar.
Vencer.
Reprimir.
Dominar.
*Desatar.

2. Contener
Comprender.
Abrazar.
Abarcar.
Encerrar.
Poseer.

Contenerse
Frenarse.
Reprimirse.
Moderarse.
Reportarse.

Contenta
Obsequio.
Regalo.
Agasajo.

Contentamiento
Placer.
Satisfacción.
Regocijo.

Contento.
Alegría.
*Disgusto.

Contentar
Complacer.
Agradar.
Satisfacer.
*Disgustar.

Contentible
Despreciable.
Aborrecible.

1. Contento
Alegría.
Satisfacción.
Alborozo.
Júbilo.
Regocijo.
*Descontento.

2. Contento
Complacido.
Jubiloso.
Satisfecho.
Encantado.
*Disgustado.

1. Contera
Fin.
Término.
Remate.
Acabamiento.

2. Contera
Añadidura.
Extremo.

3. Contera
Estribillo.

4. Contera
Virola.

Coterráneo
Compatriota.
Compatricio.
Paisano.

Contestable
Discutible.
Controvertible.
Impugnable.
Cuestionable.
Rebatible.
*Incontestable.

Contestación
Respuesta.

Contestar
Replicar.
Responder.

1. Contexto
Texto.
Trabazón.
Encadenamiento.
Enlace.
Argumento.

2. Contexto
Maraña.
Enredo.

3. Contexto
Tejido.
Contextura.
Textura.

Contextura
Contexto.
Constitución.

Contienda
Riña.
Disputa.
Lucha.
Pelea.
Pendencia.
Competición.

Contigüidad
Inmediación.
Adyacencia.
Vecindad.
Cercanía.
*Lejanía.

Contiguo
Adyacente.
Inmediato.
Lindante.
Limítrofe.
Junto.
*Separado.

Continencia
Templanza.
Castidad.
Abstinencia.
Moderación.
*Incontinencia.

1. Continente
Puro.
Casto.
Abstinente.
Púdico.
*Incontinente.

2. Continente
Aire.
Compostura.
Talante.

Contingencia
Circunstancia.
Coyuntura.
Eventualidad.
Casualidad.
Riesgo.
*Necesidad.

Contingible
Posible.
Acaecible.
*Imposible.

Continuación
Prorrogación.
Prosecución.
Prolongación.
*Interrupción.

Continuar
Persistir.
Seguir.
Proseguir.
Alargar.
Prolongar.
*Interrumpir.

Continuidad
Prolongación.
Persistencia.
Continuación.
Encadenamiento.
Unión.
*Discontinuidad.

Continuo
Constante.
Persistente.
Incesante.
Perpetuo.
Perenne.
*Discontinuo.

Contonearse
Anadear.
Pavonearse.

Contoneo
Campaneo.
Cernidillo.

1. Contornear
Perfilar

2. Contornear
Rodear.
Contornar.

Contorno
Perímetro.
Periferia.
Derredor.
Perfil.

Contornos
Inmediaciones.
Cercanías.
Proximidades.
Alrededores.
Afueras.
*Centro.

Contorsión
Contracción.
Retorcimiento.
Ademán.
Gesticulación.

Contra
Objeción.
Oposición.
Dificultad.
Inconveniente.
Obstáculo.
*Pro.

Contrabajo
Violón.

Contrabando
Fraude.
Contravención.
Alijo.

Contracambio
Compensación.
Trueque.

Contracción
Constricción.
Crispación.
Astricción.
Encogimiento.
Espasmo.
*Relajación.

Contradecir
Replicar.
Desmentir.
Discutir.
Objetar.
Impugnar.
*Confirmar.

1. Contradicción
Refutación.
Réplica.
Impugnación.
Objeción.
*Confirmación.

2. Contradicción
Oposición.
Contrariedad.

3. Contradicción
Antítesis.
Paradoja.
Contrasentido.
Antinomia.
*Concordancia.

Contradictorio
Contrapuesto.
Paradójico.
Opuesto.
Contrario.
Antitético.
*Concorde.

1. Contraer
Adquirir.
*Perder.

2. Contraer
Encoger.
Crispar.
Constreñir.
*Extender.

1. Contraerse
Crisparse.
Encogerse.
Estrecharse.
*Dilatarse.

2. Contraerse
Limitarse.
Ceñirse.
*Extenderse.

Contrafuerte
Botarel.

Contrahacer
Copiar.
Falsear.
Imitar.
Remedar.
Falsificar.

1. Contrahecho
Giboso.

Jorobado.
Corcovado.

2. Contrahecho
Tullido.
Baldado.
Encogido.

Contramaestre
Mayoral.
Capataz.
Encargado.

Contranatural
Antinatural.

Contraorden
Cancelación.
Revocación.
Retractación.
Desmandamiento.

Contrapelo
En sentido contrario.
Al revés.

1. Contrapeso
Equilibrio.
Compensación.

2. Contrapeso
Balancín.

Contraponer
Comparar.
Cotejar.
Oponer.

Contraposición
Rivalidad.
Antagonismo.
Oposición.
*Coincidencia.

Contrapuntear
Indignar.
Ofender.
Zaherir.

Contrapuntearse
Resentirse.
Picarse.

1. Contrariar
Dificultar.
Oponerse.
Estorbar.
Entorpecer.
*Aprobar.

2. Contrariar
Molestar.

Fastidiar.
Incomodar.
Disgustar.
*Complacer.

1. Contrariedad
Dificultad.
Contratiempo.
Obstáculo.
*Facilidad.

2. Contrariedad
Desagrado.
Decepción.
Disgusto.
Desazón.
*Agrado.

1. Contrario
Adverso.
Contradictorio.
Opuesto.
*Coincidente.

2. Contrario
Rival.
Adversario.
Enemigo.
Antagonista.
*Simpatizante.

3. Contrario
Dañino.
Nocivo.
Perjudicial.
Dañoso.
*Favorable.

Contrarrestar
Compensar.
Equilibrar.
Oponerse.
Resistir.
Afrontar.
*Ceder.

Contrarresto
Oposición.

Contrasentido
Sinrazón.
Confusión.
Equivocación.
Error.
*Corroboración.

Contraseña
Consigna.

Contramarca.
Santo y seña.

Contraste
Disparidad.
Desigualdad.
Oposición.
Diferencia.
Desemejanza.
*Parangón.

Contratar
Pactar.
Acordar.
Convenir.
Estipular.
Negociar.
*Rescindir.

Contratiempo
Contrariedad.
Obstáculo.
Dificultad.
Percance.

Contratista
Empresario.

Contrato
Compromiso.
Acuerdo.
Convenio.
Pacto.

Contravención
Desacato.
Desobediencia.

Contraveneno
Antitóxico.
Antídoto.
*Veneno.

Contravenir
Infringir.
Quebrantar.
Desobedecer.
Transgredir.
Violar.
*Cumplir.

1. Contribución
Tributo.
Carga.
Subsidio.
Impuesto.

2. Contribución
Ayuda.
Aporte.

Cooperación.
Colaboración.
Aportación.

1. Contribuir
Tributar.

2. Contribuir
Ayudar.
Colaborar.
Cooperar.
Asistir.
Auxiliar.

Contrición
Pesar.
Compunción.
Dolor.
Arrepentimiento.
*Impenitencia.

Contrincante
Émulo.
Rival.
Adversario.
Contrario.
Competidor.

Contristar
Apenar.
Apesadumbrar.
Entristecer.
Afligir.
*Alegrar.

Contrito
Arrepentido.
Compungido.
Pesaroso.
*Incontrito.

Control
Censura.
Vigilancia.
Inspección.
Examen.
Verificación.

Controlar
Verificar.
Inspeccionar.
Examinar.
Comprobar.
Vigilar.

Controversia
Debate.
Litigio.
Polémica.
Discusión.
*Acuerdo.

Controvertible
Rebatible.
Contestable.
Cuestionable.
Discutible.
Impugnable.
*Incontrovertible.

Controvertir
Debatir.
Polemizar.
Disputar.
Discutir.

1. Contubernio
Cohabitación.

2. Contubernio
Maquinación.
Conspiración.
Complot.
Confabulación.

Contumaz
Obstinado.
Porfiado.
Recalcitrante.
Rebelde.
Terco.
*Arrepentido.

Contumelia
Oprobio.
Ultraje.
Injuria.
Afrenta.
Ofensa.

Contundente
Terminante.
Convincente.
Decisivo.
Concluyente.
Irrebatible.
*Discutible.

Contundir
Golpear.
Pegar.
Sacudir.
Azotar.

Conturbación
Conmoción.
Desasosiego.
Inquietud.
Turbación.
Intranquilidad.
*Serenidad.

Conturbar
Alterar.
Conmover.
Inquietar.
Perturbar.
Turbar.
*Calmar.

Contusión
Lesión.
Golpe.
Magulladura.

Convalecencia
Recuperación.
Recobramiento.
Mejoría.

Convalecer
Recuperarse.
Recobrarse.
Mejorar.
*Empeorar.

Convalidar
Revalidar.
Ratificar.
Confirmar.
Corroborar.
*Anular.

Convecino
Próximo.
Cercano.
Contiguo.
Vecino.
*Lejano.

Convencer
Conquistar.
Convertir.
Persuadir.
Catequizar.

Convencimiento
Certeza.
Creencia.
Convicción.
Persuasión.
*Disuasión.

1. Convención
Tratado.
Pacto.
Convenio.
Acuerdo.

2. Convención
Congreso.
Reunión.

Conveniencia
Beneficio.
Utilidad.
Comodidad.
Provecho.
Regalo.
*Molestia.

Conveniente
Beneficioso.
Útil.
Ventajoso.
Provechoso.
*Inconveniente.

Convenio
Acuerdo.
Compromiso.
Ajuste.
Pacto.
Tratado.

1. Convenir
Acordar.
Pactar.
Aceptar.
Admitir.

2. Convenir
Encajar.
Corresponder.
Cuadrar.

3. Convenir
Acudir.
Concurrir.
Juntarse.
*Dispersarse.

Conventículo
Intriga.
Cábala.
Conjura.

Convento
Cenobio.
Monasterio.
Priorato.

Convergencia
Confluencia.
Coincidencia.
Unión.
Concurrencia.
Juntura.
*Divergencia.

Converger
Confluir.
Concurrir.

Convergir.
Coincidir.
Dirigirse.
*Divergir.

Conversación
Charla.
Diálogo.
Coloquio.
Conferencia.
Plática.

Conversar
Charlar.
Platicar.
Hablar.
Dialogar.

1. Conversión
Cambio.
Mudanza.
Transformación.
Transmutación.
Metamorfosis.

2. Conversión
Corrección.
Enmienda.
*Perversión.

1. Converso
Neófito.
Convertido.

2. Converso
Lego.

1. Convertir
Mudar.
Trasmutar.
Cambiar.
Transformar.

2. Convertir
Catequizar.
Persuadir.
Convencer.
Conquistar.

Convertirse
Enmendarse.
Retractarse.
Corregirse.
Abjurar.
*Apostatar.

Convexo
Lenticular.
Abombado.
Orondo.

Prominente.
*Cóncavo.

Convicción
Certeza.
Creencia.
Persuasión.
Convencimiento.
*Duda.

Convidado
Invitado.
Comensal.
Huésped.

Convidar
Invitar.
Ofrecer.
Inducir.
Incitar.
Atraer.

Convincente
Terminante.
Concluyente.
Persuasivo.
Contundente.
Decisivo.
*Discutible.

1. Convite
Banquete.
Ágape.
Comilona.

2. Convite
Invitación.

Convivir
Cohabitar.

Convocar
Congregar.
Llamar.
Citar.

Convocatoria
Cita.
Llamada.
Convocación.
Llamamiento.
Edicto.

1. Convoy
Escolta.
Séquito.
Acompañamiento.

2. Convoy
Taller.
Vinagreras.

Convulsión
Agitación.
Perturbación.
Conmoción.
Sacudida.

Convulso
Tembloroso.
Trémulo.
Agitado.
*Tranquilo.

Conyugal
Matrimonial.

Cónyuge
Esposo.
Consorte.
Esposa.

Cooperar
Ayudar.
Auxiliar.
Contribuir.
Colaborar.

Cooperativismo
Mutualismo.

Cooperativa
Pósito.
Almacén.
Mutua.

Coordinar
Concertar.
Combinar.
Ordenar.
Arreglar.
*Desordenar.

1. Copa
Vaso.
Cáliz.
Crátera.

2. Copa
Carrujo.

3. Copa
Galardón.
Premio.

1. Copar
Envolver.
Rodear.
Sorprender.
Atenacear.
Aprisionar.

2. Copar
Saturar.
Colmar.

Copartícipe
Copropietario.
Cómplice.
Coautor.

Copelar
Acendrar.

Copero
Pincerna.

1. Copete
Penacho.
Tupé.
Mechón.

2. Copete
Copa.
Cima.
Cumbre.

1. Copia
Duplicado.
Facsímil.
Reproducción.
Calco.

2. Copia
Imitación.
Remedo.
Plagio.
*Original.

3. Copia
Acopio.
Profusión.
Abundancia.
Riqueza.
*Escasez.

1. Copiar
Reproducir.
Transcribir.
Calcar.
Trasladar.

2. Copiar
Remedar.
Imitar.
Plagiar.
Falsificar.
*Inventar.

Copioso
Cuantioso.
Abundante.

Numeroso.
Considerable.
*Escaso.

Copla
Estrofa.

1. Copo
Mechón.

2. Copo
Coágulo.
Grumo.

3. Copo
Redada.
Envolvimiento.
Rodeo.

Copón
Píxide.

Coplero
Cantor.
Rapsoda.

Cópula
Unión.
Coito.

Copularse
Aparearse.
Cubrir.
Yacer.

Coqueta
Frívola.
Vanidosa.
Presumida.

Coquetear
Quillotrar.
Redamar.
Flirtear.

1. Coquetería
Galanteo.
Coqueteo.
Raboseo.

2. Coquetería
Provocación.
Seducción.
Encanto.

1. Coquetón
Atractivo.
Agradable.
Bonito.
Gracioso.

2. Coquetón
Guapo.
Tenorio.
Galancete.

Coracero
Vitola.
Tagarnina.
Cigarrote.

1. Coraje
Arrojo.
Valor.
Intrepidez.
Audacia.
*Miedo.

2. Coraje
Ira.
Cólera.
Furia.
Enojo.
Rabia.
*Calma.

Coral
Coro.
Orfeón.

1. Corambre
Odre.

2. Corambre
Cuero.
Pellejo.

1. Coraza
Armadura.

2. Coraza
Blindaje.

1. Corazón
Valor.
Osadía.
Ánimo.
Atrevimiento.

2. Corazón
Sensibilidad.
Sentimientos.
Benignidad.

3. Corazón
Núcleo.
Centro.
Interior.
*Exterior.

Corazonada
Presentimiento.
Instinto.

Corazoncillo
Hipérico.

Corbata
Pajarita.
Chalina.

Corcel
Caballo.
Bridón.
Trotón.
Palafrén.
Alfaraz.

Corcava
Giva.
Joroba.

Corcovado
Giboso.
Jorobado.
Contrahecho.

1. Corchete
Esbirro.
Alguacil.
Sayón.

2. Corchete
Llave.

3. Corchete
Gafete.

Cordel
Cuerda.
Cinta.
Bramante.
Guita.
Baga.

Corderaje
Borregada.

Cordero
Borrego.
Ternasco.
Andosco.
Caloyo.

1. Cordial
Afable.
Amable.
Cariñoso.
Afectuoso.
*Huraño.

2. Cordial
Tisana.
Elixir.
Reconfortante.

Cordialidad
Afabilidad.
Sinceridad.
Amabilidad.
Llaneza.
Afecto.

Cordillera
Sierra.

Cordón
Fleco.
Trencilla.
Galón.

Cordura
Prudencia.
Sensatez.
Juicio.
*Locura.

Corear
Asentir.
Acompañar.

Coriáceo
Resistente.
Tenaz.
*Blando.

Corifeo
Caudillo.
Jefe.

1. Corito
Desnudo.

2. Corito
Encogido.
Tímido.
Medroso.
*Descocado.

1. Coriza
Catarro.
Romadizo.
Resfriado.

2. Coriza
Pihúa.
Abarca.

Corma
Embarazo.
Molestia.
Estorbo.

Cornada
Puntazo.
Cachada.
Mochada.

Cornal
Coyunda.
Yugo.
Dentejón.

Cornalina
Ágata.
Alaqueca.

Cornamenta
Encornadura.
Asta.

Cornamusa
Gaita.

Cornear
Mancornar.
Topar.
Amurcar.
Acornar.

Corneja
Chova.

Cornejo
Cornizo.
Sangüeño.
Sanguiñuelo.
Corno.

1. Corneta
Trompeta.
Clarín.
Cornetín.

2. Corneta
Estandarte.
Gonfalón.

3. Corneta
Alférez.
Abanderado.

Cornijal
Esquina.
Canto.
Calce.
Ángulo.

Cornisa
Remate.
Coronamiento.
Arimez.
Cornija.

Cornisamento
Cornijón.
Entablamento.

Corno
Cornejo.

Coro
Coral.
Orfeón.

Corolario
Conclusión.
Resultado.
Derivación.
Consecuencia.
Inferencia.
*Premisas.

1. Corona
Aureola.
Diadema.
Guirnalda.
Nimbo.
Halo.

2. Corona
Tonsura.

3. Corona
Monarquía.
Reino.

4. Corona
Honor.
Premio.
Gloria.

5. Corona
Coronilla.

1. Coronar
Ungir.
Consagrar.
Sacramentar.
Ceñir.

2. Coronar
Terminar.
Completar.
Cumplir.
Finalizar.
Rematar.

Corondel
Regleta.

Coronilla
Corona.

Coroza
Rocadero.

Corpiño
Almilla.
Jubón.

Corporación
Asociación.

Institución.
Sociedad.

Corporal
Carnal.
Somático.
Corpóreo.
*Espiritual.

Corpulencia
Volumen.
Magnitud.
Grosor.
Grandeza.
Solidez.
*Delgadez.

Corpulento
Voluminoso.
Gordo.
Grande.
Grueso.
*Enjuto.

Corpúsculo
Átomo.
Elemento.
Molécula.
Partícula.
Microbio.

Corral
Aprisco.
Majada.
Cortil.
Redil.
Corraliza.

1. Correa
Tirante.
Manatí.
Correhuela.
Mancuerna.

2. Correa
Cinturón.
Pretina.

3. Correa
Tireta.
Agujeta.

4. Correa
Elasticidad.
Flexibilidad.

1. Correaje
Fornitura.

2. Correaje
Bandolera.

Forrajera.
Tiracol.
Charpa.

1. Corrección
Modificación.
Enmienda.
Retoque.
Mejora.
Rectificación.

2. Corrección
Discreción.
Urbanidad.
Cortesía.
*Incorrección.

3. Corrección
Castigo.
Censura.
Represión.
*Premio.

1. Correccional
Penitenciaría.
Internado.

2. Correccional
Asilo.
Reformatorio.

1. Correctivo
Rectificativo.
Disciplinario.
Corrector.
Reformatorio.
Enmendador.

2. Correctivo
Castigo.

1. Correcto
Exacto.
Cabal.
Fiel.
Justo.
Castizo.

2. Correcto
Comedido.
Discreto.
Circunspecto.
Cortés.
*Incorrecto.

Corredera
Carril.
Riel.
Rail.
Ranura.

Corredor
Pasadizo.
Pasillo.

Correduría
Comisión.
Corretaje.

1. Corregir
Modificar.
Retocar.
Enmendar.
Rectificar.
Subsanar.
*Corromper.

2. Corregir
Atemperar.
Templar.
Suavizar.
Moderar.
*Excitar.

3. Corregir
Advertir.
Amonestar.
Reprender.
Castigar.

1. Correhuela
Correa.

2. Correhuela
Centinodia.

Correlación
Analogía.
Sucesión.
Reciprocidad.
Parecido.

Correligionario
Socio.
Compañero.
Cofrade.
Camarada.

1. Correntío
Corriente.
Fluente.

2. Correntío
Suelto.
Desembarazado.
Desenvuelto.
Ligero.
*Cortado.

1. Correo
Comunicación.

Posta.
Servicio Postal.

2. Correo
Saca.
Correspondencia.

3. Correo
Estafeta.
Cartero.
Alfaqueque.
Mensajero.

Correoso
Mimbreño.
Elástico.
Flexible.

1. Correr
Precipitarse.
Apresurarse.

2. Correr
Pasar.
Transcurrir.

3. Correr
Escapar.
Huir.

4. Correr
Andar.
Recorrer.
Viajar.

5. Correr
Resbalar.
Deslizarse.

1. Correría
Incursión.
Razzia.

2. Correría
Viaje.
Excursión.

1. Correrse
Propagarse.
Propalarse.
Difundirse.
Extenderse.
Divulgarse.
*Circunscribirse.

2. Correrse
Confundirse.
Avergonzarse.
Abochornarse.
Cortarse.
Sofocarse.

1. Correspondencia
Correo.

2. Correspondencia
Correlación.
Relación.
Conformidad.
Conexión.
Reciprocidad.
*Inconexión.

1. Corresponder
Incumbir.
Atañer.
Concernir.
Afectar.
Tocar.

2. Corresponder
Pagar.
Compensar.
Agradecer.
Recompensar.

1. Corresponderse
Escribirse.
Cartearse.

2. Corresponderse
Entenderse.
Quererse.
Amarse.

1. Correspondiente
Adecuado.
Conveniente.
Oportuno.
Proporcionado.

2. Correspondiente
Delegado.
Representante.
Corresponsal.

Corretaje
Prima.
Comisión.
Correduría.

1. Corretear
Callejear.
Vagar.
Viltrotear.

2. Corretear
Andar.
Recorrer.
Correr.

Correveidile
Murmurador.

Alcahuete.
Entrometido.
Chismoso.

Corrida
Becerrada.
Lidia.

1. Corrido
Ducho.
Fogueado.
Avezado.
Experimentado.
*Novato.

2. Corrido
Cortado.
Confundido.
Avergonzado.
Abochornado.

1. Corriente
Frecuente.
Ordinario.
Usual.
Común.
Habitual.
*Desusado.

2. Corriente
Llano.
Fácil.
*Dificultoso.

3. Corriente
Perfectamente.
Bien.

4. Corriente
Curso.

Corrillero
Callejero.

1. Corrimiento
Desmoronamiento.
Deslizamiento.

2. Corrimiento
Bochorno.
Confusión.
Vergüenza.
Rubor.

1. Corro
Reunión.
Peña.
Círculo.
Rueda.
Cerco.

2. Corro
Reunión.
Junta.

Corroborar
Reafirmar.
Confirmar.
Apoyar.
Ratificar.
*Desmentir.

1. Corroer
Consumir.
Desgastar.
Roer.

2. Corroer
Perturbar.
Minar.
Remorder.

1. Corromper
Descomponer.
Alterar.
Pudrir.
*Conservar.

2. Corromper
Pervertir.
Viciar.
Depravar.

1. Corrompido
Viciado.
Putrefacto.
Corrupto.

2. Corrompido
Libertino.
Vicioso.
Perverso.

1. Corrosión
Desgaste.

2. Corrosión
Escozor.
Resquemor.

Corrosivo
Ácido.
Cáustico.
Mordaz.
Mordiente.
Destructivo.
*Lenitivo.

Corrugación
Contracción.
Encogimiento.

1. Corrupción
Putrefacción.
Descomposición.
*Conservación.

2. Corrupción
Vicio.
Depravación.
Perversión.
*Integridad.

Corruptor
Séptico.
Putrefactivo.
Corruptivo.
*Aséptico.

Corrusco
Mendrugo.

Corsario
Filibustero.
Pirata.
Bucanero.

Corsé
Faja.
Cotilla.

Cortacorriente
Conmutador.
Interruptor.

1. Cortado
Proporcionado.
Ajustado.
Acomodado.

2. Cortado
Indeciso.
Turbado.
Desconcertado.
*Desenvuelto.

3. Cortado
Clausulado.
Corte.

1. Cortadura
Hendidura.
Grieta.
Abertura.

2. Cortadura
Incisión.
Corte.
Sección.

Cortafrío
Cincel.
Tajadera.

1. Cortante
Afilado.
Incisivo.
Tajante.

2. Cortante
Intransigente.
Brusco.
Autoritario.

Cortapisa
Obstáculo.
Estorbo.
Dificultad.
Inconveniente.
Restricción.

Cortaplumas
Cuchillo.
Navaja.

1. Cortar
Tajar.
Sajar.
Dividir.
Truncar.
Separar.
*Pegar.

2. Cortar
Interrumpir.
Detener.
Suspender.
*Continuar.

3. Cortar
Surcar.
Hender.
Atravesar.

1. Cortarse
Confundirse.
Turbarse.
Desconcertarse.

2. Cortarse
Coagularse.
Cuajar.
*Licuarse.

1. Corte
Filo.

2. Corte
Tajo.
Incisión.
Sección.

3. Corte
Cortejo.

Comitiva.
Séquito.

4. Corte
Cortil.
Corraliza.
Corral.

Cortedad
Timidez.
Pusilanimidad.
Apocamiento.
Encogimiento.
*Decisión.

Cortejar
Enamorar.
Galantear.

Cortejo
Comitiva.
Séquito.
Acompañamiento.

Cortes
Cámara.
Parlamento.

Cortés
Amable.
Obsequioso.
Fino.
Atento.
Educado.
*Descortés.

Cortesana
Ramera.

Cortesano
Atento.
Fino.
Cortés.
Amable.
Afable.
*Rústico.

1. Cortesía
Urbanidad.
Amabilidad.
Afabilidad.
Cortesanía.
*Descortesía.

2. Cortesía
Regalo.
Cumplido.
Obsequio.

1. Corteza
Envoltura.

Casca.
Cubierta.
Costra.
Cáscara.

2. Corteza
Exterioridad.
Apariencia.

Cortezuela
Crústula.

Cortijo
Rancho.
Alquería.
Granja.

Cortil
Corral.

Cortina
Dosel.
Tapiz.
Cortinaje.

Cortinilla
Cortina.
Visillo.

1. Corto
Conciso.
Sucinto.
Breve.
*Largo.

2. Corto
Exiguo.
Pequeño.
Escaso.
*Largo.

3. Corto
Tímido.
Vergonzoso.
Pusilánime.
*Listo.

Coruscar
Resplandecer.
Brillar.

Corva
Jarrete.

Corveta
Gambeta.

Corvo
Combado.
Curvado.
Arqueado.
*Recto.

1. Cosa
Cuerpo.
Ente.

2. Cosa
Bien.

1. Cosario
Trillado.
Frecuentado.
Cruzado.

2. Cosario
Mandadero.
Recadero.
Trajinero.

3. Cosario
Cazador.

Coscoja
Carrasca.
Chaparra.

Coscojal
Carrascal.
Marañal.

Coscón
Pícaro.
Hábil.
Socarrón.
Avisado.

Coscorrón
Topetón.
Testarazo.
Molondrón.
Cabezazo.

Cosecha
Recogida.
Recolección.

Cosechar
Recolectar.
Recoger.

1. Cosechero
Vendimiador.

2. Cosechero
Guillote.
Usufructuario.

1. Coser
Apuntar.
Puntear.
Pespuntar.
Hilvanar.
Sobrehilar.
*Descoser.

2. Coser
Unir.
Pegar.
Juntar.
*Separar.

Cosmético
Maquillaje.
Afeite.

Cósmico
Universal.

Cosmografia
Uranografía.

Cosmonauta
Astronauta.

Cosmopolita
Internacional.
Universal.
Mundial.

Cosmos
Mundo.

Coso
Carcoma.

Cosquillear
Impacientar.
Irritar.
Hurgar.
Cosquillar.

Cosquilloso
Puntilloso.
Picajoso.
Quisquilloso.
Cojicoso.

1. Costa
Ribera.
Orilla.
Litoral.

2. Costa
Gasto.
Costo.
Coste.
Precio.

Costado
Banda.
Lado.
Flanco.

Costal
Saco.

Costalada
Trastazo.
Batacazo.
Porrazo.

Costas
Importe.
Desembolso.
Cargas.

Costalazo
Golpe.
Tumbo.
Porrazo.
Costalado.

1. Costana
Pendiente.
Cuesta.

2. Costana
Costilla.
Cuaderna.

Costaneras
Brochales.
Galgas.
Traviesas.

Costar
Importar.
Valer.

Coste
Costo.
Gasto.
Valor.
Precio.

1. Costear
Orillar.
Bordear.
Bojar.

2. Costear
Sufragar.
Pagar.
Abonar.

1. Costilla
Chuleta.

2. Costilla
Espalda.

3. Costilla
Cónyuge.
Mujer.

4. Costilla
Cuaderna.
Costana.

Costoso
Gravoso.
Dispendioso.
Caro.
*Barato.

Costra
Capa.
Revestimiento.
Corteza.

Costumbre
Práctica.
Usanza.
Uso.
Hábito.

1. Costura
Labor.
Cosido.

2. Costura
Corte.
Confección.

1. Costurera
Zurcidora.
Labrandera.
Laborera.

2. Costurera
Modista.
Sastra.

Costurilla
Presilla.

Costurón
Chirlo.
Cicatriz.

1. Cota
Altitud.
Altura.

2. Cota
Cita.
Acotación.
Nota.

1. Cotarro
Albergue.
Asilo.

2. Cotarro
Vertiente.
Lindazo.
Ladera.

Cotejar
Confrontar.

Comparar.
Parangonar.

Cotejo
Equiparación.
Comparación.

Cóterráneo
Vecino.
Paisano.
Compatricio.

Cotidiano
Diario.
Cuotidiano.

1. Cotilla
Corsé.

2. Cotilla
Cotillero.

2. Cotilla
Cotillear
Murmurar.
Chismorrear.
Criticar.

Cotillero
Murmurador.
Chismoso.
Cotilla.

Cotización
Valorización.

Coto
Límite.
Postura.
Término.
Tasa.

1. Cotorra
Papagayo.

2. Cotorra
Urraca.

3. Cotorra
Charlatán.
Parlanchín.

Cotorreo
Chismorreo.
Cháchara.

Cotorrón
Potrilla.

Cotudo
Peludo.
Felpudo.
Algodonado.

1. Covachuela
Cueva.

2. Covachuela
Secretaría.
Ministerio.

Coyunda
Servidumbre.
Sujeción.
Opresión.
Yugo.

1. Coyuntura
Unión.
Juntura.
Articulación.

2. Coyuntura
Circunstancia.
Coincidencia.
Ocasión.
Oportunidad.

1. Coz
Patada.
Coceadura.

2. Coz
Retroceso.

Cráneo
Casco.
Calavera.

1. Crápula
Borrachera.

2. Crápula
Corrupción.
Vicio.
Depravación.
Disipación.
Libertinaje.
*Integridad.

Crapuloso
Disipado.
Disoluto.
Depravado.
Crápula.
Libertino.
*Honorable.

Crasiento
Grasiento.

Crasitud
Gordura.

Craso
Gordo.
Grueso.
*Flaco.

Cráter
Orificio.
Boca.

1. Creación
Mundo.
Cosmos.
Universo.

2. Creación
Instauración.
Fundación.
Institución.

Creador
Inventor.
Fundador.
Hacedor.
Autor.
Productor.
*Exterminador.

Crear
Fundar.
Establecer.
Hacer.
Producir.
Inventar.
*Aniquilar.

Crecer
Incrementarse.
Desarrollarse.
Aumentar.
*Decrecer.

Creces
Aumento.
Ventaja.
Exceso.
Demasia.

Crecida
Inundación.
Riada.
Subida.
Avenida.
*Descenso.

Crecido
Grande.
Alto.
Desarrollado.
*Reducido.

Crecimiento
Aumento.
Desarrollo.
Incremento.
*Decrecimiento.

Credencial
Justificativo.
Título.
Acreditativo.

Creederas
Credulidad.
Tragaderas.

Crédito
Confianza.
Solvencia.
Reputación.
Autoridad.
Asenso.
*Descrédito.

Credo
Programa.
Doctrina.

Credulidad
Inocencia.
Candor.
Ingenuidad.
Candidez.
*Incredulidad.

Crédulo
Ingenuo.
Cándido.
Confiado.
*Incrédulo.

1. Creencia
Fe.
Crédito.
Convencimiento.
Convicción.
Confianza.

2. Creencia
Secta.
Religión.

1. Creer
Suponer.
Entender.
Pensar.
Juzgar.
Estimar.
*Negar.

2. Creer
Confiar.
*Dudar.

Creíble
Probable.
Verosímil.
Posible.
*Increíble.

1. Crema
Nata.
Flor.

2. Crema
Cosmético.
Pasta.
Afeite.

3. Crema
Diéresis.

Cremación
Incineración.
Quema.
Combustión.

Crematístico
Económico.
Pecuniario.
Monetario.

Crencha
Raya.
Carrera.

Crepitar
Traquear.
Crujir.

Crepúsculo
Anochecer.
Ocaso.
Atardecer.
*Aurora.

Creso
Millonario.
Rico.
Acaudalado.

Crespo
Rizo.
Ensortijado.
Rizado.

1. Cresta
Copete.
Penacho.
Moño.

2. Cresta
Protuberancia.

3. Cresta
Cima.
Cumbre.
Pico.

Crestomatía
Analectas.
Antología.
Colección.
Florilegio.
Selección.

Crestón
Farallón.

Cretino
Inepto.
Estulto.
Necio.
Tardo.
*Listo.

Creyente
Religioso.
*Descreído.

Cría
Ventregada.
Lechigada.
Camada.

Criada
Camarera.
Muchacha.
Doncella.
Sirvienta.

1. Criadero
Semillero.
Vivero.
Almáciga.
Plantel.

2. Criadero
Mina.
Yacimiento.
Venero.

Criado
Doméstico.
Sirviente.
Mozo.
Fámulo.

1. Criador
Productor.

2. Criador
Vinicultor.

1. Crianza
Amamantamiento.
Lactancia.

2. Crianza
Urbanidad.
Educación.
Cortesía.

1. Criar
Amamantar.

2. Criar
Originar.
Crear.
Producir.

3. Criar
Enseñar.
Instruir.
Cuidar.
Educar.
Alimentar.

Criatura
Bebé.
Crío.
Niño.

Criba
Cedazo.
Tamiz.
Harnero.
Zaranda.
Cribo.

Cric
Gato.

1. Crimen
Atentado.
Falta.
Delito.
Pecado.

2. Crimen
Asesinato.
Homicidio.

1. Criminal
Malhechor.
Delincuente.
Reo.
Culpable.

2. Criminal
Asesino.
Homicida.

Crío
Bebé.

Niño.
Nene.
Criatura.

Cripta
Subterráneo.
Hipogeo.
Sibil.

Criptográfico
Cifrado.

1. Crisis
Arrebato.
Desequilibrio.
Arranque.
Paroxismo.
Ataque.

2. Crisis
Angustia.
Riesgo.
Alarma.
Peligro.

Crisma
Unción.

Crisol
Craza.
Fusor.
Callana.

Crisopeya
Alquimia.

Crispar
Encoger.
Contraer.
*Relajar.

Crispatura
Espasmo.
Convulsión.
Crispamiento.
Contracción.
Calambre.
*Relajación.

Crispir
Salpicar.
Rociar.

1. Cristal
Vidrio.

2. Cristal
Espejo.
Luna.

3. Cristal
Agua.

4. Cristal
Drusa.

Cristalera
Vitrina.
Aparador.

Cristalino
Claro.
Transparente.
Diáfano.
*Turbio.

Cristalizarse
Concretarse.
Precipitarse.
Especificarse.
*Confundirse.

Cristianar
Bautizar.

1. Cristiano
Bautizado.
Católico.
Romano.

2. Cristiano
Fiel.
Creyente.
Nazareno.

3. Cristiano
Hermano.
Prójimo.

Cristo
Jesucristo.

Cristus
Abecedario.

1. Criterio
Parecer.
Discernimiento.
Opinión.
Juicio.

2. Criterio
Principio.
Norma.
Regla.
Pauta.

1. Crítica
Opinión.
Juicio.

2. Crítica
Reprobación.
Impugnación.

Censura.
Detracción.
*Aprobación.

Criticable
Censurable.
Reprensible.
*Loable.

1. Criticar
Examinar.
Juzgar.

2. Criticar
Impugnar.
Censurar.
Reprobar.
*Aprobar.

Criticastro
Criticón.

1. Crítico
Juez.
Censor.

2. Crítico
Crucial.
Decisivo.
Preciso.
Exacto.
Oportuno.

Criticón
Murmurador.
Reparón.
Criticastro.
Motejador.

1. Crizneja
Trenza.
Mechón.

2. Crizneja
Soga.
Cuerda.

Croar
Charlar.

Crocante
Guirlache.

Crocitar
Graznar.
Crascitar.
Croscitar.

Croco
Azafrán.

Cromo
Estampa.

Croquis
Esbozo.
Boceto.
Bosquejo.
Apunte.
Nota.

1. Crónica
Historia.
Comentarios.
Anales.
Dietario.

2. Crónica
Artículo.

1. Crónico
Acostumbrado.
Habitual.
Inveterado.

2. Crónico
Incurable.

1. Cronista
Analista.
Historiador.

2. Cronista
Corresponsal.
Periodista.
Publicista.

Cronómetro
Reloj.
Horómetro.

Croscitar
Crocitar.

Crótalo
Castañuela.

Crotón
Ricino.

Cruce
Intersección.
Empalme.
Encrucijada.

1. Crucero
Cruce.

2. Crucero
Madero.
Vigueta.

3. Crucero
Crucífero.
Cruciferario.
Crucígero.

4. Crucero
Maniobra.
Travesía.

Crucial
Crítico.
Decisivo.

1. Crucificar
Aspar.

2. Crucificar
Fastidiar.
Importunar.
Sacrificar.

Crudeza
Sinceridad.
Severidad.
Aspereza.
Rudeza.
Rigor.
*Suavidad.

1. Crudo
Tierno.
Verde.
Inmaduro.

2. Crudo
Indigesto.

3. Crudo
Despiadado.
Cruel.
Riguroso.
Áspero.
*Suave.

4. Crudo
Guapo.

1. Cruel
Despiadado.
Brutal.
Fiero.
Bestial.
Inhumano.
*Compasivo.

2. Cruel
Riguroso.
Doloroso.
Acerbo.
Lacerante.
*Suave.

1. Crueldad
Brutalidad.
Salvajismo.
Ferocidad.
*Piedad.

2. Crueldad
Rigor.
Crudeza.
Dureza.
*Suavidad.

Cruento
Sangriento.

Crujía
Pasillo.
Corredor.
Galería.

Crujido
Traquido.
Ruido.
Chasquido.

1. Crujir
Chirriar.
Rechinar.

2. Crujir
Chasquear.

1. Crúor
Hemoglobina.

2. Crúor
Coágulo.

3. Crúor
Sangre.

Crup
Difteria.
Garrotillo.

Crustáceo
Crostoso.

1. Cruz
Aspa.

2. Cruz
Dolor.
Suplicio.
Aflicción.
Carga.
Sufrimiento.
*Gozo.

3. Cruz
Sello.
Reverso.

4. Cruz
Premio.
Galardón.
Medalla.
*Castigo.

Cruzada
Campaña.
Lucha.
Expedición.

Cruzamiento
Intersección.
Cruce.
Entrelazamiento

Cruzar
Pasar.
Atravesar.

Cuaderna
Costana.
Costilla.

Cuaderno
Cartapacio.
Carnet.
Libreta.

1. Cuadra
Establo.
Caballería.
Corte.

2. Cuadra
Manzana.

1. Cuadrado
Rectangular.

2. Cuadrado
Justo.
Perfecto.
Cabal.

3. Cuadrado
Troquel.

4. Cuadrado
Porfiado.
Obtuso.
Obstinado.

Cuadrante
Travesaño.
Cuadral.

Cuadrar
Coincidir.
Acomodarse.
Corresponder.

Concordar.
Encajar.
*Discordar.

Cuadrienal
Cuadrañal.

1. Cuadril
Grupa.
Anca.

2. Cuadril
Cadera.

Cuadrilla
Banda.
Pandilla.
Partida.

1. Cuadro
Marco.

2. Cuadro
Pintura.
Lienzo.

3. Cuadro
Panorama.
Escena.
Espectáculo.

1. Cuajada
Cáseo.

2. Cuajada
Requesón.

1. Cuajado
Paralizado.
Asombrado.
Absorto.
Extático.

2. Cuajado
Dormido.

Cuajamiento
Coagulación.

Cualquiera
Cualquier.

1. Cuajar
Solidificarse.
Condensar.
Cortarse.
Coagularse.
*Licuar.

2. Cuajar
Satisfacer.

Lograrse.
Gustar.
Agradar.
Cuadrar.
*Desagradar.

Cuajarse
Poblarse.
Llenarse.

Cuajo
Grumo.
Coágulo.

Cualidad
Peculiaridad.
Atributo.
Condición.
Propiedad.
Característica.
*Defecto.

1. Cuando
En el tiempo que.
En el punto que.
En el momento que.

2. Cuando
En qué tiempo.

3. Cuando
En caso que.
Si.

4. Cuando
Puesto que.

5. Cuando
Aunque.

Cuantía
Importe.
Valor.
Precio.
Cuantidad.
Cantidad.

Cuantioso
Considerable.
Abundante.
Numeroso.
Copioso.
Grande.
*Escaso.

Cuáquero
Temblador.

1. Cuarentena
Cuaresma.

2. Cuarentena
Examen.
Prevención.

3. Cuarentena
Suspensión.
Duda.

Cuaresma
Cuarentena.
Cuadragésima.

1. Cuartago
Rocín.
Jamelgo.

2. Cuartago
Haca.
Jaca.

Cuartear
Descuartizar.
Partir.
Dividir.

Cuartearse
Rajarse.
Abrirse.
Agrietarse.
Cascarse.
Henderse.

1. Cuartel
Caserna.
Acuartelamiento.
Alojamiento.
Acantonamiento.

2. Cuartel
Distrito.
Barrio.

3. Cuartel
Sección.
Parte.
División.

4. Cuartel
Perdón.
Misericordia.
Piedad.
Gracia.

1. Cuarteo
Resquebrajó.
Resquebrajamiento.

2. Cuarteo
Rodeo.
Escape.
Regateo.
Esguince.

1. Cuarterón
Cuatratuo.

2. Cuarterón
Postigo.

3. Cuarterón
Cuarta.

Cuarteta
Redondilla.

Cuarto
Cámara.
Pieza.
Aposento.
Habitación.

Cuartos
Plata.
Dinero.

Cuartucho
Desván.
Cubículo.
Zahúrda.
Tugurio.

Cuatriduano
Cuatridial.

Cuatropear
Arrastrarse.
Ratear.
Gatear.

Cuba
Tonel.
Barril.
Pipa.
Bocoy.

Cubículo
Aposento.
Habitación.
Alcoba.
Dormitorio.

1. Cubierta
Revestimiento.
Cobijo.
Cobertura.

2. Cubierta
Capa.
Disfraz.
Pretexto.

1. Cubierto
Abrigado.
Tapado.
*Descubierto.

2. Cubierto
Servicio.
Plato.
Bandeja.

3. Cubierto
Menú.
Minuta.

Cubil
Cueva.
Albergue.
Manida.
Guarida.

Cubilete
Cubiletero.
Molde.
Flanero.
Vaso.

1. Cubillo
Carraleja.

2. Cubillo
Faltriquera.

1. Cubo
Cubeta.
Balde.
Herrada.

2. Cubo
Mechero.

Cubrecama
Colcha.
Telliza.
Sobrecama.

Cubrenuca
Cogotera.

1. Cubrir
Encubrir.
Tapar.
Recubrir.
Ocultar.
Vestir.
*Descubrir.

2. Cubrir
Defender.
Proteger.
Asegurar.

3. Cubrir
Tachar.

1. Cubrirse
Tapujarse.
Tocarse.

2. Cubrise
Resguardarse.
Espaldonarse.

1. Cuca
Chufa.

2. Cuca
Oruga.
Gusano.

Cucamonas
Halagos.
Zalamerías.
Arrumacos.

Cucar
Guiñar.

Cucaracha
Bicho.
Escarabajo.
Curiana.
Corredera.

Cucarda
Escarapela.

1. Cuclillo
Cuquillo.

2. Cuclillo
Consentido.

1. Cuco
Cuclillo.

2. Cuco
Bonito.
Lindo.
*Feo.

3. Cuco
Listo.
Astuto.
*Candoroso.

1. Cucurucho
Alcatraz.

2. Cucurucho
Envoltorio.

Cuchara
Achicador.

Cucharetear
Entrometerse.
Inmiscuirse.
Intervenir.

Cucharón
Cacillo.
Cazo.

Cuchichear
Murmurar.
Susurrar.
Secretear.

1. Cuchicheo
Susurro.
Murmullo.
Secreteo.

2. Cuchicheo
Murmuración.
Chismorreo.

1. Cuchilla
Tajadera.
Cuchillo.
Hoja.

2. Cuchilla
Archa.

3. Cuchilla
Espada.

Cuchillada
Tajo.
Corte.
Navajada.
Navajazo.

Cuchillo
Navaja.
Cortaplumas.

Cuchipanda
Comilona.

1. Cuchitril
Zahúrda.
Pocilga.

2. Cuchitril
Chiribitil.
Tabuco.

Cueca
Zamacueca.

Cuelga
Obsequio.
Regalo.

1. Cuello
Garganta.
Pescuezo.

2. Cuello
Esclavina.
Gorguera.
Golilla.

1. Cuenca
Cavidad.
Órbita.

2. Cuenca
Valle.

3. Cuenca
Región.
Zona.

Cuenco
Escudilla.
Concavidad.

1. Cuenta
Cómputo.
Cálculo.

2. Cuenta
Cargo.
Factura.

3. Cuenta
Explicación.
Razón.

4. Cuenta
Obligación.
Cuidado.
Incumbencia.

Cuentagotas
Gotero.

Cuentapasos
Podómetro.
Odómetro.

Cuentista
Correveidile.
Alcahuete.
Chismoso.

1. Cuento
Narración.
Relato.
Fábula.

2. Cuento
Embuste.
Patraña.
Chisme.

Cuerda
Cordel.
Soga.
Cabo.

Cuerdo
Sensato.
Reflexivo.
Juicioso.
Prudente.

*Alocado.

Cuerear
Azotar.

Cuerno
Antena.
Asta.

1. Cuero
Pellejo.
Piel.

2. Cuero
Odre.

1. Cuerpo
Tronco.

2. Cuerpo
Tamaño.
Consistencia.
Densidad.
Espesor.
Grosor.

Cuesta
Declive.
Pendiente.
Costera.
Repecho.
Rampa.

Cuestación
Recaudación.
Colecta.

1. Cuestión
Materia.
Tema.
Asunto.

2. Cuestión
Debate.
Polémica.
Discusión.
Controversia.

*Acuerdo.

Cuestionable
Discutible.
Dudoso.
Problemático.

*Incuestionable.

Cuestionar
Polemizar.
Debatir.
Discutir.
Disputar.

Cuesto
Cerro.

Cueto
Colina.

Cueva
Antro.
Guarida.
Caverna.
Gruta.

Cuévano
Canasta.
Cesto.
Banasta.

1. Cuidado
Esmero.
Solicitud.
Pulcritud.
Atención.

*Descuido.

2. Cuidado
Prudencia.
Cautela.
Vigilancia.

*Despreocupación.

3. Cuidado
Inquietud.
Zozobra.

Cuidadoso
Diligente.
Solícito.
Atento.
Vigilante.
Minucioso.

*Descuidado.

1. Cuidar
Velar.
Asistir.
Atender.

*Descuidar.

2. Cuidar
Mantener.
Conservar.
Guardar.

Cuita
Angustia.

Aflicción.
Inquietud.

Cuitado
Desventurado.
Acongojado.
Infortunado.

*Despreocupado.

Culantro
Cilantro.
Coriandro.

1. Culata
Anca.

2. Culata
Popa.
Posterioridad.
Trasera.

3. Culata
Coz.

Culatazo
Coz.
Retroceso.

1. Culebra
Serpiente.

2. Culebra
Serpentín.

Culebrear
Reptar.
Serpentear.
Fluctuar.
Serpear.

Culebrera
Pigargo.

1. Culebrilla
Herpe.

2. Culebrilla
Dragontea.

3. Culebrilla
Anfisbena.

Culebrón
Solapado.
Astuto.

1. Culero
Pañal.
Bragas.

2. Culero
Tardo.

Rezagado.
Perezoso.

Culminación
Cumbre.
Cima.
Pináculo.
Cúspide.

Culmen
Cumbre.

1. Culminante
Cimero.
Eminente.
Prominente.
Dominante.

*Ínfimo.

2. Culminante
Sobresaliente.
Superior.
Principal.

Culpa
Falta.
Delito.
Pecado.

Culpable
Delincuente.
Reo.

*Inocente.

Culpar
Imputar.
Acusar.

*Exculpar.

Culteranismo
Rebuscamiento.
Ampulosidad.
Afectación.

*Simplicidad.

Culterano
Rebuscado.
Ampuloso.
Afectado.

*Llano.

Cultivable
Arable.
Arijo.
Sativo.
Labradero.

*Yermo.

Cultivador
Labrador.
Colono.
Agricultor.
Agrícola.

1. Cultivar
Laborar.
Labrar.
Arar.

2. Cultivar
Practicar.
Estudiar.
Ejercitarse.

Cultivo
Sembrado.
Labranza.
Laboreo.
Labor.

1. Culto
Erudito.
Ilustrado.
Instruido.
Educado.

2. Culto
Devoción.
Homenaje.
Veneración.

*Desprecio.

Cultura
Saber.
Educación.
Erudición.
Ilustración

*Barbarie.

Cultural
Cultivar.

Cumbre
Cúspide.
Cima.
Vértice.
Culmen.
Sumidad.

*Fondo.

1. Cumbrera
Hilera.
Parhilera.

2. Cumbrera
Dintel.

Cumpleaños
Aniversario.

1. Cumplido
Entero.
Cabal.
Completo.
*Incompleto.

2. Cumplido
Atento.
Amable.
Cortés.
*Desatento.

3. Cumplido
Halago.
Cortesía.
Obsequio.
*Desplante.

Cumplidor
Aplicado.
Disciplinado.
Diligente.
Puntual.
Exacto.
*Negligente.

1. Cumplimentar
Saludar.
Felicitar.
Visitar.

2. Cumplimentar
Cumplir.
Realizar.
Ejecutar.
*Incumplir.

Cumplimentero
Formalista.
Ceremoniero.
Ceremonioso.
Etiquetero.

1. Cumplimiento
Halago.
Obsequio.
Cumplido.
Cortesía.
*Desplante.

2. Cumplimiento
Realización.
Ejecución.
*Incumplimiento.

1. Cumplir
Efectuar.
Realizar.

Ejecutar.
*Incumplir.

2. Cumplir
Finalizar.
Licenciarse.

Cúmulo
Aglomeración.
Montón.
Multitud.
Acumulación.
*Insignificancia.

Cuna
Linaje.
Estirpe.
Origen.
Familia.
Principio.

Cundir
Aumentar.
Multiplicarse.
Extenderse.
Divulgarse.
Propagarse.
*Reducirse.

Cunear
Mecer.
Acunar.

Cuneo
Mecedura.
Balanceo.

Cunero
Expósito.
Inclusero.

Cuneta
Desaguadero.
Zanja.
Canal.

Cuña
Tarugo.
Traba.
Taco.
Calce.
Calza.

1. Cuño
Troquel.

2. Cuño
Huella.
Señal.
Rastro.

1. Cuodlibeto
Controversia.
Disputa.
Discusión.

2. Cuodlibeto
Mordacidad.

Cuota
Porción.
Contribución.
Asignación.
Cupo.
Canon.

Cuotidiano
Diario.
Cotidiano.

1. Cupido
Eros.
Amor.

2. Cupido
Faldero.
Enamoradizo.

Cupo
Porción.
Cuota.
Asignación.

Cúpula
Domo.
Bóveda.
Cimborrio.

Cuquero
Granuja.
Pícaro.
Pillo.

1. Cura
Eclesiástico.
Clérigo.
Sacerdote.
Párroco.
Padre.

2. Cura
Curación.

1. Curaca
Cacique.

2. Curaca
Gobernador.

Curación
Restablecimiento.
Cura.
Recobramiento.
Salud.

Curador
Procurador.
Tutor.

Curaduría
Curatela.

Curalotodo
Panacea.
Sanalotodo.

Curandero
Ensalmador.
Médico.
Charlatán.
Matasano.

1. Curar
Sanar.
*Enfermar.

2. Curar
Remediar.
Cuidar.
Atender.

3. Curar
Curtir.

4. Curar
Adobar.
Ahumar.
Acecinar.

Curatela
Tutela.
Curaduría.

Curato
Vicaría.
Curazgo.
Parroquia.

Curcusilla
Rabadilla.

1. Curda
Borrachera.

2. Curda
Borracho.
Beodo.
Ebrio.

Cureña
Encabalgamiento.

1. Curia
Iglesia.
Cancillería.

2. Curia
Solicitud.
Esmero.
Diligencia.
Cuidado.

Curiosear
Averiguar.
Espiar.
Husmear.
Fisgonear.
Indagar.

1. Curiosidad
Prurito.
Afición.
Capricho.
Manía.
Antojo.
*Indiferencia.

2. Curiosidad
Impertinencia.
Indiscreción.

3. Curiosidad
Esmero.
Cuidado.
Limpieza.
*Incuria.

1. Curioso
Observador.
Indagador.
Averiguador.
*Indiferente.

2. Curioso
Indiscreto.
Entrometido.

3. Curioso
Raro.
Extraño.
*Anodino.

4. Curioso
Esmerado.
Cuidadoso.
Pulcro.
Aseado.
*Descuidado.

1. Currinche
Novato.
Principiante.
Debutante.

2. Currinche
Gacetillero.

Currutaco
Presumido.
Petimetre.

Cursado
Avezado.
Acostumbrado.
Habituado.
*Novato.

1. Cursar
Estudiar.
Seguir.

2. Cursar
Despachar.
Tramitar.

Cursi
Afectado.
Pretencioso.
Recargado.
*Elegante.

Cursiva
Itálica.
Bastardilla.

1. Curso
Camino.
Carrera.

Recorrido.
Paso.

2. Curso
Giro.
Trámite.

3. Curso
Grado.
Nivel.

Curtido
Habituado.
Acostumbrado.
Fogueado.
Ducho.
Experimentado.
*Bisoño.

Curtidor
Noquero.

1. Curtir
Adobar.
Aderezar.

2. Curtir
Adiestrar.
Acostumbrar.
Avezar.
Endurecer.
Baquetear.

Curtirse
Tostarse.
Asolearse.

Curva
Onda.
Alabeo.
Rodeo.
Reviro.
Órbita.
*Recta.

Curvado
Curvo.

Curvatura
Arqueamiento.
Alabeo.
Combadura.
Doblamiento.
Comba.
*Enderezamiento.

Curvímetro
Cartómetro.

Curvo
Arqueado.
Combado.
Combo.
Corvo.

Redondo.
*Recto.

Cuscurro
Cantero.
Mendrugo.

Cúspide
Vértice.
Ápice.
Cumbre.
Cima.
Sumidad.

Custodia
Cuidado.
Guardia.
Resguardo.
Protección.
Conservación.
*Desamparo.

Custodiar
Proteger.
Conservar.
Guardar.
Velar.
Vigilar.
*Abandonar.

Cutío
Trabajo.

Faena.
Labor.
Obra.
Azaná.

Cutir
Golpear.
Batir.

Cutis
Tez.
Piel.
Epidermis.

Cutre
Avaro.
Mezquino.
Miserable.
Ruin.
*Dadivoso.

Cuzco
Perrito.
Cachorro.
Cadillo.
Gozque.

Cuzo
Cachorro.
Perrito.
Cuzco.

CH

Chabacanería
Ordinariez.
Grosería.
Tosquedad.
Vulgaridad.
Ramplonería.
*Delicadeza.

Chabacano
Vulgar.
Soez.
Basto.
Ordinario.
Grosero.
*Refinado.

Chabola
Chamizo.
Barraca.
Tugurio.
Choza.

Chacarero
Campesino.

Chacó
Morrión.

Chacolotear
Chapear.
Chapalear.

Chacota
Broma.
Burla.
Chanza.
Guasa.
Zumba.

Chacotear
Mofarse.
Reírse.
Chancearse.
Burlarse.

Chacotero
Bromista.
Burlón.
Chancero.

Guasón.
*Serio.

Chacra
Chácara.

Chacha
Niñera.

Cháchara
Parloteo.
Charla.

Chacharear
Charlatanear.
Charlar.
Parlar.
Parlotear.
*Callar.

Chafaldita
Burla.

Chafallar
Remendar.
Chapucear.

Chafallo
Pifia.
Tosquedad.
Remiendo.
Imperfección.
Pegote.

Chafallón
Remendón.
Chapucero.
*Esmerado.

Chafandín
Vanidoso.
Fatuo.
Coquetón.
*Humilde.

1. Chafar
Ajar.
Marchitar.
Aplastar.
Arrugar.

Estrujar.
*Remozar.

2. Chafar
Confundir.
Apabullar.
Avergonzar.

Chafarote
Sable.
Espada.
Machete.

Chafarrinada
Borrón.
Mancha.
Tiznón.

Chafarrinar
Embadurnar.
Ensuciar.
Emborronar.
*Abrillantar.

Chaflán
Bisel.

Chaira
Cuchilla.
Lezna.
Trinchete.
Falce.

Chal
Mantón.
Pañoleta.
Pañuelo.
Manteleta.

1. Chalado
Tocado.
Alelado.
Chiflado.
*Cuerdo.

2. Chalado
Prendado.
Enamorado.

Chalana
Barcaza.

Chalanear
Traficar.
Negociar.
Tratar.

Chalanería
Maña.
Astucia.

Chalar
Enloquecer.
Alelar.

Chalarse
Enamorarse.
Acaramelarse.
Chiflarse.

Chaleco
Jubón.
Almilla.

Chalet
Quinta.
Villa.

Chalina
Corbata.

Chalón
Mantón.

Chalote
Escaloña.
Ascalonia.

Chalupa
Embarcación.
Bote.
Canoa.

1. Chamarasca
Chamiza.
Charamusca.

2. Chamarasca
Llamarada.

Chamarillero
Trapero.
Prendero.
Ropavejero.

Chamarra
Zamarra.

Chamarreta
Casaquilla

Chamba
Suerte.
Casualidad.
Azar.

Chambelán
Gentilhombre.
Camarlengo.

Chambergo
Sombrero.

1. Chambón
Remendón.
Chapucero.
*Cuidadoso.

2. Chambón
Sortoso.
Chiripero.

Chambra
Camisón.
Blusa.

Chamizo
Choza.
Tugurio.
Barraca.

Chamorro
Esquilado.
Trasquilado.

Champar
Censurar.
Retraer.
Achacar.

115

Chamuscar
Sollamar.
Socarrar.

Chamusquina
Gresca.
Jarana.
Riña.
Pelotera.

Chanada
Bribonada.
Burla.
Trampa.
Truhanería.

Chanca
Chanclo.
Almadreña.

Chancadora
Trituradora.

Chancear
Escarnecer.
Burlar.
Embromar.

Chancearse
Divertirse.
Burlarse.
Embromar.
Bromear.

Chancero
Bromista.
Burlón.
Jaranero.
Guasón.
*Serio.

Chancla
Zapatón.
Chanca.

Chanclo
Sandalia.

Chanchería
Tocinería.

1. Chancho
Marrano.
Puerco.
Cerdo.

2. Chancho
Sucio.
Desaseado.

Chanchullo
Componenda.

Enredo.
Trampa.

Chanflón
Remendón.
Chapucero.
*Cuidadoso.

Changüí
Broma.
Burla.
Chilindrina.

Chantaje
Extorsión.
Timo.

1. Chantar
Cubrir.
Poner.
Vestir.

2. Chantar
Hincar.
Clavar.

Chantre
Cantor.
Capiscol.

Chanza
Chiste.
Burla.
Broma.

1. Chapa
Lámina.
Palastro.
Hoja.
Alaria.

2. Chapa
Sensatez.
Formalidad.
Seso.

1. Chapado
Laminado.

2. Chapado
Acostumbrado.
Avezado.
Habituado.
Diestro.
Ducho.
*Novato.

Chapalear
Guachapear.
Chapotear.

1. Chapar
Chapear.

2. Chapar
Planchear.
Laminar.

3. Chapar
Asentar.
Encajar.

Chaparra
Cascaja.
Chaparro.
Carrasca.

1. Chaparro
Mata.
Encina.
Chaparra.
Coscoja.
Carrasca.

2. Chaparro
Rollizo.
Gordo.
Repolludo.
*Delgado.

Chaparrón
Nubada.
Aguacero.
Chubasco.

Chapatal
Lodazal.
Fangal.
Ciénaga.
Pantano.
Barrizal.

Chapeado
Laminado.
Chapado.

1. Chapear
Planchear.
Enchapar.
Empelechar.
Chapar.

2. Chapear
Chacolotear.

Chapeo
Sombrero.

Chapeta
Roseta.

Chapín
Zapato.
Chanclo.

Chapitel
Capitel.

Chapodar
Cercenar.
Podar.
Cortar.

Chapotear
Guachapear.
Chapalear.

Chapucear
Remendar.

Chapucería
Remiendo.
Pifia.
Imperfección.
Tosquedad.

Chapucero
Remendón.
Tosco.
*Esmerado.

Chapulín
Langosta.
Cigarrón.

1. Chapurrar
Mezclar.
Combinar.
Merar.

2. Chapurrar
Farfullar.
Barbullar.
Chapurrear.

3. Chapurrar
Hablar.
Parlar.

Chapuz
Chapucería.

Chapuzón
Baño.
Remojón.
Buceo.
Zambullida.

Chaqueta
Saco.
Americana.

Chaquetilla
Bolero.
Cazadora.
Torera.

Chaquetón
Zamarra.
Pelliza.

Charada
Acertijo.
Enigma.

Charanga
Banda.

Charca
Charco.
Poza.
Lagunajo.

1. Charco
Charca.
Bache.
Hoyo.
Fangal.

2. Charco
Océano.
Mar.

Charcutería
Repostería.
Fiambrería.

Charla
Conversación.
Coloquio.
Plática.
Disertación.

Charlar
Conversar.
Parlotear.
Hablar.
Chacharear.
*Callar.

1. Charlatán
Locuaz.
Parlanchín.
Hablador.
*Callado.

2. Charlatán
Buhonero.

3. Charlatán
Impostor.
Embaucador.
Farsante.

Embustero.
*Formal.

Charlatanería
Verborrea.
Locuacidad.
Palabreo.
*Discreción.

Charnela
Gozne.
Bisagra.

Charqui
Tasajo.

Chascarrillo
Anécdota.
Historieta.
Cuento.

1. Chasco
Broma.
Burla.
Engaño.

2. Chasco
Desilusión.
Frustración.
Decepción.
Desencanto.
Desengaño.

1. Chasquear
Restallar.

2. Chasquear
Crujir.

3. Chasquear
Engañar.
Embromar.
Burlar.
Chancear.

4. Chasquear
Desilusionar.
Frustrar.
Decepcionar.
*Corresponder.

Chasquido
Crujido.
Estallido.
Restallido.

Chato
Aplastado.
Romo.

Chaval
Mozo.
Mozalbete.
Muchacho.
Rapaz.
Zagal.

Chepa
Giba.
Joroba.
Corcova.

Cheque
Talón.
Libranza.

Chic
Distinción.
Elegancia.

1. Chico
Criatura.
Rapazuelo.
Muchacho.
Niño.

2. Chico
Reducido.
Pequeño.
Bajo.
*Grande.

Chicolear
Requebrar.
Piropear.
Galantear.

Chicoleo
Piropo.
Requiebro.
Galantería.

Chicote
Látigo.

Chicuelo
Rapaz.
Arrapiezo.

Chicharra
Tarabilla.

Chicharrón
Gorrón.

Chichear
Sisear.

Chichisbear
Chicolear.

Galantear.
Cortejar.

Chichón
Hinchazón.
Bulto.
Bollo.
Tolondrón.

Chichonera
Frentero.

Chifla
Pitidos.
Silba.

1. Chiflado
Alelado.
Chalado.
Tocado.
*Cuerdo.

2. Chiflado
Enamorado.

1. Chifladura
Locura.
Capricho.
Manía.

2. Chifladura
Enamoramiento.

Chiflar
Silbar.

1. Chiflarse
Alelarse.
Guillarse.
Irse.

2. Chiflarse
Enamorarse.

Chiflo
Pito.
Silbato.

Chilindrina
Broma.
Burla.
Chiste.
Chascarrillo.

Chilindrinero
Chancero.
Chacotero.
Dicharachero.

1. Chilla
Reclamo.

2. Chilla
Zorra.

1. Chillar
Vociferar.
Gritar.

2. Chillar
Rechinar.
Chirriar.

Chillido
Alarido.
Grito.
Clamor.
Queja.

1. Chillón
Gritón.
Chillador.
Vocinglero.

2. Chillón
Penetrante.
Agudo.
Estentóreo.
*Suave.

3. Chillón
Recargado.
Charro.
Estridente.
*Discreto.

Chimenea
Fogón.
Hogar.

1. China
Piedrecita.
Canto.

2. China
Dinero.

3. China
Suerte.
Azar.

4. China
Esquirla.

5. China
Criada.

Chinada
Rareza.
Extravagancia.
Sutileza.

Chincol
Gorrión.

1. Chinchar
Fastidiar.
Incomodar.
Molestar.
Importunar.
Zaherir.
*Ayudar.

2. Chinchar
Matar.

1. Chinche
Inoportuno.
Molesto.
Impertinente.
Latoso.
Cargante.
*Ameno.

2. Chinche
Vinchuca.

1. Chinchorrería
Pesadez.
Impertinencia.
Importunidad.
Molestia.
*Ayuda.

2. Chinchorrería
Habladuría.
Chisme.

Chinchorrero
Impertinente.
Latoso.
Importuno.
Cargante.
Fastidioso.
*Ameno.

Chinela
Zapatilla.
Pantuflo.
Chancleta.

Chinero
Escaparate.
Vitrina.
Aparador.

Chinesco
Chino.

Chingar
Empinar.
Beber.

Chingarse
Emborracharse.
Embriagarse.

1. Chino
Sino.

1. Chino
Gringo.
Griego.

Chipén
Bullicio.
Animación.
Vida.
*Calma.

Chiquilicuatro
Entrometido.
Mequetrefe.

Chiquillada
Niñada.
Travesura.

Chiquillo
Bebé.
Nene.
Niño.
Crío.
Criatura.

Chiquirritín
Crío.
Rorro.
Chiquitín.

Chiribita
Chispa.

Chiribitil
Zahúrda.
Tugurio.

Chirigota
Chiste.
Broma.
Chanza.
Guasa.

Chirimbolos
Baratijas.
Bártulos.
Trastos.
Cachivaches.

Chirimía
Cornamusa.
Gaita.

1. Chirinola
Fiesta.
Alegría.
Festejo.

2. Chirinola
Embeleco.
Fruslería.
Chuchería.

Chiripa
Casualidad.
Suerte.
Azar.

Chirlata
Garito.
Timba.

Chirle
Insulso.
Insípido.
Soso.
*Sabroso.

Chirlería
Charlería.
Habladuría.
Parlería.

Chirlero
Cuentista.
Chismoso.
Cuentero.

Chirlo
Navajazo.
Herida.
Cuchillada.
Tajo.
Corte.

Chirona
Prisión.
Cárcel.

Chirriar
Chillar.
Rechinar.
Estridular.

Chirumen
Cabeza.
Ingenio.
Talento.

Chisgarabís
Entrometido.
Mequetrefe.
*Discreto.

1. Chisme
Mentira.
Murmuración.
Embuste.

Habladuría.
Enredo.

2. Chisme
Trasto.
Cachivache.

Chismorrear
Murmurar.
Chismear.
Criticar.

Chismoso
Maldiciente.
Murmurador.
Lioso.
Enredador.
Cuentista.
*Veraz.

1. Chispa
Descarga.
Rayo.
Exhalación.
Relámpago.
Centella.

2. Chispa
Agudeza.
Gracia.
Viveza.
Ingenio.
Donaire.

3. Chispa
Pizca.
Miaja.
Partícula.

Chispazo
Fucilazo.
Destello.

Chispeante
Ingenioso.
Agudo.
Gracioso.
*Soso.

1. Chispear
Brillar.
Relucir.
Refulgir.

2. Chispear
Gotear.
Lloviznar.

1. Chispero
Chapucero.

2. Chispero
Herrero.

3. Chispero
Fanfarrón.

Chispo
Bebido.
Borracho.
Ebrio.
Beodo.
Achispado.

Chisquero
Encendedor.
Mechero.

Chistar
Rechistar.

Chiste
Ocurrencia.
Agudeza.
Gracia.

1. Chistera
Sombrero.
Bimba.

2. Chistera
Cesta.
Canasto.

Chistoso
Agudo.
Gracioso.
Ingenioso.
Ocurrente.
*Soso.

Chivato
Delator.
Soplón.
Acusón.

Chivo
Cabrito.
Cabritillo.
Chivato.

Chocante
Curioso.
Extraño.
Inesperado.
Raro.
Sorprendente.
*Corriente.

1. Chocar
Tropezar.

Topar.
Dar.

2. Chocar
Desentonar.
Contrastar.
Extrañar.
Sorprender.
*Concordar.

3. Chocar
Disputar.
Pelear.
Reñir.

Chocarrería
Chiste.
Bufonada.

Chocarrero
Burlón.
Chistoso.

Choclo
Mazorca.

Chocolate
Cacao.

Chocolatín
Bombón.

Chochear
Envejecer.
Caducar.
Disparatar.

Chocha
Gallineta.
Becada.

Chochez
Imbecilidad.

1. Chocho
Ñoño.

2. Chocho
Canelón.

3. Chocho
Decrépito.
Caduco.
*Lozano.

Chófer
Automovilista.
Conductor.

Chofeta
Estufilla.

Braserillo.
Fornelo.

Cholo
Mestizo.

Chonta
Palmera.

Chopo
Álamo.

1. Choque
Colisión.
Estrellón.
Encontrón.
Topetazo.

2. Choque
Pendencia.
Contienda.
Pelea.
Disputa.
Riña.

Chorrear
Fluir.
Caer.
Brotar.

Chorretada
Ducha.
Chorrada.
Chisguete.

Chorro
Surtidor.
Caño.
Reguero.

Chorroborro
Avenida.
Irrupción.
Aluvión.
Diluvio.

Chortal
Lagunilla.
Manantial.

1. Choto
Cabrito.
Chivo.

2. Choto
Ternero.

Choza
Chamizo.
Barraca.
Cabaña.

Chubasco
Aguacero.
Nubada.
Chaparrón.

Chubasquero
Gabardina.
Impermeable.

Chúcaro
Bravío.
Arisco.

Chuchería
Baratija.
Friolera.
Frusleria.

Chucho
Perro.

1. Chueca
Tocón.

2. Chueca
Articulación.
Cóndilo.
Apófisis.

3. Chueca
Broma.
Burla.

Chueco
Estevado.

1. Chufa
Cuca.

2. Chufa
Burla.

1. Chufeta
Chofeta.

2. Chufeta
Burla.

Chufla
Burla.
Cuchufleta.
Chufa.

1. Chuleta
Costilla.

2. Chuleta
Bofetada.

Chuletas
Patillas.

Chulo
Valentón.
Fanfarrón.
Jactancioso.

Chumacera
Palomilla.

Chunga
Broma.

Chunguearse
Burlarse.
Escarnecer.

Chunguero
Chistoso.
Bromista.

Chuño
Fécula.

Chupado
Consumido.
Flaco.
Extenuado.
Delgado.
*Rollizo.

Chupar
Sorber.
Libar.
Absorber.
Mamar.

Chupatintas
Oficinista.
Escribiente.

Chupetín
Justillo.
Ajustador.

1. Chupón
Secante.

2. Chupón
Estafador.
Embaucador.

3. Chupón
Mamón.

Churdón
Frambuesa.
Frambueso.

Churre
Ungüento.
Unto.
Pringue.
Grasa.

Churrete
Mancha.
Suciedad.
Mugre.

Churrigueresco
Barroco.
Pomposo.
Recargado.
Charro.

1. Churro
Buñuelo.
Cohombro.

2. Churro
Carnero.
Oveja.

1. Churmo
Jugo.
Esencia.
Substancia.

2. Churmo
Parné.
Dinero.

3. Churmo
Entendimiento.

Churumbel
Crio.
Niño.
Chiquillo.

Chuscada
Ocurrencia.
Agudeza.
Chiste.

Chusco
Ocurrente.
Divertido.
Chistoso.
Gracioso.
Agudo.
*Soso.

Chusma
Populacho.
Gentuza.
Canalla.

1. Chuzo
Arcabuz.

2. Chuzo
Suizón.
Pica.

Chuzón
Ladino.
Marrullero.
Astuto.
Solapado.

1. Chuzonada
Bufonada.
Chocarrería.

2. Chuzonada
Bravata.
Fanfarria.
Valentonada.

Chuzonería
Chacota.
Burla.
Broma.
Guasa.

D

Dable
Posible.
Factible.
Hacedero.
•Imposible.

Dactilar
Digital.

Dactilografía
Mecanografía.
Tipeo.

Dádiva
Obsequio.
Presente.
Regalo.
Donativo.

Dadivado
Sobornado.
Cohechado.
•Íntegro.

Dadivoso
Pródigo.
Generoso.
Liberal.
Desprendido.
•Mezquino.

Dado
Concedido.
Aceptado.
Determinado.
Supuesto.
Admitido.

1. Dador
Comisionado.
Portador.

2. Dador
Donador.

Daga
Puñal.

Daifa
Manceba.

1. Dalmática
Túnica.

2. Dalmática
Dálmata.

Dama
Señora.

Damajuana
Garrafa.
Garrafón.
Bombona.

Damasquinar
Embutir.
Taracear.
Adornar.

1. Damería
Delicadeza.
Melindre.

2. Damería
Reparo.
Escrupulosidad.

1. Damisela
Damita.
Doncella.

2. Damisela
Cortesana.

Damnificación
Deterioro.
Perjuicio.
Daño.
Detrimento.
•Beneficio.

Damnificar
Perjudicar.
Dañar.
•Beneficiar.

Danta
Alce.

Danza
Baile.
Tripudio.

1. Danzante
Bailarín.
Danzarín.

2. Danzante
Ligero.
Zascandil.
Necio.

Danzar
Bailar.

Danzarín
Danzante.

Danzarina
Bayadera.
Bailarina.

Danzón
Habanera.

Dañar
Estropear.
Deteriorar.
Perjudicar.
Damnificar.
Menoscabar.
•Beneficiar.

Dañino
Pernicioso.
Nocivo.
Malo.
Perjudicial.
Dañoso.
•Beneficioso.

Daño
Deterioro.
Desperfecto.
Lesión.
Mal.
Perjuicio.
•Beneficio.

Dañoso
Perjudicial.
Pernicioso.

Nocivo.
Dañino.
Malo.
•Beneficioso.

1. Dar
Ceder.
Proporcionar.
Regalar.
Donar.
Entregar.
•Quitar.

2. Dar
Rentar.
Redituar.
Producir.
Rendir.

3. Dar
Aplicar.

4. Dar
Chocar.
Topar.
Pegar.
Incurrir.
Caer.

5. Dar
Atinar.
Adivinar.
Acertar.
•Errar.

6. Dar
Proporcionar.
Proveer.
Surtir.
Administrar.
Suministrar.

7. Dar
Orientarse.
Mirar.
Encararse.

Dardo
Jabalina.
Venablo.

Darse
Rendirse.
Ceder.
Entregarse.
•Resistir.

Dársena
Ancladero.
Surgidero.
Fondeadero.

Data
Fecha.

Datar
Fechar.

Dato
Nota.
Detalle.
Antecedente.
Noticia.
Documento.

Dea
Diosa.

Deambular
Errar.
Andar.
Pasear.
Vagar.

Deán
Decano.

1. Debajo
Abajo.
•Encima.

2. Debajo
Bajo.
•Sobre.

Debate
Controversia.
Polémica.
Disputa.
Discusión.
•Acuerdo.

Debatir
Disputar.
Contender.
Altercar.
Discutir.
Controvertir.
*Acordar.

Debelar
Vencer.
Conquistar.
Rendir.
Derrotar.
Batir.

1. Deber
Misión.
Responsabilidad.
Obligación.
*Derecho.

2. Deber
Obligación.

3. Deber
Adeudar.

Débil
Decaído.
Lánguido.
Endeble.
Flojo.
Debilitado.
*Robusto.

Debilidad
Decaimiento.
Desfallecimiento.
Languidez.
Endeblez.
Lasitud.
*Vigor.

Debilitar
Apagar.
Amortiguar.
Marchitar.
Extenuar.
Ablandar.
*Envigorecer.

Debilitarse
Decaer.
Consumirse.
Desmejorarse.
Flojear.
Flaquear.
*Robustecer.

Débito
Deuda.
Cargo.
*Crédito.

Década
Decenio.

Decadencia
Declive.
Ocaso.
Declinación.
Decaimiento.
Descenso.
*Auge.

Decaer
Flaquear.
Menguar.
Declinar.
Disminuir.
Debilitarse.
*Ascender.

Decaimiento
Decadencia.

Decampar
Desaparecer.
Irse.
Partir.
Huir.

Decano
Presidente.
Deán.

1. Decantar
Inclinar.
Desviar.

2. Decantar
Trasvasar.
Verter.
Trasegar.
Embrocar.
Zaguear.

3. Decantar
Ensalzar.
Celebrar.
Alabar.
Ponderar.
*Vituperar.

Decapitar
Degollar.
Desmochar.
Descabezar.
Guillotinar.

Decena
Diez.

Decencia
Modestia.
Moderación.
Recato.
Honestidad.
Decoro.
*Indecencia.

Decenio
Década.

Decentar
Estrenar.
Encentar.

Decentarse
Ulcerarse.

Decente
Modesto.
Recatado.
Decoroso.
Honesto.
Digno.
*Indecente.

Decepción
Desilusión.
Chasco.
Desencanto.
Desengaño.
*Ilusión.

Decidido
Desenvuelto.
Osado.
Emprendedor.
Resuelto.
*Indeciso.

Decidir
Deliberar.
Disponer.
Resolver.
Determinar.
*Titubear.

Decidor
Locuaz.
Ocurrente.
Verboso.
Gracioso.
Dicharachero.

1. Décima
Espinela.

2. Décima
Diezmo.

1. Decir
Expresar.
Manifestar.
Hablar.
Declarar.
Referir.
*Callar.

2. Decir
Asegurar.
Sostener.
Afirmar.
Opinar.
*Negar.

1. Decisión
Determinación.
Disposición.
Resolución.

2. Decisión
Entereza.
Energía.
Desenvoltura.
Firmeza.
*Indecisión.

1. Decisivo
Perentorio.
Concluyente.
Terminante.
Definitivo.
*Dudoso.

2. Decisivo
Crítico.
Crucial.

Declamar
Pronunciar.
Discantar.
Recitar.
Orar.
Decir.

1. Declaración
Proclamación.
Confesión.
Explicación.
Exposición.
Afirmación.
*Ocultación.

2. Declaración
Deposición.
Testimonio.
Alegación.

1. Declarar
Explicar.
Exponer.
Manifestar.
Decir.
*Callar.

2. Declarar
Testificar.
Deponer.
Atestiguar.

3. Declarar
Resolver.
Decidir.
Fallar.
Proclamar.

Declinación
Ocaso.
Decadencia.
Descenso.
Declive.
*Ascensión.

1. Declinar
Disminuir.
Menguar.
Degenerar.
Decaer.
Caducar.
*Elevarse.

2. Declinar
Renunciar.
Rehusar.
*Aceptar.

1. Declive
Rampa.
Cuesta.
Inclinación.
Pendiente.

2. Declive
Ocaso.
Declinación.
Decadencia.
*Ascensión.

1. Decocción
Cocción.

2. Decocción
Amputación.

Decolorar
Desteñir.
Descolorar.
Despintar.
*Colorear.

Decomisar
Incautarse.
Confiscar.
Aprehender.
*Restituir.

1. Decoración
Embellecimiento.
Adorno.
Ornato.
Ornamentación.
Engalanamiento.

2. Decoración
Paramento.
Interiorismo.
Instalación.

3. Decoración
Decorado.

Decorado
Fondo.
Forillo.
Decoración.

Decorar
Ornamentar.
Ornar.
Hermosear.
Adornar.
*Deslucir.

Decoro
Respetabilidad.
Compostura.
Dignidad.
Decencia.
Honor.
*Indecoro.

Decoroso
Digno.
Respetable.
Recatado.
Pundonoroso.
Honesto.
*Indecoroso.

Decrecer
Menguar.
Declinar.
Decaer.
Disminuir.
Bajar.
*Crecer.

Decrecimiento
Disminución.
Declinación.

Decadencia.
Menoscabo.
Debilitación.
*Aumento.

Decrépito
Caduco.
Chocho.
*Lozano.

Decrepitud
Senilidad.
Vetustez.
Ancianidad.
Caducidad.
Chochera.
*Juventud.

Decretar
Decidir.
Determinar.
Resolver.
Ordenar.

1. Decreto
Bando.
Orden.
Edicto.

2. Decreto
Resolución.
Determinación.
Decisión.

3. Decreto
Establecimiento.
Constitución.

Decúbito
Horizontal.
Yacente.

Decurso
Paso.
Curso.
Discurso.
Transcurso.
Sucesión.

Dechado
Ejemplo.
Modelo.
Muestra.

Dedalera
Digital.

Dédalo
Enredo.
Maraña.
Lío.

Laberinto.
Confusión.

Dedicación
Dedicatoria.
Consagración.
Homenaje.
Ofrecimiento.
Asignación.

1. Dedicar
Ofrecer.
Ofrendar.
Consagrar.

2. Dedicar
Aplicar.
Ocupar.
Asignar.
Destinar.
Emplear.

Dedicarse
Entregarse.

Dedicatoria
Dedicación.

Dedos
Dátiles.

1. Deducción
Resultado.
Conclusión.
Consecuencia.
Derivación.
Inferencia.

2. Deducción
Descuento.
Rebaja.
Disminución.
Resta.
*Incremento.

1. Deducir
Concluir.
Seguirse.
Derivarse.
Colegir.
Inferir.

2. Deducir
Rebajar.
Disminuir.
Restar.
Descontar.
*Añadir.

Defección
Abandono.

Huida.
Deserción.
Traición.
*Incorporación.

Defectuoso
Defectuoso.

Defecto
Imperfección.
Falta.
Deficiencia.
Tacha.
Carencia.
*Exceso.

Defectuoso
Incompleto.
Insuficiente.
Carente.
Imperfecto.
Defectivo.
*Perfecto.

1. Defender
Resguardar.
Proteger.
Preservar.
Amparar.
Apoyar.
*Atacar.

2. Defender
Excusar.
Disculpar.
Justificar.
Abogar.
*Acusar.

Defendible
Tolerable.
Justificable.
*Injustificable.

1. Defensa
Apoyo.
Reparo.
Amparo.
Resguardo.
Protección.
*Ataque.

2. Defensa
Disculpa.
Exculpación.
Justificación.
*Acusación.

Defensor
Abogado.

Protector.
Tutor.
Paladín.
Valedor.
*Acusador.

Deferencia
Miramiento.
Atención.
Consideración.
Respeto.
*Menosprecio.

Deferente
Atento.
Respetuoso.
Considerado.
*Desconsiderado.

1. Deferir
Respetar.
Admitir.
Adherirse.
*Rechazar.

2. Deferir
Compartir.
Comunicar.

Deficiencia
Falta.
Tacha.
Insuficiencia.
Defecto.
Imperfección.
*Perfección.

Deficiente
Insuficiente.
Imperfecto.
Defectuoso.
Incompleto.
*Perfecto.

Déficit
Falta.
Descubierto.
*Superávit.

1. Definición
Explicación.
Descripción.
Exposición.
Tesis.

2. Definición
Decisión.
Determinación.
Dictamen.
Declaración.

Definir
Fijar.
Precisar.
Determinar.
Explicar.

Definitivo
Concluyente.
Decisivo.
Indiscutible.
Terminante.
*Provisional.

Deflagrar
Arder.
Incendiarse.

Deformación
Deformidad.
Desfiguración.
Anomalía.
Aberración.
Alteración.
*Perfección.

Deformar
Desfigurar.
Desformar.

Deforme
Contrahecho.
Desfigurado.
Disforme.
Desproporcionado.
*Perfecto.

1. Deformidad
Deformación.

2. Deformidad
Yerro.
Error.
Falta.

3. Deformidad
Monstruo.
Aborto.
Engendro.

Defraudación
Estafa.
Usurpación.
Hurto.

1. Defraudar
Engañar.
Usurpar.
Estafar.
*Restituir.

2. Defraudar
Malograr.
Frustrar.

Defunción
Fallecimiento.
Óbito.
Muerte.
*Nacimiento.

1. Degeneración
Degradación.
Declinación.
Decadencia.
Bastardización.
*Regeneración.

2. Degeneración
Corrupción.
Perversión.
Bizantinismo.

Degenerar
Declinar.
Empeorar.
Decaer.
Caer.
Perder.
*Regenerar.

Deglutir
Engullir.
Tragar.
Ingerir.
*Regurgitar.

1. Degolladero
Cadalso.
Guillotina.

2. Degolladero
Degüello.
Matadero.
Escabechina.

1. Degolladura
Escote.
Sesgo.

2. Degolladura
Garganta.

Degollar
Descabezar.
Decapitar.
Guillotinar.

Degollina
Matanza.
Carnicería.

Degüello.
Mortandad.

1. Degradación
Rebajamiento.
Destitución.
Exoneración.
Deposición.
*Ascenso.

2. Degradación
Envilecimiento.
Vileza.
Degeneración.
Humillación.

Degradante
Ignominioso.
Humillante.
Envilecedor.
Indecoroso.
Ruin.
*Dignificante.

Degradar
Rebajar.
Deponer.
Destituir.
Humillar.
Envilecer.

Degüello
Degolladero.
Degollina.

Degustación
Saboreamiento.

Dehesa
Coto.
Majada.
Pasto.
Campo.

Deidad
Divinidad.

Deificación
Endiosamiento.
Divinización.
Sublimación.
Apoteosis.
Glorificación.

Deidificar
Endiosar.
Divinizar.
Exaltar.
Ensalzar.
Glorificar.
*Humillar.

Deífico
Divino.
Celestial.
Celeste.
*Terrenal.

Dejación
Abandono.
Desistimiento.
Renuncia.
Cesión.
Dejamiento.
*Reivindicación.

Dejadez
Desidia.
Incuria.
Negligencia.
Indolencia.
Abandono.
*Diligencia.

1. Dejado
Indolente.
Perezoso.
Desidioso.
Descuidado.
Abandonado.
*Diligente.

2. Dejado
Desaliñado.
Desaseado.
Sucio.
*Pulcro.

1. Dejamiento
Dejadez.

2. Dejamiento
Dejación.

1. Dejar
Desistir.
Renunciar.
Ceder.
Abandonar.
Resignar.
*Adoptar.

2. Dejar
Ausentarse.
Faltar.
Evacuar.
Irse.
Marcharse.
*Permanecer.

3. Dejar
Encomendar.
Confiar.
Encargar.

4. Dejar
Legar.
Transmitir.
*Desheredar.

5. Dejar
Dar.
Privarse.
Ceder.
Desprenderse.
Despojarse.
*Retener.

6. Dejar
Tolerar.
Permitir.
Consentir.
*Oponerse.

7. Dejar
Rentar.
Redituar.
Proporcionar.
Producir.
Valer.

8. Dejar
Olvidar.
Omitir.
Abstenerse.

9. Dejar
Dirimir.
Aplazar.
*Anticipar.

1. Dejo
Acento.
Deje.

2. Dejo
Resabio.
Gusto.
Deje.

Delación
Acusación.
Confidencia.
Denuncia.
Soplo.

Delantal
Faldar.
Mandil.
Excusalí.

Delante
Enfrente.

1. Delantera
Fachada.
Frente.
Vista.

2. Delantera
Anticipación.
Adelanto.

3. Delantera
(Coger o tomar la)
Aventajar.
Adelantar.
Anticiparse.

Delatar
Denunciar.
Descubrir.
Acusar.
Soplar.
*Encubrir.

Delator
Denunciador.
Acusador.
Denunciante.
Soplón.
Confidente.

Delectación
Deleite.

Delegación
Representación.
Comisión.
Misión.
Encargo.

Delegado
Encargado.
Representante.
Comisionado.

Delegar
Facultar.
Encomendar.
Comisionar.
Encargar.

Deleitable
Deleitoso.

Deleitar
Complacer.
Encantar.
Agradar.
Gustar.
Regalar.
*Enojar.

Deleite
Goce.
Complacencia.
Delectación.
Delicia.
Placer.
*Molestia.

Deleitoso
Delicioso.
Ameno.
Agradable.
Deleitable.
Placentero.
*Enojoso.

Deletéreo
Destructor.
Mortal.
Mortífero.
Venenoso.

Deletrear
Silabear.

Deleznable
Quebradizo.
Débil.
Delicado.
Inconsistente.
Frágil.
*Sólido.

Delgadez
Adelgazamiento.
Demacración.
Enflaquecimiento.
Escualidez.
Magrura.
Flaqueza.
*Obesidad.

1. Delgado
Enjuto.
Demacrado.
Seco.
Flaco.
Magro.
*Gordo.

2. Delgado
Tenue.
Delicado.
Exiguo.
Sutil.
Fino.
*Grueso.

3. Delgado
Estrecho.

4. Delgado
Ingenioso.
Penetrante.
Agudo.

1. Deliberación
Discusión.
Reflexión.
Examen.

2. Deliberación
Resolución.
Decisión.

Deliberadamente
Intencionadamente.
Adrede.
Premeditadamente.
*Indeliberadamente.

1. Deliberar
Reflexionar.
Decidir.
Premeditar.
Resolver.
Meditar.

2. Deliberar
Debatir.
Discutir.

1. Delicadeza
Atención.
Cortesía.
Finura.
Suavidad.
Tacto.
*Indelicadeza.

2. Delicadeza
Fineza.
Escrupulosidad.
Cuidado.
Primor.
*Descuido.

1. Delicado
Cortés.
Atento.
Fino.
*Desconsiderado.

2. Delicado
Débil.
Enfermizo.
*Robusto.

3. Delicado
Exquisito.
Sabroso.
*Desabrido.

4. Delicado
Fino.
Primoroso.
*Basto.

5. Delicado
Frágil.
Débil.
Quebradizo.
*Consistente.

6. Delicado
Quisquilloso.
Susceptible.
Suspicaz.

7. Delicado
Arriesgado.
Difícil.
Expuesto.
*Fácil.

Delicia
Complacencia.
Placer.
Goce.
Deleite.
Gusto.
*Molestia.

Delicioso
Placentero.
Encantador.
Agradable.
Deleitoso.
Deleitable.
*Penoso.

Delictivo
Criminal.
Punible.
Reprensible.
Delictuoso.
*Encomiable.

Delimitar
Definir.
Deslindar.
Determinar.
Demarcar.
Fijar.

Delincuencia
Criminalidad.

Delincuente
Criminal.
Malhechor.
Reo.

Delineante
Proyectista.
Delineador.

Delinear
Dibujar.
Diseñar.

Delinquir
Infringir.
Contravenir.
Transgredir.
Violar.
Atentar.
*Respetar.

Deliquio
Suspensión.
Desmayo.
Enajenamiento.
Desfallecimiento
Arrobamiento.

1. Delirar
Desvariar.
Desatinar.
Enajenarse.
Alucinarse.
Desbarrar.
*Razonar.

2. Delirar
Soñar.
Fantasear.
Ilusionarse.

1. Delirio
Desvarío.
Dislate.
Alucinación.
Perturbación.
Enajenación.
*Razonamiento.

2. Delirio
Ilusión.
Quimera.
Ensueño.
Fantasía.

Delito
Infracción.
Crimen.
Culpa.
Falta.

Deludir
Burlar.
Engañar.
Alucinar.

Delusorio
Artificioso.
Ficticio.
Engañoso.
Delusivo.
*Real.

Demacrarse
Desmedrarse.
Adelgazar.
Enflaquecer.
Desmejorar.
*Engordar.

Demagogo
Jacobino.

1. Demanda
Solicitud.
Petición.
Solicitación.
Súplica.
Ruego.
*Oferta.

2. Demanda
Intento.
Empeño.
Empresa.

Demandadero
Recadero.
Encomendero.
Mandadero.

Demandante
Pretendiente.
Peticionario.
Solicitante.
Demandador.

1. Demandar
Solicitar.
Emplazar.
Pedir.
Recuestar.
Suplicar.

2. Demandar
Desear.
Apetecer.

3. Demandar
Exigir.
*Desistir.

4. Demandar
Interrogar.
Cuestionar.
Preguntar.

Demarcación
Distrito.
Circunscripción.

Demarcar
Fijar.
Delinear.
Deslindar.
Delimitar.
Señalar.

1. Demasía
Atropello.
Abuso.
Desmán.
Desafuero.
Fechoría.

2. Demasía
Insolencia.
Osadía.
Atrevimiento.
*Comedimiento.

3. Demasía
Sobra.
Exceso.
*Defecto.

1. Demasiado
Sobrado.
Excesivo.
Exorbitante. .
*Poco.

2. Demasiado
Demasiadamente.
Excesivamente.
*Insuficientemente.

1. Demediar
Partir.
Dividir.

2. Demediar
Gastar.
Usar.

Demencia
Alienación.
Vesanía.
Locura.
Psicopatía.
*Cordura.

Demente
Orate.
Anormal.
Psicópata.

Vesánico.
Loco.
*Cuerdo.

Demoler
Derribar.
Destruir.
Deshacer.
Arrasar.
Arruinar.
*Construir.

Demoníaco
Perverso.
Satánico.
Diabólico.
*Angelical.

Demonio
Demontre.
Diantre.
Diablo.
*Ángel.

Demontre
Demonio.

Demora
Tardanza.
Dilatoria.
Retraso.
Dilación.
Aplazamiento.
*Adelanto.

Demorar
Retardar.
Retrasar.
Diferir.
Dilatar.
Aplazar.
*Adelantar.

Demorarse
Entretenerse.
Pararse.
Detenerse.
*Apresurarse.

1. Demostración
Exhibición.
Exposición.
Presentación.
Expresión.
Manifestación.
*Ocultación.

2. Demostración
Definición.

Ilustración.
Ejemplificación.
Explicación.

3. Demostración
Verificación.
Testimonio.
Prueba.
Confirmación.

4. Demostración
Alegación.
Argumento.
Razonamiento.

Demostrar
Justificar.
Manifestar.
Probar.
Patentizar.
Mostrar.

Demostrativo
Probatorio.
Convincente.
Evidente.
Categórico.
Apodíctico.

Demudado
Transfigurado.
Desfigurado.

Demudar
Cambiar.
Trasmudar.
Desfigurar.
Mudar.
Variar.

Denegación
Negación.
Negativa.
Desestimación.
*Concesión.

Denegar
Desestimar.
Negar.
*Acceder.

Denegrir
Ennegrecer.
Denegrecer.

Dengoso
Delicado.
Melifluo.
Melindroso.
Denguero.
Remilgado.
*Sufrido.

Dengue
Melindre.
Remilgo.

Denigrante
Deshonroso.
Humillante.
Infamante.
Afrentoso.
Injurioso.
*Enaltecedor.

Denigrar
Injuriar.
Desprestigiar.
Calumniar.
Infamar.
Vilipendiar.
*Enaltecer.

Denodado
Decidido.
Resuelto.
Esforzado.
Atrevido.
Intrépido.
*Tímido.

1. Denominador
Calificativo.

2. Denominador
Divisor.

Denominar
Nombrar.
Intitular.
Designar.
Llamar.

Denostar
Denigrar.
Vilipendiar.
Ultrajar.
Injuriar.
Insultar.
*Ensalzar.

Denotar
Significar.
Indicar.
Expresar.
Señalar.

Densidad
Cohesión.
Compacidad.
Macicez.
Consistencia.
*Fluidez.

Densímetro
Areómetro.

1. Denso
Consistente.
Espeso.
Compacto.
Apiñado.
Macizo.
*Fofo.

***2. Denso**
Pesado.
*Leve.

Dentado
Dentellado.

Dentadura
Dentición.

1. Dentar
Adentellar.

2. Dentar
Endentecer.

Dentejón
Yugo.

Dentellada
Mordedura.
Mordisco.
Colmillada.

1. Dentera
Rabanillo.
Amargor.

2. Dentera
Prurito.
Envidia.
Ansia.

Dentista
Odontólogo.

Denuedo
Ánimo.
Arrojo.
Valor.
Brío.
Intrepidez.
Resolución.
*Pusilanimidad.

Denuesto
Ofensa.
Insulto.
Improperio.

Injuria.
*Lisonja.

Denuncia
Confidencia.
Información.
Delación.
Acusación.
Soplo.

Denunciante
Delator.
Acusador.
Soplón.
Denunciador.

Denunciar
Acusar.
Descubrir.
Delatar.
Revelar.
*Encubrir.

1. Deparar
Facilitar.
Entregar.
Dar.
Proporcionar.
Suministrar.

2. Deparar
Señalar.
Mostrar.
Ofrecer.
Presentar.

1. Departamento
Distrito.
Cantón.

2. Departamento
Compartimiento.
División.

3. Departamento
Ramo.

4. Departamento
Oficina.
Dependencia.

Departir
Platicar.
Charlar.
Dialogar.
Conversar.
Hablar.

Depauperado
Exánime.
Débil.

Escuálido.
Desnutrido.

1. Depauperar
Empobrecer.
*Enriquecer.

2. Depauperar
Extenuar.
Enflaquecer.
Debilitar.
*Robustecer.

1. Dependencia
Supeditación.
Subordinación.
Servidumbre.
Sujeción.
Sumisión.
*Independencia.

2. Dependencia
Sucursal.
*Central.

3. Dependencia
Dependientes.
Personal.
Empleados.

Depender
Servir.
Pender.

1. Dependiente
Accesorio.

2. Dependiente
Auxiliar.
Subordinado.
Subalterno.
*Independiente.

3. Dependiente
Vendedor.
Tendero.
Oficinista.

Depilatorio
Dropacismo.
Atanquía.

Deplorable
Lastimoso.
Sensible.
Lamentable.
Triste.
Desgraciado.
*Satisfactorio.

Deplorar
Dolerse.
Sentir.
Lamentar.
*Celebrar.

1. Deponer
Testificar.
Declarar.

2. Deponer
Revelar.
Despedir.
Destituir.
*Nombrar.

Deportación
Exilio.
Extrañamiento.
Destierro.
Proscripción.
Relegación.
*Repatriación.

Deportado
Exiliado.
Emigrado.

Deportar
Proscribir.
Desterrar.
Confinar.
Exiliar.
Extrañar.

Deporte
Diversión.
Juego.
Ejercicio.
Pasatiempo.
Recreo.

1. Deposición
Exposición.
Testimonio.
Declaración.

2. Deposición
Degradación.
Destitución.
Despojamiento.
*Ascenso.

3. Deposición
Evacuación.

1. Depositar
Confiar.
Fiar.
Consignar.
*Retener.

2. Depositar
Guardar.
Poner.
Colocar.

3. Depositar
Sedimentar.

1. Depositario
Fiduciario.

2. Depositario
Tesorero.
Cajero.

3. Depositario
Receptor.
Consignatario.

1. Depósito
Precipitado.
Sedimento.

2. Depósito
Consignación.
Custodia.
Resguardo.

3. Depósito
Arsenal.
Almacén.
Pósito.

4. Depósito
Provisión.
Acopio.
Almacenamiento.

5. Depósito
Receptáculo.
Tanque.
Recipiente.

Depravación
Corrupción.
Perversión.
Degeneración.
Envilecimiento.
*Integridad.

Depravado
Vicioso.
Corrompido.
Disoluto.
*Virtuoso.

Depravar
Degradar.
Corromper.
Degenerar.

Viciar.
Pervertir.
*Regenerar.

Deprecación
Súplica.
Ruego.

Deprecar
Suplicar.
Rogar.
Pedir.
Instar.
Impetrar.

Depreciar
Rebajar.
Disminuir.
Desvalorizar.
*Revalorizar.

Depredación
Despojo.
Pillaje.
Saqueo.
Rapiña.

Depredar
Despojar.
Devastar.
Saquear.
Robar.

1. Depresión
Hondonada.
Concavidad.
*Elevación.

2. Depresión
Desaliento.
Melancolía.
Abatimiento.
Decaimiento.
Desánimo.
*Excitación.

3. Depresión
Degradación.
Humillación.
*Exaltación.

Depresivo
Humillante.
Vergonzoso.
Degradante.
*Enaltecedor.

1. Deprimir
Hundir.

2. Deprimir
Desanimar.
Desalentar.
Abatir.
*Animar.

3. Deprimir
Rebajar.
Humillar.
Desacreditar.
*Exaltar.

Depuesto
Destituido.
Degradado.

Depuración
Limpieza.
Exclusión.
Purificación.
Supresión.
*Corrupción.

1. Depurado
Sencillo.
Liso.
Corto.

2. Depurado
Limpio.
Puro.
*Impuro.

Depurar
Perfeccionar.
Purificar.
Acrisolar.
*Corromper.

Derecha
Diestra.
*Izquierda.

1. Derecho
Recto.
Vertical.
Directo.
Erguido.
*Torcido.

2. Derecho
Opción.
Facultad.
Razón.
Libertad.
Justicia.
*Deber.

3. Derecho
Cara.
Anverso.
Recto.
*Revés.

4. Derecho
Exención.
Prerrogativa.

De echos
Impuestos.
Tributo.
Obvenciones.

1. Derechura
Verticalidad.

2. Derechura
Equidad.
Rectitud.
Igualdad.

Deriva
Desvío.

Derivación
Deducción.
Consecuencia.

Derivar
Deducirse.
Seguirse.
Proceder.

2. Derivar
Conducir.
Desviarse.
Encaminar.

Derivo
Origen.
Procedencia.

Dermis
Piel.

Derogar
Suprimir.
Anular.
Revocar.
Abolir.
Abrogar.
*Implantar.

Derrabar
Descolar.
Desrabotar.
Desrabar.
Escodar.

1. Derrama
Distribución.
Repartimiento.

2. Derrama
Tributo.
Contribución.
Escote.

1. Derramar
Desbordar.
Esparcir.
Verter.

2. Derramar
Publicar.
Divulgar.
Extender.

1. Derrame
Rebasamiento.
Desbordamiento.
Derramamiento.

2. Derrame
Dispersión.
Pérdida.

3. Derrame
Declive.
Rebajo.
Alféizar.

Derredor
Rededor.
Contorno.

Derrelinquir
Desamparar.
Abandonar.

1. Derrengar
Desplomar.
Descaderar.
Desriñonar.
*Aliviar.

2. Derrengar
Desviar.
Inclinar.
Torcer.

1. Derretido
Encariñado.
Enamorado.
Amartelado.

2. Derretido
Hormigón.

Derretir
Liquidar.
Licuar.
Fundir.
*Solidificar.

1. Derretirse
Amartelarse.
Enamorarse.

2. Derretirse
Impacientarse.
Inquietarse.
Deshacerse.

Derribar
Derruir.
Derrumbar.
Demoler.
Abatir.
Tumbar.
*Levantar.

Derribo
Demolición.
Ruina.
Desplome.
Destrucción.
Hundimiento.
*Construcción.

Derrocar
Precipitar.
Derribar.
Despeñar.
*Elevar.

Derrochar
Disipar.
Dilapidar.
Desperdiciar.
Malgastar.
Despilfarrar.
*Ahorrar.

Derroche
Gasto.
Dilapidación.
Despilfarro.
*Ahorro.

1. Derrota
Fracaso.
Descalabro.
Vencimiento.
Desastre.
Desbaratamiento.
*Victoria.

2. Derrota
Ruta.
Rumbo.
Derrotero.
Senda.

Derrotado
Pobre.
Ajado.

Derrotar
Batir.
Rendir.
Vencer.
Destrozar.
Desbaratar.

Derrotero
Dirección.
Rumbo.
Ruta.
Derrota.

Derruir
Derrumbar.
Arruinar.
Asolar.
Demoler.
Derribar.
*Edificar.

Derrumbadero
Precipicio.
Derrocadero.
Despeñadero.

Derrumbamiento
Desmoronamiento.
Desprendimiento.
Derrumbe.

Derrumbar
Despeñar.
Demoler.
Desplomar.
Precipitar.
Derruir.
*Levantar.

1. Desabono
Baja.

2. Desabono
Descrédito.
Perjuicio.

Desabordar
Desatracar.

Desaborido
Insulso.

Indiferente.
Soso.
Insípido.

Desabotonar
Desabrochar.

1. Desabrido
Soso.
Insípido.
Insulso.
Desaborido.
*Sabroso.

2. Desabrido
Displicente.
Hosco.
Adusto.
*Afable.

1. Desabrigado
Indefenso.
Desamparado.
Desvalido.

2. Desabrigado
Desarropado.
Desvestido.
Desnudo.

Desabrigar
Desarropar.
Destapar.

Desabrigo
Abandono.
Desamparo.
Desvalimiento.

1. Desabrimiento
Displicencia.
Aspereza.
Destemplanza.
Adustez.
*Afabilidad.

2. Desabrimiento
Disgusto.
Desazón.
*Serenidad.

Desabrochar
Desabotonar.
Desasir.
Aflojar.
Abrir.

Desabrocharse
Confesar.
Abrirse.
Franquearse.

Desacato
Irrespeto.
Desprecio.
Desobediencia.
Irreverencia.
*Acato.

Desacerbar
Calmar.
Tranquilizar.
Suavizar.
Templar.
Apaciguar.
*Exacerbar.

Desacertar
Equivocarse.
Desatinar.
Errar.
*Acertar.

Desacierto
Disparate.
Desatino.
Dislate.
Equivocación.
*Acierto.

Desacomodar
Despedir.
Desemplear.
Destituir.

Desaconsejar
Desengañar.
Disuadir.
Apartar.
*Aconsejar.

Desacoplar
Desajustar.
Desencajar.
Desunir.
*Acoplar.

Desacordar
Destemplar.
Desafinar.
Desentonar.

Desacorde
Discordante.
Desafinado.
Destemplado.
*Acorde.

Desacostumbrado
Insólito.
Extraño.

Raro.
Inusitado.
*Acostumbrado.

Desacostumbrar
Desvezar.
Deshabituar.
*Acostumbrar.

Desacreditado
Desprestigiado.
Malquisto.
Malmirado.
*Acreditado.

Desacreditar
Infamar.
Deshonrar.
Difamar.
Desprestigiar.
*Acreditar.

Desacuerdo
Discordia.
Desavenencia.
Disconformidad.
*Acuerdo.

Desaderezar
Desaliñar.

Desafección
Aversión.
Animosidad.
Antipatía.
*Afección.

1. Desaferrar
Desprender.
Soltar.
Libertar.
*Atar.

2. Desaferrar
Desviar.
Apartar.
Disuadir.
*Acercar.

Desafiar
Provocar.
Retar.
Afrontar.

Desafinar
Desentonar.
Destemplar.
Disonar.
*Afinar.

Desafío
Provocación.
Reto.
Duelo.
Competencia.

Desaforado
Enorme.
Descomunal.
Desmedido.
*Mesurado.

Desaforar
Infringir.
Vulnerar.
Violar.
Atropellar.

Desafortunado
Infeliz.
Infausto.
Aciago.
*Afortunado.

Desafuero
Abuso.
Exceso.
Desmán.
Tropelía.
Arbitrariedad.

Desagradable
Molesto.
Enojoso.
Ingrato.
Fastidioso.
Enfadoso.
*Placentero.

Desagradar
Enojar.
Fastidiar.
Molestar.
*Complacer.

Desagradecido
Olvidadizo.
Ingrato.
*Agradecido.

Desagradecimiento
Olvido.
Ingratitud.
*Agradecimiento.

Desagrado
Enojo.
Enfado.
Fastidio.

Disgusto.
Molestia.
*Agrado.

Desagraviar
Reparar.
Compensar.
Indemnizar.
Excusarse.
*Agraviar.

Desagraviarse
Desforzarse.
Vengarse.

Desagravio
Expiación.
Satisfacción.
Reparación.
Explicación.
*Agravio.

Desagregar
Esparcir.
Separar.
Segregar.
*Reunir.

Desaguadero
Desagüe.
Alcantarilla.
Escurridero.

Desaguar
Vaciar.
Secar.
Verter.
Derramar.

Desagüe
Drenaje.
Avenamiento.
Achique.
Desembocadura.

Desaguisado
Agravio.
Disparate.
Desatino.
Desacierto.
Barbaridad.
*Acierto.

1. Desahogado
Desenvuelto.
Desvergonzado.
Atrevido.
*Encogido.

2. Desahogado
Amplio.
Espacioso.
Despejado.
*Reducido.

3. Desahogado
Acomodado.
Descansado.
Aliviado.
*Ahogado.

Desahogar
Aligerar.
Aliviar.
*Atosigar.

1. Desahogarse
Explayarse.
Abrirse.
Expansionarse.
*Contenerse.

2. Desahogarse
Reponerse.
Recobrarse.
Repararse.

1. Desahogo
Holgura.
Desenvoltura.
Desembarazo.
*Estrechez.

2. Desahogo
Tranquilidad.
Alivio.
Reposo.
*Congoja.

3. Desahogo
Efusión.
Expansión.
Esparcimiento.
*Contención.

4. Desahogo
Descaro.
Desenvoltura.
Atrevimiento.
*Encogimiento.

Desahuciado
Condenado.
Incurable.
Insanable.

1. Desahuciar
Despedir.
Expulsar.

2. Desahuciar
Desengañar.
Desesperanzar.
*Esperanzar.

Desahucio
Lanzamiento.

1. Desairado
Desgarbado.
*Airoso.

2. Desairado
Despreciado.
Desdeñado.
*Respetado.

Desairar
Despreciar.
Desdeñar.
*Respetar.

Desaire
Desdén.
Descortesía.
Desprecio.
*Atención.

Desajustar
Desmontar.
Desencajar.
Desacoplar.
*Ajustar.

Desalado
Anhelante.
Rápido.
Presuroso.
Acelerado.
*Desanimado.

Desalar
Aliquebrar.
Alicortar.

1. Desalarse
Dispararse.
Apresurarse.
Arrojarse.
*Remitir.

2. Desalarse
Querer.
Ansiar.
Apetecer.
Anhelar.

Desalentar
Abatir.

Amilanar.
Descorazonar.
Desanimar.
*Alentar.

Desaliento
Decaimiento.
Postración.
Abatimiento.
Desánimo.
*Aliento.

Desaliñado
Harapiento.
Abandonado.
Descuidado.
Desaseado.
Desarreglado.
*Acicalado.

Desaliñar
Ajar.
Estropear.
Deteriorar.
Desordenar.

Desaliño
Dejadez.
Desidia.
Abandono.
Negligencia.
Descuido.
*Pulcritud.

Desalmado
Bárbaro.
Cruel.
Salvaje.
Inhumano.
Despiadado.
*Compasivo.

Desalmarse
Querer.
Desear.
Anhelar.
Ansiar.

1. Desalojar
Lanzar.
Echar.
Sacar.
Expulsar.
*Alojar.

2. Desalojar
Marcharse.
Irse.
Abandonar.

Dejar.
*Ocupar.

Desalterar
Apaciguar.
Calmar.
Tranquilizar.
Sosegar.
*Inquietar.

Desamar
Aborrecer.

1. Desamarrar
Desasir.
Soltar.
Desligar.
Desatar.
Desprender.

2. Desamarrar
Partir.
Zarpar.
Desatracar.
Desaferrar.

Desamor
Aversión.
Antipatía.
Desafecto.
Aborrecimiento.
*Amor.

Desamortizar
Liberar.

Desamparado
Solitario.
Desierto.
Desvalido.
Abandonado.
*Amparado.

Desamparar
Desasistir.
Dejar.
Abandonar.
Desatender.
*Amparar.

Desamparo
Soledad.
Abandono.
Desvalimiento.
Aislamiento.
*Ayuda.

Desandar
Recular.
Volver.
Retroceder.

1. Desangrar
Sangrar.

2. Desangrar
Vaciar.
Desaguar.
Achicar.

3. Desangrar
Arruinar.
Empobrecer.

Desanimar
Acobardar.
Abatir.
Atemorizar.
Desalentar.
*Animar.

Desánimo
Decaimiento.
Abatimiento.
Desaliento.
Postración.
*Ánimo.

Desapacible
Desabrido.
Áspero.
Duro.
*Apacible.

Desaparecer
Huir.
Esconderse.
Ocultarse.
Perderse.
*Aparecer.

Desparejar
Desmontar.
Desaprestar.
*Aparejar.

1. Desaparición
Disipación.
Desvanecimiento.
Ocultación.
*Aparición.

2. Desaparición
Destrucción.
Supresión.
Cesación.
Fin.

3. Desaparición
Pérdida.
Muerte.

Desapasionado
Justo.
Imparcial.
Ecuánime.
*Parcial.

Desapegar
Desasir.
Desprender.
Despegar.

Desapegarse
Alejarse.
Desinteresarse.

Desapego
Frialdad.
Desafecto.
Alejamiento.
Desvío.
*Apego.

Desapercibido
Desprevenido.
Descuidado.
*Preparado.

Desapercibimiento
Falta.
Imprevisión.
Desprevención.
Carencia.
*Previsión.

Desaplicación
Negligencia.
Pereza.
Ociosidad.

Desaplicado
Negligente.
Holgazán.
Perezoso.
*Aplicado.

Desaprensión
Desenfado.
Impavidez.
Frescura.
*Respeto.

Desaprobación
Reproche.
Crítica.
Censura.
Vituperio.
*Aprobación.

2. Desaprobación
Desautorización.
Denegación.
*Consentimiento.

Desaprobar
Censurar.
Condenar.
Reprobar.
*Aprobar.

Desapropiarse
Renunciar.
Abandonar.
*Apropiarse.

Desaprovechamiento
Derroche.
Deterioro.
Desperdicio.
*Utilización.

Desaprovechar
Malgastar.
Derrochar.
Desperdiciar.
*Aprovechar.

Desarmado
Indefenso.

1. Desarmar
Descomponer.
Desarticular.
Desmontar.
*Armar.

2. Desarmar
Separar.
Apartar.
Desunir.
Alejar.

Desarraigar
Suprimir.
Arrancar.
Extirpar.
*Arraigar.

Desarraigarse
Emigrar.
Expatriarse.
Desterrarse.
Desprenderse.
*Enraizar.

Desarrapado
Harapiento.

Zarrapastroso.
Desastrado.
Andrajoso.
*Atildado.

Desarreglado
Desordenado.

Desarreglar
Alterar.
Perturbar.
Desordenar.
Trastornar.
*Arreglar.

Desarreglo
Trastorno.
Confusión.
Desorden.
*Orden.

Desarrollar
Desplegar.
Expansionar.
Ampliar.
Acrecentar.
*Reducir.

1. Desarrollarse
Progresar.
Perfeccionarse.
Crecer.
Aumentar.
Adelantar.
*Decrecer.

2. Desarrollarse
Brotar.
Surgir.
Manifestarse.
Aparecer.
*Desaparecer.

1. Desarrollo
Progreso.
Aumento.
Adelanto.
Crecimiento.
Amplitud.
*Reducción.

2. Desarrollo
Aplicación.
Explanación.

Desarropar
Desabrigar.
Destapar.
*Arropar.

1. Desarticulación
Distensión.
Luxación.
Torcedura.

2. Desarticulación
Desquiciamiento.
Desencajadura.
*Acoplamiento.

Desarticular
Separar.
*Unir.

Desarzonar
Volcar.
Derribar.

Desaseado
Dejado.
Sucio.
*Aseado.

Desaseo
Suciedad.
Dejadez.
*Aseo.

Desasir
Soltar.
*Asir.

Desasosiego
Malestar.
Ansiedad.

1. Desastrado
Harapiento.
Andrajoso.
Zarrapastroso.
*Atildado.

2. Desastrado
Infausto.
Infeliz.
*Afortunado.

Desastre
Calamidad.
Catástrofe.
Ruina.
Devastación.
Derrota.

Desastroso
Catastrófico.
Infausto.
Infeliz.
Ruinoso.
Calamitoso.
*Afortunado.

Desatar
Soltar.
*Atar.

Desatarse
Excederse.
*Contenerse.

Desatascar
Destapar.
*Atascar.

Desate
Exceso.

1. Desatención
Grosería.
Desaire.
*Delicadeza.

2. Desatención
Distracción.
Inatención.
*Atención.

Desatender
Abandonar.
Olvidar.
Desestimar.
*Atender.

Desatentado
Excesivo.
Descomedido.
*Razonable.

Desatentar
Perturbar.
Turbar.

1. Desatento
Irrespetuoso.
Grosero.
*Cortés.

2. Desatento
Distraido.
*Atento.

Desatinado
Irracional.
Absurdo.
Ilógico.
Disparatado.
*Sensato.

Desatinar
Disparatar.
*Razonar.

Desatino
Dislate.
Disparate.
Locura.
Absurdo.
*Acierto.

Desatracar
Zarpar.
Partir.
*Atracar.

Desatraillar
Soltar.

Desatrampar
Limpiar.

Desautorizar
Descalificar.

Desavahado
Despejado.
Libre.
Descubierto.
*Tapado.

Desavenencia
Discordia.
Desacuerdo.
Disconformidad.
*Avenencia.

Desavenido
Discorde.
Malquisto.

Desayuno
Almuerzo.

Desazón
Malestar.
Sinsabor.
Prurito.
Inquietud.
*Sosiego.

Desazonador
Conmovedor.
Emocionante.
*Tranquilizador.

Desazonar
Fastidiar.
Enojar.
Inquietar.
*Sosegar.

1. Desbancar
Despejar.
Desembarazar.

2. Desbancar
Reemplazar.
Suplantar.

Desbandada
Derrota.
Estampida.
Huida.
Escapada.
Desastre.

Desbandarse
Huir.
Dispersarse.
Desparramarse.
*Concentrarse.

Desbarajuste
Confusión.
Desorden.
*Orden.

Desbaratamiento
Confusión.
Alteración.
Desorganización.
*Ordenación.

1. Desbaratar
Trastornar.
Arruinar.
Desordenar.
*Componer.

2. Desbaratar
Derrochar.
Despilfarrar.
Disipar.
*Conservar.

1. Desbarbar
Desbarbillar.

2. Desbarbar
Afeitar.
Rasurar.

Desbarrar
Errar.
Delirar.
Desatinar.
Desacertar.
Disparatar.
*Razonar.

Desbarro
Equivocación.
Yerro.

Desbastar
Instruir.
Afinar.
Pulir.

Desbocado
Lenguaraz.

Desbocar
Desembocar.

1. Desbocarse
Embravecerse.
Dispararse.

2. Desbocarse
Descararse.

1. Desbordamiento
Crecida.
Riada.
Inundación.
Avenida.

2. Desbordamiento
Desenfreno.

1. Desbordarse
Rebosar.
Dispersarse.
Derramarse.
Salirse.

2. Desbordarse
Desenfrenarse.
Desencadenarse.

1. Desbravar
Domesticar.
Domar.
Amaestrar.
Amansar.

2. Desbravar
Aplacarse.
Desahogarse.

Desbrozar
Despejar.
Limpiar.

1. Desbrozo
Supresión.
Limpieza.

2. Desbrozo
Ramaje.
Broza.

Descabalado
Guacho.

Descabalgar
Apearse.
Desmontar.
*Montar.

Descabellado
Absurdo.
Ilógico.
Irracional.
Desatinado.
*Juicioso.

Descabezar
Mondar.
Mochar.
Despuntar.
Desmochar.

Descaecer
Debilitarse.
Decaer.

Descaecimiento
Postración.
Depresión.
Desaliento.
*Vigor.

Descalabrar
Dañar.
Perjudicar.
Herir.
Lesionar.
Lastimar.

Descalabro
Infortunio.
Daño.
Perjuicio.
Desgracia.
Derrota.

Descalce
Socava.

Descalificar
Incapacitar.
Desacreditar.
Desautorizar.
*Habilitar.

Descalzar
Excavar.
Socavar.
*Calzar.

Descaminar
Desencaminar.

1. Descamino
Error.
Desatino.
Despropósito.

2. Descamino
Contrabando.

Descamisado
Pobre.
Harapiento.
Miserable.
Desarrapado.
*Elegante.

Descampado
Libre.
Despejado.
Descubierto.

Descansado
Calmado.
Calmo.

1. Descansar
Sosegarse.
Tranquilizarse.
Reposar.
Yacer.
Dormir.
*Fatigarse.

2. Descansar
Cargar.
Gravitar.
Apoyarse.
Estribar.

3. Descansar
Fiarse.
Confiar.
*Recelarse.

Descansillo
Rellano.
Descanso.
Meseta.

Descanso
Respiro.
Tregua.
Reposo.
Alivio.
Desahogo.
*Fatiga.

1. Descantillar
Achaflanar.

2. Descantillar
Rebajar.

Hurtar.
Desfalcar.

1. Descañonar
Desplumar.

2. Descañonar
Pelar.
Ganar.

Descarado
Insolente.
Atrevido.
Desvergonzado.
*Respetuoso.

Descararse
Insolentarse.
Atreverse.
Avilantarse.
*Retenerse.

1. Descarga
Fondeo.
Desembarco.

2. Descarga
Aligeramiento.

3. Descarga
Chispazo.

4. Descarga
Disparo.
Andanada.
Fuego.
Cañonazo.

1. Descargar
Disparar.
Descerrajar.

2. Descargar
Aligerar.
Aliviar.
Descebar.

3. Descargar
Libertar.
Relevar.

4. Descargar
Desembarcar.
Alijar.

5. Descargar
Largar.
Dar.
Atizar.
Propinar.

Descargo
Justificación.
Excusa.
Disculpa.
*Cargo.

1. Descarnar
Descabalar.

2. Descarnar
Desmoronar
Deshacer.

3. Descarnar
Despojar.

1. Descaro
Atrevimiento.
Osadia.
Tupé.
Licencia.
Avilantez.
*Comedimiento.

Descarriar
Pervertir.
Distraer.
Extraviar.
*Encaminar.

Descarrilar
Patinar.
Saltar.
Desrielar.

Descarrío
Vicio.
Relajación.
Perdición.
Extravio.
Descarriamiento.
*Virtud.

Descartar
Suprimir.
Prescindir.
Eliminar.
Quitar.
*Aceptar.

1. Descarte
Excusa.
Subterfugio.
Evasiva.
Salida.
Efugio.

2. Descarte
Supresión.
Eliminación.
Separación.

Descasar
Separar.
Divorciar.
*Casar.

Descastado
Ingrato.
Despegado.
Olvidadizo.
Renegado.
*Fiel.

Descebar
Descargar.

Descendencia
Prole.
Sucesión.
Hijos.
*Ascendencia.

1. Descender
Bajar.
Caer.
*Ascender.

2. Descender
Menguar.
Decrecer.
Disminuir.
*Aumentar.

3. Descender
Degradarse.
Rebajarse.
*Progresar.

4. Descender
Derivar.
Proceder.
Originarse.
Provenir.

Descendiente
Sucesor.
Vástago.
Hijo.
*Ascendiente.

Descenso
Declinación.
Decadencia.
Degradación.
Caída.
Bajada.
*Ascenso.

Descentrado
Apartado.

Desvinculado.
Alejado.
Desviado.
*Ubicado.

Descepar
Extirpar.
Arrancar.
Desarraigar.

Descerrajado
Depravado.

1. Descerrajar
Disparar.
Descargar.

2. Descerrajar
Romper.
Violentar.
Forzar.
Fracturar.
Quebrantar.

Descerrar
Abrir.

Descifrar
Desentrañar.
Comprender.
Leer.
Interpretar.
Transcribir.

Desclavar
Arrancar.
*Clavar.

Descolgar
Arriar.
Bajar.
Aballar.

1. Descolgarse
Salir.
Espetar.

2. Descolgarse
Aparecer.
Sorprender.

Descolocado
Cesante.

Descolorar
Desteñir.

Descolorido
Macilento.
Pálido.
Lívido.

Incoloro.
Blanquecino.
*Atezado.

Descollante
Destacado.
Señalado.
Dominante.
Predominante.
Sobresaliente.
*Irrelevante.

Descollar
Emerger.
Distinguirse.
Resaltar.
Sobresalir.
Despuntar.

1. Descomedido
Exagerado.
Excesivo.
*Mesurado.

2. Descomedido
Descortés.
Grosero.
*Comedido.

Descomedirse
Insolentarse.
*Respetar.

Descompadrar
Indisponer.
Malquistar.
Enemistar.
*Unir.

Descompaginar
Descomponer.
*Compaginar.

Descomponer
Trastornar.
Desbaratar.
Desarreglar.
*Componer.

1. Descomponerse
Corromperse.
Pudrirse.

2. Descomponerse
Alterarse.
Desquiciarse.
Indisponerse.
Enojarse.
*Sosegarse.

Descomposición
Putrefacción.
Corrupción.

1. Descompuesto
Putrefacto.
Alterado.
Podrido.
*Sano.

2. Descompuesto
Atrevido.
Descortés.
Inmodesto.
*Respetuoso.

Descomunal
Gigantesco.
Monstruoso.
Enorme.
Extraordinario.
*Diminuto.

Desconcertar
Confundir.
Alterar.
Turbar.
*Tranquilizar.

Desconcierto
Confusión.
Desorden.
Desorganización.
*Concierto.

Desconectar
Interrumpir.
Independizar.
*Conectar.

Desconexión
Desunión.

Desconfiado
Incrédulo.
Cauto.
Previsor.
Receloso.
*Confiado.

Desconfianza
Reserva.
Temor.
Suspicacia.
Prevención.
Recelo.
*Confianza.

Desconformar
Discrepar.

Desconocer
Ignorar.
*Conocer.

Desconocido
Anónimo.
Ignorado.
Incógnito.
Ignoto.
Oscuro.
*Conocido.

Desconocimiento
Inconsciencia.
Ignorancia.
*Saber.

Desconsideración
Ligereza.
Atolondramiento.
Irreflexión.
Inadvertencia.
*Atención.

Desconsolado
Pesaroso.
Melancólico.
Triste.
Atribulado.
Doliente.
*Resignado.

Desconsolar
Acongojar.
Abatir.
Apesarar.
Entristecer.
Contristar.
*Alentar.

Desconsuelo
Pesar.
Desolación.
Amargura.
Aflicción.
Angustia.
*Consuelo.

Descontar
Reducir.
Rebajar.
Deducir.
Quitar.
*Añadir.

Descontentar
Enfadar.
Desazonar.

Disgustar.
*Regocijar.

1. Descontento
Insatisfecho.
Quejoso.
Disgustado.
*Contento

2. Descontento
Enfado.
Irritación.
Enojo.
Disgusto.
Insatisfacción.
*Contento.

Desconveniencia
Perjuicio.
Molestia.
Dificultad.
Estorbo.
*Conveniencia.

Desconveniente
Disconforme.

Descorazonar
Abatir.
Amilanar.
Atemorizar.
Arredrar.
*Animar.

1. Descorchar
Descortezar.
Descascar.

2. Descorchar
Destaponar.
Destapar.

3. Descorchar
Forzar.
Descerrajar.

1. Descorrer
Reunir.
Retroceder.
Plegar.
Volver.
Encoger.

2. Descorrer
Escurrir.
Correr.
Fluir.
Manar.

Descortés
Desatento.
Grosero.
*Cortés.

Descortesía
Desconsideración.
Grosería.
*Cortesía.

1. Descortezar
Descascarar.

2. Descortezar
Educar.
Instruir.
Desbastar.

1. Descoser
Solgar.
Deshacer.
*Coser.

2. Descoser
Descubrir.
Revelar.

1. Descosido
Inconexo.
Desordenado.

2. Descosido
Parlanchín.

Descoyuntar
Desquiciar.
Dislocar.
*Articular.

Descrédito
Mancilla.
Desdoro.
Deshonor.
*Crédito.

Descreído
Ateo.
Agnóstico.
Excéptico.
Incrédulo.
*Creyente.

Descreimiento
Ateísmo.
Impiedad.
Irreverencia.
*Piedad.

Describir
Explicar.
Especificar.
Definir.
Reseñar.
Delinear.

Descripción
Especificación.
Explicación.
Detalle.
Reseña.
Relación.

Descrismar
Descalabrar.

Descuadernar
Desbaratar.
Trastornar.
*Ordenar.

1. Descuajar
Descoagular.
Licuar.

2. Descuajar
Descepar.
Desarraigar.

Descuajo
Arranque.
Descuaje.
*Plantación.

Descuartizamiento
Desposte.

Descuartizar
Partir.
Despedazar.
Dividir.
Destrozar.

Descubierta
Exploración.
Batida.

Descubierto
Deuda.
Déficit.
*Superávit.

Descubridero
Loma.
Atalaya.
Alcor.
Otero.

Descubridor
Explorador.
Inventor.

Descubrimiento
Exhumación.
Hallazgo.
Invención.

1. Descubrir
Encontrar.
Hallar.
Exhumar.
Inventar.

2. Descubrir
Desnudar.
Destapar.
*Cubrir.

3. Descubrir
Denunciar.
Revelar.
Manifestar.
*Ocultar.

1. Descuello
Distinción.
Elevación.
Superioridad.
Predominio.

2. Descuello
Altanería.
Altivez.

Descuento
Disminución.
Deducción.
Rebaja.
*Incremento.

Descuerno
Chasco.
Desprecio.
Desaire.
*Atención.

1. Descuidado
Desidioso.
Abandonado.
Negligente.
Dejado.
*Cuidadoso.

2. Descuidado
Dejado.
Desaseado.
Desaliñado.
*Atildado.

3. Descuidado
Desprevenido.
*Preparado.

Descuidar
Olvidar.
Dejar.
Omitir.
Abandonar.
*Cuidar.

1. Descuido
Incuria.
Negligencia.
Olvido.
Dejadez.
Omisión.
*Cuidado.

2. Descuido
Desliz.
Falta.
Tropiezo.

Desdecirse
Abjurar.
Retractarse.
*Reiterar.

Desdén
Indiferencia.
Desprecio.
Menosprecio.
*Estimación.

Desdeñar
Desairar.
Menospreciar.
Despreciar.
Desestimar.
*Estimar.

Desdeñoso
Arrogante.
Despreciativo.
Indiferente.
Orgulloso.
*Deferente.

Desdibujado
Defectuoso.
Confuso.
Difuso.
*Nítido.

Desdicha
Infortunio.
Infelicidad.
Desgracia.
Desventura.
*Dicha.

Desdichado
Infeliz.
Desgraciado.
Misero.
Infortunado.
Desventurado.
*Dichoso.

Desdoblar
Extender.
Desplegar.
*Doblar.

2. Desdoblar
Separar.
Desglosar.
*Juntar.

Desdorar
Denigrar.
Difamar.
Calumniar.
*Alabar.

Desdoro
Mancilla.
Deshonra.
Mancha.
Descrédito.
*Prestigio.

Desear
Ansiar.
Apetecer.
Querer.
Anhelar.
Ambicionar.
*Rechazar.

1. Desecado
Árido.
Seco.

2. Desecado
Delgado.

Desecar
Deshumedecer.
Desencharcar.
Desalagar.
*Anegar.

Desechar
Rechazar.
Desdeñar.
Apartar.
Excluir.
*Aprovechar.

Desecho
Residuos.
Escoria.
Desperdicios.
Hez.
Restos.

Desembalar
Desatar.
Abrir.
Desliar.
Desempacar.
*Embalar.

1. Desembanastar
Desnudar.
Desenvainar.

2. Desembanastar
Parlotear.
Charlar.

Desembarazado
Libre.
Despejado.
Expedito.
*Obstruido.

Desembarazar
Evacuar.
Despejar.
Limpiar.
Separar.
*Obstruir.

Desembarazo
Soltura.
Desparpajo.
Desenvoltura.
*Encogimiento.

Desembarcadero
Muelle.
Grao.
Puerto.
Fondeadero.
Surtidero.

Desembarcar
Bajar.
Desalojar.

Desembarrancar
Desencallar.
Desvarar.

Desembaular
Confiarse.
Espontanearse.
*Callar.

Desembocadura
Delta.
Estuario.
Barra.

Desembocar
Verter.
Desaguar.
Afluir.
Derramar.

Desembolsar
Gastar.
Costear.
Abonar.
Pagar.
Saldar.
*Embolsarse.

Desembolso
Gasto.
Entrega.
Dispendio.
Pago.
*Embolso.

Desembrollar
Aclarar.
*Embrollar.

Desembuchar
Confesar.
Declarar.
Desahogarse.
*Callar.

Desemejante
Disimil.
Dispar.
Diferente.
Distinto.
Desigual.
*Semejante.

Desemejanza
Disparidad.
Variedad.
Disimilitud.
Distinción.
*Semejanza.

Desemejar
Distinguirse.
Diferenciarse.

Desempacar
Desempaquetar.

Desempacarse
Calmarse.

Aplacarse.
Sosegarse.
*Incomodarse.

Desempacho
Desenvoltura.
Desenfado.
*Vergüenza.

Desempaquetar
Desatar.
Desliar.
Desenvolver.
*Envolver.

1. Desempeñar
Libertar.
Rescatar.

2. Desempeñar
Realizar.
Ejercer.
Cumplir.
Ejecutar.
Hacer.

Desempeño
Observancia.
Cometido.
Cumplimiento.

Desempeorarse
Aliviarse.
Mejorar.
Convalecer.
Restablecerse.
Recuperarse.
*Agravarse.

Desempolvar
Sacudir.
Cepillar.

Desencadenarse
Desatarse.
*Contenerse.

Desencajar
Dislocar.
Desquiciar.
Desarticular.
*Encajar.

Desencaminar
Desviar.
Pervertir.
Descarriar.

Desencantar
Desengañar.

Desencanto
Chasco.
Desilusión.
Decepción.
*Encanto.

Desencapotar
Descubrir.
Revelar.

1. Desencapotarse
Serenarse.
Aclararse.
Despejarse.

2. Desencapotarse
Apaciguarse.
Desenfadarse.

Desencasillarse
Descubrir.
Franquear.
Aclarar.

Desencerrar
Libertar.

Desenclavijar
Desprender.

Desencoger
Estirar.
Desplegar.
Extender.
*Encoger.

Desencogerse
Esparcirse.
Solazarse.

Desencogimiento
Desenvoltura.
*Encogimiento.

Desenconar
Desinflar.

Desenconarse
Mitigarse.
Suavizarse.
Ablandarse.

Desenfadado
Libre.
Desavahado.
*Grave.
*Serio.

Desenfadar
Calmar.

Sosegar.
Apaciguar.
Templar.
Aplacar.
*Enconar.

Desenfado
Donaire.
Soltura.
Gallardía.
*Embarazo.

Desenfrenado
Disoluto.
Licencioso.
*Temperante.

Desenfrenarse
Viciarse.
Excederse.
*Dominarse.

Desenfreno
Escándalo.
Liviandad.
Libertinaje.
Crápula.
Garzonía.
*Templanza.

Desenganchar
Separar.
Soltar.
Desprender.
*Enganchar.

Desengañar
Decepcionar.
Desilusionar.

Desengaño
Decepción.
Chasco.
*Ilusión.

1. Desengrasar
Lavar.
Limpiar.

2. Desengrasar
Enflaquecer.
Adelgazar.

Desenlace
Final.
Conclusión.
Solución.
*Enredo.

1. Desenlazar
Soltar.
Desatar.

2. Desenlazar
Solucionar.
Resolver.

Desenmarañar
Aclarar.
*Enmarañar.

Desenmascarar
Descubrir.
Destapar.
*Cubrir.

Desenredar
Ordenar.
*Enredar.

Desenrollar
Extender.
Desarrollar.
Desplegar.
*Enrollar.

Desenroscar
Destorcer.
Desatornillar.

Desentenderse
Prescindir.
Inhibirse.
Abstenerse.
*Preocuparse.

Desenterrar
Exhumar.
*Enterrar.

Desentonar
Contrastar.
Discordar.
Desafinar.
Disonar.
*Entonar.

1. Desentono
Destemple.
Desafinación.

2. Desentono
Insolencia.

1. Desentrañar
Destripar.

2. Desentrañar
Aclarar.
Desenmarañar.

Desentumecer
Desentumir.

Desenvainar
Tirar.
Sacar.
Desnudar.

Desenvoltura
Soltura.
Impudor.
Desfachatez.
*Recato.

1. Desenvolver
Estirar.
Abrir.
Distender.
Extender.
Desarrollar.
*Envolver.

2. Desenvolver
Descubrir.
Averiguar.
Aclarar.
Descifrar.

3. Desenvolver
Expandir.
Dilatar.
Ampliar.
Aumentar.

Desenvolvimiento
Difusión.
Ampliación.
Dispersión.
Extensión.
Amplificación.
*Recogimiento.

Deseo
Ambición.
Apetencia.
Anhelo.
Aspiración.
Ansia.
*Aversión.

Desequilibrado
Maniático.
Neurasténico.
Perturbado.
*Sensato.

Deserción
Fuga.
Huida.
Abandono.
Defección.
Traición.
*Fidelidad.

Desertor
Tránsfuga.
Prófugo.

Desesperación
Abatimiento.
Pesimismo.
*Esperanza.

1. Desesperar
Desconfiar.
*Esperar.

2. Desesperar
Enojar.
Impacientar.
Irritar.
Exasperar.
*Sosegar.

1. Desestimar
Menospreciar.
Despreciar.
Desdeñar.
*Estimar.

2. Desestimar
Rechazar.
Denegar.
Desechar.
*Conceder.

Desfachatez
Atrevimiento.
Osadía.
Frescura.
*Prudencia.

Desfalcar
Sustraer.
Robar.
Hurtar.

Desfalco
Hurto.
Substracción.
Descabalamiento

Desfallecer
Debilitarse.
Flaquear.
*Vigorizarse.

Desfallecimiento
Abatimiento.
Desmayo.
Debilidad.
*Robustecimiento.

Desfavorable
Hostil.
Adverso.
Perjudicial.
Contrario.
*Favorable.

Desfigurar
Falsear.
Fingir.
Disfrazar.
Encubrir.
Deformar.

Desfiladero
Cañón.
Cañada.
Paso.
Puerto.

1. Desfilar
Marchar.
Maniobrar.
Evolucionar.
Pasar.

2. Desfilar
Desaparecer.

Desfile
Parada.
Revista.

1. Desflorar
Ajar.
Deslucir.

2. Desflorar
Estrenar.
Desvirgar.

Desfocar
Expansionar.
*Reprimir.

Desforzarse
Vengarse.

Desgaire
Desaliño.
Descuido.
*Elegancia.

Desgajar
Separar.
Arrancar.

1. Desgalgadero
Precipicio.
Despeñadero.
Derrumbadero.

2. Desgalgadero
Pedregal.
Canchal.

Desgalichado
Desgarbado.
*Garboso.

1. Desgana
Anorexia.
Inapetencia.
*Apetito.

2. Desgana
Hastío.
Apatía.
Fastidio.
Indiferencia.
*Interés.

Desgañitarse
Vocear.
Gritar.
Enronquecer.

Desgarbado
Desaliñado.
Desmadejado.
Desgalichado.
*Garboso.

Desgarrar
Despedazar.
Romper.
Rasgar.

1. Desgarro
Rasgadura.
Desgarrón.
Rotura.
Rompimiento.

2. Desgarro
Descaro.

3. Desgarro
Jactancia.
Presunción.
Petulancia.
Fanfarronería.
*Humildad.

Desgarrón
Jirón.
Rasgón.
Rotura.

Desgastado
Usado.
Lamido.

1. Desgastar
Consumir.
Adelgazar.
Comer.

2. Desgastar
Corromper.
Debilitar.
Dañar.

Desglosar
Quitar.
Separar.
Destriar.

Desgobernado
Negligente.
Abandonado.
*Ordenado.

Desgonzar
Desengoznar.

Desgracia
Percance.
Desdicha.
Accidente.
Fatalidad.
Adversidad.
*Dicha.

Desgraciado
Aciago.
Mísero.
Infausto.
Infeliz.
Desdichado.
*Feliz.

Desgraciar
Estropear.
Malograr.
Frustrar.

Desgranar
Soltar.
Desensartar.

Desgreñado
Despeinado.
*Peinado.

Desgreñar
Erizar.
Encrespar.

Deshabitado
Desierto.
Yermo.
Solitario.
Vacío.
Abandonado.
*Poblado.

Deshabituar
Desterrar.
Proscribir.
Desacostumbrar.

1. Deshacer
Separar.
Romper.
Dividir.
Suprimir.
Anular.
*Hacer.

2. Deshacer
Quebrantar.
Derrotar.
Aniquilar.

3. Deshacer
Disolver.
Diluir.
Derretir.
Licuar.

1. Deshacerse
Esfumarse.
Desvanecerse.

2. Deshacerse
Estropearse.
Dañarse.
Desfigurarse.

3. Deshacerse
Afligirse.
Consumirse.
Impacientarse.
Inquietarse.

4. Deshacerse
Extremarse.
Enflaquecer.
*Rehacerse.

5. Deshacerse
Ansiar.
Perecer.
Morirse.
Desvivirse.

Desharrapado
Roto.
Andrajoso.
Harapiento.
*Elegante.

1. Deshecha
Disimulo.
Ocultación.

2. Deshecha
Despedida.

Desherbar
Desyerbar.
Escardar.

Desheredar
Privar.
Preterir.

Deshilar
Deshilachar.

Deshilvanado
Incoherente.
Inconexo.
Incongruente.
*Enlazado.

Deshincar
Arrancar.

1. Deshinchar
Desinflar.

2. Deshinchar
Desfogar.
Desahogar.

Deshincharse
Reducirse.
Rebajarse.
*Hincharse.

Deshipotecar
Cancelar.

Deshojar
Exfoliar.
Desguarnecer.
Despojar.
Arrancar.

1. Deshollinar
Fregar.
Limpiar.

2. Deshollinar
Examinar.
Fisgonear.
Registrar.

Deshonestidad
Impudicia.
Liviandad.
Indecencia.
Impureza.
Inmoralidad.
*Honestidad.

Deshonesto
Licencioso.
Obsceno.
Libidinoso.
Indecente.
Impúdico.
*Honesto.

Deshonor
Oprobio.
Vilipendio.
Ultraje.
Ruindad.
Ignominia.
*Honor.

Deshonrar
Difamar.
Ultrajar.
Afrentar.
Violar.
Infamar.
*Respetar.

Desiderátum
Culminación.
Objeto.
Fin.

Desidia
Pereza.
Incuria.
Abandono.
Dejadez.
Negligencia.
*Celo.

Desidioso
Perezoso.
Negligente.
Descuidado.
*Diligente.

1. Desierto
Yermo.
Solitario.
Abandonado.
Despoblado.
*Populoso.

2. Desierto
Páramo.
Estepa.
Erial.
Sabana.
Yermo.

Designación
Nominación.
Nombramiento.
Elección.

Designar
Nombrar.
Destinar.
Indicar.
Denotar.
Señalar.

Designio
Intención.
Mira.
Idea.
Propósito.
Pensamiento.

1. Desigual
Distinto.
Diferente.
Vario.
Heterogéneo.
Disímil.
*Igual.

2. Desigual
Variable.
Voluble.
Mudable.
Caprichoso.
Inconstante.
*Constante.

3. Desigual
Barrancoso.
Quebrado.
Áspero.
*Llano.

1. Desigualdad
Diferencia.
Discrepancia.
Disparidad.
Disimilitud.
Desemejanza.
*Igualdad.

2. Desigualdad
Irregularidad.
Altibajos.

3. Desigualdad
Anfractuosidad

Desilusión
Decepción.
Desengaño.
Desencanto.
Chasco.
*Ilusión.

Desilusionar
Decepcionar.
Desengañar.
*Ilusionar.

Desinencia
Terminación.
*Raíz.

Desinfección
Limpieza.
Asepsia.

Desinfectante
Antiséptico.

Desinfectar
Purificar.
Deterger.

Desinflar
Deshinchar.

Desintegrar
Desmembrar.
Disociar.
Disgregar.
*Integrar.

Desinterés
Generosidad.
Liberalidad.
Abnegación.
Largueza.
*Egoísmo.

Desinteresado
Generoso.
Liberal.
Desprendido.
*Interesado.

Desinteresarse
Desentenderse.

Desistimiento
Renuncia.
Abandono.
Rescisión.
Retracción.
*Aceptación.

Desistir
Cejar.
Abandonar.
Cesar.
Renunciar.
*Perseverar.

1. Desjarretar
Amputar.
Cercenar.
Cortar.

2. Desjarretar
Debilitar.
Cansar.

Desjuntar
Apartar.
Alejar.
Separar.
Segmentar.
*Unir.

Desleal
Alevoso.
Felón.
Traidor.
Pérfido.
*Leal.

Deslealtad
Traición.
Perfidia.
Felonía.
Alevosía.
*Lealtad.

1. Desleído
Disuelto.

2. Desleído
Prolijo.
Dilatado.

Desleír
Diluir.
Disolver.
Deshacer.
*Concentrar.

Deslenguado
Insolente.
Lenguaraz.
*Circunspecto.

Deslenguarse
Insolentarse.
*Contenerse.

1. Desligar
Soltar.
Desatar.
*Ligar.

2. Desligar
Dispersar.
Absolver.
*Ligar.

1. Deslindar
Demarcar.
Delimitar.

2. Deslindar
Distinguir.
Aclarar.

1. Desliz
Resbalón.

2. Desliz
Ligereza.
Tropiezo.
Error.
Falta.
Caída.

1. Deslizar
Rodar.
Correr.

2. Deslizar
Introducir.
Espetar.
Meter.

Deslizarse
Escurrirse.
Evadirse.
Escabullirse.
Resbalar.
Escaparse.

Deslomar
Reventar.
Quebrantar.
Moler.

1. Deslucido
Deslustrado.

2. Deslucido
Inane.
Insípido.

3. Deslucido
Desmañado.

Deslumbramiento
Ofuscación.

Pasmo.
Alucinación.
Enajenamiento.
Ceguera.

Deslumbrar
Ilusionar.
Alucinar.
Ofuscar.
Cegar.
Engañar.

Deslucir
Deteriorar.
Ajar.
*Reparar.

Deslustrado
Velado.
Mate.
Terne.
Apagado.
*Brillante.

1. Desmadejado
Caído.
Flojo.
*Vigoroso.

2. Desmadejado
Desaliñado.
*Atildado.

Desmadejamiento
Flojedad.
Quebrantamiento.
*Ánimo.

Desmamar
Destetar.

Desmán
Tropelía.
Fechoría.
Exceso.
Demasía.

1. Desmandarse
Excederse.
Propasarse.
*Comedirse.

2. Desmandarse
Rebelarse.
Desobedecer.

1. Desmantelar
Retirar.
Abandonar.

2. Desmantelar
Arruinar.
Abatir.
Arrasar.
Derribar.
Demoler.
*Erigir.

3. Desmantelar
Desarmar.

Desmaña
Torpeza.
Ineptitud.
Impericia.
Inhabilidad.
*Soltura.

Desmañado
Torpe.
Chapucero.
Inhábil.
*Mañoso.

Desmarrido
Lánguido.
Mustio.
Triste.
*Animoso.

Desmayar
Amilanarse.
*Envalentonarse.

Desmayarse
Desvanecerse.
Accidentarse.
*Recobrarse.

Desmayo
Desvanecimiento.
Síncope.
Accidente.
Soponcio.

Desmazalado
Caído.
Flojo.
*Vigoroso.

Desmedido
Excesivo.
Enorme.
Desmesurado.
*Moderado.

Desmedrado
Delgado.
Débil.

Flaco.
Escuálido.
Enteco.
*Rehecho.

1. Desmedrar
Deteriorar.
Estropear.

2. Desmedrar
Menguar.
Declinar.
Decaer.
*Rehacerse.

Desmejora
Pérdida.
Menoscabo.
*Mejora.

Desmejorar
Deteriorar.
Decaer.
Perder.
Ajar.
*Mejorar.

Desmelenado
Despeinado.
Desgreñado.
*Peinado.

Desmembrar
Escindir.
Separar.
Dividir.
*Unir.

Desmemoriado
Distraído.
Olvidadizo.

Desmenuzar
Triturar.
Picar.
Desmigajar.

Desmesurado
Enorme.
Excesivo.
*Moderado.

Desmenguar
Menoscabar.
Disminuir.
Amenguar.

1. Desmentir
Refutar.

Objetar.
Negar.
Rebatir.
Impugnar.
*Confirmar.

2. Desmentir
Disfrazar.
Disimular.

Desmenuzable
Fraccionable.
Friable.

Desmesurarse
Excederse.
Crecerse.
Insolentarse.
Atreverse.
*Respetar.

Desmirriado
Desmedrado.

Desmochar
Cercenar.
Podar.
Cortar.
Despuntar.

1. Desmontar
Bajarse.
Apearse.
Descabalgar.
*Montar.

2. Desmontar
Desarmar.
*Articular.

1. Desmoralizar
Viciar.
Corromper.
Pervertir.

2. Desmoralizar
Abatir.
*Animar.

Desmoronarse
Caerse.
Arruinarse.

Desnarigado
Braco.
Ñato.
Chato.

1. Desnaturalizado
Ingrato.
Réprobo.

2. Desnaturalizado
Cruel.
Inhumano.

1. Desnaturalizar
Deformar.
Variar.
Falsear.
Alterar.
Desfigurar.

2. Desnaturalizar
Extrañar.
Desterrar.
Expulsar.

Desnivel
Rampa.
Pendiente.
Peralte.
Altibajo.
*Ras.

Desnudarse
Desvestirse.
*Vestirse.

Desnudez
Privación.
Indigencia.
Escasez.
Penuria.
Pobreza.
*Abrigo.

1. Desnudo
Desvestido.
Corito.
Calato.
*Vestido.

2. Desnudo
Escotado.
Descubierto.
Remangado.
Descalzo.
Destocado.

3. Desnudo
Privado.
Falto.
Liso.
Carente.
Escaso.
*Abundante.

4. Desnudo
Manifiesto.
Claro.
Patente.
*Solapado.

5. Desnudo
Pobre.
Misero.
Indigente.
*Rico.

Desnutrido
Escuálido.
Débil.
Anémico.
Exinánido.
Extenuado.
*Sano.

Desobedecer
Rebelarse.
*Obedecer.

Desobediencia
Rebeldía.
Indisciplina.
Insumisión.
Indocilidad.
*Obediencia.

Desobediente
Díscolo.
Reacio.
Indócil.
Rebelde.
*Obediente.

Desobligar
Exonerar.
Dispensar.
Librar.
Eximir.
*Gravar.

Desobstrucción
Despejo.
Desbrozo.
*Taponamiento.

Desobstruir
Abrir.
Limpiar.
Despejar.
*Tapar.

Desocupación
Paro.
Cesantía.
Ocio.
*Ocupación.

1. Desocupado
Parado.

Ocioso.
Cesante.
*Ocupado.

2. Desocupado
Vacio.
*Lleno.

Desocupar
Evacuar.
Vaciar.
*Ocupar.

Desoir
Desestimar.
*Atender.

1. Desolación
Pena.
Dolor.
Angustia.
Aflicción.
*Gozo.

2. Desolación
Ruina.
Destrucción.

1. Desolado
Triste.
Compungido.
Contrito.
Dolorido.
*Alegre.

2. Desolado
Estéril.
Asolado.
Yermo.
Arruinado.
Devastado.
*Feraz.

1. Desolar
Asolar.
Destruir.

2. Desolar
Angustiar.
Afligir.
Acongojar.
Entristecer.
*Animar.

Desolladero
Matadero.
Macelo.
Rastro.

Desollado
Insolente.
*Discreto.

Desollar
Despellejar.

1. Desorbitar
Desencajar.

2. Desorbitar
Exagerar.

1. Desorden
Trastorno.
*Orden.

2. Desorden
Alboroto.
Motín.
Asonada.
Tumulto.

1. Desordenado
Turbulento.
Alterado.
Confuso.
Heteróclito.
*Ordenado.

2. Desordenado
Desenfrenado.

Desordenar
Trastornar.
Perturbar.
*Ordenar.

Desorejado
Vil.
Abyecto.
Inicuo.
Despreciable.
Infame.
*Honesto.

Desorganizar
Desordenar.

Desorientar
Turbar.
Confundir.
Extraviar.
*Orientar.

Desosar
Deshuesar.

Desove
Freza.

Desovillar
Elucidar.
Aclarar.
*Enmarañar.

Despabiladeras
Tenacillas.

Despabilado
Sagaz.
Listo.
Advertido.
Despierto.
Vivo.
*Torpe.

1. Despabilar
Atizar.
Espabilar.
*Apagar.

2. Despabilar
Apremiar.
Adelantar.
Festinar.
Despachar.
Diligenciar.

3. Despabilar
Robar.

4. Despabilar
Avivar.
Avispar.
Despertar.
Aguzar.
Incitar.

5. Despabilar
Matar.

Despabilarse
Desvelarse.

Despacio
Paulatinamente.
Lentamente.
*Aprisa.

1. Despachar
Expender.
Vender.

2. Despachar
Remitir.
Mandar.
Enviar.

3. Despachar
Echar.
Despedir.

4. Despachar
Matar.

5. Despachar
Activar.
Acelerar.
Apresurarse.
Concluir.
Abreviar.
*Entretener.

1. Despacho
Salida.
Venta.

2. Despacho
Parte.
Comunicación.

3. Despacho
Estudio.
Oficina.
Bufete.

Despachurrar
Aplastar.
Reventar.
Estrujar.

Despaldillar
Despaletillar.

Despalmar
Achaflanar.

Despampanante
Asombroso.
Fenomenal.
Prodigioso.
Extraordinario.
Portentoso.
*Usual.

Despanzurrar
Reventar.

Desparpajo
Desenfado.
Desenvoltura.
*Encogimiento.

Despapucho
Disparate.

Desparramado
Espacioso.
Abierto.
Amplio.
Ancho.
*Encogido.

Desparramar
Dispersar.
Desperdigar.
Esparcir.
Diseminar.
Extender.
*Recoger.

Despatarrar
Asombrar.
Atemorizar.

Despavesar
Despabilar.

Despavorido
Espantado.
Atemorizado.
Horripilado.
Asustado.
Horrorizado.
*Impávido.

Despectivo
Desdeñoso.
Despreciativo.
*Respetuoso.

Despechar
Molestar.
Indignar.
Enfadar.
Importunar.
*Sosegar.

1. Despecho
Rencor.
Resentimiento.
Encono.
Inquina.
Cólera.

2. Despecho
Desengaño.
Impaciencia.

Despedazar
Destrozar.

Despedida
Partida.
Despido.
*Acogida.

1. Despedir
Lanzar.
Difundir.
Disparar.
Arrojar.
Soltar.

2. Despedir
Licenciar.
Echar.
Despachar.
Expulsar.
*Admitir.

Despegado
Hosco.
Huraño.
Áspero.
Intratable.
Desabrido.

1. Despegar
Separar.
Apartar.
*Pegar.

2. Despegar
Elevarse.
*Aterrizar.

Despego
Frialdad.
Aspereza.
*Apego.

Despeinar
Desgreñar.
*Peinar.

1. Despejado
Vivo.
Inteligente.
Listo.
Despierto.
Suelto.
*Cerrado.

2. Despejado
Espacioso.
Libre.
*Obstruido.

3. Despejado
Claro.
Sereno.
*Cubierto.

1. Despejar
Desocupar.
*Obstruir.

2. Despejar
Aclararse.
Serenarse.
*Cubrirse.

1. Despejo
Soltura.
Desenvoltura.
*Encogimiento.

2. Despejo
Talento.
Viveza.
Ingenio.
*Torpeza.

Despeluzar
Desgreñar.
*Peinar.

Despeluznante
Espeluznante.

Despenar
Apenar.
Matar.

1. Despender
Emplear.
Usar.
Gastar.

2. Despender
Derrochar.
Dilapidar.
Malrotar.
Malgastar.
*Ahorrar.

1. Despensa
Repostería.
Sibil.
Fresquera.
Cillero.

2. Despensa
Alacena.

3. Despensa
Víveres.
Provisión.

Despeñadero
Barranco.
Precipicio.
Derrumbadero.

Despeñar
Arrojar.
Precipitar.

1. Despeñarse
Desriscarse.

2. Despeñarse
Enviciarse.
*Contenerse.

1. Despeño
Curso.
Flujo.

2. Despeño
Caida.

3. Despeño
Perdición.
Ruina.

1. Despepitarse
Vocear.
Gritar.

2. Despepitarse
Desenfrenarse.

3. Despepitarse
Ansiar.
Desear.
Anhelar.

Desperdiciar
Despilfarrar.
Derrochar.
Malbaratar.

•Aprovechar.

Desperdicio
Excedente.
Sobra.
Residuo.
Resto.
Desecho.

Desperdigar
Diseminar.
Dispersar.
Esparcir.

•Reunir.

Desperezarse
Estirarse.
Desentumecerse.

Desperfecto
Avería.
Deterioro.
Daño.
Detrimento.

Despertador
Aviso.
Estímulo.
Avisador.

1. Despertar
Desvelar.

•Adormecer.

2. Despertar
Mover.
Excitar.
Incitar.

•Acallar.

Despiadado
Impio.
Cruel.
Inhumano.

•Compasivo.

Despicar
Apaciguar.
Mitigar.
Desagraviar.
Calmar.

Despicarse
Vengarse.
Satisfacerse.

Despierto
Avisado.
Listo.
Advertido.
Vivo.
Despabilado.

•Tardo.

Despilfarrador
Disipador.
Derrochador.
Malgastador.
Malversador.

•Ahorrador.

Despilfarrar
Desperdiciar.
Dilapidar.
Prodigar.
Derrochar.
Malgastar.

•Ahorrar.

Despilfarro
Dispendio.
Dilapidación.
Derroche.
Prodigalidad.
Malgasto.

•Ahorro.

Despintar
Desteñir.
Descolorar.

•Pintar.

Despique
Revancha.
Venganza.

Despistar
Extraviar.
Desorientar.

•Encaminar.

1. Desplacer
Disgusto.
Enfado.
Enojo.
Desazón.

•Alegría.

2. Desplacer
Contrariar.
Enojar.
Enfadar.
Molestar.

•Agradar.

Desplante
Arrogancia.
Desfachatez.
Insolencia.

Desplazado
Impropio.
Extemporáneo.
Inconveniente.
Inoportuno.

•Idóneo.

Desplazar
Desalojar.

1. Desplazarse
Desviarse.
Declinar.
Inclinarse.

2. Desplazarse
Dislocarse.
Desencajarse.

Desplegar
Desenrollar.
Extender.

•Plegar.

1. Despliegue
Extensión.
Desarrollo.

2 Despliegue
Marcha.
Maniobra.
Evolución.

Desplomarse
Hundirse.
Derrumbarse.
Arruinarse.
Caer.

•Levantarse.

Desplome
Despeño.
Caída.
Derrocamiento.
Hundimiento.
Desmoronamiento.

Desplomo
Inclinación.
Desviación.

1. Desplumar
Descañonar.

2. Desplumar
Estafar.
Robar.
Pelar.
Despojar.
Arruinar.

Despoblado
Desierto.
Yermo.
Abandonado.
Deshabitado.

•Poblado.

Despoblar
Yermar.
Despojar.
Abandonar.
Deshabitar.

•Poblar.

Despojar
Robar.
Quitar.
Saquear.

•Restituir.

1. Despojarse
Renunciar.
Desprenderse.

•Apropiarse.

2. Despojarse
Desvestirse.
Desnudarse.

•Vestirse.

Despojo
Botín.
Presa.

Despojos
Desperdicios.
Restos.
Residuos.
Sobras.
Desechos.

Despolvorear
Sacudir.
Despolvar.
Cepillar.

1. Desposado
Casado.
Novio.
Consorte.

2. Desposado
Aprisionado.
Esposado.

1. Desposar
Esposar.

2. Desposar
Matrimoniar.
Casar.

1. Desposarse
Enlazarse.
Unirse.
Aliarse.

2. Desposarse
Prometerse.

3. Desposarse
Casarse.

•Separarse.

Desposeer
Usurpar.
Quitar.
Robar.
Despojar.

•Restituir.

Déspota
Autócrata.
Opresor.
Tirano.
Dictador.

Despótico
Dictatorial.
Abusivo.
Tiránico.
Absoluto.
Arbitrario.

•Benigno.

Despotismo
Autocracia.
Opresión.
Tirania.
Dictadura.
Absolutismo.
*Democracia.

Despreciable
Indigno.
Rastrero.
Ruin.
Depravado.
Abyecto.
*Noble.

Despreciar
Desestimar.
Denigrar.
Desdeñar.
Desairar.
*Apreciar.

Despreciativo
Desdeñoso.
Despectivo.
*Ponderativo.

Desprecio
Desdén.
Desaire.
Vilipendio.
Menosprecio.
Desestimación.
*Aprecio.

1. Desprender
Desunir.
Soltar.
Separar.
*Pegar.

2. Desprender
Emitir.
Despedir.

1. Desprenderse
Renunciar.
Despojarse.
*Apoderarse.

2. Desprenderse
Deducirse.
Seguirse.
Colegir.
Inferirse.
Derivarse.

Desprendido
Liberal.
Generoso.
Dadivoso.
*Agarrado.

Desprendimiento
Largueza.
Generosidad.
Liberalidad.
*Codicia.

Despreocupado
Flemático.
Calmoso.
Frío.
Tranquilo.
Fresco.
*Inquieto.

Despreocuparse
Desentenderse.
*Inquietarse.

Desprestigiar
Difamar.
Vilipendiar.
Denigrar.
*Afamar.

Desprevenido
Imprevisor.
*Prevenido.

Desproporción
Incongruencia.
Desmesura.
Deformidad.
*Mesura.

Desproporcionado
Deforme.
Asimétrico.
Desmesurado.
*Armonioso.

Despropósito
Dislate.
Disparate.
Absurdo.
Desatino.
*Acierto.

Desproveer
Privar.
Expoliar.
Quitar.

Confiscar.
Despojar.
*Proveer.

Desprovisto
Carente.
Falto.
Privado.
*Provisto.

Después
Ulteriormente.
Seguidamente.
Posteriormente.
*Antes.

Despulpar
Estrujar.
Extraer.
Exprimir.

Despuntado
Obtuso.
Romo.
*Puntiagudo.

1. Despuntar
Distinguirse.
Sobresalir.
Destacarse.
Descollar.

2. Despuntar
Embotar.
*Aguzar.

Despunte
Escamocho.
Desmocho.

Desquiciar
Descomponer.
Desmontar.
Desarticular.
Desencajar.
*Ajustar.

Desquitar
Recobrar.
Restaurar.
Reintegrar.

Desquitarse
Vengarse.
Resarcirse.

Desquite
Venganza.
Resarcimiento.

Destacamento
Patrulla.
Pelotón.
Avanzada.
Escalón.

1. Destacar
Aislar.
Desprender.
Separar.
Apartar.
Desgajar.

2. Destacar
Subrayar.
Recalcar.
Matizar.

Destacarse
Distinguirse.
Sobresalir.
Resaltar.

Destapar
Descubrir.
Destaponar.
Abrir.
*Tapar.

Destartalado
Ruinoso.
Desvencijado.

Destellar
Brillar.
Relumbrar.
Centellear.
Fulgurar.

Destello
Reflejo.
Centelleo.
Ráfaga.
Relumbrón.

1. Destemplado
Alterado.
Trastornado.
*Sereno.

2. Destemplado
Desafinado.
Discordante.

1. Destemplanza
Inclemencia.
Intemperie.
Reciura.

2. Destemplanza
Exceso.
Desorden.

3. Destemplanza
Alteración.
Perturbación.
Indisposición.

4. Destemplanza
Destemple.

Destemplar
Alterar.
Desconcertar.
*Templar.

1. Destemple
Disonancia.
Desafinación.
Desentono.

2. Destemple
Alteración.

3. Destemple
Trastorno.
Perturbación.

4. Destemple
Insolencia.

Desteñir
Descolorar.
Despintar.
*Teñir.

Desterrar
Expulsar.
Confinar.
Deportar.
Relegar.
Extrañar.
Proscribir.
Exiliar.
*Repatriar.

Destetar
Desmamar.

Destierro
Extrañamiento.
Proscripción.
Deportación.
Confinamiento.
Exilio.
*Repatriación.

1. Destilar
Sublimar.
Alquitarar.
Alambicar.

2. Destilar
Condensar.
Tamizar.
Filtrar.
Extraer.

Destinar
Ocupar.
Aplicar.
Dedicar.
Consagrar.
Emplear.

1. Destino
Plaza.
Colocación.
Empleo.
Ocupación.
Puesto.

2. Destino
Dirección.
Fin.
Aplicación.
Finalidad.

3. Destino
Estrella.
Sino.
Fortuna.
Hado.
Suerte.

Destitución
Despido.
Deposición.
Relevo.
Degradación.
Exoneración.
*Nombramiento.

Destituir
Separar.
Desposeer.
Privar.
Deponer.
*Nombrar.

Destornillado
Precipitado.
Desquiciado.
Alocado.
Chiflado.
*Cuerdo.

Destrabar
Liberar.
Soltar.

Destral
Hacha.

Destreza
Soltura.
Pericia.
Maña.
Habilidad.
*Torpeza.

Destrincar
Soltar.
Desligar.
Desatar.

Destripacuentos
Importuno.
Indiscreto.

Destripar
Reventar.

1. Destronar
Deponer.
Derrocar.
*Entronizar.

2. Destronar
Suplantar.
Reemplazar.
Substituir.

1. Destroncar
Segar.
Tronchar.
Talar.
Cortar.
Descuajar.

2. Destroncar
Destruir.
Dañar.
Menoscabar.
Perjudicar.
Derribar.

1. Destrozar
Destruir.
Romper.
*Componer.

2. Destrozar
Arrollar.
Batir.
Derrotar.

1. Destrozo
Estropicio.
Estrago.
Rotura.
Descalabro.
Estrapalucio.

2. Destrozo
Mortandad.
Carnicería.

Destrucción
Aniquilación.
Ruina.
Desolación.
Devastación.
*Construcción.

Destructor
Corbeta.
Destróyer.
Torpedero.

1. Destruir
Aniquilar.
Demoler.
Abatir.
Arruinar.
Asolar.
*Construir.

2. Destruir
Derrochar.
Disipar.
Malgastar.
Dilapidar.
*Ahorrar.

3. Destruir
Eliminar.
Inutilizar.

Destruirse
Allanarse.
Caerse.
Desmoronarse.

Desucar
Desjugar.

1. Desuello
Desolladura.
Despellejadura.

2. Desuello
Matadura.
Rozadura.

3. Desuello
Insolencia.
Descaro.
Desvergüenza.

Desuncir
Desenyugar.
Desyugar.

Desunido
Suelto.
Separado.
Libre.
Solo.
*Unido.

1. Desunión
Separación.
Oposición.
Ruptura.
Inconexión.
División.
*Unión.

2. Desunión
Discrepancia.
Discordia.
Divergencia.
Enemistad.
*Avenencia.

1. Desunir
Divorciar.
Apartar.
Alejar.
Separar.
Dividir.
*Unir.

2. Desunir
Analizar.

3. Desunir
Malquistar.
Enemistar.
Enzurizar.
Indisponer.
Encismar.
*Avenir.

Desuñarse
Afanarse.
Interesarse.

Desusado
Extraordinario.
Inusitado.
Insólito.
*Habitual.

Desusar
Olvidarse.
Perderse.
Relegarse.

Desuso
Cesación.
Olvido.
Prescripción.

Desvaído
Mortecino.
Apagado.
Pálido.
*Vivo.

Desvainar
Desgranar.

Desvalido
Huérfano.
Abandonado.
*Protegido.

Desvalijamiento
Saqueo.
Despojo.
Robo.
Hurto.
Expoliación.

Desvalijar
Saquear.
Saltear.
Robar.

Desvalimiento
Orfandad.
Abandono.
Aislamiento.

Desvalorización
Depreciación.
Degradación.
Baja.
Mengua.
*Revalorización.

Desvalorizar
Rebajar.
Menguar.

Desvalorizarse
Depreciarse.
Bajar.

Desván
Buhardilla.
Zaquizamí.
Tobanco.
Sotabanco.

1. Desvanecer
Borrar.
Atenuar.
Esfumar.
Disipar.
Aclarar.

2. Desvanecer
Eludir.
Suprimir.
Frustrar.
Anular.

3. Desvanecer
Envanecer.

1. Desvanecerse
Esfumarse.
Disiparse.
Evaporarse.
*Aparecer.

2. Desvanecerse
Desmayarse.
Accidentarse.
*Recobrarse.

1. Desvanecido
Disipado.
Borroso.
Esfumado.
Confuso.
Evaporado.
*Preciso.

2. Desvanecido
Presuntuoso.
Arrogante.
Altivo.
Presumido.
Vano.
*Humilde.

3. Desvanecido
Mareado.
Desmayado.
Accidentado.

Desvanecimiento
Sincope.
Vehido.
Soponcio.
Desmayo.
Accidente.

1. Desvarar
Resbalar.
Deslizarse.

2. Desvarar
Desembarrancar.

Desvariar
Desbarrar.
Delirar.
Disparatar.
*Razonar.

Desvarío
Quimera.
Delirio.
Dislate.
Disparate.
Ilusión.
*Razonamiento.

Desvelado
Despabilado.
Insomne.
Despierto.
*Adormilado.

Desvelar
Despertar.

Desvelarse
Esmerarse.
Esforzarse.
Afanarse.
Inquietarse.
Extremarse.

1. Desvelo
Vigilancia.
Interés.
Inquietud.
Atención.
Cuidado.
*Tranquilidad.

2. Desvelo
Agripnia.
Insomnio.

Desvencijar
Descomponer.

Desveno
Montada.

Desventaja
Inconveniente.
Menoscabo.
Perjuicio.
Inferioridad.
*Ventaja.

Desventajoso
Perjudicial.
*Ventajoso.

Desventar
Ventilar.
Airear.
Orear.

Desventura
Fatalidad.
Adversidad.
Desgracia.
Malaventura.
Infortunio.
*Ventura.

Desventurado
Infortunado.
Malhadado.
Desgraciado.
Infeliz.
Miserable.
*Venturoso.

Desvergonzado
Insolente.
Procaz.
Atrevido.
Impúdico.
Sinvergüenza.
*Honesto.

Desvergonzarse
Insolentarse.

Desvergüenza
Insolencia.
Impudencia.
Osadía.
Atrevimiento.
Inverecundia.
*Prudencia.

Desvestir
Desnudar.
*Vestir.

Desvestirse
Despojarse.
Desnudarse.
*Vestirse.

1. Desviación
Separación.
Bifurcación.
Desvio.
Recoveco.
Circunvolución.

2. Desviación
Luxación.
Torcedura.
Dislocación.
Distensión.

Desviar
Separar.

Disuadir.
Apartar.
*Enderezar.

Desvincular
Independizar.
Emancipar.
Desligar.
Liberar.
*Vincular.

1. Desvío
Bifurcación.
Desviación.

2. Desvío
Frialdad.
Desafecto.
*Apego.

Desvivirse
Esforzarse.
Extremarse.
Afanarse.

1. Desyugar
Desuncir.

2. Desyugar
Redimir.
Libertar.

Deszumar
Desucar.
Desjugar.

Detallado
Pormenorizado.
Pródigo.
Minucioso.
Circunstanciado.
*Sucinto.

1. Detallar
Fragmentar.
Circunstanciar.

2. Detallar
Relatar.
Referir.
Narrar.
Tratar.

Detalle
Particularidad.
Fragmento.
Elemento.
Pormenor.
Enumeración.
*Generalidad.

Detallista
Mercader.
Comerciante.
Tendero.

1. Detención
Alto.
Parada.

2. Detención
Esmero.
Prolijidad.
Cuidado.
Detenimiento.

3. Detención
Arresto.
Prendimiento.

1. Detener
Frenar.
Atajar.
Parar.
Suspender.
Estancar.
*Impulsar.

2. Detener
Prender.
Aprisionar.
Arrestar.
Aprehender.
Coger.
*Libertar.

Detenerse
Pararse.
Demorarse.
Tardar.
Retardarse.
Retrasarse.

1. Detenido
Irresoluto.
Embarazado.
Apocado.
Indeciso.

2. Detenido
Preso.

Detenimiento
Esmero.
Cuidado.
Prolijidad.
Detención.
*Precipitación.

Detentación
Retención.
Usurpación.

Detentar
Usurpar.
Retener.

Deterger
Asear.
Limpiar.
Purificar.

Deteriorar
Menoscabar.
Averiar.
Estropear.
Dañar.
*Reparar.

Deterioro
Perjuicio.
Daño.
Avería.
Detrimento.
Menoscabo.

Determinación
Audacia.
Valor.
Arrojo.
Atrevimiento.
Resolución.
*Indecisión.

Determinado
Resuelto.
Decidido.
Osado.
Arrojado.
Denodado.
*Vacilante.

1. Determinar
Disponer.
Decidir.
Prescribir.
Resolver.

2. Determinar
Precisar.
Fijar.
Señalar.
Delimitar.

3. Determinar
Motivar.
Ocasionar.
Provocar.
Causar.
Producir.

Detestable
Infame.

Odioso.
Execrable.
Abominable.
Aborrecible.
*Admirable.

Detestar
Execrar.
Odiar.
Abominar.
Aborrecer.
*Admirar.

Detonación
Disparo.
Estampido.
Tiro.

Detonador
Detonante.
Explosor.
Cebo.
Mixto.

Detonar
Tronar.
Estallar.
Explotar.

Detorsión
Desviación.
Dislocación.
Torcedura.

Detracción
Malidicencia.
Denigración.
Difamación.
Murmuración.
Infamación.
*Elogio.

Detractar
Calumniar.
Infamar.
Desacreditar.
Detraer.
Murmurar.
*Alabar.

Detractor
Denigrador.
Infamador.
Calumniador.
Maldiciente.
*Encomiador.

1. Detraer
Apartar.
Substraer.

Desviar.
Restar.

2. Detraer
Detractar.

Detrás
Tras.
*Delante.

Detrimento
Avería.
Pérdida.
Menoscabo.
Deterioro.
Perjuicio.
*Provecho.

Deuda
Obligación.
Débito.
Compromiso.
Adeudo.

Deudo
Allegado.
Pariente.

Devanadera
Argadillo.

Devanar
Arrollar.

Devanear
Disparatar.
Delirar.
Divagar.

Devaneo
Amorío.
Flirteo.

Devastación
Desolación.
Ruina.
Asolamiento.
Destrucción.

Devastar
Arruinar.
Arrasar.
Asolar.
Destruir.

Devengar
Atribuirse.
Apropiarse.
Percibir.
Retribuir.

Devenir
Acontecer.
Acaecer.
Sobrevenir.
Suceder.

1. Devoción
Fervor.
Piedad.
Unción.

2. Devoción
Predilección.
Respeto.
Reverencia.
Veneración.
Afecto.
*Hostilidad.

Devocionario
Eucologio.

Devolución
Torna.
Remisión.
Redhibición.

Devolver
Reintegrar.
Restituir.
Reponer.
*Retener.

1. Devorar
Comer.
Engullir.
Tragar.

2. Devorar
Destruir.
Consumir.

Devota
Beata.

1. Devoto
Religioso.
Piadoso.
*Impío.

2. Devoto
Partidario.
Admirador.
Entusiasta.
Apegado.
Afecto.
*Hostil.

Deyecciones
Excrementos.
Heces.

1. Día
Jornada.

2. Día
Alba.
Aurora.
Alborada.
Madrugada.

3. Día
Claridad.
Luz.

4. Día
Fecha.
Época.

Diabasa
Diorita.

1. Diablo
Satanás.
Belcebú.
Demonio.
Luzbel.
Mefistófeles.

2. Diablo
Enemigo.
Tentador.

3. Diablo
Diablillo.
Travieso.
Temerario.

4. Diablo
Vivo.
Astuto.
Sagaz.
Audaz.
Sutil.

5. Diablo
Feo.

Diablura
Travesura.
Imprudencia.
Atrevimiento.
Chiquillada.

Diabólico
Infernal.
Satánico.
Perverso.
Demoníaco.
*Angelical.

Diácono
Levita.

Diadema
Nimbo.
Corona.
Aureola.
Presea.
Aderezo.

Diáfano
Limpido.
Transparente.
Claro.
Cristalino.
Puro.
*Turbio.

Diafragma
Separación.
Membrana.

Diagnosticar
Determinar.
Analizar.

Diagnóstico
Opinión.
Dictamen.
Juicio.

Diagonal
Sesgado.
Enviajado.
Oblicuo.

Dialectal
Comarcal.
Provincial.

1. Dialéctica
Lógica.

2. Dialéctica
Razonamiento.

Dialogar
Platicar.
Conversar.
Hablar.

Diálogo
Plática.
Conversación.
Coloquio.

1. Diamante
Carbonado.
Naife.
Adamante.

2. Diamante
Limpio.
Pulcro.

Diamantino
Inquebrantable.
Duro.
Adamantino.
Persistente.
*Frágil.

1. Diana
Blanco.

2. Diana
Advertencia.
Señal.

Diantre
Diablo.

1. Diario
Cotidiano.
Cuotidiano.
Jornalero.

2. Diario
Periódico.

Diarrea
Cólico.
Destemplanza.

Días
Vida.
Cumpleaños

Diástole
Dilatación.

Diatriba
Libelo.
Catilinaria.
Inventiva.
*Ditirambo.

Dibujar
Trazar.
Diseñar.
Delinear.

Dibujo
Esbozo.
Boceto.
Diseño.
Croquis.
Esquema.

Dicacidad
Mordacidad.
Agudeza.
Causticidad.

Dicaz
Mordaz.

Cáustico.
Decidor.
Chistoso.

1. Dicción
Pronunciación.

2. Dicción
Voz.
Término.
Vocablo.
Palabra.
Expresión.

Diccionario
Léxico.
Glosario.
Vocabulario.
Enciclopedia.

1. Dictado
Honor.
Titulo.
Señorío.

2. Dictado
Calificativo.

3. Dictado
Deber.
Precepto.
Obligación.
Inspiración.

Dictador
Déspota.
Tirano.
Autócrata.

Dictadura
Despotismo.
Cesarismo.
Tiranía.
Autocracia.
*Democracia.

Dictamen
Diagnóstico.
Parecer.
Juicio.
Informe.
Opinión.

1. Dictar
Expedir.
Promulgar.
Pronunciar.

2. Dictar
Sugerir.
Inspirar.

Dictaminar
Diagnosticar.
Opinar.
Informar.

Dictatorial
Despótico.
Autocrático.
Autoritario.
Imperioso.
Arbitrario.

Dicterio
Injuria.
Denuesto.
Ofensa.
Insulto.
Improperio.
*Lisonja.

Dicha
Ventura.
Bienestar.
Felicidad.
Alegría.
Fortuna.
*Desdicha.

Dicharachero
Chancero.
Ocurrente.
Bromista.
Gracioso.

1. Dicharacho
Ocurrencia.
Chiste.
Chascarrillo.

2. Dicharacho
Palabrota.

1. Dicho
Referido.
Mentado.
Mencionado.
Antedicho.
Susodicho.

2. Dicho
Sentencia.
Ocurrencia.
Refrán.
Proverbio.

Dichoso
Venturoso.
Feliz.
Fausto.
Bienaventurado.
*Desdichado.

Didáctico
Didascálico.

Diente
Resalto.
Saliente.
Punta.

Dientes
Adarajas.
Piños.
Endejas.

Diéresis
Crema.

1. Diestro
Derecho.
*Siniestro.

2. Diestro
Experto.
Hábil.
Perito.
Versado.
Mañoso.
*Torpe.

1. Dieta
Privación.
Régimen.

2. Dieta
Junta.
Reunión.
Congreso.

Dietas
Indemnización.
Estipendio.
Retribución.
Honorarios.

Dietario
Calendario.
Agenda.

1. Diez
Deca.

2. Diez
Deci.

3. Diez
Década.
Decenio.

4. Diez
Décimo.

1. Diezmar
Tasar.
Imponer.

2. Diezmar
Perjudicar.
Dañar.
Castigar.
Menoscabar.

Diezmo
Impuesto.
Contribución.
Prebenda.
Tasa.
Derecho.

Difamación
Denigración.
Calumnia.
Malidicencia.
Infamación.
Murmuración.
*Apologia.

Difamador
Calumniador.
Murmurador.
Denigrador.
Maldiciente.

Difamar
Calumniar.
Denigrar.
Infamar.
Desacreditar.
*Elogiar.

1. Diferencia
Disparidad.
Divergencia.
Diversidad.
Desigualdad.
*Igualdad.

2. Diferencia
Resto.
Resta.
Residuo.
*Suma.

Diferenciar
Distinguir.
Separar.

Diferenciarse
Discrepar.
Diferir.
Distar.
Distinguirse.
*Parecerse.

Diferente
Diverso.
Distinto.
Divergente.
*Igual.

1. Diferir
Retardar.
Demorar.
Dilatar.
Aplazar.
Retrasar.
*Adelantar.

2. Diferir
Discrepar.
Distinguirse.
Diferenciarse.
*Coincidir.

1. Difícil
Arduo.
Laborioso.
Penoso.
Dificultoso.
Trabajoso.
Embarazoso.
*Fácil.

2. Difícil
Díscolo.
Áspero.
Indócil.
*Dócil.

Dificultad
Contrariedad.
Traba.
Tropiezo.
Apuro.
Complicación.
*Facilidad.

Dificultar
Entorpecer.
Embarazar.
Complicar.
Estorbar.
*Facilitar.

Dificultoso
Difícil.

Difidente
Reservado.
Desconfiado.
Receloso.
Temeroso.
*Confiado.

Difluir
Extenderse.
Derramarse.
Difundirse.

Difuminar
Esfuminar.
Esfumar.

Difundir
Divulgar.
Extender.
Propagar.
Esparcir.
Propalar.
*Contener.

Difunto
Occiso.
Cadáver.
Muerto.

Difusión
Diseminación.
Expansión.
Extensión.
Propagación.
Proliferación.
*Limitación.

Difuso
Dilatado.
Extenso.
Amplio.
Ancho.
Prolijo.
*Limitado.

1. Digerir
Absorber.
Asimilar.

2. Digerir
Sufrir.
Soportar.
Sobrellevar.

3. Digerir
Reflexionar.
Meditar.
Madurar.

1. Digital
Dactilar.

2. Digital
Dedalera.

Dignarse
Acceder.

Condescender.
Servirse.

Dignidad
Decencia.
Gravedad.
Decoro.
Integridad.
*Vileza.

Dignificar
Realzar.
Alabar.
Honrar.
*Denigrar.

1. Digno
Acreedor.
Merecedor.
*Indigno.

2. Digno
Decente.
Íntegro.
Decoroso.
Grave.
*Vil.

Digresión
Paréntesis.

Dije
Alhaja.
Joya.
Medalla.

Dilacerar
Afligir.
Atenacear.
Lastimar.
Desgarrar.
Destrozar.

Dilación
Retraso.
Demora.
Tardanza.
Retardación.
*Prontitud.

Dilapidación
Derroche.
Despilfarro.
*Ahorro.

Dilapidador
Derrochador.
Disipador.
Despilfarrador.

Malgastador.
Malversador.
*Ahorrador.

Dilapidar
Disipar.
Derrochar.
Malgastar.
Despilfarrar.
Prodigar.
*Ahorrar.

1. Dilatación
Acrecentamiento.
Aumento.
Ampliación.
Hinchazón.
Dilatabilidad.

2. Dilatación
Rarefacción.

3. Dilatación
Diástole.

Dilatado
Vasto.
Difuso.
Extenso.
Amplio.
Ancho.
*Encogido.

Dilatar
Aumentar.
Agrandar.
Ensanchar.
Alargar.
Extender.
*Restringir.

Dilección
Voluntad.
Cariño.
Amistad.
Amor.

Dilema
Problema.
Conflicto.
Alternativa.
Contradicción.

1. Diletante
Entusiasta.
Amante.
Aficionado.

2. Diletante
Melómano.
Filarmónico.

1. Diligencia
Prontitud.
Rapidez.
Actividad.

•Indolencia.

2. Diligencia
Aplicación.
Cuidado.
Esmero.
Atención.
Celo.

•Negligencia.

Diligenciar
Resolver.
Despachar.
Tramitar.

1. Diligente
Expeditivo.
Pronto.
Activo.
Dinámico.
Rápido.

•Perezoso.

2. Diligente
Aplicado.
Cuidadoso.
Esmerado.
Atento.

•Negligente.

Dilogía
Anfibología.
Equívoco.
Ambigüedad.

Dilucidación
Aclaración.
Explanación.
Explicación.
Elucidación.
Ilustración.

Dilucidar
Esclarecer.
Aclarar.
Explicar.
Elucidar.

•Confundir.

Diluente
Disolvente.
Diluyente.

Diluir
Disolver.
Desleir.

•Concentrar.

Diluyente
Diluente.

Dimanar
Originarse.
Nacer.
Venir.
Proceder.
Emanar.

Dimensión
Volumen.
Tamaño.
Medida.
Magnitud.
Capacidad.

Dimidiar
Partir.
Dividir.

1. Diminuto
Falto.
Defectuoso.
Deficiente.

•Completo.

2. Diminuto
Pequeño.
Minúsculo.
Microscópico.

•Grande.

Dimisión
Abdicación.
Renuncia.
Cesión.

Dimitir
Declinar.
Renunciar.
Rehusar.
Abandonar.

Dinamarqués
Danés.

Dinámico
Expeditivo.
Rápido.
Móvil.
Activo.
Diligente.

•Indolente.

Dinastía
Familia.
Raza.

Dineral
Fortuna.
Dinerada.

Dinero
Efectivo.
Fondos.
Plata.
Capital.
Caudal.

Dineroso
Opulento.
Rico.
Adinerado.
Acaudalado.
Potentado.

•Pobre.

1. Dintel
Cumbrera.
Lintel.
Platabanda.

2. Dintel
Umbral.

Diñarla
Morir.
Expirar.
Perecer.
Fallecer.
Fenecer.

•Nacer.

Diócesis
Sede.
Obispado.

Dionisíaco
Báquico.

Diorita
Diabasa.

Dios
Altísimo.
Creador.
Padre.
Señor.
Jesucristo.
Providencia.
Hacedor.

Diosa
Dea.
Diva.
Deesa.

1. Diploma
Acta.
Nombramiento.
Bula.
Carta.
Privilegio.

2. Diploma
Título.
Credencial
Autorización.

Diplomacia
Sagacidad.
Tiento.
Habilidad.
Tacto.
Circunspección.

•Rudeza.

Diplomático
Disimulado.
Sagaz.
Circunspecto.
Ladino.
Hábil.

•Brusco.

Diputado
Delegado.
Enviado.
Embajador.
Representante.

Diputar
Encargar.
Delegar.

Dique
Tajamar.
Malecón.

1. Dirección
Jefatura.
Gerencia.
Gobierno.
Mando.
Administración.

2. Dirección
Derrotero.
Rumbo.
Camino.
Sentido.

3. Dirección
Domicilio.
Señas.

Directo
Derecho.
Seguido.
Recto.

•Indirecto.

Director
Jefe.

Gerente.
Rector.
Directivo.
Regente.

Dirigente
Caudillo.
Regente.
Líder.
Cabecilla.
Cacique.

1. Dirigir
Conducir.
Orientar.
Guiar.
Encaminar.
Enderezar.

2. Dirigir
Regentar.
Administrar.
Gobernar.
Mandar.
Regir.

1. Dirimir
Separar.
Disolver.

2. Dirimir
Fallar.
Decidir.
Terminar.
Resolver.

Disanto
Festividad.
Fiesta.
Domingo.

Discantada
Oficio.
Misa solemne.

1. Discantar
Recitar.
Cantar.
Componer.

2. Discantar
Comentar.

Disceptar
Argüir.
Discurrir.
Disertar.

Discernimiento
Lucidez.
Penetración.
Clarividencia.

Perspicacia.
Apreciación.
*Obtusidad.

1. Discernir
Diferenciar.
Discriminar.
Distinguir.
*Confundir.

2. Discernir
Percibir.
Comprender.
Apreciar.

1. Disciplina
Observancia.
Orden.
Subordinación.
Obediencia.
*Indisciplina.

2. Disciplina
Enseñanza.
Asignatura.
Ciencia.
Materia.
Doctrina.

Disciplinado
Dócil.
Cumplidor.
Sumiso.
*Díscolo.

1. Disciplinar
Aleccionar.
Instruir.
Enseñar.

2. Disciplinar
Azotar.

3. Disciplinar
Dominar.
Domeñar.
Subyugar.
Someter.
Doblegar.
*Liberar.

Disciplinario
Correccional.
Reformatorio.

Disciplinarse
Mortificarse.

Discipulado
Enseñanza.

Doctrina.
Educación.
Instrucción.

Discípulo
Estudiante.
Colegial.
Alumno.
Escolar.

Disco
Tejo.
Rolde.
Tapa.
Rodaja.

Díscolo
Revoltoso.
Rebelde.
Travieso.
Indócil.
Perturbador.
*Dócil.

Disconforme
Malavenido.
Discrepante.
Discorde.
Inconforme.
Inconciliable.
*Acorde.

Disconformidad
Divergencia.
Disentimiento.
Discrepancia.
*Conformidad.

Discontinuación
Suspensión.
Cesación.
Interrupción.
*Continuidad.

Discontinuar
Parar.
Suspender.
Acabar.
Interrumpir.
Cesar.

Discontinuidad
Incoherencia.
Inconexión.
Discontinuación.

Discontinuo
Esporádico.
Irregular.
Intermitente.

Interrumpido.
*Continuo.

Discordancia
Discrepancia.
Desacuerdo.
*Concordancia.

Discordante
Opuesto.
Contrario.
Incoherente.
Inarmónico.
*Acorde.

Discordar
Disentir.
Divergir.
Discrepar.
*Concordar.

Discorde
Disconforme.
Disonante.
*Acorde.

Discordia
División.
Disensión.
Desacuerdo.
*Concordia.

Discreción
Moderación.
Reserva.
Sensatez.
Prudencia.
Tacto.
*Indiscreción.

Discrecional
Facultativo.
Potestativo.
*Obligatorio.

Discrepancia
Divergencia.
Desacuerdo.
*Coincidencia.

Discrepante
Contrario.
Discorde.
Malavenido.
*Acorde.

Discrepar
Disentir.

Discordar.
*Coincidir.

Discreto
Reservado.
Moderado.
Sensato.
Prudente.
Circunspecto.
*Indiscreto.

1. Discrimen
Peligro.
Riesgo.

2. Discrimen
Diferencia.
Diversidad.

Discriminar
Diferenciar.
Distinguir.
Discernir.
Especificar.
Separar.
*Confundir.

Disculpa
Pretexto.
Justificación.
Defensa.
Excusa.
Descargo.
*Inculpación.

Disculpar
Excusar.
Perdonar.
Defender.
Justificar.
Dispensar.
*Inculpar.

Disculparse
Justificarse.
Pretextar.
Exculparse.
*Confesar.

1. Discurrir
Razonar.
Pensar.
Meditar.
Reflexionar.

2. Discurrir
Calcular.
Inferir.
Inventar.

Conjeturar.
Suponer.

3. Discurrir
Correr.
Caminar.
Fluir.
Andar.

Discursante
Conferenciante.
Orador.

Discursar
Pensar.
Meditar.
Cavilar.
Discurrir.
Reflexionar.

1. Discursear
Hablar.
Disertar.
Perorar.

2. Discursear
Reñir.
Advertir.
Amonestar.

Discursivo
Didáctico.
Reflexivo.

1. Discurso
Reflexión.
Raciocinio.

2. Discurso
Peroración.
Alocución.
Parlamento.
Arenga.
Perorata.

3. Discurso
Curso.
Transcurso.
Decurso.

Discusión
Debate.
Examen.
Polémica.
Estudio.
Controversia.

Discutible
Dudoso.
Impugnable.
Rebatible.

Cuestionable.
Controvertible.
*Indiscutible.

Discutidor
Argumentista.
Razonador.
Polemista.

Discutir
Razonar.
Argumentar.
Debatir.
Impugnar.
Disputar.

Disecar
Conservar.

Disector
Anatomista.
Disecador.

Diseminación
Siembra.
Dispersión.
Propagación.

Diseminar
Sembrar.
Desperdigar.
Desparramar.
Dispersar.
Esparcir.
*Agrupar.

Disensión
Contienda.
Disputa.
Riña.
Oposición.
División.
*Acuerdo.

Disentimiento
Discrepancia.
Desacuerdo.
*Asentimiento.

Disentir
Divergir.
Discordar.
*Asentir.

Diseñar
Trazar.
Delinear.
Dibujar.

Diseño
Esbozo.

Bosquejo.
Boceto.
Croquis.
Dibujo.

Disertación
Charla.
Lección.
Conferencia.

Disertar
Discursear.
Exponer.
Argumentar.
Razonar.
Tratar.

Diserto
Persuasivo.
Elocuente.
Brillante.
Florido.
*Apagado.

Disfamar
Difamar.

Disfavor
Grosería.
Desaire.
*Atención.

Disforme
Contrahecho.
Deforme.
Monstruoso.
*Perfecto.

Disformidad
Deformidad.

Disfraz
Embozo.
Simulación.
Tapujo.
Máscara.
Fingimiento.

Disfrazar
Simular.
Embozar.
Enmascarar.
Disimular.

1. Disfrutar
Divertirse.
Regocijarse.
Gozar.
Complacerse.
Alegrarse.
*Aburrirse.

2. Disfrutar
Utilizar.
Aprovecharse.
Percibir.

Disfrute
Usufructo.
Goce.
Utilización.
Posesión.
Aprovechamiento.

Disgregación
Segregación.
Separación.
*Unión.

Disgregar
Dispersar.
Separar.
Disociar.
*Asociar.

1. Disgustado
Malhumorado.
Enojado.

2. Disgustado
Quejoso.
Pesaroso.
Apesadumbrado.

3. Disgustado
Insípido.
Soso.

1. Disgustar
Molestar.
Contrariar.
Engañar.
Enojar.
Repugnar.
*Complacer.

2. Disgustar
Contristar.
Apenar.
Amargar.
Apesadumbrar.
Afligir.
*Alegrar.

1. Disgusto
Enfado.
Fastidio.
Enojo.
Molestia.
Contrariedad.
*Gusto.

2. Disgusto
Pena.

Angustia.
Pesar.
Pesadumbre.
Aflicción.
*Alegría.

Disidencia
Secesión.
Cisma.
Ruptura.
Escisión.
*Acuerdo.

Disidente
Separado.
Discorde.
Cismático.

Disímil
Distinto.
Diferente.
*Parecido.

Disimilitud
Disparidad.
Diferencia.
*Similitud.

Disimulación
Simulación.
Fingimiento.
Ficción.
Disimulo.
*Realidad.

Disimulado
Fingido.
Hipócrita.
Falso.
*Franco.

1. Disimular
Disfrazar.
Fingir.
Ocultar.
Encubrir.
Tapar.
*Sincerarse.

2. Disimular
Permitir.
Tolerar.
Perdonar.
*Reprender.

Disimulo
ngimiento.
Doblez.
*Franqueza.

Disipación
Disolución.
Liviandad.
Vicio.
Desenfreno.
Licencia.
*Morigeración.

Disipar
Malgastar.
Derrochar.
Dilapidar.
Despilfarrar.
Prodigar.
*Ahorrar.

Disiparse
Borrarse.
Evaporarse.
Esfumarse.
Desaparecer.
*Aparecer.

Dislate
Barbaridad.
Desatino.
Absurdo.
Disparate.
Despropósito.
*Acierto.

Dislocar
Desquiciar.
Descoyuntar.
Desencajar.
*Articular.

Disminución
Merma.
Descenso.
Mengua.
Baja.
Reducción.
*Aumento.

Disminuir
Decrecer.
Rebajar.
Aminorar.
Abreviar.
Reducir.
*Aumentar.

Disociar
Separar.
Disgregar.
*Asociar.

Disolutivo
Emplástico.

Disoluto
Depravado.
Vicioso.
Licencioso.
•Morigerado.

1. Disolver
Deshacer.
Diluir.
Desleir.
•Concentrar.

2. Disolver
Destruir.
Aniquilar.
Separar.
Disgregar.
•Constituir.

1. Disonancia
Desacuerdo.
Discrepancia.
Inarmonía.
•Acorde.

2. Disonancia
Destemplanza.

Disonante
Inarmónico.
Discorde.
•Consonante.

Disonar
Discordar.
Desentonar.
Discrepar.
Chocar.
•Consonar.

Dispar
Heterogéneo.
Diferente.
Desigual.
Disimil.
Disparejo.

Disparada
Fuga.
Escapada.

Disparar
Despedir.
Descargar.
Arrojar.
Tirar.
Lanzar.

Disparatado
Ilógico.
Absurdo.
Irracional.
•Razonable.

Disparatar
Desvariar.
Desatinar.
Delirar.
•Acertar.

Disparate
Dislate.
Atrocidad.
Barbaridad.
Absurdo.
•Acierto.

Disparejo
Dispar.

Disparidad
Diferencia.
Desemejanza.
•Igualdad.

Disparo
Estampido.
Tiro.
Detonación.

Dispendio
Derroche.
Gasto.
Dilapidación.
•Ahorro.

Dispendioso
Costoso.
Caro.
•Económico.

Dispensa
Exoneración.
Privilegio.
Exención.

1. Dispensar
Otorgar.
Conceder.
Dar.
•Denegar.

2. Dispensar
Absolver.
Excusar.
Disculpar.
Perdonar.
Eximir.
•Obligar.

Dispensario
Clínica.

1. Dispersar
Esparcir.
Desperdigar.
Diseminar.
Desparramar.
•Agrupar.

2. Dispersar
Derrotar.
Ahuyentar.
Desbaratar.

1. Dispersión
Disgregación.
Diseminación.
Separación.

2. Dispersión
Fuga.

Disperso
Separado.
Desparramado.
Ralo.
Diseminado.
•Amazacotado.

Displicencia
Indolencia.
Indiferencia.
Apatía.
•Complacencia.

Displicente
Indiferente.
Apático.
Áspero.
•Complaciente.

1. Disponer
Arreglar.
Colocar.
Aderezar.
Ordenar.
Prevenir.

2. Disponer
Mandar.
Ordenar.
Resolver.
Prescribir.
Determinar.

Disponible
Aprovechable.
Utilizable.

1. Disposición
Arreglo.
Distribución.
Colocación.
Ordenación.

2. Disposición
Orden.
Decisión.
Resolución.
Mandato.
Determinación.
Precepto.

3. Disposición
Idoneidad.
Talento.
Aptitud.
Habilidad.
Capacidad.
•Ineptitud.

4. Disposición
Prevención.
Medio.
Preparativo.
Medida.

Dispositivo
Ingenio.
Mecanismo.
Instalación.

1. Dispuesto
Idóneo.
Suficiente.
Hábil.
Apto.
•Inepto.

2. Dispuesto
Prevenido.
Preparado.
Listo.
•Desapercibido.

Disputa
Querella.
Polémica.
Altercado.
Contienda.

Disputable
Controvertible.
Discutible.
Rebatible.
Problemático.
•Evidente.

Disputar
Querellarse.
Contender.
Discutir.
Altercar.
•Avenirse.

Disquisición
Discusión.
Examen.
Disputa.
Investigación.
Razonamiento.

1. Distancia
Trecho.
Alcance.
Espacio.
Intervalo.

2. Distancia
Diferencia.
•Proximidad.

Distanciar
Prevenir.
Superar.
Preceder.
Avanzar.
Sobrepasar.

Distanciarse
Enemistarse.

Distante
Alejado.
Lejano.
Remoto.
Apartado.
Lejos.
•Próximo.

Distar
Diferir.
Discrepar.
Diferenciarse.
•Parecerse.

Distender
Torcer.
Dislocar.

Distensión
Esguince.
Torcedura.

1. Distinción
Prerrogativa.
Honra.
Privilegio.
Honor.

2. Distinción
Finura.
Elegancia.
*Chabacanería.

3. Distinción
Exactitud.
Precisión.
Claridad.
*Indistinción.

4. Distinción
Precisión.
Distingo.

Distingo
Sutileza.
Distinción.
Reparo.

Distinguido
Esclarecido.
Señalado.
Notable.
Elegante.
Ilustre.
*Vulgar.

1. Distinguir
Separar.
Discernir
Diferenciar.
Discriminar
Especificar.
*Confundir.

2. Distinguir
Percibir.
Divisar.

3. Distinguir
Honrar.

Distinguirse
Sobresalir.
Descollar.
Destacarse.
Caracterizarse.
Resaltar.

Distintivo
Señal.
Marca.
Divisa.
Insignia.

1. Distinto
Diverso.
Diferente.
*Idéntico.

2. Distinto
Preciso.
Claro.
Inteligible.
*Confuso.

Distorsión
Dislocación.
Torcedura.
Torsión.
Distensión.
Deformación.

1. Distracción
Recreo.
Diversión.
Pasatiempo.
Esparcimiento.

2. Distracción
Omisión.
Olvido.

1. Distraer
Recrear.
Entretener.
Solazar.
Divertir.

2. Distraer
Desviar.
Separar.
Descarriar.
Apartar.
*Encaminar.

3. Distraer
Malversar.
Substraer.

1. Distraído
Bobo.
Ababol.

2. Distraído
Olvidadizo.
Atolondrado.
*Atento.

3. Distraído
Libertino.
Licencioso.

Distribución
Repartición.
Reparto.
Partición.
División.
*Recogida.

Distribuir
Partir.
Repartir.
Dividir.
*Recoger.

Distrito
Demarcación.
Departamento.
Territorio.
Jurisdicción.

Disturbar
Trastornar.
Alborotar.
Alterar.

Disturbio
Asonada.
Motín.
Revuelta.
Tumulto.
Alboroto.

Disuadir
Apartar.
Desaconsejar.
*Persuadir.

Disuelto
Licuado.
Diluido.
Desleído.
Deshecho.
*Sólido.

1. Disyunción
Dislocación.
Separación.
División.
Alejamiento.

2. Disyunción
Alternativa.

Disyuntiva
Dilema.
Alternativa.

Disyuntivo
Opuesto.
Antitético.
Antagónico.
Contrario.
*Coincidente.

Dita
Avalante.
Garantizador.

Ditirámbico
Arrebatado.
Desmesurado.
Exagerado.

1. Ditirambo
Elogio.
Encomio.
Alabanza.
Panegírico.
Apología.
*Diatriba.

2. Ditirambo
Florilegio.

Diuturnidad
Lapso.
Período.

1. Diva
Diosa.

2. Diva
Tiple.
Cantante.
Contralto.

1. Divagar
Vagar.
Errar.

2. Divagar
Extraviarse.
Desrazonar.

Diván
Canapé.
Sofá.

1. Divergencia
Separación.
Bifurcación.

2. Divergencia
Disentimiento.
Discrepancia.
Diferencia.
*Acuerdo.

1. Divergir
Separarse.
Bifurcarse.
*Converger.

2. Divergir
Diferir.
Disentir.
*Coincidir.

Diversidad
Diferencia.
Disparidad.
Variedad.
*Unidad.

Diversión
Solaz.
Esparcimiento.
Distracción.
Recreo.
*Fastidio.

Diverso
Distinto.
Diferente.
*Igual.

Diversos
Muchos.
Varios.

Divertido
Jocoso.
Jovial.
Festivo.
Entretenido.
Alegre.
*Aburrido.

Divertimiento
Juego.
Diversión.
Pasatiempo.
Recreación.
Distracción.

Divertir
Distraer.
Solazar.
Recrear.
Entretener.
*Aburrir.

Dividendo
Interés.
Renta.

Dividido
Inciso.
Partido.
Quebrado.
Bífido.
*Entero.

1. Dividir
Fraccionar.
Partir.
Repartir.
Distribuir.
*Multiplicar.

2. Dividir
Enemistar.
Malquistar.
Indisponer.
*Unir.

Divieso
Furúnculo.

1. Divinidad
Deidad.
Dios.

2. Divinidad
Primor.
Preciosidad.
Hermosura.
Beldad.

Divinizar
Endiosar.
Deificar.
Glorificar.
Sublimar.
*Condenar.

Divino
Sublime.
Celestial.
Adorable.
Perfecto.
Admirable.
*Infernal.

1. Divisa
Insignia.
Señal.
Marca.
Distintivo.

2. Divisa
Mote.
Lema.

Divisar
Vislumbrar.
Entrever.
Distinguir.
Columbrar.
Ver.

1. División
Reparto.
Distribución.
Repartición.
Partición.
*Multiplicación.

2. División
Discordia.

Desunión.
*Concordia.

Divisor
Factor.
Denominador.
Submúltiplo.

Divisorio
Lindante.
Colindante.
Contiguo.
Limítrofe.
*Separado.

1. Divo
Divino.

2. Divo
Cantante.

Divorciar
Separarse.
Romper.
Repudiar.
*Casar.

Divorcio
Separación.
Ruptura.
Repudio.
*Casamiento.

Divulgar
Pregonar.
Esparcir.
Propagar.
Propalar.
Difundir.

Do
Donde.

Dobladillo
Repulgo.

1. Doblado
Rechoncho.
Doble.

2. Doblado
Taimado.
Disimulado.
Fingido.

3. Doblado
Desigual.
Quebrado.
Fragoso.

1. Doblar
Duplicar.
*Partir.

2. Doblar
Encorvar.
Torcer.
Arquear.
Doblegar.
*Enderezar.

3. Doblar
Redoblar.
Campanear.

1. Doble
Duplo.

2. Doble
Pareja.
Par.

3. Doble
Facsímil.
Duplicata.
Copia.

4. Doble
Repetición.

5. Doble
Recio.
Fuerte.
Fornido.

6. Doble
Fingido.
Simulado.
Artificioso.
*Honesto.

7. Doble
Toque (de muerto)

1. Doblegar
Combar.
Curvar.
Arquear.
Encorvar.
Plegar.

2. Doblegar
Someter.
Reducir.
Obligar.

Doblegarse
Allanarse.
Ceder.
Someterse.
Ablandarse.
*Resistir.

1. Doblez
Repliegue.
Pliegue.

2. Doblez
Simulación.
Hipocresía.
Engaño.
Disimulo.
Fingimiento.
*Franqueza.

Doce
Doceno.
Dozavo.
Duodécimo.
Docenario.
Docena.

Doceno
Duodécimo.

1. Docente
Pedagógico.
Didáctico.
Educativo.
Instructivo.

2. Docente
Profesor.
Maestro.
Catedrático.

3. Docente
Profesorado.
Claustro.

Dócil
Fácil.
Suave.
Obediente.
Apacible.
Sumiso.
*Revoltoso.

Docilidad
Disciplina.
Sumisión.
Subordinación.
Obediencia.
*Indocilidad.

Dock
Galpón.
Almacén.
Dársena.

Docto
Entendido.
Instruido.

Erudito.
Ilustrado.
Esciente.
*Indocto.

1. Doctor
Facultativo.
Profesor.
Catedrático.

2. Doctor
Médico.

1. Doctrina
Disciplina.
Enseñanza.
Materia.
Ciencia.

2. Doctrina
Sistema.
Opinión.
Teoría.

Doctrinador
Catequista.
Maestro.

Doctrinar
Instruir.
Catequizar.
Educar.
Enseñar.

Documentación
Documentos.
Credenciales.

Documentado
Fundamentado.
Probado.

1. Documentar
Aducir.
Probar.
Patentizar.
Justificar.
Evidenciar.

2. Documentar
Informar.

Documento
Prueba.
Testimonio.
Título.

Dogal
Cuerda.
Soga.

1. Dogma
Fundamento.
Base.

2. Dogma
Verdad(revelada).

Dogmático
Decisivo.
Tajante.
Imperioso.
Imperativo.

Dogmatizar
Declarar.
Asegurar.
Afirmar.

Doladura
Ripio.
Astilla.

Dolar
Pulir.
Desbastar.
Labrar.

Dolencia
Afección.
Padecimiento.
Achaque.
Indisposición.
Enfermedad.

1. Doler
Padecer.

2. Doler
Repugnar.

1. Dolerse
Deplorar.
Arrepentirse.
Lamentarse.
Compungirse.

2. Dolerse
Quejarse.
Lamentarse.

3. Dolerse
Compadecerse.
Condolerse.
Apiadarse.

4. Dolerse
Escocerse.
Sentirse.

1. Doliente
Enfermo.
*Sano.

2. Doliente
Afligido.
Apenado.
Contristado.
Dolorido.
*Contento.

Dolo
Simulación.
Fraude.
Tergiversación.
Engaño.

Dolor
Sufrimiento
Tirsteza.
Pesar.
Angustia.
Aflicción.
*Gozo.

Dolorido
Contristado.
Triste.
Apenado.
Apesarado.
*Contento.

Doloroso
Lastimoso.
Angustioso.
Lamentable.
Penoso.
*Gozoso.

Doloso
Engañoso.
Fraudulento.

1. Doma
Domadura.

2. Doma
Contención.
Sometimiento.
Represión.
Vasallaje.

Domador
Desbravador.
Adiestrador.
Picador.

Domar
Amaestrar.
Domesticar.
Amansar.

Domeñar
Sujetar.

Avasallar.
Dominar.
Someter.
Rendir.

Domesticar
Amaestrar.
Domar.
Amansar.
Desembravecer.

1. Doméstico
Duendo.
Manso.

2. Doméstico
Sirviente.
Servidor.
Mozo.
Criado.
Fámulo.

Domiciliarse
Afincarse.
Avecindarse.
Establecerse.
*Ausentarse.

1. Domicilio
Residencia.
Morada.
Casa.

2. Domicilio
Dirección.
Señas.

Dominación
Poder.
Señorío.
Imperio.
Potencia.
Autoridad.

1. Dominante
Absoluto.
Imperioso.
Avasallador.
*Sumiso.

2. Dominante
Predominante.
Descollante.
Preponderante.

1. Dominar
Someter.
Sujetar.
Contener.
Reprimir.
Avasallar.
*Obedecer.

2. Dominar
Sobresalir.
Descollar.
Predominar.

1. Dómine
Maestro.
Preceptor.

2. Dómine
Pedante.

Domingo
Fiesta.
Festividad.
Disanto.

Dominguero
Galano.
Festivo.

1. Dominio
Potestad.
Autoridad.
Ascendiente.
Imperio.
Superioridad.
*Sujeción.

2. Dominio
Señorío.
Soberanía.
Pertenencia.
Propiedad.
Imperio.

Dominó
Capuchón.
Capa.

1. Don
Ofrenda.
Regalo.
Dádiva.
Presente.

2. Don
Talento.
Carisma.
Cualidad.
Gracia.
Dotes.

Donación
Regalo.
Dádiva.
Donativo.
Cesión.
Obsequio.

Donador
Donante.
Dador.

1. Donaire
Gracia.
Ocurrencia.
Chiste.

2. Donaire
Gallardía.
Salero.
Donosura.
Gentileza.
Gracia.
*Sosería.

1. Donairoso
Ocurrente.
Gracioso.
Donoso.

2. Donairoso
Apuesto.
Gallardo.
Gentil.
Garboso.

Donante
Dador.
Donador.

Donar
Regalar.
Dar.
Transmitir.
Traspasar.
*Quitar.

Donativo
Donación.
Dádiva.
Cesión.
Regalo.

Doncel
Adolescente.
Paje.

1. Doncella
Criada.
Camarera.

2. Doncella
Virgen.

Doncellez
Virginidad.
Doncellería.

Donde
Do.

Dondequiera
Doquiera.
Doquier.

Donosidad
Gracia.
Donosura.
Lindeza.
Donaire.
Gracejo.

Donoso
Gallardo.
Chistoso.
Gracioso.
Ocurrente.
*Patoso.

Donosura
Donosidad.

1. Dorado
Estofado.
Doradura.

2. Dorado
Metales.
Adorno.

3. Dorado
Esplendoroso.
Venturoso.
Feliz.

1. Dorlar
Pulir.
Corlar.
Bruñir.

2. Dorlar
Esconder.
Paliar.
Encubrir.

3. Dorlar
Tostar.

Dormido
Endurecido.
Cuajado.
Fraguado.

Dormilón
Lirón.
Gandul.
Perezoso.

Dormilona
Gandula.
Butaca.

1. Dormir
Dormitar.
Reposar.
Descansar.
*Velar.

2. Dormir
Pernoctar.

1. Dormirse
Adormilarse.
Aletargarse.
Amodorrarse.
Entumecerse.
*Despertarse.

2. Dormirse
Confiarse.
Descuidarse.
Abandonarse.
*Velar.

Dormitar
Cabecear.
Adormecerse.
Dormir.

Dormitivo
Somnífero.
Narcótico.
Soporífero.
Estupefaciente.
Dormidero.

Dornajo
Batea.
Hortera.
Dornillo.
Artesa.
Barcal.

Dorso
Reverso.
Revés.
Espalda.
Envés.
*Anverso.

Dos
Segundo.

1. Dosel
Estrada.
Baldaquin.
Palio.
Pabellón.

2. Dosel
Cortina.
Tapiz.
Antepuerta.

Dosificar
Determinar.
Distribuir.
Graduar.
Partir.

Dosis
Toma.
Cantidad.
Porción.

1. Dotación
Salario.
Asignación.
Sueldo.

2. Dotación
Personal.
Tripulación.

Dotado
Titulizado.

1. Dotar
Conceder.
Dar.
Asignar.

2. Dotar
Adornar.

3. Dotar
Legar.
Donar.
Proporcionar.
Ceder.
*Despojar.

Dote
Prebenda.
Asignación.
Patrimonio.
Caudal.

Dotes
Don.
Talento.
Cualidades.

Dozavo
Duodécimo.

Draconiano
Inflexible.
Inexorable.
Riguroso.
Severo.
*Indulgente.

Dragar
Limpiar.
Excavar.

Dragomán
Intérprete.

Dragontea
Serpentaria.

Dramático
Emocionante.
Patético.
Conmovedor.
Impresionante.
*Ridiculo.

Drástico
Decisivo.
Enérgico.
Activo.
Eficacísimo.
Fuerte.
*Suave.

1. Droga
Remedio.
Ingrediente.
Medicamento.

2. Droga
Ardid.
Embuste.
Trampa.
Engaño.
Mentira.

3. Droga
Dificultad.

Droguería
Abacería.
Colmado.

Droguero
Abacero.
Tendero.
Droguista.

1. Droguista
Droguero.

2. Droguista
Mentiroso.
Embustero.
Tramposo.

Drope
Abyecto.
Despreciable.
Vil.

Dúctil
Dócil.
Condescendiente.

Flexible.
Blando.
Acomodaticio.
*Rígido.

Ductor
Guía.
Caudillo.
Faro.
Jefe.

Ducha
Irrigación.

Ducho
Entendido.
Hábil.
Versado.
Experto.
Perito.
*Inexperto.

1. Duda
Indecisión.
Perplejidad.
Vacilación.
*Certeza.

2. Duda
Sospecha.
Recelo.
Escrúpulo.
*Confianza.

3. Duda
Objeción.
Cuestión.
Problema.

Dudar
Titubear.
Fluctuar.
Vacilar.

1. Dudoso
Discutible.
Sospechoso.
Cuestionable.
Ambiguo.
Equívoco.
*Cierto.

2. Dudoso
Receloso.
Vacilante.
Indeciso.
*Decidido.

Duelista
Pendenciero.
Reñidor.

1. Duelo
Combate.
Desafío.
Encuentro.

2. Duelo
Pena.
Aflicción.
Compasión.
Dolor.
*Gozo.

Duende
Espectro.
Gnomo.
Fantasma.

Duendo
Dócil.
Doméstico.
Manso.

1. Dueña
Acompañante.

2. Dueña
Ama.

Dueño
Propietario.
Empresario.
Señor.
Patrón.
Amo.

Dula
Boalar.

1. Dulce
Placentero.
Agradable.
Suave.
Deleitoso.
*Amargo.

2. Dulce
Dócil.
Complaciente.
Indulgente.
Bondadoso.
Afable.
*Amargado.

Dulcedumbre
Suavidad.
Dulzura.

Dulcería
Pastelería.
Confitería.
Repostería.

Dulcificante
Suavizante.
Calmante.

Dulcificar
Calmar.
Apaciguar.
Sosegar.
Endulzar.
Mitigar.
*Amargar.

Dulzaina
Cornamusa.
Gaita.
Chirimía.

Dulzarrón
Empalagoso.
Dulzón.

1. Dulzura
Dulzor.
Deleite.
Suavidad.
Placer.
*Amargor.

2. Dulzura
Mansedumbre.
Bondad.
Suavidad.
Afabilidad.
Docilidad.
*Amargura.

Duna
Arenas.
Montículo.
Prominencia.

Duodécimo
Doceno.

Duplicidad
Falsedad.
Engaño.
Doblez.
Hipocresía.
*Franqueza.

Durable
Constante.
Estable.
Duradero.

1. Duración
Perennidad.
Durabilidad.
Perpetuidad.

2. Duración
Subsistencia.
Permanencia.
Persistencia.

Duradero
Permanente.
Estable.
Persistente.
Constante.
Durable.
*Efímero.

Durante
Mientras.

Durar
Perdurar.
Permanecer.
Persistir.
*Pasar.

Durazno
Melocotón.

1. Dureza
Resistencia.
Consistencia.
Solidez.
*Blandura.

2. Dureza
Rigor.
Rudeza.
Aspereza.
Violencia.
Severidad.

3. Dureza
Callo.
Callosidad.

1. Duro
Fuerte.
Resistente.
Consistente.
*Blando.

2. Duro
Exigente.
Severo.
Rudo.
*Indulgente.

3. Duro
Fatigoso.
Penoso.
*Leve.

4. Duro
Ofensivo.
Áspero.
Injurioso.
*Suave.

Duunviro
Magistrado.

Dux
Príncipe.
Magistrado.

E

Ebanista
Mueblista.

Ebonita
Vulcanita.

Eborario
Marfileño.
Ebúrneo.

Ebrio
Embriagado.
Beodo.
Bebido.
Borracho.
*Sobrio.

Ebullición
Hervor.
*Congelación.

Ebúrneo
Marfileño.

Eclesiástico
Cura.
Sacerdote.
Presbitero.
Clérigo.

Eclipsar
Tapar.
Oscurecer.
Aventajar.
Exceder.
*Iluminar.

Eclipsarse
Escaparse.
Ausentarse.
Huir.
Evadirse.
*Presentarse.

1. Eclipse
Obscurecimiento.
Ocultación.

2. Eclipse
Interceptación.
Privación.

3. Eclipse
Ausencia.
Desaparición.
Evasión.

Eclosión
Manifestación.
Comienzo.
Nacimiento.
Aparición.
Producción.
*Cerramiento.

Eco
Repercusión.
Resonancia.

1. Economía
Reserva.
Ahorro.

2. Economía
Parsimonia.
Parquedad.
Escasez.
Miseria.
*Derroche.

1. Económico
Módico.
Barato.
*Caro.

2. Económico
Monetario.
Pecuniario.
Crematístico.

3. Económico
Ahorrador.
*Despilfarrador.

Economizar
Guardar.
Ahorrar.

Reservar.
*Prodigar.

Ecuánime
Ponderado.
Imparcial.
Equilibrado.
Sereno.
*Versátil.

Ecuestre
Caballar.
Equino.
Hípico.

Ecuménico
Católico.
Universal.

Echadizo
Espía.
Rastreador.

Echadizos
Desperdicios.
Escombros.

1. Echar
Lanzar.
Arrojar.
Tirar.
*Recibir.

2. Echar
Exhalar.
Despedir.
Expulsar.
*Inhalar.

3. Echar
Destituir.
Deponer.
*Nombrar.

4. Echar
Salir.
Brotar.

5. Echar
Aplicar.
Poner.

6. Echar
Cargar.
Imponer.

7. Echar
Atribuir.

8. Echar
Recostar.
Reclinar.
Inclinar.
*Enderezar.

9. Echar
Jugar.

10. Echar
Repartir.
Dar.
Entregar.
*Recoger.

11. Echar
Formar.
Hacer.

12. Echar
Conjeturar.
Suponer.

13. Echar
Avisar.
Prevenir.
Publicar.

14. Echar
Ejecutar.
Representar.

15. Echar
Pronunciar.
Decir.
Proferir.

16. Echar
Derribar.

Asolar.
Arruinar.

1. Echarse
Tenderse.
Acostarse.
Tumbarse.
*Levantarse.

2. Echarse
Arrojarse.
Abalanzarse.
Precipitarse.

1. Edad
Años.

2. Edad
Tiempo.
Época.

Edecán
Acompañante.
Auxiliar.
Ayudante.

Edén
Paraiso.

Edición
Impresión.
Estampación.
Publicación.

Edicto
Bando.
Decreto.
Ordenanza.
Mandato.

Edificación
Obra.
Construcción.
Edificio.

Edificante
Modélico.
Ejemplar.
*Escandaloso.

1. Edificar
Alzar.
Erigir.
Construir.
Levantar.
*Derribar.

2. Edificar
Ejemplarizar.
*Escandalizar.

Edificio
Obra.
Fábrica.
Inmueble.
Construcción.

Edil
Regidor.
Concejal.
Municipe.

Editar
Publicar.
Imprimir.

Editor
Impresor.
Publicador.

Edredón
Colcha.
Cobertor.
Almohadón.

1. Educación
Enseñanza.
Formación.
Instrucción.

2. Educación
Cortesía.
Crianza.
Urbanidad.
*Vulgaridad.

Educando
Alumno.
Colegial.
Escolar.

1. Educar
Enseñar.
Formar.
Instruir.
Dirigir.
Encaminar.

2. Educar
Desarrollar.
Perfeccionar.
Afinar.

Educativo
Formativo.
Pedagógico.

Educir
Inferir.
Deducir.
Colacionar.

Efebo
Adolescente.
Mancebo.
Doncel.
Impúber.

1. Efectivo
Seguro.
Verdadero.
Real.
*Imaginario.

2. Efectivo
Dinero.
Metálico.
Moneda.
Billete.

1. Efecto
Consecuencia.
Producto.
Resultado.
*Causa.

2. Efecto
Mercadería.
Mercancía.

3. Efecto
Sensación.
Impresión.
Emoción.

Efectuar
Ejecutar.
Hacer.
Realizar.
Cumplir.

Efemérides
Crónica.
Calendario.
Sucesos.
Hechos.
Diales.

Efervescencia
Exaltación.
Excitación.
Agitación.
Hervor.

Ardor.
*Frialdad.

Eficacia
Eficiencia.
Energía.
Actividad.
Validez.
Virtud.
*Ineficacia.

Eficaz
Eficiente.
Activo.
Drástico.
Válido.
Enérgico.
*Ineficaz.

Eficiencia
Eficacia.
Vigencia.
Validez.
*Ineficacia.

Eficiente
Eficaz.

Efigie
Figura.
Retrato.
Representación.
Imagen.

Efímero
Transitorio.
Pasajero.
Fugaz.
Perecedero.
*Perenne.

Efluvio
Irradiación.
Emanación.

Efod
Superhumeral.

Efugio
Recurso.
Evasiva.
Salida.
Escapatoria.
Recurso.

1. Efusión
Derramamiento.

2. Efusión
Desahogo.

Expansión.
Cordialidad.
*Indiferencia.

Efusivo
Expansivo.
Locuaz.
Afable.
Cordial.
*Adusto.

Égida
Amparo.
Patrocinio.
Defensa.
Protección.

Égira
Era.
Héjira.

Égloga
Pastoral.
Bucólica.

Egoísmo
Personalismo.
Egotismo.
Egolatría.
*Altruismo.

Egoísta
Personalista.
Ególatra.
Egotista.
Utilitario.
Interesado.
*Altruista.

Egregio
Conspicuo.
Preclaro.
Eminente.
Notable.
Ilustre.
*Despreciable.

Eje
Árbol.
Barra.
Cigüeñal.

Ejecución
Realización.
Consumación.
Cumplimiento.
Factura.
Práctica.

1. Ejecutante
Artista.
Intérprete.

2. Ejecutante
Ejecutor.

1. Ejecutar
Hacer.
Efectuar.
Realizar.
Cumplir.

2. Ejecutar
Ajusticiar.

Ejecutor
Autor.
Consumador.
Ejecutante.
Operador.
Perpetrador.

1. Ejecutoria
Despacho.
Título.
Diploma.

2. Ejecutoria
Hecho.
Acción.
Timbre.

Ejecutoriar
Comprobar.
Verificar.

Ejemplar
Edificante.
Modélico.
*Escandaloso.

Ejemplo
Prototipo.
Tipo.
Norma.
Modelo.
Muestra.

Ejercer
Practicar.
Cultivar.
Desempeñar.
Actuar.
Ejercitar.

Ejercicio
Movimiento.
Ocupación.
Acción.

Práctica.
*Reposo.

1. Ejercitar
Ejercer.

2. Ejercitar
Entrenar.
Adiestrar.
Instruir.
Formar.
Amaestrar.

Ejercitarse
Entrenarse.
Practicar.
Adiestrarse.

Ejército
Tropa.
Milicia.
Hueste.
Áscar.

Ejido
Campillo.

Elaborar
Confeccionar.
Preparar.
Hacer.
Producir.
Fabricar.

1. Elación
Altivez.
Arrogancia.
Presunción.
Soberbia.
Altanería.
*Humildad.

2. Elación
Elevación.
Nobleza.
Grandeza.

3. Elación
Lirismo.
Ampulosidad.

1. Elástico
Correoso.
Flexible.

2. Elástico
Ajustable.
Acomodaticio.

Elato
Fatuo.

Altivo.
Soberbio.
Presuntuoso.
Engreído.
*Humilde.

Elche
Infiel.
Renegado.
Apóstata.
*Fiel.

Elección
Opción.

Electo
Nombrado.
Seleccionado.
Escogido.
Elegido.
*Destituido.

Electricidad
Fluido.
Corriente.

Electrizar
Avivar.
Entusiasmar.
Inflamar.
Animar.
Exaltar.

Elegancia
Donaire.
Gusto.
Delicadeza.
Distinción.
Gracia.
*Cursilería.

1. Elegante
Distinguido.
Galano.
Airoso.
Gallardo.
Esbelto.
*Desastrado.

2. Elegante
Presumido.
Figurón.

Elegíaco
Luctuoso.
Melancólico.
Triste.
Lastimero.
*Festivo.

Elegido
Preferido.
Predilecto.
Predestinado.
*Condenado.

Elegir
Seleccionar.
Designar.
Optar.
Preferir.
Escoger.
*Descartar.

1. Elemental
Básico.
Fundamental.
Primario.
Primordial.
Rudimentario.

2. Elemental
Evidente.
Fácil.
Conocido.
Sencillo.
*Abstruso.

Elemento
Componente.
Pieza.
Parte.
Principio.

1. Elementos
Nociones.
Rudimentos.
Principios.

2. Elementos
Recursos.
Medios.

Elenco
Catálogo.
Lista.
Índice.
Repertorio.

1. Elevación
Altitud.
Prominencia.
Eminencia.
Altura.
*Depresión.

2. Elevación
Enaltecimiento.
Encumbramiento.

Exaltación.
*Humillación.

1. Elevado
Eminente.
Encumbrado.
Prominente.
Alto.
*Bajo.

2. Elevado
Sublime.
Noble.
*Ruin.

3. Elevado
Señalado.
Crecido.
Subido.
Singular.

1. Elevar
Edificar.
Erigir.
Construir.
Alzar.
Levantar.
*Derribar.

2. Elevar
Engrandecer.
Realzar.
Encumbrar.
Enaltecer.
Ennoblecer.
*Rebajar.

3. Elevar
Subir.
Aumentar.
*Bajar.

1. Elevarse
Remontarse.
Transportarse.
Enajenarse.

2. Elevarse
Engreírse.
Envanecerse.
Ensoberbecerse.
*Rebajarse.

Elfo
Duende.
Genio.
Gnomo.
Espíritu.

1. Elidir
Eliminar.
Suprimir.

2. Elidir
Desvanecer.
Frustrar.
Debilitar.

Eliminar
Excluir.
Quitar.
Descartar.
Suprimir.

Elíptico
Omitido.
Tácito.
Sobreentendido.
*Expreso.

Elisión
Eliminación.
Supresión.
*Conservación.

1. Elixir
Brebaje.
Licor.
Pócima.

2. Elixir
Remedio.
Medicamento.

Elocución
Dicción.
Expresión.

Elocuencia
Palabra.
Persuasión.
Oratoria.

1. Elocuente
Conmovedor.
Persuasivo.
Convincente.

2. Elocuente
Gráfico.
Expresivo.
Plástico.
Significativo.
*Enigmático.

Elogiar
Enaltecer.
Celebrar.
Aclamar.

Adular.
Ensalzar.
*Vituperar.

Elogio
Apología.
Panegírico.
Loa.
Exaltación.
Adulación.
*Vituperio.

Elucidación
Explicación.
Dilucidación.
Esclarecimiento.
Aclaración.
Solución.

Elucidar
Explicar.
Aclarar.
Dilucidar.
*Confundir.

Eludir
Soslayar.
Esquivar.
Evadir.
Rehuir.
Evitar.
*Afrontar.

Emanación
Irradiación.
Efluvio.

Emanar
Nacer.
Originarse.
Proceder.
Dimanar.
Provenir.

Emancipación
Independencia.
Autonomía.
Libertad.
*Opresión.

Emancipado
Libre.
Independiente.
*Sujeto.

Emancipar
Desvincular.
Libertar.

Independizar.
*Someter.

Emasculación
Castración.
Capadura.

Embabiamiento
Embeleso.
Distracción.

Embabiecado
Embobado.
*Atento.

Embabucar
Engañar.

Embadurnar
Pintarrajear.
Ensuciar.
Untar.

Embaidor
Embaucador.
Embustero.

Embaimiento
Ilusión.
Embeleso.
Engaño.

Embair
Engañar.
Embaucar.
Embelesar.
Ilusionar.
Ofuscar.

Embajada
Legación.
Misión.
Comisión.

Embajador
Emisario.
Mensajero.
Representante.
Agente.
Enviado.

Embalar
Empaquetar.
Envasar.
Enfardar.

Embaldosado
Pavimento.

Embaldosar
Enlosar.

Pavimentar.
Enladrillar.

Embalsamar
Sahumar.
Aromatizar.
Perfumar.

Embalsar
Estancar.
Encharcar.
Rebalsar.

Embalse
Rebalsa.
Pantano.

Embalumar
Cargar.
Embarazar.
Ocupar.

Embarazada
Encinta.

Embarazador
Difícil.
Estorbador.
Penoso.

Embarazar
Entorpecer.
Dificultar.
Molestar.
Obstruir.
Estorbar.
*Facilitar.

1. Embarazo
Obstáculo.
Engorro.
Estorbo.
Molestia.
Dificultad.
*Ayuda.

2. Embarazo
Timidez.
Encogimiento.
*Desembarazo.

3. Embarazo
Gestación.
Gravidez.
Preñez.

Embarazoso
Difícil.
Agobiante.
Estorboso.

Dificultoso.
Incómodo.
*Soportable.

Embarbascarse
Enredarse.

Embarcación
Nave.
Barco.
Nao.

Embarcar
Lanzar.
Inducir.
Empeñar.
Aventurar.

Embargar
Retener.
Suspender.
Impedir.
Paralizar.
Detener.

Embarrancar
Varar.
Encallar.
*Desembarrancar.

Embarrar
Enfangar.
Manchar.
Entarquinar.
Embadurnar.

Embarullar
Confundir.
Revolver.
Enredar.
*Desenredar.

Embastar
Hilvanar.

Embaste
Hilván.

Embate
Acometida.
Ataque.
Arremetida.
Embestida.

Embaucador
Impostor.
Engañador.
Embaidor.

Embaucar
Engatusar.

Engañar.
Seducir.

Embaular
Engullir.
Tragar.
Embutir.

Embausamiento
Embobamiento.
Suspensión.

Embazadura
Admiración.
Pasmo.
Asombro.

Embazar
Asombrar.
Pasmar.
Suspender.
Embargar.
Detener.

Embazarse
Hastiarse.
Cansarse.
Fastidiarse.

Embebecer
Divertir.
Entretener.
Embelesar.

1. Embeber
Absorber.
Impregnar.
Empapar.
*Exprimir.

2. Embeber
Incorporar.
Meter.
Encajar.
Introducir.
Embutir.
*Extraer.

1. Embeberse
Tupirse.
Apretarse.

2. Embeberse
Pasmarse.
Embelesarse.
Absorberse.

3. Embeberse
Capacitarse.
Instruirse.

Embelecador
Engañador.
Embustero.
Embaucador.

Embelecer
Engañar.
Embaucar.
Seducir.

Embeleco
Engaño.
Embuste.

Embeleñar
Embelesar.

Embelesar
Embriagar.
Extasiar.
Cautivar.
Suspender.
Arrobar.

Embeleso
Éxtasis.
Ilusión.
Seducción.
Estupefacción.
Embaimiento.

Embellaquecerse
Engranujarse.

Embellecer
Adornar.
Hermosear.
*Afear.

Embestida
Ataque.
Arremetida.
Embate.
Acometida.

Embestir
Atacar.
Arremeter.
Abalanzarse.
Acometer.
*Huir.

Emblandecer
Ablandar.
Reblandecer.
*Endurecer.

Emblandecerse
Enternecerse.
Conmoverse.

Emblemático
Misterioso.
Enigmático.
Simbólico.

Emblanquecer
Blanquear.
*Ennegrecer.

Emblema
Lema.
Escudo.
Símbolo.

Embobado
Atónito.
Admirado.
Absorto.
Pasmado.
Maravillado.

Embobar
Sorprender.
Embelesar.
Asombrar.
Admirar.

1. Embocadura
Abertura.
Embocadero.
Boca.

2. Embocadura
Boquilla.

3. Embocadura
Bocado.

1. Embocar
Entrar.
Meter.

2. Embocar
Comenzar.
Empezar.

3. Embocar
Tragar.
Embaular.
Embutir.

Embolismo
Embuste.
Confusión.
Enredo.

Émbolo
Pistón.

Embolsar
Guardar.

Recibir.
Envalijar.

Emboque
Engaño.
Trampa.
Añagaza.

1. Emborrachar
Embriagar.
Achispar.
Intoxicar.

2. Emborrachar
Adormecer.
Aturdir.
Marear.

Emborracharse
Embriagarse.
Beber.
Ajumarse.
Achisparse.
Intoxicarse.

1. Emborrar
Henchir.
Llenar.
Cargar.
Rellenar.

2. Emborrar
Embaular.
Engullir.
Tragar.
Embutir.

Emborrascar
Irritar.
Alterar.

Emborrascarse
Cargarse.
Encapotarse.
Nublarse.

Emborrazar
Enalbardar.

1. Emborricarse
Embobarse.
Atontarse.
Entontecerse.

2. Emborricarse
Enamorarse.

Emborronar
Garrapatear.
Rasguear.
Chafarrinar.

Emborrullarse
Reñir.
Disputar.

1. Emborujar
Mezclar.
Amontonar.

2. Emborujar
Abarujar.

Emboscada
Trampa.
Asechanza.
Encerrona.
Celada.

Emboscar
Encubrir.
Enselvar.

Emboscarse
Resguardarse.
Enramarse.
Ocultarse.
Esconderse.

Embotado
Oriniento.
Enmohecido.

1. Embotar
Despuntar.
*Aguzar.

2. Embotar
Debilitar.
Entorpecer.
Enervar.
Amortiguar.
*Aguzar.

1. Embotellar
Envasar.

2. Embotellar
Acorralar.
Obstruir.
Inmovilizar.

1. Embotijarse
Hincharse.
Inflarse.

2. Embotijarse
Enojarse.
Indignarse.
Encolerizarse.

1. Embozado
Envuelto.

Cubierto.
Tapado.
Arrebujado.

2. Embozado
Cauteloso.
Oculto.
Encubierto.
Taimado.
*Descubierto.

Embozar
Disfrazar.
Encubrir.
Tapar.
Ocultar.
Enmascarar.
*Descubrir.

1. Embozo
Rebujo.
Recato.
Disfraz.
Disimulo.
Tapujo.

2. Embozo
Repullo.
Indirecta.

Embravecer
Irritar.
Encolerizar.
Enfurecer.
Encrespar.
*Amansar.

Embriagado
Beodo.
Ebrio.
Bebido.
Borracho.

Embriagador
Encantador.
Seductor.
Enloquecedor.
Enajenador.

1. Embriagar
Aturdir.
Atontar.
Marear.
Perturbar.
Emborrachar.

2. Embriagar
Cautivar.
Extasiar.
Enajenar.

Arrebatar.
Transportar.

Embriagarse
Beber.
Emborracharse.
Ajumarse.
Chispearse.
•Desembriagarse.

1. Embriaguez
Ebriedad.
Borrachera.

2. Embriaguez
Arrobamiento.
Enajenación.

Embridar
Retener.
Sujetar.
Contener.
Ligar.
Aretar.

Embrión
Rudimento.
Principio.
Germen.

Embrionario
Inicial.
Rudimentario.
•Maduro.

Embrollar
Revolver.
Enmarañar.
Enredar.
Confundir.
Embarullar.
•Desembrollar.

1. Embrollo
Confusión.
Maraña.
Lío.
Enredo.
•Orden.

2. Embrollo
Mentira.
Embuste.
Embeleco.
Invención.
•Verdad.

Embrollón
Quisquilloso.
Embrollador.

1. Embromar
Chancear.
Enredar.
Bromear.
Engañar.

2. Embromar
Molestar.

3. Embromar
Perjudicar.

Embrujar
Encantar.
Hechizar.
Embelecar.

Embrujo
Encanto.
Hechizo.
Fascinación.

Embrutecer
Entorpecer.
Atolondrar.
Embrutar.

Embrutecerse
Depravarse.
Animalizarse.
Abandonarse.

Embrutecido
Imbécil.
Estúpido.
Tonto.

Embuchado
Embutido.

Embuchar
Embutir.

1. Embudo
Fonil.
Tragavino.

2. Embudo
Engaño.
Trampa.
Enredo.

Embuste
Engaño.
Invención.
Mentira.
•Verdad.

Embustero
Engañador.
Mentiroso.
•Veraz.

1. Embutido
Embuchado.

2. Embutido
Marquetería.
Taracea.

3. Embutido
Encaje.
Bordado.

1. Embutir
Llenar.
Atiborrar.
Embuchar.
Rellenar.

2. Embutir
Embeber.
Encajar.
Incrustar.

Emergencia
Accidente.
Suceso.
Ocurrencia.
Eventualidad.
Evento.

Emerger
Surgir.
Sobresalir.
Brotar.

Emigración
Éxodo.
Transmigración.
Expatriación.
Migración.
•Repatriación.

1. Eminencia
Prominencia.
Elevación.
Altura.
•Depresión.

2. Eminencia
Superioridad.
Excelencia.
Sublimidad.
Grandeza.
•Insignificancia.

1. Eminente
Prominente.
Encumbrado.
Alto.
Elevado.
•Bajo.

2. Eminente
Egregio.
Excelente.
Notable.
Distinguido.
Ilustre.
•Insignificante.

Emisario
Correo.
Enviado.
Mensajero.

1. Emisión
Difusión.
Producción.
Manifestación.

2. Emisión
Lanzamiento.

1. Emitir
Difundir.
Irradiar.
Exhalar.
Arrojar.
Despedir.
•Absorber.

2. Emitir
Expresar.
Manifestar.
•Reservarse.

Emoción
Exaltación.
Impresión.
Enternecimiento.
Agitación.
Turbación.

Emocionar
Enternecer.
Conmover.
Alterar.
Turbar.
Agitar.

Emoliente
Ablandador.
Demulciente.

Emolumento
Estipendio.
Retribución.
Beneficio.
Remuneración.
Gaje.

Emolumentos
Honorarios.
Haberes.
Devengos.
Asignación.

Empacar
Encajonar.
Enfardar.
Embalar.
Empaquetar.

Empacarse
Turbarse.
Irritarse.
Empeñarse.
Emperrarse.
Obstinarse.

1. Empachado
Harto.
Ahíto.

2. Empachado
Desmañado.
Tímido.

1. Empachar
Estorbar.
Embarazar.

2. Empachar
Empalagar.
Hartar.
Ahitar.
Indigestar.
Estomagar.

3. Empachar
Tapar.
Encubrir.
Disfrazar.

1. Empacharse
Indigestarse.
Ahitarse.

2. Empacharse
Embarazarse.
Cortarse.
Avergonzarse.
•Desvergonzarse.

1. Empacho
Indigestión.

2. Empacho
Embarazo.
Encogimiento.
Timidez.
Turbación.

Vergüenza.
*Desvergüenza.

1. Empachoso
Empalagoso.
Indigesto.
Dulzarrón.

2. Empachoso
Vergonzoso.

Empadronar
Asentar.
Inscribir.

Empalagar
Fastidiar.
Cansar.
Aburrir.
Hastiar.
*Deleitar.

Empalago
Enfado.
Hastío.
Aburrimiento.
*Diversión.

1. Empalagoso
Dulzón.
Dulzarrón.

2. Empalagoso
Zalamero.
Pegajoso.
*Huraño.

Empalizada
Estacada.

Empalmar
Entroncar.
Enlazar.
Conectar.
Unir.
*Separar.

1. Empalme
Enlace.
Unión.

2. Empalme
Injerto.

Empapirolado
Jactancioso.
Presuntuoso.

Empanada
Asechanza.

Intriga.
Trampa.
Ocultación.

Empandillar
Engañar.
Cegar.
Ofuscar.

1. Empantanar
Estancar.
Encharcar.
Inundar.
*Desecar.

2. Empantanar
Detener.
Atascar.
Estancar.
Paralizar.

Empañado
Pálido.
Desteñido.
Descolorido.
Deslustrado.
Amortiguado.
*Limpio.

Empañar
Ensuciar.
Enturbiar.
Deslucir.
Oscurecer.
Manchar.
*Clarificar.

Empapado
Húmedo.
Mojado.
Liento.

Empapamiento
Mojadura.
Remojón.

Empapar
Impregnar.
Embeber.
*Exprimir.

Empaparse
Embeberse.
Penetrarse.
Imbuirse.

1. Empapelar
Envolver.

2. Empapelar
Procesar.

Empapirotar
Entarascar.

Empapujar
Hartar.
Atiborrar.
Ahítar.

Empaque
Afectación.
*Llaneza.

Empaquetar
Envolver.
Embalar.
*Desempaquetar.

1. Emparedado
Encerrado.
Preso.
Recluso.

2. Emparedado
Bocadillo.
Sandwich.

Emparejadura
Nivelación.

1. Emparejar
Reunir.
Juntar.

2. Emparejar
Nivelar.
Igualar.
Aparear.
Conformar.

Emparentado
Relacionado.
Connotado.

Emparentar
Entroncar.

Emparrado
Pérgola.

Emparrillar
Achicharrar.
Asar.
Tostar.

Emparrillado
Armazón.
Enrejado.

Empastelar
Transigir.
Componer.

Empatar
Igualar.

Empatronar
Potar.

Empavesada
Amparo.
Escudo.
Defensa.

1. Empavesar
Engalanar.

2. Empavesar
Escudar.
Defender.

1. Empecatado
Travieso.
Malévolo.
Incorregible.

2. Empecatado
Desgraciado.
Desafortunado.

Empecer
Dañar.
Obstar.
Estorbar.
Impedir.
*Facilitar.

Empecinado
Obstinado.

Empecinar
Embadurnar.

Empecinarse
Encapricharse.
Obstinarse.

Empedernido
Implacable.
Endurecido.
Recalcitrante.
Contumaz.
Impenitente.
*Compasivo.

Empedernir
Endurecer.
Petrificar.

Empedernirse
Insensibilizarse.

Empedrar
Engravar.

Enlosar.
Adoquinar.
*Desempedrar.

Empegar
Empecinar.
Empeguntar.

Empeine
Pubis.

Empella
Manteca.

Empellón
Rempujón.
Empujón.

Empenta
Sostén.
Puntal.

Empeñado
Disputado.
Reñido.
Acalorado.

1. Empeñar
Pignorar.

2. Empeñar
Precisar.
Obligar.

1. Empeñarse
Endeudarse.
Entramparse.

2. Empeñarse
Encapricharse.
Obstinarse.
*Ceder.

3. Empeñarse
Trabarse.
Empezarse.
*Resolverse.

1. Empeño
Pignoración.

2. Empeño
Capricho.
Obstinación.
Perseverancia.
Porfía.
Tesón.
*Indiferencia.

Empeñoso
Tenaz.

Empeorar
Declinar.
Agravarse.
Malignarse.
Periclitar.
Empeorarse.

*Mejorar.

Empequeñecer
Reducir.
Minorar.
Amenguar.

*Agrandar.

Emperador
Soberano.
César.
Kaiser.
Zar.

Emperejillar
Emperifollar.
Acicalar.
Engalanar.
Ataviar.

Emperezar
Retardar.
Dilatar.

Emperifollar
Acicalar.
Ataviar.
Engalanar.
Emperejillar.

Empero
Mas.
Pero.
Sin embargo.

Emperrarse
Obstinarse.
Empeñarse.
Encapricharse.
Porfiar.
Encastillarse.

*Allanarse.

Empezar
Principiar.
Iniciarse.
Comenzar.
Incoar.
Emprender.

*Terminar.

Empiece
Inicio.
Comienzo.

1. Empinado
Elevado.
Encumbrado.
Alto.

*Bajo.

2. Empinado
Estirado.
Orgulloso.

Empinar
Erguir.
Alzar.
Elevar.
Levantar.

*Bajar.

Empingorotado
Engreído.
Encumbrado.
Encopetado.

*Sencillo.

Empíreo
Paraíso.
Cielo.

Empírico
Práctico.
Experimental.

*Especulativo.

Empirismo
Rutina.
Experiencia.
Práctica.

Emplastar
Obstaculizar.
Dificultar.
Entorpecer.

Emplastarse
Ensuciarse.
Embadurnarse.

1. Emplasto
Sinapismo.
Parche.
Pegote.
Cataplasma.

2. Emplasto
Arreglo.
Componenda.

1. Emplazar
Citar.

2. Emplazar
Demandar.
Encartar.

3. Emplazar
Concertar.

Empleado
Dependiente.
Funcionario.

1. Emplear
Colocar.
Destinar.
Ocupar.

2. Emplear
Servirse.
Usar.
Valerse.
Utilizar.
Aplicar.

3. Emplear
Gastar.
Invertir.
Consumir.

1. Empleo
Ocupación.
Cargo.
Colocación.
Puesto.
Destino.

2. Empleo
Aplicación.
Uso.
Utilización.

Emplomar
Marchamar.

Emplumar
Emplumecer.

Empobrecer
Depauperar.

*Enriquecer.

Empolvar
Empolvorar.
Empolvorizar.

1. Empollar
Incubar.

2. Empollar
Estudiar.

Emponchado
Sospechoso.

Emponzoñar
Pervertir.
Corromper.
Envenenar.
Inficionar.

Emporcar
Manchar.
Ensuciar.

*Limpiar.

Emporio
Mercado.
Ciudad.
Civilización.

Empotrar
Encajar.
Embutir.
Hincar.
Meter.

Empozarse
Estancarse.
Embotellarse.
Detenerse.

Emprendedor
Activo.
Decidido.
Resuelto.
Osado.

*Irresoluto.

Emprender
Acometer.
Iniciar.
Comenzar.
Principiar.
Empezar.

*Finalizar.

1. Empresa
Intento.
Designio.
Proyecto.

2. Empresa
Firma.
Institución.
Sociedad.
Compañía.

Empréstito
Préstamo.

Empujar
Estimular.
Impulsar.
Excitar.

Empozoñar

Incitar.
Impeler.

*Contener.

1. Empuje
Fuerza.
Impulsión.
Impulso.
Propulsión.

2. Empuje
Osadía.
Brío.
Ímpetu.
Resolución.

Empujón
Empellón.

Empuñadura
Puño.
Pomo.
Guarnición.

2. Empuñadura
Mango.
Manubrio.

1. Empuñar
Asir.
Apretar.
Coger.

2. Empuñar
Lograr.
Conseguir.
Alcanzar.

Emulación
Competencia.
Rivalidad.

Emular
Rivalizar.
Competir.

Émulo
Contrincante.
Rival.
Competidor.

Enaceitar
Engrasar.

Enagua
Refajo.
Saya.

Enaguachar
Encharcar.
Enaguar.
Enaguazar.

1. Enajenación
Distracción.
Éxtasis.
Embobamiento.
Ensimismamiento.

2. Enajenación
Locura.

Enajenamiento
Éxtasis.
Arrobamiento.
Suspensión.

1. Enajenar
Traspasar.
Vender.
Alienar.
*Adquirir.

2. Enajenar
Encantar.
Extasiar.
Embelesar.
Arrebatar.
Suspender.

1. Enalbardar
Rebozar.

2. Enalbardar
Emborrazar.

Enaltecer
Encomiar.
Honrar.
Elogiar.
Ensalzar.
Realzar.
*Rebajar.

Enaltecimiento
Elogio.
Exaltación.
Encomio.
Elevación.
Alabanza.
*Vituperio.

Enamoradizo
Mujeriego.
Faldero.

Enamorado
Conquistado.

Enamoramiento
Seducción.

Enamorar
Conquistar.

Cortejar.
Seducir.
Galantear.
Requebrar.

Enamorarse
Prendarse.
Encariñarse.
Aficionarse.

Enano
Gorgojo.
Pigmeo.
Liliputiense.

Enarbolar
Levantar.
Arbolar.
Izar.
*Arriar.

Enarcar
Fruncir.
Curvar.
Arquear.

Enardecer
Animar.
Entusiasmar.
Inflamar.
Avivar.
Excitar.
*Calmar.

Enarmonar
Levantar.
Alzar.

Enarmonarse
Erguirse.
Empinarse.
Engrifarse.
Encabritarse.

Encabalgamiento
Montante.
Armazón.

1. Encabezamiento
Registro.
Censo.
Padrón.
Empadronamiento.

2. Encabezamiento
Prefacio.
Exordio.
Principio.
Comienzo.
*Final.

1. Encabezar
Empadronar.
Matricular.
Registrar.

2. Encabezar
Comenzar.
Iniciar.
Principiar.
*Acabar.

Encabritarse
Engrifarse.
Erguirse.
Empinarse.
Alzar.
Enarmonarse.

Encadarse
Zurrarse.
Atemorizarse.

Encadenamiento
Engranaje.
Eslabonamiento.
Conexión.
Concatenación.
Trabazón.

1. Encadenar
Aprisionar.
Amarrar.
Atar.
Sujetar.
Esclavizar.
*Soltar.

2. Encadenar
Trabar.
Unir.
Relacionar.
Enlazar.
*Desligar.

Encajado
Embutido.
Enquistado.

1. Encajar
Incrustar.
Embutir.
Introducir.
Acoplar.
Embeber.
*Desencajar.

2. Encajar
Arrojar.
Lanzar.
Disparar.
Endilgar.

3. Encajar
Entrar.
Ajustar.

1. Encaje
Enchufe.
Acoplamiento.
Enlace.
Ajuste.
Enganche.

2. Encaje
Marquetería.
Taracea.

Encajonado
Ataguía.

Encajonar
Empaquetar.
Embanastar.
Empacar.
Encerrar.
Envolver.

Encajonarse
Angostarse.
Estrecharse.
Ahocinarse.

Encalabrinar
Excitar.
Irritar.

1. Encalabrinarse
Encapricharse.

2. Encalabrinarse
Emborracharse.

Encaladura
Enyesadura.
Enjalbegado.
Revoco.
Enfoscado.
Jabielgo.

Encalar
Enyesar.
Enlucir.
Jabelgar.
Blanquear.
Enfoscar.

Encalmarse
Apaciguarse.
*Embravecerse.

Encallar
Atascarse.
Atollarse.

Embarrancar.
Empantanarse.
Varar.
*Flotar.

Encallecerse
Endurecerse.
Avezarse.
Acostumbrarse.
*Ablandarse.

Encaminar
Conducir.
Guiar.
Orientar.
Encauzar.
Dirigir.
*Desencaminar.

1. Encamisar
Enfundar.

2. Encamisar
Encubrir.
Disfrazar.

Encandilado
Tieso.
Erguido.
Envarado.

Encandilar
Ofuscar.
Deslumbrar.
Alucinar.
*Desencantar.

Encanecer
Avejentarse.
Envejecer.

Encanijarse
Adelgazar.
Enflaquecer.
*Engordar.

Encanillar
Encañonar.
Encañar.

Encantado
Extático.
Absorto.
Ensimismado.
Distraído.

1. Encantador
Cautivador.
Fascinador.
Sugestivo.

Atrayente.
Seductor.
*Repugnante.

2. Encantador
Hechicero.
Mago.

1. Encantamiento
Encanto.

2. Encantamiento
Conjuro.
Sortilegio.
Magia.
Hechizo.

Encantar
Hechizar.
Fascinar.
Extasiar.
Cautivar.
Embelesar.
*Repeler.

Encante
Subasta.
Almoneda.

Encanto
Embeleso.
Fascinación.
Magia.
Sortilegio.
Hechizo.
*Horror.

Encañado
Enrejado.
Celosía.

Encañar
Encañizar.
Encanillar.

Encañizada
Atajadizo.
Cañal.

1. Encañonar
Apuntar.
Dirigir.
Encarar.
Asestar.

2. Encañonar
Encauzar.

Encapotadura
Ceño.

Encapotarse
Nublarse.
Aborrascarse.
Oscurecerse.
Cubrirse.
Cargarse.
*Aclararse.

Encapricharse
Empecinarse.
Empeñarse.
Obstinarse.
Aficionarse.
*Despegarse.

Encaramar
Levantar.
Alzar.
Aupar.
Elevar.
Subir.

Encaramarse
Escalar.
Subirse.
Trepar.
*Descolgarse.

1. Encarar
Encañonar.
Asestar.
Apuntar.
Dirigir.

Encarcelar
Recluir.
Encerrar.
Aprisionar.
Enrejar.
*Libertar.

Encarecer
Exagerar.
Enaltecer.
Ponderar.
Alabar.
*Rebajar.

1. Encarecimiento
Carestía.
Subida.
Alza.
*Abaratamiento.

2. Encarecimiento
Insistencia.
Empeño.
Porfía.

3. Encarecimiento
Exageración.
Ponderación.

Encargado
Comisionado.
Delegado.
Representante.
Apoderado.
Sustituto.

1. Encargar
Confiar.
Encomendar.
Prevenir.
Recomendar.

2. Encargar
Pedir.
*Servir.

1. Encargo
Comisión.
Cometido.
Misión.
Mandado.
Encomienda.

2. Encargo
Recomendación.

3. Encargo
Empleo.
Cargo.

Encariñarse
Enamorarse.
Prendarse.
Aficionarse.
*Desinteresarse.

Encarnado
Colorado.
Rojo.

Encarnar
Representar.
Personificar.
Simbolizar.

Encarnizado
Sangriento.
Reñido.
Duro.
Porfiado.

Encarnizarse
Ensañarse.
Cebarse.

Encarrilar
Guiar.
Dirigir.
Encauzar.
Encaminar.
Enderezar.
*Descarriar.

1. Encarrujado
Rufo.

2. Encarrujado
Agrietado.

Encartar
Emplazar.
Procesar.
Encausar.

Encasillar
Catalogar.
Clasificar.
Archivar.

1. Encasquetar
Convencer.
Persuadir.

2. Encasquetar
Endosar.
Endilgar.

1. Encasquillarse
Obstruirse.
Atascarse.

2. Encasquillarse
Acobardarse.

Encastillado
Orgulloso.
Soberbio.
Altivo.
Altanero.
*Humilde.

Encastillarse
Empeñarse.
Obstinarse.
*Allanarse.

Encausar
Enjuiciar.
Procesar.

Encausto
Adustión.

Encauzar
Guiar.

Encarrilar.
Encaminar.
*Descarriar.

Encelar
Amorecer.

Encella
Formaje.
Molde.

Encenagarse
Ensuciarse.
Enfangarse.
Encharcarse.

Encendaja
Leña.
Ramiza.
Hojarasca.
Chamiza.
Chavasca.

Encendedor
Chisquero.
Mechero.

1. Encender
Incendiar.
Inflamar.
*Apagar.

2. Encender
Enardecer.
Excitar.
Entusiasmar.
*Aplacar.

Encendido
Incandescente.
Candente.
*Apagado.

1. Encendimiento
Inflamación.
Combustión.

2. Encendimiento
Ardor.
Enardecimiento.

Encerradero
Corral.

Encerado
Tablero.
Pizarra.
Pizarrón.

1. Encerrar
Abarcar.
Contener.
Comprender.
Incluir.
*Excluir.

2. Encerrar
Encarcelar.
Aprisionar.
Recluir.
*Libertar.

Encerrona
Celada.
Emboscada.
Asechanza.

Encetadura
Comienzo.
Inicio.

Encetar
Estrenar.
Empezar.

Encía
Enciva.

Enciclopedia
Diccionario.

Encierro
Calabozo.
Prisión.
Reclusión.

1. Encima
Sobre.
*Debajo.

2. Encima
Además.

Encimar
Alzar.
Levantar.
Encaramar.

Encina
Alcornoque.
Coscoja.
Carrasca.
Chaparro.

Encinta
Grávida.
Embarazada.

Encintar
Preñar.
Cubrir.

Enclaustrar
Recluir.
Enceldar.
Encerrar.

1. Enclavado
Dentro.
Encerrado.

2. Enclavado
Situado.
Sito.

1. Enclavar
Clavar.

2. Enclavar
Traspasar.
Atravesar.

Enclavijar
Fijar.
Trabar.
Ensartar.

Enclenque
Endeble.
Débil.
Achacoso.
Enfermizo.
*Robusto.

1. Encoger
Plegar.
Contraer.
Retraer.
Recoger.
Fruncir.

2. Encoger
Estrechar.
Disminuir.
Acortar.

1. Encogerse
Acortarse.
Contraerse.
*Dilatarse.

2. Encogerse
Acobardarse.
Amilanarse.
Apocarse.
*Envalentonarse.

Encogido
Pusilánime.
Tímido.
Apocado.
*Desenvuelto.

Encogimiento
Pusilanimidad.
Timidez.
Apocamiento.
*Desenvoltura.

Encolar
Engrudar.
Pegar.

Encolerizar
Enojar.
Irritar.
Enfurecer.
*Aplacar.

Encomendar
Recomendar.
Confiar.
Encargar.

Encomiar
Celebrar.
Ensalzar.
Loar.
Alabar.
Elogiar.
*Vituperar.

Encomiasta
Panegirista.

Encomiástico
Laudatorio.
Halagador.
Lisonjero.

1. Encomienda
Comisión.
Encargo.

2. Encomienda
Elogio.

3. Encomienda
Merced.
Renta.

4. Encomienda
Custodia.
Amparo.
Protección.

5. Encomienda
Paquete postal.

Encomio
Apología.
Elogio.
Alabanza.

1. Enconamiento
Congestión.
Tumefacción.
Inflamación.

2. Enconamiento
Encono.

Enconar
Envenenar.
Ensañar.
Exacerbar.
Exasperar.
Irritar.

Encono
Saña.
Rencor.

Encontradizo
Topadizo.

Encontrado
Contrario.
Distinto.
Opuesto.
*Acorde.

Encontrar
Descubrir.
Hallar.
*Perder.

1. Encontrarse
Converger.
Concurrir.
Hallarse.
*Separarse.

2. Encontrarse
Oponerse.
Contraponerse.
Discordar.
Chocar.
*Avenirse.

3. Encontrarse
Estar.

Encontronazo
Colisión.
Topetazo.
Choque.

Encopetado
Engreído.
*Sencillo.

Encorajinarse
Enfadarse.

Irritarse.
Alterarse.

Encornadura
Cornamenta.

Encortinar
Entoldar.
Alfombrar.

Encorvar
Arquear.
Combar.
*Enderezar.

1. Encrasar
Engrasar.

2. Encrasar
Abonar.
Fertilizar.

Encrespado
Enfurecido.
Encolerizado.
Embravecido.

1. Encrespar
Rizar.
Ensortijar.

2. Encrespar
Engrifar.
Erizar.

3. Encrespar
Enfadar.
Irritar.

1. Encresparse
Desgreñarse.
Enmarañarse.

2. Encresparse
Alborotarse.
Embravecerse.

Encrucijada
Intersección.
Cruce.

Encruelecerse
Cebarse.
Ensañarse.
Encarnizarse.

Encuadernar
Arreglar.
Componer.
Empastar.

Encuadrar
Insertar.

Encerrar.
Incluir.
Inserir.

Encubierta
Ocultación.
Fraude.
Dolo.

Encubridor
Cómplice.
Ocultador.

Encubrir
Disimular.
Esconder.
Ocultar.
*Revelar.

1. Encuentro
Hallazgo.
Descubrimiento.

2. Encuentro
Colisión.
Estrellón.
Choque.

3. Encuentro
- Contradicción.
Oposición.
Pugna.

4. Encuentro
Sobaco.
Axila.

5. Encuentro
Lucha.
Refriega.
Competición.

Encuesta
Averiguación.
Indagación.
Pesquisa.
Información.

1. Encumbrado
Destacado.
Prominente.
Eminente.
Elevado.

2. Encumbrado
Orgulloso.
Ensoberbecido.

1. Encumbramiento
Eminencia.
Prominencia.
Elevación.

2. Encumbramiento
Exaltación.
Elogio.
Ensalzamiento.

1. Encumbrar
Encaramar.
Alzar.
Levantar.
Subir.

2. Encumbrar
Enaltecer.
Reverenciar.
Endiosar.
Celebrar.
Elogiar.

Encumbrarse
Engreírse.
Envanecerse.
Elevarse.
Ensoberbecerse.
Subir.
*Humillarse.

Encurtir
Conservar.
Avinagrar.

Encharcar
Estancar.
Empantanar.
Inundar.
*Desecar.

Enchiquerar
Encarcelar.

Enchufar
Acoplar.
Conectar.
*Desenchufar.

Enchufe
Ventaja.
Destino.
Empleo.
Cargo.
Prebenda.

Endeble
Débil.
Enclenque.
Flojo.
*Resistente.

Endecha
Elegía.

Endejas
Dientes.
Adarajas.

Endémico
Habitual.
Permanente.

Endemoniado
Poseído.
Poseso.
Arrepticio.
Energúmeno.

1. Endentar
Engranar.
Encajar.

2. Endentar
Dentar.

1. Enderezado
Favorable.
Propicio.

2. Enderezado
Erecto.
Tieso.
Derecho.

1. Enderezar
Rectificar.
*Torcer.

2. Enderezar
Encauzar.
Guiar.
Encaminar.
Dirigir.
Encarrilar.
*Desviar.

3. Enderezar
Alzar.
Levantar.
Erguir.
*Bajar.

Enderezarse
Pararse.

Endeudarse
Empeñarse.
Entramparse.

Endevotado
Fiel.
Devoto.

Endiablado
Dificilísimo.

Enrevesado.
Endemoniado.
*Fácil.

1. Endiablar
Pervertir.
Corromper.

2. Endiablar
Endemoniar.

Endibia
Escarola.

Endilgar
Arrojar.
Lanzar.
Encajar.

Endiosamiento
Orgullo.
Engreimiento.

Endiosarse
Envanecerse.
Engreírse.
Enorgullecerse.
*Humillarse.

Endomingarse
Acicalarse.
Engalanarse.

1. Endosar
Endorsar.
Contentar.

2. Endosar
Transferir.
Trasladar.
Transmitir.
Encargar.
Endilgar.

Endoso
Endorso.
Contenta.
Provisión.
Endose.

Endrina
Amargaleja.

Endrino
Azul.

Endulzar
Azucarar.
Dulcificar.
Mitigar.

Suavizar.
*Acibarar.

Endurador
Avaro.
Mezquino.
Tacaño.
Cicatero.

1. Endurar
Endurecer.

2. Endurar
Tolerar.
Sufrir.
Soportar.

3. Endurar
Atrasar.
Dilatar.
Retardar.
Diferir.

4. Endurar
Economizar.
Ahorrar.

Endurecer
Fortalecer.
Robustecer.
*Ablandar.

1. Endurecido
Indiferente.
Insensible.

2. Endurecido
Acerado.
Resistente.
Coriáceo.
Duro.

3. Endurecido
Avezado.
Hecho.
Empedernido.

Endurecimiento
Dureza.
Tenacidad.
Obstinación.
Terquedad.
*Transigencia.

Enebro
Cada.

Enemiga
Odio.
Inquina.

Oposición.
Enemistad.
*Afecto.

1. Enemigo
Adversario.
Hostil.
Contrario.
Opuesto.
Refractario.
*Amigo.

2. Enemigo
Diablo.
Demonio.

Enemistad
Rivalidad.
Aversión.
Odio.
*Amistad.

Enemistar
Desavenir.
Malquistar.
Indisponer.
*Reconciliar.

1. Energía
Poder.
Fuerza.
Potencia.
Vigor.
*Flaqueza.

2. Energía
Voluntad.
Entereza.
Tesón.
Fortaleza.
Dinamismo.
*Debilidad.

1. Enérgico
Fuerte.
Vigoroso.
Poderoso.
*Flaco.

2. Enérgico
Firme.
Tenaz.
Eficaz.
Tesonero.
Activo.
*Débil.

Energúmeno
Endemoniado.

Frenético.
Exaltado.
Furioso.
Alborotado.

1. Enervación
Afeminación.

2. Enervación
Debilitamiento.
Agotamiento.
Enervamiento.

Enervar
Embotar.
Debilitar.
*Excitar.

Enfadar
Disgustar.
Molestar.
Enojar.
Incomodar.
Irritar.
*Complacer.

Enfado
Molestia.
Irritación.
Ira.
Enojo.
*Contento.

Enfadoso
Molesto.
Fastidioso.
Enojoso.
*Placentero.

1. Enfangar
Enlodar.
Embarrar.

2. Enfangar
Manchar.
Ensuciar.

1. Enfangarse
Encenagarse.
Aleganarse.

2. Enfangarse
Enviciarse.
Pervertirse.

Enfardar
Embalar.
Empaquetar.
*Desenfardar.

Énfasis
Ampulosdad.
Ceremonia.
Prosopopeya.
Afectación.

Enfático
Solemne.
Ampuloso.

Enfermar
Indisponerse.
Entecarse.

Enfermedad
Afección.
Padecimiento.
Mal.
Achaque.
Dolencia.

Enfermero
Practicante.

1. Enfermizo
Achacoso.
Débil.
Valetudinario.
Enteco.
*Sano.

2. Enfermizo
Malsano.
Morboso.
*Moral.

Enfervorizar
Animar.
Confortar.
Alentar.

Enfilar
Enhebrar.
Ensartar.
Enhilar.
*Desenhebrar.

1. Enflaquecer
Enmagrecer.
Afilarse.
Adelgazar.
Encanijarse.
*Engordar.

2. Enflaquecer
Extenuar.
Enervar.
Debilitar.
*Fortalecer.

Enflaquecimiento
Delgadez.
Adelgazamiento.
Magrura.
Consunción.
Emaciación.

1. Enflautar
Dilatar.
Hinchar.
Soplar.

2. Enflautar
Alcahuetar.

3. Enflautar
Embaucar.
Engañar.
Alucinar.

Enfocar
Apuntar.
Dirigir.
Orientar.
Encauzar.
Acertar.

Enfoscarse
Emborrascarse.
Nublarse.
Cubrirse.
Encapotarse.

Enfrailar
Enclaustrar.
*Exclaustrar.

Enfrascado
Ocupado.
Atareado.
Concentrado.
Engolfado.
Absorbido.
*Distraído.

Enfrascarse
Ocuparse.
Atarearse.
Engolfarse.
Aplicarse.
Dedicarse.

Enfrenar
Reprimir.
Dominar.
Contener.
Domar.
Sujetar.
*Soltar.

Enfrentar
Oponer.
Carear.
Arrostrar.

Enfrentarse
Oponerse.
Afrontar.
Contraponerse.
*Rehuir.

1. Enfriar
Refrescar.
Resfriar.
*Calentar.

2. Enfriar
Entibiar.
Amortiguar.
Moderar.
Mitigar.
*Enardecer.

Enfrontar
Enfrentar.

1. Enfundar
Encamisar.

2. Enfundar
Colmar.
Llenar.

Enfurecer
Enojar.
Sulfurar.
Irritar.
Encolerizar.
Exasperar.
*Aplacar.

Enfurecerse
Enojarse.
Irritarse.
Alterarse.
Alborotarse.
*Amainar.

1. Enfurruñarse
Acalorarse.
Molestarse.
Arrebatarse.
Irritarse.

2. Enfurruñarse
Nublarse.
Encapotarse.

Engaitador
Engañabobos.

Engaitar
Engañar.

Engalanar
Hermosear.
Acicalar.
Adornar.
Ornar.
Ataviar.
*Afear.

Engalgar
Enrayar.

Engallado
Arrogante.
Erguido.
Derecho.
*Alicaido.

1. Enganchar
Colgar.
Asir.
Agarrar.
Enlazar.
*Desenganchar.

2. Enganchar
Enrolar.
Reclutar.
Alistar.

Engañabobos
Embaucador.
Trapacero.
Engañador.
Embelecador.

1. Engañar
Mentir.
Embelecar.
Embaucar.
Burlar.

2. Engañar
Divertir.
Distraer.
Entretener.

3. Engañar
Adobar.
Aliñar.

Engañarse
Equivocarse.
Resbalar.
Ilusionarse.

Engaño
Ardid.

Mentira.
Dolo.
Embuste.
Burla.

Engañoso
Falaz.
Ilusorio.
Irreal.
Fraudulento.
Capcioso.
*Real.

Engarabitar
Encaramarse
Trepar.
Subir.

Engarce
Enlace.
Engarzamiento.

Engargante
Encaje.

Engarnio
Trasto.
Plepa.
Maula.

Engarzar
Eslabonar.
Enlazar.
Engastar.
*Desengarzar.

Engastar
Engarzar.

Engatusar
Embelecar.
Embaucar.
Engañar.
Camelar.

Engendrar
Producir.
Originar.
Generar.
Procrear.

Engendro
Feto.
Aborto.

Englobar
Reunir.
Comprender.
Encerrar.
Incluir.

Engolfado
Ocupado.
Concentrado.
Atareado.
Enfrascado.
Absorbido.
*Distraido.

Engolfarse
Atarearse.
Enfrascarse.
Aplicarse.

Engolondrinarse
Prendarse.
Enamorarse.

Engolosinar
Tentar.
Incitar.
Estimular.
Atraer.

Engolosinarse
Encariñarse.
Aficionarse.

Engolletarse
Endiosarse.
Ensoberbecerse.

Engomar
Engrudar.
Encolar.

Engordadero
Cebadero.

Engordar
Engrosar.
*Adelgazar.

Engorro
Molestia.
Embarazo.
Dificultad.
Obstáculo.
Estorbo.

Engranaje
Trabazón.
Enlace.
Encadenamiento.

1. Engrandecer
Agrandar.
Acrecentar.
Desarrollar.
Aumentar.
Ampliar.
*Empequeñecer.

2. Engrandecer
Elevar.
Realzar.
Enaltecer.
*Rebajar.

1.Engrandecimiento
Dilatación.
Crecimiento.
Aumento.

2.Engrandecimiento
Elogio.
Ensalzamiento.

3.Engrandecimiento
Exageración.

Engranujarse
Embellaquecerse.

Engrasar
Lubricar.
Untar.
*Desengrasar.

Engreido
Vanidoso.
Soberbio.
Fatuo.
Fanfarrón.
Altanero.
*Humilde.

Engreimiento
Vanidad.
Soberbia.
Petulancia.
Jactancia.
Presunción.
Arrogancia.
*Modestia.

Engreírse
Presumir.
Ufanarse.
Infatuarse.
Altivarse.
Hincharse.
*Humillarse.

Engrescar
Excitar.
Enredar.
Enzarzar.

Engrifar
Erizar.

Engrifarse
Enamorarse.
Encabritarse.

1. Engrosar
Acrecentar.
Aumentar.
*Disminuir.

2. Engrosar
Engordar.
*Adelgazar.

Engrudar
Engomar.
Encolar.

Engrudo
Gacheta.
Cola.

Enguillotinarse
Atarearse.

Enguizcar
Avivar.
Irritar.

Engullidor
Glotón.
Gandido.
Gomia.

Engullir
Ingerir.
Ingurgitar.
Tragar.
Deglutir.

Engurruñarse
Engreírse.

Enhebrar
Enhilar.

Enhestar
Enarbolar.
Levantar.

Enhiesto
Derecho.
Erguido.
Levantado.
*Encorvado.

Enhorabuena
Felicitación.
Pláceme.
Parabién.
*Enhoramala.

1. Enigma
Secreto.
Arcano.
Misterio.

2. Enigma
Acertijo.
Charada.
Adivinanza.

Enigmático
Secreto.
Arcano.
Oculto.
Misterioso.
Sibilino.
*Comprensible.

1. Enjabonar
Jabonar.

2. Enjabonar
Adular.

3. Enjabonar
Increpar.
Reprender.

Enjaezar
Emparamentar.

Enjalbegar
Blanquear.
Encalar.

Enjaima
Jalma.
Albardilla.
Aparejo.

Enjambradera
Casquilla.

Enjambrar
Multiplicar.
Reproducir.

Enjambre
Multitud.
Muchedumbre.
Banda.
Tropa.
Grupo.

Enjaretar
Soltar.
Espetar.
Endilgar.

Enjaular
Encarcelar.
*Liberar.

Enjoyar
Hermosear.
Recamar.
Adornar.

Enjuagar
Lavar.
Aclarar.

2. Enjuague
Lavado.
Aclarado.

2. Enjuague
Enredo.

1. Enjugar
Secar.
*Humedecer.

2. Enjugar
Extinguir.
Cancelar.
Liquidar.

1. Enjuiciar
Procesar.

2. Enjuiciar
Sentenciar.
Juzgar.

1. Enjundia
Gordura.
Grasa.

2. Enjundia
Salsa.
Substancia.
Jugo.
Meollo.

3. Enjundia
Arrestos.
Vigor.
Fuerza.

Enjuta
Sobaco.
Embecadura.

Enjuto
Magro.
Flaco.
Seco.
Cenceño.
Delgado.
* Rollizo.

Enlabiar
Engañar.

1. Enlace
Vinculo.
Relación.
Ligazón.
Atadura.
Sutura.

2. Enlace
Matrimonio.
Casamiento.

Enladrillar
Pavimentar.
Embaldosar.
Solar.
Ladrillar.

Enlazado
Coherente.
Conmisto.
Conexo.

1. Enlazar
Ligar.
Trabar.
Empalmar.
Relacionar.
Unir.

2. Enlazar
Emparentar.
Casar.

Enlerdar
Demorar.
Retardar.

Enligar
Enviscar.

1. Enlodar
Embarrar.
Enfangar.

2. Enlodar
Manchar.
Ensuciar.

3. Enlodar
Envilecer.
Infamar.
Mancillar.

Enloquecer
Trastornar.
Chalar.
Chiflar.

2. Enloquecer
Trastornarse.
Trastocarse.

Enlosar
Pavimentar.
Embaldosar.
Solar.

Enlucido
Enyesadura.
Revoco.
Estuco.
Jabielgo.

1. Enlucir
Estucar.
Enyesar.
Revocar.

2. Enlucir
Bruñir.
Pulir.
Limpiar.

Enllentecer
Ablandar.
Reblandecer.

Enmaderado
Entibado.
Maderaje.

Enmagrecer
Demacrarse.
Enflaquecer.
*Engordar.

Enmarañar
Revolver.
Confundir.
*Desenmarañar.

Enmascarar
Disimular.
Disfrazar.
Ocultar.
*Desenmascarar.

Enmendar
Remediar.
Reparar.
Corregir.
Rectificar.
*Reincidir.

1. Enmienda
Remiendo.
Corrección.
Retoque.
Rectificación.

2. Enmienda
Recompensa.
Premio.

3. Enmienda
Compensación.
Indemnización.
Reparación.

Enmohecer
Orinecer.
Oxidar.
Enroñar.

Enmudecer
Guardar silencio.
Callar.
*Hablar.

Ennegrecer
Negrear.
Atezar.
Oscurecer.
*Blanquear.

Ennegrecerse
Nublarse.
Encapotarse.
*Aclarar.

Ennoblecer
Esclarecer.
Exaltar.
*Envilecer.

Enojar
Molestar.
Exasperar.
Irritar.
Enfurecer.
Sulfurar.
*Contentar.

Enojo
Exasperación.
Cólera.
Irritación.
Furor.
Ira.
*Júbilo.

Enojoso
Pesado.
Molesto.
Fastidioso.
*Agradable.

Enorgullecerse
Presumir.
Ufanarse.
Envanecerse.
*Avergonzarse.

Enorme
Colosal.
Gigantesco.
Desmesurado.
*Minúsculo.

Enormidad
Desatino.
Disparate.
Atrocidad.

Enquistado
Encajado.
Embutido.

Enraizar
Prender.
Arraigar.
Agarrar.

Enramada
Follaje.
Emparrado.

Enrarecer
Rarificar.
Rarefacer.

Enrarecimiento
Dilatación.
Rarefacción.

Enredadera
Convólvulo.

1. Enredado
Complicado.
Revuelto.
Liado.
Mezclado.
Confuso.

2. Enredado
Dificil.
Sibilino.
Difuso.
*Fácil.

Enredador
Marañero.
Lioso.
Embarullador.

Enredar
Entrometerse.
Confundir.
Embrollar.
*Desenredar.

Enredarse
Comprometerse.

Liarse.
Mezclarse.

1. Enredo
Maraña.
Embrollo.

2. Enredo
Intriga.
Lío.
Mentira.
Embuste.

Enrejado
Encañado.
Reja.
Celosía.

Enrevesado
Dificil.
Complicado.
Intrincado.
Confuso.
*Fácil.

Enrielar
Encauzar.
Encarrilar.

Enriquecer
Avalorar.
Adornar.
*Empobrecer.

Enriquecerse
Progresar.
Prosperar.
*Empobrecerse.

Enriscado
Abrupto.
Escabroso.
Peñascoso.
*Llano.

1. Enristrar
Lancear.
Acometer.

2. Enristrar
Ensartar.
Acertar.

1. Enrojecer
Empurpurarse.
Embermejecer.

2. Enrojecer
Ruborizarse.
Sonrojarse.
Avergonzarse.

Enrollar
Arrollar.
*Desenrollar.

Enronquecer
Ajordar.

Enronquecimiento
Ronquera.
Afonía.

Enroñar
Oxidar.
Enmohecer.

Enroscar
Retorcer.
Atornillar.

1. Ensalada
Macedonia.

2. Ensalada
Mezcla.
Revoltijo.
Confusión.

Ensalmador
Saludador.
Curandero.

Ensalmo
Exorcismo.

1. Ensalzar
Celebrar.
Ponderar.
Alabar.
Loar.
Elogiar.
*Vituperar.

2. Ensalzar
Realzar.
Enaltecer.
Exaltar.
Glorificar.
*Rebajar.

Ensambladura
Acoplamiento.
Unión.
Enlace.
Juntura.
Junta.

Ensamblar
Juntar.
Acoplar.
Unir.

Ensanchar
Agrandar.
Extender.
Ampliar.
Dilatar.
*Estrechar.

Ensanche
Dilatación.
Ampliación.
Extensión.

Ensangrentar
Sanguificar.

Ensangrentarse
Congestionarse.
Encenderse.
Acalorarse.

Ensañamiento
Ferocidad.
Crueldad.
Saña.
Brutalidad.
Encarnizamiento.
*Misericordia.

Ensañarse
Cebarse.
Encarnizarse.

Ensartar
Enhebrar.
Enhilar.
Enfilar.

1. Ensayar
Experimentar.
Probar.
Examinar.
Reconocer.

2. Ensayar
Ejercitar.
Adiestrar.
Entrenar.
Amaestrar.

3. Ensayar
Probar.
Tratar.
Procurar.
Intentar.

1. Ensayo
Experiencia.
Experimento.
Prueba.
Reconocimiento.
Examen.

2. Ensayo
Entreno.
Ejercicio.
Adiestramiento.

3. Ensayo
Tentativa.
Intento.
Prueba.

4. Ensayo
Estudio.

Ensenada
Cala.
Rada.
Abra.
Bahía.

Enseña
Pendón.
Estandarte.
Insignia.
Pabellón.
Bandera.

1. Enseñanza
Educación.
Instrucción.
Doctrina.

2. Enseñanza
Consejo.
Advertencia.
Ejemplo.

1. Enseñar
Educar.
Aleccionar.
Adoctrinar.
Instruir.

2. Enseñar
Exponer.
Indicar.
Exhibir.
Mostrar.
*Ocultar.

Enseñarse
Habituarse.
Acostumbrarse.

Enseñorearse
Apoderarse.
Posesionarse.
Adueñarse.
Ocupar.
Apropiarse.
*Desposeerse.

Enseres
Aperos.
Útiles.
Utensilios.
Avíos.
Efectos.

Ensillar
Aparejar.

Ensimismado
Absorto.
Abstraído.
Pensativo.

Ensimismarse
Absorberse.
Abstraerse.
Reconcentrarse.

Ensoberbecer
Envanecer.
Infatuar.
Enorgullecer.

Ensoberbecerse
Presumir.
Endiosarse.
Engreírse.
*Humillarse.

Ensoberbecido
Vanidoso.
Fatuo.
Presumido.
Altanero.
Altivo.
*Modesto.

Ensoberbecimiento
Soberbia.
Presunción.
*Modestia.

1. Ensombrecer
Anublar.
Oscurecer.
*Iluminar.

2. Ensombrecer
Contristar.
Afligir.
Entristecer.
*Alegrar.

Ensordecedor
Estentóreo.
Estridente.
Ruidoso.

Sonoro.
*Apagado.

1. Ensordecer
Aturdir.
Asordar.

2. Ensordecer
Callar.
Enmudecer.

Ensortijado
Rizado.
Crespo.

Ensortijar
Caracolear.
Rizar.

Ensortijarse
Encarrujarse.

Ensuciar
Tiznar.
Enmugrar.
Manchar.
*Limpiar.

Ensuciarse
Zullarse.
Evacuar.
Defecar.

Ensueño
Ilusión.
Sueño.
Fantasía.
Imaginación.

Entablado
Entarimado.
Estrado.

Entablamento
Cornisamento.

Entablar
Emprender.
Preparar.
Empezar.
Comenzar.
Disponer.
*Concluir.

Entablillar
Enyesar.
Entablar.

Entalamar
Entoldar.

Alfombrar.
Encortinar.

Entalegar
Amontonar.
Ahorrar.
Atesorar.

Entallar
Grabar.
Esculpir.
Cortar.
Tallar.

Entalle
Incisión.
Corte.
Entallo.

Entapizar
Forrar.
Revestir.

Entapujar
Esconder.
Tapar.
Cubrir.

Entarascar
Atiborrar.
Exornar.
Recargar.

Entarimado
Estrado.
Tillado.
Entablado.

1. Entarquinar
Enfangar.
Enlodar.

2. Entarquinar
Manchar.
Ensuciar.

Ente
Entidad.
Ser.

Enteco
Flaco.
Débil.
Enfermizo.
*Robusto.

Entelequia
Invención.
Ficción.
Irrealidad.

Entendederas
Entendimiento.

1. Entender
Comprender.
Concebir.
Penetrar.
Calar.

2. Entender
Juzgar.
Pensar.
Inferir.
Creer.

Entenebrecer
Velar.
Obscurecer.
Lobreguecer.

Entenebrecerse
Anochecer.

Entendido
Perito.
Experto.
Docto.
*Lego.

Entendimiento
Talento.
Inteligencia.
Intelecto.

Enterar
Instruir.
Informar.
Imponer.
Contar.
*Ocultar.

Entercarse
Obstinarse.

1. Entereza
Rectitud.
Integridad.
Perfección.
*Imperfección.

2. Entereza
Carácter.
Fortaleza.
Energía.
Firmeza.
*Debilidad.

Enternecer
Ablandar.

Conmover.
Emocionar.

Enternecerse
Compadecerse.

1. Entero
Íntegro.
Completo.
Cabal.
Total.
*Parcial.

2. Entero
Justo.
Recto.
Firme.
Íntegro.
*Inmoral.

3. Entero
Fuerte.
Sano.
Robusto.
*Débil.

1. Enterramiento
Sepelio.
Inhumación.
Entierro.
*Exhumación.

2. Enterramiento
Sepulcro.
Sepultura.

1. Enterrar
Inhumar.
Sepultar.
Soterrar.
*Desenterrar.

2. Enterrar
Introducir.
Clavar.

1. Entesar
Vigorizar.
Avivar.

2. Entesar
Atirantar.
Tesar.

Entibar
Aguantar.
Estribar.
Apuntalar.

Entibiar
Mitigar.
Moderar.
Amortiguar.
Enfriar.
Templar.
*Enardecer.

Entibo
Fundamento.
Sostén.
Estribo.
Apoyo.

1. Entidad
Valer.
Valor.

2. Entidad
Forma.

3. Entidad
Esencia.
Ente.
Ser.

4. Entidad
Institución.
Firma.
Corporación.
Empresa.
Asociación.

5. Entidad
Substancia.
Consideración.
Magnitud.
Importancia.
Valor.
*Insignificancia.

Entierro
Sepelio.
Enterramiento.
Inhumación.
*Exhumación.

1. Entintar
Teñir.

2. Entintar
Ensuciar.

Entiznar
Manchar.
Tiznar.
Ensuciar.

Entoldar
Entapizar.
Entalamar.

1. Entonación
Tono.
Modulación.
Afinación.
Entono.

2. Entonación
Engreimiento.

Entonado
Orgulloso.
Altanero.
Estirado.
*Llano.

1. Entonar
Fortalecer.
Vigorizar.
Robustecer.
Reparar.
Tonificar.
*Enervar.

2. Entonar
Afinar.
Cantar.
Concertar.
Acordar.
*Desentonar.

1. Entono
Entonación.

2. Entono
Engreimiento.

1. Entontecer
Bobear.
Atontar.
Alelar.

2. Entontecer
Enloquecer.

Entorchar
Enroscar.
Retorcer.

1. Entornar
Juntar.
Entreabrir.

2. Entornar
Ladear.
Inclinar.
Trastornar.

1. Entorpecer
Obstruir.
Dificultar.

Impedir.
Estorbar.

2. Entorpecer
Ofuscar.
Turbar.
Embotar.
*Estimular.

Entorpecimiento
Dificultad.
Obstáculo.
Impedimento.
Estorbo.
*Ayuda.

1. Entrada
Acceso.
Paso.
Ingreso.
Puerta.
*Salida.

2. Entrada
Billete.

Entrambos
Ambos.
Los dos.

Entramparse
Endeudarse.
Empeñarse.

1. Entraña
Órgano.
Víscera.

2. Entraña
Interior.
Centro.
Corazón.
Profundidad.
Intimidad.
*Superficie.

Entrañable
Cordial.
Íntimo.
Hondo.
Cariñoso.
Profundo.
*Superficial.

Entrañar
Implicar.
Contener.
Incluir.
Suponer.
Encerrar.

1. Entrar
Introducirse.
Penetrar.
Meterse.
*Salir.

2. Entrar
Desaguar.
Desembocar.

3. Entrar
Caber.
Encajar.
Meterse.

4. Entrar
Afiliarse.
Ingresar.

5. Entrar
Iniciar.
Comenzar.
Empezar.
*Terminar.

Entreabrir
Separar.
Entornar.

Entreacto
Intervalo.
Descanso.
Intermedio.

Entrecano
Canoso.
Rucio.

1. Entrecejo
Sobrecejo.

2. Entrecejo
Ceño.

Entrecruzar
Entrelazar.
Cruzar.

1. Entrecuesto
Filete.
Solomillo.

2. Entrecuesto
Espinazo.

Entredicho
Censura.
Prohibición.
Interdicto.

1. Entrega
Fascículo.

2. Entrega
Capitulación.
Rendición.

3. Entrega
Aplicación.
Consagración.
Dedicación.

Entregar
Facilitar.
Dar.
*Arrebatar.

1. Entregarse
Darse.
Abandonarse.
*Dominarse.

2. Entregarse
Rendirse.
Someterse.
*Resistir.

3. Entregarse
Aplicarse.
Dedicarse.
Consagrarse.
*Desentenderse.

Entrelazar
Entrecruzar.
Entretejer.
*Desenlazar.

Entrelínea
Interpolación.
Intercalación.

Entremés
Atelana.
Sainete.

Entrenarse
Ensayar.
Adiestrarse.
Practicar.
Ejercitarse.
Habituarse.

Entrepaño
Anaquel.

Entrepiernas
Taparrabos.
Bragadura.
Hondillos.

Entresacar
Elegir.
Escoger.
Seleccionar.

1. Entresijo
Redaño.
Mesenterio.

2. Entresijo
Reserva.
Secreto.

Entretalladura
Bajorrelieve.
Entretalla.

Entretallar
Grabar.
Esculpir.

Entretallarse
Ajustar.
Trabarse.
Encajarse.

Entretanto
Mientras.
Ínterin.

Entretecho
Desván.

1. Entretejer
Entreverar.
Entrecruzar..
*Destejer.

2. Entretejer
Intercalar.
Mezclar.
Interpolar.
Incluir.

Entretela
Forro.
Holandilla.

1. Entretener
Recrear.
Divertir.
Solazar.
Distraer.
*Aburrir.

2. Entretener
Demorar.
Retardar.
*Despachar.

Entretenido
Gracioso.
Divertido.
Chistoso.

*Aburrido.

Entretenimiento
Solaz.
Recreo.
Diversión.
Pasatiempo.
Esparcimiento.

Entrever
Divisar.
Vislumbrar.
Columbrar.

Entreverar
Entretejer.

Entreverarse
Mezclarse.

Entrevero
Desorden.
Confusión.

Entrevista
Conferencia.
Conversación.

Entrevistar
Interrogar.
Interviuar.

Entrevistarse
Reunirse.
Conferenciarse.

Entristecer
Apenar.
Acongojar.
Contristar.
Afligir.
*Alegrar.

Entrometerse
Intervenir.
Mezclarse.
Inmiscuirse.
Meterse.
Entremeterse.

Entrometido
Entremetido.

Entrometimiento
Entremetimiento.

Entroncar
Concatenar.
Vincular.
Enlazar.

Entronizar
Coronar.
Ungir.
Entronar.
*Destronar.

Entronque
Empalme.

Entruchar
Engañar.

Entrujar
Guardar.
Encerrar.
Embolsar.

Entuerto
Daño.
Perjuicio.
Agravio.
Ofensa.
Injuria.

1. Entullecer
Perturbar.
Turbar.
Entorpecer.

2. Entullecer
Tullirse.

Entumecerse
Envararse.
Entumirse.
*Desentumecerse.

Entumecido
Gélido.
Helado.
Yerto.
Congelado.
*Ágil.

Entumirse
Entorpecerse.
Insensibilizarse.
*Desentumirse.

1. Entupir
Cerrar.
Taponar.
Tapar.
Obstruir.

2. Entupir
Apretar.
Comprimir.

Enturbiar
Ensuciar.
Empañar.
Oscurecer.
*Clarificar.

Entusiasmar
Apasionar.
Arrebatar.
Enardecer.

Entusiasmo
Fervor.
Exaltación.
Admiración.
Frenesí.
*Indiferencia.

Entusiasta
Apasionado.
Admirador.
Devoto.
*Indiferente.

1. Enumeración
Catalogación.
Inventario.
Enunciación.

2. Enumeración
Cómputo.
Cuenta.
Lista.

3. Enumeración
Detalle.
Expresión.

Enumerar
Inventariar.
Especificar.
Contar.

Enunciación
Declaración.
Explicación.
Enunciado.
Mención.
Exposición.

Enunciar
Manifestar.
Exponer.
Expresar.
Formular.

Envainar
Envolver.
Enfundar.

Envalentonar
Animar.
Enfervorizar.
Esforzar.

Envalentonarse
Bravear.
Guapear.
Fanfarronear.

Envanecerse
Jactarse.
Ufanarse.
Pavonearse.
Vanagloriarse.
Alabarse.
*Avergonzarse.

Envararse
Entumirse.
Entumecerse.
*Desentumecerse.

Envarbascar
Envenenar.
Emponzoñar.
Inficionar.

Envasar
Embotellar.
Enlatar.
Embarrilar.
Enfrascar.
Llenar.

1. Envase
Embotellado.

2. Envase
Vasija.
Recipiente.
Continente.

1. Envedijarse
Enredarse.

2. Envedijarse
Reñir.
Pelearse.

Envejecer
Avejentarse.
Aviejarse.
Encanecer.
Caducar.
*Rejuvenecer.

1. Envejecido
Avejentado.
Vetusto.
Provecto.
Decrépito.
Caduco.
*Rejuvenecido.

2. Envejecido
Estropeado.
Enmohecido.

1. Envenenar
Intoxicar.
Emponzoñar.
Corromper.
Inficionar.
*Desemponzoñar.

2. Envenenar
Agriar.
Ensañar.
Exacerbar.
Enconar.
Irritar.
*Paliar.

Envergadura
Extensión.
Anchura.
Amplitud.
Dilatación.

Envés
Dorso.
Reverso.
Revés.
*Anverso.

Enviado
Emisario.
Ordenanza.
Embajador.
Delegado.
Mensajero.

Enviajado
Sesgado.
Oblicuo.

Enviar
Expedir.
Mandar.
Remitir.
*Recibir.

Enviciar
Pervertir.
Viciar.

Corromper.
*Regenerar.

1. Envidar
Invitar.

2. Envidar
Apostar.
Retar.

Envidia
Celos.
Livor.
Dentera.
*Caridad.

Envidiable
Apetecible.
Deseable.
*Aborrecible.

Envidiar
Apetecer.
Desear.
Codiciar.

Envidioso
Ávido.
Ambicioso.
Deseoso.
Celoso.
Acucioso.

Envilecer
Degradar.
Rebajar.
Mancillar.
Humillar.
Enlodar.
*Ennoblecer.

Envilecerse
Encanallarse.
Abellacarse.
*Regenerarse.

Envinagrar
Encurtir.

Envío
Expedición.
Remesa.

Envión
Empellón.
Empujón.
Envite.

Enviscar
Enligar.

Enviscarse
Pegarse.
Engancharse.

1. Envite
Jugada.
Apuesta.
Posta.

2. Envite
Empujón.
Envión.

Envoltorio
Paquete.
Bulto.
Fardo.
Lío.

Envoltura
Embalaje.
Recubrimiento.
Corteza.
Cobertura.
Cubierta.

1. Envolver
Empaquetar.
Liar.
Cubrir.
*Desenvolver.

2. Envolver
Comprometer.
Involucrar.
Mezclar.
Liar.
Enredar.

Enyesado
Jabielgo.
Encaladura.
Jabelgadura.

1. Enyesar
Blanquear.
Jarrar.
Jabelgar.
Jaharrar.

2. Enyesar
Entablar.
Entablillar.

Enyugar
Juñir.
Acoyundar.
Uncir.

Enzarzar
Excitar.

Espolear.
Enardecer.

1. Enzarzarse
Enredarse.
Comprometerse.
Liarse.

2. Enzarzarse
Pelearse.
Reñir.

3. Enzarzarse
Entremeterse.

Epiceno
Común.

Épico
Heroico.

Epicúreo
Sensual.
Sibarita.
Hedonista.
*Asceta.

Epidemia
Pandemia.
Endemia.
Plaga.
Peste.

Epidermis
Cutícula.
Piel.

Epiglotis
Lengüeta.

1. Epígrafe
Título.
Letrero.
Rótulo.
Inscripción.

2. Epígrafe
Sentencia.
Pensamiento.
Cita.

Epigrama
Pensamiento.
Agudeza.
Sátira.
Epígrafe.

Epilogar
Trasuntar.
Recapitular.
Compendiar.

Epílogo
Resumen.
Conclusión.
Recapitulación.
*Prólogo.

Episodio
Suceso.
Incidente.
Aventura.

Epístola
Misiva.
Carta.

Epíteto
Calificativo.
Adjetivo.

Epítome
Recopilación.
Compendio.
Prontuario.
Resumen.
Sinopsis.

Época
Estación.
Período.
Temporada.
Era.

Epulón
Glotón.
Comilón.

Equidad
Imparcialidad.
Igualdad.
Justicia.
Rectitud.
*Injusticia.

Equidistante
Paralelo.

1. Equilibrado
Ponderado.
Prudente.
Ecuánime.
Sensato.

2. Equilibrado
Igualado.
Armónico.

Equilibrar
Nivelar.
Compensar.
*Desequilibrar.

Equilibrio
Mesura.
Igualdad.
Proporción.
Armonía.
Ecuanimidad.
*Desequilibrio.

Equilibrista
Trapecista.
Acróbata.
Funámbulo.
Volatinero.

Equimosis
Moretón.
Cardenal.
Magulladura.
Morado.
Roncha.

Equino
Hípico.
Caballar.
Ecuestre.
Caballuno.

1. Equipado
Marinerado.
Tripulado.

2. Equipado
Provisto.

Equipaje
Bultos.
Impedimenta.
Bagaje.

Equipar
Guarnecer.
Pertrechar.
Proveer.

Equiparación
Parangón.
Cotejo.
Comparación.
Confrontación.

Equiparar
Comparar.
Cotejar.
Confrontar.

1. Equipo
Bagaje.
Equipaje.

2. Equipo
Grupo.

3. Equipo
Vestuario.
Ropa.
Indumentaria.
Ajuar.
Avíos.

Equitativo
Ecuánime.
Imparcial.
Recto.
Justo.
Moderado.
*Injusto.

Equivalencia
Paridad.
Igualdad.
*Desigualdad.

1. Equivalente
Parecido.
Parejo.
Igual.

2. Equivalente
Equipolente.

Equivaler
Igualar.

Equivocación
Falta.
Error.
Errata.
Yerro.

Equivocado
Falso.
Inexacto.
Erróneo.
*Acertado.

Equivocarse
Errar.
Confundirse.
Engañarse.
*Acertar.

1. Equívoco
Dudoso.
Anfibológico.
Ambiguo.
Sospechoso.

Era
Período.
Época.
Tiempo.

Erario
Fisco.
Tesoro.

Erección
Fundación.
Edificación.
Establecimiento.
Construcción.
Institución.

1. Erecto
Eréctil.
Erguido.
Rígido.
Enderezado.
*Tumbado.

2. Erecto
Vertical.
Derecho.
Levantado.
*Doblado.

Eremita
Ermitaño.
Solitario.
Anacoreta.

Ergástula
Cárcel.
Prisión.

Ergo
Luego.
Pues.

Erguido
Derecho.
Tieso.
Erecto.
*Abatido.

Erguir
Alzar.
Levantar.
Enderezar.
*Bajar.

Erial
Yermo.
Baldío.
Eriazo.
Páramo.
Lleco.

Erigir
Alzar.
Levantar.
Elevar.

Edificar.
Instituir.

Erisipela
Isipula.

1. Erizado
Espinoso.
Híspido.
Hirsuto.
*Ondulado.

2. Erizado
Lleno.
Plagado.
Cubierto.

1. Erizar
Atiesar.
Levantar.
Erguir.

2. Erizar
Llenar.
Colmar.

Erizarse
Turbarse.
Azorarse.
Inquietarse.

Ermita
Capilla.
Santuario.

Ermitaño
Anacoreta.
Eremita.
Solitario.

Erosión
Desgaste.
Corrosión.
Roce.
Frotamiento.

Erótico
Lúbrico.
Libidinoso.
Carnal.
Amatorio.
Sensual.

Erotismo
Sensualidad.

Errabundo
Errante.

Errado
Mendoso.

Equivocado.
*Cierto.

Errante
Ambulante.
Errátil.
Nómada.
Errabundo.
Vagabundo.
*Sedentario.

1. Errar
Fallar.
Equivocarse.
Engañarse.
*Acertar.

2. Errar
Vagar.
*Establecerse.

Errata
Error.
Equivocación.

Errático
Errante.

Errátil
Inconstante.
Errante.
Variable.
Incierto.
*Fijo.

Erróneo
Falso.
Errado.
Inexacto.
Equivocado.
*Acertado.

Error
Gazapo.
Confusión.
Equivocación.
Falta.
Yerro.
*Acierto.

Erubescencia
Vergüenza.
Sonrojo.
Rubor.

1. Eructar
Regoldar.

2. Eructar
Pavonearse.
Jactarse.

Eructo
Regüeldo.
Eructación.

Erudición
Conocimientos.
Cultura.
Saber.
Sabiduría.
Instrucción.

Erudito
Docto.
Ilustrado.
Instruido.
Sabio.
Culto.

Erupción
Alhorre.

Esbeltez
Gallardía.
Garbo.
Donaire.
Gentileza.
Elegancia.

Esbelto
Espigado.
Gallardo.
Alto.
Airoso.
*Achaparrado.

Esbirro
Alguacil.
Galafate.

Esbozar
Delinear.
Bocetear.
Abocetar.
Bosquejar.

Esbozo
Apunte.
Diseño.
Boceto.
Croquis.
Bosquejo.

1. Escabechar
Aderezar.
Adobar.

2. Escabechar
Destripar.
Matar.

3. Escabechar
Calabacear.
Suspender.

Escabeche
Aderezo.
Adobo.

Escabechina
Estrago.
Destrozo.
Mortandad.
Degollina.

Escabel
Escañuelo.
Banquillo.
Tarima.

Escabioso
Roñoso.
Sarnoso.

Escabrosidad
Aspereza.
Dureza.

1. Escabroso
Dificultoso.
Fragoso.
Abrupto.
Áspero.
Quebrado.
*Llano.

2. Escabroso
Turbio.
Peligroso.
Inconveniente.
*Sano.

Escabullirse
Esfumarse.
Huir.
Escurrirse.
Desaparecer.
Escaparse.
*Comparecer.

Escachar
Despachurrar.
Cascar.

Escacharrar
Romper.
Malograr.
Estropear.

1. Escala
Escalera.

2. Escala
Gradación.
Sucesión.

3. Escala
Tamaño.
Comparación.
Proporción.

4. Escala
Graduación.
Grado.

5. Escala
Escalafón.

6. Escala
Puerto.

Escalafón
Categoría.
Lista.
Escala.

Escalar
Subir.
Trepar.

1. Escaldado
Abrasado.

2. Escaldado
Escarmentado.
Receloso.

Escaldar
Caldear.
Abrasar.
Quemar
Cocer.

Escaldarse
Escocer.

Escalera
Gradería.
Escalinata.

Escalfador
Calentador.
Braserillo.

1. Escalfar
Escaldar.
Calentar.
Cocer.

2. Escalfar
Mermar.

Estafar.
Quitar.

Escalinata
Gradería.
Escalera.

Escalofrío
Estremecimiento.
Calofrío.
Espeluzno.

Escalón
Peldaño.
Grada.

Escalonar
Emplazar.
Distribuir.
Colocar.
Situar.

1. Escama
Placa.

2. Escama
Desconfianza.
Recelo.
Desazón.
Resentimiento.

Escamarse
Sospechar.
Maliciar.
Desconfiar.
Recelar.
*Confiar.

1. Escamocho
Migajas.
Sobras.

2. Escamocho
Enjambrillo.
Jabardo.

Escampado
Descubierto.
Raso.
Despejado.
Llano.
Descampado.
*Cubierto.

1. Escamondar
Escamujar.
Podar.

2. Escamondar
Limpiar.
Purgar.

Escamotear
Birlar.
Quitar.
Robar.

Escampar
Despejar.
Desembarazar.

Escamparse
Aclararse.
Despejarse.
*Cubrirse.

1. Escanciar
Servir.
Echar.

2. Escanciar
Beber.

Escandalera
Algarabía.
Alboroto.
Bulla.
Escándalo.
Batahola.

Escandalizar
Gritar.
Chillar.
Alborotar.

Escandalizarse
Encolerizarse.
Enojarse.
Irritarse.
Excandecerse.

1. Escándalo
Jarana.
Algazara.
Bullicio.
Gresca.
Alboroto.
*Silencio.

2. Escándalo
Desenfreno.
Inmoralidad.
Licencia.
Desvergüenza.
*Edificación.

3. Escándalo
Admiración.
Asombro.
Pasmo.

1. Escandaloso
Perturbador.

Revoltoso.
Ruidoso.
Bullicioso.
Bullanguero.

*Quieto.

2. Escandaloso
Escabroso.
Libertino.
Depravado.
Repugnante.
Vergonzoso.

*Morigerado.

3. Escandaloso
Exorbitante.
Inaudito.
Extraordinario.

Escandallar
Sondear.

1. Escandallo
Sonda.

2. Escandallo
Prueba.

3. Escandallo
Marchamo.

1. Escantillón
Patrón.
Plantilla.

2. Escantillón
Escuadria.

Escaño
Poyo.
Banco.

Escapar
Librarse.
Evitar.
Evadirse.
Esfumarse.
Fugarse.

*Acudir.

1. Escaparate
Aparador.
Armario.

2. Escaparate
Parada.
Exposición.
Muestra.

Escapatoria
Evasiva.

Fuga.
Excusa.
Huida.
Pretexto.

1. Escape
Escapada.
Huida.
Fuga.
Regate.
Salida.

2. Escape
Válvula.
Llave.

Escápula
Espaldilla.
Paletilla.
Omóplato.

Escaque
Casilla.
Cuadro.

1. Escarabajo
Coleóptero.

2. Escarabajo
Garabato.
Garrapato.

1. Escaramujón
Zarzaperruno.
Galabardera.

2. Escaramujón
Percebe.

Escaramuza
Contienda.
Refriega.
Acción.
Encuentro.

Escarapela
Signo.
Distintivo.
Cucarda.
Divisa.

Escarbar
Rascar.
Arpar.
Arañar.

1. Escarcela
Macuto.
Bolsa.
Mochila.

2. Escarcela
Cofia.

1. Escarceo
Encabritamiento.
Pirueta.

2. Escarceo
Divagación.
Rodeo.

Escarcha
Carama.

1. Escarchar
Cristalizar.

2. Escarchar
Congelarse.

3. Escarchar
Salpicar.

Escardado
Horro.
Limpio.

Escardar
Sachar.
Limpiar.
Arrancar.

Escardilla
Azadilla.
Almocafre.
Escabuche.
Escardadera.

Escardillo
Almocafre.
Zarcillo.

Escariar
Perforar.
Agujerear.
Horadar.

Escarificador
Sajador.

Escarlata
Rojo.
Grana.
Carmesí.

Escarmentar
Castigar.
Corregir.
Desengañar.

1. Escarmiento
Corrección.
Pena.
Castigo.

2. Escarmiento
Desengaño.

Escarnecer
Mofarse.
Burlarse.
Befar.
Zaherir.

*Halagar.

Escarnio
Mofa.
Afrenta.
Ludibrio.
Burla.
Befa.

*Halago.

Escarola
Endibia.
Achicoria.

Escarolado
Retorcido.
Rizado.

1. Escarpa
Talud.
Declive.
Muralla.
Glacis.

2. Escarpa
Escarpadura.

Escarpado
Vertical.
Abrupto.
Acantilado.

*Llano.

Escarpadura
Escarpa.
Aspereza.

Escarpidor
Peine.
Escarmenador.
Carmenador.

Escarpín
Calzado.
Zapato.

1. Escasear
Faltar.

*Abundar.

2. Escasear
Regatear.

Escatimar.

*Prodigar.

1. Escasez
Pobreza.
Miseria.
Mezquindad.
Tacañería.

*Largueza.

2. Escasez
Carestía.
Insuficiencia.
Falta.
Penuria.
Necesidad.

*Abundancia.

1. Escaso
Poco.
Exiguo.
Falto.
Insuficiente.
Limitado.

*Abundante.

2. Escaso
Tacaño.
Mezquino.

*Largo.

Escatimar
Regatear.
Escasear.

*Prodigar.

1. Escayola
Yeso.

2. Escayola
Estuco.

Escena
Tablas.
Escenario.
Teatro.

Escénico
Teatral.

Escepticismo
Incredulidad.
Duda.
Sospecha.

Escéptico
Incrédulo.
Dudoso.
Desconfiado.

*Crédulo.

Esciente
Sabio.
Docto.

Escindir
Hendir.
Partir.
Dividir.
Separar.
Cortar.

Escisión
Cisma.
Separación.
Ruptura.
Disensión.
Rompimiento.
*Unión.

1. Esclarecer
Dilucidar.
Explicar.
Iluminar.
Aclarar.
Ilustrar.
*Confundir.

2. Esclarecer
Afamar.
Ennoblecer.
Ilustrar.
*Envilecer.

Esclarecido
Preclaro.
Insigne.
Ilustre.
Afamado.
Famoso.
*Oscuro.

Esclavina
Capa.

Esclavitud
Sujeción.
Opresión.
Servidumbre.
*Libertad.

Esclavo
Ilota.
Siervo.
*Libre.

Escleroso
Fibroso.
Duro.

Esclusa
Barrera.
Presa.
Obstrucción.

Escoba
Escobón.
Escobajo.
Barredera.

Escobada
Escobazo.

1. Escobilla
Escobita.
Cepillo.

2. Escobilla
Cardencha.

Escocedor
Ardiente.
Urente.

Escocedura
Sahorno.
Excoriación.
Rozadura.

Escocer
Quemar.
Picar.

Escocerse
Enojarse.
Dolerse.
Sentirse.

Escoger
Optar.
Seleccionar.
Apartar.
Preferir.
Elegir.

Escogido
Exquisito.
Selecto.
Superior.
Excelente.
*Común.

Escolapio
Calasancio.

Escolar
Estudiante.
Alumno.
Colegial.
Educando.
Discípulo.

Escoliar
Parafrasear.
Anotar.
Comentar.
Acotar.
Explicar.

Escolio
Paráfrasis.
Comentario.
Nota.
Acotación.
Apostilla.

Escolta
Custodia.
Séquito.
Cortejo.
Acompañamiento.
Convoy.

Escoltar
Acompañar.
Guardar.
Custodiar.
Convoyar.

Escollera
Rompeolas.
Muelle.
Malecón.

Escollo
Peligro.
Tropiezo.
Dificultad.
Riesgo.
Obstáculo.

Escombrar
Limpiar.
Desembarazar.
Allanar.
Despejar.

Escombros
Residuos.
Ruinas.
Restos.

Esconce
Saliente.
Punta.
Ángulo.
Rincón.

Esconder
Encerrar.
Recatar.
Encubrir.

Ocultar.
*Mostrar.

Escondido
Furtivo.
Incógnito.
Velado.
Misterioso.
Oculto.
*Visible.

Escondite
Escondrijo.

Escopio
Cuchilla.
Gubia.
Formón.

Escora
Contrafuerte.
Sostén.
Puntal.

Escoria
Hez.
Desecho.

Escorpina
Rescaza.

Escorpión
Alacrán.

Escorrozo
Alborozo.
Regocijo.
Holgorio.
Regodeo.

1. Escotar
Cortar.
Descotar.
Cercenar.

2. Escotar
Sangrar.

1. Escote
Escotadura.
Descote.

2. Escote
Parte.
Cuota.
Prorrata.
Derrama.

Escotillón
Trampa.

Escozor
Picazón.
Comezón.
Picor.

1. Escriba
Doctor.
Intérprete.

2. Escriba
Copista.
Escribano.

Escribanía
Papelera.
Secretaría.
Escritorio.

1. Escribano
Cartulario.

2. Escribano
Notario.
Amanuense.
Secretario.
Escribiente.
Tagarote.

3. Escribano
Pendolista.

Escribiente
Pasante.
Escribano.
Mecanógrafo.
Secretario.
Copista.

1. Escribir
Componer.
Redactar.

2. Escribir
Copiar.
Anotar.
Apuntar.

1. Escriño
Canasto.
Cesta.

2. Escriño
Joyel.
Cofrecito.

1. Escrito
Manuscrito.
Documento.
Carta.

2. Escrito
Acta.

3. Escrito
Texto.
Obra.

4. Escrito
Pedimento.
Alegato.
Solicitación.

5. Escrito
Cebrado.
Tigrado.
Rasgueado.
Manchado.

Escritor
Autor.
Literato.
Prosista.

1. Escritorio
Escribania.

2. Escritorio
Bufete.
Despacho.
Oficina.

3. Escritorio
Pupitre.
Canterano.

1. Escritura
Copia.
Escrito.

2. Escritura
Documento público.
Instrumento público.

3. Escritura
Olografía.
Obra.

Escrófula
Puerca.
Tumefacción.
Tumor.

1. Escrúpulo
Esmero.
Exactitud.
Precisión.
Escrupulosidad.
*Incuria.

2. Escrúpulo
Aprensión.
Recelo.
Temor.
Duda.

Escrupulosidad
Precisión.
Delicadeza.
Reparo.
Exactitud.
Miramiento.

1. Escrupuloso
Preciso.
Cuidadoso.
Esmerado.
Concienzudo.
Meticuloso.
*Desidioso.

2. Escrupuloso
Remilgado.
Aprensivo.
Receloso.
Delicado.

Escrutar
Examinar.
Indagar.
Escudriñar.
Averiguar.
Investigar.

Escrutinio
Averiguación.
Recuento.
Examen.

1. Escuadra
Baivel.
Cartabón.

2. Escuadra
Escuadría.

3. Escuadra
Cuadrilla.

4. Escuadra
Horma.

5. Escuadra
Flota.

Escuadrilla
Flotilla.

Escuadrón
Batallón.

Escuálido
Esmirriado.
Maciento.
Flaco.
Extenuado.

Delgado.
*Rollizo.

1. Escucha
Escuchante.
Escuchador.

2. Escucha
Batidor.
Guardia.
Centinela.

Escuchar
Atender.
Oír.

Escudar
Resguardar.
Defender.
Cubrir.
Proteger.
Amparar.

Escudero
Asistente.
Paje.
Sirviente.

2. Escudero
Hidalgo.

Escudilla
Gábata.
Cazuela.
Hortera.
Plato.

Escudillar
Disponer.
Manejar.

1. Escudo
Égida.
Pelta.
Rodela.
Pavés.
Adarga.

2. Escudo
Duro.
Peso.

3. Escudo
Protección.
Amparo.
Defensa.

Escudriñar
Examinar.
Rebuscar.

Investigar.
Escrutar.

Escuela
Academia.
Colegio.

Escuerzo
Desmedrado.
Flaco.
Enclenque.
*Gordo.

Escueto
Despejado.
Seco.
Conciso.
Desnudo.
Estricto.

Esculpir
Grabar.
Entallar.
Labrar.
Modelar.
Tallar.

1. Escurrirse
Destilarse.
Chorrear.
Gotear.
*Empaparse.

2. Escurrirse
Resbalar.
Deslizarse.

3. Escurrirse
Huir.
Escaparse.
Escabullirse.
*Comparecer.

Escultor
Estatuario.
Imaginero.

1. Escultura
Figura.
Estatua.

2. Escultura
Relieve.

1. Escupidera
Salivera.

2. Escupidera
Bacín.
Orinal.

1. Escupido
Escupo.
Esputo.
Escupidera.

2. Escupido
Semejante.
Parecido.
Igual.

Escupidor
Escupidera.

Escupir
Expectorar.
Esputar.

Escupitajo
Salivajo.
Esputo.
Salivazo.

1. Escurribanda
Paliza.
Zurra.

2. Escurribanda
Escapatoria.

3. Escurribanda
Fluxión.
Diarrea.

Escurridizo
Resbaladizo.
Deslizadizo.
Deslizable.

1. Escurrir
Apurar.

2. Escurrir
Chorrear.
Deslizar.
Gotear.
Destilar.

Esdrújulo
Proparoxítono.

Esecilla
Alacrán.
Asilla.

1. Esencia
Espíritu.
Naturaleza.
Substancia.
Ser.

2. Esencia
Extracto.

Perfume.
Aroma.

Esencial
Substancia.
Fundamental.
Obligatorio.
Básico.
Necesario.
*Baladí.

Esenciarse
Fundirse.
Unirse.
Combinarse.

Esenciero
Bujeta.

1. Esfera
Bola.
Globo.

2. Esfera
Cielo.
Firmamento.

3. Esfera
Círculo.

4. Esfera
Condición.
Clase.

Esfericidad
Redondez.

Esforzado
Denodado.
Animoso.
Valeroso.
Valiente.
*Pusilánime.

Esforzarse
Perseverar.
Luchar.
Batallar.
Afanarse.
Pugnar.
*Desistir.

Esfuerzo
Denuedo.
Brío.
Ánimo.
Valor.
Aliento.

Esfuminar
Esfumar.
Difuminar.

Esfumarse
Escabullirse.
Disiparse.
Desvanecerse.
Desaparecer.
Evaporarse.
*Aparecer.

Esgarrar
Toser.
Carraspear.

Esgrimir
Recurrir.
Utilizar.
Manejar.
Servirse.

Esguazar
Vadear.

Esguazo
Vado.

Esgucio
Antequino.

Esguín
Murgón.

Esguince
Distensión.
Torcedura.
Esquive.
Escape.

1. Eslabón
Anillo.

2. Eslabón
Alacrán.
Chaira.

Eslabonar
Empalmar.
Encadenar.
Relacionar.
Enlazar.

Eslora
Longitud.

Esmaltar
Ornar.
Pintar.
Vitrificar.
Guarnecer.
Adornar.

Esmerar
Cuidar.

Pulir.
Limpiar.

1. Esmalte
Barniz.

2. Esmalte
Payonamiento.

3. Esmalte
Adorno.
Lustre.
Esplendor.

Esmeralda
Aguacate.
Corindón.

Esmerarse
Desvivirse.
Desvelarse.
Afanarse.
Extremarse.

1. Esmeril
Esmoladera.

2. Esmeril
Pijote.

Esmerilar
Amolar.
Pulimentar.

Esmero
Celo.
Solicitud.
Escrupulosidad.
Pulcritud.
Cuidado.
*Descuido.

Esmirriado
Desmedrado.
Extenuado.
Canijo.
Escuálido.
Desmirriado.
*Vigoroso.

Esotérico
Enigmático.
Secreto.
Oculto.
Reservado.
*Claro.

Espaciado
Separado.
Ralo.

Claro.
*Junto.

Espaciar
Distanciar.
Separar.
*Juntar.

Espacio
Distancia.
Claro.
Intervalo.

Espaciosidad
Extensión.
Anchura.
Capacidad.

Espacioso
Dilatado.
Amplio.
Extenso.
Vasto.
*Reducido.

Espada
Arma.
Estoque.
Hoja.
Garrancha.
Tizona.

Espadaña
Gladio.

1. Espadañada
Bocanada.
Esputo.
Vómito.

2. Espadañada
Abundancia.
Copia.

Espadarte
Pez espada.

1. Espadilla
Rascador.

2. Espadilla
Tascador.

Espadín
Estoque.
Florete.

Espadón
Eunuco.

Espahí
Cipayo.

Espalda
Envés.
Dorso.
Costilla.
*Cara.

1. Espaldar
Espaldarón.

2. Espaldar
Respaldar.

Espaldera
Protección.
Resguardo.

Espaldilla
Omóplato.
Escápula.
Paletilla.

Espaldón
Dique.
Valla.
Barrera.

Espantadizo
Miedoso.
Pusilánime.
Asustadizo.
Cobarde.
*Intrépido.

1. Espantajo
Espantapájaros.

2. Espantajo
Mamarracho.
Adefesio.
Esperpento.
Estafermo.

Espantamoscas
Mosquero.

Espantanublados
Lobero.

Espantapájaros
Espantajo.

1. Espantar
Acobardar.
Amedrentar.
Asustar.
Amilanar.
Atemorizar.

2. Espantar
Apartar.
Echar.

Ahuyentar.
Alejar.
*Atraer.

Espantarse
Pasmarse.
Asombrarse.
Admirarse.

Espantavillanos
Baratija.
Miriñaque.
Bagatela.

Espanto
Miedo.
Temor.
Susto.
Horror.
Pavor.

Espantoso
Horrible.
Aterrador.
Terrorífico.
Terrible.
Horroroso.
*Atractivo.

Esparavel
Red.
Atarraya.

Esparceta
Pipirigallo.

1. Esparcido
Suelto.
Desparramado.
Separado.

2. Esparcido
Divertido.
Franco.
Festivo.
Alegre.

Esparcimiento
Diversión.
Distracción.
Recreo.
Solaz.
Entretenimiento.

1. Esparcir
Separar.
Dispersar.
Desparramar.
Diseminar.
Desperdigar.
*Concentrar.

2. Esparcir
Difundir.
Propagar.
Publicar.
Divulgar.
*Ocultar.

Esparcirse
Divertirse.
Solazarse.
Distraerse.
Entretenerse.
Recrearse.

1. Espárrago
Estaca.
Palo.

2. Espárrago
Escalerón.

3. Espárrago
Perico.

4. Espárrago
Eje.
Tija.

Esparto
Atochón.
Atocha.

Espasmo
Sacudida.
Contracción.
Convulsión.
Pasmo.
Contorsión.

Espatarrarse
Esparrancarse.
Despatarrarse.

Especia
Aderezo.
Droga.

Especial
Adecuado.
Peculiar.
Singular.
Específico.
Particular.
*General.

1. Especialidad
Peculiaridad.
Particularidad.
Singularidad.

2. Especialidad
Rama.

1. Especie
Género.
Tipo.
Clase.
Grupo.
Variedad.

2. Especie
Asunto.
Caso.
Hecho.
Suceso.

3. Especie
Rumor.
Fama.
Voz.
Noticia.

Especificar
Enumerar.
Precisar.
Pormenorizar.
Detallar.
Inventariar.

1. Específico
Distinto.
Típico.
Especial.

2. Específico
Medicamento.

Espécimen
Señal.
Muestra.
Modelo.

Especioso
Falso.
Engañoso.
Aparente.
Artificioso.
*Real.

1. Especiota
Paradoja.

2. Especiota
Ridiculez.
Extravagancia.
Bulo.

1. Espectáculo
Representación.
Función.

2. Espectáculo
Panorama.
Contemplación.
Visión.

Espectadores
Público.
Presentes.
Concurrencia.
Concurrentes.
Circunstantes.

Espectro
Visión.
Fantasma.
Aparición.

1. Especulación
Reflexión.
Meditación.
Teoría.
Indagación.
Estudio.

2. Especulación
Lucro.
Comercio.
Negocio.

Especulador
Negociante.
Agiotador.
Estraperlista.
Agiotista.

1. Especular
Teorizar.
Reflexionar.
Meditar.

2. Especular
Lucrarse.
Traficar.
Comerciar.
Negociar.

Especulativo
Racional.
Teórico.
*Empírico.

Espejarse
Reflejarse.

Espejismo
Ilusión.
Espejeo.

1. Espejo
Dechado.
Modelo.

Retrato.
Ejemplo.

2. Espejo
Luna.

Espejuelo
Engaño.
Cebo.
Señuelo.
Atractivo.
Gancho.

Espelunca
Concavidad.
Gruta.
Antro.
Cueva.

Espeluzar
Despeinar.
Desgreñar.
*Peinar.

Espeluznante
Horripilante.
Horrendo.
Horroroso.
Horrible.
*Fascinante.

Espeluznar
Estremecer.
Aterrar.
Horripilar.
Horrorizar.
Aterrorizar.
*Fascinar.

Espeluzno
Escalofrío.
Estremecimiento

Espeque
Palanca.
Leva.
Alzaprima.

1. Espera
Acecho.
Expectativa.

2. Espera
Flema.
Calma.
Paciencia.
*Impaciencia.

Esperanza
Ilusión.

Creencia.
Confianza.
*Desesperanza.

Esperanzar
Animar.
Consolar.
Alentar.
Confortar.

Esperar
Confiar.
Aguardar.
Creer.
*Desesperar.

Esperma
Semen.

Espermatozoo
Espermatozoario.
Zoospermo.
Espermatozoide.

Esperón
Espolón.

Esperpento
Mamarracho.
Espantajo.
Adefesio.

1. Espesar
Concentrar.
Condensar.
*Diluir.

2. Espesar
Cerrar.
Tupir.
Apretar.
*Aclarar.

1. Espeso
Condensado.
Denso.
*Fluido.

2. Espeso
Compacto.
Aglomerado.
Tupido.
Cerrado.
Apretado.
*Ralo.

3. Espeso
Impertinente.
Pesado.

Espesor
Condensación.
Grueso.
Densidad.
Grosor.

1. Espesura
Selva.
Bosque.
Frondas.
Espesor.

2. Espesura
Inmundicia.
Desaseo.
Suciedad.

1. Espetar
Clavar.
Atravesar.
Encajar.
Meter.

2. Espetar
Enjaretar.
Sorprender.
Ensartar.
Decir.

1. Espetarse
Afianzarse.
Asegurarse.

2. Espetarse
Atiesarse.

1. Espetón
Estoque.
Hurgonero.
Atizador.
Asador.

2. Espetón
Aguja.
Alfiler.

Espía
Delator.
Confidente.
Soplón.

Espiar
Acechar.
Atisbar.
Observar.

Espichar
Fenecer.
Expirar.
Morir.

Perecer.
*Nacer.

1. Espiga
Panícula.

2. Espiga
Estaquilla.
Clavo.
Púa.
Aguja.

3. Espiga
Ensambladura.
Mechón.

Espigado
Crecido.
Alto.
Medrado.

Espigón
Dique.
Malecón.
Tajamar.
Espolón.

1. Espina
Aguijón.
Pincho.
Púa.

2. Espina
Resquemor.
Pena.
Pesar.
*Consuelo.

3. Espina
Escrúpulo.
Recelo.
Sospecha.

1. Espinacardo
Nardo.

2. Espinacardo
Azúmbar.

1. Espinar
Lastimar.
Punzar.
Herir.

2. Espinar
Molestar.
Ofender.

3. Espinar
Obstáculo.
Dificultad.

Espinazo
Raquis.
Esquena.
Entrecuesto.
Rosario.

1. Espingarda
Cañón.
Escopeta.

2. Espingarda
Tagarote.

Espinillera
Canillera.

Espino
Cambrón.
Zarza.

Espinoso
Difícil.
Intrincado.
Arduo.
Complicado.
Dificultoso.
*Simple.

Espira
Hélice.
Espiral.

Espiral
Caracol.
Rizo.

1. Espirar
Exhalar.

2. Espirar
Animar.
Excitar.
Mover.

3. Espirar
Alentar.

1. Espiritar
Endemoniar.

2. Espiritar
Conmover.
Agitar.
Irritar.

Espiritoso
Animoso.
Eficaz.
Espirituoso.
Vivo.
*Desanimado.

1. Espíritu
Mente.
Ánima.
Esencia.
Alma.

2. Espíritu
Vigor.
Valor.
Energía.
Brío.
Aliento.

Espiritual
Psíquico.
Anímico.
*Material.

Espiritualizar
Atenuar.
Adelgazar.
Sutilizar.

Espirituoso
Espiritoso.

Esplendente
Refulgente.
Brillante.
Radiante.
Esplendoroso.
*Oscuro.

Esplendidez
Generosidad.
Abundancia.
Ostentación.
Magnificencia.
*Mezquindad.

1. Espléndido
Suntuoso.
Regio.
Magnífico.
*Modesto.

2. Espléndido
Generoso.
Liberal.
*Mezquino.

Esplendor
Magnificencia.
Brillo.
Resplandor.
Lustre.
*Modestia.

Esplendoroso
Fúlgido.
Brillante.
Luminoso.
Esplendente.
Resplandeciente.

Espliego
Alhucema.
Lavándula.
Lavanda.

Esplín
Tristeza.
Hastío.
Melancolía.
Tedio.
Hipocondría.
*Alegría.

Espolear
Excitar.
Animar.
Acuciar.
Estimular.
Incitar.

Espolín
Lanzadera.

1. Espolón
Uña.
Garra.
Garrón.

2. Espolón
Tajamar.

3. Espolón
Esperón.
Contrafuerte.

Espolvorear
Despolvorear.
Espolvorizar.

Esponjado
Bolado.
Azucarillo.

Esponjar
Hispir.
Ahuecar.

Esponjarse
Ufanarse.
Infatuarse.
Envanecerse.
*Avergonzarse.

Esponjoso
Hueco.
Poroso.
Fonje.
Fofo.
*Macizo.

Espontanearse
Confesarse.
Franquearse.

1. Espontáneo
Instintivo.
Natural.
Maquinal.
Automático.
*Deliberado.

2. Espontáneo
Sencillo.
Franco.
Natural.
Llano.
*Afectado.

3. Espontáneo
Libre.
Voluntario.
*Forzado.

Esporádico
Raro.
Suelto.
Ocasional.
Aislado.
Discontinuo.
*Frecuente.

Esportillo
Espuerta.
Capacho.

1. Esposo
Consorte.
Cónyuge.
Marido.

2. Esposo
Anillo.

1. Espuela
Aguijón.
Estímulo.
Acicate.
Incentivo.
*Freno.

2. Espuela
Saliente.

Garrón.
Espolón.

Espuerta
Cuévano.
Cesta.
Capacho.
Esportilla.
Serón.

1. Espuma
Salivazo.
Sudor.
Baba.

2. Espuma
Efervescencia.

1. Espumar
Hervir

2. Espumar
Aumentar.
Medrar.
Crecer.

Espumarajo
Esputo.
Salivazo.
Espumajo.

Espumoso
Espúmeo.
Jabonoso.

1. Espurio
Ilegítimo.
Bastardo.
*Legítimo.

2. Espurio
Falsificado.
Falso.
Adulterado.
*Auténtico.

Esputar
Escupir.
Expectorar.

Esqueje
Brote.
Vástago.
Tallo.

Esquela
Tarjeta.
Misiva.
Nota.
Carta.

Esquelético
Delgado.
Seco.
Flaco.
Demacrado.

Esqueleto
Armazón.
Osamenta.
Armadura.

Esquema
Croquis.
Sinopsis.
Guión.

Esquematizar
Extractar.
Sintetizar.
Substanciar.
Compendiar.

1. Esquero
Yesquero.
Bolsa.

2. Esquero
Chisquero.

Esquicio
Apunte.
Esbozo.
Bosquejo.

Esquife
Barca.
Lancha.
Bote.
Falúa.
Batel.

1. Esquila
Cencerro.
Campanilla.
Campana.
Esquileta.

2. Esquila
Camarón.

3. Esquila
Esquileo.

Esquilar
Tundir.
Cortar.

Esquileo
Esquila.

Esquilimoso
Dengoso.
Melindroso.
Escrupuloso.
Delicado.

Esquilmar
Arruinar.
Empobrecer.
Agotar.
*Enriquecer.

Esquilmo
Ganancia.
Fruto.
Provecho.

Esquina
Recodo.
Cornijal.
Arista.
Ángulo.
Cantón.

Esquinado
Áspero.
Duro.
Intratable.
*Accesible.

1. Esquinar
Cizañar.
Indisponer.

2. Esquinar
Escuadrar.

1. Esquinazo
Cornijón.
Cornija.
Esquina.

2. Esquinazo
Serenata.

Esquirla
China.
Astilla.

Esquivar
Soslayar.
Rehuir.
Evitar.
Evadir.
Eludir.
*Afrontar.

Esquivez
Aspereza.
Despego.

Desdén.
*Cordialidad.

Esquivo
Hosco.
Arisco.
Huraño.
Desdeñoso.
Huidizo.
*Sociable.

Estabilidad
Equilibrio.
Permanencia.
Inmovilidad.
Duración.
Firmeza.
*Inestabilidad.

Estabilizar
Afianzar.
Fijar.
Garantizar.

Estable
Sólido.
Permanente.
Duradero.
Durable.
Firme.
*Inestable.

1. Establecer
Mandar.
Estatuir.
Decretar.
Ordenar.

2. Establecer
Erigir.
Fundar.
Instituir.
Implantar.
Instalar.

Establecerse
Afincarse.
Domiciliarse.
Avecindarse.
Instalarse.
*Mudarse.

1. Establecimiento
Estatuto.
Ordenanza:
Ley.

2. Establecimiento
Almacén.

Institución.
Comercio.
Oficina.
Tienda.

Establo
Corte.
Cuadra.
Caballeriza.

Estaca
Tranca.
Palo.
Garrote.

Estacada
Empalizada.

1. Estacar
Clavar.
Hincar.
Fijar.

2. Estacar
Ligar.
Atar.

3. Estacar
Señalar.
Amojonar.

Estacazo
Garrotazo.
Bastonazo.
Porrazo.
Palo.

1. Estación
Época.
Temporada.
Tiempo.

2. Estación
Apeadero.
Parada.

Estacionado
Quieto.
Inmóvil.
Fijo.
Parado.
Firme.
*Móvil.

Estacionar
Situar.
Colocar.
Asentar.

Estacionarse
Aparcar.

Pararse.
Estancarse.

Estacionario
Parado.
Detenido.
Quieto.

Estadía
Estancia.
Detención.

Estadio
Campo.
Estádium.
Circuito.

Estadista
Político.
Gobernante.

Estadounidense
Norteamericano.
Yanqui.

Estado
Circunstancia.
Etapa.
Disposición.
Condición.
Situación.

Estada
Permanencia.
Estancia.
Detención.
Estadía.

Estafa
Fraude.
Engaño.
Timo.

Esfafador
Tramposo.
Timador.

Estafar
Trampear.
Timar.
Engañar.
Embaucar.

Estafermo
Adefesio.
Espantajo.
Mamarracho.
Pasmarote.

1. Estafeta
Enviado.
Mensajero.

Postillón.
Correo.

2. Estafeta
Oficina.
Puesto.
Despacho.

Estallar
Reventar.

Estallido
Reventón.
Explosión.

Estambre
Estameña.
Lana.

Estamento
Brazo.
Estado.
Cuerpo.
Clase.

1. Estampa
Grabado.
Lámina.

2. Estampa
Imprenta.

3. Estampa
Vestigio.
Señal.
Impresión.
Huella.

1. Estampado
Dibujado.
Coloreado.

2. Estampado
Estampación.

Estampar
Marcar.
Imprimir.

Estampida
Desbandada.
Carrera.

Estampido
Explosión.
Disparo.
Detonación.
Tiro.

Estampilla
Sello.

Huella.
Cajetín.
Marca.

Estancado
Detenido.
Lento.
Inmóvil.
Parado.
Estacionario.
*Móvil.

Estancamiento
Parada.
Detención.
Estagnación.
Rebalse.
Restaño.

Estancar
Parar.
Suspender.
Atascar.
Detener.
Paralizar.
*Mover.

1. Estancia
Cuarto.
Habitación.
Aposento.
Pieza.
Cámara.

2. Estancia
Morada.
Permanencia.
Estadía.
Residencia.
Detención.

3. Estancia
Hacienda.
Fundo.

4. Estancia
Quinta.

1. Estanco
Prohibición.
Restricción.
Embargo.

2. Estanco
Expendeduría

3. Estanco
Archivo.
Depósito.

Estandarte
Insignia.
Pendón.
Bandera.
Enseña.

Estanque
Alberca.
Laguna.
Lago.
Pantano.
Charca.

Esfante
Anaquel.

Estantería
Escaparate.
Anaquel.
Estante.
Armario.
Repisa.

1. Estantío
Estancado.
Parado.
Estacionario.
Detenido.
*Móvil.

2. Estantío
Flojo.
Tibio.
Pausado.

Estañar
Soldar.

Estaquilla
Estaca.
Espiga.

Estar
Vivir.
Permanecer.
Encontrarse.
Andar.
Hallarse.
*Faltar.

Estarcir
Estampar.

1. Estático
Inmutable.
Quieto.
Inmóvil.
Fijo.
Parado.
*Dinámico.

2. Estático
Atónito.
Pasmado.
Suspenso.

Estatua
Imagen.
Figura.
Escultura.

Estatuario
Escultor.

1. Estatuir
Decretar.
Establecer.
Ordenar.
Determinar.
Mandar.

2. Estatuir
Probar.

Estatura
Altura.
Talla.

Estatuto
Ordenanzas.
Reglamento.
Reglas.
Ley.

Este
Levante.
Oriente.
*Oeste.

1. Estela
Rastro.
Aguaje.
Señal.
Paso.

2. Estela
Monumento.
Pedestal.
Cipo.

3. Estela
Estelaria.

Estelífero
Estrellado.

Estenografía
Taquigrafía.

Estentóreo
Retumbante.

Ruidoso.
Fuerte.
*Callado.

Estepa
Yermo.
Llano.
Gándara.
Erial.

Estera
Tapete.
Alfombra.

1. Esteral
Estero.
Lodazal.
Pantano.

2. Esteral
Estero.
Charca.
Aguazal.

3. Esteral
Estero.
Riachuelo.
Arroyo.

Estercolero
Estercolar.
Esterquero.

Estereotipar
Calcar.
Reproducir.

Estéril
Inútil.
Vano.
Árido.
Infecundo.
*Fecundo.

1. Esterilidad
Atocia.
Aridez.

2. Esterilidad
Improductibilidad.
Infecundidad.
Ineficacia.
*Fecundidad.

3. Esterilidad
Asepsia.

1. Esterilizar
Purificar.
Pasteurizar.

Neutralizar.
Desinfectar.

2. Esterilizar
Infecundizar.

Esterilla
Galón.
Trencilla.

2. Esterilla
Pleita.

3. Esterilla
Redor.

Estero
Restañadero.
Estuario.

Estertor
Sarrillo.
Agonía.
Opresión.

Estética
Calología.

Estético
Bello.
Artístico.
Hermoso.
*Antiestético.

Esteva
Mancera.
Estevón.

1. Estiba
Atacador.

2. Estiba
Lastre.

1. Estibar
Colocar.
Distribuir.

2. Estibar
Apretar.

Estiércol
Bosta.
Excremento.
Fimo.
Abono.
Freza.

1. Estigma
Huella.
Señal.
Marca.

2. Estigma
Deshonra.
Infamia.
Tacha.
Mancha.

Estigmatizar
Afrentar.
Infamar.
Marcar.

Estilar
Practicar.
Acostumbrar.
Usar.
Soler.

1. Estilete
Puñal.
Punzón.
Estilo.

2. Estilete
Sonda.

Estilizar
Caracterizar.
Simplificar.

1. Estilo
Manera.
Modo.
Forma.
Peculiaridad.
Carácter.

2. Estilo
Punzón.
Estilete.

Estima
Respeto.
Aprecio.
Consideración.
Estimación.
Predicamento.

Estimable
Considerado.
Apreciable.
*Despreciable.

1. Estimación
Afecto.
Respeto.
Aprecio.
Cariño.
Consideración.
Estima.

2. Estimación
Apreciación.
Evaluación.
Tasación.
Valoración.

Estimado
Apreciado.
Querido.
Bienquisto.

Estimador
Apreciador.
Tasador.

1. Estimar
Tasar.
Valorar.
Apreciar.
Evaluar.

2. Estimar
Conceptuar.
Reputar.
Considerar.
Juzgar.

3. Estimar
Respetar.
Apreciar.
Considerar.
*Despreciar.

Estimulante
Incitativo.
Aperitivo.
Aguijatorio.

Estimular
Alentar.
Atizar.
Excitar.
Animar.
Incitar.
*Contener.

Estímulo
Aliciente.
Incitación.
Acicate.
Incentivo.
*Freno.

Estío
Verano.
*Invierno.

Estipendio
Emolumentos.
Remuneración.

Sueldo.
Paga.
Haberes.

Estipticar
Restriñir.
Astringir.

1. Estíptico
Estreñido.

2. Estíptico
Mezquino.
Avariento.
Avaro.

Estipulación
Tratado.
Acuerdo.
Convenio.
Pacto.

Estipular
Convenir.
Pactar.
Concertar.
Contratar.
Acordar.

Estirado
Altanero.
Entonado.
Orgulloso.
*Llano.

Estirar
Extender.
Dilatar.
Prolongar.
Alargar.
*Encoger.

1. Estirón
Tirón.

2. Estirón
Estrepada.
Crecimiento.

Estirpe
Prosapia.
Ascendencia.
Origen.
Linaje.
Progenie.
Alcurnia.

Estival
Veraniego.

Estivo.
*Invernal.

Estocada
Herida.
Punzada.
Cintarazo.
Hurgonada.

Estofa
Condición.
Calidad.
Categoría.
Jaez.
Calaña.
Ralea.

Estofado
Aderezado.
Aliñado.
Ataviado.
Engalanado.

1. Estofar
Algodonar.

2. Estofar
Dorar.
Decorar.
Pintar.

3. Estofar
Guisar.

Estoico
Insensible.
Imperturbable.
Indiferente.
Impasible.
Inalterable.
*Impresionable.

Estolidez
Idiotez.
Necedad.
Estupidez.
Estulticia.
Insensatez.
*Juicio.

Estólido
Bobo.
Memo.
Bausán.
Beocio.

Estolón
Latiguillo.

Estomagar
Fastidiar.

Hastiar.
Enfadar.
Aburrir.
*Divertir.

Estómago
Papo.
Buche.

Estopa
Sedeña.
Alrota.

Estoque
Espadín.
Espetón.
Florete.

Estoraque
Azúmbar.

Estorbar
Impedir.
Dificultar.
Entorpecer.
Embarazar.
*Ayudar.

Estorbo
Impedimento.
Dificultad.
Obstáculo.
Rémora.
Molestia.
*Ayuda.

Estrábico
Bisojo.
Bizco.

Estrabismo
Bizquera.

Estrada
Carretera.
Camino.

Estrado
Tablado.
Tarima.

Estrafalario
Excéntrico.
Raro.
Extravagante.
Estrambótico.
*Normal.

Estragar
Arruinar.

Dañar.
Estropear.
Corromper.
Viciar.

Estrago
Daño.
Devastación.
Ruina.
Agotamiento.
Destrucción.

Estragón
Dragoncillo.

Estrambótico
Raro.
Extravagante.
Excéntrico.
Irregular.
*Corriente.

Estrangular
Ahogar.
Agarrotar.
Ahorcar.

Estrapalucio
Destrozo.
Estropicio.

Estraperlista
Especulador.

Estraperlo
Especulación.

Estratagema
Engaño.
Treta.
Astucia.
Ardid.
Artificio.

1. Estrategia
Socaliña.
Pericia.
Habilidad.
Destreza.

2. Estrategia
Maniobra.
Táctica.

Estratego
Militar.
General.

Estrato
Sedimento.

Capa.
Faja.

Estraza
Andrajo.
Harapo.
Desecho.

1. Estrechar
Oprimir.
Ceñir.
Apretar.
Ajustar.
*Aflojar.

2. Estrechar
Compeler.
Apurar.
Forzar.
Apremiar.
Obligar.

1. Estrechez
Angostura.
Estrechura.
*Anchura.

2. Estrechez
Indigencia.
Pobreza.
Privación.
Escasez.
Miseria.
*Holgura.

3. Estrechez
Apuro.
Dificultad.
Aprieto.

1. Estrecho
Ajustado.
Apretado.
Angosto.
Ceñido.
Reducido.
*Holgado.

2. Estrecho
Cerrado.
Severo.
Riguroso.
Rígido.
*Abierto.

3. Estrecho
Canal.
Paso.

Estrechura
Angostura.
Estrechez.

Estregar
Friccionar.
Restregar.
Frotar.
Fregar.

Estregón
Roce.
Frotación.

1. Estrella
Lucero.

2. Estrella
Suerte.
Hado.
Destino.
Fortuna.
Sino.

Estrellado
Estelífero.

1. Estrellar
Romper.
Arrojar.
Despedazar.

2. Estrellar
Freír.

Estrellarse
Hundirse.
Fracasar.

Estremecer
Agitar.
Sacudir.
Conmover.

Estremecerse
Alterarse.
Trepidar.
Conmoverse.
Temblar.
*Tranquilizarse.

Estremecimiento
Temblor.
Sacudimiento.
Conmoción.
Sobresalto.

Estrena
Aguinaldo.
Dádiva.
Presente.

1. Estrenar
Inaugurar.
Representar.

2. Estrenar
Iniciar.
Comenzar.
Empezar.
Debutar.

Estreno
Apertura.
Inauguración.
Debut.

Estrenque
Maroma.
Cuerda.
Soga.

Estrenuo
Valeroso.
Esforzado.
Ágil.

1. Estreñido
Apretado.
Estíptico.

2. Estreñido
Miserable.
Avaro.
Mezquino.

Estreñir
Restringir.
Astringir.

Estrepada
Arrancada.
Estirón.
Tirón.
Solivión.

Estrépito
Ruido.
Fragor.
Estruendo.
*Sigilo.

1. Estrepitoso
Ruidoso.
Estruendoso.
Fragoso.

2. Estrepitoso
Espléndido.
Ostentoso.
Magnífico.

Estría
Surco.
Canal.
Raya.
Acanaladura.

Estriar
Rayar.
Acanalar.

Estribar
Apoyarse.
Gravitar.
Descansar.
Fundarse.

Estribillo
Repetición.
Bordón.
Muletilla.
Tranquillo.
Ritornelo.

1. Estribo
Codillo.
Estafa.

2. Estribo
Fundamento.
Sostén.
Apoyo.
Supedáneo.

3. Estribo
Contrafuerte.
Entibo.
Machón.

Estricto
Riguroso.
Severo.
Ceñido.
Ajustado.
Estrecho.
*Amplio.

Estridente
Destemplado.
Estruendoso.
Chillón.
Ruidoso.
*Armonioso.

Estro
Inspiración.
Musa.
Numen.
Vena.

Estrofa
Copla.

1. Estropajo
Inutilidad.
Desecho.

2. Estropajo
Inútil.
Incapaz.
*Apto.

3. Estropajo
Fregador.

Estropajoso
Andrajoso.
Tartajoso.
Desaseado.

Estropeado
Tronado.
Inservible.
Inútil.
*Apto.

1. Estropear
Malograr.
Averiar.
Escacharrar.
Dañar.
Deteriorar.
*Reparar.

2. Estropear
Lesionar.
Maltratar.
Lisiar.
Lastimar.
*Curar.

Estropicio
Destrozo.
Estrapalucio.

Estructura
Orden.
Composición.
Contextura.
Distribución.
Organización.

1. Estruendo
Ruido.
Fragor.
Estrépito.
*Silencio.

2. Estruendo
Ostentación.
Aparato.
Pompa.
*Discreción.

Estruendoso
Estrepitoso.
Ruidoso.
Fragoroso.
*Silencioso.

Estrujar
Apretar.
Prensar.
Comprimir.
Exprimir.
*Hinchar.

Estuario
Estero.
Restañadero.

Estucar
Encalar.
Blanquear.
Enyesar.
Enlucir.

Estuco
Enyesado.
Enlucido.
Escayola.
Marmoración.

Estuche
Cofrecillo.
Caja.

Estudiante
Alumno.
Escolar.
Colegial.
Discípulo.

1. Estudiar
Cursar.
Instruirse.
Aprender.
Aplicarse.
Ejercitarse.

2. Estudiar
Considerar.
Pensar.
Meditar.
Examinar.

1. Estudio
Observación.
Análisis.
Examen.
Investigación.

2. Estudio
Tesis.
Monografía.

Ensayo.
Trabajo.
Tratado.

3. Estudio
Despacho.
Taller.

Estudioso
Aplicado.
Trabajador.
Laborioso.
Investigador.
Aprovechado.
*Haragán.

Estufa
Calentador.
Hogar.
Horno.
Brasero.

1. Estufilla
Rejuela.
Braserillo.

2. Estufilla
Manguito.

Estulticia
Tontería.
Estupidez.
Estolidez.
Necedad.
*Juicio.

Estulto
Limitado.
Zafio.
Necio.
Lerdo.
*Listo.

Estuoso
Enardecido.
Abrasado.
Caluroso.
Ardiente.
*Frío.

Estupefacción
Aturdimiento.
Pasmo.
Asombro.
Estupor.
*Impasibilidad.

Estupefaciente
Droga.

Aletargante.
Soporífero.
Anestésico.
Estupefactivo.

Estupefacto
Admirado.
Suspenso.
Atónito.
Asombrado.
Pasmado.
*Impasible.

Estupendo
Sorprendente.
Asombroso.
Fabuloso.
Admirable.
Pasmoso.
*Horrible.

Estupidez
Estulticia.
Estolidez.
Torpeza.
Necedad.
Tontería.
*Inteligencia.

Estúpido
Estulto.
Estólido.
Necio.
Tonto.
*Listo.

Esturión
Sollo.
Marón.

Etapa
Período.
Estado.
Fase.

Éter
Firmamento.
Cielo.

1. Etéreo
Vaporoso.
Impalpable.
Sutil.
Incorpóreo.
*Corpóreo.

2. Etéreo
Celeste.
Sublime.

Puro.
*Basto.

Eternidad
Perpetuidad.
Inmortalidad.
Perdurabilidad.
*Precariedad.

Eternizar
Inmortalizar.
Perpetuar.

Eterno
Imperecedero.
Inmortal.
Sempiterno.
Perdurable.
Eternal.
*Efímero.

Ética
Moral.

1. Ético
Moral.

2. Ético
Moralista.
Casuista.

1. Etiqueta
Protocolo.
Ritual.
Ceremonia.
Gala.
Ceremonial.

2. Etiqueta
Rótulo.
Marbete.

Etiquetero
Ceremoniero.
Cumplimentoso.
Ceremonioso.

Étnico
Racial.

Eucologio
Devocionario.

1. Eufemismo
Sugerencia.
Sugestión.

2. Eufemismo
Indirecta.
Paliación.
Embozo.

Euforia
Eutaxia.
Lozanía.
Bienestar.
*Postración.

Eunuco
Castrado.
Espadón.
Soprano.

Euritmia
Equilibrio.
Armonía.

Éuscaro
Vascuence.
Vasco.

Eutaxia
Euforia.

1. Evacuación
Salida.
Desocupación.
Abandono.
Desocupo.

2. Evacuación
Deyección.
Deposición.
Expulsión.

Evacuar
Dejar.
Abandonar.
Desocupar.
*Ocupar.

Evadir
Esquivar.
Eludir.
*Afrontar.

Evadirse
Fugarse.
Escaparse.
Huir.
Escabullirse.
*Comparecer.

Evaluación
Valoración.
Apreciación.
Tasación.
Cálculo.
Valuación.

Evaluar
Tasar.

Valorar.
Apreciar.
Estimar.
Calcular.

Evangelizar
Catequizar.
Predicar.

Evaporar
Volatilizar.
Gasificar.
Vaporizar.
Vaporar.
Desavahar.

Evaporarse
Esfumarse.
Disiparse.
Desaparecer.
Desvanecerse.
Huir.
*Aparecer.

Evasión
Huida.
Fuga.
*Comparecencia.

Evasiva
Escapatoria.
Subterfugio.
Salida.
Efugio.

Evento
Suceso.
Acaecimiento.
Caso.
Acontecimiento.
Circunstancia.

Eventual
Accidental.
Fortuito.
Incierto.
Provisional.
Inseguro.
*Seguro.

Eventualidad
Circunstancia.
Casualidad.
Coyuntura.
Contingencia.

Evicción
Desposesión.
Despojo.
Desprendimiento.
Privación.

Evidencia
Certidumbre.
Certeza.
Convicción.

Evidenciar
Afirmar.
Probar.
Patentizar.
Demostrar.
Asegurar.

Evidente
Palmario.
Palpable.
Patente.
Manifiesto.
Obvio.
*Oscuro.

1. Evitar
Prevenir.
Impedir.
Precaver.
*Causar.

2. Evitar
Soslayar.
Esquivar.
Rehuir.
Eludir.
Sortear.
*Afrontar.

Evocación
Recuerdo.
Remembranza.
Memoria.
Reminiscencia.

Evocar
Rememorar.
Recordar.
Invocar.
*Silenciar.

1. Evolución
Progreso.
Avance.
Desarrollo.
Adelanto.
Progresión.
*Regresión.

2. Evolución
Variación.
Transformación.
Cambio.
*Inmutabilidad.

3. Evolución
Movimiento.
Maniobra.

1. Evolucionar
Progresar.
Desenvolverse.
Adelantar.
Deshilvanarse.
Desarrollarse.

2. Evolucionar
Mudar.
Trastocarse.
Transformarse.
Cambiar.

3. Evolucionar
Desplegar.
Moverse.
Agitarse.
Maniobrar.

Exacción
Exigencia.
Requerimiento.
Reclamación.
Coacción.
*Retención.

Exacerbar
Ensañar.
Exasperar.
Irritar.
Enconar.
Agravar.
*Mitigar.

Exactitud
Regularidad.
Veracidad.
Precisión.
Puntualidad.
Fidelidad.
*Inexactitud.

Exacto
Justo.
Preciso.
Cabal.
Fiel.
Puntual.
*Inexacto.

Exactor
Colector.
Cobrador.
Recaudador.
Almojarife.

Exageración
Exceso.
Ponderación.
Encarecimiento.
Hipérbole.
*Atenuación.

Exagerador
Quimérico.
Encarecedor.
Exagerado.
Hiperbólico.
Ponderativo.

Exagerar
Extremar.
Encarecer.
Exorbitar.
Ponderar.
Abultar.
*Atenuar.

Exaltación
Frenesí.
Fervor.
Entusiasmo.
Excitación.
Pasión.
*Indiferencia.

Exaltado
Entusiasta.
Apasionado.
Fanático.
Rabioso.
*Indiferente.

Exaltar
Realzar.
Ensalzar.
Enaltecer.
Elevar.
Encarecer.
*Rebajar.

Exaltarse
Entusiasmarse.
Excitarse.
Acalorarse.
Enardecerse.
Apasionarse.
*Moderarse.

1. Examen
Reconocimiento.
Observación.
Estudio.
Análisis.

2. Examen
Prueba.

1. Examinar
Analizar.
Considerar.
Observar.
Estudiar.
Indagar.

2. Examinar
Tantear.
Probar.

Exangüe
Aniquilado.
Exhausto.
Exánime.
Extenuado.
*Pletórico.

Exánime
Desfallecido.
Exangüe.
Desmayado.
Inanimado.
*Vivaz.

Exasperar
Enojar.
Enfurecer.
Irritar.
Encolerizar.
Excitar.
*Calmar.

Excandecer
Enviscar.
Irritar.

Excarcelar
Soltar.
Libertar.
Liberar.
*Encarcelar.

1. Excavación
Dragado.
Vaciado.
Socavación.
Extracción.
Descalce.

2. Excavación
Fosa.
Cárcava.
Hoyo.
Socavón.
Hueco.

Excavar
Zapar.
Cavar.
Socavar.
Dragar.
Penetrar.

Excedente
Exceso.
Resto.
Residuo.
Sobrante.
Superávit.
*Déficit.

Exceder
Traspasar.
Aventajar.
Rebasar.
Superar.

Excederse
Descomedirse.
Propasarse.
Extralimitarse.
*Contenerse.

Excelencia
Superioridad.
Importancia.
Sublimidad.
Eminencia.
Grandiosidad.
*Inferioridad.

Excelente
Óptimo.
Soberbio.
Notable.
Superior.
Relevante.
*Pésimo.

Excelso
Eximio.
Eminente.
Sublime.
Egregio.
Altísimo.
*Ínfimo.

Excentricidad
Manía.
Extravagancia.
Rareza.
Particularidad.
*Normalidad.

Excéntrico
Raro.
Estrafalario.
Original.
Extravagante.
*Normal.

Excepción
Anormalidad.
Anomalía.
Exclusión.
Rareza.
Particularidad.
*Normalidad.

Excepcional
Raro.
Insólito.
Desusado.
Extraordinario.
*Corriente.

Excepto
Aparte.
Menos.
Salvo.
Descontado.
*Además de.

Exceptuación
Exclusión.

Exceptuar
Prescindir.
Salvar.
Quitar.
Excluir.
*Incluir.

Excerpta
Colección.
Recopilación.
Extracto.

Excesivo
Exorbitante.
Sobrado.
Demasiado.
Enorme.
Desmedido.

1. Exceso
Excedente.
Sobrante.
Sobra.
*Falta.

2. Exceso
Abuso.

Desmán.
Demasía.
Atropello.
Desafuero.

1. Excitación
Estímulo.
Instigación.
Provocación.
Incitación.

2. Excitación
Frenesí.
Exaltación.
Nerviosismo.
Agitación.
*Calma.

Excitar
Estimular.
Incitar.
Mover.
Instigar.
Provocar.
*Aplacar.

Excitarse
Apasionarse.
Exaltarse.
Acalorarse.
Agitarse.
*Moderarse.

Exclamación
Interjección.
Imprecación.
Grito.
Juramento.
Apóstrofe.

Exclamar
Imprecar.
Proferir.
Gritar.
Emitir.
Apostrofar.

Exclamarse
Quejarse.
Protestar.
Lamentarse.

Exclamatorio
Imprecatorio.
Exclamativo.

Excluir
Eliminar.
Separar.
Exceptuar.

Suprimir.
Descartar.
*Incluir.

Exclusión
Omisión.
Exención.
Excepción.
Supresión.
Eliminación.
*Inclusión.

1. Exclusiva
Preferencia.
Distinción.
Prerrogativa.
Ventaja.
Parcialidad.

2. Exclusiva
Concesión.
Franquicia.
Patente.
Monopolio.

Exclusivismo
Partidismo.
Irreductibilidad.
Sectarismo.
Personalismo.

Excomulgar
Fulminar.
Anatematizar.
Descomulgar.

Excomunión
Anatema.
Descomunión.

Excoriación
Erosión.
Escocedura.
Sahorno.

Excoriarse
Corroerse.
Sahornarse.
Escocerse.

Excrecencia
Lobanillo.
Bulto.
Carnosidad.
Verruga.

Excremento
Heces.
Deyecciones.

Exculpar
Perdonar.
Excusar.
Justificar.
Absolver.
*Inculpar.

Excursión
Caminata.
Viaje.
Paseo.

Excusa
Pretexto.
Efugio.
Disculpa.
Subterfugio.
Descargo.

1. Excusado
Privilegiado.
Libre.
Exento.

2. Excusado
Inútil.
Superfluo.

3. Excusado
Retrete.
Reservado.

Excusar
Perdonar.
Justificar.
Eximir.
Disculpar.
*Acusar.

Execrable
Odioso.
Detestable.
Aborrecible.
Abominable.
*Admirable.

Execración
Condenación.
Maldición.
Abominación.
Imprecación.
Aborrecimiento.
*Bendición.

Execrar
Aborrecer.
Imprecar.
Abominar.
Detestar.

Maldecir.
*Bendecir.

Exégesis
Glosa.
Explicación.
Comentario.
Interpretación.

Exención
Exoneración.
Privilegio.
Liberación.
Franquicia.
*Obligación.

Exento
Franco.
Libre.
Dispensado.
Desembarazado.
*Obligado.

Exequias
Funerales.
Honras fúnebres.

Exfoliar
Laminar.
Deshojar.

Exhalación
Chispa.
Centella.
Rayo.

Exhalar
Lanzar.
Despedir.
Emitir.
Irradiar.
Desprender.
*Absorber.

Exhausto
Extenuado.
Consumido.
Apurado.
Agotado.
*Pletórico.

Exhibición
Ostentación.
Presentación.
Exposición.
Manifestación.

Exhibir
Ostentar.
Presentar.

Mostrar.
Exponer.
Manifestar.
*Esconder.

Exhortación
Incitación.
Admonición.
Consejo.
Invitación.
Amonestación.

Exhortar
Incitar.
Alentar.
Invitar.
Amonestar.
Rogar.
*Desaconsejar.

Exhumar
Desenterrar.
*Inhumar.

Exigente
Severo.
Escrupuloso.
Rígido.
Recto.
Duro.
*Tolerante.

1. Exigir
Ordenar.
Reclamar.
Mandar.
*Renunciar.

2. Exigir
Necesitar.
Requerir.
Precisar.
Pedir.

Exiguo
Reducido.
Escaso
Corto.
Pequeño.
Mezquino.
*Abundante.

Exilio
Proscripción.
Deportación.
Destierro.
Extrañamiento.
Ostracismo.
*Repatriación.

Eximio
Óptimo.
Excelso.
Sobresaliente.
Eminente.
Excelente.
*Pésimo.

Eximir
Excusar.
Exonerar.
Perdonar.
Relevar.
Dispensar.
*Imponer.

Exinanido
Débil.
Extenuado.
*Fuerte.

Existencia
Ser.
Vida.
*Inexistencia.

Existimar
Enjuiciar.
Opinar.
Juzgar.
Apreciar.
Reputar.

Existir
Ser.
Vivir.
Subsistir.

1. Éxito
Resultado.
Suceso.
Conclusión.
Fin.
*Inicio.

2. Éxito
Logro.
Triunfo.
Victoria.
*Fracaso.

Éxodo
Migración.
Emigración.
Expatriación.
*Repatriación.

Exonerar
Aliviar.

Liberar.
Eximir.
*Gravar.

Exorbitante
Enorme.
Excesivo.
Exagerado.
*Limitado.

Exorbitar
Extremar.
Exagerar.
Desorbitar.
*Moderar.

Exorcismo
Conjuro.

Exorcizar
Conjurar.

Exordio
Prólogo.
Prefacio.
Preámbulo.
Introducción.
*Epílogo.

Exornar
Embellecer.
Ornamentar.
Ornar.
Hermosear.
Adornar.

Exotérico
Público.
Corriente.
Vulgar.
Fácil.
Común.
*Difícil.

Exótico
Peregrino.
Extranjero.
Extraño.
Lejano.
*Indígena.

Expandir
Dilatar.
Extender.
Difundir.

1. Expansión
Extensión.
Desarrollo.
Dilatación.

Crecimiento.
*Reducción..

2. Expansión
Desahogo.
Solaz.
Efusión.
Esparcimiento.
Distracción.
*Contención.

1. Expansionarse
Explayarse.
Abrirse.
Franquearse.
Confiarse.
*Contenerse.

2. Expansionarse
Esparcirse.
Recrearse.
Solazarse.
Distraerse.

Expansivo
Franco.
Locuaz.
Cordial.
Comunicativo.
Efusivo.
*Reservado.

Expatriación
Éxodo.
Destierro.
Extrañamiento.
Emigración.
Exilio.

1. Expectación
Atención.
Curiosidad.
Afán.

2. Expectación
Expectativa.

Expectativa
Esperanza.
Posibilidad.
Aliento.
Expectación.
Perspectiva.

Expectorar
Escupir.
Esputar.

1. Expedición
Facilidad.

Velocidad.
Diligencia.
Prontitud.
Presteza.

2. Expedición
Viaje.
Excursión.
Safari.

3. Expedición
Remesa.
Envío.
Facturación.

4. Expedición
Despacho.
Bula.
Breve.

Expediente
Pretexto.
Subterfugio.
Recurso.
Medio.
Motivo.

Expedir
Remitir.
Cursar.
Remesar.
Extender.
Enviar.

Expeditivo
Dinámico.
Pronto.
Activo.
Decidido.
Diligente.
*Lento.

Expedito
Libre.
*Obstruido.

Expeler
Arrojar.
Despedir.
Lanzar.
Echar.
Expulsar.
*Atraer.

1. Expendeduría
Despacho.
Estanco.

2. Expendeduría
Expendio.

Expender
Despachar.
Vender.
*Comprar.

Expensas
Costas.
Gastos.
Dispendio.

1. Experiencia
Experimento.
Tentativa.
Ensayo.
Prueba.

2. Experiencia
Conocimiento.
Pericia.
Hábito.
Práctica.
Costumbre.
*Inexperiencia.

Experimentado
Experto.
Versado.
Adiestrado.
Práctico.
Avezado.
*Novato.

Experimental
Práctico.
Empírico.
*Teórico.

1. Experimentar
Ensayar.
Probar.

2. Experimentar
Sentir.
Notar.
Observar.

Experimento
Ensayo.
Tentativa.
Experiencia.
Prueba.

Experto
Perito.
Conocedor.
Práctico.
Experimentado.
Entendido.

Expiación
Satisfacción.
Pena.
Reparación.
Purificación.
Castigo.

Expiar
Purgar.
Reparar.
Pagar.

Expilar
Hurtar.
Robar.
Pillar.

Expirar
Fallecer.
Perecer.
Morir.
Fenecer.
*Nacer.

1. Explanación
Explicación.

2. Explanación
Explanada.

3. Explanación
Nivelación.
Desmonte.
Allanamiento.
Gradeo.

Explanada
Llano.
Plano.
Explanación.
Llanura.
Extensión.

1. Explanar
Aplanar.
Nivelar.
Allanar.
Igualar.

2. Explanar
Ampliar.
Declarar.
Explicar.
Desarrollar.

1. Explayarse
Distraerse.
Solazarse.
Esparcirse.
Divertirse.

Recrearse.
*Aburrirse.

2. Explayarse
Confiarse.
Franquearse.
*Reprimirse.

1. Explicación
Exposición.
Justificación.
Glosa.
Exégesis.
Aclaración.

2. Explicación
Satisfacción.
Exculpación.
Justificación.

Explicaderas
Lucidez.
Razones.
Narrativa.

1. Explicar
Exponer.
Interpretar.
Desarrollar.
Aclarar.
Justificar.

2. Explicar
Profesar.
Enseñar.

1. Explicarse
Entender.
Comprender.
Concebir.

2. Explicarse
Justificarse.
Exculparse.

Explícito
Claro.
Formal.
Expreso.
Manifiesto.
Terminante.
*Implícito.

1. Explorador
Investigador.
Descubridor.

2. Explorador
Batidor.
Reconocedor.
Avanzadilla.

3. Explorador
Escultista.
Excursionista.

Explorar
Investigar.
Sondear.
Examinar.
Reconocer.

Explosión
Reventón.
Estallido.

Explosivo
Detonante.

Explosor
Fulminante.
Detonante.
Detonador.
Deflagrador.

Explotación
Industria.
Empresa.
Fabricación.
Factoría.

Explotar
Utilizar.
Aprovechar.
Abusar.

Expoliar
Robar.
Despojar.
*Proveer.

1. Exponer
Presentar.
Exhibir.
Mostrar.
*Ocultar.

2. Exponer
Declarar.
Explicar.
Manifestar.
Expresar.
*Callar.

3. Exponer
Aventurar.
Arriesgar.

Exportar
Sacar.
-Enviar.

1. Exposición
Presentación.
Exhibición.
Feria.

2. Exposición
Explicación.
Declaración.

3. Exposición
Peligro.
Riesgo.

Expósito
Inclusero.
Borde.
Enechado.
Echadizo.
Peño.

Expresado
Mencionado
Susodicho.
Indicado.
Antedicho.
Sobredicho.

Expresamente
Adrede.
Expreso.

Expresar
Declarar.
Manifestar.
Interpretar.
Exponer.
Decir.

Expresarse
Hablar.
*Callar.

Expresión
Palabra.
Término.
Locución.
Vocablo.
Voz.

Expresivo
Significativo.
Plástico.
Elocuente.
Gráfico.
*Inexpresivo.

Expreso
Manifiesto.
Explícito.
Terminante.
Claro.

Especificado.
*Tácito.

Exprimidera
Estrujador.

Exprimir
Prensar.
Estrujar.
*Impregnar.

Expropiar
Privar.
Confiscar.
Incautarse.

Expuesto
Arriesgado.
Aventurado.
Peligroso.
*Seguro.

1. Expulsar
Echar.
Despedir.
Arrojar.
Despachar.
Lanzar.
*Admitir.

2. Expulsar
Expeler.
*Atraer.

1. Expulsión
Evacuación.
Lanzamiento.
Exclusión.

2. Expulsión
Destierro.
Extrañamiento.

Expurgación
Poda.
Expurgo.

2. Expurgación
Limpieza.
Purificación.

3. Expurgación
Censura.

Expurgar
Limpiar.
Purificar.
Censurar.

Exquisitez
Delicia.

Excelencia.
Finura.
*Tosquedad.

Exquisito
Finísimo.
Delicado.
Refinado.
Excelente.
Selecto.
*Basto.

Extasiarse
Enajenarse.
Embelesarse.
Arrobarse.
Elevarse.
Encantarse.

Éxtasis
Arrobo.
Suspensión.
Rapto.
Arrobamiento.
Embelesamiento.
*Horror.

Extemporáneo
Impropio.
Inconveniente.
Intempestivo.
Inoportuno.
*Oportuno.

1. Extender
Desarrollar.
Desenvolver.
Desplegar.
Desdoblar.
Tender.
*Plegar.

2. Extender
Ampliar.
Aumentar.
*Reducir.

3. Extender
Divulgar.
Esparcir.
Difundir.
Propagar.
Propalar.
*Reservar.

1. Extensión
Dilatación.
Amplificación.
Ramificación.

Desarrollo.
Propagación.
*Limitación.

2. Extensión
Amplitud.
Vastedad.

Extenso
Dilatado.
Amplio.
Prolongado.
Vasto.
Espacioso.
*Reducido.

Extenuación
Debilitamiento
Consunción.
Agotamiento.
Postración.
*Vigor.

Extenuado
Anémico.
Enflaquecido.
Débil.
Escuálido.
Desmirriado.
*Fuerte.

Extenuar
Debilitar.
Agotar.
Enflaquecer.
*Fortalecer.

1. Exterior
Extrínseco.
Externo.
*Interior.

2. Exterior
Periferia.
Traza.
Superficie.
Apariencia.
Aspecto.
*Interior.

1. Exterioridad
Aspecto.
Semblante.
Actitud.
Exterior.
Apariencia.

2. Exterioridad
Pompa.

Ostentación.
Aparatosidad.

Exteriorizar
Descubir.
Sacar.
Manifestar.
Revelar.

Exterminar
Destruir.
Extirpar.
Aniquilar.
Suprimir.
*Crear.

1. Exterminio
Extinción.
Extirpación.
Aniquilamiento.
Destrucción.

2. Exterminio
Carnicería.
Matanza.

Extinguir
Matar.
Apagar.
Acabar.
*Encender.

Extinguirse
Expirar.
Acabar.
Morir.
Cesar.
*Nacer.

Extirpar
Desarraigar.
Suprimir.
Arrancar.
Extraer.
Acabar.
*Iniciar.

1. Extorsión
Usurpación.
Despojamiento.

2. Extorsión
Perjuicio.
Menoscabo.
Daño.
Inconveniente.

3. Extorsión
Chantaje.

1. Extra
Excelente.
Superior.
Óptimo.
Relevante.
Extraordinario.
*Inferior.

2. Extra
Comparsa.
Figurante.

3. Extra
Gaje.
Sobra.
Adehala.
Plus.

Extracción
Linaje.
Estirpe.
Origen.
Clase.
Nacimiento.

Extractar
Compendiar.
Resumir.
Abreviar.
*Ampliar.

1. Extracto
Compendio.
Resumen.
*Ampliación.

2. Extracto
Esencia.
Substancia.

Extraer
Separar.
Sacar.
Arrancar.
*Introducir.

Extralimitarse
Excederse.
Propasarse.
Descomedirse.
*Limitarse.

Extranjerismo
Barbarismo.
*Idiotismo.

Extranjero
Extraño.
Forastero.
Exótico.
*Indígena.

Extrañamiento
Exilio.
Deportación.
Destierro.
Expatriación.
Proscripción.
*Repatriación.

1. Extrañar
Proscribir.
Desterrar.
Deportar.
*Repatriar.

2. Extrañar
Admirar.
Chocar.
Sorprender.
Asombrar.

1. Extrañeza
Sorpresa.
Admiración.
Asombro.

2. Extrañeza
Novedad.
Rareza.
Originalidad.
*Normalidad.

1. Extraño
Raro.
Insólito.
Extravagante.
*Normal.

2. Extraño
Impropio.
Ajeno.
*Propio.

3. Extraño
Exótico.
Extranjero.
*Propio.

Extraordinario
Insólito.
Extraño.

Excepcional.
Inusitado.
Sorprendente.
*Ordinario.

Extrarradio
Suburbios.
Afueras.
Arrabales.
*Centro urbano.

Extravagancia
Excentricidad.
Manía.
Rareza.
Originalidad.
Ridiculez.

Extravagante
Excéntrico.
Original.
Ridículo.
Raro.
Estrafalario.
*Ordinario.

Extravasarse
Trasvenarse.
Derramarse.
Verterse.

Extraviar
Perder.
*Hallar.

Extraviarse
Perderse.
Pervertirse.
Desviarse.
*Encaminarse.

1. Extravío
Desvío.
Receso.
Virada.
Descarriamiento.
Circunvalación.
*Derechura.

2. Extravío
Perdición.
Descarrío.
Desorden.
Relajación.

3. Extravío
Abandono.
Pérdida.

4. Extravío
Perjuicio.
Daño.
Molestia.
Menoscabo.

Extremado
Excesivo.
Extremo.
Exagerado.
Radical.
*Moderado.

1. Extremar
Acabar.
Rematar.
Terminar.
Concluir.

2. Extremar
Recargar.
Exagerar.

Extremarse
Desvelarse.
Esmerarse.
Desvivirse.

1. Extremidad
Cabo.
Extremo.
Remate.
Punto.
Fin.

2. Extremidad
Miembro.

1. Extremo
Cabo.
Remate.
Límite.
Extremidad.
Término.

2. Extremo
Excesivo.
Sumo.
Exagerado.
Extremado.

3. Extremo
Asunto.
Particular.

Cuestión.
Materia.
Punto.

4. Extremo
Final.
Último.

Extrínseco
Externo.
Exterior.
Accidental.
*Intrínseco.

Exuberancia
Plenitud.
Fertilidad.
Profusión.
Frondosidad.
Abundancia.
*Escasez.

Exuberante
Pletórico.
Pródigo.
Frondoso.
Abundante.
Fértil.
*Escaso.

Exultación
Gozo.
Regocijo.
Júbilo.
Alborozo.
Contento.
*Abatimiento.

Exultar
Regocijarse.
Alborozar.
Alegrarse.
Retozar.

Exvoto
Ofrenda.
Presentalla.

Eyaculación
Polución.

Eyacular
Expeler.
Secretar.
Emitir.
Segregar.
Arrojar.

F

1. Fábrica
Industria.
Manufactura.

2. Fábrica
Construcción.
Edificio.

Fabricación
Elaboración.
Producción.
Obtención.
Industria.

Fabricante
Productor.
Manufacturador.
Industrial.

1. Fabricar
Producir.
Elaborar.
Manufacturar.

2. Fabricar
Construir.
Levantar.
Edificar.
Obrar.

3. Fabricar
Forjar.
Inventar.
Imaginar.

1. Fábula
Invención.
Mito.
Cuento.
Apólogo.
Ficción.
*Realidad.

2. Fábula
Hablilla.
Rumor.
Chisme.

1. Fabuloso
Ilusorio.

Fingido.
Imaginario.
Ficticio.
Inventado.
*Real.

2. Fabuloso
Inverosímil.
Quimérico.
Prodigioso.
Increíble.
Fantástico.
*Común.

Facción
Parcialidad.
Bandería.
Partida.
Bando.

Facciones
Rasgos.
Rostro.

Faccioso
Rebelde.
Sedicioso.
Sublevado.
*Leal.

Faceta
Cara.
Aspecto.

1. Fácil
Cómodo.
Elemental.
Hacedero.
Sencillo.
Probable.
*Difícil.

2. Fácil
Manejable.
Acomodadizo.
Dócil.
Tratable.
*Incontrolable.

3. Fácil
Liviana.
Ligera.
Frágil.
*Recatada.

1. Facilidad
Posibilidad.
Expedición.
Disposición.
Comodidad.
Simplicidad.
*Dificultad.

2. Facilidad
Condescendencia.
Debilidad.
Afabilidad.
Complacencia.

1. Facilitar
Posibilitar.
Simplificar.
Favorecer.
*Dificultar.

2. Facilitar
Suministrar.
Entregar.
Proveer.
Proporcionar.
Procurar.

Facineroso
Criminal.
Forajido.
Malvado.
Bandido.
Malhechor.

1. Facistol
Atril.

2. Facistol
Pedante.
Engreído.

Facón
Machete.

Facsímil
Reproducción.
Copia.
Imitación.

Factible
Realizable.
Posible.
Hacedero.
*Irrealizable.

Facticio
Compuesto
Artificial.
Imitado.
*Auténtico.

1. Factor
Elemento.
Agente.
Autor.

2. Factor
Delegado.
Negociador.
Ejecutor.
Procurador.
Síndico.

3. Factor
Multiplicador.
Divisor.
Coeficiente.
Submúltiplo.

1. Factoría
Fábrica.

2. Factoría
Comercio.
Emporio.
Almacén.
Depósito.

1. Factótum
Mozo.
Recadero.
Criado.
Mandadero.
Ordenanza.

2. Factótum
Factor.

3. Factótum
Argadillo.
Faraute.

Factura
Nota.
Cuenta.
Cargo.

1. Facturar
Anotar.
Cargar.
Registrar.

2. Facturar
Remitir.
Remesar.
Enviar.
Despachar.

1. Facultad
Potencia.
Capacidad.
Aptitud.

2. Facultad
Potestad.
Atribuciones.
Autorización.
Poder.
Derecho.

Facultar
Delegar.
Permitir.
Autorizar.
Habilitar.
*Desautorizar.

1. Facultativo
Discrecional.
Potestativo.
*Obligatorio.

2. Facultativo
Médico.

Facundia
Labia.
Verbosidad.
*Premiosidad.

Facundo
Verboso.
Elocuente.
Diserto.

1. Facha
Catadura.
Aspecto.
Pinta.
Traza.
Apariencia.

2. Facha
Adefesio.
Mamarracho.
Esperpento.

Fachada
Frontispicio.
Frontis.

1. Fachenda
Petulancia.
Presunción.
Jactancia.
Vanidad.
Ostentación.
*Modestia.

2. Fachenda
Fachendoso.

Fachendear
Papelonear.
Pavonear.
Farolear.
Presumir.

Fachendoso
Petulante.
Jactancioso.
Vanidoso.
Presumido.
*Modesto.

Fachoso
Astroso.
Chocarrero.
Ridículo.
Bufonesco.

Faena
Quehacer.
Labor.

Trabajo.
Ocupación.
Tarea.

1. Faja
Ceñidor.
Corsé.
Apretador.
Alezo.

2. Faja
Veta.
Línea.
Zona.
Tira.
Franja.

3. Faja
Amelga.

Fajar
Rodear.
Embragar.
Ceñir.
Envolver.

1. Fajina
Haz.
Mazo.
Fajo.
Atado.

2. Fajina
Chamarasca.
Leña.

3. Fajina
Faena.

Fajo
Haz.
Atado.
Fajina.
Mazo.

Falacia
Engaño.
Falsedad.
Fraude.
Mentira.
*Verdad.

Falange
Tropa.
Legión.
Batallón.

1. Falaz
Mentido.
Aparente.
Engañoso.

Fingido.
Ilusorio.
*Cierto.

2. Falaz
Embustero.
Falso.
Artero.
Engañador.
*Veraz.

Falce
Faca.
Hoz.

1. Falda
Faldón.
Saya.

2. Falda
Regazo.

Faldero
Mujeriego.

Faldulario
Andulario.

1. Falencia
Quiebra.

2. Falencia
Error.
Inexactitud.
Desatino.
Engaño.

1. Falible
Equívoco.
Engañoso.
Mendoso.
Erróneo.
*Infalible.

2. Falible
Defectuoso.

Falsabraga
Antemural.
Contramuralla.
Contramuro.

Falsario
Falseador.
Falsificador.
Adulterador.
Mixtificador.
Trápala.

1. Falsear
Adulterar.
Corromper.
Falsificar.
Desnaturalizar.

2. Falsear
Flojear.
Flaquear.
Ceder.
*Resistir.

Falsedad
Engaño.
Falacia.
Mentira.
Impostura.
Falsía.
*Verdad.

Falsía
Hipocresía.
Doblez.
Falsedad.
Mendacidad.
Disimulo.
*Lealtad.

Falsificar
Falsear.
Corromper.
Adulterar.
Mixtificar.

Falsilla
Regla.
Pauta.

1. Falso
Fingido.
Mentiroso.
Engañoso.
Ficticio.
Falaz.
*Verdadero.

2. Falso
Infiel.
Impostor.
Traidor.
Felón.
Desleal.
*Leal.

1. Falta
Error.
Deficiencia.
Culpa.
Defecto.
Pecado.

2. Falta
Carencia.
Ausencia.
Carestía.
Escasez.

1. Faltar
Pecar.

2. Faltar
Restar.
Quedar.

3. Faltar
Consumirse.
Acabarse.

4. Faltar
Fallar.

Falto
Necesitado.
Carente.
Escaso.
Desprovisto.
Pobre.
*Provisto.

Faltrero
Ladrón.

Falúa
Bote.
Lancha.
Falucho.

1. Falla
Falta.
Defecto.

2. Falla
Hendidura.
Rotura.

3. Falla
Pira.
Hoguera.

1. Fallar
Resolver.
Sentenciar.
Decidir.
Dictaminar.

2. Fallar
Matar.
Triunfar.
*Servir.

3. Fallar
Malograrse.

Faltar.
Frustrarse.
Fracasar.
*Resultar.

Falleba
Pasador.
Cremona.
Pestillo.
Fiador.

Fallecer
Expirar.
Fenecer.
Extinguirse.
Morir.
Finar.
*Nacer.

Fallecido
Extinto.

Fallecimiento
Defunción.
Expiración.
Muerte.
Óbito.
Tránsito.

1. Fallido
Fracasado.
Frustrado.
Malogrado.

2. Fallido
Suspenso.
Quebrado.

Fallo
Resolución.
Condena.
Sentencia.
Decisión.
Laudo.

Fama
Nombradía.
Reputación.
Popularidad.
Notoriedad.
Celebridad.
*Oscuridad.

Famélico
Transido.
Hambriento.
*Harto.

1. Familia
Progenie.

Gente.
Parentela.

2. Familia
Estirpe.
Raza.
Cepa.
Linaje.
Casta.

3. Familia
Prole.
Sucesión.
Descendencia.

1. Familiar
Deudo.
Allegado.
Pariente.
*Extraño.

2. Familiar
Corriente.
Llano.
Sencillo.
Natural.

3. Familiar
Conocido.
Sabido.

Familiaridad
Franqueza.
Intimidad.
Llaneza.
Confianza.
Libertad.
*Afectación.

Familiarizar
Acostumbrar.
Avezar.
Adaptar.
Habituar.
Intimar.

Famoso
Reputado.
Señalado.
Conspicuo.
Renombrado.
Afamado.
*Ignorado.

Fámulo
Doméstico.
Lacayo.
Mozo.
Criado.
Sirviente.

1. Fanal
Farol.
Farola.

2. Fanal
Tulipa.
Guardabrisas.

Fanático
Exaltado.
Intolerante.
Recalcitrante.
Apasionado.
Obcecado.
*Equilibrado.

Fanatismo
Exaltación.
Intolerancia.
Celo.
Apasionamiento.
Obcecación.
*Mesura.

Fandango
Bullicio.
Jolgorio.
Bulla.

Fanerógama
Sifonógama.
Espermatofita.

Fanfarria
Jactancia.
Balandronada.
Bravata.
Fanfarronada.

Fanfarrón
Bravucón.
Valentón.
*Humilde.

Fanfarronear
Bravear.
Guapear.

Fanfarronería
Fanfarria.

Fangal
Barrizal.
Lodazal.
Cenagal.
Ciénaga.

1. Fango
Barro.
Légamo.

Cieno.
Lodo.
Limo.

2. Fango
Degradación.
Suciedad.
Abyección.
Vilipendio.
Vicio.
*Pureza.

Fantasear
Imaginar.
Soñar.
Crear.

1. Fantasía
Inventiva.
Imaginación.
Figuración.

2. Fantasía
Utopía.
Ficción.
Capricho.
Quimera.
Visión.

3. Fantasía
Entono.
Presunción.

Fantasioso
Presuntuoso.
Ostentoso.
Vanidoso.
Vano.
Presumido.
*Realista.

Fantasma
Aparición.
Espectro.
Quimera.
Visión.
Espíritu.

Fantasmagoría
Alucinación.
Quimera.
Entelequia.

1. Fantástico
Inverosímil.
Imaginario.
Increíble.
Quimérico.
Fabuloso.
*Real.

2. Fantástico
Fantasmal.
Fantasmagórico.

3. Fantástico
Entonado.
Fantasioso.
Presuntuoso.
Vanidoso.

1. Fantoche
Marioneta.
Títere.

2. Fantoche
Bufón.
Espantajo.
Farolón.
Fantasmón.
Figurón.

Faquín
Cargador.
Ganapán.
Esportillero.

Faquir
Santón.

Faralá
Volante.
Farbalá.
Farfalá.

Farallón
Crestón.

1. Faramalla
Cháchara.
Vaniloquio.
Palabrería.

2. Faramalla
Farfolla.

3. Faramalla
Faramallero.

Faramallero
Hablador.
Charlatán.
Embaucador.

Farandulero
Comediante.
Farsante.
Histrión.

2. Farandulero
Faramallero.

1. Faraute
Heraldo.
Mensajero.

2. Faraute
Prologuista.

Fardo
Bulto.
Paca.
Farda.
Lío.
Atadijo.

Farfallón
Chapucero.
Farfullero.
Atropellado.

Farfalloso
Tartajoso.
Tartamudo.

Farfantón
Fanfarrón.

1. Fárfara
Tusílago.

2. Fárfara
Telilla.
Binza.
Paniculo.

Farfolla
Faramalla.

Farfullar
Barbotear.
Tartajear.
Tartamudear.
Balbucir.

Farináceo
Harinoso.

Farisaico
Solapado.
Hipócrita.

Farmacéutico
Boticario.
Farmacopola.

Farmacia
Apoteca.
Botica.

Fármaco
Medicamento.

Farmacopea
Recetario.

Farolear
Presumir.
Fachendear.
Jactarse.

Farolero
Fanfarrón.

Farolón
Figurón.
Fantoche.

Farra
Jarana.
Juerga.
Parranda.

Fárrago
Desorden.
Confusión.
*Orden.

1. Farragoso
Confuso.
Mezclado.
Desordenado.
Enmarañado.
Inconexo.
*Ordenado.

2. Farragoso
Superfluo.

Farrear
Parrandear.

1. Farsa
Drama.
Comedia.

2. Farsa
Tramoya.
Patraña.
Enredo.
Ficción.
Fingimiento.

1. Farsante
Comediante.
Cómico.
Histrión.

2. Farsante
Mentiroso.
Embaucador.
Hipócrita.
Embustero.
Tramposo.
*Cabal.

Fascículo
Cuaderno.
Entrega.

1. Fascinación
Embrujo.
Hechizo.
Aojamiento.
Aojo.

2. Fascinación
Alucinación.
Seducción.
Engaño.
Embeleco.
*Desilusión.

1. Fascinar
Embrujar.
Aojar.

2. Fascinar
Embelesar.
Seducir.
Encantar.
Hechizar.
Atraer.
*Repeler.

Fase
Periodo.
Faceta.
Apariencia.
Estado.
Aspecto.

Fastidiar
Molestar.
Disgustar.
Aburrir.
Hastiar.
Hartar.
*Divertir.

Fastidioso
Molesto.
Latoso.
Aburrido.
Enfadoso.
Cansado.
*Ameno.

Fastigio
Cúspide.
Pináculo.
Cumbre.
Remate.

Fastos
Anales.

Fastuoso
Ostentoso.
Regio.
Lujoso.
Suntuoso.
Espléndido.
*Sencillo.

1. Fatal
Inevitable.
Ineludible.
Predestinado.
*Eludible.

2. Fatal
Fatídico.
Aciago.
Infeliz.
Adverso.
Funesto.
*Providencial.

1. Fatalidad
Desgracia.
Infortunio.
Adversidad.
*Fortuna.

2. Fatalidad
Suerte.
Hado.
Destino.
*Voluntad.

Fatalismo
Pesimismo.

Fatídico
Adverso.
Funesto.
Fatal.

1. Fatiga
Sofocación.
Cansancio.
Agotamiento.
Agitación.
Ahogo.
*Reposo.

2. Fatiga
Penalidad.
Molestia.
Sufrimiento.
*Ayuda.

1. Fatigar
Agotar.

Extenuar.
Cansar.
Rendir.
*Reposar.

2. Fatigar
Molestar.
Aburrir.
Vejar.
Importunar.
Enojar.

1. Fatigoso
Agitado.
Fatigado.

2. Fatigoso
Trabajoso.
Cansino.
Cansado.
Penoso.

1. Fatuidad
Petulancia.
Vanidad.
Vacuidad.
Presunción.
Jactancia.
*Modestia.

2. Fatuidad
Tontería.
Necedad.
*Sensatez.

1. Fatuo
Presuntuoso.
Presumido.
Engreído.
Vacuo.
Vano.
*Modesto.

2. Fatuo
Tonto.
Necio.

1. Fausto
Fastuosidad.
Pompa.
Gala.
Magnificencia.
Boato.
*Modestia.

2. Fausto
Venturoso.
Feliz.
Dichoso.
Afortunado.

Próvido.
°Aciago.

Favila
Bolisa.
Pavesa.

1. Favor
Socorro.
Auxilio.
Protección.
Ayuda.
Amparo.
°Obstáculo.

2. Favor
Beneficio.
Servicio.
Honra.
Gracia.
Merced.
°Desaire.

Favorable
Benévolo.
Acogedor.
Propicio.
Benigno.

Favorecedor
Defensor.
Fautor.
Beneficiador.
Protector.

1. Favorecer
Socorrer.
Amparar.
Apoyar.
Ayudar.
Auxiliar.
°Perjudicar.

2. Favorecer
Servir.
Beneficiar.
Otorgar.
°Negar.

Favorita
Manceba.

1. Favorito
Preferido.
Privilegiado.
Distinguido.
Estimado.
Predilecto.
°Alejado.

2. Favorito
Valido.
Privado.

1. Faz
Cara.
Figura.
Fisonomía.
Rostro.
Semblante.

2. Faz
Anverso.
°Reverso.

1. Fe
Dogma.
Convicción.
Creencia.
Religión.
°Incredulidad.

2. Fe
Convencimiento.
Confianza.

3. Fe
Aseveración.
Testimonio.
Afirmación.
Seguridad.
Certificación.

4. Fe
Rectitud.
Honradez.
Fidelidad.
Lealtad.

1. Fealdad
Deformidad.
Afeamiento.
Monstruosidad.
°Belleza.

2. Fealdad
Indignidad.
Deshonestidad.
Torpeza.
Vergüenza.
°Gentileza.

Feble
Flaco.
Débil.
Flojo.

Febrífugo
Antipirético.
Antitérmico.

1. Febril
Ardoroso.
Enfebrecido.
Febricitante.
Calenturiento.
°Álgido.

2. Febril
Agitado.
Atormentado.
Inquieto.
Turbado.
Intranquilo.
°Calmado.

1. Fecundar
Fertilizar.
Fecundizar.
°Esterilizar.

2. Fecundar
Preñar.
Engendrar.
Cubrir.

Fecundidad
Feracidad.
Riqueza.
Fertilidad.
Abundancia.
°Aridez.

1. Fecundo
Prolífico.
°Estéril.

2. Fecundo
Fértil.
Feraz.
Productivo.
Fructuoso.
Abundante.
°Improductivo.

1. Fecha
Data.

2. Fecha
Jornada.
Día.

3. Fecha
Momento.
Vencimiento.
Tiempo.
Término.

Fechador
Matasellos.

Fechoría
Atentado.
Crimen.
Maldad.
Travesura.
Picardía.

Federación
Liga.
Asociación.
Confederación.
Unión.

Fehaciente
Evidente.
Indiscutible.
Fidedigno.
Cierto.

1. Felicidad
Contento.
Bienestar.
Ventura.
Dicha.
Satisfacción.
°Desventura.

2. Felicidad
Contento.
Goce.
Delicia.
Gusto.
Júbilo.
°Tristeza.

3. Felicidad
Triunfo.
Fortuna.
Éxito.
Victoria.
°Fracaso.

Felicitación
Parabién.
Pláceme.
Cumplido.
Congratulación.
Enhorabuena.
°Pésame.

Felicitar
Congratular.
Cumplimentar.
Cumplir.
°Compadecer.

Feligrés
Parroquiano.

Felino
Gatuno.

1. Feliz
Venturoso.
Bienandante.
Radiante.
Alegre.
Dichoso.
°Desventurado.

2. Feliz
Acertado.
Atinado.
Oportuno.
Eficaz.
°Inoportuno.

Felón
Fementido.
Traidor.
Perverso.
Indigno.
Alevoso.
°Leal.

Felonía
Traición.
Perfidia.
Alevosía.
Perjurio.
Infamia.

1. Felpa
Peluche.

2. Felpa
Azotaina.
Paliza.
Zurra.

3. Felpa
Represión.
Reprimenda.
Sermón.
°Elogio.

Felpudo
Esterilla.
Ruedo.
Baleo.

1. Femenino
Femíneo.
Mujeriego.
Doncellil.
Femenil.

2. Femenino
Endeble.

Afeminado.
Débil.
Delicado.
*Viril.

Fementido
Felón.

Fenda
Raja.
Grieta.
Hendidura.

Fenecer
Fallecer.

Fénico
Carbónico.

1. Fenomenal
Fenoménico.

2. Fenomenal
Tremendo.
Sorprendente.
Colosal.
Portentoso.
Asombroso.

1. Fenómeno
Manifestación.
Apariencia.

2. Fenómeno
Quimera.
Monstruo.

3. Fenómeno
Rareza.
Prodigio.
Coloso.
Portento.
Maravilla.

1. Feo
Malcarado.
Repulsivo.
Disforme.
Horrible.
Asqueroso.
*Bello.

2. Feo
Desaire.
Afrenta.
Grosería.

Feracidad
Fertilidad.

Feraz
Fecundo.
Fértil.

Féretro
Caja.
Ataúd.

1. Feria
Descanso.
Fiesta.
Vacación.

2. Feria
Certamen.
Mercado.
Ferial.

1. Feriar
Comprar.
Trocar.
Vender.
Permutar.

2. Feriar
Reposar.
Descansar.

Fermata
Cadencia.
Calderón.

Fermentar
Alterarse.
Agriarse.
Venirse.
Corromperse.
Leudarse.

Fermento
Ludia.
Levadura.
Diastasa.

Ferocidad
Crueldad.
Fiereza.
Encarnizamiento.
Violencia.
Salvajismo.

Feroz
Cruel.
Despiadado.
Bárbaro.
Violento.
Montaraz.
Fiero.
*Bondadoso.

Férreo
Fuerte.
Resistente.
Constante.
Duro.
Tenaz.
*Blando.

Ferretería
Forja.
Ferrería.

Ferrocarril
Tren.
Carril.

Fértil
Feraz.
Fructuoso.
Fructífero.
Fecundo.
Productivo.
*Estéril.

Fertilidad
Feracidad.
Riqueza.
Fecundidad.
Abundancia.
Producción.
*Esterilidad.

Fertilizar
Abonar.
Fecundizar.
Estercolar.
Encrasar.
Nitratar.
*Esterilizar.

1. Férula
Palmatoria.
Palmeta.

2. Férula
Sujeción.
Dominio.
Tiranía.

Ferviente
Fervoroso.
Efusivo.
Ardiente.
Vehemente.
Fogoso.
*Frío.

1. Fervor
Calor.

Pasión.
Excitación.
Ardor.
Fogosidad.
*Frialdad.

2. Fervor
Piedad.
Exaltación.
Devoción.
Unción.
*Impiedad.

1. Festejar
Halagar.
Regalar.
Agasajar.
Obsequiar.

2. Festejar
Galantear.
Cortejar.
Rondar.
Requerir.

1. Festejo
Halago.
Obsequio.
Agasajo.

2. Festejo
Cortejo.
Ventaneo.
Galanteo.
Camelo.

3. Festejo
Festividad.
Solemnidad.
Fiesta.
Regocijo.
Diversión.

Festín
Convite.
Comilona.
Banquete.
Orgía.
Gaudeamus.

Festinar
Precipitar.
Harbar.
Apresurar.
Acelerar.

1. Festividad
Solemnidad.
Dedicación.
Celebración.

Fiesta.
Conmemoración.

2. Festividad
Donaire.
Agudeza.
Chiste.

1. Festivo
Agudo.
Divertido.
Chistoso.
Ocurrente.

2. Festivo
Jocoso.
Jovial.
Entretenido.
Alegre.
Gozoso.
*Triste.

1. Festón
Colgante.

2. Festón
Adorno.
Guirnalda.

Fetiche
Amuleto.
Ídolo.
Talismán.
Tótem.

Fetichismo
Idolatría.
Totemismo.

Fetidez
Hedor.
Peste.
Fetor.
Hediondez.
Pestilencia.
*Perfume.

Fétido
Maloliente.
Apestoso.
Hediondo.
Pestilente.
Nauseabundo.
*Perfumado.

Feto
Aborto.
Engendro.
Germen.

Feudatario
Vasallo.
Sujeto.
Tributario.
Sumiso.
Plebeyo.
*Emancipado.

1. Feudo
Respeto.
Vasallaje.

2. Feudo
Posesión.
Dominio.

Fiacre
Landó.

1. Fiador
Garantizador.
Garante.
Avalador.

2. Fiador
Seguro.
Pasador.
Pestillo.

1. Fiambre
Conserva.

2. Fiambre
Pasado.
Muerto.
Frío.

1. Fiambrera
Tartera.
Tarta.

2. Fiambrera
Portaviandas.

3. Fiambrera
Fresquera.

1. Fianza
Fiador.

2. Fianza
Caución.
Depósito.
Aval.
Garantía.
Prenda.

1. Fiar
Garantir.
Garantizar.
Responder.
Asegurar.

2. Fiar
Confiar.
*Desconfiar.

Fiasco
Chasco.
Fracaso.
Decepción.
*Éxito.

1. Fibra
Filamento.
Veta.
Hebra.

2. Fibra
Energía.
Fortaleza.
Vigor.
Resistencia.
Robustez.

Fibroso
Escleroso.
Hebroso.

Fíbula
Alfiler.
Hebilla.
Imperdible.

1. Ficción
Simulación.
Fingimiento.
Apariencia.
Disimulo.

2. Ficción
Invención.
Quimera.
Fábula.
Cuento.

1. Ficticio
Falso.
Inventado.
Fabuloso.
Fingido.
Supuesto.
*Real.

2. Ficticio
Convencional.

1. Ficha
Tanto.
Pieza.

2. Ficha
Papeleta.
Cédula.

3. Ficha
Señas.
Filiación.
Datos.

1. Fichar
Señalar.
Filiar.
Anotar.

2. Fichar
Recelar.
Calar.

Fichero
Cedulario.
Archivador.

Fidedigno
Verdadero.
Auténtico.
Fehaciente.

1. Fidelidad
Devoción.
Lealtad.
Apego.

2. Fidelidad
Exactitud.
Puntualidad.
Probidad.
Constancia.
Veracidad.
*Irregularidad.

Fiduciario
Mandatario.
Legatario.

1. Fiebre
Temperatura.
Hipertermia.
Destemplanza.
Calentura.
*Hipotermia.

2. Fiebre
Agitación.
Actividad.
Ardor.
Excitación.
*Desánimo.

1. Fiel
Firme.
Perseverante.
Leal.
Constante.
*Infiel.

2. Fiel
Creyente.
Religioso.
Cristiano.

3. Fiel
Lengüeta.

Fieltro
Paño.

Fiera
Salvaje.
Bruto.
Fierabrás.

Fiereza
Crueldad.
Saña.
Salvajismo.
Ferocidad.
Braveza.

1. Fiero
Brutal.
Salvaje.
Violento.
Cruel.
*Tranquilo.

2. Fiero
Horroroso.
Airado.
Feo.
Torvo.

3. Fiero
Grande.
Terrible.
Excesivo.

4. Fiero
Amenaza.
Bravata.
Leonería.

1. Fiesta
Conmemoración.
Festividad.
Solemnidad.

2. Fiesta
Regocijo.
Alegría.
Diversión.

3. Fiesta
Caricia.
Agasajo.
Halago.

4. Fiesta
Vacación.
Holganza.

5. Fiesta
Kermesse.

Fígaro
Peluquero.
Barbero.

Figón
Tasca.
Bodegón.
Bar.
Fonducho.

1. Figura
Configuración.
Apariencia.
Continente.
Forma.
Aspecto.

2. Figura
Imagen.
Efigie.
Retrato.

3. Figura
Rostro.
Fisonomía.
Cara.
Faz.

4. Figura
Persona.
Personaje.

5. Figura
Figuración.

6. Figura
Tropo.
Metáfora.

Figuración
Emblema.
Representación.
Figura.
Símbolo.
Facsímil.

Figurante
Extra.
Partiquino.
Comparsa.

1. Figurar
Delinear.
Representar.
Dibujar.

2. Figurar
Fingir.
Simular.
Aparentar.
Suponer.
Parecer.

3. Figurar
Destacarse.
Distinguir.
Representar.

4. Figurar
Fantasear.
Suponer.
Imaginar.
Creer.

Figurativo
Simbólico.
Emblemático.
Representativo.

1. Figurín
Patrón.
Modelo.
Diseño.

2. Figurín
Dandi.
Petimetre.

1. Fijar
Consolidar.
Clavar.
Sujetar.
Asegurar.
Hincar.
*Aflojar.

2. Fijar
Encolar.
Pegar.

3. Fijar
Estabilizar.
Inmovilizar.
Establecer.

3. Fijar
Precisar.
Determinar.
Limitar.

5. Fijar
Detener.
Dirigir.
Aplicar.
*Desviar.

6. Fijar
Sellar.
Imprimir.
Marcar.
*Borrar.

1. Fijarse
Reparar.
Atender.
Notar.
Observar.

2. Fijarse
Domiciliarse.
Afincarse.
Avecindarse.
*Errar.

1. Fijeza
Seguridad.
Firmeza.
Inalterabilidad.

2. Fijeza
Continuidad.
Persistencia.

Fijo
Asegurado.
Permanente.
Firme.
Asentado.
Seguro.
*Móvil.

Fila
Cola.
Hilera.
Línea.

Filamento
Hilo.
Cabo.
Hebra.
Fibra.
Brizna.

Filantropía
Generosidad.
Altruismo.
Liberalidad.
*Misantropía.

Filántropo
Generoso.
Altruista.
Bienhechor.
Liberal.
*Misántropo.

Filarmónico
Melómano.
Músico.
Diletante.

1. Filete
Cinta.
Listón.
Cimbria.
Listel.
Tenia.

2. Filete
Solomillo.
Bistec.

Filfa
Mentira.
Engaño.
Embuste.

1. Filiación
Progenie.
Procedencia.
Parentesco.

2. Filiación
Enlace.
Dependencia.

3. Filiación
Señas.
Ficha.
Datos.

4. Filiación
Descripción.
Designación.

Filial
Sucursal.
Dependencia.

Filibustero
Corsario.
Bucanero.
Pirata.

1. Filigrana
Primor.
Calado.
Delicadeza.
Adorno.

2. Filigrana
Señal.
Marca.
Corondeles.

Filípica
Reprimenda.
Diatriba.

Censura.
*Elogio.

Filo
Arista.
Corte.
Borde.

1. Filón
Vena.
Hebra.
Veta.

2. Filón
Ganga.
Negocio.
Provecho.
Mina.

Filoso
Afilado.

Filosofar
Especular.
Reflexionar.
Meditar.
Discurrir.

1. Filosofía
Sabiduría.

2. Filosofía
Serenidad.
Resignación.
Fortaleza.

1. Filósofo
Pensador.
Sabio.
Prudente.

2. Filósofo
Austero.
Virtuoso.

Filtrar
Destilar.
Rezumar.
Recalar.
Pasar.
Colar.

1. Filtro
Filtrador.

2. Filtro
Destilador.
Manantial.

3. Filtro
Brebaje.
Bebedizo.

Fimbria
Franja.
Orla.
Borde.

Fimo
Estiércol.

1. Fin
Conclusión.
Desenlace.
Término.
Solución.
Final.
*Principio.

2. Fin
Punta.
Cola.
Extremo.
Cabo.
Colofón.

3. Fin
Objetivo.
Propósito.
Finalidad.
Meta.

Final
Término.
Fin.

Finalidad
Intención.
Fin.

1. Finalizar
Concluir.
Rematar.
Terminar.
Acabar.
Consumar.

2. Finalizar
Consumir.
Extinguir.

1. Financiero
Negociante.
Economista.

2. Financiero
Potentado.
Capitalista.

Finar
Morir.
Expirar.
Fallecer.

Perecer.
*Nacer.

Finca
Predio.
Propiedad.
Fundo.
Posesión.

Finchado
Engreído.
Presuntuoso.
Vano.
Vanidoso.
Fatuo.
*Sensato.

Finés
Finlandés.

1. Fineza
Cortesía.
Atención.
Delicadeza.

2. Fineza
Regalo.
Dádiva.
Obsequio.
Presente.

Fingido
Ilusivo.
Aparente.
Supositicio.

Fingimiento
Engaño.
Hipocresía.
Simulación.
Ficción.
Doblez.

1. Fingir
Aparentar.
Disfrazar.
Encubrir.
Simular.
Disimular.

2. Fingir
Suponer.
Imaginar.
Inventar.

1. Finiquitar
Cancelar.
Saldar.
Rematar.

2. Finiquitar
Concluir.
Acabar.
Terminar.
*Empezar.

Finiquito
Quitanza.

Finta
Pase.
Lance.
Amago.

1. Fino
Puro.
Delicado.
Superior.
*Ordinario.

2. Fino
Sutil.
Delgado.
Esbelto.
*Gordo.

3. Fino
Cumplido.
Atento.
Cortés.
Educado.
*Descortés.

4. Fino
Sagaz.
Penetrante.
Astuto.
Diestro.
*Lerdo.

5. Fino
Primoroso.
Acendrado.
Elegante.
Precioso.
*Basto.

1. Finura
Primor.
Sutilidad.
Elegancia.
Delicadeza.
Fineza.
*Grosería.

2. Finura
Urbanidad.
Atención.
Amabilidad.

Cortesía.
Comedimiento.
*Incivilidad.

Fioritura
Arrequive.
Floreta.

Fiordo
Ría.
Abra.

1. Firma
Rúbrica.
Sello.
Nombre.
Signatura.

2. Firma
Comercial.
Razón social.
Nombre.
Marca.

Firmamento
Cielo.
Éter.

Firmante
Suscrito.
Signatario.
Infrascrito.

Firmar
Suscribir.
Rubricar.
Signar.
Visar.
Certificar.

1. Firme
Sólido.
Fijo.
Robusto.
Estable.
Seguro.

2. Firme
Invariable.
Inflexible.
Impávido.
Constante.
Entero.
*Voluble.

3. Firme
Piso.
Terreno.
Suelo.

1. Firmeza
Solidez.
Fijeza.
Estabilidad.
Seguridad.
Fortaleza.
*Movilidad.

2. Firmeza
Tesón.
Resolución.
Constancia.
Entereza.
*Volubilidad.

Fiscal
Acusador.

Fiscalizar
Indagar.
Inquirir.
Criticar.
Calificar.

Fisco
Fiscalía.
Erario.
Hacienda.

Fisga
Burla.

Fisgar
Atisbar.
Curiosear.
Husmear.
Fisgonear.
Indagar.

Fisgón
Curioso.
Husmeador.
Entremetido.

1. Físico
Natural.
Corporal.
Material.
Real.

2. Físico
Faz.
Naturaleza.
Aspecto.
Exterior.

1. Fisonomía
Figura.
Semblante.
Fisionomía.

Expresión.
Rostro.

2. Fisonomía
Cariz.
Aires.
Aspecto.
Carácter.

Fisura
Fractura.
Fisuración.
Grieta.
Hendedura.
Hendidura.

Fitología
Botánica.

Fláccido
Inconsistente.
Flojo.
Blando.
Lacio.
Laxo.
*Recio.

1. Flaco
Magro.
Enjuto.
Macilento.
Delgado.
Enteco.
*Gordo.

2. Flaco
Endeble.
Débil.
Enfermizo.
Flojo.
*Fuerte.

1. Flagelar
Fustigar.
Azotar.
Disciplinar.

2. Flagelar
Maltratar.
Vituperar.

1. Flagelo
Disciplina.
Azote.

2. Flagelo
Plaga.
Castigo.

1. Flagrante
Resplandeciente.
Ardiente.

2. Flagrante
Evidente.
Actual.

Flama
Resplandor.
Llama.
Reflejo.
Reverberación.

1. Flamante
Brillante.
Centelleante.
Reluciente.
Lúcido.
Rutilante.
*Apagado.

2. Flamante
Fresco.
Nuevo.
Reciente.
*Viejo.

1. Flamear
Llamear.

2. Flamear
Ondular.
Undular.
Ondear.
Flotar.

1. Flamenco
Agitanado.
Cañí.
Achulado.
Gitanesco.

2. Flamenco
Fenicóptero.

3. Flamenco
Flaco.
Delgado.

1. Flanco
Costado.
Ala.
Lado.

2. Flanco
Cadera.

Flaquear
Aflojar.
Cejar.
Debilitarse.
Ceder.
Decaer.

1. Flaqueza
Fragilidad.
Apatía.
Debilidad.
Mengua.
Delgadez.
*Vigor.

2. Flaqueza
Pecado.
Desliz.

Flatulento
Ventoso.

Flauta
Pífano.
Caramillo.
Flautillo.
Tibia.

Flautín
Octavín.

Flébil
Lamentable.
Lacrimoso.
Lastimoso.
Triste.

Fleco
Flequillo.
Cordoncillo.
Rapacejo.

1. Flecha
Dardo.
Saeta.
Jara.

2. Flecha
Sagita.

Flechar
Enamorar.
Seducir.
Cautivar.

1. Flechazo
Herida.
Golpe.

2. Flechazo
Cautivamiento.
Enamoramiento.

Fleje
Zuncho.

Flema
Lentitud.
Apatía.
Tranquilidad.

Calma.
Remanso.
*Alacridad.

Flemático
Tranquilo.
Apático.
Tardo.
Reposado.
Lento.
*Impaciente.

Flemón
Tumor.
Párulis.
Inflamación.

1. Flequillo
Fleco.

2. Flequillo
Tupé.

1. Fletar
Arrendar.
Alquilar.

2. Fletar
Armar.
Cargar.
Embarcar.
Equipar.

Flete
Cargamento.
Carga.

1. Flexible
Manejable.
Maleable.
Dúctil.
Dócil.
Plástico.
*Rígido.

2. Flexible
Blando.
Acomodaticio.
Lene.

1. Flexión
Inflexión.
Arqueamiento.
Extensión.
Curvatura.
Doblegamiento.
*Rigidez.

2. Flexión
Alteración.
Accidente.

Flirtear
Galantear.
Coquetear.

Flirteo
Devaneo.
Amorío.

Flojedad
Debilidad.
Decaimiento.
Indolencia.
Flaqueza.
Pereza.
*Vigor.

1. Flojo
Libre.
Suelto.
*Fijo.

2. Flojo
Negligente.
Indolente.
Perezoso.
Tardo.
Feble.
*Activo.

1. Flor
Requiebro.
Donosura.
Piropo.
Galantería.

2. Flor
Selección.
Elite.

3. Flor
Picardía.
Fullería.
Trampa.
Astucia.

Florear
Entresacar.
Escoger.

1. Florecer
Progresar.
Desarrollarse.
Prosperar.
Adelantar.
Medrar.
*Languidecer.

2. Florecer
Vivir.
Existir.

3. Florecer
Enmohecer.

Floreciente
Brillante.
Progresivo.
Próspero.
Boyante.
*Lánguido.

Florero
Canéfora.
Búcaro.
Ramilletero.

Florescencia
Floración.

Floresta
Selva.
Bosque.
Arboleda.

Florete
Estoque.
Espadín.

Florido
Elegante.
Ameno.
Escogido.
Galano.
Retórico.

Florilegio
Antología.
Repertorio.
Selección.
Crestomatía.
Excerpta.

1. Flota
Armada.
Escuadra.

2. Flota
Parque.

1. Flotar
Nadar.
Sobrenadar.
Sostenerse.
Emerger.
*Hundirse.

2. Flotar
Flamear.
Ondular.
Ondear.
Undular.

1. Fluctuar
Dudar.
Oscilar.
Vacilar.
Titubear.

2. Fluctuar
Ondear.
Ondular.
Culebrear.

Fluir
Manar.
Derramarse.
Correr.
Escaparse.

1. Flujo
Creciente.
Montante.
Oleada.
Estuación.

2. Flujo
Efusión.
Abundancia.

3. Flujo
Flúor.
Fundente.

Fluorita
Fluorina.

Flux
Terno.
Traje.

Fobia
Aversión.
Repugnancia.
Temor.
*Afición.

Foco
Centro.
Núcleo.

Fofo
Blando.
Muelle.
Esponjoso.
Ahuecado.
Fláccido.
*Consistente.

Fogata
Hoguera.
Fogarata.

Fogoso
Ardoroso.
Violento.
Vehemente.
Ardiente.
Impetuoso.
*Frío.

Fogueado
Ducho.
Avezado.
Experimentado.
Veterano.
Curtido.
*Inexperto.

Foja
Falaris.
Gallareta.
Focha.

Folio
Página.
Hoja.

1. Follaje
Broza.
Borrajo.
Hojarasca.
Fronda.
Espesura.

2. Follaje
Redundancia.
Fárrago.
Vaniloquio.

Folletinesco
Romancesco.
Novelesco.
Aventurero.

1. Follón
Perezoso.
Remolón.
Flojo.
Negligente.
*Diligente.

2. Follón
Ruin.
Cobarde.
*Valiente.

3. Follón
Ventosidad.
Zullón.

4. Follón
Tumulto.

Bronca.
Gresca.

Fomentar
Excitar.
Proteger.
Provocar.
Vivificar.
Promover.
*Apaciguar.

1. Fomento
Abrigo.
Calor.
Reparo.

2. Fomento
Alimento.
Auxilio.
Pábulo.
Estímulo.

Fonación
Voz.
Sonido.

Fonda
Parador.
Hostería.
Hostal.
Posada.
Mesón.

Fondeadero
Ancladero.
Surgidero.
Anclaje.
Dársena.

1. Fondear
Anclar.
Ancorar.
Encepar.
Surgir.

2. Fondear
Amarrar.
Tocar.

3. Fondear
Registrar.
Examinar.
Inspeccionar.

1. Fondo
Base.
Asiento.
Hondo.
Cimiento.
*Superficie.

2. Fondo
Obra viva.

3. Fondo
Lecho.

4. Fondo
Esencia.
Interior.
Intimidad.
Entrañas.
Manera.

5. Fondo
Hondura.
Profundidad.
Calado.

6. Fondo
Trasfondo.
Campo.
Telón.

7. Fondo
Capital.
Caudal.
Inversión.

8. Fondo
Acervo.
Existencia.
Tesoro.

9. Fondo
Caldera.
Saya.

Fonética
Fonología.
Voz.

Fonógrafo
Gramola.
Tocadisco.
Gramófono.

Fontanar
Hontanar.
Fontanal.
Manantial.

Forajido
Bandido.
Malvado.
Proscrito.
Salteador.
Facineroso.

Forastero
Foráneo.
Ajeno.

Extraño.
Extranjero.
Alienígena.
*Indígena.

Forcejear
Forzar.
Bregar.
Forcejar.
Resistir.
Luchar.
*Avenirse.

1. Forja
Ferrería.
Fragua.

2. Forja
Argamasa.

1. Forjar
Cinglar.
Fraguar.

2. Forjar
Concebir.
Urdir.
Fabricar.
Crear.
Formar.

1. Forma
Figura.
Diseño.
Apariencia.
Configuración.
Hechura.
Estampa.
*Substancia.

2. Forma
Dimensiones.
Tamaño.

3. Forma
Modo.
Proceso.
Formación.
Manera.

4. Forma
Método.
Conducta.
Sistema.

5. Forma
Horma.
Molde.
Modelo.

6. Forma
Conveniencia.

Modales.
Urbanidad.

7. Forma
Tamaño.
Formato.

1. Formación
Elaboración.
Creación.
Forma.
Constitución.
Producción.

2. Formación
Disposición.
Alineación.
Organización.
Cuadro.
Orden.

1. Formal
Explícito.
Determinado.
Expreso.
Preciso.
Terminante.
*Indeterminado.

2. Formal
Juicio°o.
Puntual.
Serio.
Veraz.
Exacto.
*Informal.

1. Formalidad
Fórmula.
Ceremonia.
Requisito.
Procedimiento.
Regla.

2. Formalidad
Compostura.
Seriedad.
*Ligereza.

3. Formalidad
Puntualidad.
Fidelidad.
Exactitud.
Asiduidad.

1. Formalizar
Legalizar.
Legitimar.

2. Formalizar
Determinar.

Fijar.
Señalar.
Concretar.
Precisar.

Formalizarse
Incomodarse.
Enfadarse.
Picarse.
Ofenderse.

1. Formar
Configurar.
Plasmar.
Moldear.
Modelar.
Fabricar.
*Deformar.

2. Formar
Congregar.
Integrar.
Juntar.
Constituir.
Componer.

3. Formar
Educar.
Instruir.
Criar.
Adiestrar.

Formarse
Instruirse.
Desarrollarse.
Ejercitarse.
Educarse.
Crecer.

Formidable
Enorme.
Colosal.
Excesivo.
Espantoso.
Tremendo.
*Normal.

1. Fórmula
Pauta.
Proceder.
Canon.
Norma.
Modelo.

2. Fórmula
Prescripción.
Receta.

3. Fórmula
Apariencia.
Etiqueta.

1. Formular
Prescribir.
Recetar.

2. Formular
Proponer.
Enunciar.
Cristalizar.
Manifestar.
Exponer.

1. Formulario
Fórmula.

2. Formulario
Estatutario.
Ritual.
Reglamentario.

3. Formulario
Vademécum.
Recetario.
Prontuario.

Formulismo
Rutina.
Régimen.
Formalismo.
Costumbre.

Formulista
Etiquetero.
Ceremoniero.
Ceremoniático.

Fornicación
Fornicio.

1. Fornicio
Fornicación.

2. Fornicio
Prostíbulo.

Fornido
Robusto.
Corpulento.
Fuerte.
Macizo.
Musculoso.
*Débil.

Foro
Abogacía.
Curia.

Forraje
Herrén.
Heno.
Pasto.
Herbaje.

Forrar
Revestir.
Entapizar.
Tapizar.
Cubrir.
Aforrar.

1. Forro
Retobo.
Entretela.
Funda.

2. Forro
Cubrimiento.
Envolvimiento.
Vaina.

Fortachón
Fornido.

Fortalecer
Robustecer.
Vivificar.
Fortificar.
Tonificar.
*Debilitar.

1. Fortaleza
Vigor.
Resistencia.
Fuerza.
Potencia.
Firmeza.
*Debilidad.

2. Fortaleza
Fuerte.
Castillo.
Fortificación.
Ciudadela.
Alcázar.

1. Fortificación
Fortaleza.

2. Fortificación
Reducto.
Fortín.
Defensa.
Baluarte.

1. Fortificar
Fortalecer.
*Debilitar.

2. Fortificar
Consolidar.
Arreciar.
Reforzar.
Afianzar.
Atrincherar.

Fortuito
Casual.
Impensado.
Incidental.
Accidental.
Imprevisto.
*Deliberado.

1. Fortuna
Casualidad.
Hado.
Azar.
Suerte.
Destino.

2. Fortuna
Bienes.
Dinero.
Hacienda.
Capital.

3. Fortuna
Tormenta.
Temporal.
Borrasca.
Tempestad.

Forzado
Penado.
Condenado.
Galeote.
Presidiario.

1. Forzar
Forcejear.
Constreñir.
Forcejear.
Violentar.
Compeler.

2. Forzar
Abusar.
Deshonrar.
Violar.
Estuprar.

3. Forzar
Expugnar.
Ocupar.
Conquistar.
Tomar.

Forzoso
Necesario.
Preciso.
Obligatorio.
Obligado.
Inevitable.
*Facultativo.

Forzudo
Robusto.
Vigoroso.
Fornido.
Corpulento.
Musculoso.
*Débil.

1. Fosa
Huesa.
Hoya.
Enterramiento.
Sepultura.
Cárcava.

2. Fosa
Cavidad.
Depresión.

Fosca
Niebla.
Calima.
Calina.
Caligene.

Fosforescencia
Luminiscencia.

Fósforo
Cerilla.
Mixto.

1. Fósil
Petrificado.

2. Fósil
Anticuado.
Vetusto.
Prehistórico.
Viejo.
Arcaico.

Foso
Hoyo.
Cava.
Zanja.
Sopeña.
Excavación.

Fotografía
Retrato.

Fracasar
Malograrse.
Fallar.
Frustrarse.
*Triunfar.

1. Fracaso
Frustración.

Fiasco.
Revés.
Ruina.
Malogro.
*Triunfo.

2. Fracaso
Estruendo.
Fragor.

1. Fracción
Fraccionamiento.
División.
Quebrantamiento

2. Fracción
Fragmento.
Porción.
Parte.
Pedazo.
Trozo.

3. Fracción
Cociente.
Quebrado.

Fraccionar
Partir.
Fragmentar.
Dividir.
Quebrantar.
Romper.

Fractura
Efracción.
Quebradura.
Rotura.
Ruptura.
Cisura.

Fracturar
Quebrar.
Partir.
Romper.
Escachar.
Hender.

Fragancia
Perfume.
Aromaticidad.
Aroma.
Olor.
*Hedor.

Fragante
Perfumado.
Aromático.
Balsámico.
Oloroso.
Odorífero.
*Pestilente.

1. Frágil
Rompible.
Frangible.
Lábil.
Quebradizo.
Delicado.
*Fuerte.

2. Frágil
Endeble.
Débil.
*Robusto.

3. Frágil
Perecedero.
Caduco.
*Duradero.

Fragilidad
Debilidad.
Inconsistencia.
*Resistencia.

Fragmento
Parte.
Trozo.
Partícula.
Fracción.
Pedazo.

Fragor
Estrépito.
Ruido.
Estruendo.

Fragoroso
Ruidoso.
Atronador.
Estrepitoso.
Fragoso.
Tronitoso.
*Silencioso.

Fragosidad
Espesura.
Breñal.
Abruptuosidad.
Aspereza.
Anfractuosidad.
*Llanura.

1. Fragoso
Áspero.
Escarpado.
Quebrado.
Breñoso.
Abrupto.
*Liso.

2. Fragoso
Fragoroso.

Fragua
Forja.

1. Fraguar
Forjar.

2. Fraguar
Imaginar.
Formar.
Idear.
Proyectar.
Concebir.

3. Fraguar
Tramar.
Maquinar.
Urdir.

4. Fraguar
Trabar.
Cuajar.
Endurecer.

Fraile
Religioso.
Hermano.
Monje.
Fray.

Frambuesa
Sangüesa.

Frambueso
Fraga.
Churdón.

Francachela
Bacanal.
Holgorio.
Orgía.

Francalate
Zambarco.

Francés
Franco.
Galo.

Francmasonería
Masonería.

1. Franco
Dadivoso.
Pródigo.
Liberal.
*Mezquino.

2. Franco
Exento.

Exceptuado.
Libre.
*Sujeto.

3. Franco
Expedito.
Desembarazado.
Abierto.

Frangollar
Chapucear.
Farfullar.

Franja
Lista.
Borde.
Ribete.
Faja.
Tira.

1. Franquear
Exonerar.
Eximir.
Liberar.

2. Franquear
Abrir.
Desembarazar.
Desatascar.
*Cerrar.

Franquearse
Espontanearse.

1. Franqueza
Exención.
Libertad.
Franquicia.
*Obligación.

2. Franqueza
Llaneza.
Naturalidad.
Sinceridad.
*Hipocresía.

3. Franqueza
Generosidad.
Liberalidad.
Dadivosidad.
*Avaricia.

Franquicia
Exención.
Franqueza.

Frasco
Pomo.
Envase.

Frase
Locución.
Dicho.
Expresión.
Decir.
Oración.

Fraterna
Reprimenda.
Filípica.
Corrección.
*Elogio.

Fraternidad
Armonía.
Hermandad.
Concordia.
*Enemistad.

1. Fraternizar
Confraternizar.
Simpatizar.
Hermanar.

2. Fraternizar
Tratarse.
Alternar.
Avenirse.

Fraterno
Fraternal.

Fratricida
Asesino.
Cainita.
Caín.

Fraude
Engaño.
Falsificación.
Dolo.
Estafa.
Mentira.

Fraudulento
Engañoso.
Falaz.
Falso.
Frauduloso.
Mentiroso.

Fray
Fraile.

Frazada
Cobertor.
Manta.
Cubrecama.

Frecuencia
Repetición.

Sucesión.
Asiduidad.
Periodicidad.
Frecuentación.
*Interrupción.

1. Frecuentación
Frecuencia.

2. Frecuentación
Intimidad.
Relaciones.
Trato.
Amistad.

1. Frecuentar
Menudear.
Soler.
Acostumbrar.

2. Frecuentar
Concurrir.
Visitar.
Tratar.

1. Frecuente
Reiterado.
Acostumbrado.
Repetido.
Asiduo.
Periódico.
*Irregular.

2. Frecuente
Común.
Corriente.
Natural.
Habitual.
Ordinario.
*Insólito.

1. Fregado
Lío.
Enredo.
Embrollo.

2. Fregado
Riña.
Pelea.
Refriega.

3. Fregado
Enfadoso.
Majadero.
Importuno.

4. Fregado
Terco.
Tenaz.

5. Fregado
Ruin.
Bellaco.

1. Fregador
Estropajo.
Fregajo.

2. Fregador
Barreño.
Lebrillo.
Fregadero.
Artesa.

1. Fregar
Restregar.
Frotar.
Estregar.

2. Fregar
Lavar.
Baldear.
Limpiar.

3. Fregar
Molestar.
Fastidiar.

Fregatela
Limpieza.
Baldeo.

Fregona
Fregatriz.
Criada.

Fregotear
Jamerdar.
Lavotear.

Freile
Fray.

1. Freír
Sofreír.
Fritar.

2. Freír
Molestar.
Mortificar.
Importunar.

1. Frenar
Enfrenar.

2. Frenar
Parar.
Reprimir.
Sujetar.
Moderar.
Detener.
*Acelerar.

Frenesí
Arrebato.
Exaltación.
Delirio.
Excitación.
*Sosiego.

1. Frenético
Arrebatado.
Exaltado.
*Plácido.

2. Frenético
Enajenado.
Loco.
Delirante.
*Pacífico.

1. Freno
Bocado.

2. Freno
Moderación.
Coto.
Sujeción.
Dique.
Tope.
*Acicate.

Frenópata
Psiquiatra.
Alienista.

1. Frente
Testuz.
Testero.
Testera.

2. Frente
Cara.
Semblante.
Faz.

3. Frente
Fachada.
Delantera.
Anverso.
*Reverso.

4. Frente
Vanguardia.
*Retaguardia.

Freo
Paso.
Estrecho.
Canal.
Puerto.

1. Fresa
Fragaria.
Fresera.

2. Fresa
Madroncillo.

3. Fresa
Avellanador.

1. Fresco
Helado.
Frío.
*Templado.

2. Fresco
Nuevo.
Reciente.
Flamante.
*Pasado.

3. Fresco
Sano.
Saludable.
*Enfermizo.

4. Fresco
Inmutable.
Sereno.
Tranquilo.
*Turbado.

5. Fresco
Descarado.
Procaz.
Desvergonzado.
*Tímido.

6. Fresco
Frescura.

1. Frescura
Fresco.
Frescor.

2. Frescura
Fertilidad.
Amenidad.
Lozanía.
*Agostamiento.

3. Frescura
Atrevimiento.
Licencia.
Insolencia.
*Timidez.

4. Frescura
Pulla.

Chanza.
Destemplanza.

5. Frescura
Negligencia.
Descuido.
Abandono.
*Diligencia.

6. Frescura
Serenidad.
Impavidez.
Tranquilidad.
*Turbación.

Fresón
Frutilla.

Fresquedal
Vergel.
Verdinal.

Fresquera
Sibil.

Frey
Fraile.

Frez
Estiércol.
Excremento.
Freza.
Fiemo.

Freza
Desove.

1. Frialdad
Frigidez.
Frío.

2. Frialdad
Desapego.
Indiferencia.
Flojedad.
*Afición.

Frigorífico
Nevera.

Fríjol
Fréjol.
Judía.
Frisol.
Frisuelo.
Poroto.
Alubia.

1. Frío
Frescor.

Frialdad.
Frigidez.
*Calor.

2. Frío
Álgido.
Frígido.
Helado.
Gélido.
Congelado.
*Caliente.

3. Frío
Aterido.
Transido.
Yerto.
*Animado.

4. Frío
Flemático.
Tranquilo.
Sereno.
*Solícito.

Friolera
Bagatela.
Futesa.
Fruslería.
Nadería.

Friolero
Friolento.

Friso
Zócalo.
Rodapié.
Alizar.

Frisol
Poroto.
Frijol.

Fritura
Fritanga.
Fritada.

1. Frívolo
Veleidoso.
Ligero.
Voluble.
*Constante.

2. Frívolo
Baladí.
Huero.
Trivial.
Fútil.
Vano.
*Importante.

1. Fronda
Hoja.

2. Fronda
Espesura.

Frondosidad
Espesura.
Hojarasca.
Frondas.
Ramaje.
Broza.
*Calvero.

Frondoso
Tupido.
Exuberante.
Expeso.
Denso.
Cerrado.
*Calvo.

Frontal
Frental.

Frontalera
Frontil.

1. Frontera
Confín.
Linde.
Raya.
Límite.
Borde.

2. Frontera
Fachada.
Frontis.

1. Fronterizo
Frontero.

2. Fronterizo
Colindante.
Lindante.
Divisorio.
Rayano.
Confinante.
*Opuesto.

Frontis
Frontispicio.
Portada.
Fachada.
Delantera.
*Trasera.

1. Frontón
Fastigio.
Frontispicio.

2. Frontón
Trinquete.
Cancha.

Frotación
Frote.
Roce.
Fricción.
Ludimiento.
Estregadura.

Frotar
Refregar.
Friccionar.
Ludir.
Rozar.

Frote
Frotación.

Fructífero
Lucrativo.
Provechoso.
Valioso.
Fértil.
Beneficioso.
*Improductivo.

1. Fructificar
Producir.
Dar.
Granar.

2. Fructificar
Rendir.
Redituar.
Beneficiar.
*Costar.

Frugal
Moderado.
Morigerado.
Sobrio.
Continente.
*Goloso.

Frugalidad
Templanza.
Moderación.
Mesura.
Parquedad.
Continencia.
*Intemperancia.

Fruición
Placer.
Disfrute.
Complacencia.
Goce.

Fruir
Disfrutar.
Regodearse.
Gozar.
Recrearse.

Frumentario
Triguero.
Frumenticio.
Cerealita.

Frunce
Pliegue.
Arruga.

Fruncimiento
Embuste.
Fingimiento.
Engaño.

1. Fruncir
Plegar.
Gandujar.
Doblar.
Arrugar.
*Alisar.

2. Fruncir
Reducir.
Estrechar.
Recoger.

3. Fruncir
Velar.
Obscurecer.
Alterar.

Fruslería
Bagatela.
Baratija.
Futilidad.
Menudencia.
Nadería.
*Excelencia.

Fruslero
Frívolo.
Trivial.
Anodino.
Fútil.
Baladí.

Frustrar
Estropear.
Dificultar.
Malograr.

Frustrarse
Fracasar.
Fallar.

Abortar.
*Triunfar.

Frutar
Fructificar.

Frutilla
Fresón.

1. Fruto
Fruta.

2. Fruto
Resultado.
Producto.

3. Fruto
Provecho.
Utilidad.
Beneficio.
Cosecha.

Fucilar
Destellar.
Centellear.
Fulgurar.
Rielar.

Fucilazo
Centella.
Relámpago.

1. Fuego
Combustión.
Llama.
Brasa.
Ignición.
Incandescencia.

2. Fuego
Quema.
Incendio.
Hoguera.

3. Fuego
Ahumada.

4. Fuego
Casa.
Hogar.

5. Fuego
Vivacidad.
Ardor.
Ímpetu.
Vehemencia.
Pasión.

6. Fuego
Estallido.
Disparo.
Bombardeo.

1. Fuelle
Barquin.
Pava.

2. Fuelle
Pliegue.
Fraile.
Arruga.

1. Fuente
Fontana.
Venero.
Manantial.
Hontanar.

2. Fuente
Origen.
Principio.
Causa.

Fuera
Afuera.

1. Fuero
Poder.
Jurisdicción.
Ley.

2. Fuero
Exención.
Privilegio.
Franquicia.

3. Fuero
Presunción.
Arrogancia.
Jactancia.

1. Fuerte
Corpulento.
Firme.
Forzudo.
Sólido.
Fornido.
*Débil.

2. Fuerte
Tónico.
Acentuado.
Agudo.
*Átono.

3. Fuerte
Fragoso.
Áspero.
Accidentado.
*Liso.

4. Fuerte
Fortaleza.
Fortificación.

5. Fuerte
Energético.
Tenaz.
Animoso.
Firme.
Varonil.
*Inconsistente.

1. Fuerza
Potencia.
Vigor.
Vitalidad.
Pujanza.
Firmeza.
*Debilidad.

2. Fuerza
Ímpetu.
Violencia.
Intensidad.
Potencia.
*Impotencia.

3. Fuerza
Poder.
Autoridad.
Coacción.

4. Fuerza
Enegía.
Eficacia.
Acción.
Virtud.

Fuga
Evasión.
Escapatoria.
Huida.
Salida.
Escape.
*Detención.

Fugarse
Escaparse.
Huir.
Evadirse.
*Presentarse.

1. Fugaz
Fugitivo.
Huidizo.

2. Fugaz
Momentáneo.
Breve.
Pasajero.
Efímero.
Perecedero.
*Duradero.

Ful
Vacío.
Vano.
Falso.

Fulano
Mengano.
Perengano.
Zutano.

Fulcro
Hipomoclio.

Fulero
Frangollón.
Chapucero.
Inútil.

Fulgente
Brillante.
Fúlgido.
Resplandeciente.
Esplendente.
*Apagado.

Fulgor
Claridad.
Brillantez.
Esplendor.
Luz.
Brillo.
*Tinieblas.

Fulgurar
Resplandecer.
Chispear.
Brillar.
Centellear.
Fulgir.

Fúlica
Gallineta.
Rascón.

1. Fuliginoso
Holliniento.

2. Fuliginoso
Tiznado.
Denegrido.
Oscurecido.
Ahumado.

1. Fulminar
Lanzar.
Arrojar.
Tronar.

2. Fulminar
Imponer.
Dictar.

1. Fullería
Dolo.
Estafa.
Engaño.
Trampa.
Trapacería.

2. Fullería
Cautela.
Astucia.
Socaliña.

Fullero
Tahúr.
Pícaro.
Tramposo.
Bribón.

Fullona
Pendencia.
Riña.
Follón.

Fumada
Bocanada.
Vaharada.

Fumar
Humear.

Fumarse
Pulirse.
Gastar.
Consumir.

Fumaria
Palomina.
Palomilla.

Fumigar
Desinfectar.

Fumista
Deshollinador.

Fumoso
Humeante.
Humoso.
*Limpido.

Funámbulo
Volatinero.
Equilibrista.

1. Función
Ejercicio.
Ministerio.
Puesto.
Oficio.
Cargo.

2. Función
Diversión.
Espectáculo.
Fiesta.

Funcionamiento
Articulación.
Marcha.
Juego.
Movimiento.

Funcionar
Marchar.
Trabajar.
Andar.
Moverse.

Funcionario
Oficial.
Empleado.
Oficinista.

Funda
Cubierta.
Envoltura.
Manguita.
Bolsa.
Vaina.

1. Fundación
Erección.
Establecimiento.
Creación.
Institución.
Instauración.

2. Fundación
Legado.
Donación.

Fundamental
Primordial.
Esencial.
Cardinal.
Básico.
Principal.
*Accidental.

Fundamentar
Establecer.
Razonar.
Cimentar.
Asegurar.
Afirmar.

1. Fundamento
Base.
Cimiento.
Sostén.
Apoyo.

2. Fundamento
Causa.
Pretexto.
Razón.
Motivo.

3. Fundamento
Principio.
Origen.
Raíz.

4. Fundamento
Rudimento.

5. Fundamento
Formalidad.
Sensatez.
Seriedad.
Juicio.

1. Fundar
Construir.
Cimentar.
Edificar.
Basar.
Erigir.

2. Fundar
Establecer.
Implantar.
Instituir.
Crear.

3. Fundar
Armar.
Apuntalar.
Estribar.
Apoyar.

4. Fundar
Razonar.
Justificar.

Fundente
Flúor.
Flujo.

Fundible
Conflátil.

Fundibulario
Hondero.

Fundíbulo
Fonébol.

Fundición
Conflación.
Fusión.

1. Fundir
Licuar.
Copelar.
Derretir.
Liquidar.

2. Fundir
Vaciar.
Moldear.

3. Fundir
Amalgamar.
Unir.
Fusionar.
*Dividir.

Fundirse
Hundirse.
Arruinarse.

Fundo
Hacienda.
Estancia.
Finca.

1. Fúnebre
Funéreo.
Funerario.
Funeral.

2. Fúnebre
Lúgubre.
Triste.
Luctuoso.
Sombrío.
*Fausto.

3. Fúnebre
Macabro.
Tétrico.

1. Funeral
Funerario.

2 Funeral
Sufragio.
Exequias.

Funerario
Funeral.

Funéreo
Fúnebre.

1. Funesto
Infausto.
Nefasto.
Aciago.
Luctuoso.
Fúnebre.
*Fausto.

2. Funesto
Desgraciado.
Desastroso.
Doloroso.
Triste.
*Alegre.

Fungoso
Fofo.
Ahuecado.
Esponjoso.
Poroso.
*Denso.

1. Furia
Euménide.
Erinia.

2. Furia
Impetuosidad.
Saña.
Violencia.
Ímpetu.
Frenesí.
*Placidez.

3. Furia
Velocidad.
Prisa.
Diligencia.
*Calma.

Furibundo
Airado.
Rabioso.
Colérico.
Furioso.
Arrebatado.
*Plácido.

1. Furioso
Furente.
Arrojado.
Furibundo.
Irritado.
Loco.
*Plácido.

2. Furioso
Terrible.
Impetuoso.
Violento.
*Sereno.

Furo
Áspero.
Huraño.
Indómito.
*Sociable.

1. Furor
Furia.

2. Furor
Delirio.
Exaltación.
Arrebato.
*Parsimonia.

Furtivamente
Ocultamente.
Secretamente.

Furtivo
Escondido.
Oculto.
Sigiloso.
*Manifiesto.

Furúnculo
Divieso.
Forúnculo.

Fusiforme
Ahusado.

1. Fusible
Fundible.
Fundente.
Fúsil.

2. Fusible
Plomo.

Fusil
Carabina.
Mosquetón.
Arma.

1. Fusilar
Ejecutar.

2. Fusilar
Copiar.
Plagiar.

1. Fusión
Fundición.
Licuación.
Liquidación.

2. Fusión
Mezcla.
Conciliación.
Unión.
Unificación.
Reunión.
*Separación.

1. Fusionar
Liquidar.

Fundir.
Licuar.

2. Fusionar
Juntar.
Conciliar.
Unir.
Reunir.
Unificar.
*Separar.

Fusta
Látigo.

Fustal
Fustán.
Fustaño.
Bombasí.
Bombací.

1. Fustán
Fustal.

2. Fustán
Refajo.

1. Fuste
Palo.
Madera.
Vara.
Asta.

2. Fuste
Entidad.
Nervio.
Importancia.
Substancia.
Fundamento.

3. Fuste
Escapo.
Caña.

1. Fustigar
Pegar.
Azotar.
Flagelar.

2. Fustigar
Censurar.
Vituperar.
Verberar.

Fútbol
Balompié.

Futesa
Fruslería.

Fútil
Frívolo.
Vacío.
Insignificante.
Vano.
Nimio.
Insubstancial.
*Substancial.

Futilidad
Fruslería.

1. Futraque
Casaca.
Levita.

2. Futraque
Petimetre.
Lechuguino.

Futura
Novia.
Prometida.

1. Futuro
Acaecedero.
Venidero.
*Pasado.

2. Futuro
Mañana.
Porvenir.
Perspectiva.
Destino.
*Pasado.

3. Futuro
Prometido.
Novio.

G

Gabán
Paletó.
Abrigo.
Sobretodo.
Levitón.

Gabardina
Barragán.
Impermeable.
Trinchera.

Gabarra
Barcaza.

1. Gabarro
Nódulo.
Haba.

2. Gabarro
Moquillo.
Pepita.

Gabela
Impuesto.
Tributo.
Contribución.
Gravamen.

1. Gabinete
Alcoba.
Aposento.
Salita.

2. Gabinete
Gobierno.
Cartera.
Ministerio.

Gaceta
Diario.
Periódico.
Noticiero.

1. Gacetilla
Artículo.

2. Gacetilla
Chismoso.
Charlatán.
Correveidile.

Gacetillero
Articulista.
Periodista.

1. Gacha
Papilla.
Papa.
Masa.

2. Gacha
Escudilla.
Cuenco.

1. Gachas
Sopas.
Polenta.
Puches.
Farinetas.
Hormigo.

2. Gachas
Atole.
Ñaco.
Sanco.

Gacho
Inclinado.
Encorvado.
*Enhiesto.

Gachón
Salado.
Zalamero.
Gracioso.
Atractivo.
Meloso.
*Adusto.

Gafa
Enganche.
Grapa.

Gafas
Lentes.
Anteojos.
Espejuelos.
Antiparras.

Gaita
Cornamusa.

Chirimía.
Dulzaina.

Gaje
Ganancia.
Salario.
Sueldo.
Emolumento.
Estipendio.

1. Gajo
Garrón.
Gancho.
Rama.
Garrancho.

2. Gajo
Racimo.
Carpa.

3. Gajo
Lóbulo.

1. Gala
Adorno.
Vestido.
Ornamento.

2. Gala
Preciosidad.
Perla.
Excelencia.
Admiración.
Alhaja.
*Vergüenza.

3. Gala
Alarde.
Gracia.
Gallardía.
Bizarría.

Galaico
Gallego.

1. Galán
Galano.

2. Galán
Adonis.
*Picio.

3. Galán
Cortejador.
Galanteador.
Pretendiente.

4. Galán
Estrella.
Actor.

Galano
Acicalado.
Elegante.
Pulcro.
Adornado.
Compuesto.
*Sencillo.

1. Galante
Obsequioso.
Atento.
Amable.
*Descortés.

2. Galante
Amatorio.
Amoroso.
Erótico.

3. Galante
Coscolina.
Mesalina.
Galocha.

Galantear
Cortejar.
Solicitar.
Enamorar.
Requebrar.
Flirtear.

Galanteo
Enamoramiento.
Requiebro.
Coqueteo.
Cortejo.
Flirteo.

1. Galantería
Cortesía.
Gentileza.

Delicadeza.
Atención.
*Grosería.

2. Galantería
Galanura.
Donosura.
Gallardía.
Bizarría.
Gracia.

3. Galantería
Requiebro.
Piropo.
Flor.

Galanura
Galantería.
Gallardía.
Donosura.

Galardón
Recompensa.
Lauro.
Distinción.
Premio.
Remuneración.

Galas
Arreos.
Joyas.

Galbana
Holgazanería.
Flojera.
Pereza.
Ociosidad.
Haraganería.
*Actividad.

Galena
Alcohol.

Galeno
Médico.

Galeón
Galera.
Bajel.

Galeote
Penado.
Forzado.
Condenado.

1. Galera
Carromato.
Carro.
Camión.

2. Galera
Cárcel.

3. Galera
Nave.

4. Galera
Garlopa.

5. Galera
Tinglado.
Cobertizo.

1. Galería
Mirador.
Porticado.
Solana.

2. Galería
Exposición.
Museo.
Pinacoteca.

3. Galería
Túnel.

4. Galería
General.
Paraíso.
Gallinero.

Galerita
Cogujada.

Galerna
Vendaval.
Borrasca.
Tormenta.
*Calma.

Gálgulo
Rabilargo.

Galicista
Afrancesado.

Galillo
Úvula.
Campanilla.

1. Galimatías
Algarabía.
Embrollo.
Jerigonza.

2. Galimatías
Desorden.
Confusión.
*Orden.

Galo
Francés.
Gálico.

Galocha
Zueco.

1. Galón
Trencilla.
Cinta.

2. Galón
Entorchado.
Jineta.
Charretera.
Insignia.
Orifrés.

Galopillo
Pinche.
Marmitón.

Galopín
Bribón.
Pícaro.
Pillo.

Galpón
Cobertizo.
Barraca.

Galladura
Engalladura.
Prendedura.

Gallardear
Gallear.

Gallardete
Insignia.
Flámula.
Oriflama.
Banderola.
Distintivo.

1. Gallardía
Garbo.
Donaire.
Desenfado.
Gracia.
Galanura.

2. Gallardía
Ánimo.
Brío.
Arrojo.
Bizarría.
Valor.
*Pusilanimidad.

1. Gallardo
Airoso.
Apuesto.
Guapo.
Garboso.
Galán.
*Desgarbado.

2. Gallardo
Valeroso.
Animoso.
Marcial.
Bizarro.
Arrojado.
*Medroso.

Gallareta
Foja.

Gallarofa
Vaina.
Farfolla.
Perfolla.

Gallarón
Sisón.

1. Gallear
Jactarse.
Guapear.
Bizarrear.
Presumir.
*Abatirse.

2. Gallear
Descollar.
Imponerse.
Sobresalir.
Mandar.
*Achicarse.

Gallego
Galaico.

1. Galleta
Bizcocho.
Pasta.
Broa.

2. Galleta
Cachete.
Bofetada.

Gallina
Polla.
Pita.
Ave.

Gallinería
Pusilanimidad.
Cobardía.

1. Gallinero
Corral.

2. Gallinero
General.
Paraíso.
Galería.

Gallineta
Chocha.
Fúlica.

1. Gallo
Desafinación.
Destemple.
Gallipavo.

2. Gallo
Ceo.

3. Gallo
Mandón.
Mandamás.
Mangonero.

Gallofa
Chisme.
Cuento.
Hablilla.

Gallofear
Mendigar.
Pordiosear.
Holgazanear.
Limosnear.
*Trabajar.

Gallofero
Holgazán.
Mangante.
Vagabundo.

Gallón
Césped.
Tepe.

Gama
Gradación.
Escala.

Gámbaro
Camarón.

Gamberra
Ramera.

Gamberro
Goliardo.
Disoluto.
Licencioso.

Gambox
Antifaz.
Mascarilla.
Cambuj.
Gambujo.

Gamella
Comedero.
Artesa.

Gamitido
Brama.
Ronca.

Gamo
Paleto.
Dama.

Gamón
Asfódelo.
Gamonita.

Gamuza
Rebeco.
Rupicapra.
Robezo.

1. Gana
Apetito.
Hambre.
*Desgana.

2. Gana
Afán.
Ansia.
Deseo.
Avidez.
Voluntad.
*Desgana.

Ganadería
Zootecnia.

Ganadero
Pecuario.

Ganado
Grey.
Hatajo.
Haberío.
Rebaño.
Hato.

Ganancia
Utilidad.
Rendimiento.
Fruto.
Ingreso.
Producto.
*Pérdida.

Ganapán
Recadero.
Bracero.
Villano.
Mandadero.
Mozo.

1. Ganar
Adquirir.
Obtener.
Percibir.
Lograr.
Devengar.
*Perder.

2. Ganar
Vencer.
Triunfar.
Superar.
*Perder.

3. Ganar
Conseguir.
Dominar.
Tomar.
Captar.
Adquirir.
*Perder.

4. Ganar
Llegar.
Alcanzar.

5. Ganar
Granjearse.
Captarse.
Atraerse.

6. Ganar
Medrar.
Enriquecerse.
Prosperar.
Ascender.
*Descender.

1. Gancho
Garfio.
Garabito.
Guincho.

2. Gancho
Garrón.
Garrancho.

3. Gancho
Tahúr.
Perillán.
Pícaro.

4. Gancho
Rasgo.
Garrapato.

5. Gancho
Horquilla.

Gandido
Glotón.
Carpanta.
Comilón.

Gandujar
Fruncir.
Encoger.
Plegar.

Gandul
Perezoso.
Indolente.
Remolón.
Vagabundo.
Holgazán.
*Trabajador.

Gandulear
Haraganear.
Vagabundear.
Holgazanear.
*Trabajar.

Gandulería
Desidia.
Haraganería.
Holgazanería.
Flojera.
Pereza.
*Actividad.

Ganga
Prebenda.
Canonjía.
Ventaja.

Gangueo
Nasalidad.
Gangosidad.
Nasalización.

1. Ganso
Ansar.

2. Ganso
Gandul.

3. Ganso
Deseoso.
Acucioso.
Ansioso.
Ávido.
*Desalentado.

4. Ganso
Torpe.
Zote.
Rústico.
Grosero.

Ganzúa
Palanqueta.

1. Gañán
Mozo.

2. Gañán
Patán.
Charro.

1. Gañir
Ladrar.
Aullar.

2. Gañir
Graznar.

3. Gañir
Resollar.

Gañón
Gañote.
Garganta.
Garguero.

Garabatear
Garrapatear.

1. Garabato
Garfio.
Gancho.

2. Garabato
Garrapato.

3. Garabato
Aire.
Gentileza.
Garbo.

4. Garabato
Almocafre.

Garaje
Cochera.

1. Garambaina
Fárrago.

2. Garambaina
Mueca.
Visaje.

Garante
Fiador.
Abonador.
Garantizador.
Avalista.

1. Garantía
Protección.
Seguridad.
Afianzamiento.

2. Garantía
Prenda.
Aval.
Hipoteca.
Fianza.
Caución.

Garantir
Garantizar.
Responder.
Avalar.
Asegurar.

Garantizador
Garante.

Garantizar
Garantir.

Garañón
Semental.

Garatusa
Arrumaco.
Carantoña.

Garbanzo
Chícharo.

Garbera
Tresnal.

Garbillo
Cedazo.
Criba.
Harnero.

1. Garbo
Elegancia.
Porte.
Gallardía.

2. Garbo
Largueza.
Bizarría.
Desinterés.

1. Garboso
Gallardo.
Airoso.
Gentil.
*Desgarbado.

2. Garboso
Generoso.
Dadivoso.
Liberal.

Garduña
Fuina.

Garfa
Garra.

Garfio
Arpón.
Gancho.
Arrejaque.

Gargajo
Expectoración.
Esputo.
Escupitajo.

1. Garganta
Gaznate.
Gorja.
Tragadero.

2. Garganta
Gollizo.

3. Garganta
Gollete.
Cuello.

4. Garganta
Puerto.
Desfiladero.
Angostura.

5. Garganta
Degolladura.

Gargantear
Gorgoritear.
Gorgoritar.

Gargantilla
Collar.

Gárgara
Gargarismo.

1. Gárgola
Canalón.
Vertedor.
Caño.
Canalera.

2. Gárgola
Baga.
Vaina.

Garguero
Garganta.

1. Garita
Torrecilla.
Casilla.

2. Garita
Portería.
Quiosco.

Garitero
Tahúr.
Tablajero.
Jugador.

Garito
Leonera.
Timba.
Tablaje.
Tasca.

Garlar
Parlar.
Parlotear.
Charlar.

1. Garlito
Trampa.
Asechanza.
Celada.

2. Garlito
Buitrón.
Nasa.
Carriego.

Garlopa
Galera.
Cepillo.

Garra
Zarpa.
Garfa.
Mano.

Garrafa
Redoma.
Damajuana.
Bombona.

Garrafal
Excesivo.
Monumental.
Exorbitante.
Enorme.
Colosal.

Garrapata
Caparra.
Arañuelo.

Garrapatear
Emborronar.
Garabatear.
Escarabajear.

Garrapato
Garabato.
Gancho.
Rasgo.

Garrido
Galano.
Gallardo.

Garrocha
Vara.
Sacaliña.
Pica.
Puya.

1. Garrón
Espolón.

2. Garrón
Garrancho.
Gancho.

Garrotazo
Trancazo.
Porrada.
Leñazo.

Garrote
Cayado.
Tranca.
Vara.
Bastón.
Estaca.

Garrotillo
Difteria.
Crup.

Garrucha
Carrillo.
Polea.

Gárrulo
Parlanchín.
Charlatán.
Hablador.

Garúa
Llovizna.

Garuar
Lloviznar.

1. Garzo
Azulado.
Azul.

2. Garzo
Agárico.

Garzón
Mozuelo.
Mancebo.
Joven.
Mozo.

Gasa
Cendal.

Gasolina
Bencina.
Esencia.

Gasón
Yeson.

1. Gastador
Batidor.

2. Gastador
Dilapidador.
Derrochador.
Disipador.
*Avaro.

1. Gastar
Estropear.
Agotar.
Apurar.
Consumir.
Deteriorar.
*Conservar.

2. Gastar
Desembolsar.
Pagar.
Invertir.
Expender.
Derrochar.
*Ahorrar.

3. Gastar
Llevar.
Usar.
Ponerse.
*Reservar.

Gasto
Dispendio.
Consumo.
Expendio.
Costa.
Expensas.
*Ahorro.

Gastronomía
Cocina.
Culinaria.

Gastronómico
Sibarita.
Epulón.
Comilón.

Gata
Minina.
Micha.
Miza.

Gatada
Trampa.
Astucia.
Jugarreta.

Gatatumba
Obsequiosidad.

1. Gatear
Trepar.

2. Gatear
Cuatropear.

Gatería
Hipocresía.
Simulación.
Camándula.

1. Gatillo
Pulicán.

2. Gatillo
Perrillo.
Can.
Percusor.

1. Gato
Michino.
Mizo.
Minino.
Morrongo.

2. Gato
Cric.

3. Gato
Madrileño.

4. Gato
Feria.
Mercado.

Gatuno
Felino.
Gatesco.

Gatuña
Gata.

Asnallo.
Aznallo.
Aznacho.

Gatuperio
Intriga.
Maraña.
Embrollo.
Lío.

1. Gaucho
Vaquero.

2. Gaucho
Zafio.
Grosero.

3. Gaucho
Astuto.
Taimado.

1. Gaudeamus
Regocijo.
Fiesta.

2. Gaudeamus
Francachela.
Festín.
Banquete.

Gavanzo
Escaramujo.

Gaveta
Naveta.

Gavilán
Esparvel.
Esparaván.

Gavia
Velacho.

1. Gavilla
Mazo.
Fajo.
Haz.
Manojo.
Hacina.

2. Gavilla
Banda.
Cuadrilla.
Pandilla.

Gaviota
Gavina.

Gaya
Urraca.

Gaya
Ramera.

Gayo
Vistoso.
Llamativo.
Festivo.
Alegre.
*Triste.

1. Gayola
Jaula.

2. Gayola
Cárcel.
Chirona.

Gayuba
Uvaduz.
Aguavilla.

1. Gazapo
Embuste.
Mentira.
Patraña.
*Verdad.

2. Gazapo
Ladino.
Culebrón.
Camastrón.

3. Gazapo
Error.
Yerro.
Traspiés.

Gazapón
Garito.

Gazmiar
Golosinear.
Gulusmear.

Gazmoñada
Mojigatería.
Hipocresia.
Beatería.
*Franqueza.

Gazmoño
Hipócrita.
Fariseo.
Mojigato.
*Franco.

Gaznápiro
Bobo.
Simple.
Palurdo.
Tonto.
Patán.
Vivo.

Gaznate
Garganta.
Garguero.

Gazuza
Apetito.
Gana.
Hambre.

Gelatina
Jalea.

Gélido
Glacial.
Congelado.
Álgido.
Helado.
Entumecido.
*Ardiente.

1. Gema
Joya.

2. Gema
Renuevo.
Yema.
Botón.

Gemebundo
Quejicoso.
Quejoso.
Lamentoso.

1. Gemelo
Mielgo.
Melgo.
Mellizo.

2. Gemelo
Anteojos.
Lentes.

Gemido
Queja.
Clamor.
Lamento.

Gemir
Quejarse.
Clamar.
Lamentarse.
Plañir.

1. Generación
Creación.
Concepción.

2. Generación
Descendencia.
Progenitura.
Sucesión.

Progenie.
Prole.

3. Generación
Coetáneos.

1. Generador
Productor.
Engendrador.

2. Generador
Alternador.

1. General
Corriente.
Frecuente.
Común.
Usual.
Universal.
*Particular.

2. General
Estratega.
Oficial.
Militar.

1. Generalidad
Totalidad.
Mayoría.

2. Generalidad
Imprecisión.
Vaguedad.

1. Generalizar
Publicar.
Divulgar.

2. Generalizar
Compendiar.
Sintetizar.
Abstraer.
*Particularizar.

3. Generalizar
Ampliar.
Extender.

Generar
Engendrar.

Generatriz
Generadora.

1. Género
Clase.
Grupo.

2. Género
Manera.
Naturaleza.

Modo.
Suerte.

3. Género
Mercadería.
Mercancía.
Artículo.

4. Género
Tejido.
Tela.

1. Generosidad
Largueza.
Munificencia.
Magnanimidad.
Nobleza.
Esplendidez.
*Avaricia.

2. Generosidad
Esfuerzo.
Valentía.
Denuedo.
Valor.

1. Generoso
Ilustre.
Noble.
Magnífico.

2. Generoso
Pródigo.
Dadivoso.
Magnánimo.
Desprendido.
*Mezquino.

3. Generoso
Productivo.
Fértil.
Abundante.
*Estéril.

4. Generoso
Relevante.
Excelente.
Refinado.

Génesis
Principio.
Germen.
Origen.
Fuente.
Embrión.

1. Genial
Excelente.
Relevante.
Sobresaliente.

Distinguido.
*Común.

2. Genial
Divertido.
Festoso.
Placentero.
Animado.
*Aburrido.

Genialidad
Rareza.
Singularidad.

1. Genio
Carácter.
Natural.
Temperamento.
Condición.
Índole.

2. Genio
Inclinación.
Humor.
Tendencia.

3. Genio
Aptitud.
Disposición.
Talento.

4. Genio
Saber.
Imaginación.
Ingenio.
Inteligencia.

5. Genio
Elfo.
Duende.

Genol
Singlón.

1. Gente
Gentío.

2. Gente
Parentela.
Familia.

3. Gente
Pueblo.
Nación.

4. Gente
Tropa.

1. Gentil
Pagano.
Idólatra.
Infiel.
*Creyente.

2. Gentil
Gallardo.
Donoso.
Galán.
Bizarro.
Airoso.

*Adusto.

1. Gentileza
Garbo.
Nobleza.
Bizarría.
Gracia.
Hidalguía.

*Rudeza.

2. Gentileza
Ostentación.
Gala.
Aparato.

3. Gentileza
Cortesía.
Urbanidad.
Distinción.

1. Gentilhombre
Noble.
Hidalgo.

2. Gentilhombre
Cortesano.
Palaciego.

Gentío
Multitud.
Concurrencia.
Gente.
Muchedumbre.
Aglomeración.

Gentuza
Chusma.
Gentualla.
Hampa.

Genuflexión
Prosternación.
Reverencia.
Arrodillamiento.

Genuino
Propio.
Natural.
Puro.
Legítimo.
Auténtico.

*Adulterado.

Geranio
Cardenal.

Gerencia
Administración.
Dirección.
Intendencia.

Gerente
Apoderado.
Director.
Consejero.

Germanía
Jerigonza.
Jerga.
Caló.

Germano
Alemán.
Tudesco.
Teutón.

1. Germen
Embrión.
Semilla.
Rudimento.

2. Germen
Origen.
Causa.
Principio.
Fuente.

Germinación
Gestación.

Germinar
Brotar.
Crecer.
Nacer.
Desarrollarse.
Formarse.

Gesta
Hecho.
Heroicidad.
Hazaña.
Acción.

1. Gestación
Engendramiento.
Germinación.
Preñez.

2. Gestación
Maduración.
Preparación.
Elaboración.

Gestero
Visajero.
Parajismero.
Gesticulador.

Gesticulación
Mueca.

Mímica.
Parajismo.
Visaje.

Gesticular
Bracear.

1. Gestión
Encargo.
Administración.

2. Gestión
Paso.
Demanda.
Solicitación.
Diligencia.

Gestionar
Intentar.
Resolver.
Tratar.
Diligenciar.
Procurar.

1. Gesto
Ademán.
Mueca.
Seña.
Actitud.
Visaje.

2. Gesto
Expresión.
Cara.
Semblante.

Gestor
Procurador.
Administrador.
Agente.

1. Giba
Corcova.
Gibosidad.
Joroba.

2. Giba
Fastidio.
Molestia.
Vejación.

1. Gibar
Jorobar.
Corcovar.

2. Gibar
Fastidiar.
Vejar.
Molestar.

Giboso
Jorobado.

Corcovado.
Gibado.

Giennense
Jaenés.

1. Gigante
Coloso.
Titán.

*Enano.

2. Gigante
Gigantesco.

3. Gigante
Gigantón.
Pericón.

Gigantesco
Enorme.
Gigante.
Colosal.
Titánico.
Ciclópeo.

*Enano.

Gigote
Baturrillo.

Gijonense
Gijonés.
Gejionense.

Gili
Ido.
Chiflado.
Loco.

Gilvo
Melado.

Gimnasia
Gimnástica.

Gimnasio
Liceo.
Insituto.
Colegio.

Gimotear
Sollozar.
Gemir.
Lloriquear.

Gimoteo
Lloriqueo.

Ginebra
Confusión.
Desorden.

Ginesta
Retama.

Girar
Rodar.
Virar.
Circular.
Rotar.
Revolotear.

*Seguir.

Girarse
Torcerse.
Desviarse.

Girasol
Mirasol.
Tornasol.
Giganta.
Gigantea.

Giratorio
Circulatorio.
Volvible.
Rotatorio.

1. Giro
Rotación.
Rodeo.
Vuelta.
Viraje.
Molinete.

2. Giro
Cariz.
Aspecto.
Curso.

3. Giro
Libramiento.
Libranza.
Letra.

Gitanada
Gitanería.
Adulación.
Zalamería.

1. Gitano
Bohemio.
Zíngaro.
Flamenco.

2. Gitano
Cañí.
Caló.
Calé.

3. Gitano
Egipcio.

1. Glacial
Frío.
Gélido.
Helado.
*Caliente.

2. Glacial
Desabrido.
Antipático.
Desafecto.
*Cordial.

Glaciar
Helero.

Gladiador
Confector.

Gladio
Gladiolo.
Espadaña.

Glasé
Tafetán.

Gleba
Terrón.
Gasón.

1. Globo
Bola.
Esfera.

2. Globo
Tierra.
Mundo.

3. Globo
Aerostato.

1. Gloria
Cielo.
Empíreo.
Bienaventuranza.
Salvación.
Paraíso.
*Infierno.

2. Gloria
Honor.
Celebridad.
Fama.
Reputación.
Notoriedad.
*Oscuridad.

3. Gloria
Placer.
Deleite.
Gusto.
Delicia.

4. Gloria
Esplendor.
Grandeza.
Majestad.
Magnificencia.
Brillo.

Gloriado
Ponche.

Gloriar
Glorificar.

1. Gloriarse
Jactarse.
Vanagloriarse.
Alabarse.
Preciarse.

2. Gloriarse
Alegrarse.
Complacerse.

1. Glorieta
Plazoleta

2. Glorieta
Quiosco.
Cenador.

Glorificar
Alabar.
Honrar.
Gloriar.
Ensalzar.
Exaltar.
*Abominar.

1. Glorioso
Bienaventurado.
Santo.

2. Glorioso
Célebre.
Insigne.
Ilustre.
Famoso.
Eminente.
*Ignorado.

3. Glorioso
Jactancioso.
Presuntuoso.
Orgulloso.
Vanidoso.
*Humilde.

Glosa
Comentario.
Interpolación.
Explicación.

Nota.
Paráfrasis.

Glosario
Diccionario.
Vocabulario.
Léxico.

Glotón
Voraz.
Epulón.
Comilón.
*Desganado.

Glotonería
Adefagia.
Gula.
Voracidad.
Intemperancia.
Avidez.

Glutinoso
Viscoso.
Aglutinante.
Pegadizo.
Emplástico.
Adherente.

Gnómico
Aforístico.
Sentencioso.

Gnomo
Genio.
Elfo.
Enano.
Duende.

Gnomon
Índice.

Gnoseología
Epistemología.

Gnosticismo
Docetismo.

Gobernación
Gobierno.

Gobernador
Administrador.
Director.

Gobernalle
Timón.
Dirección.
Gobierno.

Gobernar
Conducir.
Regir.

Dirigir.
Manejar.
Administrar.
Mandar.

1. Gobierno
Dirección.
Administración.
Gobernación.
Mando.
Régimen.

2. Gobierno
Gabinete.
Autoridad.
Ministerio.
Poder.

3. Gobierno
Timón.
Gobernalle.

Gobio
Cadoce.

1. Goce
Usufructo.
Disfrute.
Posesión.
Uso.

2. Goce
Delicia.
Placer.
Deleite.
*Sufrimiento.

1. Gola
Garganta.

2. Gola
Gorguera.

3. Gola
Cimacio.

Goleta
Escuna.

Golfán
Nenúfar.

Golfería
Pillería.
Hampa.
Chusma.

1. Golfo
Vagabundo.
Perillán.
Pilluelo.
Pícaro.

2. Golfo
Bahía.
Caleta.
Seno.
Rada.
Ensenada.

Golondrina
Andolina.
Andorina.
Andarina.
Progne.

1. Golondrino
Errabundo.
Vagabundo.

2. Golondrino
Desertor.

Golondro
Apetito.
Deseo.
Antojo.

1. Golosina
Exquisitez.
Delicadeza.

2. Golosina
Glotonería.

Goloso
Laminero.
Lamerón.
*Esquilimoso.

1. Golpe
Colisión.
Percusión.
Choque.
Topada.
Encuentro.

2. Golpe
Sorpresa.
Salida.
Admiración.
Ocurrencia.

3. Golpe
Muchedumbre.
Abundancia.
Multitud.

4. Golpe
Golpazo.

1. Golpazo
Puñetazo.
Porrazo.

Batacazo.
Coscorrón.
Trancazo.

Golpear
Herir.
Maltratar.
Azotar.
Percutir.
Pegar.

Gollería
Superfluidad.
Delicadeza.
Demasía.

Gollete
Entrada.
Cuello.
Abertura.

1. Goma
Liga.
Cola.
Adhesivo.

2. Goma
Caucho.

1. Gomia
Tarasca.

2. Gomia
Glotón.

Gomoso
Petimetre.
Figurín.

Gonfalón
Estandarte.
Confalón.
Pendón.
Bandera.

Gongorismo
Culteranismo.

1. Gordo
Adiposo.
Corpulento.
Grueso.
Obeso.
Rollizo.

*Delgado.

2. Gordo
Mantecoso.
Craso.

*Seco.

3. Gordo
Manteca.
Grasa.
Sebo.

4. Gordo
Grande.
Grueso.

*Pequeño.

Gordolobo
Varbasco.
Verbasco.
Candelaria.

1. Gordura
Adiposidad.
Enjundia.
Unto.
Crasitud.
Grasa.

2. Gordura
Robustez.
Obesidad.
Grosor.
Opulencia.
Corpulencia.

*Delgadez.

Gorgojo
Mordihuí.

1. Gorgorito
Gorjeo.

2. Gorgorito
Burbuja.
Pompa.

Gorgoteo
Burbujeo.
Gorgor.

Gorguera
Gola.

Gorguz
Dardo.
Venablo.
Lanza.

Gorja
Garganta.

Gorjeo
Gorgorito.
Trinado.
Trino.
Canto.
Murmullo.

Gorra
Gorro.
Montera.
Cachucha.

Gorrero
Gorrón.

Gorrino
Tocino.
Marrano.
Cerdo.

Gorrión
Pardal.

Gorrista
Gorrón.

Gorro
Cofia.
Capillo.
Gorra.
Casquete.
Tocado.

Gorrón
Gorrero.
Gorrista.
Parásito.
Pegote.
Pegadizo.

1. Gota
Glóbulo.

2. Gota
Parte.
Poco.
Porción.
Pinta.

3. Gota
Quiragra.
Podagra.

1. Gotear
Escurrir.
Pingar.
Destilar.
Chorrear.

2. Gotear
Chispear.
Lloviznar.

1. Gotera
Hendedura.
Raja.

2. Gotera
Griseta.

Gotero
Cuentagotas.

Gótico
Ojival.

1. Gozar
Poseer.
Utilizar.
Disfrutar.
Tener.
Usufructuar.

*Carecer.

2. Gozar
Recrearse.
Disfrutar.
Regocijarse.
Complacerse.

*Sufrir.

Gozne
Bisagra.
Charnela.
Charneta.
Pernio.

1. Gozo
Contento.
Satisfacción.
Delicia.
Complacencia.
Deleite.

*Disgusto.

2. Gozo
Júbilo.
Alegría.
Regocijo.

*Tristeza.

Gozoso
Contento.
Complacido.
Jubiloso.
Feliz.
Deleitoso.

*Triste.

1. Grabado
Estampa.
Ilustración.
Clisé.
Lámina.
Cromo.

2. Grabado
Fotograbado.
Litografía.

Aguafuerte.
Xilografía.
Fotocromía.

1. Grabador
Tallista.
Tallador.
Esculpidor.

2. Grabador
Litógrafo.

1. Grabar
Esculpir.
Tallar.
Labrar.
Cincelar.
Burilar.

2. Grabar
Inculcar.
Fijar.
Imprimir.

1. Gracejo
Gallardía.

2. Gracejo
Gracia.

1. Gracia
Merced.
Don.
Beneficio.
Concesión.
Favor.

2. Gracia
Misericordia.
Indulgencia.
Piedad.

3. Gracia
Afabilidad.
Amistad.
Benevolencia.

4. Gracia
Gallardía.

5. Gracia
Donaire.
Atractivo.
Encanto.
Garbo.
Hechizo.

6. Gracia
Agudeza.
Chiste.
Ocurrencia.

7. Gracia
Apellido.
Nombre.

Grácil
Fino.
Gracioso.
Sutil.
Delicado.
Tenue.
*Tosco.

1. Gracioso
Divertido.
Jocoso.
Festivo.
Chistoso.
*Aburrido.

2. Gracioso
Atractivo.
Afable.
Agraciado.
Agradable.
*Desgarbado.

3. Gracioso
Grácil.

4. Gracioso
Gratis.
Gratuito.

5. Gracioso
Actor festivo.
Comediante.
Cómico.

1. Grada
Peldaño.
Estribo.
Grado.
Escalón.
Poyo.

2. Grada
Tarima.

3. Grada
Trapa.
Rastra.

1. Gradación
Escala.
Progresión.
Sucesión.
Serie.
Gama.
*Interrupción.

2. Gradación
Clímax.

Gradería
Gradas.
Escalinata.

1. Grado
Grada.
Peldaño.
Escalón.

2. Grado
Generación.

3. Grado
Cargo.
Empleo.
Jerarquía.

4. Grado
Valor.
Punto.
Estado.
Calidad.

Gradual
Sucesivo.
Progresivo.
Escalonado.
Graduado.
Paulatino.
*Discontinuo.

1. Graduando
Licenciado.
Laureando.
Doctorando.

Graduar
Matizar.
Clasificar.
Dividir.
Escalonar.
Valorizar.

Graduarse
Diplomarse.
Licenciarse.
Doctorarse.

Grafía
Descripción.
Rasgo.
Escritura.
Representación.
Signo.

1. Gráfico
Esquema.
Plan.

Representación.
Dibujo.

2. Gráfico
Claro.
Expresivo.
Descriptivo.
Manifiesto.

Grafito
Plomo.
Lápiz.
Plumbagina.

Gragea
Píldora.
Confite.

Grajo
Merendero.
Cuervo.

Gramófono
Fonógrafo.
Gramola.

1. Grana
Granazón.

2. Grana
Semilla.

3. Grana
Cochinilla.

4. Grana
Quermes.

5. Grana
Rojo.

Granada
Obús.
Proyectil.
Grinalde.

1. Granadero
Gastador.

2. Granadero
Mocetón.
Zagalón.
Pericón.
Cangallo.
Tagarote.

1. Granado
Principal.
Ilustre.
Notable.
Selecto.

2. Granado
Experto.
Avezado.
Maduro.
Ducho.
*Debutante.

3. Granado
Alto.
Elevado.
Espigado.

Granazón
Grana.

1. Grande
Crecido.
Considerable.
Vasto.
Voluminoso.
Magno.
*Pequeño.

2. Grande
Magnate.
Jerarca.
Prócer.
Noble.

1. Grandeza
Magnitud.
Corpulencia.
Importancia.
Grandor.
Grosor.
*Pequeñez.

2. Grandeza
Magnificencia.
Esplendidez.
Superioridad.
*Insignificancia.

3. Grandeza
Nobleza.
Generosidad.
Magnanimidad.

4. Grandeza
Gloria.
Dignidad.
Majestad.
Esplendor.
Honor.

Grandilocuencia
Altilocuencia.

Grandiosidad
Grandeza.

Grandioso
Grande.

Grandor
Tamaño.
Magnitud.
Medida.
Dimensión.
Talla.

Granero
Almiar.
Bodega.
Algorfa.
Silo.
Troj.

Granillo
Helera.

Granizada
Pedrisca.
Pedrea.

Granizo
Pedrisco.
Piedra.

1. Granja
Rancho.
Alquería.
Estancia.
Cortijo.
Hacienda.

2. Granja
Lechería.

Granjear
Ganar.
Obtener.
Adquirir.
Conseguir.

Granjearse
Lograr.
Captarse.
Atraerse.

1. Grano
Semilla.
Gránulo.

2. Grano
Ápice.
Brizna.
Porción.
Pizca.
Parte.

3. Grano
Postilla.
Divieso.
Tumorcillo.
Forúnculo.

Granos
Áridos.
Cereales.

Granuja
Pillo.
Bribón.
Pícaro.
Golfo.

Granujería
Golfería.
Bribonada.
Canallada.
Granujada.

Grao
Puerto.
Desembarcadero.

Granzas
Ahechaduras.

Grapa
Arpón.
Gancho.
Laña.
Fiador.
Zuncho.

1. Grasa
Sebo.
Adiposidad.
Gordura.
Grosura.
Manteca.
*Magro.

2. Grasa
Pringue.
Suciedad.
Mugre.

3. Grasa
Lubrificante.
Lubricante.

Grasiento
Untado.
Graso.
Pringado.
Lubricado.

Graso
Pingüe.

Seboso.
Grasiento.
Lardoso.
*Magro.

Gratar
Pulir.
Raspar.
Bruñir.
Lijar.

Gratificación
Recompensa.
Galardón.
Remuneración.
Aguinaldo.
Prima.

1. Gratificar
Recompensar.
Retribuir.
Remunerar.
Premiar.
Galardonar.

2. Gratificar
Agradar.
Complacer.
Satisfacer.

Gratis
Gratuitamente.
Graciosamente.
*Pagando.

Gratitud
Agradecimiento.
Obligación.
Reconocimiento.
Correspondencia.
Recompensa.
*Ingratitud.

1. Grato
Gustoso.
Placentero.
Agradable.
Deleitoso.
Lisonjero.
*Ingrato.

2. Grato
Gratuito.

1. Gratuito
Gracioso.
Grato.
Gratis.

2. Gratuito
Infundado.
Arbitrario.
Caprichoso.
Pueril.
*Fundado.

Gratular
Aplaudir.
Felicitar.

Gratularse
Alegrarse.
Brindar.
Congratularse.
Complacerse.

Grava
Cascajo.
Recebo.
Guijo.
Balasto.

Gravamen
Canon.
Impuesto.
Carga.
Hipoteca.
Obligación.

1. Gravar
Cargar.
Pesar.
Apoyarse.

2. Gravar
Imponer.
Hipotecar.

1. Grave
Inerte.
Oneroso.
Pesado.
Pesante.
*Ligero.

2. Grave
Considerable.
Trascendental.
Importante.
Capital.
*Baladí.

3. Grave
Difícil.
Molesto.
Arduo.
Peligroso.
Espinoso.
*Fácil.

4. Grave
Formal.
Reservado.
Decoroso.
Serio.
Circunspecto.
*Alegre.

5. Grave
Bajo.
*Agudo.

6. Grave
Paroxítono.
Llano.

1. Gravedad
Gravitación.
Pesantez.
Pesadez.
Ponderosidad.
Peso.
*Ligereza.

2. Gravedad
Circunspección.
Decoro.
Compostura.
Seriedad.
Formalidad.
*Liviandad.

3. Gravedad
Exceso.
Dificultad.
Enormidad.
Importancia.
Peligro.

Grávida
Embarazada.
Preñada.
Encinta.
Gestante.

Gravidez
Embarazo.
Preñez.
Gestación.

Grávido
Repleto.
Abundante.
Cargado.
Lleno.
Copioso.
*Vacío.

1. Gravitación
Gravedad.

2. Gravitación
Atracción.

Gravitar
Pesar.
Sustentarse.
Gravear.
Cargar.
Basarse.

1. Gravoso
Costoso.
Dispendioso.
Oneroso.
Caro.
*Barato.

2. Gravoso
Pesado.
Aburrido.
Molesto.
Enfadoso.
Fastidioso.
*Divertido.

Graznar
Voznar.
Crascitar.
Gaznar.
Crocitar.

Graznido
Chirrido.
Chillido.
Grito.

Greda
Arcilla.

Gredal
Blanquizar.
Blanquizal.
Calvero.

Gregal
Nordeste.
*Jaloque.

Greguería
Confusión.
Algarabía.
Alboroto.

Gremio
Asociación.
Sindicato.
Junta.
Reunión.
Corporación.

1. Greña
Cadejo.
Melena.
Maraña.
Vedija.

2. Greña
Confusión.

1. Gresca
Alboroto.

2. Gresca
Riña.

1. Grey
Hato.
Manada.
Rebaño.
Hatajo.

2. Grey
Condición.
Raza.
Especie.

1. Griego
Helénico.
Heleno.

2. Griego
Gringo.
Chino.
Álgebra.

3. Griego
Fullero.
Jugador.
Tahúr.

Grieta
Rendija.
Fisura.
Hendidura.
Abertura.
Resquicio.

1. Grifo
Canilla.
Llave.
Espita.

2. Grifo
Enmarañado.
Envedijado.
Crespo.
Ensortijado.
Rufo.
*Liso.

Grillarse
Entallecer.
Agrillarse.

Grillete
Arropea.
Cepo.
Calceta.

Grillo
Brote.
Tallo.

Grillos
Hierros.
Grilletes.
Pihuelas.

Grima
Molestia.
Horror.
Aversión.
*Simpatía.

Grinalde
Proyectil.
Granada.

1. Gringo
Extraño.
Forastero.
Extranjero.

2. Gringo
Anglosajón.
Inglés.
Norteamericano.

3. Gringo
Álgebra.
Chino.
Griego.

Gripe
Influenza.
Trancazo.

1. Gris
Ceniciento.
Plomizo.

2. Gris
Lánguido.
Aburrido.
Triste.
Apagado.
*Vivo.

Griseta
Gotera.

1. Grita
Gritería.
Alboroto.
Vocerío.

2. Grita
Protesta.
Abucheo.

1. Gritar
Vociferar.
Vocear.
Chillar.

2. Gritar
Protestar.
Abuchear.
Silbar.
Pitar.

Gritería
Vocería.
Algarabía.
Alboroto.
Vocinglería.

Grito
Clamor.
Baladro.
Vociferación.
Exclamación.

Grosería
Rudeza.
Ordinariez.
Zafiedad.
Descortesía.
Desatención.
*Delicadeza.

1. Grosero
Tosco.
Rudo.
Vulgar.
Ordinario.
Burdo.
*Educado.

2. Grosero
Insolente.
Desatento.
Descortés.
*Respetuoso.

Grosor
Grueso.
Volumen.
Bulto.
Espesor.
Cuerpo.

1. Grosura
Grasa.

2. Grosura
Mondongo.
Asadura.

1. Grotesco
Extravagante.
Caricaturesco.
Ridículo.
Raro.
Chocante.
*Serio.

2. Grotesco
Desmesurado.
Tosco.
Irregular.
Desproporcionado.

Grúa
Machina.
Aguilón.
Árgana.
Titán.

1. Grueso
Corpulento.
Gordo.
Abultado.
*Flaco.

2. Grueso
Volumen.
Grosor.
Cuerpo.

3. Grueso
Alto.
Grande.
Amplio.
*Pequeño.

1. Grullada
Pandilla.
Banda.
Cuadrilla.

2. Grullada
Perogrullada.

Grumo
Cuajarón.
Coágulo.
Cuajo.

1. Gruñir
Roncar.
Arruar.
Bufar.
Gañir.

2. Gruñir
Refunfuñar.
Rezongar.
Murmurar.

3. Gruñir
Rechinar.
Chirriar.

Gruñón
Rezongón.
Murmurador.
Regañón.
Protestón.

Grupo
Conglomerado.
Reunión.
Conjunto.
Colección.
Hato.
Corrillo.

Gruta
Cueva.
Caverna.
Espelunca.
Antro.

1. Guachapear
Chapalear.
Chapotear.

2. Guachapear
Chapucear.
Frangollar.

Guadaña
Dalla.
Címbara.
Dalle.
Rozón.

Guadañar
Abatir.
Tumbar.
Segar.
Cortar.

1. Guadarnés
Guarnés.

2. Guadarnés
Armería.

Guagua
Bebé.

Gualda
Reseda.

Gualdo
Amarillo.

1. Gualdrapa
Jirel.

2. Gualdrapa
Andrajo.
Calandrajo.

Guantada
Guantazo.
Manotazo.
Bofetada.
Manotada.
Tabalada.

Guante
Manopla.
Manija.
Guantelete.
Quiroteca.
Mitón.

Guapear
Bravear.
Fanfarronear.
Balandronear.
Bravuconear.

Guapeza
Majeza.
Apostura.
Gallardía.
Bizarría.

1. Guapo
Agraciado.
Hermoso.
Bello.
Elegante.
Soberbio.
*Feo.

2. Guapo
Galano.
Gallardo.

3. Guapo
Valentón.
Curro.
Fanfarrón.
Chulo.
Bravucón.

1. Guarda
Guardián.

2. Guarda
Tutoría.
Curatela.
Tutela.
Curaduría.

3. Guarda
Cumplimiento.
Observancia.

4. Guarda
Defensa.
Guarnición.
Guardamano.

Guardabrisa
Parabrisa.

Guardacantón
Marmolillo.
Trascantón.
Guardarruedas.
Recantón.
Trascantonada.

1. Guardador
Curador.
Tesorero.
Conservador.
Tutor.

2. Guardador
Cumplidor.
Observante.

3. Guardador
Apocado.
Miserable.

Guardagujas
Cambiavía.

Guardamano
Guarnición.
Guarda.

Guardameta
Portero.

Guardapiés
Brial.
Tapapiés.

1. Guardapolvo
Bata.
Umbela.

2. Guardapolvo
Sobradillo.

1. Guardar
Custodiar.
Conservar.
Cuidar.
Vigilar.
Velar.
*Abandonar.

2. Guardar
Cumplir.
Acatar.

Respetar.
Observar.
Obedecer.
*Infringir.

3. Guardar
Conservar.
Retener.
Albergar.

Guardarse
Precaucionarse.
Recelarse.
Prevenirse.
Reservarse.

1. Guardarropa
Ropero.
Armario.

2. Guardarropa
Abrótano.

Guardarropía
Vestuario.

1. Guardia
Custodia.
Protección.
Defensa.
Amparo.
Asistencia.

2. Guardia
Piquete.
Patrulla.
Retén.
Escolta.
Presidio.

3. Guardia
Escucha.
Vigía.
Centinela.
Guardián.

4. Guardia
Policía.

1. Guardián
Guardia.
Custodio.
Guarda.
Vigilante.
Alcaide.

2. Guardián
Monje.
Ordinario.

Guardilla
Desván.
Buhardilla.

Guarecer
Abrigar.
Refugiar.
Acoger.
Cobijar.
Defender.
*Exponer.

Guarida
Cubil.
Cado.
Manida.
Madriguera.

2. Guarida
Refugio.
Albergue.
Amparo.
Abrigo.
Reparo.

Guarín
Lechón.

Guarismo
Cifra.
Expresión.
Signo.
Símbolo.
Sigla.

1. Guarnecer
Revestir.
Ornar.
Adornar.
Paramentar.
Acicalar.

2. Guarnecer
Proveer.
Abastecer.
Dotar.
Equipar.

3. Guarnecer
Reforzar.
Defender.
Guarnicionar.
Presidiar.

1. Guarnición
Accesorio.
Ornato.
Adorno.
Paramento.

2. Guarnición
Guarda.
Guardamano.
Defensa.

3. Guarnición
Guardia.
Tropa.
Presidio.

Guarniciones
Jaeces.
Aparejo.
Arreos.
Arneses.
Atuendos.

Guarro
Cochino.
Cerdo.

1. Guasa
Broma.
Chunga.
Burla.
Chanza.

2. Guasa
Sandez.
Sosería.
Insulsez.

Guaso
Campesino.

Guasón
Burlón.
Zumbón.
Bromista.
Chancero.
Chunguero.

Guaya
Lamento.
Plañido.
Lloro.
Queja.*
Lamentación.

1. Gubernamental
Ministerial.

2. Gubernamental
Oficial.
Gubernativo.
Estatal.

Gubia
Formón.

Guedeja
Madeja.
Cabellera.
Vedeja.
Mata.
Melena.

1. Guerra
Pugna.
Desavenencia.
Hostilidad.
Rivalidad.
Conflicto.

2. Guerra
Lucha.
Combate.
Batalla.
Pelea.
Campaña.
*Paz.

1. Guerrear
Luchar.
Combatir.
Batallar.
Contender.
Pelear.

2. Guerrear
Rebatir.
Contradecir.
Resistir.
Opugnar.

Guerrera
Dormán.
Casaca.
Pelliza.
Chaqueta.
Tabardo.

1. Guerrero
Belicoso.
Marcial.
Guerreador.
Bélico.
Militar.
*Pacífico.

2. Guerrero
Militar.
Soldado.

1. Guerrilla
Facción.
Partida.

2. Guerrilla
Escaramuza.

Guerrillero
Montonero.
Partidario.
Partisano.
Maquis.

1. Guía
Ductor.
Guiador.
Conductor.
Director.
Piloto.

2. Guía
Mentor.
Preceptor.
Maestro.
Dirigente.

3. Guía
Norte.
Jalón.
Faro.
Pauta.
Mira.

4. Guía
Indicador.
Manual.
Prontuario.
Índice.

5. Guía
Itinerario.

6. Guía
Cabeza.
Julo.

1. Guiar
Llevar.
Mostrar.
Dirigir.
Indicar.
Orientar.

2. Guiar
Gobernar.
Mandar.
Regir.

3. Guiar
Aconsejar.
Adiestrar.

1. Guija
Almorta.

2. Guija
Guijarro.

Guijarro
Pedrusco.
Guija.
Canto.
Callao.
Morrillo.

Guijeño
Empedernido.
Contumaz.
Duro.
Impenitente.
Recalcitrante.

Guijo
Grava.
Balasto.
Cascajo.
Recebo.

Guilla
Copia.
Agosto.
Cosecha.
Abundancia.

Guillado
Chiflado.
Tocado.
Maniático.
Loco.
Ido.
*Sensato.

Guillotina
Degolladero.
Cadalso.

Guimbalete
Pinzón.

Guinda
Cereza.

Guindaleta
Soga.
Cuerda.
Maroma.

Guindaleza
Cabo..

1. Guindar
Izar.
Subir.
Levantar.

2. Guindar
Ahorcar.
Colgar.

3. Guindar
Birlar.
Ganar.
Conseguir.

Guiñada
Guiño.

Guiñapo
Jirón.
Andrajo.
Harapo.

1. Guiñar
Bizcar.
Cucar.

2. Guiñar
Avisar.
Advertir.

Guiño
Visaje.
Seña.
Ojeada.
Aviso.

1. Guión
Pendón.
Enseña.
Estandarte.
Confalón.

2. Guión
Sinopsis.
Argumento.

Guipar
Percibir.
Descubrir.
Ver.
Columbrar.

Güira
Hibuero.
Higüero.

Guirnalda
Corona.
Guirlanda.
Lauréola.

Guisa
Manera.
Modalidad.
Modo.
Forma.
Suerte.

Guisado
Estofado.
Guiso.
Cocido.
Condumio.

Guisador
Guisandero.
Cocinero.

Ranchero.
Pitancero.
Marmitón.

Guisante
Pésol.
Arvejo.
Arveja.
Alverja.

1. Guisar
Cocinar.
Aderezar.
Cocer.
Estofar.
Sazonar.

2. Guisar
Disponer.
Ordenar.
Cuidar.
Arreglar.
Componer.

1. Guiso
Condumio.
Guisado.
Estofado.

2. Guiso
Comida.
Condimento.
Manjar.
Plato.

Guisote
Baturrillo.
Bazofia.
Mazacote.
Bodrio.

1. Guita
Bramante.
Cordel.
Cuerda.

2. Guita
Cuartos.
Plata.
Dinero.
Pasta.

Guitarra
Vihuela.

Guitarrillo
Guitarro.
Requinto.

Guitarrón
Camastrón.

Zorrastrón.
Picarón.
Culebrón.
Cuco.

Guitón
Vagabundo.
Pícaro.
Pillo.

Gula
Tragonería.
Intemperancia.
Glotonería.
Voracidad.
Avidez.
*Temperancia.

Gulusnear
Golosinear.
Olfatear.
Gazmiar.

Gurdo
Simple.

Necio.
Bobo.

1. Gurrumina
Contemplación.
Condescendencia.
Transigencia.

2. Gurrumina
Frusleria.
Pequeñez.

3. Gurrumina
Molestia.
Cansera.

1. Gurrumino
Vil.
Desmedrado.
Ruin.
Mezquino.

2. Gurrumino
Cobarde.
Pusilánime.

3. Gurrumino
Muchacho.
Chiquillo.

Gurullada
Grullada.

Gusanear
Bullir.
Hormiguear.
Cosquillear.

Gusano
Oruga.
Verme.
Lombriz.
Helminto.
Gusarapo.

1. Gustar
Paladear.
Tastar.
Probar.
Catar.
Saborear.

2. Gustar
Placer.
Halagar.
Agradar.
Complacer.
Satisfacer.
*Disgustar.

3. Gustar
Querer.
Ambicionar.
Desear.
Apetecer.
Codiciar.

1. Gusto
Paladar.
Sabor.
Sapidez.

2. Gusto
Deleite.
Agrado.
Placer.
*Disgusto.

3. Gusto
Arbitrio.

Capricho.
Voluntad.

4. Gusto
Apreciación.
Discernimiento.
Sentimiento.

5. Gusto
Modo.
Sentir.
Moda.

1. Gustoso
Apetecible.
Apetitoso.
Sabroso.
Deleitable.
*Repugnante.

2. Gustoso
Divertido.
Entretenido.
Agradable.
Grato.
Ameno.
*Aburrido.

H

Haba
Equimosis.
Roncha.

Habanera
Danzón.
Danza.
Americana.

Habano
Cigarro.
Puro.

1. Haber
Crédito.
Ingreso.
Data.
Abono.
*Debe.

2. Haber
Tener.
Poseer.

3. Haber
Alcanzar.
Coger.

4. Haber
Ocurrir.
Acaecer.
Sobrevenir.

5. Haber
Ser.
Existir.
Estar.

6. Haber
Realizar.
Verificar.
Hacer.
Efectuar.

1. Haberes
Caudal.
Capital.
Hacienda.
Bienes.

2. Haberes
Sueldo.
Retribución.
Paga.
Emolumentos.
Gratificación.

Haberse
Proceder.
Portarse.

1. Haberío
Ganado.

2. Haberío
Mulo.
Caballería.
Bestia.

Habichuela
Alubia.
Judía.

Hábil
Diestro.
Idóneo.
Inteligente.
Competente.
Ingenioso.
*Inhábil.

Habilidad
Competencia.
Sagacidad.
Ingenio.
Maña.
Inteligencia.
*Impericia.

Habilidoso
Hábil.

1. Habilitado
Encargado.
Substituto.

2. Habilitado
Pagador.

Habilitar
Facultar.

Capacitar.
Investir.

1. Habitación
Morada.
Casa.
Vivienda.
Mansión.
Domicilio.

2. Habitación
Aposento.
Estancia.
Cuarto.
Pieza.

3. Habitación
Habitat.

Habitante
Morador.
Poblador.
Vecino.
Residente.
Ciudadano.

Habitar
Morar.
Ocupar.
Vivir.
Residir.
Aposentarse.

1. Hábito
Traje.
Vestido.

2. Hábito
Habitud.
Práctica.
Costumbre.
Uso.
Rutina.

3. Hábito
Destreza.
Facilidad.
Habilidad.

Habituado
Familiarizado.

Hecho.
Avezado.
Acostumbrado.
*Inexperto.

Habitual
Tradicional.
Usual.
Maquinal.
Familiar.
Ordinario.
*Desusado.

Habituar
Familiarizar.
Avezar.
Acostumbrar.

Habitud
Costumbre.
Hábito.

1. Habla
Lengua.
Dialecto.
Lenguaje.
Idioma.

2. Habla
Discurso.
Arenga.
Oración.
Razonamiento.
Sermón.

1. Hablador
Charlador.
Locuaz.
Parlanchín.
Verboso.
*Callado.

2. Hablador
Farfantón.
Indiscreto.

Habladuría
Charlatanería.
Rumor.
Picotería.

Hablilla.
Chisme.

1. Hablar
Decir.
*Callar.

2. Hablar
Pronunciar.

3. Hablar
Conferenciar.
Platicar.
Conversar.
Tratar.
Departir.

4. Hablar
Manifestar.
Discurrir.
Expresar.
Exteriorizar.

5. Hablar
Arengar.
Declamar.
Perorar.
Discursear.

6. Hablar
Garlar.
Chacharear.
Parlar.
Charlar.
Murmurar.

7. Hablar
Criticar.

8. Hablar
Interceder.
Rogar.
Suplicar.

9. Hablar
Razonar.
Proponer.

Hablarse
Tratarse.
Entrevistarse.

Comunicarse.
Entretenerse.

Habilla
Chisme.
Charlatanería.
Rumor.
Murmuración.
Mentira.

Hacedero
Realizable.
Asequible.
Factible.
Posible.
*Irrealizable.

Hacendado
Rico.
Potentado.
Acaudalado.

1. Hacendarse
Fijarse.
Arraigarse.
Establecerse.

2..Hacendarse
Afincarse.

Hacendoso
Solícito.
Trabajador.
Diligente.
Cuidadoso.
*Indolente.

1. Hacer
Producir.
Construir.
Confeccionar.
Formar.
Fabricar.

2. Hacer
Realizar.
Operar.
Ejecutar.
Obrar.
Consumar.

3. Hacer
Contener.
Caber.

4. Hacer
Ocasionar.
Motivar.
Causar.
Determinar.

5. Hacer
Aderezar.
Componer.
Disponer.
Arreglar.
Combinar.

6. Hacer
Perfeccionar.
Mejorar.

7. Hacer
Habituar.
Acostumbrar.
Avezar.

8. Hacer
Adquirir.
Amasar.
Procurar.
Ganar.

9. Hacer
Proporcionar.
Proveer.

10. Hacer
Echar.
Expeler.

11. Hacer
Concordar.
Convenir.
Corresponder.
Importar.

12. Hacer
Fingir.
Simular.
Afectar.
Blasonar.
Aparentar.

13. Hacer
Constreñir.
Obligar.
Coercer.

14. Hacer
Sobrevenir.
Experimentarse.

1. Hacerse
Aumentarse.
Crecer.

2. Hacerse
Transformarse.
Fingirse.
Volverse.

Convertirse.
Simular.

1. Hacienda
Predio.
Propiedad.
Finca.
Heredad.

2. Hacienda
Caudal.
Dinero.
Fortuna.
Capital.
Bienes.

3. Hacienda
Fisco.
Erario.
Tesoro.

Hacina
Montón.
Rimero.
Acervo.

Hacinamiento
Amontonamiento.
Aglomeración.
Acumulación.
Mezcolanza.

Hacinar
Amontonar.
Aglomerar.
Acumular.
Juntar.
Enhacinar.

1. Hacha
Blandón.
Antorcha.
Hachón.

2. Hacha
Doladera.
Segur.
Marrazo.

Hada
Hechicera.

Hadar
Encantar.

Hado
Sino.
Estrella.
Destino.
Fortuna.
Suerte.

Hagiografía
Santoral

1. Halagar
Lisonjear.
Agasajar.
Adular.
Complacer.
Cortejar.

2. Halagar
Gustar.
Agradar.
Deleitar.

Halago
Adulación.
Fiesta.
Agasajo.
Caricia.
Lisonja.
*Insulto.

Halagüeño
Encomiástico.
Lisonjero.
Halagador.
Complaciente.
Satisfactorio.
*Desfavorable.

Halcón
Prima.
Torzuelo.
Niego.
Terzuelo.

1. Halda
Falda.

2. Halda
Harpillera.

Hálito
Vaho.
Vapor.
Aliento.
Soplo.

1. Halo
Corona.
Cerco.

2. Halo
Resplandor.
Aureola.

1. Hallar
Inventar.
Encontrar.

2. Hallar
Ver.
Observar.
Notar.

3. Hallar
Descubrir.
Averiguar.

4. Hallar
Tropezar.
Topar.

Hallarse
Encontrarse.
Estar.
Ubicar.

Hallazgo
Encuentro.
Descubrimiento.
Hallada.
Invención.
*Pérdida.

1. Hamaquear
Columpiar.
Mecer.

2. Hamaquear
Marear.

1. Hambre
Gana.
Carpanta.
Apetito.
Necesidad.
Gazuza.
*Desgana.

2. Hambre
Ansia.
Afán.
Apetencia.
Deseo.
Anhelo.

Hambrear
Malcomer.

1. Hambriento
Necesitado.
Famélico.
*Harto.

2. Hambriento
Insaciable.
Deseoso.
Ávido.
Glotón.

Ansioso.
*Harto.

Hampa
Golfería.
Chusma.
Pillería.
Bahorrina.
*Élite.

Hampón
Bravucón.
Haragán.
Valentón.
Bravo.
Bribón.

Haragán
Gandul.
Hampón.
Perezoso.
Holgazán.
Atorrante.

Harapiento
Haraposo.
Astroso.
Andrajoso.
Roto.
Guiñaposo.
*Elegante.

Harapo
Guiñapo.
Colgajo.
Andrajo.
Pingajo.
Calandrajo.

Harem
Harén.
Gineceo.
Serrallo.

Harinoso
Panoso.
Farináceo.

Harnero
Criba.
Zaranda.
Arel.
Cedazo.

Harón
Haragán.
Holgazán.

Harpillera
Arpillera.

Halda.
Rázago.
Estopón.

1. Hartar
Llenar.
Satisfacer.
Saciar.
Atiborrar.
Empachar.

2. Hartar
Fastidiar.
Hastiar.

Hartazgo
Tripada.
Repleción.
Panzada.
Atracón.
Hartazón.

1. Harto
Repleto.
Cebado.
Lleno.
Saciado.
Satisfecho.
*Hambriento.

2. Harto
Fastidiado.
Cansado.
Hastiado.
*Ávido.

3. Harto
Sobrado.
Bastante.
Asaz.

Hartura
Copia.
Hartazgo.
Repleción.
Abundancia.
*Hambre.

Hastiado
Aburrido.
Tedioso.
Fastidiado.
Harto.
Fastidioso.
*Satisfecho.

Hastiar
Cansar.
Empalagar.
Aburrir.

Fastidiar.
Hartar.
*Agradar.

Hastío
Aburrimiento.
Disgusto.
Tedio.
Cansancio.
*Goce.

Hatajo
Hato.

1. Hatería
Provisión.
Víveres.

2. Hatería
Hatillo.
Impedimenta.
Equipo.
Bagaje.
Hato.

Hatillo
Equipo.
Hatería.

1. Hato
Hatillo.
Hatería.
Equipo.

2. Hato
Manada.
Hatajo.
Rebaño.

3. Hato
Corrillo.
Cuadrilla.
Junta.
Hatajo.
Pandilla.

1. Haz
Atado.
Legajo.
Gavilla.
Paquete.
Manojo.

2. Haz
Faz.
Rostro.
Cara.

Hazaña
Gesta.
Hecho.

Proeza.
Heroicidad.
Valentía.

Hazmerreír
Mamarracho.
Esperpento.
Bufón.
Adefesio.
Ente.

Hebdomadario
Semanal.

Hebilla
Broche.
Fíbula.
Pasador.
Corchete.

Hebraísmo
Sionismo.
Judaísmo.

1. Hebreo
Chueta.
Judío.

2. Hebreo
Avaro.
Usurero.
Mohatrero.

1. Hecatombe
Inmolación.
Sacrificio.

2. Hecatombe
Degollina.
Carnicería.
Matanza.
Mortandad.
Carnaje.

1. Hechicera
Pitonisa.
Sibila.
Saga.

2. Hechicera
Bruja.

1. Hechicería
Jorguinería.
Brujería.
Magia.

2. Hechicería
Hechizo.
Encanto.
Encantamiento.

Maleficio.
Conjuro.

3. Hechicería
Bebedizo.
Filtro.

1. Hechicero
Jorguín.
Mago.
Brujo.
Nigromante.

2. Hechicero
Cautivador.
Seductor.
Atrayente.
Fascinador.
*Repelente.

1. Hechizar
Seducir.
Deleitar.
Cautivar.
Fascinar.
Atraer.

2. Hechizar
Embrujar.
Aojar.
Enartar.
Ensalmar.
Ojear.

1. Hechizo
Encanto.
Embeleso.
Atractivo.
Seducción.
Deleite.

2. Hechizo
Encantamiento.
Hechicería.

1. Hecho
Acción.
Obra.
Acto.

2. Hecho
Suceso.
Hazaña.
Acontecimiento.
Lance.
Caso.

3. Hecho
Acabado.
Zorollo.
Perfecto.

Maduro.
Cabal.

4. Hecho
Acostumbrado.
Familiarizado.
Avezado.
Habituado.

5. Hecho
Formado.
Proporcionado.
Constituido.
Dispuesto.

6. Hecho
Resuelto.
Conforme.
Aceptado.

1. Hechura
Producción.
Fruto.
Obra.
Producto.
Criatura.

2. Hechura
Contextura.
Forma.
Composición.
Formación.
Complexión.

3. Hechura
Figura.
Imagen.

4. Hechura
Confección.

1. Heder
Oliscar.
Apestar.

2. Heder
Cansar.
Estomagar.
Enfadar.
Cargar.
Fastidiar.

Hediondez
Hedor.

1. Hediondo
Pestífero.
Pestilente.
Fétido.
Maloliente.
Apestoso.
*Oloroso.

2. Hediondo
Enfadoso.
Fastidioso.
Molesto.
Cargante.
Enojoso.
*Ameno.

3. Hediondo
Sucio.
Obsceno.
Repugnante.
Asqueroso.
Torpe.
*Limpio.

Hedor
Fetor.
Pestilencia.
Hediondez.
Fetidez.
Peste.
*Aroma.

Hegemonía
Predominio.
Supremacía.
Superioridad.

Héjira
Égira.
Era.

Helada
Escarcha.
Congelación.

Heladería
Nevería.

1. Helado
Gélido.
Glacial.
Frío.
*Tórrido.

2. Helado
Atónito.
Estupefacto.
Suspenso.
Pasmado.
Sobrecogido.

3. Helado
Mantecado.
Sorbete.

1. Helar
Enfriar.
Congelar.

2. Helar
Sobrecoger.
Pasmar.
Paralizar.

3. Helar
Apocar.
Desanimar.
Desalentar.
Acobardar.

Helarse
Garapiñarse.
Tomarse.
Coagularse.
Cuajarse.

Helecho
Polipodio.

Helénico
Griego.

Helera
Granillo.
Lera.

Helero
Ventisquero.
Glaciar.

1. Hélice
Voluta.

2. Hélice
Espira.
Espiral.

Helminto
Verme.
Gusano.

Helvecio
Suizo.
Helvético.

Hematíe
Glóbulo rojo.
Eritrocito.

Hematites
Oligisto rojo.

Hematoma
Chichón.

1. Hembra
Fémina.
Mujer.

2. Hembra
Rosca.

3. Hembra
Encaje.
Molde.

Hemiciclo
Anfiteatro.
Semicírculo.

Hemicránea
Jaqueca.

Hemisférico
Semiesférico.

Hemoglobina
Crúor.

Hemorroide
Almorrana.

Henchidura
Hinchazón.
Repleción.
Henchimiento.
Plenitud.
Preñez.
*Vaciedad.

Henchir
Colmar.
Atiborrar.
Llenar.
Atestar.
Repletar.
*Vaciar.

1. Hender
Hendir.
Rajar.
Resquebrajar.
Agrietar.
Abrir.

2. Hender
Hendir.
Atravesar.
Separar.
Cortar.
Acuchillar.

Henderse
Hendirse.
Consentirse.
Ventearse.

Hendidura
Grieta.
Raja.
Hendedura.
Abertura.
Fisura.
*Saliente.

Henil
Almiar.

Heno
Pienso.
Forraje.

Heñir
Trabajar.
Maznar.
Sobar.
Amasar.

Hepatita
Baritina.

Heptasílabo
Septasílabo.

Heraldo
Mensajero.
Faraute.

Herbajar
Pacer.
Apacentar.
Pastar.

Herbaje
Herbazal.
Pasto.

Herbolario
Alocado.
Insensato.
Botarate.
Descabellado.

Hercúleo
Forzudo.
Fuerte.

Hércules
Atleta.
Sansón.

Heredad
Predio.
Propiedad.
Hacienda.
Posesión.
Bienes.

1. Heredar
Recibir.
Suceder.
Adquirir.

2. Heredar
Semejarse.
Sacar.
Parecerse.

Heredero
Legitimario.
Fiduciario.
Sucesor.
Legatario.
Beneficiario.

Hereditario
Atávico.
Patrimonial.

Hereje
Apóstata.
Incrédulo.
Heresiarca.
Herético.
Impío.
*Fiel.

Herejía
Heterodoxia.
Sacrilegio.
Error.
Impiedad.
Apostasía.

Herén
Yeros.

1. Herencia
Beneficio.
Transmisión.
Sucesión.

2. Herencia
Patrimonio.
Bienes.

3. Herencia
Inclinación.
Atavismo.
Propensión.
Temperamento.

Herético
Hereje.

1. Herida
Vulneración.
Llaga.
Lesión.
Corte.
Traumatismo.

2. Herida
Agravio.
Ofensa.
Dolor.

1. Herir
Lesionar.

Vulnerar.
Dar.
Lisiar.

2. Herir
Pulsar.
Tocar.

3. Herir
Conmover.
Mover.
Impresionar.
Zaherir.
Pungir.

4. Herir
Agraviar.
Lacerar.
Insultar.
Ofender.
Lastimar.

5. Herir
Acertar.

Hermafrodita
Bisexual.
Andrógino.
Bisexuado.

Hermana
Sor.

1. Hermanar
Unir.
Uniformar.
Juntar.
Armonizar.

2. Hermanar
Fraternizar.
Avenirse.
Ahermanar.
Confraternar.

1. Hermandad
Hermanazgo.
Congregación.
Cofradía.

2. Hermandad
Hermanazgo.
Fraternidad.
Unión.
Amistad.
Confraternidad.

3. Hermandad
Hermanazgo.
Gremio.

1. Hermano
Colactáneo.
Tato.

2. Hermano
Frey.
Fray.
Freire.

3. Hermano
Donado.
Lego.
Oblato.

Hermético
Impenetrable.
Cerrado.
*Abierto.

Hermosear
Adornar.
Agraciar.
Realzar.
Embellecer.
Acicalar.
*Afear.

1. Hermoso
Bonito.
Pulcro.
Bello.
Lindo.
Agraciado.
*Feo.

2. Hermoso
Sereno.
Resplandeciente.
Apacible.
Despejado.
*Encapotado.

Hermosura
Beldad.
Venustidad.
Belleza.
Lindeza.
Sublimidad.
*Fealdad.

Hernia
Potra.
Quebradura.
Relajación.

Hernioso
Potroso.
Herniado.
Quebrado.

1. Héroe
Campeón.
Epónimo.
Cid.

2. Héroe
Titán.
Semidiós.

3. Héroe
Autor.
Protagonista.

Heroicidad
Proeza.
Heroísmo.
Hazaña.
Gesta.
Valentía.
*Cobardía.

Heroico
Intrépido.
Épico.
Valiente.
Perínclito.
Bizarro.
*Cobarde.

Herrada
Cubo.

Herrador
Mariscal.

Herradura
Casquillo.

Herradero
Hierre.
Hierra.

Herraje
Guarnecido.

Herramental
Apero.
Enseres.
Equipo.
Avío.

Herramienta
Instrumento.
Trebejo.
Útil.
Utensilio.

1. Herrería
Fragua.
Forja.
Ferrería.

2. Herrería
Alboroto.
Confusión.

Herreruelo
Cerrojito.
Cerrojillo.

Herrete
Cabete.

Herrón
Aro.
Arandela.

1. Herrumbre
Moho.
Robín.
Orín.
Herrín.
Oxidación.

2. Herrumbre
Alheña.
Sarro.
Roya.
Pimiento.
Añublo.

Herrumbroso
Ruginoso.

1. Hervidero
Hervor.

2. Hervidero
Copia.
Remolino.
Muchedumbre.
Cantidad.
Agolpamiento.

1. Hervir
Burbujear.
Borbollar.
Bullir.
Fermentar.
Cocer.

2. Hervir
Encresparse.
Picarse.
Agitarse.
Levantarse.
Alborotarse.
*Calmarse.

1. Hervor
Efervescencia.
Hervidero.
Ebullición.

2. Hervor
Inquietud.
Viveza.
Fogosidad.
Impetuosidad.
Animosidad.

*Sosiego.

Hervoroso
Impetuoso.
Acalorado.
Fogoso.
Inquieto.
Enardecido.

*Tranquilo.

Hesitar
Vacilar.
Dudar.

Hetaira
Hetera.
Ramera.

Heteróclito
Extraño.
Raro.
Singular.

*Regular.

Hespérides
Pléyades.

Heterodoxo
Disconforme.
Hereje.
Disidente.

*Ortodoxo.

Heterogéneo
Mezclado.
Surtido.
Diverso.
Híbrido.
Múltiple.

*Homogéneo.

1. Hético
Tuberculoso.
Tísico.

2. Hético
Débil.
Flaco.
Extenuado.

Hexagonal
Sexagonal.

Hexágono
Sexángulo.
Sexágono.

Heces
Inmundicias.
Desperdicios.
Excrementos.
Desechos.
Escoria.

1. Hez
Sedimento.
Depósito.
Poso.
Lía.
Precipitación.

2. Hez
Hampa.
Taifa.
Chusma.

Hibernés
Hibérnico.
Irlandés.

Híbrido
Cruzado.
Mixto.
Heterogéneo.
Mestizo.

*Puro.

1. Hidalgo
Hijodalgo.
Ilustre.
Distinguido.
Ahidalgo.
Noble.

2. Hidalgo
Justo.
Caballeroso.
Generoso.
Magnánimo.

*Mezquino.

Hidalguía
Caballerosidad.
Nobleza.
Quijotismo.
Generosidad.

*Ruindad.

Hidrargirio
Azogue.
Mercurio.

Hidrato
Hidróxido.
Base.

Hidroavión
Hidroplano.

Hidrofobia
Rabia.

Hidropesía
Hidrocefalia.
Opilación.
Hidrotórax.

Hidrópico
Insaciable.
Sediento.

Hiedra
Yedra.
Cazuz.

1. Hiel
Bilis.

2. Hiel
Amargor.
Desabrimiento.
Amargura.
Aspereza.

*Miel.

Hieles
Disgustos.
Trabajos.
Adversidades.
Fatigas.
Penas.

1. Hielo
Carámbano.

2. Hielo
Pasmo.
Suspensión.
Enajenamiento.

3. Hielo
Indiferencia.
Desabrimiento.
Frialdad.

*Ardor.

1. Hierático
Religioso.
Sacerdotal.

2. Hierático
Afectado.
Solemne.

*Sencillo

1. Hierba
Yerba.

2. Hierba
Gazón.
Tepe.
Césped.
Verde.
Gleba.

Hierbabuena
Menta.

1. Hierro
Marca.
Ferrete.
Estigma.

2. Hierro
Acero.
Arma.

Hierros
Prisiones.
Grillos.
Cadenas.

1. Higa
Burla.

2. Higa
Amuleto.
Dije.

1. Hígado
Asadura.

2. Hígado
Valentía.
Valor.
Ánimo.
Esfuerzo.

*Miedo.

Higiene
Profilaxis.
Profiláctica.
Aseo.
Limpieza.
Curiosidad.

Higo
Bujarasol.
Breva.

Hijastro
Entenado.
Alnado.

1. Hijo
Retoño.
Niño.
Vástago.

2. Hijo
Nativo.
Descendiente.
Natural.
Originario.
Oriundo.

3. Hijo
Fruto.
Idea.
Producto.
Obra.
Resultado.

4. Hijo
Renuevo.
Rebrote.
Retoño.
Hijato.

Hijodalgo
Hidalgo.

1. Hijuela
Anexo.
Rama.
Aledaño.
Anejo.
Dependencia.

2. Hijuela
Sendero.
Atajo.
Vereda.
Ramificación.

3. Hijuela
Parcela.

1. Hila
Hilada.
Hilera.

2. Hila
Hilacha.
Hebra.
Mota.

Hilas
Apósito.
Vendaje.

Hilacha
Hila.

Hiladillo
Rehiladillo.

Hilado
Torcido.
Gurbión.

Torzal.
Hilaza.

Hilar
Trazar.
Inferir.
Discurrir.
Tejer.

Hilarante
Alegre.
Gracioso.
Regocijante.
Jocoso.
*Lacrimoso.

Hilaridad
Risa.
Algazara.
Risibilidad.
Alegría.
Jocosidad.
*Tristeza.

1. Hilaza
Hilado.

2. Hilaza
Hilera.
Hilo.

1. Hilera
Línea.
Hilada.
Fila.
Hila.
Ala.

2. Hilera
Hilaza.
Hilo.

3. Hilera
Cumbrera.
Parhilera.

1. Hilo
Filamento.
Fibra.
Hebra.
Brizna.
Hilaza.

2. Hilo
Corte.
Filo.
Arista.

3. Hilo
Chorrillo.

4. Hilo
Prosecución.
Cadena.
Continuación.
Progresión.

Hilván
Baste.
Basta.
Embaste.

1. Hilvanar
Embastar.
Apuntar.

2. Hilvanar
Forjar.
Proyectar.
Preparar.

Himeneo
Boda.
Esponsales.
Casamiento.
Nupcias.
Epitalamio.

Himno
Canción.
Loor.
Cántico.
Poema.
Peán.

Hincar
Meter.
Introducir.
Clavar.
Plantar.
Fijar.

Hinco
Puntal.
Estaca.
Palo.
Poste.
Espigón.

Hincón
Prois.
Noray.

1. Hincha
Encono.
Enemistad.
Antipatía.
Ojeriza.
Odio.

2. Hincha
Fanático.
Exaltado.

1. Hinchado
Vanidoso.
Presumido.
Fatuo.
Presuntuoso.
Vano.
*Humilde.

2. Hinchado
Redundante.
Afectado.
Ampuloso.
Hiperbólico.
*Conciso.

3. Hinchado
Abotagado.
Edematoso.
Mórbido.
Tumescente.

1. Hinchar
Henchir.
Soplar.
Inflar.
Ahuecar.
*Deshinchar.

2. Hinchar
Distender.
Inflamar.
Infartar.
Enconar.

1. Hincharse
Envanecerse.
Ensoberbecerse.
Fincharse.
Engreírse.

2. Hincharse
Abotagarse.
Entumecerse.
*Deshincharse.

Hinchazón
Tumefacción.
Abultamiento.
Inflamación.
Edema.
Tumor.

Hiniesta
Retama.

Hinojo
Rodilla.

1. Hipar
Jadear.
Resollar.

2. Hipar
Cansarse.
Fatigarse.

3. Hipar
Lloriquear.
Gimotear.

4. Hipar
Ansiar.
Anhelar.
Codiciar.
Desear.
Ambicionar.

Hipérbaton
Anástrofe.
Transposición.

Hipérbole
Ponderación.
Amplificación.
Exageración.
Abultamiento.
*Moderación.

Hiperbólico
Hinchado.

Hiperbóreo
Ártico.

Hiperclorhidria
Acidez.
Pirosis.
Acedia.
Rescoldera.

Hipermetría
Encabalgamiento.
Cabalgamiento.

Hipertono
Armónico.

Hípico
Ecuestre.
Caballar.
Equino.

Hipnosis
Insensibilidad.
Sueño.

Hipnótico
Sedante.
Somnífero.

Hipnotizar
Dormir.
Adormecer.

Magnetizar.
Sugestionar.

1. Hipo
Singulto.

2. Hipo
Anhelo.
Ansia.
Deseo.

3. Hipo
Rabia.
Enojo.
Encono.
Hincha.

Hipocondríaco
Lúgubre.
Melancólico.
Neurasténico.
Sombrío.
Triste.
*Alegre.

Hipocresía
Fingimiento.
Fariseísmo.
Falsedad.
Simulación.
Doblez.
*Franqueza.

Hipócrita
Impostor.
Fingidor.
Falso.
Fariseo.
*Franco.

Hipodérmico
Subcutáneo.

Hipódromo
Pista.
Cancha.

Hipófisis
Pituitaria.

Hipotaxis
Subordinación.

Hipoteca
Gravamen.
Caución.
Carga.
Garantía.

Hipotecar
Empeñar.

Cargar.
Gravar.

Hipótesis
Supuesto.
Conjetura.
Suposición.
Figuración.
Presunción.

Hipotético
Teórico.
Dudoso.
Gratuito.
Supuesto.
*Cierto.

Hipsometría
Altimetría.

1. Hirsuto
Enmarañado.
Erizado.
Rufo.
Hispido.
*Liso.

2. Hirsuto
Intratable.
Áspero.
*Dócil.

Hisopillo
Morquera.

Hisopo
Aspersorio.

Hispido
Hirsuto.

1. Histérico
Uterino.

2. Histérico
Encendido.
Excitable.

1. Historia
Anales.
Gesta.
Crónica.
Epopeya.
Fastos.

2. Historia
Fábula.
Cuento.
Ficción.
Anécdota.

Historiador
Cronista.
Historiógrafo.
Analista.

Historiar
Detallar.
Relatar.
Contar.
Describir.
Narrar.

Histórico
Positivo.
Comprobado.
Auténtico.
Seguro.
Averiguado.
*Fabuloso.

Histrión
Comediante.
Representante.
Actor.
Farsante.
Cómico.

1. Hito
Inmediato.
Junto.
Unido.
Contiguo.

2. Hito
Firme.
Fijo.
Estable.
*Inestable.

3. Hito
Cipo.
Pilar.
Testigo.
Mojón.

4. Hito
Objetivo.
Blanco.

1. Hocicar
Tropezar.
Hozar.

2. Hocicar
Besucar.

1. Hocico
Morro.
Jeta.

2. Hocico
Rostro.

Boca.
Cara.

Hocicón
Hocicudo.
Morrudo.
Bezudo.
Picudo.
*Chato.

1. Hocino
Angostura.
Arroyada.
Hoz.
Hoya.
Valle.

2. Hocino
Falce.
Honcejo.

1. Hogar
Domicilio.
Familia.
Casa.
Morada.
Lar.

2. Hogar
Fogón.
Horno.
Chimenea.
Hoguera.
Fuego.

Hogaza
Pan.

Hoguera
Falla.
Fogata.
Alcandora.
Pira.
Candelada.

1. Hoja
Pámpano.
Pétalo.

2. Hoja
Plancha.
Lámina.
Hojuela.

3. Hoja
Carilla.
Página.
Folio.
Plana.

4. Hoja
Gaceta.

Impreso.
Diario.
Escrito.

5. Hoja
Espada.
Cuchilla.
Tizona.

1. Hojarasca
Encendaja.
Serojo.
Seroja.
Broza.

2. Hojarasca
Pampanaje.
Plepa.
Ripió.
Bagatela.
Fruslería.
*Enjundia.

Hojalata
Lata.

Hojear
Leer.
Repasar.
Trashojar.
Examinar.

1. Hojuela
Cascarilla.
Hollejo.

2. Hojuela
Hoja.
Lámina.

Holandés
Neerlandés.

Holandilla
Mitán.
Forro.
Holandeta.

Holgachón
Regalón.
Cómodo.

1. Holgado
Ocioso.
Desocupado
*Atareado.

2. Holgado
Desahogado.
Hornaguero.
Ancho.

Sobrado.
*Encogido.

3. Holgado
Situado.
Acomodado.
*Misero.

1. Holganza
Ocio.
Inacción.
Descanso.
Reposo.
Quietud.
*Actividad.

2. Holganza
Haraganería.
Ociosidad.
Gandulería.
Holgazanería.
Pereza.
*Diligencia.

1. Holgar
Reposar.
Descansar.

2. Holgar
Sobrar.

3. Holgar
Nadar.

Holgarse
Entretenerse.
Regocijarse.
Divertirse.
Alegrarse.
Recrearse.

Holgazán
Perezoso.
Vago.
Indolente.
Negligente.
Haragán.
Atorrante.
*Diligente.

Holgazanear
Haraganear.
Vagabundear.
Vaguear.
Gandulear.
*Trabajar.

Holgazanería
Holganza.

Pereza.
Desidia.
Haraganería.
Ociosidad.

Holgorio
Jolgorio.
Jarana.
Juerga.
Regocijo.
Bullicio.
*Tristeza.

1. Holgura
Holgorio.

2. Holgura
Amplitud.
Comodidad.
Anchura.
Desahogo.
*Estrechez.

1. Holocausto
Ofrenda.
Abnegación.
Sacrificio.
Dedicación.
Renunciamiento.

Holladura
Huella.

1. Hollar
Pisotear.
Trillar.
Pisar.
Conculcar.

2. Hollar
Abatir.
Humillar.
Atropellar.
Ajar.
Mancillar.

Hollejo
Cascarilla.
Hojuela.
Pellejo.

Hollín
Tizne.

Holliniento
Tiznado.
Humoso.
Fuliginoso.
Fumoso.

Hombracho
Hombrachón.
Jayán.
Hombrón.
*Enano.

1. Hombre
Individuo.
Varón.
Señor.

2. Hombre
Humanidad.

Hombrear
Rivalizar.
Competir.

Hombrecillo
Chiquilicuatro.
Hominicaco.
Chisgarabís.

Hombrera
Charretera.

Hombrón
Hombracho.

1. Homenaje
Don.
Veneración.
Respeto.
Ofrenda.
Acatamiento

2. Homenaje
Exaltación.
Celebración.

3. Homenaje
Pleito.

Homérico
Heroico.
Épico.

Homicida
Matador.
Asesino.
Criminal.

Homicidio
Muerte.
Asesinato.
Crimen.

Homilía
Conferencia.
Discurso.
Sermón.
Exégesis.

Homogéneo
Parecido.
Semejante.
Homólogo.
*Heterogéneo.

Homologación
Confirmación.
Sanción.
Verificación.
Aprobación.

Homologar
Aprobar.
Verificar.
Registrar.
Confirmar.

1. Homólogo
Análogo.
Concordante.
Equivalente.
Comparable.
Conforme.

2. Homólogo
Sinónimo.

Homónimo
Tocayo.

Homosexual
Sodomita.

Honcejo
Hocino.

Hondear
Tantear.
Sondear.
Reconocer.

Hondero
Pedrero.
Fundibulario.

Hondillos
Entrepiernas.

1. Hondo
Bajo.
Profundo.
*Elevado.

2. Hondo
Intenso.
Misterioso.
Recóndito.
Extremado.
*Superficial.

3. Hondo
Hondonada.

1. Hondón
Hondura.

2. Hondón
Hondonada.

Hondonada
Hondo.
Hondura.
Hondón.
Depresión.
Valle.
*Meseta.

1. Hondura
Hondonada.

2. Hondura
Hondón.
Profundidad.
Abismo.
Sima.

1. Honestar
Honrar.

2. Honestar
Cohonestar.

1. Honestidad
Compostura.
Decoro.
Decencia.
Moderación.
Honra.

2. Honestidad
Pudor.
Castidad.
Recato.
Pudicia.
Pureza.
*Desvergüenza.

3. Honestidad
Urbanidad.
Modestia.

1. Honesto
Honroso.
Decoroso.
Honrado.
Decente.

2. Honesto
Casto.
Pudoroso.
Modesto.

Recatado.
Púdico.
*Libertino.

3. Honesto
Equitativo.
Recto.
Justo.
Razonable.
*Arbitrario.

Hongo
Seta.

1. Honor
Reputación.
Renombre.
Honra.
Pundonor.
Fama.

2. Honor
Celebridad.
Obsequio.
Aplauso.
Gloria.

3. Honor
Recato.
Honestidad.

4. Honor
Título.
Cargo.
Distinción.
Dignidad.
Empleo.

Honorabilidad
Honradez.

Honorable
Respetable.
Benemérito.
Estimable.
Venerable.
Honorífico.
*Despreciable.

Honorario
Honroso.
Honorífico.

Honorarios
Retribución.
Devengo.
Estipendio.
Remuneración.
Emolumentos.

Honorífico
Honorable.
Preeminente.
Honorario.
Honroso.
Decoroso.
*Ignominioso.

1. Honra
Reputación.
Honor.

2. Honra
Decencia.
Honestidad.

Honradez
Probidad.
Honorabilidad.
Honra.
Integridad.
Moralidad.
*Indignidad.

1. Honrado
Probo.
Leal.
Íntegro.
Recto.
Incorruptible.
*Venal.

2. Honrado
Venerado.
Enaltecido.
Apreciado.
Estimado.
*Deshonrado.

3. Honrado
Correcto.
Cortés.
Imparcial.

Honrar
Respetar.
Venerar.
Reverenciar.
*Despreciar.

2. Honrar
Favorecer.
Ennoblecer.
Distinguir.
Enaltecer.
Ensalzar.
*Rebajar.

Honrilla
Pundonor.
Vergüenza.
Puntillo.

1. Honroso
Preciado.
Señalado.
Honorífico.
Preeminente.
Singular.
*Ignominioso.

2. Honroso
Decoroso.
Honrado.
Decente.
Honesto.
*Deshonroso.

Hontanar
Manantial.
Venero.
Fontana.
Fontanar.
Fuente.

Hopalanda
Hopa.
Falda.
Sopalanda.
Ropón.

1. Hopear
Corretear.

2. Hopear
Rabear.
Colear.

1. Hopo
Mechón.
Copete.

2. Hopo
Cola.
Rabo.

1. Hora
Momento.
Tiempo.
Circunstancia.

2. Hora
Ahora.

Horadar
Taladrar.
Escariar.
Agujerear.
Perforar.

1. Horado
Agujero.

2. Horado
Cueva.
Espelunca.
Caverna.
Concavidad.

1. Horario
Reloj.

2. Horario
Memento.
Indicador.

1. Horca
Torga.
Patíbulo.

2. Horca
Horquilla.
Horcón.

Horcajo
Confluencia.

Horda
Clan.
Chusma.
Tribu.
Turba.
Populacho.

Horizontal
Tendido.
Supino.
Plano.
Yacente.

Horizonte
Confín.
Extensión.
Límite.
Espacio.

1. Horma
Molde.
Forma.

2. Horma
Albarrada.
Hormaza.

Hormigón
Concreto.
Mazacote.
Calcina.
Granujo.
Nuégado.

Hormiguear
Pulular.

Verbenear.
Bullir.
Abundar.

Hormiguero
Muchedumbre.
Diversidad.
Hervidero.
Afluencia.
Enjambre.

Hormiguillo
Hormigueo.
Cosquilleo.
Picazón.

Horcacina
Cavidad.
Capilleta.
Hueco.
Nicho.

Hornada
Pléyade.
Promoción.

Hornaguero
Holgado.
Flojo.
Espacioso.
*Estrecho.

Hornazo
Regaifa.
Torta.
Mona.

Hornecino
Fornecino.
Bastardo.
Adulterino.

Hornero
Pastelero.
Panadero.

1. Hornillo
Hornilla.
Anafe.

2. Hornillo
Recámara.

1. Horno
Calera.

2. Horno
Boliche.
Mufla.
Jábega.

3. Horno
Cocina.

4. Horno
Panadería.
Tahona.

1. Horóscopo
Predicción.
Augurio.
Oráculo.
Pronóstico.
Vaticinio.

2. Horóscopo
Agorero.

Horquilla
Horca.
Horcajo.
Horcón.
Horqueta.

Horrendo
Horripilante.
Horrífico.
Pavoroso.
Espeluznante.
Siniestro.
*Espléndido.

Hórreo
Silo.
Troje.
Troj.
Granero.

Horrible
Hórrido.
Horrorífico.
Horrífico.
Horripilante.
Horrendo.

Horripilar
Horrorizar.

Horrísono
Horrendo.
Fragoso.
*Melodioso.

1. Horro
Desembarazado.
Libre.
Exento.

2. Horro
Manumitido.
Manumiso.
*Sujeto.

1. Horror
Miedo.
Espanto.
Terror.
Consternación.
Temblor.

*Atracción.

2. Horror
Monstruosidad.
Crueldad.
Atrocidad.
Enormidad.

1. Horroroso
Horrendo.

2. Horroroso
Deforme.
Feísimo.
Repulsivo.

Horrura
Escoria.
Bascosidad.
Superfluidad.

Hortaliza
Verdura.

Hortelano
Horticultor.
Vergelero.
Huertano.
Labrador.

1. Hortera
Cazuela.
Escudilla.

2. Hortera
Motril.
Muchacho.
Mancebo.
Dependiente.

1. Hosco
Fusco.
Fosco.
Obscuro.

2. Hosco
Ceñudo.
Áspero.
Adusto.
Intratable.

*Ameno.

Hoscoso
Áspero.
Erizado.

Hospedaje
Albergue.
Posada.
Alojamiento.
Hospedería.
Fonda.

Hospedar
Albergar.
Acoger.
Alojar.
Aposentar.

Hospedería
Hospedaje.

Hospedero
Hotelero
Fondista.
Hostelero.
Patrón.
Mesonero.

1. Hospicio
Albergue.
Asilo.

2. Hospicio
Hospedaje.

1. Hospital
Enfermería.
Policlínica.
Dispensario.
Clínica.
Nosocomio.

2. Hospital
Hospicio.
Asilo.

Hospitalario
Acogedor.
Amable.
Protector.
Agasajador.

Hospitalidad
Abrigo.
Acogida.
Refugio.
Asilo.
Albergue.

Hostelero
Hospedero.

Hostería
Posada.
Parador.
Hospedaje.

Mesón.
Hostal.

Hostia
Forma.
Pan.

1. Hostigar
Castigar
Azotar.

2. Hostigar
Atosigar.
Aguijonear.
Fustigar.
Fastidiar.
Acosar.

Hostil
Opuesto.
Enemigo.
Contrario.
Adverso.
Desfavorable.

*Amigo.

1. Hostilidad
Enemiga.
Enemistad.
Oposición.

2. Hostilidad
Agresión.
Ataque.
Contienda.
Acometida.

Hostilizar
Molestar.
Agredir.
Acometer.
Hostigar.

Hotel
Hostería.

Hotelero
Hospedero.

Hoto
Confianza.
Esperanza.

Hoy
Ahora.

1. Hoya
Hoyo.

2. Hoya
Sepultura.

Hoyanca.
Huesa.

3. Hoya
Hondura.
Hondonada.

4. Hoya
Semillero.
Almáciga.

Hoyada
Hondonada.
Hoya.

1. Hoyo
Pozo.
Bache.
Hoya.
Agujero.
Concavidad.

2. Hoyo
Sepultura.
Huesa.

1. Hoz
Falce.
Hocino.
Segur.
Honcejo.

2. Hoz
Arroyada.
Valle.
Angostura.
Hoya.
Hondonada.

Hozar
Hocicar.

1. Huebra
Yugada.

2. Huebra
Barbecho.

1. Hueco
Vacío.
Huero.
Cóncavo.
Vacuo.
Vano.

*Lleno.

2. Hueco
Hinchado.
Ensoberbecido.
Presumido.
Vano.

Fatuo.

*Humilde.

3. Hueco
Pomposo.
Enflautado.

*Conciso.

4. Hueco
Esponjoso.
Fungoso.
Mullido.
Fofo.

*Tupido.

5. Hueco
Sitio.
Laguna.
Espacio.
Lugar.
Interrupción.

6. Hueco
Ahuecamiento.
Hornacina.
Oquedad.
Concavidad.

Hucha
Alcancía.
Ciega.
Olla.
Ladronera.
Vidriola.

1. Huchear
Ajordar.
Algarear.
Gritar.
Abroncar.

2. Huchear
Jalear.
Azuzar.

1. Huelga
Holganza.
Inacción.
Ocio.
Inactividad.

2. Huelga
Paro.

3. Huelga
Asueto.
Recreación.
Descanso.

4. Huelga
Huelgo.

1. Huelgo
Respiración.
Aliento.
Resuello.

2. Huelgo
Huelga.
Vacío.
Holgura.
Anchura.

Huella
Pisada.
Jacilla.
Holladura.
Rastro.
Traza.

1. Huérfano
Solo.
Falto.
Abandonado.
Carente.
*Asistido.

2. Huérfano
Pupilo.

3. Huérfano
Expósito.
Borde.

Huero
Vacío.
Hueco.

2. Huero
Soso.
Insubstancial.
Vano.

Huerta
Vergel.
Jardín.
Huerto.
Vega.
Regadío.

Huertano
Hortelano.

Huerto
Huerta.

Huesa
Fosa.
Hoyo.
Sepultura.
Hoya.
Yacija.

Huesera
Osario.

1. Hueso
Zancarrón.

2. Hueso
Cuesco.
Pipa.
Grano.

3. Hueso
Ajobo.
Trabajo.
Aperreo.
Incomodidad.
Martirio.

4. Hueso
Plepa.
Residuo.
Zupia.

Huesoso
Óseo.

1. Huésped
Invitado.
Alojado.
Convidado.
Pensionista.
Comensal.

2. Huésped
Patrón.
Albergador.
Hospedero.
Anfitrión.

Hueste
Tropa.
Partida.
Ejército.
Banda.
Facción.

Huesudo
Osudo.

Hueva
Ovas.

Huevera
Overa.
Madrecilla.

Huevo
Embrión.
Óvulo.
Feto.
Germen.

Huída
Evasión.
Abandono.
Fuga.
Escapatoria.
Éxodo.
*Invasión.

1. Huir
Eludir.
Obviar.
Sortear.
Evitar.
Esquivar.

2. Huir
Pasar.
Desvanecerse.
Transcurrir.
Alejarse.
Perderse.

3. Huir
Fugarse.
Evadirse.
Escapar.
Largarse.
Apartarse.
*Afrontar.

Hule
Linóleo.

Hulla
Carbón.

1. Humanidad
Hombre.
Género humano.

2. Humanidad
Flaqueza.
Carne.
Sensualidad.
Carnalidad.
Fragilidad.

3. Humanidad
Sensibilidad.
Misericordia.
Humanitarismo.
Compasión.
Piedad.

4. Humanidad
Mole.
Corpulencia.
Obesidad.

Humanidades
Literatura.
Humanismo.

Humanitario
Benévolo.
Bueno.
Caritativo.
Benigno.
Compasivo.
*Inhumano.

Humanitarismo
Sensibilidad.
Humanidad.

Humanizar
Humanar.

Humanizarse
Suavizarse.
Aplacarse.
Ablandarse.
Dulcificarse.

1. Humano
Humanal.

2. Humano
Humanitario.

Humazo
Humarazo.
Humo.
Fumarada.
Humareda.

1. Humear
Ahumar.
Fumigar.
Fumar.
Sahumar.
Ahumear.

2. Humear
Bafear.
Avahar.

3. Humear
Presumir.
Entonarse.

Humectante
Humedeciente.
Humectativo.

1. Humedad
Relente.
Niebla.
Sereno.
Rocío.

2. Humedad
Vapor.
Agua.
Vaho.

Humedecer
Bañar.
Mojar.
Humectar.
Embeber.
Impregnar.
*Secar.

Húmedo
Húmido.
Empapado.
Mojado.
Ácueo.
Rociado.
*Seco.

Humera
Jumera.
Borrachera.

Humeral
Banda.
Cendal.
Velo.

Humero
Chimenea.

1. Humildad
Encogimiento.
Reserva.
Modestia.
Timidez.
Docilidad.
*Orgullo.

2. Humildad
Pobreza.
Obscuridad.
Bajeza.
Plebeyez.
Vulgaridad.
*Nobleza.

1. Humilde
Modesto.
Obediente.
Sencillo.
Dócil.
Sumiso.
*Orgulloso.

2. Humilde
Obscuro.

Vulgar.
Pobre.
Plebeyo.
*Noble.

3. Humilde
Reducido.
Bajo.
Pequeño.
*Encumbrado.

Humillación
Sumisión.
Degradación.
Vergüenza.
Abatimiento.
Vileza.
*Exaltación.

Humillante
Degradante.
Depresivo.
Injurioso.
Denigrante.
Vergonzoso.
*Enaltecedor.

Humillar
Postrar.
Rebajar.
Apocar.
Abatir.
Doblegar.
*Enaltecer.

Humillarse
Postrarse.
Anularse.
Arrastrarse.
Prosternarse.

Humillo
Vanidad.
Presunción.
Humo.
Altanería.
Fatuidad.
*Humildad.

Humo
Exhalación.
Fumarola.
Emanación.
Humada.
Vapor.

1. Humor
Linfa.
Serosidad.
Secreción.

2. Humor
Jovialidad.
Gracia.
Humorismo.
Agudeza.

3. Humor
Índole.
Carácter.
Temperamento.
Genio.
Condición.

1. Humorada
Extravagancia.
Fantasía.
Capricho.
Antojo.
Rareza.

2. Humorada
Jocosidad.
Chocarrería.
Arranque.
Chascarrillo.

Humorismo
Ironía.
Causticidad.
Humor.
Aticismo.
Sátira.
*Gravedad.

Humorista
Ironista.
Satirizador.
Burlón.

Humorístico
Cáustico.
Jocoso.
Irónico.
Mordaz.
Satirizante.
*Grave.

1. Humos
Fuegos.
Hogares.
Casas.

2. Humos
Humillo.
Vanidad.

Humoso
Humeante.
Fuliginoso.
Fumoso.
Fumífero.

Humus
Mantillo.

1. Hundimiento
Caída.
Ruina.
Desplome.
Cataclismo.
Desmoronamiento

2. Hundimiento
Declinación.
Descenso.
Baja.
Declivio.

3. Hundimiento
Debilitamiento.
Postración.
Descaecimiento.

4. Hundimiento
Inmersión.
Naufragio.

1. Hundir
Sumergir.
Afondar.
Sumir.
Abismar.

2. Hundir
Abatir.
Deprimir.
Abrumar.
Oprimir.
*Alegrar.

5. Hundir
Convencer.
Confundir.

4. Hundir
Derribar.
Consumir.
Destruir.
Arruinar.
Barrenar.
*Levantar.

1. Hundirse
Desplomarse.
Caer.
Arruinarse.
Desmoronarse.
Derrumbarse.

2. Hundirse
Naufragar.
Zahondar.
*Flotar.

3. Hundirse
Desaparecer.
Ocultarse.
Esconderse.
*Aparecer.

Húngaro
Magiar.

Huracán
Ciclón.
Vendaval.
Galerna.
Tifón.
Torbellino.
*Calma.

Huraño
Esquivo.
Insociable.
Áspero.
Arisco.
Hosco.
*Sociable.

Hurera
Agujero.
Huronera.
Madriguera.
Huro.
Huraco.

Hurgamandera
Ramera.

1. Hurgar
Mover.
Menear.
Hurgonear.
Remover.
Revolver.

2. Hurgar
Sobar.
Palpar.
Sobajar.
Tocar.
Tentar.

3. Hurgar
Excitar.
Pinchar.
Incitar.
Atizar.
Aguijonear.
*Frenar.

1. Hurgón
Hurgonero.

3. Hundirse
Desaparecer.
Ocultarse.
Esconderse.
*Aparecer.

Hurgador.
Atizador.

2. Hurgón
Espetón.
Estoque.

Hurgonada
Cintarazo.
Hurgonazo.
Estocada.

Hurguillas
Bullicioso.
*Indolente.

Hurón
Fiscal.
Sabueso.

Huronear
Fisgar.
Husmear.

1. Huronera
Madriguera.
Hurera.

2. Huronera
Ladronera.
Escondite.
Escondrijo.

1. Hurtar
Substraer.
Robar.
Quitar.

2. Hurtar
Apartar.
Esquivar.
Desviar.
Separar.
*Arrostrar.

1. Hurtarse
Eludir.
Evitar.
Zafarse.
Rehuir.

2. Hurtarse
Enfoscarse.
Ocultarse.
Esconderse.
*Comparecer.

Hurto
Latrocinio.
Robo.

Substracción.
Despojo.
Fraude.
*Restitución.

Husmeador
Fisgoneador.
Indagador.
Curioso.

Inquiridor.
Fisgón.
*Discreto.

1. Husmear
Curiosear.
Investigar.
Indagar.
Escudriñar.
Fisgonear.

2. Husmear
Olfatear.
Gulusmear.
Rastrear.
Barruntar.

3. Husmear
Heder.
Apestar.

1. Husmeo
Olfateo.
Husma.

2. Husmeo
Perquisición.
Investigación.
Sondeo.

Rastreo.
Escudriñamiento.

Husmo
Tufo.
Hedor.

Huso
Malacate.

I

Íbero
Español.
Iberio.
Ibérico.

Icástico
Natural.
*Disfrazado.

Icneumón
Mangosta.

Iconoclasta
Vandálico.
Vándalo.
Destructor.

Icor
Sanie.
Sanies.
Humor.

Ictericia
Aliacán.

Ictíneo
Submarino.

Ictiófago
Piscívoro.

1. Ida
Impulso.
Arranque.
Ímpetu.

2. Ida
Rastro.
Huella.

1. Idea
Concepto.
Representación.
Imagen.

2. Idea
Opinión.
Concepción.
Noción.
Pensamiento.
Conocimiento.

3. Idea
Diseño.
Designio.
Proyecto.
Plan.
Trazo.

4. Idea
Aspecto.
Visión.
Apariencia.

5. Idea
Inventiva.
Ingenio.
Imaginación.

6. Idea
Capricho.
Obsesión.
Manía.

7. Idea
Creencia.
Doctrina.

1. Ideal
Inmaterial.
Imaginario.
Irreal.
Incorpóreo.

2. Ideal
Sublime.
Excelente.
Perfecto.
Elevado.
Supremo.

3. Ideal
Prototipo.
Perfección.
Modelo.
Arquetipo.

4. Ideal
Ambición.
Ansia.
Ilusión.
Deseo.

1. Idear
Discurrir.
Maquinar.
Imaginar.
Pensar.
Concebir.

2. Idear
Inventar.
Disponer.
Trazar.
Ingeniar.
Proyectar.

Idéntico
Igual.
Conforme.
Equivalente.
Exacto.
*Diferente.

1. Identidad
Igualdad.
Equivalencia.

2. Identidad
Autenticidad

1. Identificar
Asemejar.
Igualar.

2. Identificar
Reconocer.

Identificarse
Confundirse.
Coincidir.
Hermanarse.

Ideología
Doctrina.
Ideario.

Idioma
Lenguaje.
Lengua.
Habla.

Idiosincrasia
Individualidad.
Índole.
Carácter.
Temperamento.
Personalidad.

Idiota
Tonto.
Necio.
Imbécil.

Idiotez
Tontería.
Imbecilidad.
Necedad.

1. Idiotismo
Incultura.
Ignorancia.

2. Idiotismo
Modismo.

1. Idólatra
Fetichista.
Pagano.

2. Idólatra
Adorador.
Amante.
Apasionado.

Idolatrar
Reverenciar.
Adorar.
Amar.
*Abominar.

1. Idolatría
Fetichismo.
Paganismo.

2. Idolatría
Amor.
Culto.
Adoración.
Pasión.

Ídolo
Tótem.

Amuleto.
Fetiche.
Mascota.

Idoneidad
Capacidad.
Disposición.
Aptitud.
Competencia.
*Ineptitud.

1. Idóneo
Competente.
Suficiente.
Apto.
Capaz.
Dispuesto.
*Incapaz.

2. Idóneo
Adecuado.
Conveniente.
*Inoportuno.

1. Iglesia
Comunidad.
Congregación.
Grey.

2. Iglesia
Basílica.
Templo.
Capilla.

Ignaro
Ignorante.

Ignavia
Desidia.
Flojedad.
Pereza.
Indolencia.
Pusilanimidad.
*Actividad.

Ignavo
Indolente.
Pusilánime.
Flojo.

Cobarde.
Apocado.
*Alentado.

Ígneo
Encendido.
Pírico.
Ignito.
Flagrante.
Abrasador.

*Apagado.

Ignición
Incandescencia.
Combustión.
Quema.
Ustión.

Ignominia
Humillación.
Infamia.
Afrenta.
Oprobio.
Vergüenza.

*Honorabilidad.

Ignominioso
Abyecto.
Infamante.
Odioso.
Vil.
Oprobioso.

*Honroso.

Ignorado
Incógnito.
Oculto.
Ignoto.
Secreto.
Anónimo.

*Sabido.

Ignorancia
Desconocimiento.
Nesciencia.
Incultura.
Insapiencia.

*Conocimiento.

Ignorante
Lego.
Profano.
Iletrado.
Ignaro.
Inculto.

*Instruido.

Ignorar
Desconocer.

*Saber.

Ignoto
Inexplorado.
Ignorado.

*Conocido.

1. Igual
Idéntico.
Parecido.
Exacto.
Equivalente.
Semejante.

*Distinto.

2. Igual
Llano.
Homogéneo.
Liso.
Uniforme.
Plano.

*Desigual.

3. Igual
Invariable.
Constante.
Regular.

4. Igual
Indiferente.

5. Igual
Relacionado.
Proporcionado.

1. Iguala
Igualación.

2. Iguala
Pago.
Estipendio.

1. Igualación
Emparejadura.
Nivelación.
Igualamiento.
Equilibrio.
Equiparación.

2. Igualación
Pacto.
Concordia.
Convenio.
Transacción.
Ajuste.

1. Igualar
Emparejar.
Nivelar.
Identificar.
Equiparar.
Uniformar.

2. Igualar
Explanar.
Allanar.
Ajustar.

Igualarse
Parecerse.
Semejarse.

1. Igualdad
Paridad.
Uniformidad.
Conformidad.
Identidad.
Exactitud.

2. Igualdad
Ecuación.

*Desigualdad.

Igualmente
Asimismo.
También.

Ilación
Deducción.
Inferencia.
Consecuencia.

Íleo
Vólvulo.
Volvo.

Ilegal
Ilegítimo.
Subrepticio.
Ilícito.
Prohibido.
Clandestino.

*Legal.

Ilegalidad
Arbitrariedad.
Clandestinidad.
Ilegitimidad.
Tropelía.
Prevaricación.

Ilegible
Indescifrable.
Ininteligible.
Incomprensible.

*Legible.

Ilegitimidad
Bastardía.
Falsía.
Falsedad.

Ilegítimo
Falsificado.

Espurio.
Bastardo.
Fraudulento.
Falso.

*Legítimo.

Ileso
Incólume.
Salvo.
Indemne.
Zafo.

*Leso.

Iletrado
Indocto.
Ignorante.
Inculto.

Ilícito
Ilegítimo.
Ilegal.
Indebido.

*Legal.

Ilimitado
Infinito.
Indefinido.
Indeterminado.
Inconmensurable.
Inextinguible.

*Limitado.

Iliterato
Ignorante.

Ilógico
Contradictorio.
Irrazonable.
Paradójico.
Absurdo.
Disparatado.

*Lógico.

Ilota
Siervo.
Esclavo.
Paria.

1. Iluminación
Luz.
Alumbramiento.
Alumbrado.
Luminaria.
Irradiación.

2. Iluminación
Visión.
Alucinación.
Inspiración.
Sueño.

1. Iluminar
Encender.
Alumbrar.

2. Iluminar
Resplandecer.
Esplender.
Irradiar.
Destellar.
Relucir.

3. Iluminar
Pintar.
Colorear.

4. Iluminar
Ilustrar.

5. Iluminar
Infundir.
Inspirar.
Revelar.

1. Ilusión
Ficción.
Sueño.
Imagen.
Quimera.
Engaño.

2. Ilusión
Confianza.
Esperanza.
Deseo.

Ilusionarse
Confiar.
Alimentar.
Fiar.
Esperar.
Acariciar.

Ilusivo
Engañoso.
Fingido.
Falso.
Aparente.
Ilusorio.

*Cierto.

1. Iluso
Seducido.
Embaucado.
Cándido.
Engañado.
Encandilado.

*Avisado.

2. Iluso
Visionario.
Utopista.

Soñador.
Idealista.
Quimerista.

*Realista.

1. Ilusorio
Engañoso.
Ilusivo.

2. Ilusorio
Inexistente.
Nulo.

1. Ilustración
Educación.
Esclarecimiento.
Instrucción.
Aleccionamiento.
Aclaración.

2. Ilustración
Cultura.
Preparación.
Saber.
Civilización.
Erudición.

3. Ilustración
Estampa.
Figura.
Imagen.
Grabado.
Lámina.

Ilustrado
Sabio.
Instruido.
Docto.
Culto.
Erudito.

*Ignorante.

1. Ilustrar
Educar.
Alumbrar.
Enseñar.
Imponer.
Formar.

2. Ilustrar
Iluminar.

3. Ilustrar
Afamar.
Ennoblecer.
Engrandecer.

1. Ilustre
Noble.
Linajudo.
Blasonado.

*Plebeyo.

2. Ilustre
Insigne.
Prestigioso.
Egregio.
Esclarecido.
Célebre.

*Oscuro.

1. Imagen
Representación.
Símbolo.
Idea.
Figuración.

2. Imagen
Efigie.
Estampa.
Figura.
Retrato.
Estatua.

3. Imagen
Representación.
Imitación.
Reproduccción.
Modelo.
Copia.

4. Imagen
Tropo.
Semejanza.
Metáfora.
Comparación.

1. Imaginación
Magín.
Fantasía.
Imaginativa.
Inventiva.

2. Imaginación
Ilusión.
Ficción.
Alucinación.
Quimera.
Visión.

*Realidad.

imaginar
Idear.
Inventar.
Crear.
Forjar.
Concebir.

Imaginaria
Vela.
Guardia.

Imaginario
Falso.

Supuesto.
Irreal.
Fantástico.
Fabuloso.

*Real.

Imaginero
Escultor.
Estatuario.

1. Imán
Calamita.
Caramida.
Magnetita.

2. Imán
Embeleso.
Atractivo.
Seducción.

Imanar
Magnetizar.
Atraer.
Imantar.

Imbécil
Lelo.
Bobo.
Tonto.
Idiota.
Necio.

Imbecilidad
Estupidez.
Necedad.
Tontería.
Idiotez.
Bobería.

Imberbe
Barbilampiño.
Rapagón.
Lampiño.
Carilampiño.

*Peludo.

Imbibición
Absorción.
Adsorción.

Imbornal
Sumidero.
Alcantarilla.

Imborrable
Fijo.
Indisoluble.
Durable.
Indeleble.
Permanente.

*Efímero.

Imbuir
Persuadir.
Infiltrar.
Infundir.
Inculcar.
Inducir.

Imitación
Copia.
Remedo.
Reproducción.
Facsímile.
Plagio.

Imitar
Copiar.
Calcar.
Remedar.
Plagiar.

Imitativo
Imitatorio.
Mimético.

Impaciencia
Desasosiego.
Zozobra.
Ansiedad.
Nerviosidad.
Inquietud.

*Impasibilidad.

Impacientar
Enrabiar.
Exasperar.
Irritar.
Exacerbar.

*Calmar.

Impacientarse
Desesperarse.
Quemarse.
Reconcomerse.

Impaciente
Agitado.
Nervioso.
Inquieto.
Excitado.

*Tranquilo.

Impacto
Balazo.
Impacción.
Bombazo.

Impagable
Extraordinario.
Inapreciable.

Impalpable
Sutil.
Incorpóreo.
Fino.
Intangible.
Tenue.

*Tangible.

Impar
Desigual.
Non.

*Par.

Imparcial
Justiciero.
Sereno.
Justo.
Ecuánime.
Neutral.

*Parcial.

Imparcialidad
Rectitud.
Equidad.
Justicia.
Igualdad.
Ecuanimidad.

*Parcialidad.

Impartir
Comunicar.
Distribuir.
Repartir.
Dar.
Compartir.

1. Impasibilidad
Serenidad.
Tranquilidad.
Calma.
Impavidez.
Imperturbabilidad.

2. Impasibilidad
Insensibilidad.
Indiferencia.

*Impaciencia.

Impasible
Impávido.
Tranquilo.
Indiferente.
Sereno.
Imperturbable.

*Impaciente.

Impavidez
Denuedo.
Valor.

Serenidad.
Impasibilidad.
*Aturrullamiento.

Impávido
Valeroso.
Imperturbable.
Impasible.
Sereno.
*Aturdido.

Impecable
Puro.
Correcto.
Perfecto.
Limpio.
Cabal.
*Defectuoso.

Impedido
Tullido.
Inválido.
Imposibilitado.
Paralítico.
Baldado.
*Sano.

Impedimenta
Equipaje.
Bagaje.

Impedimento
Pana.
Estorbo.
Obstáculo.
Traba.
Apuro.
*Facilidad.

Impedir
Obstaculizar.
Dificultar.
Obstruir.
Estorbar.
Vedar.
*Facilitar.

1. Impeler
Empujar.
Propulsar.
Impulsar.
Empellar.
Arrojar.
*Frenar.

2. Impeler
Estimular.
Incitar.

Animar.
Instigar.
*Desanimar.

Impender
Expender.
Gastar.
Invertir.

Impenetrable
Cerrado.
Misterioso.
Hermético.
Clausurado.
Inaccesible.
*Accesible.

Impenitente
Terco.
Obstinado.
Contumaz.
*Contrito.

Impensado
Repentino.
Imprevisto.
Inesperado.
*Previsible.

Imperante
Reinante.
Dominante.
Propagado.
*Carente.

Imperar
Prevalecer.
Dominar.
Predominar.

Imperativo
Perentorio.
Dominante.
Preceptivo.
Imperioso.
Categórico.
*Discrecional.

Imperceptible
Insensible.
Inapreciable.
Indiscernible.
*Tangible.

1. Imperdible
Broche.
Fíbula.

2. Imperdible
Inadmisible.
*Olvidadizo.

Imperecedero
Perpetuo.
Perenne.
Inmortal.
Perdurable.
Eterno.
*Perecedero.

1. Imperfección
Falta.
Vicio.
Defecto.
Falla.
Lacra.
*Perfección.

2. Imperfección
Deficiencia.
Descuido.
Torpeza.
Grosería.
*Habilidad.

Imperfecto
Falto.
Tosco.
Rústico.
*Perfecto.

1. Imperial
Augusto.
Cesáreo.

2. Imperial
Tejadillo.

Impericia
Desmaña.
Torpeza.
Ineptitud.
*Destreza.

1. Imperio
Mando.
Poder.
Autoridad.
Dominio.
Señorío.

2. Imperio
Estado.
Potencia.

3. Imperio
Orgullo.

Soberbia.
Altanería.
*Humildad.

1. Imperioso
Imperativo.

2. Imperioso
Altanero.
Orgulloso.
Despótico.
Soberbio.
Arrogante.
*Sumiso.

Impermeabilizar
Embrear.
Calafatear.
Hidrofugar.
Alquitranar.
*Permeabilizar.

1. Impermeable
Impenetrable.
Estanco.

2. Impermeable
Gabardina.
Trinchera.
Chubasquero.

Impertérrito
Sereno.
Imperturbable.
*Turbado.

Impertinencia
Disparate.
Despropósito.
Necedad.
*Cortesía.

1. Impertinente
Inoportuno.
Inconveniente.

2. Impertinente
Molesto.
Cargante.
Pesado.
Fastidioso.
*Respetuoso.

1.Imperturbabilidad
Serenidad.
Calma.
Tranquilidad.
Equilibrio.
Estoicismo.
*Impaciencia.

2.Imperturbabilidad
Valor.
Denuedo.
Arrojo.
*Cobardía.

1. Imperturbable
Sereno.
Estoico.
Tranquilo.
Templado.
Calmoso.
*Inquieto.

2. Imperturbable
Intrépido.
Denodado.
Valeroso.
Valiente.
Osado.
*Cobarde.

1. Impetrar
Alcanzar.
Lograr.
Obtener.
Conseguir.

2. Impetrar
Rogar.
Solicitar.

Ímpetu
Vehemencia.
Violencia.
Impulso.
Fuerza.
Ardor.
*Flema.

Impetuoso
Vehemente.
Brusco.
Impulsivo.
Fogoso.
Frenético.
*Plácido.

Impiedad
Laicismo.
Ateísmo.
*Piedad.

Impío
Sacrílego.
Ateo.
Laico.
*Pío.

Implacable
Cruel.
Severo.
Duro.
Riguroso.
Exigente.
*Clemente.

Implantar
Instituir.
Fundar.
Establecer.
Instaurar.
Crear.
*Destruir.

Implicación
Oposición.
Contradicción.
Discrepancia.

1. Implicar
Enredar.
Enlazar.
Envolver.
Encerrar.
Incluir.

2. Implicar
Impedir.
Obstar.
Contradecirse.

Implícito
Incluido.
Tácito.
Incluso.
Callado.
Expreso.
*Excluso.

Implorar
Pedir.
Suplicar.
Rogar.
Impetrar.
Clamar.

Impolítica
Grosería.
Rustiquez.

Impolítico
Basto.
Grosero.
Agreste.
Rudo.
Ordinario.
*Cortés.

Impoluto
Nítido.
Neto.
Limpio.
*Manchado.

Imponderable
Relevante.
Soberbio.
Excelente.
*Incalificable.

Imponderables
Hado.
Fatalismo.

1. Imponente
Rentista.

2. Imponente
Respetable.
Inmenso.
Grandioso.
Descomunal.
Formidable.
*Mezquino.

3. Imponente
Aterrador.
Pavoroso.
Espantoso.
Terrorífico.
*Ridículo.

1. Imponer
Cargar.
Dar.
Gravar.
Colocar.
Asignar.

2. Imponer
Enseñar.
Iniciar.
Instruir.
Educar.
Enterar.

3. Imponer
Sojuzgar.
Dominar.

4. Imponer
Incriminar.
Calumniar.
Imputar.
Acusar.

5. Imponer
Amedrentar.

Aterrar.
Asustar.
Acobardar.

6. Imponer
Aplicar.
Infligir.

Imponible
Gravado.
Tributable.

Impopular
Malmirado.
Malquisto.
Desacreditado.
*Popular.

Impopularidad
Descrédito.
Desprestigio.
*Popularidad.

1. Importancia
Significación.
Interés.
Valor.
Categoría.
Estimación.
*Insignificancia.

2. Importancia
Presunción.
Fatuidad.
Vanidad.
Suficiencia.
*Humildad.

1. Importante
Significativo.
Trascendente.
Esencial.
Valioso.
Notable.
*Insignificante.

2. Importante
Vano.
Infatuado.
Presuntuoso.
*Humilde.

1. Importar
Interesar.
Atañer.
Convenir.

2. Importar
Costar.
Montar.

Valer.
Subir.
Elevarse.

3. Importar
Entrar.
Introducir.
*Exportar.

1. Importe
Coste.
Valía.
Cuantía.
Costo.
Valor.

2. Importe
Anualidad.

Importunar
Fastidiar.
Asediar.
Aburrir.
Molestar.
Cargar.
*Agradar.

1. Importuno
Inoportuno.

2. Importuno
Enfadoso.
Fastidioso.
Molesto.
Latoso.
Cargante.
*Simpático.

Imposibilidad
Dificultad.
Improcedencia.
Oposición.
Contradicción.
Quimera.
*Posibilidad.

Imposibilitado
Paralítico.
Atrofiado.
Tullido.
Anquilosado.
Impedido.
*Sano.

Imposibilitar
Estorbar.
Dificultar.
Obstruir.
Embarazar.
Entorpecer.
*Facilitar.

1. Imposible
Dudoso.
Absurdo.
Quimérico.
Utópico.
*Posible.

2. Imposible
Enfadoso.
Inaguantable.
Intratable.

1. Imposición
Obligación.
Impuesto.
Carga.
Tributo.
Gravamen.

2. Imposición
Coerción.
Exigencia.
Coacción.
Mandato.

1. Impostor
Calumniador.
Maldiciente.
Difamador.
Infamador.
Murmurador.
*Adulador.

2. Impostor
Farsante.
Falsario.
Simulador.
Embaucador.
Mentiroso.
*Auténtico.

1. Impostura
Calumnia.
Murmuración.
Imputación.
Cargo.
Engaño.

2. Impostura
Falacia.
Mentira.
Artificio.
Fingimiento.
Doblez.
*Verdad.

1. Impotencia
Imposibilidad.
Incapacidad.
Insuficiencia.
*Capacidad.

2. Impotencia
Debilidad.
Agotamiento.
Exinanición.
*Vigor.

3. Impotencia
Esterilidad.
Senilidad.
*Virilidad.

1. Impotente
Ineficaz.
Incapaz.
*Potente.

2. Impotente
Agotado.
Exinanido.
Débil.
*Vigoroso.

3. Impotente
Estéril.
Senil.
*Viril.

1. Impracticable
Imposible.
Irrealizable.
*Posible.

2. Impracticable
Inaccesible.
Intransitable.
*Cómodo.

Imprecación
Maldición.
Execración.
Anatema.
Apóstrofe.
*Elogio.

Imprecar
Condenar.
Abominar.
Execrar.
Maldecir.
Detestar.
*Elogiar.

Impreciso
Vago.
Equívoco.
Ambiguo.
Confuso.
Neutro.
*Taxativo.

Impregnar
Mojar.
Bañar.
Humedecer.
Pringar.
Calar.
*Secar.

Impremeditación
Imprevisión.
Inadvertencia.
*Premeditación.

1. Imprenta
Estampa.
Tipografía.

2. Imprenta
Impresión.

Imprescindible
Preciso.
Vital.
Forzoso.
Necesario.
Obligatorio.
*Fútil.

1. Impresión
Tirada.
Estampación.

2. Impresión
Imprenta.

3. Impresión
Marca.
Vestigio.
Huella.
Señal.
Estampa.

4. Impresión
Sensación.
Emoción.
Efecto.
Excitación.
Pasmo.

Impresionable
Excitable.
Sensible.
Emotivo.
Nervioso.
Susceptible.
*Indiferente.

Impresionar
Emocionar.
Conmover.

Excitar.
Alterar.
Turbar.

1. Impreso
De molde.

2. Impreso
Papel.
Libro.
Escrito.
Prospecto.

Impresor
Cajista.
Tipógrafo.

Imprevisión
Negligencia.
Ligereza.
Descuido.
*Previsión.

Imprevisor
Confiado.
Descuidado.
*Cauteloso.

Imprevisto
Casual.
Súbito.
Repentino.
Fortuito.
*Previsto.

Imprimación
Preparación.
Aparejo.

Imprimátur
Nihil obstat.

1. Imprimir
Tirar.
Estampar.
Editar.

2. Imprimir
Retener.
Guardar.
Fijar.
Conservar.
*Olvidar.

Improbable
Raro.
Extravagante.
Sorprendente.
Inaudito.
*Probable.

Improbidad
Infamia.
Perversidad.
Maldad.
Iniquidad.
*Rectitud.

1. Improbo
Malvado.
Infame.
Malo.
Perverso.
Inicuo.
Bueno.

2. Improbo
Agotador.
Fatigoso.
Abrumador.
Costoso.
Trabajoso.
*Fácil.

Improcedente
Extemporáneo.
Impropio.
Incongruo.
*Procedente.

Improductivo
Yermo.
Estéril.
Baldío.
Inútil.
*Feraz.

Impronta
Sello.
Huella.
Señal.
Marca.

Improperio
Denuesto.
Invectiva.
Dicterio.
Injuria.
Insulto.
*Cumplimiento.

Impropiedad
Despropósito.
Disonancia.
*Propiedad.

1. Impropio
Extemporáneo.
Incorrecto.
*Propio.

2. Impropio
Extraño.
Ajeno.
Foráneo.

Improrrogable
Definitivo.
Consumado.
Listo.
*Diferible.

Impróspero
Adverso.
Desdichado.
Aciago.
Infortunado.
*Afortunado.

Impróvido
Descuidado.
Imprevisor.

Improvisación
Iniciativa.
In promptu.

Improvisador
Repentista.

1. Improvisar
Repentizar.

2. Improvisar
Interpretar.
Versificar.
Componer.
Tocar.

Imprudencia
Descuido.
Ligereza.
Precipitación.
Temeridad.
*Prudencia.

Imprudente
Precipitado.
Temerario.
Atolondrado.
Osado.
Aturdido.
*Sensato.

Impúber
Chiquillo.
Impúbero.
Niño.

Impudencia
Procacidad.

Atrevimiento.
Cinismo.
Descaro.
Insolencia.
*Pudor.

Impudente
Atrevido.
Insolente.
Zafado.
Fresco.
*Atento.

Impudicia
Impudicicia.
Liviandad.
Obscenidad.
Procacidad.
Concupiscencia.
*Pudicia.

Impúdico
Libidinoso.
Procaz.
Lúbrico.
Licencioso.
Inmundo.
*Púdico.

1. Impudor
Lujuria.
Libertinaje.
Procacidad.
*Honestidad.

2. Impudor
Cinismo.
Descaro.
*Delicadeza.

Impuesto
Tributo.
Gabela.
Gravamen.
Derecho.
Contribución.
*Exoneración.

Impugnación
Negación.
Redargución.
Mentis.
*Aprobación.

Impugnar
Refutar.
Rebatir.
Replicar.
Discutir.

Objetar.
*Aprobar.

1. Impulsar
Lanzar.
Arrojar.
Empujar.
Impeler.
*Frenar.

2. Impulsar
Estimular.
Incitar.
*Desanimar.

1. Impulsivo
Propulsor.
Impelente.
Propelente.
*Retardador.

2. Impulsivo
Impetuoso.
Efusivo.
Vehemente.
Arrebatado.
Ardiente.
*Flemático.

Impulso
Ímpetu.
Envión.
Propulsión.
Impulsión.
Empujón.
*Desaliento.

Impune
Inulto.
Impúnido.

1. Impureza
Suciedad.
Corrupción.
Turbiedad.
Adulteración.
*Pureza.

2. Impureza
Deshonestidad.
Impudicia.
*Castidad.

1. Impuro
Sucio.
Mezclado.
Turbio.
Adulterado.
Revuelto.
*Puro.

2. Impuro
Deshonesto.
Impúdico.
*Casto.

Imputar
Achacar.
Cargar.
Atribuir.
Reprochar.
Tachar.
*Excusar.

Imputrescible
Incorruptible.

Inabarcable
Dilatado.
Inalcanzable.
Inmenso.

Inabordable
Impracticable.
Inaccesible.

1. Inacabable
Infinito.
Inagotable.
Inextinguible.
*Finito.

2. Inacabable
Latoso.
Fastidioso.
Aburrido.
Molesto.
*Ameno.

1. Inaccesible
Escarpado.
Abrupto.
Fragoso.

2. Inaccesible
Imposible.
Difícil.
*Fácil.

Inacción
Sosiego.
Tregua.
Descanso.
Paro.
Pausa.
*Movimiento.

Inacentuado
Átono.

Inaceptable
Inadmisible.

1. Inactividad
Inacción.

2. Inactividad
Desidia.
Ocio.
Pereza.
Apatía.
Ociosidad.
*Diligencia.

1. Inactivo
Parado.
Estático.
Inerte.
Quieto.
Detenido.

2. Inactivo
Pasmado.
Tumbado.
Ocioso.
*Diligente.

Inadaptable
Inajustable.

Inadaptado
Paria.
Extraño.

Inadecuado
Inapropiado.
Impropio.
*Propio.

Inadmisible
Falso.
Repelente.
*Conveniente.

Inadvertencia
Descuido.
Negligencia.
Omisión.
Olvido.
Distracción.
*Atención.

Inadvertido
Atolondrado.
Irreflexivo.
Precipitado.
Distraído.
*Atento.

Inagotable
Continuo.
Eterno.
Infinito.
*Finito.

Inaguantable
Pesado.
Cargante.
Fastidioso.
*Ameno.

Inalámbrico
Hertziano.

Inalcanzable
Inasequible.
*Fácil.

Inalterable
Estable.
Fijo.
Permanente.
*Tornadizo.

Inadmisible
Imperdible.

Inamovible
Fijo.
Quieto.
Estático.
*Móvil.

Inane
Baladí.
Inútil.
Fútil.
Vano.
Vacuo.
*Útil.

Inanición
Depauperación.
Inedia.
Extenuación.
Debilidad.
*Fortaleza.

Inanidad
Vacuidad.
Puerilidad.
Futilidad.
Inutilidad.
*Provecho

Inapagable
Inextinguible.

Inapelable
Irrecusable.
Inexorable.

Inapetencia
Saciedad.
Desgana.
Disorexia.
Anorexia.
*Hambre.

Inaplazable
Fijo.
Definitivo.
*Diferible.

1. Inapreciable
Inestimable.

2. Inapreciable
Precioso.
Valioso.
*Baladí.

3. Inapreciable
Insensible.
Imperceptible.
Indiscernible.
*Evidente.

Inaprovechable
Estropeado.
Inservible.
Inútil.
*Útil.

Inarmónico
Discordante.
Disonante.
Destemplado.
Discorde.
*Armónico.

1. Inarticulado
Desarticulado.

2. Inarticulado
Confuso.
Inconexo.

1. Inasequible
Inasible.
Inabordable.
Inalcanzable.

2. Inasequible
Difícil.
Abstruso.
*Fácil.

Inastillable
Irrompible.
Templado.

1. Inatacable
Inmune.
Invulnerable.
*Vulnerable.

2. Inatacable
Inexpugnable.
Inconquistable.
*Expugnable.

3. Inatacable
Impecable.
Irreprochable.
Perfecto.
*Defectuoso.

Inatento
Distraído.
Desatento.
Olvidadizo.
*Atento.

1. Inaudito
Sorprendente.
Nuevo.
Raro.
Increíble.
Extraño.
*Corriente.

2. Inaudito
Atroz.
Censurable.
Monstruoso.
Escandaloso.
Vituperable.
*Encomiable.

Inauguración
Abertura.
Principio.
Comienzo.
Estreno.
Apertura.
*Clausura.

Inaugurar
Estrenar.
Comenzar.
Abrir.
Principiar.
Empezar.
*Clausurar.

Incalculable
Infinito.
Enorme.
Indefinido.
Inmenso.
*Limitado.

1. Incalificable
Indeterminable.

2. Incalificable
Censurable.
Vergonzoso.
Vituperable.
Reprobable.
*Encomiable.

Incandescente
Encendido.
Candente.
*Apagado.

Incansable
Tenaz.
Persistente.
Obstinado.
Resistente.
Laborioso.
*Cansado.

1. Incapacidad
Torpeza.
Nulidad.
Ignorancia.
*Aptitud.

2. Incapacidad
Insuficiencia.

Incapacitado
Carente.
Inepto.
Falto.
*Apto.

Incapacitar
Invalidar.
Eliminar.

Incapaz
Torpe.
Nulo.
Negado.
Ignorante.
Inepto.
*Hábil.

Incasto
Libertino.

Inmoral.
*Decente.

Incautarse
Apropiarse.
Usurpar.
Confiscar.
Retener.
Expoliar.

Incauto
Cándido.
Simple.
Crédulo.
Inocente.
Ingenuo.
*Despierto.

Incendiar
Inflamar.
Conflagrar.
Encender.
Quemar.
*Apagar.

1. Incendiario
Quemador.
Piromaniaco.

2. Incendiario
Arrebatado.
Agresivo.
Violento.
Subversivo.
Sedicioso.
*Pacífico.

1. Incendio
Quema.
Ingnición.
Fuego.
Inflamación.
Ustión.
*Extinción.

2. Incendio
Desastre.
Siniestro.

Incensada
Elogio.
Lagotería.
Lisonja.
Adulación.
*Diatriba.

Incensario
Turíbulo.
Turífero.
Turiferario.

Incentivo
Estímulo.
Acicate.
Aliciente.
Incitación.
*Paliativo.

Incertidumbre
Duda.
Vacilación.
Perplejidad.
Volubilidad.
Fragilidad.
*Certitud.

Incertinidad
Incertidumbre.

Incertitud
Incertidumbre.

Incesante
Continuo.
Constante.
Persistente.
Perenne.
Perpetuo.
*Efímero.

Incidencia
Circunstancia.
Ocasión.
Incidente.
Coyuntura.
Eventualidad.

1. Incidente
Incidencia.

2. Incidente
Litigio.
Disputa.
Cuestión.
Discusión.
Suceso.

Incidir
Contravenir.
Incurrir.
Caer.
Faltar.
Resbalar.
*Eludir.

Incienso
Olíbano.
Mirra.
Lisonja.

Incierto
Confuso.
Nebuloso.
Dudoso.
Variable.
Vacilante.
*Cierto.

Incinerar
Calcinar.
Quemar.
Cenizar.

Incipiente
Novicio.
Primerizo.
Naciente.
Principiante.
Novato.
*Consumado.

Incisión
Cesura.
Punción.
Corte.
Cisura.
Puntura.

Incisivo
Tajante.
Penetrante.
Cortante.
Agudo.
Mordaz.
*Benevolente.

1. Inciso
Separado.
Dividido.
Cortado.
Sesgado.
Partido.
*Unido.

2. Inciso
Paréntesis.
Coma.

Incisura
Hendidura.
Escotadura.
Fisura.

Incitación
Acicate.
Excitación.
Estímulo.
Inducción.
Aliciente.
*Desaliento.

Incitar
Excitar.
Estimular.
Inducir.
Animar.
Avivar.
*Desalentar.

Incitativo
Estimulante.
Aguijatorio.
Animador.
*Tranquilizante.

Incivil
Grosero.
Malcriado.
Insolente.
*Cortés.

Inclasificable
Anárquico.
Indeterminable.
*Normal.

1. Inclemencia
Severidad.
Crueldad.
*Bondad.

2. Inclemencia
Aspereza.
Dureza.
Rigor.
*Suavidad.

Inclemente
Severo.
Rígido.
Riguroso.
Duro.
*Benigno.

1. Inclinación
Preferencia.
Afecto.
Tendencia.
Propensión.
Afición.
*Desapego.

2. Inclinación
Pendiente.
Talud.
Declive.
*Llanura.

3. Inclinación
Oblicuidad.

Ángulo.
Través.

4. Inclinación
Saludo.
Reverencia.

5. Inclinación
Vocación.
Disposición.
Índole.

1. Inclinado
Ladeado.

2. Inclinado
Afecto.
Propenso.

1. Inclinar
Oblicuar.
Ladear.
Desviar.
Tumbar.
Acostar.
*Enderezar.

2. Inclinar
Convencer.
Incitar.
Persuadir.
*Disuadir.

Ínclito
Esclarecido.
Célebre.
Ilustre.
Famoso.
Preclaro.
*Vulgar.

Incluir
Reunir.
Implicar.
Encerrar.
Contener.
Englobar.
*Separar.

Inclusa
Torno.

Inclusive
Incluso.
Inclusivamente.

1. Incluso
Inclusive.

2. Incluso
Hasta.

Incoar
Principiar.
Empezar.
Iniciar.
Comenzar.
*Acabar.

Incobrable
Suspenso.
Fallido.
Moroso.

Incoercible
Irrefrenable.
Irreductible.
Incontenible.
*Manso.

Incógnita
Solución.
Equis.

Incógnito
Anónimo.
Secreto.
Ignorado.
Oculto.
*Conocido.

Incognoscible
Abstruso.
Oscuro.
Recóndito.
Escondido.
Inescrutable.

Incoherente
Confuso.
Discordante.
Inconexo.
*Conexo.

Íncola
Habitante.
Morador.
Poblador.

Incoloro
Desteñido.
Transparente.
Descolorido.
*Coloreado.

Incólume
Ileso.
Indemne.
Intacto.
*Dañado.

1. Incombustible
Refractario.
Ininflamable.
*Ustible.

2. Incombustible
Frío.
Desapasionado.
Inconmovible.
*Apasionado.

Incomestible
Indigerible.
Incomible.
*Comestible.

Incomodar
Molestar.
Fastidiar.
Irritar.
Enfadar.
Enojar.
*Agradar.

Incomodidad
Molestia.
Enfado.
Enojo.
Fastidio.
Irritación.
*Agrado.

Incómodo
Enfadoso.
Embarazoso.
Perturbador.
Difícil.
Molesto.
*Agradable.

Incomparable
Inconmensurable.
Inmensurable.

1. Incompatibilidad
Oposición.
Disconformidad.
Repugnancia.
*Avenencia.

2. Incompatibilidad
Obstáculo.
Vicio.
Impedimento.
*Facilidad.

Incompatible
Desacorde.

Opuesto.
Inconciliable.
*Acorde.

Incompetencia
Ineptitud.
Inhabilidad.
Incapacidad.

Incompetente
Torpe.
Ineficaz.
Inepto.
Incapaz.
Desmañado.
*Competente.

Incompleto
Deficiente.
Defectuoso.
Fragmentario.
Falto.
Truncado.
*Perfecto.

Incomplexo
Incomplejo.
Desarticulado.
Desligado.
*Unido.

Incomprensible
Enigmático.
Oscuro.
Abstruso.
Misterioso.
Difícil.
*Claro.

Incomprensión
Desavenencia.
Desacuerdo.
Desunión.
*Acuerdo.

Incomunicar
Confinar.
Apartar.
Aislar.
Retraer.
Apartar.
*Relacionar.

1. Inconcebible
Incomprensible.

2. Inconcebible
Extravagante.
Extraño.

Sorprendente.
Fenomenal.
*Normal.

Inconciliable
Disconforme.
Incompatible.
Desacorde.
*Armónico.

Inconcino
Trastornado.
Alterado.
Revuelto.
*Ordenado.

Inconcuso
Seguro.
Palmario.
Evidente.
Firme.
*Dudoso.

1. Incondicional
Ilimitado.
Absoluto.
*Condicionado.

2. Incondicional
Adicto.
Prosélito.
Adepto.
Partidario.
Afiliado.
*Disidente.

Inconexión
Desunión.
Discontinuidad.
Discordancia.
Desconexión.
*Armonía.

Inconexo
Discordante.
Discontinuo.
Incoherente.
*Unido.

Inconfesable
Abominable.
Indigno.
Reprensible.
Deshonesto.
*Honorable.

Inconfundible
Claro.

Característico.
Distinto.
Personal.
*Indistinguible.

Incongruente
Incoherente.
Impropio.
Incongruo.
Inconexo.
Inconveniente.
*Oportuno.

Inconmensurable
Infinito.
Inmensurable.
Inmenso.
Ilimitado.
*Finito.

Inconmovible
Perenne.
Estable.
Firme.
Permanente.
Fijo.
*Móvil.

Inconquistable
Inasequible.
Inexpugnable.
Inaccesible.
Incontrastable.
*Fácil.

Inconsciencia
Abstracción.
Distracción.
Ensimismamiento.
Embaucamiento.

Inconsciente
Instintivo.
Automático.
Irreflexivo.
Maquinal.
Involuntario.
*Meditado.

1. Inconsecuente
Ilógico.
Fortuito.
Casual.
*Ilativo.

2. Inconsecuente
Ligero.
Irreflexivo.

Voluble.
*Firme.

Inconsideración
Precipitación.
Ligereza.
Atolondramiento.
Aturdimiento.
Irreflexión.
*Miramiento.

Inconsiderado
Irreflexivo.
Precipitado.
Imprudente.
Atolondrado.
Aturdido.
*Reflexivo.

Inconsistente
Endeble.
Blando.
Maleable.
Frágil.
Dúctil.
*Duro.

Inconsolable
Afligido.
Acongojado.
Abrumado.
Apenado.
Abatido.
*Regocijado.

Inconstancia
Volubilidad.
Ligereza.
Versatilidad.
Levedad.
*Firmeza.

Inconstante
Veleidoso.
Mudable.
Versátil.
Voluble.
Tornadizo.
*Seguro.

Incontable
Numerosísimo.
Inmenso.
Infinito.
Incalculable.
Inconmensurable.
*Finito.

Incontaminado
Salvo.
Incorrupto.
Exento.
Puro.
*Corrupto.

Incontenible
Indomable.
Irresistible.
Indómito.

Incontestable
Seguro.
Palmario.
Demostrado.
Probado.
Axiomático.
*Discutible.

Incontinente
Libertino.
Liviano.
Lujurioso.
Sensual.
Lascivo.
*Sobrio.

Incontinenti
Inmediatamente.
Pronto.
Luego.

Incontrastable
Invencible.
Inexpugnable.
Incuestionable.
*Discutible.

Incontrovertible
Incontestable.

1. Inconveniencia
Molestia.
Incomodidad.
Contrariedad.
*Comodidad.

2. Inconveniencia
Disconformidad.
*Acuerdo.

3. Inconveniencia
Grosería.
Falta.
Despropósito.
Descortesía.
*Respeto.

1. Inconveniente
Complicación.
Impedimento.
Dificultad.
Conflicto.
Estorbo.
*Facilidad.

2. Inconveniente
Incivil.
Descortés.
Grosero.
*Cortés.

1. Incordio
Bubón.

2. Incordio
Ajobo.
Postema.
Cócora.
Molestia.

Incorporación
Añadidura.
Juntura.
Anexión.
Aditamento.
*Separación.

Incorporar
Integrar.
Asociar.
Englobar.
Mezclar.
Unir.
*Separar.

Incorporarse
Levantarse.
Alzarse.
Erguirse.
*Tenderse.

Incorpóreo
Etéreo.
Intangible.
Impalpable.
Incorporal.
Insensible.
*Material.

1. Incorrección
Error.
Defecto.
Deficiencia.
Falta.
*Perfección.

2. Incorrección
Grosería.
Despropósito.
Desatención.
*Cortesía.

1. Incorrecto
Erróneo.
Anormal.
Defectuoso.
*Conforme.

2. Incorrecto
Grosero.
Descortés.
Inconveniente.
*Atento.

Incorregible
Terco.
Recalcitrante.
Pertinaz.
Testarudo.
*Dócil.

1. Incorruptible
Incorrupto.
Invariable.
Inalterable.

2. Incorruptible
Casto.
Firme.
Recto.
Puro.
Íntegro.
*Deshonesto.

1. Incredulidad
Descreimiento.
Descreencia.
*Duda.

2. Incredulidad
Ateísmo.
*Fe.

3. Incredulidad
Recelo.
Suspicacia.
*Confianza.

1. Incrédulo
Ateo.
Impío.
*Creyente.

2. Incrédulo
Suspicaz.
Receloso.
Malicioso.
*Confiado.

Increíble
Extraño.
Raro.
Absurdo.
Sorprendente.
Asombroso.
*Verosímil.

Incrementar
Agregar.
Aumentar.
Añadir.
Adicionar.
Acrecentar.
*Disminuir.

Incremento
Aumento.
Crecimiento.
Ampliación.
Desarrollo.
Dilatación.
*Disminución.

Increpar
Amonestar.
Reñir.
Sermonear.
Reprender
Regañar.
*Alabar.

Incriminar
Acusar.
Inculpar.

1. Incrustar
Taracear.
Embutir.

2. Incrustar
Recubrir.
Cubrir.

Incubar
Empollar.
Encobar.

Íncubo
Gnomo.
Espíritu.
Demonio.
Diablo.

Incuestionable
Evidente.
Axiomático.
*Dudoso.

Inculcar
Imbuir.
Infiltrar.
Repetir.
Infundir.
Introducir.
*Disuadir.

Inculpabilidad
Exención.
Inocencia.
*Culpa.

Inculpado
Acusado.
Reo.
Procesado.
Culpado.

Inculpar
Acusar.
Culpar.
Imputar.
Atribuir.
Tachar.
*Disculpar.

1. Inculto
Baldío.
Yermo.
Salvaje.
*Cultivado.

2. Inculto
Rústico.
Bruto.
Grosero.
Iletrado.
Ignorante.
*Culto.

Incultura
Rusticidad.
Rustiquez.
Ignorancia.
Grosería.
*Cultura.

Incumbencia
Obligación.
Jurisdicción.
Cargo.
*Desentendimiento.

Incumbir
Concernir.
Corresponder.
Competer.
Atribuir.
Atañer.

Incumplir
Violar.
Quebrantar.
Contravenir.
Vulnerar.
Infringir.
*Satisfacer.

Incurable
Inmedicable.
Insanable.
Desahuciado.
*Curable.

Incuria
Apatía.
Abandono.
Negligencia.
Dejadez.
Pereza.
*Diligencia.

Incurrir
Incidir.
Tropezar.
Caer.
Resbalar.
*Eludir.

Incursión
Invasión.
Batida.
Penetración.
Exploración.
Irrupción.

Indagación
Inquisición.
Indagatoria.
Investigación.
Perquisición.
Información.

Indagar
Inquirir.
Averiguar.
Investigar.
Perquirir.
Buscar.

Indebido
Vedado.

Prohibido.
Negado.
*Permitido.

Indecencia
Liviandad.
Grosería.
Obscenidad.
*Decencia.

Indecente
Grosero.
Obsceno.
Liviano.
*Honesto.

Indecible
Inefable.
Inexpresable.
*Corriente.

Indecisión
Duda.
Vacilación.
Hesitación.
Titubeo.
Perplejidad.
*Seguridad.

Indeciso
Vacilante.
Cambiante.
Perplejo.
Confuso.
Variable.
*Resoluto.

Indecoro
Deshonor.
Indecencia.

Indecoroso
Indigno.
Indecente.
Vil.
*Decoroso.

Indefectible
Seguro.
Positivo.
Infalible.
Cierto.
*Precario.

Indefendible
Indefensable.
Refutable.
Impugnable.
Contestable.
*Irrebatible.

Indefenso
Abandonado.
Solo.
Inerme.
*Amparado.

1. Indefinible
Difícil.
Complicado.
*Comprensible.

2. Indefinible
Indefinido.

Indefinido
Vago.
Confuso.
*Concreto.

Indeleble
Durable.
Permanente.
Fijo.
Eterno.
Definitivo.
*Efímero.

Indeliberado
Fortuito.
Espontáneo.
*Consciente.

Indemne
Exento.
Sano.
Libre.
Incólume.
Ileso.
*Dañado.

Indemnidad
Garantía.
Inmunidad.
*Sujeción.

Indemnizar
Reparar.
Devolver.
Resarcir.
Satisfacer.
Subsanar.
*Perjudicar.

1. Independencia
Autonomía.
Emancipación.
Libertad.
Manumisión.
*Sujeción.

2. Independencia
Entereza.
Resolución.
Integridad.
Firmeza.
*Vacilación.

Independiente
Emancipado.
Autónomo.
Libre.
Franco.
Exento.
*Sujeto.

Independizar
Eximir.
Manumitir.
Libertar.
Emancipar.
Liberar.
*Oprimir.

Indescifrable
Misterioso.
Criptográfico.
Embrollado.
Oscuro.
Sibilino.
*Claro.

Indescriptible
Indecible.
Inexpresable.
*Explicable.

Indeseable
Malquisto.
Perjudicial.
Indigno.
Peligroso.
Antipático.

Indestructible
Fuerte.
Permanente.
Fijo.
*Frágil.

1.Indeterminación
Duda.
Vacilación.
Indecisión.
*Decisión.

2.Indeterminación
Versatilidad.
Cambio.
Fluctuación.
*Exactitud.

Indeterminado
Vago.
Equívoco.
Versátil.
Vacilante.
Abstracto.
*Seguro.

Indicación
Señal.
Citación.
Convocatoria.
Llamamiento.
Llamada.

Indicador
Anuncio.
Señal.
Cuadro.
Tablero.

Indicar
Señalar.
Avisar.
Mostrar.
Anunciar.
Apuntar.
*Esconder.

1. Índice
Lista.
Repertorio.
Index.
Catálogo.
Tabla.

2. Índice
Señal.
Indicio.
Muestra.

3. Índice
Sagita.
Manecilla.
Indicador.
Gnomon.

4. Índice
Radical.
Raíz.

Indicio
Señal.
Muestra.
Índice.
Signo.
Vislumbre.

Indiferencia
Apatía.

Displicencia.
Frialdad.
Olvido.
Distancia.
*Aprecio.

Indiferente
Apático.
Indolente.
Frío.
Escéptico.
Displicente.
*Apasionado.

Indígena
Nativo.
Aborigen.
Originario.
Oriundo.
Vernáculo.
*Forastero.

Indigente
Menesteroso.
Necesitado.
Pobre.
Desvalido.
*Pudiente.

Indigestarse
Empacharse.
Ahitarse.
Enaguacharse.
*Probar.

Indigestión
Ahíto.
Cargazón.
Empacho.
Atafea.
Embargo.

1. Indigesto
Dañino.
Nocivo.
*Saludable.

2. Indigesto
Hosco.
Áspero.
*Amable.

Indignación
Ira.
Irritación.
Enojo.
Enfado.
Cólera.
*Complacencia.

Indignar
Enfadar.
Encolerizar.
Enojar.
Irritar.
Exasperar.
*Complacer.

1. Indignidad
Injusticia.
Desmerecimiento.
*Equidad.

2. Indignidad
Vileza.
Bajeza.
Ruindad.
Humillación.
Abyección.
*Honor.

1. Indigno
Injusto.
Inmerecido.
*Justo.

2. Indigno
Vil.
Abyecto.
Ruin.
Bajo.
Infame.
*Noble.

Índigo
Añil.

Indio
Indostánico.
Indo.
Hindú.

Indirecta
Puntada.
Vareta.
Alusión.
Eufemismo.
Insinuación.

Indirecto
Oblicuado.
Desviado.
*Recto.

Indiscernible
Oscuro.
Confuso.
Diluido.
*Claro.

Indisciplina
Rebeldía.
Rebelión.
*Docilidad.

Indisciplinado
Reacio.
Sedicioso.
Díscolo.
Rebelde.
*Disciplinado.

Indiscreción
Curiosidad.
Intromisión.
Fisgoneo.

Indiscreto
Intruso.
Entrometido.
Curioso.
Fisgón.
Husmeador.
*Formal.

Indisculpable
Craso.
Culpable.
*Inocente.

Indiscutible
Cierto.
Palmario.
Evidente.
Axiomático.
*Dudoso.

Indispensable
Forzoso.
Obligatorio.
Necesario.
Fundamental.
Preciso.
*Accidental.

Indisponer
Malquistar
Cizañar.
Enemistar.
Concitar.
*Amigar.

Indisponer
Enfermar.

Indisposición
Quebranto.
Dolencia.
Malestar.

Mal.
Padecimiento.
*Bienestar.

Indispuesto
Doliente.
Delicado.
Enfermo.
Achacoso.
Malo.
*Sano.

Indisputable
Indiscutible.

Indistinto
Oscuro.
Esfumado.
Confuso.
Diluido.
Nuboso.
*Claro.

Individual
Propio.
Particular.
*Colectivo.

Individualidad
Personalidad.
Particularidad.
Idiosincrasia.
Carácter.
*Despersonalización.

Individualismo
Egolatría.
Egoísmo.
Egocentrismo.
Particularismo.
*Generosidad.

Individuar
Concretar.
Particularizar.
Individualizar.
Especificar.
Pormenorizar.
*Generalizar.

Individuo
Ser.
Sujeto.
Persona.
Prójimo.
Socio.

Indivisible
Entero.
*Fraccionable.

Indiviso
Unitario.
Uno.
*Fraccionado.

Indócil
Díscolo.
Rebelde.
*Dócil.

Indocilidad
Rebeldía.
Independencia.

Indocto
Ignorante.
Iletrado.
*Sabio.

Índole
Carácter.
Jaez.
Condición.
Genio.
Natural.

Indolencia
Negligencia.
Pereza.
Apatía.
Flojera.
Calma.
*Diligencia.

Indolente
Dejado.
Flojo.
Apático.
Negligente.
Haragán.
*Diligente.

Indomable
Arisco.
Bravío.
Salvaje.
Cerril.
*Dócil.

Indubitable
Indudable.

Inducción
Instigación.
Incitación.
Inducimiento.

Inducia
Tregua.
Demora.

Dilación.
Detención.

Inducir
Instigar.
Llevar.
Persuadir.
Incitar.
Mover.
*Disuadir.

Inductor
Causante.
Promotor.

Indudable
Seguro.
Evidente.
Lógico.
Positivo.
Manifiesto.
*Dudoso.

Indulgencia
Benignidad.
Tolerancia.
Compasión.
Misericordia.
Lenidad.
*Inflexibilidad.

Indulgente
Benevolente.
Tolerante.
Lene.
Suave.
Misericordioso.
*Inflexible.

Indultar
Dispensar.
Condonar.
Absolver.
Perdonar.
Amnistiar.
*Condenar.

Indulto
Amnistía.
Remisión.
Absolución.
Perdón.
Gracia.
*Condena.

Indumentaria
Vestidura.
Traje.
Indumento.
Vestido.
Prenda.

1. Industria
Destreza.
Garbo.
Maña.
Pericia.
Habilidad.

*Impericia.

2. Industria
Producción.
Construcción.
Fabricación.
Manufactura.

Industrial
Fabricante.

Industrialismo
Mercantilismo.
Mecanicismo.

Industriar
Adiestrar.
Aleccionar.
Instruir.
Amaestrar.
Ejercitar.

Industriarse
Arreglarse.
Componérselas.
Ingeniarse.
Apañarse.
Bandearse.

*Fracasar.

1. Industrioso
Diestro.
Artificioso.
Ingenioso.
Mañoso.

*Torpe.

2. Industrioso
Hábil.
Experto.
Ladino.
Instruido.
Práctico.

*Inepto.

Inédito
Nuevo.
Reciente.
Original.
Fresco.

*Divulgado.

Ineducado
Ignorante.

Inculto.
Iletrado.
Profano.
Nesciente.

*Educado.

Inefable
Maravilloso.
Inexpresable.

*Infando.

Ineficaz
Estéril.
Vano.
Nulo.

*Provechoso.

Inelegancia
Superfluidad.
Ridiculez.
Cursilería.
Ramplonería.

*Distinción.

Inelegante
Torpe.
Grosero.
Tosco.
Cursi.
Pedante.

*Elegante.

Ineluctable
Inevitable.

Ineludible
Forzoso.
Obligatorio.
Necesario.
Fatal.

*Azaroso.

Inenarrable
Inefable.

Inepcia
Tontería.
Estupidez.
Necedad.
Majadería.

*Listeza.

Ineptitud
Torpeza.
Desmaña.

*Aptitud.

Inepto
Torpe.
Estúpido.

Nulo.

*Apto.

Inequívoco
Evidente.
Cierto.
Manifiesto.
Seguro.
Palpable.

*Dudoso.

Inercia
Desidia.
Indiferencia.
Pasividad.
Flojedad.
Apatía.

*Actividad.

Inerme
Solo.
Abandonado.

*Amparado.

1. Inerte
Estéril.
Apático.
Inútil.
Pasivo.

*Activo.

2. Inerte
Desidioso.
Lento.
Flojo.
Perezoso.

*Diligente.

Inescrutable
Oscuro.
Arcano.
Misterioso.

*Cognoscible.

Inescudriñable
Inescrutable.

Inesperado
Repentino.
Brusco.
Súbito.
Fortuito.
Casual.

*Previsto.

Inestable
Cambiante.
Precario.
Frágil.

Móvil.
Débil.

*Seguro.

Inestimable
Precioso.
Valioso.

*Baladí.

Inevitable
Ineludible.

Inexactitud
Error.
Equivocación.
Falta.
Mentira.
Anacronismo.

*Estrictez.

Inexacto
Equívoco.
Mentiroso.
Anacrónico.
Erróneo.
Falso.

*Fiel.

Inexcusable
Requeridor.
Apremiante.

*Justificado.

1. Inexistente
Nonato.

2. Inexistente
Vano.
Ilusorio.
Hipotético.
Falaz.
Utópico.

*Real.

Inexorable
Cruel.
Duro.
Despiadado.

*Evitable.

Inexperiencia
Impericia.

Inexperto
Principiante.
Neófito.
Bisoño.
Novato.
Novicio.

*Hábil.

Inexpiable
Irreparable.

*Expiativo.

Inexplicable
Raro.
Extraño.
Obscuro.
Misterioso.

*Racional.

Inexplorado
Yermo.
Virgen.
Ignoto.
Desierto.

*Conocido.

Inexpresable
Maravilloso.
Extraordinario.

*Corriente.

Inexpresivo
Seco.
Expletivo.
Enigmático.
Adusto.
Reservado.

*Elocuente.

1. Inexpugnable
Invencible.
Insuperable.

*Fácil.

2. Inexpugnable
Tenaz.
Firme.
Estólido.

*Débil.

Inextensible
Limitado.
Ceñido.
Definido.
Constrito.

*Ilimitado.

Inextenso
Limitado.
Corto.
Finito.
Pequeño.

*Vasto.

1. Inextinguible
Inapagable.
*Incendiable.

2. Inextinguible
Eterno.
Infinito.
*Finito

Inextricable
Complejo.
Confuso.
Arduo.
*Claro.

Infalible
Seguro.
Verdadero.
Cierto.
Positivo.
*Dudoso.

Infamante
Infamativo.
Infamatorio.
Envilecedor.
Ofensivo.
Oprobioso.
*Honorable.

Infamar
Afrentar.
Ofender.
Denigrar.
Difamar.
Ultrajar.
*Honrar.

1. Infame
Despreciable.

2. Infame
Vil.
Abyecto.
Malo.
Perverso.
Ruin.
*Bueno.

Infamia
Afrenta.
Maldad.
Perversidad.
Vileza.
Oprobio.
*Bondad.

Infancia
Puericia.

Niñez.
Pequeñez.
Precocidad.
*Vejez.

Infando
Nefando.
Repugnante.
Torpe.
Indigno.
*Digno.

Infanta
Princesa.

1. Infante
Niño.

2. Infante
Príncipe.

3. Infante
Soldado.
Áscari.

1. Infantil
Aniñado.
Pueril.
*Viejo.

2. Infantil
Ingenuo.
Inofensivo.
Inocente.
Cándido.
Candoroso.
Malicioso.

Infanzón
Hijodalgo.

Infarto
Inflamación.
Dilatación.

Infatigable
Laborioso.
Resistente.
Trabajador.
Activo.
*Cansino.

Infatuado
Petulante.
Afectado.
Vanidoso.
*Humilde

Infatuar
Envanecer.

Hinchar.
Engreír.
Inflar.
Ensoberbecer.
*Desengañar.

Infatuarse
Entronizarse.
Pavonearse.
*Humillarse.

Infausto
Triste.
Nefasto.
Funesto.
Doloroso.
Aciago.
*Feliz.

Infección
Epidemia.
Contaminación.
Contagio.
Perversión.
Corrupción.

Infeccioso
Contagioso.
Contagiable.
Pegadizo.

Infectar
Inficionar.

Infecto
Inficionado.

Infecundidad
Aciesis.
Atocia.
Aridez.
Esterilidad.
*Fertilidad.

Infecundo
Pobre.
Estéril.
Árido.
*Fértil.

Infelicidad
Adversidad.
Revés.
Desdicha.
Infortunio.
*Dicha.

Infeliz
Misero.
Miserable.
Víctima.

Pobre.
Malaventurado.
*Dichoso.

Inferencia
Consecuencia.
Ilación.

1. Inferior
Servidor.
Dependiente.
Subalterno.
Sujeto.
Accesorio.
*Superior.

2. Inferior
Peor.
Bajo.
Malo.
Menor.
*Mejor.

1. Inferioridad
Subordinación.
Dependencia.
*Superioridad

2. Inferioridad
Imperfección.
Insignificancia.
Bajura.
Medianía.
*Perfección.

3. Inferioridad
Mengua.
Desventaja.
Minoría.
Menoscabo.
*Ventaja.

1. Inferir
Colegir.
Educir.
Deducir.
Suponer:
Obtener.

2. Inferir
Ocasionar.
Producir.
Hacer.
Causar.

Infernal
Demoníaco.
Maléfico.
Satánico.

Dañino.
Perjudicial.
*Angelical.

1. Infestar
Inficionar.

2. Infestar
Saquear.
Hostilizar.
Devastar.
Pillar.
Estragar.

Infición
Infección.

Inficionar
Infectar.
Apestar.
Contagiar.
Infestar.
Viciar.
*Purificar.

Inficionado
Corrompido.
Contagiado.
Infestado.
Viciado.
Infecto.
*Sano.

1. Infidelidad
Falsía.
Perfidia.
Vileza.
Felonía.
Traición.
*Lealtad.

2. Infidelidad
Impiedad.
Incredulidad.
*Religiosidad.

1. Infiel
Traidor.
Felón.
Aleve.
Pérfido.
Alevoso.
*Leal.

2. Infiel
Incrédulo.
Impío.
*Religioso.

Infiernillo
Cocinilla.
Infernillo.
Reverbero.

Infierno
Orco.
Abismo.
Averno.
Báratro.
Érebo.
*Cielo.

Infiltrar
Imbuir.
Infundir.
Introducir.
Inculcar.
Inspirar.
*Disuadir.

Ínfimo
Último.
Inferior.
Bajo.
Mínimo.
Despreciable.
Miserable.
*Alto.

Infinidad
Inmensidad.
Montón.
Infinitud.
Cúmulo.
Multitud.
*Escasez.

Infinitesimal
Atómico.
Minúsculo.
Microscópico.
Imperceptible.
*Grande.

Infinito
Ilimitado.
Excesivo.
Interminable.
Incalculable.
Extraordinario.
*Limitado.

1. Inflación
Hinchazón.
Intumefacción.
Inflamiento.
Intumescencia.

2. Inflación
Infatuación.
Engreimiento.
Vanidad.
*Humildad.

3. Inflación
Desvalorización.
*Deflación.

Inflamación
Enconamiento.
Congestión.
Flegmasia.
Hinchazón.
*Descongestión.

1. Inflamar
Abrasar.
Incendiar.
Encender.
*Apagar

2. Inflamar
Animar.
Enardecer.
Acalorar.
Avivar.
Entusiasmar.
*Apaciguar.

Inflar
Soplar.
Abultar.
Hinchar.
Ahuecar.
Levantar.
*Reducir.

Inflarse
Engreírse.
Infatuarse.
Hincharse.
Ensoberbecerse.
*Humillarse.

Inflexible
Duro.
Rígido.
Firme.
Tenaz.
*Benévolo.

1. Inflexión
Alabeo.
Comba.
Torcimiento.
Desviación.

Inclinación.
*Rectitud.

2. Inflexión
Tono.
Modulación.

3. Inflexión
Desinencia.
Terminación.

1. Infligir
Aplicar.
Producir.
Imponer.
Inferir.
*Aliviar.

2. Infligir
Castigar.
Condenar.
Penar.
*Remitir.

1. Influencia
Acción.
Efecto.
Influjo.
Peso.
*Inacción.

2. Influencia
Poder.
Autoridad.
Valimiento.
Ascendiente.

1. Influir
Ejercer.
Actuar.
Accionar.

2. Influir
Ayudar.
Intervenir.
Apoyar.
Contribuir.
Pesar.

1. Influjo
Influencia.

2. Influjo
Flujo.

Influyente
Poderoso.
Eficaz.
Importante.
Acreditado.

Información
Indagación.
Pesquisa.
Investigación.
Averiguación.
Encuesta.

1. Informal
Inconvencional.
Irregular.
*Corriente.

2. Informal
Ligero.
Voluble.
*Asiduo.

Informar
Comunicar.
Anunciar.
Avisar.
Notificar.
Participar.
*Callar.

Informarse
Documentarse.
Buscar.
Estudiar.
Investigar.
*Ignorar.

1. Informe
Testimonio.
Referencia.
Noticia.
Dato.
Razón.

2. Informe
Certificado.
Dictamen.
Exposición.
Discurso.

3. Informe
Indefinido.
Imperfecto.
Impreciso.
Deforme.
Amorfo.
*Preciso.

Infortunado
Misero.
Pobre.
Infeliz.
Desgraciado.
*Dichoso.

Infortunio
Fatalidad.
Adversidad.
Desgracia.
Revés.
*Suerte.

Infracción
Violación.
Transgresión.
Vulneración.
*Acatamiento.

Infractor
Malhechor.
Transgresor.

Infranqueable
Escarpado.
Difícil.
Abrupto.
Intrincado.
Quebrado.
*Accesible.

Infrascrito
Suscrito.
Firmante.

Infrecuente
Extraño.
Insólito.
Raro.
*Habitual.

Infrecuentado
Desierto.
Solitario.
*Poblado.

Infringir
Quebrantar.
Violar.
Vulnerar.
Transgredir.
Contravenir.
*Cumplir.

1. Infructífero
Infrugífero.

2. Infructífero
Infructuoso.

Infructuoso
Estéril.
Vano.
Inútil.
*Fecundo.

Ínfulas
Vanidad.
Orgullo.
Presunción.
Fatuidad.
Engreimiento.

*Modestia.

Infundado
Pueril.
Falso.

*Justificado.

1. Infundir
Inspirar.
Inducir.
Imbuir.
Infiltrar.
Introducir.

1. Infusión
Bautizo.

2. Infusión
Extracto.
Solución.

Infusorio
Ciliado.

Ingeniar
Idear.
Discurrir.
Imaginar.
Inventar.
Maquinar.

Ingeniarse
Arreglarse.
Apañarse.
Aplicarse.
Componérselas.
Bandearse.

1. Ingenio
Talento.
Industria.
Inventiva.
Iniciativa.
Habilidad.

2. Ingenio
Aparato.
Utensilio.
Máquina.
Artificio.
Instrumento.

Ingenioso
Mañoso.
Habilidoso.

Diestro.
Hábil.
Sagaz.

*Torpe.

1. Ingénito
Nonato.
Innato.

*Nacido.

2. Ingénito
Congénito.
Connatural.
Ínsito.

*Adquirido.

Ingente
Enorme.
Infinito.
Grandioso.
Exorbitante.
Inmenso.

*Pequeño.

Ingenuidad
Candidez.
Inocencia.
Naturalidad.
Candor.
Pureza.

*Astucia.

Ingenuo
Candoroso.
Inocente.
Cándido.
Puro.
Simple.

*Astuto.

Ingerir
Comer.
Meter.
Tragar.
Introducir.

*Arrojar.

Ingle
Bragadura.

Inglés
Britano.
Británico.
Anglo.

Inglesismo
Anglicismo.
Anglicanismo.

Inglete
Ensambladura.
Escuadra.
Unión.
Cartabón.

Ingobernable
Díscolo.
Reacio.
Insurgente.
Rebelde.
Sedicioso.

*Sumiso.

Ingratitud
Olvido.
Desagradecimiento.

**Reconocimiento.

Ingrato
Olvidadizo.
Infiel.
Desleal.
Desagradecido.

*Reconocido.

Ingrávido
Suelto.
Liviano.
Ligero.
Tenue.
Leve.

*Pesado.

Ingrediente
Substancia.
Droga.
Material.
Componente.
Fármaco.

1. Ingresar
Infiltrar.
Internarse.
Entrar.

2. Ingresar
Afiliarse.
Asociarse.

1. Ingreso
Entrada.

2. Ingreso
Ganancia.
Caudal.
Beneficio.

3. Ingreso
Alta.

*Baja.

Inguinal
Inguinario.

Ingurgitar
Tragar.
Engullir.

Inhábil
Novato.
Torpe.
Novicio.
Inepto.

*Experto.

Inhabilitar
Incapacitar.

*Capacitar.

Inhabitable
Inhóspito.
Incómodo.

Inhabitado
Solitario.
Abandonado.
Vacío.
Desierto.

Inhalar
Absorber.
Aspirar.

*Soplar.

Inherente
Concomitante.
Relativo.
Unido.
Relacionado.
Tocante.

*Separado.

Inhibición
Retraimiento.
Abstención.
Separación.
Alejamiento.
Exención.

*Intromisión.

Inhibir
Vedar.
Estorbar.
Prohibir.
Privar.
Celar.

*Permitir.

Inhibirse
Retraerse.

Alejarse.
Abstenerse.
Apartarse.
Eximirse.

*Inmiscuirse.

1. Inhospitalario
Salvaje.
Duro.
Bárbaro.
Rudo.
Basto.

*Protector.

2. Inhospitalario
Agreste.
Desierto.
Salvaje.
Selvático.
Feroz.

*Acogedor.

Inhumano
Perverso.
Brutal.
Feroz.
Cruel.
Bárbaro.

*Benévolo.

Inhumar
Sepultar.
Enterrar.
Soterrar.

*Exhumar.

Iniciación
Principio.
Instrucción.
Aprendizaje.
Comienzo.
Preparación.

*Terminación.

Iniciado
Afiliado.
Adepto.
Partidario.
Catecúmeno.
Neófito.

*Profano.

Iniciador
Introductor.
Creador.
Innovador.
Promotor.

Inicial

Naciente.
Inaugural.
Originario.
Original.
Preliminar.
*Terminal.

1. Iniciar

Empezar.
Comenzar.
Principiar.
Emprender.
Suscitar.
*Acabar.

2. Iniciar

Enseñar.
Afiliar.
Instruir.
Formar.
*Negar.

3. Iniciar

Entablar.
Incoar.
*Resolver.

1. Iniciativa

Delantera.
Anticipación.
Adelanto.
*Resultado.

2. Iniciativa

Idea.
Proposición.

1. Inicio

Principio.
Fundamento.
Comienzo.
Origen.
Base.
*Final.

2. Inicio

Iniciación.

1. Inicuo

Injusto.
Arbitrario.
Ignominioso.
*Justo.

2. Inicuo

Malvado.
Perverso.
Vil.

Infame.
Malo.
*Bueno.

Inimaginable

Raro.
Extraordinario.
Extraño.
Sorprendente.
Inconcebible.
*Representable.

Ininteligible

Confuso.
Ambiguo.
Oscuro.
Difícil.
Misterioso.
*Comprensible.

Ininterrumpido

Constante.
Continuado.
Contiguo.
Junto.
*Separado.

Iniquidad

Perversidad.
Ignominia.
Infamia.
Maldad.
Arbitrariedad
*Justicia.

Injerencia

Intromisión.
Indiscreción.
Fisgoneria.
*Discreción.

Injerir

Ingerir.
Inserir.
Incluir.
Introducir.
*Alejar.

Injerirse

Meterse.
Inmiscuirse.
Mezclarse.
Interponerse.
Intervenir.
*Abstraerse.

Injertar

Vincular.
Injerir.
Enjertar.

Injerto

Empalme.
Enjerto.

1. Injuria

Ofensa.
Ultraje.
Agravio.
*Merced.

2. Injuria

Perjuicio.
Menoscabo.
Daño.
*Bien.

1. Injuriar

Ultrajar.
Agraviar.
Afrentar.
*Honrar.

2. Injuriar

Perjudicar.
Vulnerar.
Dañar.
*Beneficiar.

Injusticia

Iniquidad.
Atropello.
Abuso.
Arbitrariedad.
Parcialidad.
*Equidad.

Injustificable

Culpable.
Vergonzoso.
Inexcusable.
*Evidente.

Injusto

Parcial.
Abusivo.
Arbitrario.
*Equitativo

Inmaculada

Concepción.
Purisima.

Inmaculado

Puro.
Limpio.
Limpido.
*Poluto.

Inmanente

Unido.
Inherente.
Inseparable.
*Separado.

Inmarchitable

Duradero.
Eterno.
Lozano.
Rozagante.
Juvenil.
*Marcesible.

Inmaterial

Etéreo.
Alado.
Incorporal.
*Corpóreo.

Inmaduro

Precoz.
Prematuro.
Inmaduro.
*Maduro.

Inmediación

Proximidad.
Cercania.
Vecindad.

Inmediaciones

Contornos.
Aledaños.
Afueras.

Inmediatamente

Prontamente.
Luego.
Seguidamente.

Inmediato

Próximo.
Lindante.
Contiguo.
Cercano.
Junto.
*Lejano.

Inmejorable

Perfecto.
Óptimo.
Notable.
Superior.
Excelente.
*Pésimo.

Inmemorial

Remoto.

Arcaico.
Histórico.
Vetusto.
Antiguo.
*Reciente.

Inmensidad

Vastedad.
Enormidad.
Magnitud.
Grandiosidad.
Muchedumbre.
*Limitación.

Inmenso

Enorme.
Crecido.
Colosal.
Gigante.
Exorbitante.
*Exiguo.

Inmensurable

Inmenso.
Incalculable.
Inconmensurable.
*Limitado.

Inmerecido

Inmérito.
Arbitrario.
*Justo.

Inmersión

Zambullida.
Chapuzón.
Sumersión.
Calada.
Buceo.

Inmerso

Sumergido.
Sumido.
Anegado.
Abismado.
Hundido.
*Despejado.

Inminente

Próximo.
Cercano.
Perentorio.
Pronto.
Imperioso.
*Remoto.

Inmiscuir

Entremezclar.
Mezclar.
Injerir.

Inmiscuirse
Mezclarse.
Meterse.
Entremeterse.

*Desinteresarse.

Inmoble
Inmóvil.

Inmoderado
Exagerado.
Excesivo.
Intemperante.

*Mesurado.

Inmodestia
Presunción.
Vanidad.
Petulancia.
Altanería.
Fatuidad.

*Timidez.

Inmodesto
Altanero.
Engreído.
Insolente.
Arrogante.
Orgulloso.

*Tímido.

Inmolar
Matar.
Ofrecer.
Sacrificar.
Ofrendar.

Inmoral
Disoluto.
Obsceno.
Liviano.
Escandaloso.
Lujurioso.

*Decoroso.

Inmoralidad
Obscenidad.
Liviandad.
Depravación.
Lujuria.
Escándalo.

Inmortal
Perpetuo.
Eterno.
Perdurable.

*Perecedero.

Inmortalizar
Eternizar.
Perpetuar.
Recordar.

Inmóvil
Fijo.
Firme.
Estático.
Quieto.
Estable.

*Móvil.

Inmovilidad
Pasividad.
Estabilidad.
Reposo.
Tranquilidad.
Quietud.

*Movimiento.

1. Inmovilizar
Detener.
Paralizar.
Parar.
Atajar.

*Movilizar.

2. Inmovilizar
Asegurar.
Afirmar.
Fijar.
Afianzar.
Clavar.

*Disparar.

1. Inmovilizarse
Sosegarse.
Detenerse.
Tranquilizarse.

*Lanzarse.

2. Inmovilizarse
Permanecer.
Estancarse.
Anquilosarse.
Calmar.

*Moverse.

Inmuebles
Fincas.
Casas.
Raíces.

1. Inmundicia
Basura.
Bascosidad.
Suciedad.
Mugre.

Ascosidad.

*Limpieza.

2. Inmundicia
Vicio.

*Impudicia.

1. Inmundo
Asqueroso.
Repugnante.
Sucio.

*Limpio.

2. Inmundo
Impuro.

*Decente.

Inmune
Exento.
Exceptuado.
Libre.
Protegido.

*Débil.

Inmunidad
Libertad.
Dispensa.
Prerrogativa.
Exención.
Exoneración.

*Vulnerabilidad.

Inmunizar
Eximir.
Preservar.
Proteger.
Librar.
Exceptuar.

*Vulnerabilizar.

Inmutable
Constante.
Permanente.
Fijo.
Quieto.
Sereno.

*Agitado.

Inmutarse
Conmoverse.
Emocionarse.
Turbarse.
Alterarse.
Conturbarse.

*Sosegarse.

Innatismo
Nativismo.

Innato
Ingénito.
Ínsito.
Peculiar.
Connatural.
Natural.

*Adquirido.

Innecesario
Superfluo.
Prolijo.
Inútil.
Fútil.
Sobrado.

*Forzoso.

Innegable
Evidente.
Real.
Cierto.
Seguro.
Positivo.

*Dudoso.

Innoble
Infame.
Abyecto.
Vil.
Ruin.
Bajo.

*Caballeroso.

Innocuo
Anodino.
Inocente.
Inerte.

*Dañino.

Innovación
Novedad.
Creación.
Invención.

*Estabilización.

Innovador
Inventor.
Iniciador.
Creador.
Novador.
Reformador.

*Reaccionario.

Innovar
Alterar.
Cambiar.
Mudar.
Variar.
Modificar.

*Conservar.

Innumerable
Innúmero.
Numeroso.
Copioso.
Infinito.
Múltiple.

*Finito.

Inobediente
Rebelde.
Díscolo.
Reacio.
Recalcitrante.

*Sumiso.

1. Inocencia
Sencillez.
Simpleza.
Ingenuidad.
Candor.
Simplicidad.

*Malicia.

2. Inocencia
Virginidad.
Pureza.

*Impureza.

3. Inocencia
Salva.
Justificación.

*Culpa.

Inocentada
Engaño.
Burla.
Trampa.

1. Inocente
Simple.
Cándido.
Candoroso.
Sencillo.
Ingenuo.

*Complejo.

2. Inocente
Puro.
Virginal.
Virgen.
Casto.

*Impuro.

3. Inocente
Absuelto.
Libre.
Horro.

*Culpable.

4. Inocente
Innocuo.
Inofensivo.

Inocular
Contagiar.
Infundir.
Comunicar.
Contaminar.
Vacunar.

Inocuo
Innocuo.

Inodoro
Excusado.
Comuna.
Water.
W. C.

Inofensivo
Inerme.
Inocente.
Pacífico.
Tranquilo.
*Dañino.

1. Inolvidable
Famoso.
Ilustre.
Histórico.
Imperecedero.

2. Inolvidable
Importante.
Inomitible.
*Negligible.

Inope
Mísero.
Miserable.
Pobre.
Indigente.
*Rico.

Inopia
Miseria.
Estrechez.
Pobreza.
Indigencia.
*Riqueza.

Inopinado
Súbito.
Casual.
Repentino.
Fortuito.
Accidental.
*Previsto.

Inoportunidad
Inconveniencia.

Inoportuno
Importuno.
Impropio.
Extemporáneo.
*Oportuno.

Inordenado
Revuelto.
Trastornado.
Alterado.
Trastocado.
*Organizado.

Inquebrantable
Firme.
Resuelto.
Tenaz.
Constante.
*Débil.

Inquietante
Amenazador.
Conmovedor.
Alarmante.
Turbador.
Grave.
*Tranquilizador.

Inquietar
Molestar.
Alarmar.
Fastidiar.
Excitar.
Turbar.
*Sosegar.

Inquieto
Activo.
Dinámico.
Alterado.
Turbulento.
Agitado.
*Sosegado.

Inquietud
Nerviosidad.
Ansiedad.
Turbación.
Agitación.
Alteración.
*Tranquilidad.

Inquilino
Vecino.
Alquilador.
Arrendatario.

Ocupante.
*Casero.

Inquina
Aversión.
Odio.
Tirria.
Antipatía.
Ojeriza.
*Simpatía.

Inquinar
Contagiar.
Inficionar.
Manchar.
Mancillar.

Inquirir
Averiguar.
Pesquisar.
Indagar.
Investigar.
Examinar.
*Desentenderse.

Inquisición
Santo Oficio.

Inquisidor
Investigador.
Averiguador.
Indagador.
Inquiridor.
Descubridor.

Inquisitivo
Requisitorio.
Inquisitorio.

1. Insaciable
Ansioso.
Ambicioso.
Ávido.
*Satisfecho.

2. Insaciable
Comilón.
Glotón.
Tragón.
Famélico.
*Harto.

Insalubre
Malsano.
Perjudicial.
Insano.
Nocivo.
Dañino.
*Saludable.

Insanable
Irremediable.
Incurable.
*Curable.

Insania
Vesania.
Enajenación.
Alienación.
Locura.
Manía.
*Cordura.

Insano
Demente.
Vesánico.
Loco.
Alienado.
Maníaco.
*Cuerdo.

Insatisfecho
Ambicioso.
Ávido.
Insaciable.
*Rozagante.

1. Inscribir
Trazar.
Grabar.

2. Inscribir
Alistar.
Anotar.
Apuntar.
Matricular.
Registrar.
*Borrar.

1. Inscripción
Leyenda.
Escrito.
Epígrafe.
Rótulo.
Epitafio.

2. Inscripción
Asiento.
Apuntamiento.
Alta.
Abonamiento.
Enganche.
*Baja.

Inscrito
Suscrito.
Anotado.
Abonado.
Apuntado.
Afiliado.

Insecticida
Antiparásito.

1. Inseguridad
Inestabilidad.
Vacilación.
Perplejidad.
Duda.
Incertidumbre.
*Certidumbre.

2. Inseguridad
Peligro.
Riesgo.
Exposición.
*Seguridad.

1. Inseguro
Vacilante.
Perplejo.
Dudoso.
Voluble.
Mudable.
*Resoluto.

2. Inseguro
Peligroso.
*Seguro.

Insensatez
Nesciencia.
Estolidez.
Sandez.
Necedad.
Simpleza.
*Sesudez.

Insensato
Mentecato.
Bobo.
Estólido.
Necio.
Tonto.
*Juicioso.

Insensibilidad
Dureza.
Apatía.
Inercia.
Frialdad.
*Benevolencia.

Insensibilizar
Calmar.
Cloroformizar.
Anestesiar.
Eterizar.
*Avivar.

1. Insensible
Duro.
Apático.
Frío.
*Deferente.

2. Insensible
Imperceptible.

3. Insensible
Exánime.
Entorpecido.
Adormecido.
*Despierto.

1. Inseparable
Adjunto.
Pegado.
Inherente.
Ligado.
*Separado.

2. Inseparable
Fiel.
Entrañable.
Íntimo.
Adicto.
*Extraño.

Inserción
Inserto.

1. Insertar
Ingerir.
Incluir.
Inserir.
Introducir.
Intercalar.
*Excluir.

2. Insertar
Publicar.

Inservible
Deteriorado.
Estropeado.
*Útil.

Insidia
Perfidia.
Celada.
Intriga.
Traición.
Acechanza.
*Franqueza.

Insidioso
Astuto.
Capcioso.

Cauteloso.
Pérfido.
Insidiador.
*Leal.

Insigne
Célebre.
Famoso.
Preclaro.
Ilustre.
Distinguido.
*Vulgar.

1. Insignia
Distintivo.
Marca.
Divisa.
Señal.
Emblema.

2. Insignia
Estandarte.
Pendón.
Bandera.
Guión.

3. Insignia
Medalla.

Insignificancia
Nulidad.
Pequeñez.
Futilidad.
Frusleria.
Menudencia.
*Importancia.

Insignificante
Fútil.
Pequeño.
Trivial.
Baladí.
Exiguo.
*Importante.

Insinuante
Sugeridor.
Insinuador.
Reticente.
Insinuativo.
Alusivo.
*Manifestante.

Insinuar
Indicar.
Aludir.
Sugerir.
Apuntar.
Señalar.

Insipidez
Sosería.
Desabrimiento.
Insulsez.
*Gusto.

Insípido
Soso.
Insulso.
Zonzo.
Desabrido.
*Sabroso.

1. Insipiencia
Nescencia.
Ignorancia.
Nulidad.
*Sabiduría.

2. Insipiencia
Tontería.
Necedad.
Inepcia.
*Conocimiento.

1. Insipiente
Nesciente.
Ignorante.
Torpe.
*Docto.

2. Insipiente
Inepto.
Necio.
Insensato.
*Sensato.

Insistencia
Obstinación.
Testarudez.
Porfía.
Pertinacia.
Instancia.
*Negligencia.

Insistente
Obstinado.
Testarudo.
Porfiado.
Pertinaz.
Terco.
*Negligente.

Insistir
Porfiar.
Perseverar.
Instar.
Iterar.
Tozar.
*Desistir.

Ínsito
Connatural.
Propio.
Ingénito.
*Adquirido.

Insobornable
Íntegro.
Justo.
Honrado.
Recto.
Probo.
*Sobornado.

Insociable
Arisco.
Esquivo.
Huraño.
Hosco.
Retraído.
*Afable.

Insolencia
Atrevimiento.
Audacia.
Temeridad.
*Respeto.

Insolentarse
Atreverse.
*Respetar.

Insolente
Grosero.
Insultante.
Irreverente.
Arrogante.
Atrevido.
*Respetuoso.

Insólito
Raro.
Extraño.
Extravagante.
Nuevo.
Asombroso.
*Corriente.

1. Insoluble
Indisoluble.

2. Insoluble
Indeterminable.
Irresoluble.

Insolvente
Arruinado.
Pobre.
Desacreditado.
*Acreditado.

Insomne
Despierto.
*Dormido.

Insomnio
Vigilia.
Vela.
Desvelo.
Agripnia.
*Sueño.

Insondable
Profundo.
Recóndito.
Obscuro.
*Asequible.

Insonoro
Aislado.
*Resonante.

Insoportable
Enojoso.
Enfadoso.
Fastidioso.
Irritante.
Molesto.
*Agradable.

Insostenible
Contestable.
Refutable.
Impugnable.
Rebatible.
*Irrebatible.

Inspección
Examen.
Verificación.
Investigación.
Registro.
Reconocimiento.
*Admisión.

Inspeccionar
Examinar.
Controlar.
Investigar.
Verificar.
Reconocer.
*Tolerar.

Inspector
Interventor.
Prefecto.
Vigilante.
Intendente.
Verificador.

Inspiración
Vocación.
Arrebato.
Iluminación.
Excitación.
Sugestión.

1. Inspirar
Aspirar.
*Expirar.

2. Inspirar
Instilar.
Soplar.

3. Inspirar
Inculcar.
Sugerir.
Iluminar.
Infundir.
Imbuir.

Instable
Variable.
Cambiante.
Precario.
Transitorio.
Débil.
*Estable.

Instalación
Disposición.
Situación.
Colocación.
Emplazamiento.
Alojamiento.
*Desguace.

Instalar
Emplazar.
Armar.
Colocar.
Apostar.
Poner.
*Desarmar.

Instancia
Petitoria.
Solicitud.
Petición.
Apelación.
Solicitación.

Instantáneo
Breve.
Rápido.
Momentáneo.
Fugaz.
Súbito.
*Duradero.

Instante
Momento.
Tris.
Relámpago.
Segundo.
Soplo.

1. Instar
Solicitar.
Pretender.
Pedir.
Suplicar.
Reclamar.
*Desestimar.

2. Instar
Refutar.
Impugnar.

1. Instaurar
Restaurar.
Reponer.
Renovar.
Restablecer.
*Deponer.

2. Instaurar
Implantar.
Fundar.
Establecer.
Erigir.
Estatuir.
*Abolir.

Instigar
Inducir.
Impulsar.
Incitar.
Impeler.
Estimular.
*Disuadir.

Instilar
Infundir.
Infiltrar.
Introducir.
*Extaer.

Instintivo
Intuitivo.
Inconsciente.
Reflejo.
Maquinal.
Automático.
*Deliberado.

Instinto
Inclinación.
Propensión.

Estimativa.
Impulsión.
*Reflexión.

Institución
Establecimiento.
Centro.
Fundación.
Creación.
Organización.

Instituir
Establecer.
Principiar.
Crear.
Estatuir.
Fundar.
*Abolir.

1. Instituto
Regla.
Ordenanza.
Constitución.
Estatuto.
Reglamento.
*Anarquía.

2. Instituto
Sociedad.
Institución.
Corporación.
Centro.
Academia.

3. Instituto
Gimnasio.
Liceo.

1. Institutor
Instituidor.

2. Institutor
Maestro.
Preceptor.
Profesor.
Pedagogo.

Institutriz
Educadora.
Maestra.
Aya.

Instrucción
Educación.
Enseñanza.
Ilustración.
Ciencia.
Conocimiento.
*Ignorancia.

Instrucciones
Normas.
Ordenanzas.
Reglas.
Preceptos.
Advertencias.

Instructivo
Ilustrativo.
Cultural.
Educativo.
Científico.
Edificante.
*Corruptivo.

Instructor
Monitor.

Instruido
Sabio.
Culto.
Docto.
Leído.
Erudito.
*Ignorante.

1. Instruir
Aleccionar.
Adoctrinar.
Adiestrar.
Enseñar.
Educar.

2. Instruir
Enterar.
Iniciar.
Informar.
Advertir.

Instrumento
Útil.
Utensilio.
Herramienta.
Aparato.
Artefacto.

Insubordinación
Rebeldía.
Insurrección.
Rebelión.
*Docilidad.

Insubordinado
Sedicioso.
Díscolo.
Rebelde.
Renuente.
*Obediente.

Insubordinar
Indisciplinar.

Insubordinarse
Levantarse.
Rebelarse.
Amotinarse.
Alzarse.
Sublevarse.
*Obedecer.

Insubstancial
Soso.
Vacuo.
Vano.
Frívolo.
Insípido.
*Substancioso.

Insubstancialidad
Sosería.
Insulsez.
Frivolidad.
Ligereza.
Vacuidad.
*Substancia.

Insudar
Esforzarse.
Azacanarse.
Afanarse.
Atrafagarse.
*Desentenderse.

1. Insuficiencia
Ignorancia.
Torpeza.
Incapacidad.
*Capacidad.

2. Insuficiencia
Poquedad.
Deficiencia.
Cortedad.
Penuria.
Falta.
*Abundancia.

Insuficiente
Escaso.
Defectuoso.
Corto.
Pequeño.
*Abundante.

Insuflar
Henchir.
Soplar.
Hinchar.
*Vaciar.

Insufrible
Enojoso.
Cargante.
Enfadoso.
Molesto.
Irritante.

*Tolerable.

Ínsula
Isla.

Insular
Insulano.
Isleño.

Insulsez
Sosería.
Estupidez.
Tontería.

*Sapidez.

Insulso
Estúpido.
Soso.
Simple.
Zonzo.
Necio.

*Substancioso.

Insultante
Insolente.
Humillante.
Afrentoso.
Vejatorio.
Injurioso.

*Elogioso.

Insultar
Ofender.
Injuriar.
Vilipendiar.
Agraviar.
Afrentar.

*Loar.

1. Insulto
Ofensa.
Afrenta.
Agravio.
Ultraje.
Injuria.

*Elogio.

2. Insulto
Desmayo.
Accidente.

Insume
Dispendioso.

Caro.
Costoso.

*Barato.

Insumergible
Flotante.

Insumiso
Rebelde.
Díscolo.
Insurgente.
Sedicioso.

*Obediente.

1. Insuperable
Óptimo.
Perfecto.
Excelente.

*Mejorable.

2. Insuperable
Invicto.
Invencible.

*Derrotado.

3. Insuperable
Arduo.
Difícil.

*Fácil.

Insurgente
Rebelde.
Amotinado.
Sedicioso.
Insurrecto.

*Sumiso.

Insurrección
Asonada.
Revuelta.
Sublevación.
Algarada.
Rebelión.

*Sumisión.

Insurreccionar
Amotinar.
Alzar.
Rebelar.
Sublevar.
Revolucionar.

*Dominar.

Insurrecto
Amotinado.
Sedicioso.
Faccioso.
Sublevado.
Rebelde.

*Leal.

Insustituible
Fundamental.
Necesario.

*Superfluo.

1. Intacto
Virgen.
Puro.

*Mancillado.

2. Intacto
Íntegro.
Completo.
Entero.

*Carente.

3. Intacto
Ileso.
Salvo.
Indemne.
Incólume.

*Dañado.

Intachable
Íntegro.
Probo.
Honorable.
Recto.
Honrado.

*Censurable.

Intangible
Impalpable.
Incorpóreo.
Intocable.
Incorporal.
Inmaterial.

Integral
Cabal.
Entero.
Completo.
Total.
Justo.

*Falto.

1. Integrar
Totalizar.
Completar.
Componer.

*Deshacer.

2. Integrar
Reponer.
Reintegrar.

*Substraer.

1. Integridad
Probidad.

Rectitud.
Honradez.
Equidad.

*Deshonestidad.

2. Integridad
Pureza.
Castidad.
Virginidad.

3. Integridad
Perfección.
Plenitud.

*Imperfección.

1. Íntegro
Entero.
Cabal.
Completo.
Lleno.
Total.

*Falto.

2. Íntegro
Honrado.
Intachable.
Recto.
Justo.
Probo.

*Deshonesto.

3. Íntegro
Intacto.
Incólume.
Indemne.

*Dañado.

1. Intelectual
Especulativo.
Razonado.
Intelectivo.
Teorético.

*Práctico.

2. Intelectual
Espiritual.
Mental.

*Material.

3. Intelectual
Erudito.
Docto.
Sabio.
Estudioso.

1. Inteligencia
Intelectiva.
Entendimiento.
Mente.

Intelecto.
Intelección.

2. Inteligencia
Destreza.
Capacidad.
Habilidad.
Experiencia.

*Torpeza.

3. Inteligencia
Correspondencia.
Trato.
Acuerdo.

*Desavenencia.

Inteligente
Esclarecido.
Lúcido.
Clarividente.
Sagaz.
Perspicaz.

*Limitado.

Inteligibilidad
Lucidez.
Limpidez.
Claridad.
Comprensibilidad.
Facilidad.

*Dificultad.

Inteligible
Asequible.
Legible.
Claro.
Comprensible.
Lúcido.

*Difícil.

Intemperancia
Exceso.
Libertinaje.
Incontinencia.

*Templanza.

Intemperante
Apasionado.

*Moderado.

Intempestivo
Extemporáneo.

*Oportuno.

Intención
Propósito.
Proyecto.
Intento.

Designio.
Resolución.
*Renuncia.

Intencional
Voluntario.
Premeditado.
Deliberado.
*Inconsciente.

1. Intendencia
Dirección.
Gobierno.
Cuidado.
Administración.

2. Intendencia
Servicios.
Abastecimiento.
Abasto.
Suministros.

Intendente
Gerente.
Administrador.
Mayordomo.

Intensar
Intensificar.

1. Intensidad
Tensión.
Fuerza.
Vehemencia.
Vigor.
Energía.

2. Intensidad
Violencia.
Viveza.
Virulencia.

Intensificar.
Reforzar.
Fortalecer.
Intensar.
Vigorizar.
*Debilitar.

Intenso
Fuerte.
Vivo.
Agudo.
Violento.
Intensivo.
*Tenue.

Intentar
Tantear.
Pretender.
Probar.

Procurar.
Ensayar.
*Desistir.

Intento
Propósito.
Designio.
Intención.
Fin.
Proyecto.
*Renuncia.

1. Intentona
Probatura.
Tentativa.
Ensayo.

2. Intentona
Malogro.
Fiasco.
Fracaso.

Intercalación
Inserto.
Añadido.
Intercaladura.
Entrelínea.

Intercalar
Introducir.
Barajar.
Insertar.
*Entresacar.

Intercambio
Permuta.
Canje.
Trueque.
Cambio.

Interceder
Rogar.
Suplicar.
Abogar.
Mediar.
*Desentenderse.

Interceptar
Obstruir.
Entorpecer.
Parar.
Estorbar.
Detener.
*Permitir.

Intercesión
Arbitraje.
Mediación.
Arreglo.

Intercesor
Recomendante.
Componedor.
Mediador.
Propiciatorio.
Avenidor.
*Acusador.

Interdecir
Prohibir.
Impedir.
Vedar.
Proscribir.
Oponerse.
*Permitir.

Interdicto
Prohibición.
Suspensión.
Privación.
Veto.
Oposición.
*Permiso.

1. Interés
Utilidad.
Rendimiento.
Provecho.
Beneficio.
Ganancia.
*Pérdida.

2. Interés
Atractivo.
Atención.
Afecto.
Atracción.
Curiosidad.
*Desapego.

1. Interesado
Compareciente.
Solicitante.

2. Interesado
Codicioso.
Utilitario.
Avaro.
*Desprendido.

3. Interesado
Afectado.
Asociado.

Interesante
Cautivador.
Encantador.
Cautivante.

Atrayente.
Atractivo.
*Indiferente.

1. Interesar
Concernir.
Tocar.
Importar.
Atañer.
Afectar.
*Desinteresarse.

2. Interesar
Cautivar.
Impresionar.
Atraer.
Sugestionar.
*Aburrir.

3. Interesar
Asociar.

Interesarse
Encariñarse.
Empeñarse.

Intereses
Hacienda.
Capital.
Bienes.
Fortuna.

Interfoliar
Interpaginar.

1. Ínterin
Interinidad.

2. Ínterin
Mientras.
Entretanto.

Interinidad
Intervalo.
Pausa.
Ínterin.
Tregua.
Detención.
*Perpetuidad.

Interino
Transitorio.
Pasajero.
Provisional.
Momentáneo.
Accidental.
*Permanente.

1. Interior
Interioridad.

2. Interior
Central.
Secreto.
Interno.
Profundo.
Recóndito.
*Exterior.

Interioridad
Intimidad.
Alma.
Interior.
Entrañas.
Ánima.
*Exterior.

Interlinear
Escoliar.
Entreverar.
Intercalar.
*Marginar.

Interlocución
Plática.
Coloquio.
Diálogo.
Controversia.

Interlocutor
Dialogador.
Internuncio.
Dialoguista.
Protagonista.

Interludio
Entremés.
Intermedio.

Intermediar
Promediar.
Arbitrar.
Mediar.
*Desentenderse.

Intermediario
Negociador.
Negociante.
Mediador.
Proveedor.
Traficante.
*Comprador.

1. Intermedio
Entreacto.

2. Intermedio
Espera.
Tregua.
*Inicial.

Interminable
Infinito.
Eterno.
Largo.
Perpetuo.
*Finito.

Intermisión
Dilación.
Cesación.
*Prosecución.

Intermitencia
Periodicidad.
Interrupción.
*Continuidad.

Intermitente
Esporádico.
Entrecortado.
*Regular.

Internacional
Mundial.
Universal.
Cosmopolita.
*Local.

1. Internar
Desterrar.
Extrañar.

2. Internar
Introducir.
Penetrar.
Encerrar.
*Sacar.

Internarse
Entrar.
Enzarzarse.
Adentrarse.
Enfrascarse.
Meterse.
*Salir.

1. Interno
Central.
Íntimo.
Interior.
Profundo.
Recóndito.
*Externo.

2. Interno
Pensionista.

Interpelación
Petición.

Encuesta.
Demanda.
Pregunta.
Solicitación.
*Respuesta.

Interpelar
Preguntar.
Pedir.
Requerir.
Demandar.
Instar.
*Responder.

Interpolación
Escolio.
Intercalación.

Interpolar
Escoliar.
Interponer.
*Marginar.

Interponer
Injertar.
Mezclar.
Acoplar.
Entreverar.
Obstruir.
*Sacar.

Interponerse
Mediar.
Atravesarse.
*Apartarse.

Interpretación
Exégesis.
Comentario.
Traducción.
Explicación.
Paráfrasis.

Interpretar
Comentar.
Comprender.
Glosar.
Explicar.
Descifrar.

1. Intérprete
Dragamán.
Traductor.
Trujamán.

2. Intérprete
Interpretador.
Expositor.
Comentador.
Exegeta.

Interrogación
Cuestión.
Demanda.
Pregunta.
Erotema.
Propuesta.
*Respuesta.

Interrogador
Juez.
Examinador.
Escudriñador.

Interrogar
Preguntar.
Consultar.
Sondear.
Pedir.
Examinar.
*Contestar.

Interrogatorio
Sondeo.
Cuestionario.
Inquisitoria.
Examen.
Informe.
*Respuesta.

Interrumpir
Cortar.
Romper.
Impedir.
Suspender.
Detener.
*Proseguir.

Interrupción
Suspensión.
Parada.
Oclusión.
Detención.
Impedimento.
*Prosecución.

Intersección
Encuentro.
Cruce.
*Desviación.

1. Intersticio
Grieta.
Resquicio.
Hendidura.
Raja.
Rendija.

2. Intersticio
Intervalo.

1. Intervalo
Pausa.
Tregua.
Inducia.
Dilación.
*Continuación.

2. Intervalo
Hueco.
Distancia.
Espacio.
Claro.
Vacío.

1. Intervención
Intromisión.
Mediación.
*Ausencia.

2. Intervención
Fiscalización.
Control.
Investigación.
Arbitraje.
*Abstención.

3. Intervención
Operación.

1. Intervenir
Participar.
Mezclarse.
Terciar.
Mediar.
*Abstenerse.

2. Intervenir
Operar.

Interventor
Fiscalizador.
Comisario.
Inspector.
Mediador.

1. Intestino
Profundo.
Interno.
Íntimo.
*Externo.

2. Intestino
Doméstico.
Civil.
Familiar.

Intestinos
Tripa.
Entrañas.

1. Intimar
Conminar.
Reclamar.
Requerir.
Advertir.
Exigir.
*Obedecer.

2. Intimar
Avenirse.
Amigar.
Fraternizar.
Congeniar.
*Enemistarse.

Intimidad
Adhesión.
Confianza.
Amistad.
Apego.
Familiaridad.
*Desconfianza.

Intimidar
Amedrentar.
Atemorizar.
Asustar.
Acobardar.
Amilanar.
*Incitar.

1. Íntimo
Interno.
Secreto.
Interior.
Recóndito.
Profundo.
*Externo.

2. Íntimo
Adicto.
Inseparable.
Afecto.
Entrañable.
Dilecto.
*Extraño

Intitular
Nombrar.
Designar.
Titular.
Llamar.
Decir.

Intolerable
Fastidioso.
Fatigoso.
Excesivo.
Doloroso.
*Llevadero.

1. Intolerancia
Fanatismo.
*Indulgencia.

2. Intolerancia
Incompatibilidad.

1. Intonso
Cabelludo.
Peludo.
Melenudo.
*Rapado.

2. Intonso
Rústico.
Ignorante.
Torpe.
*Sagaz.

Intoxicar
Emponzoñar.
Infectar.
Inocular.
Envenenar.
Inficionar.
*Desintoxicar.

Intraducible
Indecible.
Indescifrable.
*Comprensible.

Intramuscular
Parenteral.

Intranquilidad
Ansiedad.
Cuidado.
Agitación.
Zozobra.
Alarma.
*Serenidad.

Intranquilizar
Perturbar.
Agitar.
Alarmar.
Conmover.
Turbar.
*Calmar.

Intranquilo
Perturbado.
Agitado.
Atormentado.
Turbado.
Alarmado.
*Sereno.

Intransferible
Personal.

Intransigencia
Obcecación.
Pertinacia.
Obstinación.
*Tolerancia

Intransigente
Obstinado.
Testarudo.
Terco.
Pertinaz.
Obcecado.
*Tolerante.

Intransitable
Infranqueable.

Intransitado
Desierto.
Solitario.
Aislado.
*Concurrido.

Intransmisible
Personal.

Intratable
Huraño.
Hosco.
Arisco.
Esquivo.
Retraido.
*Cortés.

Intrepidez
Valentía.
Denuedo.
Valor.
Arrojo.
Esfuerzo.
*Cobardía.

Intrépido
Arrojado.
Osado.
Audaz.
Bravo.
Atrevido.
*Cobarde.

Intriga
Complot.
Artimaña.
Maniobra.
Cautela.
Maquinación.

Intrigante
Maquinador.

Intrigar
Urdir.
Maquinar.
Tramar.
Conspirar.
Complotar.

Intrincado
Complicado.
Difícil.
Enmarañado.
Enredado.
Confuso.
*Despejado.

1. Intrincar
Embarullar.
Enmarañar.
Enredar.
Embrollar.
*Desenredar.

2. Intrincar
Oscurecer.
Confundir.
*Aclarar.

Intríngulis
Incógnita.

Intrínseco
Esencial.
Constitutivo.
Íntimo.
Interior.
Propio.
*Extrínseco.

1. Introducción
Admisión.
Infiltración.
Entrada.
Penetración.
*Salida.

2. Introducción
Disposición.
Preparativo.
Preparación.
*Remate.

3. Introducción
Prólogo.
Preámbulo.
Exordio.
Prefacio.

Principio.
*Epílogo.

4. Introducción
Sinfonía.

1. Introducir
Pasar.
Entrar.

2. Introducir
Encajar.
Hundir.
Meter.
Embutir.
Insertar.
*Sacar.

3. Introducir
Ocasionar.
Producir.
Atraer.
Causar.
*Aliviar.

Introducirse
Infiltrarse.
*Desentenderse.

Intromisión
Curiosidad.
Injerencia.
Indiscreción.
*Desentendimiento.

Introspección
Meditación.
Reflexión.
Introversión.
*Divagación.

Intrusión
Intromisión.

Intruso
Indiscreto.
Importuno.
Entremetido.
*Pertinente

Intuición
Concepción.
Visión.
Percepción.
Aprehensión.
Clarividencia.
*Reflexión.

Intuir
Vislumbrar.

Distinguir.
Percibir.
Aprehender.
Entrever.
*Reflexionar.

Intuito
Ojeada.
Vista.
Mirada.

Intumescencia
Inflamación.
Inflación.
Hinchazón.
Tumefacción.
Edema.
*Deshinchamiento.

Inulto
Impune.

1. Inundación
Aluvión.
Riada.
Anegación.
Diluvio.
Arroyada.
*Retracción.

2. Inundación
Multitud.
Abundancia.
Muchedumbre.
Cantidad.
Copia.
*Escasez.

1. Inundar
Alargar.
Aplayar.
Anegar.
Arriar.
*Retraer.

2. Inundar
Abrumar.
Llenar.
Colmar.
*Vaciar.

Inurbanidad
Rusticidad.
Grosería.
Ordinariez.
*Cortesía.

Inurbano
Ordinario.

Tosco.
Grosero.
Rústico.
*Cortés.

Inusitado
Insólito.
Raro.
Extravagante.
Extraño.
Nuevo.
*Corriente.

Inútil
Nulo.
Vano.
Estéril.
Fútil.
Inane.
*Capaz.

Inutilidad
Esterilidad.
Inanidad.
Ociosidad.
Futilidad.
*Capacidad.

1. Inutilizar
Averiar.
Estropear.
Anular.

2. Inutilizar
Abolir.
*Confirmar.

Invadir
Penetrar.
Asaltar.
Irrumpir.
Entrar.
Violentar.
*Retirarse.

Invalidar
Abolir.
Anular.
Abrogar.
*Convalidar.

Inválido
Lisiado.
Inútil.
Tullido.
Mutilado.
Impedido.
*Sano.

Invariable
Permanente.
Estable.
Constante.
Firme.
Flojo.
*Mudable.

Invasión
Irrupción.
Correría.
Entrada.
Incursión.
Algarada.
*Retirada.

Invectiva
Sátira.
Mordacidad.
Diatriba.
Filípica.
Sarcasmo.
*Elogio.

Invencible
Indomable.
Insuperable.
Invicto.
*Vencido.

1. Invención
Hallazgo.
Descubrimiento.
Creación.
Innovación.
*Imitación.

2. Invención
Ficción.
Fábula.
Engaño.
Mentira.
*Hecho.

1. Inventar
Descubrir.
Concebir.
Hallar.
Crear.
Fraguar.
*Imitar.

2. Inventar
Improvisar.
Urdir.
Fingir.
Tejer.
Levantar.

Inventariar
Acopiar.
Compilar.
Recopilar.

Inventario
Catálogo.
Repertorio.
Lista.
Registro.
Catastro.

Inventiva
Genio.
Perspicacia.
Talento.
Inteligencia.
Ingenio.
*Vaciedad.

Invento
Descubrimiento.
Invención.
Hallazgo.

Inventor
Creador.
Autor.
Descubridor.
Fabricador.
Productor.
*Copista.

Inverecundo
Irrespetuoso.
Insolente.
*Tímido.

Invernadero
Invernáculo.
Invernada.

Invernal
Hibernal.
Hiemal.
Aquilonal.
Hibernizo.
*Veraniego.

Inverosímil
Raro.
Fantástico.
Sorprendente.
*Real.

1. Inversión
Trastocación.
Trasposición.
Cambio.

Alteración.
Hipérbaton.
*Ordenación.

2. Inversión
Colocación.
Adquisición.
Empleo.
Compra.

1. Inverso
Trastornado.
Cambiado.
Alterado.
Trastocado.
*Ordenado.

2. Inverso
Opuesto.
Contradictorio.
Contrario.
Contrapuesto.
*Recto.

Invertido
Sodomita.

1. Invertir
Trocar.
Trastornar.
Alterar.
Trastocar.
Voltear.
*Colocar.

2. Invertir
Poner.
Gastar.
Emplear.
Colocar.
Comprar.

3. Invertir
Ocupar.
Destinar.
*Perder.

Investidura
Título.
Dignidad.
Cargo.

Investigar
Indagar.
Inspeccionar.
Buscar.
Averiguar.
Escudriñar.
*Descubrir.

Investir
Conferir.
Ungir.
Envestir.
Conceder.

Inveterado
Arraigado.
Viejo.
Antiguo.
Envejecido.
Enraizado.
*Reciente.

Inveterarse
Envejecerse.

Invicto
Victorioso.
Vencedor.
Invencible.
Triunfador.
*Vencido.

Inviolable
Respetable.
Sagrado.
Intangible.
Venerable.
Santo.
*Abominable.

Inviolado
Íntegro.
Virgen.
Incorrupto.
Intacto.
Puro.
*Profanado.

Invisible
Incorpóreo.
Impalpable.
Encubierto.
Oculto.
Secreto.
*Aparente.

1. Invitación
Convocatoria.
Convite.
Llamada.
*Repulsión.

2. Invitación
Boleto.
Pase.
Billete.
Entrada.

3. Invitación
Conminación.
Incitación.
Inducción.

*Disuasión.

1. Invitar
Brindar.
Servir.
Convidar.
Ofrecer.

*Despedir.

2. Invitar
Instigar.
Impeler.
Excitar.
Incitar.
Inducir.

*Disuadir.

Invocación
Deprecación.
Súplica.
Imploración.
Conjuro.
Ruego.

*Maldición.

1. Invocar
Apelar.
Suplicar.
Llamar.
Implorar.
Impetrar.

*Exigir.

2. Invocar
Exponer.
Basarse.
Fundarse.
Alegar.
Citar.

Involución
Retrocesión.
Retroceso.

*Progresión.

Involucrar
Mezclar.
Complicar.
Envolver.
Comprender.
Confundir.

Involuntario
Instintivo.
Inconsciente.

Espontáneo.
Automático.
Reflejo.

*Consciente.

Invulnerable
Invicto.
Inquebrantable.
Fuerte.
Resistente.
Protegido.

*Débil.

Inyectar
Inocular.
Jeringar.
Introducir.
Irrigar.

*Extraer.

1. Ir
Dirigirse.
Acudir.
Moverse.

2. Ir
Ajustarse.
Venir.
Acomodarse.

3. Ir
Diferenciarse.
Distinguirse.

4. Ir
Conducir.

5. Ir
Ocupar.
Extenderse.
Comprender.

6. Ir
Proceder.
Obrar.

Ira
Furia.
Arrebato.
Cólera.
Rabia..
Furor.

*Placidez.

Iracundo
Irritable.
Bilioso.
Irascible.
Colérico.
Furioso.

*Pacífico.

Irascible
Irritable.
Nervioso.
Excitable.
Arrebatado..
Bilioso.

*Tranquilo.

Irisar
Colorear.
Reflejar.

Irlandés
Hibérnico.
Hibernés.

Ironía
Mofa.
Sarcasmo.
Burla.
Escarnio.
Mordacidad.

*Adulación.

Irónico
Burlesco.
Cáustico.
Burlón.
Punzante.
Mordaz.

*Virulento.

1. Irracional
Bruto.
Animal.
Bestia.

*Racional.

2. Irracional
Insensato.
Absurdo.
Ilógico.

*Lógico.

3. Irracional
Radical.
Inconmensurable.

Irradiar
Centellar.
Centellear.
Difundir.
Divergir.
Destellar.

*Concentrar.

Irrealizable
Quimérico.
Utópico.

*Positivo.

Irrebatible
Lógico.
Categórico.
Seguro.
Corroborado.
Demostrado.

*Dudoso.

Irreconciliable
Opuesto.
Enemigo.
Enemistado.
Dividido.

*Amigo.

Irrecusable
Irrebatible.

Irreductible
Simple.

Irreemplazable
Insustituible.

Irreflexión
Aturdimiento.
Precipitación.
Atolondramiento.
Ligereza.
Atropello.

*Ponderación.

1. Irreflexivo
Aturdido.
Insensato.
Ligero.
Precipitado.
Atolondrado.

*Sensato.

2. Irreflexivo
Automático.
Maquinal.
Instintivo.

Irrefragable
Irresistible.

*Contrarrestable.

Irrefrenable
Incontenible.

Irrefutable
Irrebatible.

Irregular
Anómalo.
Variable.
Anormal.
Raro.

Caprichoso.

*Normal.

Irregularidad
Error.
Anomalía.
Falta.
Excepción.
Rareza.

*Normalidad.

Irreligión
Ateísmo.
Impiedad.

*Creencia.

Irreligioso
Ateo.
Impío.
Infiel.

*Piadoso.

Irremediable
Perdido.
Irreparable.

Irremisible
Culpable.

Irreparable
Perdido.

Irreprensible
Virtuoso.
Perfecto.
Justo.
Inocente.

*Vituperable.

Irresistible
Fuerte.
Violento.
Excesivo.
Pujante.
Indomable.

*Suave.

Irresolución
Vacilación.
Perplejidad.
Duda.
Indecisión.
Fluctuación.

*Firmeza.

Irresoluto
Vago.
Vacilante.
Flotante.

Móvil.
Indeciso.
*Seguro.

Irrespetuoso
Desatento.
Injurioso.
*Deferente.

Irrespirable
Denso.
Asfixiante.
Viciado.
Cargado.
*Límpido.

Irresponsable
Insensato.
*Subsidiario.

Irreverencia
Grosería.
Acato.
Profanación.
Ultraje.
*Consideración.

Irrevocable
Decidido.
Fijo.
Determinado.
Resuelto.
Necesario.
*Anulable.

Irrigar
Rociar.
Bañar.
Regar.
Canalizar.

Irrisión
Risa.
Desprecio.

Burla.
Broma.
Mofa.
*Respeto.

Irrisorio
Risible.
Cómico.
Ridículo.
*Relevante.

1. Irritable
Colérico.
Feróstico.
Irascible.
Díscolo.
Bilioso.
*Tranquilo.

2. Irritable
Abolible.
Abrogable.
Anulable.
*Intocable.

1. Irritación
Agitación.
Enojo.
Ira.
Enfado.
Rabia.
*Calma.

2. Irritación
Picazón.
Comezón.
Prurito.

1. Irritar
Enfurecer.
Enfadar.
Enojar.
Encolerizar.
Indignar.
*Calmar.

2. Irritar
Enervar.
Agriar.
Incitar.
Crispar.
Excitar.
*Suavizar.

Irritarse
Alterarse.
Rabiar.
Impacientarse.
Arrebatarse.
Enfuriarse.
*Apaciguarse.

Irrogar
Ocasionar.
Acarrear.
Causar.
Producir.
*Evitar.

Irrompible
Indestructible.

Irrumpir
Invadir.

Irrupción
Invasión.
Intrusión.
Entrada.
Incursión.
*Salida.

1. Irse
Agonizar.
Morirse.

2. Irse
Consumirse.
Gastarse.
Perderse.

1. Isla
Ínsula.
Bojeo.
Cayo.
Islote.
Isleta.

2. Isla
Bloque.
Cuadra.
Manzana.

Islamismo
Islam.
Mahometismo.

Islamita
Musulmán.
Islámico.
Muslime.
Mahometano.

Isleño
Insulano.
Insular.
*Continental.

1. Islilla
Sobaco.

2. Islilla
Clavícula.

1. Ismaelita
Moro.
Árabe.

2. Ismaelita
Sarraceno.
Agareno.

Israelita
Judío.
Hebreo.

Ita
Aeta.

Italiano
Ítalo.
Itálico.

Ítem
Añadidura.
Aditamento.

Iterar
Reiterar.
Repetir.
Insistir.

Iterativo
Reiterativo.
Repetido.
Renovado.
*Único.

Itinerario
Pasaje.
Camino.
Recorrido.
Ruta.
Guía.

Izar
Levantar.
Subir.
Alzar.
*Cargar.

Izquierda
Zurda.
Siniestra.
Zoca.

Izquierdista
Radical.
Revolucionario.
*Derechista.

Izquierdo
Zocato.
Siniestro.
Zurdo.

J

Jabalcón
Jabalón.

Jabalina
Venablo.
Azagaya.
Pica.
Jáculo.

1. Jabardillo
Remolino.
Bandada.
Tropel.

2. Jabardillo
Jabardo.

1. Jabardo
Escamocho.
Enjambre.

2. Jabardo
Confusión.
Jabardillo.
Remolino.
Multitud.

Jábega
Bol.
Jábeca.
Red.

Jabeque
Herida.
Puñalada.
Cuchillada:

Jabí
Quiebrahacha.
Quebracho.

Jabón
Sebillo.

Jabonadura
Enjabonadura.
Enjabonado.

Jabonar
Enjabonar.
Lavar.

Jaboncillo
Esteatita.

1. Jabonera
Saponaria.
Lanaria.

2. Jabonera
Herbada.

Jabonoso
Saponáceo.

Jaca
Cuartago.
Haca.
Asturión.

Jacal
Cabaña.
Choza.

1. Jácara
Novela.
Romance.

2. Jácara
Bullanga.
Zambra.
Parranda.
Zarabanda.

3. Jácara
Molestia.
Molienda.
Pejiguera.
Joroba.

4. Jácara
Patraña.
Mentira.
Embuste.

5. Jácara
Historia.
Fábula.
Cuento.

Jacarandana
Jerigonza.
Jerga.

Jacarandoso
Alegre.
Airoso.
Donairoso.
Gallardo.
Garboso.

*Mohíno.

1. Jacarear
Zahorar.
Alborotar.
Rondar.

2. Jacarear
Enfadar.
Molestar.
Fastidiar.

*Agradar.

Jacarero
Festivo.
Jaranero.
Alegre.
Chancero.
Bromista.

*Apagado.

Jácaro
Fanfarrón.

Jacilla
Impresión.
Vestigio.
Señal.
Huella.
Estampa.

1. Jacinto
Bretaña.

2. Jacinto
Circón.

Jaco
Jamelgo.
Rocín.

Jacobino
Demagogo.

Revolucionario.

*Conservador.

Jacobita
Monofisita.

Jactancia
Presunción.
Arrogancia.
Fatuidad.
Petulancia.
Vanidad.

*Humildad.

Jactancioso
Presumido.
Arrogante.
Fatuo.
Petulante.
Vanidoso.

*Humilde.

Jactarse
Gloriarse.
Alabarse.
Preciarse.
Alardear.
Presumir.

*Humillarse.

Jaculatoria
Invocación.
Oración.

Jaculatorio
Intenso.
Fervoroso.

Jáculo
Jabalina.

Jade
Lemanita.

Jadeante
Despernado.
Transido.

Jadear
Bufar.

Sofocarse.
Fatigarse.
Cansarse.
Ahogarse.

Jadeo
Resoplido.
Cansancio.
Acezo.

Jaenés
Giennense.
Jaenero.
Jienense.

1. Jaez
Aderezo.
Guarnición.

2. Jaez
Índole.
Calidad.
Clase.

Jaguar
Tigre.

1. Jaiba
Cangrejo.

2. Jaiba
Cámbaro.

1. Jalbegar
Blanquear.
Enjalbegar.
Encalar.

2. Jalbegar
Maquillar.
Afeitar.

Jalbegue
Blanqueo.
Encaladura.

Jalea
Jaletina.
Gelatina.

Jaleo
Bulla.

Fiesta.
Jarana.
Bullicio.
Alegría.
*Quietud.

Jalma
Albardilla.
Enjalma.

Jalón
Vara.
Piquete.

Jalonar
Alinear.

Jaloque
Sudeste.
*Gregal.

Jamar
Manducar.
Manullar.
Comer.
Yantar.
*Ayunar.

Jamás
Nunca.

Jamelgo
Rocín.
Jaco.

Jamerdar
Lavotear.
Fregotear.

Jámila
Alpechín.

Jamón
Pernil.

Jamugas
Samuga.
Angarillas.
Silla.

1. Jangada
Badajada.
Clarinada.
Impertinencia.
Bachillería.
Despropósito.
*Ocurrencia.

2. Jangada
Almadía.

Balsa.
Armadía.

3. Jangada
Pillería.
Bribonada.
Trastada.
Travesura.

Japonés
Nipón.

1. Jaque
Peligro.
Amenaza.

2. Jaque
Bravucón.
Valentón.
Guapo.

Jaquear
Hostigar.
Acosar.
Fustigar.
Amenazar.
Molestar.

Jaqueca
Hemicránea.
Neuralgia.
Migraña.

Jaquecoso
Fastidioso.
Pesado.
Molesto.
Cargante.
Enfadoso.
*Grato.

Jaquel
Escaque.

Jáquima
Ronzal.
Cabestro.

1. Jara
Lada.

2. Jara
Virote.
Flecha.
Vira.
Saeta.

Jarabe
Jarope.
Lamedor.
Sirope.
Almíbar.

Jaracalla
Alondra.

Jaraíz
Lagar.

Jaral
Maraña.
Baruca.
Enredo.
Espinar.
Laberinto.

Jaramago
Balsamita.
Sisimorio.
Raqueta.
Ruqueta.

1. Jarana
Bullicio.
Holgorio.
Fiesta.
Alegría.
Diversión.

2. Jarana
Tumulto.
Pendencia.
Alboroto.
Confusión.
Desorden.

3. Jarana
Burla.
Trampa.
Engaño.

Jaranero
Vividor.
Juerguista.
Bullicioso.
Parrandero.
*Serio.

Jarcia
Cordaje.
Aparejo.
Cordelería.

Jardín
Pensil.
Vergel.
Parque.

Jarifo
Acicalado.
Hermoso.
Galano.
*Abandonado.

Jarope
Jarabe.

Jarra
Aguamanil.
Vasija.
Terraza.

Jarretar
Debilitar.
Enervar.
*Animar.

1. Jarrete
Corva.

2. Jarrete
Corvejón.

Jarretera
Liga.
Charretera.

Jarro
Adecuja.
Catavino.
Bobillo.
Aguatocho.
Bocal.

Jarrón
Búcaro.
Vaso.
Florero.

Jasador
Sangrador.
Sajador.

Jasadura
Sajadura.
Jasa.

Jasar
Cortar.
Sajar.

Jaspe
Diaspro.

Jaspeado
Salpicado.
Pintorreado.
Veteado.
Irisado.
Marmoleado.

Jato
Ternero.

1. Jaula
Cávea.

Gavia.
Gayola.
Pajarera.

2. Jaula
Prisión.
Cárcel.

Jauría
Traílla.
Perrería.
Muta.

Jayán
Mocetón.
Gigante.
Hombrón.
*Enano.

1. Jefatura
Regencia.
Presidencia.
Dirección.
Superintendencia.

2. Jefatura
Autoridad.
Gobierno.
Mando.
Poder.

Jefe
Director.
Patrón.
Superior.
Dueño.
Amo.
*Dependiente.

Jehová
Dios.
Hacedor.
Señor.
Creador.

Jeque
Régulo.
Jefe.
Superior.

Jerapellina
Argamandel.
Andrajo.

Jerarca
Principal.
Régulo.
Superior.
Director.

Jerarquía
Grado.
Escala.

Orden.
Rango.
Graduación.

Jeremiada
Letanía.
Gemido.
Lamentación.
Llanto.
Lamento.
*Satisfacción.

Jeremías
Plañidero.
Quejoso.
Llorón.
Doliente.

Jerga
Caló.
Galimatías.
Jerigonza.
Jacarandana.

1. Jergón
Colchón.
Almadraque.
Jerga.
Márfega.

2. Jergón
Holgazán.

Jeribeque
Visaje.
Seña.
Guiño.

Jerigonza
Jerga.

1. Jeringa
Inyector.
Jeringuilla.

2. Jeringa
Importunación.
Molestia.

Jeringar
Molestar.
Fastidiar.
Mortificar.
Jacarear.
*Agradar.

Jeringuilla
Celinda.

1. Jeroglífico
Pasatiempo.

2. Jeroglífico
Complicación.
Traba.
Dificultad.
Vacilación.
Problema.
*Facilidad.

Jerpa
Sarmiento.
Serpa.

Jeruga
Cáscara.
Vaina.
Envoltura.

Jesuita
Iñiguista.
Ignaciano.

Jesús
Dios.
Cristo.
Mesías.
Jesucristo.
Unigénito.

1. Jeta
Morro.
Hocico.
Boca.

2. Jeta
Cara.
Rostro.

3. Jeta
Llave.
Canilla.
Grifo.
Espita.

Jíbaro
Silvestre.
Campesino.

Jibia
Sepia.

Jícara
Pocillo.
Tacita.

Jicote
Avispa.

1. Jífero
Matarife. ·

2. Jífero
Puerco.
Sucio.

Jilguero
Sirguero.
Silguero.
Colorín.
Pintadillo.
Cardelina.

Jineta
Ganeta.
Patialbillo.
Gineta.
Papialbillo.

Jineta
Galón.
Charretera.

Jinete
Cabalgador.
Caballista.
Caballero.

Jinetear
Domar.

1. Jira
Jirón.

2. Jira
Merienda.
Banquete.

3. Jira
Excursión.
Paseo.

1. Jirón
Trozo.
Andrajo.
Jira.
Pedazo.
Harapo.

2. Jirón
Guión.
Pendón.
Gallardete.

Jocoserio
Tragicómico.

Jocosidad
Donaire.
Gracia.
Chiste.
Humorismo.
Agudeza.
*Sandez.

Jocoso
Gracioso.
Chistoso.
Festivo.
Donoso.
Divertido.
*Mustio.

Jocundo
Alegre.
Jovial.
Divertido.
Plácido.
Jocoso.
*Triste.

Jofaina
Aljebena.
Palangana.
Aljofaina.
Almofia.
Zafa.

Jolgorio
Jarana.
Bullicio.
Holgorio.
Bulla.

Jolito
Suspensión.
Apaciguamiento.
Calma.
Tranquilidad.
Sosiego.
*Intranquilidad.

Jollín
Gresca.
Holgorio.
Hollín.
Jolgorio.
Bulla.

Jonjabar
Lagotear.
Engaitar.
Engatusar.
Lisonjear.

Jorguín
Mago.
Encantador.
Hechicero.

Jorguinería
Magia.
Hechicería.
Brujería.

1. Jornada
Trecho.
Ruta.
Trayecto.
Camino.
Excursión.

2. Jornada
Marcha.
Expedición.

3. Jornada
Obrada.
Jornal.
Día.

4. Jornada
Ocasión.
Caso.
Lance.
Circunstancia.
Oportunidad.

1. Jornal
Estipendio.
Salario.
Sueldo.
Retribución.
Ganancia.

2. Jornal
Obrada.
Jornada.
Día.

Jornalero
Operario.
Trabajador.
Bracero.
Labrador.
Asalariado.

1. Joroba
Giba.
Deformidad.
Corcova.

2. Joroba
Engorro.
Pejiguera.
Molestia.

Jorobado
Giboso.
Deforme.
Contrahecho.
Corcovado.
Jorobeta.

Jorobar
Molestar.

Marear.
Jacarear.
Fastidiar.
Mortificar.
*Agradar.

1. Joven
Adolescente.
Mancebo.
Muchacho.
*Anciano.

2. Joven
Reciente.
Nuevo.
Actual.
*Viejo.

Jovenzuelo
Mozalbete.

Jovial
Festivo.
Divertido.
Alegre.
Jocundo.
Gracioso.
*Triste.

1. Joya
Alhaja.
Alcorci.
Joyel.
Presea.
Brocamantón.

2. Joya
Flor.
Fénix.

3. Joya
Astrágalo.

Joyería
Bisutería.
Orfebrería.

Joyero
Guardajoyas.
Escriño.
Joyelero.
Estuche.
Cofrecillo.

1. Jubilar
Licenciar.
Pensionar.
Eximir.
Retirar.

2. Jubilar
Apartar.
Relegar.
Arrinconar.
*Usar.

3. Jubilar
Regocijarse.
Alegrarse.

1. Jubileo
Dispensa.

2. Jubileo
Concurrencia.
Movimiento.
Muchedumbre.

Júbilo
Alborozo.
Exultación.
Alegría.
Regocijo.
Contento.
*Tristeza.

Jubiloso
Ledo.
Ufano.
*Triste.

Jubón
Ajustador.
Armador.
Almilla.

Judaico
Hebreo.
Judío.

Judas
Hipócrita.
Falso.
Traidor.
Alevoso.
*Fiel.

Judería
Aljama.
Ghetto.

Judía
Habichuela.
Fréjol.
Fríjol.
Alubia.
Fásol.

Judiada
Ganancia.
Usura.

1. Judío
Israelita.
Judaico.
Hebreo.

2. Judío
Usurero.
Explotador.
Avaro.
Cicatero.
Mohatrero.

1. Juego
Distracción.
Recreación.
Recreo.
Divertimiento.
Solaz.

2. Juego
Acción.
Movimiento.
Funcionamiento.
Mecanismo.
Movilidad.

3. Juego
Articulación.
Gozne.
Unión.
Juntura.
Coyuntura.

4. Juego
Colección.
Combinación.
Serie.
Surtido.

1. Juerga
Jarana.

2. Juerga
Descanso.
Recreación.
Huelga.
Ocio.
*Actividad.

1. Jugada
Partida.
Tirada.
Lance.
Pasada.

2. Jugada
Treta.
Jugarreta.
Ardid.

Jugador
Garitero.
Tahúr.
Fullero.

1. Jugar
Divertirse.
Esparcirse.
Recrearse.
Entretenerse.
*Aburrirse.

2. Jugar
Triscar.
Travesear.
Juguetear.
Retozar.

3. Jugar
Arriesgar.
Apostar.
Aventurar.

4. Jugar
Marchar.
Moverse.
Funcionar.
Actuar.
*Pararse.

5. Jugar
Actuar.
Intervenir.

6. Jugar
Menear.
Mover.
Tocar.

Jugarreta
Treta.
Jugada.
Ardid.
Picardía.

1. Juglar
Rapsoda.
Coplero.
Bardo.
Vate.

2. Juglar
Chistoso.
Gracioso.
Picante.
Picaresco.

1. Jugo
Zumo.
Substancia.
Suco.

Jugosidad
Néctar.

2. Jugo
Provecho.
Ventaja.
Utilidad.
Ganancia.

1. Jugoso
Aguanoso.
Zumoso.
*Seco.

2. Jugoso
Substancioso.
Fructífero.
Suculento.
Provechoso.
*Pobre.

1. Juguete
Muñeco.
Trebejo.
Trástulo.

2. Juguete
Chanza.
Burla.

Juguetear
Triscar.
Jugar.
Retozar.

Juguetón
Travieso.
Bullicioso.
Inquieto.
Retozón.
Alocado.
*Quieto.

1. Juicio
Estimación.
Comprensión.
Criterio.
Discernimiento.
Apreciación.
*Incomprensión.

2. Juicio
Seso.
Tino.
Cordura.
Sensatez.
Prudencia.
*Necedad.

3. Juicio
Parecer.

Decisión.
Opinión.
Dictamen.
Sentencia.

Juicioso
Cabal.
Derecho.
Lógico.
Recto.
Consecuente.

*Atolondrado.

1. Julepe
Jarabe.
Poción.
Sirope.

2. Julepe
Castigo.
Represión.
Reprimenda.
Admonición.

*Elogio.

3. Julepe
Susto.

Julo
Cabestro.
Guía.
Encuarte.

Jumento
Burro.
Rucio.
Asno.
Pollino.
Borrico.

Júmera
Borrachera.
Humera.

1. Juncal
Junqueral.
Juncar.
Izaga.

2. Juncal
Airoso.
Bizarro.
Flexible.
Apuesto.
Garrido.

*Esmirriado.

Junciana
Petulancia.
Jactancia.

Hojarasca.

*Humildad.

Junglada
Lebrada.

Junípero
Enebro.

1. Junquillo
Rota.

2. Junquillo
Moldura.
Baqueta.
Tapajuntas.

1. Junta
Asamblea.
Reunión.
Cónclave.

2. Junta
Unión.
Coyuntura.
Juntura.
Articulación.

1. Juntar
Reunir.
Ligar.
Unir.
Acoplar.

*Deshacer.

2. Juntar
Congregar.
Anexar.
Asociar.
Agrupar.
Aliar.

*Separar.

3. Juntar
Entreabrir.
Entornar.

*Abrir.

1. Juntarse
Acercarse.
Llegarse.
Arrimarse.
Aproximarse.
Coserse.

*Alejarse.

2. Juntarse
Amigarse.
Acompañarse.

*Enemistarse.

1. Junto
Cercano.
Adyacente.
Unido.
Contiguo.
Vecino.

2. Junto
A la vez.

3. Junto
Cerca de.

Juntura
Empalme.
Articulación.
Unión.
Ensambladura.
Coyuntura.

Jura
Promesa.
Compromiso.
Juramento.
Obtestación.
Salva.

Jurado
Tribunal.

Juramentarse
Unirse.
Confabularse.

1. Juramento
Jura.

2. Juramento
Reniego.
Voto.
Imprecación.
Blasfemia.

1. Jurar
Asegurar.
Prometer.
Afirmar.
Certificar.
Negar.

2. Jurar
Renegar.
Votar.
Blasfemar.

Jurel
Chicharro.

Jurídico
Legal.

Jurisconsulto
Legista.
Abogado.
Jurista.

1. Jurisdicción
Poder.
Competencia.
Autoridad.
Facultad.
Atribución.

*Incompetencia.

2. Jurisdicción
Distrito.
Término.
Territorio.

Jurisprudencia
Legislación.
Derecho.
Jurispericia.

Justa
Torneo.
Competencia.
Pelea.
Certamen.
Combate.

Justador
Rival.
Combatiente.
Adversario.
Luchador.

Justar
Luchar.
Tornear.
Pelear.
Combatir.
Rivalizar.

1. Justicia
Rectitud.
Ecuanimidad.
Equidad.
Igualdad.
Probidad.

*Parcialidad.

2. Justicia
Castigo.
Pena.
Condena.

1. Justiciero
Justo.

2. Justiciero
Riguroso.

Justificación
Excusa.
Prueba.
Defensa.
Apología.
Testimonio.

*Acusación.

1. Justificar
Demostrar.
Acreditar.
Probar.
Evidenciar.
Aducir.

Inculpar.

2. Justificar
Enmendar.
Reformar.
Rectificar.
Corregir.

*Mantener.

3. Justificar
Arreglar.
Ajustar.

4. Justificar
Excusar.
Disculpar.
Defender.

*Acusar.

Justillo
Jubón.
Armador.
Ajustador.

Justipreciar
Valorar.
Apreciar.
Tasar.
Evaluar.

*Menospreciar.

1. Justo
Ecuánime.
Equitativo.
Justiciero.
Recto.
Íntegro.

*Parcial.

2. Justo
Justificable.
Fundado.
Racional.

*Dudoso.

3. Justo
Cabal.
Exacto.
Preciso.
*Equivocado.

4. Justo
Legítimo.
Procedente.
Lícito.

Legal.
*Ilícito.

5. Justo
Estrecho.
Apretado.
Ajustado.
*Holgado.

Juvenil
Muchachil.

Mocil.
Insenescente.

Juventud
Nubilidad.
Mocedad.
Adolescencia.
*Ancianidad.

1. Juzgado
Tribunal.

2. Juzgado
Judicatura.

Juzgamundos
Criticón.
Murmurador.
Chismoso.
*Discreto.

1. Juzgar
Dictaminar.

Sentenciar.
Deliberar.
Decidir.
Fallar.

2. Juzgar
Estimar.
Opinar.
Creer.
Apreciar.
Valorar.

K

Kan
Soberano.
Príncipe.
Jefe.

1. Kermese
Fiesta.

2. Kermese
Tómbola.
Rifa.
Verbena.

Kilo
Kilogramo.

Kimono
Bata.

Kiosco
Quiosco.
Pabellón.
Garita.

Kirie
Funeral.
Entierro.
Kirieleison.

L

1. Lábaro
Enseña.
Entandarte.
Guión.

2. Lábaro
Cruz.
Crismón.

Labe
Tilde.
Peste.
Plaga.
Mancha.

Laberíntico
Enredado.
Complicado.
Confuso.
Difícil.
Enmarañado.
*Sencillo.

Laberinto
Caos.
Lío.
Dédalo.
Confusión.
Maraña.

Labia
Facundia.
Verba.
Verbosidad.
Verborrea.
Parla.
*Silencio.

Labiérnago
Ladierno.
Sao.

1. Labio
Buz.
Bezo.
Belfo.

2. Labio
Canto.
Borde.

1. Labor
Trabajo.
Faena.
Laborío.
Obra.
Tarea.
*Ocio.

2. Labor
Laboreo.
Labranza.
Cultivo.

3. Labor
Cava.
Cavada.
Besana.

4. Labor
Excavación.

5. Labor
Bordado.
Encaje.
Costura.
Punto.
Realce.

Laborable
Arijo.

1. Laborar.
Labrar.

2. Laborar
Intrigar.
Urdir.
Gestionar.
Tramar.

Laboreo
Labranza.
Cultivo.
Cultura.

1. Laborioso
Trabajador.
Diligente.
Laboroso.
Asiduo.

Aplicado.
*Perezoso.

2. Laborioso
Quejicoso.
Difícil.
Trabajoso.
Azacanoso.
*Fácil.

Labrado
Trabajo.
Adorno.
Labra.
Trabajado.
*Sencillo.

Labrador
Agricultor.
Campesino.
Cultivador.
Labrantín.
Labriego.

Labrantío
Sembradío.

Labranza
Laboreo.
Cultivo.
Agricultura.
Labor.
Cultura.

1. Labrar
Laborear.
Trabajar.
Laborar.

2. Labrar
Arar.
Surcar.
Cultivar.
Barbechar.
Remover.

3. Labrar
Construir.
Edificar.
Levantar.

4. Labrar
Bordar.
Coser.

5. Labrar
Causar.
Formar.
Hacer.
Producir.
Originar.
*Deshacer.

Labriego
Campesino.
Labrador.
Agricultor.

Labrusca
Parriza.
Parrón.
Parra.

Laca
Maque.

1. Lacayo
Mozo.
Espolique.

2. Lacayo
Doméstico.
Sirviente.
Criado.
Servidor.
*Amo.

Lacear
Atar.
Ligar.
Enlazar.
Atrapar.

1. Lacerado
Desventurado.
Desdichado.
Infeliz.

2. Lacerado
Leproso.
Lazarino.

1. Lacerar
Golpear.
Despedazar.

2. Lacerar
Vulnerar.
Mancillar.
Dañar.
Perjudicar.

1. Lacería
Estrechez.
Miseria.
Pobreza.
*Riqueza.

2. Lacería
Pena.
Ajobo.
Trabajo.
Fatiga.
Molestia.

3. Lacería
Elefancía.
Lepra.

Lacertoso
Fornido.
Membrudo.
Musculoso.
*Enteco.

1. Lacio
Ajado.
Marchito.
Mustio.
*Lozano.

2. Lacio
Flojo.
Débil.
Blando.
*Recio.

Lacón
Jamón.

Lacónico
Conciso.
Compendiado.
Breve.
Corto.
Compendioso.
*Florido.

Laconismo
Concisión.
Sobriedad.
Brevedad.
Compendio.
Sequedad.
*Exuberancia.

1. Lacra
Defecto.
Vicio.
Achaque.
*Virtud.

2. Lacra
Señal.
Cicatriz.

1. Lacrar
Pegar.
Dañar.
Contagiar.

2. Lacrar
Enganchar.
Sellar.
*Abrir.

Lacrimoso
Lloroso.
Lastimero.
Lagrimoso.
Lastimoso.
Afligido.
*Alegre.

Lactación
Amamantamiento
Lactancia.

1. Lactar
Amamantar.
Criar.

2. Lactar
Alimentar.
Nutrir.

Lácteo
Láctico.
Lechoso.
Lacticíneo.

Lactosa
Lactina.

Lacunario
Lagunar.

Lacustre
Uliginoso.
Pantanoso.

Lada
Jara.

Ladeado
Soslayo.
Soslayado.
Oblicuo.
Inclinado.
Sesgado.
*Derecho.

Ladear
Soslayar.
Sesgar.
Inclinar.
Torcer.
Oblicuar.
*Enderezar.

Ladera
Talud.
Ribazo.
Pendiente.
Balate.
Declive.

Ladero
Lateral.

Ladino
Sagaz.
Zorro.
Taimado.
Astuto.
Hábil.
*Incauto.

1. Lado
Costado.
Cara.
Flanco.
Banda.

2. Lado
Generatriz.
Arista.

3. Lado
Ala.

4. Lado
Ayuda.
Protección.
Valimiento.
Favor.

5. Lado
Medio.
Senda.
Modo.
Camino.
Procedimiento.

1. Ladrar
Latir.
Gruñir.
Ladrear.
Aullar.

2. Ladrar
Chillar.
Amenazar.
Vociferar.
Gritar.
*Callar.

3. Ladrar
Motejar.
Censurar.
Impugnar.
Calificar.

1. Ladrido
Aúllo.
Gruñido.
Aullido.
Gañido.

2. Ladrido
Calumnia.
Censura.
Murmuración.
Crítica.
Dicterio.

Ladrillo
Azulejo.
Ladrillejo.
Rasilla.

Ladrón
Cleptómano.
Caco.
Carterista.
Sacre.
Expoliador.

1. Ladronera
Guarida.

2. Ladronera
Aliviador.
Ladrón.

3. Ladronera
Ladronicio.

4. Ladronera
Portillo.
Matacán.

5. Ladronera
Hucha.
Alcancía.

Ladronicio
Ladronera.
Hurto.
Latrocinio.
Robo.

Landronzuelo
Ladrón.

Lagar
Lagareta.
Tino.
Almíjar.
Lagarejo.
Trujal.

1. Lagarto
Lagarta.
Fardacho.
Lagartijo.
Lagartija.

2. Lagarto
Taimado.
Tuno.
Pícaro.
Escurridizo.
*Tolondro.

Lago
Pantano.
Estanque.
Laguna.
Albufera.

Lagotear
Halagar.
Embelecar.
Adular.
Lisonjear.
Agasajar.
*Criticar.

Lagotería
Adulación.
Embeleco.

Halago.
Lisonja.
Agasajo.
*Vituperio.

Lagotero
Adulador.
Zalamero.
Halagador.
Lisonjeador.
Alabancero.
*Reparón.

Lágrima
Sollozo.
Lloro.
Suspiro.

Lagrimear
Gimotear.
Lagrimar.
Lloriquear.
Lagrimacer.

Lagrimoso
Lagrimón.
Lloricón.
Lacrimoso.
Llorón.
Lloriqueador.
*Alborozado.

1. Laguna
Balsa.
Alberca.
Charca.

2. Laguna
Vacío.
Omisión.
Supresión.
Olvido.
Hueco.
*Relleno.

1. Laico
Seglar.
Profano.
Lego.
Secular.
*Clérigo.

2. Laico
Neutro.
Civil.
*Religioso.

3. Laico
Impiadoso.
Irreligioso.

1. Laja
Lancha.
Lastra.

2. Laja
Bajío.
Bajo.

3. Laja
Lámina.

1. Lama
Lodo.
Verdín.
Cieno.
Fango.
Musgo.

2. Lama
Ova.

3. Lama
Monje.

Lambel
Gota.
Lambeo.

1. Lambrija
Lombriz.

2. Lambrija
Flaco.
Delgado.
Escuálido.
Escurrido,.
*Robusto.

Lamedal
Lodazal.
Fangal.
Cenagal.
Tremedal.
*Yermo.

1. Lamedor
Sirope.
Jarabe.

2. Lamedor
Lisonja.
Halago.
Adulación.
*Crítica.

Lamentable
Lastimero.
Deplorable.
Lastimoso.
Sensible.

Triste.
Doloroso.
*Alegre.

Lamentación
Gemido.
Llanto.
Lamento.
Queja.
Clamor.
*Loanza.

Lamentar
Sentir.
Llorar.
Deplorar.
*Loar.

Lamentarse
Dolerse.
Plañir.
Quejarse.
Sentir.
Gemir.
*Alegrarse.

Lamento
Lamentación.

1. Lamer
Lamiscar.
Relamer.
Lengüetear.

2. Lamer
Fregar.
Rozar.

Lamido
Delgado.
Cenceño.
Flaco.
Escurrido.
*Gordo.

1. Lámina
Plancha.
Hoja.
Lama.
Chapa.
Placa.

2. Lámina
Figura.
Dibujo.
Estampa.
Efigie.
Grabado.

Laminar
Exfoliado.
Esquistoso.
Laminoso.

1. Laminar
Calandrar.
Aplastar.

2. Laminar
Exfoliar.

Laminero
Goloso.

Laminilla
Lengüeta.
Plaquita.

Lámpara
Candelero.
Bombilla.
Quinqué.

2. Lámpara
Lamparón.
Mancha.

Lamparilla
Mariposa.

Lamparón
Lámpara.
Mancha.
Chafarrinada.

Lampatán
China.

Lampazo
Purpúrea.
Lapa.
Bardana.

Lampiño
Glabro.
Imberbe.
Calvo.
*Peludo.

Lampión
Farol.
Fanal.

Lampo
Destello.
Brillo.
Resplandor.
Fulgor.
Relámpago.
*Oscuridad.

Lana
Borra.
Vellón.

Lanar
Ganado.

1. Lance
Incidente.
Suceso.
Percance.
Ocurrencia.
Acontecimiento.

2. Lance
Contienda.
Riña.
Encuentro.
Querella.

3. Lance
Pase.
Suerte.

Lancear
Alancear.

Lancéola
Quinquenervia.

Lanceta
Sangradera.
Bisturí.

Lancinar
Desgarrar.
Punzar.

1. Lancha
Embarcación.
Barca.
Bote.

2. Lancha
Laja.
Lastra.

3. Lancha
Loncha.
Lancho.
Losa.

Landa
Llanura.
Páramo.
*Vergel.

Landre
Nacencia.
Tumor.
Excrecencia.

Landrilla
Lita.

Lanería
Colchonería.

Langostón
Cervática.

Languidecer
Enflaquecer.
Anonadarse.
Debilitarse.
Abandonarse.
Adormecerse.
*Robustecerse.

Languidez
Debilidad.
Langor.
Flaqueza.
Desmayo.
Postración.
Extenuación.
*Aliento.

Lánguido
Flaco.
Fatigado.
Abatido.
Flojo.
Débil.
*Fuerte.

Lanosidad
Pilosidad.
Pelambrera.
Vellosidad.
Pelusa.
*Calvicie.

Lanoso
Peludo.
Aterciopelado.
*Pelado.

Lanudo
Lanígero.
Velloso.
Lanoso.
Velludo.
Lanero.

1. Lanza
Asta.
Chuzo.
Pica.
Alaveza.
Alabarda.

2. Lanza

Pértiga.
Vara.
Pértigo.
Pertigal.
Timón.

Lanzadera

Tectorio.
Espolín.
Rayo.
Jugadera.

Lanzamiento

Botadura.
Salida.
Botamiento.
Proyección.
Eyección.

1. Lanzar

Emitir.
Despedir.
Arrojar.
Enviar.
Proyectar.

*Retener.

2. Lanzar

Prorrumpir.
Exclamar.
Exhalar.
Decir.

*Callar.

3. Lanzar

Librar.
Soltar.
Liberar.

*Sujetar.

4. Lanzar

Basquear.
Vomitar.

Lanzazo

Enristre.
Rejonazo.
Lanzada.
Alanceadura.
Espontonada.

Laña

Gafa.
Grapa.

Lañar

Unir.
Engrapar.
Trabar.
Gafar.

*Soltar.

Lapachar

Barrizal.
Lamedal.
Cenagal.
Pantano.
Fangal.

*Yermo.

Lapicero

Portaminas.
Lápiz.

Lápida

Laude.
Losa.
Estela.

Lapidación

Laceración.
Apedreamiento.

Lapidar

Apedrear.

Lapidario

Sobrio.
Conciso.

*Prolijo.

Lapislázuli

Cianea.
Lazulita.

Lápiz

Lapicero.

1. Lapo

Varazo.
Cintarazo.
Golpe.
Bastonazo.

2. Lapo

Trago.
Chisguete.

Lapso

Periodo.
Intervalo.
Espacio.
Tracto.

*Continuidad.

Lapsus

Error.
Desliz.
Falta.
Lapso.

*Acierto.

Lardear

Pringar.
Engrasar.
Lardar.
Untar.
Enlardar.

Lardo

Grasa.
Tocino.
Unto.

*Magro.

Lardoso

Pringoso.
Untoso.
Grasiento.
Mugriento.

*Limpio.

1. Lares

Penates.

2. Lares

Casa.
Hogar.

Largar

Aflojar.
Soltar.
Desplegar.

*Arriar.

Largarse

Irse.
Ausentarse.
Marcharse.
Escabullirse.

*Quedarse.

Largas

Retardación.
Aplazamiento.
Dilación.
Prolongación.

*Apremio.

1. Largo

Luengo.
Dilatado.
Alargado.
Extenso.
Amplio.

*Corto.

2. Largo

Lento.
Continuado.
Tardío.

*Breve.

3. Largo

Abundante.
Copioso.
Excesivo.

*Poco.

4. Largo

Dadivoso.
Liberal.
Generoso.

*Avaro.

5. Largo

Expedito.
Rápido.
Pronto.
Diestro.

*Tardo.

6. Largo

Largor.

Largor

Longitud.
Largura.
Largo.
Largueza.

*Cortedad.

1. Larguero

Barrote.

2. Larguero

Cabezal.

Largueza

Generosidad.
Liberalidad.
Largura.
Esplendidez.
Desprendimiento.

*Estrechez.

Larguirucho

Pendón.
Pericón.
Cangallo.
Espingarda.
Tagarote.

*Bajo.

1. Largura

Largor.

2. Largura

Largueza.

Lascivia

Lujuria.
Sensualidad.
Liviandad.
Obscenidad.
Libidine.

*Templanza.

Lascivo

Lujurioso.
Libidinoso.
Sensual.
Lúbrico.
Obsceno.

*Casto.

Lasitud

Cansancio.
Postración.
Languidez.
Agotamiento.

*Vigor.

1. Laso

Abatido.
Exhausto.
Cansado.
Fatigado.
Derrengado.

*Fuerte.

2. Laso

Macilento.
Flojo.

Deprimido.
*Sano.

1. Lástima
Piedad.
Misericordia.
Compasión.
Conmiseración.
*Inflexibilidad.

2. Lástima
Quejido.
Lamento.

Lastimado
Dañado.
Perjudicado.
Leso.
Agraviado.
*Ileso.

1. Lastimar
Dañar.
Vulnerar.
Herir.
Lesionar.
Perjudicar.
*Beneficiar.

2. Lastimar
Apiadarse.
Compadecerse.

3. Lastimar
Ofender.
Injuriar.
Agraviar.
Despreciar.
*Honrar.

Lastimarse
Quejarse.
Compadecerse.
Dolerse.
Lamentarse.
*Alegrarse.

Lastimero
Lastimoso.
Compasivo.
Triste.
Plañidero.
*Indiferente.

Lastimoso
Lamentable.
Desgarrador.
Doloroso.
Deplorable.

Sensible.
*Placentero.

Lastra
Laja.
Rajuela.
Lancha.
Losa.
Loncha.

Lastrar
Aplomar.
*Aligerar.

1. Lastre
Plomo.
Peso.

2. Lastre
Madurez.
Juicio.
Sensatez.

1. Lata
Tabla.
Rollizo.
Tablero.

2. Lata
Pejiguera.
Rollo.
Tabarra.
Fastidio.
*Diversión.

Latente
Escondido.
Secreto.
Oculto.
Recóndito.
Obscuro.
*Manifiesto.

Lateral
Adyacente.
Pegado.
Ladero.
Contiguo.
Tangente.

1. Látex
Jugo.
Leche.

2. Látex
Cauohú.

Latido
Palpitación.
Pulsación.

1. Latigazo
Vergajazo.
Lampreazo.
Trallazo.
Zurriagazo.

2. Latigazo
Censura.
Sermón.
Represión.
Corrección.
*Alabanza.

Látigo
Rebenque.
Fusta.
Tralla.
Zurriago.
Disciplina.

1. Latir
Pulsar.
Palpitar.

2. Latir
Aullar.
Ladrar.

Latitud
Extensión.
Anchura.
Amplitud.
Ancho.
Vastitud.
*Estrechez.

Lato
Extenso.
Amplio.
Dilatado.
Extendido.
Vasto.
*Estrecho.

Latón
Ceni.
Azófar.

Latoso
Pesado.
Fastidioso.
Cargante.
Molesto.
Aburrido.
*Divertido.

Latrocinio
Hurto.
Rapiña.
Robo.

Fraude.
Estafa.

Laucha
Ratón.

Laudable
Digno.
Plausible.
Loable.
Meritorio.
*Abominable.

Laudatorio
Encomiástico.
Alabador.
Laudativo.
Lisonjero.
Apologético.
*Censurable.

Laudo
Sentencia.
Fallo.
Decisión.

Laurear
Enaltecer.
Coronar.
Premiar.
Graduar.
Honrar.

Laurel
Triunfo.
Premio.
Corona.
Honor.
Honra.

Lauréola
Corona.
Aureola.
Halo.
Resplandor.

1. Lavabo
Palanganero.
Tocador.
Aguamanil.

2. Lavabo
Aseo.
Water.

Lavacaras
Lagotero.

Lavadero
Tina.
Artesa.
Estregadero.

Lavadura
Lavatorio.
Lavado.
Baño.
Enjuague.
Limpiadura.

Lavamanos
Palangana.
Aguamanil.
Jofaina.

1. Lavamiento
Lavadura.

2. Lavamiento
Lavativa.

Lavar
Aclarar.
Limpiar.
Lavotear.
Bañar.
Purificar.
*Ensuciar.

1. Lavativa
Ayuda.
Clistel.
Lavamiento.
Clíster.

2. Lavativa
Incomodidad.
Joroba.
Molestia.
Pejiguera.
*Comodidad.

Laxante
Solutivo.
Purgante.
Laxativo.
Catártico.
Relajante.
*Constipante.

1. Laxar
Aflojar.
Disminuir.
Relajar.
Ablandar.
Suavizar.
*Mantener.

2. Laxar
Exonerar.
Purgar.
Evacuar.
*Constipar.

Laxitud
Flojedad.
Atonia.
Laxidad.
Flojera.
Distensión.
*Tensión.

Laxo
Relajado.
Flojo.
Distendido.
*Tenso.

Laya
Calidad.
Género.
Linaje.
Especie.
Clase.

Lazada
Atadura.
Lazo.
Nudo.

Lazar
Enlazar.
Cazar.
Lacear.
Apresar.
Coger.

Lazarillo
Destrón.
Gomecillo.

Lazarino
Lacerado.
Elefancíaco.
Lazaroso.
Leproso.

Lazo
Nudo.
Ligamento.
Atadura.
Ligadura.
Cordón.

2. Lazo
Asechanza.
Zalagarda.
Ardid.
Red.
Emboscada.
*Independencia.

Lazulita
Cianea.
Lapislázuli.

1. Leal
Franco.
Honrado.
Fiel.
Sincero.
Noble.
*Desleal.

2. Leal
Verídico.
Verdadero.
Fidedigno.
Cierto.
Legal.
*Engañoso.

1. Lealtad
Adhesión.
Rectitud.
Fidelidad.
Nobleza.
Acatamiento.
*Traición.

2. Lealtad
Verdad.
Legalidad.
Veracidad.
Realidad.
Seguridad.
*Engaño.

Lebrada
Junglada.

Lebrato
Lebroncillo.

Lebrillo
Alcadafe.
Terrizo.

Lebrón
Huidizo.
Cobarde.
Tímido.
Pusilánime.
*Valiente.

1. Lección
Lectura.

2. Lección
Comprensión.
Interpretación.
Significado.
Variante
*Error.

3. Lección
Conferencia.
Enseñanza.
Clase.

4. Lección
Parte.
Capítulo.
Título.

5. Lección
Aviso.
Consejo.
Amonestación.
Advertencia.
Ejemplo.

1 Lector
Leyente.
Leedor.

2. Lector
Catedrático.
Profesor.

Lectura
Leída.
Ojeada.
Lección.
Leyenda.
Recitación.

Lechal
Lactante.
Tierno.
Recental.
Mamante.
*Hecho.

Leche
Jugo.
Licor.
Látex.
Sanguaza.

Lechería
Vaquería.
Granja.

1. Lechero
Lácteo.

2. Lechero
Cicatero.
Logrero.
Aprovechado.

3. Lechero
Granjero.

Lechetrezna
Ésula.
Titímalo.

1. Lechigada
Camada.
Cría.
Ventregada.
Cachillada.

2. Lechigada
Pandilla.
Cuadrilla.
Banda.

Lechino
Tampón.
Torunda.
Clavo.

1. Lecho
Tálamo.
Petate.
Cama.
Camastro.
Litera.

2. Lecho
Triclinio.

3. Lecho
Álveo.
Cauce.
Madre.

4 Lecho
Fondo.

5. Lecho
Estrato.
Capa.
Tongada.

1. Lechón
Guarín.
Cochinillo.

2. Lechón
Sucio.
Desaseado.
*Limpio.

1. Lechoso
Láctico.
Lácteo.

2. Lechoso.
Blanquecino.
Blanco.

Lechuga
Ensalada.

Lechugino
Petimetre.

Figurin.
*Adán.

Lechuza
Curuja.
Óliva.
Curuca.
Estrige.

Ledo
Jubiloso.
Contento.
Alegre.
Plácido.
Gozoso.
*Triste.

1. Leer
Hojear.
Descifrar.
Deletrear.
Repasar.
Releer.

2. Leer
Profundizar.
Calar.
Penetrar.
Interpretar.

Legación
Embajada.
Legacía.
Representación.

1. Legado
Dejación.
Herencia.
Allegado.
Manda.

2. Legado
Comisionado.
Embajador.
Enviado.
Representante.
Nuncio.

Legajo
Atado.
Mamotreto.
Pliego.
Lío.

1. Legal
Legalizado.
Reglamentario.
Lícito.
Legislativo.
Estatutario.
*Ilegal.

2. Legal
Justo.
Verídico.
*Injusto.

Legalidad
Justicia.
Legitimidad.
Ley.
Derecho.

Legalista
Ordenancista.

Legalizar
Atestar.
Certificar.
Legitimar.
Autorizar.

Légamo
Cieno.
Limo.
Lodo.
Fango.
Barro.

Legaña
Pitaña.
Pitarra.

Legar
Transmitir.
Traspasar.
Dejar.
Transferir.
Testar.

Legatario
Heredero.
Fiduciario.
Mandatario.

1. Legendario
Tradicional.
Antiguo.
Proverbial.
Vetusto.
*Reciente.

2. Legendario
Quimérico.
Fabuloso.
Épico.
*Histórico.

Legible
Descifrable.
Leíble.

1. Legión
Ejército.
Cohorte.

2. Legión
Multitud.
Tropel.
Caterva.
Muchedumbre.
Cantidad.

Legislación
Ley.
Régimen.
Código.

Legislador
Codificador.
Licurgo.
Alfaquí.

Legislar
Sancionar.
Estatuir.
Codificar.
Promulgar.
Regular.

Legisperito
Legista.
Jurisconsulto.

Legista
Legisperito.
Jurisconsulto.

1. Legitimar
Certificar.
Autentificar.
Legalizar.
Atestar.

2. Legitimar
Habilitar.

1. Legítimo
Lícito.
Leal.
*Ilícito.

2. Legítimo
Fidedigno.
Probado.
Auténtico.
Cierto.
Verdadero.
*Falso.

1. Lego
Seglar.

Laico.
*Clérigo.

2. Lego
Hermano.
Profeso.
Donado.

3. Lego
Iletrado.
Incompetente.
Ignorante.
Indocto.
*Leído.

Leguleyo
Charlatán.
Picapleitos.

Leíble
Comprensible.
Legible.
Inteligible.
*Difícil.

Leída
Lectura.

Leído
Docto.
Letrado.
Sabio.
Instruido.
Erudito.
*Lego.

1. Lejanía
Distancia.
Alejamiento.
*Proximidad.

2. Lejanía
Pasado.
*Hoy.

1. Lejano
Apartado.
Extremo.
Alejado.
Distante.
Retirado.
*Próximo.

2. Lejano
Pasado.
Remoto.
*Actual.

Lejos
Remoto.
Acullá.

Lelo
Simple.
Zafio.
Bobo.
*Listo.

1. Lema
Encabezamiento.
Título.

2. Lema
Divisa.
Mote.
Letra.

3. Lema
Tema.

4. Lema
Contraseña.

Lene
Blando.
Agradable.
Suave.
Dulce.
Grato.
*Áspero.

1. Lengua
Idioma.
Lenguaje.
Habla.

2. Lengua
Traductor.
Intérprete.
Dragomán.
Trujamán.

3. Lengua
Badajo.

Lenguado
Suela.

1. Lenguaje
Idioma.
Dialecto.
Lengua.
Habla.
Parla.

2. Lenguaje
Expresión.
Estilo.
Elocución.

Frasis.
Sermón.

Lenguaraz
Insolente.
Atrevido.
Dicaz.
Deslenguado.
*Tímido.

Lenidad
Suavidad.
Blandura.
Benevolencia.
Benignidad.
Apacibilidad.
*Severidad.

Lenificar
Calmar.
Suavizar.
Dulcificar.
Ablandar.
Consolar.
*Exasperar.

1. Lenitivo
Calmante.
Emoliente.
*Excitante.

2. Lenitivo
Consuelo.
Alivio.
Bálsamo.
*Arrebato.

Lenocinio
Prostíbulo.

Lentamente
Despacio.
Gradual.
Piano.
*Aprisa.

Lente
Lupa.
Cristal.
Objetivo.
Lentilla.
Menisco.

Lentes
Antiparras.
Gafas.
Anteojos.

Lentecer
Reblandarse.

Ablandarse.
Revenirse.
*Endurecerse.

Lenticular
Convexo.
Combado.

Leopardo
Pardal.

Lepra
Gafedad.
Elefancia.
Lacería.
Malatía.

Lepidóptero
Mariposa.

Leporino
Lebruno.

Leprosería
Lazareto.

Lerdo
Tardo.
Cansino.
Lento.
Torpe.
Pesado.
*Listo.

1. Lesión
Herida.
Magullamiento.
Lastimamiento.
Contusión.
Golpe.

2. Lesión
Perjuicio.
Pérdida.
Daño.
Detrimento.
Menoscabo.
*Bien.

Lesionar
Vulnerar.
Herir.
Lastimar.
Dañar.
Perjudicar.
*Favorecer.

Leso
Damnificado.
Ofendido.

Lastimado.
Agraviado.
*Indemne.

Letal
Mortal.
Deletéreo.
Letífero.
Mortífero.
*Vivificador.

Letanía
Serie.
Procesión.
Lista.
Sucesión.
Retahíla.
*Hueco.

Letárgico
Adormecedor.
Soporífero.
Abrumador.
*Incitante.

Letargo
Modorra.
Torpeza.
Sopor.
Soñolencia.
Insensibilidad.
*Viveza.

Letificar
Alegrar.
Regocijar.
Divertir.
Animar.
*Aburrir.

Letra
Signo.
Perfil.
Carácter.
Garabato.

1. Letrado
Ilustrado.
Docto.
Sabio.
Instruido.
Leído.

2. Letrado
Abogado.

Letrero
Rótulo.
Anuncio.

Cartel.
Inscripción.
Lema.

Letrina
Excusado.
Privada.
Retrete.
Wáter.

Leudar
Lleudar.
Aleudar.

Leudarse
Revenirse.
Fermentarse.

1. Leva
Reclutamiento.
Recluta.
Enganche.
*Licenciamiento.

2. Leva
Palanca.
Espeque.

Levadura
Fermento.
Diastasa.

Levantado
Elevado.
Eminente.
Alto.
Encumbrado.
Excelso.
Sublime.
*Bajo.

Levantamiento
Insurrección.

1. Levantar
Elevar.
Alzar.
Subir.
*Bajar.

2. Levantar
Enhestar.
Enderezar.
Enarbolar.
*Inclinar.

3. Levantar
Despegar.
Separar.

Desasir.
*Descansar.

4. Levantar
Apuntar.
Dirigir.
*Abajar.

5. Levantar
Fabricar.
Construir.
Edificar.
*Derribar.

6. Levantar
Dejar.
Abandonar.
Trasladar.
*Asentarse.

7. Levantar
Acosar.
Batir.
Matear.

8. Levantar
Establecer.
Fundar.
Instituir.
*Derogar.

9. Levantar
Subir.
Aumentar.
Encarecer.
*Rebajar.

10. Levantar
Inflar.
Inflamar.
Intensificar.
*Reducir.

11. Levantar
Hinchar.
Abollar.
*Deshinchar.

12. Levantar
Remitir.
Perdonar.
Amnistiar.
*Condenar.

13. Levantar
Sublevar.
Rebelar.
Amotinar.

14. Levantar
Ensalzar.
Engrandecer.
Enaltecer.
*Humillar.

15. Levantar
Alistar.
Reclutar.
Enganchar.
*Licenciar.

16. Levantar
Mover.
Ocasionar.
Formar.
*Desentenderse.

17. Levantar
Malsinar.
Atribuir.
Calumniar.
*Excusar.

18. Levantar
Animar.
Alentar.
Esforzar.
*Desalentar.

1. Levantarse
Destacar.
Remontarse.
Sobresalir.
Resaltar.
*Desaparecer.

2. Levantarse
Despertarse.
*Acostarse.

Levante
Oriente.
Saliente.
Este.
Naciente.
*Poniente.

Levantisco
Sedicioso.
Indómito.
Revoltoso.
Insurgente.
Rebelde.
*Sumiso.

Levar
Desanclar.

Recoger.
Descepar.
*Anclar.

1. Leve
Liviano.
Suave.
Ligero.
Tenue.
Sutil.
*Pesado.

2. Leve
Trivial.
Fútil.
Insignificante.
Venial.
Frívolo.
*Importante.

1. Levedad
Liviandad.
Ingravidez.
Ligereza.
Tenuidad.
*Pesadez.

2. Levedad
Volubilidad.
Mudanza.
Versatilidad.
*Firmeza.

3. Levedad
Insignificancia.
*Gravedad.

Levita
Diácono.

Levita
Levitón.
Levosa.
Futraque.

Levítico
Clerical.
Beato.
Eclesiástico.
Sacerdotal.
*Anticlerical.

Léxico
Glosario.
Lexicón.
Diccionario.
Vocabulario.
Tesoro.

1. Ley
Regla.
Costumbre.
Norma.
Uso.

2. Ley
Prescripción.
Carta.
Precepto.
Ordenanza.
Estatuto.

3. Ley
Fidelidad.
Dilección.
Lealtad.
Amor.
Veneración.
*Infidelidad.

4. Ley
Clase.
Casta.
Calidad.
Índole.
Raza.

5. Ley
Proporción.
Cantidad.

1. Leyenda
Lección.
Lectura.

2. Leyenda
Tradición.
Epopeya.
Historia.
Mito.
Fábula.

3. Leyenda
Lema.
Mote.
Letrero.
Divisa.

Lezna
Lesna.
Alesna.
Punzón.

Lía
Soguilla.
Liatón.
Soga.
Liñuela.
Cuerda.

1. Liar
Ligar.
Trabar.
Atar.
Encordelar.
Apiolar.
Lazar.
*Desliar.

2. Liar
Engatusar.
Engañar.
Enredar.

Liarlas
Liárselas.
Fenecer.
Morir.
Traspasar.

Lías
Poso.
Heces.
Sedimento.
Pie.

1. Libar
Chupar.
Catar.
Sorber.
Gustar.
Beber.

2. Libar
Sacrificar.

Libelo
Baldón.
Difamación.
Panfleto.

Líber
Sámago.

1. Liberal
Generoso.
Pródigo.
Dadivoso.
Noble.
Desprendido.
*Mezquino.

2. Liberal
Pronto.
Dispuesto.
Expedito.
*Tardo.

3. Liberal
Independiente.

Libre.
Liberalesco.
*Reaccionario.

Liberalidad
Largueza.
Esplendidez.
Prodigalidad.
Dádiva.
Generosidad.
*Avaricia.

Liberar
Libertar.

1. Libertad
Autonomía.
Independencia.
Autordeterminación.
*Dependencia.

2. Libertad
Redención.
Manumisión.
Licenciamiento.
Emancipación.
Franqueamiento.
*Esclavitud.

3. Libertad
Liberación.
Rescate.
Libramiento.
*Prisión.

4. Libertad
Privilegio.
Licencia.
Prerrogativa.
Inmunidad.
*Limitación.

5. Libertad
Familiaridad.
Franqueza.
Soltura.
*Formalismo.

6. Libertad
Despejo.
Espontaneidad.
Holgura.
Facilidad.
*Inconveniencia.

7. Libertad
Osadía.
Atrevimiento.

Descaro.
*Respeto.

8. Libertad
Desenfreno.
Libertinaje.
Licencia.
*Moralidad.

Libertado
Libre.

Libertar
Librar.
Eximir.
Emancipar.
Liberar.
Licenciar.
*Oprimir.

Libertario
Ácrata.
Anarquista.
*Totalitario.

Libertinaje
Atrevimiento.
Licencia.
Libertad.
Liviandad.
Corrupción.
*Virtud.

Libertino
Liviano.
Libidinoso.
Depravado.
Licencioso.
Disipado.
*Virtuoso.

Liberto
Manumiso.
Horro.
Libre.
Franco.
Exento.
*Esclavo.

Libídine
Lascivia.
Lubricidad.
Lujuria.
Concupiscencia.
*Continencia.

Libidinoso
Lujurioso.

Libertino.
Salaz.
*Virtuoso.

Librador
Vertedor.
Cogedor.

Libranza
Talón.
Libramiento.
Cheque.

1. Librar
Libertar.

2. Librar
Dar.
Ceder.
Entregar.
Abandonar.
Depositar.
*Quitar.

3. Librar
Girar.
Enviar.
Expedir.
Despachar.
*Aceptar.

4. Librar
Alumbrar.
Parir.

1. Libre
Autónomo.
Espontáneo.
Independiente.
*Dependiente.

2. Libre
Manumiso.
Liberto.
Emancipado.
*Esclavo.

3. Libre
Libertado.
Liberado.
*Preso.

4. Libre
Horro.
Franco.
Quito.
*Sujeto.

5. Libre
Abierto.

Expedito.
Exento.
*Cerrado.

6. Libre
Inmune.
Ileso.
Indemne.
*Dañado.

7. Libre
Desligado.
Suelto.
*Atado.

8. Libre
Dispensado.
Permitido.
Privilegiado
*Limitado.

9. Libre
Salvaje.
Silvestre.
Cerril.
Montaraz.
*Doméstico

10. Libre
Saneado.
Limpio.
*Gravado.

11. Libre
Libertino.

12. Libre
Soltero.
*Casado.

13. Libre
Atrevido.
Osado.
Ingenuo.
*Rutinario.

1. Libre
Absuelto.
Inocente.
*Convicto.

Librepensador
Incrédulo.
Irreligioso.
*Creyente.

Librería
Biblioteca.

1. Libreta
Cartapacio.
Cuaderno.

2. Libreta
Cartilla.

Libro
Volumen.
Tomo.
Obra.
Ejemplar.

1. Licencia
Consentimiento.
Venia.
Permiso.
Autorización.
Anuencia.
*Prohibición.

2. Licencia
Libertinaje.
Libertad.
*Moralidad.

3. Licencia
Documento.
Pasaporte.
Salvoconducto.
Pase.

1. Licenciado
Diplomado.
Graduado.

2. Licenciado
Sabelotodo.
Sabihondo.

1. Licenciar
Permitir.
Consentir.
Autorizar.
Facultar.
Otorgar.
*Denegar.

2. Licenciar
Despachar.
Despedir.
Echar.
*Admitir.

3. Licenciar
Diplomar.
Graduar.

Licencioso
Libertino.

Liceo
Gimnasio.
Instituto.
Colegio.

Licitación
Concurso.
Mejora.
Puja.
Oferta.

Licitador
Postor.
Ponedor.
Licitante.
Pujador.

Lícito
Legítimo.
Permitido.
Legal.
Justo.
Autorizado.
*Ilícito.

1. Licor
Humor.
Líquido.

2. Licor
Elíxir.
Bebida.
Alcohol.

Licuar
Diluir.
Disolver.
Liquidar.
Fundir.
Derretir.
*Solidificar.

1. Licurgo
Legislador.

2. Licurgo
Astuto.
Hábil.
Inteligente.
*Zote.

1. Lid
Lucha.
Contienda.
Combate.
Pelea.
Batalla.
*Paz.

2. Lid
Controversia.
Debate.
Disputa.
Altercado.
Discusión.
*Acuerdo.

1. Lidia
Lid.

2. Lidia
Becerrada.
Corrida.

1. Lidiar
Pelear.
Combatir.
Luchar.
Contender.
Pugnar.

2. Lidiar
Oponerse.
Disputar.
Debatir.
Pugnar.

2. Lidiar
Sortear.
Torear.
Capotear.

Liego
Erial.
Lleco.
Yermo.
*Fértil.

Liento
Mojado.
Húmedo.
Salpicado.
*Seco.

1. Lienzo
Tela.
Paño.

2. Lienzo
Cuadro.
Pintura.

3. Lienzo
Pared.
Paramento.
Fachada.
Panel.

1. Liga
Cenojil.
Cinta.
Jarretera.
Charretera.
Atapiernas.

2. Liga
Faja.
Venda.

3. Liga
Muérdago.

4. Liga
Visco.
Hisca.
Ajonje.

5. Liga
Ligación.
Aleación.
Unión.
Mezcla.

6. Liga
Coalición.
Alianza.
Federación.
Agrupación.
Confederación.

1. Ligadura
Ligamento.
Atadura.
Trenzadura.

2. Ligadura
Traba.
Acoplamiento.
Ensamblaje.
*Desunión.

1. Ligar
Liar.
Atar.
Amarrar.
*Desatar.

2. Ligar
Alear.
Mezclar.

3. Ligar
Anudar.
Unir.
Ensamblar.
*Separar.

4. Ligar
Compeler.

Obligar.
*Librar.

Ligazón
Trabazón.
Conexión.
Unión.
Enlace.
Encadenamiento.
*Desunión.

1. Ligereza
Agilidad.
Celeridad.
Velocidad.
Presteza.
*Lentitud.

2. Ligereza
Tenuidad.
Levedad.
Liviandad.
*Pesadez.

3. Ligereza
Versatilidad.
Volubilidad.
*Constancia.

4. Ligereza
Irreflexión.
*Madurez.

1. Ligero
Lene.
Leve.
Liviano.
*Pesado.

2. Ligero
Veloz.
Suelto.
Ágil.
*Tardo.

3. Ligero
Fútil.
Trivial.
Baladí.
*Importante.

4. Ligero
Digerible.
*Indigesto.

5. Ligero
Versátil.
Tornadizo.

Voluble.
*Constante.

6. Ligero
Etéreo.
Tenue.
Delgado.
*Resistente.

Lignario
Maderero.

Lígula
Epiglotis.

Ligur
Ligústico.
Ligurino.

Ligustro
Alheña.

1. Lija
Pintarroja.
Melgacho.

2. Lija
Abrasivo.
Zapa.

Lilaila
Artería.
Martingala.
Astucia.
Estratagema.

Liliputiense
Pigmeo.
Enano.
*Gigante.

Lima
Cantón.
Limatón.
Escofina.

Limadura
Escobina.
Limalla.
Ralladura.

1. Limar
Raspar.
Pulir.
Raer.

2. Limar
Enmendar.
Corregir.
Retocar.

3. Limar
Cercenar.
Debilitar.
*Fortalecer.

Limazo
Babaza.
Viscosidad.

1. Limbo
Orla.
Borde.
Extremidad.

2. Limbo
Corona.

3. Limbo
Lámina.

Limen
Umbral.

Limero
Lima.

1. Limitación
Restricción.
Prohibición.
Tasa.
Condición.
Cortapisa.
*Indeterminación

2. Limitación
Circunscripción.
Distrito.
Término.

Limitado
Definido.
Circunscrito.
Finito.
Restricto.
*Infinito.

1. Limitar
Delimitar.
Demarcar.
Restringir.
Determinar.
Deslindar.
*Ampliar.

2. Limitar
Acortar.
Cercenar.
Abreviar.
Reducir.

Cortar.
*Amplificar.

Limitativo
Restrictivo.
Taxativo.
*Extensivo.

1. Límite
Confín.
Linde.
Borde.
Término.
Frontera.

2. Límite
Meta.
Culminación.
Fin.
Final.
*Principio.

Limítrofe
Lindante.
Colindante.
Confinante.
Contiguo.
Frontero.
*Lejano.

Limo
Cieno.
Fango.
Lodo.
Barro.
Légamo.

Limón
Agrio.
Citrón.

Limonada
Gaseosa.
Refresco.

Limosidad
Sarro.

Limosna
Caridad.
Providencia.
Socorro.
Dádiva.
Óbolo.

Limosnear
Mendigar.
Bordonear.
Pordiosear.

Gallofear.
Hambrear.

1. Limosnero
Dadivoso.
Caritativo.

*Avaro.

2. Limosnero
Cuestor.
Bacinero.
Agostero.

Limoso
Barroso.
Pantanoso.
Cenagoso.
Fangoso.
Sucio.

*Seco.

Limpiadientes
Palillo.
Mondadientes.

1. Limpiar
Acicalar.
Lavar.
Asear.
Purificar.
Enjuagar.

*Ensuciar.

2. Limpiar
Ahuyentar.
Echar.
Expulsar.

*Dejar.

3. Limpiar
Podar.

4. Limpiar
Robar.

Límpido
Inmaculado.
Nítido.
Transparente.
Limpio.
Impoluto.

*Poluto.

1. Limpieza
Aseo.
Higiene.
Limpia.

*Suciedad.

2. Limpieza
Honradez.

Integridad.

*Avidez.

3. Limpieza
Destreza.
Perfección.
Precisión.
Agilidad.
Exactitud.

*Malogro.

1. Limpio
Pulcro.
Límpido.
Aseado.

*Sucio.

2. Limpio
Intacto.
Casto.
Puro.
Acendrado.
Virginal.

*Impúdico.

3. Limpio
Exento.
Libre.
Neto.

*Gravado.

4. Limpio
Despejado.
Horro.
Expedito.

*Difícil.

1. Linaje
Estirpe.
Prosapia.
Progenie.
Familia.
Raza.

2. Linaje
Clase.
Especie.
Condición.
Calidad.
Género.

Linajudo
Encopetado.
Señorial.
Patricio.

*Plebeyo.

Lince
Águila.

Sagaz.
Rayo.
Genio.
Agudo.

*Torpe.

Linceo
Sagaz.
Caladizo.
Perspicaz.
Avispado.
Penetrante.

*Tonto.

Lindante
Rayano.
Contiguo.
Limítrofe.
Colindante.
Aledaño.

*Lejano.

1. Lindar
Umbral.

2. Lindar
Rayar.
Colindar.
Confinar.
Limitar.
Confrontar.

Linde
Confín.
Lindero.
Límite.
Término.
Borde.

Lindero
Contorno.
Frontera.
Linde.
Extremo.
Marco.

*Lejanía.

1. Lindeza
Hermosura.
Preciosidad.
Belleza.

*Fealdad.

2. Lindeza
Graciosidad.
Chiste.
Donosura.

*Tontería.

Lindezas
Invectivas.
Insultos.
Improperios.

*Alabanzas.

1. Lindo
Gracioso.
Hermoso.
Bonito.
Bello.
Primoroso.

*Feo.

2. Lindo
Cabal.
Bueno.
Exquisito.

*Defectuoso.

3. Lindo
Adonis.
Serafín.
Narciso.

1. Línea
Rasgo.
Lista.
Raya.
Trazo.
Veta.

2. Línea
Hilera.
Renglón.
Fila.

3. Línea
Servicio.
Vía.
Itinerario.

4. Línea
Género.
Clase.
Especie.

5. Línea
Confín.
Límite.
Linde.

6. Línea
Trinchera.
Frente.

1. Lineal
Listado.
Rayado.

2. Lineal
Delgado.
Largo.
Linear.

1. Linear
Subrayar.
Rayar.

2. Linear
Abocetar.
Bosquejar.

Linfa
Humor.
Suero.
Serosidad.
Agua.

Lingote
Barra.

Lingüística
Filología.
Glotología.

Linimento
Bálsamo.
Embrocación.
Ungüento.

Lino
Cárbaso.

Linóleo
Hule.

1. Linterna
Lámpara.
Farol.

2. Linterna
Faro.

Liño
Línea.

Liñuelo
Lía.
Ramal.
Cabo.

1. Lío
Fardel.
Paca.
Atadijo.
Fardo.
Bala.

2. Lío
Confusión.

Embrollo.
*Orden.

Lionés
Lugdunense.

Liorna
Barahúnda.
Confusión.
Algarabía.
Algazara.
Bulla.
*Silencio.

Lioso
Enredador.
Embrollador.
Quisquilloso.
*Ordenado.

Lipemanía
Melancolía.

Lipoideo
Grasiento.
Mantecoso.
Lardoso.
Craso.
Grasoso.
*Magro.

Liquidable
Licuable.
*Solidificable.

1. Liquidar
Licuefacer.
Fluidificar.
Licuar.
Colicuar.
*Solidificar.

2. Liquidar
Pagar.
Ajustar.
Saldar.
Finiquitar.
*Demorar.

3. Liquidar
Acabar.
Terminar.
Extinguir.
*Iniciar.

1. Líquido
Humor.
Fluido.

Licor.
*Sólido.

2. Líquido
Residuo.
Saldo.
Remanente.

Lira
Inspiración.
Numen.

Lirio
Lis.

Lirón
Perezoso.
Dormilón.
Gandul.
*Diligente.

Lirondo
Pelado.

Lis
Lirio.

Lisa
Liza.
Mújol.

Lisboeta
Lisbonense.
Lisbonés.

Lisera
Berma.

Lisiado
Mutilado.
Impedido.
Lesionado.
Baldado.
Tullido.
*Sano.

Lisiar
Herir.
Lastimar.
Lesionar.
Estropear.
Mutilar.
*Curar.

Lisis
Mejora.
Remisión.
*Crisis.

1. Liso
Llano.
Parejo.
Plano.
Raso.
Igual.
*Áspero.

2. Liso
Ingenuo.
Natural.
Sencillo.
*Complicado.

3. Liso
Desvergonzado.
*Cortés.

Lisonja
Adulación.
Alabanza.
Halago.
*Desaire.

1. Lisonjear
Adular.
Alabar.
*Desairar.

2. Lisonjear
Deleitar.
Regalar.
Agradar.
Satisfacer.
Complacer.
*Disgustar.

1. Lisonjero
Alabancero.
Halagador.
Halagüeño.
Adulador.
*Altanero.

2. Lisonjero
Deleitable.
Simpático.
Agradable.
Grato.
Satisfactorio.
*Antipático.

1. Lista
Cinta.
Faja.
Tira.
Franja.
Veta.

2. Lista
Enumeración.
Inventario.
Catálogo.
Relación.
Registro.

Listado
Listeado.
Rayado.
Entreverado.
Veteado.
*Liso.

Listel
Listón.
Filete.

Listeza
Prontitud.
Presteza.
Ligereza.
Sagacidad.
Viveza.
*Torpeza.

1. Listo
Diligente.
Vivo.
Pronto.
Expedito
Activo.
*Tardo.

2. Listo
Astuto.
Despierto.
Sagaz.
Avispado.
*Torpe.

1. Listón
Lista.
Cinta.
Faja.

2. Listón
Barrote.
Tapajuntas.
Larguero.
Moldura.

3. Listón
Filete.
Listel.

1. Lisura
Tersura.
Pulimento.
Igualdad.

Finura.
Suavidad.
*Arruga.

2. Lisura
Sinceridad.
Llaneza.
Ingenuidad.
Sencillez.
Afabilidad.
*Engreimiento.

3. Lisura
Desvergüenza.

Lita
Landrilla.

Litarge
Litargirio.
Almártega.
Almartaga.

Lite
Pleito.

1. Litera
Yacija.
Camastro.

2. Litera
Palanquín.

Literal
Recto.
Fiel.
Textual.
Exacto.
Propio.
*Inexacto.

Literato
Autor.
Polígrafo.
Escritor.
Publicista.

1. Literatura
Filología.

2. Literatura
Escritos.
Bibliografía.
Obras.
Publicaciones.
Ficción.

Litiasis
Cálculo.

Lítico
Roquizo.
Petrográfico.

Litigante
Pleiteante.
Parte.

1. Litigar
Querellarse.
Pleitear.

2. Litigar
Contender.
Discutir.
Disputar.
Altercar.
Debatir.
*Avenirse.

1. Litigio
Lite.
Litis.
Querella.
Pleito.

2. Litigio
Contienda.
Cuestión.
Disputa.
Debate.
Polémica.
*Acuerdo.

Litigioso
Dudoso.
Cuestionable.
Bizantino.
Erístico.
Contencioso.
*Evidente.

Litociasa
Hendidura.
Quiebra.
Raja.
Grieta.
Fisura.

Litofotografía
Fotolitografía.

Litoral
Ribereño.
Ribera.
Costero.
Costa.
Marina.
*Interior.

1. Liviano
Leve.
Ligero.
Lene.
*Pesado.

2. Liviano
Versátil.
Voluble.
Fácil.
*Constante.

3. Liviano
Fútil.
Anodino.
Trivial.
*Importante.

4. Liviano
Libertino.
Lascivo.
Impúdico.
*Virtuoso.

5. Liviano
Bofe.
Pulmón.

6. Liviano
Canga.
Julo.
Guía.

1. Lívido
Cárdeno.
Amoratado.
Morado.

2. Lívido
Demacrado.
Cadavérico.
Apagado.
Pálido.
Marchito.
*Sano.

1. Liza
Lisa.
Mújol.

2. Liza
Combate.
Lid.
Lidia.
Contienda.
Lucha.

3. Liza
Palestra.

Estadio.
Palenque.
Arena.

Loa
Loor.
Elogio.
Loanza.
Alabanza.
Encomio.
*Critica.

Loar
Elogiar.
Enaltecer.
Alabar.
Encomiar.
Ensalzar.
*Criticar.

Lobagante
Bogavante.

Lobanillo
Tumor.
Lupia.
Bulto.

Lobina
Róbalo.
Lubina.

1. Lobo
Lobato.
Lobezno.

2. Lobo
Embriaguez.
Melopea.
Borrachera.

1. Lóbrego
Oscuro.
Tenebroso.
Sombrío.
*Claro.

2. Lóbrego
Melancólico.
Mustio.
Triste.
Mohíno.
*Alegre.

Lobreguez
Lobregura.
Tenebrosidad.
Oscuridad.
Calígine.

Tinieblas.
*Claridad.

Lobulado
Lobado.

Locación
Arriendo.
Arrendamiento.

1. Local
Departamental.
Lugareño.

2. Local
Comarcal.
Municipal.
Provincial.
*Nacional.

1. Localidad
Pueblo.
Población.
Lugar.
Aldea.
Paraje.

2. Localidad
Puesto.
Luneta.
Asiento.
Plaza.

Localizar
Determinar.
Situar.
Fijar.
Emplazar.
*Generalizar.

Locatario
Inquilino.
Arrendatario.
*Arrendador.

Loción
Lavaje.
Lavatorio.
Lavadura.
Lavamiento.
Baño.

1. Loco
Alienado.
Vesánico.
Demente.
Orate.
Perturbado.
*Juicioso.

2. Loco
Atolondrado.
Insensato.
Imprudente.
Aturdido.
*Prudente.

Locomoción
Transporte.
Traslación.
Traslado.

Locomotor
Locomotora.
Locomóvil.
Locomotriz.
Máquina.

Locuacidad
Verbosidad.
Palabrería.
Verborrea.
*Silencio.

Locuaz
Hablador.
Parlanchín.
Charlatán.
Parolero.
Verboso.
*Callado.

Locución
Expresión.
Colocución.
Frase.

1. Locura
Alienación.
Insania.
Demencia.
Enajenación.
Perturbación.
*Juicio.

2. Locura
Disparate.
Extravagancia.
Sinrazón.
Aberración.
Absurdo.
*Sensatez.

Locutor
Speaker.

Locutorio
Libratorio.
Parlatorio.
Cabina.

Locha
Lasún.
Loche.

Lodazal
Barrizal.
Pantano.
Cenagal.
Ciénaga.
*Yermo.

Lodo
Légamo.
Cieno.
Gango.
Barro.
Limo.

Lógica
Razonamiento.
Dialéctica.
Razón.

Lógico
Racional.
Deductivo.
Justo.
Legítimo.
*Ilógico.

Logográfico
Difícil.
Oscuro.
Enigmático.
*Fácil.

Logogrifo
Pasatiempo.
Enigma.

Lograr
Obtener.
Disfrutar.
Alcanzar.
Conseguir.
Gozar.
*Perder.

Logrero
Renovero.
Cicatero.
Especulador.
Usurero.
*Generoso.

1. Logro
Lucro.
Granjería.
Usura.
Especulación.
Ganancia.

2. Logro
Consecución.
Obtención.
Goce.

Loma
Lometa.
Altozano.
Altura.
Alcarria.

Lombriz
Lambrija.
Miñosa.
Gusano.
Verme.

Lomera
Caballete.

Lomienhiesto
Engreído.
Presuntuoso.
Presumido.
Jactancioso.
Fatuo.
*Humilde.

1. Lomo
Dorso.

2. Lomo
Atajadero.
Caballón.

1. Lona
Vela.
Loneta.
Toldo.

2. Lona
Carpa.

1. Loncha
Laja.
Lancha.
Lastra.

2. Loncha
Rodaja.
Lonja.
Tajada.

Longanimidad
Constancia.
Grandeza.
Resignación.
Paciencia.
Entereza.
*Pusilanimidad.

Longánimo
Constante.
Entero.
Grande.
Paciente.
Valiente.
*Pusilánime.

Longaniza
Salchichón.

Longevo
Viejo.
Provecto.
Anciano.
Cano.
Antañón.
*Joven.

Longincuo
Lejano.
Retirado.
Distante.
Apartado.
Alejado.
*Próximo.

Longitud
Largura.
Largor.
Largo.
Distancia.
Eslora.

Longuería
Prolijidad.
Retardo.
Dilación.
Morosidad.
*Festinación.

1. Lonja
Rodada.
Tajada.
Sección.
Loncha.

2. Lonja
Galería.
Atrio.

Lontananza
Lejanía.
Distancia.

Loor
Elogio.
Alabanza.
Loa.
*Crítica.

Lopigia
Alopecia.

Loquear
Chillar.
Trastornar.
Alborotar.
Regocijarse.

1. Loquesco
Desatinado.
Tolondro.
Alocado.
Atronado.

2. Loquesco
Decidor.
Guasón.
Chancero.
Chacotero.
*Serio.

1. Loro
Guaro.
Perico.
Papagayo.
Cotorra.

1. Loro
Laurel.
Lauroceraso.

Lorza
Alhorza.

1. Losa
Lápida.

2. Losa
Osera.
Tumba.
Sepulcro.
Hoya.

Losange
Rombo.
Fuso.

1. Lote
Parte.
Porción.
División.
Partición.
*Todo.

2. Lote
Dote.

Lotería
Tómbola.
Rifa.

1. Loza
Mayólica.
Cerámica.

2. Loza
Vajilla.
China.
Cacharrería.
Porcelana.

Lozanear
Remozar.
Enlozanarse.
Potrear.

1. Lozanía
Frondosidad.
Verdor.
*Agostamiento.

2. Lozanía
Gallardía.
Robustez.
Viveza.
Proceridad.
Jovialidad.
*Descaecimiento.

3. Lozanía
Altivez.
Envanecimiento.
Orgullo.
Altanería.
Engreimiento.
*Humildad.

1. Lozano
Verde.
Frondoso.
Lujuriante.
*Agostado.

2. Lozano
Gallardo.
Robusto.
Vigoroso.
Airoso.
Sano.
*Descaecido.

3. Lozano
Arrogante.
Engreído.
Altivo.
Envanecido.
*Humilde.

Lubigante
Bogavante.

Lubricán
Crepúsculo.

Lubricar
Engrasar.
Lubrificar.
Aceitar.

1. Lúbrico
Resbaloso.
Resbaladizo.
Escurridizo.
*Áspero.

2. Lúbrico
Obsceno.
Libidinoso.
Lascivo.
Lujurioso.
Salaz.
*Púdico.

Lucera
Lumbrera.
Claraboya.
Lucerna.

1. Lucerna
Araña.

2. Lucerna
Lucera.

3. Lucerna
Milano.

4. Lucerna
Luciérnaga.

1. Lucero
Astro.
Estrella.

2. Lucero
Lucífero.

3. Lucero
Brillo.
Lustre.
Esplendor.
*Opacidad.

4. Lucero
Cuarterón.
Postigo.

5. Lucero
Ojo.

6. Lucero
Venus.

Luces
Cultura.
Ilustración.
Conocimientos.

1. Lucidez
Claridad.
Inteligencia.
Clarividencia.
Perspicacia.
*Ofuscación.

2. Lucidez
Claridad.
Limpidez.

Lucido
Espléndido.
Generoso.
Garboso.
Rumboso.
Elegante.
*Deslucido.

1. Lúcido
Lucio.
Brillante.
Luciente.
Luminoso.
Claro.
*Turbio.

2. Lúcido
Perspicaz.
Sagaz.
Clarividente.
Penetrante.
*Obtuso.

Luciérnaga
Noctiluca.
Lucerna.

Lucifer
Satán.
Diablo.
Satanás.

1. Lucífero
Resplandeciente.
Refulgente.
Lucifer.
Luminoso.
*Opaco.

2. Lucífero
Lucero.

Lucilina
Petróleo.

Lucio
Lúcido.

1. Lucir
Resplandecer.
Brillar.
Iluminar.

2. Lucir
Descollar.
Resaltar.
Sobresalir.
Aventajar.
*Disminuirse.

3. Lucir
Mostrar.
Manifestar.
Ostentar.
Parecer.
Presumir.
*Disimular.

4. Lucir
Encalar.
Enlucir.

Lucirse
Adornarse.
Aderezarse.
Vestirse.

Embellecerse.
Acicalarse.

Lucrar
Lograr.
Obtener.
Conseguir.
Alcanzar.
*Perder.

Lucrarse
Aprovecharse.
Obtener.
Beneficiarse.
Ganar.
Embolsar.
*Perder.

Lucrativo
Fructífero.
Productivo.
Fructuoso.
Beneficioso.
Provechoso.
*Perjudicial.

Lucro
Logro.
Beneficio.
Ganancia.
Provecho.
Utilidad.
*Pérdida.

Luctuoso
Fúnebre.
Lamentable.
Funesto.
Triste.
*Alegre.

1. Lucubración
Vigilia.
Vela.

2. Lucubración
Estudio.

1. Lucubrar
Velar.

2. Lucubrar
Trabajar.
Estudiar.
Pensar.

1. Lucha
Contienda.
Pugilato.

Pelea.
Altercado.
Pugna.
*Concordia.

2. Lucha
Combate.
Guerra.
Lid.
Conflicto.
Revuelta.
*Paz.

3. Lucha
Querella.
Rivalidad.
Disputa.
Debate.
*Acuerdo.

Luchador
Combatiente.
Campeador.
Lidiador.
Contendiente.
Púgil.

1. Luchar
Justar.
Altercar.
Pelear.
Reñir.
Pugnar.

2. Luchar
Combatir.
Hostigar.
Lidiar.
Guerrear.
Contender.

3. Luchar
Disputar.
Debatir.
Discutir.
Rivalizar.
Querellarse.
*Coincidir.

Ludibrio
Mofa.
Befa.
Escarnio.
Burla.
Oprobio.
*Loa.

Ludimiento
Estregamiento.
Restregamiento.
Frotamiento.
Estregadura.
Rozamiento.

Ludir
Restregar.
Rozar.
Estregar.
Frotar.

1. Luego
Pronto.

2. Luego
Después.

3. Luego
Pues.
Ergo.
Por tanto.

Luengo
Alargado.
Amplio.
Largo.
Dilatado.
Extenso.
*Corto.

1. Lugar
Sitio.
Punto.
Espacio.
Puesto.
Emplazamiento.

2. Lugar
Ciudad.
Pueblo.
Villa.
Aldea.
Población.

3. Lugar
Ocasión.
Situación.
Tiempo.
Oportunidad.

4. Lugar
Cargo.
Oficio.
Empleo.
Dignidad.

5. Lugar
Motivo.
Causa.
Ocasión.

Lugareño
Pueblerino.
Campesino.
Aldeano.
Paisano.
Rústico.
*Ciudadano.

Lúgubre
Funesto.
Tétrico.
Triste.
Fúnebre.
Sombrío.
*Alegre.

Lujo
Exceso.
Suntuosidad.
Ostentación.
Opulencia.
Fausto.
*Pobreza.

Lujoso
Pomposo.
Rico.
Ostentoso.
Magnífico.
Suntuoso.
*Sobrio.

Lujuria
Liviandad.
Lubricidad.
Lascivia.
Libídine.
Carnalidad.
*Temperancia.

Lujuriante
Abundante.
Excesivo.
Lozano.
Abundoso.
Ufano.
*Mustio.

Lujurioso
Liviano.
Lúbrico.
Lascivo.
Libidinoso.
Carnal.
*Temperante.

1. Lumbre
Llama.
Ascua.
Fuego.

2. Lumbre
Lumbrera.
Luz.
Lucerna.

3. Lumbre
Lucimiento.
Esplendor.
Claridad.

1. Lumbrera
Lucerna.
Lucernario.
Lumbre.
Luz.
Tronera.

2. Lumbrera
Sabio.
Genio.
Luminar.
*Ignorante.

Lumia
Ramera.

Luminaria
Alcandora.
Luz.
Iluminaria.

Luminoso
Refulgente.
Esplendoroso.
Brillante.
Resplandeciente.
Rutilante.
*Apagado.

1. Luna
Satélite.

2. Luna
Lunación.

3. Luna
Luneta.

4. Luna
Espejo.

1. Lunar
Peca.
Mancha.

2. Lunar
Falta.
Laguna.
Defecto.
Tacha.
*Cualidad.

Lunario
Calendario.

Lunático
Maniático.
Caprichoso.
Maníaco.
Raro.
Alunado.
*Sensato.

Lupanar
Prostíbulo.

1. Lustrar
Atezar.
Alustrar.
Aluciar.
Abrillantar.
*Empañar.

2. Lustrar
Peregrinar.
Andar.
Vagabundear.

1. Lustre
Tersura.
Esplendor.
Brillo.
Resplandor.
*Opacidad.

2. Lustre
Fama.
Honor.

Gloria.
Realce.
Reputación.
*Descrédito.

Lustrina
Percalina.
Forro.

Lustro
Quinquenio.

Lustroso
Brillante.
Terso.
Reluciente.
Pulido.
Fúlgido.
*Mate.

Lútea
Oriol.
Víreo.
Oropéndola.
Papafigo.

Lúteo
Fangoso.
Lodoso.
Barroso.

Luteranismo
Reformismo.
Protestantismo.

Luto
Aflicción.
Duelo.
Pena.
*Gozo.

Lutria
Nutria.

Luxación
Distorsión.
Dislocación.
Torcedura.

1. Luz
Fulgor.
Brillo.
Radiación.
Claridad.
Esplendor.
*Oscuridad.

2. Luz
Candelero.
Lucerna.
Lámpara.
Candela.
Vela.

3. Luz
Aviso.
Noticia.
Indicio.

4. Luz
Guía.
Modelo.
Ejemplo.

5. Luz
Jornada.
Día.

6. Luz
Blanca.
Dinero.
Cuartos.

7. Luz
Abertura.
Tronera.
Vano.
Ventana.

8. Luz
Anchura.
Abertura.
Amplitud.

Luzbel
Diablo.
Satanás.
Lucifer.
Satán.
Belcebú.

LL

Llaga
Úlcera.
Fístula.
Plaga.
Lesión.
Herida.

Llagar
Ulcerar.

Llagarse
Encorecer.
Encentarse.
Encorar.

1. Llama
Fogonazo.
Llamarada.
Flama.
Fogarada.
Chamarasca.
*Rescoldo.

2. Llama
Apasionamiento.
Pasión.
Ardor.
Abrasamiento.
*Frialdad.

1. Llamada
Llamamiento.
Llamado.

2. Llamada
Advertencia.
Nota.
Aviso.

Llamador
Avisador.
Aldabón.
Picaporte.
Aldaba.
Timbre.

Llamamiento
Llamada.
Reclamo.
Llamado.

Apelación.
Aviso.

1. Llamar
Clamar.
Vocear.
Gritar.
*Callar.

2. Llamar
Implorar.
Invocar.
Pedir.
*Maldecir.

3. Llamar
Citar.
Atraer.
Convocar.
Invitar.
Emplazar.
*Despedir.

4. Llamar
Apellidar.
Titular.
Nombrar.
Designar.
Denominar.
*Omitir.

5. Llamar
Exacerbar.
Despertar.
Excitar.
*Aplacar.

6. Llamar
Aldabear.
Tocar.
Golpear.

Llamarada
Llama.

1. Llamativo
Provocador.
Excitante.
Ocasionador.
*Calmante.

2. Llamativo
Extravagante.
Atrayente.
Excéntrico.
Exagerado.
Interesante.
*Inadvertido.

Llameante
Chispeante.
Rutilante.
Ardiente.
Centelleante.
Brillante.
*Apagado.

Llamear
Flamear.
Rutilar.
Arder.
Chispear.
Centellear.

Llana
Plana.
Badilejo.
Trulla.

Llanada
Llanura.
Llano.
Planicie.
*Montaña.

1. Llaneza
Naturalidad.
Franqueza.
Sencillez.
Familiaridad.
Confianza.
*Protocolo.

2. Llaneza
Modestia.
Moderación.
*Engreimiento.

3. Llaneza
Ingenuidad.

Sinceridad.
Lisura.
*Cautela.

1. Llano
Liso.
Igual.
Allanado.
Plano.
Raso.
*Montañoso.

2. Llano
Llanada.
Llanura.
*Montaña.

3. Llano
Sencillo.
Natural.
Accesible.
Afable.
Franco.
*Cumplimentoso.

4. Llano
Evidente.
Cierto.
Claro.
Palmario.
Fácil.
*Difícil.

5. Llano
Paroxítono.
Grave.

Llanta
Cerco.
Calce.

Llantén
Quinquinervia.
Lancéola.

Llanto
Planto.
Lloro.
Sollozo.
Lamento.

Gemido.
*Risa.

Llanura
Llanada.
Planicie.
Explanada.
Llano.
Páramo.
*Montaña.

1. Llave
Picaporte.
Llavin.

2. Llave
Grifo.

3. Llave
Corchete.

4. Llave
Apretador.

5. Llave
Tienta.
Tranquila.
Pala.
Pasador.
Cuña.

6. Llave
Información.
Clave.
Dato.

7. Llave
Zancadilla.

Llavero
Clavero.

Lleco
Escajo.
Erial.
Añojal.

Llegada
Venida.
Aparición.
Arribo.

Advenimiento.
Acceso.
*Ida.

1. Llegar
Arribar.
Venir.
Abordar.
*Partir.

2. Llegar
Datar.
Durar.
Extenderse.
*Detenerse.

3. Llegar
Obtener.
Conseguir.
*Perder.

4. Llegar
Alcanzar.
Tocar.
Rozar.
*Faltar.

5. Llegar
Verificarse.
Venir.
Empezar.
*Pasar.

6. Llegar
Subir.
Ascender.
Importar.

7. Llegar
Juntar.
Allegar.
Acopiar.
*Desperdigar.

8. Llegar
Acercar.
Arrimar.
Aproximar.
*Alejar.

Llegarse
Ir.
Encaminarse.
Acudir.
Acercarse.
Dirigirse.
*Apartarse.

Llena
Arroyada.
Avenida.
Crecida.
Riada.
*Estiaje.

1. Llenar
Henchir.
Colmar.
Ocupar.
Rellenar.
Tapar.
*Vaciar.

2. Llenar
Fecundar.
Preñar.

3. Llenar
Ejecutar.
Desempeñar.
Hacer.
Cumplir.
*Faltar.

4. Llenar
Satisfacer.
Agradar.
Contentar.
Cuajar.
*Desagradar.

1. Llenarse
Saciarse.
Atiparse.
Hartarse.
Henchirse.
Atiborrarse.
*Ayunar.

2. Llenarse
Irritarse.
Arrebatarse.
Atufarse.
Encresparse.
*Calmarse.

Llenero
Cabal.
Completo.
Cumplido.
Pleno.
Íntegro.
*Defectuoso.

1. Lleno
Henchido.
Completo.

Pleno.
Repleto.
Colmado.
*Vacío.

2. Lleno
Colmo.
Abundancia.
Plétora.
*Escasez.

3. Lleno
Esmero.
Perfección.
Sazón.
*Incompleto.

Llenura
Abundancia.
Lleno.
Copia.
Plenitud.
Plétora.
*Escasez.

Llera
Cascajera.
Cascajar.
Glera.

Lleta
Vástago.
Renuevo.
Brote.
Retoño.

Lleudar
Fermentar.
Leudar.

Llevadero
Soportable.
Aguantable.
Tolerable.
Sufrible.
Pasadero.
*Insoportable.

Llevado
Gastado.
Usado.
Traido.
Raido.
*Nuevo.

Llevanza
Arriendo.

1. Llevar
Conducir.
Transportar.
Acarrear.
*Enviar.

2. Llevar
Exigir.
Cobrar.
Percibir.
*Regalar.

3. Llevar
Granar.
Producir.
Frutecer.

4. Llevar
Separar.
Cortar.
Trinchar.
*Conservar.

5. Llevar
Sufrir.
Tolerar.
Soportar.
*Impacientarse.

6. Llevar
Persuadir.
Inducir.
Convencer.
*Disuadir.

7. Llevar
Vestir.
Traer.
Ponerse.

8. Llevar
Conseguir.
Lograr.
Obtener.
*Perder.

9. Llevar
Dominar.
Conducir.
Manejar.

10. Llevar
Arrendar.

11. Llevar
Pasar.
Contar.
Exceder.
*Faltar.

Lloradera
Llanto.

1. Llorar
Sollozar.
Gemir.
Lloriquear.
*Reir.

2. Llorar
Lagrimar.

3. Llorar
Fluir.
Destilar.

4. Llorar
Lamentar.
Deplorar.
Sentir.
*Celebrar.

Llorera
Llanto.

Lloriquear
Llorar.

Lloriqueo
Llanto.

Lloro
Llanto.

Llorón
Lacrimoso.
Quejoso.
Plañidero.
Lloroso.
Gemebundo.
*Reidor.

Llovedizo
Caladizo.

1. Llover
Gotear.
Molliznar.
Lloviznar.
Rociar.
Chispear.

2. Llover
Caer.
Plagar.
Venir.
Manar.
Pulular.
*Escasear.

1. Llovizna
Lluvia.

2. Llovizna
Orvallo.
Mollizna.
Rocio.

Lloviznar
Llover.

Llueca
Clueca.

1. Lluvia
Chaparrón.
Chubasco.
Llovizna.
Aguacero.
Cellisca.

2. Lluvia
Cantidad.
Raudal.
Abundancia.
*Escasez.

Lluvioso
Húmedo.
Pluvioso.
*Sereno.

M

1. Maca
Señal.
Magulladura.

2. Maca
Defecto.
Tara.

3. Maca
Engaño.
Disimulación.
Fraude.
*Verdad.

Macabro
Lúgubre.
Fúnebre.
Mortal.
*Vital.

Macaco
Deforme.
Repugnante.
Feo.
Grotesco.
Repulsivo.
*Bello.

Macadán
Asfaltado.
Firme.
Macadam.
Apisonado.

1. Macana
Porra.
Palo.
Garrote.

2. Macana
Saldo.

3. Macana
Camelo.
Broma.
Disparate.

4. Macana
Mentira.

Macanudo
Estupendo.
Portentoso.
Chocante.
Extraordinario.
*Común.

Macareno
Majo.
Trabucón.
Guapo.
*Sencillo.

Macarrón
Mostachón.

Macarrónico
Impuro.
Defectuoso.
Ridículo.
*Depurado.

Macear
Porfiar.
Machacar.
Insistir.
*Abandonar.

Macedónico
Macedón.
Macedonio.

Macelo
Degolladero.
Matadero.
Desolladero.

1. Macerar
Estrujar.
Ablandar.
Exprimir.

2. Macerar
Sumergir.
Calar.
Diluir.
Sumir.

3. Macerar
Maltratar.

Afligir.
Mortificar.
Humillar.
*Confortar.

1. Maceta
Tiesto.

2. Maceta
Pichel.
Florero.

3. Maceta
Macillo.
Maza.
Martillo.

4. Maceta
Mango.
Empuñadura.

Macilento
Alicaído.
Mustio.
Flaco.
Triste.
*Rubicundo.

Macizo
Sólido.
Compacto.
Lleno.
Grueso.
Denso.
*Hueco.

Macrogameto
Óvulo.

1. Mácula
Tacha.
Mancha.
Tizne.

2. Mácula
Labe.
Chafarrinada.
Churrete.
*Perfección.

3. Mácula
Trampa.
Mentira.
Engaño.
Embuste.
*Verdad.

Maculado
Moteado.
Poluto.
Mancillado.
Salpicado.
Embarrado.
*Inmaculado.

Macular
Ensuciar.
Manchar.
Motear.
Mancillar.
Enlodar.
*Limpiar.

Macuto
Saco.
Costal.
Bolsa.

Machacante
Asistente.
Ordenanza.

1. Machacar
Majar.
Triturar.
Aplastar.
Moler.
Quebrantar.

2. Machacar
Insistir.
Reiterar.
Porfiar.
Repetir.
Importunar.
*Comedirse.

Machacón
Pesado.
Fastidioso.

Machaca.
Tenaz.
Insistente.
*Discreto.

Machaquería
Pesadez.
Molestia.
Insistencia.
Porfía.
Machaconería.
*Discreción.

Machar
Machacar.

1. Machete
Bayoneta.

2. Machete
Yatagán.
Alfanje.

Machi
Curandero.

Machihembrar
Ensamblar.

Machina
Grúa.
Cabria.

2. Machina
Martinete.

1. Macho
Semental.

2. Macho
Mulo.

3. Macho
Maslo.

4. Macho
Cebón.
Puerco.

5. Macho
Vigoroso.

Firme.
Fuerte.
Robusto.
Recio.
*Afeminado.

6. Macho
Pilar.
Machón.
Pilastra.

7. Macho
Eje.
Tornillo.

8. Macho
Martillo.
Mazo.

9. Macho
Yunque.

Machorro
Infructífero.
Estéril.
*Fértil.

Machota
Virago.
Marimacho.
Varona.
*Femenina.

Machucar
Golpear.
Herir.
Magullar.

Machucho
Juicioso.
Sensato.
Sosegado.
Calmoso.
Prudente.
*Atolondrado.

Madama
Dama.
Señora.

Madamisela
Señorita.
Damisela.

Madeja
Cadejo.

Maderaje
Maderamen.
Enmaderado.

Maderero
Lignario.

1. Madero
Plancha.
Tabla.
Tablón.
Tablero.

2. Madero
Buque.
Nave.

Mador
Sudor.
Transpiración.

1. Madre
Origen.
Raíz.
Causa.
Principio.

2. Madre
Hermana.
Sor.
Religiosa.

3. Madre
Superiora.

4. Madre
Matriz.

5. Madre
Mamá.
Mama.

6. Madre
Madrastra.

Madrearse
Adelgazarse.
Ahilarse.
Debilitarse.
*Fortalecerse.

Madrecilla
Huevera.

Madreña
Zueco.
Almadreña.

Madriguera
Guarida.
Cado.
Refugio.
Cubil.
Reparo.

Madrina
Comadre.

Madroño
Madroñera.
Madroñero.
Alborto.

Madrugada
Alborada.
Amanecer.
Alba.
Aurora.
Crepúsculo.
*Atardecer.

1. Madrugar
Alborear.
Mañanear.
Alborecer.

2. Madrugar
Adelantarse.
Anticiparse.
*Tardar.

1. Madurez
Punto.
Sazón.
Envero.
*Precocidad.

2. Madurez
Prudencia.
Seso.
Sensatez.
Juicio.
Reflexión.
*Irreflexión.

3. Madurez
Virilidad.

1. Maduro
Sazonado.
Madurado.
*Verde.

2. Maduro
Juicioso.
Prudente.
Sensato.
Reflexivo.
Provecto.
*Precoz.

1. Maestral
Cauro.
Noroeste.
*Gregal.

2. Maestral
Magistral.

Maestre
Prior.
Superior.

Maestría
Arte.
Ingenio.
Destreza.
Industria.
Habilidad.
*Impericia.

1. Maestro
Preceptor.
Profesor.
Pedagogo.

2. Maestro
Experto.
Hábil.
Perito.
Adiestrado.
Avezado.
*Inhábil.

3. Maestro
Músico.

Maganto
Pálido.
Maciliento.
Enfermizo.
*Sano.

Magaña
Ardid.
Artificio.
Magancería.
Astucia.
Engaño.

Magarza
Arrugas.
Matricaria.
Expillo.

1. Magia
Ocultismo.
Brujería.
Hechicería.
Encantamiento.

2. Magia
Hechizo.
Sortilegio.
Atractivo.
Encanto.
Embeleso.
*Antipatía.

1. Mágico
Cabalístico.
Hechicero.
Nigromante.
Brujo.
Mago.

2. Mágico
Fascinador.
Hechicero.
Fascinante.
Seductor.
Maravilloso.
*Natural.

Magín
Mente.
Cabeza.
Entendimiento.
Imaginación.

Magistrado
Árbitro.
Juez.

Magistral
Soberbio.
Magnífico.
Perfecto.
Superior.
Importante.
*Defectuoso.

Magnanimidad
Generosidad.
Nobleza.
Longanimidad.
*Pusilanimidad.

Magnate
Grande.
Ilustre.
Prócer.
Poderoso.
Principal.

Magnetita
Caramida.
Calamita.

1. Magnetizar
Imantar.
Imanar.

2. Magnetizar
Fascinar.
Hipnotizar.
*Repeler.

Magnificar
Engrandecer.
Ensalzar.
Alabar.
*Empequeñecer.

1. Magnificencia
Generosidad.
Liberalidad.
Esplendidez.

*Avaricia.

2. Magnificencia
Grandeza.
Ostentación.
Esplendor.
Pompa.
Suntuosidad.

*Penuria.

1. Magnífico
Suntuoso.
Grandioso.
Espléndido.
Fastuoso.
Pomposo.

*Pobre.

2. Magnífico
Admirable.
Magistral.
Excelente.
Notable.
Excelso.

*Baladí.

1. Magnitud
Dimensión.
Extensión.
Tamaño.
Grandor.
Volumen.

2. Magnitud
Importancia.
Grandeza.
Excelencia.

*Nadería.

Magno
Vasto.
Extraordinario.
Grande.
Extenso.
Superior.

*Inferior.

Mago
Brujo.

Encantador.
Hechicero.
Jorguín.

1. Magro
Seco.
Delgado.
Flaco.
Enjuto.
*Gordo.

2. Magro
Molla.
*Sebo.

1. Maguer
Aunque.

2. Maguer
A pesar.

Magulladura
Contusión.
Lesión.
Magullamiento.
Golpe.

Magullar
Lastimar.
Herir.
Machucar.
Golpear.
Pegar.

1. Mahometano
Islamita.
Ismaelita.
Musulmán.
Muslime.
Sarraceno.

2. Mahometano
Mahometista.
Muslímico.
Mahomético.
Islámico.

Maído
Maúllo.
Maullido.
Miau.

Maitinada
Alborada.

Maíz
Mijo.
Zahína.
Panizo.
Borona.

1. Majada
Aprisco.
Apero.
Cubil.
Hato

2. Majada
Bosta.
Estiércol.

Majadería
Sandez.
Patochada.
*Sensatez.

Majadero
Porfiado.
Molesto.
Necio.
Mentecato.
Fastidioso.
*Sensato.

1. Majar
Aplastar.
Machacar.
Quebrantar.

2. Majar
Importunar.
Porfiar.
Molestar.
Reiterar.

Majestad
Magnificencia.
Soberanía.
Majestuosidad.
Grandeza.
Sublimidad.
*Modestia.

Majestuoso
Majestático.
Augusto.
Majestoso.
Mayestático.
Imponente.
*Modesto.

1. Majo
Hermoso.
Vistoso.
Guapo.
Lindo.
*Feo.

2. Majo
Adornado.
Compuesto.

Ataviado.
Lujoso.
Acicalado.
*Dejado.

3. Majo
Jácaro.
Macareno.
Jaque.
Fanfarrón.
*Pusilánime.

Majorca
Mazorca.

Majuelo
Marzoleto.
Pirlitero.

1. Mal
Malo.
*Bueno.

2. Mal
Inmoralidad.
Ilicitud.
Indignidad.
*Bien.

3. Mal
Ofensa.
Lesión.
Daño.
Perjuicio.
*Beneficio.

4. Mal
Calamidad.
Pena.
Aflicción.
*Consuelo.

5. Mal
Padecimiento.
Enfermedad.
Dolencia.
*Bienestar.

6. Mal
Tara.
Vicio.
*Cualidad.

7. Mal
Difícilmente.
Indebidamente.
Insuficientemente.

1. Mala
Valija.

2. Mala
Posta.
Correo.

Malabar
Malabárico.

Malabarista
Escamoteador.
Equilibrista.
Prestidigitador.

Malacología
Conquiliología.

Malacostumbrado
Consentido.
Malcriado.
Mimado.
*Sufrido.

Malagradecido
Ingrato.
*Agradecido.

Malagueño
Malacitano.

Malagueta
Tabasco.

Malandanza
Infortunio.
Desventura.
Desdicha.
*Suerte.

Malandrín
Ruin.
Bellaco.
Perverso.
*Bueno.

Malaquita
Azurita.
Azul.

Malar
Pómulo.

Malato
Leproso.
Gafo.

Malaventura
Percance
Desgracia.
Desdicha.
*Suerte.

Malbaratar
Dilapidar.
Derrochar.
Malgastar.
*Ahorrar.

Malcaso
Infamia.
Traición.
*Lealtad.

1. Malcontento
Quejoso.
*Satisfecho.

2. Malcontento
Sedicioso.
Revoltoso.
*Pacífico.

Malcriado
Grosero.
*Cortés.

Malcriar
Mimar.
Consentir.
Viciar.
*Educar.

Maldad
Perversidad.
Protervia.
Malicia.
Ruindad.
Malignidad.
*Bondad.

1. Maldecir
Imprecar.
Pestar.
Condenar.
Execrar.
Reprobar.
*Loar.

2. Maldecir
Detractar.
Denigrar.
Murmurar.
*Adular.

Maldiciente
Detractor.
Chismoso.

Maldición
Condenación.

Execración.
Anatema.
*Alabanza.

1. Maldito
Perverso.
Malvado.
Endemoniado.
*Benévolo.

2. Maldito
Miserable.
Ruin.
Aborrecible.
*Estimable.

3. Maldito
Ninguno.

Maleable
Flexible.
Suave.
Manejable.
Dócil.
Plástico.
*Resistente.

Maleante
Burlador.
Perverso.
Maleador.
Maligno.

1. Malear
Perjudicar.
Maliciar.
Dañar.
Amalar.
Deteriorar.
*Beneficiar.

2. Malear
Pervertir.
Enviciar.
Viciar.
Corromper.
Depravar.
*Aleccionar.

Malecón
Terraplén.
Rompeolas.
Dique.
Muralla.

Maledicencia
Denigración.

Murmuración.
Detracción.
*Adulación.

Maleficio
Encanto.
Hechizo.
Sortilegio.

Maléfico
Pernicioso.
Perjudicial.
Nocivo.
Dañoso.
*Benefactor.

Malestar
Fastidio.
Angustia.
Disgusto.
*Bienestar.

Maleta
Valija.
Cofre.
Maletín.
Mala.

Malevolencia
Animosidad.
Rencor.
Odio.
Resentimiento.
*Simpatía.

Malgastar
Derrochar.
Disipar.
Dilapidar.
*Ahorrar.

Malhablado
Lenguaraz.
Deslenguado.
*Bienhablado.

Malhadado
Infeliz.
*Afortunado.

Malhechor
Delincuente.
Criminal.
Salteador.
*Bienhechor.

1. Malicia
Maldad.

Perversidad.
Malignidad.
*Bondad.

2. Malicia
Astucia.
Ardid.
Estratagema.
Picardía.

3. Malicia
Sutileza.
Penetración.
Sagacidad.
*Candidez.

1. Maliciar
Recelar.
Conjeturar.
Sospechar.
Presumir.

2. Maliciar
Malear.

Malicioso
Astuto.
Receloso.
Artero.
Sagaz.
*Cándido.

Malignar
Malear.

Maligno
Perverso.
Dañino.
Virulento.
Malo.
Vicioso.
*Beneficioso.

1. Malmeter
Malbaratar.
*Ahorrar.

2. Malmeter
Pervertir.
*Educar.

3. Malmeter
Enemistar.
Malquistar.
*Amistar.

Malmirado
Malquisto.
*Bienquisto.

2. Malmirado
Descortés.
*Educado.

1. Malo
Ruin.
Depravado.
Corrompido.
*Bueno.

2. Malo
Dañino.
Pernicioso.
Nocivo.
*Beneficioso.

3. Malo
Doliente.
Postrado.
Enfermo.
*Sano.

4. Malo
Sedicioso.
Irrazonable.
*Respetuoso.

5. Malo
Difícil.
Fastidioso.
Trabajoso.
*Ameno.

6. Malo
Repelente.
Molesto.
*Agradable.

7. Malo
Inquieto.
Travieso.
Revoltoso.
*Sosegado.

8. Malo
Bellaco.
Malicioso.
*Cándido.

9. Malo
Estropeado.
Deteriorado.
Usado.
*Nuevo.

Malograr
Estropear.
Perder.
*Aprovechar.

Malograrse
Fracasar.
Frustrarse.
Abortar.
*Triunfar.

Malogro
Frustración.
Fracaso.
Pérdida.
*Éxito.

Maloliente
Apestoso.
*Odorífero.

Malparado
Estropeado.
Maltrecho.
Maltratado.
*Indemne.

Malquerencia
Enemistad.
Tirria.
Antipatía.
Ojeriza.
Odio.
*Cariño.

Malquistar
Enemistar.
Encizañar.
Indisponer.
*Bienquistar.

Malquistarse
Desavenirse.
Reñir.
*Bienquistarse.

Malquisto
Desacreditado.
Discorde.
Malmirado.
*Bienquisto.

Malrotar
Derrochar.
*Ahorrar.

1. Malsano
Dañino.
Insano.
Nocivo.
*Saludable.

2. Malsano
Endeble.
Enfermizo.
Delicado.
*Sano.

1. Maltratar
Brutalizar.
Zamarrear.
Pisotear.
*Atender.

2. Maltratar
Dañar.
Menoscabar.
*Beneficiar.

Maltratamiento
Ofensa.
Menoscabo.
Daño.
Maltrato.
*Agasajo.

Maltrecho
Dañado.
Estropeado.
Perjudicado.
*Indemne.

Malvado
Perverso.
Bribón.
Malo.
Criminal.
Malandrín.
*Bueno.

Malvavisco
Altea.

Malversación
Exacción.
Robo.
Concusión.
Hurto.

Malversar
Distraer.
Defraudar.

Malvís
Tordo.
Malviz.
Alirrojo.

Mallo
Mallete.
Mazo.
Malleto.

1. Mama
Mamá.
Madre.

2. Mama
Ubre.
Teta.

1. Mamar
Chupar.
Succionar.

2. Mamar
Engullir.
Comer.

3. Mamar
Alcanzar.
Obtener.
Lograr.
*Merecer.

Mamarracho
Espantajo.
Moharracho.
Adefesio.
Espantapájaros.

1. Mamelón
Pezón.

2. Mamelón
Cumbre.
Eminencia.
Cima.

Mameluco
Bobo.
Necio.
*Avispado.

Mamotreto
Memorial.
Legajo.

Mampara
Pantalla.
Cancel.

Mamporro
Coscorrón.
Golpe.
*Caricia.

Mampostería
Calicanto.

Manada
Rebaño.
Vacada.
Hato.

Torada.
Piara.

1. Manantial
Fontana.
Venero.
Fuente.

2. Manantial
Principio.
Semillero.
Origen.
Germen.
*Acabamiento.

Manar
Brotar.
Surtir.
Surgir.
Salir.

Manatí
Pezmuller.
Rosmaro.

Manceba
Favorita.
Amante.
Concubina.
Querida.

Mancebía
Prostíbulo.

1. Mancebo
Joven.
Adolescente.
Mozo.
Muchacho.

2. Mancebo
Soltero.
*Casado.

Máncer
Espúreo.
Borde.
Bastardo.
*Legítimo.

Mancera
Estevón.
Esteva.

Mancilla
Desdoro.
Tilde.
Mancha.
Tacha.
Baldón.

Mancillar
Manchar.
Deslucir.
Empañar.
Desdorar.
Funestar.
*Ponderar.

1. Manco
Mutilado.
Lisiado.

2. Manco
Incompleto.
Defectuoso.
*Completo.

Mancomunar
Aunar.
Federar.
Unir.
Asociar.
*Desunir.

1. Mancha
Tizne.
Mácula.
Lámpara.

2. Mancha
Mancilla.
Desdoro.
Tilde.
Tacha.
Estigma.
*Honra.

Manchado
Poluto.
Berrendo.
Maculado.
*Limpio.

1. Manchar
Emporcar.
Pringar.
Ensuciar.
Enlodar.
Entiznar.
*Limpiar.

2. Manchar
Desdorar.
Mancillar.
*Ponderar.

Manda
Donación.
Legado.

Mandamás
Faraute.
Gallo.
Mandón.

Mandamiento
Orden.
Prescripción.
Mandato.
Precepto.
Ley.

1. Mandar
Preceptuar.
Decretar.
Ordenar.
Prescribir.
Dictar.
*Exonerar.

2. Mandar
Dejar
Legar.
*Desheredar.

3. Mandar
Prometer.
Ofrecer.

4. Mandar
Remitir.
Enviar.
Remesar.
*Recibir.

5. Mandar
Encomendar.
Comisionar.
Encargar.
Pedir.

6. Mandar
Dirigir.
Conducir.
Gobernar.
Regir.
Regentar.

1. Mandato
Precepto.
Disposición.
Orden.
Prescripción.
Mandamiento.

2. Mandato
Procuración.
Comisión.
Poder.

Delegación.
Encargo.

Mandíbula
Quijada.

Mandil
Delantal.

Mandilón
Mandria.

1. Mandinga
Pateta.

2. Mandinga
Brujería.
Hechizo.
Encantamiento.

1. Mando
Autoridad.
Gobierno.
Poder.
Dominio.
Dirección.

2. Mando
Mandato.

Mandoble
Cuchillada.
Hendiente.
Fendiente.
Cintarazo.

Mandón
Mandamás.

Mandria
Apocado.
Cobarde.
Mandilón.
Pusilánime.
*Resuelto.

Manducatoria
Alimento.
Pitanza.
Comida.
Sustento.
Bodrio.
*Ayuno.

1. Manecilla
Abrazadera.
Broche.

2. Manecilla
Saetilla.
Aguja.
Mano.

Manejable
Manual.
Manuable.

1. Manejar
Utilizar.
Maniobrar.
Manear.
Manipular.

2. Manejar
Gobernar.
Conducir.
Regir.
Usar.
Dirigir.

1. Manejo
Empleo.
Maniobra.
Uso.
Práctica.
Manipulación.

2. Manejo
Gobierno.
Dirección.
Administración.

3. Manejo
Manganilla.

Manera
Forma.
Sistema.
Modo.
Método.
Procedimiento.

Maneras
Modales.
Educación.
Porte.
Ademanes.

Manes
Almas.
Sombras.
Espíritus.

1. Manezuela
Manija.

2. Manezuela
Broche.
Manecilla.
Abrazadera.

Manfla
Manceba.

1. Manga
Manguera.
Tubo.

2. Manga
Esparaval.
Red.

3. Manga
Colador.

4. Manga
Tromba.
Aguacero.
Tifón.
Turbión.
Borrasca.

5. Manga
Capote.

Manganesa
Pirolusita.

Manganilla
Ardid.
Engaño.
Manejo.
Treta.
Artería.

Mango
Cogedero.
Puño.
Asidero.
Manija.
Cabo.

1. Mangonear
Errabundear.
Vagabundear.

2. Mangonear
Ingerirse.
Entremeterse.

3. Mangonear
Gobernar.
Mandonear.
Manipular.
*Desentenderse.

Mangosta
Icneumón.

1. Manguera
Tubo.
Manga.

2. Manguera
Tromba.

Turbión.
Tifón.

1. Mangueta
Listón.
Pasador.

2. Mangueta
Palanca.

Manguita
Funda.

1. Manguito
Mangote.

2. Manguito
Zuncho.
Refuerzo.
Anillo.

3. Manguito
Regalillo.
Estufilla.

1. Manía
Capricho.
Rareza.
Extravagancia.
Monomanía.
Chifladura.
*Cordura.

2. Manía
Ojeriza.
Tiranía.
Antipatía.
*Simpatía.

Maníaco
Antojadizo.
Raro.
Maniático.
Caprichoso.
*Cuerdo.

Manida
Vivienda.
Mansión.
Guarida.
Albergue.
Refugio.

Manido
Sobado.
Usado.
Ajado.
Manoseado.
Trivial.
*Original.

Maniego
Ambidextro.

Manifacero
Entremetido.
Revoltoso.

Manifestar
Decir.
Expresar.
Declarar.
Afirmar.
Exponer.
*Callar.

1. Manifiesto
Evidente.
Ostensible.
Cierto.
Claro.
Patente.
*Oculto.

2. Manifiesto
Proclama.
Alocución.
Declaración.
Proclamación.

Manigero
Capataz.

1. Manija
Puño.
Empuñadura.
Mango.
Manubrio.

2. Manija
Abrazadera.

3. Manija
Maniota.

Manilargo
Manirroto.
*Avaro.

1. Manilla
Puñete.
Pulsera.

2. Manilla
Esposa.
Argolla.

1. Maniobra
Operación.
Manipulación.

2. Maniobra
Treta.
Estratagema.
Maquinación.
Artificio.
Manejo.

3. Maniobra
Ejercicio.
Evolución.
Práctica.

Maniota
Manija.
Lazo.
Traba.
Amarradura.
Manea.

Manipular
Operar.
Manosear.
Manejar.
Forcejear.
Manotear.

Miniquí
Muñeco.
Figurilla.

Manirroto
Pródigo.
Gastador.
Despilfarrador.
*Avaro.

Manivela
Cigüeña.
Manubrio.
Cigüeñal.

1. Manjar
Yantar.
Comida.
Alimento.
Comestible.

2. Manjar
Deleite.
Recreo.

1. Mano
Palma.
Extremidad.
Pata.

2. Mano
Costado.
Lado.

3. Mano
Saetilla.
Manecilla.

4. Mano
Triturador.
Majadero.
Maza.

5. Mano
Baño.
Capa.
Pintura.

6. Mano
Vuelta.
Vez.
Tanda.

7. Mano
Manera.
Medio.
Sistema.

8. Mano
Destreza.
Habilidad.
Desteridad.
*Torpeza.

9. Mano
Favor.
Patrocinio.
Ayuda.
*Desamparo.

10. Mano
Castigo.
Reprensión.
Admonición.
*Elogio.

Manojo
Puñado.
Ramillete.
Hacecillo.
Mazo.

Manopla
Guantelete.
Guante.

Manoseado
Sobado.
Manido.
*Nuevo.

Manosear
Manotear.
Ajar.

Sobar.
Manejar.
Tocar.

Manotada
Manotón.
Manotazo.
Puñetazo.
Guantada.

Manotear
Manosear.

Manoteo
Manejo.
Ademán.
Manoseo.
Gesto.

Manquedad
Defecto.
Falta.
Imperfección.
*Perfección.

Mansedumbre
Benignidad.
Apacibilidad.
Suavidad.
Dulzura.
Tranquilidad.
*Intemperancia.

1. Mansión
Albergue.
Morada.
Residencia.

2. Mansión
Estada.
Estancia.
Detención.
Estadia.
Permanencia.
*Prosecución.

1. Manso
Masada.

2. Manso
Benigno.
Suave.
Dulce.
Dócil.
Apacible.
*Indócil.

1. Manta
Cobertor.
Abrigo.
Frazada.

2. Manta
Somanta.
Paliza.
Zurra.

3. Manta
Manteleta.

1. Manteca
Gordura.
Saín.
Gordo.
Lardo.
Grasa.
*Magro.

2. Manteca
Pomada.

Mantel
Mandil.

1. Mantener
Alimentar.
Sustentar.
Proveer.
*Abandonar.

2. Mantener
Amparar.
Apoyar.
Conservar.
Sostener.
Manutener.
*Descuidar.

3. Mantener
Salvaguardar.
Defender.
Patrocinar.
*Desertar.

Mantenerse
Resistir.
Perseverar.
*Resignar.

1. Mantenida
Manceba.

2. Mantenida
Ramera.

1. Mantenimiento
Sustentación.
Sustento.
Sustentamiento.

2. Mantenimiento
Alimento.
Manjar.

Mantilla
Mantellina.

1. Mantillo
Humus.

2. Mantillo
Estiércol.

Manto
Clámide.
Cendal.
Capa.
Burato.
Céfiro.

Mantón
Pañolón.

1. Manual
Manejable.
Manuable.

2. Manual
Ejecutable.
Casero.
Fácil.
*Difícil.

3. Manual
Suave.
Manso.
Dócil.
Apacible.
*Indócil.

4. Manual
Sumario.
Epítome.
Compendio.
Breviario.

1. Manubrio
Manija.
Cigüeña.
Empuñadura.
Manivela.

2. Manubrio
Organillo.

1. Manufactura
Obraje.
Obra.
Producto.

2. Manufactura
Fábrica.

Manumitir
Emancipar.

Liberar.
Libertar.
*Esclavizar.

1. Manutención
Sostén.
Proveeduría.
Alimentación.
Sostenimiento.
Mantenimiento.

2. Manutención
Entretenimiento.
Conservación.
*Abandono.

1. Manzana
Poma.

2. Manzana
Isla.
Bloque.

Manzanilla
Camomila.

1. Maña
Habilidad.
Maestría.
Destreza.
Arte.
Ingenio.
*Torpeza.

2. Maña
Treta.
Triquiñuela.
Artificio.
Astucia.
Sagacidad.

3. Maña
Resabio.
Vicio.

4. Maña
Atadijo.
Manojo.

Mañanear
Madrugar.

1. Mañero
Astuto.
Zamacuco.
Sagaz.
Cuco.
Candongo.
*Bobo.

2. Mañero
Realizable.
Manejable.
Hacedero.
Ejecutable.
*Irrealizable.

Mañoco
Mandioca.
Tapioca.

Mañoso
Habilidoso.
Industrioso.
Diestro.
Capaz.
Hábil.
*Inhábil.

Mapa
Plano.
Mapamundi.
Carta.
Atlas.
Planisferio.

Maqueta
Diseño.
Modelo.
Bosquejo.

Maquiavélico
Astuto.
Falaz.
Taimado.
Pérfido.
Falso.
*Noble.

Maquillar
Acicalar.
Afeitar.

1. Máquina
Artilugio.
Artefacto.
Artificio.
Aparato.
Mecanismo.

2. Máquina
Proyecto.
Combinación.
Traza.
Invención.

3. Máquina
Locomotora.

4. Máquina
Fábrica.

Edificio.
Obra.

5. Máquina
Abundancia.
Caudal.
Multitud.
Copia.
Porrada.
*Escasez

6. Máquina
Tramoya.

Maquinación
Artería.
Intriga.
Amaño.
Ardid.
Astucia.

Maquinal
Reflejo.
Involuntario.
Instintivo.
Automático.
*Deliberado.

Maquinar
Urdir.
Forjar.
Tramar.
Fraguar.
Conspirar.

1. Mar
Piélago.
Ponto.
Océano.

2. Mar
Plétora.
Abundancia.
Cantidad.
*Escasez.

1. Marana
Broza.
Espesura.
Maleza.
Hojarasca.

2. Marana
Coscoja

3. Marana
Lío.
Enredo.
Cadejo.
Embrollo.
Confusión.

Marañero
Enredador.
Cizañero.
Marañoso.
Cuentista.
Embolismador.

1. Marasmo
Delgadez.
Enflaquecimiento.
Debilitamiento.
*Obesidad.

2. Marasmo
Paralización.
Apatía.
Suspensión.
Inmovilidad.
*Actividad.

Maravilla
Entusiasmo.
Extrañeza.
Admiración.
Asombro.
Pasmo.
*Horror.

Maravillar
Pasmar.
Asombrar.
Admirar.
Sorprender.
Fascinar.
*Horrorizar.

Maravilloso
Admirable.
Prodigioso.
Sorprendente.
Asombroso.
Portentoso.
*Corriente.

1. Marbete
Marchamo.
Cédula.
Etiqueta.
Precinto.
Marca.

2. Marbete
Perfil.
Orilla.
Filete.

1. Marca
Territorio.
Provincia.

2. Marca
Récord.

3. Marca
Módulo.
Medida.
Escala.
Talla.
Regla.

4. Marca
Contraseña.
Distintivo.
Señal.
Marbete.

1. Marcar
Distinguir.
Sellar.
Señalar.
Notar.
Caracterizar.

2. Marcar
Bordar.

3. Marcar
Indicar.

4. Marcar
Destinar.
Aplicar.

1. Marcial
Guerrero.
Castrense.
Bélico.
Militar.
*Civil

2. Marcial
Varonil.
Arrojado.
Bizarro.
Valiente.
Intrépido.
*Cobarde.

1. Marco
Cuadro.
Cerco.
Recuadro.

2. Marco
Cartabón.

1. Marcha
Encaminamiento.
Partida.
*Regreso.

2. Marcha
Velocidad.
Movimiento.
Celeridad.

3. Marcha
Procedimiento.
Método.
Funcionamiento.
Sistema.
Proceso.

Marchamar
Marcar.

Marchamo
Marbete.

1. Marchante
Mercante.
Mercantil.
Comercial.

2. Marchante
Comerciante.
Mercader.
Negociante.
Traficante.

1. Marchar
Caminar.
Ir.
Andar.
Partir.
Trasladarse.

2. Marchar
Moverse.
Accionar.
Funcionar.
Desenvolverse.
Jugar.

Marcharse
Largarse.
Partir.
Irse.
*Regresar.

Marchitar
Deslucir.
Enlaciar.
Ajar.
Agostar.
Enmustiar.
*Lozanear.

1. Marchitarse
Mustiarse.
Aborrajarse.

Secarse.
Alheñarse.
Anublarse.
*Enlozanarse.

2. Marchitarse
Arrugarse.
Envejecer.
Apergaminarse.
*Rejuvenecerse.

3. Marchitarse
Debilitarse.
Enflaquecerse.
Adelgazarse.
*Recobrarse.

Marchito
Mustio.
Agostado.
Ajado.
Deslucido.
Lacio.
*Lozano.

Marchoso
Garboso.
Gallardo.
Airoso.
Apuesto.
Donoso.
*Apagado.

1. Marea
Flujo.

2. Marea
Reflujo.

3. Marea
Llovizna.
Rocío.

Marear
Molestar.
Enfadar.
Fastidiar.
Aburrir.
Agobiar.
*Distraer.

Marejada
Oleaje.
Mareta.
Marola.

Maremágnum
Tumulto.

1. Mareo
Desmayo.
Vértigo.
Congoja.

2. Mareo
Enfado.
Fastidio.
Molestia.
Pesadez.

Marfileño
Eborario.
Ebúrneo.
Blancuzco.

1. Marfuz
Desechado.
Rechazado.
Repudiado.
Recusado.
*Admitido.

2. Marfuz
Embustero.
Mentiroso.
Falaz.
Engañoso.
*Verdadero.

Margallón
Palmito.

1. Margarita
Maya.
Chiribita.

2. Margarita
Perla.

1. Margen
Borde.
Canto.
Orilla.
Ribera.
Límite.
*Centro.

2. Margen
Nota.
Apostilla.
Escolio.

3. Margen
Oportunidad.
Coyuntura.
Ocasión.
Motivo.
Pretexto.

Marginar
Escoliar.
Apostillar.

Marguera
Almarga.

Maridaje
Unión.
Acoplamiento.
Enlace.
Conformidad.
Ensamblaje.
*Desunión.

Marido
Consorte.
Cónyuge.
Esposo.
Hombre.
Casado.

Marimba
Tamboril.
Tímpano.

Marimorena
Pendencia.
Contienda.
Riña.

1. Marina
Litoral.
Costa.

2. Marina
Navegación.
Náutica.

Marinar
Aderezar.
Adobar.
Sazonar.
Salar.

Marinería
Marinaje.
Dotación.
Tripulación.
Equipaje.

1. Marino
Náutico.
Naval.
Marítimo.
Pelágico.
Neptúneo.
*Terrestre.

2. Marino
Navegante.

Tripulante.
Marinero.
Nauta.

Marioneta
Fantoche.
Muñeco.
Titere.

1. Mariposa
Palomilla.

2. Mariposa
Candelilla.
Lamparilla.

Mariposear
Mudar.
Variar.
Cambiar.
*Fijarse.

Mariscal
Albéitar.

Marismo
Orzaga.

Marítimo
Marino.

1. Maritornes
Criada.
Fámula.
Moza.
Sirvienta.

2. Maritornes
Marimacho.

Marjal
Chortal.
Almarjal.
Pantano.
Boteal.

Marmita
Puchero.
Pote.
Olla.
Cacerola.

Marmitón
Pinche.
Pollastre.
Galopillo.
Galopin.

1. Marón
Esturión.

2. Marón
Carnero.
Morueco.
Maroto.

1. Marquesina
Baldaquin.
Pabellón.

2. Marquesina
Alpende.
Cobertizo.

Marquetería
Incrustación.
Ataujía.
Taracea.
Embutido.

1. Marrajo
Taimado.
Malintencionado.
Astuto.
Marrullero.

2. Marrajo
Tiburón.

Marraqueta
Pan.

1. Marrano
Cerdo.
Puerco.

2. Marrano
Cochino.
Sucio.
Asqueroso.
*Limpio.

Marrar
Fallar.
Desviarse.
Errar.
Faltar.
*Acertar.

Marras
Antiguamente.
Antaño.

Marro
Yerro.
Laguna.
Falta.
Omisión.
*Perfección.

Marroquí
Tafilete.

Marrullería
Zalamería.
Astucia.
Ardid.
Treta.
Marrulla.
*Lealtad.

Marrullero
Mañero.
Astuto.
Ladino.
Marrajo.
*Sincero.

Marsupial
Didelfo.

Marta
Vero.

1. Martillo
Mallo.
Mazo.

2. Martillo
Llave.
Templador.

3. Martillo
Perseguidor.
Azote.

4. Martillo
Percutor.
Percusor.

5. Martillo
Subasta.

1. Martinete
Macillo.

2. Martinete
Batidor.
Batán.
Mazo.
Machina.
Pilón.

Martingala
Artimaña.
Marrullería.
Trampa.
*Lealtad.

1. Martirio
Tortura.

Suplicio.
Tormento.
Sufrimiento.
Sacrificio.

2. Martirio
Ajetreo.
Molestia.
Ajobo.
Aflicción.
*Diversión.

1. Martirizar
Matar.
Torturar.
Sacrificar.

2. Martirizar
Apesadumbrar.
Afligir.
Atormentar.
*Agradar.

Mas
Pero.

1. Masa
Pasta.
Masilla.
Argamasa.
Plasta.
Magma.

2. Masa
Todo.
Suma.
Cuerpo.
Materia.

3. Masa
Pueblo.
Multitud.

Masada
Manso.
Masería.
Mas.
Alquería.

1. Mascar
Mascujar.
Mamullar.
Masticar.
Machacar.
Rumiar.

2. Mascar
Mascullar.

1. Máscara
Antifaz.

Careta.
Mascarilla.

2. Máscara
Disimulo.
Pretexto.
Excusa.
*Verdad.

Mascarada
Encamisada.
Carnaval.
Mojiganga.
Comparsa.
Máscaras.

1. Mascujar
Mascar.

2. Mascujar
Mascullar.

Masculino
Varonil.
Hombruno.
Viril.
Fuerte.
*Femenino.

Mascullar
Murmurar.
Musitar.
Susurrar.
Farfullar.
Cuchichear.

Maslo
Tallo.
Mástil.

Masón
Francmasón.

1. Masticar
Mascar.

2. Masticar
Meditar.
Rumiar.
Reflexionar.

1. Mástil
Árbol.
Palo.

2. Mástil
Maslo.
Tallo.
Tronco.

3. Mástil
Poste.

Asta.
Puntal.

Mastique
Almástiga.
Almáciga.

Mastranto
Mastranzo.
Matapulgas.

1. Mastuerzo
Cardamina.
Berro.

2. Mastuerzo
Bobo.
Necio.
Cernícalo.
*Listo.

1. Mata
Arbusto.
Matojo.
Planta.

2. Mata
Soto.
Macizo.
Matorral.

3. Mata
Lentisco.

4. Mata
Carrasca.
Chaparro.
Coscoja.

Matacabras
Norte.
Bóreas.

1. Matacán
Nuez vómica.

2. Matacán
Canto.
Ripio.
Predrusco.

Matacandelas
Apagador.
Apagavelas.

Matacandiles
Baya.

Matachín
Jifero.
Matarife.

1. Matadero
Degolladero.
Macelo.
Rastro.

2. Matadero
Ajetreo.
Trote.
Reventadero.
*Diversión.

Matador
Torero.
Espada.

Matadura
Plaga.
Llaga.
Herida.

Matafuego
Extintor.

Matajudío
Mújol.

Matalahúva
Matalahuga.
Anís.
Matafalúa.

Matalobos
Acónito.

Matalón
Jamelgo.
Rocín.
Matalote.
Penco.
Sotreta.

Matamoros
Valentón.
Matón.

Matanza
Degollina.
Destrozo.
Carnicería.
Exterminio.
Mortandad.

1. Matar
Ejecutar.
Asesinar.
Sacrificar.
*Salvar.

2. Matar
Apagar.

Rebajar.
Extinguir.
*Avivar.

3. Matar
Satisfacer.
Calmar.
Saciar.
*Despertar.

4. Matar
Llagar.
Herir.

5. Matar
Deslustrar.
Empañar.

6. Matar
Despalmar.
Achaflanar.
*Cantear.

7. Matar
Atenuar.
Rebajar.
Disminuir.
*Agudizar.

8. Matar
Aniquilar.
Suprimir.
Destruir.
*Erigir.

9. Matar
Violentar.
Obligar.
Estrechar.
*Liberar.

10. Matar
Importunar.
Molestar.
Fastidiar.
*Ayudar.

11. Matar
Abrumar.
Agobiar.
Apurar.
*Aliviar.

Matarife
Matachín.
Jifero.

Matasanos
Curandero.
Medicastro.

Matasellos
Fechador.

Matasiete
Valentón.
Matón.

1. Mate
Jaque.

2. Mate
Opaco.
Atenuado.
Amortiguado.
Deslucido.
*Brillante.

3. Mate
Calabaza.

Matemáticas
Cálculo.

Matemático
Preciso.
Exacto.
Justo.
Riguroso.
*Erróneo.

1. Materia
Elemento.
Sustancia.
Cuerpo.
*Espíritu.

2. Materia
Podre.
Pus.

3. Materia
Objeto.
Asunto.
Motivo.

4. Materia
Ocasión.
Razón.
Causa.
Motivo.

1. Material
Materia.

2. Material
Sensible.
Tangible.
Córpóreo.
*Metafísico.

3. Material
Grosero.
Tosco.
Basto.
*Perfecto.

Materiales
Herramientas.
Utensilios.
Instrumental.

Materno
Matronal.
Maternal.
*Filial.

Matinal
Matutinal.
Matutino.

Matiz
Tintura.
Cambiante.
Tono.
Gradación.
Visos.

Matizar
Escalonar.
Diversificar.
Graduar.
Variar.
*Unificar.

Mato
Matorral.

Matojo
Mata.

Matón
Fanfarrón.
Valentón.
Bravucón.
Camorrista.

Matorral
Maleza.
Barzal.
Mato.
Breñal.
Soto.

Matraca
Importunación.
Burla.
Pesadez.
Molestia.
Porfía.
*Discreción.

Matrería
Marrullería.

Matrero
Marrullero.

Matricaria
Expillo.
Arugas.
Magarza.

Matrícula
Catálogo.
Registro.
Lista.
Inscripción.
Rol.

Matrimonial
Conyugal.
Connubial.
Nupcial.
Marital.

Matrimonio
Boda.
Casamiento.
Nupcias.
Desposorio.
Enlace.
*Separación.

1. Matriz
Seno.
Útero.

2. Matriz
Troquel.
Hembra.
Molde.

3. Matriz
Rosca.
Tuerca.

4. Matriz
Generadora.
Principal.
*Subalterna.

Matrona
Partera.
Comadrona.

Maturranga
Marrullería.

1. Matute
Fraude.
Contrabando.
Alijo.

2. Matute
Leonera.
Garito.
Timba.

1. Maula
Plepa.
Hojarasca.
Ripio.

2. Maula
Retazo.
Retal.
Trozo.

3. Maula
Treta.
Engaño.
Manganilla.

4. Maula
Deudor.
Moroso.

5. Maula
Holgazán.
Remolón.
Gandul.
*Diligente.

Maullar
Miar.
Mayar.

Maullido
Miau.
Mayido.
Maúllo.
Maido.

Mausoleo
Tumba.
Sepulcro.
Panteón.

Máxima
Precepto.
Apotegma.
Regla.
Axioma.
Adagio.

1. Máximo
Límite.
Tope.
Extremo.

2. Máximo
Inmenso.
Fenomenal.
Superlativo.
*Mínimo.

Maya
Margarita.

Mayar
Miar.
Maullar.

Mayestático
Augusto.
Solemne.
Majestuoso.
Áulico.
*Modesto.

Mayólica
Cerámica.
Loza.

1. Mayor
Jefe.
Superior.
Principal.
*Menor.

2. Mayor
Considerable.
Importante.
*Insignificante.

1. Mayoral
Rabadán.
Caporal.

2. Mayoral
Tronquista.
Conductor.

3. Mayoral
Mampostero.

4. Mayoral
Caporal.
Arrenquín.

Mayorazgo
Primogenitura.

Mayores
Antecesores.
Progenitores.
Ascendientes.
Antepasados.
Abuelos.
*Descendientes.

1. Mayoría
Ventaja.
Superioridad.
Quórum.
*Inferioridad.

2. Mayoría
Pluralidad.
Masa.
Generalidad.
Totalidad.
*Minoría.

Mayúscula
Inicial.
Capital.
Versal.

Mayúsculo
Inmenso.
Máximo.
*Minúsculo.

1. Maza
Cachiporra.
Porra.
Clava.

2. Maza
Martinete.

1. Mazacote
Soca.
Barrilla.

2. Mazacote
Hormigón.

3. Mazacote
Guisote.
Bazofia.
Pegote.

Mazdeísmo
Parsismo.

Mazmorra
Celda.
Ergástula.
Prisión.
Calabozo.
Chirona.

Maznar
Ablandar.
Sobar.
Amasar.
Estrujar.
Heñir.

1. Mazo
Maza.
Martillo.
Mallo.

2. Mazo
Manojo.

Gavilla.
Haz.

1. Mazorca
Rocada.
Husada.

2. Mazorca
Panoja.
Majorca.

Mazorral
Grosero.
Palurdo.
Rudo.
Tosco.
*Fino.

Mecanismo
Ingenio.
Dispositivo.
Artificio.
Artilugio.

Mecanografía
Dactilografía.

Mecenas
Patrocinador.
Favorecedor.
Protector.
Bienhechor.

Mecer
Balancear.
Hamaquear.
Columpiar.
Cunear.
*Parar.

Mecha
Pabilo.
Matula.
Mechón.
Torcida.

1. Mechero
Piquera.
Boquilla.

2. Mechero
Chisquero.
Encendedor.

Mechón
Guedeja.
Mecha.
Verneja.
Pulsera.
Hopa.

1. Medalla
Medallón.

2. Medalla
Premio.
Distinción.
Galardón.

Medallón
Guardapelo.
Medalla.

Médano
Duna.
Medaño.
Mégano.

Media
Calceta.

Mediacaña
Troquilo.

Mediación
Arbitraje.
Acuerdo.
Intervención.
Arreglo.

Mediador
Intermediario.
Conciliador.
Medianero.
Intercesor.
Negociador.

1. Medianía
Medianil.
Medianería.

2. Medianía
Vulgaridad.
Mediocridad.
*Excelencia.

Mediano
Intermedio.
Módico.
Regular.
Razonable.
Moderado.
*Excelente.

1. Mediar
Interceder.
Intervenir.
Terciar.

2. Mediar
Interponerse.
*Desentenderse.

3. Mediar
Ocurrir.
Sobrevenir.
Presentarse.

4. Mediar
Pasar.
Transcurrir.

Medicamento
Remedio.
Poción.
Medicina.
Droga.
Pócima.

Medicastro
Medicucho.
Matasanos.

Medicina
Medicamento.

1. Médico
Galeno.
Cirujano.
Doctor.
Facultativo.

2. Médico
Matasanos.

1. Medida
Mensuración.
Dimensión.
Medición.
Mensura.
Evaluación.

2. Medida
Correspondencia.
Proporción.

3. Medida
Prevención.
Disposición.
Precaución.
Providencia.
*Consecuencia.

4. Medida
Moderación.
Tasa.
Prudencia.
Regla.
Mesura.

1. Medio
Mitad.
Mediano.
Centro.
*Extremo.

2. Medio
Interior.
Corazón.
Yema.
*Exterior.

3. Medio
Médium.

4. Medio
Manera.
Procedimiento.
Forma.

5. Medio
Expediente.
Diligencia.
Arbitrio.

6. Medio
Lugar.
Ambiente.
Espacio.

7. Medio
Gemelo.
Mellizo.

Mediocre
Común.
Mediano.
Vulgar.
Ordinario.
Mezquino.
*Excelente.

Mediocridad
Insuficiencia.
Medianía.
Pequeñez.
*Excelencia.

Mediodía
Sur.
Meridión.
*Norte.

Medios
Recursos.
Caudal.
Bienes.
Dinero.
Fortuna.

Mediquillo
Matasanos
Medicastro.

1. Medir
Estimar.

Evaluar.
Mensurar.
Calcular.
Juzgar.

2. Medir
Escandir.

Meditabundo
Absorto.
Pensativo.
Reflexivo.
Caviloso.
*Distraído.

Meditar
Discurrir.
Reflexionar.
Proyectar.
Pensar.
Considerar.
*Distraerse.

Medra
Progreso.
Mejora.
Aumento.
Adelanto.
Crecimiento.
*Paro.

Medrar
Progresar.
Aumentar.
Adelantar.
Mejorar.
Prosperar.
*Perder.

Medroso
Pusilánime.
Temeroso.
Apocado.
Miedoso.
Cobarde.
*Decidido.

1. Medula
Médula.
Meollo.
Tuétano.
Pulpa.

2. Médula
Sustancia.
Núcleo.
Esencia.
Centro.
Meollo.

Medusa
Aguamar.
Aguamala.
Aguaverde.

Mefítico
Ponzoñoso.
Infecto.
Fétido.
Malsano.
*Sano.

Mego
Manso.
Tratable.
Suave.
Apacible.
Halagüeño.
*Huraño.

Mejillón
Mítulo.

Mejilludo
Cachetudo.
Carrilludo.

Mejor
Perfeccionado.
Superior.
Preferible.

1. Mejora
Mejoramiento.
Mejoría.
Progreso.
Aumento.
Adelanto.
*Retroceso.

2. Mejora
Puja.
*Pérdida.

Mejorana
Sarilla.
Almoraduj.
Amáraco.
Sampsuco.
Moradux.

1. Mejorar
Aumentar.
Aventajar.
Adelantar.
Acrecentar.
Prosperar.
*Perder.

2. Mejorar
Licitar.
Pujar.

3. Mejorar
Curar.
Ganar.
Aliviarse.
Robustecerse.
Sanar.

*Desmejorar.

1. Mejoría
Mejora.

2. Mejoría
Restablecimiento.
Alivio.

*Empeoramiento.

Mejunje
Pócima.
Poción.
Mezcla.
Potingue.
Droga.

Melado
Gilvo.

Melancolía
Pena.
Pesadumbre.
Tristeza.
Languidez.
Abatimiento.

*Alegría.

Melancólico
Mohíno.
Apesarado.
Triste.
Mustio.
Afligido.

*Alegre.

Melca
Zahína.

Melcocha
Melaza.
Arropía.

1. Melena
Pelambrera.
Cabellera.

2. Melena
Crin.

1. Melifluo
Meloso.
Dulce.
Dulzón.

*Áspero.

2. Melifluo
Tierno.
Suave.
Delicado.

*Hosco.

Melindre
Remilgo.
Repulgo.
Dengue.
Afectación.
Ambage.

Melindroso
Dengoso.
Afectado.
Remilgado.
Melindrero.

*Desenvuelto.

Melisa
Cidronela.
Toronjil.
Abejera.

Melocotón
Durazno.

Melodía
Melopea.

Melodioso
Armonioso.
Musical.
Melódico.
Arpado.

*Cacofónico.

Melodrama
Tragedia.
Drama.

Melojo
Marojo.

Melómano
Musicólogo.
Musicómano.
Diletante.

Melón
Badea.

1. Meloso
Dulce.
Almibarado.
Melifluo.
Empalagoso.

*Áspero.

2. Meloso
Suave.
Tierno.
Blando.
Afectado.

*Hosco.

1. Mella
Hendedura.
Rotura.
Raja.

2. Mella
Hueco.
Vacío.
Entrante.

3. Mella
Merma.
Menoscabo.
Pérdida.

Mellizo
Hermanado.
Gemelo.
Mielgo.

Membrana
Tímpano.
Tela.
Piel.

1. Membrete
Memoria.
Brevete.
Anotación.

2. Membrete
Título.
Encabezamiento.
Nombre.

Membrillo
Codoñate.

Membrudo
Robusto.
Fornido.
Corpulento.
Recio.
Vigoroso.

*Escuálido.

Memento
Agenda.
Memorándum.
Carnet.

Memo
Fatuo.
Necio.
Bobo.
Simple.
Tonto.

*Listo.

Memorable
Famoso.
Célebre.
Memorando.
Glorioso.
Notable.

Memorar
Rememorar.
Recordar.

*Olvidar.

1. Memoria
Retentiva.

2. Memoria
Rememoración.
Remembranza.
Recuerdo.
Reminiscencia.

*Olvido.

3. Memoria
Gloria.
Fama.

4. Memoria
Relación.
Estudio.
Exposición.
Escrito.

5. Memoria
Memorial.

1. Memorias
Recados.
Expresiones.
Saludos.
Recuerdos.

2. Memorias
Anales.

Memorial
Demanda.
Solicitación.

Memoria.
Ruego.
Instancia.

Memorialista
Amanuense.

1. Menaje
Ajuar.
Atalaje.
Moblaje.
Equipo.

2. Menaje
Equipo.
Utillaje.

Mención
Cita.
Indicación.
Referencia.
Citación.
Recuerdo.

Mencionar
Nombrar.
Referir.
Citar.
Contar.
Recordar.

*Omitir.

Mendaz
Embustero.
Fingido.
Mentiroso.
Falso.
Falaz.

*Sincero.

Mendicante
Mendigo.

Mendicidad
Mendiguez.
Pordiosería.
Indigencia.

*Riqueza.

Mendigar
Mendiguear.
Pedir.
Pordiosear.
Limosnear.

Mendigo
Mendigante.
Indigente.
Menesteroso.
Mendicante.
Pordiosero.

*Rico.

Mendoso
Equivocado.
Feliz.
Errado.
Mentiroso.
*Cierto.

1. Mendrugo
Cuscurro.
Regojo.
Corrusco.
Cantero.
Zato.

2. Mendrugo
Tonto.
Rudo.
*Listo.

1. Menear
Remover.
Sacudir.
Mover.
Revolver.
Agitar.

2. Menear
Dirigir.
Manejar.
Gobernar.

Menearse
Debatirse.
Procurar.
Agitarse.
Diligenciar.

1. Meneo
Tollina.
Vapuleo.
Paliza.

2. Meneo
Contoneo.

3. Meneo
Movimiento.
Temblor.
Agitación.
Sacudimiento.
*Quietud.

1. Menester
Falta.
Necesidad.
Apuro.
*Abundancia.

2. Menester
Ejercicio.

Empleo.
Profesión.
*Ocio.

Menesteroso
Necesitado.
Indigente.
Pobre.
Falto.
Misero.
*Opulento.

1. Menestra
Vitualla.
Rancho.

2. Menestra
Legumbre.

Menestral
Trabajador.
Artesano.
Obrero.

Mengano
Zutano.
Perengano.
Fulano.

1. Mengua
Merma.
Disminución.
Menoscabo.
*Aumento.

2. Mengua
Carencia.
Falta.
Defecto.
*Perfección.

3. Mengua
Escasez.
Pobreza.
*Riqueza.

4. Mengua
Perjuicio.
Descrédito.
Desdoro.
*Honra.

1. Menguado
Pusilánime.
Cobarde.
Apocado.
*Valiente.

2. Menguado
Simple.
Bobo.
*Listo.

3. Menguado
Ruin.
Tacaño.
Miserable.
Mezquino.
*Generoso.

Menguar
Decrecer.
Disminuir.
Amenguar.
Mermar.
Consumirse.
*Aumentar.

Mengue
Demonio.
Diablo.
Satanás.

Menhir
Anta.

1. Menor
Inferior.
Pequeño.
Benjamin.
*Mayor.

2. Menor
Franciscano.

1. Menoría
Subordinación.
Inferioridad.

2. Menoría
Minoridad.
Menoridad.
*Mayoria.

Menos
Salvo.
Excepto.

1. Menoscabar
Reducir.
Disminuir.
Acortar.
*Aumentar.

2. Menoscabar
Dañar.
Perjudicar.

Deteriorar.
Ajar.
*Abrillantar.

3. Menoscabar
Desprestigiar.
Quebrantar.
Mancillar.
*Acreditar.

1. Menoscabo
Mengua.
Merma.
Disminución.
*Aumento.

2. Menoscabo
Deterioro.
Daño.
Perjuicio.
*Relevación.

3. Menoscabo
Desdoro.
Quebranto.
*Honra.

Menospreciar
Despreciar.
Rebajar.
Desdeñar.
Desestimar.
Degradar.
*Justipreciar.

Mensaje
Encargo.
Aviso.
Recado.
Comisión.
Misiva.

Mensajero
Ordinario.
Delegado.
Comisionario.
Recadero.
Enviado.

Menstruación
Período.
Menstruo.
Regla.

Mensualidad
Mesada.
Salario.
Mes.
Sueldo.
Paga.

1. Mentalidad
Razón.
Conocimiento.
*Incapacidad.

2. Mentalidad
Concepción.
Pensamiento.
Cultura.

Mentar
Mencionar.
Recordar.
Nombrar.
Citar.
*Omitir.

1. Mente
Entendimiento.
Inteligencia.
Intelecto.

2. Mente
Propósito.
Pensamiento.

Mentecatez
Insensatez.
Idiotez.
Necedad.
*Sensatez.

Mentecato
Menguado.
Necio.
Simple.
*Sensato.

Mentir
Embustir.
Fingir.
Esconder.
Engañar.
Disfrazar.

1. Mentira
Embuste.
Farsa.
Patraña.
Engaño.
Falsedad.
*Verdad.

2. Mentira
Selenosis.

Mentiroso
Engañador.
Falso.
Embustero.

Engañoso.
Falaz.
*Verdadero.

Mentís
Desmentido.
Contradicción.
Desmentida.
Denegación.
Reprobación.
*Confirmación.

Mentón
Barbilla.

Mentor
Guía.
Maestro.
Consejero.
Preceptor.
Instructor.

1. Menudear
Asistir.
Frecuentar.
*Vacar.

2. Menudear
Reiterarse.
Repetirse.
*Fallar.

3. Menudear
Puntualizar.
Detallar.
Pormenorizar.
*Generalizar.

Menudencia
Bagatela.
Pequeñez.
Minucia.
Nadería.
Insignificancia.
*Categoría.

1. Menudo
Chico.
Pequeño.
*Grande.

2. Menudo
Baladí.
Despreciable.
*Importante.

3. Menudo
Vulgar.

Plebeyo.
Corriente.
*Noble.

4. Menudo
Detallado.
Exacto.
Escrupuloso.
*Impreciso.

Menudos
Calderilla.

1. Meollo
Seso.

2. Meollo
Médula.

3. Meollo
Substancia.
Jugo.
Fondo.

4. Meollo
Cordura.
Sensatez.
Juicio.
Entendimiento.
*Necedad.

Mequetrefe
Títere.
Muñeco.

Merar
Templar.
Aguar.
Amerar.
Chapurrar.

Mercader
Comerciante.
Mercante.
Traficante.
Mercadante.
Negociante.

Mercadería
Mercaduría.
Mercancía.
Género.
Artículo.

Mercado
Feria.
Contratación.
Alhóndiga.

Mercantil
Comercial.
Mercante.

Mercantilismo
Industrialismo.

Mercar
Comprar.
Negociar.
Traficar.
Adquirir.
Comerciar.

1. Merced
Dádiva.
Recompensa.
Don.
Regalo.
Servicio.

2. Merced
Premio.
Galardón.

3. Merced
Arbitrio.
Voluntad.
Intención.

4. Merced
Piedad.
Conmiseración.
Misericordia.
Indulgencia.
*Impiedad.

1. Mercenario
Soldado.
Asalariado.

2. Mercenario
Mercedario.

Mercurio
Hidrargirio.
Vivo.
Azogue.
Argento.

Merecer
Lograr.
Meritar.
Ganarse.
*Desmerecer.

Merecimiento
Virtud.
Mérito.
Derecho.
*Culpa.

1. Merendar
Almorzar.
Comer.

2. Merendar
Acechar.
Registrar.

Merendarse
Alcanzar.
Apoderarse.
Conseguir.

1. Merendero
Glorieta.
Cenador.

2. Merendero
Ventorrillo.
Figón.
Bodegón.

Merendona
Jira.
Merienda.
Excursión.

1. Merengue
Espumilla.

2. Merengue
Delicado.
Enclenque.

Meretriz
Ramera.

Meridiano
Luminosísimo.
Clarísimo.
Diáfano.
*Oscuro.

Meridional
Antártico.
Austral.
*Septentrional.

1. Merienda
Merendona.

2. Merienda
Chepa.
Corcova.
Jiba.

Mérito
Estimación.
Derecho.
Merecimiento.
Virtud.
*Demérito.

1. Meritorio
Alabable.

Loable.
Digno.
Laudable.
Plausible.
*Reprensible.

2. Meritorio
Auxiliar.
Administrativo.
Aprendiente.
Aprendiz.
*Oficial.

1. Merluza
Pescadilla.
Pescada.

2. Merluza
Mona.
Borrachera.

1. Merma
Pérdida.
Decrecimiento.
Disminución.
Menoscabo.
*Aumento.

2. Merma
Substracción.
Sisa.

1. Mermar
Disminuir.
Reducir.
Menguar.
Minorar.
Bajar.
*Aumentar.

2. Mermar
Sisar.
Quitar.
Hurtar.

Mermelada
Letuario.
Confitura.

1. Mero
Cherma.

2. Mero
Simple.
Puro.
Solo.
*Complejo.

1. Merodear
Reconocer.
Explorar.

2. Merodear
Vagabundear.
Vagar.
Hurtar.

1. Mesa
Ara.
Altar.

2. Mesa
Meseta.

Mesada
Paga.
Mensualidad.

Mesar
Tirar.
Arrancar.

Mesenterio
Redaño.
Entresijo.

1. Meseta
Altiplanicie.
Mesa.

2. Meseta
Descansillo.
Rellano.
Descanso.

Mesías
Jesucristo.

Mesnedad
Virtualidad.
Naturaleza.

Mesnada
Partida.
Compañía.
Junta.

Mesón
Parador.
Hostería.
Venta.
Hostal.
Posada.

Mesonero
Hostalero.
Huésped.
Ventero.
Posadero.

1. Mesura
Compostura.
Gravedad.
Seriedad.
*Ineducación.

2. Mesura
Reverencia.
Cortesía.
Respeto.
*Irreverencia.

3. Mesura
Circunspección.
Cordura.
Moderación.
Prudencia.
Juicio.
*Descomedimiento.

1. Mesurado
Prudente.
Circunspecto.
Comedido.
Moderado.
Ponderado.
*Descomedido.

2. Mesurado
Templado.
Ordenado.
Reglado.
Parco.
*Desconcertado.

Meta
Fin.
Objetivo.
Objeto.
Término.
Final.
*Origen.

Metafísico
Difícil.
Oscuro.
Abstruso.
*Fácil.

Metáfora
Figura.
Alegoría.
Tropo.
Imagen.
Traslación.

1. Metal
Latón.
Azófar.

2. Metal
Condición.
Calidad.

Metamorfosis
Transmutación.

Mudanza.
Transformación.
Cambio.
Metempsicosis.

Meteco
Extranjero.
Advenedizo.
Forastero.
*Natural.

Metemuertos
Entremetido.

Meteorito
Aerolito.

1. Meter
Incluir.
Introducir.
Encajar.
*Sacar.

2. Meter
Levantar.
Promover.
Ocasionar.
*Apagar.

3. Meter
Encaminar.
Inducir.
Ingerir.
*Disuadir.

4. Meter
Encoger.
Embeber.
*Alargar.

5. Meter
Estrechar.
Apretujar.
Colocar.
Apretar.
*Ensanchar.

6. Meter
Propinar.
Dar.
*Encajar.

1. Meticuloso
Miedoso.
Medroso.
*Valiente.

2. Meticuloso
Concienzudo.

Minucioso.
Escrupuloso.
*Negligente.

1. Metido
Excedente.
Abundante.
*Falto.

2. Metido
Golpe.
Puñada.

3. Metido
Refutación.
Represión.
Impugnación.
*Consenso.

Metódico
Sistemático.
Reglado.
Cuidadoso.
Regular.
Ordenado.
*Desordenado.

Metodizar
Normalizar.
Ordenar.
Sistematizar.
Regularizar.
Arreglar.
*Desordenar.

1. Método
Orden.
Ordenación.
Norma.
Sistema.
Regla.
*Desorden.

2. Método
Costumbre.
Modo.
Uso.
Hábito.

Metonimia
Trasnominación.

Metralla
Balín.
Cascote.

Metrificar
Versificar.

Metro
Modelo.
Norma.
Patrón.

Metrópoli
Capital.

Metropolitano
Arzobispal.

1. Mezcla
Compuesto.
Aleación.
Amasijo.
Mixtión.
Mixtura.
*Distinción.

2. Mezcla
Mortero.
Argamasa.

1. Mezclar
Juntar.
Agregar.
Unir.
Incorporar.
Barajar.

2. Mezclar
Separar.

3. Mezclar
Embrollar.
Embarullar.
*Desembrollar.

Mezclarse
Inmiscuirse.
Entremeterse.
Meterse.
Introducirse.
Ingerirse.
*Apartarse.

Mezcolanza
Amasijo.
Mezcla.
Promiscuidad.
*Separación.

1. Mezquindad
Pobreza.
Miseria.
Estrechez.
*Riqueza.

2. Mezquindad
Ruindad.

Avaricia.
Cicateria.
*Generosidad.

1. Mezquino
Necesitado.
Miserable.
Pobre.
Indigente.
*Rico.

2. Mezquino
Avaro.
Cicatero.
Tacaño.
Egoista.
Ruin.
'Generoso.

3. Mezquino
Escaso.
Menguado.
Raquitico.
Exiguo.
Pequeño.
*Abundante.

4. Mezquino
Desgraciado.
Transido.
Desdichado.
Infeliz.

Mezquita
Aljama.

Miasma
Emanación.
Efluvio.
Exhalación.

Miau
Maido.
Maullido.
Mayido.

Mico
Mono.

Microbio
Bacteria.
Infusorio.
Bacilo.
Microfito.
Microorganismo.
*Macroorganismo.

Microscópico
Diminuto.
Minúsculo.

Pequeñísimo.
*Grande.

Micho
Gato.
Minino.
Michino.

Miedo
Recelo.
Inquietud.
Temor.
Aprensión.
Ansiedad.
*Valentia.

Miedoso
Apocado.
Temeroso.
Cobarde.
Pusilánime.
Receloso.
*Valiente.

Mielgo
Gemelo.
Mellizo.
Medio.

1. Miembro
Extremidad.

2. Miembro
Número.
Individuo.

Mientras
Durante.

Mies
Cereal.
Trigo.

1. Mieses
Sembrados.

2. Mieses
Siega.
Cosecha.

1. Miga
Migajón.
Migaja.

2. Miga
Molledo.

3. Miga
Meollo.
Entidad.
Substancia.
Enjundia.

1. Migaja
Migajón.
Miga.

2. Migaja
Sobra.
Pedazo.
Trozo.
Resto.
Particula.

Migajas
Restos.
Desechos.
Desperdicios.
Sobras.

Migraña
Jaqueca.
Hemicránea.

1. Mijo
Millo.
Borona.

2. Mijo
Maiz.

Mil
Millar.

1. Milagro
Portento.
Prodigio.
Maravilla.

2. Milagro
Exvoto.
Presentalla.

1. Milagroso
Prodigioso.
Pasmoso.
Sobrenatural.
Portentoso.
Maravilloso.
*Natural.

2. Milagroso
Milagrero.

1. Milano
Azor.

2. Milano
Lucerna.

Milenrama
Milhojas.
Artemisa.
Aquilea.

Altarreina.
Bastarda.

Milicia
Tropa.
Ejército.
Guardia.

1. Militar
Guerrero.
Estratega.
Soldado.
Combatiente.

2. Militar
Castrense.

3. Militar
Cumplir.
Servir.

4. Militar
Actuar.
Figurar.

Milla
Nudo.

Millonario
Acaudalado.
Fúcar.
Multimillonario.
Potentado.
Nabab.
*Pobre.

1. Mimar
Regalar.
Halagar.
Acariciar.
*Despreciar.

2. Mimar
Malcriar.
Acostumbrar.
Consentir.
Enviciar.

Mimbreño
Cimbreante.
Flexible.
Correoso.
*Tenaz.

Mímica
Gesticulación.
Imitación.
Pantomima.

1. Mimo
Halago.

Cariño.
Caricia.
Condescendencia.
Regalo.
*Desprecio.

2. Mimo
Consentimiento.
Vicio.
Malcrianza.
*Severidad.

Mimoso
Delicado.
Consentido.
Melindroso.
Regalón.
*Estrenuo.

1. Mina
Yacimiento.
Filón.

2. Mina
Galeria.
Almadén.
Excavación.
Túnel.

1. Minar
Socavar.
Excavar.
Horadar.

2. Minar
Debilitar.
Arruinar.
Consumir.
Abatir.
*Vigorizar.

Minarete
Alminar.

Minio
Azarcón.

1. Ministerio
Ejercicio.
Cargo.
Empleo.
Función.
Ocupación.

2. Ministerio
Gabinete.
Gobierno.

Ministrante
Enfermero.
Practicante.

1. Ministro
Valido.
Secretario.

2. Ministro
Legado.
Representante.
Enviado.
Embajador.
Agente.

3. Ministro
Sacerdote.

Minorar
Disminuir.
Atenuar.
Aminorar.
Acortar.
Amortiguar.
*Aumentar.

1. Minoría
Minoridad.
Menoría.
*Mayoría.

2. Minoría
Oposición.

Minucia
Nimiedad.
Futilidad.
Menudencia.
Insignificancia.
Nadería.
*Importancia.

Minucioso
Meticuloso.
Escrupuloso.
Puntilloso.
Exacto.
*Negligente.

Minúsculo
Mínimo.
Enano.
Ínfimo.
Microscópico.
Liliputiense.
*Mayúsculo.

1. Minuta
Apunte.
Anotación.
Extracto.
Apuntación.
Borrador.

2. Minuta
Honorarios.
Cuenta.

3. Minuta
Catálogo.
Lista.
Nómina.

Minutero
Manecilla.
Saetilla.
Aguja.

Miosota
Raspilla.
Miosotis.

Mira
Propósito.
Idea.
Intención.
Designio.
Fin.
*Realización.

1. Mirabel
Perantón.
Ayuga.
Pinillo.

2. Mirabel
Girasol.

Mirada
Ojeada.
Vistazo.
Repaso.

Mirado
Cauto.
Respetuoso.
Cuidadoso.
Atento.
Reflexivo.
*Desatento.

1. Mirador
Miranda.
Miradero.
Observatorio.

2. Mirador
Galería.
Terrado.
Pabellón.
Corredor.
Terraza.

Miramiento
Circunspección.

Cautela.
Cuidado.
Atención.
Respeto.
*Desconsideración.

Miranda
Miradero.
Mirador.
Observatorio.

1. Mirar
Observar.
Examinar.
Ver.
Contemplar.
Inquirir.
*Ensimismarse.

2. Mirar
Dirigirse.
Apuntar.

3. Mirar
Atender.
Admirar.
Apreciar.
Estimar.
*Despreciar.

4. Mirar
Reflexionar.
Pensar.
Juzgar.

5. Mirar
Atañer.
Pertenecer.
Concernir.
Tocar.
Connotar.

6. Mirar
Buscar.
Reconocer.
Inquirir.
Indagar.
*Inhibirse.

Mirarse
Reparar.
Esmerarse.
Cuidar.

Mirasol
Girasol.

Miríada
Legión.
Multitud.

Inmensidad.
*Finitud.

Mirífico
Admirable.
Asombroso.
Portentoso.
Maravilloso.
*Desdeñable.

Mirilla
Rejilla.
Ventanilla.

Mirlo
Mirla.
Merla.

Mirobálano
Mirabolano.
Avellana.
Belérico.

Mirto
Arrayán.

Misa
Discantada

Misántropo
Arisco.
Amargado.
Huraño.
Atrabiliario.
Sombrío.
*Sociable.

Miscelánea
Reunión.
Revoltillo.
Mezcla.
Revoltijo.

1. Miserable
Mísero.
Infeliz.
Desdichado.
*Feliz.

2. Miserable
Derrotado.
Necesitado.
Abatido.
Pobre.
Indigente.
*Rico.

3. Miserable
Tacaño.
Avaro.

Mezquino.
*Generoso.

4. Miserable
Abyecto.
Criminal.
Perverso.
Canalla.
*Honrado.

1. Miseria
Desdicha.
Infortunio.
Lacería.
Desgracia.
*Suerte.

2. Miseria
Pobreza.
Desnudez.
Estrechez.
Escasez.
Indigencia.
*Riqueza.

3. Miseria
Tacañería.
Avaricia.
Mezquindad.

1. Misericordia
Lástima.
Compasión.
Piedad.

2. Misericordia
Perdón.
Gracia.
Clemencia.
*Inflexibilidad.

Misericordioso
Bondadoso.
Clemente.
Indulgente.
Generoso.
Piadoso.
*Inclemente.

Mísero
Miserable.

Misérrimo
Pobrísimo.
Paupérrimo.
*Riquísimo.

1. Misión
Facultad.

Embajada.
Poder.
Delegación.
Comisión.

2. Misión
Apostolado.
Predicación.

1. Misionero
Misionario.

2. Misionero
Apóstol.
Predicador.
Propagador.

Misiva
Billete.
Aviso.
Carta.
Esquela.
Escrito.

Mismo
Exacto.
Propio.
Igual.
Idéntico.
Semejante.

Misterio
Sigilo.
Reserva.
Secreto.
Arcano.
*Revelación.

Misterioso
Recóndito.
Arcano.
Oculto.
Místico.
Secreto.
*Evidente.

1. Místico
Misterioso.

2. Místico
Religioso.
Espiritual.

1. Mitad
Medio.

2. Mitad
Hemi.
Semi.
*Entero.

Mítico
Legendario.
Fabuloso.
Ficticio.
*Verdadero.

Mitigar
Moderar.
Minorar.
Dulcificar.
Aminorar.
Aplacar.
*Exacerbar.

Mitin
Concentración.
Junta.
Reunión.
Asamblea.

Mito
Fábula.
Ficción.
Leyenda.
Tradición.
*Realidad.

Mitón
Confortante.
Maniquete.
Guante.

Mitosis
Cariocinesis.

Mitra
Obispado.
Diócesis.
Sede.

Mixtión
Mezcla.
Combinación.
Mixtura.
Mezcolanza.
*Separación.

1. Mixto
Incorporado.
Combinado.
Mezclado.
Complejo.
Compuesto.
*Simple.

2. Mixto
Mestizo.

3. Mixto
Cerilla.
Fósforo.

Miz
Gato.
Micho.
Minino.
Mizo.
Michino.

Moblaje
Ajuar.
Mobiliario.
Menaje.

Mocedad
Muchachez.
Adolescencia.
Juventud.

Mocetón
Mozancón.
Hombretón.
Pericón.

1. Moción
Impulso.
Movimiento.
*Quietud.

2. Moción
Propensión.
Inclinación.
*Reparo.

3. Moción
Propuesta.
Proposición.

Mocito
Mozalbete.
Muchacho.
Mocete.
Mozuelo.
Mozalbillo.

Moco
Flema.
Mucosidad.

Mocoso
Arrapiezo.
Mocosuelo.

Mochil
Motril.
Moril.
Morillero.

Mochila
Morral.
Macuto.
Zurrón.
Saco.
Barjuleta.

1. Mocho
Mondado.
Romo.
Afeitado.
*Puntiagudo.

2. Mocho
Esquilado.
Pelado.
*Peludo.

Moda
Usanza.
Actualidad.
Uso.
Boga.
Novedad.
*Desuso.

Modales
Ademanes.
Formas.
Maneras.
Principios.
Modos.

Modalidad
Manera.
Circunstancia.
Modo.
Particularidad.

Modelar
Esculpir.
Formar.
Crear.

Modelo
Muestra.
Regla.
Pauta.
Medida.
Ejemplo.
*Copia.

1. Moderación
Mesura.
Templanza.
Comedimiento.
Sobriedad.
Temperancia.
*Intemperancia.

2. Moderación
Juicio.
Sensatez.
Cordura.
*Insensatez.

Moderado
Comedido.
Parco.
Mesurado.
Sobrio.
Templado.
*Inmoderado.

Moderar
Templar.
Aplacar.
Atemperar.
Atenuar.
Refrenar.
*Excitar.

Modernizar
Renovar.
Rejuvenecer.
Actualizar.
*Envejecer.

Moderno
Actual.
Flamante.
Nuevo.
Reciente.
Último.
*Antiguo.

1. Modestia
Humildad.
Comedimiento.
Recato.
Moderación.
Sencillez.
*Inmodestia.

2. Modestia
Decencia.
Decoro.
Honestidad.
Pudor.
*Indecencia.

1. Modesto
Moderado.
Reservado.
Humilde.
Templado.
Tímido.
*Orgulloso.

2. Modesto
Decente.
Pudibundo.
Honesto.
Recatado.
Púdico.
*Indecente.

1. Módico
Escaso.
Reducido.
Moderado.
Limitado.
Parco.

*Exagerado.

2. Módico
Barato.
Económico.

*Caro.

Modificar
Cambiar.
Mudar.
Reformar.
Variar.
Alterar.

*Conservar.

Modillón
Canecillo.
Can.

Modismo
Giro.
Idiotismo.

Modo
Manera.
Medio.
Forma.
Guisa.
Aire.

Modos
Cortesía.
Decencia.
Urbanidad.
Educación.

*Descortesía.

Modorra
Somnolencia.
Flojera.
Soñolencia.
Soñera.
Letargo.

*Vigilia.

Modulación
Entonación.
Inflexión.
Módulo.

1. Módulo
Regla.
Tipo.

Canon.
Medida.

2. Módulo
Divisor.
Factor.

3. Módulo
Modulación.

Mofa
Escarnio.
Bufa.
Burla.
Befa.
Guasa.

Moflete
Carrillo.
Mollete.

Mofletudo
Carirredondo.
Carilleno.
Carrilludo.
Cachetudo.

*Chupado.

Mogol
Mongol.

Mogollón
Vago.
Mogrollo.
Holgazán.
Gorrón.

*Diligente.

1. Mogote
Otero.
Montículo.
Mambla.

2. Mogote
Hacina.

Mogrollo
Gorrista.
Mogollón.
Gorrón.

1. Moharracho
Mamarracho.

2. Moharracho
Botarga.
Zaharrón.

Mohatra
Timo.
Fraude.
Engaño.

Mohín
Mueca.
Gesto.

Mohína
Enojo.
Enfado.
Contrariedad.

*Contento.

1. Mohíno
Melancólico.
Cabizbajo.
Triste.
Mustio.

*Alegre.

2. Mohíno
Rabilargo.

Moho
Herrumbre.
Cardenillo.
Orín.
Verdete.
Robín.

Mohoso
Herrumbroso.
Oriniento.
Ruginoso.
Enmohecido.
Oxidado.

*Inoxidable.

Mojadura
Remojón.
Empapamiento.

Mojar
Remojar.
Calar.
Embebecer.
Bañar.
Empapar.

*Secar.

1. Mojicón
Bizcocho.
Bollo.

2. Mojicón
Cachete.
Sopapo.
Torta.

Mojiganga
Mascarada.
Farsa.

Mojigato
Hazañero.
Timorato.
Gazmoño.
Hipócrita.

*Sincero.

1. Mojón
Hito.
Muga.
Poste.
Señal.
Cipo.

2. Mojón
Catador.
Catavinos.

Molde
Modelo.
Forma.
Matriz.
Hembra.
Turquesa.

Moldura
Bocel.
Ataire.

Mole
Corpulencia.
Cuerpo.
Masa.
Bulto.

1. Moler
Triturar.
Quebrantar.
Molturar.
Machacar.
Pulverizar.

2. Moler
Molestar.
Fastidiar.

3. Moler
Maltratar.
Cansar.

Molestar
Estorbar.
Fastidiar.
Mortificar.
Enfadar.
Enojar.

*Deleitar.

Molestia
Enfado.

Estorbo.
Contrariedad.
Fastidio.
Dificultad.

*Agrado.

Molesto
Enojoso.
Fastidioso.
Dificultoso.
Embarazoso.

*Agradable.

1. Molicie
Blandicia.
Blandura.

2. Molicie
Deleite.
Ocio.
Regalo.
Comodidad.

*Sacrificio.

1. Molido
Triturado.
Molturado.
Pulverizado.

2. Molido
Cansado.
Fatigado.
Dolorido.
Deshecho.

*Reposado.

1. Molienda
Molturación.
Moltura.

2. Molienda
Molestia.

Molificar
Suavizar.
Ablandar.
Lenificar.

*Endurecer.

Molimiento
Molestia.

1. Molinete
Torniquete.
Molinillo.

2. Molinete
Ventolera.
Rehilandera.

Molino
Azud.
Aceña.

Molondro
Poltrón.
Perezoso.
Molondrón.
Holgazán.
*Diligente.

1. Molledo
Morcillo.

2. Molledo
Miga.

Mollera
Seso.
Cabeza.
Caletre.
Cacumen.

Mollina
Llovizna.
Mollizna.

Momentáneo
Breve.
Fugaz.
Instantáneo.
Rápido.
Efímero.
*Eterno.

1. Momento
Segundo.
Punto.
Instante.
Minuto.
*Eternidad.

2. Momento
Tiempo.
Coyuntura.
Ocasión.
Circunstancia.
Actualidad.
*Destiempo.

Momificar
Disecar.
Desecar.
Embalsamar.

1. Momio
Magro.

2. Momio
Prima.

Provecho.
Ganga.
Propina.

Mona
Borrachera.

Monacal
Conventual.
Cenobítico.
Monástico.
Claustral.

Monacato
Monaquismo.

Monaguillo
Monago.
Acólito.
Monacillo.
Escolano.

Monarca
Soberano.
Rey.
Príncipe.

Monasterio
Claustro.
Priorato.
Convento.
Abadía.
Cenobio.

Monástico
Monacal.

Mondadientes
Palillo.
Limpiadientes.
Escarbadientes.

Mondado
Morondo.

Mondadura
Cáscara.
Piel.
Monda.
Corteza.
Peladura.
*Fruto.

1. Mondar
Descascarar.
Pelar.
Descortezar.

2. Mondar
Escamondar.
Podar.

Mondaria
Ramera.
Mundaria.

Mondongo
Panza.
Barriga.
Intestino.
Andorga.

Moneda
Metálico.
Peculio.
Dinero.
Fondos.
Plata.

Monetario
Crematístico.
Pecuniario.

1. Monería
Gracia.
Melindre.
Monada.

2. Monería
Frusleria.
Bagatela.
Nadería.

1. Monitor
Amonestador.
Admonitor.

2. Monitor
Subalterno.
Auxiliar.
Ayudante.

3. Monitor
Profesor.
Instructor.

1. Monje
Solitario.
Anacoreta.
Ermitaño.

2. Monje
Religioso.
Fraile.
Cenobita.

1. Mono
Antropoide.
Simio.
Mico.

2. Mono
Gracioso.

Delicado.
Bonito.
Pulido.
Lindo.
*Feúcho.

Monocromo
Unicolor.

Monodia
Solo.
*Polifonía.

Monograma
Cifra.

Monólogo
Soliloquio.
*Coloquio.

Monomanía
Manía.
Capricho.
Extravagancia.
Paranoia.
Antojo.

Monopétalo
Gamopétalo.

Monopolio
Concesión.
Estanco.
Exclusiva.
Privilegio.
Acaparamiento.
*Concurrencia.

Monopolizar
Centralizar.
Acaparar.
Estancar.

Monosépalo
Gamosépalo.

Monotonía
Regularidad.
Invariabilidad.
Uniformidad.
Igualdad.
Pesadez.
*Variedad.

Monótono
Uniforme.
Continuo.
Igual.
Regular.
Invariable.
*Variado.

Monserga
Embrollo.
Galimatías.

Monstruo
Endriago.
Quimera.
Espantajo.

1. Monstruoso
Teratológico.
Antinatural.
Inhumano.
*Humano.

2. Monstruoso
Prodigioso.
Espantoso.
Extraordinario.
Colosal.
*Natural.

1. Monta
Acaballadero.

2. Monta
Calidad.
Estimación.
Valor.
Importancia.
Categoría.

Montacargas
Ascensor.

Montadura
Montaje.
Engaste.
Acoplamiento.
Montura.
Engarce.

1. Montante
Columnita.
Listón.
Larguero.

2. Montante
Pleamar.
Flujo.
*Reflujo.

Montaña
Sierra.
Colina.
Monte.
Cordillera.
Montículo.
*Depresión.

Montañero
Alpinista.

Montañoso
Escarpado.
Montuoso.
Abrupto.
*Llano.

1. Montar
Levantar.
Subir.
Encaramar.
*Bajar.

2. Montar
Cabalgar.
*Apearse.

3. Montar
Elevarse.
Importar.
Ascender.

4. Montar
Cubrir.
Acaballar.
Descansar.
*Recibir.

5. Montar
Ajustar.
Preparar.
Armar.
Disponer.
Amartillar.
*Desarmar.

Montaraz
Arisco.
Montés.
Agreste.
Rústico.
*Domado.

Monte
Montaña.

Montés
Montaraz.

Montículo
Montecillo.
Eminencia.
Mogote.
Terromontero.
*Hoyo.

1. Montón
Cúmulo.

Porrada.
Pila.
Rimero.

2. Montón
Sinnúmero.
Multitud.
Infinidad.
*Escasez.

Montuoso
Montañoso.

1. Montura
Cabalgadura.

2. Montura
Montaje.
Acoplamiento.
Montadura.
Engaste.
Estructura.

3. Montura
Arreos.
Montadura.

Monumental
Fenomenal.
Magnífico.
Grandioso.
Magno.
Grande.
*Minúsculo.

Monumento
Documento.
Estatua.
Obra.
Inscripción.
Sepulcro.

Moña
Muñeca.

1. Moño
Rodete.
Castaña.

2. Moño
Copete.
Penacho.

Moquero
Mocador.
Pañuelo.
Mocadero.

Moquete
Remoquete.
Coscorrón.
Puñada.

1. Mora
Zarzamora.

2. Mora
Tardanza.
Demora.
Dilación.
Retraso.
*Puntualidad.

1. Morada
Habitación.
Hogar.
Moranza.
Casa.
Domicilio.

2. Morada
Estancia.
Permanencia.
Estadía.
Estada.

1. Morado
Estancia.
Permanencia.
Estadía.
Estada.

1. Morado
Carmíneo.
Cárdeno.

2. Morado
Moretón.

Morador
Residente.
Poblador.
Habitante.
Vecino.
Inquilino.

1. Moral
Ética.

2. Moral
Moralista.
Ético.

3. Moral
Morera.
Moreda.

4. Moral
Zarzamora.

Moraleja
Enseñanza.
Máxima.

Lección.
Consejo.
Moralidad.

Moralizar
Aleccionar.
Predicar.
Reformar.
Catequizar.
Evangelizar.
*Corromper.

Morar
Vivir.
Habitar.
Residir.

Moratoria
Demora.
Plazo.
Espera.
Prórroga.

1. Mórbido
Morboso.

2. Mórbido
Suave.
Delicado.
Blando.
Muelle.
Lene.
*Duro.

Morbo
Afección.
Enfermedad.
Epidemia.

Morboso
Enfermo.
Malsano.
Mórbido.
Enfermizo.
Anormal.
*Sano.

1. Morcillo
Molledo.

2. Morcillo
Cambujo.

Mordacidad
Virulencia.
Causticismo.
Dicacidad.
Sarcasmo.
Causticidad.

1. Mordaz
Cáustico.
Acre.
Mordicante.
Corrosivo.
Áspero.

2. Mordaz
Punzante.
Sarcástico.
Murmurador.
Dicaz.
Satírico.
*Benigno.

Mordedura
Mordisco.
Tarascada.
Mordimiento.
Dentellada.

1. Morder
Mordisquear.
Mascar.
Mordicar.
Mordiscar.
Masticar.

2. Morder
Roer.
Lacerar.
Gastar.
Corroer.

3. Morder
Difamar.
Desacreditar.
Murmurar.
Criticar.
Satirizar.
*Alabar.

Mordihuí
Gorgojo.

Mordiscar
Morder.

Morena
Cantizal.
Morrena.
Cantal.
Pedregal.

Moreno
Bronceado.
Tostado.
Carinegro.
Bruno.
Atezado.

Morería
Aljama.

Moretón
Morado.
Chirlo.
Equimosis.
Cardenal.

Morga
Tina.
Alpechin.
Murga.

Muribundo
Expirante.
Agonizante.
Mortecino.

Morigerado
Sobrio.
Comedido.
Templado.
Moderado.
Mesurado.
*Descomedido.

Morir
Perecer.
Finar.
Fallecer.
Fenecer.
Sucumbir.
*Nacer.

Morirse
Boquear.
Agonizar.
Entregarse.

Morisqueta
Engaño.
Treta.
Burla.
Trufa.

Moro
Marroqui.
Rifeño.
Mauritano.
Moruno.
Morisco.

Morondo
Pelado.
Mondado.
Moroncho.

Morosidad
Dilación.

Tardanza.
Demora.
Lentitud.

1. Moroso
Tardo.
Lento.
Tardio.

2. Moroso
Maula.

1. Morrada
Molondrón.
Cabezazo.
Testarazo.
Coscorrón.
Topetazo.

2. Morrada
Bofetada.
Puñada.
Guantada.

1. Morral
Bolsa.
Talego.
Macuto.
Mochila.

2. Morral
Ordinario.
Grosero.
*Educado.

Morralla
Gentuza.
Chusma.

1. Morriña
Zangarriana.
Comalia.

2. Morriña
Tristeza.
Nostalgia.
Melancolía.
Añoranza.
Soledad.
*Alegría.

Morrión
Chacó.
Chascás.

Morro
Jeta.
Hocico.

Morrocotudo
Importante.

Grave.
Monumental.
Formidable.
*Insignificante.

Morrudo
Jetudo.
Hocicudo.
Bezudo.

1. Mortal
Perecedero.
Hombre.
*Inmortal.

2. Mortal
Fatal.
Letal.
Mortífero.
*Vital.

3. Mortal
Concluyente.
Decisivo.
Seguro.
Cierto.
*Dudoso.

4. Mortal
Penoso.
Cruel.
Fatigoso.
Abrumador.
Cansado.
*Fácil.

Mortandad
Matanza.
Hecatombe.
Mortalidad.

Mortecino
Apagado.
Bajo.
Moribundo.
Débil.
Tenue.
*Vivo.

1. Mortero
Almirez.

2. Mortero
Mezcla.
Argamasa.
Pece.

Mortífero
Mortal.

Mortificar
Afligir.
Doler.
Molestar.
Dañar.
Humillar.
*Ayudar.

Morueco
Murueco.
Marón.

Moruno
Moro.

Morusa
Dinero.
Moneda.
Mosca.
Monis.

1. Mosca
Impertinente.
Moscardón.

2. Mosca
Perilla.

3. Mosca
Dinero.

1. Moscardón
Moscarrón.
Estro.
Rezno.

2. Moscardón
Moscón.

3. Moscardón
Avispón.

4. Moscardón
Abejón.

5. Morcardón
Mosca.
Zángano.
Impertinente.
Cócora.

Mosquear
Vapulear.
Picar.
Azotar.
Zurrar.

Mosquearse
Amoscarse.
Picarse.

Resentirse.
Sentirse.

Mosquetón
Carabina.

Mosquito
Cénzalo.
Mosco.
Cinife.
Violero.

Mostacho
Bigote.

Mostachón
Macarrón.

Mostaza
Jenabe.
Ajenabe.

Mostela
Gavilla.
Haz.

1. Mostrar
Indicar.
Enseñar.
Designar.
Señalar.
Presentar.
*Esconder.

2. Mostrar
Patentizar.
Revelar.
Manifestar.
Ostentar.
Probar.
*Disimular.

1. Mostrenco
Mesteño.

2. Mostrenco
Zafio.
Bruto.
Ignorante.
Torpe.
*Culto.

1. Mota
Nudo.
Hilacha.

2. Mota
Ribazo.
Ataguia.
Pella.
Caballón.

1. Mote
Empresa.
Emblema.
Lema.
Divisa.
Sentencia.

2. Mote
Alias.
Sobrenombre.
Apodo.

Motear
Vetear.
Salpicar.
Manchar.

Motejar
Criticar.
Mortificar.
Calificar.
Zaherir.
Censurar.

Motín
Alboroto.
Rebelión.
Sedición.
Asonada.
Bullanga.

1. Motivar
Originar.
Causar.

2. Motivar
Explicar.
Justificar.

1. Motivo
Causa.
Móvil.
Razón.
Fundamento.
Ocasión.
*Consecuencia.

2. Motivo
Asunto.
Argumento.
Tema.
Trama.

Motocicleta
Moto.

Motorizar
Mecanizar.

1. Motril
Mozo.

Dependiente.
Muchacho.

2. Motril
Mochil.

1. Movedizo
Movible.

2. Movedizo
Instable.
Inseguro.
*Firme.

3. Movedizo
Versátil.
Tornadizo.
Voluble.
*Fiel.

1. Mover
Desplazar.
Cambiar.
Trasladar.
Mudar.
Remover.
*Fijar.

2. Mover
Incitar.
Empujar.
Persuadir.
Inducir.
Excitar.
*Disuadir.

3. Mover
Originar.
Motivar.
Causar.
Ocasionar.
*Detener.

4. Mover
Conmover.
Alterar.
Trastornar.
*Sosegar.

5. Mover
Abortar.

6. Mover
Salir.
Arrancar.

1. Movible
Móvil.
Moviente.

Movedizo.
*Inmóvil.

2. Movible
Voluble.
Variable.
Tornadizo.
*Fiel.

1. Móvil
Mueble.
Movible.

2. Móvil
Razón.
Motivo.
Impulso.
Causa.
*Consecuencia.

3. Móvil
Vehículo.

Movilidad
Actividad.
Agilidad.
Desplazamiento.
*Inmovilidad.

Movilizar
Llamar.
Reclutar.
Levantar.
Reunir.
Armar.
*Licenciar.

1. Movimiento
Circulación.
Traslado.
Actividad.
Agitación.
Alteración.
*Quietud.

2. Movimiento
Impulso.
Pasión.
Impulsión.
*Frialdad.

3. Movimiento
Juego.
Animación.
Variedad.
Alternación.
*Rutina.

4. Movimiento
Maniobra.
Circulación.
Marcha.
Evolución.
*Sosiego.

Moyana
Engaño.
Mentira.
Ficción.

Moza
Muchacha.
Azafata.
Chica.
Criada.
Camarera.

Mozalbete
Mocito.
Chico.
Muchacho.
Mozuelo.
Mozo.

Mozcorra
Ramera.

1. Mozo
Joven.
Mozuelo.
Mancebo.
Muchacho.
Mocito.

2. Mozo
Soldado.
Recluta.

3. Mozo
Célibe.
Soltero.
*Casado.

4. Mozo
Gañán.
Criado.
Ganapán.
Costalero.
Esportillero.
*Amo.

5. Mozo
Mayoral

6. Mozo
Factótum.

7. Mozo
Sostén.

Apoyo.
Tentemozo.

8. Mozo
Gato.

9. Mozo
Colgador.
Cuelgacapas.
Perchero.

Muceta
Esclavina.

Mucosidad
Flema.
Moco.

Muchacha
Criada.
Moza.
Chica.

Muchachada
Rapazada.
Chiquillería.
Niñería.

Muchacho
Chico.
Rapaz.
Niño.
Chiquillo.
Zagal.

Muchedumbre
Multitud.
Infinidad.
Abundancia.
Copia.
Gentío.
*Escasez.

1. Mucho
Numeroso.
Exagerado.
Abundante.
Bastante.
Extremado.
*Poco.

2. Mucho
Cantidad.
Montón.
Cúmulo.
Profusión.
Exceso.
*Falta.

3. Mucho
Sobremanera.

1. Muda
Remuda.
Cambio.
Mudanza.

2. Muda
Tránsito.
Paso.
*Fijación.

Mudable
Tornadizo.
Voluble.
Variable.
Versátil.
Movedizo.
*Firme.

1. Mudanza
Traslado.
Muda.
Cambio.

2. Mudanza
Variación.
Mutación.
Alteración.
Transformación.
*Inalterabilidad.

1. Mudar
Cambiar.
Trocar.
Alterar.
Transformar.
Variar.
*Fijar.

2. Mudar
Trasladar.
Remover.
Transportar.
*Dejar.

Mudarse
Marcharse.
Irse.

Mudo
Taciturno.
Callado.
Silencioso.
*Hablador.

1. Mueble
Móvil.

2. Mueble
Trebejo.

Enser.
Trasto.
Utensilio.

Muebles
Moblaje.
Mobiliario.
Efectos.

Mueca
Mohín.
Contorsión.
Gesto.
Visaje.
Monería.

1. Muela
Volandera.

2. Muela
Alcor.
Cerro.

3. Muela
Guijo.
Almorta.
Tito.

4. Muela
Quijal.

1. Muelle
Suave.
Mole.
Delicado.
Blando.
Mollicio.
*Áspero.

2. Muelle
Mórbido.
Voluptuoso.
*Virtuoso.

3. Muelle
Elástico.
Resorte.

4. Muelle
Andén.

Muérdago
Arfueyo.
Almuérdago.

Muerdo
Bocado.

1. Muerte
Fallecimiento.
Óbito.

Defunción.
Expiración.
Fin.
*Vida.

2. Muerte
Asesinato.
Homicidio.

3. Muerte
Ruina.
Término.
Destrucción.
Aniquilamiento.
*Fundación.

4. Muerte
Parca.

1. Muerto
Extinto.
Interfecto.
Difunto.
Finado.
*Vivo.

2. Muerto
Liquidado.
Terminado.
Acabado.
*Activo.

3. Muerto
Mortecino.
Apagado.
Marchito.
*Vivaz.

4. Muerto
Cuerpo.
Cadáver.

Muesca
Entalladura.
Cran.
Entalla.
Corte.
Farda.

1. Muestra
Demostración.
Prueba.
Señal.
Indicio.

2. Muestra
Rótulo.

3. Muestra
Ejemplar.

Espécimen.
Modelo.
Tipo.
*Copia.

4. Muestra
Ademán.
Porte.
Apostura.

5. Muestra
Círculo.
Esfera.

Muestrario
Selección.
Catálogo.
Colección.
Repertorio.

1. Muga
Linde.
Hito.
Término.

2. Muga
Desove.

Mugido
Berrido.
Rugido.
Barrito.
Bramido.

Mugir
Rugir.
Tronar.
Bramar.
Resonar.

Mugre
Grasa.
Suciedad.
Pringue.
Porquería.
*Limpieza.

Mugrón
Rastro.
Provena.
Vástago.

1. Mujer
Varona.
Hembra.
Eva.

2. Mujer
Dama.
Madama.
Señora.
Matrona.

3. Mujer
Cónyuge.
Esposa.

1. Mujeriego
Femenino.
Mujeril.
Femenil.
*Varonil.

2. Mujeriego
Rijoso.
Mocero.
Faldero.

Mújol
Liza.
Capitón.
Lisa.
Cabezudo.
Múgil.

Muladar
Basurero.
Estercolero.

Muleta
Sostén.
Bastón.
Apoyo.
Muletilla.

1. Muletilla
Muleta.

2. Muletilla
Bordón.
Estribillo.
Bordoncillo.

Mulo
Macho.
Burdégano.

Multa
Sanción.
Pena.
Castigo.

Multicolor
Colorido.
Vario.
Coloreado.
Policromo.
*Unicolor.

Multicopista
Copiador.
Policopia.

Multiforme
Vario.
Polimorfo.
*Uniforme.

Multimillonario
Potentado.
Archimillonario.
Acaudalado.
Creso.
*Pobre.

1. Múltiple
Diverso.
Pluriforme.
Complejo.
Vario.
Plurívoco.
*Único.

2. Múltiple
Múltiplo.

Multiplicar
Reproducir.
Procrear.
Aumentar.
Propagar.
Acrecentar.
*Dividir.

Multiplicidad
Infinidad.
Copia.
Multitud.
Muchedumbre.
Abundancia.
*Escasez.

Múltiplo
Multíplice.
Múltiple.

1. Multitud
Infinitud.
Muchedumbre.
Abundancia.
*Escasez.

2. Multitud
Gentío.
Aluvión.
Vulgo.
Afluencia.
Miríada.
*Pocos.

Mullir
Ahuecar.

Hispir.
Esponjar:
Ablandar.
*Endurecer.

Mundana
Ramera.

1. Mundano
Terrenal.
Mundanal.
Terreno.

2. Mundano
Profano.
Frívolo.
Elegante.
Fútil.
*Espiritual.

Mundaria
Ramera.

Mundial
Internacional.
Universal.
General.
*Nacional.

Mundificar
Purificar.
Purgar.
Limpiar.
Asear.
*Ensuciar.

Mundillo
Sauquillo.
Mundo.
Geldre.
Bola.

1. Mundo
Universo.
Cosmos.
Orbe.
Creación.

2. Mundo
Globo.
Tierra.

3. Mundo
Humanidad.

4. Mundo
Cofre.
Baúl.

5. Mundo
Mundología.

6. Mundo
Mundillo.

Mundología
Cortesía.
Tacto.
Mundo.
Educación.
Sagacidad.
*Rusticidad.

Mundonuevo
Cosmorama.
Mundinovi.

1. Munición
Armamento.
Provisión.
Pertrechos.
Bastimento.

2. Munición
Perdigones.
Carga.
Balería.

Municionar
Abastecer.
Pertrechar.
Proveer.
Aprovisionar.

1. Municipal
Urbano.
Comunal.

2. Municipal
Guardia.

1. Municipio
Ayuntamiento.
Cabildo.
Municipalidad.
Consistorio.

2. Municipio
Ayuntamiento.
Habitantes.
Ciudad.
Vecindad.
Villa.

3. Municipio
Región.
Área municipal.

Munificencia
Liberalidad.
Magnificencia.
Generosidad.
Esplendidez.

Largueza.
*Avaricia.

1. Muñeca
Muñeco.
Pepona.

2. Muñeca
Maniquí.

3. Muñeca
Hito.
Indicador.
Poste.

4. Muñeca
Delicada.
Linda.
Presumida.

1. Muñeco
Fantoche.
Figurilla.
Maniquí.

2. Muñeco
Mequetrefe.
Chisgarabis.

Muñón
Tocón.

Muralla
Murallón.
Baluarte.
Muro.
Paredón.
Fortificación.

Murar
Amurallar.
Cercar.
Fortificar.

Murciélago
Vespertilio.
Morciguillo.

Muriático
Clorhídrico.

Múrice
Púrpura.

1. Murmullo
Susurro.
Rumor.
Bisbiseo.

2. Murmullo
Murmurio.

1. Murmurar
Murmujear.
Rezongar.
Murmullar.
Susurrar.
Refunfuñar.
*Gritar.

2. Murmurar
Morder.
Criticar.
Despellejar.
*Alabar.

Muro
Paredón.
Muralla.
Pared.
Tapia.
Defensa.

Murria
Tedio.
Morriña.
Tristeza.
Melancolía.
Malhumor.
*Alegría.

1. Murta
Arrayán.

2. Murta
Murtón.

1. Musa
Inspiración.
Ingenio.
Numen.
Vena.
Camema.

2. Musa
Pegáside.
Helicónide.
Castálida.
Piéride.

3. Musa
Poesía.

Musaraña
Sabandija.
Animalejo.
Insecto.

Muscaria
Muscicapa.
Moscareta.

Musco
Pardo.

Musculatura
Encarnadura.
Carnadura.

Musculoso
Lacertoso.
Vigoroso.
Membrudo.
Fornido.
Fuerte.
*Enclenque.

Museo
Gliptoteca.
Exposición.
Pinacoteca.
Galería.
Colección.

Muserola
Sobarba.

Musgaño
Musaraña.

Música
Armonía.

Melodía.
Concierto.
*Cacofonía.

Musical
Melodioso.
Armonioso.
Ritmado.
*Cacofónico.

Musicólogo
Melómano.
Musicómano.
*Melófobo.

Musitar
Mascullar.
Cuchichear.
Susurrar.
Murmurar.
Mascujar.
*Gritar.

Muslime
Musulmán.

Muslo
Pospierna.
Pernil.

1. Mustio
Marchito.
Ajado.
Lacio.
*Lozano.

2. Mustio
Melancólico.
Lánguido.
Decaído.
Triste.
Mohíno.
*Alegre.

Musulmán
Mahometano.
Ismaelita.
Islamita.
Muslime.
Sarraceno.

Mutación
Mudanza.
Alteración.
Cambio.
Variación.
*Permanencia.

Mutilación
Amputación.

Ablación.
Corte.
*Conservación.

1. Mutilado
Cortado.
Trunco.
Mútilo.
Roto.
*Entero.

2. Mutilado
Lisiado.
Inválido.
*Indemne.

1. Mutilar
Quitar.
Cercenar.
Cortar.
Truncar.
Amputar.

2. Mutilar
Romper.
Estropear.
Deteriorar.

Fragmentar.
*Conservar.

1. Mutis
Retirada.
Salida.
Marcha.
*Entrada.

2. Mutis (hacer)
Callar.

Mutismo
Mudez.
Silencio.

Mutuo
Recíproco.
Solidario.
Mutual.
Alterno.
*Unilateral.

Muy
Bastante.
Demasiado.
Asaz.
Harto.
Sobrado.

N

Naba
Nabo.
Nabicol.

Nabab
Potentado.
Acaudalado.
Creso.

Nacarado
Irisado.
Nacarino.
Anacarado.
*Liso.

1. Nacer
Germinar.
Despuntar.
Brotar.
*Finar.

2. Nacer
Proceder.
Emanar.
Provenir.

1. Nacido
Oriundo.
Nato.

2. Nacido
Nacencia.

3. Nacido
Idóneo.
Apto.
Propio.
*Inepto.

1. Naciente
Levante.
Oriente.
Este.
*Poniente.

2. Naciente
Incipiente.
Inicial.
Reciente.
*Moribundo.

1. Nacimiento
Natalicio.
Natividad.

2. Nacimiento
Principio.
Fuente.
Origen.
*Consecuencia.

3. Nacimiento
Belén.

4. Nacimiento
Casta.
Nacionalidad.
Linaje.

1. Nación
País.
Patria.
Pueblo.

2. Nación
Nacimiento.

3. Nación
Nacionalidad.
Ciudadanía.

Nacional
Gentilicio.
Patrio.

Nacionalidad
Ciudadanía.
Naturaleza.
Raza.

Nacionalismo
Patriotismo.

Nacionalizar
Naturalizar.

Nacionalsocialismo
Hitlerismo.
Nazismo.

1. Nada
Mínimo.
Poquísimo.

2. Nada
De ningún modo.

1. Nadar
Emerger.
Flotar.
*Sumergirse.

2. Nadar
Bracear.
Bañarse.

3. Nadar
Holgar.
Abundar.
Exceder.
*Carecer.

Nadería
Nonada.
Fruslería.
Bagatela.
*Categoría.

Nadie
Ninguno.

1. Naipe
Carta.

2. Naipe
Baraja.

1. Nalgada
Pernil.

2. Nalgada
Azotazo.
Azote.

1. Nalgas
Trasero.
Asentaderas.
Posaderas.

2. Nalgas
Grupa.
Ancas.

Nana
Rurrupata.

Nao
Barco.
Navío.
Bajel.

Naranja
Cúpula.

Narcótico
Estupefaciente.
Dormitivo.
Soporífero.
*Excitante.

Narigón
Narigudo.
*Chato.

1. Nariz
Napia.
Naso.

2. Nariz
Olfato.

Narración
Relación.
Relato.
Exposición.

Narrar
Relatar.
Explicar.
Contar.
Referir.
Exponer.
*Callar.

Nasal
Gangoso.

1. Nata
Crema.
Flor.

2. Nata
Exquisitez.
Excelencia.
Notabilidad.
*Medianía.

1. Natal
Nativo.

2. Natal
Natalicio.
Nacimiento.

Natalicio
Nacimiento.
Aniversario.
Cumpleaños.

Natividad
Nacimiento.
Navidad.

1. Nativo
Natural.
Oriundo.
Nato.
*Extranjero.

2. Nativo
Espontáneo.
Innato.
Conforme.
*Adquirido.

Natura
Naturaleza.

1. Natural
Nativo.
Original.
Legítimo.
*Artificial.

2. Natural
Oriundo.
Originario.
*Forastero.

3. Natural
Franco.
Sincero.
Sencillo.
*Artificioso.

4. Natural •
Común.
Lógico.
Corriente.
*Extraño.

5. Natural
Índole.
Carácter.
Genio.

1. Naturaleza
Esencia.
Sustancia.

2. Naturaleza
Virtud.
Disposición.
Calidad.

3. Naturaleza
Sexo.

4. Naturaleza
Nacimiento.
Origen.

5. Naturaleza
Género.
Clase.
Especie.

6. Naturaleza
Índole.
Temperamento.
Disposición.

Naturalidad
Ingenuidad.
Sencillez.
Simplicidad.
Franqueza.
Llaneza.
*Afectación.

1. Naturalizar
Nacionalizar.

2. Naturalizar
Aclimatar.
Habituar.
Introducir.

1. Naufragar
Perderse.
Zozobrar.
Sumergirse.
*Flotar.

2. Naufragar
Fallar.

Fracasar.
Malograrse.
*Lograr.

1. Naufragio
Hundimiento.

2. Naufragio
Desgracia.
Siniestro.
Fracaso.

1. Náusea
Basca.
Arcada.

2. Náusea
Disgusto.
Asco.
Fastidio.
*Atracción.

Nauseabundo
Inmundo.
Repugnante.
Asqueroso.

Nausear
Arquear.

Nauta
Navegante.
Marinero.
Piloto.

Náutico
Marítimo.
Naval.

Navaja
Faca.
Cuchillo.
Charrasca.

Navajada
Tajo.
Cuchillada.

Naval
Náutico.

Nave
Nao.
Buque.
Embarcación.

Navegación
Náutica.

Navegante
Nauta.

1. Navegar
Bojear.
Singlar.

2. Navegar
Trajinar.
Transitar.

Navidad
Nacimiento.
Natividad.

Navío
Nave.

Neblí
Halcón.
Nebí.

Neblina
Celaje.
Bruma.
Niebla.

1. Nebuloso
Nublado.
Brumoso.
*Despejado.

2. Nebuloso
Tétrico.
Sombrío.
Triste.
*Alegre.

3. Nebuloso
Difícil.
Confuso.
Problemático.
*Diáfano.

1. Necedad
Sandez.
Estupidez.
Inepcia.
*Sensatez.

2. Necedad
Desatino.
Disparate.
Bobada.
*Acierto.

Necesaria
Letrina.
Excusado.
Retrete.

1. Necesario
Inevitable.

Fatal.
Ineluctable.
*Contingente.

2. Necesario
Forzoso.
Imprescindible.
Preciso.
*Voluntario.

3. Necesario
Útil.
Provechoso.
Utilitario.
*Superfluo.

1. Necesidad
Azar.
Fatalidad.
Sino.

2. Necesidad
Precisión.
Apuro.
Obligación.
*Facultad.

3. Necesidad
Penuria.
Escasez.
Indigencia.
*Desahogo.

Necesitado
Falto.
Mísero.
Escaso.
*Rico.

1. Necesitar
Requerir.
Precisar.

2. Necesitar
Haber menester.
*Sobrar.

Necio
Incapaz.
Inepto.
*Listo.

Necrópolis
Camposanto.
Cementerio.

Néctar
Jugo.
Elíxir.
Licor.

Nefando
Abominable.
Execrable.
Repugnante.
*Elogiable.

Nefasto
Aciago.
Ominoso.
Funesto.
*Alegre.

Nefrítico
Renal.

Negado
Torpe.
Inhábil.
Inepto.
*Hábil.

1. Negar
Denegar.
Refutar.
Desmentir.
*Afirmar.

2. Negar
Rehusar.
Rechazar.
Abominar.
*Creer.

3. Negar
Estorbar.
Impedir.
Vedar.
*Permitir.

4. Negar
Retractarse.
Desdecirse.
Apostatar.

5. Negar
Esquivar.
Desdeñar.
Disimular.
*Manifestar.

Negarse
Excusarse.
Rehusar.
*Avenirse.

Negativa
Denegación.
Negación.
Repulsa.
*Afirmación.

Negligencia
Olvido.
Omisión.
Desidia.
*Diligencia.

Negligente
Dejado.
Omiso.
Indolente.
*Atento.

Negociación
Concierto.
Convenio.
Trato.
*Desacuerdo.

Negociado
Oficina.
Sección.
Dependencia.

Negociante
Mercader.
Traficante.
Comerciante.

1. Negociar
Mercar.
Traficar.
Tratar.

2. Negociar
Ceder.
Endosar.
Traspasar.

3. Negociar
Descontar.

4. Negociar
Diligenciar.
Ventilar.

1. Negocio
Comercio.
Asunto.
Negociación.

2. Negocio
Pretensión.
Agencia.
Dependencia.

3. Negocio
Interés.
Utilidad.
Provecho.

Negrecer
Renegrear.
Ennegrecer.
Negrear.
*Blanquear.

1. Negro
Bruno.
Oscuro.
Tostado.
*Blanco.

2. Negro
Melancólico.
Sombrío.
Aciago.
*Alegre.

Negrura
Oscuridad.
Tinieblas.
Negror.
*Claridad.

Neguilla
Lucérnula.

Nema
Cierre.
Sello.
Lacre.

Nemoroso
Boscoso.
Selvático.
Silvoso.

Nenúfar
Ninfea.
Golfán.
Escudete.

Neófito
Novicio.
Converso.
Prosélito.
Novato.
Profeso.

Nequicia
Perversidad.
Maldad.
*Bondad.

1. Nervio
Aponeurosis.
Tendón.

2. Nervio
Eficacia.

Vigor.
Energía.
*Apatía.

1. Nervioso
Nervoso.

2. Nervioso
Irritable.
Excitable.
Sensible.
*Apático.

3. Nervioso
Fuerte.
Enérgico.
Vigoroso.
*Blando.

Nervudo
Membrudo.
Robusto.
*Débil.

Nesciencia
Necedad.
Ignorancia.
*Sabiduría.

1. Neto
Puro.
Limpio.
Inmaculado.
*Sucio.

2. Neto
Limpio.
Líquido.
*Bruto.

Neumático
Llanta.
Cámara.
Cubierta.

Neurótico
Neurasténico.
Neurópata.
Nervioso.

Neutral
Imparcial.

Neutralizar
Contrarrestar.
Oponer.
Anular.

Neutro
Imparcial.

Indeciso.
*Parcial.

Nevada
Falisca.
Nevasca.
Nevazón.

Nevoso
Níveo.
Nevado.
Nivoso.

Nexo
Vínculo.
Nudo.
Enlace.
*Separación.

Niara
Pajar.
Almiar.

1. Nicho
Cavidad.
Oquedad.
Alvéolo.

2. Nicho
Fosa.
Sepultura.

1. Nidal
Ponedor.
Ponedero.

2. Nidal
Guarida.
Refugio.
Morada.

1. Nido
Madriguera.
Cubil.

2. Nido
Ponedero.
Nidal.

1. Niebla
Calina.
Neblina.
Bruma.

2. Niebla
Añublo.

3. Niebla
Nube.

4. Niebla
Oscuridad.

Confusión.
Sombra.
*Claridad.

Nigromante
Mago.
Augur.
Brujo.

Nimbo
Corona.
Aureola.
Diadema.

1. Nimiedad
Amplitud.
Prolijidad.
Filatería.
*Concisión.

2. Nimiedad
Cortedad.
Poquedad.
Pequeñez.
*Importancia.

1. Nimio
Minucioso.
Prolijo.
Difuso.
*Conciso.

2. Nimio
Ocioso.
Banal.
Mezquino.
*Importante.

1. Ninfa
Palomilla.
Crisálida.

2. Ninfa
Ondina.
Sílfide.
Sirena.

Niña
Pupila.

Niñada
Puerilidad.
Niñería.
Chiquillada.

Niñera
Nodriza.

1. Niñería
Niñada.

2. Niñería
Poquedad.
Nimiedad.
Cortedad.
*Importancia.

1. Niñez
Puericia.
Infancia.
Inocencia.
*Vejez.

2. Niñez
Principio.
Origen.
*Acabamiento.

1. Niño
Crío.
Bebé.
Nene.
*Viejo.

2. Niño
Bisoño.
Novato.
Inexperto.
*Veterano.

3. Niño
Travieso.
Irreflexivo.
Precipitado.
*Reflexivo.

Nitidez
Limpidez.
Diafanidad.
Claridad.
*Nebulosidad.

Nítido
Puro.
Inmaculado.
Limpio.
*Impreciso.

Nitrato
Azoato.

Nitro
Salitre.

Nitrógeno
Ázoe.

1. Nivel
Altitud.
Elevación.
Altura.

2. Nivel
Plano.
Superficie.
Ras.
*Desnivel.

1. Nivelar
Emparejar.
Allanar.
Aplanar.
*Desnivelar.

2. Nivelar
Equilibrar.
Igualar.
Equiparar.
*Desequilibrar.

Níveo
Blanco.
Nevado.
Lechoso.
*Negro.

1. Noble
Ilustre.
Preclaro.
*Deshonroso.

2. Noble
Hidalgo.
Aristocrático.
Distinguido.
*Plebeyo.

3. Noble
Estimable.
Elevado.
Excelente.
*Despreciable.

1. Nobleza
Condición.
Calidad.
Superioridad.
*Inferioridad.

2. Nobleza
Distinción.
Caballerosidad.
Generosidad.
*Vulgaridad.

3. Nobleza
Hidalguía.
Aristocracia.
Caballerosidad.
*Plebeyez.

Noción
Noticia.
Idea.
Conocimiento.
*Ignorancia.

Nocivo
Dañoso.
Pernicioso.
Perjudicial.
*Beneficioso.

Noctámbulo
Trasnochador.
Noctívago.
Nocherniego.

Noctiluca
Luciérnaga.

1. Nocturno
Nocturnal.
*Diurno.

2. Nocturno
Triste.
Melancólico.
Retraído.
*Alegre.

1. Noche
Tinieblas.
Sombra.
Anochecer.
*Día.

2. Noche
Tenebrosidad.
Oscuridad.
Confusión.
*Claridad.

Nodriza
Criandera.
Nutriz.
Pasiega.

Nódulo
Masa.
Núcleo.
Concreción.

Nogal
Noguera.

Nogueral
Nocedal.
Noceda.

Nómada
Errante.
Ambulante.
Vagabundo.
*Habitante.

Nombradía
Celebridad.
Fama.
Reputación.
Renombre.
*Desconocimiento.

1. Nombramiento
Designación.
Nominación.
Elección.
*Destitución.

2. Nombramiento
Título.
Despacho.
Cédula.

1. Nombrar
Apellidar.
Denominar.
Designar.

2. Nombrar
Asignar.
Investir.
Elegir.
*Destituir.

1. Nombre
Designación.
Denominación.
Apelativo.
*Anónimo.

2. Nombre
Autoridad.
Delegación.
Poder.
*Desautorización.

3. Nombre
Contraseña.

4. Nombre
Renombre.
Nombradía.
*Desconocimiento.

Nomenclador
Nomenclátor.
Nomenclatura.
Índice.

Nómada
Catálogo.
Nómina.
Lista.

1. Nómina
Nomenclador.

2. Nómina
Sueldos:
Emolumentos.
Haberes.
Pagas.

Nominación
Nombramiento.
*Destitución.

1. Nominal
Nominativo.
Denominativo.

2. Nominal
Nominativo.
Representativo.
Simbólico.
Figurado.
Irreal.
*Real.

Non
Impar.

Nonada
Fruslería.
Insignificancia.
Nadería.
*Importancia.

Nonato
Irreal.
Inexistente.
*Existente.

Nonio
Nonius.
Vernier.

Nono
Noveno.

Noray
Amarradero.
Hincón.
Prois.
Cáncamo.

Nordeste
Brisa.
Gregal.

Noria
Aceña.
Aguaducho.
Azuda.
Anoria.
Cenia.

1. Norma
Regla.
Falsilla.
Escuadra.

2. Norma
Principio.
Sistema.
Pauta.
*Anarquía.

1. Normal
Natural.
Acostumbrado.
Habitual.
*Insólito.

2. Normal
Ritual.
Sistemático.
Estatutario.
*Anormal.

3. Normal
Perpendicular.
*Oblicuo.

Normalizar
Regularizar.
Ordenar.
Metodizar.
*Desordenar.

Noroeste
Cauro.
Galego.

Nornoroeste
Regañón.
Maestral.

1. Norte
Septentrión.
*Sur.

2. Norte
Ártico.

3. Norte
Aquilón.
Cierzo.
Bóreas.
Tramontana.

4. Norte
Objetivo.
Meta.
Fin.

Norteamericano
Estadounidense.
Yanqui.

Nosocomio
Clínica.
Hospital.

Nostalgia
Melancolía.
Añoranza.
Tristeza.

1. Nota
Marca.
Señal.
Característica.

2. Nota
Notación.
Apostilla.
Llamada.

3. Nota
Censura.
Reparo.
Tilde.
*Fama.

4. Nota
Concepto.
Crédito.
Fama.
*Tilde.

5. Nota
Resultado.
Calificación.

6. Nota
Comunicación.
Informe.
Aviso.

Notable
Importante.
Grande.
Extraordinario.
*Insignificante.

1. Notar
Señalar.
Marcar.

2. Notar
Ver.

Reparar.
Percibir.

3. Notar
Anotar.
Apuntar.
Acotar.

4. Notar
Dictar.
*Escribir.

5. Notar
Censurar.
Infamar.
Desacreditar.
*Elogiar.

1. Notario
Fedatario.

2. Notario
Escribiente.
Amanuense.

1. Noticia
Idea.
Noción.
Conocimiento.
*Ignorancia.

2. Noticia
Apostilla.
Nota.

3. Noticia
Fama.
Nombradía.
*Desconocimiento.

4. Noticia
Novedad.
Suceso.
Anuncio.

Noticiar
Notificar.
*Esconder.

Noticiero
Informador.
Notificativo.
Reportero.
*Callado.

Notición
Infundio.
Bulo.
Patraña.

Noticioso
Sabedor.
Conocedor.
Instruido.
*Ignorante.

Notificación
Comunicación.
Aviso.
Participación.

Notificar
Anunciar.
Noticiar.
Declarar.
*Esconder.

1. Noto
Espurio.
Bastardo.
Ilegítimo.
*Legítimo.

2. Noto
Conocido.
Sabido.
Divulgado.
*Ignoto.

Notoriedad
Fama.
Nombradía.
*Anonimato.

Notorio
Evidente.
Claro.
Palmario.
*Ignorado.

Novador
Inventor.
Fraguador.
Descubridor.
*Conservador.

Novatada
Experiencia.
Bisoñada.

Novato
Neófito.
Novicio.
Principiante.
*Veterano.

1. Novedad
Nueva.
Noticia.

2. Novedad
Invención.
Creación.
Innovación.
*Tradición.

3. Novedad
Originalidad.
Extrañeza.
Singularidad.
*Familiaridad.

Novel
Novato.

1. Novela
Romance.
Narración.
Historia.

2. Novela
Ficción.
Fábula.
Cuento.

1. Novelero
Inconstante.
Variable.
Voluble.
*Constante.

2. Novelero
Novador.

Novelesco
Romántico.
Romanesco.
Soñador.
*Realista.

Novelista
Novelador.

Noveno
Nono.

Noviazgo
Esponsales.
Relaciones.
Desposorio.

Noviciado
Preparación.
Tirocinio.
Educación.
*Profesión.

Novicio
Principiante.
Novato.
*Veterano.

Novillo
Magüeto.
Becerro.
Torillo.

Novio
Pretendiente.
Prometido.
Desposado.

Novísimo
Postrimería.

1. Nubada
Nubarrada.
Chubasco.
Aguacero.

2. Nubada
Nubarrada.
Abundancia.
Multitud.
*Escasez.

1. Nube
Barda.
Nubarrón.
Nublado.

2. Nube
Abundancia.
Tropel.
Cantidad.
*Escasez.

3. Nube
Velo.
Cortina.
Pantalla.

Núbil
Casadero.
Conyugable.

Nublado
Nuboso.
Encapotado.
Cubierto.
*Despejado.

Nublarse
Enfoscarse.

Emborrascarse.
Oscurecerse.
*Despejarse.

Nuca
Testuz.
Cogote.
Cerviz.

1. Núcleo
Parte.
Fruto.
Mollar.

2. Núcleo
Corazón.
Médula.
Centro.

Nudillo
Artejo.

1. Nudo
Nexo.
Vínculo.
Unión.

2. Nudo
Tumor.
Bulto.

3. Nudo
Intriga.
Enredo.
Trama.

4. Nudo
Milla.

Nuégado
Hormigón.

Nueva
Novedad.
Noticia.

1. Nuevo
Novato.
Neófito.
Principiante.
*Veterano.

2. Nuevo
Flamante.
Reciente.
Fresco.
*Viejo.

Nugatorio
Ilusorio.
Engañoso.
Capcioso.
*Corroborativo.

1. Nulidad
Invalidez.
Caducidad.
Impotencia.
*Validez.

2. Nulidad
Torpeza.
Ineptitud.
*Habilidad.

1. Nulo
Revocado.
Cancelado.
Abolido.
*Válido.

2. Nulo
Incapaz.
Torpe.
Inepto.
*Hábil.

3. Nulo
Ninguno.

Numen
Inspiración.
Estro.
Musa.

Numeración
Foliación.
Algoritmia.

Numeral
Numerario.
Numérico.

Numerar
Foliar.
Cifrar.
Marcar.

1. Numerario
Numeral.

2. Numerario
Moneda.
Efectivo.
Dinero.

3. Numerario
Efectivo.
Activo.
*Honorario.

1. Número
Guarismo.
Cifra.
Signo.

2. Número
Cuantía.
Cantidad.

3. Número
Clase.
Condición.
Categoría.

4. Número
Verso.

Numerosidad
Multitud.
Abundancia.
Pruralidad.
*Escasez.

1. Numeroso
Infinito.
Profuso.
Nutrido.
*Escaso.

2. Numeroso
Proporcionado.

Armonioso.
Rítmico.
*Inarmónico.

Numisma
Moneda.

1. Nuncio
Enviado.
Mensajero.
Emisario.

2. Nuncio
Aviso.
Anuncio.
Señal.

Nupcias
Boda.
Casamiento.
Matrimonio.
*Separación.

Nutrición
Alimentación.
Manutención.
Nutrimento.
*Desnutrición.

1. Nutrir
Sustentar.
Alimentar.
Mantener.
*Ayunar.

2. Nutrir
Aumentar.
Fortalecer.
Vigorizar.
*Debilitar.

Nutritivo
Alimenticio.
Substancioso.
Nutricio
*Insubstancial.

Nutriz
Nodriza.

Ñ

Ñagaza
Señuelo.
Cebo.
Reclamo.

Ñandú
Avestruz.

Ñapo
Junco.

Ñato
Romo.
Chato.
*Aguzado.

1. Ñeque
Vigoroso.
Fuerte.

2. Ñeque
Energía.
Fuerza.

Ñiquiñaque
Canalla.
Bribón.
Pícaro.

Ñoclo
Bizcocho.
Melindre.

Ñoñería
Ñoñez.

Pusilanimidad.
Apocamiento.
Cobardía.
*Decisión.

1. Ñoño
Tímido.
Apocado.
Indeciso.
*Decidido.

2. Ñoño
Huero.
Soso.
Vacio.
*Esencial.

Ñublo
Nublado.
Nublo.

O

Oasis
Alivio.
Descanso.
Consuelo.

Obcecación
Ofuscación.
Ceguera.
Obnubilación.
*Claridad.

Obcecarse
Obstinarse.
Empeñarse.
Emperrarse.
*Liberarse.

1. Obedecer
Someterse.
Cumplir.
Acatar.
*Desobedecer.

2. Obedecer
Someterse.
Ceder.
Prestarse.
*Rebelarse.

Obediencia
Sumisión.
Docilidad.
Disciplina.
*Rebelión.

Obediente
Disciplinado.
Respetuoso.
Sumiso.
*Rebelde.

Obelisco
Pilar.
Obelo.
Aguja.

Obertura
Preludio.
Sinfonía.
Introducción.

Obesidad
Corpulencia.
Adiposidad.
Gordura.
*Delgadez.

Obeso
Grueso.
Rollizo.
Gordo.
*Delgado.

Óbice
Dificultad.
Obstáculo.
Impedimento.
*Facilidad.

Obispado
Diócesis.
Mitra.
Sede.

Obispo
Prelado.

Óbito
Defunción.
Muerte.
Fallecimiento.
*Nacimiento.

Objeción
Reparo.
Réplica.
Observación.
*Aprobación.

Objetar
Oponer.
Replicar.
Refutar.
*Confirmar.

1. Objetivo
Material.
Substantivo.
*Imaginativo.

2. Objetivo
Imparcial.
*Parcial.

3. Objetivo
Fin.
Objeto.
Meta.

1. Objeto
Cosa.
Sujeto.

2. Objeto
Asunto.
Materia.
Substancia.
*Idea.

3. Objeto
Propósito.
Finalidad.
Intención.

Oblación
Ofrecimiento.
Don.
Ofrenda.
Sacrificio.

Oblicuamente
Al sesgo.
De refilón.
Al soslayo.

Oblicuo
Inclinado.
Soslayado.
Sesgado.
*Derecho.

1. Obligación
Exigencia.
Imposición.
Deber.
*Facultad.

2. Obligación
Dependencia.
Compromiso.

Vínculo.
*Desconexión.

3. Obligación
Deuda.
Título.

1. Obligar
Imponer.
Exigir.
Constreñir.
*Permitir.

2. Obligar
Favorecer.
Obsequiar.
Servir.
*Desdeñar.

3. Obligar
Forzar.
Violentar.
Coaccionar.

Obligatorio
Necesario.
Forzoso.
Preciso.
*Libre.

Obliterar
Obturar.
Taponar.
Obstruir.
Cerrar.

Oblongo
Alargado.
Alongado.
Prolongado.
*Apaisado.

1. Obra
Producción.
Producto.
Resultado.

2. Obra
Composición.

Libro.
Volumen.

3. Obra
Faena.
Trabajo.
Tarea.

4. Obra
Construcción.

5. Obra
Poder.
Virtud.
Medio.

Obrador
Fábrica.
Taller.
Estudio.
Oficina.

Obraje
Fábrica.
Manufactura.

1. Obrar
Operar.
Maniobrar.
Hacer.

2. Obrar
Fabricar.
Construir.
Edificar.

3. Obrar
Actuar.
Proceder.
Comportarse.

4. Obrar
Defecar.
Exonerar.

Obrero
Trabajador.
Productor.
Operario.

Obsceno
Lascivo.

Lúbrico.
Lujurioso.
Pornográfico.
Licencioso.
*Decente.

1. Observación
Examen.
Atención.

2. Observación
Rectificación.
Reparo.
Atención.

Observancia
Acatamiento.
Respeto.
Cumplimiento.
*Desacato.

1. Observar
Contemplar.
Examinar.
Mirar.
*Desatender.

2. Observar
Respetar.
Cumplir.
Obedecer.
*Rebelarse.

3. Observar
Atisbar.
Espiar.
Acechar.

4. Observar
Reparar.
Advertir.

Obsesión
Manía.
Prejuicio.
Tema.
*Ecuanimidad.

1. Obstáculo
Dificultad.
Estorbo.
Impedimento.
Traba.
*Facilidad.

2. Obstáculo
Trinchera.
Barrera.
Alambrada.

1. Obstar
Impedir.
Estorbar.
Dificultar.
*Facilitar.

2. Obstar
Oponerse.
Repugnar.
Obviar.
*Avenirse.

Obstetricia
Tocología.

Obstinación
Terquedad.
Testarudez.
Porfía.
Tenacidad.
Pertinacia.
*Remisión.

Obstinado
Tenaz.
Testarudo.
Terco.
Porfiado.
*Dócil.

Obstinarse
Empeñarse.
Porfiar.
Encapricharse.
*Ceder.

1. Obstrucción
Oclusión.
Cierre.

2. Obstrucción
Impedimento.
Dificultad.
*Facilidad.

1. Obstruir
Taponar.
Cerrar.
Obturar.
*Abrir.

2. Obstruir
Estorbar.
Dificultar.
Impedir.
*Facilitar.

Obtemperar
Acatar.

Obedecer.
Asentir.
*Resistir.

Obtención
Logro.
Adquisición.
Alcance.

Obtener
Conseguir.
Alcanzar.
Lograr.
*Perder.

Obturar
Ocluir.
Taponar.
Obstruir.
Tapar.
Cerrar.
*Abrir.

1. Obtuso
Boto.
Romo.
Despuntado.
*Agudo.

2. Obtuso
Rudo.
Lerdo.
Tardo.
*Listo.

Obús
Proyectil.
Granada.

Obvención
Remuneración.
Emolumento.
Gratificación.

1. Obviar
Evitar.
Prevenir.
Eludir.
*Entorpecer.

2. Obviar
Oponerse.
Obstar.
*Avenirse.

Obvio
Manifiesto.
Patente.
Visible.
*Obscuro.

Oca
Ánsar.

1. Ocasión
Oportunidad.
Circunstancia.

2. Ocasión
Motivo.
Causa.

3. Ocasión
Riesgo.
Peligro.
Lance.

Ocasional
Fortuito.
Eventual.
Azaroso.
Accidental.
*Determinado.

Ocasionar
Causar.
Originar.
Producir.
Promover.
Motivar.

1. Ocaso
Postura.
Puesta.
Crepúsculo.
*Amanecer.

2. Ocaso
Oeste.
Poniente.
Occidente.
*Este.

3. Ocaso
Decadencia.
Declinación.
Postrimería.
*Auge.

Occidental
Ponentisco.
Ponentino.
Hespérido.
*Oriental.

Occidente
Ocaso.
Oeste.
Poniente.
*Oriente.

Occipucio
Colodrillo.

Océano
Ponto.
Mar.
Piélago.

Ocio
Reposo.
Holganza.
Descanso.
*Actividad.

Ociosidad
Pereza.
Ocio.
Holgazanería.
Indolencia.
*Diligencia.

1. Ocioso
Desocupado.
Inactivo.
Parado.
*Activo.

2. Ocioso
Haragán.
Vago.
Perezoso.
*Diligente.

3. Ocioso
Vano.
Inútil.
Estéril.
*Importante.

Ocluir
Obturar.
Cerrar.
Obstruir.
*Abrir.

Oclusión
Obstrucción.
Cierre.
Obturación.
*Abrimiento.

Ocre
Sil.

Octogenario
Ochentón.

Oculista
Oftalmólogo.

Ocultamente
Furtivamente.

Ocultar
Tapar.
Encubrir.
Disimular.
*Descubrir.

Oculto
Escondido.
Velado.
Tapado.
*Visible.

1. Ocupación
Posesión.
Apoderamiento.
Toma.
*Renuncia.

2. Ocupación
Faena.
Trabajo.
Tarea.
*Ocio.

3. Ocupación
Cargo.
Oficio.
Empleo.
Profesión.

1. Ocupar
Apoderarse.
Posesionarse.
Apropiarse.
*Abandonar.

2. Ocupar
Colmar.
Llenar.

3. Ocupar
Habitar.
Vivir.
Poseer.
*Desocupar.

4. Ocupar
Emplear.
Responsabilizar.
Encargar.
*Aliviar.

5. Ocupar
Embarazar.
Estorbar.
Embalumar.

1. Ocurrencia
Acontecimiento.
Suceso.
Ocasión.

2. Ocurrencia
Agudeza.
Chiste.
Gracia.

Ocurrente
Gracioso.
Agudo.
Chistoso.
*Ganso.

1. Ocurrir
Acaecer.
Acontecer.
Suceder.
*Ocasionar.

2. Ocurrir
Acudir.
Concurrir.

3. Ocurrir
Recurrir.

Odiar
Abominar.
Aborrecer.
Detestar.

Odio
Aborrecimiento
Aversión.
Enemistad.
Antipatía.
Rencor.
*Amor.

Odioso
Aborrecible.
Execrable.
Abominable.
*Simpático.

Odontólogo
Dentista.

Odorífero
Aromático.
Odorante.
Fragante.
*Pestífero.

Odre
Cuero.
Pellejo.

Corambre.
Zaque.
Odrina.

Oeste
Poniente.
Occidente.
Ocaso.
*Este.

1. Ofender
Herir.
Dañar.

2. Ofender
Insultar.
Agraviar.
Injuriar.
*Elogiar.

Ofenderse
Resentirse.
Picarse.
Enojarse.
*Soportar.

Ofendido
Leso.

1. Ofensa
Herida.

2. Ofensa
Insulto.
Ultraje.
Agravio.
*Elogio.

Ofensivo
Afrentoso.
Injurioso.
Ultrajante.
*Inicuo.

1. Oferta
Promesa.
Ofrecimiento.
*Aceptación.

2. Oferta
Donativo.
Don.
Dádiva.
Regalo.

3. Oferta
Propuesta.
Proposición.
*Demanda.

1. Oficial
Legal.
Público.
Solemne.
*Oficioso.

2. Oficial
Artesano.
Menestral.
Trabajador.

3. Oficial
Verdugo.

4. Oficial
Secretario.
Empleado.
Encargado.

Oficiante
Preste.

Oficiar
Celebrar.

1. Oficina
Despacho.
Escritorio.
Oficio.

2. Oficina
Obrador.

1. Oficio
Ocupación.
Tarea.
Profesión.

2. Oficio
Empleo.
Cargo.
Función.

3. Oficio
Gestión.
Acción.

4. Oficio
Comunicado.
Comunicación.
Escrito.

5. Oficio
Servicio.
Deber.

6. Oficio
Despacho.
Oficina.

7. Oficio
Rezo.

1. Oficiosidad
Solicitud.
Diligencia.
Cuidado.
*Desinterés.

2. Oficiosidad
Indiscreción.
Entretenimiento.
Importunidad.
*Discreción.

1. Oficioso
Servicial.
Solícito.
Complaciente.
*Indiferente.

2. Oficioso
Importuno.
Hazañero.
Entremetido.
*Discreto.

3. Oficioso
Infundado.
Extraoficial.
*Oficial.

4. Oficioso
Eficaz.
Provechoso.
Contundente.
*Ineficaz.

5. Oficioso
Componedor.
Mediador.
Intermediario.

1. Ofrecer
Prometer.
Ofrendar.
Brindar.
*Rechazar.

2. Ofrecer
Enseñar.
Manifestar.
Mostrar.
*Esconder.

3. Ofrecer
Dedicar.
Consagrar.
Ofrendar.

Ofrenda
Don.

Dádiva.
Ofrecimiento.

*Repudio.

Ofrendar
Ofrecer.

Ofuscación
Ofuscamiento.
Trastorno.
Turbación.
Obcecación.

*Discernimiento.

1. Ofuscar
Cegar.
Perturbar.
Deslumbrar.

*Iluminar.

2. Ofuscar
Confundir.
Trastornar.
Obcecar.

*Esclarecer.

1. Ogro
Gigante.

2. Ogro
Glotón.
Goloso.
Bárbaro.

Oídio
Cenicilla.
Cenizo.

Oído
Oreja.

Oír
Auscultar.
Escuchar.
Atender.

Ojal
Presilla.
Ojete.
Alamar.

1. Ojaranzo
Carpe.

2. Ojaranzo
Adelfa.

Ojeada
Vista.
Vistazo.
Mirada.

Ojear
Examinar.
Mirar.
Observar.

Ojeriza
Inquina.
Rencor.
Aversión.

*Simpatía.

1. Ojo
Abertura.
Horado.
Orificio.

2. Ojo
Fuente.
Manantial.
Hontanar.

3. Ojo
Aviso.
Alerta.
Atención.

4. Ojo
Malla.

Ojos
Clisos.
Columbres.
Luceros.

Ojota
Sandalia.

Ola
Embate.
Onda.

1. Oleada
Ola.

2. Oleada
Tropel.
Muchedumbre.
Gentío.

*Escasez.

Oleaginoso
Grasiento.
Aceitoso.
Oleoso.

*Seco.

Oleastro
Acebuche.

Oleaje
Marejada.

Olaje.
Mareta.

Óleo
Aceite.

Óleos
Unción.
Extremaunción.

1. Oler
Olfatear.
Fisgar.
Oliscar.
Husmear.

2. Oler
Indagar.
Inquirir.
Averiguar.

Olfateo
Husmeo.
Olfacción.

1. Olfato
Tufo.

2. Olfato
Instinto.
Sagacidad.
Perspicacia.

Olíbano
Incienso.

1. Olímpico
Divino.
Celestial.
Inmortal.

*Terrenal.

2. Olímpico
Orgulloso.
Altanero.
Soberbio.

*Humilde.

Olimpo
Edén.
Cielo.
Paraíso.

Oliscar
Oler.

Oliva
Aceituna.

Olivarda
Atarraga.

Olivo
Olivera.
Oliva.
Arbequín.

1. Olor
Perfume.
Aroma.
Fragancia.

2. Olor
Exhalación.
Efluvio.
Emanación.

3. Olor
Reputación.
Fama.
Opinión.

4. Olor
Promesa.
Esperanza.
Indicio.

Oloroso
Aromático.
Perfumado.
Odorífero.

*Apestoso.

1. Olvidadizo
Distraído.
Negligente.
Desmemoriado.

*Atento.

2. Olvidadizo
Egoísta.
Ingrato.

*Cumplido.

Olvidar
Abandonar.
Omitir.
Negligir.

*Recordar.

1. Olvido
Amnesia.

*Memoria.

2. Olvido
Negligencia.
Omisión.
Aturdimiento.

*Recuerdo.

3. Olvido
Ingratitud.

*Gratitud.

1. Olla
Marmita.
Cacerola.
Pote.

2. Olla
Guiso.
Cocido.

3. Olla
Cadozo.
Remolino.

Ollera
Herrerillo.

Omento
Redaño.
Epiplón.

Ominoso
Aciago.
Odioso.
Execrable.

*Alegre.

1. Omisión
Supresión.
Falta.
Olvido.

*Recuerdo.

2. Omisión
Desidia.
Dejadez.
Indolencia.

*Atención.

1. Omiso
Remiso.
Flojo.
Negligente.

*Atento.

2. Omiso
Elíptico.
Omitido.
Olvidado.

*Explícito.

1. Omitir
Olvidar.
Desatender.
Prescindir.

2. Omitir
Suprimir.
Silenciar.
Callar.
*Recordar.

Ómnibus
Carruaje.
Coche.
Autobús.

Omnipotente
Todopoderoso.

Omnipresencia
Ubicuidad.

Omniscio
Omnisapiente.
Omnisciente.

Omóplato
Espalda.
Omoplato.
Paletilla.

1. Onda
Ola.

2. Onda
Oscilación.
Ondulación.
Sinuosidad.

3. Onda
Radiación.
Vibración.

1. Ondear
Flamear.
Ondular.
Fluctuar.

2. Ondear
Columpiarse.
Mecerse.

Ondina
Potámide.
Ninfa.

Ondulado
Serpenteado.
Flexuoso.
Sinuoso.
*Recto.

1. Ondular
Ondear.

2. Ondular
Ensortijar.
Rizar.

1. Oneroso
Molesto.
Gravoso.
Enojoso.
*Cómodo.

2. Oneroso
Costoso.
Caro.
Dispendioso.
*Barato.

Ónice
Ágata.
Ónix.
Ónique.

Onomástico
Patronímico.

Opacidad
Obscuridad.
Turbiedad.
*Transparencia.

1. Opaco
Sombrío.
Turbio.
Obscuro.
*Transparente.

2. Opaco
Melancólico.
Lúgubre.
Triste.
*Alegre.

Opado
Ampuloso.
Vano.
Grandilocuente.
*Conciso.

Opción
Selección.
Disyuntiva.
Alternativa.
*Coacción.

1. Ópera
Obra.

2. Ópera
Melodrama.
Drama.

1. Operación
Ejecución.
Actuación.
Trabajo.

2. Operación
Intervención.

3. Operación
Maniobra.
Ejercicio.

1. Operador
Cirujano.

2. Operador
Obrador.
Manipulador.
Ejecutor.

1. Operante
Eficaz.
Activo.

2. Operante
Operador.

1. Operar
Intervenir.
Ejecutar.
Realizar.

2. Operar
Negociar.
Especular.

Operario
Trabajador.
Oficial.
Artesano.

Operativo
Agente.
Obrante.
Activo.
*Inoperante.

Opimo
Cuantioso.
Abundante.
Rico.
*Pobre.

1. Opinión
Concepto.
Juicio.
Parecer.

2. Opinión
Fama.
Predicamento.
Reputación.

Opíparo
Espléndido.

Copioso.
Abundante.
*Escaso.

1. Oponer
Afrontar.
Enfrentar.
Encarar.
*Facilitar.

2. Oponer
Objetar.
Opugnar.
Contraponer.
*Aceptarse.

Oponerse
Impugnar.
Rechazar.
Contradecir.
*Admitir.

Oportunidad
Coyuntura.
Sazón.
Conveniencia.
Ocasión.
Circunstancia.
*Inoportunidad.

Oportunismo
Aprovechamiento.
Contemporización.
Posibilismo.
*Altruismo.

Oportunista
Utilitario.
Pancista.
Aprovechador.
*Altruista.

1. Oportuno
Pertinente.
Adecuado.
Conveniente.
*Inoportuno.

2. Oportuno
Gracioso.
Ocurrente.
Chistoso.
*Patoso.

1. Oposición
Contraste.
Antagonismo.
Contradicción.
*Conformidad.

2. Oposición
Obstáculo.
Dificultad.
Impedimento.
*Facilidad.

3. Oposición
Minoría.

4. Oposición
Examen.
Concurso.
Prueba.

1. Opresión
Subyugación.
Dominación.
Avasallamiento.
*Libertad.

2. Opresión
Presión.
Contricción.
Apretura.

Opresor
Tirano.
Dictador.
Déspota.

1. Oprimir
Comprimir.
Aplastar.
Apretar.
*Soltar.

2. Oprimir
Sujetar.
Tiranizar.
Dominar.
*Libertar.

Oprobio
Ignominia.
Deshonor.
Afrenta.
*Honor.

Optar
Elegir.
Escoger.
Preferir.
*Renunciar.

Optimismo
Seguridad.
Confianza.
Tranquilidad.
*Pesimismo.

Optimista
Confiado.
Seguro.
Feliz.
*Pesimista.

Óptimo
Excelente.
Superior.
Bonísimo.

*Pésimo.

Opuesto
Antagónico.
Contrario.
Divergente.

*Favorable.

Opugnación
Impugnación.
Oposición.

*Conformidad.

1. Opugnar
Dificultar.
Oponer.
Obstruir.

*Conformar.

2. Opugnar
Objetar.
Refutar.
Combatir.

*Avenirse.

3. Opugnar
Atacar.
Asaltar.
Asediar.

*Defender.

1. Opulencia
Copiosidad.
Abundancia.
Exhuberancia.

*Escasez.

2. Opulencia
Fortuna.
Riqueza.
Hacienda.

*Pobreza.

1. Opulento
Abundante.
Considerable.
Exuberante.

*Escaso.

2. Opulento
Pudiente.
Rico.
Creso.

*Pobre.

Opúsculo
Folleto.
Ensayo.
Monografía.

1. Oquedad
Depresión.
Cavidad.
Hendedura.

*Saliente.

2. Oquedad
Insubstancialidad.
Vaciedad.

*Enjundia.

1. Oración
Rezo.
Jaculatoria.
Plegaria.

2. Oración
Razonamiento.
Discurso.
Sermón.

3. Oración
Frase.
Proposición.

Oráculo
Augurio.
Vaticinio.
Auspicio.

Orador
Predicador.
Disertador.
Disertante.

Orangután
Jocó.

1. Oral
Verbal.

2. Oral
Bucal.

Orar
Rogar.
Rezar.
Suplicar.

*Blasfemar.

Orate
Demente.
Loco.
Alienado.

*Cuerdo.

Oratoria
Retórica.
Elocuencia.
Verbosidad.

Oratorio
Capillita.

1. Orbe
Universo.
Mundo.
Creación.

2. Orbe
Globo.
Esfera.

3. Orbe
Redondez.
Círculo.
Periferia.

1. Órbita
Curva.
Trayectoria.

2. Órbita
Espacio.
Ámbito.
Dominio.

1. Orcaneta
Onoquiles.

2. Orcaneta.
Onosma.

1. Orden
Disposición.
Colocación.
Concierto.

*Desorden.

2. Orden
Regla.
Método.
Sistema

*Confusión.

3. Orden
Comunidad.
Cofradía.
Instituto.

4. Orden
Precepto.
Ordenanza.
Mandato.

Ordenancista
Legalista.

1. Ordenanza
Mandato.
Orden.

2. Ordenanza
Régimen.
Reglamento.
Estatuto.

3. Ordenanza
Subalterno.
Mozo.
Asistente.

1. Ordenar
Decretar.
Mandar.
Preceptuar.

*Revocar.

2. Ordenar
Preparar.
Arreglar.
Organizar.

*Desordenar.

Ordinariez
Grosería.
Tosquedad.
Chabacanería.

*Distinción.

1. Ordinario
Común.
Corriente.
Frecuente.

*Anormal.

2. Ordinario
Plebeyo.
Rústico.
Vulgar.

*Fino.

3. Ordinario
Simple.
Llano.
Trivial.

*Selecto.

4. Ordinario
Mensajero.

Recadero.
Mandadero.

Orear
Ventilar.
Secar.
Airear.

Orégano
Díctamo.

1. Oreja
Oído.

2. Oreja
Orejeta.

Orejón
Tosco.
Zafio.

Orfandad
Desamparo.
Abandono.

*Favor.

Orfebre
Orive.
Joyero.
Orífice.

Orfebrería
Joyería.
Orificia.

Orfeón
Coro.

Organillo
Manubrio.

Orgánico
Organizado.
Viviente.

*Inorgánico.

1. Organismo
Cuerpo.

2. Organismo
Corporación.
Institución.
Entidad.

1: Organización
Ordenación.
Orden.
Coordinación.

*Desorden.

2. Organización
Representación.
Organismo.
Asociación.

1. Organizar
Arreglar.
Ordenar.
Preparar.
*Desordenar.

2. Organizar
Establecer.
Constituir.
Fundar.
*Disolver.

1. Órgano
Medio.
Instrumento.
Conducto.

2. Órgano
Portavoz.

Orgía
Banquete.
Festín.
Bacanal.

Orgullo
Soberbia.
Altivez.
Engreimiento.
Arrogancia.
Vanidad.

Orgulloso
Altivo.
Presumido.
Jactancioso.
*Modesto.

1. Orientar
Emplazar.
Situar.
Colocar.

2. Orientar
Encaminar.
Dirigir.
Guiar.
*Desencaminar.

3. Orientar
Imponer.
Informar.
Instruir.

Oriente
Este.

Naciente.
Levante.

Orificio
Boca.
Abertura.
Foramen.
*Taponadora.

Oriflama
Pendón.
Estandarte.
Bandera.

1. Origen
Principio.
Nacimiento.
Comienzo.
*Término.

2. Origen
Procedencia.
Estirpe.
Linaje.

3. Origen
Pedigree.

4. Origen
País.
Patria.
Naturaleza.

1. Original
Insólito.
Singular.
Nuevo.
*Conocido.

2. Original
Personal.
Auténtico.
Prístino.
*Copia.

3. Original
Ejemplar.
Modelo.
Patrón.
*Reproducción.

4. Original
Boceto.
Borrador.
Manuscrito.
*Serie.

Originalidad
Novedad.
Innovación.
Autenticidad.

Originar
Ocasionar.
Causar.
Determinar.
*Terminar.

Originarse
Resultar.
Seguirse.
Nacer.
*Extinguirse.

Originario
Natural.
Primigenio.
Oriundo.

1. Orilla
Ribera.
Margen.

2. Orilla
Término.
Extremo.
Borde.

3. Orilla
Céfiro.
Aura.

1. Orillar
Concluir.
Solventar.
Terminar.
*Enredar.

2. Orillar
Cantear.
Orlar.
Bordear.

Orillo
Hirma.

Orín
Herrumbre.
Moho.
Óxido.

Orinal
Bacín.

Orinecer
Enmohecerse.

Oriniento
Oxidado.
Enmohecido.
Herrumbroso.

Oriundo
Originario.

1. Orla
Contorno.
Orladura.
Nimbo.

2. Orla
Orilla.

3. Orla
Ornamento.
Adorno.
Cenefa.

Ornamentar
Adornar.
Ornar.

Ornamento
Atavío.
Adorno.
Decoración.
*Sencillez.

Ornar
Exornar.
Decorar.
Adornar.
*Despojar.

Ornato
Ornamento.

Oro
Dinero.
Moneda.

1. Orondo
Esponjado.
Hinchado.
Fofo.
*Macizo.

2. Orondo
Presumido.
Ufano.
Engreído.
*Modesto.

Oropel
Baratija.
Bicoca.
Quincalla.

Oropéndola
Lútea.
Oriol.
Virio.

Orozuz
Regaliz.

1. Orto
Salida.
Nacimiento.
Aparición.

2. Orto
Este.
Levante.
Oriente.

Ortodoxo
Dogmático.
Fiel.
Conforme.
*Heterodoxo.

Ortografía
Corrección.

Ortología
Fonética.
Fonología.
Prosodia.

1. Oruga
Larva.
Gusano.

2. Oruga
Ruqueta.

1. Orujo
Hollejo.
Brisa.
Casca.

2. Orujo
Terrón.

Orvalle
Gallocresta.

Orzaga
Salgada.
Marismo.
Álimo.

Orzar
Embicar.

Orzaya
Niñera.

Orzuelo
Divieso.

Osadía
Arrojo.

Audacia.
Intrepidez.
*Cobardía.

Osado
Audaz.
Temerario.
Resuelto.
*Miedoso.

Osamenta
Armazón.
Esqueleto.

Osar
Arriesgarse.
Emprender.
Atreverse.
*Titubear.

Osario
Sepultura.
Cárcava.
Cavernario.

Oscilación
Balanceo.
Vibración.
Fluctuación.
*Inmovilidad.

Oscilante
Móvil.
Ondulante.
Cambiante.
*Inmóvil.

Oscilar
Balancearse.
Ondular.
Moverse.

Oscitancia
Negligencia.
Descuido.

Ósculo
Buz.
Beso.

Oscurecer
Obscurecer.

Oscuro
Obscuro.

Óseo
Huesoso.
Ososo.

Osero
Osar.
Osario.

Osífraga
Quebrantahuesos.

Ostensible
Palpable.
Manifiesto.
Patente.
*Secreto.

Ostensión
Exposición.
Manifestación.
*Ocultación.

1. Ostentación
Fausto.
Lujo.
Pompa.
*Modestia.

2. Ostentación
Vanagloria.
Jactancia.
Vanidad.
*Humildad.

1. Ostentar
Exteriorizar.
Manifestar.
Exhibir.
*Esconder.

2. Ostentar
Lucir.
Alardear.
Gallardear.

Ostentoso
Suntuoso.
Magnífico.
Espléndido.
*Modesto.

Ostra
Concha.
Ostia.

Ostracismo
Destierro.
Relegación.
Proscripción.
*Acogimiento.

1. Ostugo
Esquina.
Rincón.
Esconce.

2. Ostugo
Trozo.
Pizca.

1. Otear
Avizorar.
Atalayar.

2. Otear
Registrar.
Escudriñar.
Observar.

Otero
Colina.
Cerro.
Montículo.

Otomana
Diván.
Sofá.

Otoñal
Autumnal.

1. Otorgamiento
Permiso.
Licencia.
Concesión.

2. Otorgamiento
Testamento.

3. Otorgamiento
Rúbrica.

1. Otorgar
Condescender.
Consentir.
Conferir.
*Negar.

2. Otorgar
Disponer.

Estipular.
Prometer.

Otro
Diferente.
Distinto.

Otrosí
Además.

Ova
Lama.

Ovación
Aplauso.
Triunfo.
Felicitación.
*Silbidos.

1. Ovado
Oval.

2. Ovado
Ovoide.
Aovado.
Ovoideo.

Oval
Ovalado.
Ovado.

Ovante
Triunfante.
Victorioso.
*Derrotado.

Ovario
Overa.

Ovas
Hueva.

1. Oveja
Borrego.
Ternasco.
Cordero.

2. Oveja
Llama.

Ovil
Aprisco.
Redil.

Ovillarse
Contraerse.
Encogerse.

Recogerse.
*Dilatarse.

Ovillo
Bola.
Ovillejo.
Lío.

1. Ovino
Lanar.
Ovejuno.

2. Ovino
Óvido.

1. Ovoide
Ovoideo.
Aovado.
Oval.

2. Ovoide
Ovoideo.
Conglomerado.
Bola.

Óvulo
Huevo.

Oxalídeo
Oxalidáceo.

Oxhidrilo
Hidroxilo.

Oxiacanta
Espino.

Oxidar
Enroñar.
Orinecer.
Enmohecer.

Óxido
Moho.
Orín.
Herrumbre.

Oxítono
Agudo.

Oxiuros
Vermes.
Gusanos.

Oyente
Libre.

P

1. Pabellón
Alfaneque.
Tienda.

2. Pabellón
Bandera.
Enseña.
Insignia.

3. Pabellón
Nación.

4. Pabellón
Protección.
Patrocinio.

5. Pabellón
Palio.
Baldaquín.
Dosel.

6. Pabellón
Templete.
Glorieta.
Quiosco.

7. Pabellón
Chalet.
Quinta.
Torre.

8. Pabellón
Marquesina.

Pábilo
Torcida.
Pabilo.
Mecha.

Pablar
Charlar.
Hablar.

1. Pábulo
Alimento.
Pasto.
Comida.

2. Pábulo
Victo.
Sustento.
Motivo.

Paca
Fardo.
Lío.
Bulto.

Pacato
Tímido.
Manso.
Tranquilo.
*Atrevido.

Pacedura
Talaje.

1. Pacer
Comer.
Pastar.
Herbajar.

2. Pacer
Gastar.
Consumir.
Roer.

3. Pacer
Apacentar.

1. Paciencia
Sufrimiento.
Tolerancia.
Mansedumbre.
*Impaciencia.

2. Paciencia
Espera.
Sosiego.

3. Paciencia
Tardanza.
Lentitud.

4. Paciencia
Consentimiento.
Tolerancia.

1. Paciente
Manso.
Tolerante.
Resignado.
*Impaciente.

2. Paciente
Enfermo.
Doliente.

3. Paciente
Consentido.

Pacienzudo
Calmoso.
*Activo.

Pacificación
Paz.
Tranquilidad.
Sosiego.
*Intranquilidad.

Pacificador
Mediador.

Pacificar
Sosegar.
Reconciliar.
Apaciguar.
*Intranquilizar.

Pacífico
Tranquilo.
Quieto.
Reposado.
*Belicoso.

1. Pacotilla
Mercancía.
Buhonería.
Mercadería.

2. Pacotilla
Zupia.
Desecho.
Bazofia.

1. Pactar
Tratar.
Convenir.
Estipular.

2. Pactar
Armonizar.
Transigir.
Contemporizar.

Pacto
Concierto.
Tratado.
Convenio.
Acuerdo.
Arreglo.

Pachón
Flemático.
Tardo.
*Diligente.

Pachorra
Calma.
*Actividad.

1. Pachucho
Pasado.

2. Pachucho
Alicaído.
Flojo.
*Sano.

1. Padecer
Sentir.
Experimentar.
Pasar.

2. Padecer
Penar.
Sufrir.
Soportar.

Padecimiento
Dolor.
Daño.
Mal.
Dolencia.
Enfermedad.

Padrastro
Respigón.

1. Padre
Progenitor.
Papá.

2. Padre
Principal.

3. Padre
Inventor.
Creador.
Autor.

Padres
Antepasados.
Progenitores.
Ascendientes.

1. Padrinazgo
Apadrinamiento.

2. Padrinazgo
Protección.
Apoyo.
Patrocinio.

Padrino
Protector.
Favorecedor.
Valedor.

1. Padrón
Nómina.
Lista.

2. Padrón
Modelo.
Patrón.

3. Padrón
Columna.
Pilar.

1. Paga
Pago.

2. Paga
Salario.
Sueldo.
Jornal.

3. Paga
Satisfacción.

4. Paga
Recompensa.
Correspondencia.

Pagador
Habilitado.

Cajero.
Tesorero.

Pagaduría
Caja.

Pagano
Idólatra.
Infiel.
Gentil.
*Creyente.

1. Pagar
Satisfacer.
Abonar.
Saldar.
*Cobrar.

2. Pagar
Expiar.

3. Pagar
Recompensar.
Remunerar.
Indemnizar.

4. Pagar
Anticipar.
Adelantar.

1. Pagarse
Aficionarse.
Prendarse.

2. Pagarse
Jactarse.
Ufanarse.

1. Página
Carilla.
Hoja.
Plana.

2. Página
Suceso.
Lance.
Episodio.

1. Pago
Paga.
Reintegro.
Pagamiento.

2. Pago
Premio.
Satisfacción.
Recompensa.

3. Pago
Distrito.
Región.
Comarca.

1. País
Comarca.
Región.
Territorio.

2. País
Pintura.
Paisaje.

Paisaje
Vista.
Panorama.

1. Paisano
Compatriota.
Compatricio.
Coterráneo.

2. Paisano
Aldeano.
Campesino.

3. Paisano
Civil.

1. Paja
Bálago.

2. Paja
Hojarasca.
Broza.
Rastrojo.

3. Paja
Brizna.

Pajar
Cija.
Almiar.

Pajarear
Gandulear.
Holgazanear.

Pajarel
Pardal.
Pardillo.
Pechirrojo.

Pajarero
Bromista.
Chancero.
Festivo.

1. Pájaro
Volátil.
Ave.
Alado.

2. Pájaro
Pajarillo.
Avecilla.

3. Pájaro
Astuto.
Zorro.
Taimado.

4. Pájaro
Perdigón.

Pajarota
Notición.
Patraña.
Infundio.

Pajarraco
Pajarruco.
Pájaro.
Pajarote.

Paje
Criado.
Escudero.
Fámulo.

Pajear
Conducirse.
Comportarse.

Pajizo
Pajado.

Pajuela
Luquete.
Yesca.

1. Pala
Zapa.
Laya.
Badila.

2. Pala
Ala.
Aleta.
Ástil.

3. Pala
Raqueta.

4. Pala
Llave.

5. Pala
Sonsacamiento.
Sondeo.

6. Pala
Chapa.
Penca.

7. Pala
Artificio.
Astucia.

8. Pala
Empella.

1. Palabra
Voz.
Vocablo.
Término.

2. Palabra
Discurso.
Elocuencia.
Facundia.

3. Palabra
Oferta.
Promesa.

4. Palabra
Pasaje.
Texto.

Palabrería
Locuacidad.
Charla.
Labia.
*Taciturnidad.

Palabrota
Grosería.
Terminajo.

Palaciego
Palatino.
Cortesano.

Palacio
Alcázar.

Paladar
Gusto.
Sabor.

Paladear
Gustar.
Saborear.
Degustar.

Paladín
Defensor.
Campeón.
Sostenedor.

Paladino
Público.
Manifiesto.
Patente.
*Escondido.

Palafrén
Cabalgadura.
Montura.
Corcel.

Palafrenero
Picador.
Espolique.
Cochero.

1. Palanca
Pértiga.
Barra.
Alzaprima.

2. Palanca
Valimiento.
Influencia.

Palangana
Jofaina.
Palancana.
Zafa.

Palanganero
Lavabo.
Pajecillo.
Aguamanil.

1. Palanquín
Mozo.
Ganapán.

2. Palanquín
Litera.
Andas.

Palatino
Cortesano.
Palaciano.

1. Palco
Aposento.

2. Palco
Palenque.
Tabladillo.

Palenque
Arena.
Estacada.
Palestra.

1. Paleta
Badil.

2. Paleta
Palustre.
Llana.

3. Paleta
Voladera.

4. Paleta
Tabloza.

1. Paletilla
Omóplato.

2. Paletilla
Palmatoria.

Paleto
Tosco.
Zafio.
Cerril.
*Educado.

Paleto
Gabán.
Levitón.

1. Paliar
Disimular.
Excusar.
Disculpar.
*Evidenciar.

2. Paliar
Atemperar.
Atenuar.
Aminorar.
*Exacerbar.

1. Paliativo
Paliatorio.

2. Paliativo
Atenuante.
Suavizante.
Calmante.
*Excitante.

Palidez
Amarillez.
Palor.

1. Pálido
Deslucido.
Descolorido.
Empañado.
*Vivo.

2. Pálido
Maciliento.
Cadavérico.
Paliducho.
*Lozano.

1. Palillo
Escarbadientes.
Mondadientes.

2. Palillo
Palique.

Palingenesia
Regeneración.
Renacimiento.

Palinodia
Recantación.
Retractación.

1. Palio
Dosel.
Pabellón.
Baldaquín.

2. Palio
Balandrán.
Capa.

Palique
Verbosidad.
Charla.
Comadreo.

Paliza
Vapuleo.
Azotaina.
Zurra.

Palizada
Cercado.
Estacada.
Valla.

1. Palma
Mano.

2. Palma
Gloria.
Recompensa.
Triunfo.

3. Palma
Datilera.
Palmera.

4. Palma
Margallón.
Palmito.

Palmar
Fenecer.
Morir.

Palmario
Patente.
Visible.
Manifiesto.
*Secreto.

1. Palmatoria
Paletilla.
Candelero.

2. Palmatoria
Palmeta.

Palmear
Aplaudir.
Palmotear.

1. Palmeta
Palmatoria.
Férula.

2. Palmeta
Palmetazo.

1. Palmito
Jeme.
Cara.
Rostro.

2. Palmito
Margallón.
Palma.

Palmotear
Aplaudir.
Palmear.

1. Palo
Madera.

2. Palo
Bastón.
Barrote.
Tranca.

3. Palo
Garrote.
Suplicio.
Horca.

4. Palo
Poste.
Mástil.
Asta.

5. Palo
Trancazo.
Golpe.
Bastonazo.

Palomadura
Ligadura.
Atadura.

Palomero
Colombófilo.

Palomilla
Chumacera.

Palomo
Pichón.

1. Palote
Baqueta.
Palillo.

2. Palote
Trazo.

Paloteado
Riña.
Disputa.

Palpable
Palmario.
Manifiesto.
Evidente.
*Escondido.

Palpar
Tentar.
Manipular.
Tocar.

Pálpebra
Párpado.

1. Palpitación
Pulsación.
Latido.

2. Palpitación
Estremecimiento.

1. Palpitante
Anhelante.
Jadeante.
*Sosegado.

2. Palpitante
Interesante.
Emocionante.
Penetrante.
*Indiferente.

1. Palpitar
Latir.

2. Palpitar
Estremecer.

Palta
Palto.
Aguacate.

1. Palúdico
Pantanoso.
Lacustre.
Cenagoso.

2. Palúdico
Febril.

Palurdo
Cerril.
Rústico.
Aldeano.
*Urbano.

1. Palustre
Llana.
Paleta.

2. Palustre
Lacustre.

Pamema
Fingimiento.
Ficción.

Pampa
Sabana.
Llanura.
Pradera.

1. Pámpano
Sarmiento.
Pimpollo.

2. Pámpano
Pámpana.

3. Pámpano
Salpa.

Pampirolada
Necedad.
Majadería.
Insulsez.

1. Pamplina
Tontería.
Nadería.
Bagatela.

2. Pamplina
Payasada.

3. Pamplina
Zadorija.

4. Pamplina
Álsine.

Pamporcino
Artanica.
Artanita.
Ciclamino.

Pamposado
Desidioso.
Poltrón.
*Diligente.

Pampringada
Despropósito.
Necedad.

Pan
Marraqueta.

Panacea
Droga.
Remedio.
Medicamento.

Panadería
Horno.
Tahona.
Pastelería.

Panal
Bresca.

Panarra
Simple.
Necio.
Mentecato.

Panaleta
Bizcocho.

1. Pancarta
Pergamino.

2. Pancarta
Cartel.

Pancista
Positivista.
Oportunista.

Pandemónium
Algazara.
Confusión.
Griterío.

1. Pandero
Pandereta.
Adufe.
Pandera.

2. Pandero
Cometa.
Birlocha.

1. Pandilla
Liga.
Unión.
Reunión.

2. Pandilla
Gavilla.
Caterva.
Cuadrilla.

Panecillo
Mollete.
Bollo.

Panegírico
Encomio.
Alabanza.

Elogio.
*Censura.

Panera
Canasta.
Cesta.

1. Panetela
Papas.

2. Panetela
Cigarro.
Puro.

1. Pánfilo
Pausado.
Tardo.
Calmoso.
*Diligente.

2. Pánfilo
Soso.
Bobo.
Necio.

1. Paniaguado
Asalariado.
Allegado.
Servidor.

2. Paniaguado
Favorito.
Favorecido.
Protegido.

Pánico
Terror.
Espanto.
Pavor.

1. Panícula
Espiga.

2. Panícula
Panoja.

Panoja
Panocha.
Mazorca.
Panícula.

Panoplia
Armadura.
Trofeo.

1. Panorama
Paisaje.
Vista.
Espectáculo.

2. Panorama
Horizonte.

Pantagruélico
Descomunal.
Exorbitante.
Desmesurado.

2. Pantagruélico
Glotón.
Comilón.
Bebedor.

Pantalón
Calzas.
Bragas.

1. Pantalla
Reflector.
Mampara.
Visera.

2. Pantalla
Biombo.

3. Pantalla
Tapadera.
Encubridor.
Nube.

4. Pantalla
Cine.
Cinematógrafo.

1. Pantano
Aguazal.
Laguna.
Embalse.

2. Pantano
Embarazo.
Dificultad.
Estorbo.

Pantanoso
Lacustre.
Uliginoso.
Palúdico.

Pantomima
Mímica.
Imitación.
Remedo.

Pantorrilla
Pantorra.

Pantufla
Chinela.
Babucha.
Zapatilla.

Panza
Vientre.
Abdomen.
Barriga.

Panzada
Hartazgo.
Comilona.
Atracón.

Panzudo
Gordo.
Barrigón.
Panzón.
*Delgado.

1. Paño
Tela.
Fieltro.
Albero.

2. Paño
Tapiz.
Colgadura.

3. Paño
Asunto.
Materia.

Pañol
Compartimiento.

Pañolón
Mantón.

Pañoso
Zarrapastroso.
Andrajoso.
*Elegante.

Pañuelo
Moquero.
Mocador.

Papa
Pontífice.

Papá
Papa.
Padre.

Papas
Papilla.
Puches.
Gachas.

Papada
Sobarba.

Papafigo
Papahigo.
Becafigo.
Picafigo.

1. Papalina
Bicoquete.
Becoquín.

2. Papalina
Cachucha.

3. Papalina
Cofia.
Gorro.

4. Papalina
Embriaguez.
Borrachera.

Papanatas
Bobo.
Crédulo.
Tonto.
*Listo.

1. Papandujo
Desmadejado.
Pasado.
*Lozano.

2. Papandujo
Fruslería.

Papar
Tragar.
Comer.

Paparrucha
Falsedad.
Mentira.

Papaya
Lechosa.

1. Papel
Pliego.
Hoja.

2. Papel
Periódico.
Documento.

3. Papel
Papiro.

4. Papel
Credencial.
Carta.
Título.

5. Papel
Personaje.

6. Papel
Carácter.

7. Papel
Encargo.
Representación.
Ministerio.

Papeleta
Ficha.
Cédula.

Papelón
Farolero.
Papelero.
Farolón.

1. Papera
Papo.
Bocio.

2. Papera
Parótida.

Paperas
Lamparones.
Escrófulas.

Papilla
Gachas.
Papas.

1. Papirote
Capirotazo.
Capirote.

2. Papirote
Tonto.
Zoquete.

1. Papo
Buche.
Papada.

2. Papo
Papera.
Bocio.

Papón
Coco.
Bu.

Paquebote
Correo.
Buque.

Paquete
Lío.
Envoltorio.
Atado.

1. Par
Semejante.
Igual.
Parejo.

2. Par
Pareja.
Dos.

3. Par
Yunta.

4. Par
Elemento.

Para
A.
Hacia.

Parabién
Pláceme.
Felicitación.
Enhorabuena.

Parábola
Alegoría.
Narración.
Fábula.

Parabrisa
Guardabrisa.

Paracleto
Paráclito.
Espíritu Santo.

1. Parada
Término.
Fin.

2. Parada
Pausa.
Alto.
Suspensión.

3. Parada
Parador.
Estación.

4. Parada
Acaballadero.

5. Parada
Tiro.

6. Parada
Azud.

7. Parada
Quite.

8. Parada
Desfile.
Formación.

1. Paradero
Término.
Final.
Fin.

2. Paradero
Seña.

3. Paradero
Apeadero.
Estación.

Paradisiaco
Feliz.
Dichoso.
Celestial.
*Infernal.

1. Parado
Tímido.
Remiso.
Flojo.
*Ligero.

2. Parado
Inactivo.
Desocupado.
Ocioso.
*Activo.

3. Parado
Estático.
*Móvil.

4. Parado
Cesante.
Desacomodado.

5. Parado
Derecho.

Paradoja
Especiota.
Extravagancia.
Contradicción.

Paradójico
Exagerado.
Contradictorio.
Absurdo.
*Racional.

Parador
Hostería.
Hostal.
Mesón.

Parafrasear
Explicar.
Comentar.
Glosar.

Paráfrasis
Comentario.
Amplificación.
Glosa.

Paraguas
Sombrilla.
Quitaguas.
Quitasol.

Paraguay
Papagayo.
Loro.

Paraguaya
Fresquilla.

Paragüero
Bastonera.

1. Paraíso
Edén.
Cielo.
Elíseo.

2. Paraíso
Gallinero.
Cazuela.
General.

1. Paraje
Lugar.
Parte.
Sitio.

2. Paraje
Ocasión.
Estado.
Disposición.

Parajismo
Visaje.
Mueca.

Paralelismo
Semejanza.
Comparación.
Correlación.
*Divergencia.

1. Paralelo
Comparable.
Semejante.
Correspondiente.
*Divergente.

2. Paralelo
Parangón.
Cotejo.
Comparación.

Paralítico
Tullido.
Impedido.
Baldado.
*Hábil.

Paralización
Inmovilidad.
Marasmo.
Suspensión.

Paralizar
Detener.
Inmovilizar.
Embotar.
*Excitar.

Paralogismo
Sofisma.

Paramentar
Ataviar.
Adornar.
Decorar.

1. Paramento
Ornato.
Adorno.
Atavío.

2. Paramento
Mantillas.
Sobrecubiertas.

3. Paramento
Vestidura.

Páramo
Yermo.
Desierto.
Sabana.

Parangón
Paralelo.
Comparación.
Cotejo.

Parangonar
Comparar.
Relacionar.
Parear.

Paraninfos
Padrino.

Paranoia
Locura.
Manía.
Monomanía.

Paranomasia
Aliteración.
Agnominación.

Parapetarse
Protegerse.
Precaverse.

Resguardarse.
*Descubrirse.

Parapeto
Pared.
Muro.
Baranda.

Parapoco
Tímido.
Apocado.
*Osado.

1. Parar
Cesar.

2. Parar
Suspender.
Detener.
Atajar.
*Proseguir.

3. Parar
Acabar.
Concluir.
Terminar.

4. Parar
Hospedarse.
Alojarse.
Habitar.

5. Parar
Prevenir.
Preparar.

6. Parar
Reducirse.
Convertirse.

Pararse
Enderezarse.
Levantarse.

1. Parásito
Insecto.

2. Parásito
Gorrista.
Gorrón.
Chupóptero.

1. Parasol
Sombrilla.
Quitasol.
Guardasol.

2. Parasol
Umbela.

3. Parasol
Paráguas.

Parca
Muerte.

1. Parcela
Porción.
Trozo.
Partícula.

2. Parcela
Solar.
Hijuela.

1. Parcial
Fragmentario.
Truncado.
Fraccionario.
*Completo.

2. Parcial
Secuaz.
Partidario.
Allegado.
*Enemigo.

3. Parcial
Arbitrario.
Injusto.

1. Parcialidad
Bando.
Partido.
Bandería.

2. Parcialidad
Inclinación.
Preferencia.
Prejuicio.
*Imparcialidad.

1. Parco
Escaso.
Corto.
Pobre.
*Abundante.

2. Parco
Mesurado.
Frugal.
Sobrio.
*Inmoderado.

Parchazo
Burla.

1. Parche
Cataplasma.
Emplasto.
Bizma.

2. Parche
Tambor.

3. Parche
Brochazo.
Retoque.
Arrepentimiento.

Parchista
Gorrón.
Sablista.
Parásito.

1. Pardal
Gorrión.

2. Pardal
Pardillo.

3. Pardal
Rústico.
Aldeano.

4. Pardal
Leopardo.

5. Pardal
Astuto.
Bellaco.
Zascandil.

Pardillo
Pajarel.
Pardal.
Pechirrojo.

Pardo
Sombrío.
Terroso.
Obscuro.

Parear
Paralelar.
Comparar.
Parangonar.

1. Parecer
Dictamen.
Opinión.
Concepto.

2. Parecer
Manifestarse.
Aparecer.
Presentarse.
*Desaparecer.

3. Parecer
Creer.
Opinar.
Juzgar.

Parecerse
Semejarse.
Asemejarse.
Asimilar.
*Distinguirse.

1. Parecido
Similar.
Semejante.
Análogo.
*Disímil.

2. Parecido
Analogía.
Semejanza.
Similitud.
*Discrepancia.

Pared
Tapia.
Muro.
Tabique.

1. Pareja
Duplo.
Par.
Apareamiento.

2. Pareja
Compañero.
Compañera.

Parejo
Similar.
Parecido.
Semejante.
*Dispar.

Parejura
Semejanza.
Parecido.
Similitud.
*Discrepancia.

Paremia
Sentencia.
Refrán.
Proverbio.

Parentela
Familia.

1. Parentesco
Lazo.
Vínculo.
Unión.

2. Parentesco
Agnación.
Afinidad.
Connotación.

Paréntesis
Digresión.
Interrupción.
Inciso.

Parhilera
Hilera.
Cumbrera.
Gallo.

Paria
Rufián.
Golfo.
Canalla.

Parida
Parturienta.
Puérpera.

1. Paridad
Igualdad.
Parejura.
Similitud.
*Disparidad.

2. Paridad
Equiparación.
Comparación.

Pariente
Allegado.
Familiar.
Consanguíneo.

Parietal
Mural.

Parietaria
Albahaquilla.
Cañarroya.

Parigual
Paralelo.
Parecido.
Semejante.
*Desigual.

Parihuela
Angarillas.
Camilla.
Bayarte.

1. Parir
Alumbrar.
Desocupar.

2. Parir
Producir.
Crear.
Engendrar.

3. Parir
Aovar.

Parisiense
Parisién.
Parisino.

Parla
Charla.
Parloteo.
Secreteo.

Parlador
Parlanchín.

Parlamentar
Conversar.
Hablar.
Conferenciar.

Parlamentario
Embajador.
Conciliador.
Emisario.

1. Parlamento
Cámara.
Congreso.
Asamblea.

2. Parlamento
Oración.
Discurso.
Arenga.

Parlanchín
Charlatán.
Hablador.
Verboso.
*Callado.

Parlante
Elocuente.
Hablante.
Expresivo.

Parlar
Hablar.
Charlar.
Parlotear.
*Callar

Parlatorio
Locutorio.

1. Parlería
Charla.
Verbosidad.
Facundia.

2. Parlería
Cuento.

Chisme.
Hablilla.

Parlero
Parlanchín.

Parleta
Parlería.

Parlotear
Parlar.

Parné
Plata.
Dinero.

1. Paro
Detención.
Suspensión.
Interrupción.
*Acción.

2. Paro
Desocupación.
Desempleo.
Cesantía.

Parodia
Imitación.
Remedo.
Caricatura.

Parola
Parlería.

1. Paroxismo
Síncope.
Accidente.
Acceso.

2. Paroxismo
Enconamiento.
Exacerbación.

3. Paroxismo
Irritación.
Exaltación.
Fogosidad.

Parpadear
Pestañear.

Párpado
Pálpebra.

1. Parque
Coto.
Dehesa.
Vedado.

2. Parque
Jardín.

3. Parque
Almacén.
Depósito.

Parquedad
Circunspección.
Parsimonia.
Templanza.
*Exceso.

Parra
Labrusca.
Vid.
Cepa.

Párrafo
Artículo.
Aparte.
Parágrafo.

Parranda
Fiesta.
Holgorio.
Jarana.

Parrandear
Esparcirse.
Farrear.
Divertirse.

Parrandista
Zaragatero.
Juerguista.
Fandanguero.

Parrilla
Broqueta.
Asador.
Barbacoa.

Parro
Pato.

Párroco
Plébano.
Cura.

1. Parroquia
Iglesia.

2. Parroquia
Curato.
Feligresía.
Clientela.

1. Parroquiano
Feligrés.

2. Parroquiano
Consumidor.
Cliente.
Comprador.

Parsimonia
Parcidad.
Parquedad.
Prudencia.
*Inmoderación.

1. Parte
Partícula.
Porción.
Pedazo.

2. Parte
Cuota.
Repartición.
Ración.

3. Parte
Sitio.
Paraje.
Lugar.

4. Parte
Capítulo.
Libro.

5. Parte
Facción.
Partido.
Banda.

6. Parte
Litigante.

7. Parte
Partícipe.
Fautor.
Autor.

8. Parte
Despacho.
Aviso.
Comunicado.

Partera
Comadrona.

Parterre
Platabanda.
Arriate.

Partición
Fraccionamiento.
División.
Repartición.
*Acumulación.

1. Participación
Adhesión.
Intervención.
Colaboración.
*Oposición.

2. Participación
Aviso.
Anuncio.
Notificación.

3. Participación
Derrama.
Parte.

Participante
Colaborador.
Partícipe.
Interesado.

1. Participar
Notificar.
Avisar.
Comunicar.

2. Participar
Contribuir.
Colaborar.
Cooperar.

Partícipe
Fautor.
Porcionero.
Particionero.
*Extraño.

Partícula
Porción.
Parte.
Corpúsculo.

1. Particular
Privativo.
Individual.
Exclusivo.
*General.

2. Particular
Singular.
Raro.
Esencial.
*Corriente.

Particularidad
Originalidad.
Especialidad.
Peculiaridad.

Particularizar
Especializar.
Singularizar.
Definir.

1. Partida
Marcha.
Ida.
Salida.
*Llegada.

2. Partida
Anotación.
Asiento.
Registro.

3. Partida
Certificación.
Fe.

4. Partida
Guerrilla.
Cuadrilla.
Pandilla.

5. Partida
Cantidad.
Porción.
Parte.

6. Partida
Remesa.
Envío.
Expedición.

7. Partida
Sitio.
Lugar.
Puesto.

8. Partida
Defunción.
Muerte.

Partidario
Simpatizante.
Prosélito.
Afiliado.
*Enemigo.

1. Partido
Bandería.
Camarilla.
Grupo.

2. Partido
Provecho.
Ventaja.
Utilidad.

3. Partido
Protección.
Amparo.
Ayuda.

4. Partido
Convenio.
Trato.
Pacto.

5. Partido
Procedimiento.

Medio.
Sistema.

6. Partido
Resolución.
Disposición.
Determinación.

Partiquino
Figurante.
Comparsa.
Extra.

1. Partir
Separar.
Dividir.
Cortar.
*Unir.

2. Partir
Distribuir.
Repartir.
Compartir.

3. Partir
Anonadar.
Desbaratar.
Desconcertar.

4. Partir
Marchar.
Salir.
Arrancar.
*Llegar.

Parto
Alumbramiento.

Parvedad
Pequeñez.
Escasez.
Tenuidad.
*Grandeza.

Parvificar
Empequeñecer.
Achicar.
Atenuar.
*Engrandecer.

1. Párvulo
Pequeño.
Criatura.
Chiquillo.
*Maduro.

2. Párvulo
Cuitado.
Humilde.
Sencillo.

Pasacalle
Marcha.

Pasada
Congrua.
Pasadía.
Trastada.

Pasadera
Puente.
Pasarela.
Pasadero.

1. Pasadero
Pasadera.

2. Pasadero
Llevadero.
Mediano.
Tolerable.
*Bueno.

1. Pasadizo
Pasaje.
Pasillo.
Corredor.

2. Pasadizo
Angostura.
Callejón.
Cañón.

1. Pasado
Ayer.
Antigüedad.

2. Pasado
Anterior.
Pretérito.
Remoto.

3. Pasado
Tránsfugo.
Desertor.

1. Pasador
Contrabandista.
Matutero.
Metedor.

2. Pasador
Pestillo.
Cerrojo.

3. Pasador
Sujetador.
Fiador.

4. Pasador
Broche.
Imperdible.
Aguja.

5. Pasador
Colador.
Filtro.
Coladero.

1. Pasaje
Paso.
Travesía.
Comunicación.

2. Pasaje
Portillo.
Estrecho.
Angostura.

3. Pasaje
Fragmento.
Parte.
Trozo.

4. Pasaje
Antífona.
Texto.

5. Pasaje
Impuesto.
Peaje.

1. Pasajero
Fugaz.
Breve.
Efímero.
*Eterno.

2. Pasajero
Viandante.
Caminante.
Transeúnte.

3. Pasajero
Viajero.

Pasamanería
Galoneadura.
Cordonería.

Pasamano
Barandilla.
Barandal.

1. Pasante
Auxiliar.
Ayudante.
Asistente.

2. Pasante
Viajante.
Pasajero.

Pasantía
Noviciado.
Aprendizaje.

Pasapán
Garganta.

1. Pasaportar
Expedir.
Licenciar.

2. Pasaportar
Despedir.
Expulsar.
Destituir.

Pasaporte
Permiso.
Pase.
Salvoconducto.

1. Pasar
Llevar.
Conducir.
Trasladar.

2. Pasar
Cambiar.
Mudar.
Transferir.

3. Pasar
Entrar.
Franquear.
Transitar.

4. Pasar
Remesar.
Mandar.
Enviar.

5. Pasar
Introducir.
Meter.
Alijar.

6. Pasar
Exceder.
Aventajar.
Sobrepujar.

7. Pasar
Sufrir.
Tolerar.
Soportar.

8. Pasar
Tamizar.
Filtrar.
Cerner.

9. Pasar
Tragar.
Engullir.
Deglutir.

10. Pasar
Aprobar.
Aceptar.
Admitir.

11. Pasar
Ocultar.
Esconder.
Callar.

12. Pasar
Dispensar.
Perdonar.

13. Pasar
Estudiar.
Repasar.
Aprender.

14. Pasar
Propagarse.
Comunicarse.
Extenderse.

15. Pasar
Subsistir.
Vivir.
Vegetar.

16. Pasar
Agitarse.
Moverse.
Correr.

17. Pasar
Transcurrir.
Mediar.
Emplear.

18. Pasar
Expirar.
Morir.
Fenecer.

19. Pasar
Durar.
Mantenerse.
Resistir.

20. Pasar
Ofrecerse.
Ocurrir.

21. Pasar
Suceder.
Acaecer.
Ocurrir.

Pasarela
Pasadera.
Puente.

1. Pasarse
Desertar.
Abandonar.

2. Pasarse
Marchitarse.
Estropearse.
Pudrirse.

3. Pasarse
Consumirse.
Agotarse.

4. Pasarse
Desmedirse.
Excederse.

5. Pasarse
Rezumar.

Pasatiempo
Entretenimiento.
Diversión.
Solaz.

Pasavolante
Arrebato.
Festinación.
Tropel.

1. Pase
Paso.
Permiso.
Autorización.

2. Pase
Finta.

Paseante
Trotacalles.
Vagante.
Errante.

Pasear
Vagar.
Andar.
Asolearse.

1. Paseo
Caminata.
Excursión.
Salida.

2. Paseo
Alameda.
Avenida.
Prado.

Pasiflora
Pasionaria.

Pasillo
Corredor.
Galería.
Pasadizo.

1. Pasión
Padecimiento.
Sufrimiento.

2. Pasión
Ardor.
Vehemencia.
Entusiasmo.
*Indiferencia.

3. Pasión
Afecto.
Amor.
Afición.
*Aversión.

4. Pasión
Pasividad.

1. Pasividad
Paciencia.
Pasión.
Padecimiento.
*Acción.

2. Pasividad
Inmovilidad.
Inacción.
Calma.
*Actividad.

Pasivo
Paciente.
Víctima.
Susceptible.
*Activo.

Pasmado
Atribulado.
Aturdido.
Confuso.

1. Pasmar
Enfriar.
Helar.
Congelar.

2. Pasmar
Atolondrar.
Aturdir.
Confundir.
*Serenar.

3. Pasmar
Suspender.

Maravillar.
Extasiar.

Pasmarota
Contorsión.
Pataleta.
Aspaviento.

Pasmarote
Muñeco.
Monigote.
Estafermo.

1. Pasmarse
Encanarse.
Desfallecerse.
Embeberse.

2. Pasmarse
Aterirse.

1. Pasmo
Hielo.
Enfriamiento
Resfriado.

2. Pasmo
Aturdimiento.
Admiración.
Estupefacción.

Pasmón
Bobo.
Necio.

Pasmoso
Formidable.
Asombroso.
Estupendo.
*Corriente.

1. Paso
Trancada.
Zancada.
Pisada.

2. Paso
Grada.
Escalón.
Peldaño.

3. Paso
Travesía.
Pasaje.

4. Paso
Vereda.
Camino.
Azogador.

5. Paso
Aire.

Porte.
Marcha.

6. Paso
Diligencia.
Gestión.
Empresa.

7. Paso
Permiso.
Pase.

8. Paso
Suceso.
Lance.
Aventura.

9. Paso
Adelantamiento.
Progreso.
Ascenso.

10. Paso
Circunstancia.
Dificultad.

11. Paso
Giro.
Mudanza.

12. Paso
Blandamente.
Quedo.
Suavemente.

Pasquín
Póliza.
Placarte.

1. Pasta
Masa.
Argamasa.
Empaste.

2. Pasta
Encuadernación.

Pastar
Pacer.
Apacentar.
Herbajar.

1. Pastel
Bollo.
Torta.
Empanada.

2. Pastel
Fullería.
Trampa.

3. Pastel
Pacto.
Convenio.
Contemporización.

Pastelear
Pactar.
Contemporizar.
Transigir.

Pastelería
Confitería.
Dulcería.
Repostería.

1. Pastelero
Hornero.

2. Pastelero
Hojaldrista.
Repostero.

3. Pastelero
Acomodaticio.
Contemporizador.
Transigente.

Pastilla
Gragea.
Tableta.
Comprimido.

1. Pasto
Pábulo.
Alimento.
Sustento.

2. Pasto
Pacedura.
Pastura.

1. Pastor
Mayoral.
Zagal.
Albarrán.

2. Pastor
Prelado.
Cura.
Obispo.

1. Pastoral
Pastoricio.
Pastoril.

2. Pastoral
Idílico.
Bucólico.

3. Pastoral
Bucólica.
Égloga.

4. Pastoral
Encíclica.

Pastoría
Pastoreo.

Pastos
Pasturaje.
Majadal.
Apacentadero.

1. Pastoso
Viscoso.
Espeso.
Blando.
*Seco.

2. Pastoso
Gangoso.

1. Pata
Zanca.
Pierna.
Gamba.

2. Pata
Pie.

1. Patada
Coz.
Puntapié.

2. Patada
Pisada.
Paso.

3. Patada
Pista.
Huella.
Rastro.

Patalear
Patear.

Pataleo
Queja.
Protesta.

Pataleta
Rabieta.
Pasmarota.
Convulsión.

1. Patán
Palurdo.
Gañán.

2. Patán
Rústico.
Grosero.
Tosco.
*Educado.

Patanería
Grosería.
Vulgaridad.
Tosquedad.
*Urbanidad.

1. Patarata
Tontería.
Fruslería.
Nimiez.

2. Patarata
Carantoña.

Patatero
Chusquero.

Patatús.
Síncope.
Desmayo.
Accidente.

1. Patear
Pernear.
Patalear.
Zapatear.

2. Patear
Enfadarse.
Irritarse.
Excitarse.

3. Patear
Reprobar.
Reprender.
Criticar.

1. Patente
Evidente.
Manifiesto.
Palmario.
*Dudoso.

2. Patente
Privilegio.
Ventaja.
Exclusiva.

Patentizar
Demostrar.
Revelar.
Evidenciar.
*Esconder.

Pateo
Silba.
Pataleo.
Abucheo.

1. Paternal
Paterno.

2. Paternal
Benigno:
Bondadoso.
Bueno.
*Intransigente.

Pateta
Diablo.

Patético
Conmovedor.
Emocionante.
Apasionante.
*Alegre.

Patialbo
Patiblanco.

Patibulario
Terrible.
Feroz.
Siniestro.

Patíbulo
Horca.
Cadalso.
Suplicio.

Paticojo
Renco.
Cojo.
Cojitranco.

Patidifuso
Patitieso.

Patiestevado
Estevado.

Patillas
Chuletas.

1. Pátina
Pulimente.
Lustre.

2. Pátina
Solera.
Tono.
Vetustez.

Patinado
Usado.
Gastado.
Envejecido.

1. Patinar
Deslizarse.
Resbalar.

2. Patinar
Esquiar.

1. Patio
Almizcate.
Impluvio.
Luna.

2. Patio
Preferencia.
Platea.
Butacas.

1. Patitieso
Petrificado.
Aturdido.
Sorprendido.

2. Patitieso
Exánime.
Inanimado.
*Consciente.

Patituerto
Pernituerto.
Patiabierto.

Pato
Ánsar.
Ánade.
Fusca.

Patochada
Desatino.
Disparate.
Sandez.

Patoso
Enfadoso.
Pesado.
Molesto.
*Ocurrente.

Patraña
Embuste.
Mentira.
Infundio.
*Verdad.

Patria
Tierra.
Nación.
País.

Patriarca
Jefe.

1. Patriarcal
Familiar.

2. Patriarcal
Rancio.
Anciano.
Añejo.

Patricio
Aristócrata.
Noble.
Señor
*Plebeyo.

Patrimonial
Hereditario.

1. Patrimonio
Sucesión.
Herencia.
Alodio.

2. Patrimonio
Posibilidades.
Bienes.
Dinero.

1. Patriotismo
Chauvinismo.
Patriotería.

2. Patriotismo
Civismo.

Patrocinador
Padrino.
Patrono.
Valedor.

Patrocinar
Favorecer.
Proteger.
Amparar.
*Rechazar.

Patrocinio
Favor.
Protección.
Defensa.
*Acusación.

1. Patrón
Señor.
Amo.
Dueño.

2. Patrón
Pupilero.
Hospedero.

3. Patrón
Defensor.
Patrono.
Abogado.

4. Patrón
Titular.
Santo.

5. Patrón
Molde.
Modelo.
Horma.

Patronímico
Apellido.
Nombre.

Patrono
Defensor.
Valedor.
Abogado.

Patrulla
Partida.
Ronda.
Cuadrilla.

Patulea
Ralea.
Chusma.
Caterva.

Patullar
Pisotear.
Pisar.
Patear.

Paular
Pantano.
Paúl.
Barrizal.

Paulatino
Acompasado.
Pausado.
Lento.
*Rápido.

Pauperismo
Pobreza.
Miseria.
Empobrecimiento.
*Riqueza.

Paupérrimo
Misérrimo.
Pobrísimo.

1. Pausa
Calma.
Flema.
Lentitud.
*Rapidez.

2. Pausa
Intervalo.
Descanso.
Reposo.
*Ininterrupción.

Pausado
Espacioso.
Paulatino.
Lento.
*Rápido.

Pauta
Patrón.
Muestra.
Falsilla.

Pautar
Rayar.

Pavada
Bobada.
Mentecatería.
Necedad.

Pavés
Broquel.
Escudo.

Pavesa
Cardeña.
Favila.
Bolisca.

Pavidez
Pavura.
Pavor.
Pánico.
*Valentía.

Pávido
Pusilánime.
Cobarde.
Miedoso.
*Valiente.

Pavimentar
Embaldosar.
Solar.
Empedrar.

Pavimento
Enlosado.
Suelo.
Piso.

1. Pavo
Pavezno.
Gallipavo.
Guajalote.

2. Pavo
Estúpido.
Bobo.
Soso.

1. Pavonada
Bordada.
Paseata.
Paseo.

2. Pavonada
Pompa.
Pavoneo.

Pavonado
Oscurecido.
Negroso.
Patinado.

Pavonear
Ostentar.
Presumir.
Farolear.
*Disimular.

Pavonearse
Jactarse.
Ufanarse.
Vanagloriarse.
*Humillarse.

Pavoneo
Ostentación.
Presunción.
Fatuidad.
*Humildad.

Pavor
Temor.
Espanto.
Terror.
*Valentía.

Pavorido
Cobarde.
Despavorido.
Pávido.
*Valiente.

Pavoroso
Terrorífico.
Espeluznante.
Espantoso.
*Atractivo.

Pavura
Pavidez.
Pavor.
Miedo.
*Valentía.

Payasada
Ridiculez.
Bufonada.
Farsa.

Payaso
Gracioso.
Bufón.
Clown.

Payo
Patán.

Paz
Sosiego.
Serenidad.
Tranquilidad.
*Discordia.

Pazote
Hormiguera.
Pasiote.
Apasote.

Pazguato
Bobo.
Pasmado.
Tonto.
*Listo.

Pea
Borrachera.

Peana
Basamento.
Fundamento.
Base.

1. Peatón
Viandante.
Andante.
Caminante.
*Caballero.

2. Peatón
Correo.
Cartero.
Estafeta.

Pebetero
Perfumador.
Incensador.

Pebre
Pebrada.

Peca
Lunar.
Efélide.

Pecado
Falta.
Infracción.
Culpa.
*Virtud.

1. Pecador
Nefandario.
Culpable.
Relapso.

2. Pecador
Hombre.

1. Pecar
Ofender.
Errar.

2. Pecar
Maliciar.
Sospechar.

3. Pecar
Propender.
Tender.

1. Pécora
Animal.
Bestia.
Res.

2. Pécora
Ladino.
Astuto.

1. Pecorea
Pillaje.
Saqueo.
Rapiña.

2. Pecorea
Chacota.
Parranda.
Farsa.

Peculiar
Singular.
Particular.
Especial.
*Vulgar.

Peculiaridad
Singularidad.
Particularidad.
Especialidad.
*Generalidad.

Peculio
Dinero.
Pecunia.
Caudal.

Fondos.
Capital.

Pechar
Cargar.
Tributar.
Pagar.

Pechera
Peto.
Chorrera.

Pechero
Servil.
Plebeyo.
*Noble.

Pechina
Peche.
Venera.
Concha.

Pechirrojo
Pardillo.

Pechisacado
Arrogante.
Altanero.
Engreído.
*Humilde.

1. Pecho
Tórax.
Busto.

2. Pecho
Pulmones.

3. Pecho
Teta.
Mama.

4. Pecho
Fortaleza.
Esfuerzo.
Valor.
*Cobardía.

5. Pecho
Tributo.
Contribución.
Impuesto.

1. Pechuga
Pecho.

2. Pechuga
Repecho.
Pendiente.
Cuesta.

Pechugón
Impulso.
Ímpetu.
Esfuerzo.

Pedagogía
Educación.
Instrucción.
Didáctica.

Pedagogo
Instructor.
Educador.
Profesor.

Pedalear
Correr.
Acelerar.

1. Pedante
Afectado.
Vanidoso.
Presumido.
*Elegante.

2. Pedante
Sabihondo.
Redicho.

Pedazo
Parte.
Trozo.
Fragmento.
*Total.

Pederasta
Sodomita.

Pedestal
Cimiento.
Base.
Fundamento.

Pedestre
Común.
Corriente.
Llano.
*Difícil.

Pedicuro
Callista.

Pedido
Solicitación.
Encargo.
Comisión.

Pedigüeño
Pidiente.
Pedidor.
Pordiosero.

1. Pedir
Requerir.
Reclamar.
Exigir.
*Dar.

2. Pedir
Pordiosear.
Mendigar.

3. Pedir
Desear.
Querer.
Apetecer.

Pedrada
Golpe.
Cantazo.
Guijarrazo.

Pedregal
Pedrera.
Peñascal.
Cantizal.

Pedregoso
Pedrizo.
Petroso.
Rocoso.
*Terroso.

Pedrería
Joyería.

Pedrisco
Granizo.
Piedra.

Pedriza
Pedregal.

Pedrizo
Pedregoso.

Pedúnculo
Rabillo.
Pedículo.
Pezón.

1. Pega
Burla.
Broma.
Pegata.

2. Pega
Obstáculo.
Dificultad.
Obstrucción.
*Facilidad.

3. Pega
Tollina.
Zurra.
Azotaina.

1. Pegadizo
Artificial.
Falso.
Añadido.

2. Pegadizo
Contagioso.
Pegajoso.

Pegado
Parche.
Pegote.
Emplasto.

1. Pegajoso
Glutinoso.
Viscoso.
Untuoso.
*Liso.

2. Pegajoso
Contagioso.
Pegadizo.

3. Pegajoso
Suave.
Meloso.
Blando.
*Repelente.

4. Pegajoso
Halagador.
Pegote.
Sobón.

Pegamiento
Encolamiento.
Pegadura.
Adhesión.

Pegamoide
Linóleo.
Hule.

1. Pegar
Aglutinar.
Adherir.
Encolar.
*Despegar.

2. Pegar
Juntar.
Unir.
Atar.
*Separar.

3. Pegar
Contagiar.
Comunicar.
Contaminar.

4. Pegar
Convenir.

5. Pegar
Castigar.
Maltratar.
Golpear.
*Acariciar.

Pegata
Burla.
Pega.

2. Pegata
Engaño.
Estafa.

1. Pegote
Apósito.
Emplasto.
Pegado.

2. Pegote
Halagador.

3. Pegote
Bodrio.
Bazofia.
Guisote.

Pegujal
Dinero.

Pehuén
Araucaria.

Peinador
Bata.

1. Peinar
Carmenar.
Cardar.
Crinar.
*Enmarañar.

2. Peinar
Acicalar.
Alisar.
Atusar.

3. Peinar
Rozar.
Tocar.

4. Peine
Escarpidor.
Carmenador.

2. Peine
Peineta.

3. Peine
Carda.

4. Peine
Púa.

5. Peine
Pillo.
Sagaz.

1. Peje
Pez.

2. Peje
Pillo.
Sagaz.

Pejepalo
Estocafis.
Abadejo.

Pejesapo
Rape.

Pejiguera
Molestia.
Dificultad.
Jácara.
*Facilidad.

1. Peladilla
Guija.
Pedrusco.

2. Peladilla
Almendra.

1. Pelado
Despojado.
Desnudo.
Descubierto.
*Velloso.

2. Pelado
Pobretón.

Pelagatos
Pobretón.

Pelaje
Jaez.
Ralea.
Índole.

1. Pelambrera
Calvicie.
Alopecia.

2. Pelambrera
Vello.
Pelusa.

Pelantrín
Labradorcillo.
Labrantín.

1. Pelar
Trasquilar.
Depilar.
Rapar.

2. Pelar
Descortezar.
Mondar.
Descascarar.

3. Pelar
Hurtar.
Robar.

Pelazga
Riña.
Pelea.

Peldaño
Escalón.
Grada.
Escalerón.

1. Pelea
Riña.
Pendencia.
Lucha.

2. Pelea
Fatiga.
Afán.

1. Pelear
Batallar.
Combatir.
Luchar.

2. Pelear
Dominar.
Oponerse.

3. Pelear
Trabajar.
Esforzarse.
Afanarse.

Pelearse
Disputar.
Enemistarse.
Regañar.

Pelechar
Medrar.
Mejorar.
Ganar.

1. Pelele
Espantajo.
Monigote.
Muñeco.

2. Pelele
Bobalicón.
Simple.
Inútil.

Peleona
Pelea.

1. Peliagudo
Dificultoso.
Difícil.
Arduo.
*Fácil.

2. Peliagudo
Hábil.
Diestro.
Mañoso.

Pelícano
Platalea.

1. Película
Film.
Cinta.

2. Película
Túnica.
Cutícula.
Telilla.

3. Película
Hollejo.

Peligrar
Fluctuar.
Zozobrar.

Peligro
Amenaza.
Riesgo.
Contingencia.
*Seguridad.

1. Peligroso
Aventurado.
Comprometido.
Arriesgado.
*Seguro.

2. Peligroso
Levantisco.
Indeseable.
Turbulento.

Pelillo
Púa.
Resquemor.
Susceptibilidad.

Pelilloso
Quisquilloso.
Puntilloso.
Picajoso.

Pelirrojo
Taheño.
Barbitaheño.

Pelmacería
Indolencia.
Lentitud.
Pesadez.
*Diligencia.

1. Pelmazo
Cargante.
Fastidioso.
Molesto.
*Simpático.

2. Pelmazo
Tardo.
Torpe.
Calmoso.
*Diligente.

Pelo
Vello.
Cabello.
Pelusa.

Pelona
Calvicie.

Pelonería
Escasez.
Pobreza.
Miseria.
*Riqueza.

Pelonía
Calvicie.
Pelambrera.

Peloso
Velloso.
Peludo.
*Pelado.

Pelota
Bala.
Balón.
Bola.

Pelotear
Disputar.
Contender.
Pelearse.

Pelotera
Pelea.

1. Peluca
Cabellera.
Postizo.
Peluquín.

2. Peluca
Reprimenda.
Reprensión.
Sermón.

Peludo
Velloso.
Peloso.
Híspido.
*Pelado.

Peluquero
Barbero.
Fígaro.

1. Pelusa
Pelo.

2. Pelusa
Celos.
Envidia.
Dentera.

Pelleja
Pellejo.

1. Pellejo
Piel.
Vellón.
Cuero.

2. Pellejo
Corambre.
Odre.

3. Pellejo
Cáscara.
Hollejo.

4. Pellejo
Borracho.

1. Pelliza
Zamarra.
Pellico.
Pello.

2. Pelliza
Dormán.
Guerrera.
Chaqueta.

1. Pellizcar
Pizcar.

2. Pellizcar
Coger.
Asir.
Apresar.

Pellizco
Repisco.
Pizco.
Pecilgo.

1. Pena
Penitencia.
Penalidad.
Castigo.

2. Pena
Aflicción.
Dolor.
Tristeza.
*Alegría.

3. Pena
Molestia.
Penalidad.

1. Penacho
Plumero.
Pompón.
Garzota.

2. Penacho
Vanidad.
Presunción.
Soberbia.
*Modestia.

Penado
Recluso.
Preso.
Condenado.

1. Penalidad
Castigo.
Pena.
Penitencia.

2. Penalidad
Molestia.
Contrariedad.
Mortificación.

1. Penar
Castigar.

Escarmentar.
Infligir.

2. Penar
Padecer.
Sufrir.
Tolerar.

Penarse
Afligirse.
Apenarse.

Penates
Lares.

Penco
Rocín.
Jamelgo.
Jaco.

1. Pendencia
Altercado.
Discusión.
Disputa.

2. Pendencia
Querella.

Pendenciero
Belicoso.
Reñidor.
Batallador.
*Pacífico.

1. Pender
Suspender.
Colgar.

2. Pender
Depender.

1. Pendiente
Zarcillo.
Arete.
Arracada.

2. Pendiente
Suspendido.
Inclinado.
Colgante.
*Derecho.

3. Pendiente
Irresoluto.
Suspenso.
Indeciso.
*Concluso.

4. Pendiente
Subida.
Cuesta.
Inclinación.

5. Pendiente
Pino.
Empinado.
Escarpado.
*Suave.

Pendil
Manto.
Pendingue.

1. Péndola
Pluma.
Péñola.

2. Péndola
Péndulo.

Pendolista
Escribano.
Calígrafo.
Pendolario.

Pendón
Estandarte.
Divisa.
Insignia.

1. Péndulo
Pendiente.

2. Péndulo
Perpendículo.
Pédmola.

3. Péndulo
Regulador.

Peneque
Ebrio.
Borracho.

1. Penetrable
Diáfano.
Permeable.
Transparente.
*Impenetrable.

2. Penetrable
Fácil.
Claro.
Comprensible.
*Difícil.

1. Penetración
Comprensión.
Talento.
Intuición.

2. Penetración
Correría.
Incursión.
Invasión.

1. Penetrante
Fino.
Agudo.
Fuerte.
*Bajo.

2. Penetrante
Profundo.
Hondo.

3. Penetrante
Afilado.
Hendiente.
Aguzado.
*Romo.

4. Penetrante
Perspicaz.
Ingenioso.
Sutil.
*Obtuso.

1. Penetrar
Introducir.
Meter.
Entrar.
*Quedarse.

2. Penetrar
Comprender.
Entender.
Interpretar.

Península
Peñíscola.
Penisla.

Penique
Maravedí.
Dinero.

1. Penitencia
Castigo.
Expiación.
Disciplina.

2. Penitencia
Arrepentimiento.
Pesar.
Atrición.

Penitenciaría
Prisión.
Cárcel.
Presidio.

Penitente
Remiso.
Arrepentido.
Disciplinante.
*Impenitente.

Penoso
Arduo.
Dificultoso.
Enojoso.
*Fácil.

Pensador
Filósofo.
Sabio.

1. Pensamiento
Raciocinio.
Inteligencia.
Reflexión.

2. Pensamiento
Opinión.
Idea.
Proyecto.

3. Pensamiento
Proverbio.
Máxima.
Frase.

4. Pensamiento
Malicia.
Recelo.
Sospecha.

1. Pensar
Creer.
Opinar.
Juzgar.

2. Pensar
Acariciar.
Concebir.
Soñar.

3. Pensar
Idear.
Imaginar.
Cavilar.

4. Pensar
Proyectar.
Intentar.
Proponerse.

Pensativo
Absorto.
Reflexivo.
Caviloso.
*Distraído.

Penseque
Yerro.
Omisión.
Error.

1. Pensil
Pendiente.

2. Pensil
Edén.
Jardín.

1. Pensión
Censo.
Canon.
Renta.

2. Pensión
Hospedaje.
Residencia.
Pupilaje.

Pensionado
Internado.

Pensionar
Subvencionar.
Asignar.
Jubilar.

Penuria
Carestía.
Falta.
Escasez.
*Abundancia.

1. Peña
Peñasco.
Risco.
Roca.

2. Peña
Círculo.
Grupo.
Tertulia.

Peñascal
Pedregal.

Peñasco
Peña.

Peñascoso
Riscoso.
Escabroso.
Rocoso.
*Llano.

Péñola
Péndola.
Pluma.

1. Peón
Jornalero.
Trabajador.
Bracero.

2. Peón
Infante.

3. Peón
Caminero.
Peatón.

4. Peón
Colmena.

5. Peón
Peonza.

Peonia
Saltaojos.

Peonza
Trompo.
Zaranda.
Perinola.

Peoría
Menoscabo.
Detrimento.
Recaída.
*Mejoramiento.

1. Pepita
Gabarro.

2. Pepita
Simiente.
Pipa.

Pepón
Sandía.

Pepona
Muñeca.

1. Pequeñez
Futileza.
Fruslería.
Nadería.
*Importancia.

2. Pequeñez
Cortedad.
Mezquindad.
Parvidad.
*Grandeza.

3. Pequeñez
Infancia.
Parvulez.
Niñez.

1. Pequeño
Párvulo.
Diminuto.
Chico.
*Grande.

2. Pequeño
Infante.
Chiquillo.
Niño.

Peraleda
Pereda.

Peralte
Desnivel.

1. Perantón
Mirabel.

2. Perantón
Abanico.
Pericón.

3. Perantón
Gigante.
Pendón.
Mocetón.
*Enano.

Percalina
Lustrina.

1. Percance
Accidente.
Avería.
Desgracia.
*Facilidad.

2. Percance
Gaje.
Ventaja.
Utilidad.

Percatar
Notar.
Reparar.
Advertir.

Percatarse
Enterarse.
Saber.
Conocer.
*Ignorar.

Percebe
Escaramujo.

1. Percepción
Sensación.
Impresión.
Aprehensión.

2. Percepción
Imagen.
Idea.
Representación.

3. Percepción
Discernimiento.
Clarividencia.
Penetración.

4. Percepción
Cobro.
Recaudación.
Ingresos.
*Pago.

Perceptible
Sensible.
Inteligente.
Apreciable.
*Imperceptible.

1. Percibir
Descubrir.
Ver.
Avistar.

2. Percibir
Experimentar.
Sentir.
Notar.

3. Percibir
Comprender.
Entender.
Adivinar.

4. Percibir
Cobrar.
Recoger.
Recibir.

Percudir
Empañar.
Marchitar.
Ajar.

Percusión
Choque.
Golpeo.
Golpe.

Percutir
Batir.
Golpear.
Topar.

Percutor
Martillo.
Percusor.

Percha
Colgadero.
Gancho.
Perchero.

1. Perder
Derrochar.
Desperdiciar.
*Aprovechar.

2. Perder
Destruir.
Frustrar.
Deteriorar.

1. Perderse
Confundirse.
Extraviarse.
Viciarse.

2. Perderse
Zozobrar.
Naufragar.

3. Perderse
Obcecarse.
Arrebatarse.
Conturbárse.

1. Perdición
Perdimiento.
Pérdida.

2. Perdición
Daño.
Ruina.
Destrucción.

3. Perdición
Desarreglo.
Desbarate.

4. Perdición
Condenación.

1. Pérdida
Perdimiento.
Perdición.

2. Pérdida
Carencia.
Privación.
Merma.
*Ganancia.

1. Perdido
Extraviado.
Despistado.
Errante.

2. Perdido
Fracasado.
Condenado
Vagabundo.
*Recobrado.

Perdiz
Estarna.
Perdigana.
Perdigón.

Perdón
Absolución.
Remisión.
Clemencia.
*Severidad.

Perdonar
Eximir.
Absolver.
Indultar.
*Condenar.

Perdonavidas
Matón.
Valentón.
Fanfarrón.

1. Perdulario
Vicioso.
Calavera.
Perdido.

2. Perdulario
Apático.
Abandonado.
Negligente.

Perdurabilidad
Perpetuidad.
Eternidad.
Inmortalidad.
*Caducidad.

Perdurable
Eterno.
Perpetuo.
Perenne.
*Perecedero.

Perdurar
Subsistir.
Mantenerse.
Permanecer.
*Fenecer.

Perecedero
Efímero.
Breve.
Corto.
*Perdurable.

Perecer
Acabar.
Fallecer.
Sucumbir.
*Surgir.

Pereda
Peraleda.

Peregrinación
Romería
Peregrinaje.
Viaje.

Peregrinar
Vagabundear.
Vagar.

1. Peregrino
Romero.

1. Peregrino
Viajero.
Caminante.

3. Peregrino
Exótico.
Singular.
Raro.
*Usual.

4. Peregrino
Excelente.
Primoroso.
Perfecto.

Perendengue
Zarcillo.
Pendiente.

Perengano
Mengano.
Fulano.
Zutano.

Perenne
Perpetuo.
Eterno.
Constante.
*Efímero.

Perennidad
Perpetuidad.
Eternidad.
Inmortalidad.
*Caducidad.

Perentoriedad
Apremio.
Urgencia.
*Morosidad.

1. Perentorio
Urgente.
Apremiante.
*Dilatorio.

2. Perentorio
Terminante.
Preciso.
Decisivo.
*Indefinido.

Pereza
Apatía.
Desidia.
Indolencia.
*Diligencia.

Perezoso
Apático.
Desidioso.
Negligente.
*Diligente.

1. Perfección
Progreso.
Mejora.
Excelencia.

2. Perfección
Hermosura.
Gracia.

Perfeccionar
Refinar.
Mejorar.
Consumar.
*Estancarse.

Perfecto
Completo.
Absoluto.
Acabado.
*Imperfecto.

Perfidia
Traición.
Falsedad.
Alevosía.
*Lealtad.

Pérfido
Alevoso.
Felón.
Insidioso.
*Fiel.

Perfil
Silueta.
Contorno.
Límite.

Perfilar
Afinar.
Rematar.
Perfeccionar.

Perfilarse
Arreglarse.
Aderezarse.
Componerse.

Perfiles
Complementos.
Retoques.

Perforar
Agujerear.
Horadar.
Taladrar.

Perfumado
Aromático.
Fragante.
Oloroso.

Perfumador
Fumigatorio.
Pebetero.

Perfumar
Fumigar.
Sahumar.
Embalsamar.

Perfume
Fragancia.
Aroma.
Esencia.
*Hedor.

1. Pergamino
Piel.
Vitela.

2. Pergamino
Documento.
Título.

Pergeñar
Preparar.
Ejecutar.
Trazar.

Pergeño
Rasgo.
Traza.
Aspecto.

Pérgola
Emparrado.

Pericia
Práctica.
Habilidad.
Destreza.
*Impericia.

1. Periclitar
Peligrar.
Amenazar.

2. Periclitar
Declinar.
Decaer.

1. Pericón
Abanico.
Perico.

2. Pericón
Cangallo.
Perigallo.

Pericote
Rata.

Perídoto
Olivino.

Periferia
Circunferencia.
Contorno.
Perímetro.

Perifollos
Alhajas.
Adornos.
Abalorios.

Perífrasis
Circunlocución.
Circunloquio.
Rodeo.

Perigallo
Mocetón.
Gigante.
*Enano.

Perilla
Mosca.
Perinola.
Barbilla.

Perillán
Bribón.
Truhán.
Pícaro.

Perímetro
Contorno.
Periferia.
Ámbito.

Perínclito
Insigne.
Ínclito.
Heroico.
*Oscuro.

1. Perinola
Peonza.

2. Perinola
Barbilla.

Períoca
Tema.
Asunto.
Argumento.

1. Periódico
Regular.
Habitual.
Alternativo.
*Irregular.

2. Periódico
Revista.
Gaceta.
Noticiero.

Periodismo
Prensa.

1. Período
Etapa.
Fase.
Ciclo.

2. Período
Frase.
Párrafo.
Oración.

3. Período
Menstruación.

1. Peripatético
Aristotélico.

2. Peripatético
Ridículo.
Extravagante.

Peripecia
Lance.
Suceso.
Incidente.

Periplo
Circunnavegación.

Peripuesto
Acicalado.
Atildado.
Compuesto.
*Desaseado.

Periquito
Perico.
Papagayo.

Perisología
Pleonasmo.

Peristilo
Columnata.
Propileo.
Galería.

Perito
Capaz.
Hábil.
Experto.
*Incompetente.

Peritoneo
Cifaque.

Perjudicar
Damnificar.
Dañar.
Lesionar.
*Favorecer.

Perjudicial
Nocivo.
Lesivo.
Dañino.
*Favorecedor.

Perjuicio
Quebranto.
Daño.
Detrimento.
*Favor.

Perjurar
Prevaricar.
Jurar.

Perjurio
Perfidia.
Mentira.
Falsedad.

Perjuro
Desleal.
Falso.
Renegado.

1. Perla
Barrueco.

Permanecer
Continuar.
Persistir.
Mantenerse.
*Marchar.

Permanencia
Duración.

Continuación.
Persistencia.
*Paso.

Permanente
Estable.
Firme.
Fijo.
*Fugaz.

Permeabilidad
Absorción.
Filtración.
Penetración.
*Impermeabilidad.

Permeable
Traspasable.
Filtrable.
Penetrable.
*Impermeable.

1. Permisión
Epítrofe.

2. Permisión
Permiso.

Permiso
Autorización.
Licencia.
Venia.
*Negativa.

Permitido
Consentido.
Lícito.
Autorizado.
*Prohibido.

Permitir
Consentir.
Tolerar.
Facultar.
*Prohibir.

Permuta
Permutación.
Cambio.
Trueque.
Canje.

1. Permutar
Canjear.
Trocar.
Cambiar.

2. Permutar
Alternar.

1. Pernear
Patear.
Patalear.

2. Pernear
Preocuparse.
Fatigarse.

3. Pernear
Irritarse.
Impacientarse.
Incomodarse.

Pernicioso
Nocivo.
Lesivo.
Dañino.
*Beneficioso.

1. Pernil
Pernera.
Jamón.

2. Pernil
Muslo.

Pernio
Bisagra.
Gozne.

Pernituerto
Cojo.

Perno
Fiador.
Pasador.

Pernoctar
Dormir.
Posar.
Detenerse.

1. Pero
Aunque.
Empero.
Sino.

2. Pero
Defecto.
Dificultad.
Obstáculo.

Perogrullada
Axioma.

Perol
Cazo.

1. Peroración
Discurso.
Oración.
Conferencia.

2. Peroración
Conclusión.
Epílogo.

Perorar
Hablar.
Declamar.
Charlar.

Perorata
Alegato.
Discurso.
Alocución.

Perpendicular
Normal.

Perpendículo
Péndulo.
Plomada.

Perpetrar
Cometer.
Consumar.

Perpetuar
Glorificar.
Exaltar.
Eternizar.

Perpetuidad
Eternidad.
Perdurabilidad.
Inmortalidad.

Perpetuo
Imperecedero.
Eterno.
Perdurable.
*Perecedero.

Perplejidad
Duda.
Titubeo.
Confusión.
*Seguridad.

Perplejo
Vacilante.
Asombrado.
Dudoso.
*Seguro.

Perquirir
Indagar.
Investigar.

Perquisición
Investigación.
Indagación.
Averiguación.

Perrería
Traílla.
Jauría.

Perrero
Echaperros.

1. Perro
Can.

2. Perro
Perrezno.
Cachorro.

Persecución
Caza.
Seguimiento.
Alcance.

Perseguidor
Martillo.
Azote.
Tormento.

1. Perseguir
Seguir.
Acosar.
Cazar.

2. Perseguir
Perseverar.
Proseguir.
Continuar.

3. Perseguir
Atosigar.
Molestar.
Importunar.

Perseverancia
Tenacidad.
Constancia.
Firmeza.

Perseverante
Tenaz.
Porfiado.
Firme.
*Veleidoso.

Perseverar
Continuar.
Proseguir.
Persistir.
*Abandonar.

Persiana
Celosía.
Enjaretado.
Corredera.

Persignarse
Santiguarse.

Persistencia
Constancia.
Insistencia.
Permanencia.
*Inconstancia.

Persistente
Tenaz.
Porfiado.
Continuo.
*Inconstante.

1. Persistir
Porfiar.
Obstinarse.
Perseverar.
*Renunciar.

2. Persistir
Durar.
Subsistir.
Perdurar.

Persona
Individuo.
Hombre.
Ser.

1. Personaje
Persona.

2. Personaje
Figura.
Papel.
Actor.

Personal
Privado.
Peculiar.
Propio.
*Colectivo.

1. Personalidad
Personaje.
Carácter.
Persona.

2. Personalidad
Distintivo.
Particularidad.
Sello.

Personarse
Comparecer.
Presentarse.
Apersonarse.

1. Personificación
Encarnación.

2. Personificación
Prosopopeya.

Personificar
Encarnar.
Representar.

1. Perspectiva
Faceta.
Apariencia.
Aspecto.

2. Perspectiva
Contingencia.
Probabilidad.
Posibilidad.

3. Perspectiva
Lejanía.
Alejamiento.

Perspicacia
Agudeza.
Penetración.
Sagacidad.
*Torpeza.

Perspicaz
Agudo.
Sagaz.
Inteligente.
*Obtuso.

Perspicuidad
Claridad.
Nitidez.
Tersura.

Perspicuo
Manifiesto.
Claro.
Transparente.

Persuadir
Convencer.
Mover.
Decidir.
*Disuadir.

1. Persuasión
Convencimiento.
Sugestión.
Convicción.
*Duda.

2. Persuasión
Inducción.
Juicio.

Persuasivo
Sugestivo.

2. Personificación
Seductor.
Convincente.
*Dudoso.

1. Pertenecer
Incumbir.
Atañer.
Concernir.

2. Pertenecer
Convenir.

Perteneciente
Referente.
Relativo.
Concerniente.
*Ajeno.

1. Pertenencia
Propiedad.
Dominio.

2. Pertenencia
Arruga.
Concesión.

3. Pertenencia
Accesorio.
Dependencia.

Pértica
Tornadura.

Pértiga
Caña.
Vara.
Bastón.

Pértigo
Timón.

Pertinacia
Testarudez.
Tenacidad.
Obstinación.
*Volubilidad.

1. Pertinaz
Obstinado.
Terco.
Contumaz.
*Voluble.

2. Pertinaz
Duradero.
Persistente.
*Efímero.

1. Pertinente
Relativo.

Referente.
Perteneciente.

*Extraño.

2. Pertinente
Conveniente.
Oportuno.

*Inoportuno.

Pertrechar
Preparar.
Abastecer.
Proveer.

Perturbación
Alteración.
Turbación.
Anarquía.

*Tranquilidad.

Perturbado
Inquieto.
Conmovido.
Soliviantado.

*Sereno.

Perturbador
Revolucionario.
Destructor.
Amotinador.

Perturbar
Alterar.
Trastornar.
Desorganizar.

*Ordenar.

Perversidad
Maldad.
Perfidia.
Depravación.

*Virtuosidad.

Perversión
Corrupción.
Depravación.
Maldad.

*Virtud.

Perverso
Maligno.
Protervo.
Degenerado.

*Virtuoso.

Pervertido
Corrompido.
Abellacado.

1. Pervertir
Trastornar.
Perturbar.

2. Pervertir
Alterar.
Corromper.
Viciar.

*Regenerar.

Pervertirse
Enviciarse.
Encenagarse.

1. Pervulgar
Divulgar.
Publicar.

2. Pervulgar
Promulgar.

1. Pesadez
Pesantez.
Gravedad.

*Ligereza.

2. Pesadez
Gordura.
Obesidad.

*Delgadez.

3. Pesadez
Molestia.
Terquedad.
Impertinencia.

1. Pesadilla
Angustia.
Congoja.
Opresión.

2. Pesadilla
Delirio.
Alucinación.
Ensueño.

3. Pesadilla
Preocupación.

1. Pesado
Macizo.
Grave.
Plomizo.

*Leve.

2. Pesado
Gordo.
Obeso.

*Flaco.

3. Pesado
Intenso.
Profundo.
Lánguido.

*Ligero.

4. Pesado
Lento.
Tardo.
Calmoso.

*Rápido.

5. Pesado
Fastidioso.
Difícil.
Cargante.

*Ameno.

6. Pesado
Áspero.
Duro.
Desabrido.

*Amable.

7. Pesado
Doloroso.
Ofensivo.

1. Pesadumbre
Pesantez.
Pesadez.

2. Pesadumbre
Injuria.
Agravio.

3. Pesadumbre
Disgusto.
Pesar.

*Satisfacción.

Pesantez
Gravedad.
Pesadez.

Pesar
Disgusto.
Aflicción.
Pena.

*Gozo.

Pesaroso
Dolorido.
Sentido.
Apesadumbrado.

*Alegre.

Pesca
Pesquería.

Pesquera.
Redada.

Pescadilla
Pijota.

Pescar
Lograr.
Coger.
Atrapar.

Pescozón
Golpe.

1. Pescuezo
Cogote.
Cerviz.

2. Pescuezo
Vanidad.
Altanería.
Soberbia.

*Humildad.

Pesebre
Cuadra.
Establo.
Caballeriza.

Pesgua
Madroño.

Pesimista
Hipocondríaco.
Triste.
Atrabiliario.

*Optimista.

1. Peso
Gravitación.
Pesantez.

2. Peso
Cargazón.

3. Peso
Zaborda.
Fardo.

4. Peso
Substancia.
Entidad.
Importancia.

5. Peso
Fuerza.
Eficacia.

6. Peso
Carga.
Gravamen.

7. Peso
Onza.
Duro.
Dinero.

Pesquis
Inteligencia.
Talento.
Perspicacia.

*Torpeza.

Pesquisa
Averiguación.
Investigación.
Indagación.

Pesquisar
Inquirir.
Buscar.
Investigar.

*Ocultar.

Pestaña
Orilla.
Reborde.
Saliente.

1. Pestañear
Parpadear.

2. Pestañear
Vivir.

1. Peste
Fetidez.
Hedor.
Pestilencia.

*Perfume.

2. Peste
Plaga.
Corrupción.
Epidemia.

3. Peste
Exceso.
Abundancia.
Cantidad.

1. Pestífero
Pernicioso.
Nocivo.
Dañoso.

2. Pestífero
Apestoso.
Fétido.
Pestilente.

*Perfumado.

Pestilencia
Peste.

Pestillo
Pasador.
Cerrojo.

Pesuño
Carnicol.

Petaca
Cigarrera.
Pitillera.

Petar
Complacer.
Gustar.

Petardear
Estafar.
Engañar.

Petardista
Estafador.
Tramposo.

1. Petardo
Traca.
Morterete.
Cohete.

2. Petardo
Engaño.
Estafa.
Timo.

1. Petate
Esterilla.

2. Petate
Equipaje.
Lio.

3. Petate
Estafador.

4. Petate
Badulaque.
Despreciable.

1. Petera
Terquedad.
Obstinación.
Pertinacia.

2. Petera
Rabieta.

Petición
Ruego.
Pedido.
Solicitud.

Petimetre
Presumido.

Petitoria
Petición.

Pétreo
Rocoso.
Pedregoso.
Peñascoso.

Petrificar
Endurecer.
Fosilizar.
Solidificar.

Petróleo
Lucilina.
Carburante.
Gasolina.

Petrolero
Cisterna.
Aljibe.

Petroso
Pétreo.

Petulancia
Presunción.
Vanidad.
Fatuidad.

Petulante
Fatuo.
Vano.
Presumido.
*Modesto.

Pez
Pescado.
Peje.
Jaramugo.

1. Pezón
Rabillo.
Pedúnculo.

2. Pezón
Mamelón.
Botón.

3. Pezón
Punta.
Saliente.
Cabo.

Pezuña
Pesuña.
Carnicol.
Casco.

1. Piadoso
Religioso.
Devoto.
Ferviente.
*Impío.

2. Piadoso
Caritativo
Benigno.
Misericordioso.
*Inmisericorde.

Piafar
Patear.
Atabalear.
Escarbar.
Patear.

Piar
Piular.
Llamar.
Chillar.

Piara
Rebaño.
Manada.

Pica
Lanza.
Garrocha.
Vara.

Picacho
Cima.
Pico.

Picada
Picadura.
Picotazo.
Mordedura.

1. Picador
Domador.
Adiestrador.

2. Picador
Tajo.

1. Picadura
Pinchazo.

2. Picadura
Picada.
Mordedura.
Puntura.

3. Picadura
Caries.

Picajoso
Puntilloso.

Quisquilloso.
Susceptible.
*Sufrido.

Picana
Aguijada.

1. Picante
Condimentado.
Excitante.
Sazonado.

2. Picante
Acre.
Acerbo.
Cáustico.
*Suave

3. Picante
Mordacidad.
Acrimonia.
Acerbidad.

Picaño
Compostura.
Parche.
Remiendo.

Picapleitos
Leguleyo.
Rábula.
Abogado.

Picaporte
Aldaba.
Llamador.

1. Picar
Herir.
Clavar.
Punzar.

2. Picar
Trinchar.
Partir.
Dividir.

3. Picar
Picotear.

4. Picar
Provocar.
Inquietar.
Enojar.

5. Picar
Rayar.
Tocar.
Rozar.

Picardear
Travesear.
Retozar.
Enredar.

1. Picardía
Maldad.
Ruindad.
Vileza.

2. Picardía
Travesura.
Burla.
Astucia.

1. Pícaro
Ruin.
Granuja.
Bellaco.

2. Pícaro
Astuto.
Ladino.
Zorro.

1. Picarse
Molestarse.
Resentirse.
Enfadarse.

2. Picarse
Agriarse.
Apuntarse.
Avinagrarse.

3. Picarse
Apolillarse.
Carcomerse.

4. Picarse
Jactarse.
Alabarse.
Vanagloriarse.

1. Picazón
Prurito.
Comezón.
Urticaria.

2. Picazón
Resentimiento.
Enojo.
Molestia.

Picazones
Agujetas.

1. Pico
Rostro.

2. Pico
Lengua.
Boca.

3. Pico
Hocico.

4. Pico
Pitón.
Pito.

5. Pico
Cima.
Pináculo.
Cúspide.

6. Pico
Extremidad.
Punta.

7. Pico
Verbosidad.
Locuacidad.
Facundia.

1. Picón
Incitación.
Vaya.
Burla.

Piconear
Aguijar.

1. Picota
Poste.
Columna.
Viga.

2. Picota
Suplicio.

Picotazo
Picazo.
Picada.
Herronada.

1. Picotear
Picar.

2. Picotear
Cabecear.

Picotería
Verborrea.
Parlería.
Habladuría.

Picotero
Charlatán.
Lenguaraz.
Filatero.
*Discreto.

1. Picudo
Hocicudo.

2. Picudo
Charlatán.
Hablador.

1. Pie
Pata.

2. Pie
Base.
Peana.
Fundamento.

3. Pie
Origen.
Principio.

4. Pie
Ocasión.
Motivo.
Razón.

5. Pie
Árbol.
Tronco.

6. Pie
Hez.
Poso.
Sedimento.

7. Pie
Planta.
Regla.

1. Piedad
Caridad.
Devoción.
Veneración.

2. Piedad
Compasión.
Misericordia.
Lástima.
*Crueldad.

1. Piedra
Risco.
Peña.
Pedrusco.

2. Piedra
Guijo.
Guijarro.
Canto.

3. Piedra
Sílice.
Pedernal.

4. Piedra
Granizo.

5. Piedra
Arenillas.
Cálculo.

6. Piedra
Sillar.
Adoquín.
Dovela.

7. Piedra
Lancha.
Laja.

8. Piedra
Menhir.
Monolito.

1. Piel
Epidermis.
Dermis.
Membrana.

2. Piel
Pellejo.
Cuero.
Odre.

3. Piel
Cáscara.
Corteza.

Piélago
Ponto.
Mar.
Océano.

Pienso
Heno.

Piérides
Musas.

Pierna
Pata.
Zanca.
Gamba.

1. Pieza
Parte.
Trozo.
Fragmento.

2. Pieza
Aposento.
Cuarto.
Sala.

3. Pieza
Ficha.

4. Pieza
Moneda.

5. Pieza
Herramienta.
Alhaja.
Utensilio.

1. Piezgo
Pielgo.

2. Piezgo
Odre.
Cuero.

Pifia
Equivocación.
Error.
Yerro.
*Acierto.

Pigargo
Halieto.
Melión.
Culebrera.

Pigmentado
Coloreado.
Teñido.

Pigmento
Soporte.
Colorante.

Pigmeo
Diminuto.
Enano.
Pequeño.
*Gigante.

Pignorar
Hipotecar.
Empeñar.

Pigre
Negligente.
Perezoso.
Holgazán.
*Diligente.

Pigricia
Haraganería.
Flojera.
Desidia.
*Diligencia.

Pigro
Negligente.

1. Pihuela
Correa.
Atadura.

2. Pihuela
Obstáculo.
Dificultad.

Pihuelas
Grillos.

Pijotero
Cargante.
Molesto.
Fastidioso.
*Ameno.

1. Pila
Cuenco.
Recipiente.
Bañera.

2. Pila
Cúmulo.
Rimero.
Montón.

3. Pila
Feligresía.
Parroquia.

4. Pila
Machón.

Pilar
Hito.
Columna.
Pilastra.

1. Píldora
Comprimido.
Gragea.
Oblea.

2. Píldora
Pesadumbre.
Aflicción.

3. Píldora
Patraña.
Embuste.
Embolisma.

1. Pilón
Abrevadero.
Pila.

2. Pilón
Montón.
Pila.

3. Pilón
Lavadero.

Pilongo
Flaco.

Escuálido.
Macilento.
*Robusto.

Piloriza
Cofia.

Piloro
Portanario.

Pilotar
Guiar.
Dirigir.
Conducir.

1. Piloto
Conductor.
Guía.
Timonel..

2. Piloto
Mentor.

Piltrafa
Pellejo.
Residuo.
Despojo.

Pillada
Pillería.

Pillaje
Saqueo.
Rapiña.
Botín.

1. Pillar
Robar.
Hurtar.
Desvalijar.

2. Pillar
Atrapar.
Aprehender.
Coger.

Pillería
Truhanería.
Bribonada.
Picardía.

Pillete
Golfo.
Granuja.
Pícaro.

Pillo
Ladino.
Listo.
Astuto.
*Bobo..

Pimienta
Pebre.
Páprica.

1. Pimiento
Morrón.
Pimentón.
Ají.

2. Pimiento
Roya.

Pimpido
Colayo.

Pimpinela
Sanguisorba.

Pimpollear
Pimpollecer.
Apimpollarse.

1. Pimpollo
Vástago.
Retoño.
Brote.

2. Pimpollo
Pollo.
Mozo.
Mocetón.

Pina
Cama.

Pinabete
Abeto.

Pinacoteca
Exposición.
Galería.
Sala.

Pináculo
Cumbre.
Altura.
Cima.

Pinar
Pineda.
Pinatar.

1. Pincelada
Trazo.
Rasgo.
Carácter.

2. Pincelada
Explicación.
Descripción.
Expresión.

Pinchado
Agujereado.
Picado.
Pespunteado.

Pinchadura
Puntura.

1. Pinchar
Picar.
Punzar.
Herir.

2. Pinchar
Excitar.
Mover.
Provocar.

1. Pinchazo
Punzadura.
Picada.
Remoquete.

2. Pinchazo
Reventón.

1. Pinche
Aprendiz.
Galopín.
Mozo.

2. Pinche
Marmitón.

Pincho
Punta.
Aguja.
Aguijón.

Pindonguear
Callejear.

Pineda
Pinar.
Pinatar.

Pingajo
Andrajo.
Colgajo.
Harapo.

Pingajoso
Harapiento.
Roto.
Andrajoso.

1. Pingar
Saltar.
Brincar.

2. Pingar
Gotear.

3. Pingar
Inclinar.

Pingo
Pingajo.

Pingorotudo
Empinado.
Pino.

1. Pingüe
Craso.
Graso.
Gordo.
*Magro.

2. Pingüe
Fértil.
Copioso.
Abundante.
*Escaso.

Pinguosidad
Gordura.
Crasitud.
Untuosidad.

1. Pinillo
Mirabel.
Ayuga.
Perantón.

2. Pinillo
Hierba artética.

Pinjante
Pendiente.
Colgante.
Arete.

1. Pino
Erecto.
Enhiesto.
Escarpado.
*Llano.

2. Pino
Aznacho.

1. Pinta
Mota.
Mancha.
Lunar.

2. Pinta
Aspecto.
Faz.

Pintadera
Carretilla.

1. Pintado
Barnizado.
Esmaltado.

2. Pintado
Matizado.
Coloreado.

Pintamonas
Pintorzuelo.

1. Pintar
Teñir.
Colorar.
Pintorrear.

2. Pintar
Narrar.
Describir.
Representar.

3. Pintar
Exagerar.
Fingir.
Engrandecer.

4. Pintar
Valer.
Importar.
Significar

Pintiparado
Semejante.
Igual.
Similar.
*Desigual.

Pintojo
Manchado.
Pintado.

1. Pintor
Colorista.
Pincel.
Pintorzuelo.

2. Pintor
Pastelista.
Acuarelista.
Paisajista.

Pintoresco
Curioso.
Vivo.
Animado.
*Aburrido.

1. Pintura
Lienzo.
Tabla.
Tela.

2. Pintura
Color.

3. Pintura
Retrato.
Descripción.
Explicación.

Pinturero
Farolero.
Presumido.
Fachendoso.

Pínula
Dioptra.

Pio
Piadoso.
Devoto.
Religioso.
*Impío.

Piocha
Piqueta.
P.co.
Zapapico.

Piojo
Miseria.
Cáncano.

Piojoso
Tacaño.
Mezquino.
Avariento.

1. Piorno
Codeso.

2. Piorno
Gayomba.

1. Pipa
Cuba.
Tonel.
Barril.

2. Pipa
Chibuquí.

3. Pipa
Lengüeta.

4. Pipa
Pipiritaña.

5. Pipa
Espoleta.

6. Pipa
Cachimba.

7. Pipa
Simiente.
Pepita.

Pipería
Botería.
Botamen.

Pipiolo
Principiante.
Novato.
Bisoño.
*Ducho.

Pipirigallo
Esparceta.

Pipiritaña
Pipa.
Pipitaña.
Zampoña.

Piporro
Bajón.

Pique
Disgusto.
Resentimiento.
Enojo.

Piqueta
Zapapico.
Piocha.
Pico.

Pira
Fogata.
Hoguera.
Falla.

Piragua
Bote.
Canoa.
Batel.

Piramidal
Descomunal.
Colosal.
Fenomenal.

1. Pirata
Filibustero.
Corsario.

2. Pirata
Cruel.
Ladrón.
Malvado.

Piratería
Pillaje.

Robo.
Corso.

Pirausta
Piral.
Piragón.

Pirita
Margajita.
Marcasita.
Marquesita.

1. Piropo
Adulación.
Alabanza.
Lisonja.

2. Piropo
Carbúnculo.

Pirosis
Ardencia.
Rescoldera.
Resquemor.

Pirotécnico
Polvorista.
Cohetero.
Artificiero.

Pirrarse
Anhelar.
Perecerse.
Desear.

Pirriquio
Periambo.
Pariambo.

Pirrónico
Escéptico.

Pirueta
Voltereta.
Cabriola.
Brinco.

Piruja
Vivaracha.
Pizpireta.
Desenvuelta.

1. Pisada
Holladura.
Huella.
Pisadura.

2. Pisada
Patada.

1. Pisar
Apisonar.

Hollar.
Pisotear.

2. Pisar
Estrujar.
Apretar.

3. Pisar
Cubrir.

4. Pisar
Infringir.
Conculcar.
Quebrantar.

5. Pisar
Maltratar.
Humillar.
Abatir.

Pisaverde
Presumido.
Petimetre.

Piscina
Estanque.
Pecina.
Baño.

Piscolabis
Colación.
Refacción.

1. Piso
Pavimento.
Suelo.
Solado.

2. Piso
Suela.

3. Piso
Superficie.

4. Piso
Habitación.
Cuarto.
Departamento.

5. Piso
Planta.

1. Pisotear
Hollar.
Pisar.
Aplastar.

2. Pisotear
Escarnecer.
Humillar.
Despreciar.
*Encumbrar.

1. Pista
Indicio.
Huella.
Rastro.

2. Pista
Circuito.
Campo.
Carretera.

Pistar
Aprensar.
Machacar.

Pistacho
Alfócigo.
Alfóncigo.

Pisto
Ciquitroque.
Postín.

Pistolero
Atracador.
Asesino.

Pistón
Émbolo.

Pistonudo
Morrocotudo.

Pistraje
Bodrio.
Brebaje.
Bebistrajo.

1. Pita
Cabuya.
Pitera.
Agave.

2. Pita
Silva.
Pitada.
Abucheo.
*Aplauso.

1. Pitada
Pita.

2. Pitada
Clarinada.
Trompetada.
Tabarra.

1. Pitanza
Condumio.
Manduca.
Comida.

2. Pitanza
Distribución.
Ración.

3. Pitanza
Estipendio.
Precio.

Pitañoso
Legañoso.
Pitarroso.

1. Pitar
Abuchear.
Silbar.
Desaprobar.

2. Pitar
Fumar.

Pitarra
Pitaña.
Legaña.

Pitarroso
Legañoso.
Pitañoso.

Pitido
Pitico.
Pitío.
Silbido.

Pitillera
Petaca.
Cigarrera.
Tabaquera.

Pitillo
Cigarrillo.

Pítima
Borrachera.

1. Pito
Silbato.
Sirena.
Silbo.

2. Pito
Taba.

1. Pitón
Cuerno.

2. Pitón
Apículo.
Pitorro.
Cogujón.

3. Pitón
Renuevo.

Botón.
Retoño.

Pitonisa
Adivinadora.
Sacerdotisa.
Hechicera.

Pitorreo
Rechifla.
Burla.
Mofa.

Pitpit
Pipí.

Piuquén
Avutarda.

Píxide
Copón.

1. Pizarra
Esquisto.

2. Pizarra
Encerado.

Pizca
Pellizco.
Migaja.
Mínimo.

Pizco
Pellizco.

Pizpireta
Vivaracha.
Aguda.
Desenvuelta.
*Boba.

Placa
Plancha.
Lámina.
Película.

Placarte
Bando.
Cartel.
Edicto.

Pláceme
Enhorabuena.
Felicitación.
Congratulación.

Placenta
Pares.
Parias.

Placentero
Grato.
Agradable.
Ameno.
*Enojoso.

1. Placer
Arrugia.
Mina.

2. Placer
Banco.
Arenal.

3. Placer
Goce.
Contento.
Satisfacción.
*Disgusto.

4. Placer
Recreo.
Diversión.
Expansión.
*Aburrimiento.

5. Placer
Concupiscencia.
Sensualismo.
Voluptuosidad.
*Continencia.

6. Placer
Voluntad.
Consentimiento.
Permiso.
*Negativa.

7. Placer
Agradar.
Gustar.
Satisfacer.

Placidez
Tranquilidad.
Quietud.
Calma.
*Desasosiego.

Plácido
Apacible.
Placentero.
Sereno.
*Inquieto.

Plácito
Juicio.
Dictamen.
Parecer.

1. Plaga
Peste.
Epidemia.
Flagelo.

2. Plaga
Llaga.

3. Plaga
Abundancia.
Copia.
Cantidad.
*Escasez.

Plagar
Llenar.
Cubrir.
Pulular.

Plagiar
Imitar.
Remedar.
Copiar.

Plagio
Reproducción.
Apropiación.
Imitación.
*Original.

1. Plan
Proyecto.
Designio.
Intento.

2. Plan
Argumento.
Extracto.
Síntesis.

3. Plan
Esbozo.
Diseño.
Bosquejo.

4. Plan
Altura.
Nivel.
Altitud.

5. Plan
Plano.

1. Plana
Llana.

2. Plana
Carilla.
Página.
Cara.

3. Plana
Planicie.

Planada
Planicie.

1. Plancha
Chapa.
Tabla.
Placa.

2. Plancha
Malogro.
Desacierto.
Error.

Planchar
Allanar.
Alisar.
Estirar.

Planear
Trazar.
Planificar.
Proyectar.

Planga
Dango.
Planco.
Pulla.

Planicie
Meseta.
Llanura.
Llano.
*Montaña.

1. Plano
Liso.
Nivelado.
Llano.
*Desigual.

2. Plano
Romo.
Chato.
*Agudo.

3. Plano
Mapa.
Plan.
Carta.

4. Plano
Cara.
Superficie.
Extensión.

Plantación
Plantío.

1. Plantar
Introducir.
Hincar.
Fijar.

2. Plantar
Establecer.
Fundar.
Instituir.

3. Plantar
Dar.
Propinar.
Asestar.

4. Plantar
Abandonar.
Dejar.
Burlar.

5. Plantar
Cantar.
Decir.
Largar.

1. Plantarse
Pararse.
Detenerse.

2. Plantarse
Arribar.
Llegar.
Comparecer.

1. Plante
Dejación.
Abandono.

2. Plante
Confabulación.
Complot.
Conchabanza.

1. Plantear
Planificar.
Planear.

2. Plantear
Establecer.
Ejecutar.
Instituir.

3. Plantear
Sugerir.
Proponer.
Exponer.

Plantel
Plantío.

1. Plantificar
Planear.

2. Plantificar
Plantar.

1. Plantilla
Suela.
Soleta.

2. Plantilla
Modelo.
Patrón.
Regla.

3. Plantilla
Plan.
Planta.

4. Plantilla
Petulancia.
Jactancia.
Arrogancia.
*Modestia.

Plantío
Vergel.
Plantación.
Sembradío.

Plantón
Centinela.
Guardia.

Plañidera
Llorona.
Endechadera.

Plañidero
Lacrimoso.
Quejumbroso.
Lloroso.
*Alegre.

Plañido
Lamento.
Lamentación.
Llanto.
*Risa.

Plañir
Gimotear.
Gemir.
Clamar.
*Reír.

Plañirse
Lamentarse.
Quejarse.
Dolerse.
*Alegrarse.

Plasmar
Formar.
Moldear.
Concretar.

1. Plasta
Masa.
Pasta.

2. Plasta
Buñuelo.
Plepa.
Chapuz.

1. Plástica
Dibujo.
Disposición.
Estructura.

2. Plástica
Relieve.
Escultura.

3. Plástica
Alfarería.
Cerámica.

1. Plástico
Blando.
Dúctil.
Flexible.
*Recio.

2. Plástico
Formativo.
Formante.
Figurativo.

3. Plástico
Cerámico.

4. Plástico
Conciso.
Expresivo.
Exacto.
*Confuso.

5. Plástico
Polímero.
Sintético.

Plata
Moneda.
Dinero.
Riqueza.

1. Plataforma
Tablado.
Tribuna.
Palenque.

2. Plataforma
Tema.
Motivo.
Pretexto.

1. Plátano
Bananero.
Banano.

2. Plátano
Banana.

Platea
Preferencia.
Patio.
Butacas.

Platear
Argentear.

Platería
Orfebrería.
Argentería.
Joyería.

Platero
Orfebre.
Joyero.

1. Plática
Sermón.
Prédica.
Homilía.

2. Plática
Charla.
Coloquio.
Conversación.

1. Platicar
Conversar.
Charlar.
Departir.

2. Platicar
Sermonear.
Predicar.
Evangelizar.

Platija
Platuja.
Acedía.

Platilla
Bocadillo.

Platillo
Murmuración.
Comidilla.
Habladuría.

Platina
Disco.
Plato.

1. Plato
Bandeja.
Fuente.
Escudilla.

2. Plato
Vianda.
Manjar.
Comida.

3. Plato
Platina.

Platónico
Sentimental.
Romántico.
Ideal.
*Interesado.

1. Plausible
Aceptable.
Admisible.
Recomendable.
*Inadmisible.

2. Plausible
Meritorio.
Loable.
Digno.

Playa
Arenal.
Grao.
Ribera.

1. Plaza
Explanada.

2. Plaza
Mercado.
Ágora.
Zoco.

3. Plaza
Ciudadela.
Fortaleza.
Presidio.

4. Plaza
Terreno.
Espacio.
Sitio.

5. Plaza
Villa.
Ciudad.
Población.

6. Plaza
Empleo.
Cargo.
Dignidad.

1. Plazo
Vencimiento.
Término.
Caducidad.

2. Plazo
Aplazamiento.
Prórroga.
Moratoria.

Pleamar
Flujo.

Plebe
Populacho.
Pueblo.
Turba.
*Nobleza.

1. Plebeyo
Vulgar.
Ordinario.
Popular.

2. Plebeyo
Villano.
Humilde.
Proletario.
*Noble.

Plebiscito
Elección.
Sufragio.
Votación.

Plectro
Estilo.
Musa.
Inspiración.

Plegable
Flexible.
Maleable.
Dúctil.
*Rígido.

Plegar
Plisar.
Doblar.
Arrugar.

1. Plegarse
Doblarse.
Amoldarse.
Someterse.

2. Plegarse
Avenirse.
Acostumbrarse.

Plegaria
Rezo.
Oración.
Deprecación.

Pleitear
Querellar.
Litigar.
Contender.

1. Pleitesía
Pacto.
Concierto.
Acuerdo.

2. Pleitesía
Reverencia.

1. Pleitista
Litigante.
Pleiteador.

2. Pleitista
Enredador.
Embrollón.
Revoltoso.

Pleito
Pendencia.
Litigio.
Querella.

Plenario
Cabal.
Entero.
Pleno.
*Incompleto.

Plenipotenciario
Embajador.
Diplomático.
Ministro.

Plenitud
Integridad.
Saciedad.
Plétora.
*Defecto.

1. Pleno
Repleto.
Lleno.
Saturado.
*Vacío.

2. Pleno
Asamblea.
Reunión.
Junta.

Pleonasmo
Repetición.
Redundancia.

Plepa
Birria.
Engarnio.
Chapuz.

Plétora
Plenitud.
Abundancia.
Exceso.
*Escasez.

Pleurodinia
Pleuresía.

Pléyade
Falange.
Legión.
Séquito.

Pléyades
Hespérides.

1. Pliego
Cuadernillo.
Hoja.
Cartapacio.

2. Pliego
Oficio.
Documento.
Carta.

Pliegue
Repliegue.
Plisado.
Plegadura.

Plinto
Latastro.

1. Plomada
Plomo.
Perpendículo.

2. Plomada
Sonda.

Plombagina
Plumbagina.
Grafito.

1. Plomizo
Plomoso.
Plúmbeo.
Plúmbico.

2. Plomizo
Gris.

3. Plomizo
Aplomado.
Pesado.

1. Pluma
Péñola.
Péndola.
Cálamo.

2. Pluma
Plumón.

3. Pluma
Plumaje.

Plumada
Rasgo.
Carácter.
Trazo.

Plumaje
Penacho.
Pluma.
Copete.

Plumón
Flojel.
Pluma.
Edredón.

Pluralidad
Multiplicidad.
Diversidad.
Variedad.

Plus
Propina.
Gratificación.
Viático.

Plusvalía
Utilidad.
Excedente.

Plúteo
Cajón.
Anaquel.

Plutonismo
Vulcanismo.

Pluviómetro
Pluvímetro.
Odómetro.

Pluvioso
Húmedo.
Lluvioso.

1. Población
Populación.

2. Población
Ciudad.
Poblado.
Villa.

3. Población
Vecinos.
Vecindario.
Habitantes.

Poblado
Pueblo.
Población.
Aldea.

1. Poblar
Fundar.

2. Poblar
Ocupar.

Poblarse
Incrementarse.
Aumentarse.

Pobo
Álamo.
Chopo.

1. Pobre
Necesitado.
Indigente.
Menesteroso.
*Rico.

2. Pobre
Pordiosero.
Mendigo.
Pedigüeño.

3. Pobre
Falto.
Escaso.
Mezquino.
*Abundante.

4. Pobre
Triste.
Infeliz.
Desdichado.
*Feliz.

5. Pobre
Sencillo.
Pacífico.
Bonachón.

Pobrete
Pobre.

Pobreza
Necesidad.
Inopia.
Escasez.
*Riqueza.

Pobrísimo
Misérrimo.
Paupérrimo.
*Riquísimo.

Pocero
Privadero.

Pocilga
Cuadra.
Establo.
Corral.

Pocillo
Taza.
Jícara.

Pócima
Potingue.
Poción.
Apócema.

1. Poco
Insuficiente.
Escaso.
Limitado.
*Mucho.

2. Poco
Tantico.
Tris.

3. Poco
Casi.
Apenas.
Medianamente.

Póculo
Vaso.
Copa.

Pocho
Desvaído.
Pálido.
Apagado.
*Brillante.

Poda
Corta.
Monda.
Escamonada.

Podadera
Podón.

Podagra
Gota.

Podar
Recortar.
Cortar.
Limpiar.
Desmochar.

1. Poder
Dominio.
Potestad.
Jurisdicción.

2. Poder
Fuerza.
Vigor.
Potencia.
*Impotencia.

3. Poder
Licencia.
Autorización.
*Desautorización.

1. Poder
Obtener.
Lograr.
Conseguir.

2. Poder
Acertar.
Atinar.
Adivinar.

Poderhabiente
Apoderado.
Representante.
Facultado.

1. Poderío
Dominio.
Poder.
Mando.

2. Poderío
Fuerza.
Vigor.

3. Poderío
Riqueza.
Hacienda.
Bienes.

1. Poderoso
Acaudalado.
Opulento.
Rico.
*Miserable.

2. Poderoso
Activo.
Eficaz.
Vigoroso.
*Débil.

Podio
Pedestal.

Podómetro
Hodómetro.
Odómetro.
Cuentapasos.

Podre
Materia.
Pus.
Virus.

Podredumbre
Podredura.
Pudrición.
Putrefacción.
Infección.
Corrupción.
*Pureza.

Podrido
Putrefacto.
Corrompido.
Averiado.
*Sano.

Poema
Balada.
Poesía.
Elegía.

1. Poesía
Trova.
Poema.

2. Poesía
Plectro.
Numen.
Inspiración.

Poeta
Bardo.
Vate.
Rapsoda.

Poético
Lírico.

1. Poetizar
Embellecer.

2. Poetizar
Divagar.
Fantasear.

Polacada
Desafuero.
Alcaldada.
Arbitrariedad.

Polaco
Polonés.

Polaina
Antipara.
Sobrecalza.
Cubrenieves.

Polarizar
Concentrar.

Polea
Carrucha.
Garrucha.
Carrillo.

Polémica
Discusión.
Controversia.
Disputa.

Polemizar
Disputar.
Controvertir.
Discutir.

1. Policía
Seguridad.
Vigilancia.
Regla.

2. Policía
Agente.
Guardia.
Vigilante.

3. Policía
Limpieza.
Aseo.
Urbanidad.

Policlínica
Clínica.
Consultorio.

Polícromo
Multicolor.

Polichinela
Muñeco.

Fantoche.
Títere.

Polifagia
Hambre.

Poligráfico
Cifrado.

Polígrafo
Publicista.
Escritor.

Polipasto
Aparejo.
Polispasto.

Polípero
Madrépora.

1. Política
Gobierno.

2. Política
Policía.
Urbanidad.
Cortesía.

3. Política
Habilidad.
Traza.
Arte.

Político
Atento.
Diplomático.
Cortés.

Polizón
Llovido.

Polo
Borne.
Extremo.
Terminal.

Polonés
Polaco.

Poltrón
Gandul.
Perezoso.
Holgazán.
*Diligente.

Poltronería
Pereza.
Holgazanería.
Flojera.
*Actividad.

Poluto
Contaminado.
Maculado.
Manchado.

*Limpio.

Polvareda
Tolvanera.

Polvo
Pulgarada.
Polvareda.
Ceniza.

1. Pólvora
Pulquillas.
Cascarrabias.
Geniazo.

2. Pólvora
Rayos.
Centella.

3. Pólvora
Actividad.
Viveza.
Vehemencia.

Polvorear
Esparcir.
Espolvorear.
Polvorizar.

Polvoriento
Polvoroso.
Pulverulento.
Pulvífero.

1. Polla
Gallina.

2. Polla
Fúlica.

3. Polla
Mocita.
Moza.
Muchacha.

Pollada
Pollazón.
Parvada.

Pollera
Andador.
Andañino.

Pollino
Asno.
Borrico.
Rozno.

1. Pollo
Mozo.
Pollito.
Joven.

2. Pollo
Pollastre.
Pollancón.
Pollastro.

3. Pollo
Sagaz.
Astuto.

1. Poma
Manzana.

2. Poma
Perfumador.
Pomo.
Bujeta.

Pomada
Cosmético.
Ungüento.
Crema.

Pomelo
Toronja.

Pomo
Bujeta.
Frasco.
Perfumador.

1. Pompa
Suntuosidad.
Ostentación.
Esplendor.

*Sencillez.

2. Pompa
Burbuja.
Ampolla.
Ahuecamiento.

3. Pompa
Bomba.
Elevador.

4. Pompa
Górgoro.

1. Pomposo
Suntuoso.
Aparatoso.
Lujoso.

*Sencillo.

2. Pomposo
Vano.

Hueco.
Presuntuoso.

*Modesto.

3. Pomposo
Enfático.
Recargado
Retumbante.

Pómulo
Malar.

Ponchera
Bol.

1. Ponderación
Cuidado.
Atención.
Medida.

2. Ponderación
Encarecimiento.
Exageración.

3. Ponderación
Compensación.
Equilibrio.
Igualdad.

Ponderado
Sensato.
Ordenado.
Sobrio.

*Desmesurado.

Ponderador
Exagerador.
Adulador.

2. Ponderador
Compensador.

1. Ponderar
Examinar.
Pesar.
Considerar.

2. Ponderar
Encarecer.
Exagerar.
Enaltecer.

3. Ponderar
Compensar.
Contrapesar.
Equilibrar.

1. Ponderoso
Grave.
Pesado.

*Ligero.

2. Ponderoso
Cuidadoso.
Atento.
Circunspecto.

*Desatento.

Pondero
Ponedor.
Nidal.

1. Ponedor
Ponedero.

2. Ponedor
Licitador.
Postor.

Ponencia
Informe.
Dictamen.
Resumen.

Ponente
Informador.
Relator.

Ponentino
Occidental.
Ponentisco.

1. Poner
Colocar.
Situar.
Instalar.

*Sacar.

2. Poner
Arreglar.
Disponer
Prevenir.

3. Poner
Contar.
Determinar.

4. Poner
Suponer.

5. Poner
Concurrir.
Contribuir.
Escotar.

6. Poner
Reducir.
Estrechar.
Constreñir.

7. Poner
Confiar.
Abandonar.

8. Poner
Arriesgar.
Exponer.

9. Poner
Producir.
Soltar.

10. Poner
Denostar.
Maltratar.

1. Ponerse
Oponerse.

2. Ponerse
Ataviarse.
Vestirse.
Arreglarse.

3. Ponerse
Mancharse.
Llenarse.

4. Ponerse
Plantarse.
Ocultarse.
Trasladarse.

1. Poniente
Ocaso.
Occidente.
Oeste.

*Levante.

2. Poniente
Céfiro.

Pontevedrés
Lerense.

Pontífice
Obispo.
Prelado.
Papa.

Pontificado
Papado.

Ponto
Mar.
Piélago.

1. Pontón
Lanchón.

2. Pontón
Puente.

Ponzoña
Tósigo.

Veneno.
Tóxico.
*Antídoto.

Ponzoñoso
Dañino.
Venenoso.
Nocivo.
*Beneficioso.

1. Popar
Despreciar.
Desairar.
Menospreciar.

2. Popar
Acariciar.
Halagar.

Populacho
Turba.
Plebe.
Vulgo.

1. Popular
Nacional.

2. Popular
Vulgar.
Común.
Público.
*Selecto.

3. Popular
Estimado.
Querido.
Considerado.
*Detestado.

Popularidad
Renombre.
Fama.
Notoriedad.
*Impopularidad.

Populoso
Bullicioso.
Numeroso.
Frecuentado.
*Abandonado.

1. Poquedad
Escasez.
Miseria.
Cortedad.
*Abundancia.

2. Poquedad
Apocamiento.

Timidez.
Pusilanimidad.
*Osadía.

1. Porción
Trozo.
Pedazo.
Parte.
*Total.

2. Porción
Cuota.
Cantidad.
Ración.

3. Porción
Congrua.

Porche
Atrio.
Soportal.
Cobertizo.

Pordiosear
Mendigar.
Pobretear.
Limosnear.

Pordiosero
Mendicante.
Mendigo.
Pedigüeño.

1. Porfía
Disputa.
Discusión.
Contienda.

2. Porfía
Obstinación.
Terquedad.
Contumacia.

3. Porfía
Competencia.
Emulación.

Porfiado
Tenaz.
Porfiador.
Terco.
Testarudo.
Obstinado.
*Remiso.

1. Porfiar
Disputar.
Discutir.
Contender.

2. Porfiar
Insistir.
Perseverar.
Obstinarse.

Pormenor
Pequeñez.
Detalle.
Nimiedad.

Pornografía
Obscenidad.

Pornográfico
Licencioso.
Obsceno.
Inmoral.
*Honesto.

Poro
Orificio.
Intersticio.
Agujero.

Poroso
Esponjoso.
Agujereado.
Permeable.

Poroto
Alubia.

Porque
Pues.

Porqué
Causa.
Motivo.
Razón.

1. Porquería
Suciedad.
Inmundicia.
Basura.

2. Porquería
Grosería.
Indecencia.

3. Porquería
Desatención.
Descortesía.

Porquerizo
Guarrero.

Porra
Clava.
Maza.
Cachiporra.

1. Porrada
Porrazo.

2. Porrada
Disparate.
Necedad.

3. Porrada
Multitud.
Montón.
Cantidad.

Porrazo
Golpe.
Costalada.
Golpazo.

Porrear
Porfiar.
Insistir.
Machacar.

1. Porrería
Sandez.
Necedad.
Tontería.

2. Porrería
Pesadez.
Lentitud.
Tardanza.

Porro
Pazguato.
Necio.
Bobo.

1. Porrón
Botijo.

2. Porrón
Pelmazo.
Pachorrudo.

1. Portada
Frontis.
Frontispicio.
Fachada.

2. Portada
Portadilla.

Portal
Zaguán.
Vestíbulo.
Pórtico.

Portalero
Consumero.

Portamanteo
Manga.

Portamonedas
Cartera.
Bolso.
Monedero.

Portante
Ambladura.
Paso.
Andadura.

Portañola
Tronera.
Cañonera.
Portaleña.

Portaplumas
Manguillero.
Mango.

Portar
Transportar.
Llevar.

Portarse
Conducirse.
Comportarse.
Proceder.

Portátil
Conducible.
Transportable.
Movible.
*Fijo.

Portaviandas
Fiambrera.

1. Portavoz
Bocina.

2. Portavoz
Caudillo.
Director.
Cabecilla.

1. Porte
Transporte.
Traslado.
Acarreo.

2. Porte
Aire.
Apariencia.
Postura.

3. Porte
Prestancia.
Calidad.
Lustre.

Portear
Llevar.
Conducir.
Trasladar.

Portento
Maravilla.
Prodigio.
Milagro.

Portentoso
Pasmoso.
Grandioso.
Admirable.
*Insignificante.

1. Portero
Conserje.
Guardián.
Bedel.

2. Portero
Guardameta.

Pórtico
Portal.
Vestíbulo.
Porche.

1. Portillo
Ladronera.
Postigo.
Puerta.

2. Portillo
Camino.
Paso.

3. Portillo
Abertura.
Vacío.
Agujero.

Portón
Contrapuerta.

Portorriqueño
Boricua.
Puertorriqueño.
Borinqueño.

Portugués
Lusitano.
Luso.

Porvenir
Venidero.
Futuro.
Mañana.

Porvida
Reniego.
Taco.
Voto.

Posa
Doble.
Clamor.

1. Posada
Casa.
Domicilio.

2. Posada
Detención.
Campamento.
Alto.

3. Posada
Hostería.
Parador.
Hospedería.

Posaderas
Asentaderas.
Nalgas.
Posas.

Pósadero
Hostelero.
Mesonero.
Fondista.

1. Posar
Hospedarse.
Alojarse.

2. Posar
Descansar.
Pararse.

Posarse
Sedimentarse.

1. Pose
Actitud.
Postura.
Apariencia.

2. Pose
Afectación.
Empaque.
Prosopopeya.
*Naturalidad.

Poseedor
Propietario.
Amo.
Dueño.

Poseer
Disfrutar.
Gozar.
Tener.

1. Poseído
Poseso.

2. Poseído
Enfurecido.
Furioso.
Rabioso.

1. Posesión
Disfrute.
Goce.
Propiedad.

2. Posesión
Finca.
Heredad.
Predio.

3. Posesión
Incautación.

Posesionar
Instalar.
Investir.

Poseso
Endemoniado.
Poseído.
Epiléptico.

Posibilidad
Potencialidad.
Probabilidad.
Potencia.

Posibilidades
Hacienda.
Medios.
Caudal.

Posible
Viable.
Probable.
Realizable.
*Imposible.

Posibles
Dinero.

Posición
Situación.
Estado.
Disposición.

Positivista
Utilitario.

Utilitarista.
Pancista.
*Idealista.

1. Positivo
Real.
Seguro.
Auténtico.
*Dudoso.

2. Positivo
Pragmático.
Práctico.
Utilitario.
*Ideal.

Pósito
Almacén.
Depósito.
Cooperativa.

Positura
Disposición.
Postura.

1. Posma
Flema.
Pesadez.
Roncería.
*Diligencia.

2. Posma
Flemático.
Pesado.
Postema.

1. Poso
Heces.
Sedimento.

2. Poso
Reposo.
Quietud.
Descanso.

1. Posponer
Aplazar.
Preterir.
Diferir.

2. Posponer
Menospreciar.
Postergar.

1. Posta
Tajada.
Cacho.
Bocado.

2. Posta
Apuesta.
Envite.

3. Posta
Correo.

1. Poste
Pilar.
Columna.
Señal.

2. Poste
Indicador.
Aviso.

1. Postema
Absceso.
Apostema.

2. Postema
Pesado.
Posma.

Postergación
Posposición.
Preterición.
Relegación.

Postergado
Pospuesto.
Preterido.

1. Postergar
Diferir.
Aplazar.
Demorar.

2. Postergar
Posponer.
Preterir.
Humillar.

Posteridad
Progenie.
Prole.
Familia.

Posterior
Subsiguiente.
Ulterior.
Consecutivo.
*Anterior.

Postigo
Puertecilla.
Contrapuerta.
Ventanillo.

Postín
Afectación.
Jactancia.
Boato.
*Modestia.

Postinero
Petulante.
Fatuo.
Jactancioso.
*Humilde.

Postizo
Engañoso.
Artificial.
Falso.
*Verdadero.

Postor
Ponedor.
Licitador.
Apostador.

Postración
Extenuación.
Abatimiento.
Desaliento.
*Ánimo.

Postrar
Derribar.
Abatir.
Humillar.

Postrarse
Respetar.
Prosternarse.
Humillarse.

1. Postre
Sobremesa.

2. Postre
Pos.

Postrer
Postrero.
Posterior.
Último.

1. Postrimería
Ocaso.
Final.
Muerte.

2. Postrimería.
Novísimo.

1. Postulación
Petición.

Solicitud.
Póstula.

2. Postulación
Recaudación.

Postulado
Supuesto.
Principio.

Postulante
Demandante.
Solicitante.
Aspirante.

Postular
Solicitar.
Pretender.
Demandar.

1. Postura
Actitud.
Posición.
Estado.

2. Postura
Trato.
Convenio.
Pacto.

3. Postura
Apuesta.

Potable
Saludable.
Bebible.
Bebedero.

Potaje
Caldo.
Sopa.
Brebaje.

Potámide
Ninfa.
Silfide.

1. Potar
Empatronar.
Contrastar.

2. Potar
Beber.

1. Pote
Vaso.
Cubilete.

2. Pote
Maceta.
Tiesto.

3. Pote
Tarro.
Lata.
Horma.

4. Pote
Puchero.

1. Potencia
Fuerza.
Fortaleza.
Poder.

2. Potencia
Probabilidad.
Posibilidad.

3. Potencia
Nación.
Estado.

1. Potencial
Posibilidad.
Capacidad.
Aptitud.

2. Potencial
Posible.
Eventual.
Probable.

1. Potentado
Monarca.
Principe.
Soberano.

2. Potentado
Acaudalado.
Poderoso.
Opulento.
*Pobre.

1. Potente
Vigoroso.
Enérgico.
Poderoso.
*Débil.

2. Potente
Desmesurado.
Grande.
Abultado.
*Pequeño.

Poterna
Rastrillo.

Potestad
Poder.
Dominio.
Autoridad.

Potingue
Brebaje.
Pócima.
Bebedizo.

1. Potra
Yegua.

2. Potra
Hernia.

3. Potra
Suerte.
Azar.

1. Potrear
Mortificar.
Molestar.
Incomodar.

2. Potrear
Retozar.

Potrilla
Cotorrón.

1. Potro
Caballo.
Jumento.
Jaca.

2. Potro
Tormento.

1. Potroso
Herniado.
Hernioso.

2. Potroso
Afortunado.
Dichoso.
Feliz.
*Infeliz.

Poyo
Banco.
Pueyo.
Montador.

Poza
Alberca.
Charca.
Pozuela.

1. Pozo
Pozuelo.
Hoyo.
Sumidero.

2. Pozo
Manantial.

1. Práctica
Experiencia.
Rutina.
Costumbre.

2. Práctica
Expedición.
Destreza.
Facilidad.

3. Práctica
Práxis.
Empirismo.
Método.

1. Practicable
Transitable.

2. Practicable
Factible.
Hacedero.
Realizable.
*Impracticable.

Practicante
Ministrante.
Enfermero.

Practicar
Ejercitar.
Ejercer.
Usar.

Practicarse
Adiestrarse.
Hacerse.
Avezarse.

1. Práctico
Conocedor.
Experto.
Diestro.
*Inhábil.

2. Práctico
Positivo.
Empírico.
Materialista.
*Ideal.

Practicón
Trujamán.
Veterano.

Prado
Pradera.
Pastos.
Pradal.

Prasma
Ágata.

Pravo
Depravado.
Perverso.
Inicuo.
*Virtuoso.

Pravedad
Iniquidad.
Depravación.
Corrupción.
*Bondad.

Preámbulo
Preludio.
Prólogo.
Proemio.
*Epílogo.

1. Prebenda
Canonjía.
Sinecura.
Beneficio.

2. Prebenda
Empleo.
Destino.
Cargo.

3. Prebenda
Ventaja.
Oportunidad.
Provecho.

Precario
Frágil.
Perecedero.
Efímero.
*Estable.

Precaución
Prudencia.
Reserva.
Cautela.
*Imprevisión.

Precaucionarse
Precaverse.

1. Precaver
Prevenir.
Prever.
Cautelar.

2. Precaver
Ahorrar.
Preservar.
Obviar.

Precaverse
Asegurarse.

Precaucionarse.
Prevenirse.

Precavido
Sagaz.
Prudente.
Cauto.
*Confiado.

1. Precedencia
Prelación.
Prioridad.
Antelación.
*Posterioridad.

2. Precedencia
Primacía.
Predominio.
Delantera.

1. Precedente
Precursor.
Antecedente.
Primero.
*Consecuente.

2. Precedente
Antedicho.
Susodicho.
Precitado.

1. Preceder
Anticipar.
Adelantar.
Prefijar.
*Seguir.

2. Preceder
Aventajar.
Presidir.
Superar.
*Suceder.

Precepto
Instrucción.
Orden.
Canon.

Preceptor
Profesor.
Maestro.
Mentor.

Preceptuar
Prescribir.
Disponer.
Ordenar.

1. Preces
Ruegos.

Súplicas.
Instancias.

2. Preces
Plegaria.
Oración.

Preciado
Presuntuoso.
Presumido.
Jactancioso.

Preciar
Estimar.
Considerar.
Valorar.

Preciarse
Presumir.
Alabarse.
Jactarse.

Precintar
Asegurar.
Sellar.
Garantizar.

Precinto
Fleje.
Marchamo.

1. Precio
Valor.
Tasación.
Evaluación.

2. Precio
Importe.
Costo.
Monto.

3. Precio
Prez.
Adehala.
Premio.

4. Precio
Esfuerzo.
Costa.
Pérdida.

Preciosidad
Belleza.
Primor.
Beldad.
*Fealdad.

1. Precioso
Valioso.
Raro.
Importante.
*Desestimado.

2. Precioso
Excelente.
Magnífico.
Primoroso.
*Feo.

3. Precioso
Festivo.
Gracioso.
Donoso.
*Aburrido.

Precipicio
Acantilado.
Barranco.
Despeñadero.

1. Precipitación
Atolondramiento.
Aturdimiento.
Imprudencia.
*Calma.

2. Precipitación
Imperfección.
*Meticulosidad.

Precipitado
Alocado.
Arrebatado.
Atolondrado.
*Atinado.

1. Precipitar
Lanzar.
Empujar.
Arrojar.

2. Precipitar
Derribar.
Derrumbar.

3. Precipitar
Atropellar.
Acelerar.
Apresurar.

1. Precipitarse
Abalanzarse.
Dispararse.
Echarse.

2. Precipitarse
Desriscarse.
Despeñarse.

1. Precipitoso
Precipitado.

2. Precipitoso
Vertical.
Erecto.
Empinado.
*Llano.

Precipuo
Notable.
Principal.
Señalado.

1. Precisar
Determinar.
Fijar.
Concretar.

2. Precisar
Obligar.
Estrechar.
Constreñir.

1. Precisión
Falta.
Menester.
Necesidad.
*Futilidad.

2. Precisión
Exactitud.
Distinción.
Delimitación.
*Confusión.

3. Precisión
Regularidad.
Puntualidad.
Fidelidad.
*Incertidumbre.

1. Preciso
Necesario.
Obligatorio.
Forzoso.
*Fútil.

2. Preciso
Exacto.
Justo.
Puntual.
*Impreciso.

3. Preciso
Conciso.
Textual.
Concluyente.
*Exuberante.

Precito
Condenado.

Maldito.
Réprobo.

Preclaro
Afamado.
Célebre.
Insigne.
*Anónimo.

Preconcebido
Reflexionado.
Meditado.
Madurado.
*Irreflexivo.

1. Preconizar
Auspiciar.
Patrocinar.

2. Preconizar
Ensalzar.
Alabar.
Celebrar.

Preconocer
Prever.
Conjeturar.
Sospechar.

Precoz
Prematuro.
Temprano.
Adelantado.

Precursor
Ascendiente.
Progenitor.
Predecesor.

Predecir
Adivinar.
Profetizar.
Anunciar.

Predestinación
Hado.
Destino.
Sino.

Predestinar
Anunciar.
Proponer.
Señalar.

Prédica
Sermón.
Plática.
Homilía.

Predicador
Sermoneador.

Predicante.
Evangelista.

Predicamento
Opinión.
Estima.
Consideración.

1. Predicar
Platicar.
Sermonear.
Evangelizar.

2. Predicar
Exhortar.
Reprender.
Amonestar.

Predicción
Pronóstico.
Augurio.
Presagio.

Predilección
Inclinación.
Preferencia.
Propensión.
*Aversión.

Predilecto
Elegido.
Preferido.
Escogido.
*Execrado.

Predio
Posesión.
Dominio.
Heredad.

Predisponer
Inclinar.
Disponer.
Preparar.

Predisposición
Tendencia.
Propensión.
Disposición.
*Indisposición.

1. Predominar
Prevalecer.
Preponderar.
Dominar.

2. Predominar
Resaltar.
Exceder.
Surgir.

Predominio
Poder.
Imperio.
Potestad.
*Independencia.

Preeminencia
Ventaja.
Superioridad.
Supremacia.
*Inferioridad.

Preeminente
Superior.
Culminante.
Supremo.
*Inferior.

Preexcelso
Ilustre.
Eximio.
Honorífico.
*Incógnito.

Preexistencia
Anterioridad.

Prefacio
Prólogo.
Preámbulo.
*Epílogo.

Prefecto
Inspector.
Gobernador.

1. Preferencia
Primacia.
Superioridad.
Precedencia.
*Postergación.

2. Preferencia
Privilegio.
Inclinación.
Propensión.
*Imparcialidad.

3. Preferencia
Platea.
Patio.
Butacas.

Preferible
Mejor.
Superior.
Primero.
*Desechable.

Preferido
Favorito.
Predilecto.
Escogido.
*Abandonado.

Preferir
Distinguir.
Preponer.
Aventajar.
*Menospreciar.

Prefigurar
Adivinar.
Predecir.
Conjeturar.

Prefijar
Precisar.
Determinar.
Anteponer.

Pregón
Publicación.
Proclama.
Divulgación.

1. Pregonar
Divulgar.
Publicar.
Proclamar.
*Callar.

2. Pregonar
Encomiar.
Elogiar.
Alabar.

3. Pregonar
Bandear.
Proscribir.

Pregunta
Interrogación.
Demanda.
Consulta.
*Respuesta.

Preguntar
Pedir.
Interrogar.
Demandar.
*Contestar.

Preguntón
Interrogador.
Curioso.
Importuno.

Prejuicio
Aprensión.
Obsesión.
Arbitrariedad.

Prejuzgar
Imbuirse.
Preconcebir.

Prelacía
Prelatura.

Prelación
Anticipación.
Preferencia.
Antelación.

Prelado
Clérigo.
Capellán.
Primado.
Pontífice.
Obispo.

Prelatura
Prelacía.

Preliminar
Inicial.
Anterior.
Antecedente.
*Conclusivo.

1. Preludiar
Empezar.
Iniciar.
Comenzar.
*Acabar.

2. Preludiar
Ensayar.
Probar.

Preludio
Principio.
Introducción.
Inicio.
*Epílogo.

Prelusión
Preámbulo.

Prematuro
Precoz.
Temprano.
Anticipado.
*Maduro.

Premeditar
Reflexionar.

Meditar.
Madurar.

Premiar
Gratificar.
Laurear.
Recompensar.
*Castigar.

1. Premio
Distinción.
Compensación.
Galardón.
*Castigo.

2. Premio
Estímulo.
Prima.
Plus.

3. Premio
Sobreprecio.
Aumento.
Sobretasa.

1. Premioso
Apretado.
Encogido.
Estrecho.
Holgado.

2. Premioso
Tardo.
Pausado.
Dificultoso.
*Rápido.

3. Premioso
Riguroso.
Estricto.
Rígido.
*Benevolente.

4. Premioso
Perentorio.
Acucioso.
Apremiante.
*Indeciso.

5. Premioso
Molesto.
Gravoso.

Premisa
Proposición.

Premiso
Anticipado.
Presupuesto.
Adelantado.
*Postpuesto.

Premura
Prisa.
Apuro.
Urgencia.
*Calma.

1. Prenda
Fianza.
Garantía.
Caución.

2. Prenda
Alhaja.
Mueble.
Utensilio.

3. Prenda
Ropa.
Jaez.
Pieza.

4. Prenda
Cualidad.
Virtud.
Perfección.

Prendar
Satisfacer.
Agradar.
Placer.

Prendarse
Aficionarse.
Encariñarse.
Enamorarse.
*Detestar.

Prendedero
Aguja.
Broche.
Alfiler.

1. Prender
Asir.
Coger.
Aferrar.
*Soltar.

2. Prender
Encarcelar.
Apresar.
Detener.
*Liberar.

3. Prender
Fecundar.
Cubrir.

4. Prender
Arraigar.

Prendería
Cambalache.

1. Prenderse
Engancharse.
Enzarzarse.
Enredarse.

2. Prenderse
Llamear.
Arder.
Inflamarse.

Prendimiento
Arresto.
Detención.
Captura.

1. Prensa
Compresor.

2. Prensa
Periódicos.
Diarios.
Publicaciones.

Prensar
Comprimir.
Apretar.
Exprimir.
*Aflojar.

Prensil
Agarrador.
Cogedero.
Asidor.

Preñada
Embarazada.
Grávida.
Fecundada.

Preñado
Lleno.
Fecundo.
Colmado.
*Vacuo.

Preñez
Embarazo.
Gravidez.
Gestación.

1. Preocupación
Cuidado.
Inquietud.
Ansiedad.
*Despreocupación.

2. Preocupación
Prevención.

Previsión.
Anticipación.
*Tranquilidad.

3. Preocupación
Prejuicio.
Ofuscación.
Obsesión.

1. Preocupar
Absorver.
Inquietar.
Turbar.
*Tranquilizar.

2. Preocupar
Obsesionar.
Ofuscar.
Remorder.
*Despreocuparse.

Preocuparse
Desvelarse.
Impacientarse.
*Serenarse.

Preparación
Organización.
Avío.
Preparamiento.

Preparar
Disponer.
Arreglar.
Prevenir.
*Realizar.

Prepararse
Aparatarse.

Preparativo
Providente.
Preparatorio.
Aviador.

Preparativos
Preparación.

Preponderancia
Supremacía.
Superioridad.
Preeminencia.
*Dependencia.

Preponderante
Influyente.
Predominante.
Prevaleciente.
*Inferior.

1. Preponderar
Dominar.
Sobresalir.
Predominar.

2. Preponderar
Decidir.
Influir.
Determinar.

Preponer
Seleccionar.
Preferir.
Escoger.
*Posponer.

Prepósito
Principal.
General.
Superior.

Prepóstero
Trocado.
Invertido.
Revuelto.

Prerrogativa
Dispensa.
Exención.
Privilegio.
*Desventaja.

1. Presa
Captura.
Botín.
Conquista.

2. Presa
Atochada.
Palizada.

3. Presa
Dique.
Represa.
Acequia.

Presagiar
Profetizar.
Predecir.
Vaticinar.

Presagio
Augurio.
Profecía.
Pronóstico.

Presbicia
Hipermetropía.

Presbítero
Cura.
Sacerdote.
Párroco.

Presciencia
Profecía.
Adivinación.
Presagio.

1. Prescindir
Omitir.
Dejar.
Silenciar.

2. Prescindir
Abstenerse.
Privarse.
Evitar.
*Considerar.

1. Prescribir
Mandar.
Ordenar.
Dictar.
*Obedecer.

2. Prescribir
Formular.
Recetar.
*Tomar.

3. Prescribir
Concluir.
Caducar.
Expirar.
*Prorrogarse.

1. Prescripción
Orden.
Disposición.
Mandato.

2. Prescripción
Fórmula.
Receta.

Prescrito
Tardío.
Anulado.
Caducado.
*Vigente.

Presea
Alhaja.
Joya.

1. Presencia
Aspecto.
Apariencia.
Figura.

2. Presencia
Audiencia.
Asistencia.
Estancia.
*Ausencia.

3. Presencia
Representación.
Boato.
Fausto.

1. Presenciar
Mirar.
Contemplar.
Observar.
*Ignorar.

2. Presenciar
Asistir.
*Ausentarse.

Presentable
Correcto.
Digno.
Limpio.
*Desaseado.

1. Presentación
Ostentación.
Exhibición.
Demostración.
*Ocultación.

2. Presentación
Proemio.
Introducción.

Presentalla
Milagro.
Exvoto.

1. Presentar
Exhibir.
Mostrar.
Ostentar.
*Ocultar.

2. Presentar
Exponer.
Explicar.
Manifestar.
*Callar.

3. Presentar
Regalar.
Ofrecer.
Dar.

4. Presentar
Introducir.

Presentarse
Acudir.
Comparecer.
Asistir.

1. Presente
Espectador.
Asistente.
Testigo.
*Ausente.

2. Presente
Obsequio.
Regalo.
Don.

3. Presente
Vigente.
Actual.
Contemporáneo.
*Pasado.

Presentimiento
Sospecha.
Anuncio.
Conjetura.

Presentir
Conjeturar.
Preconocer.
Pronosticar.

Presepio
Establo.
Cuadra.
Pesebre.

Preservar
Amparar.
Defender.
Conservar.
*Arriesgar.

Presidario
Presidiario.

1. Presidencia
Jefatura.
Directiva.

2. Presidencia
Mesa.

3. Presidencia
Primacía.
Superioridad.
Privilegio.
*Inferioridad.

Presidiario
Penado.
Forzado.
Condenado.

1. Presidio
Cárcel.
Penitenciaría.
Prisión.

2. Presidio
Fortaleza.
Fortificación.
Alcázar.

3. Presidio
Guardia.
Guarnición.
Retén.

Presidir
Regir.
Dirigir.
Mandar.
*Obedecer.

1. Presilla
Alamar.

2. Presilla
Costurilla.

1. Presión
Apretura.
Tensión.
Peso.
*Relajación.

2. Presión
Apremio.
Influencia.
Insistencia.
*Renuncia.

Preso
Prisionero.
Cautivo.
Detenido.
*Libre.

1. Prestación
Tasa.
Canon.
Tributo.

2. Prestación
Azofra.
Servicio.
Deber.

3. Prestación
Impuesto.
Tributo.
Renta.

3. Prestación
Préstamo.

Prestamista
Prendero.
Prestador.
Agenciero.

Préstamo
Empréstito.
Pignoración.
Prestación.

Prestancia
Dignidad.
Distinción.
Gallardía.
*Vulgaridad.

1. Prestar
Facilitar.
Ayudar.
Proporcionar.

2. Prestar
Avanzar.
Anticipar.
Pignorar.

3. Prestar
Aprovechar.
Beneficiar.

4. Prestar
Extenderse.
Cundir.

1. Prestarse
Ofrecerse.
Avenirse.
Allanarse.

2. Prestarse
Aprovechar.

Preste
Oficiante.

Presteza
Rapidez.
Velocidad.
Ligereza.
*Lentitud.

Prestidigitador
Escamoteador.
Ilusionista.

1. Prestigiador
Fascinador.
Embaucador.

2. Prestigiador
Prestigioso.

1. Prestigio
Ascendiente.
Influencia.
Reputación.
*Desprestigio.

2. Prestigio
Fascinación.
Ilusión.
Embaucamiento.

Prestigioso
Influyente.
Acreditado.
Reputado.
*Desprestigiado.

1. Presto
Diligente.
Presuroso.
Veloz.
*Lento.

2. Presto
Listo.
Dispuesto.
Preparado.

Presumido
Vanidoso.
Jactancioso.
Presuntuoso.
*Humilde.

1. Presumir
Conjeturar.
Sospechar.
Suponer.

2. Presumir
Alardear.
Vanagloriarse.
Jactarse.

1. Presunción
Fatuidad.
Engreimiento.
Boato.
*Modestia.

2. Presunción
Conjetura.
Suposición.
Sospecha.

Presunto
Probable.
Supuesto.
Conjetural.

Presuntuosidad
Presunción.

Presuntuoso
Presumido.
*Modesto.

Presuponer
Aceptar.
Admitir.

Presuposición
Hipótesis.
Presupuesto.
Postulado.
*Certidumbre.

1. Presupuesto
Presuposición.

2. Presupuesto
Motivo.
Pretexto.
Causa.

3. Presupuesto
Cálculo.
Cómputo.
Importe.

1. Presura
Congoja.
Opresión.
Ansia.

2. Presura
Presteza.

3. Presura
Tenacidad.
Empeño.
Ahínco.
*Desidia.

Presuroso
Presto.

Pretencioso
Presuntuoso.
Presumido.
*Modesto.

1. Pretender
Solicitar.
Reclamar.
Ambicionar.
*Renunciar.

2. Pretender
Procurar.
Intentar.

Pretendido
Fabuloso.
Imaginario.
Supuesto.
*Real.

1. Pretendiente
Aspirante.
Pretensor.
Candidato.

2. Pretendiente
Cortejador.
Galanteador.
Proco.

Pretensión
Aspiración.
Solicitación.
Intención.
*Modestia.

Pretensiones
Anhelos.
Deseos.
Ambiciones.

1. Preterición
Olvido.
Dejación.
Omisión.

2. Preterición
Paralaxi.
Paralasis.
Paralaje.

Preterir
Relegar.
Descuidar.
Omitir.
*Preceder.

1. Pretérito
Lejano.
Pasado.
Sucedido.
*Futuro.

2. Pretérito
Ayer.

Pretermitir
Preterir.

Pretexto
Motivo.
Excusa.
Disculpa.
*Certidumbre.

Pretextos
Máncharras.
Cháncharras.

Pretil
Antepecho.
Murete.
Vallado.

Pretina
Talabarte.
Correa.
Cinturón.

Pretónico
Protónico.

Prevalecer
Predominar.
Prevaler.
Preponderar.
*Perder.

Prevaler
Prevalecer.

Prevalerse
Aprovecharse.
Utilizar.
Servirse.

1. Prevaricar
Delinquir.
Faltar.
Infringir.
*Obedecer.

2. Prevaricar
Desvariar.
Delirar.
Desbarrar.

1. Prevención
Preparación.
Disposición.
Providencia.
*Improvisación.

2. Prevención
Desconfianza.
Previsión.
Precaución.
*Imprevisión.

3. Prevención
Suministro.
Abastecimiento.
Provisión.

4. Prevención
Sospecha.
Recelo.
Suspicacia.
*Confianza.

1. Prevenido
Lleno.
Abundante.
Provisto.
*Carente.

2. Prevenido
Cuidadoso.
Avisado.
*Desapercibido.

1. Prevenir
Aparejar.
Disponer.
Preparar.

2. Prevenir
Prever.

3. Prevenir
Eludir.
Evitar.
Recelar.

4. Prevenir
Advertir.
Adelantar.
Avisar.

5. Prevenir
Imbuir.
Impresionar.
Turbar.

6. Prevenir
Impedir.
Estorbar.
Dificultar.
*Facilitar.

7. Prevenir
Ocurrir.
Sobrevenir.
Pasar.

Prevenirse
Armarse.
Precaucionarse.
Apararse.
*Descuidarse.

1. Prever
Sospechar.
Adivinar.
Antever.

2. Prever
Predecir.

Previo
Anticipado.
Anterior.
Adelantado.
*Consecuente.

Previsión
Suposición.
Precaución.
Preparación.
*Imprevisión.

Previsor
Cauto.
Sagaz.
Prudente.
*Imprevisor.

Previsto
Sabido.
Conocido.
Supuesto.
*Imprevisto.

Prez
Estima.
Honor.
Fama.

1. Prieto
Oscuro.

2. Prieto
Tupido.
Apretado.
Atestado.
*Suelto.

3. Prieto
Mísero.
Escaso.
Codicioso.
*Generoso.

Prima
Premio.

Recompensa.
Sobreprecio.

Primacía
Ventaja.
Excelencia.
Preponderancia.
*Inferioridad.

Primario
Principal.
Primitivo.
Elemental.
*Subordinado.

1. Primate
Prócer.

2. Primate
Homínido.

Primavera
Juventud.

Primaveral
Nuevo.
Alegre.
Joven.
*Caduco.

1. Primero
Primordial.
Principal.
Pristino.
*Secundario.

2. Primero
Primado.
Primo.
Primario.

3. Primero
Excelente.
Superior.
Sobresaliente.
*Inferior.

4. Primero
Previamente.
Antes.
Antiguamente.
*Después.

Primicias
Principio.
Comienzos.
Antecedentes.

Primigenio
Primero.

Primitivo.
Originario.

1. Primitivo
Primigenio.
Originario.
Primordial.
*Maduro.

2. Primitivo
Sencillo.
Simple.
*Evolucionado.

3. Primitivo
Viejo.
Antiguo.
Prehistórico.
*Actual.

4. Primitivo
Tosco.
Rudo.
*Perfeccionado.

1. Primo
Excelente.
Primoroso.
*Insignificante.

2. Primo
Cándido.
Incauto.
*Vivo.

Primogénito
Mayorazgo.

Primogenitura
Progenitura.
Mayorazgo.

Primor
Cuidado.
Esmero.
Habilidad.

Primordial
Fundamental.
Inicial.
Primitivo.
*Secundario.

1. Primoroso
Delicado.
Perfecto.
Lindo.
*Imperfecto.

2. Primoroso
Diestro.
Habilidoso.
Hábil.
*Inhábil.

Principada
Arbitrariedad.
Alcaldada.

1. Principal
Importante.
Primero.
Preferente.
*Accesorio.

2. Principal
Ilustre.
Noble.
Distinguido.

3. Principal
Director.
Jefe.
Gerente.

4. Principal
Faraute.

Principalísimo
Especialísimo.
Potísimo.

1. Príncipe
Soberano.

2. Príncipe
Alteza.
Infante.

Principesco
Real.
Soberano.
Magnífico.
*Miserable.

Principiante
Aprendiz.
Novato.
Novicio.
*Ducho.

1. Principiar
Emprender.
Empezar.
Comenzar.
*Acabar.

2. Principiar
Surgir.

Nacer.
Salir.

1. Principio
Iniciación.
Inicio.
Apertura.
*Fin.

2. Principio
Fundamento.
Base.
Origen.
*Efecto.

3. Principio
Precepto.
Regla.
Norma.
*Anarquía.

1. Pringar
Engrasar.
Untar.
Manchar.

2. Pringar
Vilipendiar.
Infamar.
Denigrar.
*Alabar.

Pringoso
Untuoso.
Grasiento.
Sucio.
*Limpio.

1. Pringue
Unto.
Grasa.

2. Pringue
Mugre.
Suciedad.
Porquería.
*Aseo.

Prior
Superior.
Prelado.
Abad.

Prioridad
Anterioridad.
Precedencia.
Preferencia.
*Posterioridad.

1. Prisa
Prontitud.
Rapidez.
Presteza.

*Calma.

2. Prisa
Premura.
Urgencia.
Apremio.

*Remisión.

1. Prisión
Aprehensión.
Prendimiento.
Captura.

*Liberación.

2. Prisión
Penal.
Cárcel.
Penitenciaría.

Prisiones
Corma.
Grillos.
Cadenas.

Prisionero
Cautivo.
Preso.
Detenido.

*Libre.

Prístino
Original.
Primitivo.
Primero.

*Actual.

Privación
Falta.
Carencia.
Ausencia.

*Abundancia.

1. Privado
Particular.
Personal.
Familiar.

*Público.

2. Privado
Preferido.
Predilecto.
Favorito.

*Detestado.

Privanza
Valimiento.
Gracia.
Favor.

1. Privar
Destituir.
Suspender.

2. Privar
Despojar.
Desposeer.
Expoliar.

*Devolver.

3. Privar
Prohibir.
Vedar.
Impedir.

*Permitir.

4. Privar
Valer.
Divulgarse.

*Perderse.

Privativo
Propio.
Personal.
Particular.

*General.

Privilegiado
Preferido.
Predilecto.
Favorito.

*Desgraciado.

Privilegio
Prerrogativa.
Ventaja.
Exclusiva.

*Desventaja.

Pro
Favor.
Provecho.
Utilidad.

Proa
Tajamar.
Prora.

Probabilidad
Eventualidad.
Contingencia.
Posibilidad.

*Imposible.

Probable
Verosimil.
Plausible.
Potencial.

*Improbable.

1. Probado
Realizado.
Demostrado.
Ensayado.

2. Probado
Avezado.
Sufrido.
Acostumbrado.

*Novicio.

1. Probar
Ensayar.
Examinar.
Tantear.

2. Probar
Demostrar.
Justificar.
Confirmar.

3. Probar
Palpar.
Tentar.
Pulsear.

Probatura
Ensayo.
Prueba.
Experimento.

Probidad
Rectitud.
Integridad.
Honradez.

*Fraudulencia.

Problema
Cuestión.
Duda.
Dificultad.

*Solución.

Problemático
Discutible.
Cuestionable.
Dudoso.

*Seguro.

Probo
Íntegro.
Honrado.
Virtuoso.

*Venal.

Procacidad
Insolencia.
Atrevimiento.
Desfachatez.

*Pudor.

Procaz
Atrevido.
Cínico.
Insolente.

*Modesto.

1. Procedencia
Naturaleza.
Origen.
Ascendencia.

*Destino.

2. Procedencia
Conformidad.
Oportunidad.
Pertinencia.

*Inoportunidad.

1. Procedente
Dimanante.
Originario.
Oriundo.

2. Procedente
Pertinente.
Oportuno.

*Improcedente.

1. Proceder
Comportamiento.
Conducta.

2. Procede
Dimanar.
Provenir.
Derivar.

*Causar.

3. Proceder
Comportarse.
Portarse.
Obrar.

*Detenerse.

Procedimiento
Marcha.
Curso.
Conducta.

*Suspensión.

Proceloso
Borrascoso.
Tormentoso.

Tempestuoso.

*Plácido.

Prócer
Prohombre.
Noble.
Eminente.

*Inferior.

1. Proceridad
Eminencia.
Altura.
Elevación.

*Bajura.

2. Proceridad
Lozanía.
Vigor.
Pujanza.

*Marchitamiento.

Procesado
Reo.
Inculpado.
Acusado.

*Absuelto.

Procesar
Enjuiciar.
Encausar.
Empapelar.

Procesión
Fila.
Comitiva.
Desfile.

1. Proceso
Transcurso.
Sucesión.
Desarrollo.

2. Proceso
Sumario.
Causa.
Pleito.

1. Proclama
Pregón.
Notificación.
Alocución.

2. Proclama
Filípica.
Amonestación.

Proclamación
Nombramiento.
Aclamación.
Publicación.

Proclamar
Nombrar.
Aclamar.
Elegir.
*Deponer.

Proclive
Inclinado.
Propenso.
Atraído.
*Ajeno.

Proco
Pretendiente.

Procrear
Engendrar.
Propagar.
Producir.

1. Procuración
Poder.
Procura.
Mandato.

2. Procuración
Cuidado.
Diligencia.
Administración.

Procurador
Celador.
Administrador.
Agente.

1. Procurar
Bastantear.
Representar.

2. Procurar
Intentar.
Pretender.
Probar.

1. Prodigalidad
Generosidad.
Derroche.
Despilfarro.
*Ahorro.

2. Prodigalidad
Profusión.
Abundancia.
Exuberancia.
*Escasez.

Prodigar
Distribuir.
Colmar.
Dilapidar.
*Ahorrar.

Prodigarse
Excederse.
Multiplicarse.
Esforzarse.

Prodigio
Fenómeno.
Portento.
Maravilla.
*Banalidad.

1. Prodigioso
Asombroso.
Extraordinario.
Fenomenal.
*Ordinario.

2. Prodigioso
Primoroso.
Excelente.
Exquisito.
*Mediocre.

Pródigo
Generoso.
Derrochador.
Dadivoso.
*Ahorrador.

Pródromo
Síndrome.
Síntoma.

1. Producción
Elaboración.
Fabricación.
Creación.

2. Producción
Producto.

1. Producir
Engendrar.
Procrear.
Gestar.

2. Producir
Fabricar.
Elaborar.
Rendir.

3. Producir
Originar.
Causar.
Ocasionar.

Producirse
Presentarse.
Manifestarse.
Comportarse.

Productividad
Fertilidad.
Producción.
Rendimiento.
*Carestía.

1. Productivo
Feraz.
Fecundo.
Fértil.
*Estéril.

2. Productivo
Provechoso.
Lucrativo.
Beneficioso.
*Improductivo.

Producto
Resultado.
Obra.
Fruto.

Productor
Fabricante.
Industrial.
Elaborador.
*Consumidor.

Proemio
Prefacio.
Prólogo.
Exordio.
*Epílogo.

Proeza
Hazaña.
Osadía.
Valentía.
*Cobardía.

Profanación
Sacrilegio.
Blasfemia.
Perjurio.
*Reverencia.

Profanar
Violar.
Quebrantar.
Funestar.
*Respetar.

1. Profanidad
Profanación.

2. Profanidad
Temporalidad.
Mundanería.
Pompa.

1. Profano
Seglar.
Laico.
Temporal.
*Espiritual.

2. Profano
Ateo.
Sacrílego.
Impío.
*Piadoso.

3. Profano
Licencioso.
Deshonesto.
Libertino.
*Honesto.

4. Profano
Extraño.
Ignorante.
Indocto.
*Conocedor.

Profazar
Acusar.
Abominar.
Censurar.
*Acreditar.

Profecía
Predicción.
Pronóstico.
Presagio.

Proferir
Declarar.
Decir.
Exclamar.
*Callar.

1. Profesar
Practicar.
Ejercer.
Ocuparse.

2. Profesar
Explicar.
Enseñar.
Adoctrinar.
*Seguir.

3. Profesar
Ingresar.

4. Profesar
Confesar.
Creer.
Declarar.
*Abjurar.

1. Profesión
Trabajo.
Ocupación.
Oficio.

2. Profesión
Creencia.
Idea.
Pensamiento.

Profeso
Iniciado.
Neófito.
*Novicio.

Profesor
Educador.
Maestro.
Pedagogo.
*Discípulo.

Profesorado
Claustro.

Profeta
Vaticinador.
Agorero.
Augur.

Profético
Délfico.
Adivinatorio.
Augural.

Profetisa
Sibila.
Pitonisa.
Saga.

Profetizar
Presagiar.
Predecir.
Vaticinar.

Prófugo
Fugitivo.
Desertor.
Tránsfuga.

1. Profundidad
Fondo.
Hondura.
Depresión.
*Prominencia.

2. Profundidad
Intimidad.
Inmensidad.
*Superficialidad.

1. Profundizar
Penetrar.
Sondear.
Calar.
*Emerger.

2. Profundizar
Discurrir.
Analizar.
Examinar.

1. Profundo
Abismal.
Hondo.
Recóndito.
*Elevado.

2. Profundo
Penetrante.
Intenso.
Difícil.
*Superficial.

Profusión
Exuberancia.
Abundancia.
Raudal.
*Escasez.

Profuso
Abundante.
Cuantioso.
Copioso.
*Escaso.

Progenie
Casta.
Generación.
Linaje.
*Herederos.

Progenitor
Ascendiente.
Antepasado.
Padre.
*Descendiente.

1. Progenitura
Primogenitura.

2. Progenitura
Progenie.

1. Programa
Bando.
Edicto.
Aviso.

2. Programa
Sistema.
Plan.
Proyecto.

Progresar
Aventajar.
Adelantar.
Prosperar.
*Empeorar.

Progresión
Progreso.

Progresista
Radical.
Revolucionario.
Progresivo.
*Reaccionario.

1. Progresivo
Creciente.
Gradual.
Evolucionado.
*Súbito.

2. Progresivo
Floreciente.
Próspero.

3. Progresivo
Progresista.

1. Progreso
Perfeccionamiento.
Progresión.
Evolución.
*Retroceso.

2. Progreso
Cultura.
Civilización.

Prohibido
Interdicho.
Vedado.
Denegado.
*Permitido.

Prohibir
Interdecir.
Vedar.
Impedir.
*Autorizar.

Prohijamiento
Adopción.
Prohijación.

Prohibir
Ahijar.
Adoptar.
Afiliar.
*Repudiar.

Prohombre
Primate.
Prócer.
Procero.

Proís
Amarradero.
Noray.
Hincón.
Cáncamo.

1. Prójimo
Semejante.

2. Prójimo
Socio.
Individuo.
Sujeto.

Prole
Hijos.
Descendencia.
Linaje.

Prolegómenos
Preámbulo.
Prólogo.
Prefacio.

Proletariado
Pueblo.
Plebe.
*Burguesía.

Proletario
Trabajador.
Obrero.
Plebeyo.
*Capitalista.

Prolífico
Fértil.
Prolífero.
Fecundo.
*Estéril.

Prolijidad
Amplificación.
Difusión.
Redundancia.
*Concisión.

1. Prolijo
Redundante.

Difuso.
Farragoso.
*Conciso.

2. Prolijo
Cuidado.
Premioso.
Esmerado.
*Descuidado.

3. Prolijo
Cargante.
Impertinente.
Pesado.
*Ameno.

Prólogo
Prefacio.
Preámbulo.
Introducción.
*Epílogo.

Prologuista
Faraute.

1. Prolongación
Continuación.
Prolongamiento.
Extensión.
*Acortamiento.

2. Prolongación
Cola.
Apéndice.

3. Prolongación
Aplazamiento.
Retardamiento.
Prórroga.
*Abreviación.

1. Prolongar
Estirar.
Dilatar.
Extender.
*Acortar.

2. Prolongar
Diferir.
Retardar.
Prorrogar.
*Abreviar.

Proloquio
Proposición.
Sentencia.

1. Promediar
Seccionar.

Igualar.
Repartir.

2. Promediar
Terciar.
Intermediar.
Interceder.

3. Promediar
Equivaler.
Nivelar.

1. Promesa
Ofrecimiento.
Promisión.
Oferta.

2. Promesa
Señal.
Indicio.
Augurio.

3. Promesa
Voto.
Ofrenda.
Manda.

1. Prometer
Proponer.
Ofrecer.

2. Prometer
Aseverar.
Asegurar.
Afirmar.

Prometerse
Desposarse.

Prometido
Novio.
Desposado.
Pretendiente.

Prominencia
Saliente.
Eminencia.
Relieve.
*Cavidad.

Prominente
Abultado.
Saliente.
Turgente.
*Deprimido.

Promiscuidad
Mezcolanza.
Heterogeneidad.
Confusión.
*Selección.

Promiscuo
Mixto.
Mezclado.
Heterogéneo.
*Separado.

1. Promoción
Curso.
Hornada.
Pléyade.

2. Promoción
Empuje.
Impulso.
Desarrollo.

Promotor
Iniciador.
Organizador.
Promovedor.
*Abolidor.

1. Promover
Elevar.
Ascender.
Levantar.
*Detener.

2. Promover
Suscitar.
Iniciar.
Originar.

Promulgar
Divulgar.
Publicar.
Difundir.

Pronosticador
Profeta.

1. Pronóstico
Vaticinio.
Predicción.
Prenuncio.

2. Pronóstico
Calendario.

Prontitud
Velocidad.
Presteza.
Alacridad.
*Retardo.

1. Pronto
Veloz.
Rápido.
Presto.
*Tardo.

2. Pronto
Arranque.
Arrebato.
Impulso.

3. Pronto
Expedito.
Listo.
Dispuesto.
*Indolente.

Prontuario
Compendio.
Resumen.
Epitome.

Pronunciamiento
Sublevación.
Alzamiento.
Insurrección.

1. Pronunciar
Decir.
Proferir.
Declarar.
*Callar.

2. Pronunciar
Declamar.
Recitar.

3. Pronunciar
Determinar.
Resolver.
Decidir.

4. Pronunciar
Sublevar.
Levantar.

Pronunciarse
Sublevarse.
Alzarse.
Amotinarse.

Propaganda
Divulgación.
Publicidad.
Difusión.

Propagandista
Propagador.
Divulgador.
Activista.

Propagar
Irradiar.
Difundir.
Divulgar.
*Frenar.

Propagarse
Ramificarse.
Circular.
Cundir.

Propalar
Propagar.

Propasar
Adelantar.
Avanzar.
Rebasar.

Propasarse
Insolentarse.
Excederse.
Abusar.
*Moderarse.

Propender
Inclinarse.
Tender.
Aficionarse.
*Aborrecer.

Propensión
Inclinación.
Devoción.
Atracción.
*Aversión.

Propenso
Aficionado.
Proclive.
Afecto.
*Contrario.

Propiciar
Aplacar.
Ablandar.
Calmar.
*Encorajinar.

1. Propicio
Próspero.
Inclinado.
Dispuesto.
*Contrario.

2. Propicio
Benévolo.
Benigno.
Próvido.
*Despiadado.

3. Propicio
Oportuno.
*Inoportuno.

1. Propiedad
Pertenencia.
Posesión.
Dominio.
*Indigencia.

2. Propiedad
Bienes.
Hacienda.
Patrimonio.
*Pobreza.

3. Propiedad
Cualidad.
Esencia.
Atributo.

4. Propiedad
Exactitud.
Semejanza.
Ajuste.
*Impropiedad.

Propietario
Dueño.
Posesor.
Amo.
*Inquilino.

Propileo
Atrio.
Peristilo.
Vestíbulo.

Propina
Recompensa.
Gratificación.
Adehala.

1. Propinar
Dar.
Administrar.
*Tomar.

2. Propinar
Plantificar.
Atizar.
Pegar.
*Recibir.

Propincuo
Allegado.
Cercano.
Próximo.
*Lejano.

1. Propio
Peculiar.
Característico.

Privativo.
*Ajeno.

2. Propio
Conveniente.
Adecuado.
Oportuno.
*Inoportuno.

3. Propio
Legítimo.
Natural.
Real.
*Impropio.

4. Propio
Mismo.

5. Propio
Mensajero.
Mandadero.
Recadero.

1. Proponer
Brindar.
Prometer.
Ofrecer.
*Desaconsejar.

2. Proponer
Insinuar.
Expresar.
Opinar.
*Disuadir.

1. Proporción
Conformidad.
Relación.
Armonía.
*Desequilibrio.

2. Proporción
Ocasión.
Coyuntura.
Oportunidad.
*Inoportunidad.

3. Proporción
Medida.
Tamaño.
Dimensión.

Proporcionado
Armonioso.
Equilibrado.
Simétrico.
*Desproporcionado.

1. Proporcionar
Suministrar.
Dar.
Facilitar.
*Negar.

2. Proporcionar
Equilibrar.
Compasar.
Adecuar.
*Desproporcionar.

1. Proposición
Frase.
Oración.

2. Proposición
Enunciación.

3. Proposición
Ofrecimiento.
Propuesta.
Oferta.

4. Proposición
Propósito.

1. Propósito
Designio.
Intención.
Intento.
*Realización.

2. Propósito
Plataforma.
Asunto.
Terreno.

Propuesta
Ofrecimiento.
Proposición.
Promesa.
*Réplica.

Propugnar
Defender.
Proteger.
Amparar.
*Atacar.

1. Propulsar
Repulsar.

2. Propulsar
Impeler.
Empujar.
Mover.
*Tirar.

1. Propulsor
Tractor.

2. Propulsor
Turbina.
Hélice.

Prorrata.
Cupo.
Cuota.
Escote.

1. Prórroga
Consecución.
Prorrogación.
Continuación.
*Abreviación.

2. Prórroga
Moratoria.
Aplazamiento.
Dilación.
*Expiración.

1. Prorrogar
Continuar.
Proseguir.
Dilatar.
*Abreviar.

2. Prorrogar
Suspender.
Demorar.
Retrasar.
*Adelantar.

1. Prorrumpir
Proferir.

2. Prorrumpir
Brotar.
Salir.
Surgir.
*Destilar.

Prosa
Materialidad.
Vulgaridad.
*Poesía.

Prosaico
Vulgar.
Común.
Pedestre.
*Poético.

Prosaísmo
Vulgaridad.
Insulsez.

Trivialidad.
*Poesía.

Prosapia
Ascendencia.
Linaje.
Progenie.

Proscribir
Desterrar.
Confinar.
Expatriar.
*Acoger.

Proscripción
Exilio.
Destierro.
Extrañamiento.
*Repatriación.

1. Prosecución
Persecución.
Seguimiento.
Acoso.

2. Prosecución
Prolongación.
Insistencia.
Continuación.
*Interrupción.

Proseguir
Continuar.
Seguir.
Durar.
*Interrumpir.

Prosélito
Partidario.
Secuaz.
Afiliado.
*Enemigo.

Prosista
Prosador.

1. Prosopopeya
Personificación.

2. Prosopopeya
Afectación.
Presunción.
Entono.
*Sencillez.

Prosperar
Progresar.
Mejorar.
Adelantar.
*Empeorar.

Prosperidad
Adelanto.
Progreso.
Ventura.
*Penuria.

Próspero
Venturoso.
Propicio.
Floreciente.
*Infausto.

Prosternarse
Arrodillarse.
Humillarse.

Prostíbulo
Lenocinio.
Burdel.
Lupanar.

Prostitución
Degradación.
Corrupción.
Envilecimiento.
*Incorruptibilidad.

1. Prostituir
Envilecer.
Corromper.
Pervertir.
*Ennoblecer.

2. Prostituir
Rebajar.
Mancillar.
Degradar.
*Rehabilitar.

Prostituta
Ramera.

Protagonista
Actor.
Personaje.
Interlocutor.
*Figurante.

Protección
Amparo.
Auxilio.
Ayuda.
*Desvalimiento.

Protector
Defensor.
Amparador.
Bienhechor.
*Perseguidor.

Proteger
Socorrer.
Ayudar.
Auxiliar.
*Perseguir.

Protegerse
Parapetarse.
Atrincherarse.
Espaldonarse.
*Exponerse.

1. Protegido
Ahijado.
Favorito.
Recomendado.
*Víctima.

2. Protegido
Defendido.
Resguardado.
*Expuesto.

Proteico
Evolutivo.
Versátil.
Cambiante.
*Constante.

Protervia
Perversidad.
Arrogancia.
Maldad.
*Modestia.

Protervo
Perverso.
Impenitente.
Recalcitrante.
*Humilde.

1. Protesta
Reparo.
Reproche.
Reprobación.
*Conformidad.

2. Protesta
Silba.
Pita.
Abucheo.
*Aplauso.

1. Protestación
Protesta.

2. Protestación
Confesión.

Declaración.
Aseveración.
*Consentimiento.

Protestar
Negar.
Declarar.
Rebelarse.
*Aceptar.

Protocolizar
Archivar.
Protocolar.

Protocolo
Ceremonia.
Formalidad.
Rito.

Prototipo
Ejemplar.
Modelo.
Molde.
*Copia.

Protuberancia
Bulto.
Saliente.
Prominencia.
*Depresión.

1. Provecto
Adelantado.
Aprovechado.
*Retrasado.

2. Provecto
Maduro.
Viejo.
Caduco.
*Joven.

Provecho
Beneficio.
Ventaja.
Rendimiento.
*Pérdida.

Provechoso
Lucrativo.
Remunerativo.
Beneficioso.
*Improductivo.

Proveedor
Aprovisionador.
Abastecedor.
Abastero.
*Comprador.

1. Proveer
Suministrar.
Surtir.
Aprovisionar.
*Privar.

2. Proveer
Disponer.
Diligenciar.
Resolver.

3. Proveer
Prevenir.
Confiar.
Preparar.

Provenir
Originarse.
Proceder.
Emanar.

Provento
Ganancia.
Producto.
Rédito.

1. Proverbial
Tradicional.
Habitual.
Conocido.
*Ignorado.

2. Proverbial
Axiomático.
Sentencioso.
Aforístico.

Proverbio
Sentencia.
Refrán.
Pensamiento.

Provicero
Vaticinador.
Profeta.

1. Providencia
Prevención.
Disposición.
Ordenanza.
Mandamiento.
Provisión.
*Cumplimiento.

2. Providencia
Necesidad.
Fatalidad.
Hado.

3. Providencia
Dios.

1. Providencial
Predestinado.
Fatal.
Elegido.

2. Providencial
Feliz.
Oportuno.
Propicio.
*Inoportuno.

1. Próvido
Previsor.
Prevenido.
Providente.
*Imprevisor.

2. Próvido
Benévolo.
Propicio.
*Dañoso.

Provinciano
Atrasado.
Ridículo.
Simple.
*Ciudadano.

1. Provisión
Depósito.
Abastecimiento.
Almacenamiento.
*Escasez.

2. Provisión
Remedio.
Providencia.

Provisional
Accidental.
Provisorio.
Interino.
*Definitivo.

Provocación
Reto.
Desafío.
Incitación.

Provocador
Pendenciero.
Alborotador.
Bravucón.

1. Provocar
Agitar.
Incitar.

2. Provocar
Causar.
Promover.
Suscitar.
*Parar.

3. Provocar
Vomitar.
Arrojar.

4. Provocar
Facilitar.
Ayudar.
Auxiliar.
*Detener.

Provocativo
Excitador.
Estimulante.
Provocador.
*Tranquilizador.

1. Proxeneta
Tercerón.
Alcahuete.

2. Proxeneta
Trotaconventos.
Celestina.
Cobertera.

Proximidad
Inmediación.
Vecindad.
Cercanía.
*Lejanía.

Proximidades
Contornos.
Cercanías.
Alrededores.

Próximo
Inmediato.
Cercano.
Vecino.
*Lejano.

1. Proyectar
Despedir.
Lanzar.
Arrojar.
*Retener.

2. Proyectar
Fraguar.

Urdir.
Tramar.
*Realizar.

Proyectil
Obús.
Bala.
Bomba.
*Arma.

1. Proyecto
Designio.
Propósito.
Proposición.
*Realización.

2. Proyecto
Bosquejo.
Esbozo.
Esquema.
*Producto.

Proyectura
Vuelo.

Prudencia
Moderación.
Cordura.
Sensatez.
Discreción.
Madurez.
*Necedad.

Prudente
Juicioso.
Cuerdo.
Ponderado.
*Insensato.

1. Prueba
Ensayo.
Tentativa.
Experimento.

2. Prueba
Razonamiento.
Argumento.
Fundamento.

1. Prurito
Picazón.
Comezón.
Picor.

2. Prurito
Deseo.
Manía.

Psíquico
Inmaterial.
Anímico.
Espiritual.
*Corporal.

1. Púa
Aguja.
Pincho.
Espina.

2. Púa
Diente.

3. Púa
Resentimiento.
Enfado.

4. Púa
Sagaz.
Ladino.
Astuto.
*Obtuso.

Púber
Viril.
Pubescente.
*Impúber.

Pubis
Verija.
Pubes.
Vedija.

Publicación
Obra.
Edición.

1. Publicar
Pregonar.
Propagar.
Divulgar.
*Ocultar.

2. Publicar
Imprimir.
Estampar.
Editar.

1. Publicidad
Reclamo.
Anuncio.
Cartel.

2. Publicidad
Lanzamiento.
Propaganda.

Publicista
Polígrafo.

Escritor.
Cronista.

1. Público
Patente.
Conocido.
Manifiesto.
*Privado.

2. Público
Común.
Vulgar.
Ordinario.
*Escaso.

3. Público
Auditorio.
Concurrencia.
Asistentes.

1. Puchero
Olla.
Marmita.

2. Puchero
Cocido.

Puches
Papas.
Gachas.

Pucho
Colilla.

Pudendo
Torpe.
Vergonzoso.
*Audaz.

Pudibundo
Pudoroso.

Pudicicia
Castidad.
Reserva.
Honestidad.
*Indecencia.

Púdico
Modesto.
Recatado.
Pudoroso.
*Indecoroso.

Pudiente
Opulento.
Poderoso.
Acaudalado.
*Desvalido.

Pudor
Decencia.
Pudicicia.
Castidad.
*Deshonestidad.

Pudoroso
Casto.
Púdico.
Recatado.
*Indecente.

Pudrición
Descomposición.
Pudrimiento.
Podredumbre.
Putrefacción.

1. Pudrir
Corromper.
Podrir.
Descomponer.

2. Pudrir
Molestar.
Consumir.
Dañar.

1. Pueblo
Poblado.
Población.
Aldea.

2. Pueblo
País.
Nación.
Raza.

3. Pueblo
Vecindario.
Vecinos.
Clan.
Tribu.

4. Pueblo
Vulgo.
Plebe.
Público.

1. Puente
Acueducto.
Viaducto.
Pasarela.

2. Puente
Cordal.

1. Puerco
Marrano.
Cerdo.
Chancho.

2. Puerco
Desaseado.
Sucio.
*Limpio.

3. Puerco
Grosero.
Descortés.
*Educado.

1. Pueril
Aniñado.
Infantil.
*Maduro.

2. Pueril
Cándido.
Inocente.
Ingenuo.
*Perverso.

3. Pueril
Trivial.
Fútil.
Vano.
*Importante.

1. Puerilidad
Ingenuidad.
Inocencia.
Candor.
*Malicia.

2. Puerilidad
Trivialidad.
Niñada.
Futilidad.
*Seriedad.

Puerro
Porro.

1. Puerta
Portillo.
Acceso.
Pórtico.

2. Puerta
Introducción.
Medio.
Camino.

1. Puerto
Fondeadero.
Desembarcadero.
Dársena.

2. Puerto
Collado.
Paso.
Garganta.

3. Puerto
Presa.
Estancia.

4. Puerto
Amparo.
Asilo.
Refugio.

Puertorriqueño
Portorriqueño.
Borinqueño.
Boricua.

1. Puesta
Ocaso.
*Salida.

2. Puesta
Apuesta.

1. Puesto
Lugar.
Sitio.
Paraje.

2. Puesto
Tiendecilla.
Tienda.
Parada.

3. Puesto
Cargo.
Oficio.
Empleo.

4. Puesto
Acaballadero.

5. Puesto
Estado.
Disposición.

Púgil
Luchador.
Boxeador.

Pugilato
Lucha.
Boxeo.
Riña.

1. Pugna
Contienda.
Pelea.
Combate.

2. Pugna
Porfía.
Esfuerzo.
Oposición.

Pugnacidad
Intensidad.
Hostilidad.
Porfía.
Acometividad.

Pugnante
Contrario.
Adversario.
Opuesto.

Pugnar
Luchar.
Pelear.
Contender.

*Renunciar.

Pugnaz
Belicoso.

1. Puja
Aumento.
Mejora.
Licitación.

2. Puja
Impulso.
Esfuerzo.

Pujante
Poderoso.
Vigoroso.
Potente.

*Débil.

Pujanza
Poder.
Fuerza.
Vigor.

*Debilidad.

1. Pujar
Aumentar.
Mejorar.
Subir.

*Bajar.

2. Pujar
Arrimar.
Empujar.

1. Pujo
Vehemencia.
Deseo.
Ansia.

2. Pujo
Intento.
Conato.

Pulcritud
Aseo.
Cuidado.
Esmero.

*Desaseo.

Pulcro
Aseado.
Limpio.
Esmerado.

*Descuidado.

Pulchinela
Polichinela.

Pulgar
Pólice.

Pulgarada
Narigada.
Pellizco.

Pulguillas
Tufillas.
Cascarrabias
Pólvora.

Pulgón
Piojuelo.

1. Pulido
Agraciado.
Bello.
Hermoso.

*Feo.

2. Pulido
Aseado.
Pulcro.
Acicalado.

1. Pulir
Abrillantar.
Pulimentar.
Lustrar.

*Empañar.

2. Pulir
Pulimentar.
Componer.
Adornar.
Perfeccionar.

3. Pulir
Pulimentar.
Ultimar.
Refinar.
Terminar.

4. Pulir
Pulimentar.
Educar.
Instruir.

Pulmón
Chofe.
Bofe.
Livianos.

Pulmonía
Neumonía.
Perineumonía.

Pulpa
Molla.
Carne.

Pulpejo
Talón.

Púlpito
Ambón.

Pulsación
Latido.
Pulsada.
Palpitación.

1. Pulsar
Tañer.
Golpear.
Tocar.

2. Pulsar
Sondear.
Tantear.
Examinar.

3. Pulsar
Latir.

1. Pulsera
Manilla.
Brazalete.
Ajorca.

2. Pulsera
Mechón.
Guedeja.

1. Pulso
Latido.
Pulsación.

2. Pulso
Muñeca.

3. Pulso
Seguridad.
Firmeza.

Tiento.

*Marra.

1. Pulular
Retoñar.

2. Pulular
Provenir.
Nacer.
Originarse.

3. Pulular
Multiplicarse.
Abundar.
Bullir.

Pulverizar
Triturar.
Polvificar.
Moler.

Pulverulento
Polvoriento.

Pulla
Broma.
Burla.

Punción
Incisión.
Punzadura.
Puntura.

Puncha
Punta.
Púa.
Espina.

Punchar
Picar.
Pinchar.
Punzar.

1. Pundonor
Dignidad.
Honrilla.
Honor.

2. Pundonor
Susceptibilidad.
Delicadeza.
Puntillo.

Pundonoroso
Delicado.
Puntilloso.
Susceptible.

*Indiferente.

Pungimiento
Punción.

Pungir
Pinchar.
Punzar.
Herir.

Punición
Castigo.

Punir
Castigar.

1. Punta
Aguja.
Pincho.
Aguijón.

2. Punta
Esquina.
Ángulo.
Arista.

3. Punta
Cabo.
Espolón.
Extremo.

4. Punta
Promontorio.
Picacho.
Cima.

Puntada
Insinuación.
Indirecta.
Alusión.

1. Puntal
Madero.
Tornapunta.
Hinco.

2. Puntal
Soporte.
Apoyo.
Fundamento.

3. Puntal
Prominencia.

Puntera
Bigotera.
Capellada.
Contrafuerte.

1. Puntería
Tino.
Destreza.
Habilidad.

2. Puntería
Encaro.

Puntiagudo
Aguzado.
Agudo.
Penetrante.

1. Puntilla
Encaje.

2. Puntilla
Puntillero.
Cachetero.

Puntillo
Pundonor.
Honrilla.
Punto.

Puntilloso
Meticuloso.
Susceptible.
Minucioso.
*Indiferente.

1. Punto
Puntada.

2. Punto
Lugar.
Sitio.
Localidad.

3. Punto
Instante.
Momento.

4. Punto
Listo.
Jugador.

5. Punto
Pasaje.
Fragmento.

6. Punto
Puntillo.

7. Punto
Cuestión.
Tema.
Asunto.

8. Punto
Fin.
Intento.

9. Punto
Sazón.

Puntoso
Pundonoroso.
Puntilloso.

1. Puntual
Preciso.
Exacto.
Diligente.
*Impreciso.

2. Puntual
Seguro.
Cierto.
Positivo.
*Incierto.

3. Puntual
Conforme.
Conveniente.
Adecuado.
*Inadecuado.

1. Puntualidad
Rigurosidad.
Precisión.
Exactitud.
*Imprecisión.

2. Puntualidad
Conformidad.
Certidumbre.
Seguridad.
*Inseguridad.

1. Puntualizar
Detallar.
Resumir.
Recalcar.

2. Puntualizar
Perfeccionar.
Acabar.

Puntura
Pinchadura.
Punción.
Punzada.

1. Punzada
Puntura.

2. Punzada
Agujeta.
Dolor.
Ramalazo.

1. Punzadura
Puntura.

2. Punzadura
Punzada.

Punzante
Picante.

Pungente.
Mordaz.

1. Punzar
Picar.
Pinchar.
Pungir.

2. Punzar
Roer.
Lancinar.

1. Punzón
Buril.
Estilo.
Aguja.

2. Punzón
Pitón.

Puñada
Puñete.
Puñetazo.

1. Puñado
Conjunto.
Grupo.

2. Puñado
Puño.

Puñal
Almarada.
Estilete.

1. Puñalada
Navajada.
Cuchillada.
Navajazo.

2. Puñalada
Pesadumbre.

Puñera
Almorzada.

Puñetazo
Metido.
Puñada.

1. Puñete
Puñetazo.
Puñada.

2. Puñete
Manilla.
Pulsera.

1. Puño
Puñado.

2. Puño
Mango.
Asidero.
Empuñadura.

3. Puño
Fuerza.
Valor.

Pupa
Mal.
Daño.
Perjuicio.

Pupila
Niñeta.
Niña.

Pupilaje
Pensión.
Hospedaje.
Hospedamiento.

1. Pupilo
Huérfano.

2. Pupilo
Huésped.

Pupitre
Bufete.
Escritorio.
Buró.

1. Pureza
Limpidez.
Perfección.
Puridad.
*Corrupción.

2. Pureza
Candor.
Candidez.
Inocencia.
*Perversión.

Purgación
Sangriza.

1. Purgar
Limpiar.
Purificar.
Acrisolar.

2. Purgar
Satisfacer.
Expiar.

3. Purgar
Exonerar.
Evacuar.
Expeler.

1. Puridad
Pureza.

2. Puridad
Secreto.

Purificación
Abstersión.

1. Purificar
Depurar.
Limpiar.
Refinar.

2. Purificar
Rehabilitar.

3. Purificar
Acrisolar.
Acendrar.
Perfeccionar.

4. Purificar
Exorcizar.

Purísima
Inmaculada.

1. Purista
Puritano.

2. Purista
Casticista.

Puritano
Rígido.
Recto.
Inflexible.
*Tolerante.

1. Puro
Castizo.
Depurado.

2. Puro
Inocente.
Casto.
Incorrupto.
*Impuro.

3. Puro
Limpido.
Purificado.
Legitimo.
*Adulterado.

1. Púrpura
Ostro.

2. Púrpura
Encarnado.
Rojo.
Grana.

Purpurado
Prelado.
Cardenal.

Purpúreo
Rojo.
Encarnado.
Cárdeno.

Purulento
Maligno.
Ponzoñoso.
Virulento.

Pus
Virus.
Humor.
Podre.

Pusilánime
Miedoso.
Temeroso.

Tímido.
*Osado.

Pusilanimidad
Cobardía.
Apocamiento.
Cortedad.
*Valentía.

Pústula
Costra.
Postilla.

Putativo
Existimativo.

1. Putrefacción
Pudrición.
Corrupción.
Podredura.

2. Putrefacción
Inmundicia.
Podre.
Podredumbre.

Putrefacto
Pútrido.
Corrompido.
Séptico.
*Sano.

Pútrido
Podrido.
Infecto.
Nauseabundo.
*Fresco.

Puya
Vara.
Garrocha.
Pica.

Puyazo
Rehilete.
Puntada.
Zaherimiento.

Q

Quebracho
Quiebrahacha.
Jabí.

1. Quebrada
Portillo.
Hocino.
Cañón.

2. Quebrada
Quiebra.

1. Quebradero
Rompedor.
Quebrador.

2. Quebradero
Cavilación.
Inquietud.

Quebradizo
Delicado.
Quebrajoso.
Frágil.
*Resistente.

1. Quebrado
Fallido.

2. Quebrado
Fraccionario.
*Entero.

3. Quebrado
Debilitado.
Quebrantado.

4. Quebrado
Hernioso.
Herniado.
Potroso.

5. Quebrado
Abrupto.
Accidentado.
Escabroso.
*Uniforme.

1. Quebrador
Rompedor.
Quebradero.

2. Quebrador
Quebrantador.

1. Quebradura
Potra.
Hernia.

2. Quebradura
Rotura.
Grieta.
Hendidura.

Quebrajoso
Quebradizo.

1. Quebrantar
Dividir.
Quebrar.
Romper.
*Unir.

2. Quebrantar
Hender.
Rajar.
Cascar.

3. Quebrantar
Moler.
Triturar.
Machacar.

4. Quebrantar
Profanar.
Vulnerar.
Violar.
*Cumplir.

5. Quebrantar
Disminuir.
Debilitar.
Reducir.
*Fortalecer.

6. Quebrantar
Fatigar.
Molestar.
Cansar.
*Animar.

7. Quebrantar
Inducir.
Persuadir.

8. Quebrantar
Anular.
Revocar.
*Promulgar.

Quebrantarse
Capitular.
Rendirse.

1. Quebranto
Perjuicio.
Deterioro.
Daño.
*Beneficio.

2. Quebranto
Lacitud.
Debilidad.
Desaliento.
*Vigor.

1. Quebrar
Separar.
Dividir.
Romper.
*Unir.

2. Quebrar
Torcer.
Doblar.
*Enderezar.

3. Quebrar
Estorbar.
Interrumpir.

4. Quebrar
Ajar.
Marchitar.
Afear.

5. Quebrar
Flaquear.
Ceder.

Quebrarse
Herniarse.
Relajarse.

Queche
Barca.

Quechemarín
Cachamarín.
Cachemarín.

Queda
Paz.
Calma.
Sosiego.

1. Quedar
Detenerse.
Subsistir.
Estar.
*Partir.

2. Quedar
Acabar.
Cesar.
Terminar.
*Comenzar.

1. Quedo
Quieto.

2. Quedo
Despacio.

Quehacer
Ocupación.
Faena.
Trabajo.

1. Queja
Lamento.
Quejido.
Gemido.

2. Queja
Desazón.
Disgusto.
Resentimiento.

3. Queja
Querella.

4. Queja
Reclamación.
Demanda.

5. Queja
Pataleo.

Quejarse
Dolerse.
Gemir.
Lamentarse.

Quejido
Queja.

1. Quejoso
Quejumbroso.
Gemebundo.
Melindroso.
*Sufrido.

2. Quejoso
Disgustado.
Resentido.
Agraviado.
*Alegre.

Quema
Fuego.
Incendio.
Combustión.

Quemado
Abrasado.
Incinerado.
Achicharrado.
*Incólume.

1. Quemador
Hornillo.

2. Quemador
Incendiario.

1. Quemar
Incendiar.
Abrasar.
Incinerar.

2. Quemar
Calentar.
Arder.

3. Quemar
Destruir.
Malbaratar.
Malvender.

4. Quemar
Enfadar.
Enojar.
Irritar.
*Tranquilizar.

1. Quemarse
Apasionarse.
Alterarse.

2. Quemarse
Alheñarse.
Anublarse.

1. Quemazón
Quema.

2. Quemazón
Irritación.
Comezón.
Prurito.

3. Quemazón
Indirecta.
Pulla.

4. Quemazón
Rencilla.
Queja.
Resentimiento.

Quepis
Chacó.
Gorra.

1. Querella
Pendencia.
Discordia.
Disputa.

2. Querella
Queja.
Litigio.
Pleito.

1. Querellarse
Disputar.
Reñir.
Pleitear.

2. Querellarse
Quejarse.

1. Querelloso
Querellador.
Querellante.

2. Querelloso
Quejoso.

Querencia
Afecto.
Inclinación.
Tendencia.

1. Querer
Cariño.
Amor.
Afecto.

2. Querer
Apetecer.
Desear.
Codiciar.
*Rechazar.

3. Querer
Resolver.
Determinar.
Intentar.

4. Querer
Estimar.
Amar.
Apreciar.
*Odiar.

5. Querer
Exigir.
Antojarse.
Requerir.

6. Querer
Conformarse.
Aceptar.
*Envidiar.

Querida
Manceba.

1. Querido
Estimado.
Caro.
Amado.
*Odiado.

2. Querido
Amante.
Amigo.

Quermes
Carmes.
Alquermes.

1. Querubín
Querub.
Querube.

2. Querubín
Serafín.
Ángel.

Quesero
Caseoso.

Quevedos
Antiparras.
Lentes.

Quibey
Revientacaballos.

Quid
Razón.
Motivo.
Causa.

1. Quídam
Ente.
Sujeto.
Alguien.

2. Quídam
Cualquiera.
Quienquiera.

1. Quiebra
Hendidura.
Grieta.
Abertura.

2. Quiebra
Barquinazo.

3. Quiebra
Pérdida.
Menoscabo.
Yactura.

4. Quiebra
Bancarrota.

1. Quiebro
Esguince.
Regate.
Cuarteo.

2. Quiebro
Mordiente.

Quietismo
Quietud.
Inanición.
Inercia.

1. Quieto
Inmóvil.
Quedo.
Inalterable.
*Activo.

2. Quieto
Tranquilo.
Calmado.
Reposado.
*Inquieto.

1. Quietud
Firmeza.
Inmovilidad.
Inalterabilidad.
*Actividad.

2. Quietud
Sosiego.
Reposo.
Calma.
*Intranquilidad.

Quijada
Quijar.
Mandíbula.
Carrilera.
Barbada.

Quijera
Tentemozo.

Quijonés
Ahogaviejas.

Quijotismo
Caballerosidad.
Hidalguía.

Quillotranza
Tribulación.
Trance.
Conflicto.

1. Quillotro
Estímulo.
Incentivo.
Síntoma.

2. Quillotro
Amorío.
Enamoramiento.
Preocupación.

3. Quillotro
Favorito.
Amigo.
Amante.

1. Quimera
Monstruo.

2. Quimera
Sueño.
Delirio.
Ilusión.
*Realidad.

3. Quimera
Lucha.
Pendencia.
Gresca.

Quimérico
Utópico.
Ilusorio.
Imaginario.
*Verdadero.

1. Quimerista
Novelero.
Iluso.
Fantaseador.
*Positivista.

2. Quimerista
Pendenciero.
Camorrista.
Refertero.

Quimono
Bata.
Túnica.

Quincalla
Bujería.
Mercería.
Maula.

Quincallero
Tirolés.
Quinquillero.

Quinina
Quina.
Chinchona.

Quinqué
Lámpara.

Quincuagenario
Cincuentón.

Quincuagésimo
Cincuentésimo.

Quindécimo
Quinzavo.

Quinquefolio
Cincoenrama.

1. Quinta
Torre.
Villa.
Hotel.

2. Quinta
Reclutamiento.

Leva.
Remplazo.

Quintaesencia
Refinamiento.
Extracto.
Pureza.

Quintaesenciar
Refinar.
Sutilizar.
Alambicar.

Quintal
Centipodio.

Quintana
Quinta.

Quintería
Granja.
Cortijo.
Alquería.

Quinterno
Quina.
Cinquina.

1. Quinto
Cinco.

2. Quinto
Soldado.

Recluta.
Caloyo.

Quiosco
Pabellón.
Templete.
Pérgola.

Quiroteca
Guante.

Quisicosa
Dificultad.
Problema.
Sutileza.

1. Quisquilla
Reparo.
Tropiezo.
Dificultad.

2. Quisquilla
Camarón.

Quisquilloso
Meticuloso.
Exigente.
Delicado.
*Indiferente.

Quiste
Zurrón.
Tumor.

Quita
Quitación.
Remisión.
Liberación.

Quitamanchas
Sacamanchas.

Quitanza
Liberación.
Finiquito.

Quitapelillos
Adulador.
Obsequioso.
Lisonjero.
*Adusto.

Quitapesares
Consuelo.
Alivio.
Solaz.

1. Quitar
Librar.
Suprimir.
Eliminar.
*Cargar.

2. Quitar
Robar.
Hurtar.

Privar.
*Devolver.

3. Quitar
Separar.
Sacar.
Restar.
*Meter.

4. Quitar
Estorbar.
Vedar.
Impedir.
*Facilitar.

5. Quitar
Abrogar.
Derogar.
Suprimir.
*Promulgar.

6. Quitar
Despachar.
Destituir.
*Nombrar.

1. Quitarse
Apartarse.
Dejar.
Renunciar.

2. Quitarse
Alejarse.
Irse.

Quitasol
Sombrilla.
Parasol.
Paraguas.

Quite
Lance.
Parada.
Regate.

Quito
Exento.
Libre.
Horro.
*Sujeto.

Quizá
Quizás.
Tal vez.

Quórum
Mayoría.

R

Rabadán
Caporal.
Mayoral.

1. Rabadilla
Curcusilla.

2. Rabadilla
Obispillo.

Rabanera
Verdulera.

1. Rabanillo
Rábano.

2. Rabanillo
Esquivez.
Desdén.

3. Rabanillo
Deseo.
Ansia.
Vehemencia.

Rabear
Colear.

Rabel
Nalgas.
Asentaderas.
Posaderas.

1. Rabia
Hidrofobia.

2. Rabia
Enfado.
Irritación.
Enojo.
*Serenidad.

Rabiacana
Arísaro.

Rabiar
Enfurecerse.
Encolerizarse.
Irritarse.

Rábida
Rápita.

Rabieta
Berrinche.
Rabia.
Regaño.

Rabilargo
Mohíno.

1. Rabillo
Peciolo.
Pedúnculo.

2. Rabillo
Cizaña.

Rabino
Rabí.

1. Rabioso
Rábido.
Hidrófobo.

2. Rabioso
Colérico.
Frenético.
Furioso.
*Tranquilo.

Rabisalsera
Rabanera.
Verdulera.
Tarasca.

Rabo
Hopo.
Cola.

Rabopelado
Zarigüeya.

Raboseadura
Manoseo.
Ajadura.
Raboseado.
Deterioro.

Rabosear
Manosear.
Deslucir.
Ajar.
Apañuscar.

Rabotada
Incorrección.
Exabrupto.
Desatención.

Rábula
Abogado.
Charlatán.
Picapleitos.

Racial
Etnográfico.
Étnico.

Racimo
Arlo.
Colgajo.

Raciocinar
Discurrir.
Razonar.
Argumentar.

1. Raciocinio
Deducción.
Reflexión.
Argumento.

2. Raciocinio
Lógica.
Argumento.
Discurso.

3. Raciocinio
Entendimiento.

1. Ración
Porción.
Medida.
Parte.

2. Ración
Prebenda.

Racional
Justo.
Razonable.
Lógico.
*Irracional.

Racionar
Proporcionar.

Distribuir.
Repartir.

Racha
Ráfaga.

Rada
Ensenada.
Bahía.
Fondeadero.

Radiación
Propagación.
Irradiación.

1. Radiante
Refulgente.
Rutilante.
Resplandeciente.
*Apagado.

2. Radiante
Alegre.
Feliz.
Animado.
*Infeliz.

1. Radiar
Centellear.
Brillar.
Resplandecer.

2. Radiar
Divulgar.
Difundir.
Publicar.

Radical
Fundamental.
Básico.
Extremista.
*Accidental.

1. Radicar
Arraigar.

2. Radicar
Establecerse.
Situarse.
Hallarse.

1. Radio
Radiograma.

2. Radio
Radiodifusión.

3. Radio
Rayo.

Radío
Vagabundo.
Errante.

Radioso
Radiante.

Radioescucha
Radioyente.

Raedura
Rasura.
Raimiento.
Raspadura.

Raer
Rasar.
Raspar.

Ráfaga
Galerna.
Tromba.
Racha.

Rafe
Alero.

Rahez
Rastrero.
Vil.
Despreciable.
*Noble.

1. Raído
Usado.
Gastado.
Ajado.
*Intacto.

2. Raído
Insolente.
Desvergonzado.

Descarado.
*Respetuoso.

Raigambre
Firmeza.
Estabilidad.
Seguridad.
*Inestabilidad.

Rail
Riel.
Carril.
Corredera.

1. Raimiento
Raedura.
Raspadura.
Rasuración.

2. Raimiento
Insolencia.
Desfachatez.
Descaro.
*Respeto.

1. Raíz
Rizoma.

2. Raíz
Principio.
Causa.
Origen.

1. Raja
Hendedura.
Grieta.
Fisura.

2. Raja
Rabanada.
Tajada.
Corte.

Rajabroqueles
Pendenciero.

1. Rajar
Hender.
Abrir.
Agrietar.

2. Rajar
Hablar.
Charlar.
Parlar.

3. Rajar
Bravear.
Mentir.
Baladronar.

1. Rajarse.
Ventearse.
Cuartearse.
Consentirse.

2. Rajarse
Desistir.
Desdecirse.

Rajuela
Lastra.

Ralea
Linaje.
Alcurnia.
Raza.

Ralear
Ardalear.
Arralar.

1. Ralo
Raro.

2. Ralo
Claro.
Espaciado.
Disperso.

1. Rallar.
Desmenuzar.
Triturar.
Restregar.

2. Rallar
Fastidiar.
Molestar.
Incomodar.

1. Rama
Gajo.
Ramo.
Vástago.

2. Rama
Ramal.
Ramificación.
Bifurcación.

Ramaje
Enramada.
Ramada.
Chabasca.

1. Ramal
Cabo.
Liñuelo.

2. Ramal
Cabestro.
Ronzal.

3. Ramal
Rama.

Ramalear
Cabestrear.

1. Ramalazo
Dolor.
Punzadura.
Agujeta.

2. Ramalazo
Vestigio.
Señal.
Cicatriz.

Rambla
Álveo.
Cauce.
Ramblazo.

Ramificación
Subdivisión.
Rama.

1. Ramificarse
Subdividirse.
Esparcirse.
Dividirse.

2. Ramificarse
Propagarse.
Extenderse.
Divulgarse.

1. Ramillete
Ramo.

2. Ramillete
Colineta.

3. Ramillete
Grupo.
Conjunto.
Selección.

Ramiza
Encendaja.
Ramojo.
Chabasca.

1. Ramo
Rama.

2. Ramo
Pomo.
Manojo.
Ramillete.

3. Ramo
Ristra.

4. Ramo
Parte.
Sección.
Sector.

1. Rampa
Garrampa.
Calambre.

2. Rampa
Cuesta.
Declive.
Talud.

Ramplón
Vulgar.
Ordinario.
Pedestre.
*Selecto.

Ramplonería
Ordinariez.
Chabacanería.
Tosquedad.
*Selección.

Rancajo
Púa.
Astilla.
Espina.

Ranciedad
Antigüedad.
Rancidez.
Solera.

Rancio
Antiguo.
Rancioso.
Añejo.

1. Rancho
Albergue.
Choza.

2. Rancho
Alquería.
Granja.

3. Rancho
Bazofia.
Menestra.

1. Randa
Encaje.

2. Randa
Caco.
Ladrón.

3. Randa
Pillete.
Pícaro.

Rangífero
Reno.

Rango
Categoría.
Clase.
Jerarquía.

Ránula
Sapillo.
Ranas.

Ranura
Acanaladura.
Hendedura.
Estría.

Raño
Percha.
Baila.
Perca.

1. Rapacería
Rapiña.
Rapacidad.

2. Rapacería
Muchachada.
Rapazada.

Rapacidad
Rapiña.
Usura.
Avaricia.
*Largueza.

Rapagón
Lampiño.
Barbilampiño.
Imberbe.
*Barbudo.

Rapapolvo
Filípica.
Reprensión.
*Elogio.

1. Rapar
Afeitar.
Rasurar.
Raer.

2. Rapar
Pelar.
Robar.

1. Rapaz
Muchacho.
Chiquillo.
Chaval.
*Adulto.

2. Rapaz
Codicioso.
Avaricioso.
Ávido.
*Pródigo.

Rapazada
Trapacería.
Rapacería.
Travesura.

1. Rape
Pejesapo.

2. Rape
Rapamiento.
Rapadura.

3. Rape
Raíz.
Orilla.

Rapidez
Velocidad.
Celeridad.
Prontitud.
*Calma.

Rápido
Raudo.
Acelerado.
Diligente.
*Lento.

1. Rapiña
Avidez.
Rapacidad.
Cupidez.

2. Rapiña
Pillaje.
Saqueo.
Latrocinio.

Rapiñar
Saquear.
Robar.
Pillar.

Rapista
Desuellacaras.
Barbero.

Rápita
Rábida.

Raponchigo
Ruiponce.

Raposa
Vulpeja.
Zorra.

Raposear
Engatusar.
Engaitar.
Camelar.

Rapsoda
Juglar.
Bardo.
Vate.

Raptar
Rapiñar.
Robar.
Hurtar.

1. Rapto
Secuestro.

2. Rapto
Arrebato.
Impulso.
Arranque.

3. Rapto
Éxtasis.
Enajenamiento.
Arrobamiento.

Raptor
Ladrón.
Arrebatadero.

1. Raqueta
Pala.

2. Raqueta
Jaramago.

3. Raqueta
Barajón.

Raquis
Espinazo.

Raquítico
Débil.
Endeble.
Esmirriado.
*Vigoroso.

Rarefacción
Enrarecimiento.

Rarefacer
Rarificar.
Enrarecer.

1. Rareza
Escasez.
Raridad.
Tenuidad.
*Abundancia.

2. Rareza
Extravagancia.
Singularidad.
Anomalía.
*Normalidad.

1. Raro
Disperso.
Tenue.
Rarefacto.
*Abundante.

2. Raro
Excepcional.
Extraño.
Anormal.
*Corriente.

3. Raro
Loco.
Maniático.
Ido.
*Cuerdo.

Ras
Nivel.
Igualdad.
Llaneza.

1. Rasar
Igualar.
Nivelar.

2. Rasar
Rozar.

Rasarse
Clarear.
Aclararse.
Despejarse.
*Encapotarse.

1. Rascadera
Rascador.

2. Rascadera
Almohaza.

Rascadura
Restregadura.
Frotamiento.
Rascamiento.

Rascar
Fregar.
Frotar.
Estregar.

Rascazón
Prurito.

Comezón.
Picazón.

Rasero
Raedor.
Rasera.

Rasgadura
Desgarrón.
Rasgón.
Rotura.

1. Rasgar
Romper.
Desgarrar.
Descalandrajar.

2. Rasgar
Rasguear.

3. Rasgar
Rasguñar.

1. Rasgo
Carácter.
Cualidad.
Atributo.

2. Rasgo
Expresión.
Afecto.
Acción.

3. Rasgo
Plumazo.
Perfil.
Trazo.

4. Rasgo
Heroicidad.
Gallardía.
Valentía.
*Cobardía.

Rasgos
Aspecto.
Facciones.
Fisionomía.

Rasgón
Rotura.
Desgarrón.
Jirón.

1. Rasguear
Rasgar.
Garrapatear.
Emborronar.

2. Rasguear
Tañer.
Tocar.
Pulsar.

Rasgueo
Garrapateado.
Rasgueado.

Rasguñar
Gatuñar.
Arañar.
Arpar.

Rasguño
Uñada.
Lusión.
Arañazo.

1. Raso
Plano.
Llano.
Liso.
*Anfractuoso.

2. Raso
Simple.
Común.
Corriente.
*Extraordinario.

3. Raso
Saetín.

1. Raspadura
Rasura.
Raedura.
Raspamiento.

2. Raspadura
Legradura.

1. Raspar
Limar.
Raer.
Frotar.

2. Raspar
Hurtar.
Robar.

3. Raspar
Rasar.
Rozar.

4. Raspar
Picar.
Escocer.
Alampar.

Raspilla
Miosota.

Rastel
Barandilla.

1. Rastra
Estela.
Rastro.
Señal.

2. Rastra
Narria.

3. Rastra
Recogedor.
Rastrillo.

4. Rastra
Cuelga.
Sarta.

5. Rastra
Escalón.
Grada.
Peldaño.

Rastrear
Averiguar.
Buscar.
Indagar.

Rastreo
Búsqueda.
Exploración.
Sondeo.

Rastrera
Arrastradera.

Rastrero
Abyecto.
Vil.
Indigno.
*Noble.

Rastrillo
Recogedero.
Rastra.
Allegadera.

1. Rastro
Huella.
Vestigio.
Indicio.

2. Rastro
Rastrillo.

3. Rastro
Mugrón.

4. Rastro
Matadero.
Desolladero.

Rastrojera
Rastrojal.

Rasura
Raedura.
Raspadura.

Rasuras
Tártaro.

Rasurado
Barbirrapado.
Barbihecho.

Rasurar
Rapar.
Decalvar.
Afeitar.

1. Rata
Ratón.

2. Rata
Caco.
Ladrón.
Ratero.

1. Ratear
Distribuir.
Prorratear.
Escotar.

2. Ratear
Hurtar.
Robar.
Despojar.

3. Ratear
Arrastrarse.
Gatear.

1. Ratería
Latrocinio.
Robo.
Timo.

2. Ratería
Vileza.
Ruindad.
Mezquindad.

Ratero
Ladrón.
Rata.
Caco.

Ratificación
Revalidación.
Confirmación.
Corroboración.
*Denegación.

Ratificar
Revalidar.

Confirmar.
Reafirmar.
*Rectificar.

Rato
Momento.
Instante.
Pausa.

Ratonera
Trampa.
Lazo.

Raudal
Cantidad.
Abundancia.
Avenida.
*Escasez.

Raudo
Veloz.
Rápido.

Rauta
Viaje.
Ruta.
Camino.

1. Raya
Línea.

2. Raya
Límite.
Confín.
Término.

3. Raya
Rasgo.
Perfil.

4. Raya
Tanto.
Punto.

5. Raya
Carrera.
Crencha.

6. Raya
Estría.

Rayano
Lindante.
Confinante.
Limítrofe.
*Lejano.

1. Rayar
Marcar.
Subrayar.
Alinear.

2. Rayar
Lindar.
Confinar.
Limitar.

3. Rayar
Superar.
Sobresalir.
Distinguirse.

4. Rayar
Asemejarse.
Parecerse.

5. Rayar
Alborear.
Amanecer.

Rayita
Tilde.
Vírgula.
Guión.

1. Rayo
Centella.
Relámpago.
Exhalación.

2. Rayo
Radio.

3. Rayo
Lince.
Genio.
Águila.

4. Rayo
Pólvora.

5. Rayo
Agujetas.
Ramalazo.
Punzadura.

6. Rayo
Infortunio.
Estrago.

Rayuelo
Agachadiza.

1. Raza
Clan.
Tribu.
Familia.
Linaje.
Casta.

2. Raza
Grieta.
Hendidura.
Raja.

3. Raza
Rafa.

Rázago
Harpillera.

1. Razón
Discernimiento.
Raciocinio.
Inteligencia.
*Irreflexión.

2. Razón
Equidad.
Justicia.
Rectitud.
*Desigualdad.

3. Razón
Argumento.
Razonamiento.
Demostración.

4. Razón
Motivo.
Móvil.
Causa.
*Consecuencia.

5. Razón
Orden.
Método.
Sistema.

6. Razón
Relación.
Cómputo.
Detalle.

7. Razón
Derecho.
Poder.

8. Razón
Cociente.
Fracción.
Quebrado.

1. Razonable
Lógico.
Sensato.
Racional.
*Insensato.

2. Razonable
Mediano.
Moderado.
Suficiente.
*Desproporcionado.

3. Razonable
Legal.
Justo.
Arreglado.
*Ilegítimo.

1. Razonador
Casuista.
Discutidor.
Sofista.

2. Razonador
Reparón.
Quisquilloso.
Repeloso.

2. Razonamiento
Demostración.
Argumento.
Explicación.

2. Razonamiento
Dialéctica.
Argumentación.
Lógica.

Razonar
Argumentar.
Raciocinar.
Reflexionar.
*Disparatar.

1. Razzia
Incursión.
Correría.

2. Razzia
Pillaje.
Botín.
Ratería.

1. Reacción
Oposición.
Resistencia.

2. Reacción
Conservadurismo.
Tradicionalismo.
Carcundia.

Reacio
Indócil.
Rebelde.
Renuente.
*Dócil.

1. Real
Verdadero.
Positivo.
Verídico.

2. Real
Indiscutible.
Incontestado.
*Falso.

3. Real
Soberano.
Regio.
Principesco.
*Plebeyo.

4. Real
Perfecto.
Bonísimo.

5. Real
Lugar.
Sitio.
Campo.

Realce
Brillo.
Lustre.
Esplendor.
*Oscuridad.

Realeza
Soberanía.
Majestad.
Magnificencia.
*Humildad.

1. Realidad
Materialidad.
Objetividad.
Existencia.
*Ideal.

2. Realidad
Verdad.
Sinceridad.
Ingenuidad.
*Mentira.

1. Realismo
Precisión.
Naturalismo.

2. Realismo
Monarquismo.

Realizable
Factible.
Posible.
Hacedero.
*Imposible.

1. Realizar
Ejecutar.

Efectuar.
Hacer.

2. Realizar
Vender.

1. Realzar
Levantar.
Elevar.
*Bajar.

2. Realzar
Engrandecer.
Enaltecer.
Relevar.
*Rebajar.

1. Reanimar
Reconfortar.
Confortar.
Reavivar.
*Debilitar.

2. Reanimar
Consolar.
Animar.
Alentar.
*Amilanar.

Reanudar
Continuar.
Renovar.
Proseguir.
*Interrumpir.

Reata
Teoría.
Recua.

Reavivar
Alentar.
Reanimar.
Vivificar.
*Desanimar.

Rebaba
Orillo.
Reborde.

Rebaja
Disminución.
Reducción.
Deducción.
*Encarecimiento.

1. Rebajar
Reducir.
Disminuir.
Deducir.
*Aumentar.

2. Rebajar
Envilecer.
Despreciar.
Humillar.
*Elogiar.

Rebajo
Ranura.
Canal.
Acanaladura.

Rebalsa
Balsa.
Remanso.
Estanque.

Rebalsar
Estancar.
Embalsar.

Rebalse
Estancamiento.

Rebanada
Rodaja.
Rueda.
Loncha.

Rebañar
Apurar.
Arrebañar.
Recoger.
*Despreciar.

Rebaño
Manada.
Hato.
Grupo.

Rebasar
Extralimitar.
Exceder.
Salvar.
*Limitarse.

1. Rebatir
Rechazar.
Contradecir.
Impugnar.
*Confirmar.

2. Rebatir
Rechazar.
Resistir.
Oponerse.
*Atacar.

Rebato
Somatén.
Alarma.

Rebeco
Rupicabra.
Gamuza.

Rebelarse
Alzarse.
Levantarse.
Sublevarse.
*Obedecer.

1. Rebelde
Insurgente.
Insurrecto.
Sedicioso.
*Leal.

2. Rebelde
Insubordinado.
Reacio.
Indisciplinado.
*Obediente.

1. Rebeldía
Rebelión.

2. Rebeldía
Insurrección.
Insubordinación.
Protervia.
*Sumisión.

1. Rebelión
Motín.
Sedición.
Algarada.
*Fidelidad.

2. Rebelión
Rebeldía.

Rebina
Tercia.

Reblandecer
Ablandar.
Enternecer.
*Endurecer.

Reblandecido
Débil.
Muelle.
Afeminado.
*Duro.

Rebocillo
Rebozo.

Rebollo
Mesto.

Reboño
Lodo.
Barro.
Fango.

Reborde
Cornisa.
Saliente.
Orillo.

Rebosar
Exceder.
Rebasar.
Derramarse.

1. Rebotar
Remachar.
Redoblar.

2. Rebotar
Rechazar.
Resistir.
*Admitir.

3. Rebotar
Conturbar.
Sofocar.

Rebotica
Rebotija.
Trastienda.

1. Rebozar
Tapar.
Embozar.
Cubrir.

2. Rebozar
Empanar.
Arrebozar.
Enalbardar.

1. Rebozo
Rebocillo.
Rebociño.

2. Rebozo
Pretexto.
Simulación.

Rebrotar
Retoñecer.
Retoñar.

Rebrote
Renuevo.
Retoño.
Pimpollo.

Rebufe
Bufido.

Rebujado
Enmarañado.
Enredado.
Desordenado.

Rebujiña
Algazara.
Bullicio.
Alboroto.
*Quietud.

1. Rebujo
Embozo.

2. Rebujo
Envoltorio.
Lío.
Reburujón.

Rebullir
Agitarse.
Moverse.
Hervir.

Rebumbio
Rebujiña.

Reburujar
Revolver.
Enredar.
Trastear.

Reburujón
Lío.
Rebujo.

Rebuscado
Estudiado.
Afectado.
*Sencillo.

1. Rebuscar
Escudriñar.
Inquirir.
Examinar.
*Abandonar.

2. Rebuscar
Recoger.
Espigar.

Rebuznar
Roznar.

Rebuzno
Roznido.

Recabar
Obtener.
Alcanzar.
Lograr.

Recadero
Ordinario.
Mandadero.
Mensajero.

1. Recado
Mensaje.
Encargo.
Misiva.

2. Recado
Regalo.
Presente.

3. Recado
Provisión.
Surtido.

4. Recado
Precaución.
Seguridad.

5. Recado
Útiles.

Recaer
Reincidir.

Recaída
Reincidencia.

Recalar
Penetrar.
Amerar.
Empapar.

Recalcar
Repetir.
Insistir.
Acentuar.
*Soslayar.

Recalcitrante
Terco.
Obstinado.
Rebelde.
*Disciplinado.

1. Recalcitrar
Volverse.
Retroceder.

2. Recalcitrar
Resistir.
Pugnar.
Rebelarse.
*Obedecer.

Recamado
Labrado.
Adornado.
Bordado.

1. Recámara
Hornillo.
Depósito.

2. Recámara
Reserva.
Cautela.
Trastienda.
*Imprevisión.

Recancanilla
Afectación.
Énfasis.

Recapacitar
Recordar.
Compendiar.
Resumir.

Recapitulación
Resumen.
Repetición.
Sumario.
Revisión.

Recapitular
Revisar.
Repetir.
Repasar.
*Olvidar.

Recargado
Pomposo.
Barroco.
Complicado.
*Sencillo.

1. Recargar
Aumentar.
Agravar.
Doblar.
*Aligerar.

2. Recargar
Entarascar.

1. Recargo
Sobreprecio.
Aumento.
Gravamen.
*Disminución.

2. Recargo
Imputación.
Reconvención.

1. Recatado
Prudente.
Cauto.
Discreto.
*Indiscreto.

2. Recatado
Modesto.
Púdico.
Decoroso.
*Deshonesto.

Recatar
Encubrir.
Esconder.
Disimular.
*Descubrir.

1. Recato
Decoro.
Honestidad.
Pudor.
*Descaro.

2. Recato
Discreción.
Reserva.
*Indiscreción.

Recaudación
Cobranza.
Recaudo.
Colecta.
*Pago.

Recaudador
Colector.
Recolector.
Cobrador.

Recaudar
Cobrar.
Percibir.
Recibir.
*Pagar.

1. Recaudo
Recaudación.

2. Recaudo
Seguridad.
Cuidado.
Precaución.
*Descuido.

Recebo
Grava.
Arenilla.

Recelar
Sospechar.
Maliciar.
Temer.
*Confiar.

Recelo
Sospecha.
Suspicacia.
Desconfianza.
*Confianza.

Receloso
Temeroso.
Suspicaz.
Difidente.
*Confiado.

Recensión
Reseña.

1. Recepción
Recibimiento.
Ingreso.
Admisión.

2. Recepción
Besamanos.

1. Receptáculo
Cavidad.
Recipiente.
Concavidad.

2. Receptáculo
Cazoleta.
Tálamo.

3. Receptáculo
Asilo.
Acogida.
Refugio.

1. Receptar
Ocultar.
Encubrir.

2. Receptar
Recibir.
Acoger.

Recepto
Retiro.
Asilo.
Refugio.

Recésit
Descanso.
Recreo.

1. Receso
Apartamiento.
Desvío.
Separación.

2. Receso
Suspensión.
Cesación.

Receta
Fórmula.
Prescripción.
Récipe.

Recetar
Ordenar.
Prescribir.
*Tomar.

1. Recetario
Vademécum.
Formulario.

2. Recetario
Farmacopea.

Recibidor
Recepción.
Antesala.
Antecámara.

1. Recibimiento
Recibidor.

2. Recibimiento
Acogimiento.
Acogida.

1. Recibir
Acoger.
Aceptar.
Receptar.
*Dar.

2. Recibir
Percibir.
Embolsar.

3. Recibir
Dar audiencia.

1. Recibo
Recibidor.

2. Recibo
Comprobante.
Justificante.
Resguardo.

Reciedumbre
Fortaleza.
Vigor.
Fuerza.
*Debilidad.

Reciente
Actual.
Nuevo.
Flamante.
*Viejo.

Recinto
Perímetro.
Espacio.
Circuito.

1. Recio
Vigoroso.
Robusto.
Fuerte.
*Débil.

2. Recio
Corpulento.
Abultado.
Gordo.
*Delgado.

3. Recio
Áspero.
Duro.
Grave.
*Blando.

4. Recio
Impetuoso.
Veloz.
Acelerado.
*Suave.

1. Récipe
Desazón.
Disgusto.
Inquietud.
*Tranquilidad.

1. Recipiente
Vaso.
Receptáculo.
Vasija.

2. Recipiente
Acogedor.
Receptor.
Admisor.
*Dador.

Reciprocidad
Correlatividad.
Reciprocación.
Correspondencia.

1. Recíproco
Intercambiable.
Mutuo.
Correlativo.

2. Recíproco
Inverso.

1. Recitar
Declamar.
Decir.

2. Recitar
Referir.
Contar.
Explicar.

Reciura
Rigor.
Inclemencia.
Severidad.
*Clemencia.

Reclamación
Exigencia.
Solicitud.
Oposición.
*Aprobación.

Reclamante
Demandador.
Demandante.
Querellador.
*Aprobador.

Reclamar
Solicitar.
Exigir.
Protestar.
*Aprobar.

1. Reclamo
Incentivo.
Llamada.
Aliciente.
*Desaire.

2. Reclamo
Chilla.
Señuelo.
Cancamusa.

3. Reclamo
Publicidad.
Anuncio.
Propaganda.

Reclinar
Apoyar.
Inclinar.
Descansar.
*Alzar.

1. Reclinatorio
Sostén.
Apoyo.
Puntal.

2. Reclinatorio
Propiciatorio.

Recluir
Internar.
Encerrar.
Encarcelar.
*Libertar.

Reclusión
Prisión.
Encierro.
Claustro.
*Liberación.

1. Recluso
Presidiario.
Preso.
Condenado.
*Libre.

2. Recluso
Asilado.
Interno.
Enclaustrado.
*Externo.

1. Recluta
Reclutamiento.

2. Recluta
Bisoño.
Soldado.

Reclutamiento
Alistamiento.
Recluta.
Leva.
*Licenciamiento.

Reclutar
Enganchar.
Alistar.
Enrolar.
*Licenciar.

Recobrar
Recuperar.
Rescatar.
Readquirir.
*Perder.

1. Recobrarse
Restablecerse.
Reponerse.
Aliviarse.

2. Recobrarse
Resarcirse.

Desquitarse.
Reintegrarse.

3. Recobrarse
Recuperarse.
Volver en sí.

Recocerse
Consumirse.
Atormentarse.
Agostarse.

Recocido
Recocho.

Recodo
Esquina.
Ángulo.
Revuelta.

Recogedor
Pala.
Rastra.

1. Recoger
Reunir.
Juntar.
Acumular.
*Disgregar.

2. Recoger
Estrechar.
Encoger.
Ceñir.
*Ensanchar.

3. Recoger
Recolectar.
Cosechar.
Coger.
*Abandonar.

4. Recoger
Guardar.
Alzar.

5. Recoger
Acoger.

6. Recoger
Encerrar.
Rehuir.

7. Recoger
Añascar.

1. Recogerse
Abstraerse.
Retirarse.
Refugiarse.

2. Recogerse
Ceñirse.
Moderarse.
Limitarse.
*Desmandarse.

1. Recogimiento
Apartamiento.
Aislamiento.
Abstracción.

2. Recogimiento
Reconcentración.
Reflexión.
Unción.

1. Recolección
Compendio.
Recopilación.
Resumen.

2. Recolección
Cosecha.

3. Recolección
Recaudación.
Cobranza.

4. Recolección
Abstracción.
Meditación.
Recogimiento.

5. Recolección
Monasterio.
Convento.

Recolectar
Recoger.
Cosechar.
*Abandonar.

Recolector
Cobrador.
Recaudador.

Recomendable
Meritorio.
Respetable.
Estimable.
*Irrecomendable.

1. Recomendación
Encargo.
Súplica.
Encomienda.

2. Recomendación
Elogio.
Alabanza.

1. Recomendar
Confiar.
Encargar.
Encomendar.

2. Recomendar
Alabar.
Elogiar.
*Censurar.

Recompensa
Premio.
Gratificación.
Retribución.
*Castigo.

1. Recompensar
Compensar.

2. Recompensar
Indemnizar.
Remunerar.
Retribuir.
*Castigar.

Recomponer
Remendar.
Reparar.
Arreglar.
*Desarreglar.

1. Reconcentrar
Reunir.
Juntar.
Congregar.
*Disgregar.

2. Reconcentrar
Internar.
Introducir.

3. Reconcentrar
Callar.
Ocultar.
Disimular.
*Evidenciar.

Reconcentrarse
Abstraerse.
Recogerse.
Ensimismarse.

1. Reconcomio
Sospecha.
Inquietud.
Recelo.
*Confianza.

2. Reconcomio
Ansia.
Deseo.
Prurito.
*Inapetencia.

Recóndito
Oculto.
Escondido.
Secreto.
*Evidente.

1. Reconocer
Examinar.
Inspeccionar.
Estudiar.
*Desconocer.

2. Reconocer
Confesar.
Declarar.
Convenir.
*Negar.

3. Reconocer
Acordarse.
Recordar.
Distinguirse.
*Olvidar.

4. Reconocer
Advertir.
Considerar.
Contemplar.

5. Reconocer
Agradecer.

Reconocido
Obligado.
Agradecido.
Deudor.
*Desagradecido.

1. Reconocimiento
Examen.
Registro.
Inspección.

2. Reconocimiento
Admisión.
Confesión.
*Negación.

3. Reconocimiento
Gratitud.
Agradecimiento.
*Desagradecimiento.

Reconquistar
Recuperar.
Recobrar.
Reocupar.
*Perder.

1. Reconstituir
Restablecer.
Reorganizar.
Rehacer
*Deshacer.

2. Reconstituir
Fortalecer.
Curar.
*Debilitar.

Reconstituyente
Analéptico.
Confortante.

Reconstruir
Reedificar.
Rehacer.
Reconstituir.

Reconvención
Reproche.
Cargo.
Regaño.
*Aprobación.

Reconvenir
Reñir.
Regañar.
Sermonear.
*Aprobar.

Recopilación
Resumen.
Suma.
Compendio.

Recopilar
Coleccionar.
Compendiar.
Reunir.
*Separar.

Recordar
Memorar.
Acordarse.
Evocar.
*Olvidar.

Recordatorio
Advertencia.
Aviso.
Recomendación.

1. Recorrido
Trayecto.
Itinerario.
Viaje.

2. Recorrido
Reprimenda.
Reprensión.
Repasata.
*Elogio.

Recortadura
Retal.
Retazo.
Recorte.

Recortar
Cercenar.
Cortar.
Truncar.

Recorte
Recortadura.
Retal.
Retazo.

Recostar
Inclinar.
Reclinar.
Adosar.
*Alzar.

1. Recoveco
Rodeo.
Revuelta.
Recodo.

2. Recoveco
Artilugio.
Artificio.
Evasiva.

Recreación
Recreo.

Recrear
Alegrar.
Divertir.
Distraer.
*Aburrir.

Recrearse
Remirarse.

Recreativo
Divertido.
Distraído.
Entretenido.
*Aburrido.

Recrecer
Acrecer.
Aumentar.
Acrecentar.
*Disminuir.

Recreo
Solaz.
Diversión.
Esparcimiento.
*Aburrimiento.

Recriminación
Regaño.
Reprimenda.
Reproche.
*Elogio.

Recriminar
Reñir.
Amonestar.
Increpar.
*Elogiar.

Recrudescencia
Empeoramiento.
Encono.
Recrudecimiento.
*Mejoría.

Rectangular
Cuadrilongo.

Rectángulo
Cuadrilongo.

Rectificación
Corrección.
Modificación.
*Ratificación.

1. Rectificar
Alinear.
Enderezar.
*Curvar.

2. Rectificar
Modificar.
Corregir.
Reformar.
*Ratificar.

3. Rectificar
Purificar.
Mejorar.
Acendrar.
*Estropear.

1. Rectitud
Enderezamiento.
Derechura.
*Curva.

2. Rectitud
Integridad.
Justicia.
Equidad.
*Parcialidad.

1. Recto
Derecho.
*Curvo.

2. Recto
Sincero.
Justo.
Íntegro.
*Parcial.

1. Rector
Párroco.
Cura.

2. Rector
Presidente.
Superior.
Director.

Recua
Teoría.
Reata.
Cabaña.

Recuadro
Marco.
Mazonera.

Recubrir
Vestir.
Revestir.
Cubrir.
*Descubrir.

Recuento
Arqueo.
Inventario.
Repaso.

1. Recuerdo
Memoria.
Evocación.
Recordación.
*Olvido.

2. Recuerdo
Presente.
Regalo.
Obsequio.

Recuerdos
Expresiones.
Memorias.
Saludos.

Recuesta
Intimación.
Exhorto.
Amonestación.
*Renuncia.

Recuestar
Pedir.
Demandar.
Exigir.
*Renunciar.

Reculada
Regresión.
Retroceso.
Retrogradación.
*Avance.

Recular
Retroceder.
Ceder.
Retirarse.
*Avanzar.

Recuperar
Salvar.
Recobrar.
Rescatar.

Recuperarse
Convalecer.
Fortalecerse.
Restablecerse.
*Desmejorarse.

1. Recurrir
Apelar.
Acudir.
Acogerse.

2. Recurrir
Emplear.
Servirse.
*Prescindir.

1. Recurso
Manera.
Medio.
Previsión.

2. Recurso
Procedimiento.
Escrito.
Petición.

3. Recurso
Apelación.
Demanda.
Requerimiento.

Recursos
Dinero.
Hacienda.
Bienes.

Recusar
Rechazar.
Negar.
Repeler.
*Aceptar.

1. Rechazar
Apartar.
Expulsar.
Rehusar.
*Aceptar.

2. Rechazar
Desestimar.
Impugnar.
Recusar.
*Avenirse.

1. Rechifla
Mofa.
Burla.

2. Rechifla
Silba.
Abucheo.
*Aplauso.

1. Rechiflar
Silbar.
Abuchear.
*Aplaudir.

2. Rechiflar
Ridiculizar.
Mofarse.
Burlarse.

Rechinar
Chirriar.
Crujir.
Gruñir.

Rechino
Chirrido.
Rechinamiento.
Crujido.

Rechoncho
Grueso.

Rollizo.
Gordo.
*Delgado.

1. Red
Redecilla.
Malla.

2. Red
Jábega.
Almadraba.
Mandil.

3. Red
Albánega.
Cofia.

4. Red
Ardid.
Trampa.
Engaño.

Redactar
Escribir.
Componer.
Consignar.

1. Redada
Bolichada.
Lance.
Bol.

2. Redada
Bandada.
Grupo.
Banda.

Redaño
Epiplón.
Omento.
Entresijo.

Redaños
Brío.
Fuerza.
Valor.
*Temor.

Redargüir
Rechazar.
Refutar.
Contestar.
*Admitir

1. Redecilla
Gandaya.
Escofieta.

2. Redecilla
Red.

3. Redecilla
Bonete.
Retículo.

Rededor
Derredor.
Contorno.
Redor.
*Lejos.

Redel
Almogama.

1. Redención
Rescate.
Libertad.
Liberación.
*Servilidad.

2. Redención
Medio.
Recurso.
Refugio.

Redeña
Salabardo.

Redhibición
Retorno.
Devolución.
*Apropiación.

Redición
Reiteración.
Repetición.
*Prosecución.

Redicho
Pomposo.
Enfático.
Pedante.
*Sencillo.

Redil
Aprisco.
Majada.
Cortil.

Redimir
Libertar.
Rescatar.
Eximir.
*Oprimir.

Rédito
Ganancia.
Renta.
Beneficio.
*Capital.

Redituar
Rendir.
Producir.
Rentar.

Redituable
Fructífero.
Rentable.
Beneficioso.
*Improductivo.

Redivivo
Aparecido.
Resucitado.
*Muerto.

1. Redoblar
Doblar.
Aumentar.
Duplicar.
*Disminuir.

2. Redoblar
Repetir.
Reiterar.
Insistir.
*Renunciar.

3. Redoblar.
Remachar.
*Arrancar.

1. Redoble
Redobladura.
Redoblamiento.

2. Redoble
Tamborileo.
Rataplán.

3. Redoble
Tañido.

Redoma
Garrafa.
Damajuana.
Frasco.

Redomado
Sagaz.
Cauteloso.
Astuto.
*Ingenuo.

1. Redonda
Comarca.

1. Redonda
Dehesa.
Coto.

3. Redonda
Dinero.

Redondeado
Combado.
Redondo.
*Recto.

Redondear
Bastantear.
Igualar.

1. Redondel
Arena.
Ruedo.

2. Redondel
Aro.
Círculo.

Redondilla
Serventesio.
Cuarteta.

1. Redondo
Cilíndrico.
Circular.
Esférico.
*Lineal.

2. Redondo
Diáfano.
Claro.
Fácil.
*Difícil.

3. Redondo
Dinero.

Redopelo
Riña.
Pelea.

Redro
Detrás.
Atrás.
*Adelante.

Reducción
Restricción.
Rebaja.
Merma.
*Aumento.

Reducido
Escaso.
Limitado.
Pequeño.
*Grande.

1. Reducir
Acortar.
Rebajar.
Disminuir.
*Ampliar.

2. Reducir
Domar.
Someter.
Sujetar.
*Liberar.

3. Reducir
Mudar.
Cambiar.
*Mantenerse.

4. Reducir
Convencer.
Atraer.
Persuadir.
*Disuadir.

5. Reducir
Convertir.

Reducto
Casamata.
Fortificación.
Defensa.

1. Redundancia
Abundancia.
Sobra.
Exceso.
*Falta.

2. Redundancia
Reiteración.
Repetición.
*Parquedad.

3. Redundancia
Inutilidad.
Superfluidad.
*Utilidad.

1. Redundante
Reiterado.
Repetido.
Monótono.
*Parco.

2. Redundante
Hinchado.
Ampuloso.
*Sencillo.

1. Redundar
Rebosar.
Salirse.
Derramarse.
*Escasear.

2. Redundar
Resultar.
Causar.
Acarrear.

Reduplicar
Doblar.
Aumentar.
Redoblar.
*Disminuir.

Reedificar
Restablecer.
Reconstruir.
Rehacer.
*Derribar.

Reembolsar
Indemnizar.
Devolver.
Resarcir.
*Apropiarse.

Reemplazante
Interino.
Suplente.
Substituto.

Reemplazar
Suplir.
Substituir.
Cambiar.
*Mantener.

1. Reemplazo
Relevo.
Substitución.
Cambio.

2. Reemplazo
Reclutamiento.
Quinta.
Leva.

1. Refacción
Colación.
Refección.
Refrigerio.
*Ayuno.

2. Refacción
Gaje.
Propina.
Gratificación.

Refajo
Faldellín.
Enagua.
Zagalejo.

Refalsado
Engañoso.
Falso.
Falaz.
*Legítimo.

1. Refección
Refacción.

2. Refección
Reparación.
Restauración.
Compostura.

Refectorio
Comedor.

1. Referencia
Relación.
Relato.
Narración.

2. Referencia
Semejanza.
Correlación.
Proporción.
*Independencia.

3. Referencia
Informe.
Noticia.
Recomendación.

4. Referencia
Cita.
Remisión.

1. Referir
Contar.
Relatar.
Narrar.
*Callar.

2. Referir
Enlazar.
Relacionar.
Ligar.
*Separar.

1. Referirse
Sugerir.
Aludir.
Insinuar.

2. Referirse
Remitirse.

Atenerse.
Reafirmarse.

Refertero
Pendenciero.
Provocador.
Bravucón.
*Tímido.

1. Refinado
Refinadura.

2. Refinado
Distinguido.
Sobresaliente.
Delicado.
*Vulgar.

3. Refinado
Sagaz.
Astuto.
Ladino.
*Ingenuo.

Refinadura
Depuración.
Limpieza.
Purificación.

Refinamiento
Esmero.
Primor.
Elegancia.
*Vulgaridad.

Refinar
Depurar.
Purificar.
Acrisolar.
*Empeorar.

1. Refirmar
Aseverar.
Ratificar.
Confirmar.
*Negar.

2. Refirmar
Afianzar.
Asegurar.
Apoyar.
*Debilitar.

1. Refitolero
Entrometido.
Entremetido.
*Discreto.

2. Refitolero
Refectolero.

1. Reflector
Espejo.
Reverbero.

2. Reflector
Faro.
Proyector.

3. Reflector
Telescopio.

Refleja
Cavilación.
Reflexión.
Cogitación.

1. Reflejar
Reverberar.
Reflectar.
Repercutir.
*Absorber.

2. Reflejar
Reflexionar.

Reflejarse
Espejarse.

1. Reflejo
Espejismo.
Espejeo.
Repercusión.
*Absorción.

2. Reflejo
Destello.
Vislumbre.
Viso.
*Obscuridad.

3. Reflejo
Imagen.
Idea.
Representación.

4. Reflejo
Espontáneo.
Automático.
Instintivo.
*Deliberado.

5. Reflejo
Reflexivo.

1. Reflexión
Meditación.
Cálculo.
Especulación.
*Despreocupación

2. Reflexión
Juicio.
Consejo.
Cordura.
*Imprudencia.

Reflexionar
Meditar.
Discurrir.
Cavilar.
*Actuar

1. Reflexivo
Reflectante.
Reflejante.
Iridiscente.
*Absorbente.

2. Reflexivo
Pronominal.
Reflejo.
Recíproco.

3. Reflexivo
Considerado.
Pensativo.
Meditabundo.
*Atolondrado.

1. Refluir
Retroceder.
Volver.
Regolfar.

2. Refluir
Redundar.

Reflujo
Bajamar.
*Flujo.

Refocilar
Entretener.
Alegrar.
Solazar.
*Entristecer.

Refocilo
Regodeo.
Refocilación.
Solaz.

1. Reforma
Restauración.
Mejora.
Renovación.
*Conservación.

2. Reforma
Protestantismo.
Luteranismo.

Reformador
Restaurador.
Progresista.
Innovador.

*Reaccionario.

1. Reformar
Modificar.
Cambiar.
Perfeccionar.

2. Reformar
Rectificar.
Enmendar.

*Conservar.

3. Reformar
Minorar.
Suprimir.
Quitar.

*Ampliar.

Reformarse
Moralizarse.
Moderarse.
Corregirse.

*Desenfrenarse.

Reformatorio
Disciplinario.
Correccional.

1. Reforzar
Engrosar.
Aumentar.
Acrecentar.

*Rebajar.

2. Reforzar
Fortalecer.
Fortificar.
Vigorizar.

*Debilitar.

3. Reforzar
Consolidar.
Reparar.
Afianzar.

*Ceder.

1. Refractario
Incombustible.

2. Refractario
Rebelde.
Opuesto.
Reacio.

*Disciplinado.

1. Refrán
Aforismo.
Proverbio.
Sentencia.

2. Refrán
Canción.
Estribillo.

Refranero
Gnomología.
Paremiología.

Refregamiento
Rascadura.

Refregar
Estregar.
Rascar.
Frotar.

Refregón
Rascadura.

1. Refrenar
Reducir.
Reprimir.
Sujetar.

*Instigar.

2. Refrenar
Moderar.
Contener.
Corregir.

*Corromper.

Refrenarse
Dominarse.
Domeñarse.

Refrendar
Revisar.
Legalizar.
Autorizar.

*Negar.

Refrendo
Firma.
Autorización.
Acreditación.

1. Refrescar
Enfriar.
Refrigerar.

*Calentar.

2. Refrescar
Helar.
Airear.

3. Refrescar
Beber.

1. Refresco
Sorbete.
Bebida.
Libación.

2. Refresco
Refrigerio.

Refriega
Encuentro.
Combate.
Pelea.

*Paz.

Refrigeración
Enfriamiento.
Refrigerio.
Congelación.

*Calefacción.

Refrigerante
Helador.
Refrescante.
Enfriador.

*Calorífico.

1. Refrigerar
Resfriar.
Refrescar.
Helar.

*Calentar.

2. Refrigerar
Animar.
Reforzar.
Alentar.

1. Refrigerio
Colación.
Refacción.
Refresco.

2. Refrigerio
Confortación.
Alivio.
Consuelo.

1. Refuerzo
Socorro.
Ayuda.
Consuelo.

*Debilitación.

2. Refuerzo
Arrimo.
Soporte.
Contrafuerte.

Refugiar
Cobijar.

Amparar.
Acoger.

*Desamparar.

Refugiarse
Resguardarse.
Defenderse.
Arrimárse.

*Exponerse.

Refugio
Albergue.
Asilo.
Cobijo.

*Desamparo.

Refulgencia
Resplandor.
Brillo.
Fulgor.

*Opacidad.

Refulgente
Radiante.
Brillante.
Resplandeciente.

*Apagado.

Refulgir
Brillar.
Lucir.
Fulgurar.

1. Refundir
Reformar.
Rehacer.
Compilar.

*Excluir.

2. Refundir
Redundar.
Resultar.

Refunfuñar
Murmurar.
Rezongar.
Mascullar.

*Gritar.

Refutación
Rebatimiento.
Objeción.
Repulsa.

*Aprobación.

Refutar
Rebatir.
Impugnar.
Objetar.

*Aprobar.

Regadera
Almanaza.
Almanaja.

Regadío
Huerta.
Regadizo.

Regaifa
Torta.
Hornazo.

1. Regajo
Aguachal.
Regajal.
Charco.

2. Regajo
Torrente.
Arroyo.
Regato.

1. Regalado
Suave.
Delicado.
Ameno.

*Ingrato.

2. Regalado
Gratis.

3. Regalado
Malcriado.
Malacostumbrado.
Vicioso.

1. Regalar
Donar.
Dar.
Obsequiar.

*Vender.

2. Regalar
Deleitar.
Recrear.
Alegrar.

*Aburrir.

3. Regalar
Derretir.
Destilar.
Libar.

*Chorrear.

Regalarse
Disfrutar.

1. Regalía
Preeminencia.
Prerrogativa.
Privilegio.

2. Regalía
Gratificación.

Regaliz
Regalicia.
Orozuz.
Alcazuz.

1. Regalo
Obsequio.
Presente.
Agasajo.

2. Regalo
Complacencia.
Placer.
Gusto.

3. Regalo
Comodidad.
Conveniencia.
Bienestar.

Regalón
Holgachón.
Comodón.

1. Regañar
Disputar.
Reñir.
Contender.

2. Regañar
Reconvenir.
Reprender.
Enfadarse.
*Elogiar.

Regaño
Represión.
Admonición.
Reprimenda.
*Elogio.

Regañón
Reprochón.
Gruñón.
Roncero.

1. Regar
Asperjar.
Rociar.
Asperjear.

2. Regar
Humectar.
Humedecer.
Mojar.
*Secar.

3. Regar
Esparcir.
Derramar.
Verter.

Regate
Efugio.
Escape.
Quite.

1. Regatear
Debatir.
Discutir.
Mercadear.

2. Regatear
Escasear.
Rehusar.

Regato
Reguera.

Regatón
Virola.
Cuento.
Casquillo.

1. Regazo
Falda.
Enfaldo.
Halda.

2. Regazo
Cobijo.
Amparo.
Refugio.

Regeneración
Restablecimiento.
Renovación.
Reconstitución.
*Degeneración.

Regenerar
Restablecer.
Reconstituir.

1. Regentar
Gobernar.
Regir.
Administrar.

2. Regentar
Imponer.
Dominar.

3. Regentar
Ejercer.
Desempeñar.
Llevar.

Regidor
Concejal.
Edil.

1. Régimen
Gobierno.
Dirección.
Administración.

2. Régimen
Trato.
Sistema.
Regla.

3. Régimen
Dieta.

Regimiento
Agrupación.

1. Regio
Real.

2. Regio
Majestuoso.
Mayestático.
Magnifico

Región
Pais.
Territorio.
Comarca.

Regional
Particular.
Local.
Comarcal.

1. Regir
Gobernar.
Mandar.
Dirigir.

2. Regir
Conducir.
Guiar.
Administrar.

Regirse
Bandearse.

Registrar
Examinar.
Mirar.
Inspeccionar.

1. Registro
Repertorio.
Índice.
Encabezamiento.

2. Registro
Protocolo.
Archivo.

3. Registro
Matrícula.
Padrón.

4. Registro
Albalá.
Cédula.

1. Regla
Ley.
Estatuto.
Reglamento.

2. Regla
Templanza.
Moderación.
Medida.
*Desenfreno.

3. Regla
Concierto.
Arreglo.
Norma.
*Desorden.

1. Reglado
Mesurado.
Regulado.
Templado.
*Irregular.

2. Reglado
Sobrio.
Parco.
Morigerado.
*Desordenado.

Reglamentario
Protocolario.
Legal.
Establecido.
*Antirreglamentario.

Reglamento
Norma.
Regla.
Ordenanza.

Reglarse
Medirse.
Sujetarse.
Ajustarse.
*Desmedirse.

Regleta
Corondel.

Regocijado
Contento.
Alegre.
Gozoso.
*Triste.

Regocijar
Alegrar.
Alborozar.
Divertir.
*Entristecer.

Regocijarse
Divertirse.
Regodearse.
Recrearse.

Regocijo
Gozo.
Alegría.
Júbilo.
*Tristeza.

Regodearse
Regocijarse.

Regodeo
Regocijo.

Regojo
Corrusco.
Mendrugo.
Zato.

Regoldar
Eructar.

Regolfar
Repercutir.
Refluir.

Regordete
Grueso.
Gordo.
Barrigudo.
*Delgado.

Regresar
Reintegrarse.
Retornar.
Volver.

Regresión
Retrocesión.
Retroceso.
Reculada.
*Avance.

Regreso
Retorno.
Vuelta.

Regüeldo
Eructo.

Reguera
Canal.
Acequia.
Regato.

1. Regular
Regulado.
Medido.
Ajustado.

2. Regular
Mediocre.
Mediano.
Normal.
*Excelente.

3. Regular
Ajustar.
Medir.
Acompasar.
*Desordenar.

Regularidad
Periodicidad.
Uniformidad.
Método.
*Irregularidad.

Regularizar
Ordenar.
Regular.
Metodizar.
*Desordenar.

Rehabilitar
Reivindicar.
Restituir. .
Reponer.
*Destituir.

Rehacer
Reponer.
Reconstruir.
Reparar.
*Destruir.

1. Rehacerse
Vigorizarse.
Reforzarse.
Fortalecerse.
*Debilitarse.

2. Rehacerse
Tranquilizarse.
Serenarse.
Angustiarse.
*Intranquilizarse.

Rehén
Seguro.
Fianza.
Prenda..

Reherir
Rechazar.
Rebatir.
*Aceptar.

Rehilandera
Molinete.
Rongigata.
Ventolera.

1. Rehilete
Reguilete.
Repullo.
Garapullo.

2. Rehilete
Estoque.
Banderilla.

Rehogar
Sazonar.
Estovar.

Rehoyo
Hoyada.
Barranco.
Cárcava.

1. Rehuir
Evitar.
Eludir.
Esquivar.
*Afrontar.

2. Rehuir
Rehusar.

1. Rehusar
Rehuir.

2. Rehusar
Excusar.
Rechazar.
Negarse.
*Aceptar.

3. Rehusar
Dimitir.
Renunciar.
*Admitir.

Reidor
Gozoso.
Alegre.
Burlón.
*Tristón.

Reimprimir
Reproducir.
Reeditar.
Reinsertar.

1. Reinante
Imperante.
Dominante.
*Inexistente.

2. Reinante
Existente.
Actual.

1. Reinar
Dirigir.
Regir.
Gobernar.

2. Reinar
Prevalecer.
Predominar.

Reincidencia
Reiteración.
Repetición.
Recaída.
*Enmienda.

Reincidente
Contumaz.
Relapso.
*Escarmentado.

Reincidir
Recaer.
Repetir.
Reiterar.
*Escarmentar.

Reintegrar
Reponer.
Devolver.
Restituir.
*Apropiarse.

1. Reintegrarse
Recobrarse.

2. Reintegrarse
Regresar.
Incorporarse.

1. Reintegro
Pago.

2. Reintegro
Devolución.
Restitución.
Justificación.

1. Reír
Estallar.
Carcajear.
Desternillarse.
*Llorar.

2. Reír
Bromear.
Burlarse.
Chancear.

Reiterado
Repetido.
Frecuente.
Pródigo.
*Interrumpido.

Reiterar
Repetir.
Iterar.
Insistir.
*Interrumpir.

Reivindicar
Reclamar.
Demandar.
Recuperar.
*Renunciar.

2. Reivindicar
Exigir.
Pedir.

Reja
Verja.
Enrejado.
Rejado.

Rejalgar
Sandáraca.

Rejilla
Celosía.
Alambrera.

1. Rejo
Pincho.
Punta.
Aguijón.

2. Rejo
Robustez.
Fortaleza.
Hombría.
*Pusilanimidad.

3. Rejo
Radícula.
Raicilla.

Rejuela
Maridillo.
Estufilla.
Rejilla.

Rejuvenecer
Vigorizar.
Fortalecer.
Reparar.
*Envejecer.

1. Relación
Correspondencia.
Enlace.
Conexión.
*Independencia.

2. Relación
Asiduidad.
Trato.
Familiaridad.
*Enemistad.

3. Relación
Informe.
Narración.
Relato.

4. Relación
Índice.
Lista.
Reparto.

1. Relacionar
Conectar.
Enlazar.
Conexionar.
*Independizar.

2. Relacionar
Referir.
Relatar.
Narrar.

Relacionarse
Visitarse.
Tratarse.
Alternar.
*Enemistarse.

1. Relajación
Aflojamiento.
Flojedad.
Laxitud.
*Tirantez.

2. Relajación
Distorsión.
Rotura.

3. Relajación
Quebradura.
Hernia.
Potra.

4. Relajación
Disminución.
Alivio.
Atenuación.
*Empeoramiento.

5. Relajación
Vicio.
Depravación.
Libertinaje.
*Virtud.

1. Relajado
Desatado.
Flojo.
Libre.
*Tenso.

2. Relajado
Depravado.
Estragado.
Vicioso.
*Virtuoso.

1. Relajar
Aflojar.
Debilitar.
Suavizar.
*Tirar.

2. Relajar
Aliviar.
Disminuir.
Atenuar.
*Agravarse.

1. Relajarse
Herniarse.
Quebrarse.

2. Relajarse
Estragarse.
Enviciarse.
Depravarse.
*Regenerarse.

Relamerse
Jactarse.
Pavonearse.
Gloriarse.

Relamido
Repulido.
Recompuesto.

Presumido.
*Natural.

Relámpago
Rayo.
Centella.

Relampaguear
Brillar.
Resplandecer.
Coruscar.

Relanzar
Rechazar.
Repeler.
Rehusar.
*Aceptar.

Relapso
Contumaz.
Reincidente.
Reiterante.
*Escarmentado.

Relatar
Contar.
Narrar.
Referir.
*Callar.

Relatividad
Contingencia.

1. Relativo
Tocante.
Referente.
Relacionado.
*Ajeno.

2. Relativo
Dependiente.
Variable.
Subordinado.
*Absoluto.

Relato
Narración.
Exposición.
Explicación.

Releer
Estudiar.
Repasar.

1. Relegar
Desterrar.
Extrañar.

2. Relegar
Arrinconar.

Apartar.
Despreciar.
*Aceptar.

1. Releje
Rodada.
Carrilada.
Rodera.

2. Releje
Sarro.

1. Relente
Humedad.
Sereno.

2. Relente
Frescura.
Sorna.
Burla.
*Seriedad.

Relevante
Eximio.
Excelente.
Superior.
*Ordinario.

1. Relevar
Eximir.
Perdonar.
Exonerar.
*Reprochar.

2. Relevar
Remediar.
Auxiliar.
Socorrer.
*Abandonar.

3. Relevar
Realzar.
Exaltar.
Enaltecer.
*Humillar.

4. Relevar
Mudar.
Reemplazar.
Substituir.
*Conservar.

5. Relevar
Resaltar.
Acentuar.
Intensificar.
*Desvirtuar.

1. Relevo
Cambio.

Reemplazo.
Substitución.

2. Relevo
Cambio de guardia.

1. Relieve
Realce.
Bulto.
Saliente.

2. Relieve
Bajorrelieve.
Altorrelieve.

3. Relieve
Orografía.

Relieves
Sobras.
Restos.
Residuos.

1. Religión
Creencia.
Fe.
Dogma.
*Laicismo.

2. Religión
Devoción.
Piedad.
Culto.
*Impiedad.

1. Religiosidad
Fervor.
Fe.
Creencia.
*Irreverencia.

2. Religiosidad
Exactitud.
Puntualidad.
*Negligencia.

1. Religioso
Pío.
Devoto.
Piadoso.
*Irreligioso.

2. Religioso
Ordenado.
Profeso.
*Seglar.

3. Religioso
Exacto.
Minucioso.

Escrupuloso.
*Negligente.

4. Religioso
Parco.
Moderado.
Frugal.
*Descomedido.

Relincho
Hin.
Relinchido.

1. Reliquia
Resto.
Residuo.
Sobra.

2. Reliquia
Huella.
Vestigio.
Señal.

3. Reliquia
Lacra.
Achaque.
Infortunio.

Reloj
Cronómetro.
Horómetro.
Cronógrafo.

Reluciente
Brillante.
Resplandeciente.
Fulgurante.
*Apagado.

1. Relucir
Relumbrar.
Brillar.
Resplandecer.

2. Relucir
Destacar.
Sobresalir.
Resaltar.

Reluctante
Reacio.
Opuesto.
Remiso.
*Sumiso.

Relumbrar
Resplandecer.
Brillar.
Relucir.

Relumbrón
Oropel.
Relumbro.
Brillo.

Rellano
Descansillo.
Meseta.
Descanso.

Rellenar
Llenar.
Colmar.
Emborrar.
*Vaciar.

1. Relleno
Colmado.
Cebado.
Abarrotado.
*Vacío.

2. Relleno
Superfluo.
Accidente.
*Substancia.

3. Relleno
Picadillo.

1. Remachado
Fijo.
Clavado.
Hincado.
*Suelto.

2. Remachado
Ancho.
Llano.
Chato.
*Fino.

1. Remachar
Roblar.
Machacar.
Aplastar.

2. Remachar
Recalcar.
Robustecer.
Asegurar.
*Debilitar.

Remache
Roblón.

Remanente
Resto.
Sobrante.

Residuo.
*Base.

1. Remanso
Rebalsa.
Cadoza.
Restaño.

2. Remanso
Flema.
Lentitud.
Posma.
*Diligencia.

Remar
Halar.
Bogar.
Paletear.

Rematar
Terminar.
Acabar.
Finalizar.
*Empezar.

1. Remate
Término.
Fin.
Conclusión.
*Principio.

2. Remate
Airón.
Penacho.
Cornisa.

Remedar
Parodiar.
Imitar.
Copiar.

Remediable
Reparable.
Subsanable.
Evitable.
*Irremediable.

1. Remediar
Corregir.
Reparar.
Subsanar.

2. Remediar
Aliviar.
Socorrer.
Auxiliar.
*Abandonar.

1. Remedio
Medicamento.

Cura.
Medicina.
*Tóxico.

2. Remedio
Enmienda.
Corrección.
Reparación.
*Error.

3. Remedio
Recurso.
Auxilio.
Refugio.
*Abandono.

Remedo
Copia.
Parodia.
Imitación.
*Original.

Remembranza
Recuerdo.
Memoria.
Evocación.
Olvido.

Remembrar
Recordar.
Evocar.
Rememorar.
*Olvidar.

Remendado
Pañoso.

1. Remendar
Repasar.
Componer.
Apañar.

2. Remendar
Corregir.
Enmendar.
Remediar.

3. Remendar
Acomodar.
Aplicar.
Apropiar.

1. Remero
Bogador.
Remador.

2. Remero
Galeote.

1. Remesa
Expedición.
Envio.
Remisión.
*Recepción.

2. Remesa
Giro.

Remesar
Enviar.
Expedir.
Mandar.
*Recibir.

Remiendo
Apañamiento.
Reparación.
Compostura.

Remilgado
Relamido.
Repulido.
Afectado.
*Negligente.

Remilgo
Alfeñique.
Dengue.
Melindre.

Reminiscencia
Recuerdo.
Memoria.
*Olvido.

1. Remirarse
Esmerarse.

2. Remirarse
Recrearse.

1. Remisión
Descuido.
Omisión.
*Recuerdo.

2. Remisión
Envio.
Remesa.
Expedición.
*Recepción.

3. Remisión
Indulto.
Perdón.
*Pena.

Remiso
Renuente.

Reacio.
Renitente.
*Diligente.

1. Remitente
Enviador.
Librador.

2. Remitente
Intermediario.
Comisionista.

1. Remitir
Enviar.
Expedir.
Remesar.

2. Remitir
Indultar.
Perdonar.
Eximir.
*Castigar.

3. Remitir
Diferir.
Dejar.
Aplazar.
*Abreviar.

4. Remitir
Ceder.
Aflojar.
Aplacarse.
*Arreciar.

Remitirse
Limitarse.
Atenerse.
Referirse.
*Extenderse.

1. Remo
Pala.
Aleta.

2. Remo
Pierna.
Brazo.

1. Remojar
Humectar.
Empapar.
Humedecer.
*Secar.

2. Remojar
Celebrar.
Convidar.
Festejar.

Remojón
Empapamiento.
Mojadura.

Remolacha
Betarrata.
Betarraga.

Remolcar
Halar.
Arrastrar.
Atoar.
*Empujar.

1. Remolino
Tolvanera.
Vórtice.
Vorágine.
*Calma.

2. Remolino
Disturbio.
Confusión.
Desorden.
*Tranquilidad.

3. Remolino
Gorga.
Hoya.

Remolón
Gandul.
Indolente.
Flemático.
*Diligente.

Remolonear
Holgazanear.
Roncear.
Callejear.
*Activar.

1. Remolque
Sirga.

2. Remolque
Caravana.

1. Remontar
Encumbrar.
Elevar.
Exaltar.
*Rebajar.

2. Remontar
Recomponer.
*Estropear.

Remontarse
Subir.
Engallarse.

1. Remoquete
Trágala.
Remoque.
Indirecta.

2. Remoquete
Puñetazo.
Puñada.

1. Rémora
Gaicano.

2. Rémora
Atranco.
Atasco.
Dificultad.
*Facilidad.

Remorder
Atormentar.
Inquietar.
Alterar.

Remordimiento
Contrición.
Inquietud.
Arrepentimiento.
*Contumacia.

1. Remoto
Distante.
Lejano.
Retirado.
*Próximo.

2. Remoto
Pasado.
Antiguo.
*Inmediato.

1. Remover
Mover.
Agitar.
Trastornar.
*Aquietar.

2. Remover
Apartar.
Quitar.
Obviar.
*Mantener.

3. Remover
Conmover.
Emocionar.

4. Remover
Deponer.
*Reponer.

Remozar
Fortalecer.
Renovar.
Robustecer.
*Envejecer.

Rempujón
Empellón.
Empujón.

Remudar
Reemplazar.
Relevar.
Reponer.

Remuneración
Premio.
Gratificación.
Recompensa.

Remunerar
Recompensar.
Retribuir.
Gratificar.

Remunerativo
Retributivo.
Productivo.
Provechoso.
*Improductivo.

Remusgar
Barruntar.
Sospechar.
Recelar.

Renacer
Retoñar.
Resucitar.
Avivar.
*Matar.

1. Renacimiento
Regeneración.
Retorno.
Resurrección.
*Decadencia.

2. Renacimiento
Palingenesia.

1. Renacuajo
Girino.

2. Renacuajo
Pigmeo.

Enano.
*Gigante.

Renal
Nefrítico.

Rencilla
Riña.
Disputa.
Pelea.
*Amistad.

Rencilloso
Rencoroso.

Rencor
Encono.
Odio.
Aversión.
*Amor.

Rencoroso
Cojijoso.
Rencilloso.
Vengativo.
*Indulgente.

Rendibú
Acatamiento.
Agasajo.

Rendición
Rendimiento.
Capitulación.
Entrega.
*Resistencia.

1. Rendido
Sumiso.
Obsequioso.
Galante.

2. Rendido
Cansado.
Fatigado.
Agotado.
*Enérgico.

Rendija
Hendedura.
Grieta.
Abertura.

1. Rendimiento
Rendición.

2. Rendimiento
Cansancio.
Fatiga.
Laxitud.
*Energía.

3. Rendimiento
Subordinación.
Sumisión.
Humildad.
*Rebeldía.

4. Rendimiento
Beneficio.
Utilidad.
Producto.
*Improductividad.

1. Rendir
Vencer.
Someter.
Debelar.

2. Rendir
Cansar.
Fatigar.
Sujetar.

3. Rendir
Redituar.
Producir.
Rentar.

Rendirse
Capitular.
Entregarse.
Humillarse.
*Resistir.

Rene
Riñón.

1. Renegado
Apóstata.
Elche.
*Fiel.

2. Renegado
Maldiciente.

3. Renegado
Tresillo.

1. Renegar
Detestar.
Abominar.
*Aplaudir.

2. Renegar
Abandonar.
Renunciar.
Negar.

3. Renegar
Jurar.
Blasfemar.
Maldecir.

Renegrear
Ennegrecer.
Negrear.
*Blanquear.

Renegrido
Morado.
Cárdeno.
*Pálido.

Renglón
Línea.
Raya.

Reniego
Voto.
Blasfemia.
Juramento.
*Alabanza.

Renitencia
Aversión.
Repugnancia.
Renuencia.
*Avenencia.

Renitente
Reacio.
Refractario.
Renuente.
*Dócil.

Renombrado
Acreditado.
Reputado.
Famoso.
*Ignorado.

Renombre
Crédito.
Fama.
Gloria.
*Descrédito.

1. Renovación
Reemplazo.

2. Renovación
Renacimiento.
Progreso.
Transformación.
*Conservación.

1. Renovar
Restaurar.
Reanudar.
Remozar.

2. Renovar
Remudar.
Reemplazar.
Cambiar.
*Mantener.

Renovarse
Reverdecer.
Recentarse.

Renovero
Logrero.
Usurero.

Renquear
Cojear.

Renta
Utilidad.
Rendimiento.
Provecho.

Rentas
Capital.
Posibilidades.
Dinero.

Rentar
Rendir.
Producir.
Redituar.

Rentero
Tributario.
Colono.
Arrendatario.

Renuencia
Repugnancia.
Oposición.
Renitencia.
*Avenencia.

Renuente
Remiso.
Reacio.
Desobediente.
*Dócil.

1. Renuevo
Renovación.

2. Renuevo
Vástago.
Retoño.
Brote.

Renuncia
Dimisión.
Abandono.
Dejación.
*Apropiación.

Renuncio
Contradicción.
Falta.
Mentira.

1. Reñido
Duro.
Encarnizado.
Sangriento.
*Sosegado.

2. Reñido
Enojado.
Peleado.
Hostil.
*Amigo.

Reñidura
Filípica.
Regaño.
Repasata.
*Elogio.

1. Reñir
Luchar.
Altercar.
Pelear.

2. Reñir
Amonestar.
Reprender.
*Elogiar.

3. Reñir
Querellarse.
Enfadarse.
Indisponerse.
*Amigar.

Reo
Convicto.
Culpable.
Culpado.
*Inocente.

Reorganizar
Mejorar.
Reparar.
Organizar.
*Desorganizar.

Repantigarse
Arrellanarse.
Acomodarse.
Aclocarse.

Reparable
Remediable.
Rectificable.

Enmendable.
*Irreparable.

1. Reparación
Remiendo.
Reparo.
Remedio.
*Abandono.

2. Reparación
Compensación.
Indemnización.
Resarcimiento.
*Agravio.

Reparado
Compuesto.
Remozado.
Recompuesto.
*Descompuesto.

1. Reparar
Componer.
Aderezar.
Apañar.
*Estropear.

2. Reparar
Apercibir.
Observar.
Advertir.

3. Reparar
Desagraviar.
Expiar.
Resarcir.
*Ofender.

Repararse
Contenerse.
Reportarse.

1. Reparo
Reparación.

2. Reparo
Protección.
Abrigo.
Defensa.

3. Reparo
Observación.
Objeción.
Censura.
*Elogio.

4. Reparo
Óbice.
Dificultad.

Obstáculo.
*Facilidad.

Reparón
Criticón.
Minucioso.
Quisquilloso.
*Negligente.

Repartición
Reparto.

Repartir
Distribuir.
Partir.
Promediar.
*Unificar.

Reparto
Repartimiento.
Distribución.
Prorrateo.
*Unión.

1. Repasar
Corregir.
Retocar.
Enmendar.
*Olvidar.

2. Repasar
Estudiar.

3. Repasar
Planchar.

Repasata
Corrección.
Reprimenda.
Reprensión.
*Elogio.

1. Repaso
Estudio.
Revisión.
Examen.

2. Repaso
Repasata.

Repecho
Cuesta.
Rampa.
Pendiente.
*Bajada.

1. Repelar
Descañonar.
Carmenar.

2. Repelar
Cercenar.
Quitar.
Disminuir.

Repelente
Recusante.
Inadmisible.
Repugnante.
*Atractivo.

1. Repeler
Rehusar.
Desdeñar.
Desechar.
*Atraer.

2. Repeler
Negar.
Contradecir.
Objetar.
*Aceptar.

1. Repelo
Pelea.
Riña.
Contienda.

2. Repelo
Hastío.
Repugnancia.
Disgusto.
*Atractivo.

Repeloso
Quisquilloso.
Rencilloso.
Puntilloso.
*Indiferente.

Repensar
Reflexionar.
Meditar.

Repentino
Pronto.
Súbito.
Imprevisto.
*Deliberado.

Repentista
Improvisador.
*Calculador.

Repercusión
Reflexión.
Reflejo.
Trascendencia.
*Intrascendencia.

1. Repercutir
Reverberar.
Reflejar.
Resonar.
*Absorver.

2. Repercutir
Trascender.
Implicar.
Resultar.

Repertorio
Colección.
Compilación.
Catálogo.

1. Repetición
Imitación.
Iteración.
Reproducción.

2. Repetición
Estribillo.
Insistencia.
Monotonía.
*Variedad.

Repetido
Frecuente.
Insistente.
Redundante.
*Único.

Repetir
Iterar.
Reiterar.
Insistir.

Replicar
Tañer.
Sonar.
Resonar.

Repicarse
Presumir.
Jactarse.
Alardear.
*Humillarse.

1. Repique
Tañido.
Campaneo.

2. Repique
Cuestión.
Altercación.
Riña.

Repiquetear
Sonar.

Repicar.
Redoblar.

1. Repisa
Modillón.
Ménsula.
Can.

2. Repisa
Rinconera.

1. Repisar
Apisonar.

2. Repisar
Porfiar.
Insistir.
Reiterar.

1. Replantar
Repoblar.

2. Replantar
Trasplantar.

Repleción
Saciedad.
Colmo.
Abundancia.
*Falta.

Replegarse
Retirarse.
Retroceder.
Recogerse.
*Avanzar.

1. Repleto
Relleno.
Macizo.
Colmado.
*Vacío.

2. Repleto
Ahíto.
Harto.
Atiborrado.
*Hambriento.

Réplica
Objeción.
Respuesta.
Distingo.
*Proposición.

Replicar
Objetar.
Argumentar.
Oponer.
*Aprobar.

1. Repliegue
Pliegue.
Doblez.
Dobladura.

2. Repliegue
Retirada.

Repoblar
Replantar.

1. Repolludo
Topocho.
Achaparrado.
*Esbelto.

2. Repolludo
Rechoncho.
Gordo.
*Delgado.

Reponer
Reparar.
Substituir.
Restablecer.
*Deponer.

1. Reponerse
Vigorizarse.
Recobrarse.
Fortalecerse.
*Debilitarse.

2. Reponerse
Animarse.
Serenarse.
Tranquilizarse.
*Desasosegarse.

Reportación
Calma.
Sosiego.
Tranquilidad.
*Insensatez.

Reportaje
Reporte.
Información.
Reseña.

1. Reportar
Calmar.
Contener.
Reprimir.
*Excitar.

2. Reportar
Conseguir.

Lograr.
Agenciar.
*Perder.

3. Reportar
Traer.
Llevar.
Transportar.

1. Reporte
Reportaje.

2. Reporte
Novedad.
Noticia.

3. Reporte
Chisme.
Cuento.
Historia.

Reportero
Gacetillero.
Periodista.

Reposado
Quieto.
Sereno.
Tranquilo.
*Intranquilo.

1. Reposar
Descansar.
Detenerse.
Holgar.
*Moverse.

2. Reposar
Acostarse.
Dormir.
Yacer.
*Agitarse.

Reposarse
Posarse.
Depositarse.
Calmarse.
*Intranquilizarse.

Reposición
Reversión.
Renovación.
Reforma.

Reposo
Sosiego.
Quietud.
Calma.
*Inquietud.

1. Repostería
Pastelería.
Dulcería.

2. Repostería
Botillería.
Fresquería.
Charcutería.

Repostero
Pastelero.

Reprender
Censurar.
Amonestar.
Criticar.
*Encomiar.

Reprensible
Criticable.
Reprobable.
Vituperable.
*Loable.

Reprensión
Admonición.
Amonestación.
Corrección.
*Loa.

1. Represa
Estancación.
Detención.

2. Represa
Embalse.
Estanque.

1. Represalia
Vindicación.
Venganza.
Castigo.
*Perdón.

1. Represar
Detener.
Contener.
Reprimir.
*Soltar.

2. Represar
Embalsar.
Estancar.

1. Representación
Símbolo.
Imagen.
Idea.

2. Representación
Substitución.
Relevo.
Suplantación.

3. Representación
Drama.
Función.
Comedia.

1. Representante
Delegado.
Agente.
Suplente.

2. Representante
Comediante.

1. Representar
Imitar.
Reproducir.
Encarnar.

2. Representar
Trazar.
Mostrar.
Manifestar.

3. Representar
Substituir.
Reemplazar.
Suceder.

4. Representar
Dar.
Recitar.

Represión
Detención.
Freno.
Contención.
*Autorización.

Reprimenda
Admonición.
Reprensión.

Reprimir
Sujetar.
Contener.
Dominar.
*Soltar.

Reprobable
Criticable.
Reprensible.
Censurable.
*Elogiable.

Reprobación
Crítica.
Represión.
Censura.

1. Reprobar
Reprochar.
Vituperar.
Condenar.
*Admitir.

2. Reprobar
Revolcar.
Catear.
Suspender.

Réprobo
Condenado.
Maldito.
Prescrito.
*Bendito.

Reprochar
Regañar.
Reprobar.
Reñir.
*Aprobar.

Reproche
Regaño.
Reprensión.
Reconvención.
*Aprobación.

1. Reproducción
Imitación.
Copia.
Calco.
*Original.

2. Reproducción
Propagación.
Repetición.
Difusión.
*Unidad.

1. Reproducir
Remedar.
Imitar.
Calcar.

2. Reproducir
Multiplicar.
Propagar.
Engendrar.

1. Reproducirse
Espejarse.
Reflejarse.

2. Reproducirse
Engendrar.

Reptar
Serpentear.
Culebrear.
Arrastrarse.

Reptil
Pérfido.
Rastrero.
Servil.

1. República
Estado.

2. República
Municipio.

Repudiado
Despreciado.
Recusado.
Aborrecido.
*Aceptado.

1. Repudiar
Desdeñar.
Repeler.
Excluir.
*Acoger.

2. Repudiar
Arrinconar.
Dejar.
Arrimar.

Repudio
Divorcio.
Repulsión.
Dejación.
*Admisión.

1. Repuesto
Restablecido.
Restituido.
Renovado.
*Depuesto.

2. Repuesto
Apartado.
Retirado.
Escondido.

3. Repuesto
Recambio.
Prevención.
Provisión.

Repugnancia
Aversión.

Repulsión.
Asco.
*Atracción.

Repugnante
Repulsivo.
Repelente.
Sucio.
*Atractivo.

1. Repugnar
Repeler.
Excluir.
Rechazar.
*Admitir.

2. Repugnar
Opugnar.
Negar.
Contradecir.
*Aprobar.

Repulgado
Repulido.

Repulido
Engalanado.
Acicalado.
Relamido.
*Dejado.

1. Repulsa
Corrección.
Reprimenda.
Riña.
*Elogio.

2. Repulsa
Rechazamiento.
Repulsión.
Repudio.
*Admisión.

1. Repulsión
Repudio.
Repulsa.
*Aceptación.

2. Repulsión
Disgusto.
Aversión.
Odio.
*Simpatía.

Repulsivo
Asqueroso.
Repelente.
Desagradable.
*Agradable.

1. Repullo
Garapullo.
Rehilete.

2. Repullo
Consternación.
Ramalazo.
Desconcierto.

1. Repunta
Manifestación.
Atisbo.
Indicio.

2. Repunta
Quimera.
Desazón.
Resquemor.

Reputación
Fama.
Prestigio.
Celebridad.
*Descrédito.

Reputar
Autorizar.
Estimar.
Calificar.

Requebrar
Galantear.
Lisonjear.
Piropear.
*Insultar.

Requemar
Socarrar.
Tostar.
Soflamar.

Requemarse
Consumirse.
Afligirse.
Dolerse.
*Alegrarse.

Requerimiento
Aviso.
Amonestación.
Intimación.

1. Requerir
Intimar.
Amonestar
Prevenir.

2. Requerir
Necesitar.
Precisar.

3. Requerir
Demandar.
Solicitar.
Pedir.
*Renunciar.

4. Requerir
Persuadir.
Inducir.
Convencer.
*Disuadir.

Requesón
Naterón.
Názula.
Cuajada.

Requiebro
Galantería.
Piropo.
Lisonja.
*Insulto.

Requintar
Aventajar.
Exceder.
Superar.
*Disminuir.

Requisa
Revista.
Inspección.
Requisición.

Requisar
Decomisar.
Incautarse.
Confiscar.

Requisición
Comiso.
Requisa.
Embargo.

Requisito
Condición.
Formalidad.
Circunstancia.

Resabiar
Pervertir.
Enviciar.
*Mejorar.

Resabiarse
Disgustarse.
Desazonarse.

Resabido
Presumido.

Sabihondo.
Sabelotodo.

1. Resabio
Perversión.
Vicio.
Achaque.
*Cualidad.

2. Resabio
Disgusto.
Rastro.
Desabrimiento.

1. Resaltar
Distinguirse.
Destacarse.
Señalarse.

2. Resaltar
Repercutir.
Botar.
Rebotar.

1. Resalto
Retallo.
Prominencia.
Saliente.
*Concavidad.

2. Resalto
Rebote.
Rechazo.
Bote.

Resarcimiento
Restitución.
Compensación.
Devolución.
*Daño.

Resarcir
Reparar.
Compensar.
Subsanar.
*Dañar.

Resarcirse
Vengarse.
Desquitarse.
Recobrarse.

1. Resbaladizo
Escurridizo.
Resbaloso.
Lúbrico.
*Pegadizo.

2. Resbaladizo
Lascivo.

Libidinoso.
Licencioso.
*Casto.

1. Resbalar
Deslizarse.
Escurrirse.
Desvarar.
*Mantenerse.

2. Resbalar
Incidir.
Incurrir.
Pecar.

Resbaloso
Resbaladizo.

Rescaño
Residuo.

1. Rescatar
Recobrar.
Redimir.
Libertar.
*Perder.

2. Rescatar
Cambiar.
Trocar.

1. Rescate
Recobro.
Redención.
Liberación.
*Pérdida.

2. Rescate
Razón.
Desempeño.

Rescindir
Anular.
Invalidar.
Abrogar.
*Promulgar.

1. Rescoldo
Calibo.
Borrajo.

2. Rescoldo
Escozor.
Recelo.
Escrúpulo.
*Alegría.

Reseda
Gualda.

Resentimiento
Tirria.
Animosidad.
Rabia.
*Perdón.

1. Resentirse
Debilitarse.
Aflojarse.
Flaquear.
*Crecerse.

2. Resentirse
Agraviarse.
Lastimarse.
Ofenderse.
*Alegrarse.

1. Reseña
Revista.
Inspección.

2. Reseña
Detalle.
Descripción.
Narración.

3. Reseña
Crítica.
Nota.
Juicio.

1. Reserva
Previsión.
Depósito.
Guarda.
*Imprevisión.

2. Reserva
Discreción.
Cautela.
Prudencia.
*Impudor.

3. Reserva
Anomalía.
Reservación.

Reservado
Comedido.
Moderado.
Cauteloso.
*Indiscreto.

1. Reservar
Ahorrar.
Economizar.
Almacenar.
*Dispendiar.

2. Reservar
Aplazar.
Dilatar.
Diferir.
*Apresurar.

3. Reservar
Celar.
Ocultar.
Velar.
*Descubrir.

4. Reservar
Exceptuar.
Dispensar.
Relevar.
*Ocupar.

Reservarse
Precaverse.
Mantenerse.
Recelar.
*Exponerse.

Resfriado
Resfrío.
Romadizo.
Catarro

Resfriar
Congelar.
Enfriar.
Refrescar.
*Calentar.

Resfriarse
Arromadizarse.
Acatarrarse.
Constiparse.

Resfrío
Resfriado.

Resguardar
Proteger.
Preservar.
Abrigar.
*Exponer.

Resguardarse
Reservarse.

1. Resguardo
Custodia.
Guarda.
Defensa.

2. Resguardo
Talón.

Recibo.
Comprobante.

1. Residencia
Vivienda.
Morada.
Domicilio.

2. Residencia
Hostería.
Pensión.

Residir
Habitar.
Morar.
Vivir.

Residuo
Remanente.
Resto.
Sobrante.

1. Resignación
Conformidad.
Paciencia.
Humildad.
*Resistencia.

2. Resignación
Renunciación.
Dimisión.
Renuncia.
*Aceptación.

Resignado
Dócil.
Sumiso.
Paciente.
*Renuente.

Resignar
Renunciar.
Entregar.
Dimitir.
*Ocupar.

Resignarse
Conformarse.
Someterse.
Allanarse.
*Rebelarse.

Resina
Almáciga.
Asa.
Bálsamo.

Resinoso
Resinífero.

1. Resistencia
Energía.
Vigor.
Fuerza.
*Debilidad.

2. Resistencia
Oposición.
Defensa.
Afrontamiento.
*Aceptación.

Resistente
Firme.
Vigoroso.
Sólido.
*Débil.

1. Resistero
Resol.
Resistidero.

2. Resistero
Siesta.

1. Resistir
Soportar.
Tolerar.
Sufrir.
*Ceder.

2. Resistir
Repeler.
Rechazar.
Plantarse.
*Huir.

Resol
Solana.
Bochorno.
Resistero.
*Sombra.

1. Resolución
Ánimo.
Arrojo.
Osadía.
*Cobardía.

2. Resolución
Presteza.
Viveza.
Alacridad.
*Calma.

3. Resolución
Determinación.
Decisión.
Providencia.

1. Resoluto
Decidido.
Resuelto.
*Irresoluto.

2. Resoluto
Abreviado.
Sintetizado.
Compendiado.
*Dilatado.

3. Resoluto
Hábil.
Experto.
Diestro.
*Inhábil.

1. Resolver
Acabar.
Solucionar.
Solventar.

2. Resolver
Recapitular.
Epilogar.
Resumir.

3. Resolver
Destrozar.
Deshacer.
Aniquilar.
*Hacer.

Resollar
Respirar.
Jadear.
Bufar.

1. Resonancia
Repercusión.
Eco.
Rimbombo.

2. Resonancia
Publicación.
Divulgación.
Publicidad.
*Silencio.

Resonante
Estrepitoso.
Retumbante.
Ruidoso.
*Silencioso.

Resonar
Repercutir.
Retumbar.
Atronar.

Resoplar
Jadear.
Resollar.
Roncar.

Resoplido
Ronquido.
Resóplo.
Rebufe.

1. Resorte
Ballesta.
Muelle.
Espiral.

2. Resorte
Medio.
Influencia.
Valimiento.

1. Respaldo
Revés.
Reverso.
Dorso.
*Anverso.

2. Respaldo
Espaldar.
Espaldera.
Respaldar.

Respectar
Concernir.
Atañer.
Competer.

Respectivo
Análogo.
Recíproco.
Atinente.

Respecto
Proporción.
Razón.
Relación.
*Inconexión.

Respetable
Honorable.
Venerable.
Serio.
*Despreciable.

Respetado
Bienquisto.

Respetar
Venerar.
Acatar.
Reverenciar.
*Desacatar.

Respetarle
Ayunarle.

Respeto
Consideración.
Veneración.
Acatamiento.
*Desacato.

Respetuoso
Cortés.
Deferente.
Reverente.
*Irrespetuoso.

Réspice
Reprimenda.
Reprensión.
*Elogio.

Respigón
Padrastro.

1. Respingar
Cocear.
Resistir.
Protestar.
*Acatar.

2. Respingar
Rezongar.
Replicar.
Repugnar.
*Callar.

Respingo
Despego.
Enfado.
Repugnancia.

1. Respiración
Inhalación.
Respiro.
Inspiración.
*Asfixia.

2. Respiración
Aliento.
Soplo.
Resuello.

1. Respiradero
Tronera.
Abertura.
Tragaluz.

2. Respiradero
Atabe.
Ventosa.

3. Respiradero
Respiro.

1. Respirar
Inspirar.
Aspirar.
Exhalar.
*Asfixiarse.

2. Respirar
Esperanzarse.
Animarse.
Reposar.
*Afanarse.

3. Respirar
Decir.
Hablar.

Respiro
Reposo.
Calma.
Sosiego.
*Ajetreo.

1. Resplandecer
Brillar.
Lucir.
Refulgir.

2. Resplandecer
Resaltar.
Sobresalir.
Aventajar.

Resplandeciente
Brillante.
Rutilante.
Fulgurante.
*Opaco.

Resplandina
Riña.
Reprensión.
*Elogio.

Resplandor
Lucimiento.
Brillo.
Fulgor.
*Opacidad.

1. Responder
Pagar.
Reconocer.
Agradecer.

2. Responder
Contestar.

Replicar.
Objetar.
*Afirmar.

3. Responder
Asegurar.
Garantizar.
Avalar.
*Desentenderse.

4. Responder
Proporcionar.
Equilibrar.

Respondón
Insolente.
*Dócil.

Responsabilidad
Cumplimiento.
Cargo.
Obligación.
*Irresponsabilidad

Responsable
Garante.
Solidario.
Comprometido.
*Irresponsable.

Responso
Responsorio.

1. Respuesta
Réplica.
Contestación.
Satisfacción.
*Afirmación.

2. Respuesta
Contradicción.
Refutación.
Impugnación.
*Admisión.

Resquebrajadura
Grieta.
Hendidura.
Fractura.
*Lisura.

Resquebrajar
Agrietar.
Hender.
Cuartear.
*Igualar.

Resquebrajo
Resquebrajadura.

Resquebrar
Resquebrajar.

Resquemar
Irritar.
Requemar.
Enfadar.
*Agasajar.

Resquemazón
Resquemo.
Resquemor.
Escozor.
Desazón.
Picazón.

1. Resquicio
Hendidura.
Intersticio.
Grieta.

2. Resquicio
Pretexto.
Ocasión.
Motivo.

1. Resta
Diferencia.
Substracción.
*Suma.

2. Resta
Resto.
Residuo.

Restablecer
Resucitar.
Reponer.
Reparar.
*Destruir.

Restablecerse
Fortalecerse.
Sanar.
Curar.
*Empeorar.

Restablecimiento
Curación.
Cura.
Recobramiento.
*Empeoramiento.

Restallar
Chasquear.
Restañar.
Latiguear.

Restante
Sobrante.

Residuo.
Sobra.

Restañar
Detener.
Cauterizar.
Estancar.

Restañasangre
Alaqueca.

1. Restaño
Estancamiento.
Detención.
Atajamiento.

2. Restaño
Remanso.
Rebalse.
Represa.

1. Restar
Deducir.
Substraer.
Quitar.
*Sumar.

2. Restar
Sobrar.
Faltar.
Quedar.

Restauración
Reparación.
Establecimiento.
Reposición.
*Revocación.

Restaurador
Recuperador.
Reparador.

1. Restaurante
Comedor.
Restorán.

2. Restaurante
Reparador.
Fortificante.
Reconfortante.

Restaurar
Recobrar.
Reponer.
Recuperar.
*Destruir.

Restitución
Devolución.
Reversión.
Reposición.
*Apropiación.

Restituir
Devolver.
Remitir.
Reponer.
*Apropiarse.

Restituirse
Regresar.
Tornar.
Volver.
*Marchar.

1. Resto
Sobrante.
Residuo.
Exceso.
*Totalidad.

2. Resto
Resta.

Restregamiento
Ludimiento.
Rascadura.
Frotamiento.

Restregar
Refregar.
Rascar.
Frotar.

Restregarse
Revolcarse.
Coscarse.
Concomerse.

Restregón
Fregadura.
Rascadura.
Erosión.

Restricción
Impedimento.
Obstáculo.
Limitación.
*Licencia.

Restrictivo
Limitativo.
Represivo.
Taxativo.
*Ilimitado.

Restricto
Restringido.
Preciso.
Limitado.
Definido.
*Indefinido.

Restringir
Circunscribir.
Limitar.
Ceñir.
*Abrir.

Restriñimiento
Contracción.
Espasmo.
Convulsión.

1. Restriñir
Estipticar.
Astringir.
Constreñir.

2. Restriñir
Compeler.
Obligar.
Coartar.
*Abrir.

Resucitado
Redivivo.
Aparecido.
*Muerto.

Resucitar
Reavivar.
Vivificar.
Revivir.
*Sepultar.

Resudarse
Escurrirse.
Rezumar.
Filtrarse.

Resuelto
Arrojado.
Osado.
Audaz.
*Timido.

Resuello
Jadeo.
Resoplo.
Respiración.

1. Resulta
Resultado.

2. Resulta
Medida.
Acuerdo.
Fallo.

Resultado
Secuela.
Suceso:

Consecuencia.
*Causa.

1. Resultar
Resaltar.
Resurtir.
Botar.

2. Resultar
Redundar.
Producir.
Surtir.
*Promover.

3. Resultar
Evidenciarse.
Manifestarse.
Aparecer.

Resumen
Epítome.
Sumario.
Sinopsis.

Resumido
Conciso.
Breve.
Lacónico.
*Extenso.

Resumir
Concretar.
Extractar.
Abreviar.
*Dilatar.

Resurgimiento
Reaparición.
Renacimiento.
Regeneración.
*Decadencia.

Resurgir
Resucitar.
Reaparecer.
Renacer.
*Morir.

Resurtida
Rechazo.
Rebote.
Choque.

Retaco
Regordete.
Gordo.
Rechoncho.
*Delgado.

Retahíla
Sarta.
Serie.
Conjunto.

Retajar
Circundar.
Cercenar.

Retal
Recortadura.
Sobras.
Recorte.

Retallar
Retallecer.

1. Retallo
Vástago.
Pimpollo.
Brote.

2. Retallo
Resalto.

Retama
Escobera.
Hiniesta.

1. Retar
Envidar.
Desafiar.
Provocar.

2. Retar
Reprender.
Reprochar.
Reconvenir.
*Elogiar.

Retardar
Retrasar.
Atrasar.
Aplazar.
*Avivar.

Retardatario
Lento.
Tardo.
Perezoso.
*Diligente.

Retardo
Demora.
Retraso.
Lentitud.
*Adelanto.

Retartalillas
Charlatanería.
Cháchara.

Retemblar
Temblar.

1. Retén
Repuesto.
Provisión.
Acopio.
*Escasez.

2. Retén
Guardia.
Refuerzo.
Presidio.

Retención
Detención.
Custodia.
Reserva.

Retener
Guardar.
Detener.
Conservar.
*Soltar.

Retentar
Rondar.

Retentiva
Recuerdo.
Memoria.
*Amnesia.

Retesar
Endurecer.
Atiesar.
*Ablandar.

Reticencia
Precesión.
Restricción.
Omisión.

2. Reticencia
Indirecta.
Tapujo.
Rehilete.
*Descaro.

1. Retículo
Red.

2. Retículo
Redecilla.

Retintín
Énfasis.
Son.
Sonsonete.

Retirada
Retroceso.
Repliegue.
Regreso.
*Avance.

Retirado
Separado.
Lejano.
Alejado.
*Próximo.

1. Retirar
Alejar.
Separar.
Desviar.

2. Retirar
Sacar.
Quitar.
Restar.
*Añadir.

3. Retirar
Jubilar.

4. Retirar
Parecerse.
Tirar.
Asemejarse.

1. Retirarse
Aislarse.
Retraerse.
Enterrarse.
*Aparecer.

2. Retirarse
Retroceder.
*Avanzar.

3. Retirarse
Acostarse.
Recogerse.
*Levántarse.

4. Retirarse
Abrigarse.
Guarecerse.
Defenderse.
*Exponerse.

1. Retiro
Retraimiento.
Apartamiento.
Alejamiento.
*Asistencia.

2. Retiro
Jubilación.
*Actividad.

3. Retiro
Recepto.
Refugio.
Abrigo.

Reto
Desafío.
Amenaza.
Provocación.

Retocar
Modificar.
Corregir.
Restaurar.

Retoñar
Rebrotar.
Retoñecer.
Reproducirse.

Retoño
Pimpollo.
Rebrote.
Hijo.

1. Retoque
Corrección.
Modificación.

2. Retoque
Amenaza.
Amago.

Retorcer
Entorchar.
Torcer.
Enroscar.

Retorcerse
Encarrujarse.

Retorcido
Fino.
Artificioso.
Maligno.
*Sencillo.

Retorcimiento
Retortijón.

Retórico
Grandilocuente.
Orador.

1. Retornar
Devolver.
Restituir.

Tornar.
*Apropiarse.

2. Retornar
Regresar.
Volver.
*Marchar.

1. Retorno
Restitución.
Devolución.
*Apropiación.

2. Retorno
Regreso.
Vuelta.
Retroacción.
*Ida.

3. Retorno
Recompensa.
Paga.
Satisfacción.

4. Retorno
Trueque.
Cambio.
Permuta.

Retorta
Cucúrbita.

Retortijón
Ensortijamiento.
Retorcimiento.

1. Retozar
Brincar.
Saltar.
Potrear.

2. Retozar
Juguetear.
Travesear.
Jugar.

Retozón
Juguetón.
Travieso.
Saltarín.

Retractación
Denegación.
Rectificación.
Palinodia.

Retractar
Revocar.
Anular.
Desdecirse.

Retractarse
Denegar.
Rectificarse.
*Ratificar.

Retraer
Apartar.
Disuadir.

1. Retraerse
Amadrigarse.
Aislarse.
Retirarse.

2. Retraerse
Guarecerse.
Acogerse.
Refugiarse.

1. Retraído
Retirado.
Refugiado.

2. Retraído
Reservado.
Taciturno.
Solitario.

3. Retraído
Tímido.
Corto.

1. Retraimiento
Alejamiento.
Apartamiento.
Aislamiento.

2. Retraimiento
Refugio.
Retiro.
Guarida.

3. Retraimiento
Reserva.
Cortedad.
Timidez.

Retrasar
Suspender.
Atrasar.
Retardar.
*Adelantar.

Retrasarse
Adeudarse.
Endeudarse.

Retraso
Demora.
Retardo.
Dilación.
*Adelanto.

1. Retratar
Imitar.
Copiar.
Representar.

2. Retratar
Detallar.
Describir.
Pincelar.

1. Retrato
Fotografía.
Imagen.
Efigie.

2. Retrato
Descripción.

Retrechero
Lagotero.
Zalamero.
*Desabrido.

Retrete
Excusado.

Retribución
Premio.
Recompensa.
Pago.

Retribuir
Premiar.
Recompensar.
Remunerar.

Retroceder
Cejar.
Retirarse.
Retrogradar.
*Avanzar.

Retroceso
Regresión.
Retirada.
Retrocesión.
*Avance.

Retrogradación
Retroceso.
Regresión.
*Adelanto.

Retrogradar
Replegarse.
Retirarse.
Refluir.
*Avanzar.

Retrógrado
Reaccionario.
Atrasado.
Retardatario.
*Progresista.

Retruécano
Conmutación.

1. Retumbante
Rimbombante.
Resonante.
Ruidoso.
*Silencioso.

2. Retumbante
Pomposo.
Ostentoso.
Enflautado.
*Modesto.

Retumbar
Tronar.
Resonar.
Estallar.

Retumbo
Estallido.
Ruido.
Resonancia.

Retundir
Repeler.
Repercutir.

Reunión
Concurso.
Asamblea.
Agrupamiento.

Reunir
Congregar.
Juntar.
Agrupar.
*Separar.

1. Revalidar
Confirmar.
Ratificar.
Convalidar.
*Rectificar.

2. Revalidar
Antipocar.

Revelación
Manifestación.
Descubrimiento.
Declaración.
*Ocultación.

Revelar
Mostrar.
Declarar.
Manifestar.

1. Revenirse
Consumirse.
Encogerse.

2. Revenirse
Acedarse.
Avinagrarse.
Acidularse.

3. Revenirse
Retractarse.
Ceder.

Reventadero
Matadero.
Ajetreo.
Fatiga.

1. Reventar
Romperse.
Abrirse.
Estallar.

2. Reventar
Nacer.
Brotar.

3. Reventar
Aplastar.
Desbaratar.

4. Reventar
Fatigar.
Extenuar.
Cansar.

5. Reventar
Enfadar.
Molestar.

6. Reventar
Dañar.
Perjudicar.

1. Reventón
Cuesta.
Pendiente.

2. Reventón
Aprieto.
Dificultad.
Obstáculo.

3. Reventón
Pinchazo.

Reverberación
Soflama.
Reflejo.
Flama.

Reverberar
Reflejar.

Reverdecer
Renovarse.
Envigorecer.
Rejuvenecerse.
*Agostarse.

1. Reverencia
Respeto.
Veneración.
Consideración.
*Irreverencia.

2. Reverencia
Salutación.
Saludo.
Inclinación.

Reverenciar
Respetar.
Venerar.
Honrar.
*Despreciar.

Reverente
Temeroso.
Respetuoso.
Piadoso.
*Irreverente.

Reverso
Revés.
Dorso.
Envés.
*Anverso.

1. Revés
Contrahaz.
Reverso.
*Anverso.

2. Revés
Percance.
Desastre.
Accidente.
*Suerte.

1. Revesado
Intrincado.
Obscuro.
Difícil.
*Fácil.

2. Revesado
Travieso.
Indomable.
Revoltoso.
*Quieto.

Revesar
Vomitar.
Arrojar.
Devolver.

Revestimiento
Encofrado.
Recubrimiento.
Encostradura.

Revestir
Recubrir.
Vestir.
Revocar.

Revestirse
Engreírse.
Imbuirse.
Envanecerse.

Revezar
Reemplazar.
Substituir.
Revelar.

Revisar
Examinar.
Repasar.
Estudiar.

Revisión
Inspección.
Revista.
Control.

Revisor
Inspector.
Reveedor.

1. Revista
Revisión.
Inspección.
Control.

2. Revista
Parada.
Alarde.
Desfile.

Revistar
Inspeccionar.
Examinar.

Revivificar
Reavivar.
Vivificar.
Animar.

1. Revivir
Renovar.
Resucitar.
Resurgir.
*Morir.

2. Revivir
Renovarse.
Reproducirse.

Revocación
Casación.
Anulación.
Abrogación.
*Promulgación.

1. Revocar
Abrogar.
Anular.
Desautorizar.
*Promulgar.

2. Revocar
Retraer.
Apartar.
Disuadir.

3. Revocar
Enlucir.
Pintar.

1. Revolcar
Maltratar.
Revolver.
Pisotear.

2. Revolcar
Derribar.
Vencer.

3. Revolcar
Suspender.
Reprobar.
Catear.

Revolcarse
Refregarse.
Restregarse.
Volquearse.

Revoltijo
Enredo.
Revoltillo.
Confusión.
*Ordenación.

1. Revoltoso
Sedicioso.
Alborotador.
Insurrecto.

2. Revoltoso
Travieso.
Vivaracho.
Revesado.
*Tranquilo.

3. Revoltoso
Intrincado.

1. Revolución
Conmoción.
Agitación.
Perturbación.
*Tranquilidad.

2. Revolución
Rotación.
Alteración.
Giro.

1. Revolucionar
Agitar.
Tumultuar.
Amotinar.

2. Revolucionar
Girar.

1. Revolucionario
Sedicioso.
Amotinado.
Rebelde.
*Reaccionario.

2. Revolucionario
Innovador.

1. Revolver
Arrebujar.
Menear.
Agitar.

2. Revolver
Registrar.
Trastear.
Husmear.

3. Revolver
Inquietar.
Enredar.
Desazonar.

4. Revolver
Reflexionar.
Meditar.
Discurrir.

5. Revolver
Girar.

Revolverse
Aborrascarse.
Encapotarse.
Nublarse.
*Serenarse.

Revoque
Revocadura.
Revoco.

1. Revuelta
Insurrección.
Revolución.
Motín.

2. Revuelta
Riña.
Disensión.
Pendencia.

3. Revuelta
Mudanza.
Vuelta.
Cambio.

1. Revuelto
Enredador.
Inquieto.
Travieso.
*Sosegado.

2. Revuelto
Revesado.
Difícil.
Abstruso.
*Sencillo.

Revulsivo
Revulsorio.

Rey
Soberano.
Monarca.
Majestad.

Reyerta
Contienda.
Riña.
Pendencia.
*Paz.

Reyezuelo
Régulo.

Rezagado
Lento.
Tardo.

Atrasado.
*Adelantado.

Rezagar
Suspender.
Diferir.
Atrasar.

Rezagarse
Demorarse.
Retardarse.
*Adelantarse.

Rezago
Residuo.
Atraso.

1. Rezar
Orar.

2. Rezar
Decir.
Recitar.

3. Rezar
Refunfuñar.
Gruñir.
Rezongar.

1. Rezno
Rosón.

2. Rezno
Ricino.

Rezongar
Mascullar.
Gruñir.
Refunfuñar.

Rezongón
Gruñón.
Refunfuñador.

Rezumar
Sudar.
Recalar.
Filtrar.

Rezumarse
Susurrarse.
Traslucirse.

Riada
Crecida.
Avenida.
Inundación.

Riba
Ribera.

Ribazo
Ribera.
Zopetero.

1. Ribera
Orilla.
Margen.
Borde.

2. Ribera
Litoral.
Costa.

3. Ribera
Huerto.
Huerta.

Ribete
Añadidura.
Aumento.
Acrecentamiento.
*Disminución.

Ribetes
Indicios.
Asomos.

Ricial
Rizal.

Ricino
Cherva.
Higuereta.
Querva.

1. Rico
Adinerado.
Opulento.
Acaudalado.
*Pobre.

2. Rico
Fecundo.
Fértil.
Próspero.
*Escaso.

3. Rico
Sabroso.
Gustoso.
Apetitoso.
*Soso.

4. Rico
Opimo.
Exquisito.
Excelente.
*Malo.

Ridiculez
Burla.
Extravagancia.

Ridiculizar
Satirizar.
Caricaturizar.
Burlarse.
*Alabar.

1. Ridículo
Divertido.
Extravagante.
Risible.
*Serio.

2. Ridículo
Escaso.
Trivial.
Mezquino.
*Abundante.

3. Ridículo
Impertinente.
Extraño.
Irregular.
*Normal.

4. Ridículo
Nimio.
Meticuloso.
Quisquilloso.
*Negligente.

1. Riego
Barrita.
Aguja.

2. Riego
Rail.
Carril.

Rielar
Resplandecer.
Destellar.
Coruscar.

1. Riendas
Dirección.
Gobierno.
Mando.

2. Riendas
Moderación.
Sujeción.
Continencia.
*Incontinencia.

Riesgo
Aventura.
Peligro.
Exposición.

1. Rifa
Lotería.
Sorteo.

2. Rifa
Contienda.
Riña.
Reyerta.

1. Rifar
Sortear.

2. Rifar
Reñir.
Contender.
Pelearse.

Rifle
Fusil.
Carabina.

1. Rigidez
Inflexibilidad.
Rigor.
Endurecimiento
*Ductilidad.

2. Rigidez
Rigurosidad.
*Benevolencia.

1. Rígido
Tenso.
Tieso.
Duro.
*Dúctil.

2. Rígido
Austero.
Severo.
Inflexible.
*Compasivo.

1. Rigor
Rigidez.
*Ductilidad.

2. Rigor
Rigurosidad.
*Benevolencia.

3. Rigor
Vehemencia.
Intención.
*Calma.

4. Rigor
Precisión.
Propiedad.
*Impropiedad.

5. Rigor
Reciura.
Inclemencia.

Rigorismo
Rigurosidad.
*Benevolencia.

Rigurosidad
Severidad.
Inflexibilidad.
Austeridad.
*Benevolencia.

1. Riguroso
Acre.
Áspero.
Crudo.
*Dulce.

2. Riguroso
Rígido.
Severo.
Cruel.
*Suave.

3. Riguroso
Exacto.
Preciso.
Estricto.
*Negligente.

4. Riguroso
Extremado.
Inclemente.
Tórrido.
*Templado.

Rija
Pendencia.
Trifulca.
Riña.
Alboroto.

1. Rijoso
Pendenciero.

2. Rijoso
Lujurioso.
Sensual.

1. Rima
Asonancia.
Consonancia.

2. Rima
Asonante.
Consonante.

3. Rima
Montón.
Pila.
Acopio.

Rimar
Aconsonantar.
Versificar.
Asonantar.

1. Rimbombante
Altisonante.
Resonante.
Retumbante.
*Sencillo.

2. Rimbombante
Llamativo.
Ostentoso.
Suntuoso.
*Discreto.

Rimbombar
Repercutir.
Retumbar.
Resonar.

Rimero
Montón.
Rima.
Cúmulo.

Rincón
Ángulo.
Esquina.
Esconce.

Rinconera
Cantonera.
Recodo.

Ringla
Ringlera.
Ringle.
Fila.
Hilera.
Ristra.
Línea.

Rinoceronte
Unicornio.
Abada.

1. Riña
Pendencia.
Pelea.
Altercado.
*Tranquilidad.

2. Riña
Litispendencia.

1. Riñón
Rene.

2. Riñón
Centro.
Interior.

1. Río
Arroyo.
Corriente.
Torrente.

2. Río
Afluencia.
Abundancia.
Caudal.

1. Ripio
Cascajo.
Residuo.
Escombros.

2. Ripio
Astilla.
Doladura.

3. Ripio
Superfluidad.

Riqueza
Fertilidad.
Prosperidad.
Abundancia.
*Pobreza.

Risa
Hilaridad.
Risotada.
Carcajada.
*Llanto.

Risco
Peñasco.
Escarpadura.
Acantilado.

Riscoso
Escabroso.
Peñascoso.
Abrupto.
*Llano.

Risible
Ridículo.
Irrisorio.
Cómico.
*Serio.

Risotada
Carcajada.
Risa.

Ristra
Ringlera.
Fila.
Hilera.

1. Risueño
Placentero.
Alegre.
Gozoso.
*Triste.

2. Risueño
Agradable.
Deleitable.
Placentero.
*Desagradable.

3. Risueño
Próspero.
Favorable.
*Desfavorable.

Rítmico
Cadencioso.
Mesurado.
Armonioso.
*Arrítmico.

1. Ritmo
Armonía.
Simetría.
Proporción.

2. Ritmo
Verso.
Metros.

Rito
Regla.
Costumbre.
Ceremonia.

Ritual
Habitual.
Ceremonial.
Liturgia.

Rival
Antagonista.
Competidor.
Contrario.
*Aliado.

Rivalidad
Competencia.

Oposición.
Antagonismo.
*Alianza.

Rivalizar
Hombrear.
Competir.
Contender.

Riza
Destrozo.
Estrago.

Rizado
Crespo.
Rizoso.
Escaracolado.
*Lacio.

1 Rizar
Ensortijar.
Ondular.

2. Rizar
Cabrillear.

Rizarse
Encresparse.

Rizo
Sortija.
Bucle.
Tirabuzón.

Rizoso
Rizado.

Róbalo
Lubina.
Lobina.
Céfalo.

Robar
Quitar.
Hurtar.
Despojar.
*Regalar.

Robín
Herrumbre.
Orín.
Moho.

Roblar
Remachar.

Roble
Carbizo.
Carba.
Carvallo.

Roblizo
Duro.
Robusto.
Resistente.
*Débil.

Roblón
Remache.

Robo
Despojo.
Hurto.
Estafa.
*Donación.

Roborar
Afianzar.
Afirmar.
Asegurar.

Robustecer
Consolidar.
Reforzar.
Fortalecer.
*Debilitar.

Robustez
Robusteza.
Fuerza.
Fortaleza.
Resistencia.
Vigor.
*Debilidad.

Robusto
Fornido.
Forzudo.
Fuerte.
*Débil.

1. Roca
Peña.
Peñasco.
Roquedo.

2. Roca
Veta.
Piedra.

1. Rocadero
Rocador.

2. Rocadero
Capillo.

Rocalla
Abalorio.

Roce
Frotamiento.

Rascadura.
Restregón.

1. Rociada
Rociamiento.
Rociadura.
Rocío.

2. Rociada
Bronca.
Represión.
Filípica.

3. Rociada
Hablilla.
Murmuración.
Chismorreo.

Rociar
Regar.
Esparcir.
Asperjar.

1. Rocín
Jamelgo.
Caballejo.
Rocino.

2. Rocín
Ignorante.
Rústico.
Rudo.
*Culto.

1. Rocío
Sereno.
Escarcha.
Relente.

2. Rocío
Rociada.

Rocoso
Pedregoso.
Riscoso.
*Terroso.

Rocho
Ruc.

Rodada
Releje.
Carrilada.
Carril.

1. Rodaja
Tajada.
Rueda.
Loncha.

2. Rodaja
Roldana.

3. Rodaja
Rosca.

Rodapié
Zócalo.
Friso.

1. Rodar
Voltear.
Rular.
Remolinear.

2. Rodar
Caer.
Bolear.

3. Rodar
Vagar.
Merodear.
Errar.

4. Rodar
Pulular.
Rebosar.
Abundar.

1. Rodear
Cercar.
Acordonar.
Encerrar.

2. Rodear
Rodar.

3. Rodear
Divagar.
Perifrasear.
Detraer.

1. Rodeo
Desvío.
Descarrío.
Virada.

2. Rodeo
Circunloquio.
Ambages.
Evasiva.

Rodera
Rodada.

Rodilla
Rótula.
Hinojo.

Rodillo
Rulo.
Cilindro.
Polín.

Rododafne
Laurel.
Adelfa.
Baladre.

Rodrigar
Arrodrigonar.
Arrodrigar.
Enrodrigar.

1. Rodrigón
Tutor.
Caña.
Puntal.

2. Rodrigón
Acompañante.

Roedor
Conmovedor.
Turbador.
Desazonador.
*Tranquilizador.

1. Roer
Ratonar.

2. Roer
Descantillar.
Carcomer.
Gastar.

3. Roer
Molestar.
Afligir.
Atormentar.
*Tranquilizar

Rogar
Pedir.
Instar.
Suplicar.
*Intimar.

Rogativa
Súplica.
Plegaria.
Oración.

Rogo
Fuego.
Hoguera.
Pira.

1. Roído
Arratonado.

2. Roído
Despreciable.
Mezquino.
Exiguo.

Rojo
Bermellón.
Encarnado.
Rúbeo.

Rol
Nómina.
Lista.
Catálogo.

Roldana
Rodaja.

Rolde
Círculo.
Rueda.
Corro.

Rollizo
Recio.
Robusto.
Fornido.
*Delgado.

1. Rollo
Rulo.
Cilindro.
Zurullo.

2. Rollo
Lata.
Tabarra.
Pejiguera.

Rollona
Niñera.
Ama.

Romadizo
Catarro.
Coriza.

1. Romance
Poema.

2. Romance
Novela.

3. Romance
Románico.

Romances
Excusas.
Pretextos.
Circunloquios.

Románico
Romance.
Neolatino.

Romanizar
Latinizar.

1. Romántico
Romanceresco.
Novelesco.
Romancesco.

2. Romántico
Sentimental.
Sensible.
Pasional.
*Materialista.

Romanza
Aria.

1. Romería
Peregrinación.
Romeraje.
Peregrinaje.

2. Romería
Muchedumbre.
Multitud.
Tropel.

Romero
Peregrino.

1. Romo
Porro.
Chato.
Boto.
*Agudo.

2. Romo
Rudo.
Tosco.
Obtuso.
*Listo.

Rompecabezas
Problema.
Acertijo.
Pasatiempo.

Rompeolas
Escollera.
Dique.

Rompepoyos
Vagabundo.
Holgazán.
Poltrón.
*Trabajador.

1. Romper
Fracturar.
Quebrar.
Demoler.
*Componer.

2. Romper
Irrumpir.
Brotar.
Prorrumpir.

3. Romper
Artigar.
Roturar.

4. Romper
Interrumpir.
Cortar.

Rompesacos
Egilope.

Rompesquinas
Valentón.
Farfantón.
Chulo.

Rompiente
Bajío.
Escollo.

1. Rompimiento
Quebrantamiento.
Rotura.
Fractura.

2. Rompimiento
Cuestión.
Riña.
Desavenencia.
*Amistad.

1. Ronca
Gamitido.
Brama.

2. Ronca
Fiero.
Petulancia.
Bravata.

Roncal
Ruiseñor.

1. Roncar
Gamitar.

2. Roncar
Bramar.
Aullar.
Gruñir.

1. Roncería
Lentitud.
Tardanza.
Ronce.
*Ligereza.

2. Roncería
Lagotería.
Cariño.
Halago.
*Desaire.

1. Roncero
Lento.
Perezoso.
Flemático.
*Ligero.

2. Roncero
Adulador.
Lagotero.
Embaucador.
*Despreciativo.

3. Roncero
Regañón.
Quisquilloso.
Desabrido.

Ronco
Bronco.
Enronquecido.
Áspero.
*Suave.

1. Roncha
Equimosis.
Cardenal.

2. Roncha
Estafa.
Timo.
Hurto.

3. Roncha
Tajada.
Lonja.
Rebanada.

Ronchar
Crujir.
Ronzar.
Chascar.

1. Ronda
Vigilancia.
Guardia.
Custodia.

2. Ronda
Repartimiento.
Distribución.

3. Ronda
Corro.

4. Ronda
Patraña.
Cuento.
Chisme.

1. Rondar
Vigilar.
Guardar.

2. Rondar
Cortejar.
Galantear.
Requebrar.

3. Rondar
Voltear.

4. Rondar
Importunar.
Asediar.
Molestar.

5. Rondar
Amagar.
Amenazar.
Retentar.

1. Rondín
Ronda.

2. Rondín
Sereno.

Ronquear
Enronquecer.

Ronquera
Ronquez.
Afonía.
Carraspera.

Ronronear
Gruñir.
Murmullar.

Ronroneo
Murmullo.
Cuchicheo.
Rumor.

Ronzal
Cabestro.
Ramal.
Camal.

Ronzar
Ronchar.
Chascar.
Crujir.

1. Roña
Sarna.

2. Roña
Porquería.
Mugre.
Suciedad.
*Aseo.

3. Roña
Orín.
Moho.
Herrumbre.

4. Roña
Picardía.
Sagacidad.
Astucia.

5. Roña
Roñería.

Roñería
Mezquindad.
Tacañería.
Cicatería.
*Esplendidez.

1. Roñoso
Escabioso.
Sarnoso.

2. Roñoso
Puerco.
Sucio.
Sórdido.
*Aseado.

3. Roñoso
Mezquino.
Avaro.
Cicatero.
*Generoso.

4. Roñoso
Mohoso.
Oxidado.

1. Ropa
Vestidura.
Vestido.
Ropaje.

2. Ropa
Tela.
Trapo.
Género.

1. Ropaje
Ropa.

2. Ropaje
Expresión.

Lenguaje.
Locuela.

Ropavejero
Prendero.
Trapero.

Ropón
Capa.
Gabán.
Capote.

Roque
Torre.

Roquedal
Peñascal.
Roqueda.
Riscal.

Roquedo
Peñasco.
Roca.
Cantil.

Roqueño
Peñascoso.
Rocoso.
*Terroso.

Roquete
Sobrepelliz.

Rorro
Criatura.
Niño.
Bebé.

1. Rosario
Contal.
Sartal.
Cuenta.

2. Rosario
Espinazo.

Rosarse
Sonrosarse.
Sonrojarse.
Enrojecerse.
*Palidecer.

1. Rosca
Rodaja.

2. Rosca
Tortel.
Bollo.

1. Rosetón
Florón.

2. Rosetón
Ventanal.

Rosmarino
Romero.

Rosmaro
Manato.
Manatí.

1. Roso
Raso.
Raído.
Liso.
*Peludo.

2. Roso
Rojo.

Rosón
Rezno.

1. Rostro
Pico.

2. Rostro
Pitón.
Apículo.
Ápice.

3. Rostro
Cara.
Faz.
Semblante.

Rota
Derrota.

Rotación
Giro.
Revolución.
Circunvolución

Rotativa
Imprenta.

Rotatorio
Circulatorio.
Giratorio.
Circunvalatorio

1. Roto
Quebrantado.

2. Roto
Trapajoso.
Andrajoso.
Haraposo.

1. Rótula
Choquezuela.

2. Rótula
Trocisco.

Rótulo
Cartel.
Letrero.
Inscripción.

Rotundidad
Esfericidad.
Redondez.
Curvatura.
*Rectitud.

1. Rotundo
Esférico.
Redondo.
Orondo.
*Recto.

2. Rotundo
Preciso.
Concluyente.
Definitivo.
*Indefinido.

3. Rotundo
Rodado.
Sonoro.

Rotura
Rompimiento.
Ruptura.
Fractura.
*Integridad.

Roturar
Arar.
Artigar.

Roya
Alheña.
Pimiento.
Herrumbre.

1. Rozadura
Frotadura.
Rozamiento.
Fricción.

2. Rozadura
Excoriación.
Arañazo.
Sahorno.

Rozagante
Vistoso.
Brillante.
Ufano.
*Abatido.

1. Rozamiento
Rozadura.

2. Rozamiento
Discordia.
Rompimiento.
Disgusto.
*Amistad.

1. Rozar
Artigar.
Limpiar.
Escaliar.

2. Rozar
Raspar.
Rascar.

3. Rozar
Rasar.
Acariciar.
Lamer.

1. Rozarse
Relacionarse.
Tratarse.

2. Rozarse
Tartajear.
Trabarse.

3. Rozarse
Asemejarse.
Parecerse.

1. Roznar
Ronzar.

2. Roznar
Rebuznar.

Roznido
Rebuzno.

Rozno
Burro.
Asno.
Jumento.

Rozo
Ramiza.
Leña.
Chabasca.

Rozón
Cimbara.
Guadaña.

Ruano
Callejero.

Ruano
Roano.
Bayo.

Ruar
Pasear.
Callejear.
Rondar.

Rúbeo
Rojizo.
Rojo.
Rubescente.

Rubí
Carbúnculo.
Carbunclo.
Rubín.

Rubia
Granza.

Rubicán
Rosado.

1. Rubicundo
Colorado.
Rojo.
Escarlata.

2. Rubicundo
Rubio.

3. Rubicundo
Sanguíneo.

4. Rubicundo
Rotundo.
Redondo.

Rubio
Rútilo.
Rubicundo.
Blondo.

Rubor
Sonrojo.
Erubescencia.
Bochorno.
*Desvergüenza.

Ruborizado
Atolondrado.
Confuso.
Embarazado.
*Desenvuelto.

Ruborizar
Sonrojar.
Avergonzar.
Abochornar.

Ruboroso
Rojo.
Vergonzoso.
Encarnado.
*Pálido.

1. Rúbrica
Rasgo.
Marca.
Registro.

2. Rúbrica
Título.
Rótulo.
Epígrafe.

3. Rúbrica
Bermellón.

Rubricar
Subscribir.
Firmar.
Visar.

Rubro
Rojo.
Encarnado.

1. Rucio
Blanquecino.
Pardo.

2. Rucio
Entrecano.
Canoso.

3. Rucio
Asno.
Pollino.
Rucho.

Rucho
Asno.

Rudeza
Brusquedad.
Torpeza.
Aspereza.
*Cortesía.

Rudimentario
Elemental.
Fundamental.
Embrionario.
*Acabado.

Rudimento
Embrión.
Principio.
Germen.

1. Rudo
Basto.
Tosco.
Áspero.
*Refinado.

2. Rudo
Torpe.
Duro.
Grosero.
*Cortés.

3. Rudo
Riguroso.
Violento.
Impetuoso.
*Plácido.

1. Rueda
Rodaja.
Círculo.
Rolde.

2. Rueda
Vez.
Tanda.
Turno.

1. Ruedo
Estera.
Esterilla.
Felpudo.

2. Ruedo
Circunferencia.
Círculo.

3. Ruedo
Contorno.

4. Ruedo
Término.
Límite.

Ruego
Jaculatoria.
Plegaria.
Súplica.
*Exigencia.

Rufián
Alcahuete.
Baratero.
Chulo.

1. Rufo
Rojo.
Rubio.
Bermejo.

2. Rufo
Ensortijado.
Encrespado.
Encarrujado.
*Lacio.

1. Rugido
Bramido.

2. Rugido
Trueno.
Estruendo.
Retumbo.

Ruginoso
Herrumbroso.
Mohoso.

1. Rugir
Bramar.

2. Rugir
Rechinar.
Crujir.
Chirriar.

Rugosidad
Pliegue.
Arruga.
Estría.

Rugoso
Desigual.
Arrugado.
Ondulado.
*Plano.

Ruibarbo
Rubárbaro.

1. Ruido
Ronroneo.
Murmullo.
Rumor.

2. Ruido
Litigio.
Pleito.
Pendencia.
*Silencio.

3. Ruido
Rareza.
Novedad.

Ruidoso
Escandaloso.
Sonado.

1. Ruin
Vil.

Indigno.
Miserable.
*Digno.

2. Ruin
Enclenque.
Raquítico.
Desmedrado.
*Grande.

3. Ruin
Avaro.
Mezquino.
Cicatero.
*Generoso.

Ruina
Destrucción.
Perdición.
Desolación.
*Fortuna.

Ruinas
Restos.
Vestigios.
Escombros.

1. Ruindad
Infamia.
Bajeza.
Vileza.
*Bondad.

2. Ruindad
Tacañería.
Avaricia.
Roñería.
*Generosidad.

1. Ruinoso
Decadente.
Cadente.

2. Ruinoso
Pequeño.
Desmedrado.
Desmirriado.
*Grande.

3. Ruinoso
Costoso.
Caro.
*Barato.

4. Ruinoso
Perjudicial.
Desgraciado.

Ruiponce
Rapónchigo.

Ruiseñor
Filomena.
Roncal.

Rulo
Cilindro.
Rodillo.

1. Rumbo
Dirección.
Ruta.
Orientación.

2. Rumbo
Ostentación.
Pompa.
Boato.

3. Rumbo
Generosidad.
Liberalidad.
Garbo.

1. Rumboso
Ostentoso.
Aparatoso.
Suntuoso.
*Miserable.

2. Rumboso
Desprendido.
Generoso.
Dadivoso.
*Avaro.

Rumí
Cristiano.

1. Rumiar
Mascar.
Remugar.

2. Rumiar
Examinar.
Estudiar.
Meditar.

3. Rumiar
Rezongar.
Mascullar.
Refunfuñar.

1. Rumor
Murmullo.
Zumbido.
Ruido.

2. Rumor
Son.
Mareta.

3. Rumor
Hablilla.
Chisme.

Rumorearse
Decirse.
Susurrarse.
Runrunearse.

Runfla
Serie.
Colección.
Clase.

Runrún
Rumor.

1. Ruptura
Enemistad.
Rompimiento.
Riña.
*Amistad.

2. Ruptura
Rotura.

Rural
Campesino.
Rústico.
Tosco.
*Urbano.

Rus
Zumaque.

Rusco
Jusbarba.
Brusco.

Rusticano
Silvestre.
Rústico.
*Cultivado.

Rusticidad
Tosquedad.
Grosería.
Rudeza.
*Cultura.

1. Rústico
Burdo.
Tosco.
Inculto.
*Educado.

2. Rústico
Campesino.
Pueblerino.
Aldeano.
*Urbano.

3. Rústico
Pastoril.
Agreste.
*Cultivado.

Rustiquez
Rusticidad.
Rustiqueza.

Ruta
Itinerario.
Derrota.
Rumbo.

Rutilante
Resplandeciente.
Brillante.
Fulgurante.
*Apagado.

Rutilar
Refulgir.
Brillar.
Llamear.

1. Rútilo
Áureo.
Rubio.

2. Rútilo
Rutilante.

Rutina
Costumbre.
Uso.
Hábito.

Rutinario
Frecuente.
Habitual.
Acostumbrado.
*Insólito.

Ruzafa
Parque.
Jardín.
Vergel.

S

Sábalo
Saboga.
Alosa.
Trisa.

Sabana
Llanura.
Planicie.
Páramo.
*Selva.

Sábana
Cobija.

1. Sabandija
Musaraña.
Bicho.
Cojijo.

2. Sabandija
Granuja.
Golfo.
Zascandil.

Sabedor
Entendido.
Instruido.
Doctó.
*Ignorante.

1. Saber
Sabiduría.
Sapiencia.
Erudición.
*Ignorancia.

2. Saber
Conocer.
Entender.
Dominar.
*Ignorar.

3. Saber
Parécerse.
Semejarse.

4. Saber
Adaptarse.
Acomodarse.
Sujetarse.

Sabidillo
Sabihondo.

1. Sabido
Notorio.
Público.
Consabido.
*Ignorado.

2. Sabido
Sabio.

1. Sabiduría
Saber.
*Ignorar.

2. Sabiduría
Sensatez.
Juicio.
Prudencia.

3. Sabiduría
Conocimiento.
Noticia.

Sabihondo
Pedante.
Doctoral.
Sabelotodo.
*Modesto.

Sabio
Culto.
Docto.
Erudito.
*Ignorante.

1. Sablazo
Estocada.

2. Sablazo
Préstamo.
Petición.
Guante.

Sable
Chafarote.
Charrasca.

Sablista
Parásito.
Mangante.
Sacacuartos.

Sabor
Gusto.
Sapidez.
Saborcillo.

Saboreamiento
Saboreo.
Degustación.
Paladeo.

1. Saborear
Paladear.
Gustar.
Catar.

2. Saborear
Sainetear.
Sazonar.

Saboreo
Saboreamiento.

Sabotaje
Daño.
Desperfecto.
Deterioro.

Sabroso
Agradable.
Delicioso.
Gustoso.
*Soso.

Sabuco
Sabugo.
Saúco.

Sabueso
Olfateador.
Pesquisidor.
Indagador.

Sábulo
Arena.

Sabuloso
Arenoso.

1. Saca
Transporte.
Extracción.
Exportación.

2. Saca
Copia.
Duplicado.

Sacabocados
Ardid.
Treta.
Argucia.

Sacabuche
Titere.
Chisgarabis.

Sacacorchos
Sacatapón.
Tirabuzón.

Sacacuartos
Sacadineros.

Sacadilla
Gancho.

1. Sacadineros
Timo.
Estafa.

2. Sacadineros
Pertardista.
Enlabiador.
Farandulero.

1. Sacamuelas
Dentista.

2. Sacamuelas
Charlatán.
Hablador.
*Corto.

1. Sacar
Quitar.
Extraer.

Apartar.
*Poner.

2. Sacar
Averiguar.
Aprender.
Solucionar.

3. Sacar
Elegir.
Votar.
Sortear.

4. Sacar
Lucrarse.
Ganar.

5. Sacar
Exceptuar.
Excluir.
Separar.
*Incluir.

6. Sacar
Exponer.
Manifestar.
Revelar.
*Esconder.

7. Sacar
Crear.
Inventar.
Producir.

8. Sacar
Nombrar.
Citar.
Mencionar.

9. Sacar
Aplicar.
Atribuir.
Apodar.

Sacarosa
Azúcar.

Sacasillas
Entremetido.

426

Sacatapón
Tirabuzón.

Sacatrapos
Descargador.

Sacerdocio
Ministerio.
*Laicado.

Sacerdotal
Clerical.
Eclesiástico.
Hierático.
*Seglar.

1. Sacerdote
Cura.
Clérigo.
Capellán.

2. Sacerdote
Rabino.
Pastor.
Lama.

Saciado
Repleto.
Lleno.
Satisfecho.
*Hambriento.

Saciar
Satisfacer.
Hartar.
Saturar.

Saciarse
Empiparse.
Tupirse.
Empajarse.
*Hambrear.

Saciedad
Hartura.
Repleción.
Hartazgo.
*Necesidad.

Sacio
Harto.
Saciado.
*Hambriento.

1. Saco
Saca.

2. Saco
Talego.

Bolsa.
Valija.

3. Saco
Zurrón.
Mochila.
Morral.

4. Saco
Saqueo.
Robo.
Desvalijamiento.

5. Saco
Montón.
Hato.

6. Saco
Abrigo.
Gabán.
Sobretodo.

7. Saco
Saque.

8. Saco
Bahía.
Ensenada.
Rada.

1. Sacramental
Indeleble.

2. Sacramental
Acostumbrado.
Ritual.
Consagrado.
*Extemporáneo.

Sacramentar
Ungir.

1. Sacramento
Misterio.

2. Sacramento
Juramento.

Sacrificado
Mártir.
Víctima.
*Sacrificador.

Sacrificador
Victimario.
Inmolador.
*Sacrificado.

1. Sacrificar
Lustrar.
Inmolar.
Ofrendar.

2. Sacrificar
Matar.
Degollar.

3. Sacrificar
Exponer.
Arriesgar.
Apostar.

Sacrificarse
Dedicarse.
Consagrarse.
Resignarse.
*Regalarse.

1. Sacrificio
Oblación.
Inmolación.
Holocausto.

2. Sacrificio
Abnegación.
Renunciamiento.
Privación.
*Beneficio.

Sacrilegio
Perjurio.
Profanación.
Blasfemia.
*Veneración.

Sacrílego
Profano.
Impío.
Blasfemo.
*Devoto.

1. Sacristán
Monaguillo.

2. Sacristán
Tontillo.

Sacudida
Agitación.
Sacudimiento.
Revolución.

1. Sacudido
Indócil.
Áspero.
Díscolo.
*Dócil.

2. Sacudido
Audaz.
Resuelto.
Atrevido.
*Tímido.

Sacudimiento
Sacudida.

1. Sacudir
Mover.
Agitar.
Menear.
*Posar.

2. Sacudir
Pegar.
Golpear.
Batanear.

3. Sacudir
Vapulear.
Zurrar.
Apalear.

Sachar
Escardar.
Sallar.

1. Saeta
Dardo.
Flecha.
Sagita.

2. Saeta
Aguja.
Manecilla.
Minutero.

3. Saeta
Brújula.

4. Saeta
Canto.
Cante.
Copla.

Saetear
Alancear.
Asaetear.

1. Saetilla
Saeta.
Manecilla.
Minutera.

2. Saetilla
Sagitaria.

1. Saga
Adivina.
Encantadora.
Hechicera.

2. Saga
Leyenda.

Sagacidad
Sutileza.
Perspicacia.
Astucia.
*Ingenuidad.

Sagaz
Ladino.
Astuto.
Cauto.
*Obtuso.

Sagita
Flecha.
Saeta.

Sagitaria
Saetilla.

1. Sagrado
Sacrosanto.
Bendito.
Santificado.
*Profano.

2. Sagrado
Respetable.
Venerable.
Intangible.
*Inverecundo.

3. Sagrado
Amparo.
Asilo.
Auxilio.

Sahornarse
Escocerse.
Excoriarse.
Escaldarse.

Sahorno
Escocedura.
Excoriación.
Erosión.

Sahumador
Incensario.
Perfumador.

Sahumar
Aromatizar.
Incensar.
Perfumar.

Sahumerio
Incienso.
Sahúmo.
Incensada.

Saín
Grosura.
Gordura.
Crasitud.

1. Sainete
Aderezo.
Salsa.

2. Sainete
Atelana.
Entremés.

1. Sajador
Sanfrador.
Jasador.

2. Sajador
Escarificador.

Sajadura
Jasadura.
Jasa.
Saja.

1. Sajar
Escarificar.

2. Sajar
Sangrar.
Cortar.

Sal
Garbo.
Gracia.
Donaire.
*Adustez.

Sala
Aposento.
Pieza.
Aula.

Salabardo
Redeña.

Salacidad
Lascivia.
Lubricidad.
*Castidad.

1. Salado
Salobral.
Salobre.
Salino.
*Dulce.

2. Salado
Saleroso.

Salamandra
Salamántiga.

Salamanquesa
Salamandria.
Estelión.

Salar
Curar.
Sazonar.
Conservar.

Salario
Mensualidad.
Emolumento.
Estipendio.

Salaz
Libidinoso.
Lúbrico.
Lujurioso.
*Casto.

Salchichón
Longaniza.

Saldar
Pagar.
Liquidar..
Abonar.

1. Saldo
Remate.
Liquidación.
Finiquito.

2. Saldo
Macana.
Resto.

Salero
Donaire.
Gracia.
Garbo.
*Desabrimiento.

Saleroso
Gracioso.
Ocurrente.
Garboso.
*Desmañado.

Salicaria
Arroyuela.

Salicor
Sapina.

1. Salida
Partida.
Marcha.

2. Salida
Mutis.

3. Salida
Puerta.
Apertura.
Desembocadura.
*Oclusión.

4. Salida
Resalto.
Saliente.

5. Salida
Venta.
Despacho.
Mercado.

6. Salida
Pretexto.
Escapatoria.
Recurso.

7. Salida
Término.
Resultado.
Medio.

8. Salida
Agudeza.
Ocurrencia.
Chiste.

1. Saliente
Prominente.
Aparente.
Manifiesto.
*Entrante.

2. Saliente
Resalto.
Resalte.
Garrancho.

3. Saliente
Oriente.
Levante.
Orto.
*Poniente.

Salino
Salobre.
Salado.

1. Salir
Ir.
Partir.
Marcharse.
*Quedarse.

2. Salir
Libertarse.
Librarse.
Desembarazarse.

3. Salir
Brotar.
Aparecer.
Surgir.

4. Salir
Echarse.
Desprenderse.
Arrojarse.

5. Salir
Sobresalir.

6. Salir
Proceder.
Provenir.
Organizarse.

7. Salir
Quedar.
Ocurrir.
Resultar.

8. Salir
Costar.
Importar.

9. Salir
Parecerse.
Asemejarse.

Salirse
Rebosar.
Derramarse.
Desbordar.
*Caber.

Salitre
Nitro.

Saliva
Babaza.
Baba.

Salivazo
Escupitajo.
Salivajo.

Salma
Tonelada.

Salmantino
Salamantino.
Salamanqués.
Salmantinense.

Salmo
Cántico.
Alabanza.

1. Salmodiar
Oficiar.
Salmear.

2. Salmodiar
Entonar.
Modelar.

Salmón
Esguín.
Bical.

Salmonado
Asalmonado.

Salmonete
Tringla.
Trilla.

Salmuera
Aguasal.

Salobre
Salado.
Salino.

Salón
Sala.
Tarbea.

Salpa
Pámpano.
Salema.

Salpicado
Abigarrado.
Tigrado.
Manchado.

Salpicadura
Salpique.
Salpicón.

Salpicaduras
Resultados.
Consecuencias.

Salpicar
Asperjar.
Esparcir.
Rociar.

1. Salpimentar
Sazonar.
Adobar.

2. Salpimentar
Amenizar.

Salpullido
Erupción.
Sarpullido.

Salsa
Ajilimójili.
Moje.

Salserilla
Taza.

Saltabanco
Bufón.
Payaso.
Saltimbanqui.

1. Saltabardales
Saltaparedes.

2. Saltabardales
Saltarín.

Saltamontes
Caballeta.
Cigarrón.
Saltarén.

Saltaojos
Peonía.

Saltaparedes
Travieso.
Alocado.
*Sensato.

1. Saltar
Cabriolar.
Brincar.
Retozar.

2. Saltar
Arrojarse.
Lanzarse.
Desprenderse.

3. Saltar
Atravesar.
Franquear.
Zanquear.

4. Saltar
Quebrarse.
Romperse.

5. Saltar
Pensar.
Omitir.
Olvidar.

Saltarín
Bailarín.

Danzarín.
Saltador.

Salteador
Bandido.
Bandolero.
Ladrón.

1. Saltear
Embestir.
Asaltar.
Acometer.

2. Saltear
Sorprender.
Sobrecoger.
Ocurrir.

Salterio
Dulcémele.

Saltimbanco
Saltiembanco.
Saltabanco.

1. Salto
Bote.
Brinco.
Cabriola.

2. Salto
Despeñadero.
Precipicio.
Derrumbadero.

3. Salto
Chorro.

4. Salto
Asalto.

5. Salto
Tránsito.
Variación.
Cambio.

6. Salto
Olvido.
Omisión..
*Recuerdo.

1. Saltón
Cóncavo.
Sobresaliente.
Turgente.

2. Saltón
Saltamontes.

Salubre
Higiénico.

Saludable.
Sano.
*Malsano.

Salubridad
Sanidad.
*Insalubridad.

1. Salud
Salvamento.
Salvación.

2. Salud
Sanidad.
Refugio.
Remedio.
*Enfermedad.

3. Salud
Gracia.
*Condenación.

1. Saludable
Sano.
Higiénico.
Salubre.
*Insano.

2. Saludable
Beneficioso.
Conveniente.
Provechoso.
*Perjudicial.

Saludador
Hechicero.
Curandero.
Salmador.

1. Saludar
Cumplimentar.

2. Saludar
Proclamar.

1. Saludo
Salutación.
Reverencia.
Salva.

2. Saludo
Cabezada.
Cabezado.
Inclinación.

3. Saludo
Apretón.
Besamano.

1. Salva
Cata.
Prueba.

2. Salva
Salutación.
Saludo.
Bienvenida.

3. Salva
Descarga.

4. Salva
Promesa.
Juramento.

Salvación
Salud.

Salvadera
Arenillero.

Salvado
Afrecho.
Moyuelo.
Bren.

Salvador
Defensor.
Protector.

1. Salvaguardia
Custodia.
Guarda.

2. Salvaguardia
Pasaporte.
Salvoconducto.

3. Salvaguardia
Amparo.
Garantía.
Tutela.

Salvajada
Barbaridad.
Atrocidad.
Brutalidad.

1. Salvaje
Áspero.
Silvestre.
Bravío.
*Cultivado.

2. Salvaje
Cruel.
Bárbaro.
Feroz.
*Dócil.

3. Salvaje
Zafio.
Rudo.
Terco.
*Inteligente.

Salvajismo
Brutalidad.
Atrocidad.
Barbaridad.
*Civilidad.

1. Salvar
Liberar.
Librar.
Proteger.
*Abandonar.

2. Salvar
Exceptuar.
Evitar.
Excluir.
*Incluir.

3. Salvar
Vencer.
Franquear.
Atravesar.
*Topar.

Salvedad
Enmienda.
Excusa.
Excepción.
*Inclusión.

1. Salvo
Incólume.
Indemne.
Ileso.
*Herido.

2. Salvo
Exceptuado.
Excepto.
Excluso.
*Incluido.

Salvoconducto
Pasaporte.
Licencia.
Permiso.

Sama
Pàgel.

Sámago
Liber.
Albura.

Sambenito
Descrédito.
Difamación.
Vituperio.
*Honra.

Samovar
Tetera.

Sampsuco
Almoraduj.
Mejorana.

Sanalotodo
Panacea.
Curalotodo.

Sanar
Mejorar.
Reponerse.
Curar.
*Enfermar.

Sanatorio
Hospital.
Nosocomio.

1. Sanción
Punición.
Pena.
Castigo.

2. Sanción
Norma.
Ley.
Ordenanza.

3. Sanción
Aprobación.
Venia.
Autorización.
*Denegación.

Sancionar
Confirmar.
Autorizar.
Ratificar.
*Desaprobar.

Sancocho
Frangollo.
Batiborrillo.
Bazofia.

Sancta
Santuario.

1.Sanctasanctórum
Pronfundidad.
Intimidad.
Reserva.

2.Sanctasanctórum
Excelencia.
Desiderátum.

3. Sanctasanctórum
Santuario.

Sandalia
Caite.
Cacle.

Sandalias
Suelas.

Sandáraca
Rejalgar.

Sandez
Simpleza.
Necedad.
Tontería.
*Sensatez.

Sandía
Badea.
Pepón.

Sandio
Bobo.
Necio.
Cretino.
*Avispado.

Sandunga
Gracia.
Sal.
Donaire.
*Insulsez.

Sandunguero
Gracioso.
Garboso.
Ocurrente.
*Torpe.

Saneamiento
Higiene.
Limpieza.
*Insanidad.

1. Sanear
Purificar.
Higienizar.

2. Sanear
Remediar.
Reparar.
Arreglar.
*Estropear.

1. Sangradera
Lanceta.

2. Sangradera
Caz.
Acequia.

Sangrancia
Rija.
Riña.
Pelea.

Sangrador
Jasador.
Sajador.

1. Sangradura
Sangría.
Sajadura.
Flebotomía.

2. Sangradura
Salida.
Desagüe.
Abertura.
*Atascamiento.

1. Sangrar
Jasar.
Sajar.
Abrir.

2. Sangrar
Desaguar.

3. Sangrar
Robar.
Hurtar.
Sisar.

1. Sangre
Crúor.
Púrpura.

2. Sangre
Linaje.
Familia.
Estirpe.

1. Sangría
Jasadura.
Sangradura.
Flebotomía.

2. Sangría
Corte.
Incisión.
Brecha.

3. Sangría
Extracción.

Hurto.
Robo.

4. Sangría
Vinolimón.
Refresco.

1. Sangriento
Sangrante.
Mortífero.
Sanguinolento.
*Incruento.

2. Sangriento
Inhumano.
Sanguinario.
Cruel.
*Pacífico.

Sanguijuela
Sanguisuela.
Sanguja.

Sanguinario
Feroz.
Vengativo.
Iracundo.
*Pacífico.

1. Sanguino
Sanguinario.

2. Sanguino
Aladierna.

3. Sanguino
Cornejo.

Sanguinolento
Cruento.
Sangriento.

Sanguinoso
Sanguinario.

Sanguisorba
Pimpinela.

Sanguja
Sanguijuela.

Sanidad
Higiene.
Salubridad.
Salud.
*Insanidad.

Sanies
Icor.

1. Sano
Bueno.

Saludable.
Higiénico.
*Insano.

2. Sano
Robusto.
Lozano.
Morocho.
*Decaido.

3. Sano
Inmune.
Entero.
Incólume
*Dañado.

4. Sano
Sincero.
Recto.
Viable.
*Falso.

Sansirolé
Necio.
Bobo.
Tonto.
*Listo.

Sansón
Atleta.
Hércules.

Santabárbara
Polvorín.

Santanderino
Montañés.
Santanderiense.

Santiamén
Instante.
Momento.
Tris.

Santidad
Santimonia.

Santificación
Glorificación.
Canonificación.
*Condenación.

1. Santificar
Loar.
Consagrar.
Bendecir.
*Condenar.

2. Santificar
Justificar.

Disculpar.
Excusar.

Santiguarse
Persignarse.
*Jurar.

1. Santo
Bienaventurado.
Sagrado.
Bendito.
*Impío.

2. Santo
Curativo.
Medicinal.
Salutífero.
*Perjudicial.

3. Santo
Real.
Soberano.

4. Santo
Imagen.

5. Santo
Dibujo.
Estampa.
Grabado.

6. Santo
Festividad.
Onomástico.

7. Santo
Consigna.
Nombre.

1. Santónico
Tomillo blanco.

2. Santónico
Semencontra.

Santoral
Hagiografía.

1. Santuario
Ermita.
Templo.
Capilla.

2. Santuario
Tabernáculo.
Sancta.
Sanctasanctórum.

Santurrón
Hipócrita.
*Piadoso.

Saña
Crueldad.
Furor.
Rencor.
*Apacibilidad.

Sañudo
Rencoroso.
Sañoso.
Cruel.
*Pacífico.

Sapidez
Sabor.
Gusto.

Sápido
Sabroso.
Gustoso.
Apetitoso.
*Desaborido.

Sapiencia
Conocimiento.
Saber.
Conocer.
*Ignorancia.

Sapiente
Culto.
Sabio.
Ilustrado.
*Ignorante.

Sapo
Calamito.
Escuerzo.

Saponoso
Jabonoso.

Saporífero
Sápido.
*Desaborido.

Saque
Saco.

Saqueamiento
Saqueo.

Saquear
Depredar.
Saltear.
Merodear.

Saqueo
Salteo.
Saco.
Capeo.

Sarapia
Sarrapia.

Sarápico
Zarapito.

Sarcasmo
Ironía.
Mordacidad.
Causticidad.
*Adulación.

Sarcástico
Satírico.
Irónico.
Mordaz.
*Adulador.

Sarcia
Carga.
Recua.
Fardaje.

Sarcófago
Tumba.
Sepulcro.
Sepultura.

Sarcolema
Miolema.

Sarda
Caballa.

Sardina
Parrocha.

Sardónice
Ágata.
Sardónica.

1. Sardónico
Sarcástico.

2. Sardónico
Sardesco.
Sardo.

Sargalillo
Saciña.

Sargentear
Mandonear.
Capitanear.

Sargentona
Maritornes.
Marimacho.

Sarilla
Mejorana.

Sarmentoso
Nudoso.
Huesudo.

Sarmiento
Serpa.
Jerpa.
Pámpano.

Sarna
Roña.
Acariasis.

Sarnoso
Escabioso.
Roñoso.

Sarraceno
Islámico.
Musulmán.
Moro.

Sarracina
Pelea.
Riña.
Lucha.

1. Sarro
Tártaro.
Limosidad.
Releje.

2. Sarro
Saburra.

3. Sarro
Roya.

Sarta
Retahila.
Serie.
Rosario.

Sartén
Paila.
Padilla.

Sastre
Costurero.
Alfayate.
Modista.

Satán
Diablo.
Satanás.
Demonio.

Satánico
Demoníaco.
Diabólico.
Perverso.
*Angélico.

1. Satélite
Luna.

2. Satélite
Edecán.
Alguacil.
Dependiente.

Satinado
Lustroso.
Terso.
Pulido.
*Áspero.

Sátira
Ironía.
Crítica.
Mordacidad.
*Elogio.

Satírico
Punzante.
Cáustico.
Incisivo.
*Elogiador.

Satirizar
Burlarse.
Censurar.
Ridiculizar.
*Loar.

Sátiro
Lúbrico.
Libidinoso.
Lascivo.
*Casto.

1. Satisfacción
Pago.
Remuneración.
Recompensa.

2. Satisfacción
Descargo.
Disculpa.
Reparación.

3. Satisfacción
Presunción.
Vanidad.
Orgullo.

4. Satisfacción
Contestación.
Respuesta.
Réplica.

5. Satisfacción
Confianza.

Tranquilidad.
Agrado.

6. Satisfacción
Observancia.
Cumplimiento.
Consecución.

1. Satisfacer
Pagar.
Abonar.
Solventar.
*Lesionar.

2. Satisfacer
Evacuar.
Cumplir.
Absolver.
*Incumplir.

3. Satisfacer
Saciar.
Hartar.
Contentar.
*Vaciar.

4. Satisfacer
Solventar.
Resolver.
Despachar.

5. Satisfacer
Aplacar.
Aquietar.
Tranquilizar..
*Excitar.

1. Satisfacerse
Desquitarse.
Vengarse.
Resarcirse.
*Perdonar.

2. Satisfacerse
Convencerse.
Persuadirse.
*Dudar.

1. Satisfactorio
Agradable.
Grato.
Lisonjero.
*Insatisfactorio.

2. Satisfactorio
Solvente.
Soluble.
Resoluble.

1. Satisfecho
Feliz.
Dichoso.
Radiante.
*Desgraciado.

2. Satisfecho
Vanidoso.
Orgulloso.
Preciado.
*Humilde.

Sátrapa
Ladino.
Astuto.
Zascandil.
*Torpe.

1. Saturar
Saciar.
Satisfacer.

2. Saturar
Llenar.
Impregnar.
Ensopar.

Saturnino
Sombrío.
Triste.
Taciturno.
*Alegre.

Sauce
Sauz.
Salce.
Saz.

Sauzgatillo
Agnocasto.

1. Savia
Jugo.

2. Savia
Vigor.
Fuerza.
Energía.

Saya
Falda.
Basquiña.

Sayagués
Grosero.
Burdo.
Basto.
*Fino.

1. Sayo
Capote.
Casaca.

2. Sayo
Vestidura.
Vestido.
Traje.

Sayón
Alguacil.
Verdugo.
Sicario.

1. Sazón
Punto.
Madurez.
Envero.
*Inmadurez.

2. Sazón
Refinamiento.
Perfección.
Culminación.
*Precocidad

3. Sazón
Ocasión.
Oportunidad.
Coyuntura.
*Inoportunidad.

1. Sazonar
Aderezar.
Adobar.
Aliñar.

2. Sazonar
Perfeccionar.
Concluir.
Rematar.

Sebe
Barda.

Sebestén
Sebastiano.

Secadal
Secano.

Secadero
Sequero.

Secamiento
Arefacción.

Secano
Sequedal.
Secadal.

Sequío.
*Regadío.

Secante
Chupón.

1. Secar
Enjugar.
Desecar.
Agotar.
*Mojar.

2. Secar
Marchitar.
Agostar.
*Lozanear.

3. Secar
Aburrir.
Fastidiar.
Molestar.
*Tranquilizar.

Secarse
Extenuarse.
Enflaquecer.
Apergaminarse.
*Engordar.

1. Sección
Porción.
División.
Escisión.
*Unidad.

2. Sección
Departamento.
División.
Sector.

Seccionar
Partir.
Dividir.
Escindir.
*Unir.

1. Secesión
Segregación.
Separación.
*Unión.

2. Secesión
Alejamiento.
Apartamiento.
Retraimiento.
*Acercamiento.

1. Seco
Desecado.

Chupado.
Exprimido.
*Húmedo.

2. Seco
Anhidro.
*Hidratado.

3. Seco
Marchito.
Agostado.
Sarmentoso.
*Lozano.

4. Seco
Delgado.
Flaco.
Enjuto.
*Obeso.

5. Seco
Árido.
Estéril.
*Feraz.

6. Seco
Desabrido.
Adusto.
*Amable.

7. Seco
Estricto.
Riguroso.
*Benevolente.

Secreción
Segregación.

Secretar
Evacuar.
Destilar.
Gotear.

Secretaría
Ministerio.
Covachuela.
Oficina.

1. Secretario
Actuario.
Amanuense.
Escribano.
*Jefe.

2. Secretario
Ministro.

1. Secreto
Ignorado.

Recóndito.
Escondido.
*Manifiesto.

2. Secreto
Silencioso.
Callado.
Reservado.
*Explícito.

3. Secreto
Sigilo.
Puridad.
Reserva.
*Indiscreción.

4. Secreto
Cifra.
Misterio.
Clave.

5. Secreto
Escondrijo.

Secretorio
Secretor.
Segregativo.

Secta
Doctrina.
Grupo.
Herejía.

1. Sectario
Fanático.
Intransigente.
*Transigente.

2. Sectario
Secuaz.
Partidario.
Partidista.

Sector
Porción.
División.
Grupo.

Secuaz
Partidario.
Sectario.
Parcial.
*Antagonista.

Secuela
Consecución.
Resultado.
Deducción.
*Causa.

Secuencia
Serie.
Sucesión.
Continuación.

Secuestrar
Aprehender.
Encerrar.
Retener.
*Libertar.

Secuestro
Encierro.
Embargo.
Retención.
*Liberación.

1. Secular
Seglar.

2. Secular
Centenario.

3. Secular
Veterano.
Antiguo.
Añejo.
*Nuevo.

Secundar
Auxiliar.
Coadyuvar.
Favorecer.
*Oponerse.

1. Secundario
Accesorio.
Inferior.
Auxiliar.
*Primordial.

2. Secundario
Insignificante.
*Revelador.

Sed
Necesidad.
Deseo.
Incentivo.
*Saciedad.

Seda
Cerda.
Seta.

Sedante
Calmante.
Sedativo.

Tranquilizante.
*Excitante.

Sedar
Apaciguar.
Sosegar.
Calmar.
*Excitar.

1. Sede
Trono.
Silla.
Sitial.

2. Sede
Obispado.
Diócesis.

Sedentario
Inmóvil.
Estacionario.
Aposentado.
*Errante.

Sedente
Sentado.

Sedera
Escobilla.
Brocha.

Sedición
Motín.
Algarada.
Sublevación.
*Tranquilidad.

Sedicioso
Sublevado.
Rebelde.
Insurrecto.
*Sumiso.

1. Sediento
Anheloso.
Deseoso.
Ansioso.
*Ahíto.

2. Sediento
Hidrópico.

Sedimento
Heces.
Pósito.

Sedoso
Liso.
Fino.

Sérico.
*Áspero.

Seducción
Persuación.
Fascinación.
Atracción.
*Repulsión.

1. Seducir
Tentar.
Atraer.
Persuadir.

2. Seducir
Fascinar.
Cautivar.
Hechizar.
*Repeler.

1. Seductor
Cautivante.
Seductivo.
Cautivador.
*Repelente.

2. Seductor
Tenorio.

Segador
Guadañador.

Segar
Guadañar.
Tronchar.

Seglar
Civil.
Laico.
Lego.
*Religioso.

Segmento
Porción.
División.
Fragmento.
*Total.

1. Segregación
Secreción.

2. Segregación
Ramificación.
Abscisión.
Secesión.
*Unificación.

1. Segregar
Rezumar.

Secretar.
Gotear.

2. Segregar
Cortar.
Separar.
Apartar.
*Agregar.

Segregativo
Secretorio.

Seguida
Tanda.
Serie.
Orden.

1. Seguido
Continuo.
Frecuente.
Incesante.
*Interrumpido.

2. Seguido
Derecho.

3. Seguido
De seguida.

1. Seguir
Acosar.
Perseguir.
*Preceder.

2. Seguir
Continuar.
Proseguir.
*Interrumpir.

3. Seguir
Escoltar.
Acompañar.
*Separarse.

4. Seguir
Profesar.
Estudiar.
Practicar.

5. Seguir
Conformarse.
Convenir.
*Discrepar.

6. Seguir
Trillar.
Frecuentar.
Asistir.
*Ausentarse.

7. Seguir
Imitar.
Copiar.
Remedar.

Seguirse
Originarse.
Derivarse.
Proceder.
*Causar.

1. Segundo
Secundario.
*Primordial.

2. Segundo
Suplente.
Lugarteniente.
Ayudante.
*Principal.

3. Segundo
Favorable.
*Desfavorable.

Segur
Hoz.
Hacha.

1. Seguridad
Calma.
Tranquilidad.
*Desorden.

2. Seguridad
Certeza.
Certidumbre.
Garantía.
*Inseguridad.

3. Seguridad
Caución.
Fianza.

1. Seguro
Protegido.
Guardado.
Garantizado.
*Indefenso.

2. Seguro
Positivo.
Cierto.
Indudable.
*Dudoso.

3. Seguro
Constante.
Firme.

Fijo.
*Inestable.

4. Seguro
Confiado.
Tranquilo.
*Receloso.

5. Seguro
Seguridad.
Certeza.
Confianza.
*Inseguridad.

6. Seguro
Permiso.
Salvoconducto.
Licencia.

7. Seguro
Acuerdo.
Contrato.
Pacto.

Seísmo
Sismo.
Terremoto.
Convulsión.

1. Selección
Elección.
Preferencia.
Opción.
*Indistinción.

2. Selección
Antología.

Seleccionar
Escoger.
Elegir.
Preferir.

Selecto
Distinguido.
Atractivo.
Escogido.
*Común.

Selva
Espesura.
Bosque.
Monte.
*Desierto.

1. Selvático
Nemoroso.

2. Selvático
Rudo.

Tosco.
Agreste.

Selvatiquez
Tosquedad.
Rusticidad.
Incultura.

Sellado
Cifrado.
Cerrado.
Arcano.
*Abierto.

1. Sellar
Estampar.
Estampillar.
Timbrar.

2. Sellar
Concluir.
Terminar.
*Iniciar.

3. Sellar
Tapar.
Cerrar.
Cubrir.
*Abrir.

1. Sello
Estampilla.
Timbre.
Marca.

2. Sello
Sellador.

1. Semana
Hebdómana.

2. Semana
Sueldo.
Paga.
Emolumentos.

Semanal
Septenario.
Hebdomadario.

Semanario
Revista.
Periódico.
Hebdomadario.

Semántica
Semasiología.

Semblante
Cara.

Faz.
Rostro.

1. Semblanza
Analogía.
Parecido.
Similitud.
*Disparidad.

2. Semblanza
Biografía.

Sembradío
Plantío.
Labrantío.
Arijo.
*Erial.

Sembrado
Sato.
Amelga.
Mieses.

Sembradura
Siembra.

1. Sembrar
Resembrar.
Sementar.
Empanar.

2. Sembrar
Esparcir.
Desparramar.
Diseminar.

3. Sembrar
Divulgar.
Publicar.
Propagar.
*Callar.

1. Semeja
Analogía.
Semejanza.

2. Semeja
Indicio.
Señal.
Muestra.

1. Semejante
Parecido.
Análogo.
Similar.
*Diferente.

2. Semejante
Prójimo.

Semejanza
Analogía.
Igualdad.
Parecido.
*Disparidad.

Semejar
Parecerse.
Asemejarse.

Semen
Esperma.

Sementera
Sembradura.
Siembra.
Simienza.

Semicírculo
Hemiciclo.

Semidiós
Héroe.
Semideo.

1. Semilla
Semen.
Simiente.
Germen.
*Fruto.

2. Semilla
Causa.
Origen.

Semillas
Áridos.
Granos.

1. Semita
Semítico.

2. Semita
Judío.
Hebreo.
Judaico.

Sempiterno
Inmortal.
Eterno.
Perdurable.
*Perecedero.

1. Senado
Reunión.
Asamblea.
Consejo.

2. Senado
Patriciado.

3. Senado
Público.
Auditorio.
Concurrentes.

Sencillez
Simplicidad.
Naturalidad.
Ingenuidad.
*Presunción.

Sencillo
Natural.
Simple.
Inocente.
*Complejo.

Senda
Camino.
Sendero.
Vereda.

Senderear
Guiar.
Dirigir.
Encaminar.

Sendero
Senda.

Sendos
Respectivos.

Senectud
Ancianidad.
Vejez.
Senilidad.
*Juventud.

Senil
Viejo.
Caduco.
Anciano.
*Joven.

1. Seno
Hueco.
Concavidad.
Hornacina.

2. Seno
Pecho.

3. Seno
Entrañas.
Matriz.
Útero.

4. Seno
Regazo

5. Seno
Ensenada.
Golfo.
Bahía.

1. Sensación
Impresión.
Sentimiento.
Percepción.

2. Sensación
Emoción.

Sensatez
Cordura.
Sesudez.
Discreción.
*Insensatez.

Sensato
Prudente.
Discreto.
Razonable.
*Insensato.

Sensibilidad
Terneza.
Ternura.
Cariño.
*Insensibilidad.

1. Sensible
Sensitivo.
*Insensible.

2. Sensible
Perceptible.
Manifiesto.
Aparente.
*Imperceptible.

3. Sensible
Lastimoso.
Deplorable.
Lamentable.
*Alegre.

4. Sensible
Impresionable.
Tierno.
Delicado.
*Insensible.

1. Sensual
Sensitivo.
Sensualista.
Materialista.
*Espiritualista.

2. Sensual
Voluptuoso.
Lúbrico.
Lascivo.
*Casto.

Sensualidad
Lubricidad.
Lujuria.
Sensualismo.
*Castidad.

Sentada
Sentadera.
Asentada.

1. Sentado
Determinado.
Establecido.
Fijo.
*Móvil.

2. Sentado
Juicioso.
Sesudo.
Tranquilo.
*Impaciente.

1. Sentar
Anotar.
Inscribir.
Registrar.

2. Sentar
Aplanar.
Asentar.
Allanar.

Sentarse
Asentarse.
Posarse.
Acomodarse.

1. Sentencia
Juicio.
Fallo.
Dictamen.

2. Sentencia
Castigo.
Sanción.
*Exculpación.

3. Sentencia
Máxima.
Proverbio.
Refrán.

1. Sentenciar
Decidir.

Dictaminar.
Sancionar.

2. Sentenciar
Condenar.
*Indultar.

3. Sentenciar
Aplicar.
Destinar.

1. Sentencioso
Proverbial.

2. Sentencioso
Enfático.
Grave.
Solemne.
*Desenvuelto.

1. Sentido
Expresivo.
Conmovido.
*Indiferente.

2. Sentido
Conocimiento.
Discernimiento.
Razón.

3. Sentido
Opinión.
Aviso.
Parecer.

4. Sentido
Facultad.
Aptitud.

5. Sentido
Significado.
Significación.
Acepción.

6. Sentido
Expresión.
Realce.

Sentimental
Emocionante.
Tierno.
Conmovedor.
*Insensible.

1. Sentimiento
Emoción.
Impresión.

2. Sentimiento
Pena.

Dolor.
Pesar.
*Alegría.

1. Sentina
Cloaca.
Sumidero.
Albañal.

2. Sentina
Lupanar.

1. Sentir
Percibir.
Experimentar.

2. Sentir
Oír.

3. Sentir
Probar.
Sufrir.
Padecer.

4. Sentir
Dolerse.
Lamentar.
Deplorar
*Alegrarse.

5. Sentir
Barruntar.
Presentir.

6. Sentir
Opinar.
Juzgar.
Creer.

7. Sentir
Opinión.
Juicio.
Creencia.

Sentirse
Reconocerse.
Considerarse.

1. Seña
Indicio.
Nota.
Señal.

2. Seña
Gesto.
Signo.
Ademán.

1. Señal
Marca.

Nota.
Signatura.

2. Señal
Jalón.
Hito.

3. Señal
Muestra.
Indicio.
Síntoma.

4. Señal
Índice.
Distintivo.
Garantía.

5. Señal
Equimosis.
Cicatriz.
Cardenal.

6. Señal
Representación.
Imagen.

7. Señal
Prodigio.

8. Señal
Almagre.
Caparra.

9. Señal
Anticipo.

10. Señal
Ahumada.
Indicación.

Señalado
Ilustre.
Notable.
Destacado.
*Ignorado.

Señalamiento
Designación.
Fijación.

1. Señalar
Trazar.
Marcar.
Rayar.

2. Señalar
Rubricar.
Firmar.
Subscribir.

3. Señalar
Mostrar.

Designar.
Denotar.

4. Señalar
Amagar.
Apuntar.

5. Señalar
Ahitar.
Abalizar.
Estacar.

Señalarse
Singularizarse.
Distinguirse.
Evidenciarse.
*Esconderse.

1. Señas
Paradero.
Dirección.
Domicilio.

2. Señas
Amoricones.

1. Señero
Solitário.
Solo.
Aislado.
*Acompañado.

2. Señero
Indistinto.
Único.
*Distinto.

1. Señor
Dueño.
Amo.
Patrono.

2. Señor
Aristócrata.
Noble.
Patricio.
*Plebeyo.

3. Señor
Dios.
Padre.
Jesús.
Espíritu Santo.

1. Señorear
Dominar.
Mandar.
Disponer.

2. Señorear
Apoderarse.
Someter.
Sujetar.
*Libertar.

3. Señorear
Gobernar.
Vencer.
Disciplinar.

Señorial
Pomposo.
Majestuoso.
Noble.
*Vulgar.

1. Señorío
Dominio.
Mando.
Imperio.

2. Señorío
Mesura.
Gravedad.
Discreción.

Señorita
Ama.

1. Señuelo
Carnada.
Cebo.

2. Señuelo
Trampa.
Lazo.
Emboscada.

3. Señuelo
Estafa.
Fulleria.
Treta.

4. Señuelo
Cimbel.

Sepancuantos
Zurra.

Separable
Segregable.
Disociable.
Dirimible.
*Inseparable.

Separación
Análisis.
Clasificación.

Desglose.
*Unión.

Separar
Apartar.
Aislar.
Desgajar.
*Juntar.

Separarse
Desertar.
Ausentarse.
Desprenderse.
*Unirse.

Separatista
Secesionista.
*Unionista.

Separativo
Desmembrador.
Disgregante.
Disyuntivo.
*Aglutinador.

Separata
Aparte.
Edición extra.

Sepia
Jibia.

Septasílabo
Heptasilabo.

Septenario
Hebdomadario.
Semanal.

1. Septentrión
Norte.

2. Septentrión
Osa mayor.

Septentrional
Boreal.
Ártico.
Nórdico.
*Meridional.

Séptico
Corruptivo.
Putrefacto.
Corrompedor.
*Antiséptico.

Septuagenario
Setentón.

1. Sepulcral
Cavernoso.

2. Sepulcral
Tumbal.
Tumulario.

Sepulcro
Sepultura.

1. Sepultar
Inhumar.
Enterrar.
Soterrar.

2. Sepultar
Ocultar.
Esconder.
Encubrir.
*Levantar.

Sepultura
Tumba.
Sepulcro.
Huesa.

1. Sequedad
Secura.
Sequía.
Sequera.
*Humedad.

2. Sequedad
Aspereza.
Desabrimiento.
Dureza.
*Cortesia.

1. Sequedal
Sequío.
Secano.
Erial.
*Regadio.

2. Sequedal
Secadero.

Sequia
Sequedad.
*Humedad.

Sequio
Sequedal.
Secano.
*Regadio.

1. Séquito
Cortejo.
Corte.
Comitiva.

2. Séquito
Popularidad.
Fama.

1. Ser
Esencia.
Ente.
Entidad.

2. Ser
Precio.
Valor.
Coste.

3. Ser
Existir.
Estar.
Subsistir.

4. Ser
Aprovechar.
Servir.
Conducir.

5. Ser
Pasar.
Suceder.
Acontecer.

6. Ser
Costar.
Valer.

7. Ser
Pertenecer.
Corresponder.
Tocar.

Sera
Espuerta.
Sarria.
Serón.

Seráfico
Angélico.
Santo.
Puro.
*Diabólico.

Serafín
Ángel.
Hermosura.

1. Serenar
Aclarar.
Despejar.
Escampar.
*Encapotarse.

2. Serenar
Sosegar.

Calmar.
Consolar.
*Excitar.

1. Serenarse
Sedimentarse.
Posarse.

2. Serenarse
Desencapotarse.
Abonanzar.
Desalterarse.
*Obscurecer.

Serenata
Cantata.
Nocturno.
Romanza.

1. Serenidad
Tranquilidad.
Calma.
Sosiego.
*Intranquilidad.

2. Serenidad
Imperturbabilidad
Impavidez.
Entereza.
*Cobardía.

1. Sereno
Valiente.
Intrépido.
Firme.
*Cobarde.

2. Sereno
Templado.
Tranquilo.
Quieto.
*Inquieto.

3. Sereno
Claro.
Despejado.
*Nuboso.

4. Sereno
Humedad.
Relente.

Serete
Espuerta.
Sera.

Sergas
Hechos.
Proezas.
Hazañas.

Seriar
Catalogar.
Agrupar.
Escalonar.

Sérico
Sedoso.

Serie
Progresión.
Sucesión.
Gradación.

Seriedad
Formalidad.
Gravedad.
Circunspección.
*Informalidad.

1. Serijo
Espuerta.
Sera.

2. Serijo
Posadero.
Asiento.
Posón.

Serio
Digno.
Respetable.
Grave.
*Informal.

1. Sermón
Discurso.
Prédica.
Homilía.

2. Sermón
Riña.
Represión.
Filípica.
*Elogio.

3. Sermón
Lenguaje.
Habla.
Idioma.

Sermoneador
Gruñón.
Regañón.
Increpador
*Elogiador.

1. Sermonear
Predicar.
Sermonar.

2. Sermonear
Reñir.
Reprender.
Amonestar.
*Elogiar.

Seroja
Hojarasca.
Boruja.
Chasca.

Serón
Sera.

Serpentear
Reptar.
Culebrear.
Zigzaguear.

Serpiente
Culebra.
Sierpe.

Serpollo
Botón.
Renuevo.
Vástago.

1. Serrallo
Harén.

2. Serrallo
Desenfreno.
Orgía.

Serranía
Sierra.
Montaña.
Cordillera.
*Llano.

Serraniego
Montañés.
Serrano.
*Llanero.

Serrar
Aserruchar.
Aserrar.
Cortar.

Serrín
Aserraduras.
Escobina.
Limaduras.

Serrucho
Sierra.
Argallera.

1. Serventesio
Cuarteta.
Redondilla.

2. Serventesio
Ironía.
Sátira.
Parresia.

1. Servicial
Atento.
Servil.
Complaciente.
*Descortés.

2. Servicial
Famular.
Escuderil.
Lacayesco.
*Señorial.

3. Servicial
Lavativa.
Ayuda.
Clíster.

1. Servicio
Asistencia.
Ayuda.
Trabajo.

2. Servicio
Criados.
Servidumbre.
Séquito.

3. Servicio
Reverencia.
Culto.
Obsequio.

4. Servicio
Provecho.
Utilidad.
Favor.

5. Servicio
Servil.
Servicial.

6. Servicio
Organización.
Entidad.

7. Servicio
Cubierto.

1. Servidor
Criado.
Doméstico.

Sirviente.
*Amo.

2. Servidor
Cortejador.
Galanteador.
Pretendiente.

1. Servidumbre
Esclavitud.
Sumisión.
Sujeción.
*Emancipación.

2. Servidumbre
Séquito.
Servicio.
Dependencia.

3. Servidumbre
Carga.
Gabela.
Gravamen.

1. Servil
Servicial.

2. Servil
Bajo.
Humilde.
Vil.
*Orgulloso.

3. Servil
Lacayo.
Esclavo.
Villano.

Servilismo
Humillación.
Adulación.
Bajeza.
*Altanería.

Servilla
Zapatilla.

Servilleta
Toalleta.

1. Servir
Aprovechar.
Valer.
Interesar.

2. Servir
Ayudar.
Auxiliar.
Asistir.
*Establecerse.

3. Servir
Substituir.
Suplir.
Suplantar.

4. Servir
Repartir.
Asistir.
Dar.

5. Servir
Jugar.

6. Servir
Obsequiar.
Reverenciar.
Adorar.

7. Servir
Galantear.
Requebrar.
Cortejar.

1. Servirse
Prestarse.
Querer.

2. Servirse
Aprovechar.
Utilizar.
Recurrir.
*Despreciar.

Sesentón
Sexagenario.

Sesera
Sesos.
Cerebro.

Sesga
Nesga.

Sesgadura
Inclinación.
Sisa.
Falseo.
*Rectitud.

1. Sesgo
Reposado.
Apaciguado.
Tranquilo.
*Intranquilo.

2. Sesgo
Sisa.
Sesgadura.
*Derechura.

3. Sesgo
Oblicuo.
Enviajado.
Sesgado.
*Recto.

4. Sesgo
Grave.
Serio.
Hosco.
*Gracioso.

Sesión
Deliberación.
Reunión.
Consulta.

1. Seso
Juicio.
Madurez.
Sensatez.
*Insensatez.

2. Seso
Cuña.
Calce.

1. Sestear
Amarizar.

2. Sestear
Dormir.
Reposar.
Descansar.

Sesudez
Seso.
Sensatez.
Cordura.
*Insensatez.

Sesudo
Reposado.
Sensato.
Discreto.
*Insensato.

Seta
Níscalo.
Hongo.

Seto
Cerca.
Valla.
Alambrada.

Seudo
Supuesto.
Falso.

Falaz.
*Legítimo.

Seudónimo
Alias.
Mote.
Apodo.

Severidad
Rigor.
Gravedad.
Dureza.
*Dulzura.

Severo
Austero.
Mesurado.
Serio.
*Benevolente.

Sevicia
Inclemencia.
Crueldad.
Impiedad.
*Bondad.

Sexagenario
Sesentón.

Sexo
Género.
Sexualidad.

Sexto
Seisavo.
Seiseno.

Sibarita
Regalón.
Refinado.
Voraz.
*Frugal.

Sibarítico
Sensual.
Licencioso.
Libidinoso.
*Casto.

Sibila
Adivina.
Pitonisa.
Profetisa.

Sibilino
Obscuro.
Profético.
Confuso.
*Claro.

Sicario
Esbirro.
Sayón.
Alatés.

1. Sicofante
Sicofanta.
Calumniador.
Detractor.

2. Sicofante
Sicofanta.
Impostor.

Sideral
Sidéreo.
Astral.
Astronómico.

Siderosa
Hierro espático.
Siderita.

Sidrería
Chigre.

Siega
Segada.
Segazón.
Cosecha.

1. Siembra
Sementera.
Sembradura.
Simienza.

2. Siembra
Sembrado.

1. Siempre
Constantemente.
Continuamente.
Eternamente.

2. Siempre
Cuando menos.
En todo caso.

Sien
Templa.

Sierpe
Serpiente.

1. Sierra
Argallera.
Serrucho.
Tronzador.

2. Sierra
Cadena.
Cordillera.

Siervo
Cautivo.
Servidor.
Plebeyo.
*Señor.

1. Siesta
Resistero.

2. Siesta
Sueño.
Reposo.
Meridiana.

Siete
Jirón.
Desgarrón.
Rasgón.

Sieteenrama
Tormentilla.

Sífilis
Lúes.
Gálico.
Avariosis.

Sifosis
Corcova.
Joroba.

Sifué
Sobrecincha.

1. Sigilar
Callar.
Silenciar.
Ocultar.
*Revelar.

2. Sigilar
Sellar.

1. Sigilo
Reserva.
Secreto.
Silencio.
*Indiscreción.

2. Sigilo
Sello.

Sigla
Simbolo.
Abreviatura.
Equivalencia.

Siglo
Época.
Edad.
Era.

1. Signar
Rubricar.
Firmar.

2. Signar
Persignar.

3. Signar
Marcar.
Señalar.

Signatario
Firmante.
Infrascrito.
Rubricante.

1. Signatura
Rúbrica.
Firma.

2. Signatura
Señal.
Cota.
Marca.

Significación
Acepción.
Significado.
Expresión.
*Insignificancia.

Significado
Reputado.
Conocido.
Ilustre.
*Desconocido.

Significancia
Significación.

1. Significar
Denotar.
Figurar.
Decir.

2. Significar
Comunicar.
Notificar.
Exponer.

Significativo
Representativo.
Característico.
Expresivo.
*Insignificante.

1. Signo
Gesto.
Señal.
Huella.

2. Signo
Azar.
Destino.
Suerte.

Siguiente
Sucesor.
Subsecuente.
Posterior.
*Anterior.

Sil
Ocre.

Silabario
Cartilla.
Abecedario.
Catón.

Silabear
Deletrear.

Sílabo
Lista.
Índice.
Catálogo.

Silba
Rechifla.

1. Silbar
Pitar.
Chiflar.

2. Silbar
Rechiflar.
Abuchear.
Reprobar.
*Aplaudir.

Silbato
Pito.
Chiflo.
Sirena.

Silbido
Silbo.
Pitido.
Chiflido.

1. Silencio
Mudez.
Mutismo.
*Charlatanería.

2. Silencio
Insonoridad.

3. Silencio
Reserva.
Sigilo.

Secreto.
*Indiscreción.

4. Silencio
Pausa.
Calma.
Tregua.

Silencioso
Taciturno.
Callado.
Silente.
*Hablador.

1. Silente
Silencioso.

2. Silente
Sosegado.
Tranquilo.
Reposado.
*Intranquilo.

Silfide
Potámide.
Ninfa.
Sirena.

1. Silo
Granero.
Troj.
Hórreo.

2. Silo
Sótano.
Subterráneo.

3. Silo
Pósito.

Silueta
Contorno.
Croquis.
Trazo.

Silúrico
Siluriano.

Silvestre
Rústico.
Salvaje.
Montaraz.
*Culto.

Silvoso
Silvático.
Selvoso.
Nemoroso.
*Desértico.

1. Silla
Asiento.

2. Silla
Galápago.
Jamugas.
Anganillas.

3. Silla
Sillón.

4. Silla
Silleta.

Sillico
Bacín.
Tito.
Perico.

Sillón
Butaca.
Silla.
Asiento.

Sima
Fosa.
Cavidad.
Cuenca.

Simbólico
Alegórico.
Expresivo.
Metafísico.
*Recto.

Simbolizar
Significar.
Representar.
Figurar.

Símbolo
Emblema.
Imagen.
Tipo.
*Realidad.

Simetría
Proporción.
Armonía.
Ritmo.
*Asimetría.

Simétrico
Proporcionado.
Proporcional.
Igual.
*Asimétrico.

Simiente
Semilla.

Semen.
Pepita.

Simienza
Sembradura.
Siembra.
Sementera.

1. Símil
Similar.
*Diferente.

2. Símil
Cotejo.
Comparación.
Semejanza.

Similar
Análogo.
Símil.
Parecido.
*Dispar.

1. Similicadencia
Asonancia.

2. Similicadencia
Consonancia.

Similitud
Analogía.
Semejanza.
Parecido.
*Disparidad.

Simio
Macaco.
Mono.

Simpatía
Propensión.
Afición.
Tendencia.
*Antipatía.

1. Simpático
Atractivo.
Amable.
Agradable.
*Antipático.

2. Simpático
Adepto.
Partidario.
Amigo.
*Antagonista.

Simpatizar
Aficionarse.
Congeniar.

Avenirse.
*Desavenirse.

1. Simple
Elemental.
Sencillo.
Único.
*Complejo.

2. Simple
Desabrido.
Soso.
Insulso.
*Gustoso.

3. Simple
Apacible.
Manso.
Incauto.
*Astuto.

4. Simple
Necio.
Bobo.
*Listo.

Simpleza
Tontería.
Bobería.
Mentecatez.
*Listeza.

1. Simplicidad
Naturalidad.
Sencillez.
Ingenuidad.
*Complejidad.

2. Simplicidad
Homogeneidad.
Indivisibilidad.
Unidad.
*Divisibilidad.

1. Simplificar
Resumir.
Abreviar.
Compendiar.
*Complicar.

2. Simplificar
Ayudar.
Facilitar.
*Obstaculizar.

1. Simplista
Simplicista.
Simplificador.

2. Simplista
Rutinario.
*Novedoso.

Simplón
Cándido.
Simple.
Ingenuo.
*Malicioso.

Simulación
Fingimiento.
Falsedad.
Estratagema.
*Honradez.

1. Simulacro
Especie.
Representación.
Imagen.

2. Simulacro
Simulación.

3. Simulacro
Ejercicio.
Maniobra.

Simulado
Falso.
Aparente.
Imitado.
Artificial.
*Legítimo.

Simular
Imitar.
Fingir.
Figurar.

Simultanear
Sincronizar.
Concordar.

Simultáneo
Sincrónico.
Coincidente.
Concordante.
*Anacrónico.

1. Sinagoga
Templo.
Aljama.

2. Sinagoga
Concilio.
Conciliábulo.

Sinalagmático
Bilateral.

Sinalefa
Enlace.
Unión.
Trabazón.
*Hiato.

Sinapismo
Bizma.
Cataplasma.
Emplasto.

Sinario
Pronóstico.
Sino.
Augurio.

Sincerar
Vindicar.
Expulsar.
Excusar.
*Culpar.

Sinceridad
Realidad.
Veracidad.
Candidez.
*Hipocresía.

Sincero
Veraz.
Franco.
Real.
*Falso.

1. Sincopar
Abreviar.
Resumir.
Compendiar.
*Ampliar.

2. Sincopar
Ritmar.

Sincrónico
Isócrono.
Simultáneo.
Coincidente.
*Asíncrono.

1. Sindicar
Acusar.
Delatar.
Incriminar.
*Exculpar.

2. Sindicar
Hermanar.
Unir.

Reunir.
*Separar.

Sindicato
Gremio.
Federación.
Asociación.

Síndrome
Síntomas.

Sinecura
Prebenda.
Ventaja.
Canonjía.

Sinéresis
Contracción.
Comprensión.
*Diéresis.

Sinfín
Infinidad.
Abundancia.
Muchedumbre.
*Limitación.

Sínfito
Suelda.
Consuelda.

Sinfonía
Armonía.
Acorde.

Singlar
Navegar.

Singlón
Genol.

1. Singular
Único.
Solo.
*Plural.

2. Singular
Raro.
Extraordinario.
Extraño.
*Normal.

Singularidad
Rareza.
Particularidad.
Distinción.
*Normalidad.

Singularizar
Separar.

Distinguir.
Particularizar.
*Generalizar.

Singularizarse
Sobresalir.
Señalarse.
Destacarse.

1. Singulto
Sollozo.

2. Singulto
Hipo.

1. Siniestro
Zurdo.
Izquierdo.
*Derecho.

2. Siniestro
Aciago.
Funesto.
Trágico.
*Afortunado.

3. Siniestro
Incidente.
Catástrofe.
Desgracia.

Siniestros
Resabios.
Vicios.
*Virtudes.

Sinnúmero
Multitud.
Cúmulo.
Abundancia.
*Limitación.

Sino
Destino.
Hado.
Estrella.

Sínodo
Junta.
Concilio.

Sinónimo
Igual.
Semejante.
Equivalente.
*Antónimo.

Sinopsis
Compendio.

Síntesis.
Resumen.

Sinrazón
Iniquidad.
Injusticia.
Desafuero.
*Justicia.

1. Sinsabor
Pesar.
Disgusto.
Pena.
*Alegría.

2. Sinsabor
Insapidez.
Desabor.
*Sabor.

1. Síntesis
Compendio.
Sinopsis.
Resumen.
*Desarrollo.

2. Síntesis
Composición.
Constitución.

Sintetizar
Abreviar.
Extractar.
Resumir.
*Amplificar.

Síntoma
Señal.
Manifestación.
Indicio.
*Enfermedad.

Síntomas
Síndrome.

Sintonizar
Armonizar.
Acordar.
Concordar.

1. Sinuosidad
Concavidad.
Excavación.
Seno.
*Convexidad.

2. Sinuosidad
Serpenteo.
Ondulación.

Culebreo.
*Derechura.

Sinuoso
Ondulado.
Ondulante.
Serpenteado.
*Recto.

Sinvergüenza
Desfachatado.
Pícaro.
Bribón.
*Circunspecto.

1. Sirena
Sílfide.
Ninfa.

2. Sirena
Pito.
Silbido.
Ululato.

1. Sirga
Remolque.

2. Sirga
Cabo.
Silga.
Cuerda.

Sirgar
Arrastrar.
Remolcar.

Sirguero
Jilguero.

Siringa
Flauta.

Sirle
Sirria.
Chirle.

Siroco
Sudeste.

Sirria
Sirle.

Sirte
Bajo.
Secadal.
Banco.

Sirvienta
Doncella.
*Ama.

Sirviente
Criado.
Mozo.
Fámulo.
*Amo.

1. Sisa
Merma.
Substracción.
Estafa.

2. Sisa
Bies.
Sesgadura.

Sisar
Hurtar.
Robar.
Escamondar.

Sisear
Abuchear.
Silbar.
Desaprobar.
*Aplaudir.

Siseo
Abucheo.
Desaprobación.
Protesta.
*Aplauso.

Sisón
Gallárón.

1. Sistema
Método.
Regla.
Procedimiento.

2. Sistema
Ordenanza.
Régimen.
Gobierno.

1. Sistemático
Metódico.
Regular.
Estatutario.
*Anárquico.

2. Sistemático
Invariable.
Consecuente.
*Variable.

1. Sistematizar
Reglamentar.
Normalizar.

Metodizar.
*Desordenar.

2. Sistematizar
Enlazar.
Coordinar.
Vincular.
*Desconcertar.

Sitial
Sede.
Solio.
Trono.

1. Sitiar
Rodear.
Asediar.
Bloquear.

2. Sitiar
Atormentar.
Apremiar.
Importunar.
*Exonerar.

1. Sitio
Espacio.
Situación.
Lugar.

2. Sitio
Cerco.
Asedio.
Bloqueo.

1. Situación
Disposición.
Sitio.
Colocación.

2. Situación
Aspecto.
Constitución.
Condición.

3. Situación
Empleo.
Cargo.
Función.

4. Situación
Sitio.
Situado.
Puesto.

1. Situado
Sueldo.
Remuneración.
Estipendio.

2. Situado
Situación.
Puesto.
Sito.

1. Situar
Colocar.
Poner.
Emplazar.
*Trasladar.

2. Situar
Consignar.
Lastrar.

Soasar
Rustir.
Asar.

1. Soba
Sobado.
Sobo.
Sobadura.

2. Soba
Aporreamiento.
Zurra.
Vapuleo.

1. Sobaco
Islilla.
Axila.

2. Sobaco
Enjuta.

Sobadura
Sobado.
Sobajeo.
Soba.

Sobar
Ajar.
Manosear.

1. Sobarbada
Sermón.
Reprensión.
Sofrenada.
*Elogio.

2. Sobarbada
Golpe.
Sacudida.

1. Soberanía
Poder.
Autoridad.
Imperio.
*Dependencia.

2. Soberanía
Excelencia.
Alteza.
Majestad.

1. Soberano
Monarca.
Rey.
Príncipe.
*Súbdito.

2. Soberano
Elevado.
Grande.
Supremo.
*Mediocre.

1. Soberbia
Altivez.
Orgullo.
Altanería.
*Modestia.

2. Soberbia
Ira.
Cólera.
Arranque.
*Apaciguamiento.

1. Soberbio
Altanero.
Arrogante.
Orgulloso.
*Humilde.

2. Soberbio
Magnífico.
Suntuoso.
Regio.
*Mísero.

3. Soberbio
Fogoso.
Violento.
Arrebatado.
*Discreto.

1. Sobón
Fastidioso.
Empalagoso.
*Ameno.

2. Sobón
Perezoso.
Holgazán.
Gandul.
*Diligente.

3. Sobón
Ladino.
Taimado.
*Tonto.

Sobornado
Dadivado.
Cohechado.
*Íntegro.

Sobornal
Sobrecarga.

Sobornar
Comprar.
Corromper.
Seducir.

Soborno
Cohecho.
Corrupción.
Compra.
*Integridad.

Sobra
Demasía.
Exceso.
Superfluidad.
*Escasez.

Sobradillo
Guardapolvo.

1. Sobrado
Sobrante.

2. Sobrado
Atrevido.
Audaz.
Osado.
*Comedido.

3. Sobrado
Abundante.
Rico.
Opulento.
*Pobre.

4. Sobrado
Zaquizamí.
Desván.

Sobrante
Innecesario.
Sobrado.
Demasiado.
*Falto.

1. Sobrar
Quedar.

Restar.
*Faltar.

2. Sobrar
Sobrepujar.
Exceder.
Holgar.

Sobras
Desechos.
Residuos.
Relieves.

1. Sobre
Encima.
*Bajo.

2. Sobre
Relativo.
Referente.

3. Sobre
Carpeta.
Sobrescrito.
Envoltorio.

Sobreabundancia
Plétora.
Superabundancia.
*Escasez.

Sobreabundante
Excesivo.
Desmesurado.
*Carente.

Sobrearar
Binar.

Sobrecalza
Polaina.

Sobrecama
Telliza.
Cubrecama.
Colcha.

Sobrecarga
Recarga.
Sobornal.
Excedente.

Sobrecargar
Recargar.
Abrumar.
Exceder.
*Aligerar.

Sobrecejo
Ceño.
Sobreceño.

Sobrecincha
Sifué.

Sobrecoger
Sorprender.
Espantar.
Intimidar.

Sobrecogido
Atónito.
Estupefacto.
*Atento.

Sobrecuello
Collarín.

Sobredicho
Nombrado.
Susodicho.
Mencionado.

Sobreentendido
Virtual.
Implícito.
Tácito.
*Explícito.

Sobreexcitación
Irritación.
*Tranquilidad.

Sobrefaz
Apariencia.
Cubierta.

Sobrehueso
Fatiga.
Molestia.
Carga.
*Ayuda.

1. Sobrellevar
Sufrir.
Aguantar.
Tolerar.

2. Sobrellevar
Disimular.
Ayudar.

1. Sobremesa
Tapete.

2. Sobremesa
Postre.

Sobrenadar
Emerger.
Flotar.

Sobrenatural
Milagroso.
Divino.
Metafisico.
*Natural.

Sobrenombre
Apodo.
Calificativo.
Alias.

Sobrepelliz
Roquete.

Sobreparto
Puerperio.

Sobrepasar
Exceder.
Rebasar.
Aventajar.

Sobreponer
Cubrir.
Aplicar.
Recubrir.
*Preparar.

Sobreponerse
Superarse.
Dominarse.
Recobrarse.
*Desalentarse.

Sobreprecio
Recargo.
Aumento.
Sobretasa.

Sobrepujar
Aventajar.
Superar.
Rebasar.
*Bajar.

1. Sobresaliente
Notable.
Excelente.
*Suspenso.

2. Sobresaliente
Notorio.
Aventajado.
Descollante.
*Vulgar.

Sobresalir
Resaltar.
Descollar.
Distinguirse.

Sobresaltado
Asustado.
Inquieto.
Temeroso.
*Impávido.

Sobresaltar
Alterar.
Atemorizar.
Turbar.
*Sosegar.

Sobresalto
Sorpresa.
Susto.
Temor.
*Prenuncio.

Sobreseer
Diferir.
Suspender.
Cesar.

Sobrestante
Mayoral.
Capataz.

Sobresueldo
Gratificación.
Plus.

Sobretodo
Gabán.
Abrigo.

Sobrevenir
Suceder.
Acontecer.
Acaecer.

1. Sobrevienta
Ímpetu.
Furia.

2. Sobrevienta
Sobresalto.
Sorpresa.

3. Sobrevienta
Ventolera.
Huracán.

Sobreviviente
Supérstite.
Superviviente.
*Extinto.

Sobriedad
Moderación.
Mesura.

Cautela.
*Inmoderación.

Sobrio
Moderado.
Ponderado.
Templado.
*Vicioso.

Socaliña
Artificio.
Ardid.
Maña.

Socalzar
Asegurar.
Reforzar.
Entibar.

Socapa
Fingimiento.
Disfraz.
Excusa.
*Realidad.

Socarrar
Requemar.
Soflamar.
Tostar.

Socarrena
Concavidad.
Hueco.
Espacio.
*Convexidad.

1. Socarrón
Solapado.
Disimulado.
Astuto.

2. Socarrón
Guasón.
Burlón.

1. Socarronería
Ficción.
Disimulo.
Astucia.

2. Socarronería
Chiste.
Burla.
Broma.

1. Socava
Descalce.

2. Socava
Alcorque.

Socavar
Excavar.
Minar.

Sociable
Afable.
Tratable.
Educado.
*Hosco.

Sociabilidad
Cortesia.
Civilidad.
Trato.
*Descortesia.

Socializar
Colectivizar.
Estatificar.
Nacionalizar.
*Individualizar.

1. Sociedad
Reunión.
Agrupación.
Asociación.

2. Sociedad
Compañia.
Empresa.

1. Socio
Asociado.

2. Socio
Prójimo.
Individuo.
Sujeto.

Socollada
Estirón.
Estrechón.
Sacudida.

Socorrer
Auxiliar.
Ayudar.
Amparar.
*Abandonar.

Socorro
Ayuda.
Defensa.
Protección.
*Desamparo.

Sodomita
Invertido.
Homosexual.

Soez
Vil.
Bajo.
Grosero.
*Delicado.

Sofá
Diván.
Canapé.
Otomana.

1. Sofión
Bufido.

2. Sofión
Trabuco.

Sofisticar
Falsear.
Falsificar.
Adulterar.

Sofistico
Fingido.
Engañoso.
Falso.
*Cierto.

Sofito
Plafón.
Paflón.

1. Soflama
Reverberación.
Llama.

2. Soflama
Rubor.
Bochorno.
Acaloramiento.
*Palidez.

3. Soflama
Discurso.
Alocución.
Perorata.

4. Soflama
Roncería.
Arrumaco.

1. Soflamar
Sofocar.
Avergonzar.
Abochornar.

2. Soflamar
Tostar.
Socarrar.
Requemar.

Sofocación.
Sofoco.

1. Sofocante
Asfixiante.
Tórrido.
Caliente.
*Aliviador.

2. Sofocante
Opresor.
Irritante.
Enervante.
*Suavizante.

1. Sofocar
Asfixiar.
Ahogar.
*Revivir.

2. Sofocar
Oprimir.
Reprimir.
Dominar.
*Avivar.

3. Sofocar
Abochornar.
Avergonzar.
Correr.
*Empalidecer.

4. Sofocar
Molestar.
Acosar.
Atarugar.
*Exonerar.

1. Sofoco
Opresión.
Bochorno.
Ahogo.
*Respiro.

2. Sofoco
*Inquietud.
Torozón.
Desazón.
*Sosiego.

Sofocón
Sofoco.

Sofrenada
Represión.
Sacudida.
Sobarbada.

1. Sofrenar
Reprimir.
Detener.
Atajar.
*Excitar.

2. Sofrenar
Reñir.
Reprender.
Abochornar.
*Elogiar.

3. Sofrenar
Refrenar.
Contener.

Soga
Cuerda.
Maroma.
Estrenque.

Soguilla
Listón.
Trenza.

Sojuzgar
Sujetar.
Subyugar.
Dominar.
*Liberar.

1. Sol
Febo.

2. Sol
Día.

Solada
Sedimento.
Depósito.
Pósito.

Solado
Pavimento.
Suelo.
Piso.

Solana
Carasol.
*Umbría.

Solano
Rabiazorras.

Solapado
Astuto.
Disimulado.
Hipócrita.
*Leal.

1. Solapar
Velar.
Esconder.
Ocultar.
*Manifestar.

2. Solapar
Bordear.

Solar
Linaje.
Casa.
Descendencia.

2. Solar
Terreno.

3. Solar
Embaldosar.
Enladrillar.
Pavimentar.

Solaz
Diversión.
Recreo.
Distracción.
*Aburrimiento.

Solazar
Alegrar.
Divertir.
Distraer.
*Fastidiar.

1. Solazarse
Expansionarse.
Esparcirse.
Refocilarse.
*Aburrirse.

2. Solazarse
Trabajar.

Soldada
Sueldo.
Salario.
Jornal.

Soldadesca
Turba.
Caterva.

Soldado
Recluta.
Militar.
*Oficial.

Soldar
Pegar.
Estañar.
Unir.

Solecismo
Incorrección.

1. Soledad
Aislamiento.
Abandono.
*Compañía.

2. Soledad
Desierto.

3. Soledad
Pesar.
Pena.
Añoranza.
*Alegría.

1. Solemne
Fastuoso.
Suntuoso.
Grandioso.
*Sencillo.

2. Solemne
Grave.
Importante.
Firme.
*Insignificante.

3. Solemne
Interesante.
Crítico.

1. Solemnidad
Fiesta.
Festividad.

2. Solemnidad
Aparato.
Ceremonia.
Festejos.

1. Solemnizar
Festejar.
Celebrar.
Honrar.

2. Solemnizar
Encarecer.
Engrandecer.
Aplaudir.
*Minimizar.

Soler
Acostumbrar.

1. Solera
Fondo.
Suelo.

2. Solera
Concha.

3. Solera
Lía.
Madre.

Solercia
Sagacidad.
Habilidad.
Astucia.
*Tosquedad.

Solerte
Ladino.
Habilidoso.
Sagaz.
*Torpe.

Soletar
Remendar.
Componer.
Apañar.

Solevantado
Soliviantado.

Solfa
Felpa.
Azotaina.
Zurra.

Solfear
Pegar.
Zurrar.
Vapulear.

Solfeo
Solfa.

Solicitación
Solicitud.

Solicitante
Pretendiente.
Solicitador.
Aspirante.

Solicitar
Requerir.
Pedir.
Pretender.
*Rehusar.

Solícito
Atento.
Cuidadoso.
Afectuoso.
*Descuidado.

1. Solicitud
Atención.
Cuidado.
Afección.
*Desatención.

2. Solicitud
Petición.
Instancia.
Demanda.
*Rechazo.

Solidario
Unido.
Junto.
Asociado.
*Aislado.

1. Solidez
Cohesión.
Consistencia.
Firmeza.
*Debilidad.

2. Solidez
Volumen.

Solidificado
Sólido.
Endurecido.
Condensado.
*Licuado.

1. Sólido
Duro.
Firme.
Resistencia.
*Fluido.

2. Sólido
Establecido.
Consolidado.
Asentado.
*Inseguro.

Soliloquio
Monólogo.

Solimán
Vivo.
Argento.
Sublimado.

Solio
Sitial.
Trono.
Sede.

Solitaria
Tenia.

1. Solitario
Abandonado.
Aislado.
Solo.
*Acompañado.

2. Solitario
Ermitaño.
Eremita.
Anacoreta.

3. Solitario
Huraño.
Hosco.
Adusto.
*Sociable.

4. Solitario
Diamante.

5. Solitario
Soltero.

1. Soliviantado
Perturbado.
Inquieto.
Conmovido.
*Sosegado.

2. Soliviantado
Rebelde.
Revoltoso.
Contumaz.
*Dócil.

1. Soliviantar
Inducir.
Mover.
Incitar.
*Disuadir.

2. Soliviantar
Rebelar.
Sublevar.
Alborotar.
*Apaciguar.

Solivión
Estirón.
Estrepada.
Sacudida.

1. Solo
Solitario.
*Acompañado.

2. Solo
Único.
Célibe.

Independiente.
*Múltiple.

3. Solo
Distinto.
Desaparejado.
*Igual.

4. Solo
Huérfano.
Desvalido.
Abandonado.
*Asistido.

5. Solo
Monodia.

Sólo
Únicamente.
Solamente.

Solomillo
Solomo.
Entrecuesto.
Filete.

1. Soltar
Desceñir.
Desatar.
*Atar.

2. Soltar
Excarcelar.
Libertar.
*Aprisionar.

3. Soltar
Desunir.
Desasir.
Desamarrar.
*Ligar.

4. Soltar
Explicar.
Descifrar.
Resolver.

5. Soltar
Cantarlas.
Decir.
*Callar.

Soltero
Solitario.
Célibe.
Casadero.
*Casado.

Soltura
Desenvoltura.
Agilidad.
Presteza.
*Torpeza.

1. Solución
Fin.
Terminación.
Desenlace.
*Comienzo.

2. Solución
Explicación.
Resolución.
Decisión.
*Dificultad.

3. Solución
Arreglo.
Satisfacción.
Componenda.

Solvencia
Garantía.
Responsabilidad.
Crédito.
*Insolvencia.

Solventar
Resolver.
Solucionar.
Arreglar.
*Dificultar.

Sollastre
Pinche.
Marmitón.

2. Sollastre
Astuto.
Pícaro.
Ladino.

Sollo
Esturión.

Sollozar
Llorar.
Gemiquear.
Gimotear.
*Reír.

Sollozo
Zollipo.
Singulto.
Lloro.
*Risa.

Somanta
Vapuleo.
Zurra.
Felpa.

1. Somatén
Rebato.

2. Somatén
Alboroto.
Alarma.
Bulla.

Somático
Corporal.
*Psíquico.

1. Sombra
Opacidad.
Obscuridad.
*Luz.

2. Sombra
Contorno.
Silueta.

3. Sombra
Esbatimento.
Batimento.

4. Sombra
Aparición.
Espectro.
Visión.

5. Sombra
Protección.
Asilo.
Favor.
*Desamparo.

6. Sombra
Mancha.
Tacha.
Defecto.
*Perfección.

7. Sombra
Apariencia.
Semejanza.
Vislumbre.

8. Sombra
Suerte.
Fortuna.
Chiripa.

9. Sombra
Chiste.
Donaire.
Gracia.

Sombrajo
Cobertizo.
Enramada.
Entoldado.

Sombrar
Asombrar.

Sombrerazo
Reverencia.
Saludo.
Ceremonia.

Sombrero
Chapeo.

Sombría
Umbría.
Ombría.
*Solana.

Sombrilla
Parasol.
Quitasol.
Paraguas.

1. Sombrío
Lúgubre.
Tenebroso.
Tétrico.
*Despejado.

2. Sombrío
Triste.
Taciturno.
Melancólico.
*Alegre.

Somero
Superficial.
Sucinto.
Liviano.
*Prolijo.

1. Someter
Dominar.
Domar.
Vencer.
*Liberar.

2. Someter
Exponer.
Proponer.
Consultar.
*Oponerse.

Someterse
Disciplinarse.
Acatar.

Obedecer.
*Sublevarse.

Sometimiento
Acatamiento.
Sumisión.
Vasallaje.
*Rebeldía.

Somnífero
Dormidero.
Soporífero.
Letárgico.
*Excitante.

Somnolencia
Sopor.
Apatía.
Pesadez.
*Vivacidad.

Somorgujador
Buzo.

Somorgujar
Sumergirse.
Chapuzar.
Bucear.

Somorgujo
Zaramagullón.
Somormujo.

1. Son
Sonido.

2. Son
Voz.
Noticia.
Fama.

3. Son
Pretexto.
Motivo.
Excusa.

4. Son
Manera.
Modo.
Talante.

Sonado
Conocido.
Afamado.
Célebre.
*Desconocido.

Sonajero
Cascabelero.

1. Sonar
Retumbar.
Resonar.
Tronar.
*Callar.

2. Sonar
Expresarse.
Citarse.

3. Sonar
Parecer.
Semejar.
Oler.

4. Sonar
Acordarse.
*Olvidar.

Sonda
Tienta.
Cala.
Sondeo.

1. Sondar
Ahondar.
Sondear.
Pulsar.

2. Sondar
Averiguar.
Inquirir.
Rastrear.

1. Sondeo
Sonda.

2. Sondeo
Sonsacamiento.
Sonsaca.

1. Sonido
Tañido.
Son.
Rumor.
*Silencio.

2. Sonido
Fonema.

3. Sonido
Pronunciación.
Tono.
Entonación.

4. Sonido
Significado.
Valor.

1. Soniquete
Sonecillo.

2. Soniquete
Tonillo.
Sonsonete.

1. Sonoro
Melodioso.
Sonoroso.
Fragoso.
*Silencioso.

Sonreír
Reírse.

Sonriente
Contento.
Alegre.
Risueño.
*Triste.

Sonrisa
Risa.

Sonrojar
Avergonzar.
Confundir.
Abochornar.

Sonrojo
Bochorno.
Rubor.
Vergüenza.
*Desfachatez.

Sonrosarse
Rosarse.

Sonsacamiento
Investigación.
Indagación.
Sondeo.

Sonsacar
Descubrir.
Averiguar.
Indagar.

1. Sonsonete
Tonillo.
Soniquete.
Estribillo.

2. Sonsonete
Sonido.

Soñador
Quimerista.
Imaginativo.
Utopista.
*Realista.

1. Soñar
Dormir.
Reposar.
Descansar.

2. Soñar
Evocar.
Ensoñar.
Recordar.

3. Soñar
Meditar.
Pensar.
Desear.

Soñolencia
Somnolencia.
Soñera.
Modorra.

1. Soñoliento
Amodorrado.
Adormilado.
Traspuesto.
*Despierto.

2. Soñoliento
Perezoso.
Tardo.
Lento.
*Vivo.

3. Soñoliento
Dormitivo.
Soporífero.

Sopa
Caldo.
Sopicaldo.
Puré.

1. Sopapear
Cachetear.
Abofetear.
Cascar.

2. Sopapear
Sopetear.
Sopear.
Ensopar.

Sopaina
Zurra.
Felpa.
Solfa.

Sopapo
Bofetada.

1. Sopear
Sopetear.

Sopar.
Sopapear.

2. Sopear
Pisar.
Hollar.
Pisotear.

3. Sopear
Dominar.
Supeditar.
Vejar.

Sopeña
Concavidad.
Cavidad.
Oquedad.

Sopesar
Tantear.
Balancear.

1. Sopetear
Sopapear.

2. Sopetear
Vejar.
Maltratar.
Ultrajar.

Sopetón
Golpe.
Empujón.
Empellón.

Sopicaldo
Sopa.

Sopitipando
Desmayo.
Accidente.
Desvanecimiento.

1. Soplado
Hinchado.
Inflado.
Hueco.
*Deshinchado.

2. Soplado
Entonado.
Estirado.
Ensorberbecido.
*Modesto.

3. Soplado
Compuesto.
Repulido.
Acicalado.
*Sencillo.

1. Soplar
Bufar.
Insuflar.
Espirar.
*Aspirar.

2. Soplar
Aventar.
Airear.
Ventilar.

3. Soplar
Hinchar.
Inflar.
*Deshinchar.

4. Soplar
Sugerir.
Insinuar.
Apuntar.

5. Soplar
Denunciar.
Soplonear.

1. Soplarse
Empacharse.
Atiborrarse.
Llenarse.
*Ayunar.

2. Soplarse
Engreirse.
Hincharse.
Ensoberbecerse.
*Humillarse.

1. Soplo
Sopladura.
Soplido.

2. Soplo
Viento.
Hálito.
Aire.

3. Soplo
Delación.
Denuncia.
Acusación.

4. Soplo
Instante.
Momento.
Tris.

Soplón
Delator.
Denunciante.

Soplonear
Delatar.
Denunciar.
Acusar.

Soponcio
Accidente.
Desmayo.
Desvanecimiento.

1. Sopor
Coma.
Letargo.
Modorra.
*Despertar.

2. Sopor
Aburrimiento.
Fastido.

Soporífero
Soñoliento.
Somnífero.
Calmante.
*Excitante.

Soportable
Sufrible.
Llevadero.
Tolerable.
*Insoportable.

Soportal
Atrio.
Pórtico.
Cobertizo.

Soportar
Llevar.
Sostener.
Tolerar.
*Rebelarse.

Soporte
Sostén.
Apoyo.
Sustento.

Soprano
Tiple.

Sor
Sóror.
Hermana.

Sorber
Tragar.
Absorber.
Aspirar.
*Expeler.

Sorbete
Helado.
Refresco.
Mantecado.

1. Sorbo
Chupada.
Succión.
Libación.

1. Sorda
Rayuelo.
Agachadiza.

2. Sorda
Guindalera.

Sordera
Sordedad.
Sordez.
Disecea.

1. Sordidez
Tacañería.
Avaricia.
Cicatería.
*Prodigalidad.

2. Sordidez
Pobreza.
Ruindad.
Miseria.
*Riqueza.

3. Sordidez
Indecencia.
Impureza.
*Honestidad.

1. Sórdido
Tacaño.
Avaro.
Mezquino.
*Pródigo.

2. Sórdido
Roñoso.
Miserable.
Misero.
*Rico.

3. Sórdido
Impuro.
Sucio.
Indecente.
*Honesto.

1. Sordo
Teniente.

2. Sordo
Secreto.
Callado.
Silencioso.
*Sonoro.

3. Sordo
Inflexible.
Indiferente.
Inexorable.
*Benevolente.

Sorgo
Zahína.

1. Sorna
Disimulo.
Relente.
Socarronería.

2. Sorna
Calma.
Pausa.
Lentitud.
*Diligencia.

Sóror
Sor.

Sorprendente
Extraordinario.
Asombroso.
Insólito.
*Normal.

1. Sorprender
Admirar.
Pasmar.
Asombrar.

2. Sorprender
Atrapar.
Coger.
Descubrir.

Sorprenderse
Maravillarse.

Sorprendido
Estupefacto.
Confuso.
Petrificado.
*Indiferente.

Sorpresa
Asombro.
Estupor.
Admiración.
*Preanuncio.

Sorrostrada
Insolencia.
Atrevimiento.
Claridad.
*Comedimiento.

1. Sortear
Rifar.

2. Sortear
Eludir.
Evitar.
Escabullirse.

1. Sortija
Alianza.
Anillo.
Sello.

2. Sortija
Rizo.

1. Sortilegio
Adivinación.
Auguración.

2. Sortilegio
Hechicería.
Hechizo.
Encantamiento.

Sortílego
Adivino.
Pronosticador.
Agorero.

Sosaina
Soso.

Sosañar
Amonestar.
Reprender.
Castigar.
*Elogiar.

Sosegado
Calmoso.
Sereno.
Tranquilo.
*Inquieto.

1. Sosegar
Moderar.
Templar.
Aplacar.
*Inquietar.

2. Sosegar
Descansar
Reposar.
Dormir.

Sosegarse
Rehacerse.
Reponerse.
*Enervarse.

Sosería
Sosera.
Pesadez.
Insulsez.
Insipidez.
*Interés.

Sosiego
Placidez.
Calma.
Quietud.
*Actividad.

1. Soslayar
Oblicuar.
Ladear.
Inclinar.
*Enderezar.

2. Soslayar
Sortear.
Rehuir.
Evitar.
*Afrontar.

Soslayo
Oblicuo.
Ladeado.
Sesgo.
*Recto.

Soso
Desabrido.
Insípido.
Insulso.
*Sabroso.

Sospecha
Indicio.
Conjetura.
Suspicacia.
*Confianza.

Sospechar
Temer.
Presumir.
Recelar.
*Confiar.

1. Sospechoso
Dudoso.
Suspecto.
Equívoco.

2. Sospechoso
Suspicaz.
Receloso.
Desconfiado.
*Confiado.

1. Sostén
Sustento.
Apoyo.
Sostenimiento.

2. Sostén
Defensa.
Amparo.
Ayuda.
*Desamparo.

3. Sostén
Protector.
Auxiliar.
Amparador.

1. Sostener
Soportar.
Aguantar.
Sustentar.

2. Sostener
Apoyar.
Proteger.
Amparar.
*Desamparar.

3. Sostener
Afirmar.
Defender.
Ratificar.
*Renunciar.

4. Sostener
Tolerar.
Sufrir.

5. Sostener
Alimentar.

Sostenido
Continuo.
Seguido.
Consecutivo.
*Interrumpido.

1. Sostenimiento
Sostén.

2. Sostenimiento
Mantenimiento.
Manutención.
Sustento.

Sotabanco
Desván.
Buhardilla.
Sobrado.

1. Sotana
Loba.

2. Sotana
Azotaina.
Zurra.
Solfa.

1. Sotanear
Pegar.
Zurrar.

2. Sotanear
Reñir.
Reprender.
Amonestar.
*Elogiar.

Sótano
Cueva.
Subterráneo.
Bodega.

Sotechado
Cochera.
Soportal.
Cobertizo.

1. Soterrar
Sepultar.
Enterrar.
Sepelir.
*Desenterrar.

2. Soterrar
Esconder.
Guardar.
Encerrar.
*Descubrir.

Soto
Matorral.
Zarzal.
Bosquecillo.

Sotuer
Aspa.

Suasorio
Persuasor.
Persuasivo.
*Disuasivo.

1. Suave
Liso.
Pulido.

2. Suave
Flojo.
Blando.
Delicado.
*Duro.

3. Suave
Manso.
Quieto.
Tranquilo.
*Intranquilo.

4. Suave
Moderado.
Lento.
*Rápido.

5. Suave
Dúctil.
Dócil.
Flexible.
*Rebelde.

1. Suavidad
Blandura.
Lisura.
Lenidad.
*Asperidad.

2. Suavidad
Serenidad.
Calma.
Tranquilidad.
*Rebelión.

1. Suavizar
Alisar.
Pulimentar.
Asedar.

2. Suavizar
Molificar.
Lenificar.
Enmelar.

3. Suavizar
Pacificar.
Calmar.
Templar.

Subalterno
Inferior.
Dependiente.
Subordinado.
*Superior.

Subasta
Encante.
Puja.
Martillo.

Súbdito
Vasallo.
Dependiente.
Ciudadano.
*Poder.

1. Subida
Alza.
Aumento.
Ascensión.

2. Subida
Pendiente.
Cuesta.
Repecho.
*Declive.

1. Subido
Alto.
Elevado.
Excesivo.
*Bajo.

2. Subido
Costoso.
Caro.
*Barato.

3. Subido
Vivo.
Fuerte.
*Suave.

1. Subir
Trepar.
Ascender.
Escalar.
*Apearse.

2. Subir
Crecer.
Aumentar.
Remontar.
*Bajar.

3. Subir
Aupar.
Elevar.
*Descender.

4. Subir
Llegar.
Importar.
Alcanzar.

1. Súbito
Improviso.
Repentino.

Inmediato.
*Lento.

2. Súbito
Impetuoso.
Precipitado.
Violento.
*Calmoso.

1. Subjetivo
Intransferible.
Personal.

2. Subjetivo
Yo.

Sublevación
Sedición.
Rebelión.
Motín.
*Orden.

1. Sublevar
Amotinar.
Soliviantar.
Subvertir.

2. Sublevar
Encolerizar.
Irritar.
Indignar.
*Apaciguar.

Sublevarse
Alzarse.
Rebelarse.
Alzar.

Sublimar
Enaltecer.
Ensalzar.
Exaltar.

Sublime
Excelso.
Superior.
Elevado.
*Pésimo.

Sublimidad
Excelsitud.
Alteza.
Magnificencia.
*Inferioridad.

Subordinación
Dependencia.
Sumisión.
Sujeción.
*Superioridad.

Subordinado
Dependiente.
Inferior.
Sumiso.
*Superior.

1. Subordinar
Someter.
Sujetar.
Disciplinar.

2. Subordinar
Relacionar.
Clasificar.
Conexionar.

1. Subrayar
Rayar.

2. Subrayar
Insistir.
Recalcar.

Subrepticio
Furtivo.
Oculto.
Ilícito.
*Manifiesto.

Subrogar
Reemplazar.
Substituir.

1. Subsanar
Exculpar.
Disculpar.
Excusar.
*Caer.

2. Subsanar
Enmendar.
Corregir.
Reparar.
*Dañar.

1. Subscribir
Rubricar.
Firmar.

2. Subscribir
Asentir.
Acceder.
Consentir.
*Rectificar.

Subscribirse
Obligarse.
Abonarse.
Comprometerse.

Subscripcion
Alta.
Abono.

1. Subscrito
Firmante.
Suscrito.

2. Subscrito
Abonado.

Subsidiario
Accesorio.
Auxiliar.
Dependiente.
*Independiente.

1. Subsidio
Ayuda.
Subvención.
Auxilio.
*Desamparo.

2. Subsidio
Contribución.
Impuesto.
Carga.

1. Subsistencia
Conservación.
Estabilidad.
Permanencia.
*Alteración.

2. Subsistencia
Sostenimiento.
Mantenimiento.
Alimentación.

1. Subsistir
Durar.
Permanecer.
Perdurar.
*Desaparecer.

2. Subsistir
Vivir.
Existir.
*Morir.

1. Substancia
Esencia.
Ser.
Principio.

2. Substancia
Estimación.
Valor.
Importancia.

3. Substancia
Jugo.
Enjundia.

4. Substancia
Juicio.
Seso.
Madurez.

5. Substancia
Caudal.
Dinero.

Substancial
Esencial.
Sólido.
Importante.
*Insustancial.

Substancioso
Sabroso.
Nutritivo.
Suculento.
*Desaborido.

Substitución
Suplantación.
Relevo.
Cambio.
*Permanencia.

Substituir
Suplir.
Cambiar.
Reemplazar.
*Permanecer.

Substituto
Reemplazante.
Suplente.
Auxiliar.

1. Substracción
Deducción.
Descuento.
Resta.
*Suma.

2. Substracción
Robo.
Hurto.
Estafa.

1. Substraer
Deducir.
Restar.
Disminuir.
*Sumar.

2. Substraer
Separar.
Apartar.
Extraer.
*Añadir.

3. Substraer
Detraer.
Hurtar.
Robar.
*Devolver.

Substraerse
Evitar.
Eludir.
Rehusar.

Subterfugio
Excusa.
Pretexto.
Escapatoria.

Subterráneo
Caverna.
Sótano.
Bóveda.

Suburbio
Afueras.
Arrabal.
Barrio.

Subvención
Ayuda.
Socorro.
Auxilio.
*Desamparo.

Subvenir
Ayudar.
Sostener.
Socorrer.
*Desamparar.

Subversión
Motín.
Revolución.
Insurrección.
*Orden.

Subversivo
Revoltoso.
Revolucionario.
Sedicioso.
*Leal.

Subvertir
Revolver.
Trastocar.

Perturbar.
*Ordenar.

Subyugar
Domeñar.
Someter.
Avasallar.
*Liberar.

Succión
Libación.
Sorbo.
Chupada.

1. Suceder
Reemplazar.
Substituir.
Equivaler.
*Conservar.

2. Suceder
Heredar.

3. Suceder
Proceder.
Descender.
Provenir.

4. Suceder
Acaecer.
Acontecer.
Ocurrir.

Sucedido
Suceso.

1. Sucesión
Decurso.
Continuación.

2. Sucesión
Herencia.

3. Sucesión
Prole.
Descendencia.

Sucesivo
Siguiente.
Continuo.
Subsiguiente.
*Interrumpido.

1. Suceso
Acaecimiento.
Sucedido.
Incidente.

2. Suceso
Transcurso.

3. Suceso
Resultado.
Exito.

Sucesor
Descendiente.
Heredero.
*Antecesor.

Sucesores
Venideros.

1. Suciedad
Ascosidad.
Impureza.
Desaseo.
*Aseo.

2. Suciedad
Basura.
Porquería.
Miseria.

1. Sucinto
Recogido.
Apretado.
Ceñido.
*Amplio.

2. Sucinto
Conciso.
Somero.
Breve.
*Vasto.

1. Sucio
Poluto.
Mugriento.
Asqueroso.
*Limpio.

2. Sucio
Licencioso.
Libidinoso.
Obsceno.
*Honesto.

Súcubo
Demonio.
Espíritu.

Sucucho
Rincón.

Suculento
Nutritivo.
Substancioso.
Exquisito.
*Insípido.

1. Sucumbir
Rendirse.
Caer.
Someterse.
*Rebelarse.

2. Sucumbir
Fenecer.
Expirar.
Perecer.
*Vivir.

Sucursal
Agencia.
Rama.
Filial.

Sudar
Exudar.
Trasudar.
Transpirar.

1. Sudario
Sábana.
Mortaja.
Envoltorio.

2. Sudario
Sudadero.

Sudeste
Siroco.

1. Sudor
Diaforesis.
Transpiración.

2. Sudor
Fatiga.
Trabajo.
Afán.

1. Suela
Cuero.

2. Suela
Lenguado.

3. Suela
Zócalo.

Suelas
Sandalias.

Sueldo
Estipendio.
Emolumento.
Salario.

1. Suelo
Piso.

Pavimento.
Solado.

2. Suelo
Poso.
Asiento.

3. Suelo
Término.
Fin.

1. Suelto
Presto.
Veloz.
Ligero.
*Ganso.

2. Suelto
Expedito.
Ágil.
Diestro.
*Inhábil.

3. Suelto
Atrevido.
Osado.
*Atento.

4. Suelto
Corriente.
Fácil.
Llano.
*Difícil.

5. Suelto
Calderilla.

6. Suelto
Gacetilla.
Artículo.

1. Sueño
Descanso.
Dormición.

2. Sueño
Pesadilla.
Quimera.
Ilusión.

1. Suerte
Ventura.
Fortuna.
Estrella.

2. Suerte
Género.
Especie.
Modo.

Suficiencia
Capacidad.
Competencia.
Aptitud.
*Insuficiencia.

1. Suficiente
Asaz.
Bastante.

2. Suficiente
Apto.
Capaz.
Idóneo.

Sufijo
Postfijo.

1. Sufragar
Auxiliar.
Ayudar.
Favorecer.
*Desamparar.

2. Sufragar
Costear.
Satisfacer.
Pagar.

1. Sufragio
Favor.
Protección.
Ayuda.
*Desamparo.

2. Sufragio
Funeral.

3. Sufragio
Voto.
Dictamen.
Parecer.

Sufrido
Paciente.
Tolerante.
Resistente.
*Intolerante.

1. Sufrimiento
Resignación.
Paciencia.
Tolerancia.
*Impaciencia.

2. Sufrimiento
Dolor.
Pena.
Aflicción.
*Gozo.

1. Sufrir
Padecer.
Penar.
Sentir.
*Rebelarse.

2. Sufrir
Tolerar.
Aguantar.
Soportar.
*Intolerar.

Sugerir
Insinuar.
Aconsejar.
Inspirar.
*Disuadir.

Sugestión
Fascinación.
Sugerencia.
Atractivo.

Sugestionar
Dominar.
Hipnotizar.
Magnetizar.

1. Sujeción
Obediencia.
Dependencia.
*Independencia.

2. Sujeción
Esclavitud.
Constreñimiento.
Atadura.
*Liberación.

3. Sujeción
Prolepsis.
Anticipación.

Sujetar
Someter.
Fijar.
Apremiar.
*Libertar.

Sujetarse
Reglarse.

1. Sujeto
Subyugado.
Sumiso.
Dependiente.
*Independiente.

2. Sujeto
Propenso.
Expuesto.

3. Sujeto
Materia.
Asunto.
Tema.

4. Sujeto
Individuo.
Ente.

Sulfato
Vitriolo.

Sulfurar
Excitar.
Irritar.
Enojar.
*Apaciguar.

1. Suma
Agregación.
Total.
Integración.
*Resta.

2. Suma
Sumario.

1. Sumar
Allegar.
Adicionar.
Añadir.
*Deducir.

2. Sumar
Concretar.
Recopilar.
Resumir.
*Ampliar.

3. Sumar
Elevarse.
Ascender.
Valer.

Sumarse
Apoyar.
Corroborar.

1. Sumario
Extracto.
Resumen.
Indicio.

2. Sumario
Conciso.
Lacónico.

Breve.
*Extenso.

3. Sumario
Proceso.
Juicio.
Causa.

Sumergir
Zambullir.
Inmergir.
Hundir.
*Extraer.

Sumersión
Inmersión.
Hundimiento.
Chapuzón.
*Emersión.

Sumidero
Alcantarilla.
Albañal.
Cloaca.

Suministrar
Proveer.
Abastecer.
Surtir.
*Desproveer.

Suministro
Provisión.
Abastecimiento.
Racionamiento.

Sumir
Introducir.
Sumergir.
Hundir.
*Extraer.

Sumisión
Sometimiento.
Acatamiento.
Rendimiento.
*Rebelión.

Sumiso
Obediente.
Dócil.
Manejable.
*Rebelde.

Sumo
Altísimo.
Supremo.

Elevado.
*Inferior.

Suntuosidad
Esplendidez.
Fastuosidad.
Magnificencia.
*Pobreza.

Suntuoso
Opulento.
Regio.
Costoso.
*Mezquino.

Supeditación
Sujeción.
Subyugación.
Sumisión.
*Dominio.

Supeditar
Dominar.
Someter.
Doblegar.
*Liberar.

Superabundancia
Exceso.
Colmo.
Plétora.
*Escasez.

Superabundante
Abundante.
Exuberante.
Ubérrimo.
*Escaso.

Superabundar
Rebosar.
Sobrar.
*Faltar.

Superación
Dominio.
Vencimiento.
Victoria.

Superar
Aventajar.
Exceder.
Ganar.

Superávit
Residuo.
Exceso.
Sobra.
*Déficit.

Superchería
Fábula.
Invención.
Falsedad.
*Verdad.

Superficial
Somero.
Frívolo.
Ligero.
*Fundamental.

Superficie
Extensión.
Espacio.
Plano.

Superfluidad
Lujo.
Inutilidad.
Derroche.
*Esencia.

Superfluo
Inútil.
Recargado.
Sobrante.
*Esencial.

Superhumeral
Efod.

Superintendencia
Sobreintendencia.

1. Superior
Dominante.
Culminante.
Supremo.
*Inferior.

2. Superior
Rector.
Jefe.
Director.
*Subalterno.

3. Superior
Precedente.
Anterior.
*Consecuente.

1. Superioridad
Supremacía.
Eminencia.
Ventaja.
*Inferioridad.

2. Superioridad
Dirección.
Jefatura.
*Dependencia.

Superlativo
Máximo.
Superior.
Preponderante.
*Mínimo.

Supernumerario
Excedente.

Superponer
Incorporar.
Aplicar.
Añadir.
*Quitar.

Superstición
Fetichismo.
Credulidad.
Hechicería.
*Fe.

Supersticioso
Agorero.
Fetichista.
Maniático.
*Piadoso.

Supérstite
Superviviente.
Sobreviviente.
*Difunto.

Supervacáneo
Superfluo.
*Indispensable.

Supervenir
Sobrevenir.

Superviviente
Supérstite.
Sobreviviente.

Supino
Tendido.
Horizontal.
Alechigado.
*Prono.

Supitaño
Repentino.
Subitáneo.
Inesperado.
*Previsto.

Suplantador
Suplente.

Suplantar
Relevar.
Substituir.
Suplir.

Suplementario
Anejo.
Accesorio.
Adicional.
*Principal.

1. Suplemento
Reemplazo.
Suplección.
Substitución.

2. Suplemento
Complemento.
Agregado.
Apéndice.
*Fundamento.

Suplente
Suplantador.
Substituto.
Sucesor.
*Titular.

1. Súplica
Demanda.
Ruego.
Petición.

2. Súplica
Instancia.
Memorial.
Solicitud.

Suplicar
Rogar.
Invocar.
Pedir.
*Denegar.

Suplicio
Tormento.
Martirio.
Tortura.

Suplidor
Suplente.

Suplir
Revezar.
Substituir.
Representar.

1. Suponer
Estimar.
Presumir.
Conjeturar.

2. Suponer
Atribuir.
Conceder.
Presuponer.

3. Suponer
Importar.

1. Suposición
Supuesto.
Sospecha.
Hipótesis.

2. Suposición
Autoridad.
Representación.
Distinción.

3. Suposición
Mentira.
Falsedad.
Engaño.
*Verdad.

Supositicio
Fingido.
Inventado.
Supuesto.
*Real.

Suprasensible
Irreal.
Inmaterial.
Incorpóreo.
*Tangible.

Supremacía
Excelencia.
Superioridad.
Preponderancia.
*Inferioridad.

Supremo
Soberano.
Sumo.
Potente.
*Ínfimo.

Supresión
Omisión.
Eliminación.
Cesación.
*Añadido.

1. Suprimir
Abrogar.
Abolir.
Anular.
*Prolongar.

2. Suprimir
Callar.
Omitir.
*Publicar.

1. Supuesto
Supósito.
Suposición.
Hipótesis.

2. Supuesto
Imaginario.
Fingido.
Hipotético.
*Real.

Supurar
Correr.
Segregar.
Manar.

Suputación
Cómputo.
Cálculo.
Cuenta.

Suputar
Calcular.
Contar.
Computar.

Sur
Austro.
Mediodía.
Antártico.
*Norte.

1. Surcar
Amelgar.
Azurcar.

2. Surcar
Hender.
Cortar.
Andar.

1. Surco
Arroyada.
Aladrada.
Besana.

2. Surco
Arruga.
Pliegue.

Surgidero
Fondeadero.
Abra.
Ancladero.

1. Surgir
Fondear.
Anclar.

2. Surgir
Manifestarse.
Aparecer.
Levantarse.
*Desaparecer.

3. Surgir
Fluir.
Surtir.
Brotar.

Surtida
Varadero.

1. Surtidero
Buzón.

2. Surtidero
Surtidor.

1. Surtido
Colección.
Reunión.
Conjunto.
*Uniformidad.

2. Surtido
Diverso.
Variado.
*Único.

1. Surtidor
Saltadero.
Surtidero.
Manantial.

2. Surtidor
Suministrador.

1. Surtir
Proveer.
Suministrar.
Aprovisionar.
*Desmantelar.

2. Surtir
Brotar.
Surgir.
Fluir.

1. Surto
Anclado.
Varado.
Fondeado.

2. Surto
Reposado.
Tranquilo.
Quieto.
*Inquieto.

1. Susceptible
Dispuesto.
Susceptivo.
Apto.
*Incapaz.

2. Susceptible
Irascible.
Irritable.
Quisquilloso.
*Pacífico.

Suscitar
Producir.
Motivar.
Causar.
*Eliminar. .

Susodicho
Mencionado.
Sobredicho.
Citado.

Suspecto
Equívoco.
Sospechoso.
Dudoso.
*Inequívoco.

1. Suspender
Ahorcar.
Colgar.
Guindar.

2. Suspender
Parar.

Detener.
Interrumpir.
*Proseguir.

3. Suspender
Aturdir.
Pasmar.
Asombrar.

4. Suspender
Catear.
Revolcar.
Reprobar.
*Aprobar.

1. Suspendido
Suspenso.
*Aprobado.

2. Suspendido
Colgante.
Pendiente.

1. Suspensión
Colgamiento.
Enganchamiento.

2. Suspensión
Tregua.
Parada.
Cesación.
*Prosecución.

3. Suspensión
Admiración.
Asombro.
Pasmo.

1. Suspenso
Asombrado.
Admirado.
Atónito.
*Atento.

2. Suspenso
Reprobado.
Suspendido.
Cateado.
*Aprobado.

Suspicacia
Conjetura.
Sospecha.

Malicia.
*Confianza.

Suspicaz
Escaldado.
Malicioso.
Desconfiado.
*Confiado.

Suspirar
Quejarse.
Afligirse.
Lloriquear.

Sustentáculo
Sostén.
Sustento.
Apoyo.

1. Sustentar
Nutrir.
Alimentar.
Sostener.

2. Sustentar
Soportar. .
Mantener.
Sujetar.

3. Sustentar
Asegurar.
Ratificar.
Corroborar.
*Rectificar.

1. Sustento
Alimento.
Manutención.
Sostenimiento.

2. Sustento
Sustentáculo.

Susto
Alarma.
Sobresalto.
Sorpresa.

Susurrar
Musitar.
Rumorear.
Murmurar.

Susurrarse
Decirse.
Sonar.

Susurro
Murmullo.
Rumor.
Balbuceo.

Susurrón
Maldiciente.
Murmurador.
Criticón.

1. Sutil
Tenue.
Fino.
Etéreo.
*Basto.

2. Sutil
Agudo.
Gracioso.
Ingenioso.
*Obtuso.

1. Sutileza
Perspicacia.
Astucia.
Ingenio.
*Necedad.

2. Sutileza
Sofisma.
Paradoja.
Retórica.

1. Sutilizar
Limar.
Pulir.
Atenuar.

2. Sutilizar
Profundizar.
Discurrir.
Teorizar.

Sutura
Juntura.
Costura.
Cosido.

Svástica
Cruz gamada.

T

Taba
Carnícol.
Astrágalo.
Taquín.

Tabalada
Tabanazo.
Bofetada.
Sopapo.

1. Tabalear
Atabalear.

2. Tabalear
Tamborear.
Tamborilear.
Tocar.

Tabanazo
Bofetada.
Tabalada.

Tabaquera
Petaca.

Tabaquería
Estanco.

Tabaquismo
Nicotismo.

Tabardillo
Insolación.
Tabardete.

2. Tabardillo
Pinta.

3. Tabardillo
Tifus.

4. Tabardillo
Importuno.
Molesto.
Aturdido.
*Atento.

Tabarra
Engorro.
Importunación.

Pesadez.
*Diversión.

Taberna
Bodega.
Tasca.
Cantina.

Tabernáculo
Sagrario.
Altar.
Trono.

Tabernario
Rastrero.
Vil.
Villano.

Tabes
Extenuación.
Caquexia.
Consunción.

Tabique
Separación.
Pared.
Muro.

1. Tabla
Plancha.
Tablón.
Tablilla.

2. Tabla
Pliegue.

3. Tabla
Catálogo.
Índice.
Lista.

4. Tabla
Bandal.

5. Tabla
Retablo.
Cuadro.

6. Tabla
Mostrador.
Mesa.

1. Tablado
Tinglado.
Entarimado.
Plataforma.

2. Tablado
Cadalso.
Patíbulo.

3. Tablado
Palenque.

1. Tablajería
Carnicería.

2. Tablajería
Tahurería.

1. Tablajero
Carnicero.

2. Tablajero
Tahúr.

1. Tablas
Empate.

2. Tablas
Teatro.
Escenario.

1. Tablero
Tabla.

2. Tablero
Tahurería.

1. Tableta
Tabloncillo.
Tablilla.

2. Tableta
Comprimido.
Pastilla.

Tablilla
Tabla.
Listón.

Tablón
Tabla.

Tabuco
Zahúrda.
Buharda.
Tugurio.

Taburete
Banqueta.
Escabel.
Tajuelo.

Tacañería
Mezquindad.
Cicatería.
Roñería.
*Esplendidez.

Tacaño
Ruin.
Avaro.
Mezquino.
*Dadivoso.

Tacita
Taza.
Jícara.

1. Tácito
Omiso.
Virtual.
Implícito.
*Expreso.

2. Tácito
Silencioso.
Callado.
Secreto.
*Locuaz.

1. Taciturno
Melancólico.
Sombrío.
Apesadumbrado.
*Alegre.

2. Taciturno
Tácito.
*Hablador.

1. Taco
Tarugo.
Tapón.

2. Taco
Trago.
Refrigerio.
Bocado.

3. Taco
Reniego.
Juramento.
Maldición.

1. Táctica
Sistema.
Procedimiento.
Habilidad.

2. Táctica
Ataque.
Despliegue.

1. Tacto
Manoseo.
Tocamiento.
Palpamiento.

2. Tacto
Discreción.
Delicadeza.
Juicio.
*Indiscreción.

Tacha
Falta.
Defecto.
Tilde.
*Cualidad.

1. Tachar
Rayar.
Borrar.
Raspar.
*Añadir.

2. Tachar
Acusar.
Culpar.
Incriminar.
*Elogiar.

1. Tachón
Borrón.
Raya.

2. Tachón
Tachuela.
Clavo.

Tachonar
Clavetear.

Tachuela
Tachón.
Clavo.

Tafanario
Asentaderas.
Posaderas.

Tafilete
Marroquí.
Cordobán.

Tafo
Olfato.
Olor.

1. Tagarnina
Caliqueño.
Coracero.
Toscano.

2. Tagarnina
Cardillo.

1. Tagarote
Baharí.

2. Tagarote
Escribiente.
Escribano.
Calígrafo.

3. Tagarote
Espingarda.
Perantón.
Zanguayo.
*Enano.

Tahalí
Biricú.
Charpa.
Tiracol.

Tahona
Panadería.
Atahona.

Tahúr
Jugador.
Tablajero.
Fullero.

Tahurería
Timba.
Garito.
Matute.

1. Taifa
Bandería.
Parcialidad.
Bando.

2. Taifa
Canalla.
Chusma.
Gavilla.

Taimado
Ladino.
Astuto.
Sagaz.
*Bobo.

Taimería
Astucia.
Sagacidad.
Malicia.
*Bobería.

1. Tajada
Trozo.
Taja.
Fragmento.

2. Tajada
Tos.
Ronquera.

3. Tajada
Borrachera.

Tajadera
Cortafrío.

Tajadura
Cortadura.
Corte.
Tajo.

Tajamar
Espolón.

1. Tajante
Cortador.

2. Tajante
Cortante.
Incisivo.
Concreto.
*Difuso.

Tajar
Partir.

Cortar.
Sajar.
*Unir.

1. Tajo
Cuchillada.
Hendiente.
Fendiente.

2. Tajo
Tajadura.

3. Tajo
Picador.

4. Tajo
Sima.
Escarpadura.
Precipicio.

1. Tal
Semejante.
Igual.

2. Tal
Así.

Tala
Billarda.
Estornija.
Toña.

Talabarte
Pretina.
Tahalí.
Biricú.

1. Taladrar
Horadar.
Perforar.
Agujerear.

2. Taladrar
Penetrar.
Atravesar.
Alcanzar.

Taladro
Barrena.
Broca.
Berbiquí.

1. Tálamo
Cama.
Lecho.

2. Tálamo
Receptáculo.

Talanquera
Valla.
Barrera.

2. Talanquera
Reparo.
Defensa.
Amparo.

1. Talante
Modo.
Estilo.
Son.

2. Talante
Aspecto.
Semblante.
Disposición.

1. Talar
Tajar.
Cortar.
Segar.

2. Talar
Destruir.
Arrasar.
Arruinar.

1. Talega
Talego.
Fardel.
Bolsa.

2. Talega
Peculio.
Dinero.

3. Talega
Pecados.
Conciencia.

Talento
Capacidad.
Agudeza.
Conocimiento.
*Necedad.

Talentoso
Talentudo.

Talismán
Amuleto.
Fetiche.
Reliquia.

1. Talón
Calcañar.

2. Talón
Pulpejo.

3. Talón
Libranza.
Resguardo.
Recibo.

4. Talón
Cheque.

Talque
Tasconio.

Talud
Declive.
Inclinación.
Rampa.

1. Talla
Entallamiento.
Talladura.
Entallo.

2. Talla
Estatura.
Altura.
Medida.

3. Talla
Marca.

4. Talla
Escultura.
Relieve.
Bajorrelieve.

Talladura
Talla.

1. Tallar
Cortar.

2. Tallar
Esculpir.
Labrar.

3. Tallar
Apreciar.
Tasar.
Valuar.

4. Tallar
Medir.

1. Talle
Cintura.

2. Talle
Disposición.
Apariencia.
Traza.

1. Taller
Tienda.
Obrador.
Laboratorio.

2. Taller
Vinagreras.

Angarillas.
Convoy.

Tallo
Vástago.
Retoño.
Renuevo.

1. Talludo
Crecido.
Alto.
Espigado.
*Enano.

2. Talludo
Experimentado.
Maduro.
Acostumbrado.
*Inexperto.

Tamañito
Confundido.
Confuso.
Aturdido.
*Decidido.

Tamaño
Capacidad.
Volumen.
Dimensión.

Tambalear
Vacilar.
Oscilar.
Bambolear.

Tambalearse
Zangolotearse.

Tambaleo
Vaivén.
Oscilación.
Bamboleo.

También
Así.
Todavía.
Igualmente.

1. Tambor
Parche.

2. Tambor
Cilindro.

3. Tambor
Cedazo.
Tamiz.

Tamborear
Redoblar.
Tabalear.

1. Tamboril
Tamborín.
Tamborino.

2. Tamboril
Marimba.

Tamborilada
Tamborilazo.
Tabalada.

1. Tamborilear
Tamboritear.

2. Tamborilear
Difundir.
Publicar.
Anunciar.
*Callar.

Tamiz
Cedazo.
Criba.
Harnero.

Tamo
Flojel.
Pelusa.
Polvillo.

Tamojo
Mata.
Matojo.

Tamuja
Chasca.
Hojarasca.
Encendaja.

1. Tanda
Vuelta.
Alternativa.
Vez.

2. Tanda
Tarea.
Trabajo.
Obra.

3. Tanda
Grupo.
Partida.
Turno.

4. Tanda
Capa.
Tongada.

5. Tanda
Conjunto.
Cantidad.
Número.

Tanganillo
Sostén.
Apoyo.
Rodrigón.

Tangente
Lindante.
Tocante.
Vecino.
*Lejano.

Tangible
Positivo.
Sensible.
Perceptible.
*Intangible.

Tango
Chito.

1. Tanque
Blindado.

2. Tanque
Cuba.
Aljibe.
Depósito.

Tantán
Batintín.

1. Tantear
Medir.
Escantillar.
Comparar.

2. Tantear
Pensar.
Considerar.
Reflexionar.

3. Tantear
Intentar.
Ensayar.
Tentar.

4. Tantear
Suponer.
Calcular.
Conjeturar.

1. Tanteo
Ensayo.
Prueba.
Examen.

2. Tanteo
Tantos.
Puntos.
Puntuación.

Tanto
Baza.
Punto.
Unidad.

Tantos
Tanteo.

Tañedor
Músico.
Tocador.

Tañer
Pulsar.
Tocar.
Rasguear.

Tañido
Campaneo.
Repique.
Doblar.

1. Tapa
Tapón.
Tapadera.
Cubierta.

2. Tapa
Compuerta.

1. Tapaboca
Bufanda.

2. Tapaboca
Réplica.
Contestación.
Impugnación.
*Ratificación.

Tapadera
Pantalla.
Encubridor.
Alcahuete.
*Acusón.

Tapadizo
Cobertizo.

1. Tapagujeros
Albañil.

2. Tapagujeros
Suplente.
Substituto.

Tapapiés
Brial.

1. Tapar
Cubrir.
Taponar.

Atorar.
*Destapar.

2. Tapar
Impedir.
Interceptar.

3. Tapar
Amantar.
Abrigar.
Arropar.
*Desarropar.

4. Tapar
Ocultar.
Disimular.
Encubrir.
*Publicar.

Tápara
Alcaparra.

Taparrabo
Bañador.
Pampanilla.

Taparse
Arrebujarse.
Embozarse.
Aforrarse.
*Destaparse.

Taperujo
Tapón.

Tapete
Mantelillo.
Sobremesa.

Tapia
Pared.
Muro.
Hormaza.

Tapiar
Cerrar.
Tapar.
Encerrar.

1. Tapicería
Colgadura.
Cortinaje.
Empalizada.

2. Tapicería
Tapizado.

Tapioca
Mandioca.
Mañoco.
Fécula.

Tapir
Anta.
Danta.

Tapirujo
Tapón.

Tapiz
Tapicería.
Colgadura.
Paño.

Tapizar
Encortinar.
Guarnecer.
Endoselar.
*Destapizar.

Tapón
Taco.
Taperujo.
Obturador.

Taponar
Tapar.

Tapsia
Zumillo.

Tapujarse
Embozarse.
Taparse.

1. Tapujo
Embozo.
Disfraz.

2. Tapujo
Reserva.
Disimulo.
Engaño.

Taquigrafía
Estenografía.

1. Taquilla
Papelera.

2. Taquilla
Casillero.
Ventanilla.

Taquín
Carnicol.
Taba.
Astrágalo.

1. Tara
Embalaje.
Envase.

2. Tara
Desonce.

3. Tara
Defecto.
Tacha.
*Cualidad.

4. Tara
Tarja.

1. Tarabilla
Citola.

2. Tarabilla
Listón.
Zoquete.
Junquillo.

3. Tarabilla
Parlanchín.
Charlatán.
Hablador.
*Callado.

Taracea
Embutido.
Marquetería.
Incrustación.

Taracear
Incrustar.
Ataracear.

Taragontia
Dragontea.

Tarambana
Irreflexivo.
Alocado.
Ligero.
*Sensato.

Taracear
Canturrear.

1. Tarasca
Coco.
Gomia.
Tazaña.

2. Tarasca
Glotón.
Engullidor.
Tragón.

1. Tarascada
Mordedura.

2. Tarascada
Injuria.

Desaire.
Mortificación.
*Halago.

Taray
Tamarisco.
Taraje.
Tamariz.

Tarayal
Taharal.

1. Tarazar
Atarazar.

2. Tarazar
Molestar.
Importunar.
Mortificar.
*Animar.

Tarazón
Pedazo.
Trozo.
Bocado.

Tardanza
Demora.
Dilación.
Retraso.
*Diligencia.

Tardar
Durar.
Diferir.
Retrasarse.
*Diligenciar.

Tardío
Retardado.
Retrasado.
Moroso.
*Precoz.

Tardo
Lento.
Calmoso.
Pausado.
*Rápido.

Tarea
Labor.
Obra.
Trabajo.
*Ocio.

Tarifa
Arancel.
Tasa.
Coste.

1. Tarifar
Tasar.
Cuantiar.

2. Tarifar
Pelearse.
Reñir.
Enemistar.
*Amigar.

Tarima
Entablado.
Estrado.
Tillado.

1. Tarja
Tara.

2. Tarja
Azote.
Golpe.
Latigazo.

Tarjeta
Papeleta.
Cédula.
Tarjetón.

Tarquín
Légamo.
Barro.
Fango.

Tarraza
Vasija.
Terraja.
Cacharro.

Tarreña
Tejoleta.
Castañeta.

Tarro
Taza.
Escudilla.
Bote.

1. Tarta
Torta.
Tostada.

2. Tarta
Tartera.
Tortera.

1. Tartago
Guasa.
Burla.
Alcocarra.

2. Tartago
Percance.
Desgracia.

Tartajear
Tartamudear.

Tartajeo
Tartamudeo.

Tartajoso
Tartamudo.

1. Tartalear
Tartamudear.

2. Tartalear
Vacilar.
Trastabillar.
Bambalear.

3. Tartalear
Azorarse.
Turbarse.

Tartamudear
Cecear.
Tartajear.
Tartalear.

Tartamudeo
Tartajeo.
Tartamudez.
Gangueo.

Tartamudo
Farfalloso.
Tartajoso.
Balbuciente.

1. Tártaro
Báratro.
Infierno.

2. Tártaro
Rasuras.

3. Tártaro
Sarro.

1. Tartera
Tortera.
Tarta.

2. Tartera
Fiambrera.

1. Tarugo
Coda.
Cuña.
Clavija.

2. Tarugo
Adoquín.
Baldosa.

1. Tasa
Tarifa.

2. Tasa
Valuación.
Tasación.
Valoración.

3. Tasa
Medida.
Pauta.
Regla.

1. Tasajo
Cecina.
Mojama.
Salazón.

2. Tasajo
Tajada.

1. Tasar
Valorar.
Valuar.
Evaluar.

2. Tasar
Ordenar.
Regular.
Metodizar.

3. Tasar
Restringir.
Reducir.
Apocar.

1. Tasca
Bodega.
Taberna.
Bar.

2. Tasca
Tahurería.

Tascar
Espadar.

Tasquera
Pelea.
Riña.

Tasugo
Tejón.

Tatarabuelo
Rebisabuelo.

Tataranieto
Rebisnieto.

Tato
Tartamudo.

Tau
Divisa.
Emblema.
Distintivo.

Taumatúrgico
Sobrenatural.
Milagroso.
Prodigioso.
*Natural.

Taxativo
Limitativo.
Determinativo.
Categórico.
*Tácito.

Taxímetro
Odómetro.

Taza
Salserilla.
Jícara.
Bernegal.

Tazaña
Gomia.
Tarasca.
Coco.

Tazar
Partir.
Cortar.
Hender.

Tazarse
Segarse.
Romperse.
Rozarse.

Tea
Antorcha.
Cuelmo.

1. Teatral
Escénico.
Dramático.
Histriónico.

2. Teatral
Conmovedor.
Fantástico.
Aparatoso.
*Real.

1. Teatro
Coliseo.

2. Teatro
Tablas.
Escena.
Candilejas.

Tecla
Palanca.
Pulsador.

Teclear
Tantear.
Tocar.
Intentar.

1. Técnica
Sistema.
Norma.
Reglas.

2. Técnica
Pericia.
Habilidad.
Sagacidad.

1. Técnico
Erudito.
Perito.
Entendido.
*Ignorante.

2. Técnico
Especial.
Profesional.

1. Techado
Techo.
Techumbre.
Cubierta.
Bóveda.

2. Techado
Techo.
Techumbre.
Tejado.

3. Techado
Techo.
Techumbre.
Habitación.
Casa.
Vivienda.

Tediar
Aborrecer.
Abominar.
Odiar.

Tedio
Desgana.
Aburrimiento.
Hastío.
*Diversión.

Tedioso
Cargante.
Aburrido.
Fastidioso.
*Divertido.

Tegumento
Tejido.
Tela.
Membrana.

1. Teja
Combada.
Álabe.
Roblón.

2. Teja
Tilo.

1. Tejadillo
Imperial.

2. Tejadillo
Tapa.
Cubierta.
Capote.

Tejado
Techumbre.
Techo.
Cubierta.

1. Tejar
Ladrillería.
Tejería.

2. Tejar
Techar.
Recubrir.

Tejerana
Tinglado.

Tejaroz
Marquesina.
Alero.
Barbacana.

Tejemaneje
Habilidad.
Destreza.
Diligencia.
*Inacción.

1. Tejer
Ordenar.
Colocar.
Componer.
*Desordenar.

2. Tejer
Cruzar.
Entrelazar.
Mezclar.
*Destejer.

3. Tejer
Maquinar.
Discurrir.
Fraguar.

Tejera
Tejería.
Tejar.

1. Tejido
Tegumento.

2. Tejido
Textura.
Entretejedura.

3. Tejido
Tela.

1. Tejo
Chito.

2. Tejo
Cospel.

1. Tejoleta
Tejuela.

2. Tejoleta
Tarreña.

Tejón
Tasugo.

1. Tela
Lienzo.
Tejido.
Género.

2. Tela
Tegumento.
Telilla.

3. Tela
Telaraña.

4. Tela
Farsa.
Embuste.
Enredo.

Telamón
Atlante.

1. Telaraña
Tela.

2. Telaraña
Fruslería.
Futilidad.
Insignificancia.
*Importancia.

Telefonear
Comunicar.
Hablar.

Telefonema
Despacho.

Telegrama
Despacho.
Mensaje.

Telendo
Vivo.
Animado.
Airoso.
*Apagado.

Teleológico
Finalista.

Telera
Travesaño.
Eje.

Teletipo
Teleimpresor.

Telilla
Túnica.
Tela.

Telina
Almeja.

Telón
Bastidor.
Forillo.
Decorado.

Telliz
Caparazón.

Telliza
Cubrecama.
Toalla.
Cobertor.

1. Tema
Materia.
Proposición.
Asunto.

2. Tema
Porfía.
Obstinación.

Manía.
*Olvido.

Tembladal
Tremendal.

1. Tembladera
Zarcillitos.

2. Tembladera
Tembleque.

3. Tembladera
Torpedo.

Temblador
Cuáquero.

1. Temblar
Tiritar.
Castañetear.
Temblotear.

2. Temblar
Agitarse.
Trepidar.
Vibrar.

3. Temblar
Recelar.
Temer.

1. Tembleque
Tembladera.

2. Tembleque
Tembloroso.

3. Tembleque
Temblor.

1. Temblor
Trémor.
Tembleque.
Trepidación.

2. Temblor
Sacudida.
Sacudimiento.
Terremoto.

1. Tembloroso
Trémulo.
Estremecedor.
Temblante.

2. Tembloroso
Miedoso.
Temeroso.

Temer
Sospechar.

Dudar.
Recelar.
*Osar.

1. Temerario
Audaz.
Osado.
Atrevido.
*Miedoso.

2. Temerario
Inmotivado.
Infundado.
Irreflexivo.
*Deliberado.

Temeridad
Arrojo.
Decisión.
Bizarría.
*Miedo.

Temeroso
Medroso.
Miedoso.
Pusilánime.
*Valiente.

Temible
Horrendo.
Espantoso.
Aterrador.
*Apetecible.

1. Temor
Espanto.
Miedo.
Timidez.
*Valentía.

2. Temor
Sospecha.
Recelo.
Duda.
*Confianza.

Temoso
Testarudo.
Tenaz.
Recalcitrante.
*Débil.

1. Témpano
Timbal.
Atabal.

2. Témpano
Carámbano.

1. Temperamento
Constitución.
Carácter.
Naturaleza.

2. Temperamento
Temperie.

Temperancia
Templanza.
*Intemperancia.

1. Temperar
Atemperar.

2. Temperar
Templar.
Calmar.
Sosegar.
*Soliviantar.

1. Temperatura
Temperie.

2. Temperatura
Temple.
Calor.

Temperie
Temperatura.
Temperamento.
Temple.

1. Tempestad
Tormenta.
Temporal.
Torbellino.
*Calma.

2. Tempestad
Desorden.
Disturbio.
Protesta.

3. Tempestad
Copia.
Caudal.
Cantidad.
*Carencia.

Tempestuoso
Tormentoso.
Borrascoso.
Agitado.
*Tranquilo.

1. Templado
Moderado.
Contenido.
Prudente.
*Desmesurado.

2. Templado
Valiente.
Sereno.
Impávido.
*Temeroso.

3. Templado
Temperado.
Tibio.
Atemperado.
*Caliente.

Templanza
Moderación.
Sobriedad.
Prudencia.
*Intemperancia.

1. Templar
Moderar.
Suavizar.
Atenuar.
*Excitar.

2. Templar
Atemperar.
Entibiar.
Temperar.

3. Templar
Tesar.
Atirantar.
Tirar.
*Aflojar.

4. Templar
Merar.
Mezclar.

5. Templar
Afinar.
*Desafinar.

1. Temple
Temperie.

2. Temple
Temperatura.

3. Temple
Energía.
Valor.
Vigor.
*Debilidad.

4. Temple
Ánimo.
Índole.
Disposición.
*Indecisión.

Templete
Quiosco.
Pabellón.
Glorieta.

1. Templo
Capilla.
Iglesia.
Santuario.

2. Templo
Pagoda.
Sinagoga.
Mezquita.

Temporada
Época.
Estación.
Período.

Temporal
Tempestad.

1. Temporal
Profano.
Laico.
Secular.
*Espiritual.

2. Temporal
Efímero.
Provisorio.
Pasajero.
*Eterno.

1. Temporizar
Adaptarse.
Acomodarse.
Contemporizar.

2. Temporizar
Divertirse.
Solazarse.
Recrearse.
*Aburrirse.

1. Temprano
Premiso.
Prematuro.
Adelantado.
*Tardío.

2. Temprano
Por anticipado.
*Tarde.

Temulento
Borracho.

Tenacear
Torturar.
Atenacear.
Desgarrar.

Tenacidad
Constancia.
Obstinación.
Tesón.
*Inconstancia.

1. Tenacillas
Tenazas.

2. Tenacillas
Despabiladeras.

Tenada
Cobertizo.
Tinada.

1. Tenaz
Porfiado.
Firme.
Constante.
*Inconstante.

2. Tenaz
Duro.
Resistente.
Sólido.
*Débil.

1. Tenaza
Alicates.
Tenacillas.

2. Tenaza
Pinzas.

1. Tendal
Toldo.

2. Tendal
Secador.
Tendedero.
Enjugadero.

Tendedero
Tendalero.
Tendal.

Tendencia
Propensión.
Vocación.
Disposición.
*Aversión.

Tendencioso
Aficionado.

Propenso.
Partidario.
*Adverso.

1. Tender
Dilatar.
Estirar.
Expandir.
*Encoger.

2. Tender
Diseminar.
Esparcir.

3. Tender
Colgar.

4. Tender
Inclinarse.
Propender.
Simpatizar.

5. Tender
Cubrir.
Enlucir.
Revestir.

1. Tenderse
Acostarse.
Tumbarse.
Arrellanarse.

2. Tenderse
Negligir.
Abandonarse.
Descuidarse.

Tendero
Vendedor.
Comerciante.
Abacero.

1. Tendido
Raudo.
Veloz.

2. Tendido
Horizontal.
Acostado.
Echado.
*Erguido.

Tenducho
Estanquillo.

Tenebrosidad
Sombra.
Lobreguez.
Obscuridad.
*Claridad.

1. Tenebroso
Fosco.
Obscuro.
Negro.
*Claro.

2. Tenebroso
Tétrico.
Misterioso.
Confuso.
*Diáfano.

1. Tenedor
Poseedor.
Habiente.
Teniente.

2. Tenedor
Horquilla.

1. Tener
Haber.
Poseer.
Detentar.
*Carecer.

2. Tener
Contener.
Incluir.
Encerrar.
*Excluir.

3. Tener
Asir.
Coger.
Sujetar.
*Desasir.

4. Tener
Aguantar.
Mantener.
Sostener.
*Soltar.

5. Tener
Dominar.
Frenar.
Detener.
*Soltar.

6. Tener
Realizar.
Cumplir.

7. Tener
Estimar.
Juzgar.
Valuar.

1. Tenerse
Apoyarse.
Asegurarse.
Afirmarse.

2. Tenerse
Resistir.
Opugnar.
Enfrentarse.

3. Tenerse
Atenerse.
Adherirse.
Seguir.

Tenia
Solitaria.

1. Teniente
Tenedor.

2. Teniente
Suplente.
Substituto.

3. Teniente
Alférez.
Lugarteniente.

4. Teniente
Escaso.
Miserable.
*Abundante.

1. Tenor
Texto.
Contenido.

2. Tenor
Tema.
Son.
Disposición.

3. Tenor
Alto.
Cantor.
Soprano.

Tenorio
Burlador.
Galanteador.

Tensar
Atirantar.
Tesar.

Tensión
Rigidez.
Tirantez.
Tiesura.
*Relajamiento.

Tentación
Incentivo.
Atracción.
Seducción.
*Repugnancia.

Tentador
Cautivador.
Seductor.
Atrayente.
*Repugnante.

1. Tentar
Palpar.
Tocar.
Reconocer.

2. Tentar
Probar.
Ensayar.
Examinar.

3. Tentar
Procurar.
Intentar.
Emprender.

4. Tentar
Provocar.
Excitar.
Promover.
*Repugnar.

Tentativa
Experimento.
Prueba.
Intento.

1. Tentemozo
Puntal.
Sostén.
Arrimo.

2. Tentemozo
Tentetieso.

1. Tentempié
Bocadillo.
Refrigerio.

2. Tentempié
Tentetieso.

Tentetieso
Pelele.
Tentemozo.
Dominguillo.

Tenue
Sutil.

Delicado.
Frágil.
*Denso.

Tenuidad
Sutileza.
Delicadeza.
Fragilidad.
*Densidad.

Teñir
Almagrar.
Entintar.
Alheñar.

Teodicea
Teología.

Teológico
Divino.
Teologal.
Religioso.

1. Teoría
Teórica.
*Empirismo.

2. Teoría
Hipótesis.
Suposición.

3. Teoría
Desfile.
Fila.
Comitiva.

1. Teórico
Teorista.
Teorizante.

2. Teórico
Racional.
Hipotético.
Sistemático.
*Práctico.

Tepe
Césped.
Gallón.

Terapéutica
Tratamiento.
Medicina.

1. Tercero
Tercio.

2. Tercero
Intermediario.
Árbitro.
Imparcial.

3. Tercero
Alcahuete.

Terceto
Trio.

Tercia
Rebina.
Cava.

1. Terciar
Intervenir.
Mediar.
Interponerse.
*Apartarse.

2. Terciar
Sesgar.
Atravesar.

Terciopelo
Pana.
Velludo.

Terco
Tenaz.
Obstinado.
Porfiado.
*Disuasivo.

Terebinto
Albotín.
Cornicabra.

Tergiversación
Sutileza.
Alambicamiento.
Elusión.
*Verdad.

Tergiversar
Forzar.
Torcer.
Eludir.

Terliz
Coti.
Cuti.

Termal
Cálido.
Caliente.

Termas
Caldas.
Baños.
Balneario.

1. Terminación
Conclusión.

Fin.
Clausura.

2. Terminación
Desinencia.

Terminal
Término.
Final.
Último.
*Intermedio.

Terminante
Concluyente.
Categórico.
Preciso.
*Indeciso.

Terminar
Acabar.
Concluir.
Finalizar.
*Empezar.

1. Término
Fin.
Objeto.
Final.
*Origen.

2. Término
Terminal.

3. Término
Frontera.
Límite.
Meta.

4. Término
Muga.
Hito.

5. Término
Arrabal.
Pago.
Alfoz.

6. Término
Expresión.
Palabra.
Voz.

Ternasco
Lechal.
Cordero.

Ternero
Becerro.
Ternera.
Vaquilla.

1. Terneza
Ternura.

2. Terneza
Quillotro.
Requiebro.
Piropo.

1. Terno
Reniego.
Blasfemia.
Juramento.

2. Terno
Vestuario.
Traje.
Vestido.

Ternura
Afecto.
Terneza.
Dulzura.
*Animosidad.

Terquedad
Terqueza.
Terquería.
Pertinacia.
*Corrección.

Terrado
Azotea.
Terraza.
Ajarafe.

Terraja
Tarraja.

Terraplenar
Desmontar.
Abancalar.
Allanar.

Terráqueo
Terreno.

Terrateniente
Hacendado.
Latifundista.

1. Terraza
Terrado.

2. Terraza
Glorieta.
Galería.
Veranda.

3. Terraza
Platabanda.
Arriate.

4. Terraza
Jarrón.
Jarra.

Terrazgo
Terraje.

Terremoto
Sacudimiento.
Temblor.
Convulsión.

1. Terreno
Terrestre.
Terrenal.
Terráqueo.
*Celeste.

2. Terreno
Tierra.
Suelo.
Campo.

Terrero
Bajo.
Humilde.
*Encumbrado.

Terrestre
Terrenal.
Terreno.
Terráqueo.

Terrible
Horrible.
Pavoroso.
Espantoso.
*Atrayente.

Territorio
Comarca.
Paraje.
Región.

Terrizo
Barreño.
Lebrillo.

Teromontero
Alcor.
Cerro.
Colina.
*Llano.

1. Terrón
Terruño.
Gleba.
Tormo.

2. Terrón
Comprimido.
Pastilla.

Terror
Pavor.
Miedo.
Temor.
*Seducción.

Terrorífico
Horroroso.
Terrible.
Espantoso.
*Cautivador.

Terrorismo
Confusión.
Terror.
Convulsión.

Terrorista
Activista.
Amotinador.
Revolucionario.

Terroso
Turbio.
Empañado.
Sucio.
*Limpio.

1. Terruño
Terrón.

2. Terruño
Tierra.
Comarca.

3. Terruño
Suelo.
Terreno.

Tersar
Pulir.
Atezar.
Alisar.

1. Terso
Resplandeciente.
Bruñido.
Limpio.
*Empañado.

2. Terso
Transparente.
Puro.
Fácil.
*Conceptuoso.

Tersura
Lisura.
Tersidad.
Limpidez.
*Turbieza.

1. Tertulia
Reunión.
Peña.
Club.

2. Tertulia
Charla.
Conversación.
Plática.

Tertuliar
Charlar.

Tesar
Atirantar.
Templar.
Entesar.
*Soltar.

1. Tesis
Conclusión.
Exposición.
Proposición.
*Antítesis.

2. Tesis
Disertación.

Tesitura
Disposición.
Actitud.
Postura.

Teso
Tenso.
Rígido.
Tirante.
*Suelto.

Tesón
Constancia.
Firmeza.
Empeño.
*Blandura.

1. Tesoro
Reserva.
Erario.
Hucha.

2. Tesoro
Fondos.
Dinero.

1. Testa
Cabeza.

2. Testa
Frente.
Cara.
Anverso.

3. Testa
Sensatez.
Capacidad.
Prudencia.

Testaferro
Tapadera.

Testamento
Manda.
Legado.

Testamentario
Albacea.
Cabezalero.

Testar
Disponer.
Legar.
Otorgar.

Testarada
Testada.
Cabezazo.

Testarudez
Terquedad.
Porfía.
Obstinación.
*Docilidad.

Testarudo
Terco.
Pertinaz.
Obcecado.
*Persuasible.

1. Testificar
Testimoniar.

2. Testificar
Deponer.
Declarar.

1. Testigo
Testimonio.

2. Testigo
Declarante.

3. Testigo
Hito.
Dama.

Testimoniar
Probar.
Aseverar.
Asegurar.

Testimoniero
Hipócrita.
Calumniador.
Impostor.

1. Testimonio
Aseveración.
Atestación.

2. Testimonio
Prenda.
Prueba.
Comprobación.

3. Testimonio
Instrumento.

1. Testuz
Frente.

2. Testuz
Nuca.

1. Teta
Mama.
Ubre.
Pezón.

2. Teta
Mogote.
Tetilla.

Tetera
Samovar.

Tetón
Uña.

Tetrágono
Cuadrilátero.

Tetrasílabo
Cuatrisílabo.

Tétrico
Fúnebre.
Triste.
Sombrío.
*Animado.

Teucro
Troyano.

Texto
Cuerpo.
Contenido.
Pasaje.

Textual
Literal.

2. Textual
Idéntico.
Exacto.
*Desigual.

Textura
Disposición.
Trabazón.
Contextura.

1. Tez
Superficie.

2. Tez
Rostro.
Cara.
Aspecto.

Tía
Comadre.
Mujer.

Tiberio
Confusión.
Alboroto.
Griterío.
*Calma.

1. Tibieza
Temple.
Templanza.

2. Tibieza
Benignidad.
Suavidad.
Negligencia.
*Rigurosidad.

1. Tibio
Templado.

2. Tibio
Suave.
Amoroso.
Lene.
*Áspero.

3. Tibio
Flojo.
Blando.
Negligente.
*Activo.

Tiburón
Marrajo.
Lamia.
Naúfrago.

1. Tiempo
Decurso.
Duración.
Proceso.

2. Tiempo
Oportunidad.
Ocasión.
Sazón.

3. Tiempo
Vacación.
Ocio.

4. Tiempo
Día.
Temperatura.
Cariz.

5. Tiempo
Ejercicio.
Movimiento.
Tempo.

1. Tienda
Botica.
Comercio.
Bazar.

2. Tienda
Almacén.
Despacho.
Depósito.

3. Tienda
Entalamadura
Toldo.

4. Tienda
Colmado.
Droguería.
Abacería.

1. Tienta
Sonda.
Cala.
Tientaguja.

2. Tienta
Averiguación.
Sondeo.

1. Tiento
Miramiento.
Consideración.
Cuidado.

2. Tiento
Tacto.

3. Tiento
Puntería.

Tino.
Pulso.

4. Tiento
Porrazo.
Golpe.

5. Tiento
Tentáculo.

6. Tiento
Contrapeso.

1. Tierno
Delicado.
Suave.
Blando.
*Rígido.

2. Tierno
Amoroso.
Amable.
Cariñoso.
*Hosco.

3. Tierno
Nuevo.
Reciente.
Moderno.
*Maduro.

4. Tierno
Impresionable.
Susceptible.
Sensible.
*Endurecido.

5. Tierno
Inmaduro.
Verde.
Agraz.

1. Tierra
Orbe.
Mundo.
Globo.

2. Tierra
Superficie.
Terreno.
Suelo.

3. Tierra
Comarca.
Territorio.
Terruño.

4. Tierra
Campo.

5. Tierra
Predio.
Posesión.
Finca.

1. Tieso
Tenso.
Tirante.
Erecto.
*Flojo.

2. Tieso
Esforzado.
Valeroso.
Valiente.
*Cobarde.

3. Tieso
Inflexible.
Terco.
Obstinado.
*Dócil.

4. Tieso
Serio.
Grave.
Mesurado.
*Informal.

5. Tieso
Vanidoso.
Orgulloso.
Petulante.
*Sencillo.

1. Tiesto
Tieso.

2. Tiesto
Maceta.
Pote.

Tiesura
Tirantez.
Tensión.
Envaramiento.
*Relajamiento.

Tifón
Huracán.
Manga.
Torbellino.

Tigrado
Rayado.
Cebrado.

1. Tijera
Aspa.

2. Tijera
Criticón.
Murmurador.
Censurador.

Tijeras
Cizalla.

1. Tijereta
Cortapicos.

2. Tijereta
Zarcillo.
Cercillo.

Tijeretazo
Tijerada.
Tijeretada.

1. Tildar
Señalar.
Notar.

2. Tildar
Enmendar.
Tachar.
Borrar.

3. Tildar
Profazar.
Denigrar.
Censurar.
*Honrar.

1. Tilde
Virgulilla.

2. Tilde
Baldón.
Estigma.
Mancha.

3. Tilde
Bagatela.
Nimiedad.
Fruslería.

Tilín
Campanilleo.

Tilo
Tila.
Teja.

Tillado
Tarima.
Entarimado.
Entablado.

Timador
Petardista.

Chantajista.
Estafador.

Timar
Engañar.
Robar.
Estafar.

Timba
Garito.
Leonera.
Tahurería.

Timbal
Timpano.
Atabal.
Témpano.

Timbrar
Sellar.
Estampar.
Estampillar.

1. Timbre
Marca.
Estampilla.
Sello.

2. Timbre
Llamador.
Avisador.

3. Timbre
Blasón.
Ejecutoria.
Proeza.

4. Timbre
Metal.

Timidez
Encogimiento.
Turbación.
Cortedad.
*Osadía.

Tímido
Pacato.
Corto.
Remiso.
*Osado.

Timo
Fraude.
Estafa.
Mohatra.

1. Timón
Lanza.
Gobernalle.
Caña.

2. Timón
Mando.
Gobierno.
Dirección.

Timorato
Timido.
Temeroso.

1. Tímpano
Timbal.

2. Tímpano
Marimba.

1. Tina
Tinaja.

2. Tina
Barreño.
Cuba.
Caldera.

3. Tina
Baño.

Tinada
Tenada.
Teinada.
Cobertizo.

Tinaja
Vasija.
Tina.
Pocillo.

Tinelo
Refectorio.

1. Tinglado
Sotechado.
Cobertizo.
Galpón.

2. Tinglado
Artificio.
Enredo.
Añagaza.

1. Tinieblas
Tenebrosidad.
Obscuridad.
Opacidad

2. Tinieblas
Obscurantismo.
Ignorancia.

1. Tino
Acierto.
Destreza.
Puntería.

2. Tino
Durillo.

Tinta
Matiz.
Tinte.
Tono.

Tintar
Colorar.
Teñir.
Entintar.

1. Tinte
Tinta.

2. Tinte
Teñidura.
Tintura.
Almagradura.

3. Tinte
Tintorería.

Tinterillo
Oficinista.
Dependiente.
Empleado.

1. Tinto
Aloque.
Rojo.

2. Tinto
Teñido.
Entintado.

3. Tinto
Negro.

Tintorería
Tinte.

1. Tintura
Tinte.

2. Tintura
Cosmético.
Afeite.
Pintura.

1. Tiña
Piojería.
Roña.
Miseria.

2. Tiña
Avaricia.
Cortedad.
Mezquindad.

1. Tiñoso
Piojoso.
Roñoso.
Miserable.

2. Tiñoso
Avaro.
Ruin.
Mezquino.
*Abundante.

Tiñuela
Rascalino.

1. Tío
Rústico.
Palurdo.
Paleto.

2. Tío
So.

Tiovivo
Caballitos.

Tipejo
Tipo.

Típico
Patente.
Característico.
Inconfundible.
*Atípico.

1. Tiple
Discante.

2. Tiple
Cantante.
Diva.
Soprano.

1. Tipo
Ejemplar.
Muestra.
Modelo.

2. Tipo
Titere.
Adefesio.
Calandrajo.

3. Tipo
Talle.
Figura.

4. Tipo
Carácter.
Letra.

Tipografía
Imprenta.

Tipógrafo
Impresor.

Tiquismiquis
Escrúpulos.
Reparos.
Afectaciones.

Tira
Lista.
Cinta.
Franja.

Tirabala
Baqueta.
Taco.

Tirabuzón
Sacacorchos.

Tiracol
Tiracuello.
Tahalí.

1. Tirada
Edición.

2. Tirada
Serie.
Fila.
Retahíla.

Tirado
Barato.
Ruinoso.
*Caro.

1. Tirador
Agarrador.
Asidero.
Asa.

2. Tirador
Prensista.

1. Tiramira
Tirada.

2. Tiramira
Serranía.
Sierra.
Cordillera.

1. Tiranía
Autocracia.
Absolutismo.
Despotismo.
*Democracia.

2. Tiranía
Abuso.
Arbitrariedad.
Opresión.
*Libertad.

1. Tiránico
Despótico.
Tirano.
Arbitrario.
*Liberal.

2. Tiránico
Dictatorial.
Autocrático.
*Democrático.

Tiranizar
Avasallar.
Esclavizar.
Oprimir.
*Liberar.

1. Tirano
Dictador.
Autócrata.
Absolutista.

2. Tirano
Opresor.
Déspota.

3. Tirano
Tiránico.

1. Tirante
Teso.
Tenso.
Estirado.
*Flojo.

2. Tirante
Mancuerna.
Tiro.

1. Tirantez
Tiesura.
Tensión.
*Relajación.

2. Tirantez
Animadversión.
Hostilidad.
Enemistad.
*Amistad.

1. Tirar
Lanzar.
Arrojar.

Despedir.
*Recoger.

2. Tirar
Fulminar.
Disparar.
Descargar.

3. Tirar
Arruinar.
Derrotar.
Destruir.

4. Tirar
Dilapidar.
Malgastar.
Prodigar.
*Ahorrar.

5. Tirar
Derramar.
Verter.
Rociar.

6. Tirar
Extender.
Estirar.
Desdoblar.
*Replegar.

7. Tirar
Ahilar.

8. Tirar
Trazar.
Rayar.
Hacer.

9. Tirar
Ganar.
Adquirir.
Sacar.

10. Tirar
Volver.
Torcer.
Dirigirse.

11. Tirar
Mantenerse.
Durar.
Conservarse.

12. Tirar
Propender.
Tender.
Aficionarse.
*Superar.

13. Tirar
Imitar.

Parecerse.
Asemejarse.

14. Tirar
Procurar.

1. Tirarse
Abalanzarse.
Acometer.
Embestir.

2. Tirarse
Tenderse.
Tumbarse.
*Erguirse.

Tiritaña
Poquedad.
Nimiedad.
Fruslería.

Tiritar
Temblotear.
Temblar.
Castañetear.

1. Tiro
Disparo.
Fuego.
Estampido.

2. Tiro
Distancia.
Alcance.

3. Tiro
Tronco.
Junta.
Posta.

4. Tiro
Mancuerna.
Tirante.

5. Tiro
Anchura.
Holgura.
Longitud.

6. Tiro
Salto.
Tramo.
Trayecto.

7. Tiro
Engaño.
Burla.
Trampa.

8. Tiro
Daño.

Perjuicio.
Dolo.

9. Tiro
Hurto.
Robo.

10. Tiro
Indirecta.
Alusión.
Insinuación.

Tirocinio
Noviciado.
Aprendizaje.
Enseñanza.

Tirón
Aprendiz.
Bisoño.
Novicio.
*Maestro.

Tirria
Ojeriza.
Manía.
Fila.
*Simpatía.

Tirulato
Turulato.

Tisis
Tuberculosis.

1. Titán
Coloso.
Gigante.

2. Titán
Superhombre.
Eminencia.

Titánico
Colosal.
Grandioso.
Prodigioso.
*Mezquino.

1. Títere
Marioneta.
Fantoche.
Muñeco.

2. Títere
Tipejo.
Espantajo.
Tipo.

Titilar
Refulgir.

Centellear.
Rielar.

Titiritero
Saltimbanqui.
Funámbulo.
Volatinero.

1. Tito
Almorta.

2. Tito
Sillico.
Perico.
Orinal.

Titubear
Vacilar.
Dudar.
Fluctuar.
*Decidir.

Titubeo
Turbación.
Vacilación.
Confusión.
*Decisión.

1. Titular
Nominar.
Rotular.
Nombrar.
*Innominar.

2. Titular
Nominativo.
Noninal.
Denominativo.

3. Titular
Profesional.
Facultativo.
Efectivo.
*Auxiliar.

1. Título
Nombre.
Denominación.
Rótulo.

2. Título
Derecho.
Motivo.
Razón.

3. Título
Empleo.
Dictado.
Nombramiento.

4. Título
Noble.
Distinguido.
Titulado.

Titulado
Título.

Tiza
Clarión.
Yeso.

Tiznado
Negro.
Fumoso.
Sucio.
*Limpio.

1. Tiznar
Mascarar.
Ajar.
Manchar.
*Limpiar.

2. Tiznar
Tildar.
Mancillar.
Denigrar.
*Elogiar.

1. Tizne
Máscara.
Humo.
Hollín.

2. Tizne
Tizón.

Tiznón
Ahumada.
Tiznajo.
Mancha.

1. Tizón
Leño.
Tizne.
Rozo.

2. Tizón
Mancha.
Borrón.
Oprobio.

Toa
Sirga.
Maroma.

1. Toalla
Toballa.

2. Toalla
Cubrecama.
Sobrecama.
Telliza.

Toalleta
Servilleta.

1. Toba
Tufo.
Tosca.

2. Toba
Sarro.

3. Toba
Cardo.

Tobillo
Maléolo.

Toca
Gorro.
Gorra.
Casquete.

1. Tocado
Peinado.

2. Tocado
Sombrero.

1. Tocamiento
Contacto.
Tacto.
Roce.

2. Tocamiento
Toque.
Inspiración.
Llamada.

1. Tocar
Palpar.
Tentar.
Sobar.

2. Tocar
Tañer.
Teclear.
Pulsar.

3. Tocar
Chocar.
Golpear.
Rozar.

4. Tocar
Arribar.
Llegar.
Alcanzar.

5. Tocar
Pertenecer.
Corresponder.
Concernir.

6. Tocar
Importar.
Convenir.

7. Tocar
Lindar.
Rayar.
Limitar.

1. Tocarse
Emperifollarse.
Acicalarse.
Peinarse.

2. Tocarse
Cubrirse.
*Descubrirse.

Tocata
Vapuleo.
Tollina.
Zurra.

Tocayo
Colombroño.
Homónimo.

1. Tocino
Cerdo.
Lardo.

Tocología
Obstetricia.

Tocólogo
Comadrón.
Obstetra.

1. Tocón
Muñón.

2. Tocón
Chueca.

Tochedad
Bobería.
Necedad.
Simpleria.

Tocho
Bobo.
Necio.
Zafio.
*Avispado.

Todasana
Androsema.
Castellar.
Todabuena.

Todavía
Aún.

1. Todo
Conjunto.
Total.
Entero.

2. Todo
Por completo.
En absoluto.

Todos
Cada.

1. Todopoderoso
Omnímodo.
Omnipotente.

2. Todopoderoso
Creador.
Dios.

Toga
Ropón.
Ropa.

1. Toldo
Cubierta.
Toldadura.
Pabellón.

2. Toldo
Vanidad.
Pompa.
Engreimiento.

1. Tole
Desorden.
Confusión.

2. Tole
Zipizape.
Bulla.

1. Tolerable
Soportable.
Llevadero.
Sufrible.
*Insoportable.

2. Tolerable
Permisible.

1. Tolerancia
Anuencia.
Permiso.

Indulgencia.
*Intolerancia.

2. Tolerancia
Respeto.
Consideración.
Veneración.
*Irreverencia.

3. Tolerancia
Diferencia.
Margen.
Separación.

1. Tolerante
Indulgente.
Resignado.
Paciente.
*Severo.

2. Tolerante
Abierto.
Benigno.
Liberal.
*Cruel.

1. Tolerar
Aguantar.
Soportar.
Resistir.

2. Tolerar
Disimular.
Condescender.
Conllevar.

Tolmo
Peñasco.
Berrueco.
Faya.

1. Tolondro
Aturdido.
Tolondrón.
Alocado.
*Reflexivo.

2. Tolondro
Golpe.
Chichón.

Tolvanera
Remolino.
Polvareda.

Tolla
Tolladar.
Tremendal.
Balsa.

Tollina
Azotaina.
Vapuleo.
Paliza.

Tollo
Escondrijo.
Escondite.

1. Toma
Apresamiento.
Presa.
Botín.

2. Toma
Ración.
Dosis.

3. Toma
Presa.
Conquista.
Asalto.

1. Tomar
Coger.
Asir.
*Desasir.

2. Tomar
Recibir.
Aceptar.
Admitir.
*Dar.

3. Tomar
Asaltar.
Ocupar.
Conquistar.
*Rendirse.

4. Tomar
Comer.
Beber.
Tragar.

5. Tomar
Adoptar.
Emplear.

6. Tomar
Contraer
Adquirir.
Contratar.
*Rehusar.

7. Tomar
Entender.
Juzgar.
Interpretar.

8. Tomar
Robar.
Hurtar.
Quitar.
*Devolver.

9. Tomar
Capturar.
Captar.
*Libertar.

10. Tomar
Elegir.

Tomaticán
Tomatada.

Tómbola
Sorteo.
Rifa.

1. Tomo
Volumen.
Libro.
Ejemplar.

2. Tomo
Entidad.
Importancia.
Valor.

Tonadilla
Cancioncilla.
Tonada.
Aire.

Tonalidad
Matiz.
Gama.
Tono.

Tonel
Barril.
Pipa.
Barrica.

Tonelada
Salma.

Tonelaje
Arqueo.

Tónica
Acentuado.
*Átono.

Tongo
Pastel.
Trampa.
Enjuague.

Tónico
Cordial.
Reconfortante.
Reforzante.

Tonificar
Entonar.
Vigorizar.
Alentar.
*Desanimar.

Tonillo
Sonsonete.
Dejo.
Soniquete.

Tonina
Atún.

1. Tono
Cambiante.
Inflexión.
Matiz.

2. Tono
Carácter.
Aire.
Manera.

3. Tono
Tonada.

4. Tono
Energía.
Vigor.
Fuerza.
*Desánimo.

5. Tono
Tonalidad.
Modo.

6. Tono
Intervalo.

Tonsurado
Cura.
Clérigo.
Eclesiástico.
*Intónso.

Tontería
Bobada.
Simpleza.
Necedad.
*Agudeza.

Tontillo
Sacristán.

1. Tonto
Bobo.
Simple.
Mentecato.
*Listo.

2. Tonto
Candelejón,
Guanaco.

3. Tonto
Boleadoras.

Topacio
Jacinto.

Topadizo
Encontradizo.

Topar
Tropezar.
Chocar.
Hallar.
*Alejarse.

1. Tope
Parachoque.

2. Tope
Topetón.

3. Tope
Casualidad.
Sorpresa.
Sobresalto.

4. Tope
Reyerta.
Contienda.
Riña.

5. Tope
Extremo.
Canto.

Topetón
Choque.
Topada.
Encuentro.

1. Tópico
Trivialidad.
Vulgaridad.
*Genialidad.

2. Tópico
Apósito.
Sinapismo.

1. Toque
Busilis.
Quid.

2. Toque
Prueba.
Ensayo.
Examen.

3. Toque
Repique.
Tañido.
Campaneo.

4. Toque
Indicación.
Advertencia.
Llamamiento.

Toquilla
Pañoleta.
Pañuelo.

Tórax
Busto.
Pecho.

1. Torbellino
Vórtice.
Remolino.
Manga.

2. Torbellino
Concurrencia.
Muchedumbre.
Multitud.

1. Torcedura
Luxación.
Esguince.
Dislocación.

2. Torcedura
Aguapié.
Casca.
Aguachirle.

1. Torcer
Retorcer.
Doblar.
Encorvar.
*Rectificar.

2. Torcer
Volver.
Desviar.
Mudar.

1. Torcerse
Frustrarse.

2. Torcerse
Agriarse.
Picarse.
Apuntarse.

Torcida
Pabilo.
Mecha.
Matula.

Torcido
Corvo.
Retorcido.
Alabeado.
*Recto.

Torcimiento
Torcedura.

Tordo
Berrendo.

Torear
Lidiar.

Torera
Figaro.

Torero
Lidiador.
Diestro.
Muleta.

Toril
Encerradero.
Chiquero.
Encierro.

Torillo
Novillo.
Becerro.
Vaquilla.

1. Tormenta
Borrasca.
Tempestad.
Vendaval.
*Calma.

2. Tormenta
Infortunio.
Desgracia.
Adversidad.

Tormentilla
Sieteenrama.

1. Tormento
Martirio.
Suplicio.
Tortura.

2. Tormento
Congoja.
Angustia.
Dolor.
*Gozo.

Tormentoso
Tempestuoso.
Borrascoso.
Huracanado.
Proceloso.

1. Tormo
Tolmo.

2. Tormo
Terrón.

Tornadizo
Voluble.
Tornátil.
Versátil.
*Firme.

1. Tornar
Retornar.
Volver.
Regresar.
*Marcharse.

2. Tornar
Restituir.
Devolver.
*Tomar.

Tornatrás
Saltatrás.

Tornavoz
Bocina.

1. Tornear
Labrar.
Redondear.

2. Tornear
Luchar.
Justar.
Pugnar.

1. Torneo
Combate.
Desafío.
Justa.

2. Torneo
Controversia.
Certamen.
Oposición.

Tornero
Torneador.
Fustero.

Tornillazo
Engaño.
Burla.
Mofa.

Tornillero
Prófugo.
Desertor.

Torniscón
Mojicón.
Tornavirón.
Mamporro.

Torno
Súcula.
Malacate.
Baritel.

Toro
Cornúpeta.
Astado.

Toronjil
Toronjina.
Abejera.
Melisa.
Cidronela.

Toroso
Robusto.
Fuerte.
Corpulento.
*Débil.

1. Torozón
Desazón.
Inquietud.
Sofocamiento.
*Tranquilidad.

2. Torozón
Torzón.
Torcijón.

1. Torpe
Incapaz.
Desmañado.
Rústico.
*Hábil.

2. Torpe
Rudo.
Tardo.
Inconsiderado.
*Delicado.

3. Torpe
Impúdico.
Deshonesto.
Lascivo.
*Honesto.

4. Torpe
Infame.

Ignominioso.
Pudendo.

Torpedeo
Torpedeamiento.

Torpedero
Corbeta.
Destructor.

Torpedo
Tremielga.
Tembladera.
Trimielga.

1. Torpeza
Zafiedad.
Ineptitud.
Rusticidad.
*Habilidad.

2. Torpeza
Yerro.
Error.
Descuido.
*Atención.

1. Torre
Alminar.
Torreón.
Atalaya.

2. Torre
Roque.

Torrefacción
Tueste.
Tostadura.

Torrefacto
Tostado.

Torrencial
Copioso.
Tempestuoso.
Abundante.

1. Torrente
Barranco.
Arroyo.
Cañada.

2. Torrente
Multitud.
Muchedumbre.
Cantidad.

Torreznero
Holgazán.
Ocioso.
Regalón.
*Diligente.

Tórrido
Ardiente.
Quemante.
Abrasador.
*Helado.

Torrija
Picatoste.

Torsión
Torcimiento.
Torcedura.

Torso
Busto.
Tórax.
Tronco.

1. Torta
Hornazo.
Bizcocho.
Regaifa.

2. Torta
Bofetada.

Tortera
Tartera.
Tarta.

Tortuga
Galápago.

1. Tortuoso
Torcido.
Sinuoso.
Serpenteante.
*Recto.

2. Tortuoso
Cauteloso.
Solapado.
Astuto.
*Franco.

1. Tortura
Martirio.
Tormento.
Suplicio.

2. Tortura
Sufrimiento.
Dolor.
Angustia.
*Gozo.

Torturador
Martirizante.
Doloroso.
Angustioso.
*Aliviador.

Torturar
Martirizar.
Atormentar.
Supliciar.
*Letificar.

Torva
Nevasca.
Nevisca.
Cellisca.

Torvo
Airado.
Amenazador.
Avieso.
*Benevolente.

1. Torzal
Gurbión.

2. Torzal
Maniota.
Lazo.

Tos
Tajada.
Tosecilla.

Tosca
Tufo.
Toba.

Tosco
Basto.
Rudo.
Grosero.
*Culto.

Toser
Esgarrar.
Carraspear.

1. Tosigo
Veneno.
Ponzoña.

2. Tosigo
Congoja.
Pena.

Tosquedad
Rudeza.
Basteza.
Ignorancia.
*Refinamiento.

Tostada
Torrija.
Toston.
Picatoste.

1. Tostado
Torrefacto.

2. Tostado
Moreno.
Obscuro.
Atezado.

3. Tostado
Tostádura.

Tostadura
Tostado.
Tueste.
Torrefacción.

1. Tostar
Torrar.
Asar.
Quemar.

2. Tostar
Curtir.
Asolear.
Atezar.

3. Tostar
Vapulear.

1. Total
Integral.
Universal.
Entero.
*Parcial.

2. Total
Adición.
Suma.
*Resta.

3. Total
Totalidad.
Conjunto.
Todo.
*Porción.

1. Totalidad
Todo.
Total.

2. Totalidad
Universalidad.
Unanimidad.

1. Tóxico
Ponzoñoso.
Venenoso.
Toxicamente.

2. Tóxico
Estupefaciente.
Droga.

Tozo
Enano.
Pigmeo.
Pequeño.
*Grande.

Tozudo
Tenaz.
Porfiado.
Contumaz.
*Dócil.

1. Traba
Dificultad.
Estorbo.
Obstáculo.
*Facilidad.

2. Traba
Ligadura.
Lazo.
Atadura.

3. Traba
Manea.
Arropea.
Manija.

1. Trabacuenta
Yerro.
Error.
Falsedad.

2. Trabacuenta
Discusión.
Disputa.
Querella.

Trabado
Robusto.
Fornido.
Nervudo.
*Débil.

Trabajado
Molido.
Cansado.
Aplanado.
*Ágil.

1. Trabajador
Activo.
Laborioso.
Diligente.
*Perezoso.

2. Trabajador
Artesano.
Jornalero.

Obrero.
*Amo.

1. Trabajar
Obrar.
Elaborar.
Laborar.
*Holgar.

2. Trabajar
Procurar.
Intentar.
*Renunciar.

3. Trabajar
Adiestrar.
Ejercitar.

4. Trabajar
Educar.
Formar.

5. Trabajar
Heñir.
Sobar.
Pastar.

6. Trabajar
Ir.
Funcionar.
Marchar.
*Pararse.

7. Trabajar
Inquietar.
Molestar.
Atosigar.
*Tranquilizar.

8. Trabajar
Ocupar.
Atarear.

Trabajera
Joroba.
Pejiguera.
Incumbencia.

1. Trabajo
Faena.
Tarea.
Labor.

2. Trabajo
Producción.
Obra.

3. Trabajo
Impedimento.
Dificultad.
Estorbo.

4. Trabajo
Tormento.
Penalidad.
Molestia.

Trabajos
Estrechez.
Miseria.
Pobreza.

1. Trabajoso
Dificil.
Costoso.
Penoso.
*Fácil.

2. Trabajoso
Enfermoso.
Enfermizo.
Maganto.
*Saludable.

Trabanco
Trangallo.

1. Trabar
Juntar.
Unir.
Enlazar.

2. Trabar
Azocar.
Prender.
Asir.

3. Trabar
Conformar.
Concordar.
Coordinar.

4. Trabar
Triscar.

1. Trabarse
Entretallarse.
Encajarse.

2. Trabarse
Tartamudear.

Trabazón
Unión.
Sujeción.
Juntura.
*Desunión.

Trabe
Viga.

Trabilla
Rabillo.

Trabucaire
Osado.
Valentón.
Atrevido.
*Cobarde.

Trabucar
Trastornar.
Alterar.
Enredar.
*Ordenar.

Trabuco
Naranjera.
Pedreñal.
Macareno.

Trabuquete
Catapulta.

1. Tracamundana
Permuta.
Trueque.
Cambio.

2. Tracamundana
Trapa.
Alboroto.
Tiesta.

Tracción
Remolque.
Zaleo.
Atoaje.

Tracista
Fabricador.
Trazadero.
Fraguador.

Tractor
Remolcador.
Propulsor.
Tiro.

1. Tradición
Conseja.
Leyenda.
Crónica.

2. Tradición
Uso.
Costumbre.
Hábito.

Tradicional
Legendario.
Inveterado.
Proverbial.
*Nuevo.

Traducción
Versión.
Transposición.
Traslación.

1. Traducir
Interpretar.
Trasladar.
Verter.

2. Traducir
Explicar.
Glosar.
Dilucidar.

3. Traducir
Mudar.
Trocar.
Convertir.

Traductor
Trujamán.
Intérprete.

1. Traer
Acarrear.
Transportar.
Trasladar.

2. Traer
Acercar.
Atraer.

3. Traer
Acarrear.
Ocasionar.

4. Traer
Vestir.
Llevar.
Usar.

5. Traer
Coercer.
Obligar.
Constreñir.

6. Traer
Persuadir.
Convencer.

7. Traer
Tratar.
Andar.
Manejar.

Trafagador
Traficante.

Trafagar
Traficar.

Tráfago
Tráfico.

Trafagón
Hacendoso.
Buscavidas.
Afanoso.
*Gandul.

Trafalmejas
Atolondrado.
Bullicioso.
Insensato.
*Cuerdo.

Traficante
Tratante.
Trafagador.
Comerciante.

1. Traficar
Comerciar.
Negociar.
Mercadear.

2. Traficar
Correr.
Errar.
Andar.

Tragacanto
Alquitira.
Granévano.

1. Tragaderas
Credulidad.
Creederas.

2. Tragaderas
Tragadero.

1. Tragadero
Boca.
Tragaderas.
Estómago.

2. Tragadero
Faringe.

Tragahombres
Matamoros.
Bravucón.
Matón.

Trágala
Remoquete.

Tragaldabas
Tragón.

Tragaluz
Ventanuco.
Claraboya.
Lucerna.

Tragamallas
Tragón.

Tragantada
Trago.

Tragantón
Tragón.

Tragantona
Francachela.
Comilona.
Festín.

Tragaperras
Báscula.

1. Tragar
Deglutir.
Ingerir.
Sorber.

2. Tragar
Gandir.
Devorar.
Zampar.

3. Tragar
Gastar.
Absorber.
Consumir.

4. Tragar
Hundir.
Abismar.

5. Tragar
Tolerar.
Soportar.
Permitir.

1. Tragedia
Melodrama.
Drama.
*Comedia.

2. Tragedia
Desgracia.
Desdicha.
Infortunio.
*Suerte.

1. Trágico
Dramático.

2. Trágico
Teatral.

3. Trágico
Funesto.
Desgraciado.
Infausto.
*Favorable.

Tragicómico
Jocoserio.

1. Trago
Bocanada.
Sorbo.
Deglución.

2. Trago
Tragedia.

3. Trago
Bebida.

Tragón
Glotón.
Comilón.
Tragador.

Tragonería
Avidez.
Incontinencia.
Voracidad.

Traición
Infidelidad.
Felonía.
Alevosía.
*Lealtad.

1. Traicionar
Engañar.
Estafar.

2. Traicionar
Abandonar.
Desertar.
Apostatar.

3. Traicionar
Entregar.
Delatar.
Descubrir.

Traído
Usado.
Ajado.
Llevado.

Traidor
Perjuro.
Infiel.
Pérfido.
*Leal.

Traílla
Cadena.
Atadura.

2. Traílla
Tralla.

3. Traílla
Jauría.

4. Traílla
Rufa.

Traíllar
Aplanar.
Allanar.
Igualar.

Trina
Jábega.
Red.
Mandil.

Traje
Vestidura.
Vestido.
Atavío.

Trajín
Tráfico.
Ajetreo.
Tránsito.

Trajinante
Arriero.
Trajinero.
Acarreador.

1. Trajinar
Trasladar.
Acarrear.
Transportar.

2. Trajinar
Vagar.
Pasear.
Errar.

1. Tralla
Cuerda.
Soga.
Maroma.

2. Tralla
Traílla.
Látigo.
Fusta.

Trallazo
Latigazo.
Fustazo.
Vergajazo.

1. Trama
Intriga.
Maquinación.
Componenda.

2. Trama
Asunto.
Argumento.
Guión.

1. Tramar
Conjurar.
Maquinar.
Complotar.

2. Tramar
Tejer.
Urdir.
Fraguar.

Tramilla
Cordel.
Bramante.
Soguilla.

Tramitación
Diligencia.
Trámite.
Paso.

Tramitar
Despachar.
Diligenciar.
Expedir.
*Demorar.

1. Trámite
Tramitación.

2. Trámite
Tránsito.
Paso.
Traspaso.

Tramo
Trecho.
Trozo.
Ramal.

Tramojo
Trabajo.
Faena.
Azacanería.

1. Tramontana
Norte.

2. Tramontana
Altanería.
Vanidad.
Soberbia.
*Humildad.

1. Tramoya
Enredo.
Ficción.
Farsa.

2. Tramoya
Ingenio.
Artilugio.
Maquinaria.

1. Trampa
Ardid.
Artificio.
Engaño.

2. Trampa
Escotillón.
Escotilla.
Portañuela.

3. Trampa
Estafa.
Timo.
Araña.

Trampal
Lodazal.
Tremendal.
Cenagal.

Trampantojo
Trampa.

1. Trampear
Estafar.

2. Trampear
Conllevar.

Trampilla
Escotilla.
Ventanillo.
Portezuela.

Tramposo
Embustero.
Trampista.
Estafador.

Tranca
Garrote.
Palo.
Bastón.

Trancada
Paso.
Tranco.
Zancada.

1. Trancazo
Porrada.
Bastonazo.
Leñazo.

2. Trancazo
Gripe.

Trance
Suceso.
Ocurrencia.
Compromiso.

Tranco
Zancada.
Trancada.
Paso.

Tranquilidad
Sosiego.
Serenidad.
Paz.
*Intranquilidad.

Tranquilizar
Serenar.
Aquietar.
*Intranquilizar.

Tranquilo
Calmado.
Calmoso.
Plácido.

Tranquillón
Morcajo.

1. Transacción
Transigencia.
Concesión.

2. Transacción
Negocio.
Trato.
Convenio.

Transbordar
Transferir.
Transportar.
Pasar.

Transcribir
Trasladar.
Copiar.
Trasuntar.

1. Transcripción
Trasladar.
Copiar.
Trasuntar.

2. Transcripción
Traducción.
Copia.
Versión.

Transcurrir
Sucederse.
Pasar.
Deslizarse.

1. Transeúnte
Paseante.
Viandante.
Caminante.
*Pasajero.

2. Transeúnte
Transitorio.

Transferencia
Traspaso.
Cesión.
Transmisión.

1. Transferir
Trasladar.
Transmitir.
Traspasar.

2. Transferir
Transvasar.
Trasegar.

2. Transferir
Dilatar.
Diferir.
Retardar.
*Adelantar.

3. Transferir
Ceder.

Transfiguración
Cambio.
Mutación.
Metamorfosis.

Transfigurar
Mudar.
Transformar.
Transmutar.

Transformación
Mudanza.
Variación.
Cambio.
*Inalterabilidad.

Transformar
Cambiar.
Variar.
Modificar.

Tránsfuga
Prófugo.
Desertor.
Fugitivo.

Transgredir
Infringir.
Quebrantar.
Vulnerar.
*Cumplir.

Transición
Cambio.
Metamorfosis.
Mutación.

1. Transido
Fatigado.
Consumido.
Cansado.

*Vigoroso.

2. Transido
Mezquino.
Ridículo.
Miserable.

*Espléndido.

1. Transigir
Tratar.
Pactar.
Ajustar.

2. Transigir
Claudicar.
Ceder.
Renunciar.
*Resistirse.

Transir
Acabar.
Pasar.
Morir.

Transitar
Andar.
Caminar.
Circular.

1. Tránsito
Andadura.
Paso.
Pasamiento.

2. Tránsito
Circulación.
Tráfico.
Tráfago.
*Paro.

3. Tránsito
Mutación.
Muda.

4. Tránsito
Fallecimiento.
Muerte.

Transitorio
Efímero.
Momentáneo.
Breve.
*Eterno.

1. Translúcido
Opalino.
Trasluciente.
Albastrado.
*Transparente.

2. Translúcido
Diáfano.
Claro.
Transparente.
*Opaco.

1. Transmisión
Traspaso.
Transferencia.
Comunicación.

2. Transmisión
Legado.
Herencia.

1. Transmitir
Trasladar.
Comunicar.
Transferir.

2. Transmitir
Endosar.
Ceder.
Legar.

Transmudar
Trasladar.
Transmutar.

Transmutación
Evolución.
Cambio.
Metamorfosis.
*Inalterabilidad.

Transparencia
Diafanidad.
Claridad.
Limpieza.
*Opacidad.

Transparentarse
Clarearse.

Verse.
Traslucirse.

1. Transparente
Limpio.
Claro.
Cristalino.
*Opaco.

2. Transparente
Translúcido.
Trasluciente.

Transpiración
Sudor.

Transpirar
Exhalar.
Sudar.
Rezumar.

1. Transponer
Cruzar.
Atravesar.
Traspasar.

2. Transponer
Trasplantar.

Transponerse
Ocultarse.
Esconderse.
Desaparecerse.

Transportar
Trasladar.
Acarrear.
Conducir.

Transportarse
Retraerse.
Enajenarse.
Alejarse.
*Sobreponerse.

1. Transporte
Transportación.
Acarreo.
Conducción.
Traslado.

2. Transporte
Transportación.
Arrobamiento.
Exaltación.
Éxtasis.
*Indiferencia.

1. Transposición
Traducción.
Versión.

2. Transposición
Hipérbaton.

3. Transposición
Metátesis.

4. Transposición
Traspuesta.

Transvasar
Trasegar.

Transversal
Torcido.
Atravesado.
Oblicuo.
*Derecho.

1. Tranzar
Cortar.
Tronzar.
Tronchar.

2. Tranzar
Trenzar.

Trapacería
Engaño.
Trapaza.
Magancería.

Trapacero
Engañoso.
Trapacista.
Pérfido.

Trapajoso
Estropajoso.
Trapiento.
Harapiento.
*Arreglado.

1. Trápala
Vocerío.
Ruido.
Algarabía.

2. Trápala
Engaño.
Embuste.
Trapacería.

3. Trápala
Hablador.
Charlatán.
Embolismador.

1. Trapatiesta
Pelea.
Riña.

2. Trapatiesta
Vocerío.
Alboroto.
Algarabía.

Trapaza
Trapacería.

Trapero
Tripacallero.
Casquero.

Trapiento
Trapajoso.
*Compuesto.

Trapisonda
Lío.
Embrollo.
Enredo.

Trapisondista
Enredador.
Embrollón.
Trapacero.

Trapo
Calandrajo.
Pingajo.
Harapo.

2. Trapo
Velamen.

1. Traquetear
Resonar.
Retumbar.
Percutir.

2. Traquetear
Mover.
Sacudir.

3. Traquetear
Frecuentar.
Manejar.

1. Traquido
Ruido.
Chasquido.

2. Traquido
Disparo.
Tiro.

1. Trás
Después.
Detrás.

2. Trás
Además.

Trascantón
Guardacantón.

1. Trascendental
Culminante.
Trascendente.
Eminente.
*Fácil.

2. Trascendental
Metafísico.
*Lógico.

Trascendente
Trascendental.

1. Trascender
Propagarse.
Difundirse.
Comunicarse.
*Moderarse.

2. Trascender
Trasvinarse.

3. Trascender
Penetrar.
Comprender.
Entender.

1. Trasegar
Transbordar.
Trasvasar.

2. Trasegar
Revolver.
Trastornar.

3. Trasegar
Beber.

Trasero
Postrero.
Posterior.
Ulterior.
*Delantero.

Trasgo
Duende.
Fantasma.
Espíritu.

Trashoguero
Tuero.

1. Traslación
Locomoción.
Transporte.

2. Traslación
Metáfora.

3. Traslación
Enálage.

1. Trasladar
Transportar.
Llevar.
Transmudar.

2. Trasladar
Verter.
Copiar.
Traducir.

Trasladarse
Cambiarse.
Mudarse.

1. Traslado
Cambio.
Muda.
Transporte.

2. Traslado
Trasunto.
Copia.
Versión.

Traslapar
Solapar.

Traslucirse
Verse.
Transparentarse.
Divisarse.

Trasluciente
Translúcido.

Trasmundo
Ultramundo.
Ultratumba.

1. Trasnochado
Desmejorado.
Macilento.
*Enérgico.

2. Trasnochado
Anticuado.
Antiguo.
Anacrónico.
*Actual.

Trasnochar
Pernoctar.

Trasnominación
Metonimia.

Trasoñar
Fantasear.

Ensoñar.
Imaginar.

Traspapelarse
Perderse.
Extraviarse.
Confundirse.

1. Traspasar
Repasar.
Pasar.
Salvar.
*Permanecer.

2. Traspasar
Perforar.
Atravesar.
Horadar.

3. Traspasar
Transferir.
Ceder.
Transmitir.

4. Traspasar
Trasvinarse.

5. Traspasar
Abusar.
Exagerar.
Exceder.
*Respetar.

1. Traspaso
Paso.
Trasposición.
Cruzamiento.

2. Traspaso
Cesión.
Transferencia.
Abandono.

3. Traspaso
Ardid.
Astucia.

4. Traspaso
Aflicción.
Angustia.
Congoja.

1. Traspié
Tropiezo.
Tropezón.
Resbalón.

2. Traspié
Zancadilla.
Trascabo.

Trasplantar
Replantar.
Desplazar.
Trasladar.

Traspunte
Apuntador.

Trasquiladura
Esquileo.
Trasquilón.

1. Trasquilar
Esquilar.

2. Trasquilar
Descabalar.
Menoscabar.
Disminuir.

Trasquilimocho
Pérdida.
Menoscabo.

Trastabillar
Trastrabillar.

Trastada
Picardía.
Trastería.
Bribonada.
*Favor.

Trastazo
Porrazo.
Trancazo.
Costalada.

Trastear
Menear.
Revolver.
Desordenar.

1. Trastienda
Rebotica.

2. Trastienda
Malicia.
Cautela.

1. Trasto
Herramienta.
Utensilio.

2. Trasto
Chisgarabís.
Zascandil.
Bullebulle.

Trastocado
Alternado.

Cambiado.
Alterado.
*Ordenado.

Trastocar
Revolver.
Trastornar.
Desordenar.
*Ordenar.

Trastocarse
Azararse.
Perturbarse.

1. Trastornado
Perturbado.
Confuso.
*Ordenado.

2. Trastornado
Dolido.
Apenado.
Apesadumbrado.
*Alegre.

3. Trastornado
Ido.
Chiflado.
Tocado.
*Cuerdo.

1. Trastornar
Trastear.
Trabucar.
Revolver.
*Ordenar.

2. Trastornar
Disgustar.
Inquietar.
Apenar.
*Tranquilizar.

1. Trastorno
Embrollo.
Confusión.
Desorden.
*Orden.

2. Trastorno
Perturbación.
Inquietud.
Pesar.
*Alegría.

Trastabillado
Turbio.
Trastocado.
Confuso.
*Ordenado.

1. Trastabillar
Vacilar.
Tropezar.
Titubear.

2. Trastabillar
Tartalear.
Tartamudear.
Tartajear.

Trastocar
Trocar.
Invertir.
Girar.

Trástulo
Pasatiempo.
Juguete.

Trasuntar
Trasladar.
Copiar.
Transcribir.

Trasunto
Representación.
Imitación.
Remedo.

1. Trasvinarse
Transcribir.
Traspasar.
Rezumarse.

2. Trasvinarse
Adivinarse.
Conjeturarse.
Traslucirse.

Tratable
Sociable.
Amable.
Deferente.
*Hosco.

1. Tratado
Trato.
Pacto.
Ajuste.
*Desacuerdo.

2. Tratado
Discurso.
Escrito.
Libro.

1. Tratamiento
Trato.

2. Tratamiento
Titulo.

3. Tratamiento
Procedimiento.
Método.
Sistema.

4. Tratamiento
Cura.

1. Tratar
Usar.
Manejar.
Proceder.

2. Tratar
Atender.
Asistir.
Cuidar.

3. Tratar
Conferir.
Discurrir.
Disputar.

4. Tratar
Hablar.
Pensar.
Escribir.

5. Tratar
Visitarse.
Comunicar.
Relacionarse.

1. Tratarse
Conducirse.
Portarse.

2. Tratarse
Correr.
Rozarse.

1. Trato
Tratado.

2. Trato
Frecuentación.
Relación.
Intimidad.

3. Trato
Tratamiento.
Titulo.

Traumatismo
Contusión.
Golpe.
Herida.

1. Travesaño
Barra.
Barrote.
Cencha.

2. Travesaño
Cuadra.
Cuadrante.

Travesear
Trebejar.
Enredar.
Retozar.

1. Travesia
Recorrido.
Trayecto.
Viaje.

2. Travesía
Calle.

1. Travesura
Jugada.
Diablura.
Trastada.

2. Travesura
Viveza.
Desenfado.
Sutileza.

3. Travesura
Inquietud.
Bullicio.
Retozo.

Traviesa
Travesaño.
Cencha.

1. Travieso
Atravesado.
Sesgado.
*Derecho.

2. Travieso
Agudo.
Sutil.
Sagaz.
*Tonto.

3. Travieso
Bullicioso.
Revoltoso.
Retozón.
*Quieto.

Trayecto
Recorrido.
Trecho.
Espacio.

1. Traza
Plano.

Trazado.
Planta.

2. Traza
Medio.
Plan.

3. Traza
Invención.
Maña.
Ingenio.

4. Traza
Cara.
Aspecto.
Figura.

1. Trazado
Traza.

2. Trazado
Dirección.
Recorrido.
Camino.

Trazador
Tracista.

1. Trazar
Rayar.
Indicar.
Marcar.

2. Trazar
Formular.
Escribir.
Describir.

Trazo
Raya.
Línea.
Delineación.

Trébede
Trípode.

Trebejar
Travesear.
Triscar.

Trebejo
Juguete.
Trasto.

Trebejos
Útiles.
Enseres.
Bártulos.

Trébol
Trifolio.

Trecha
Trepa.

Trecho
Distancia.
Espacio.
Recorrido.

1. Trefe
Delgado.
Ligero.
Flojo.
*Denso.

2. Trefe
Fingido.
Supuesto.
Falso.
*Legítimo.

Tregua
Suspensión.
Cesación.
Pausa.
*Actividad.

1. Tremebundo
Terrible.
Tremendo.
Terrifico.
*Atrayente.

2. Tremebundo
Trémulo.
*Atrevido.

Tremendal
Tembladal.
Tremadal.
Lodazal.

1. Tremendo
Tremebundo.

2. Tremendo
Gigantesco.
Enorme.
Colosal.
*Pequeño.

Tremielga
Torpedo.

Tremolar
Enarbolar.
Ondear.

Trémulo
Vibratorio.
Tembloroso.
*Tranquilo.

1. Tren
Convoy.

2. Tren
Ferrocarril.

3. Tren
Juego.
Recado.
Aparejo.

4. Tren
Fausto.
Boato.
Pompa.

Trencilla
Galoncillo.

Trenza
Crizneja.
Guedeja.
Ristra.

Trenzar
Tranzar.
Entrelazar.
Enramar.

1. Trepa
Voltereta.
Pirueta.

2. Trepa
Artificio.
Artimaña.
Engaño.

3. Trepa
Tollina.
Zurra.

1. Trepado
Fuerte.
Fornido.
Rehecho.
*Débil.

2. Trepado
Echado.
Arrellanado.
Tumbado.
*Enhiesto.

Treñajuncos
Arandillo.

Trepanar
Trepar.

1. Trepar
Taladrar.
Perforar.
Agujerear.

2. Trepar
Encaramarse.
Subir.
Elevarse.
*Bajar.

Treparse
Arrellanarse.
Acomodarse.
Echarse.

Trapatroncos
Herrerillo.

Trepidación
Estremecimiento.
Temblor.
Vibración.

Trepidar
Temblar.
Vibrar.
Palpitar.

Tresdoblar
Trasdoblar.
Triplicar.

Tresillo
Emperrada.

Tresnal
Garbera.

Treta
Trampa.
Trepa.
Trápala.
Ardid.

Tretero
Astuto.
Travieso.
Matrero.
*Bobo.

Tría
Detracción.
Selección.
Elección.

Triar
Elegir.
Seleccionar.
Escoger.
*Desechar.

Tribu
Familia.
Clan.
Pueblo.

Tribulación
Congoja.
Amargura.
Sufrimiento.
*Sosiego.

1. Tríbulo
Abrojo.

2. Tríbulo
Duelo.
Pésame.
Condolencia.

Tribuna
Plataforma.
Estrado.
Cátedra.

1. Tributario
Sumiso.
Dependiente.
Vasallo.
*Independiente.

2. Tributario
Afluente.

Tributo
Arbitrio.
Impuesto.
Gravamen.

Tridente
Fisga.
Arpón.

1. Trifulca
Algarabía.
Alboroto.
Ruido.

2. Trifulca
Enredo.
Confusión.
Lucha.

Trigla
Trilla.
Salmonete.

1. Trigo
Candeal.
Centeno.
Albarejo.

2. Trigo
Caudal.
Dinero.
Hacienda.

Trigueño
Moreno.
Mulato.

1. Trilla
Trigla.

2. Trilla
Paleo.
Abaleo.

1. Trillar
Palear.
Abalear.
Traspalear.

2. Trillar
Frecuentar.
Hollar.
Acostumbrar.
*Huir.

3. Trillar
Maltratar.
Pisotear.
Quebrantar.

Trinado
Gorjeo.
Trino.

1. Trinar
Gorjear.

2. Trinar
Rabiar.
Rugir.
Bufar.

3. Trinar
Encenderse.
Airarse.
Irritarse.
*Sosegarse.

1. Trincar
Trinchar.

2. Trincar
Ligar.
Atar.
Trabar.
*Desligar.

3. Trincar
Apurar.
Beber.
Libar.

1. Trinchante
Tajante.
Cortador.
Cortante.

2. Trinchante
Escoda.

1. Trinchar
Cortar.
Trincar.
Dividir.

2. Trinchar
Resolver.
Disponer.
Decidir.

1. Trinchera
Foso.
Zanja.
Parapeto.

2. Trinchera
Gabardina.
Impermeable.

Trinchete
Chaira.
Lezna.
Cuchilla.

Trinidad
Trimurti.

Trinitaria
Pensamiento.

1. Trino
Trinado.
Gorjeo.

2. Trino
Ternario.

Trío
Terceto.

Tripa
Vientre.
Panza.
Barriga.

1. Tripas
Intestinos.
Entrañas.
Bandullos.

2. Tripas
Intimidad.

Tripada
Panzada.
Hartazgo.
Empacho.

Tripe
Felpa.

Tripicallero
Casquero.
Trapero.

Tripicallos
Callos.

Triple
Trestante.
Tresdoble.
Triplice.

Triplicar
Tresdoblar.

Trípode
Trébede.

Tripón
Barrigudo.
Tripudo.
*Escuchimizado.

Tripudio
Danza.
Baile.
Coreografia.

Tripudo
Gordo.
*Flaco.

Tripulación
Equipo.
Dotación.
Marinería.

Trique
Estallido.
Estampido.
Explosión.

Triquiñuela
Evasiva.
Eufemismo.
Ardid.

1. Tris
Momento.
Instante.

2. Tris
Lance.
Caso.
Situación.

1. Triscar
Juguetear.
Jugar.
Travesear.

2. Triscar
Enredar.
Mezclar.
Confundir.
*Ordenar.

3. Triscar
Patalear.
Patear.

1. Triste
Melancólico.
Afligido.
Abatido.
*Alegre.

2. Triste
Doloroso.
Funesto.
Aciago.
*Feliz.

3. Triste
Ineficaz.
Insignificante.
*Suficiente.

Tristeza
Pena.
Melancolia.
Aflicción.
*Gozo.

Tritón
Acuática.
Salamandra.

Trituradora
Chancadora.

1. Triturar
Majar.
Moler.
Quebrantar.

2. Triturar
Ronzar.
Mascar.
Masticar.

3. Triturar
Molestar.
Vejar.
Maltratar.

4. Triturar
Criticar.
Censurar.

Triunfador
Victorioso.
Triunfante.
Triunfal.
*Victo.

Triunfar
Batir.
Vencer.
Superar.
*Sucumbir.

Triunfo
Trofeo.
Victoria.
Conquista.
*Fracaso.

1. Trivial
Común.
Vulgar.
Sabido.
*Raro.

2. Trivial
Baladi.
Ligero.
Frivolo.
*Importante.

1. Trivialidad
Ordinariez.
Vulgaridad.

2. Trivialidad
Minucia.
Frusleria.
Nonada.
*Importancia.

Triza
Particula.
Ápice.
Trozo.

1. Trocar
Alternar.
Permutar.
Cambiar.

2. Trocar
Vomitar.
Arrojar.

Trocear
Trinchar.
Trizar.
Destrizar.

Trocha
Senda.
Vereda.
Camino.

Trocla
Polea.

Troco
Rueda.

1. Trofeo
Palma.
Triunfo.
Corona.

2. Trofeo
Lucro.
Despojo.
Botin.

Troglodita
Cavernicola.

1. Troj
Troje.
Hórreo.
Granero.
Silo.

2. Troj
Troje.
Truja.
Algorin.

Trojero
Horrero.

Trola
Bola.
Embuste.
Patraña.
*Verdad.

Trolero
Bolero.

Mentiroso.
Embustero.
*Veraz.

Tromba
Tifón.
Torbellino.
Huracán.

Trombocito
Plaqueta.

1. Trompada
Trompazo.

2. Trompada
Choque.
Topetazo.
Encontrón.

3. Trompada
Puñetazo.
Puñada.

Trompazo
Batacazo.
Porrazo.
Manotazo.

Trompeta
Clarín.

Trompetada
Clangor.
Clarinada.
Trompetazo.

Trompicar
Tropezar.

Trompicón
Tropezón.

Trompillar
Tropezar.

Trompo
Peonza.
Peón.
Zaranda.

Trompón
Narciso.

Tronada
Tormenta.
Borrascada.
Tempestad.

Tronado
Ajado.
Arruinado.
Raido.
*Elegante.

1. Tronar
Mugir.
Tonar.
Rugir.

2. Tronar
Detonar.
Estallar.

3. Tronar
Invectivar.
Impugnar.
Atacar.

Troncar
Truncar.

1. Tronco
Cuerpo.
Torso.

2. Tronco
Tiro.

3. Tronco
Troncho.

4. Tronco
Via.
Conducto.
Canal.

5. Tronco
Linaje.
Ascendencia.
Raza.

6. Tronco
Trunco.

7. Tronco
Negligente.
Impasible.
Indolente.

Tronchar
Partir.
Segar. •
Talar.

Troncho
Tallo.
Tronco.
Maslo.

1. Tronera
Cañonera.
Portañola.
Ballestera.

2. Tronera
Tragaluz.

Abertura.
Respiradero.

3. Tronera
Calavera.
Perdido.
Vicioso.

Tronica
Chisme.
Patraña.
Murmuración.

Tronido
Trueno.

1. Trono
Sitial.
Solio.
Sede.

2. Trono
Tabernáculo.

Tronzador
Serrón.
Sierra.

1. Tronzar
Tronchar.

2. Tronzar
Cansar.
Quebrantar.
Fatigar.
*Aliviar.

1. Tropa
Mesnada.
Hueste.
Legión.

2. Tropa
Caterva.
Muchedumbre.
Chusma.

1. Tropel
Movimiento.
Agitación.
Remolino.

2. Tropel.
Precipitación.
Prisa.
Atropellamiento.
*Calma.

3. Tropel
Desorden.
Confusión.

1. Tropelía
Arbitrariedad.
Abuso.
Violencia.
*Justicia.

2. Tropelía
Prisa.
Tropel.
*Calma.

3. Tropelía
Desorden.
Confusión.
Algarabía.

1. Tropezar
Chocar.
Topar.
Encontrar.

2. Tropezar
Deslizarse.
Faltar.
Culpar.

Tropezón
Traspiés.
Trastabillón.
Tropiezo.

Tropical
Caliente.
Ardiente.
Sofocante.
*Frío.

1. Tropiezo
Tropezón.

2. Tropiezo
Resbalón.
Desliz.
Culpa.

3. Tropiezo
Dificultad.

Tropo
Figura.

Troquel
Molde.
Cuño.

Troquelar
Acuñar.

Troqueo
Coreo.

Troquilo
Mediacaña.

Trotaconventos
Celestina.
Alcahueta.
Medïadora.

Trotamundos
Vago.
Pícaro.
Vagabundo.

Trotar
Amblar.
Andar.
Apresurarse.

Trote
Faena.
Trabajo.
Ajobo.

Trotón
Caballo.

Trotona
Acompañante.
Dueña.

Trova
Trovo.
Verso.
Poesía.

Trovador
Poeta.
Bardo.
Juglar.

Trozar
Destrozar.
Destruir.
Romper.
*Componer.

Trozar
Trizar.
Tronchar.

Trozo
Pedazo.
Astilla.
Fragmento.
*Total.

Truco
Treta.
Ardid.
Embeleco.

Truculento
Atroz.
Cruel.
Feroz.
*Dulce.

Trucha
Lancurdia.

1. Truchimán
Intérprete.
Trujamán.

2. Truchimán
Ladino.
Pícaro.
Bellaco.

Trueco
Trueque.

1. Trueno
Estampido.
Tronido.
Estallido.
*Silencio.

2. Trueno
Calavera.
Tronera.
Saltabardales.

Trueque
Cambio.
Trocamiento.
Trueco.

Trufa
Patraña.
Mentira.
Embuste.

Trufaldín
Engañador.
Farsante.
Impostor.

Trufar
Engañar.
Mentir.
Embaucar.

Truhán
Pillo.
Pícaro.
Granuja.

Truhanada
Truhanería.

1. Truhanear
Timar.
Engañar.
Trampear.

2. Truhanear
Chancear.
Bromear.
Chasquear.

Truhanería
Pillada.
Bribonada.
Bellacada.

1. Trujamán
Traductor.
Glosador.
Intérprete.

2. Trujamán
Negociante.
Traficante.
Comerciante.

1. Trulla
Alboroto.
Algarabía.
Tropel.

2. Trulla
Llana.

Truncado
Tronchado.
Cercenado.
Mutilado.
*Completo.

1. Truncar
Cortar.
Cercenar.
Amputar.

2. Truncar
Omitir.
Callar.
Silenciar.

3. Truncar
Interrumpir.
Intermitir.
Quebrar.

Trunco
Truncado.

1. Tuberculoso
Tuberoso.

2. Tuberculoso
Tísico.

Tubería
Cañería.

Tuberosa
Nardo.

Tubo
Cañón.
Conducto.
Caño.

Tubular
Tubuloso.
Canular.
Capilar.

Tuerca
Matriz.
Rosca.

Tuerce
Torcedura.

Tuero
Leño.
Tizón.
Bauza.

1. Tuerto
Torcido.
Gacho.

2. Tuerto
Perjuicio.
Daño.
Mal.

3. Tuerto
Agravio.
Ofensa.
Escarnio.

Tueste
Tostación.
Tostadura.
Torrefacción.

Tuétano
Médula.
Meollo.
Caña.

1. Tufo
Efluvio.
Vaho.
Emanación.

2. Tufo
Soberbia.
Jactancia.
Pedantería.
*Humildad.

3. Tufo
Toba.

1. Tugurio
Cabaña.
Choza.
Chamizo.

2. Tugurio
Garito.
Cuchitril.
Zahúrda.

Tulipa
Pantalla.
Fanal.

Tullecer
Tullir.

Tullidez
Parálisis.
Atrofia.
Entumecimiento.

Tullido
Impedido.
Inválido.
Paralítico.
*Válido.

Tullimiento
Tullidez.

Tullir
Baldar.
Lisiar.
Estropear.

1. Tumba
Fosa.
Huesa.
Sepultura.

2. Tumba
Pirueta.
Tumbo.
Acrobacia.

Tumbacuartillos
Borracho.

Tumbaga
Sortija.
Anillo.

Tumbaollas
Comilón.
Tragón.
Tarasca.

1. Tumbar
Derribar.
Abatir.
Revolcar.
*Alzar.

2. Tumbar
Bolear.
Caer.
Rodar.

3. Tumbar
Atarantar.
Turbar.
Enajenar.
*Tranquilizar.

1. Tumbarse
Tenderse.
Echarse.
Acostarse.
*Levantarse.

2. Tumbarse
Negligir.
Abandonar.
Desistir.
*Insistir.

1. Tumbo
Salto.
Bandazo.
Vaivén.

2. Tumbo
Ondulación.
Onda.
Sinuosidad.

3. Tumbo
Tronido.
Trueno.
Estruendo.

1. Tumbón
Socarrón.
Astuto.
Matrero.

2. Tumbón
Haragán.
Gandul.
Perezoso.

Tumefacto
Hinchado.
Edematoso.
Turgente.
*Deshinchado.

Tumor
Quiste.
Apostema.
Flemón.

Túmulo
Sepultura.
Tumba.
Panteón.

Tumulto
Confusión.
Alboroto.
Motín.
*Orden.

Tumultuario
Alborotado.
Tumultuoso.
Agitado.
*Ordenado.

1. Tuna
Vagabundeo.
Holgazanería.
Truhanería.

2. Tuna
Rondalla.
Estudiantina.

3. Tuna
Tunal.
Nopal.
Chumbera.

Tunantada
Tunantería.
Truhanería.

Tunante
Pícaro.
Tuno.
Pillo.
Truhán.

Tunantería
Truhanería.

Tunear
Bribonear.
Tunantear.
Picarear.

Tunda
Vapuleo.

Tundear
Zurrar.
Vapulear.
Pegar.

Tundir
Desmotar.
Desborrar.

Túnel
Mina.
Galería.

Tunería
Truhanería.

Tungsteno
Volframio.

1. Túnica
Película.
Telilla.

2. Túnica
Vestido.
Vestidura.
Talar.

Tuno
Pícaro.
Truhán.
Pillo.

Tupa
Atracón.
Hartazgo.
Comilona.

1. Tupé
Flequillo.
Copete.

2. Tupé
Atrevimiento.
Desfachatez.
Inverecundia.
*Cortesía.

1. Tupido
Espeso.
Denso.
Compacto.
*Claro.

2. Tupido
Torpe.

Obtuso.
Cerrado.
*Despierto.

1. Tupir
Atestar.
Apretar.
Compactar.
*Aclarar.

2. Tupir
Ocluir.
Atorar.
Taponar.
*Destapar.

Tupirse
Atiborrarse.
Hartarse.
Embeberse.

Turba
Multitud.
Tropel.
Muchedumbre.

Turbación
Alteración.
Trastorno.
Confusión.
*Serenidad.

Turbado
Contrito.
Aturdido.
Atribulado.
*Atento.

1. Turbar
Consternar.
Aturdir.
Atolondrar.
*Tranquilizar.

2. Turbar
Enturbiar.

3. Turbar
Deshacer.
Interrumpir.
Romper.

1. Turbiedad
Enturbiamiento.
Turbieza.
Turbulencia.

2. Turbiedad
Calina.

1. Turbio
Confuso.
Turbido.
Borroso.
*Diáfano

2. Turbio
Dudoso.
Alterado.
Perturbado.
*Sosegado.

3. Turbio
Enredado.
Difícil.
Embrollado.
*Fácil.

Turbión
Chubasco.
Chaparrón.
Aguacero.

1. Turbulencia
Turbiedad.

2. Turbulencia
Alboroto.
Confusión.
Marasmo.
*Orden.

1. Turbulento
Alborotador.
Revoltoso.
Belicoso.
*Pacífico.

2. Turbulento
Turbio.

3. Turbulento
Desordenado.

Confuso.
Alborotado.
*Ordenado.

1. Turca
Borrachera.

2. Turca
Diván.
Otomana.

Turgente
Elevado.
Túrgido.
Tenso.
*Fláccido.

Turíbulo
Incensario.

Turiferario
Turífero.
Turibulario.

Turificar
Incensar.
Turibular.

Turista
Excursionista.
Visitante.
Viajero.

Turma
Criadilla.
Testículo.

Turmalina
Chorlo.

Turnar
Reemplazarse.
Alternar.

Turno
Vez.
Vuelta.
Alternativa.

1. Turquesa
Molde.

2. Turquesa
Calaíta.

Turrar
Tostar.
Asar.
Quemar.

Turulato
Atónito.
Estupefacto.
Pasmado.
*Atento.

Tuso
Perro.
Can.

Tusón
Vellocino.
Vellón.

Tute
Fatiga.
Afán.
Ajetreo.

1. Tutela
Patrocinio.
Tutoría.
Curatela.

2. Tutela
Apoyo.
Defensa.
Sostén.
*Desamparo.

Tutelar
Protector.
Amparador.
Defensor.

1. Tutor
Administrador.
Guardador.
Curador.

2. Tutor
Sostén.
Estaca.
Rodrigón.

Tutoría
Tutela.

U

Ubérrimo
Abundante.
Fecundo.
Feraz.
*Estéril.

Ubicar
Hallarse.
Estar.
Encontrar.

Ubicuidad
Ubiquidad.
Omnipresencia.

Ubicuo
Omnipresente.

Ufanarse
Jactarse.
Gloriarse.
Engreírse.

1. Ufano
Envanecido.
Engreído.
Orgulloso.
*Modesto.

2. Ufano
Contento.
Satisfecho.
Alegre.
*Triste.

3. Ufano
Decidido.
Resuelto.
*Tímido.

Ujier
Bedel.
Portero.
Guardián.

Úlcera
Herida.
Llaga.
Lesión.

Ulcerado
Desgarrado.
Herido.
Llagado.

Uliginoso
Húmedo.
Pantanoso.
*Seco.

1. Ulterior
Allende.

2. Ulterior
Consecutivo.
Posterior.
Siguiente.
*Anterior.

Ultimar
Concluir.
Finalizar.
Terminar.
*Comenzar.

1. Ultimátum
Intimación.
Exigencia.

2. Ultimátum
Resolución.

1. Último
Final.
Extremo.
Postrero.
*Primero.

2. Último
Escondido.
Remoto.
Lejano.
*Próximo.

Ultrajante
Ofensivo.
Injurioso.
Insolente.
*Deferente.

Ultrajar
Insultar.
Ofender.
Agraviar.
*Honrar.

Ultraje
Afrenta.
Insulto.
Injuria.
*Adulación.

Ulular
Aullar.
Gritar.
Clamar.

Ululato
Clamor.
Alarido.
Grito.

1. Umbral
Limen.
Lumbral.

2. Umbral
Comienzo.
Principio.
Origen.
*Término.

Umbría
Follaje.
Sombra.
Sombría.
*Solana.

Umbrío
Sombrío.

Umbroso
Sombreado.
Umbrío.
Umbrátil.
*Soleado.

Unánime
Acorde.
Concorde.

Conforme.
*Disconforme.

Unanimidad
Concordia.
Conformidad.
Fraternidad.
*Discordia.

1. Unción
Ungimiento.

2. Unción
Extremaunción.

3. Unción
Devoción.
Fervor.
Compunción.
*Impiedad.

Uncir
Enyugar.
Acoyundar.
Juñir.

1. Undécimo
Onceno.

2. Undécimo
Onzavo.

Undoso
Undulante.
Onduloso.
Sinuoso.
*Liso.

1. Undulación
Tumbo.

2. Undulación
Onda.

Undular
Ondular.

1. Ungir
Embadurnar.
Untar.

2. Ungir
Sacramentar.
Dignificar.

3. Ungir
Proclamar.
Investir.
Conferir.

Ungüento
Bálsamo.
Linimento.
Unción.

1. Único
Señero.
Solitario.
Aislado.
*Acompañado.

2. Único
Raro.
Singular.
Extraño.
*Común.

Unicolor
Monocromo.
*Multicolor.

1. Unicornio
Monocerote.

2. Unicornio
Rinoceronte.

1. Unidad
Conformidad.
Concordancia.
Unión.
*Desavenencia.

2. Unidad
Unicidad.
Singularidad.

1. Unificar
Agrupar.
Aunar.
Adunar.
*Desunir.

2. Unificar
Generalizar.
Centralizar.
Uniformar.
*Diversificar.

Uniformar
Aparear.
Igualar.
Identificar.
*Diversificar.

Uniformidad
Isocronismo.
Semejanza.
Igualdad.
*Diversidad.

1. Unión
Ligadura.
Atadura.
Enlace.
*Independencia.

2. Unión
Composición.
Amasijo.
Aligación.
*Descomposición.

3. Unión
Conformidad.
Concordia.
Inteligencia.
*Separación.

4. Unión
Matrimonio.
Casamiento.
*Divorcio.

5. Unión
Simpatía.
Correspondencia.
*Antipatía.

6. Unión
Trato.
Familiaridad.
Frecuentación.
*Desavenencia.

7. Unión
Suma.
Agregación.
Conjunto.
*División.

7. Unión
Compañía.
Alianza.
Federación.
*Escisión.

9. Unión
Inmediación.
Aproximación.
*Alejamiento.

1. Unir
Reunir.
Asociar.
Juntar.
*Desunir.

2. Unir
Fundir.
Trabar.
Amasar.
*Soltar.

3. Unir
Atar.
Ligar.
*Desatar.

4. Unir
Enlazar.
Ensamblar.
Empalmar.
*Desarticular.

5. Unir
Incorporar.
Agregar.
Sumar.
*Separar.

6. Unir
Casar.
*Divorciar.

7. Unir
Concordar.
Conformar.
Asemejar.
*Desasemejar.

8. Unir
Coaligar.
Congregar.
*Escindir.

9. Unir
Aproximar.
Acercar.
*Alejar.

1. Unirse
Ligarse.
Esenciarse.
Confederarse.
*Enemistarse.

2. Unirse
Matrimoniarse.
Casarse.
Ayuntarse.
*Divorciarse.

Unísono
Unánime.
Acorde.

Unitario
Indiviso.
Uno.
*Separable.

1. Universal
Internacional.
Mundial.
Cosmopolita.
*Nacional.

2. Universal
Total.
General.
Absoluto.
*Particular.

Universo
Cosmos.
Orbe.
Globo.

1. Uno
Simple.
Unitario.
Indiviso.
*Plural.

2. Uno
Idéntico.

3. Uno
Sólo.
Único.
Aislado.
*Acompañado.

4. Uno
Unidad.

Unos
Varios.
Algunos.

Diversos.
*Otros.

Untadura
Ungüento.
Untura.

1. Untar
Engrasar.
Ungir.
Empegar.

2. Untar
Manchar.
Ensuciar.
*Limpiar.

3. Untar
Corromper.
Sobornar.
Cohechar.

1. Unto
Gordura.
Grasa.
Grosura.

2. Unto
Propina.
Dinero.
Gratificación.

1. Untuoso
Aceitoso.
Craso.
Oleoso.
*Seco.

2. Untuoso
Insinuante.
Afectado.
Escurridizo.
*Franco.

Untura
Ungüento.
Untadura.
Unción.

1. Uña
Pezuña.
Casco.
Carnicol.

2. Uña
Tetón.

Uñada
Rasguño.
Zarpazo.
Arañazo.

Upar
Aupar.

1. Urbanidad
Urbania.
Civilidad.
Corrección.
Cortesía.
*Incorrección.

2. Urbanidad
Afabilidad.
Amabilidad.
Sociabilidad.
*Desatención.

1. Urbano
Civil.
Ciudadano.
Cívico.
*Rústico.

2. Urbano
Atento.
Cortés.
Amable.
*Descortés.

Urbe
Ciudad.
Metrópoli.
Capital.

Urce
Brezo.

Urdir
Tejer.
Tramar.
Preparar.

Urente
Abrasador.
Ardiente.
Urticante.
*Agradable.

Urgencia
Premura.
Prisa.
Apremio.
*Demora.

Urgente
Perentorio.
Inminente.
Apremiante.
*Aplazable.

Urgir
Instar.
Apremiar.
Precisar.

Urinario
Mingitorio.

Urocordado
Tunicado.

Urraca
Pega.
Picaza.

Urpila
Paloma.

1. Usado
Gastado.
Usitado.
Viejo.
*Nuevo.

2. Usado
Ejercitado.
Manido.
Baqueteado.
*Inexperto.

1. Usar
Emplear.
Manejar.
Servirse.

2. Usar
Utilizar.

3. Usar
Soler.
Acostumbrar.
Estilar.

Usitado
Usado.

1. Uso
Empleo.
Utilidad.
Provecho.

2. Uso
Hábito.
Costumbre.
Práctica.

Ustión
Ignición.
Quema.
Combustión.

1. Usual
Frecuente.
Común.
Habitual.
*Inusual.

2. Usual
Cómodo.
Fácil.
Asequible.
*Difícil.

1. Usufructo
Utilidad.
Provecho.
Fruto.

2. Usufructo
Disfrute.
Uso.
Consumo.

1. Usufructuar
Gozar.
Disfrutar.

2. Usufructuar
Fructificar.

Usufructuario
Beneficiario.
Usuario.
Guillote.

Usura
Ventaja.
Interés.
Logro.

1. Usurero
Usurario.

2. Usurero
Prestamista.
Renovero.
Mohatrero.

1. Usurpación
Apropiación.
Incautación.
Apoderamiento.

2. Usurpación
Asunción.
Detentación.
Arrogamiento.

Usurpar
Incautarse.
Apropiarse.
Arrogarse.
*Restituir.

1. Utensilio
Trasto.
Trebejo.

2. Utensilio
Útil.
Herramienta.
Instrumento.

Útero
Claustro.
Matriz.

1. Útil
Utensilio.

2. Útil
Provechoso.
Ventajoso.
Beneficioso.
*Desventajoso.

3. Útil
Utilizable.
*Inutilizable.

4. Útil
Utilidad.

Utilidad
Provechoso.
Útil.
Beneficio.
*Pérdida.

1. Utilitario
Egoísta.
Interesado.
Positivista.
*Altruista.

2. Utilitario
Funcional.
Útil.

Utilizable
Conveniente.
Práctico.
Aprovechable.
*Inútil.

Utilizar
Emplear.
Usar.
Aprovecharse.

Utopía
Fantasía.
Quimera.
Ficción.
*Realidad.

Utópico
Quimérico.
Fantástico.
Ficticio.
*Real.

Uva
Calagraña.
Agracejo.

Uvaduz
Gayuba.
Aguavilla.

Uvula
Galillo.
Campanilla.
Gallillo.

V

1. Vacación
Holganza.
Reposo.
Asueto.

2. Vacación
Vacante.

1. Vacante
Abandonado.
Desierto.
Disponible.
*Ocupado.

2. Vacante
Vacio.
Vacación.
Cesantía.

1. Vacar
Holgar.
Feriar.
Descansar.

2. Vacar
Dedicarse.
Aplicarse.
Entregarse.
*Escapar.

3. Vacar
Faltar.
Carecer.
*Poseer.

Vacatura
Vacación.
Vacante.

Vaciadero
Vertedero.

1. Vaciado
Rehundido.

2. Vaciado
Excavación.

3. Vaciado
Adorno.
Moldura.

Vaciador
Afilador.

Vaciante
Menguante.

1. Vaciar
Arrojar.
Sacar.
Verter.

2. Vaciar
Aguzar.
Afilar.
Afinar.

3. Vaciar
Moldear.

4. Vaciar
Exponer.
Explicar.
Explanar.

5. Vaciar
Desembocar.
Afluir.

6. Vaciar
Menguar.

7. Vaciar
Decir.
Desahogarse.
*Retenerse.

Vaciedad
Sandez.
Vacuidad.
Necedad.
*Enjundia.

1. Vacilación
Titubeo.
Perplejidad.
Duda.
*Decisión.

2. Vacilación
Balanceo.
Vaivén.

Bamboleo.
*Firmeza.

1. Vacilante
Basculante.
Oscilante.
Fluctuante.
*Quieto.

2. Vacilante
Titubeante.
Voluble.
Cambiante.
*Resuelto.

1. Vacilar
Mecerse.
Fluctuar.
Oscilar.
*Afirmarse.

2. Vacilar
Dudar.
Titubear.
Hesitar.

1. Vacío
Huero.
Hueco.
Vacuo.
*Lleno.

2. Vacío
Inactivo.
Ocioso.
Parado.
*Activo.

3. Vacío
Presuntuoso.
Vano.
Presumido.
*Modesto.

4. Vacío
Enrarecimiento.

5. Vacío
Ausencia.

Vacatura.
Vacante.

6. Vacío
Carencia.
Laguna.
Falta.

6. Vacío
Ijada.
Ijar.

1. Vaco
Buey.

2. Vaco
Vacante.

Vacuidad
Vacío.
Vaciedad.
Oquedad.

1. Vacuna
Antivirus.
Inmunidad.

2. Vacuna
Linfa.

Vacunar
Defender.
Inmunizar.
*Contagiar.

Vacuno
Bovino.

1. Vacuo
Vacío.

2. Vacuo
Vacante.

3. Vacuo
Vaciedad.
Vacuidad.

Vade
Vademécum.

Vadeable
Superable.

Transitable.
Traspasable.

1. Vadear
Atravesar.
Enguazar.
Pasar.

2. Vadear
Sortear.
Vencer.
Obviar.

3. Vadear
Inquirir.
Tantear.

Vadearse
Conducirse.
Manejarse.
Portarse.

1. Vademécun
Prontuario.
Memorándum.
Agenda.

2. Vademécum
Cartapacio.
Vade.
Cartera.

1. Vado
Vadera.
Esguazo.

2. Vado
Ayuda.
Expediente.
Auxilio.

Vagabundear
Errar.
Vagar.
Merodear.

1. Vagabundo
Callejeo.
Merodeo.
Correteo.

2. Vagabundeo
Vagancia.
*Actividad.

1. Vagabundo
Nómada.
Errante.
Trotamundos.
*Sedentario.

2. Vagabundo
Vago.

Vagancia
Holgazanería.
Ociosidad.
Vagabundeo.
*Ocupación.

Vagante
Vago.

1. Vagar
Vacar.
Holgar.
Ociar.

2. Vagar
Vegetar.
Holgazanear.
Gandulear.
*Trabajar.

3. Vagar
Vagabundear.

4. Vagar
Reposo.
Pausa.
Tregua.

Vagido
Plañido.
Gemido.
Gimoteo.

1. Vago
Vagante.
Vagabundo.
Remiso.
*Diligente.

2. Vago
Vacuo.
Vacío.
Desocupado.

3. Vago
Indeciso.
Impreciso.

Confuso.
*Preciso.

Vagón
Carruaje.
Coche.

Vagoneta
Carretilla.

Vaguada
Cauce.
Cañada.
Arroyada.

Vaguear
Vagabundear.

Vaguedad
Ligereza.
Indecisión.
Confusión.
*Precisión.

Vaharada
Expiración.
Aliento.
Inhalación.

Vahído
Vértigo.
Desmayo.
Síncope.
*Recobramiento.

1. Vaho
Vapor.
Efluvio.
Emanación.

2. Vaho
Hálito.
Aliento.

3. Vaho
Tufo.

1. Vaina
Envoltura.
Funda.
Estuche.

2. Vaina
Rufián.
Canalla.

Vainazas
Pelafustán.
Maulón.

1. Vaivén
Oscilación.
Traqueteo.
Vacilación.

2. Vaivén
Mudanza.
Inestabilidad.
Variabilidad.
*Constancia.

Vajilla
Loza.
Ollería.
Porcelana.

1. Vale
Abur.
Adiós.
Agur.

2. Vale
Boleta.
Bono.
Entrada.

Valedero
Vigente.
Válido.
Reglamentario.
*Caducado.

Valedor
Tutor.
Defensor.
Protector.

1. Valentía
Virtud.
Valor.
Vigor.
*Cobardía.

2. Valentía
Heroicidad.
Hecho.
Gesta.
Hazaña.

Valentón
Jactancioso.
Bravucón.
Farfantón.
*Tímido.

Valentonada
Matonería.
Bizarría.
Jactancia.
*Timidez.

1. Valer
Valor.
Valía.

2. Valer
Proteger.
Amparar.
Defender.
*Desamparar.

3. Valer
Dar.
Rentar.
Fructificar.

4. Valer
Montar.
Costar.
Importar.

5. Valer
Equivaler.

6. Valer
Influir.
Asumir.
Poder.

7. Valer
Servir.
Auxiliar.
Salvaguardar.

8. Valer
Prevalecer.
Aventajar.

9. Valer
Regir.

Valerse
Gastar.
Usar.
Consumir.

1. Valeroso
Poderoso.
Eficaz.
Operoso.
*Ineficaz.

2. Valeroso
Valioso.

3. Valeroso
Valiente.

Valetudinario
Delicado.
Enfermizo.
Achacoso.
*Sano.

1. Valía
Valor.
Valer.
Valúa.

2. Valía
Privanza.
Valimiento.
Protección.
*Desvalimiento.

3. Valía
Facción.
Parcialidad.
Bando.

1. Validación
Aprobación.
Admisión.
Confirmación.

2. Validación
Garantía.
Firmeza.
Seguridad.
*Inseguridad.

Validar
Aprobar.
Admitir.
Aceptar.
*Desvalorar.

Validez
Vigencia.
Valor.
Valía.
*Revocación.

1. Válido
Robusto.
Sano.
Fuerte.
*Inválido.

2. Válido
Valedero.

1. Valido
Privado.
Favorito.

2. Valido
Creído.
Estimado.
Preferido.
*Odiado.

1. Valiente
Bravo.

Valeroso.
Aguerrido.
*Cobarde.

2. Valiente
Valeroso.

3. Valiente
Válido.

4. Valiente
Primoroso.
Especial.
Excelente.

5. Valiente
Valentón.

6. Valiente
Desmesurado.
Excesivo.
Grande.
*Ridículo.

Valija
Saca.
Maleta.
Mala.

1. Valimiento
Amparo.
Ayuda.
Apoyo.
*Desamparo.

2. Valimiento
Privanza.
Poder.
Favor.
*Desvalimiento.

1. Valioso
Excelente.
Meritorio.
Apreciado.
*Inútil.

2. Valiosb
Pudiente.
Rico.
Acomodado.
*Pobre.

1. Valor
Valentía.

2. Valor
Valentonada.

3. Valor
Osadia.

Desfachatez.
Atrevimiento.
*Cortesía.

4. Valor
Provecho.
Utilidad.
Conveniencia.

5. Valor
Valia.

6. Valor
Validez.

7. Valor
Eficacia.
Fuerza.
Virtud.

8. Valor
Cambio.

9. Valor
Fruto.
Renta.
Rédito.

Valoración
Evaluación.
Valuación.
Avalúo.

Valorar
Valuar.
Valorear.
Apreciar.
Tasar.

Valores
Acciones.
Títulos.
Bonos.

Valoría
Estimación.
Valía.

1. Valorizar
Valorar.

2. Valorizar
Incrementar.
Aumentar.
Acrecentar.
*Desvalorizar.

Valuación
Valoración.

Valuar
Valorar.

Valva
Ventalla.

Válvula
Obturador.
Grifo.
Ventalla.

1. Valla
Cerca.
Empalizada.
Baranda.

2. Valla
Dificultad.
Obstáculo.
Barrera.
*Facilidad.

Valladear
Vallar.

Vallado
Valla.

Vallar
Cercar.
Valladear.
Estacar.

Valle
Cañada.
Vaguada.
Hoz.
*Montaña.

Vallico
Ballico.

Vallisoletano
Pinciano.
Valisoletano.

Vampiro
Monstruo.

Vanagloria
Ensoberbecimiento.
Engreimiento.
Altaneria.
*Modestia.

Vanagloriarse
Presumir.
Preciarse.
Pavonearse.
*Humillarse.

Vanaglorioso
Egotista.

Arrogante.
Alardoso.
*Humilde.

Vandálico
Vándalo.

Vandalismo
Asolación.
Asolamiento.
Devastación.

1. Vándalo
Demoledor.
Vandálico.
Destructor.

2. Vándalo
Bárbaro.
Cruel.
Feroz.
*Benévolo.

1. Vanidad
Vanagloria.

2. Vanidad
Pompa.
Fausto.
Ostentación.
*Modestia.

Vanidoso
Huero.
Vanaglorioso.
Engreido.
*Modesto.

1. Vano
Insubstancial.
Irreal.
Inexistente.
*Real.

2. Vano
Vacío.
Hueco.
Vacuo.
*Denso.

3. Vano
Desaborido.
Insubstancial.

4. Vano
Infructuoso.
Inútil.
Ineficaz.
*Eficaz.

5. Vano
Presuntuoso.
Arrogante.
Vanidoso.
*Humilde.

6. Vano
Ilusorio.
Infundado.
Imaginario.
*Consistente.

7. Vano
Ventana.
Hueco.
Balcón.

1. Vapor
Fluido.
Vaho.
Gas.

2. Vapor
Aliento.
Hálito.

3. Vapor
Vértigo.
Sincope.
Desmayo.

4. Vapor
Barco.
Buque.
Nave.

Vapora
Lancha.
Motora.

Vaporación
Evaporación.

Vaporar
Evaporar.

1. Vaporear
Evaporear.

2. Vaporear
Respirar.
Exhalar.
Alentar.

Vaporizar
Evapórizár.
Evaporar.
Difundir.

1. Vaporoso
Espiritoso.

Humoso.
Gaseiforme.

2. Vaporoso
Aéreo.
Sutil.
Etéreo.
*Denso.

Vapulación
Zurra.
Vapuleo.

Vapulear
Zurrar.
Azotar.

Vapuleo
Azote.
Vapulación.
Azotaina.

1. Vaquería
Vacada.

2. Vaquería
Lechería.

Vaqueriza
Establo.
Corral.

Vaquero
Pastor.
Vaquerizo.

Vaquilla
Ternera.

1. Vara
Varejón.
Varal.
Garrocha.

2. Vara
Palo.
Bastón.
Garrote.

3. Vara
Pértiga.
Percha.
Bohordo.

Varada
Encallada.
Varadura.
Encalladura.

Varadero
Surtida.
Surtidero.

Varadura
Varada.

Varal
Vara.

1. Varapalo
Golpe.
Estacazo.
Bastonazo.

2. Varapalo
Perjuicio.
Daño.
Pérdida.
*Ganancia.

3. Varapalo
Desazón.
Pesadumbre.
Desasosiego.
*Serenidad.

Varar
Abordar.
Encallar.
Embarrancar.
*Botar.

Varaseto
Barda.
Cerramiento.
Valla.

Varazo
Varapalo.

Varbasco
Gordolobo.
Verbasco.

Vardasca
Verdasca.

Varea
Vareo.
Vareaje.

1. Varear
Batojar.
Golpear.
Apalear.

2. Varear
Apergaminarse.
Enflaquecerse.
Adelgazarse.
*Engordar.

Varejón
Vara.

Varejonazo
Varapalo.

1. Varenga
Orenga.

2. Varenga
Brazal.

Vareo
Varea.

1. Vareta
Vara.

2. Vareta
Puntada.
Rehilete.
Tiro.

Varetazo
Paletazo.

Varetón
Cervatillo.

Vargano
Hincón.
Estaca.

Vargueño
Canterano.
Bargueño.

Variabilidad
Variedad.
Variación.
Alterabilidad.
*Constancia.

Variable
Caprichoso.
Vario.
Cambiable.
*Constante.

1. Variación
Variabilidad.

2. Variación
Mutación.
Modificación.
Cambio.
*Permanencia.

3. Variación
Variedad.

1. Variado
Vario.

2. Variado
Multicolor.
Abigarrado.
Policromo.
*Monocromo.

Variante
Diferencia.
Variedad.
Discrepancia.
*Coincidencia.

Variar
Mudar.
Cambiar.
Invertir.
*Coincidir.

Varice
Variz.

1. Variedad
Diversidad.
Variación.
Diferencia.
*Sencillez.

2. Variedad
Variábilidad.
*Constancia.

Varilarguero
Picador.

Varilla
Baqueta.

1. Vario
Diverso.
Variado.
Distinto.
*Parejo.

2. Vario
Variable.

3. Vario
Impreciso.
Indiferente.
Indeciso.
*Fijo.

Varios
Algunos.

Varioloide
Viruela.

Varioloso
Virolento.

Variz
Varice.

Varón
Hombre.
Señor.
Caballero.

Varona
Mujer.

1. Varonil
Hombruno.
Viril.
*Femenino.

2. Varonil
Fuerte.
Masculino.
Esforzado.
*Apocado.

Vasallaje
Esclavitud.
Sujeción.
Dependencia.
*Liberación.

1. Vasallo
Tributario.
Sujeto.
Feudatario.
*Señor.

2. Vasallo
Súbdito.
*Monarca.

Vasar
Andén.
Repisa.
Poyo.

Vascuence
Éuscaro.
Vasco.
Vascongado.

Vasija
Belez.
Recipiente.
Vaso.

Vasillo
Celdilla.

1. Vaso
Bernegal.
Póculo.
Pote.

2. Vaso
Vasija.

3. Vaso
Embarcación.

4. Vaso
Orinal.
Bacín.

5. Vaso
Copa.

6. Vaso
Casco.

7. Vaso
Canal.
Tubo.
Vena.

8. Vaso
Tráquea.

1. Vástago
Retoño.
Brote.
Tallo.

2. Vástago
Descendiente.
Hijo.

Vastedad
Dilatación.
Anchura.
Grandeza.
*Encogimiento.

Vasto
Ancho.
Grande.
Dilatado.
*Estrecho.

1. Vate
Vaticinador.
Adivino.

2. Vate
Bardo.
Poeta.
Rapsoda.

Vaticinador
Vatídico.
Adivino.
Vate.

Vaticinar
Presagiar.

Anunciar.
Predecir.

Vaticinio
Previsión.
Conjetura.
Profecía.

Vatídico
Vaticinador.

Vatro
Batro.

Vaya
Mofa.
Burla.
Sarcasmo.

Vecero
Cliente.
Parroquiano.

Vecinal
Vecindario.
Comunal.

1. Vecindad
Proximidad.
Cercanía.
Contigüidad.
*Alejamiento.

2. Vecindad
Vecindario.

3. Vecindad
Contornos.
Alrededores.
Inmediaciones.

Vecindario
Municipio.
Vecindad.
Comunidad.

1. Vecino
Habitante.
Morador.
Inquilino.

2. Vecino
Inmediato.
Contiguo.
Cercano.
*Lejano.

3. Vecino
Parecido.
Semejante.
Análogo.
*Diferente.

Vedar
Estorbar.
Prohibir.
Privar.

Vedegambre
Blanco.
Eléboro.
Veratro.

Vedeja
Guedeja.

Vedija
Vellón.
Mechón.

Veedor
Inspector.

Vega
Huerta.

1. Vegetar
Germinar.
Crecer.

2. Vegetar
Vivir.
Vitorear.
Pasarla.

Vehemencia
Ímpetu.
Ardor.
Impetuosidad.
*Indiferencia.

Vehemente
Apasionado.
Exaltado.
Vivo.
*Indiferente.

Vehículo
Coche.
Carruaje.
Automóvil.

Vejamen
Ofensa.
Afrenta.
Vejación.
*Honor.

Vejar
Mortificar.
Molestar.
Oprimir.

Vejatorio
Mortificador.
Mortificante.
Molesto.
*Favorecedor.

Vejez
Senectud.
Vetustez.
Ancianidad.
*Juventud.

1. Vejiga
Ampolla.
Bolsa.

2. Vejiga
Viruela.

Vejigatorio
Cáustico.

1. Vela
Velación.

2. Vela
Velatorio.

3. Vela
Vigilia.

4. Vela
Guardia.
Vigilancia.

5. Vela
Cirio.
Candela.
Bujía.

6. Vela
Lona.
Toldo.
Velamen.

1. Velación
Velorio.

2. Velación
Velada.
Vela.
Vigilia.

Velada
Velación.

1. Velado
Oculto.
Secreto.
Misterioso.
*Descubierto.

2. Velado
Consorte.
Esposo.
Cónyuge.

1. Velador
Guardián.
Vigilante.
Celador.

2. Velador
Candelero.
Palmatoria.

3. Velador
Trípode.
Mesita.

Velamen
Trapo.
Vela.
Velaje.

1. Velar
Guardar.
Cuidar.
Vigilar.

2. Velar
Celar.
Tapar.
Ocultar.
*Descubrir.

Velatorio
Vela.
Velorio.

1. Veleidad
Volubilidad.
Versatilidad.
Ligereza.
*Constancia.

2. Veleidad
Antojo.
Capricho.

Veleidoso
Voluble.
Versátil.
Ligero.
*Constante.

Velero
Buque.
Bajel.
Embarcación.

1. Veleta
Giralda.

2. Veleta
Amenoscopio.

3. Veleta
Banderola.

4. Veleta
Veleidoso.
•Constante.

Velilla
Cerilla.

1. Velo
Manto.
Céfiro.
Impla.

2. Velo
Humeral.

3. Velo
Excusa.
Disimulación.
Pretexto.

3. Velo
Obscuridad.
Confusión.

Velocidad
Prontitud.
Ligereza.
Presteza.
•Calma.

Veloz
Célere.
Ágil.
Apresurado.
•Lento.

1. Vello
Pelillo.
Bozo.
Flojel.

2. Vello .
Lanosidad.
Vellosidad.
Bozo.

1. Vellón
Vedija.
Tusón.
Mechón.

2. Vellón
Zalea.

Vellosidad
Lanosidad.
Pelusa.
Tomento.

Velloso
Peludo.
Velludo.
Aterciopelado.
•Lampiño.

1. Velludo
Velloso.

2. Velludo
Felpa.
Terciopelo.
Pana.

1. Vena
Vaso.

2. Vena
Filón.
Veta.

3. Vena
Musa.
Inspiración.
Arrebato.

Venablo
Adarga.
Dardo.
Lanza.

Venado
Ciervo.

1. Venal
Venable.
Vendible.

2. Venal
Sobornable.
•Íntegro.

3. Venal
Flebítico.

Venatorio
Cinegético.

Vencedero
Librado.
Pagadero.

Vencedor
Victorioso.
Conquistador.
Triunfador.
•Vencido.

1. Vencejo
Ligadura.
Lazo.
Tramojo.

2. Vencejo
Arrejaco.
Arrejaque.
Oncejo.

1. Vencer
Batir.
Ganar.
Derrotar.
•Perder.

2. Vencer
Subrayar.
Dominar.
Reprimir.
•Liberar.

3. Vencer
Allanar.
Zanjar.
Solventar.

4. Vencer
Ladear.
Torcer.
Inclinar.
•Enderezar.

5. Vencer
Terminar.

1. Vencido
Dominado.
Subyugado.
Domado.
•Manumiso.

2. Vencido
Batido.
Derrotado.
Aniquilado.
•Vencedor.

3. Vencido
Convencido.
Persuadido.
Conquistado.
•Obtuso.

Vencimiento
Plazo.
Término.

Vendaje
Venda.
Apósito.

Vendaval
Galerna.
Ventarrón.
Tromba.

Vendedor
Negociante.
Detallista.
Comerciante.

1. Vender
Revender.
Expender.
Despachar.
•Comprar.

2. Vender
Entregar.
Traicionar.
Denunciar.

Veneno
Tósigo.
Tóxico.
Ponzoña.
•Antitoxina.

Venenoso
Tóxico.
Ponzoñoso.
Deletéreo.
•Inocuo.

Venera
Vieira.
Pechina.

1. Venerable
Santo.
Virtuoso.
Honorable.
•Despreciable.

2. Venerable
Considerado.
Estimado.
Respetado.
•Desacreditado.

3. Venerable
Patriarcal.
Anciano.

Veneración
Reverencia.
Respeto.
Adoración.
•Desprecio.

Venerar
Reverenciar.
Honrar.
Respetar.
•Despreciar.

1. Venero
Manantial.
Fuente.
Venera.

2. Venero
Mina.
Criadero.

Venganza
Represalia.
Revancha.
Vindicta.
•Perdón.

Vengar
Reparar.
Desquitarse.
Reprimir.
•Perdonar.

Vengarse
Desforzarse.
Desagraviarse.

Vengativo
Vengador.
Vindicativo.
Rencoroso.
•Indulgente.

1. Venia
Remisión.
Perdón.
Indulgencia.
•Castigo.

2. Venia
Permiso.
Licencia.
Autorización.
•Negación.

3. Venia
Inclinación.
Saludo.

Venial
Ligero.
Pequeño.
Perdonable.
•Grave.

1. Venida
Retorno.
Vuelta.
Regreso.
*Ida.

2. Venida
Prontitud.
Ímpetu.
Impulso.

3. Venida
Creciente.
Avenida.

Venidero
Futuro.
*Pasado.

Venideros
Herederos.
Sucesores.

1. Venir
Regresar.
Volver.
Retornar.
*Ir.

2. Venir
Ajustarse.
Acomodarse.
Avenirse.
*Desajustarse.

3. Venir
Acontecer.
Suceder.
Sobrevenir.

1. Venta
Expedición.
Despacho.
Salida.
*Compra.

2. Venta
Parador.
Mesón.
Posada.

1. Ventaja
Mejoría.
Superioridad.
Preeminencia.
*Desventaja.

2. Ventaja
Utilidad.

Provecho.
Beneficio.
*Inconveniente.

Ventajista
Ganguista.
Ganguero.
Ventajero.

Ventajoso
Provechoso.
Útil.
Fructuoso.
*Desventajoso.

1. Ventalla
Válvula.

2. Ventalla
Valva.

Ventana
Ventilación.
Abertura.
Vano.

1. Ventanillo
Contraventana.
Postigo.

2. Ventanillo
Trampilla.

3. Ventanillo
Judas.
Mirilla.

Venteado
Aireado.
Oreado.
Ventilado.

1. Ventear
Ventar.
Airear.

2. Ventear
Olfatear.
Husmear.
Indagar.

3. Ventear
Ventosear.

Ventearse
Rajarse.
Henderse.

Ventero
Mesonero.
Hostalero.
Posadero.

1. Ventilación
Aireación.
Aireamiento.

2. Ventilación
Viento.
Aire.

3. Ventilación
Ventana.
Abertura.

1. Ventilar
Orear.
Airear.

2. Ventilar
Aclarar.
Dilucidar.
*Ocultar.

Ventisca
Nevisca.
Nevasca.
Cellisca.

1. Ventisquero
Helero.
Nevero.
Glaciar.

2. Ventisquero
Ventisca.

1. Ventolera
Vendaval.
Galerna.
Ventarrón.

2. Ventolera
Jactancia.
Presunción.
Vanidad.
*Modestia.

3. Ventolera
Rehilandera.
Molinete.

Ventorrillo
Venta.
Ventorro.
Bodegón.

1. Ventoso
Aireado.
Venteado.

2. Ventoso
Mugiente.
Tempestuoso.

Desencadenado.
*Calmado.

3. Ventoso
Flatulento.

4. Ventoso
Presumido.
Vano.
Altanero.
*Modesto.

Ventral
Abdominal.

Ventregada
Camada.
Cría.
Lechigada.

Ventrudo
Barrigudo.
Panzudo.
Obeso.
*Delgado.

1. Ventura
Felicidad.
Dicha.
Suerte.
*Desgracia.

2. Ventura
Casualidad.
Acaso.
Azar.

3. Ventura
Riesgo.
Peligro.
Amenaza.

Venturoso
Feliz.
Afortunado.
Dichoso.
*Desgraciado.

Venustez
Gracia.
Venustidad.
Hermosura.
*Fealdad.

1. Ver
Avistar.
Advertir.
Distinguir.

2. Ver
Visitar.

Atender.
Avistarse.

3. Ver
Juzgar.
Asistir.

4. Ver
Ensayar.
Experimentar.
Probar.

5. Ver
Conocer.
Consi_erar.
Pensar.

6. Ver
Intentar.

Verse
Columbrarse.
Distinguirse.

Vera
Costado.
Orilla.
Lado.

Veracidad
Sinceridad.
Verdad.
Franqueza.
*Engaño.

Veranda
Mirador.
Galería.
Terraza.

Veranear
Rusticar.
Veranar.

Veraneo
Vacaciones.

1. Veraniego
Estival.
Estivo.
*Hibernal.

2. Veraniego
Liviano.
Ligero.
Insignificante.
*Importante.

Verano
Estío.

1. Veras
Exactitud.
Realidad.
Verdad.
*Engaño.

2. Veras
Eficacia.
Fervor.
Tesón.
*Desánimo.

Veraz
Cierto.
Certero.
Verdadero.
*Falaz.

Veratro
Vedegambre.

Verba
Verborrea.
Verbosidad.

Verbal
Oral.

Verbenear
Gusanear.
Hervir.
Hormiguear.

Verberar
Azotar.
Fustigar.
Pegar.

Verbigracia
Ejemplo.

1. Verbo
Lengua.
Palabra.
Lenguaje.

2. Verbo
Juramento.
Voto.

Verbosidad
Locuacidad.
Facundia.
Labia.
*Mutismo.

Verboso
Redundante.
Hablante.
Facundo.
*Conciso.

1. Verdad
Certeza.
Evidencia.
Certidumbre.
*Mentira.

2. Verdad
Veracidad.
*Mentira.

3. Verdad
Evangelio.
Dogma.
Ortodoxia.

4. Verdad
Veras.
*Engaño.

1. Verdadero
Cierto.
Evidente.
Exacto.
*Falso.

2. Verdadero
Verídico.
Veraz.

1. Verde
Glauco.
Verdoso.
Aceitunado.

2. Verde
Precoz.
Tierno.
*Maduro.

3. Verde
Indecente.
Obsceno.
Procaz.
*Honesto.

Verdear
Campear.
Verdeguear.
Verdecer.
*Agostarse.

Verdeceledón
Verdoso.
Celedón.

Verdecer
Verdear.

Verdecillo
Verderol.
Verderón.

Verdegal
Follaje.
Verde.
Verdor.

Verdegay
Verde.

Verdeguear
Verdear.

Verdemar
Verde.

1. Verderón
Verdezuelo.
Verdecillo.
Verdón.

2. Verderón
Berberecho.

Verdete
Verdín.
Cardenillo.
Orín.

1. Verdín
Verdina.
Verdoyo.

2. Verdín
Verdina.
Verdete.

Verdinal
Fresquedal.

Verdinoso
Mohoso.

Verdón
Verderón.

1. Verdor
Follaje.
Verde.
Verdura.

2. Verdor
Juventud.
Lozanía.
Mocedad.

Verdoyo
Verdín.

Verdugazo
Lampreazo.
Latigazo.
Azote.

1. Verdugo
Mochín.
Ajusticiador.
Sayón.

2. Verdugo
Verdugón.

3. Verdugo
Criminal.
Cruel.
Sanguinario.

4. Verdugo
Alcaudón.

5. Verdugo
Renuevo.
Vástago.
Brote.

Verdugón
Equimosis.
Verdugo.
Hematoma.

1. Verdulera
Zabarcera.
Bercera.

2. Verdulera
Farota.
Rabisalsera.
Rabanera.

1. Verdura
Hierba.
Verdor.
Follaje.

2. Verdura
Hortaliza.

3. Verdura
Indecencia.
Obscenidad.
Impudicia.
*Honestidad.

Verecundia
Vergüenza.

Verecundo
Vergonzoso.

Vereda
Camino.

Senda.
Sendero.

Veredicto
Sentencia.
Juicio.
Fallo.

1. Verga
Tranca.
Fusta.
Palo.

2. Verga
Vergajo.

Vergel
Jardín.
Pensil.
Huerta.

Vergonzante
Pobre.
Pedigüeño.
Menesteroso.

1. Vergonzoso
Tímido.
Apocado.
Turbado.
*Osado.

2. Vergonzoso
Afrentoso.
Despreciable.
Ignominioso.
*Honroso.

3. Vergonzoso
Indecente.
Inmoral.
*Honesto

4. Vergonzoso
Armadillo.

1. Vergüenza
Cortedad.
Modestia.
Encogimiento.
*Atrevimiento.

2. Vergüenza
Honer.
Pundonor.

3. Vergüenza
Humillación.
Oprobio.
*Honra.

Vericueto
Reventadero.
Batidero.

1. Verídico
Sincero.
Verdadero.

*Falso.

2. Verídico
Cierto.
Veraz.

*Falaz.

1. Verificación
Comprobación.
Examen.
Prueba.

2. Verificación
Ejecución.
Realización.
Hecho.

1. Verificar
Compulsar.
Comprobar.
Demostrar.

*Negligir.

2. Verificar
Efectuar.
Realizar.
Ejecutar.

1. Verija
Pubis.
Vedija.

2. Verija
Ijada.
Ijar.

Verisímil
Verosímil.

Verja
Reja.
Cerca.
Cancela.

Verme
Gusano.
Lombriz.

Vermiforme
Agusanado.

Vermífugo
Vermicida.

Vermut
Aperitivo.

Vernáculo
Patrio.
Nativo.
Doméstico.

Vernal
Primaveral.

*Otoñal.

Vernier
Nonio.

Verosímil
Creedero.
Admisible.
Posible.

*Inverosímil.

Verosimilitud
Credibilidad.
Probabilidad.
Certidumbre.

*Imposibilidad.

1. Verraco
Cochino.
Puerco.
Cerdo.

2. Verraco
Morueco.
Carnero.

Verraquear
Llorar.
Encanarse.
Gimotear.

Verraquera
Lloriqueo.
Llorera.
Rabieta.

Verruga
Cadillo.
Excrecencia.
Carnosidad.

Verrugo
Mezquino.
Usurero.
Avaro.

Versado
Enterado.
Instruido.
Conocedor.

*Inexperto.

Versar
Tratar.

Versarse
Practicarse.
Instruirse.
Avezarse.

Versátil
Variable.
Vacilante.
Veleidoso.

*Constante.

Versatilidad
Vacilación.
Variabilidad.
Capricho.

*Constancia

Versear
Versificar.

Versículo
Antífona.
Aleya.
Verso.

1. Versificación
Metrificación.

2. Versificación
Poética.
Métrica.

Versificar
Metrificar.
Versear.
Componer.

Versión
Explicación.
Interpretación.
Transposición.

1. Verso
Poesía.
Trova.

2. Verso
Versículo.

Versos
Coplas.

Vértebra
Espóndilo.

Vertedero
Escombrera.
Derramadero.

2. Vertedero
Albañal.

1. Verter
Derramar.
Variar.
Volcar.

2. Verter
Traducir.
Difundir.
Divulgar.

Vertical
Erecto.
Enhiesto.
Tieso.

*Horizontal.

Vértice
Ángulo.
Cúspide.

Vertiente
Pendiente.
Declive.
Ladera.

Vertiginoso
Rápido.
Raudo.
Acelerado.

*Lento.

Vértigo
Desmayo.
Mareo.
Turbación.

Vesania
Furia.
Demencia.
Locura.

*Sensatez.

Vesánico
Loco.
Demente.
Maníaco.

*Cuerdo.

Vesícula
Ampolla.
Vejiguilla.

Vespasiana
Mingitorio.
Urinario.

Vespertilio
Murciélago.

2. Vertedero

Vestal
Sacerdotisa.

Veste
Traje.
Vestido.

Vestíbulo
Portal.
Atrio.
Zaguán.

Vestido
Indumentaria.
Ropa.
Vestidura.

Vestidura
Vestido.

Vestiduras
Ornamentos.
Paramentos.

1. Vestigio
Señal.
Huella.
Traza.

2. Vestigio
Resto.
Memoria.
Residuo.

3. Vestigio
Ruina.

4. Vestigio
Cardenal.
Cicatriz.
Verdugón.

Vestiglo
Monstruo.

Vestimenta
Vestiduras.
Vestido.

1. Vestir
Guarnecer.
Engalanar.
Ataviar.

2. Vestir
Envolver.
Cubrir.
Embozar.

3. Vestir
Llevar.

Poner.
Traer.

1. Vestirse
Tocarse.
Encapillarse.
Endomingarse.

2. Vestirse
Jactarse.
Engreirse.
Pavonearse.
•Humillarse.

1. Vestuario
Vestido.

2. Vestuario
Guardarropia.

Véstugo
Vástago.

1. Veta
Faja.
Lista.
Estría.

2. Veta
Mineral.
Vena.

Veteado
Rayado.
Vetado.
Listado.
•Liso.

1. Veterano
Experto.
Experimentado.
Avezado.
•Novicio.

2. Veterano
Viejo.
Antiguo.
•Joven.

Veterinaria
Albeitería.

Veterinario
Mariscal.
Albéitar.

Veto
Impedimento.
Oposición.
Obstáculo.
•Anuencia.

Vetustez
Ancianidad.
Antigüedad.
Vejez.
•Juventud.

Vetusto
Viejo.
Antiguo.
Añejo.
•Nuevo.

1. Vez
Vuelta.
Mano.
Torna.

2. Vez
Coyuntura.
Proporción.
Punto.

3. Vez
Tanda.
Turno.
Repetición.

4. Vez
Vecera.

Veces
Delegación.
Substitución.
Representación.

1. Vía
Camino.
Ruta.
Senda.

2. Vía
Paseo.
Calle.
Avenida.

3. Vía
Manera.
Modo.
Medio.

4. Vía
Riel.
Carril.

5. Vía
Conducto.

1. Viable
Sano.
Vivaz.

2. Viable
Factible.
Hacedero.
Realizable.
•Irrealizable.

Viada
Arrancada.

Viaducto
Puente.

Viajador
Viajero.

1. Viajante
Comisionista.
Corredor.

2. Viajante
Viajero.

Viajar
Rodar.
Pasear.
Deambular.

Viajata
Caminata.

Viaje
Camino.
Trayecto.
Jornada.

Viaje
Oblicuidad.
Esviaje.

Viajero
Pasajero.
Caminante.
Nómada.

Vianda
Sustento.
Comida.
Alimento.

1. Viandante
Peatón.
Transeúnte.
Caminante.

2. Viandante
Vagabundo.

1. Viático
Viveres.
Provisión.
Reserva.

2. Viático
Eucaristía.

Víbora
Áspid.

Vibración
Temblor.
Agitación.
Cimbreo.

1. Vibrante
Cimbreante.
Oscilante.
Tembloroso.

2. Vibrante
Sonoro.
Resonante.
Retumbante.

Vibrar
Agitarse.
Oscilar.
Cimbrear.

Vicaría
Curato.

Vicario
Cura.

Vicense
Ausetano.
Vigitano.

Viceversa
Revés.
Contrario.

Vicia
Arveja.

1. Viciar
Corromper.
Dañar.
Perder.

2. Viciar
Falsear.
Adulterar.
Mixtificar.

3. Viciar
Falsificar.
Tergiversar.
Torcer.

4. Viciar
Anular.
Invalidar.
Abrogar.

5. Viciar
Apestar.
Malignar.
Envenenar.

Viciarse
Desenfrenarse.
Extraviarse.

1. Vicio
Defecto.
Daño.
Deformidad.
•Virtud.

2. Vicio
Falsedad.
Yerro.
Engaño.
•Verdad.

3. Vicio
Licencia.

4. Vicio
Consentimiento.
Mimo.
•Rigor.

5. Vicio
Desviación.
Pandeo.
Torcedura.
•Inalterabilidad.

1. Vicioso
Depravado.
Corrompido.
Pervertido.
•Virtuoso.

2. Vicioso
Perezoso.
Haragán.
Ocioso.
•Diligente.

Vicisitud
Sucesión.
Alternativa.

Víctima
Sacrificado.
Mártir.
Inmolado.
•Sacrificador.

Victo
Pábulo.

Sustento.
Alimento.

1. Victoria
Laurel.
Triunfo.
Trofeo.

2. Victoria
Vencimiento.

1. Victorioso
Vencedor.
Triunfador.
Laureado.
*Derrotado.

2. Victorioso
Irrefutable.
Decisivo.

Vid
Cepa.
Parra.

1. Vida
Duración.
Existencia.
Días.

2. Vida
Memoria.
Biografía.
Hechos.

3. Vida
Conducta.

4. Vida
Energía.
Vitalidad.
Savia.

5. Vida
Alimento.
Sustento.
Mantenimiento.

6. Vida
Bienaventuranza.

7. Vida
Aleluya.

Vide
Véase.

1. Vidente
Profeta.

2. Vidente
Mago.

Adivino.
Iluminado.

3. Vidente
Veedor.
*Ciego.

Vidriar
Vitrificar.

Vidrio
Cristal.

1. Vidrioso
Quebradizo.
Frágil.
*Duro.

2. Vidrioso
Liso.
Resbaladizo.

3. Vidrioso
Quisquilloso.
Susceptible.
*Indiferente.

1. Viejo
Anciano.
Valetudinario.
Veterano.
*Joven.

2. Viejo
Añejo.
Antiguo.
Arcaico.
*Nuevo.

3. Viejo
Derruido.
Arruinado.
Acabado.
*Nuevo.

1. Viento
Racha.
Corriente.
Soplo.

2. Viento
Rastro.
Olor.
Olfato.

3. Viento
Jactancia.
Vanidad.
Presunción.

4. Viento
Ventosidad.

5. Viento
Dirección.
Rumbo.

Vientre
Barriga.
Abdomen.
Intestinos.

Vierteaguas
Despidiente.

Viga
Trabe.

Vigencia
Actualidad.
*Caducidad.

Vigente
Actual.
*Caducado.

1. Vigésimo
Vicésimo.

2. Vigésimo
Veintavo.

3. Vigésimo
Veinteno.

1. Vigía
Torre.
Atalaya.

2. Vigía
Observador.
Vigilante.
Oteador.

Vigilancia
Atención.
Cuidado.
Custodia.

Vigilante
Prudente.
Atento.
Avisado.
*Imprudente.

2. Vigilante
Sereno.
Guardián.
Centinela.

3. Vigilante
Vigía.

Vigilar
Atender.
Velar.
Custodiar.
*Descuidar.

1. Vigilia
Desvelo.
Vela.
Insomnio.
*Sueño.

2. Vigilia
Víspera.

3. Vigilia
Abstinencia.

Vigitano
Ausetano.
Vicense.

Vigor
Energía.
Vitalidad.
Ánimo.
*Debilidad.

Vigorar
Vigorizar.
Esforzar.
Alentar.
Robustecer.
*Abatir.

Vigoroso
Robusto.
Fuerte.
Eficaz.
*Débil.

Vil
Despreciable.
Abyecto.
Infame.
*Digno.

Vileza
Alevosía.
Villanía.
Ruindad.
*Dignidad.

Vilipendiar
Rebajar.
Despreciar.

Detractar.
*Elogiar.

Vilipendio
Escarnio.
Desprecio.
Infamia.
*Elogio.

Vilordo
Tardo.
Perezoso.
Calmoso.
*Diligente.

Vilorta
Aro.
Arandela.
Anilla.

Viltrotear
Callejear.
Corretear.

1. Villa
Chalet.
Casa.
Hotel.

2. Villa
Urbe.
Ciudad.
Población.

Villaje
Villorrio.

Villanaje
Plebe.
*Nobleza.

Villanchón
Rudo.
Tosco.
Grosero.
*Urbano.

1. Villanía
Vileza.
Plebeyez.
Bajeza.
*Nobleza.

2. Villanía
Alevosía.
Ruindad.
Indignidad.
*Bondad.

3. Villanía
Obscenidad.
Indecencia.
*Honestidad.

1. Villano
Bajo.
Plebeyo.
*Noble.

2. Villano
Rústico.
Aldeano.
Lugareño.
*Educado.

3. Villano
Vil.
Ruin.
Indigno.
*Digno.

4. Villano
Indecente.
Deshonesto.
Indecoroso.
*Honesto.

Villar
Villorrio.

Villoría
Alquería.
Caserío.
Granja.

Villorrio
Aldea.
Villaje.
Poblado.

Vimbre
Mimbre.

Vimbrera
Mimbreza.

Vinagre
Ácido.
Aceto.
Acético.

Vinagrera
Acedera.

Vinagreras
Aceiteras.
Angarillas.
Taller.

Vinariego
Vinícola.

Vinario
Vinatero.

Vinatería
Taberna.
Bodega.

Vinatero
Enológico.
Vinario.

Vincular
Atar.
Sujetar.
Supeditar.
*Desvincular.

Vínculo
Unión.
Nexo.
Ligadura.

Vindicativo
Rencoroso.
Odioso.
Resentido.
*Indulgente.

1. Vindicar
Vengar.

2. Vindicar
Defender.
Reivindicar.
Exculpar.

Vindicta
Venganza.

Vinicultura
Enotecnia.
Enología.
Enocultura.

Viniebla
Cinoglosa.

Vino
Caldo.
Vinillo.
Mostagán.

Viña
Viñedo.

Viñeta
Cenefa.
Orla.
Filete.

Viola
Violeta.

Violáceo
Violado.

1. Violación
Atentado.
Conculcación.
Infracción.
*Acatamiento.

2. Violación
Estupro.
Violencia.

3. Violación
Profanación.

Violado
Morado.
Violáceo.
Violeta.

1. Violar
Quebrantar.
Infringir.
Transgredir.
*Acatar.

2. Violar
Forzar.
Estuprar.

3. Violar
Profanar.

4. Violar
Ajar.
Deslucir.
Estropear.

1. Violencia
Ímpetu.
Virulencia.
Furor.
*Dulzura.

2. Violencia
Estupro.
Violación.

1. Violentar
Vulnerar.
Atropellar.
Forzar.
*Suplicar.

Violentarse
Retenerse.
Dominarse.

Vencerse.
*Desmandarse.

1. Violento
Atropellado.
Apasionado.
Brutal.
*Suave.

2. Violento
Torcido.
Forzado.
Falso.
*Justo.

3. Violento
Irregular.
Injusto.
*Correcto.

Violero
Mosquito.

1. Violeta
Viola.

2. Violeta
Violáceo.

Violetero
Pichel.
Florero.

Violento
Peladillo.

Violinista
Rascatripas.
Violín.

Violón
Bajo.
Contrabajo.

Violoncelo
Violonchelo.

1. Vipéreo
Venenoso.
Viperino.

2. Vipéreo
Maldiciente.
Pérfido.
Insidioso.

1. Vira
Saeta.

2. Vira
Cerquillo.

Virada
Ciaboga.

Virago
Varona.
Amazona.

Viraje
Tumbo.
Curva.
Giro.

Virar
Girar.
Torcer.
Volver.
*Seguir.

Víreo
Virio.
Oropéndola.

1. Virgen
Doncel.

2. Virgen
Virgíneo.
Virginal.

3. Virgen
Angélico.
Cándido.
Casto.
Inmaculado.
Puro.
*Incasto.

4. Virgen
Joven.
Nuevo.

5. Virgen
María.
Madre.
Mater.
Purísima.
María Santísima.

Virgiliano
Idílico.
Bucólico.

1. Virginal
Cándido.
Virgen.
Puro.
*Incasto.

2. Virginal
Modesto.
Pulcro.
Ingenuo.

1. Virginidad
Candidez.
Castidad.
Inocencia.

2. Virginidad
Doncellería.
Doncellez.
Entereza.

Virgo
Doncellez.
Virginidad.

Vírgula
Coma.
Rayita.
Trazo.

Viril
Masculino.
Varonil.
*Femenino.

1. Virilidad
Fortaleza.
Masculinidad.
*Debilidad.

2. Virilidad
Mayoridad.

Virio
Oropéndola.

Viripotente
Potente.
Vigoroso.
Viril.
*Impotente.

Virola
Regatón.

Virolento
Varioloso.

1. Virote
Puyazo.
Pulla.
Burla.

2. Virote
Figurin.
Lechuguino.

3. Virote
Estantigua.
Macho.
Cangallo.

Virotismo
Presunción.
Entono.
Elación.

Virreino
Virreinato.

Virrey
Gobernador.

1. Virtual
Implícito.
Tácito.
Sobreentendido.
*Expreso.

2. Virtual
Aparente.

Virtualidad
Posibilidad.
Potencia.
Mesmedad.

1. Virtud
Potestad.
Poder.
Valor.
*Desaliento.

2. Virtud
Honestidad.
Dignidad.
Integridad.
*Vicio.

Virtuoso
Honrado.
Honesto.
Probo.
*Vicioso.

1. Viruela
Ampolla.
Vejiga.
Pústula.

2. Viruela
Payuelas.
Varioloide.

Virulencia
Saña.
Encono.
Mordacidad.
*Benevolencia.

1. Virulento
Maligno.

Purulento.
Ponzoñoso.
*Benigno.

2. Virulento
Sañudo.
Mordaz.
Ardiente.
*Benevolente.

Virus
Ponzoña.
Pus.
Infección.

Viruta
Acepilladura.
Torneadura.
Cepilladura.

Visaje
Gesto.
Guiño.
Mueca.

Visajero
Gestero.

1. Visar
Examinar.
Firmar.
Refrendar.

2. Visar
Apuntar.
Ajustar.
Encarar.

Víscera
Entraña.

Visco
Liga.

Viscosidad
Glutinosidad.
Enviscamiento.
Pegajosidad.

Viscoso
Gelatinoso.
Glutinoso.
Peguntoso.
*Duro.

Visera
Pantalla.
Ala.
Resguardo.

Visibilidad
Ostensibilidad.
Evidencia.
Transparencia.
*Invisibilidad.

1. Visible
Perceptible.
Sensible.
Transparente.
*Invisible.

2. Visible
Manifiesto.
Evidente.
Palpable.
*Dudoso.

3. Visible
Sobresaliente.
Notable.
Conspicuo.
*Escondido.

Visigótico
Visigodo.
Gótico.

Visillo
Estor.
Cortinilla.

1. Visión
Percepción.
Imagen.

2. Visión
Extravagancia.
Quimera.
Espectro.
*Realidad.

3. Visión
Adefesio.
Espantajo.

Visionario
Sibilino.
Alucinado.
Iluso.
*Realista.

Visir
Ministro.

1. Visita
Recepción.
Entrevista.
Audiencia.

2. Visita
Alarde.
Inspección.
Revista.

1. Visitador
Visitero.

2. Visitador
Inspector.

1. Visitar
Cumplimentar.
Ver.
Saludar.

2. Visitar
Inspeccionar.
Revistar.
Examinar.

Visitero
Visitador.

1. Vislumbrar
Divisar.
Ver.
Columbrar.

2. Vislumbrar
Conjeturar.
Sospechar.

1. Vislumbre
Reflejo.
Resplandor.

2. Vislumbre
Indicio.
Conjetura.
Sospecha.

3. Vislumbre
Apariencia.
Semejanza.

1. Viso
Agua.
Reflejo.

2. Viso
Apariencia.
Aspecto.

3. Viso
Reflexión.
Destello.
Reflejo.

1. Víspera
Vigilia.

2. Víspera
Inmediación.
Proximidad.

1. Vista
Visualidad.
Visión.
*Ceguera.

2. Vista
Mirada.
Vistazo.
Ojeada.

3. Vista
Lucidez.
Perspicacia.

4. Vista
Panorama.
Perspectiva.
Horizonte.

5. Vista
Apariencia.

6. Vista
Ojo.

7. Vista
Vano.
Ventana.
Puerta.

Vistazo
Ojeada.
Vista.
Mirada.

Vistillas
Mirador.
Atalaya.
Descubridero.

1. Visto
Acabado.
Listo.

2. Visto
Enmendado.
Corregido.
Examinado.

Vistoso
Sugestivo.
Llamativo.
Rozagante.
*Repulsivo.

1. Vital
Nutritivo.

Estimulante.
Vivificante.

2. Vital
Eficaz.
Activo.
Trascendente.
*Irrelevante.

Vitalidad
Vida.
Vigor.
Fuerza.
*Desaliento.

Vitando
Odioso.
Execrable.
Abominable.
*Loable.

Vitivinicultura
Vinicultura.
Viticultura.

Vitorear
Aplaudir.
Aclamar.
Glorificar.

Vitre
Lonilla.
Brin.

1. Vítreo
Translúcido.
Transparente.
Diáfano.
*Opaco.

2. Vítreo
Cristalino.

Vitrificar
Vidriar.

Vitrina
Cristalera.
Aparador.

Vitriolo
Alceche.
Alcaparrosa.

Vitualla
Víveres.
Provisiones.
Menestra.

Vituperable
Reprochable.

Censurable.
Reprobable.
*Encomiable.

Vituperar
Condenar.
Reprobar.
Censurar.
*Elogiar.

Vituperio
Baldón.
Censura.
Insulto.
*Elogio.

Viudal
Vidual.

Vivacidad
Eficacia.
Energía.
Viveza.
*Indolencia.

Vivandero
Cantinero.

Vivaque
Acantonamiento
Vivac.
Campamento.

Vivaquear
Acampar.
Acantonar.

1. Vivar
Conejal.
Vivera.
Conejar.

2. Vivar
Vivero.

3. Vivar
Aclamar.
Vitorear.

Vivaracho
Avispado.
Vivo.
Listo.
*Desmañado.

1. Vivaz
Longevo.
Vividor.

2. Vivaz
Enérgico.

Fuerte.
Vigoroso.
*Mortecino.

3. Vivaz
Sagaz.
Agudo.
Ingenioso.
*Estólido.

4. Vivaz
Perenne.

Vivera
Conejera.
Vivar.

Viveral
Vivero.

Víveres
Provisiones.
Vituallas.
Alimentos.

1. Vivero
Semillero.
Criadero.
Viveral.

2. Vivero
Vivar.

1. Viveza
Vivacidad.

2. Viveza
Presteza.
Rapidez.
Prontitud.
*Calma.

3. Viveza
Perspicacia.
Sagacidad.
Penetración.
*Torpeza.

4. Viveza
Brillantez.
Brillo.
Esplendor.
*Opacidad.

5. Viveza
Ardimiento.
Animación.
Hervor.
*Desánimo.

Vívido
Vivaz.
*Mortecino.

Vivienda
Morada.
Habitación.
Casa.

Vivificante
Reconfortante.
Excitante.
Tónico.
*Calmante.

Vivificar
Confortar.
Alentar.
Animar.
*Desalentar.

1. Vivir
Pestañear.
Existir.

2. Vivir
Mantenerse.
Durar.
Pasar.

3. Vivir
Morar.
Habitar.
Residir.

4. Vivir
Proceder.
Obrar.
Conducirse.

5. Vivir
Estar.

Vivisección
Disección.

1. Vivo
Actual.
Vigente.
Presente.
*Débil.

2. Vivo
Sutil.
Ingenioso.
Listo.
*Estólido.

3. Vivo
Ladino.

Astuto.
Vivaracho.
*Torpe.

4. Vivo
Ardiente.
Impetuoso.
Fogoso.
*Mortecino.

5. Vivo
Perseverante.
Duradero.
Durable.
*Perecedero.

6. Vivo
Pronto.
Diligente.
Ágil.
*Calmoso.

7. Vivo
Espontáneo.
Franco.
*Mentiroso.

8. Vivo
Llamativo.
Expresivo.
*Apagado.

9. Vivo
Canto.
Borde.
Orillo.

10. Vivo
Ardínculo.

Vocablo
Palabra.
Voz.
Término.

Vocabulario
Repertorio.
Léxico.
Glosario.

Vocabulista
Lexicógrafo.
Diccionarista.

Vacación
Inclinación.
Afición.
Llamamiento.
*Aversión.

Vocal
Delegado.
Miembro.

4. Vocal
Oral.

Vocalista
Cantante.
Animador.
Cantador.

1. Vocalizar
Solfear.

2. Vocalizar
Cantar.

Vocativo
Imprecativo.
Llamativo.

1. Voceador
Pregonero.

2. Voceador
Vocinglero.

1. Vocear
Chillar.
Gritar.
Bramar.

2. Vocear
Aclamar.
Aplaudir.
*Silbar.

3. Vocear
Divulgar.
Manifestar.
Pregonar.

Vocería
Vocerío.

Vocerío
Clamor.
Gritería.
Vocinglería.

Vociferación
Vocerío.

Vociferar
Vocear.

Vocinglería
Vocerío.

Vocinglero
Ruinoso.
Alborotador.
Aullador.

Volada
Vuelo.

Voladera
Paleta.

1. Voladero
Despeñadero.
Precipicio.
Sima.

2. Voladero
Fugaz.
Efímero.
Evanescente.
*Duradero.

3. Voladero
Volador.
Volante.
Volátil.

Voladizo
Cornisa.
Salidizo.

1. Volador
Volátil.
Volante.
Voladero.

2. Volador
Cohete.

3. Volador
Pez volante.

Voladura
Estallido.
Explosión.
Deflagración.

1. Volandera
Anillo.
Arandela.

2. Volandera
Muela.

3. Volandera
Trola.
Mentira.
Embuste.

1. Volandero
Volantón.

2. Volandero
Volador.

3. Volandero
Imprevisto.
Accidental.
Casual.
*Continuo.

1. Volante
Volátil.
Voladero.
Volador.

2. Volante
Libre.
Volandero.
Errante.
*Fijo.

3. Volante
Papel.
Cuartilla.
Plana.

4. Volante
Apuntación.
Anotación.
Aviso.

5. Volante
Rehilete.
Zoquetillo.
Volante.

Volantín
Cometa.

Volantón
Volandero.

1. Volar
Revolotear.
Volitar.
Elevarse.

2. Volar
Huir.
Escapar.

3. Volar
Evaporarse.
Desaparecer.
Escurrirse.

4. Volar
Correr.
Apresurarse.

5. Volar
Sobresalir.

Asomar.
Abalanzarse.

6. Volar
Extenderse.
Divulgarse.
Difundirse.

7. Volar
Enfadar.
Encolerizar.
Irritar.

1. Volátil
Volante.
Voladero.
Volador.

2. Volátil
Vaporoso.
Etéreo.
Espiritoso.
*Sólido.

3. Volátil
Mudable.
Inconstante.
Tornadizo.
*Constante.

Volatilizar
Vaporizar.
Volatizar.
Evaporar.
Gasificar.
*Licuar.

Volatilizarse
Desaparecer.
Evaporarse.

1. Volatín
Volatinero.

2. Volatín
Voltereta.

Volatinero
Funámbulo.
Titiritero.
Acróbata.

Volatizar
Volatilizar.

1. Volcán
Fumarola.

2. Volcán
Ardor.
Violencia.
Pasión.

1. Volcánico
Plutónico.

2. Volcánico
Ardiente.
Apasionado.
Fogoso.
*Frío.

1. Volcar
Torcer.
Inclinar.
Invertir.
*Enderezar.

2. Volcar
Aturdir.
Turbar.
Perturbar.

Voleo
Volea.

Volframio
Wolfram.
Tungsteno.

Volitar
Revolotear.
Volar.

Volquearse
Volcarse.
Revolcarse.

Voltario
Voluble.
Versátil.
Inconstante.

Volteador
Volatinero.

1. Voltear
Volver.
Voltejar.
Invertir.

2. Voltear
Mudar.
Girar.
Cambiar.

Voltereta
Tumbo.
Volteta.
Pirueta.

Volteriano
Incrédulo.
Escéptico.
Impío.

Volteta
Voltereta.

1. Voltizo
Ensortijado.
Retorcido.
Rufo.
*Liso.

2. Voltizo
Voluble.
Versátil.
Inconstante.

Volubilidad
Variabilidad.
Versatilidad.
Mudanza.
*Constancia.

Voluble
Voltizo.
Vacilante.
Variable.
*Fiel.

1. Volumen
Libro.
Tomo.
Obra.

2. Volumen
Corpulencia.
Bulto.
Cuerpo.

Voluminoso
Corpulento.
Abultado.
Grueso.
*Exiguo.

1. Voluntad
Albedrío.
Arbitrio.
Resolución.

2. Voluntad
Agrado.
Afición.
Simpatía.
*Antipatía.

3. Voluntad
Mandato.
Decreto.
Orden.

4. Voluntad
Gana.

Ansia.
Antojo.

5. Voluntad
Firmeza.
Perseverancia.
Energía.

6. Voluntad
Permiso.
Anuencia.
Consentimiento.
*Negación.

1. Voluntario
Espontáneo.
Libre.
Intencional.
*Involuntario.

2. Voluntario
Voluntarioso.

Voluntarioso
Testarudo.
Persistente.
Obstinado.
*Versátil.

Voluptuosidad
Morbidez.
Apasionamiento
Sensualismo.
*Honestidad.

Voluptuoso
Apasionado.
Sensual.
Mórbido.
*Casto.

Voluta
Hélice.

1. Volver
Regresar.
Tornar.
Retornar.
*Ir.

2. Volver
Satisfacer.
Corresponder.
Restituir.
*Recibir.

3. Volver
Traducir.
Trasponer.

4. Volver
Restablecer.
Reinstaurar.

5. Volver
Trocar.
Girar.
Torcer.

6. Volver
Cambiar.
Mudar.

7. Volver
Volcar.

8. Volver
Arrojar.
Vomitar.

9. Volver
Disuadir.
Apartar.

10. Volver
Voltear.

11. Volver
Repetir.
Reincidir.
Reiterar.
*Escarmentar.

Volverse
Acedarse.
Avinagrarse.
Estropearse.

Volvo
Vólvulo.
Íleo.

Vomitado
Enteco.
Mustio.
Macilento.
*Robusto.

1. Vomitar
Devolver.
Arrojar.
Provocar.

2. Vomitar
Tirar.
Lanzar.

3. Vomitar
Soltar.
Proferir.
Declarar.
*Callar.

Vomitivo
Vomitorio.
Emético.

Vómito
Náusea.
Vomitona.
Arqueada.

Voquible
Vocablo.

Voracidad
Glotonería.
Avidez.
Adefagia.
*Desgana.

Vorágine
Torbellino.
Remolino.
Tromba.

1. Voraz
Hambriento.
Ávido.
Comilón.
*Desganado.

2. Voraz
Atropellado.
Violento.
Devorador.
*Débil.

Vórtice
Torbellino.
Vorágine.

Votación
Elección.
Sufragio.
Sorteo.

Votador
Elector.
Votante.
Compromisario.

1. Votar
Ofrendar.
Dedicar.

2. Votar
Denostar.
Jurar.
Blasfemar.

3. Votar
Balotar.
Elegir.

1. Voto
Oferta.
Promesa.
Compromiso.

2. Voto
Verbo.
Juramento.
Reniego.

3. Voto
Opinión.
Parecer.
Dictamen.

4. Voto
Ruego.
Petición.
Deseo.

5. Voto
Exvoto.

6. Voto
Sufragio.
Elección.

7. Voto
Papeleta.
Balota.

1. Voz
Palabra.
Vocablo.
Término.

2. Voz
Grito.
Sonido.
Alarido.

3. Voz
Voto.

4. Voz
Poder.
Facultad.
Permiso.

5. Voz
Fama.
Rumor.
Celebración.

6. Voz
Excusa.
Pretexto.
Motivo.

7. Voz
Precepto.
Mandato.
Disposición.

Vozarrón
Rugido.
Bramo.
Vocejón.

Voznar
Crocitar.
Graznar.

Vual
Etamin.
Vuela.

Vuelco
Tumbo.
Volteo.
Voltereta.

1. Vuelo
Revoloteo.
Revuelo.
Volada.

2. Vuelo
Alcance.
Distancia.
Amplitud.

3. Vuelo
Vuelillo.

4. Vuelo
Proyectura.

5. Vuelo
Arbolado.

1. Vuelta
Virada.
Rotación.
Volteo.

2. Vuelta
Retorno.
Regreso.
Tornada.

3. Vuelta
Volatín.
Molinete.
Voltereta.

4. Vuelta
Reintegro.
Devolución.

5. Vuelta
Recompensa.
Gratificación.
Torna.

6. Vuelta
Reiteración.
Repetición.
Recidiva.

7. Vuelta
Revés.
Dorso.
Espalda.

8. Vuelta
Embozo.
Bocamanga.

9. Vuelta
Mutación.
Cambio.
Mudanza.

10. Vuelta
Rabanillo.
Tarascada.
Desabrimiento.

11. Vuelta
Bóveda.
Techo.
Cañón.

12. Vuelta
Refrán.
Estribillo.

13. Vuelta
Arada.
Labor.
Surco.

Vuelto
Verso.
*Recto.

Vulcanismo
Plutonismo.

Vulcanita
Ebonita.

Vulcanizar
Sulfatar.

Vulgacho
Vulgo.

1. Vulgar
Común.
Corriente.
Banal.
*Raro.

2. Vulgar
Romance.
Romántico.

Vulgar
Divulgar.

Vulgaridad
Banalidad.
Trivialidad.
Insignificancia.
*Genialidad.

Vulgarismo
Románico.
Romance.
*Cultismo.

Vulgarizar
Divulgar.
Familiarizar.
Adocenar.
*Guardar.

Vulgo
Pueblo.
Plebe.
Populacho.
*Selección.

Vulnerabilidad
Debilidad.

Vulnerable
Débil.
Sensible.
Dañable.
*Invulnerabilidad.

1. Vulnerar
Perjudicar.
Dañar.
Herir.
*Favorecer.

2. Vulnerar
Violar.
Quebrantar.
Infringir.
*Acatar.

Vulpeja
Zorra.
Vulpécula.
Raposa.

Vultuoso
Abultado.
Congestionado.
Hinchado.
*Descongestionado.

Vulturno
Calina.
Bochorno.

W

Wáter
Retrete.
Excusado.
Letrina.
Inodoro.

Wolfram
Volframio.
Tungsteno.

X

Xenofilia
Extranjerismo.

Xerez
Jerez.

Xifoides
Paletilla.
Mucronata.

Xilografía
Grabado en madera.

Y

Yacaré
Cocodrilo.
Caimán.

Yacente
Horizontal.
Tendido.
Plano.
*Enhiesto.

1. Yacer
Dormir.
Reposar.
Descansar.

2. Yacer
Existir.
Hallarse.
Encontrarse.
Estar.

3. Yacer
Pacer.

1. Yacija
Lecho.
Cama.

2. Yacija
Fosa.
Sepulcro.
Huesa.
Tumba.

Yacimiento
Filón.
Mina.
Cantera.

Yanqui
Gringo.
Norteamericano.

1. Yantar
Vianda.
Manjar.
Alimento.

2. Yantar
Comer.

Yaro
Aro.

Yayo
Abuelo.

Ye
Y.
I griega.

Yedra
Hiedra.

Yegua
Potra.
Potranca.

Yeguada
Yegüería.

Yelmo
Casco.

1. Yema
Renuevo.
Botón.
Gema.

2. Yema
Nata.
Flor.

3. Yema
Centro.
Mitad.
Corazón.
Núcleo.

Yerba
Hierba.

1. Yermo
Alijar.
Erial.
Páramo.

2. Yermo
Baldío.
Estéril.
Infértil.
*Feraz.

3. Yermo
Solitario.
Despoblado.
Desierto.
*Habitado.

4. Yermo
Travesía.

Yero
Alcarceña.
Herén.
Hiero.

Yerro
Omisión.
Error.
Confusión.
*Acierto.

1. Yerto
Rígido.
Tieso.
Tenaz.
*Blando.

2. Yerto
Gélido.
Álgido.
Helado.
*Animado.

Yervo
Yero.

Yesal
Aljezar.
Yesar.
Yesera.

1. Yesca
Pajuela.
Hupe.

2. Yesca
Acicate.
Estímulo.
Incentivo.

Yescas
Enjutos.
Lumbre.
Alegrador.

Yesera
Yesal.

Yesería
Aljecería.

Yeso
Aljor.
Aljez.

Yesón
Cascote.
Aljezón.
Gasón.

1. Yesquero
Chisquero.
Mechero.
Encendedor.

2. Yesquero
Esquero.

Yezgo
Cimicaria.

Yugada
Huebra.
Yunta.

1. Yugo
Cornal.
Coyunda.
Cobra.

2. Yugo
Servidumbre.
Sumisión.
Obediencia.
*Manumisión.

3. Yugo
Dominio.
Opresión.
*Libertad.

4. Yugo
Velo.

Yuguero
Yuntero.

Yugular
Decapitar.
Degollar.

1. Yunque
Bigornia.
Tas.

2. Yunque
Sufridor.
Paciente.
Víctima.

1. Yunta
Biga.
Par.
Pareja.

2. Yunta
Yugada.

Yuntero
Yuguero.

Yunto
Junto.

Yuquilla
Sagú.

Yusión
Mandato.
Precepto.
Prescripción.

Yuso
Abajo.
Ayuso.
*Suso.

Yuxtaponer
Arrimar.
Aplicar.
Adosar.
*Separar.

Yuxtaposición
Aposición.
*Intususcepción.

Yuyuba
Azufaifa.

Z

Zabarcera
Frutera.
Verdulera.

Zabazoque
Áloe.
Almotacén.
Zabila.

Zaborda
Varada.
Varadura.
Encallada.

Zabordar
Encallar.
Varar.
Embarrancar.

Zabordo
Grueso.
Gordo.

Zabucar
Bazucar.

Zabullida
Zambullida.

Zabullir
Zambullir.

Zabuqueo
Bazuqueo.

Zacapela
Pelea.
Rija.

1. Zacear
Ahuyentar.
Zalear.
Espantar.

2. Zacear
Sesear.
Cecear.
Zapear.

Zadorija
Pamplina.

Zafa
Palangana.
Jofaina.

1. Zafar
Guarnecer.
Adornar.
Embellecer.
*Afear.

2. Zafar
Libertar.
Librar.
Soltar.

1. Zafarse
Esquivar.
Escaparse.
Rehuir.

2. Zafarse
Excusarse.

Zafarí
Zajarí.
Zaharí.

Zafariche
Cantarera.

1. Zafarrancho
Desembarazo.
Limpieza.
Expedición.

2. Zafarrancho
Destrozo.
Riza.
Estrago.

3. Zafarrancho
Pelea.
Riña.
Combate.

Zafiedad
Rusticidad.
Grosería.
Incultura.
*Educación.

Zafio
Tosco.
Rudo.
Rústico.
*Culto.

Zafiro
Zafira.
Zafir.

1. Zafo
Libre.
Suelto.
Despejado.
*Embarazado.

2. Zafo
Incólume.
Horro.
Indemne.
*Dañado.

Zafra
Basura.
Ripio.
Escombro.

1. Zaga
Reverso.
Talón.
Revés.

2. Zaga
Atrás.
Detrás.

3. Zaga
Zaguero.

1. Zagal
Mozo.
Muchacho.
Chaval.

2. Zagal
Pastor.

1. Zagalejo
Zagal.

2. Zagalejo
Refajo.

1. Zaguero
Trasero.
Postrero.
Rezagado.

2. Zaguero
Zaga.

Zahareño
Esquivo.
Repelente.
Desdeñoso.
*Amable.

Zaherimiento
Vejamen.
Burla.
Pulla.

Zaheridor
Mordaz.
Sarcástico.
Incisivo.
*Dulce.

Zaherir
Vejar.
Molestar.
Escarnecer.
*Complacer.

Zahína
Daza.
Maíz.

1. Zahondar
Excavar.
Ahondar.
Cavar.

2. Zahondar
Sumergirse.
Naufragar.

1. Zahorí
Adivinador.

2. Zahorí
Perspicaz.

1. Zahúrda
Cuchitril.
Pocilga.

2. Zahúrda
Buharda.
Desván.
Sobrado.

1. Zaino
Falso.
Hipócrita.
Traidor.

2. Zaino
Castaño.

3. Zaino
Negro.

1. Zalagarda
Celada.
Emboscada.

2. Zalagarda
Trampa.
Lazo.

3. Zalagarda
Asechanza.
Manejo.
Malicia.

4. Zalagarda
Lucha.
Pelea.
Reyerta.

Zalama
Zalamería.
Zalamelé.
Carantoña.
Fiesta.
*Desprecio.

Zalamero
Obsequioso.
Halagüeño.
*Desdeñoso.

Zalea
Pelleja.
Vellón.
Tusón.

Zalear
Zacear.

Zalear
Menear.
Zarandear.
Agitar.

1. Zalema
Reverencia.
Saludo.

2. Zalema
Carantoña.
Zalamería.

1. Zamacuco
Tardo.
Necio.
Lerdo.
*Vivo.

2. Zamacuco
Artero.
Astuto.
Ladino.

3. Zamacuco
Borrachera.
Embriaguez.

Zamacueca
Cueca.

Zamarra
Zamarro.
Pellico.
Pelliza.

1. Zamarrear
Zalear.
Zarandear.

2. Zamarrear
Arrinconar.
Agitar.

Zamarrilla
Polio.

1. Zamarro
Zamarra.

2. Zamarro
Necio.
Zamacuco.

3. Zamarro
Astuto.

1. Zambo
Zámbigo.
Patizambo.

2. Zambo
Papión.
Mono.

3. Zambo
Mestizo.

Zamboa
Azamboa.

1. Zambombazo
Golpe.
Porrazo.
Golpazo.

2. Zambombazo
Estampido.
Estallido.
Explosión.

Zambombo
Zamborotudo.

Zamborondón
Zamborotudo.

1. Zamborotudo
Lerdo.
Tosco.
Rudo.
*Refinado.

2. Zamborotudo
Faramallero.
Frangollón.
Zaragatero.
*Cuidadoso.

Zambra
Algarabía.
Bulla.
Jaleo.

Zambullir
Zabullir.
Sumergir.
Zampuzar.

1. Zambullirse
Zozobrar.
Hundirse.
Sumergirse.

2. Zambullirse
Ocultarse.
Esconderse.
Cubrirse.

Zampabodijos
Zampatortas.
Zampabollos.

Zampar
Tragar.
Comer.
Embaular.
Devorar.

1. Zampatortas
Devorador.

2. Zampatortas
Zafio.

Zampeado
Emparrillado.

1. Zampoña
Pipiritaina.

2. Zampoña
Tontería.
Necedad.
Bobería.
*Sensatez.

Zampuzar
Zambullir.

Zanahoria
Azanoria.

1. Zanca
Pierna.
Pata.

2. Zanca
Estribo.
Apoyo.

3. Zanca
Contrahuella.

Zancada
Tranco.
Paso.
Trancada.

1. Zancadilla
Traspié.
Trascabo.

2. Zancadilla
Ardid.

Trampa.
Celada.

Zancajoso
Zanquituerto.
Zancajiento.
Pernituerto.
*Derecho.

1. Zancarrón
Hueso.

2. Zancarrón
Esqueleto.
Fideo.
Momia.

Zanco
Chanco.

Zancón
Patudo.
Zancudo.

Zangamanga
Asechanza.
Zancadilla.

Zanganada
Inconveniencia.
Impertinencia.
Inoportunidad.
*Oportunidad.

1. Zangandullo
Zangandungo.
Zamborotudo.

2. Zangandullo
Gandul.
Zángano.
Holgazán.

Zanganear
Vagabundear.
Callejear.
Vagar.

Zanganería
Vagabundaje.
Haraganería.
Holgazanería.

Zángano
Gandul.
Holgazán.
Perezoso.
*Diligente.

Zangarriana
Disgusto.
Melancolía.

Tristeza.
*Alegría.

Zangolotear
Zarandear.

Zangón
Gandul.
Zángano.

Zangotear
Zarandear.

Zanguanga
Lagotería.
Carantoña.

Zanguango
Gandul.
Zángano.

1. Zanguayo
Bobo.
Indolente.
Necio.

2. Zanguayo
Zángano.

Zanja
Excavación.
Trinchera.
Foso.
Cuneta.

Zanjar
Obviar.
Dirimir.
Arreglar.
*Suscitar.

Zanquear
Zancajear.

Zanquilargo
Zancón.

Zanquituerto
Zancajoso.

Zanquivano
Zancón.

1. Zapa
Pala.

2. Zapa
Lija.
Esmeril.

Zapador
Gastador.

Zapapico
Piocha.
Piqueta.
Pico.

Zaparrada
Zarpazo.

Zaparrastroso
Zarrapastroso.

Zaparrazo
Zarpazo.

1. Zapata
Calzado.

2. Zapata
Zócalo.
Calce.
Telera.

3. Zapata
Freno.

1. Zapatear
Patear.

2. Zapatear
Molestar.
Atosigar.
Atormentar.

1. Zapatero
Remendón.
Tiracuero.

2. Zapatero
Tejedor.

Zapatilla
Pantufla.
Babucha.
Pantuflo.

Zapato
Calco.
Calzado.
Escarpín.

Zapear
Sesear.
Zacear.

Zaquizamí
Buharda.
Buhardilla.
Zahúrda.
Desván.

Zarabanda
Algazara.
Bulla.
Jolgorio.

Zarabutear
Zaragutear.

Zaragata
Escándalo.
Alboroto.
Gritería.

Zaragatona
Pulguera.
Coniza.
Zargatona.

Zaragüelles
Calzones.

Zaragutear
Chapucear.
Embrollar.
Atropellar.

Zaragutero
Zamborotudo.

Zaranda
Cedazo.
Criba.
Harnero.

Zarandajas
Frusleria.
Bagatelas.
Futilidades.

Zarandar
Zarandear.
Agitar.
Sacudir.
Revolver.
*Asegurar.

Zarandillo
Centella.
Pólvora.
Rayo.

Zarceta
Cerceta.

Zarcillitos
Tembladera.

Zarcillo
Arracada.
Pendiente.
Arete.

Zarcillo
Almocafre.

Zargatona
Zaragatona.

Zarigüeya
Rabopelado.
Zariguella.

Zarja
Azarja.

1. Zarpa
Garfa.
Garra.

2. Zarpa
Zarrapastra.
Cazcarria.

Zarpada
Zarpazo.

Zarpar
Partir.
Desancorar.
Desamarrar.

1. Zarpazo
Batacazo.
Porrazo.
Golpe.

2. Zarpazo
Zarpada.
Uñada.
Zaparrazo.

Zarraplín
Zamborotudo.

1. Zarrapastra
Zarria.
Cazcarria.
Zarpa.

2. Zarrapastra
Zarrapastroso.

Zarrapastroso
Roto.
Andrajoso.
Sucio.
*Elegante.

1. Zarria
Zarrapastra.
Cazcarria.

2. Zarria
Harapo.

Pingajo.
Andrajo.

Zarza
Zarzamora.
Espino.
Barza.

Zarzagán
Cierzo.

Zarzal
Balsal.
Barzal.
Matorral.

1. Zarzamora
Mora.

2. Zarzamora
Zarza.

Zarzaperruna
Escaramujo.

Zascandil
Pícaro.
Mequetrefe.
Perillán.

Zata
Zatara.
Armadía.
Balsa.

Zato
Mendrugo.
Zoquete.
Migaja.

Zazoso
Tartajoso.
Zazo.
Tartamudo.

Zeda
Zeta.
Ceda.

Zeugma
Adjunción.
Ceugma.

Zigzaguear
Culebrear.
Serpentear.

Zipizape
Rija.
Riña.
Pelea.

1. Zócalo
Soporte.
Suela.
Base.

2. Zócalo
Friso.

3. Zócalo
Zoco.

Zocato
Izquierdo.
Zurdo.

Zoclo
Chanclo.
Zueco.

1. Zoco
Mercado.

2. Zoco
Izquierdo.
Zurdo.

Zoilo
Murmurador.
Crítico.
Censor.

Zolocho
Aturdido.
Mentecato.
Bobo.

Zollipo
Singulto.
Sollozo.

Zona
Círculo.
Faja.
Territorio.

Zoncería
Sosería.
Sosera.

Zonote
Cenote.

Zonzo
Desabrido.
Soso.
Insípido.

Zoospermo
Espermatozoo.
Espermatozoide.

Zopilobe
Aura.
Zopilote.

Zopenco
Tonto.
Bobo.
Bruto.

Zopetero
Ribazo.

Zopilote
Aura.

Zopisa
Resina.
Brea.

Zopo
Zompo.
Zancajoso.

1. Zoquete
Tarugo.
Taco.

2. Zoquete
Mendrugo.
Zato.

3. Zoquete
Rudo.
Zopenco.
Zamacuco.

Zoquetudo
Ordinario.
Basto.
Frangollón.

1. Zorra
Vulpeja.
Raposa.
Vulpécula.

2. Zorra
Zorrastrón.
Zorrón.

3. Zorra
Embriaguez.
Borrachera.

4. Zorra
Carromato.
Carro.
Camión.

5. Zorra
Vagoneta.

Zorrastrón
Ladino.
Pícaro.
Astuto.
*Simple.

Zorrería
Astucia.
Cautela.
Disimulo.

Zorro
Zorrastrón.
Zorrón.

1. Zorrocloco
Zorrastrón.

2. Zorrocloco
Lagotería.
Arrumaco.
Carantoña.

Zote
Zopenco.
*Avispado.

Zozobra
Angustia.
Inquietud.
Aflicción.
*Tranquilidad.

1. Zozobrar
Peligrar.

2. Zozobrar
Hundirse.
Naufragar.
Sumergirse.

3. Zozobrar
Afligirse.
Acongojarse.

Zueco
Abarca.
Almadreña.
Zoclo.

Zulaque
Betún.
Azulaque.

Zullón
Follón.

Zumacaya
Zumaya.

1. Zumaque
Rus.

2. Zumaque
Vino.

Zumaya
Capacho.
Zumacaya.

1. Zumba
Cencerro.

2. Zumba
Bramadera.

3. Zumba
Broma.
Vaya.
Burla.

4. Zumba
Zurra.
Tunda.
Paliza.

1. Zumbar
Retumbar.
Ronronear.
Bramar.

2. Zumbar
Acercarse.
Rondar.
Aproximarse.

3. Zumbar
Propinar.
Dar.
Soltar.

4. Zumbar
Embromar.

Zumbido
Chillido.
Zumbo.
Retruñido.

Zumbón
Burlón.
Guasón.
Bromista.

1. Zumillo
Dragontea.

2. Zumillo
Tapsia.

1. Zumo
Licor.
Jugo.

2. Zumo
Utilidad.
Provecho.
Beneficio.
*Pérdida.

Zumoso
Jugoso.

Zuncho
Suncho.
Abrazadera.
Fleje.

Zupia
Hez.
Poso.
Sedimento.

Zurcido
Corcusido.
Zurcidura.

1. Zurcir
Remendar.
Coser.
Recomponer.

2. Zurcir
Juntar.
Unir.
Identificar.

3. Zurcir
Tramar.
Urdir.
Combinar.

Zurdo
Zocato.
Zoco.

1. Zurra
Azotaina.
Azotina.
Felpa.

2. Zurra
Tundidura.
Tundición.

3. Zurra
Pendencia.
Reyerta.
Riña.

Zurrapa
Brizna.
Poso.
Sedimento.

Zurrapelo
Filípica.
Represión.
Bronca.
*Elogio.

1. Zurrar
Curtir.
Adobar.
Tundir.

2. Zurrar
Apalear.
Pegar.
Azotar.

1. Zurrarse
Irse.
Zurruscarse.

2. Zurrarse
Espantarse.
Atemorizarse.
Amedrentarse.
*Envalentonarse.

1. Zurriagazo
Latigazo.
Zurriagada.
Vergajazo.

2. Zurriagazo
Infelicidad.
Desgracia.
Desdicha.

3. Zurriagazo
Desprecio.
Desdén.

Zurriago
Verga.
Látigo.
Palmeta.

1. Zurribanda
Zurra.

2. Zurribanda
Pelea.
Riña.

1. Zurriburri
Despreciable.
Vil.
Truhán.

2. Zurriburri
Caterva.

3. Zurriburri

Alboroto.
Barullo.

Zurrido

Estacazo.
Golpe.
Garrotazo.

1. Zurrón

Talego.
Mochila.
Saco.

2. Zurrón

Raspa.

Zurruscarse

Zurrarse.

Zurullo

Mojón.
Zorullo.

Zutano

Mengano.
Robiñano.
Fulano.

Esta obra se terminó de imprimir en diciembre de 1986,
en los talleres de CEMISA, Av. Ejército del trabajo,
núm. 22 local I, Sta. María Tlayacampa, Edo. de México.

La edición consta de 10,000 ejemplares.